스펄전설교전집
마태복음 II

Charles Haddon Spurgeon

스펄전설교전집 2 0

Charles Haddon Spurgeon

스펄전설교전집
마태복음 II 역자+서문강

크리스찬
다이제스트간

국립중앙도서관 출판시도서목록(CIP)

스펄전 설교전집 : 마태복음 II / [저자: 찰스 스펄전]
; 역자:서문강. ── 고양: 크리스챤다이제스트, 2013
p. ;   cm. ── (스펄전 설교전집 ; 20)

원표제: Treasury of the bible
원저자명: Charles Haddon Spurgeon
영어 원작을 한국어로 번역
ISBN 978-89-447-2220-2 94230 : ₩28000
ISBN 978-89-447-2200-4(세트) 94230

설교집[說敎集]
마태 복음[──福音]
기독교[基督敎]

235.2-KDC5
252-DDC21   CIP2013016834

차례

■ 마 태 복 음 Ⅱ

마
태
복
음

II

제
41
장

—

곳간 안에 들인 곡식

—

"(그러나) 곡식은 모아 내 곳간에 넣으라 하리라."
— 마 13:30

　"곡식은 모아 내 곳간에 넣으라." 그렇게 함으로써 인자되신 그리스도께서 오신 목적이 성취될 것입니다. 주님께서 좋은 씨를 뿌렸습니다. 마침내 주님의 곳간이 가득 차게 될 것입니다. 여러분, 낙심하지 마십시오. 결코 그리스도께서 여러분을 낙담시키지 않을 것입니다. "그가 자기 영혼에 수고한 것을 보고 만족하게 여길 것이라"(사 53:11). 그분은 나가서 눈물을 흘리며 보배로운 씨를 뿌리셨습니다. 그러나 다시 기쁨으로 돌아오시되, 곡식 단을 가지고 돌아오실 것입니다.

　"곡식은 모아 내 곳간에 넣으라." — 그때 사탄의 정책은 실패로 돌아갈 것입니다. 원수가 와서 곡식 가운데 가라지를 뿌리며, 거짓된 곡식이 참 곡식을 멸하거나 심하게 해를 끼치기를 바랐습니다. 그러나 결국 그는 실패하였습니다. 왜냐하면 그 밭은 익은 곡식을 위해서 추수할 준비가 되어 있었기 때문입니다. 그리스도의 곳간이 차게 될 것입니다. 가라지가 알곡을 질식시키지 못할 것입니다. 결국 수치는 자기가 당하게 될 것입니다.

　곡식을 모아들이는 일에 선한 천사들이 쓰임을 받을 것입니다. "추수꾼은 천사들이니." 이 말씀은 큰 악한 천사에게 특별한 조소를 보내고 있습니다. 마귀가 가라지를 뿌려 곡식을 멸하려고 애씁니다. 그러므로 선한 천사들이 그의 패배를 축하하며 자기들의 주님과 함께 하나님의 농사가 성공했음을 즐기라고 하나님께서 선한 천사들을 이끌어들이신 것입니다. 사탄이 중간에 끼어들어 얻은 이익은 참으로 가련할 것입니다. 그 모든 수고에도 불구하고 얻은 것이 없이 낙심하게 될 것이고, "저주를 받아 배로 다니고 살아 있는 동안 흙을 먹을 것이라."는 위협의 말씀이 성취될 것입니다.

천사들에게 할 일을 주심으로써, 우리가 그 존재를 알고 있는 이성(理性) 있는 존재들이 은혜의 일에 관심을 갖게 된 것입니다. 악의에 차서든지 아니면 숭배하는 마음으로 하든지 간에 하나님의 구속(redemption, 救贖)은 이성 있는 모든 피조물들을 흥분시킵니다. 그들에게 하나님의 기이한 행사가 분명하게 나타나 보이게 되었습니다. 왜냐하면 이런 일들은 한 쪽 구석에서 된 일이 아니기 때문입니다. 우리는 천사들을 너무 잊고 지냅니다. 천사들이 우리에게 자애로운 동정심을 갖고 있음을 간과하지 마십시다. 그들은 주님께서 우리가 회개하는 걸 보고 기뻐하시는 것을 주목하고 주님과 함께 기뻐합니다. 그들은 우리를 지켜보는 자들이요, 주님의 긍휼의 사신(使臣)들입니다. 손으로 우리를 붙잡아주어 발이 돌에 부딪히지 않게 합니다. 그리고 우리가 죽게 될 때 우리를 우리 주님의 품으로 옮겨줍니다. 그리하여 우리가 수를 헤아릴 수 없는 허다한 천사들에게 이르게 된다는 것은 우리의 여러 기쁨 중 하나입니다. 그러니 우리는 애정을 가지고 천사들에 대해서 생각해 봅시다.

지금 저는 본문을 벗어나지 않을 것입니다. 본문에 있는 말씀 하나하나를 짚어가며 설교할 것입니다. 먼저 "그러나"라는 말로부터 시작해 봅시다.

1. 분리하라는 말씀

여기서 곡식과 가라지가 추수 때까지 함께 자라게 될 것을 말씀하십니다. 곡식 곁에 가라지가 함께 자라는 것을 보는 것은 마음에 큰 슬픔이 됩니다. 경건하지 않은 자들이 주 하나님을 경외하는 자들에게 가시와 찔레 같이 괴롭힙니다. 경건한 이들의 마음속에서 탄식이 얼마나 자주 흘러나옵니까. "메섹에 머물며 게달의 장막 중에 머무는 것이 내게 화로다"(시 120:5). 자기 집안사람들한테서 원수를 만나게 되는 일이 흔합니다. 가장 좋은 도움을 주었던 자들이 가장 악한 방해자로 변하는 경우가 많습니다. 그들과의 대화가 신자를 화나게 만들고 괴롭힙니다. 그들로부터 피해 달아나려고 해도 별 소용이 없습니다. 왜냐하면 하나님의 섭리 속에서 가라지가 곡식과 함께 자라도록 허락 받았기 때문입니다. 끝이 올 때까지 그러할 것입니다. 선한 사람들이 성도들만 있는 공동체를 발견하려고 아주 멀리 떨어진 나라들로 이민을 갔습니다. 그러나 안타까운 일이죠! 죄인들이 그들 가정에서 일어났습니다. 그들의 정착지에서 경건하지 않은 자들과 이단들을 뿌리 뽑으려고 시도하였지만 결국 핍박을 받게 되고 다른 해를 받게 되었습니다. 전체 계획이 그만 실패로 끝나버렸습니다. 어떤 이들은 세상의 유혹들을 피하기 위해서 은둔처에 들어가 세상과 관계를 끊었습니다. 그렇게 도망쳐 승리를 얻겠다는 희망 때문이었습니다. 그러나 그것은 지혜의 방식이 아닙니다. 자, 지금 본문 말씀이 "둘 다 추수 때까지 함께 자라게 두라"고 말하고 있습니다. 그러나 최종적으로 분리될 때가 올 것입니다. 사랑하는 여성 그리스도인이여, 그때가 되면 그대의 남편이 결코 다시는 핍박하지 못할 것입니다. 경건한 자매여, 그때가 되면 그대의 오라비가 더 이상 조롱하지 못할 것입니다. 직장에 나가 일하는 경건한 사람이여, 경건하지 못한 자들의 조소와 놀림을 더 이상 받지 않을 것입니다. 하나님을 경외하는 사람과 경건하지 않은 자들 사이에 "그러나"라는 철 대문이 존재할 것입니다. 그때 가라지는 불 속에 던져질 것입니다. 그러나 추수의 주님께서 "곡식은 내 곳간에 모으라" 고 말씀하실 것입니다.

그러한 구별은 반드시 이루어지게 되어 있습니다. 왜냐하면 곡식과 가라지가 땅에서 함께 자람으로 많은 고통과 해를 당하게 되었습니다. 그러므로 더 행복한 세계에서는 그러한 일이 계속되지 않을 것입니다. 우리는 경건한 사람들이 회심하지 않은 자기 자녀들이 하늘에서 자기들과 함께 거하기를 바랄 것이라고 얼마든지 생각할 수 있습니다. 그러나 그럴 수 없습니다. 왜냐하면 하나님께서는 깨끗이 씻음 받은 자기 사람들이 더럽혀지거나 고통 받는 것을 허락하지 않으실 것이기 때문입니다. 곡식의 온전함과 유용(有用)함을 위해서 가라지는 제거되어야 마땅합니다. 가라지와 곡식을 함께 단으로 묶어 곡물 창고에다 쌓아놓고 싶습니까? 그런 식으로 하는 사람이 있다면 농사를 완전히 망치는 일이 되겠죠. 곡식들도 철저하게 구분될 때까지는 온전히 쓸모 있지는 않습니다. 그러하듯이, 구원 받은 사람과 구원 받지 못한 사람들이 여기서는 함께 섞여 삽니다. 그러나 오는 세상에서는 함께 살아서는 안 됩니다. 추수하는 주인의 명령은 절대적입니다. "가라지는 먼저 거두어 불사르게 단으로 묶고(그러나) 곡식은 모아 내 곳간에 넣으라." 죄인들이여, 여러분이 하늘에 들어갈 소망을 가질 수 있습니까? 여러분이 어머니의 하나님을 사랑한 적도 없는데, 하늘 궁정에 들어와 있는 여러분을 하나님께서 참아내실 수 있겠습니까? 여러분은 아버지의 구주를 믿은 적이 없습니다. 그런데도 불구하고 영원토록 구주의 영광을 바라보겠습니까? 여러분이 하늘의 거리로 나가 욕설을 뱉거나 방탕한 노래를 부를 수 있겠습니까? 아니, 주님의 날에 하나님께 예배드리는 일을 지겹게 여기고 있음을 여러분 자신도 알고 있지요. 저 위 하늘의 성전에서 마지못해 예배하는 자들을 주님께서 참으실 것이라고 생각합니까? 여러분은 안식일을 피곤한 날로 여기고 있습니다. 그런데 하나님의 안식에 들어갈 희망을 어떻게 가질 수 있겠습니까? 하늘에 속한 것을 추구하는 일들에 전혀 맛을 느끼지 못합니다. 그러한 일들에 참여하는 일에 여러분이 자원하는 마음을 갖지 않는다면, 그런 일에 참여하는 것은 하나님을 모독하는 일이 될 것입니다. 그러므로 "그러나"가 반드시 들어와야 합니다. 그렇게 하나님의 일들에 참여하는 것을 싫어하는 자들과 주님의 백성들을 따로 분리하여 그들이 다시 만나지 못하게 해야 마땅합니다. 여러분은 경건한 친구들과 영원히 분리된다는 생각을 참을 수 있습니까?

그 분리는 운명이 완전히 다른 것을 함축합니다. "가라지는 먼저 거두어 불사르게 단으로 묶고." 그 정황을 감히 묘사할 수 없군요. 그러나 가라지단을 묶어 불 속에 던지는 것 외에 달리 처치할 방도가 없습니다. 여러분이 하나님께서 은혜를 베풀어 불사름에 필연적으로 따르는 모든 고뇌를 결코 알지 않게 되기를 바랍니다. 즉시 그 고통에서 피해 달아날 수 있기를 바랍니다. 사랑의 주님께서 불로 소멸하시는 분으로 비유되는 것은 결코 작은 일이 아닙니다. 제가 설명하는 어떤 말도 그 공포를 제대로 표현할 수 없음을 저는 확신합니다. 사람들은 우리가 장차 올 진노에 관한 무서운 것만 말한다고 주장합니다. 그러나 우리는 그 경우를 제대로 이해하고 있다고 저는 확신합니다. 자애롭고 사랑이 많으시고 은혜로우신 예수님께서 "가라지는 먼저 거두어 불사르게 단으로 묶으라"라는 말씀을 통해서 무엇을 뜻하셨겠습니까? 주님의 백성들의 운명과 사탄에게 속한 자들의 운명 사이에 얼마나 엄청난 차이가 있는지 보시기 바랍니다. 곡식을 불사릅니까? 절대 그렇지 않죠. "곡식은 모아 내 곳간에 넣으라." 그들은 그곳에서 행복하게, 안전하게, 영원토록 집에 거하는 것입니다. 오! 하늘과 지옥 사이는 얼마나 무한히 멉니까! 비파와 천사들의 노래와, 울부짖으며 이를 가는 소리의 차이라니요! 흰 옷을 입고 영생의 면류관을 쓴 영화롭게 된 성도와, 하나님의 면전과 그 권능의 영광으로부터 영원히 추방당한 영혼 사이를 나누고 있는 그 구렁의 넓이를 누가 다 측량할 수 있습니까? 그 무서운 분리의 장벽, "그러나"가 있습니다. "가라지는 먼저 거두어 불사르게 단으로 묶고 (그러나) 곡식은 모아 내 곳간에 넣으라 하리라." 여기서 "그러나"라는 말은 무시무시한 분리의 말입니다. 그 분리의 말이 형제와 형제 사이, 어머니와 자식 사이, 남편과 아내 사이에 끼어들 것임을 기억하십시오. "한 사람은 데려감을 당하고 한 사람은 버려둠을 당할 것이라"(마 24:41). 서로 분리하기 위해서 칼이 내리쳐진 후에는 다시 합하는 일은 결단코 존재하지 않을 것입니다.

　　그 분리는 영원합니다. 장차 올 세상에서 그 분리가 바뀔 가능성이나 희망이 전혀 없습니다. 그러나 어떤 분은 이렇게 말하겠죠. "그 무시무시한 '그러나'라는 말이라니! 어째서 그러한 차이가 존재해야 하는가?" 그에 대한 대답은 이렇습니다. 언제나 차이는 존재하였습니다. 곡식은 인자되신 그리스도께서 심으신 것입니다. 가라지는 원수가 심은 것입니다. 특성상 차이는 항상 존재하였습니다. 곡식은 좋은 것이었고 가라지는 악한 것이었습니다. 이 차이가 처음에는 드러나 보이지 않습니다. 그러나 곡식도 자라 열매가 익고 가라지도 자라 열매가 익으면 차이가 더욱더 뚜렷하게 드러납니다. 그 둘은 전적으로 다른 식물입니다. 그와 같이 거듭난 사람과 거듭나지 아니한 사람은 전적으로 다른 존재입니다. 거듭나지 아니한 사람이 거듭난 사람만큼 선을 행할 자신이 있다고 말하는 것을 들은 적이 있습니다. 그러나 그런 자랑을 하는 사람은 자신의 교만을 드러내고 있는 셈입니다. 분명히 하나님이 보시기에 구원 받지 않은 사람과 믿는 자 사이는 마치 어둠과 빛, 또는 죽은 것과 살아 있는 것 사이의 큰 차이임에 분명합니다. 이 사람 속에는 생명이 있고 저 사람 속에는 생명이 없습니다. 그 차이는 사활을 좌우할 만큼 중요하며 근본적입니다. 오! 이 본질적인 문제를 하찮게 여기지 않기를 바랍니다. 오히려 자신이 주님의 곡식이 되기를 진정으로 바랄 수 있기를 원합니다! 곡식의 이름을 달고 있다는 것 자체는 아무것도 아닙니다. 우리는 곡식의 본질을 갖고 있어야 합니다. 하나님께서는 조롱을 받으시는 분이 아닙니다. 그리스도인이 아닌데도 불구하고 스스로 그리스도인이라고 한다 해도 하나님께서는 결코 그 사람을 기뻐하지 않으실 것입니다. 교회 등록교인이라는 사실로 만족해하지 마십시오. 오히려 그리스도의 몸의 지체가 되기를 추구하십시오. 믿음에 관해서 대화하지 마시고 믿음을 행사하십시오. 체험을 자랑하지 마시고 믿음을 소유하십시오. 곡식 같은 모양만 띠지 말고 곡식이 되십시오. 마지막 날에는 가짜들이나 모방품들은 결코 견디지 못할 것이며, 그 무서운 "그러나"라는 말이 참된 것들과 거짓 것들 사이에 불바다처럼 출렁일 것입니다. 오! 성령님이시여! 성령님의 능력으로 말미암아 우리 각자가 변화되게 하옵소서. 본문에서 우리가 다음으로 알아볼 단어는 "모으라"는 것입니다.

2. 모으라는 말씀

이 모으는 일은 얼마나 복된 일입니까! 복음을 듣도록 허다한 무리들을 한데 모으는 것은 정말 즐거운 일이라고 생각합니다. 평일이나 안식일에 자기 집을 떠나서 꽤 멀리 떨어진 곳에까지 가서 복음을 청종할 기꺼운 마음을 가진 사람들로 예배당이 가득 찬 것을 보면 기쁘지 않겠습니까? 그 일을 위해서 사람들을 한 곳에 모이게 하는 것은 대단한 일입니다. 그러나 곡식을 모아 곳간에 들이는 것은 훨씬 더 놀라운 일입니다. 모으는 일은 그 자체로 흩어 버리는 것보다 더 낫습니다. 주 예수님께서 바로 이곳에 사람을 끄는 힘을 행사하실 수 있게 하시기를 기도합니다. 왜냐하면 주님께서는 분리하시는 분이 결코 아닙니다. 오히려 "그에게 모든 백성이 복종하리로다"(창 49:10), "내가 땅에서 들리면 모든 사람을 내게로 이끌겠노라"(요 12:32)고 말씀하지 않으셨습니까?

여기 본문에서 언급된 바, 모으는 일은 숙련된 추수꾼들이 선별하고 모으는 일임을 주목하십시오. "추수꾼은 천사들이니." 목사들이 그 일을 할 수 없었습니다. 왜냐하면 주님의 알곡들을 다 알지 못하며, 실수할 수 있기 때문입니다. 어떤 사람들에게는 너그럽게 대하고 다른 사람들에게는 지나치게 엄격하게 구는 잘못을 저지르기 쉽기 때문입니다. 우리의 가련한 판단이 가끔 성도들을 쫓아내고, 죄인들은 안으로 불러들입니다. 천사들은 주인 되신 그리스도의 고유한 특성을 잘 알 것입니다. 그들은 또한 성도 각자를 다 알아봅니다. 왜냐하면 성도가 탄생할 때 그 천사들이 곁에 있었기 때문입니다. 죄인들이 회개할 때 천사들은 압니다. 또한 그들은 죄를 회개하는 자들이 누구인지 망각하는 적이 없습니다. 그들은 믿는 사람들의 삶을 목격하였고, 그들의 영적 전투에서 그들을 도왔으며, 그래서 그들을 잘 압니다. 그렇습니다. 천사들은 거룩한 본능으로 성부의 자녀들을 분간하므로 속지 않습니다. 그들은 곡식을 죄다 모으고 가라지를 다 가려내는 일에 결코 실패하지 않을 것입니다.

그러나 매우 엄정한 규칙 아래서 곡식들을 모을 것입니다. 무엇보다도 비유에 따르면 가라지, 곧 곡식과 유사하나 가짜는 제거되기 때문입니다. 그런 다음에 추수꾼 천사들이 곡식만 가려 모읍니다. 사탄의 양육을 받은 뱀의 씨앗들과, 약속된 구주 예수님의 소유된 천국의 씨앗은 그런 식으로 분리됩니다. 그런 구분은 한 번에 이루어집니다. 재차 생각할 필요가 전혀 없습니다. 만일 회심하지는 않았으나 매우 매력적으로 보이는 어떤 사람들이 성도들과 함께 줄을 서 있다 할지라도 천사들이 그들을 하늘로 함께 인도하지는 않을 것입니다. 그들에게 주어진 명령은 "곡식을 모으라"입니다. 신자는 아니지만 매우 정직한 사람이 교회의 중심에 모든 교회 지체들과 함께 서 있다 합시다. 그리고 그 사람을 보호하기 위해서 각별한 신경을 쓰는 모든 목사들이 그를 둘러싸고 있다 합시다. 그런다 할지라도 그가 믿는 자가 아니면 하나님의 곳간으로 들여지는 일은 있을 수 없습니다. 그 일을 돕는 일은 전혀 없습니다. 천사들이 그 문제의 결정권을 갖고 있지 못합니다. 주님께서 내린 단호한 명령은 "곡식을 모으라"입니다. 그래서 천사들은 곡식 아닌 다른 것을 모아서는 안 됩니다.

매우 먼 데서 곡식을 모으는 일이 있을 것입니다. 어떤 곡식은 남양 제도들에서, 어떤 곡식은 중국에서, 어떤 곡식은 일본에서 익을 것입니다. 어떤 곡식은 프랑스에서 번성할 것이고, 미국의 넓은 초원에서 자라나고 있는 곡식도 있습니다. 좋은 알곡이 자라지 않은 나라는 거의 없습니다. 저는 하나님의 곡식들 모두가 어디서 자라는지는 알 수 없습니다. 은혜의 선택을 따라서 남은 자가 각 나라와 백성들 가운데 있습니다. 그러나 천사들은 그 모든 좋은 알곡을 똑같은 곳간에 모아들일 것입니다.

"곡식을 모으라." 모든 사회 계층에서 성도들이 발견될 것입니다. 천사들은 여러 궁정에서 소수의 알곡을 모을 것이고, 오두막집들에서 큰 다발로 곡식을 모을 것입니다! 마을과 시골의 비천한 오두막들에서 많은 곡식을 모을 것입니다. 그런가 하면 우리나라의 큰 도시의 빈민가에서 곡식들이 자라나 하나님의 도성으로 옮겨질 것입니다. 천사들이 지극히 어두운 곳들에서 좀처럼 해를 보지 못했지만 마음이 정결하여 자기 하나님을 보는 빛의 자녀들을 데려올 것입니다. 감춰지고 숨겨져 있는 곡식들이 빛을 보게 될 것입니다. 왜냐하면 주님께서는 당신의 소유된 자들을 다 아시고, 그분의 추수꾼들은 결코 그들을 놓치지 않을 것이기 때문입니다.

제게는, 곡식이 모든 세대 중에서 나올 것이라는 생각이 매력적입니다. 우리의 첫 번째 조상인 아담과 하와가 그들 중에 있을 것이며, 그 뒤에 사랑하는 아벨의 자취를 따라 동일한 희생 제사를 믿는 사람들이 거기에 속할 것입니다. 우리는 아브라함과 이삭과 야곱과 모세와 다윗과 다니엘과 온전하게 된 모든 성도들을 만나게 될 것입니다. 사도들과 순교자들과 개혁자들을 보는 기쁨이 얼마나 크겠습니까! 저는 루터와 칼빈과 존 번연과 휫필드를 만나기를 갈망합니다. 저는 옛 선조인 라일랜드(Ryland)라는 선한 분의 시를 좋아합니다.

"그들 모두가 거기에 있을 것이다
 작은 자나 큰 자나,
 가련한 나도
 저 복된 사도 바울과 악수를 하게 될 것이다."

저는 어떻게 그런 일이 일어나게 될 것인지 알지 못합니다. 그러나 우리가 하늘에 기록된 장자(長子)들의 총회 안에서 모든 세대의 성도들과 교제를 가지게 될 것임을 결코 의심하지 않습니다.

곡식이 자라는 때와 장소가 어디이든지 간에 곡식은 한 곳간에 모아들이게 될 것입니다. 결코 흩어지게 내버려 두지 않을 것입니다. 눈에 보이는 교회들이 모든 분열을 떠나 함께 모아져 다시는 나뉘지 않을 것입니다. 그들은 여러 다른 밭에서 자랐습니다. 어떤 곡식은 영국 국교회가 영광스럽게 자라나던 산언덕에서 번성하였고, 다른 곡식들은 침례교가 번성하던 더 낮은 토양에서, 또다른 곡식들은 감리교도들 속에서 자라났습니다. 그러나 일단 곡식이 곳간 안에 들여지면 어느 누구도 그 곡식이 어떤 밭에서 자랐는지 말할 수 없습니다. 그때에 구주 예수께서 "저희로 하나 되게 하옵소서."라고 기도하시던 것이 영광스럽게 응답될 것입니다. 우리의 모든 오류가 제거되고 우리의 실수도 교정되어 더 이상 기억되지 않고 오직 한 주님, 한 믿음, 한 세례만이 우리 모두에게 알려질 것입니다. 더 이상 시기와 서로를 성가시게 여기는 일은 없게 될 것입니다. 곡식을 하나로 한 곳간에 모으는 일은 얼마나 복된 것일까요! 그 모임은 얼마나 대단한 것일까요! 하나님의 택한 백성들, 모든 세기의 '택자들'은 세상이 감당할 수 없는 자들이었습니다. 저는 그 택자들에게서 떠나 멀리 가고 싶은 생각이 없습니다. 설령 지옥이 없다 할지라도, 그러한 하늘에 속한 공동체 밖으로 쫓겨나는 것은 제게 충분한 지옥이 될 것입니다. 울고 애통하고 이를 가는 일이 없다 할지라도, 주님의 임재를 잃거나, 영원토록 주님을 찬미하는 기쁨을 상실하게 되는 것 그 자체가 충분히 무시무시한 일이 될 것입니다. 이 세상에 살았던 지극히 고상한 모든 존재들과 함께 만나는 복락을 상실하는 것이야말로 더할 수 없이 두려운 일입니다. 이 시대의 꼭 필요한 논쟁들에서, 투쟁을 해야 할 운명에 처했던 저는 저 복된 안식을 바라며 탄식하고 있습니다. 그 안식 속에서 모든 신령한 마음들이 하나님과 어린 양의 보좌 앞에서 영원한 조화를 이루며 함께 융합이 될 것입니다. 오! 우리가 다 옳고, 그래서 한 성령 안에서 모두 행복하게 연합될 수 만 있다면 얼마나 좋으련!

3. 가리키시는 말씀

저는 이미 그 영역에 발을 들여놓았습니다. "곡식을 모으라." 다른 어느 것이 아니라 "곡식"만이 주님의 곳간에 옮겨져야 합니다. 잠시 동안 마음을 살피는 이야기를 할 테니 이해해 주시기 바랍니다. 곡식은 주님께서 심으신 것입니다. 여러분은 주님께서 심으신 곡식입니까? 친구 여러분, 만일 여러분이 어떤 종교를 가지고 있다면, 그것을 어떻게 얻었습니까? 자기 자신이 심은 것입니까? 그렇다면 그것은 아무짝에도 쓸모없습니다. 인자되신 그리스도께서 심으신 곡식이 참 곡식입니다. 여러분은 주님께서 심으신 사람들입니까? 하나님의 성령께서 영원한 생명을 여러분의 가슴 속에 넣으셨습니까? 그것이 십자가에 못 박혔던 주님의 사랑스러운 손에서 나온 것입니까? 예수님이 여러분의 생명입니까? 예수님과 함께 여러분의 삶이 시작되고 끝을 맺습니까? 그렇다면 좋습니다.

그 곡식은 주님께서 심으신 것입니다. 그 곡식은 또한 주님의 돌보심의 대상입니다. 곡식은 대단한 보살핌을 필요로 합니다. 농부가 곡식을 주도면밀하게 살피지 않으면 아무것도 얻지 못합니다. 여러분은 주님의 돌보심 아래 있습니까? 주님께서 여러분을 지키십니까? "나 여호와는 포도원지기가 됨이여 때때로 물을 주며 밤낮으로 간수하여 아무든지 이를 해치지 못하게 하리로다"(사 27:3). 이 말씀이 여러분에게 해당됩니까? 그러한 주님의 간수하심을 체험하십니까? 자신의 영혼을 사랑하니 정직하게 대답해 보세요.

그 다음으로 곡식은 쓸모 있는 것으로서 사람들의 생명을 위해서 하나님께서 주신 선물입니다. 가라지는 어느 누구에게도 유익하지 못합니다. 돼지먹이로는 줄 수 있습니다. 그런 경우라도 돼지가 그것을 먹으면 술 취한 사람처럼 비틀거립니다. 여러분은 사람들이 여러분과 여러분의 본과 교훈을 받게 되면 그로 인하여 복을 받게 될 정도로 사회 속에서 세상에게 떡과 같은 유익을 주는 건전한 사람들 중에 속합니까? 여러분이 삶과 영향력에서 악한지 선한지를 스스로 판단해 보십시오.

"곡식을 모으라." 하나님께서 여러분의 속에 선함과 은혜와 견실함과 쓸모 있는 유용성을 넣어 주셔야 함을 여러분도 알고 있습니다. 그렇지 않다면 천사가 추수하여 모아들이기에 합당한 곡식이 결코 되지 못할 것입니다. 곡식에게 해당되는 한 가지 요점이 있습니다. 그 요점은 모든 식물들에게도 전적으로 해당되는 요점입니다. 농부의 돌봄이 없이도 싹이 나서 자라고 열매가 익었다는 곡식밭에 대한 이야기는 들어 본 적이 없습니다. 곡식을 다 거둔 추수기 후에 알곡이 조금 나올 수 있습니다. 그러나 미국이나 어떤 다른 곳에서 곡식을 심지도 않았는데 평원(平原)이 곡식으로 뒤덮였다는 이야기를 들어 본 적이 없습니다. 결코 들어 본 적이 없습니다. 사람이 없는 곳에서는 결코 곡식이 익지 않습니다. 그리스도께서 계시지 않으면 은혜가 전혀 없습니다. 농부이신 성부께 우리의 모든 존재가 달려 있습니다.

그것이 사실임에도 불구하고, 곡식이 영예와 존귀의 맨 앞줄에 서 있습니다. 그와 같이 이해하는 지성을 가진 모든 사람들의 판단에서 경건한 사람이 제일 존귀한 앞자리를 차지하고 있습니다. 그리스도 없이 우리는 아무것도 아닙니다. 그러나 그리스도가 계시면 우리는 충만한 영예를 소유합니다. 오! 세상을 보존하는 사람들, 곧 땅에서 성도들이 즐거워하는 탁월한 존재들 가운데 들어갈 수 있다면 좋겠습니다. 야비하고 쓸모없는 가라지 속에 우리가 들어 있다는 건 생각할 수조차 없는 일입니다! 이제 저는 마지막 항목을 간단하게 말씀드리려 합니다.

4. 목적지를 지시하시는 말씀

"곡식을 내 곳간에 넣으라." 심판 날에 곡식을 모으는 과정이 끝나게 될 것입니다. 그러나 그 일은 지금도 매일 계속되고 있습니다. 시간마다 성도들이 모아지고 있습니다. 지금도 성도들이 하늘을 향하여 나아가고 있습니다. 우리 교회를 출석하다가 세상을 떠난 사람들이 천국에 거두어들여지는 기쁨을 누리고 있다는 것을 변함없는 사실로 듣는 것이 그렇게 기쁠 수가 없습니다. 하나님께 영광을 돌립시다. 우리 신자들은 복되게 죽습니다. 가장 좋은 일은 바르게 잘 사는 것입니다. 그러나 형제들이 복되게 죽는다는 소식을 들을 때 우리는 크게 기뻐합니다. 왜냐하면 흔히 그것이야말로 생명력 있는 경건을 가장 잘 말해 주는 증거가 되기 때문입니다. 세상의 사람들은 거기에서 당당한 죽음의 힘을 느낍니다.

　매 시간 성도들이 곳간으로 모아들여집니다. 성도들이 있기를 원하는 곳이 바로 거기입니다. 따라서 우리는 거두어들이신다는 소식을 들을 때 전혀 고통을 느끼지 않습니다. 왜냐하면 우리 주님에 의해서 안전하게 그 곳간에 우리가 쌓여지기를 바라기 때문입니다. 밭에 있는 곡식이 말할 수 있다면 낟알마다 이렇게 말할 것입니다. "우리가 살고 자라 가고 싶은 궁극적인 목적지는 바로 그 곳간, 곡식 창고야." 서리가 내리는 밤들, 햇빛 찬란한 날들, 이슬과 비 ― 이 모든 것들이 바로 그것을 위한 것들입니다. 곡식에 부과되는 모든 과정은 곡식 창고와 연결되어 있습니다. 우리의 경우도 마찬가지입니다. 모든 것이 하늘을 향하여 작용하고 있습니다. 모으는 장소, 의인들이 회중을 이루는 곳, 우리 구속주의 얼굴을 뵙는 그 궁극적인 목적을 향하고 있습니다. 우리의 죽음은 인생이라는 우리 음악에 잠음을 결코 일으키지 않을 것입니다. 죽음이 그 음악을 조금이라도 중단시키거나 불협화음을 만들지 않을 것입니다. 죽음은 프로그램의 한 부분이요, 우리 인생 역사 전체의 더 없는 영광입니다.

　곡식에게 있어서 곳간은 안전한 장소입니다. 그곳에서는 곰팡이 균을 무서워할 필요가 없습니다. 서리도 없고 열기도 없고 메마름도 없고 축축해지는 일도 없습니다. 일단 곳간에 들어가면 말입니다. 그것이 자라느라 겪는 여러 성장통도 다 지나가 버렸습니다. 이제 완전에 이르렀습니다. 이제 곡식은 농부의 수고의 보상입니다. 곡식이 저장됩니다. 아! 오랫동안 기다리던 날이 시작되도다! 아! 형제들이여, 저와 여러분이 완전한 성숙에 이르고, 그리스도께서 우리 안에서 그분의 노고의 결과를 보시게 될 때가 얼마나 복되겠습니까!

　저는 하늘을 그리스도의 곳간으로 생각하기를 즐거워합니다. 그리스도의 곳간, 그 곳간은 어떠하겠습니까? 우리 아버지의 집, 예수님의 거처에 관해서 그러한 표현을 써야 한다는 것이 언어가 가진 궁핍의 실상입니다. 하늘은 왕 중 왕이신 분의 궁정입니다. 그러나 우리에게는 곳간입니다. 왜냐하면 그곳은 안전한 장소요 영원한 안식의 처소이기 때문입니다. 그곳은 그리스도의 곡식 창고로서, 우리가 그리로 옮겨질 것이며, 이를 위해서 우리가 자라 익어가고 있습니다. 정말 그걸 생각하기만 하면 환상적인 기쁨이 솟습니다. 왜냐하면 곳간에 모아들여지는 일은 추수하는 과정을 연상케 하기 때문입니다. 이 세상에서도 추수하는 과정을 보고 앉아서 탄식하며 우는 사람이 있다는 이야기를 들어 본 적이 없습니다. 추수 단을 따라가면서 눈물을 흘렸다는 이야기도 들어 본 적이 없습니다. 오히려 사람들은 손뼉을 치고 기뻐 춤을 추며 유쾌하게 소리칩니다. 이미 주님의 집에 들어간 사람들에 관하여서도 그와 같이 합시다. 그들의 무덤 주위에서 우리는 즐거운 노래를 부릅시다. 그들은 사망의 고통이 이미 지나가 버린 사람들입니다. 그걸 우리는 느껴야 합니다. 그들의 영광을 기억할 때 해산하는 여인이 아기가 태어날 때처럼 기뻐할 수 있습니다. "여자가 해산하게 되면 그 때가 이르렀으므로 근심하나 아이를 낳으면 세상에 사람 난 기쁨으로 말미암아 그 고통을 다시 기억하지 아니하느니라"(요 16:21). 또다른 영혼이 하늘에서 노래를 부르기 시작합니다. 죽지 않는 불멸을 상속받은 자들이 어째서 웁니까? 의인들의 영원한 행복은 죽음의 고통을 통해서 이루어지는 탄생이 아닙니까? 그렇게 죽는 사람은 행복합니다. 우리의 가정을 애통으로 채울 것에서 나오는 결말과 종국이 영광입니까? 그렇다면 가족을 여읜 일 때문에 하나님께 감사하십시오. 가장 슬픈 일 때문에 하나님께 감사하십시오. 하나님께서 우리의 사랑하는 자들을 하늘로 올리셨습니다! 우리가 생각하거나 구하는 것보다 훨씬 높게 그들을 복되게 하셨습니다. 이 피곤한 세상에서 그들을 취하시어 그분의 품에 영원히 안기게 하셨습니다. 주님의 이름이 바로 그것을 뜻한다면, 주님의 이름을 찬미해야 할 것입니다. 고통으로 가득 차고 연약함으로 부서져 내린 지상에 계신 여러분의 늙은 아버지를 지키시겠습니까? 여러분이 그를 영광에 들어가지 못하게 막으시겠습니까? 모든 고통을 안고 있는 사랑하는 아내를 지상에 계속 묶어두시렵니까? 시들지 않는 면류관을 쓰지 못하게 남편을 뒤에서 잡으시렵니까? 먼저 간 여러분의 딸을 둘러싸고 있는 복락에서 다시 딸을 지상으로 끌어내릴 수 있었으면 좋겠습니까? 결코 아닙니다. 우리 자신도 하늘 아버지의 집과 거기에 있는 많은 처소들로 가기를 희망합니다. 그러니 떠난 사람에 관하여, 추수를 기뻐하듯이 주님 앞에서 즐거워합니다. "그러므로 이러한 말로 서로 위로하라"(살전 3:18).

제
42
장
—

위대한 거래

—

"또 천국은 마치 좋은 진주를 구하는 장사와 같으니 극히 값
진 진주 하나를 발견하매 가서 자기의 소유를 다 팔아 그 진
주를 사느니라." — 마 13:45-46

　　상인은 장사에 이익을 남기려고 애를 씁니다. 진주를 취급하든지 곡식을 취급하든지 상인은 노동을 통해서 부(富)를 얻기를 희망하지 않습니다. 그렇게 노동을 통해서 부를 얻기를 희망하는 일은 얼굴에 땀을 흘려야 일용할 양식을 얻는 사람들에게 맡기고, 상인은 머리를 써서 부를 소유하려고 애를 씁니다. 그는 노동보다는 지식을 의존합니다. 또 기술에 의존합니다. 자기가 취급하는 상품에 대한 최상의 지식을 가지고 이익을 남기려고 합니다. 자, 여기 본문에 언급된 상인은 맨 처음부터 그리스도를 추구하는 사람의 모습을 어느 정도 보여주고 있습니다. 그리스도와 그의 구원은 노동을 통해서 벌어들이는 것이 아닙니다. 공로의 결과로 확보되지도 않습니다. 다만 지식을 통해서 그리스도를 모셔야 합니다. 성경에서 뭐라고 말하고 있습니까? "나의 의로운 종이 자기 지식으로 많은 사람을 의롭게 하며"(사 53:11). 자, 많은 사람들이 그리스도를 아는 지식으로 말미암아 의롭다 함을 받습니다. 바로 그 요점은, "전파하는 자가 없이 어찌 들으리요"(롬 10:14)라고 진술된 구원의 체계를 또다른 방식으로 표현하는 것이기도 합니다. 구원의 일은 설교자의 말을 들음으로 시작됩니다. 그런 다음에 그것을 믿는 데로 나갑니다. 그리고 믿음으로 말미암아 구원을 받습니다. 이것이 바로

사실상 지식입니다. — 하나님께서 보내신 사자를 통해서 전달된 지식, 또는 하나님의 말씀으로 말미암는 지식입니다. 들은 지식이요, 들어 믿은 지식입니다. 그와 같이 사람들이 주님을 그런 식으로 알게 되는 것입니다. 주님을 아는 것이 영생입니다. 사람이 그리스도를 알고 이해하여 마음을 그리스도께 드리면 구원받는 것입니다. 상인이 최상의 지식을 통해서 이익을 보려는 모습은, 예수 그리스도의 얼굴에 나타난 하나님의 영광을 아는 지식을 획득함으로 말미암아 구원을 얻는 사람을 전형적으로 보여주고 있습니다. 그러나 이 유추(類推)를 너무 확대하지는 말아야 합니다. 다만 여기 비유에 나오는 상인에 대해서 말하려 합니다. 왜냐하면 여기서 우리는 그리스도가 자기의 모든 것의 모든 것 되심을 알고 그리스도를 부여잡게 된 사람들을 잘 그려주는 그림을 만나기 때문입니다. 우리는 이 상인이 네 가지 일을 하고 있는 것을 주목해 보도록 합시다. 첫째, 찾습니다. 둘째, 발견합니다. 그런 다음 셋째, 팔아 버립니다. 그리고 넷째로, 다시 사는 일을 합니다.

1. 구하고 찾는 상인

우리는 먼저 그 상인이 구하고 찾는 모습을 주목할 것입니다. "천국은 마치 좋은 진주를 구하는 장사(상인)와 같으니."

그 사람은 바로 앞에 나오는 사람과 다릅니다. 앞에 나오는 사람은 우연히 밭에 있는 보화를 발견했습니다. 그 사람은 다른 어떤 것을 찾다가 보화를 만나게 되었습니다. 그 사람은 하나님의 주권으로 말미암아 구원받은 사람입니다. 그 사람은 지금까지 냉담하고 무관심한 상태에 있었음에도 불구하고 하나님께서 주권적인 역사로 말미암아 그를 구원하신 것입니다. 그런데 여기 본문에 나오는 사람은 좀 더 고상한 사람입니다. 그 사람은 더 높은 차원의 지성을 가진 사람입니다. 전혀 다른 정신적인 성향을 지닌 사람입니다. 그는 좋은 진주를 찾고 있습니다. 무엇인가 선한 것을 찾고 있었다는 말입니다. 그는 정확하게 극히 값진 진주 하나만을 찾고 있었던 것은 아닙니다. 처음에 그는 그 값진 진주에 대해서 아는 바가 없었기 때문입니다. 그러나 그가 진주들을 구하다가 결국 극히 값진 진주 하나를 만나게 된 것입니다.

자, 진주를 구하는 그 사람의 모습을 주목해 보십시오. 그는 정신을 차리고 머리를 썼습니다. 그 사람은 무엇인가에 대해서 생각하고 있습니다. 진주에 대해서 생각하고 있습니다. 마음이 그 일에 사로잡혀 모든 정력이 거기에 쏟아집니다. 그의 모든 생각도 값진 보석을 향하고 있습니다. 오! 우리가 사람들을 일깨워 생각의 기능을 바르게 활용하게 할 수만 있다면 얼마나 좋겠습니까. 그래서 그들이 자기들의 생각을 통제하고 규제하고 조정할 수 있으면 얼마나 좋겠습니까! 그러나 생각하는 것은 대다수의 사람들이 전혀 좋아하지 않는 일이기도 합니다. 그들은 하찮은 일에 마음을 빼앗기고 있습니다. 우리는 그들로 하여금 어느 것에 대해서 깊이 생각하게 만들 수가 없습니다. 사람들이 소설을 읽는 일에는 그렇게 열정적으로 재미를 느끼면서 매우 흥미 있는 참된 역사(歷史)를 읽는 일은 드물고, 그러면서도 즐겁게 시간을 보내는 일은 훨씬 더 잘하는 이유가 무엇입니까? 사람들의 사고가 형편없기 때문입니다. 상사병이 난 하녀의 바보스러운 이야기가 사람들을 사로잡아 시간 가는 줄 모르게 만듭니다. 그러나 견실하고 알 만한 가치 있는 것이 사람들의 천박한 두뇌에는 별로 매력을 주지 못하는 것 같습니다. 많은 사람들의 지성이 전혀 기능을 발휘하지 못합니다. 손으로 열심히 일하는 사람들은 적지 않습니다. 몸을 많이 써서 병에 걸린 사람들도 많이 있습니다. 그래서 그러한 사람들은 많은 것을 생각할 수가 없습니다. 또 어떤 사람들은 자기 시간을 아무렇게나 보내며 삶을 소진시켜 보냅니다. 그래서 결국 생각을 열심히 할 수 있는 준비가 전혀 되어 있지 않는 사람이 되고 마는 것입니다. 그들은 게으르고 나태합니다. 그들의 영혼 속에 마르고 썩은 부패 덩어리가 들어 있습니다. 그들의 두뇌가 작용하지 않습니다. 언제나 나태함과 수동적인 사고에서 살아가는 것 같습니다. 오! 사람들이 지혜롭게, 사려 깊게 생각할 수만 있다면! 매우 지성적이고 사려 깊은 회중들에게 설교할 수 있는 설교자는 얼마나 복됩니까. 한 움큼 좋은 씨앗이 잘 준비된 밭고랑에 떨어지면 풍성한 수확을 거두게 될 것임을 기대해야 합니다. 이 상인의 지성은 일깨움 받았습니다. 그 전에 그에게 무슨 일이 있었던 것입니다.

그가 확정된 분명한 목적이 있었다는 것이 또한 확실한 사실입니다. 그는 진주를 찾고 구하는 일에 몰두하였습니다. 진주를 뒤져서 찾는 일이 인생의 목적이 되었습니다. 만일 여러분이 그런 사람을 만나서 "무엇을 찾고 있느냐?"라고 묻는다면, 그는 대번에 "좋은 진주를 찾고 있어요. 당신은 제게 팔 좋은 진주가 없나요?"라고 대답할 것입니다. 그 사람은 대답할 준비가 언제나 되어 있었을 것입니다. 여러분은 많은 사람에게 "무엇을 위해서 사나요?"라고 묻는다면, 많은 사람들은 자기 사업이나 직업이 어떠하게 될 것에 대해서 말할 것입니다. 그러나 그 사람을 다그쳐서 "인생의 제일 되는 목적이 무엇인가?"라고 묻는다면, 즐기기 위해서 살고 있다고 말하기는 꺼려할 것입니다. 자신의 쾌락을 추구하는 삶을 공개하고 싶지 않습니다. 또는 자기가 행운을 부지중에 잡은 것을 생각하고 있다고 말하기도 꺼려할 것입니다. 그 사람은 여러분의 질문에 대답할 방법을 거의 알지 못할 것입니다. 많은 젊은 사람들이 그러한 상태에 빠져 있습니다. 그들은 분명한 목적이 없습니다. 만일 선장이 자기가 항해하여 도착하려는 항구를 알지 못하면 좋은 선장이 되지 못합니다. 젊은이여, 그대가 초신자로 시작하여 무엇을 많이 아는 사람으로 발전한다 할지라도 분명한 목적과 목표를 가지지 못한다면 가련한 인생밖에는 만들지 못합니다. 그러므로 여러분 자신에게 말하십시오. "나는 오직 두 가지를 위해서만 살 수 있다. 하나님을 위해서 살든지, 마귀를 위해서 살든지. 내가 이제 어느 편을 택해야 할 것인가?" 여러분의 생각을 정한 목표에 분명하고 확고하게 고정시키십시오. 엘리야가 "여호와가 만일 하나님이면 그를 따르고 바알이 만일 하나님이면 그를 따를지니라"(왕상 18:21)고 백성들에게 다그쳤던 것과 같은 담대한 심정으로 여러분에게 말씀드리고 싶습니다. 만일 세상과 육체와 마귀가 섬길 만한 가치가 있는 것이라면, 그것들을 섬겨서 감각주의로 일관된 삶을 살아가십시오. 또한 여러분이 무엇을 목표하는가를 스스로 뚜렷이 인식하고 있어야 합니다. 그러나 만일 하나님께서 섬김을 받으실 만하고 또한 여러분의 영혼을 위해서 살 가치가 있다면 그 방향으로 나아가십시오. 그러나 이 세상을 살아가면서 자신을 추구하며 자기에게 "자아여, 그대 자신을 위해서 살라"고 부추기지는 마십시오. 분명한 목표와 목적을 가져야 합니다. 그렇지 않으면 여러분의 생명력이 소진될 것이고, 여러분이 부지런하게 일하는 날들이 아무런 의미 없이 허비되고 말 것입니다.

다음으로, 이 상인은 결코 흔해빠진 목적을 갖지 않았습니다. 다른 사람들은 벽돌이나 돌이나 곡식류나 재목들을 구하기 위해 나설 수 있었습니다. 그러나 그 사람은 진주를 구하기 위해서 길을 떠났습니다. 그는 진주를 구하는 상인이었습니다. 그는 보통의 바다 진주를 구하기 위해서 길을 떠나거나, 스코틀랜드 강에서 채취할 수 있는 진주를 구하기 위해서 나선 것이 아니라, 최상의 진주들을 구하러 나섰습니다. 그는 높은 목표를 가졌습니다. 그는 진주 상인으로서는 높은 목적을 가졌다는 말입니다. 그는 훌륭한 일을 해내기 위해서 출발하였습니다.

저는 하나님께 구하고 싶습니다. 아직도 그리스도를 만나지 못한 이들이라도 충분한 상식을 갖게 되고, 하나님의 은혜로 감화를 받아 이렇게 말하게 하시옵소서. "무언가 좋은 것을 위해서 인생을 영위할 것이다. 내 인생은 결코 사소한 것으로 끝나지 않게 할 것이다."

> "모든 위대한 사람들의 생애에 감동받아
> 우리 모두 '나도 내 삶을 고상하게 만들 수 있다'고 생각하게 하소서."

젊은 사람은 이와 같은 목표를 가지는 것이 좋습니다. "나의 삶 역시 고상할 것이다. 나는 사소하고, 하찮은 목적을 추구하지는 않을 것이다. 결코 썩어 없어질 취향에 내 자신을 드리지 않을 것이다. 내 자신의 양심에 떳떳한 것을 추구할 것이다. 내가 죽음에 이르게 될 때 잘했다고 생각할 만한 그 일을 하고 싶다. 저 다른 세계에서도 내가 한 일을 생각해 볼 때 정말 값어치 있는 것으로 판단을 받을 만한 것을 하고 싶다." 젊은 상인이여, 만일 그대가 사업을 시작하려고 한다면, 좋은 진주를 구하는 것과 같은 장사를 하도록 권하는 바입니다. 진리를 추구하십시오. 명예와 평강과 절제와 사랑과, 자신에게 좋고 참되고 바른 것을 구하십시오. 저는 이름 모르는 그대에게 이러한 것들을 어디서 얻을 수 있는지 말씀드리겠습니다. 그러나 지금은 정직하고 선한 평판을 가진 모든 것을 향한 건전한 야심을 가지라 깨우치며, 자기 양심이 권하는 바를 마음을 다하여 소원하라고 촉구하는 것으로 만족하겠습니다.

이렇게 그 상인은 진주를 구하러 길을 떠났고, 부지런히 좋은 진주들을 찾았습니다. 그 상인은 정말 좋은 진주들을 찾고 있었습니다. 그는 가게를 열어 놓고, "누구든지 진주를 가져오면 진주를 사겠소."라고 써놓지 않았습니다. 그는 진주들을 구하여 여기저기 다녔습니다. 저는 그 사람이 얼마나 긴 여행을 했는지는 모르겠습니다. 그러나 동방의 상인들은 정말 엄청난 거리를 여행하곤 했습니다. 러시아의 남부 지방에 가면 니즈니 노프고로드(Nijuni-Novgorod)라는 곳에서, 자기가 원하는 것을 위해서 지구를 온통 돌아다닌 상인들을 만날 수 있습니다. 그들은 항상 철길을 따라 여행한 것은 아닙니다. 어떤 경우에는 걸어서 먼 길을 가 마음으로 생각해 놓은 물품을 획득하기도 했습니다. 그들이 긴 거리를 여행하는 것을 보면 아무런 목적도 없는 것처럼 보일 수도 있습니다. 아! 사람이 고상한 목적을 세워 놓고, 죽기 전에 "나는 내 동료들에게 옳고 참되며 유익한 것을 성취하겠다"고 말한다고 합시다. 그러면 그 사람은 자기 동료들을 당황하게 만들 고난들을 만날 것입니다. 나는 하나님께 기도합니다. 그런 사람들이 인내심을 가지고 그 목적을 이루어 나갈 수 있게 하나님께서 은혜를 주십사고 말입니다. 그리고 그 사람은 말합니다. "정말 배울 만한 좋은 것이 있습니까? 나는 배우려 합니다. 내가 그것을 배우기 위해서 어떤 대가를 치른다 하더라도 그 대가와 수고를 달게 받겠습니다. 머리가 아프고 마음이 아프다 할지라도 경험을 사고 밤에 등불을 밝히고 공부하는 수고를 들이더라도 그것을 배우려 합니다. 만일 어떤 것이 참되고 선한 가치가 있어서 그 일을 해야 한다면 나는 어떠한 어려움도 감내할 것입니다. 왜냐하면 나는 지금 좋은 진주를 구하고 있기 때문입니다."

그 사람이 좋은 진주를 구하고 있을 때, **또한 분별력을 사용하고 있었다**는 것입니다. 우리가 매우 부지런하고 마음속에 강렬한 욕구가 가득할 때, 쉽게 속아넘어갈 위험에 처하게 됩니다. 그러나 좋은 진주를 구하는 이 사람은 진주의 성질을 잘 알지 못하는 부인네와 같지 않았습니다. 진주를 만나면 그 진주의 품질을 금방 알아차렸습니다. 그는 진주의 특성을 알고 있었고, 가치를 알고 있었습니다. 어디에 흠이 있는지, 부드러운 빛을 내고 있는지, 아니면 진주가 금방 채취된 것인지 아닌지를 알아보았습니다. 가짜 진주와 진짜 진주를 구별할 수 있었습니다. 그 사람은 정말 좋은 진주를 구하는 상인이었습니다. 그렇습니다. 사랑하는 친구여! 저는 하나님께 기도합니다. 여기에 있는 어느 형제 마음속에 바르고 참된 것을 위해 살 마음을 하나님께서 넣어 주시면 하나님께서 대단히 큰 분별력도 주시기를 기도합니다. 세상에는 유사한 것들이 많습니다. 그리고 참으로 선하다고 해서 덥석 잡은 것이 나중에 보면 하나의 그림자에 불과한 경우들이 있습니다. 그냥 진주들만을 구하지 말고 좋은 진주들을 구하십시오. 좋은 진주를 위해서 나아가십시오. 극히 좋은 진주를 발견하기 위해서 여러분 자신의 영혼을 기울이십시오.

분명히 이 상인은 비교적 온건한 기대감을 가지고 그 일을 시작하였습니다. 그는 진주를 구하고 있었습니다. 그 진주들은 크기나 순도에 있어서 어느 정도 훌륭한 요소를 띠고 있어야 합니다. 그는 좋은 진주들을 많이 살 수 있으리라는 분명한 기대를 하고 있었습니다. 그가 찾는 것은 바로 좋은 "진주들"(원어상 복수로 되어 있습니다)이었습니다. 그는 황제의 몸값에 해당할 거대한 진주를 발견하는 엄청난 행운을 얻을 것이라는 생각을 한 적이 없습니다. 그러한 진주를 찾아다니지 않았습니다. 물론 그런 식의 희망이야 있었겠지요. 어떤 사람이 "큰 진주를 찾고 싶습니까?"라고 물었다면, 그는 "글쎄요 작은 진주 여러 개보다 큰 진주 하나를 찾는 것이 훨씬 낫겠죠"라고 말했을 것입니다. 그러나 그는 거의 기대하지 않았습니다. 그래서 그는 그것을 찾으려고 애쓰지 않았습니다. 다만 자기가 가는 길에서 그와 같은 것을 만나면 그것을 취하겠다는 충분한 자세는 가졌습니다. 사랑하는 친구들이여! 그와 같이 저는 한 부류의 사람에 대해서 말하고 있습니다. 여기에 한 부류의 사람을 대표할 수 있는 이들이 있기를 희망합니다. ― 그 사람들은 참되고 선한 것이면 무엇이든지 갖고 싶어 하는 사람들입니다. 그 사람들은 모든 일에 절제합니다. 그들은 정말 더럽혀지지 않은 깨끗한 성품을 갖고 싶어 합니다. 제 자신도 그러한 소원을 가진 적이 있었습니다. 물론 처음에는 그러한 삶이 나 같은 사람에게는 허락되지 않을 것이라고 아주 멀리 떨어져 있는 것처럼 생각하였습니다. 주님을 알기 전에 늘 이렇게 생각했었죠. '내가 부정직한 것에서 멀리 벗어날 수만 있다면, 거짓말을 하지 않는 사람이 될 수 있다면, 악한 심령을 버릴 수만 있다면, 바른 마음과 참된 마음을 가질 수만 있다면 얼마나 좋을까.' 제가 원하는 진주들은 바로 그러한 것들이었습니다. 저는 이 모든 사소한 진주들을 포함하고 훨씬 더 좋은 것들을 내포하는 어떤 것을 발견할 수 있다는 것을 알지 못했습니다. 그럼에도 불구하고 마음속에 그와 같은 바람이 여기 어떤 젊은이에게 일고 있다면 아주 좋은 일입니다. 나이든 사람의 마음속에도 그와 같은 심정이 일어나기 바랍니다. 만일 지금까지 큰 가치가 있는 진주를 발견한 적이 없다 하더라도 나이드신 분에게 그와 같은 일이 일어나기를 바랍니다.

이렇게 저는 그가 구하고 있을 동안 어떠한 정신 자세를 가지고 있었는지를 말씀드렸습니다. 그와 같은 종류의 사람이 오늘 여기 이 회중 속에 와 있는지 잘 모르겠습니다. 아마 그 사람이 남자가 아니라 여자 상인일 수도 있습니다. 자주 장사 루디아는 의심할 여지 없이 아주 호감을 주는 여자 상인이었을 것입니다. 우리가 지금 말하고 있는 신성한 거래에 있어서도 남자와 여자의 차이가 없습니다. 사랑하는 형제 여러분, 여러분은 아직 주님을 알지는 못합니다. 그러나 탁월한 모든 것을 찾기를 소원하고 있습니다. 그런 일은 애쓰면 애쓸수록 좋습니다.

2. 이 사람의 발견

우리는 한 단계 더 나아가서 이 사람의 **발견**을 살펴봅시다. 그 사람은 어느 곳에서나 좋은 진주를 만나면 사고 있었습니다. 가는 곳마다 사람들에게 어떤 진주를 가지고 있느냐고 물어 보았습니다. 그는 뒷골목에 들어가고 또는 도시의 빈민가에도 들어갔습니다. 또 옛적 유대인들도 만나서 진주를 구하기도 하였습니다. 도시의 지저분한 곳에 살고 있는 유대인들을 찾았던 것입니다. 그들이 어떤 진주를 가지고 있는지 알아보고 싶었습니다. 아침에도 진주, 한낮에도 진주, 밤중에도 진주, 곧 좋은 진주만을 구하려 다녔습니다. 그가 묵고 있는 방의 창 밑에서 어느 사람이 "진주요!"라고 소리지르면 그는 그 진주를 얻기 위해서 재빨리 층계를 내려갔을 것입니다. 그는 진주를 얻기 위해서 애를 썼습니다. 그러다가 보리라고는 기대를 하지 않았던 한 진주가 눈이 번쩍 띄게 되었습니다. 그 진주는 그가 구하는 것보다 훨씬 좋은 것이었습니다. 아! 저는 하나님께 기도합니다. 여기에 나오신 분 가운데 옳은 것을 찾는데 마음을 기울이는 사람들이 그리스도를 발견하게 해주십사고 기도드립니다. 그리스도께서는 다른 어디에서 볼 수 없는 절제와 의와 박애의 정신을 가지고 계시는 분이십니다. 오! 그런 사람들이 진리의 주님을 만나게 하옵소서. 주님의 교리는 완벽한 거룩함과 영원한 생명에 관한 것입니다. 그런 사람들이 만나리라고 기대했던 것보다 더 놀라운 것이 바로 주님의 교리입니다. 그러나 그런 사람들이 그런 교리를 발견하게 될 때 그 사람들이 얼마나 기뻐하게 될까요?

어느 사람이 좋은 진주를 구하는 길에 있었다면 바로 그 사람이었을 것입니다. 그 사람은 좋은 진주들을 구하고 있었습니다. 바로 그 진주 하나만을 구하고 있지는 않았습니다. 그 사람은 진주를 구하는 길에 들어서 있었습니다. 그래서 그는 어느 사람보다 최상급 진주를 발견하기 쉬운 위치에 있었습니다. 옛적에 한 성도가 "길을 가다가 주께서 그를 만나셨다"(출 4:24)고 말합니다. 오! 만일 그대가 옳고 진실하고 선한 것을 구하는 소원을 가지고 있다면, 주 예수님께서 그대에게 자신을 나타낼 것임을 확신합니다. 그래서 그대는 "바로 내가 찾던 그것이 여기에 있다. 나는 이제까지 만나려고 애타 갈망하였다. 그런데 그것이 여기에 있구나!"라고 말하게 될 것입니다.

이 발견은 이 상인에게 있어서 **주목할 만한** 일이었습니다. 그는 좋은 진주들을 만난 것이 아니었습니다. 그는 훨씬 더 좋은 진주 하나를 만났습니다. 그에게 있어서 이 진주는 그가 찾고 다니던 작은 모든 진주들을 다 포함하였습니다. 그 사실을 말하십시오. 모든 사람이 알게 그것을 말하십시오. 발 아래 있는 좋은 모든 것, 참되고 바르고 사랑스럽고 인자한 모든 것, 선한 소문이 나 있고 하나님 앞에서 장려할 만한 모든 것, 사람들 중에서 칭찬받을 만한 모든 것이 바로 주 예수 그리스도의 교훈 속에서 발견됩니다. 그리고 그것이 우리에게 주어지고 우리 속에서 작용할 것입니다. 우리가 그분에게 자신을 복종시키고 그분을 우리의 모든 것의 모든 것 되시는 분으로 여길 때 그러한 역사가 일어납니다. 그가 그리스도인으로서 온전한 자라면, 그는 그 한 분 속에서 모든 선한 것을 가진 셈입니다. 만일 철학자들이나 현자들이 칭찬하고 선양했던 것이 있었다면 구주의 모범 속에서 발견될 것이고, 그분은 우리에게 은혜를 주시어 우리 안에서 그 본이 나타나게 하실 것입니다.

　그처럼 이 사람은 이 하나 속에서 **모든 것**을 얻었습니다. 저는 이 진주가 얼마나 가치를 가졌는지 모릅니다. 그 진주의 가치는 밝혀지지 않았습니다. 다만 자기가 가진 모든 것을 들어서 살 만한 가치를 가진 진주였다는 것은 압니다. 그는 가서 자기가 가진 모든 것을 팔았습니다. 오직 진주를 사기 위해서 말입니다. 그는 분명히 자기가 이전에 구하였던 모든 진주들을 다 합해도 그 진주의 가치만 못하다고 생각했습니다. 만일 그 한 진주를 사려고 자기의 모든 것을 다 허비해 버렸다면 이후로 더 작은 진주들을 찾아다니는 일은 포기했어야만 했을 것입니다. 이제 그에게는 다른 진주들을 살 만한 자본이 없었기 때문입니다. 그러나 그 진주 하나가 다른 모든 진주를 합한 것보다 가치가 있다고 생각했습니다. 자기가 가진 모든 것을 다 들여서 그것을 사도 손해 보지 않는다고 생각했던 것입니다. 그렇습니다. 저는 여러분에게 보증합니다. 그 사람은 그 진주의 가치를 자기가 가진 모든 것들을 합한 것보다 훨씬 더 크게 생각했던 것입니다. 만일 그 진주의 가치가 그 값보다 열 배 이상이라고 생각하지 않았다면 그것을 사기 위해서 자기가 가진 모든 재산을 팔지는 않았을 것입니다. 자기가 진주를 사기 위해서 자기가 가진 모든 소유를 다 들인다 할지라도 자기에게는 행운이요, 자기의 것을 인색하게 지키는 수전노보다 훨씬 더 부유해질 것이라 생각하지 않았다면 그렇게 하지 않았을 것입니다. 그러한 것들을 거래하는 상인들이 흥정할 때 확실하게 값을 매기는 방식이 바로 그것입니다. 한 사람이 그리스도를 만나면 그리스도를 얼마나 존귀하게 여기는지 모릅니다. 그러나 저는 이 점을 확실히 합니다.

그리스도인이 자기의 주를 일단 만났을 때 그 밖에 모든 세상은 아무것도 아닌 것처럼 여겨진다는 것을 말씀드립니다(빌 3:8). 그리스도인은 "내가 그리스도를 모시다니!"라면서 감격해합니다. 그러나 그 사람은 자기 영혼에 하나님의 그리스도께서 얼마나 말할 수 없이 사랑스러운 분이신지 제대로 표현할 말이 없습니다.

이 발견에 관해서 우리가 다음으로 주목해야 하는 요점은, 그 진주를 발견한 사람이 그 진주를 소유하겠다고 결심한 사실입니다. 그 사람은 극히 값진 진주를 사느냐 마느냐 망설이지 않았습니다. 만일 그 사람이 좋은 진주들을 찾느라고 정직하게 애를 쓰면서 돌아다니지 않았다면 값 때문에 망설였을 것입니다. 그러나 진주를 찾으러 다닌 사람이기 때문에 진주를 만나자마자 그는 말했습니다. "그 진주를 사야겠다. 작은 진주들은 다른 사람들이 가지게 할 수는 있지만 이 진주만은 내가 가져야겠다." 주님께서 인간의 지성으로 하여금 이 사실을 인식하게 하시는 것은 참으로 놀라운 일입니다. "나는 그리스도 안에 내가 원하는 모든 것이 있음을 안다. 내 죄를 용서하심과, 내 본성이 정결하게 되는 것과, 내 성격을 통제하면서 나로 하여금 하늘나라에 완전히 부합하게 하는 모든 은혜들이 그리스도 안에 있음을 나는 안다. 그리스도 안에 내가 원하는 모든 것이 있다. 그러니 나는 그리스도를 모셔야겠다. 나는 정말 그리스도를 정말 모셔야겠어. 자 어떤 대가가 지불되더라도, 그리스도를 모시는 것이 어떠한 대가를 요구한다 할지라도 나는 정말 그리스도를 모셔야겠다. 나는 그리스도를 정말 모시고야 말겠다."

자, 이 비유가 그 점을 많이 말하고 있지는 않지만, 정말 명백한 것은 이 사람이 흥정하고 있는 그 당사자가 기꺼이 진주를 팔려고 한다는 사실입니다. 그러니 극히 값진 진주 하나를 만났을 때 그것을 샀습니다. 만일 진주를 갖고 있는 사람이 그것을 팔 의향을 가지고 있지 않았다면 그 사람은 그 진주를 사지 못했을 것입니다. 그러나 주님께서는 인자하심으로 그분의 은혜를 팔지 않으시고 거저 주십니다. 주님께서 그분의 은혜를 나누어 주는 방식을 파는 것으로 비유적으로 묘사하고 있습니다. 만일 여러분이 그리스도를 원하면, 그리스도를 모실 수 있습니다. 주님께서 정해 놓으신 조건을 이행할 의향만 있다면 말입니다. 이 점에 대해서 이제 말씀드려야겠습니다. 만일 여러분이 극히 값진 진주를 소원한다면 오늘 밤 그 진주를 여러분의 것으로 소유하지 못할 이유가 전혀 없습니다.

만일 지금 여러분이 "만물 중에 제일 되는 분" 또한 "전적으로 사랑스러운 분"을 만나 그분 없이는 행복해질 수 없을 정도로 그분을 높이 평가한다면, 그분이 대번에 여러분의 운명이 될 것입니다. 만일 여러분이 그리스도에 대하여 듣고 여러분이 여러분의 영혼 전체를 드려서 그분을 소원하며, 그리스도께서 나의 소유가 되기 전에는 이 예배당을 떠나지 않겠다고 말할 의향이 있다면, 여러분이 이 값없이 베풀어지는 은혜를 얻지 못하게 할 어떤 방해도 존재하지 않습니다. 오! 하나님 아버지께서도 이후 영원토록 독생자 아들 예수님을 그대의 진주로 삼도록 허락하십니다.

3. 자기에게 있는 모든 것을 내다 파는 사람

자, 이제까지 이 상인을 좋은 진주들을 구하고 찾는 사람으로 설명하였으니, 이제는 이어서 그가 자기에게 있는 것을 판 일에 대해서 설명해야겠습니다. 그 사람은 자기에게 있는 모든 것을 팔았습니다. 지금 가지고 있는 모든 것은 오랜 동안 애를 써서 모은 것입니다. 그리고 틀림없이 그는 그 소유가 쌓여 가는 것을 보고 퍽 기뻐했을 것입니다. 그러나 이제 그는 파는 데서 즐거움을 맛보고 있습니다. 그는 어떤 사람에게 "내 농장을 사세요. 와 보시고 사세요"라고 말하였을 것입니다. 그랬더니 다른 사람이 말합니다. "글쎄, 내가 농장을 살 필요가 있는지 잘 모르겠네요." "그래도 한번 흥정해 봅시다. 내가 돈이 필요해요, 돈이!" 그 사람은 집에 있는 가구들도 내놓습니다. 이 물건 저 물건을 내놓습니다. 모든 것을 깨끗이 다 팔아 치워야 합니다. 정말 신속한 거래가 이루어졌습니다. 그에게는 돈이 있어야 합니다. 그 모든 것을 내다 팔아서 그 진주를 사야 할 판입니다. 물론 그 사람이 아무에게도 자기가 그렇게 하는 이유가 무엇인지 말하지 않았을 것입니다. 그렇지만 그 진주가 머릿속에 있었고, 마음속에 있었습니다. "모든 것을 다 팔아야 한다." 그가 전에 그것을 얻을 때 가졌던 즐거움보다 모든 소유를 없애는 데서 더 큰 즐거움을 느끼고 있습니다. 자기가 알아 놓은 값진 진주를 사기 위해서 모든 가산을 팔아야 합니다. 그 모든 가진 것들을 버려야 합니다. 그 진주를 사야 하기 때문입니다. 자, 그렇습니다. 예수 그리스도를 소유해야 합니다. 그러나 만일 그리스도를 자기 주님으로 부르려면 포기해야 할 것이 대단히 많습니다.

어떤 사람은 "그러면 내가 무엇을 포기해야 한다는 말입니까?"라고 반문할 것입니다. 좋습니다. 오늘 밤, 옛 선입견들 전체를 다 팔아야 합니다. 예수님 안에 있는 진리가 어떤 사람의 생각에 들어올 때, 때로 그 사람은 진리를 쫓아 버립니다. 왜냐하면 그것이 자기가 어렸을 때부터 배워왔던 것과는 전혀 다르기 때문입니다. 우리 부모들의 신앙을 따르는 것이 더 낫다고 생각하는 것입니다. 만일 여러분이 남아프리카의 호텐토트 사람이었다면 어떤 물신(物神)을 숭배했을 겁니다. 힌두교 가정에서 태어났었다면 그 이론에 따라서 크리슈나 신을 숭배했을 것입니다. 그러나 한 사람이 다음과 같이 말한다면 그건 정말 하나님의 크신 자비입니다. "나는 이제 하나님의 아들 예수께서 그를 믿는 죄인들을 위해 죽으셨음을 알았다. 나는 이제 그분을 믿고, 구원받을 것임을 알았다. 내 믿음에 따라서 새 성품을 받게 되었고, 성령으로 말미암아 거듭날 것이다. 그리고 이후로 그리스도의 제자와 종이 될 것이다. 나는 그것을 행하련다. 내가 항상 들어 왔던 모든 것과는 정반대가 되는 것이다. 나는 이제까지 내 선한 행실이 나를 구원한다고 생각해 왔다. 성례들에 은혜가 있다고 들어 왔다. 그러나 나는 하나님께서 그 말씀 속에서, 구원은 그리스도를 믿음으로 말미암아 주어진다고 가르치는 것을 알게 되었다. 이제 나는 그 구원을 소유할 것이다. 나는 나의 모든 편견을 팔아 치울 것이다. 그 모든 것은 나를 떠나갈 것이다."

그 다음에 여러분 자신의 의(義)를 팔아 치워야 합니다. 여러분의 의는 그렇게 값나가는 것이 아닙니다. 그런데 여러분은 그것을 훌륭한 것으로 생각하고 있다고 저는 감히 말씀드립니다. 이제까지 여러분은 자신이 매우 선한 사람이었다고 생각해 왔습니다. 자신에 대한 평가는, 모든 계명들에 대해서 "내가 어렸을 때부터 이 모든 것을 지키었나이다."라는 식입니다. 예배당에 가서 예배에 참석하는 것은 좋습니다. 또 크리스마스 날에 특별 기도회에 참석하는 것도 좋습니다. 또 성(聖) 금요일의 기도회에 참여하는 것도 좋습니다. 그리고 성찬식(聖餐式)에서 나누어 주는 작은 떡을 먹는 것도 좋습니다. 여러분은 자신이 꽤 괜찮은 상황에 처해 있다고 생각합니다. 그러나 친구여, 여러분이 그처럼 자랑하던 그 의는 좀먹은 의입니다. 그 의를 팔아 치워야 합니다. 그것을 버려야 합니다. 왜냐하면 어떤 사람도 자신의 의를 신뢰하는 한 그리스도의 의로 말미암아 구원받을 수 없기 때문입니다. 그 모든 것을 팔아 치우십시오. 더러운 옷과 같은 여러분의 모든 의를 팔아 버리십시오. 아무도 여러분의 의를 살 사람이 없음을 기억하십시오. 분명히 말해서 여러분의 의는 지극히 더러운 옷 가운데도 끼지 못하는 옷입니다. 왜냐하면 가장 더러운 옷보다 더 악한 것이 인간의 의(義)이기 때문입니다.

이제까지 자랑할 만한 것으로 떠벌렸던 다른 모든 것들을 다 제거해야 합니다. 여러분은 그처럼 많은 것을 알고 있습니다. 여러분이 알고 있는 것을 팔아 치우는 것이 좋습니다. 사람이 어린아이와 같이 되지 않으면 하늘나라에 들어갈 수 없기 때문입니다. 자신은 다른 사람과 다른 부류라서 보통 다른 사람의 차원에 떨어질 수 없다고 스스로 상상합니다. 왜냐하면 자기는 큰 의지력을 가지고 있어서 자기의 방식을 따라서 밀고 나가면 천국에 들어갈 수 있다고 생각하기 때문입니다. 그 작은 기만을 제거해야 합니다. 여러분의 의지력이라고 하는 것은 여러분 자신의 연약함이 될 것입니다. 우리가 약한 바로 그때에 그리스도 안에서 우리가 강해질 수 있습니다. 그렇게 속고 있는 것에 만족하시겠습니까? 여러분의 모든 선입견과 여러분의 옛 의를 다 팔아 치우렵니까? 어서 하십시오! 그 모든 것을 떠나보내겠습니까, 아니면 여전히 가치 있는 것으로 생각하며 미련을 두겠습니까? 그 모든 것을 다 버리십시오. 그러한 것은 다 분토에 불과합니다. 그러한 것들을 버리자마자 더 좋은 것이 오는 것입니다. 그때에야 진주를 살 수 있습니다. 그러기 전에는 진주를 살 수 없습니다.

아, 어떤 이들은 자기의 즐거움, 죄악적인 즐거움이라고 부르는 것을 대단히 많이 포기해야 할 것입니다. 반면에 우리에게 정직하고 정말 유익이 되는 즐거움을 우리가 모른다고 부인할 이유가 전혀 없습니다.

> "종교란 우리의 즐거움을 덜하게 하려고
> 의도된 것이 전혀 아니로다."

참된 종교인 그리스도를 믿는 믿음은 우리의 즐거움을 더욱 크게 만듭니다. 그러나 죄의 냄새가 나는 것이면 그것이 아무리 즐거워도 버려야 합니다. 자, 와서 그 모든 것을 파시겠습니까? 반역한 무리들 속에 섞여 있는 것, 게으름에 따라서 행하는 모든 것, 육체의 비열한 정욕을 만족시키는 일과 관련한 모든 것 ― 그 모든 것을 그리스도를 위해서 포기할 수 있습니까? 포기할 수 없으면 물론 그 값진 진주를 살 수 없습니다. 만일 여러분이 세상을 가져야 한다면 결코 그리스도를 모시지 못할 것입니다. 죄를 쫓아다니면서 즐거움을 느낄 수 있다면, 여러분은 여러분의 아비 마귀에게 속한 자입니다. 그의 행사를 여러분도 행하고 있는 것입니다. 그러니 그 모든 것으로부터 빠져 나오십시오. 그 모든 것을 포기하십시오. 그것을 여러분의 등 뒤로 던지십시오. 값진 진주를 사기 위해서는 모든 것을 팔아야 합니다.

　　때로 어떤 경우에서는 자기 동료들의 높은 평가로부터 받은 영예와 삶의 만족을 상당히 버려야 합니다. 이런 생각이 들겠죠. '내가 그리스도를 믿으면 그들이 나를 비웃을 것이다.' 자, 여러분은 그리스도를 위해서 그 작은 칭찬을 버릴 수 없습니까? '만일 내가 진실한 그리스도인이라면 온갖 비방을 듣게 될 것이다.' 그렇게 하십시오. 그리스도를 위해서 사람들의 갈채를 포기할 수 없습니까? 오십시오. 여러분이 그리스도 앞에서 행실이 바르고 동기가 순수하다면 개들이 여러분의 특성을 갈가리 찢어 놓더라도 내버려 두십시오. "아! 나는 그것이 무엇인지 안다. 만일 내가 철저하게 진실한 그리스도인이 된다면 사회에서 정말 냉대를 받게 될 것이다. 아무개 부인이 있는데 나는 그녀를 대단히 존중한다. 그래서 나는 어떤 이유에서도 나에 대한 그녀의 좋은 평판을 잃고 싶지 않다. 그러나 이제 내가 진정한 그리스도인이 된다면, 그녀는 나를 알아주지 않을 것이다." 자, 여러분은 그것을 저울에다 놓고 "그 모든 것을 버리자, 그 모든 것을 팔자, 진주를 사기 위해서"라고 말할 수 있습니다. 그리스도 때문에 사람들 앞에서 우스갯거리가 되는 것을 부끄러워하는 사람은 그리스도를 귀하게 여기고 있지 않는 사람입니다. 그리스도와 함께 감옥에도 가고 죽는 데도 같이 가기를 부끄러워하는 사람은 그리스도를 존귀하게 여기지 않는 사람입니다. 우리는 그분을 사랑하되, 그분을 위해서 비난받는 것을 명예로 여길 정도로 사랑해야 합니다. 모세가 그리스도를 위하여 받은 능욕을 애굽의 모든 보화보다도 더 큰 재물로 여겼듯이 말입니다.

　　"그렇습니다. 여러분은 아주 충분하게 제거하였습니다." 그러나 이 진주를 찾아다니는 사람은 자기가 가진 모든 것을 팔았습니다. 그런데 여러분은 남은 것이 조금 있습니다. 미래에 대한 전망은 조금 남겨두었습니다. 여러분이 그리스도인이 된다면, 여러분은 자신의 옛 성품과 결별하게 될 것입니다. 여러분이 이러이러한 장소에 가서 복음을 듣는다면, 여러분은 현재의 처지에서 쫓겨나기가 아주 쉬울 것임을 여러분은 압니다. 그래서 어떤 사람은 "하지만 우리는 반드시 살아야 해요."라고 말합니다. 제 마음에는 꼭 그래야 한다고 생각되지는 않습니다. 우리가 죽어야 한다는 것은 알고 있습니다. 그러나 "반드시 사는 것"에 대해서 그렇게 확실하게 느껴지지 않습니다. 언제까지나 불명예스러운 일을 하 느니 차라리 죽는 것이 한결 낫습니다. 만일 예수 그리스도께서 우리의 구주시 라면 우리는 가장 좋은 전망도 기꺼이 버릴 마음을 가져야 합니다. 이 세상에서 우리에게 성공을 약속하는 것처럼 보이는 모든 것도 우리의 계산에 있어서는 두 번째 부류에 속하여야 합니다. 우리는 무엇보다 먼저 하나님의 나라와 그 의를 구해야 합니다. 아! 때로는 오랫동안 갈망하였던 사랑도 그리스도를 위해서 떠 나보내야 합니다. 그렇게 자기에게 즐거움을 주었던 부류의 사람들도 그리스도 를 위해서 포기해야 합니다. 그러한 모든 것을 하고도 아직 충분하지 않습니다. 그리스도를 모시는 자는 자신과 자기의 모든 것을 다 그리스도께 드려야 합니 다. 내 영혼 속에서 나의 인격과, 내가 가진 모든 것을 그리스도께 드려 영원토록 그리스도의 소유가 되게 하지 않았다면 내가 진정 그리스도의 제자인지 의심해 야 합니다. 그리스도께서는 우리를 값 주고 사셨습니다. 우리가 한 팔과 한 눈과 한 발과 마음의 반쪽만을 그리스도께 드리는 것은 결코 합당치 못합니다. 참된 그리스도인은 처음부터 끝까지 철저하게 그리스도인인 사람입니다. 그가 어떠 한 재능을 소유하였든지, 그의 재산이 얼마이든지 간에 모든 것을 자신의 것으 로 여기지 않습니다. 그 모든 것이 자기 구주께 속한 것으로 여겨야 합니다. 그리 고 그는 자기 구주의 영광을 위해서 모든 것을 사용할 준비가 되어 있습니다. 그 리고 그의 구주의 나라의 일을 지속시키기 위해서 필요하다면 다른 모든 것과 관계를 끊을 각오가 되어 있습니다. 그 상인은 자기가 가진 모든 것을 다 팔았습 니다.

저는 여러분이 뒤를 돌아다본다는 생각이 듭니다. "이것 ― 이것은 너무나 어려운 길이다." 그렇습니다. 만일 여러분이 진주를 사고 싶지 않다면, 다시 말 하면 어떤 행운 ― 곧 그 진주를 사는 것 ― 을 만들고 싶지 않다면, 만일 여러분 이 그 진주가 가치 있는 것으로 여기지 않는다면 진주를 얻기 위해서 기도하지 마십시오. 그리스도의 본질적인 가치, 그리스도의 진정한 가치를 평가하는 것은 불가능합니다. 우리는 돼지 앞에 진주를 던지지 않습니다. 여러분이 그리스도를 원하지 않는다 해도 그리스도를 원할 사람들이 많이 있습니다. 그리스도께서는 여러분들로 자신의 고객이 되어 달라고 구걸할 필요가 없으신 분입니다. 물론 거절해서는 안 됩니다. 만일 여러분들이 그를 원하지 않는다면 그렇다고 말하십시오. 오직 그렇게 말하되 분명하고 확실하게 "나는 그분과 전혀 상관하고 싶지 않다"라고 말하십시오.

그러나 이 사람은 가서 자기의 모든 소유를 팔았습니다. 그 사람은 그것을 팔되 기쁨으로 팔았다는 것을 말씀드리고 싶습니다. 자기의 농장을 사는 사람은 자기에게 호의를 보이는 사람이라고 생각하였습니다. 그는 말했습니다. "농장을 가져가시오. 돈을 구할 수만 있다면 농장의 가격을 낮추어 팔겠소. 나는 정말 돈이 필요하오." 그 사람은 진주를 팔 사람이 돈을 올리게 될까봐 진주에 대해서 그리 많은 말을 하지 못했습니다. 다만 마음속으로 '나는 정말 그 진주가 갖고 싶어. 어떤 사람이 내 소유를 다 사고 돈을 준다면 나는 그 사람에게 빚진 자 같은 고마운 심정을 가지게 될 것이다'라고 말하였습니다. 그렇듯이, 여러분, 진정으로 그리스도를 원하신다면 그래서 제가 묘사한 이 하찮은 재산들을 다 팔아 버리라고 강권할 필요도 없이 여러분이 진정한 그리스도를 원한다면, 그리스도를 여러분의 소유로 삼기 위해 그 모든 재산을 버리는데 열심을 낼 것입니다. 하나님의 성령께서 여러분의 심령 속에 그러한 결정을 하도록 역사하시기를 바랍니다.

4. 사는 행위

이제 마지막으로 생각할 요점은 사는 행위입니다. 그는 자기의 모든 것을 다 팔았고, 진주를 사기 위해 돈을 다 넘겨주었습니다. 그래서 그는 진주를 얻게 되었습니다. 그는 사려 깊은 거래를 한 것입니다. 그 진주를 보지 않고도 황급히 가서 자기의 소유를 팔거나 진주의 가치를 어림짐작하는 그런 일을 하지 않았습니다. 결코 아닙니다. 그는 진주를 잘 살펴보았습니다. 그는 진주를 볼 때 그 진주가 어떠한 가치가 있는지를 알아보았습니다. 물론 진주를 파는 사람에게 그 진주 소개소에서는 다 말하지 않았겠죠. 스스로에게는 말했을 것입니다. "야, 이것은 놀라운 진주다. 만일 내가 그만한 돈을 얻을 수 있다면 — 오백 파운드 이상이 남아 있다면 — 그 돈을 주고 이 진주를 살 수만 있다면, 나는 확실히 성공을 거두는 사람이다."그래서 그는 깊이 생각했습니다. 그 일은 아무렇게나 결정한 것이 아니었습니다. 오! 만일 어떤 영혼이 그리스도를 알기만 하였다면, 그리스도를 두 번 다시 생각하지 않고 그리스도를 모실 것입니다. 만일 사람들이 그처럼 어리석지만 않았다면, 사람들이 하늘로부터 오는 빛을 받아서 내 구주의 가치를 알았다면, 우리가 여기서 새로 여러 말로 권면할 필요가 없을 것입니다. 그들은 다만 이렇게 말할 것입니다. "우리에게 그분에 대해서 말해 주세요. 그분을 영접하겠습니다. 그분은 우리에게 무엇을 요구하십니까? 그분을 위해서 우리가 무엇을 할 수 있습니까? 우리가 모든 죄를 용서하시고 그를 믿는 모든 사람들에게 즉각적이고 완전한 구원을 주시는 분을 확신할 수만 있다면 우리가 무엇이든지 감수하지 못할 일이 있겠습니까? 우리가 그리스도, 곧 '그를 믿는 자는 영생이 있다'고 기록된 분을 모시기만 한다면 우리는 만족해할 것이다"라고 말할 것입니다. 극히 값진 진주 하나를 산 것은 잘 생각해 보고 한 일입니다.

그 구매는 **즉각적인** 것이었습니다. 그는 집으로 가서 "이것에 대해서 생각해 봐야겠다."라고 말하지 않았습니다. 오히려 그는 그 진주를 알았습니다. "만일 내가 이 진주를 놓치고 말면 다시는 이 진주를 만나지 못할 것이다. 다른 사람이 그 진주를 흥정하여 사 버린다면 내 인생의 좋은 기회를 놓쳐 버리고 말게 된다." 그래서 그는 즉시로 가서 농장을 팔려고 했고, 자기가 가진 작은 땅과, 적은 재산들을 다 팔아 치우는데 몰두했던 것입니다. 그는 신속하게 돈을 가지고 돌아왔습니다. 어떤 사람이 그 사이에 끼어서 자기가 제시할 수 있는 돈보다 많이 주겠다고 그 진주 주인에게 요구하지는 않을까 하는 두려움을 가지고서 말입니다. 그렇게 된다면 그 진주를 놓쳐 버리고 말 것입니다. 사랑하는 친구 여러분, 그와 같이 그리스도께 오는 자는 그렇게 신중하게 생각해야 마땅합니다. 그러나 그렇게 생각하는 일은 또한 신속하게 행하는 것이 마땅합니다. "그분을 모시는 것이 가능하다면 내가 그분을 모셔야겠다. 오! 만일 내 죄가 용서받는 것을 알 수만 있다면 알고 싶다. 오, 어떤 방도로도 하나님과 화평을 이룰 수 있다면, 하나님의 자녀가 되고 하늘의 상속자가 될 수만 있다면, 내 영원한 행복을 확보할 수만 있다면, 그것을 확보하고자 합니다! 그 일이 어떻게 이루어집니까? 와서 즉시 나에게 말씀해 주세요. 목사님이 나에게 말씀하시는 것을 저는 엉기까지 이 자리를 떠나고 싶지 않습니다." 그것이 바로 신중한 거래입니다. 즉각적인 거래입니다.

자, 그 거래는 **기쁨에 찬** 거래였습니다. 그 사람이 돈을 지불할 때 그의 눈이 반짝였음에 틀림없습니다. 결국 그가 그 진주를 손에 넣게 되었을 때 얼굴이 어떠했을지 보고 싶습니다. 자, 이제 그는 그가 가진 것으로 온 세상을 얻은 것 같았을 것입니다. 그는 아주 대단한 것, 훨씬 더 나은 것을 얻었기 때문입니다. 그는 진주를 얻었습니다. 자기 돈으로 그 진주를 산 것을 생각만 하면 펄쩍펄쩍 뛰고 싶었다고 말하고 싶습니다. 한 영혼이 그리스도를 얻게 될 때, 그러합니다.

> "오, 복된 날, 복된 날
> 주께서 내 죄를 온전히 씻은 날."

한 영혼이 "예수님은 나의 주님이시요, 나는 그분이 누구이신지 안다. 은혜가 나를 능하게 하였고, 그를 붙잡게 하였다."라고 말할 수 있을 때, 그것은 그 영혼의 기쁨의 시작입니다.

오! 그 사람이 그 진주를 사는 것은 정말 자신을 부요하게 하는 행위였습니다. 자기 재산을 다 들여서 그 진주를 일단 손에 넣었을 때 그는 스스로에게 이렇게 말하였을 것입니다. "아니, 내가 가진 것보다 백배나 더 많은 것을 가졌다. 내가 작은 땅을 포기하였지만, 내가 확보한 이 진주로 이 지방의 절반도 살 수 있게 되었다." 형제자매 여러분, 그와 같이 그리스도를 위해서 어떤 것을 포기하였다면 예수 그리스도께서 여러분에게 매우 충분한 보상을 하였음이 분명합니다. 몇 년 전에 어떤 사람이 하나님의 계명에 순종하느라고 손해를 본 사람들을 위해서 이상한 광고를 내었습니다. 그리스도를 사랑함으로 어떤 것을 상실한 사람이 있다면 자기에게 요청하라는 것입니다. 그러면 자기가 그 손해 본 것을 보상하겠다는 광고였습니다. 그 이상한 광고는 신앙 잡지에 몇 개월 동안 나타났습니다. 그러나 정말 이상한 것은 아무도 그 광고대로 자기의 손해배상을 청구한 사람이 없었다는 것입니다. 다시 말하면, 그리스도를 위해서 손해 본 사람이 전혀 없었습니다. 어떤 사람은 말하겠죠. "그러나 순교자들은 손해 보지 않았습니까?" 자, 그들은 저 하늘 위에 있으니 물어 보십시오. 보석이 박힌 면류관을 쓰고 있는 그들은 여러분이 쳐다보고 있으면 아마 여러분에게 말할 것입니다. 하나님의 빛 가운데서 그 광채를 입고 서서 말할 것입니다.

> "아들들 가운데서 가장 훌륭한 아들이 비추시네.
> 밝은 자들 가운데서 두 배나 더 밝은 분이."

그래서 자기들이 예수님을 위해서 목숨을 바치는 것을 허락받은 것을 큰 영예로 여기고 있습니다. 오! 여러분이 그리스도와 거래할 때 결코 손해 보는 것이 없습니다. 다섯 배 이상 이익을 남기게 될 것입니다. 이 거래를 확신하십시오. 아니, 열 배의 이익을 얻을 것입니다. 왜냐하면 그리스도께서 "현세에 있어 집과 형제와 자매와 어머니와 자식과 전토를 백 배나 받되 박해를 겸하여 받고 내세에 영생을 받지 못할 자가 없느니라."(막 10:30)라고 말씀하셨기 때문입니다.

　　이 장사가 극히 값진 진주 하나를 산 것은 최종적인 거래였습니다. 그 같이 일단 그리스도를 만나게 되면 그는 더 이상 다른 것을 구하지 않습니다. 만일 예수 그리스도께서 나의 주가 되면 그분 안에서 모든 것보다 더 많은 것을 얻게 될 것입니다. 그 상인은 다시 다른 어떤 진주를 구할 생각이 없습니다. 그는 이제 자기가 소원한 모든 것이 만족된 것입니다. 그리스도 예수님 안에 있는 충만으로 만족하게 된 것입니다. 이제 그는 진주를 찾아다니는 일을 끝냈습니다. 자기가 원하는 모든 진주를 얻은 것이기 때문입니다. 그는 그 극히 값진 진주 하나를 사고 나서 결코 그 거래를 후회하지 않았습니다. 그가 진주를 판 사람에게 가서 "자, 여기 당신의 진주가 있소. 내 집과 내 땅을 다시 돌려주시오."라고 말한 적이 없습니다. 아니 그 일은 끝나 버린 것입니다. 위대한 거래가 성사된 것입니다. 이제 그 거래를 되돌릴 생각이 없습니다. 엄청난 가치를 지닌 진주로 인해 그 사람은 엄청난 부자가 되었습니다. 이제 그 사람은 왕자들이 부럽지 않고, 이것이면 충분하다고 느끼게 됩니다. 오, "이것이면 충분합니다."라고 말하며 주님을 즐거워하면서 주님을 광대하시다 찬미할 수 있는 사람은 정말 복이 있습니다.

　　　　"오랫동안 분열되었던 내 마음이여, 안식을 취하여라.
　　　　이 복된 중심에 안착하라.
　　　　천사들이 나누어 주는 잔치의 떡을 먹으라고
　　　　부르심을 받는 사람들 가운데
　　　　누가 재와 같은 것들과 결별하기를 싫어하겠는가?"

　　어쨌든 저는 한 마디의 경고의 말씀을 더 드려야겠습니다. 좋은 진주를 구하는 상인과 같은 형제 여러분, 조심하십시오. 진주를 살 때는 좋은 진주를 사야 합니다. 값진 좋은 진주를 사야 합니다. 제가 감탄해 마지않았던 고상한 심령을 가진 사람들을 알고 있습니다. 정말 그들을 생각하면 감동 어린 느낌이 저절로 듭니다. 진리라고 여기는 것을 추구하는 일에 영웅적인 사람들이었고, 그것을 위해서 가진 모든 것을 희생하였습니다. 그럼에도 불구하고 그들은 기만당했습니다. 그들은 그리스도 대신 적그리스도를 붙잡았습니다. 빛의 천사를 가장하고 그들에게 다가온 지옥의 사자를 영접하였습니다. 조심하십시오. 여러분은 그리스도와 그 진리를 붙들어야 합니다. 성경에 계시되었고, 성령으로 말미암아 재차 조명된 그분을 붙잡아야 합니다. 그리스도께 미치지 못하는 것은 여러분을 기만하는 쭉정이에 불과할 것입니다.

몇 년 전에 이제까지 발견된 진주 가운데 가장 큰 것으로 평가될 진주가 러시아 사람의 손에 들어왔습니다. 정말 그 진주는 컸습니다. 달걀만 하고 복숭아 모양을 하고 있는 진주였습니다. 그는 그것을 샀습니다. 그것을 그 러시아인에게 팔았던 상대방은 그 가치를 알지 못하고 있었습니다. 그 러시아인은 정말 부자가 되었습니다. 그는 그것을 간직하면서 한 집을 마련하였습니다. 외적으로는 보잘것없어 보이지만 실내는 대단하게 꾸민 집을 샀습니다. 손님들을 내실로 초대할 생각이었습니다. 그리고 그 방 중앙에 대리석 탁자를 놓았습니다. 여러 개의 키를 통해서만 열려질 수 있는 한 상자를 그 위에 놓아 둘 생각이었습니다. 그 열쇠들로 이 진주를 꺼냈습니다. 그는 그 진주를 손에서 놓지 않으려고 정말로 조심하였습니다. 그 가격이 막대하였기 때문입니다. 러시아의 황제가 그 진주 값으로 엄청난 가격을 제시하였고, 그 사람에게 명예와 높은 지위를 약속했습니다. 그러나 그 사람은 그 진주를 보낼 생각이 없었습니다. 그러나 어쨌든 그 진주 소유자가 음모에 연루되는 일이 발생했습니다. 물론 그 사람이 정말 그렇게 했는지 확실히 말할 수는 없습니다. 그래서 성 페테르스부르크(St. Petersburg)에 있는 자기 집을 떠나야만 했습니다. 그는 집을 떠나면서 그 진주만 가지고 떠났습니다. 그는 파리로 갈 때 그 진주를 소유하고 있었기 때문에 충분한 부를 소유한 셈이었습니다. 어느 날 그런 문제에 있어서 자기의 유일한 경쟁 상대였던 브런즈윅(Brunswick) 공작이 다른 사람들과 함께 그 진주를 보러 왔습니다. 그 진주 주인은 대단히 조심스럽게 진주함을 열었습니다. 그 상자를 열었을 때, 그 사람의 얼굴이 갑작스럽게 창백해지는 것이 보였습니다. 마치 곧 죽기라도 할 것 같은 모습을 보였습니다. 불행한 사람이로다! 그 진주의 빛깔이 갑작스럽게 어두워져 있었습니다. 진주에 흔히 그런 경우가 발생합니다. 이렇게 표현할 수 있을지 몰라도, 진주에게 어떤 병이 생긴 것입니다. 아주 짧은 시간 안에 가루로 변하고 만 것입니다. 이제 더 이상 가치가 나가지 않게 되었습니다. 그래서 그는 일약 백만장자에서 거지가 되어 버렸습니다.

　　그러나 저는 좋은 진주를 알고 샀습니다. 결코 변색이 되지 않는 진주는 하나밖에 없습니다. 그 진주는 영원토록 변색이 되지 않는 것입니다. 그 진주는 영원토록 똑같은 모양을 지니고 있을 것입니다. 그 진주는 하나님의 아들이십니다. 유일하게 불멸을 지니신 분이십니다. 만일 여러분이 그분을 얻는다면 결코 실망시키지 않는 신성한 소망을 가진 것입니다. 만일 여러분이 사제들이나 성례중시주의에 대해 소망을 가진다면, 그리스도께서 처음과 나중이 되는 것 말고 다른 소망을 가진다면, 여러분이 어떠한 희생을 치렀더라도, 여러분의 가장 밝은 전망은 쓰디쓴 좌절로 끝나고 말 것입니다. 우리 중 어느 누구라도 평생을 확신하고 있었던 것에 대하여 엄청난 실망감을 느끼는 그런 일이 없게 하시기를 주님께 간구합니다. 우리 심령이 그런 황당한 일을 겪지 않게 하옵소서.

　　"의를 따르며 주님을 구하는 너희여 내 말을 청종하라"(사 51:1). 구도자를 묘사하며 제시하는 이 천국 비유에서 예수님의 음성이 들립니다. 여기에 모인 회중 가운데 적지 않은 부분이 그러한 사람들로 이루어져 있습니다. 구도자들이 이 비유에서, 그것도 부지런히 조사하는 모든 단계에서 많이 묘사되고 있지 않다면 정말 이상한 것이죠. 여러분 중에 어떤 이들은 원하는 진주가 눈앞에서 번쩍거리는 것을 보았음에 틀림없습니다. 여러분 중 얼마나 많은 사람들이 그 진주를 사기 위해서 모든 것을 팔 의향이 있는지 모르겠습니다. 그러나 여러분 중 누가 그 진주를 자신의 것으로 삼으며 그것을 소유함으로 기뻐합니까? 그런 사람들은 기뻐하며 길을 갈 것이라고 확신합니다. 그런데 여러분은 돌아와서 하나님께 영광을 돌리지 않겠습니까? 우리가 하나님의 의와 나라에 함께 참여하게 된 여러분을 행복하게 환영하지 않겠습니까? 주 하나님께서 예수님의 이름으로 그와 같은 일이 있게 하시기를 원합니다. 아멘.

제
43
장
—

무리를 불쌍히 여기심

—

"제자들이 이르되 여기 우리에게 있는 것은 떡 다섯 개와 물
고기 두 마리뿐이니이다 이르시되 그것을 내게 가져오라 하
시고." — 마 14:17-18

　　나의 형제들이여! 그리스도께서 이 세상에 계실 때에 그러하신 것 같이 우리
도 그러합니다. 진실로 우리 하나님께서 우리를 부르신 소명의 목적이 그러합니
다. 예수님께서 "참 빛 세상에 와서 각 사람에게 비추는 빛이셨듯이," 주님께서
는 그 제자들에게 "너희는 세상의 빛이라"고 말씀하셨습니다. 우리 주님께서 하
신 그 말씀은 얼마나 기념할 만한 말씀입니까! — "아버지께서 나를 세상에 보내
신 것 같이 나도 그들을 세상에 보내었고"(요 17:18). 사도들의 표현들은 또한
얼마나 무게가 있습니까! "우리가 그리스도를 대신하여 간청하노니"(고후
5:20). — "우리는 하나님의 동역자들이요"(고전 3:9). 자, 제가 여러분에게 주
목시키는 흥미로운 병행구 이상의 무엇이 여기에 있습니다. 풍요로운 유추가 이
복음서 기자들의 단순한 기록 속에 잠재해 있는 것 같습니다. 그리스도의 지상
생애의 내력은 교회가 겪어 나갈 역사의 모형으로 서 있습니다. 눈치 빠른 독자
는 그 문제를 얼른 생각해 낼 것입니다. 그리스도의 교회가 처음에는 강보에 싸
여 있었던 사실을 기억할 것입니다. 또한 무명의 구유 속에 뉘어져 있었습니다.
교회의 생명력이 이방의 왕들에 의해서 꺼질 듯하기도 하였습니다. 그러나 여러
분은 성령의 세례를 기억하실 것입니다. 교회가 받은 시련과 광야에서의 여러

가지 시험들을 기억할 것입니다. 그리스도의 생애는 교회의 내력을 그려 주는 예표적인 그림자로 얼른 생각이 들 것입니다. 예수님의 생애 전체, 즉 베들레헴의 구유에서부터 겟세마네 동산에 이르기까지 생애 전체의 어느 요점도 그리스도의 교회의 내력을 모형적으로 그려 주지 않는 것이 거의 없습니다. 그래서 주님께서는 당신의 거룩한 생애 속에 기록된 위대한 본을 교회의 유산으로 물려주기를 기뻐하셨던 것입니다. 주님께서 죽은 자를 살려 주신 것처럼, 교회도 자기 안에 거하시는 그리스도의 성령으로 말미암아 그 일을 해야 합니다. 그리스도께서 병자들을 치료하신 것처럼, 교회도 온 세계에 나아가 위대한 치료 사역을 감행해야 합니다. 아니면 우리가 다룰 본문이 보도하는 바와 같이, 그리스도께서 굶주린 자를 먹이셨으니 교회도 의에 주리고 목마른 자를 만나면 어느 곳에서나 "배부름을 얻을 것이다."고 말씀하신 분의 이름으로 그들을 축복해야 합니다. 오늘 교회로서의 임무, 그리스도 교회의 지체로서의 여러분들의 임무는 지식이 없어 망하는 굶주린 영혼들을 생명의 떡으로 먹이는 것입니다. 우리가 생각하기로 바로 이 본문에 나타나는 경우는 우리의 의무와 사명, 구주께서 우리를 위해서 일하시기를 기대할 것이 무엇인가를 보여주는 고상한 그림입니다. 그 그림을 보여주심으로 말미암아 우리로 주님을 위해서 힘 있게 일하게 하신 것입니다.

　우리는 먼저 전체의 장면을 한눈으로 살펴보고, 네 복음서 기자가 제시한 여러 자료들을 조화시켜 보기로 합시다. 그런 다음에 그로부터 두 가지의 실제적인 교훈을 끌어내어 생각해 보고자 합니다. 이 이적은 네 복음서 기자가 다 기록한 내용입니다. 복음서마다 약간 차이는 있습니다. 뭐 그런 일은 아주 자연스러운 것이죠. 같은 어떤 장면을 네 사람이 보고 똑같이 묘사할 수는 없기 때문입니다. 그러나 한 사람이 생략한 부분을 다른 사람이 보충하고 있습니다. 또 한 복음서 기자에게 가장 흥미로웠던 요점을 다른 복음서 기자는 주목하지 않았습니다. 그리고 세 번째 복음서 기자가 흥미롭게 여겼던 것을 다른 네 번째 복음서 기자는 아주 생략해 버리고 만 부분도 있습니다. 그리스도께서 벳새다 근처의 황량한 지역을 찾으셨던 것 같습니다. 벳새다는 주님께서 자주 찾으셨던 곳입니다. 어떤 경우에 주님께서는 벳새다와 고라신을 향해서 엄중하게 경고하셨습니다. 그들의 불신앙으로 말미암아 그들이 받았던 여러 특권들이 심판 날에 그들을 정죄하기 위해서 일어설 것이라고 경고하셨습니다. 주님께서 이 후미진 곳을 찾으신 것은 물러나 잠깐 쉬시기 위함이었습니다. 자신과 제자들 모두를 위해서 말입니다. 그래서 그들 모두가 수고하여 지쳐서 쉬고자 했던 것입니다. 그런데 사람들이 예수님을 따라왔고 하루 종일 예수님을 에워싸고 있었습니다. 예수님께서 그들에게 복음을 설교하고 병자들을 고치십니다. 저녁 나절쯤 되어 구주께서는 인간의 필요를 항상 인식하시면서 빌립을 부르셨습니다. 빌립은 벳새다 사람이었습니다. 주님께서 빌립에게 "어디서 이 사람들이 먹을 양식을 사겠느냐?"라고 물으셨습니다. 이 말씀을 그에게 하심은 빌립의 믿음이 의심을 극복할 수 있는지 알아보려 하심이었습니다. 만일 빌립이 지혜로운 제자였다면, "주여, 주께서 그들을 먹이실 수 있나이다"라고 대답하였을 것입니다. 그러나 그는 연약한 제자였습니다. 그는 "주여, 우리에게 아버지를 보여주시옵소서 그러면 족하겠나이다."라고 말함으로써 자기의 무지를 드러내기도 하였습니다. 그때 우리 주님께서는 부드럽게 책망하였습니다. "내가 이렇게 오래 너희와 함께 있으되 네가 나를 알지 못하느냐?" 이 점에 입각하여 볼 때, 빌립은 아직은 믿음의 교훈을 배우지 못했음을 보여줍니다. 빌립은 육신의 눈으로 볼 수 없는 것은 무엇이든지 믿을 수 없습니다. 그는 마음의 갈피를 잡지 못하고 놀라며 동료 제자들에게 가서 그 문제를 말하였습니다. 그러자 안드레가 한 소년의 보리떡 다섯 개와 작은 물고기 몇 마리를 가지고 있다고 넌지시 암시합니다. 분명히 안드레는 비록 그 소년이 가지고 있는 것들이 충분하지는 못하지만 최선을 다하는 것이 우리의 의무라고 생각하는 것입니다. 그래서 유다가 돈 궤에서 꺼내 주는 것으로 보리떡과 물고기를 사는 것을 생각합니다. 유다는 돈을 꺼내어 주게 된다면 마음이 좋지 않을 것입니다. 많은 돈을 지불하고 다른 사람들에게서 물고기와 보리떡을 사야 하기 때문에 말입니다. 날이 기울고 해가 지려 합니다. 제자들이 구주께 옵니다. 주님께서 저녁 먹는 문제를 말씀하셨지만 제자들은 주님께서 그것을 잊고 계셨다고 생각한 것 같습니다. 그래서 그들은 주님께 와서 "주여 무리들을 보내소서."라고 말합니다. 그들은 이 사람들을 먹이는 난제에 대해서 생각하고 그런 결론에 이르게 된 것입니다. 자기들은 어쩔 수가 없다는 결론입니다. 저희들이 그들을 먹일 수 없으니 차선책은 그들 스스로 먹을 것을 구하도록 보내는 것이라고 여겼던 것입니다. 제자들은 무리들의 필요들을 충족시킬 수 없으니 무리들의 필요에 대해서 눈을 감아 버리려고 애를 썼습니다. "주여 그들을 보내소서. 자기들 스스로 사먹게 하소서." 구주께서 즉시 대답하십니다. "'갈 것 없다.' 그럴 필요가 없다. '너희가 먹을 것을 주라.'" 실로 주님께서는 지혜롭게 말씀하신 것입니다. 굶주린 사람들이 무엇 때문에 집 주인을 떠나야겠습니까? 모든 것을 먹이시고, 손을 펴서 살아 있는 모든 존재들의 소원을 만족시키는 분을 굶주린 자들이 무엇 때문에 떠나야 하겠습니까? "너희가 먹을 것을 주라"고 말씀하셨습니다. 주님께서 그리 말씀하신 것은 제자들로 하여금 자기들의 궁핍이 어떠하다는 것을 바르게 인식하도록 하기 위함이었습니다. "주여, 우리가 가진 것은 보리떡 다섯 개와 몇 마리의 작은 생선뿐입니다. 그것이 이 많은 사람들에게 무슨 소용이 되겠습니까?" 그들은 눈을 들어 모인 큰 무리들을 대충 세어 봤습니다. 그들이 얼른 짐작하기로는 함께 있었던 여자들과 아이들을 제외하고 족히 오천 명의 남자들이 거기 있었음이 틀림없습니다. 구주께서 그 보리떡과 물고기를 가져오라고 명하십니다. 그걸 받으셨습니다. 그러나 주님께서 그것들을 떼시고 하나님께 축사하기 전에 무리지어 앉도록 명하십니다. 항상 예리한 관찰력을 보이는 호가스(Hogarth: 18세기 영국 화가)처럼 그림이 아주 섬세한 면까지 나타내는 마가는 그들을 명하여 푸른 잔디 위에 앉히셨다고 했습니다. 마치 잔디가 매우 파랗게 잘 자라고 있었던 것같이 묘사하고 있습니다. "그들이 무리 지어 앉되" — 줄을 지어 앉았다는 뜻 — 라고 하고 있습니다. 그러나 헬라어는 꽃밭 사이로 지나다니게 만들어 놓은 화단 길에 대해서 말할 때 쓰이는 말입니다. 그들은 푸른 화단 같은 모양으로 앉았습니다. 말하자면 그들 사이에 걸어다닐 수 있는 통로를 만들고 앉았다는 것입니다. 마가는 거기의 수많은 무리들에게서, 꽃밭의 주인이 물을 주기에 합당하게 꽃들이 정렬되어 피어 있는 모습을 연상한 것 같습니다. 그들이 모두 그렇게 앉아 있음으로써 떡을 먼저 차지하려고 싸우는 일도 없었고, 떡을 발로 밟지도 않게 되었습니다. 또는 약한 자라고 떡을 받지 못하는 경우도 없게 되었습니다. 모든 사람이 질서정연하게 앉아 있습니다. 그런 다음에 구주께서 그 모든 무리들 앞에서 눈을 들어 축사하시고 떡을 떼시며 제자들에게 나누어 주셨습니다. 물고기도 그리하셨습니다. 제자들은 돌아다니면서 각 사람에게 나눠 주었습니다. 거기에 있는 여자들과 아이들에게 그렇게 하였고, 그래서 그들이 먹었습니다. 그들은 하루 종일 먹지 못해서 주려 있었습니다. 그래서 저는 감히 이런 말씀을 드립니다. 제가 전에 어떤 시골 농부에게서 들었었는데, 그분을 따라 말하자면, 여기에 그들이 '정말' 먹었다고 강조적으로 말한다 할지라도 그렇게 크게 잘못된 것은 아닙니다. — "그들이 '정말' 먹었습니다!"(they 'did' eat!) 그들은 허기가 가실 때까지 먹었습니다. 식탁이나 혹은 푸른 풀밭 어느 지점에 그리스도께서 처음에 받은 떡과 고기들을 놓으셨는데, 거기에 놓은 떡과 생선 조각들이 축사하시는 동안 늘어난 것입니다.

어떤 사람은 제자들이 각 사람이 먹다가 흘린 부스러기들을 주우러 돌아다녔을 것이라는 생각을 좋아하지 않습니다. 그럴 것 같지 않기 때문이죠. 여기에 모은 떡 가운데는 부스러진 떡이 없었고, 흙 속이나, 시궁창 속에 떨어진 떡은 하나도 없었습니다. 그 조각들을 주웠는데, 모아보니 처음에 가지고 있었던 것보다 많았습니다. 여기에도 이적과 같은 기사가 있습니다. 떡을 떼어 나누어줌으로써 양이 더 늘어난 것입니다. 뗌으로 말미암아 더해졌습니다. 처음보다 더 많은 것이 남았습니다. 바로 그 일로 말미암아 의심이 힘을 잃고 회의론이 패퇴하였습니다. 그 일을 위해서 그렇게 행해진 것입니다. 훗날 거기에 있었던 어떤 사람들은 말했을 수도 있습니다. "참으로 우리는 먹고 배불렀다. 그것이 꿈속에서 벌어진 일이 아니라면 배부르게 느끼지 않았을 것이다." 남았던 떡이 열두 바구니에 가득 담겨졌습니다. 그 떡은 그것을 바라보는 사람들에게 확실한 무엇을 제공하였습니다. 그래서 그들이 지금 환영 속에서 이 일을 만나고 있다고 생각하지 못하게 하였던 것입니다. 그들은 열두 바구니 가득 주워 모았습니다. 이점이 그 이적의 정점으로 보입니다. 우리 주님께서 훗날 이 이적을 가리키시면서 끊임없이 말씀하십니다. "우리가 보리떡 다섯 개로 오천 명을 먹이고 얼마나 많은 바구니에 거두었느냐? 우리가 사천 명을 먹이고 얼마나 광주리에 가득 담았느냐?" 마치 남은 것들로 바구니에 가득 담는 것이 예수께서 그리스도시며 하나님의 아들이시라는 복된 주장을 확증하시는 것처럼 그렇게 하셨습니다. 모세가 광야에서 만나로 이스라엘 사람들을 먹였던 것처럼 그리스도께서 자기 백성들로 떡을 먹여 배부르게 하신 것이라고 확증하시는 것처럼 하셨습니다.

지금까지 그 사실들을 생각하였으니, 이제 그 사실들을 기초로 해서 두 가지 실천적인 교훈을 취하도록 합시다. 하나님께서 이 점에 우리들을 도우시기를 원합니다. 그 본문과 이적 자체는 우리에게 먼저, 우리의 사명과 우리의 연약함에 대해서 가르쳐 줍니다. 둘째로, 우리의 의무 노선과 그리스도의 능력에 대해서 가르쳐 줍니다.

1. 우리의 사명과 우리의 연약함

우리는 분명히 여기서 우리의 사명과 우리의 연약함에 대해서 배웁니다. 우리의 사명을 배웁니다! 바로 오늘 그리스도의 제자들인 여러분 앞에 수천수만의 남자들과 여자들과 어린아이들이 생명의 떡에 굶주려 있습니다. 그들은 주려 있다 못해 기진하게 되었습니다. 그들은 떡이 아닌 것을 위하여 돈을 허비하였습니다. 그리고 만족하지 못할 것을 위하여 수고하였습니다. 그들은 가는 길에서 기진해서 넘어졌고, 지식이 없으므로 망해 가고 있습니다. 더욱더 불행한 것은 그들이 기진하게 되었을 때 그들을 먹이겠다고 가식적으로 덤벼든 자들이 있다는 것입니다. 미신(迷信)이 와서는 돌을 떡이라고, 뱀을 생선이라고 떠벌리고 있습니다. 교황주의자들과 의식주의자들은 굶주린 영혼들에게 그들을 만족시킬 것을 자기들이 판다고 말합니다. 그래서 사람들이 그것을 먹으려 하나 만족을 얻지 못합니다. 그저 바람을 먹고 회리바람을 삼키는 셈입니다. 불신앙자들은 그들을 설득시켜, "여러분들은 굶주린 상태에 있지 않다. 그저 그렇게 느낄 뿐이다."라는 식으로 말하려고 애를 쓰고 있습니다. 이렇게 해서 그 불신앙자들은 그들의 영적 욕구를 조롱합니다. 몸이 거품을 마시고 만족해하거나, 입이 그림의 떡으로 채움을 입는다면, 영혼도 사람이 만들어 낸 환영(幻影)과 기만적인 것들로 만족할 수 있겠죠. 그러나 그렇지 않습니다. 그들의 영혼은 기진해 있으며, 굶어 죽어 가고 있습니다. 이제 곧 죽게 되었습니다. 그들에게 먹을 것을 줄 수 있는 것처럼 덤비는 자들은 그들의 궁핍을 조롱하고 더 악화시킵니다. 그들은 스스로 먹지도 못하고 가지고 있는 것은 다 허비해 버렸습니다. 아담이 타락했을 때 그의 모든 후손도 거지로 만들어 버린 것입니다. 그의 후손들 가운데 남자나 여자나 어린아이, 어느 누구도 자신의 주린 영혼을 만족시킬 수 없습니다. 우리나라에 있는 수천수만의 사람들, 유럽이나 아시아나 아프리카나 아메리카나 호주에 있는 수천수만의 사람들 중에 어느 누구도, 아니 그 모든 사람들이 합세한다 할지라도, 한 영혼이 먹을 수 있는 보리떡 정도도 얻어낼 수 없었습니다. 사람의 모든 경작지가 결실하지 못하고 땅이 척박하고 건조할 뿐이었습니다. 밭이 사람에게 아무것도 주지 못하였습니다. 사람이 씨를 심으나 열매를 거두지 못합니다. 보습으로 밭을 가나 아무것도 추수하지 못합니다. 살아 있는 어떤 사람도 육신의 공력(功力)으로 의롭다 하심을 받을 수 없습니다. 또 인간의 전통(傳統)이나 인간의 이성이 제시하는 방안을 통해서 어떤 영혼도 본질적인 위로를 얻을 수 없습니다. 그리스도의 제자들이여, 여러분 앞에 있는 그 큰 궁핍을 바라보아야 합니다. 이제 밝은 눈을 떠서 이해하고, 심령으로 감동을 받도록 하십시오. 여러분의 마음이 동정심으로 두근거리게 하십시오. 여러분의 영혼이 살아 있어 불쌍히 여기는 심령을 갖도록 하십시오. 수많은 사람들에게 동정심을 느끼도록 하십시오! 만일 여러분이 그 사람들을 도울 수 없다면 그들을 위해서 울라고 간청하는 바입니다. 여러분이 여러분을 향하여 "우리에게 먹을 것을 주라. 우리가 죽을 판이다. 우리에게 먹을 떡을 주라. 그렇지 않으면 우리가 죽겠다"라고 울부짖는 수천 수백만의 사람들이 있다는 것을 분명하게 의식하고 그 생각을 놓치 말아야 합니다.

저는 여러분이 마음속으로 이렇게 따지며 서로 속삭이는 소리를 듣고 있다고 생각합니다. '이 무리가 누구이기에 이 무리들을 먹여야 한다는 말인가? 그들의 허다한 수를 보라. 누가 그들의 수를 헤아릴 수 있는가? 저 하늘의 별들처럼 많은 허다한 사람들, 아담의 후손이 그와 같이 많다. 이 굶주리고 먹을 것을 찾아 입을 벌리고 있는 사람들은 바닷가의 모래처럼 많다. 그런데 우리가 어디서 이 사람들을 먹일 수 있는 것을 얻으랴? 정말 그렇습니다. 그러나 기억하십시오. 이것이 바로 여러분의 사명이라는 것을. 여러분 중 어느 누구도 빌립이 던진 질문을 통해서 예증된 믿음의 연약함을 핑계로 구실을 댄다면 잘못하는 것입니다. 만일 세상이 인도받는 일이 있다고 하면, 교회를 통해서 그리스도께 인도함을 받아야 합니다. 세상의 모든 나라들이 우리 주님과 그리스도의 나라가 되기까지 우리는 세상 끝까지 십자가의 승리의 무기를 들고 가야 하는 전사(戰士)들입니다. 이방인의 충만한 수가 들어오기까지 하나님의 풍성한 은혜를 나누어 주어야 하는 책임을 우리가 가지고 있습니다. 하나님께서는 모든 곳의 모든 사람들에게 회개하라고 명하십니다. 우리는 하나님의 명령을 전해야 합니다. 오! 나의 형제들이여, 예수님께서 아버지의 일을 어떻게 행하셨는지 여러분은 알고 있습니다. 그가 어떻게 돌아다니면서 선을 행하셨는지 알고 있습니다. 그러나 주님께서 "이보다 더 큰 일을 너희가 하리니 이는 내가 아버지께로 감이니라."고 말씀하신 것을 알지 못하시나요? 그 말을 귀담아 들으십시오. 그 환상이 여러분의 눈 앞에 항상 있게 하십시오. 그리고 여러분의 일을 놓치지 마십시오. 그 일이 여러분이 감당하기에는 너무 크고, 여러분의 도움을 정말 필요로 하는 무리들이 너무 많다고 생각하여 낙담하게 될 수 있지만, 그 상황이 오히려 여러분의 믿음을 자극하는 것으로 생각해야 합니다. 사명의 광대함을 알고서 일을 단념하기보다는 그 일에 더욱 열심을 내도록 합시다.

여러분은 이렇게 불평할지 모릅니다. "이 무리들은 너무나 크고 그들에게 줄 것은 참으로 빈약하다. 우리에게는 떡이 다섯 개밖에 없고, 그것도 보리로 만들어진 것들이다. 생선이 두 마리밖에 없는데 너무도 작다. 우리 자신이 먹기에도 떡이 모자라고, 생선도 너무 작아 살보다는 가시가 많다. 이것들이 그 많은 사람들에게 무슨 소용이 있겠는가?' "목사님께서는 교회로서 우리가 세상을 먹여야 한다고 말씀하고 계시는데, 어떻게 우리가 그런 일을 할 수 있습니까? 우리의 재능은 너무 부족합니다! 우리는 재산도 많지 않습니다. 선교사들에게 생활비를 보낼 만한 부(富)도 가지고 있지 않습니다. 그리스도의 깃발을 높이 들고 떼를 지어 선교사들을 보낼 만큼 부유하지 못합니다. 우리는 은사가 적습니다. 우리 중에 많은 사람들은 지혜롭지도 못하고 학식도 없습니다. 그리고 말도 유창하지 못합니다. 우리가 충분하게 느끼지는 못해도 느낍니다.

> 내 동정심이 마지못해 화염 속에서
> 불붙은 나무토막을 꺼내 보려고 하지만
> 내 연민의 정은 유약하여서
> 그 동정이 가장 사랑하는 곳에서도 마지못해 울고만 있을 뿐이네."

자, 어떤 사람은 또 이렇게 덧붙입니다. "그러니 개인적으로 뭘 할 수 있다는 말이에요? 내가 무슨 소용이 될 수 있습니까? 간절한 몇 사람의 친구가 무엇을 해낼 수 있습니까? 세상이 그러한 유약한 사람들을 비웃을 것이에요. 세상은 말하겠죠. '이 연약한 유대인들이 뭘 한단 말이야?' 우리 앞에는 산이 있습니다. 그 산을 평지로 만들어야 합니다. 우리가 어떻게 그렇게 할 수 있습니까? 우리 힘은 충분하지 못합니다. 우리는 힘이 없습니다. 오! 우리 편에 위대하고 고상한 귀인들이 있다면! 왕들이 우리를 지원하는 아버지들이 된다면, 여왕들이 우리 교회를 먹이는 유모가 된다면 몰라도! 또한 값진 보석을 내놓는 부자라든가, 지혜를 내놓는 학식 있는 사람들이라든가, 황금과 같은 연설을 할 수 있는 웅변가라든가, 뭐 그런 사람들이라면 우리가 성공할 수 있지요! 그러나 안타깝습니다! 정말 안타까워요! 가지고 있는 금과 은이 하나도 없습니다. 우리는 구주의 발 밑에 적은 것밖에는 가져다 놓을 수 없습니다. 그것이 너무 적어서 세상의 갈구하는 사람들의 필요를 생각할 때는 정말 무의미해요. 온 피조물이 탄식하고 있는

것에 비하면 말입니다!'

저는 여러분이 탄식하면서 또 이렇게 말하고 있는 소리를 듣고 있다고 생
각합니다. "우리가 알기에 더 이상의 것이 없어요. 우리가 알기에 더 이상 조달
할 것이 없어요. 우리는 이 모든 허다한 무리들을 위해서 양식을 살 수 있는 돈이
없습니다." 만일 우리에게 은사들이 거의 없을지라도 다른 사람들의 웅변을 살
수 없습니다. 그것을 샀다 할지라도 쓸모가 없습니다. 왜냐하면 돈을 주고 산 웅
변(oratory)은 아무 짝에도 소용이 없기 때문입니다. 우리는 그리스도의 대의를
위해서 "자신의 입으로 직접 말하고" 마음으로 느낀 것을 기꺼이 직접 말하
는 이들의 자유로운 발언(發言)이 필요한 것입니다. 그들은 말하지 않을 수 없기
때문에 말하는 사람들입니다. "복음을 전하지 아니하면 내게 화로다." 만일 우리
가 스스로 거의 갖고 있지 않으면, 다른 사람들의 능력을 전혀 살 수 없습니다.
사랑의 여러 가지 직무들을 돈 주고 고용하는 사람을 통해서는 드러내지 못합니
다. 그러나 제가 생각하기에, 여러분의 낙담한 심령들은 이렇게 부르짖는 것 같
습니다. "만일 우리가 하나님의 군대에 용병을 추가할 수만 있다면 성공할 수 있
을 텐데, 만일 기부금을 통해서 더 많은 도움을 확보할 수 있거나 만군의 여호와
를 위해서 더 많은 힘을 확보할 수 있다면, 하나님의 집에 떡이 있을 것이고, 그
떡이 허다한 무리를 먹일 수 있을 텐데." 그러나 오천 명을 먹이기에는 오백 데
나리온도 모자랐습니다. 수백만 데나리온을 가지고도 가난에 지쳐 있는 수천 수
백만의 사람들을 충분히 먹일 수 없습니다. 주여! 우리가 무엇을 할 수 있나요?
자, 먹일 사람들은 저렇게 많습니다. 우리 자신에게는 떡이 없습니다. 또 그들을
위해서 떡을 사지도 못합니다.

그 다음에, 저는 노경에 들어 백발이 성성한 사람들의 탄식을 듣는 것 같습
니다. "오! 나는 그걸 느껴요. 그러나 제게는 너무 늦은 일이 되어 가고 있어요.
세상의 궁핍은 너무나 큽니다. 굶주림이 계속되어 사람들이 기근에 시달리고 있
습니다. 떡이 없어 죽을 지경에 이르렀고, 길에서 기진하게 될 판입니다. 길고 무
서운 밤이 오고 있습니다. 그런즉 누가 일할 수 있습니까? 우리는 우리의 무덤에
내려갈 채비를 하고 있습니다. 우리의 그림자는 길어지고 우리의 신체는 쇠약해
졌습니다. 우리의 머리는 갈대처럼 매달려 있습니다. 마치 오랫동안 자기들을
기다려 온 무덤을 찾는 사람들과 같습니다." 사랑하는 형제자매들이여, 여러분
에게 말씀드립니다. 젊은 우리들도 역시 그렇게 느끼고 있습니다. 정말 선하신

하나님이시여! 우리의 날들이 주위에서 팽이처럼 돌아가고 있습니다. 그리고 우리 주간(週間)들이 쉿 하는 소리를 내고서 황급히 지나가며 인두처럼 자국을 남깁니다. 우리가 아무리 열심히 일을 하고, 우리 중 어떤 사람들이 그리스도를 위해서는 어떤 시간도 손해 보는 것이 아니라고 말하더라도, 우리는 아무것도 할 수 없습니다. 우리는 마치 수를 헤아릴 수 없는 큰 무리들에 마주 서 있는 한 사람과 같습니다. 또는 작은 손으로 산을 움직이려고 애를 쓰는 어린아이와 같습니다. 밤이 지나가고 있습니다. 우리는 점점 시들어가고 있습니다. 우리의 연수가 날아가고 있습니다. 우리의 죽을 날이 가까워지고 있습니다. 영혼들이 죽고 있습니다. 지옥이 가득 채워지고 있습니다. 사람들이 저 멸망의 구덩이 속으로 갈수록 많이 던져지는 것을 봅니다. 정말 그런 것을 볼 때에 절망입니다. 우리는 그런 것을 볼 때에 어떻게 할 도리가 없습니다. 우리의 책임 의식을 가지면 가질수록 우리의 연약함이 우리를 더 압박합니다. 주님께서는 우리가 감당하기에는 너무나 벅찬 일을 하라고 부르셨습니다. 주님! 우리는 그걸 할 수 없습니다. 우리는 당신의 발 앞에 엎드릴 수밖에 없습니다. 이 허다한 무리에게 먹을 것을 줄 수 없나이다. 우리들을 조롱하지 마옵소서. 우리더러 불가능한 것을 하라고 말씀하지 마옵소서. 주님께서는 해 아래 있는 모든 족속들에게 복음을 전하라고 말씀하셨습니다. 우리는 그 사람들에게 이를 수 없습니다. 우리는 소수에 불과합니다. 그리고 너무나 힘이 약하고, 너무나 연약합니다. 그리고 은사도 부족합니다. 주여! 우리는 그것을 할 수 없습니다. 우리는 절망에 겨워 당신의 발 앞에 넘어져 있을 수밖에 없습니다.

그러나 들어 보십시오! 저는 수많은 사람들이 우리 귀에 대고 울부짖는 소리를 듣습니다. "우리는 망해 가고 있어요. 당신들은 우리가 망하도록 내버려두실 것입니까? 우리는 굶어 죽어 가고 있습니다. 굶어 죽도록 내버려 두실래요? 우리의 선조들은 지옥에 내려갔습니다. 우리의 조상의 조상들은 하늘로부터 오는 떡이 없어서 망했습니다. 그런데 우리를 그냥 죽도록 내버려 두실 것입니까?" 저 바다 건너 아프리카에 있는 허다한 무리들이 우리들을 쳐다보고 있습니다. 그리고 그들은 손가락으로 가리키면서, "당신들은 우리를 죽게 내버려 두실 것입니까? 우리가 영원토록 쇠사슬과 피 흘림을 즐겨 왔던 자들에게 사냥감처럼 당해야겠습니까?" 저 아시아에 있는 사람들이 목소리를 높여 울부짖고 있습니다. "여러분 언제까지 우리를 이렇게 내버려 두시겠습니까? 우리가 언제나 인도 신화(神話)

에 나오는 크리슈나(Krishna) 신과 브라마(Brahma), 시바(Sheva)나 비슈누 (Vishnu) 신(神)의 노예가 되어야겠습니까?' 호주에서 아직은 망하지 않은 자들 이 우리를 향하여 부르짖는 소리가 들립니다. 원주민들이 울부짖습니다. "우리 가 빛을 보지 못할 것인가요? 우리가 복음을 영 듣지 못할 것인가요?' 저 원주민 들보다 더 불행하게도, 우리 성소에서 예배를 드리는 것을 꿈에 본 허다한 사람 들의 비탄 소리가 들립니다. 그 사람들은 낮에 노동을 하면서 우리가 안식일에 쉬고 있다는 사실을 망각하였습니다. 그들의 울부짖음이 귀를 찌르고 있습니다. 오! 그 두려움이 얼마나 비탄스러운지요. 하늘 아래 모든 족속으로부터 올라오 는 탄식의 목소리가 합쳐져서 얼마나 두려운 소리를 내는지요! 바울의 꿈에 한 사람이 나타나 "우리에게로 건너와서 우리를 도우라"고 말하였습니다. 그 한 사 람이 바울을 그렇게 하게 강권하기에 충분하였습니다. 그런데 여기 꿈에 수백만 의 사람이 있는 것이 아닙니다. 한꺼번에 "와서 우리를 도우라."고 모두 말하는 수백만의 사람들이 현실 속에 있습니다. 그런데도 우리가 할 수 없다고 말하겠 습니까? 분명히 우리는 우리가 할 말을 생각해 내고 "우리가 해야 한다."고 말해 야 합니다.

선하신 구주시여! 우리는 해야 합니다. 할 수 없다 할지라도 해야 합니다. 우 리 자신의 연약함을 느낍니다. 그러나 우리 속에 우리가 그것을 해야 한다는 강 한 목소리가 있습니다. 우리는 멈출 수 없습니다. 아니 우리는 멈출 엄두를 내지 못합니다. 만일 그렇게 한다면 저주를 받을 것입니다. 만일 그 임무를 포기한다 면, 하늘의 진노와 지옥의 폭풍이 우리에게 떨어질 것입니다. 세상의 유일한 소 망, 우리는 그것을 없애 버릴 것입니까? 어둠을 밝히는 유일한 별, 우리는 그 별 을 꺼버릴 것입니까? 사람들을 구원해야 할 우리들이 팔짱을 끼고 그 수많은 사 람들로 하여금 죽도록 내버려 둘 것입니까? 아닙니다! 우리는 하나님의 사랑으 로 말미암아 그분의 이름을 지니고 있습니다. 우리를 그분께 연합시키는 끈으로 말미암아, 하나님 앞에서 거룩하고 다른 사람들 앞에서 인간다운 모든 것으로 말미암아, 그리고 우리 마음속에서 고동치고 있는 그 자애로움과 온유함에 속한 모든 것으로 말미암아, 그리고 우리의 가슴의 간절한 탄식으로 말미암아, 우리 가 할 수 없다 느끼더라도 우리는 해야 한다고 주장하는 바입니다.

그런데도 우리 마음속에는 자기 책임을 다른 데로 떠넘기려는 강한 성향이 있습니다. "우리는 그 사람들을 저 마을로 보내 먹을 것을 사오게 하자." 우리는 멀리 벳새다에 있는 사람을 바라봅니다. 그러면서 "그들로 하여금 거기에 가서 좋은 것을 얻게 하자."라고 말합니다. 많은 교회들이 그러한 시험을 크게 받습니다. 아마 이렇게 말할 것입니다. "우리가 이 모든 일을 반드시 할 필요가 없다. 다른 교회들도 있다. 그들이 자기들 몫을 담당하게 하자. 런던 근교에 있는 교회들도 있다. 또한 교구 교회도 있다. 그러니 사람들이 어째서 그곳에 가서 복음을 들을 수 없는가? 또 도시에 선교사가 있어서 그 사람들에게 가서 복음을 전할 수 있다. 그런데 우리가 어째서 구태여 그들을 방문할 필요가 있겠는가? 의심할 여지 없이 거리에서 전도를 하는 좋은 사람들도 있다. 그런데 어째서 우리가 그 일을 할 필요가 있겠는가? 저 마을로 사람들을 보내서 먹을 것을 얻게 하자."

아, 그러나 그렇지 않습니다. 구주께서 여러분에게 "너희가 먹을 것을 주라"고 말씀하셨습니다. "너희가." 자, 우리 교회는 마치 이 세상에 하나밖에 없는 교회처럼 생각하고 사명을 감당할 자세를 가져야 합니다. 하늘 아래 다른 도움이 없는 것처럼 최선을 다해서 일을 해야 합니다. 교회는 정말 교회 자체적으로 그 모든 일들을 감당해야 할 것처럼 일해야 합니다. 우리 주 예수 그리스도의 몸된 교회 ― 복음 전도를 위한 여러 단체들이나 또는 어떤 정부나 또는 어떤 상인들을 바라볼 것이 아니라 ― 만이 세상의 구주라는 것을 기억해야 합니다. 그리스도께서 결단코 왕들과 사제들 속에서 당신을 나타내지 않으셨습니다. 오늘날 주님께서는 그분의 거룩한 무리들 속에서 그분을 나타내시는 것입니다. 만일 지상에 하나님이 어디 계시냐고 묻는다면 사람이신 예수 그리스도를 가리키겠습니다. 그리스도께서 지상에서 어디에 계시냐고 물으신다면 저는 그분의 신실한 교회, 성령으로 말미암아 부르심을 받은 교회를 가리키겠습니다. 그리스도께서 세상의 소망이십니다. 그러하듯이 세상의 유일한 소망은 그리스도의 교회입니다. 교회는 마치 다른 교회가 없는 것처럼 최선을 다해서 그 책임을 이행해야 합니다. 어떤 다른 사람을 이 마을로, 저 마을로 보내려 하지 말고 교회 자체가 주님께서 하신 말씀 "너희가 먹을 것을 주라"(마 14:16)는 말씀을 들어야 합니다. 사랑하는 친구 여러분, 저는 두렵습니다. 우리 중 많은 사람들이 우리는 그 멸망의 길에 속해 있지 않기 때문에 다른 사람들이 멸망하는 것을 보고도 매우 편안한 마음을 가지고 있다는 것입니다. 굶주린 자들의 울부짖음에 대해서 귀를 막고, 과부와 고아들의 궁핍에 눈을 감는 것은 기근에 처한 사람들을 살리는 방식이 아닙니다. 가난한 자들의 배고픔도 모른 체하는 것도 세상에서 선을 행하는 방식이 아닙니다. 폐허와 죄의 소굴을 떠나는 것도 세상에서 선을 행하는 방식이 아닙니다. 우리의 치료하는 손가락으로 나병환자를 만져야 합니다. 그들을 보고 뒤로 물러서지 말아야 합니다. 우리는 헐벗고 상처 나고 무기력한 상태에 있는 사람들을 찾아야 합니다. 그리고 그들에게 기름을 붓고 포도주로 발라 주어야 합니다. 제사장과 레위인들이 그들을 그냥 지나쳐 버린다면 내버려 두십시오. 여러분의 구주께서는 여러 그리스도인들에게 실제적이고 개인적인 섬김을 요구 하십니다. 만일 여러분의 기독교 신앙이 "너희가 먹을 것을 주라"는 주님의 말씀 에 귀를 기울이지 않는다면 아무 소용이 없습니다. 기독교 신앙이 여러분을 개 인적인 지체로서, 그리스도의 연합된 몸의 지체로서 세상을 위해서, 그리스도를 위해서 하나님의 일을 하지 못하게 한다면 그 신앙은 정말 소용이 없는 것입니 다.

여러분, 저는 제 목회의 영역 안에 들어 있는 사람들인 여러분에게 말씀드릴 것입니다. 여러분의 손을 도구로 하여 세상의 구원이 주어지는 것입니다. 여러 분의 힘이 닿는 데까지 여러분 자신을 세상의 소망으로 여겨야 합니다. 또 그와 같은 방식으로 행동해야 합니다. 만일 그리스도로부터 이러한 책임을 받은 것을 인정하지 않고 가만히 앉아서 아무것도 하지 않는다면 제가 여러분에게 뭐라고 말해야 되겠습니까? 만일 지금 여러분이 모여 있는 이 건물을 짓고 나서 그리스 도의 말씀을 듣지 않는 다른 사람들에 대해서 관심을 기울이지 않거나, 여러분 스스로 하늘 양식으로 배불리 먹고도 다른 사람들이 멸망하는 것을 보고 만족해 할 수 있다면, 여러분에게 뭐라고 말할 수 있겠습니까? 교회로서 여러분의 이마 에 이가봇(하나님의 영광이 떠남)이라고 기록될 것이라고 말할 수밖에 없습니 다. 이 교회의 겉옷은 찢어지게 될 것이고, 교회의 휘장은 떨어져 나가게 될 것입 니다. 그리고 교회는 하나의 지나가는 바람처럼 될 것입니다. 만일 교회가 그리 스도께서 명하신 이 위대하고 엄숙한 일에서 감히 물러서려 한다면 이 교회는 롯의 아내와 같이 소금기둥이 될 것입니다. 쟁기를 잡고 뒤를 돌아보는 사람은 하나님 나라에 합당하지 않습니다. 사랑하는 친구 여러분! 저는 여러분을 믿습 니다. 그러나 제 하나님을 더 믿습니다. 쟁기를 잡고 뒤를 돌아보지 않고 오히려 세상에 빛을 주라는 이 엄숙한 주님의 명령을 여러분이 받아들이실 것이라고 믿 습니다. 그러나 만일 여러분이 그런 책무를 거절한다면 마지막 큰 날에 저는 여 러분을 비난하는 증인으로 서게 될 것입니다. 여러분의 구주의 뜻을 알고도 그것을 행하지 않는 사람으로 여러분을 쳐서 말할 것입니다. 여러분이 그리스도를 섬기도록 부르심을 받았음에도 불구하고 게으름과 나태로 다시 돌아가 버린 사실을 그때 가서 직고(直告)할 것입니다.

2. 우리의 의무와 구주의 능력

이제 우리의 사명에 대해서 오래 생각하였고, 우리의 연약함이 어떠한 것인지 길게 설명했으니, 이제는 주요한 요점, 곧 우리의 의무의 노선이 무엇이며 구주의 능력이 어떠한지를 알아보아야 하겠습니다.

무엇보다 먼저, 우리의 의무의 노선은 그리스도의 처음 명령에 즉각적으로 순종하는 데서부터 시작되는 것입니다. ― "너희는 그것들을 내게로 가져오라." "주여, 보리떡 다섯 개와 물고기 두 마리, 그것이 우리가 가진 전부입니다." "그것들을 내게로 가져오라." 마가복음에서는 "가서 보라"로 되어 있습니다. 그들은 자기들의 지갑을 들여다보면서 더 이상 아무것도 없다는 것을 확인하였습니다. 그들은 자기들의 돈궤를 샅샅이 뒤졌습니다. 모든 것을 다 꺼내 보았습니다. 고기 조각과 떡 조각을 다 찾아서 그리스도께 가져갔습니다. "그것들을 내게로 가져오라." "주님, 그것들은 보리떡이요, 다섯 개밖에 없습니다." "그것들을 내게로 가져오라." "물고기 두 마리뿐입니다. 두 마리뿐이라는 말씀입니다. 그것이 무슨 소용이 있습니까? 그냥 우리가 가지고 있죠." "아니다, 내게로 가져오라." "그러나 정말 작은 물고기들인데요." "그것들을 내게로 가져오라"고 말씀하십니다. "내게로 가져오라"고 말입니다.

교회의 첫 번째 의무는 자신의 자원을 바라보고서 감당할 일에 전적으로 불충분하다는 것을 알았을 때 여전히 자기가 가진 모든 것을 그리스도께 드리는 것입니다. 그러나 어떻게 그것들을 드려야 할까요? 예, 많은 방면에서이죠. 교회는 그것들을 헌신적으로 그리스도께 바쳐야 합니다. 저기 어떤 형제는 말합니다. "그런데요, 저는 절약할 돈이 얼마 안 돼요!" "걱정하지 마라. 네가 가진 것을 내게 가져오라." 또다른 사람이 말합니다. "아! 저는 선한 일을 위해서 여분으로 쓸 시간이 거의 없습니다." "그 시간을 내게로 가져오라." 또 어떤 사람은 이렇게 말하겠죠. "그러나 저는 능력이 매우 적습니다. 내 지식의 분량은 매우 보잘것이 없습니다. 말도 어눌합니다." 그러나 주님께서는 "그것을 내게로 가져오라"고 말씀하십니다. 또 어떤 이는 말할 것입니다. "오, 저는 주일학교에서 가르칠 수만 있으면 좋을 정도로 적은 능력밖에 없습니다." 주님께서 "그것을 내게로 가져오라."고 말씀하십니다. 또 어떤 사람은 이렇게 말합니다. "내가 그것을 할 수 있는지 모르겠어요. 저는 그저 전도 책자를 돌릴 수 있을 뿐이에요." "그것을 내게 가져오라." 교회가 가지고 있는 모든 은사를 그리스도께 가져와 바쳐야 합니다. 여러분은 이 점을 주목해야 합니다. 저는 어떤 사람은 받지 못하는 강하고 딱딱한 것을 말하고 있습니다. 여러분이 이 세상에서 가지고 있는 것이 무엇이든지 그리스도의 영광을 위해서 드리지 않는다면 주님의 것을 도둑질하는 것입니다. 모든 참된 그리스도인은 자신을 그리스도께 드림으로써 자기가 가진 모든 것을 주님께 드린 것입니다. 모든 참된 그리스도인들은 모든 것을 자기의 것이라고 여기지 않습니다. 모든 것이 구주의 것입니다. 우리의 가진 것이 구주의 것이라는 것을 인정하지 않는 한 구주의 영광을 위해서 참된 사람들이 될 수 없습니다. "뭐라구요! 우리 가족들을 부양하지 말라구요?" 오! 아닙니다. 부양해야지요. 그것도 하나님께 드려져야죠. "우리 자신은 어떻게 하고요?" 오! 참으로 여러분이 탐욕자가 아니라면 그렇게 해야 합니다. 기억하십시오. 여러분을 위해서 양식을 주시는 분은 구주라는 사실입니다. 만일 구주께서 여러분들의 노력을 통해서 여러분들에게 음식을 준다면, 여러분은 구주의 일을 하고 있으며, 그의 풍성한 데서 받고 있는 것입니다. 여러분에게 먹을 것을 주시는 것이 그분의 일이기 때문입니다. 언제나 여러분은 가진 모든 것을 그리스도께 드려야 합니다. 여러분이 헌신하는 것이 없을 때 하나님께 대한 정직도 끝나 버리는 것입니다. 여러분은 얼마나 자주 서약합니까! 하나님과 맺은 언약에 대해서 충실하지 않으시렵니까?

> "나의 나 된 모든 것, 내가 가진 모든 것
>   영원토록 주의 것일세.
>   내 의무가 나에게 무엇을 원하든지
>   내 기꺼운 마음으로 모든 걸 내놓네.
>
>   만일 내가 어떤 것을 남겨 둘 수 있다면
>   의무대로 행한 것이 아닐세.
>   내 하나님을 어찌나 열심히 사랑하는지
>   내가 그 모든 것을 하나님께 드릴 수만 있으면 좋으련만."

　　"그것들을 내게로 가져오라." ― 헌신뿐만 아니라 기도를 통해서도 가져오라는 것입니다. 저는 우리의 기도회가, 교회가 가진 모든 보리떡과 물고기를 가져다드리는 그 시간이 되어야 한다고 생각합니다. 구주시여, 드린 모든 것들이 복되게 하기 위해서 우리가 제단 주위에 모였습니다. 우리는 약하고 부족합니다. 와서 강하게 해 주시기를 원합니다. 우리는 스스로 아무 힘도 가지고 있지 못합니다. 위로부터 능력을 받기 위해서 이렇게 나왔습니다. 우리는 기도회를 통해서 기다렸습니다. 당신의 제자들이 예루살렘에서 성령 충만을 받기까지 다락방에서 기다렸던 것처럼 말입니다. 한 재능을 가진 사람이 열 가지 재능을 가진 사람보다 열 배의 일을 할 수 있다는 것은 정말 기이한 일입니다. 왜냐하면 주님은 그 사람에게 열 배의 은혜를 주시기 때문입니다. 군인이 언제나 무기가 있어야만 소용이 있는 것이 아닙니다. 어리석은 자에게 성능 좋은 총을 주어 보십시오. 아마도 그는 그것으로 자신을 파멸시킬 것입니다. 지혜로운 사람에게 아주 형편없는 무기를 주어 보십시오. 그러면 그는 선하고 분명한 목적을 가지고 담대하게 나아갈 것입니다. 다른 사람이 더 좋은 무기를 가지고 주님을 섬기는 것보다 자기의 작은 무기로 더 많이 섬길 것입니다. 그러하듯이 하나님의 집에서 지도자 노릇을 할 수 있는 것처럼 보이는 사람들이 아주 아무것도 하지 못하고 꾸물거립니다. 그런 반면에 이스라엘에서 작은 자에 불과한 다른 사람들은 하나님의 능력으로 말미암아 능하게 되었습니다. 오, 주님의 종들이여! 그대들이 뒤로 감추고 있는 모든 것들을 이리로 내 놓으시라. 그리고 모든 십일조를 주님의 창고에 들여 그 집이 가득 넘치게 할지어다. 만군의 여호와께서 말씀하십니다. "너희의 온전한 십일조를 창고에 들여 나의 집에 양식이 있게 하고 그것으로 나를 시험하여 내가 하늘 문을 열고 너희에게 복을 쌓을 곳이 없도록 붓지 아니하나 보라"(말 3:10)

　　우리의 가진 모든 것을 그리스도께 드립시다. 믿음으로 말미암아 그 발 앞에 놓고, 주님의 위대하신 능력이 그 작은 방편으로 하여금 그 거대한 목적에 충분한 것이 되게 할 수 있는 믿음을 가집시다. "주여, 떡 다섯 개밖에 없습니다." ― 떡 다섯 개가 전에는 우리의 손에 들려 있었습니다. 그러나 이제 주님의 손에 드립니다. 이제 그 떡들은 오천 명을 먹이기 위한 양식이 되는 것입니다. "주여, 물고기 두 마리가 있습니다." ― 그들이 자기의 것으로 소유하고 있는 동안 정말 의미 없는 작은 것이었습니다. 그러나 주님께서 그것들에 손을 대시니 귀한 것이 되었고, 그 작은 물고기가 허다한 무리를 먹이는 양식이 될 것입니다. 모든 것을 하나님께 드렸다고 생각하고서 이렇게 말할 수 있는 사람은 복이 있습니다. "이제 충분합니다. 이제 더 이상의 재능을 원하지 않습니다. 이젠 더 이상의 것을 필요로 하지 않습니다. 저는 더 많은 것을 가지고 싶지 않습니다. 제 일을 위해서 이것이 족합니다. 저는 그 자체로는 전적으로 부족하다는 것을 알고 있습니다. 그러나 우리의 충분함은 하나님께로부터 오는 것입니다."

오! 여러분들이여, 우리는 한 교단으로서 선한 일을 행하기에는 너무나 연약하다고 말하지 마십시오. 영국의 기독교는 전 세계를 복음화하는 데는 너무나 부족하다고 말하지 마십시오. 누구도 그렇게 말해서는 안 됩니다. 충분합니다. 구주께서 원하시기만 하면 충분합니다. 만일 선한 사람이 여섯 명만 살아 있고, 그 여섯 사람이 하나님께 온전히 헌신되었다면, 그들이 세상을 회심시키는 데 충분한 도구가 될 것입니다. 그것은 여러분의 방편을 늘리는 것이 아닙니다. 또 여러분의 기관을 복잡하게 하는 것도 아닙니다. 또 여러분이 가지고 있는 여러 선교 단체들이 조직을 늘리는 것도 아닙니다. 하나님께서는 여러분의 유용한 자질에 대해서 조금도 관심을 두지 않습니다. 하나님께 자신을 바친 사람들만이 전적으로 하나님의 사람들입니다. 하나님께서 그들을 능하게 하실 수 있음을 믿으십시오. 그 사람들은 하나님으로 말미암아 강한 요새를 함락시킬 정도로 능하게 될 것입니다. 저는 주저 없이 말씀드립니다. 어떤 교회의 강단의 경우에는, 차라리 그 강단에 전하는 사람이 있기보다는 그냥 아무도 없는 편이 더 나을 뻔하였다고 저는 말하고 싶습니다. 어떤 회중들에게는 설교자가 전혀 없는 편이 더 나을 뻔하였습니다. 하나님께 세움을 받지 못한, 그래서 믿음으로 말하지 않는 목회자를 두고 있는 회중들은 그냥 현상 유지하는 것으로 만족하고 성장에는 관심이 없습니다. 그 모조물을 걷어내야 합니다. 그들은 참된 목회 사역을 위해서 울부짖어야 합니다. 하나님이 그들에게 성령의 가르치심을 받는 설교자를 보내주시기를 바랍니다. 그 사람은 내면적 증거와 영적인 능력을 가지고 불을 토하는 것과 같이 말할 것입니다. 하나님의 약속과 말씀에 대한 확신을 가지고 말입니다. 오! 사랑하는 친구들이여, 그리스도께서 그런 사람들에게 복을 주사 하나님의 택하신 백성들을 인도하기에 충분하게 하시면 충분한 방편이 되는 것이라고 믿어야 합니다.

다시 한 번 능동적인 섬김으로 "그것들을 내게로 가져오라"고 말씀하십니다. 엄숙한 언약과 간절한 기도를 통해서 그리스도께 바쳐진 것, 그리고 겸손한 믿음으로 바쳐진 것은 정말 능동적인 섬김 속에서 바쳐진 것임에 틀림없습니다. 여러분은 모두 그리스도를 위해서 일하고 있습니까? 저는 먼저 우리 교회의 지체들에게 말씀드립니다. 그러나 여기에 오신 다른 교회 신자들도 함께 듣게 되리라 생각합니다. 여러분은 그리스도를 위해서 무언가를 하고 있습니까? 우리 교회의 어느 지체도 구주를 위해서 무엇인가에 종사하지 않는 이가 없어야 한다고 생각합니다. 제가 어떤 사람을 제외할까요? 병상에 누워 있는 연약한 사람입니까? 그들도 심방 받는 경우에 주님을 위해서 선한 일을 말할 수 있습니다. 병상에서 죽어 가고 있는 사람들을 제외시킬까요? 그들도 요단 강을 건너가면서 주님의 신실하심을 복되게 증거할 수 있습니다. 귀가 들리지 않는 사람들을 제외시킬까요? 그들도 말은 할 수는 없지만 몸짓으로 믿음을 보일 수는 있습니다. 눈에 보이지 않는 사람들을 제외시킬까요? 그들도 주님의 영광을 찬미하는 노래를 부를 수 있습니다. 무능력하게 된 사람들을 제외시킬까요? 그 사람들도 인내심을 통해서 주님의 이름을 광대하게 할 수 있습니다. 우리 각자 그리스도의 소유라면 그를 섬기고 있어야 합니다. 내가 아들인데 아버지께 전혀 의무를 가지고 있지 않습니까? 내가 남편인데 아내에게 사랑을 줄 의무를 가지고 있지 않습니까? 내가 종인데 게으르고 나태하고 불순종하는 상태에 있어야 할까요? 그리스도의 이름을 그냥 명목상으로만 붙이고 다녀야 할까요? 그저 메달을 달고 다니는 것 정도만 되어야 할까요? 그리스도인들이 그리스도를 위해서 어떤 구제나 어떤 용감한 싸움을 하지 않는데도 그런 십자가를 달고 다녀야 할까요? 그리스도인이라고 불릴 뿐 살아 있는 실상은 전혀 보이지 않습니까? 하나님께서 또한 그러한 그리스도인들을 불쌍히 여겨 주시기를 바랍니다.

　자, 사랑하는 친구들이여! 만일 여러분이 가진 모든 것을 그리스도께 드려야 한다는 제 말을 아직도 이해하지 못하고 있다면 저는 이것을 강조하고 싶습니다. 자, 여러분이 가진 재능을 그리스도의 손에 드리는 것이죠. 그 손은 여러분을 위해서 찔린 손입니다. 여러분이 가장 사랑하는 친구 되신 분에게 드리는 것입니다. 또한 여러분을 구속하기 위해서 심장의 피를 조금도 아끼지 아니하신 분에게 그것을 드리는 것입니다. 여러분은 그분을 사랑하지 않습니까? 그렇게 고상하고 그렇게 놀라우신 분에게 여러분의 사랑을 보일 수 있는 특권이 부여되었다는 것이 여러분에게 영예롭지 않습니까? 저는 일하는 여인들에 대한 이야기를 들었습니다. 그들 모두가 다 자신들은 배부르게 먹지 못하면서 자기 자녀들에게 음식을 가져다줍니다. 그들이 그 값진 음식을 어린아이들의 입에 넣을 때 자기들이 한 수고는 아무것도 아닌 것처럼 느껴진다는 것입니다. 왜냐하면 자기들이 사랑하는 자들에게 그것을 넣어 주고 있기 때문입니다. 신자에게도 역시 마찬가지입니다. 신자는 자기가 그리스도를 찬미할 때 자신을 가장 복되게 하는 것이라고 느껴야 합니다. 실로 그리스도인이 예수님을 위해서 무엇인가를 해야 한다고 할 때, 받는 자보다 주는 자가 복되다는 것을 기억해야 합니다.

그밖에, 여러분이 그분에게 드릴 때 또다른 동기를 갖게 됩니다. 그렇게 함으로써 허다한 무리에게 주고 있는 것입니다. 교회를 위해서 뭔가를 함으로써 목사를 즐겁게 하고 있다고 생각하는 사람이 있다는 것을 알고 있습니다. 오! 사랑하는 친구들이여, 그렇지 않습니다. 제가 영혼들을 사랑하는 것 외에 세상에 대해 무슨 이익을 얻겠다고 관심을 두겠습니까? 마음을 읽으시는 하나님께서 심판 날에 이렇게 말씀하실 것입니다. 지금 너희에게 설교하고 있는 이 목사보다 이 세상에 구원에 대해서 더 사심 없이 간절히 바라는 사람은 본 적이 없다고 말입니다. 저는 그리스도 안에 있는 제 형제에게도 같은 말을 할 수 있다고 믿습니다. 세상이 구원받기를 간절히 소원하는 형제 말입니다. 저 굶주려 있는 세상을 바라보십시오. 여러분이 떡을 줄 때, 여러분을 응시하고 있는 눈들, 그처럼 풍성하게 먹는 사람들이 여러분에게 감사할 것이고, 바로 그 점이 여러분이 행한 모든 일에 대한 충분한 보상이 될 것입니다.

이삼 년 전인가 교회에 등록하기 위해서 어떤 사람이 저를 찾아왔습니다. 제가 방에서 앉아 대화하면서 그의 얼굴을 보니 영적인 양식뿐만 아니라 육신적인 양식도 필요하다는 얼굴 표정이었습니다. 그래서 "제가 말씀드리기 전에 뭔가 좀 드셔야 될 것 같은데요."라고 말하였습니다. 우리는 그에게 먹을 것을 가져다주었습니다. 저는 한동안 그를 쳐다보았습니다. 왜냐하면 저는 그의 눈에 눈물이 글썽이는 것을 보았기 때문입니다. 저는 그 방에서 나왔습니다. 제가 거기 있으면 충분히 먹지 못할까 두려워서 말입니다. 저는 그분이 먹는 것을 보는 것이 아주 즐거웠습니다. 제가 적은 것을 주었지만 천 파운드 가치가 있는 것으로 제게 충분히 보상이 되었다고 저는 말씀드릴 수 있습니다. 가난한 죄인이 그리스도를 기쁨으로 부여잡는 것을 보고, 또한 그의 눈이 빛나며 양 볼을 타고 눈물이 흘러내리는 것을 볼 때는 이렇게 말하겠죠. "나는 이 일로 인하여 이 불쌍한 사람의 마음에 행한 선보다 훨씬 더 많은 것을 보상받고 있습니다. 주여, 그것 이면 충분합니다. 제가 이 불쌍한 영혼들을 먹였기 때문입니다."

　　다시 한 번 그리스도께서 보리떡과 물고기를 가지러 가시도록 내버려 두지 말고, 여러분 자신이 그리스도께 보리떡과 물고기를 가져다 드리십시오. 이렇게 말씀드려도 여러분 스스로 나눠 주는 자가 되어야겠다는 생각을 갖지 못합니까? 우리가 어린아이였을 때, 아버지가 고깃덩어리에서 작은 조각을 떼어 내어 길 건너 병든 여자에게 가져다주라고 명하셨습니다. 그때 토머스와 메리와 앤(스펄 전 목사님의 형제자매들 — 역주)이 서로 자기가 고기 조각이 든 그릇을 가져다가 그 여자에게 주겠다고 다투던 일이 생각납니다. 우리는 항상 그 착한 여자의 문을 노크하는 것을 좋아했습니다. "보세요, 우리가 오늘 부인의 저녁 식사가 될 것을 가져왔어요." 줄 것이 있으면 아이들은 항상 즐거워합니다. 만일 여러분이 어린 아이들의 손에 일 페니를 주고 저 불쌍한 맹인에게 주라 하면, 얼마나 기쁨으로 그들이 달려가는지요! 그리스도인들이 바로 그러한 느낌을 가지고 있다면, 자기 재능은 모자라더라도 하나님께 헌신되어 세상을 위하여 무엇인가를 할 것입니다. 그런 그리스도인들은 줄지어 있는 여러 사람들 사이로 돌아다니면서 그들을 먹이고, 그 일을 좋아할 것입니다.

　　자, 이제 이 점에 대한 말씀을 끝내야겠습니다. "그것을 내게로 가져오라. 그리하면 너희가 내게 가져옴으로 말미암아 너희가 잃어버린 것만큼 또 가지게 될 것이다." 그들은 전에 가진 것보다 훨씬 더 많은 것들을 거두게 되었습니다. 그리스도께서는 어떤 사람도 빚을 지고 죽게 내버려 두지 않으실 것입니다. 여러분이 그리스도께 어떤 일을 하였으면 풍성하게 보상을 받을 것입니다. 이 세 상에서 눈에 보이는 것이 아니면 영적인 것에서 말입니다. 남은 조각들이 완전 히 빈 모든 바구니들을 가득 채우게 될 것입니다. 여러분들이 다른 사람들에게 물을 마시우면 여러분 자신이 물을 먹고 있는 것과 마찬가지임을 알게 될 것입 니다. 여러분이 기쁨을 나누어 주면 서로 기쁩니다. 선을 행하는 것이 선을 낳고, 그리스도를 위해서 다른 사람들에게 나누어 주면 그것이 자신을 풍성하게 하는 가장 확실한 방식입니다.

　　저는 이제 신자의 나머지 의무에 대해서 간단하게 요약하여 말씀드리렵니 다. 여러분이 자신의 재능을 그리스도께 드리고, 여러분의 위대한 사명을 양심 적으로 감당하면, 그 다음의 의무가 무엇인가를 유념해야 합니다. 여러분이 가진 것으로 인하여 하나님께 감사하십시오. 위를 쳐다보고 말하십시오! "내가 행한 것은 아무것도 아닙니다. 기도나 설교나 또 여기저기 돌아다니면서 행한 것들은 아무것도 아닙니다. 주님께서 전적으로 복을 주셨기 때문에 그 일이 된 것입니다. 주여, 그것을 축사하소서!" 그런 다음에 여러분이 축사하고 나서 나누어 떼십시오. 나누기 전에는 많아지는 일이 결코 일어나지 않을 것임을 기억하십시오. 빼는 일이 없으면 더하는 일도 시작되지 않습니다. 그러하듯이 떡을 떼어 선을 행하시고 나누어 주십시오. 나가서 구주를 위해서 능동적으로 섬기십시오. 그렇게 떼어 다른 사람들에게 나누어 줄 때, 그리스도의 손으로부터 나누어 주고 있다는 사실을 유념해야 합니다. 여러분은 자신의 재능과 능력들을 그리스도의 손에 맡겨야 합니다. 하나님께서 그것에 복을 주십니다. 그런 다음에 하나님께서는 다시 여러분에게 돌려드립니다. 후에 여러분들은 그것을 사람들에게 나눠 줍니다. 만일 제가 이 강단에서 제 것을 가지고 여러분을 먹이고 있다면 그것은 아무런 소용이 없을 것입니다. 그러나 제가 이 생명의 떡을 제 서재에서 얻은 다음에 그리스도의 손에 드리고, 그런 다음에 여기 이 자리에 올라옵니다. 그러면 그리스도께서 그것을 제게 도로 주십니다. 그리고 저는 받은 그것을 여러분에게 드립니다. 그러면 여러분은 충만하게 먹게 될 것입니다. 이것이 사람들에게 복을 주시는 그리스도의 방식입니다. 주님께서는 곧바로 세상에 복을 주시지 않습니다. 먼저 그분의 제자들에게 복을 주시고, 그런 다음에 제자들이 많은 무리들에게 복을 주게 됩니다. 우리는 공적으로 나눠 주는 것을 먼저 개인적으로 얻어야 합니다. 우리는 택하신 하나님의 백성으로 하나님께 나아감을 얻습니다. 우리는 그분에게 가까이 나아갑니다. 그분이 우리에게 주시면 우리는 다른 사람들에게 줍니다.

그래서, 사랑하는 친구들이여! 저는 여러분 앞에 위대하고 높은 사명을 제시하는 일부터 했던 것입니다. 첫째, 저는 여러분으로 하여금 "우리는 할 수 없다"고 말하게 하였습니다. 그런 다음에, 여러분으로 하여금 "우리는 해야 한다"라고 말하게 하려고 애썼습니다. 끝으로, 여러분으로 하여금 "우리는 할 수 있다"라고 말하게 하고 싶습니다. 그렇습니다! 그리스도는 우리와 함께 계시므로 우리는 할 수 있습니다. 하나님이 우리를 위하십니다. 그러니 할 수 있습니다. 성령께서 우리 안에 계십니다. 그러니 할 수 있습니다. 하나님의 성령께서 우리를 부르십니다. 하나님의 아들 예수 그리스도께서 우리에게 힘을 주십니다. 하나님 아버지께서 우리를 바라보시고 미소를 띠고 계십니다. 우리는 할 수 있습니다. 해야 합니다. 또한 할 것입니다. 이 세상의 나라들이 우리 하나님과 그리스도의 나라가 될 것입니다.

　　그러나 우리가 정말 그리스도를 믿습니까? 그렇지 않다면, 우리는 아무것도 할 수 없습니다. 먼저 그리스도께 나아가십시오. 그런 다음에 예수님을 위해서 일해야 합니다. 그분에게 먼저 여러분 자신의 마음을 드리십시오. 그런 다음에 여러분이 가진 모든 것을 드리십시오. 그러면 주님께서는 여러분이 바치는 것을 받으실 것이고, 그분의 이름을 위해서 여러분의 영혼에게 복을 주실 것입니다. 아멘.

제
44
장
—

바다 위를 걷는 베드로

—

"베드로가 대답하여 이르되, 주여, 만일 주님이시거든 나를
명하사 물 위로 오라 하소서 하니 오라 하시니 베드로가 배
에서 내려 물 위로 걸어서 예수께로 가되 바람을 보고 무서
워 빠져 가는지라. 소리 질러 이르되 주여, 나를 구원하소서
하니 예수께서 즉시 손을 내밀어 그를 붙잡으시며 이르시되
믿음이 작은 자여, 왜 의심하였느냐 하시고." — 마 14:28-31

본문의 이야기를 생각을 가지고 읽는 독자라면 누구나 마음에 몇 가지 영상
이 떠오를 게 분명합니다.

1. 신자의 체험의 혼합된 성격이 우리에게 매우 뚜렷하게
암시가 되고 있습니다.

베드로는 의심할 여지 없이 주 예수 그리스도를 믿는 담대한 신자였습니다.
그는 자기 구주를 향하여 진실한 마음으로 "주여" 하고 불렀습니다. 주님이라는
말은 존경의 명칭입니다. 주님께 그 호칭을 사용한다는 것은 베드로의 성품 속
에 일어났던 변화를 증거하며, 그 성품에서 나오는 순종하는 정신을 드러냅니
다. 그러나 "만일"이라는 말에 어딘지 모르는 불안이 함축되어있습니다 —"만
일 주님이시거든." 아니, 오히려 불신앙의 냄새를 풍기고 있습니다. 그럼에도 불
구하고 베드로가 이러한 머뭇거림을 보이다 이내 강력한 확신의 표현을 쓰고 있

는 것을 발견합니다. 그래서 그가 주님께 "나를 명하사 물 위로 오라 하소서."라
고 간청한 것을 볼 때 감탄하게 됩니다. 그런 다음 주님께서 "오라"고 신속히 대
답하시자 힘을 얻어 배에서 내려 바다로 발을 떼어 놓는 그 용기를 보이는 베드
로의 모습을 발견합니다. 그리고 실제로 물 위를 걸었습니다. 그리하여 그는 그
리스도께서 행하신 기사에 참여한 것입니다. 물질의 요소를 제압한 이적에 참여
한 것입니다. 그러나 그의 용맹은 금방 사라져 버립니다. "바람을 보고 무서워
빠져 가는지라." 그를 물 위에 뜨게 한 믿음이 아래를 내려다보게 한 두려움에 자리를
내준 것입니다. 물결 위를 걸었던 그가 한순간에 파도 아래 가라앉고 있습니다.
"나를 명하사 물 위로 오라 하소서."라고 울부짖던 용맹함이 순식간에 "주여, 나
를 구원하소서."라는 슬픔에 찬 비탄으로 바뀝니다. 그가 배에서 풀쩍 뛰어내림
이 아주 위대하듯이 그의 두려워하는 공포도 그만큼 강력합니다! 이것이 일반적
인 체험입니까? 모든 하나님의 백성들이 그러한 변화를 겪습니까? 조용한 신뢰
와 소심한 두려움 사이에서 왔다 갔다 하는 것입니까? 하나님의 백성들이 서로
정반대가 되는 한 가지에 철저할 수 없나요? 철저하게 믿음을 행사하든지, 아니
면 철저하게 불신앙으로 나아가는 일을 못합니까? 우리는 그러하다고 생각합니
다. 우리는 지극히 훌륭한 사람들 속에도 그리스도께 대한 충성과 더불어 얼마
나 많은 약점이 섞여 있는지에 대해서는 말하지 않겠습니다. 또한 하나님의 은
혜가 우리의 삶의 행실에 죄가 깊이 영향을 미치지 못하도록 우리를 얼마나 보
존할 수 있는지에 대해서도 말하지 않겠습니다. 다만 우리는 정말로 선과 악이
주도권을 잡으려고 다투는 것을 경험하고 있음을 한탄하면서 고백하는 바입니
다. 때로는 어느 것이 주도권을 잡더라도 이김의 정도가 머리카락 굵기 정도밖
에 되지 않아 보이기도 함을 고백하는 바입니다. 우리 속에 심어진 새 생명이 궁
극적으로 승리를 얻을 것은 틀림없습니다. 그럼에도 불구하고 우리는 그 승리에
이르는 길목에서 재난들을 만나 끊임없이 패배를 겪고 있음도 충분히 인식하고
있습니다. 우리는 고통이 없이 결코 전리품을 얻을 수 없습니다. 제가 보기에, 믿
음으로 산다는 것이 무엇인가에 대하여 조금이라도 아는 분은 지상 생애 내내
끊임없는 갈등이 이어짐을 발견할 것입니다. 그 사람이 그리스도께 참여하였음
을 의심할 정도까지 아래로 떨어지는 일은 결단코 일어나지 않겠죠. 그럼에도
불구하고 때로는 침상을 눈물로 적시기도 하고, 하나님께서 은혜 베푸시기를 잊
으시지는 않았을까 하는 의문을 제기할 수도 있습니다. 수년 동안 순례 길을 가

면서 자기 성품에 손상을 입지 않으면서 꼿꼿한 자세를 견지할 수 있는 능력을 발휘할 수도 있죠. 그럼에도 불구하고 태어날 때부터 가지고 있는 본성의 죄와 무서운 투쟁을 해야 하고, 밖에서 오는 고통으로부터 지독한 압박을 받으며 견뎌야할 때도 자주 있을 것입니다. 그래서 "오호라, 나는 곤고한 자로다. 누가 이 사망의 몸에서 나를 건져내랴."라고 울부짖게 됩니다.

여러분이 어느 날은 다볼 산 꼭대기에서 구주의 변모된 모습을 보고, 그 다음 날에는 수치의 골짜기에서 심령으로 애통하고 압박과 환난과 슬픔으로 말미암아 낮게 될 수도 있습니다. 어느 날 거인처럼 강하고, 모든 일들을 다 할 수 있는 것처럼 보일 수도 있습니다. 그러나 다른 날에는 어린아이처럼 연약해질 수도 있고, 기쁨이 달아난 것 때문에 울 수도 있습니다. 어느 날에는 "자신에게 이스라엘이란 이름을 별명으로 붙여줄" 정도로 승리에 취할 수 있으나, 다음 날에는 자신을 "벌레 같은 야곱"이라고 부르면서 인생이 공통적으로 당하는 여러 불행에 밟혀 아주 뭉개지지 않을까 두려워할 수 있습니다. 하늘로 향하는 우리의 길은 높은 언덕과 낮은 골짜기가 뒤섞여 있습니다. 우리의 인생은 서로 억제하는 여러 재료들로 이루어져 있습니다. 우리의 인생은 한 종류의 직물(織物)로 짜여지지 않았습니다. 때로는 소망에 차서 유쾌한 발걸음을 떼어놓기도 합니다. 그러나 이내 태양이 빛을 비추기를 멈추고 굵은 빗방울이 떨어지고, 안개가 피어오르면 팔을 접고 멍한 표정으로 앉아서 슬프고 무거운 마음으로 일어서지 못할 수도 있습니다. 우리는 체험뿐 아니라 성품에 있어서도 마찬가지입니다. 선과 악이 서로 만납니다. 물론 섞이지는 않습니다. 선과 악이 끊임없이 변수 역할을 합니다. 제가 누구나 잘 아는 이런 사실을 언급하는 것은 최근에 믿음의 순례 길을 막 시작한 어린 신자들을 위로하는데 도움을 줄 수 있기 때문입니다. 그들은 자기들이 이제 거듭났고 그리스도의 군대에 등록되었으니 이후에는 자기들 속에 있는 죄와 싸울 필요가 전혀 없을 것이라는 환상에 젖어 있습니다. 시험을 받는다 할지라도 자기 영혼은 그 시험에 결코 넘어가지 않을 것이라는 생각도 하죠. 그들은 갑옷을 입고 자랑을 합니다. 마치 자기들은 그전에 그 갑옷을 벗어 놓았던 것처럼 말입니다. 오늘 심고 내일 금방 추수하기를 기대합니다. 그들은 바닷가를 떠나 바다 가운데로 들어간 적이 거의 없었습니다. 그런데도 그들은 항해를 하면 금방 항구에 도달할 것이라고 기대합니다. 배가 반대 방향에서 부는 바람으로 이리저리 약간 요동하며 움직일 때 그것을 이해할 수 없습니다. 보십시오. 우리 모두가 그런 것은 아닙니다. 여러분이 보기에 항상 찬란한 햇빛으로 혜택을 받는 것처럼 보이는 하나님의 성도들이 여러분에게 전혀 다른 이야기를 할 수 있습니다. 하나님께서 공중 앞에서 크게 존귀하게 높이셨던 어떤 사람들을 개인적으로는 깊이 낮추시는 경우가 흔합니다. 하나님께서는 당신의 자녀들을 문 뒤로 데리고 가시는 방식을 갖고 계십니다. 그래서 자기들 속에 어떤 혐오스러운 것들이 있는지 보게 만드십니다. 그러시면서 동시에 그리스도의 아름다우심을 보게 하시고, 그리스도만을 의지하여 먹을 수 있게 능력을 주십니다. 여러분의 삶이 아주 쉽다고 생각하지 마십시오. 왜냐하면 여러분의 영적 삶이라는 것이 죄와 많이 싸워야 하는 것이기 때문입니다. 저는 극단적으로 나가지는 않겠고, 다만 그것이 하나님께서 그분의 사랑하시는 모든 자들을 다루시는 방식의 한 견본이라고 믿습니다.

첫 번째로 관찰한 사실에 대해서는 이만큼 해 두겠습니다. 베드로는 한순간에는 담대하였고, 다른 순간에는 당황하여 어쩔 줄을 몰라 합니다. 그는 한순간에는 이적을 행하신 분처럼 파도를 밟았습니다. 그러나 다음 순간에는 보통 사람답게 물 속에 빠져 가라앉았습니다. 우리도 마찬가지입니다. 때로는 높이 올라가고, 이내 깊은 데서 "주여, 나를 구원하소서."라고 울부짖습니다. 그래서 이내 나동그라집니다. 그러다가 때로는 말로 할 수 없는 기쁨으로 즐거워합니다. 우리 마음에 떠오르는 두 번째 감상을 관찰합시다.

2. 믿음은 모험적인 섬김을 사랑합니다.

베드로는 믿음이 충만할 때 구주께 "주여, 주님이시거든 나를 명하여 물 위로 오라 하소서."라고 말하였습니다. 믿음은 군사적이고 왕적인 특성을 드러내는 은밀한 직관을 가지고 있는 것 같습니다. 옛날 트로이 전쟁 때에 한 사람에 대한 이야기를 책에서 읽었습니다. 트로이 전쟁이 자기를 명예롭게 하지 못할 것이라는 예언자의 말을 듣고 그리스 군 대열을 벗어나 왕의 딸들 사이에 몸을 숨기려 하였습니다. 그러나 그가 오디세우스에게 발각이 됩니다. 오디세우스는 한 행상인, 즉 행상인으로 위장한 사람을 보내어 여러 물품을 팔게 하였습니다. 그리고 성문에서 처녀들이 자기들이 좋아하는 장신구들을 사려고 나올 때, 그 행상인은 바구니에 나팔이나 칼을 담아 두었습니다. 그 젊은 영웅은 변장하였지만 그만 자기 취향을 드러내 그 호전적 도구를 취하였습니다. 그것이 그의 본성에 맞았습니다. 하지만 그것을 선택함으로써 그의 정체가 노출되었습니다. 자, 우리들도 선택할 매력을 끄는 수많은 것들이 앞에 있을지라도, 믿음이 있으면 담대함과 모험심을 자극하는 것을 선택할 것이 틀림없습니다. 요한은 사랑으로 가득한 사람입니다. 그래서 배에서 가만히 기다리고 있습니다. 그러나 베드로는 믿음이 넘쳐서 믿음의 본질에 부합하는 높은 행동을 하지 않을 수 없었습니다. 그래서 그는 "주여, 주님이시거든 나를 명하사 물 위로 오라 하소서."라고 말한 것입니다. 믿음은 바로 그러한 일을 하는 것입니다. 믿음은 다른 이들이 실패하는 데서 행할 수 있고 작용할 수 있고 일을 할 수 있습니다. 누구나 땅 위에서 걸을 수 있지만 믿음은 물 위를 걷게 합니다. 다른 것들은 못하는 곳에서 믿음은 할 수 있고 행하고 이룹니다. 믿음이 겨자씨를 뽑거나, 두더지가 파놓은 흙두덕을 옮길 것이라고 성경은 말하지 않고 있음을 기억하십시오. 이런 사소한 일들은 믿음이 관여할 영역이 아닙니다. 오히려 "이 산더러 이르되 저리로 옮길지어다, 아니면 이 무화과나무더러 이르되 저리로 옮길지어다 하면 뿌리째 뽑히리라."라고 기록되어 있습니다(마 21:21). 믿음은 큰 것을 다루기를 좋아합니다. 기이한 모험, 인간 능력에 미치지 못하는 계획에 손대기를 좋아합니다. 우리는 우리 스스로 할 수 있는 것을 우리를 위해서 해 주십사고 하나님께 요청하지 말아야 합니다. 이성과 인간의 힘으로 충분히 해낼 수 있는 곳에서는 믿음이 행사할 여지가 없습니다. 믿음은 깊은 바다를 위해서 만들어진 배인 것이 분명합니다. 믿음은 항상 해안 가까이에만 항해하는 연안선이 아닙니다. 믿음은 해안이 보이지도 않고 그 깊이를 알 수 없는 곳으로 밀고 나갑니다. 왜냐하면 믿음은 그 갑판에 나침반을 갖고 있기 때문입니다. 믿음은 하나님께서 믿음을 안내하기 위해서 궁창에 고정시켜 놓으신 별들을 바라봅니다. 믿음은 복된 선장을 모시고 있습니다. 그래서 믿음은 언제나 자신이 안전하다고 느낍니다. 믿음은 자기를 바라보는 인간의 눈이 없고, 돕는 인간적인 손이 없어도 사나운 물결 속에서도 집 안에 있는 것 같은 평온을 느낍니다. 베드로는 "만일 주님이시거든 나를 물 위로 오라 하소서."라고 말하였습니다. 만일 여러분이 하나님을 믿고 믿음이 능동적으로 역사한다면, 저는 여러분 안에 다른 사람들은 감히 엄두도 내지 못할 일을 하도록 자극하는 본능을 느낄 것이라고 확신합니다. 믿음이 아주 작거나 전혀 없는 이들은 생각하지 못할 수준으로 예수 그리스도를 존귀하게 해드리려는 간절함이 속에서 일어남을 느낄 것입니다. 우리 형제 중 몇 사람으로 하여금 고국을 떠나 바다 건너 지

역으로 가서 복음을 전하도록 촉구하는 믿음은 얼마나 복된 것인지요! 그런 일
이 자주 있었습니다. 물론 그들은 담대한 사도 바울처럼 다른 이가 닦아 놓은 터
위에 세우지 않고 임마누엘의 나라의 경계를 더 확장시키고자 애를 썼습니다.
어떤 형제가 주님의 일을 위해서 자기 재산을 보통 때보다 더 많이 드릴 생각이
들어, 인색하게 굴지 않고 도리어 자기가 주님을 위해서 희생할 수 있는 것에 대
하여 자랑스럽게 생각하는 경우는 얼마나 복된 것입니까! 그렇습니다. 믿음이
뜨거운 열심을 내기 시작하여 자기 혼자만으로서는 도저히 불가능한 일을 감당
할 마음이 드는 것은 정말 복된 일입니다. 하나님께서 그런 사람을 보존하십니
다! 저는 브리스틀에 있는 우리의 형제 조지 뮬러를 언급할 때마다 얼마나 기쁨
이 넘치는지요! 하나님의 약속과 섭리를 신뢰하는 그의 믿음에 대하여 그가 그
리스도인들과 그리스도 교회에 얼마나 많은 교훈을 가르쳤는지요! 그리스도께
서 그로 하여금 물 위로 걷게 만드신 것은 얼마나 은혜로우신 일인지요! 여러 해
동안 그가 자기의 달려가는 길을 얼마나 안전하게 달려왔는지요. 마치 풍성한
기부금의 견고한 기초 위에서 일을 진행하는 것처럼, 흘러 들어오는 기부금의
흐름 속에서 얼마나 안전하게 달려왔는지요! 그가 운영하는 고아원이 얼마나 놀
랍게 부양을 받아왔는지요! 그는 정말 진실로 파도 위를 걷고 있습니다. 신실하
신 하나님의 영원한 섭리만을 의존하는 이 믿음이 우리에게 정말 필요 불가결합
니다. 저는 우리가 우리의 분량과 정도만큼 그 점에 대해서 알고 있다고 생각합
니다.

　우리가 구름이라 생각되는 것에 발을 내디디니 바로 거기에 하나님께서 반석을 놓
으셨음을 발견하고, 어둠 속에서도 바르게 걷고, 밤중이 변하여 대낮이 되는 것을 보는
일은 우리에게 전혀 신기한 일이 아닙니다. 눈에 보이지 않는 것을 의뢰하고, 눈에
보이는 것보다 더 실질적인 것임을 입증하는 것도 전혀 이상한 일이 아닙니다.
언약을 지키시는 하나님의 약속을 있는 그대로 의뢰하고, 육체의 힘을 의존함으
로부터 올 수 있는 모든 보화보다 더 큰 수확을 하는 것도 우리에게는 전혀 이상
한 일이 아닙니다. 그러니 믿음은 모험 어린 일입니다. 여러분 중 어떤 분이 믿음
으로 말미암아 용기에서 담력을 얻게 되는 일을 맛보지 못하였다면, 아무의 도
움도 받지 않고 자신의 힘으로 할 수 있는 것보다 더 큰 시도를 하지 않으면 안
되겠다는 데까지 여러분의 믿음이 자라도록 기도합니다. 형제들이여, 그리스도
를 위해서 무엇인가를 시작하십시오. 여기에 설교를 해야 하나 너무나 겁을 내

고 있는 형제가 있습니까? 저는 그런 사람이 믿음으로 말미암아 자신 없음을 극복하게 되기를 희망합니다. 학교에서 학생들을 가르치는 책임을 맡은 자매가 수줍음이 많아 주저하고 있습니까? 그녀가 구주를 믿는 믿음으로 말미암아 영혼을 사랑하는데서 오는 새로운 추진력을 얻게 되기를 희망합니다. "그리스도로 말미암아 우리가 하나님을 향하여 그러한 신뢰심을 갖게 되기를 바랍니다." 오! 여러분 모두가 하나님을 섬기기 위해서 무엇인가를 시도할 만큼 강한 확신의 종용을 받을 수 있게 되기를 바랍니다. 성령의 가르치심을 받아 그 일에 지혜롭게 착수할 수 있기를 바랍니다. 여러분이 그 일을 효과적으로 해낼 수 있게 하는 하나님의 충분하심으로 말미암아 능한 자가 되기를 바랍니다! 비록 평탄한 길에서 자주 넘어졌을지라도, 예수님께서 여러분에게 명하시는 때나 장소에서는 안전하게 물 위로 걸어갈 수 있게 될 것입니다. 베드로의 믿음이 그러했던 것처럼, 이 믿음의 모험을 말씀드리는 바입니다. 그는 먼저 구주의 허락이 떨어지기까지는 움직이지 않을 참이었습니다. "만일 주님이시거든 저를 명하소서." 오, 우리는 우리가 선택한 것은 무엇이든지 할 수 있다고 상상하기를 좋아하지 말아야 합니다. 오히려 하나님께서 우리에게 한 일을 맡기실 때마다 그 일을 성취하기에 합당한 은혜를 우리에게 주실 것을 기대하는 것이 올바를 수 있습니다. 하나님의 허락이 없이 바다 위를 걷는 베드로는 주제넘게 시도한 것이겠죠. 이루지도 못할 불가능한 일에 덤벼든 것이죠. 그러나 베드로는 그리스도의 승낙을 받고 또 그 믿음이 넘어지지 않는다면 대서양도 걸어서 건널 판이었습니다. 우리에게도 마찬가지입니다. 만일 주님께서 어떤 일에 여러분을 부르셨다면, 그 일을 성취할 능력을 위해서도 주님을 의뢰하십시오. 주님은 결단코 여러분을 버리지 않으실 것입니다. 그러나 아직 자격을 갖추지 않은 위치에 나선 것이 단순하게 자신의 변덕스러운 마음이라면 문제가 달라집니다. 여러분의 거짓된 발걸음을 경쾌하게 할 하나님의 도우심을 기대하는 것은 전혀 바르지 못합니다. 아버지의 뜻을 묻는 자는 복이 있습니다. 왜냐하면 하나님께서 우리를 인도하실 때에 우리에게 은혜도 주실 것임을 항상 발견할 것이기 때문입니다.

3. 믿음은 진실로 기이한 일을 해냅니다.

우리가 세 번째로 관찰할 요점이 이것입니다. 베드로가 배에서 뛰어 내렸습니다. 베드로가 앞에 있는 파도더미를 향하여 달려드는 모습을 보십시오. 베드로가 그처럼 자주 헤엄을 쳤던 그 물이 자기 발 밑에서 굳건한 대리석처럼 되었을 때 얼마나 이상하게 느꼈을까요! 걷기 시작하며 물이 자기 발 밑에서 유리 바닥처럼 보일 때 얼마나 의기양양한 느낌을 가졌을까요! 그 사람은 천성적인 기질로 볼 때 그렇게 느꼈을 것입니다. 그 일은 정말 기이한 일이었습니다. 다른 사람들은 바다를 통과해서 지나갔습니다. 그러나 베드로는 바다 위를 걸었습니다. 중력의 법칙이 그를 지원하기 위해서 중지되었습니다. 그 장면을 마음으로 그려 보세요. 예수님께서 하고 계셨던 일을 베드로가 하고 있었습니다. 그 믿음은 베드로로 하여금 자기 주님과 같이 되게 만들었습니다. 두 사람이 걷고 있었습니다. 한 분은 자신의 무한한 권능으로 말미암아 걷고 있었고, 다른 한 사람은 자기에게 부여된 권능으로 걷고 있었습니다. 믿음의 권능 말입니다.

　　믿음은 우리 가운데 누구든지 그리스도처럼 되게 만든다는 것을 기억하시기 바랍니다. 우리 구주께서 "나를 믿는 자는 내가 하는 일을 그도 할 것이요, 또한 그보다 큰 일도 하리니 이는 내가 아버지께로 감이라"(요 14:12) 말씀하셨습니다. 어떤 조건들에서는 흔히 그리스도와 같은 심령으로 행하는 것이 불가능해 보이는 경우가 자주 있습니다. 그러나 믿음은 여러분으로 하여금 바다 물결을 밟고 걸어가게 할 수 있습니다. 여러분의 주님께서는 궁핍 속에서 인내하셨습니다. 믿음은 여러분으로 하여금 궁핍의 파도 위를 걷게 할 수 있으며, 인내하고 참으며 만족하게 할 수 있습니다. 그리스도께서는 노를 격동시키는 아주 두려운 상황 속에서도 인애한 모습을 보이셨습니다. 믿음은 여러분에게 그와 같은 온유함과 겸비함의 마음을 줄 수 있습니다. 그래서 여러분이 그러한 큰 물결을 밟고 건널 수 있습니다. 우리 주님께서 번영의 때에 세상적 명예를 거부하셨습니다. 사람들이 예수님을 임금 삼으려고 애를 썼지만 그 시험을 피하여 자신을 숨기셨습니다. 세상의 높은 자리에 있는 여러분이 부(富)에 현혹되거나, 여러분의 귀를 즐겁게 하는 아첨의 말로 시험을 받을 때에도 예수님처럼 그 모든 시험을 안전하게 통과하여 걸을 수 있습니다. 만일 여러분이 하나님을 믿고 복되신 성령님을 믿으며, 여러분과 영원토록 세상 끝날까지 함께 계시는 주님을 정말 믿는다면 말입니다. 그리스도께서는 위대한 속죄의 사역을 제외하고는, 그 백성들이 자신을 믿는 믿음으로 자신 안에서, 자신으로 말미암아 할 일을 대신하신 것은 아무것도 없습니다. 믿음의 힘으로 말미암아 자기들 속에 내재해 있는 능력을 하나님의 백성들이 진실로 믿기만 한다면 얼마나 복되겠습니까! 마치 우리가 연약한 자인 것처럼 그 능력을 사용하기를 포기하고 누워 있는 경우가 얼마나 많습니까? 그러나 우리는 약하지 않습니다. 우리 자신이 연약할 바로 그때에 우리는 강합니다. 이것은 꾸며낸 허황된 이야기가 아닙니다. 확실한 사실입니다. 우리는 주 안에서 강하고, 그의 힘의 강력 안에서 강합니다. 그러므로 신자는 자기가 다른 사람이 할 수 있는 것만 할 수 있다고 생각하지 말아야 합니다. 신자는 더 고상한 족속에 속합니다. 하나님께서 신자 속에 내주하십니다. 오! 하나님께서 사람 안에 내주하시다니, 정말 얼마나 영광스러운 사상입니까! 놀라운 단어, "열심"이란 단어를 보십시오. 그 단어는 흔히 조롱을 받고 능욕의 용어로 사용되는 경우가 흔합니다. 그러나 하나님께서 사람 안에 계시다는 뜻이 아니면 무엇이겠습니까? 열심! 하나님께서 온전하게 사람 안에 계시고, 사람이 그 사실을 알게 되면, 사람은 어려움을 맞아도 위축되거나 뒤로 물러가거나, 조롱의 말들 때문에 주춤거리지 않습니다. 그는 자신의 연약함을 생각하고 노력해봤자 소용이 없다는 식으로 구실을 대거나, 자기는 아무것도 할 수 없다고 상상하는 사람이 아닙니다. 자기를 고무시키는 그 능력을 신뢰하면서 담대하게 진군해나가며, 승리가 자기를 기다리고 있다고 온전히 확신합니다. 그리고 승리를 실현하기까지 쉬지 않습니다. 그리고 승리가 그의 확신대로 주어집니다. 하나님께서는 당신 자신을 신뢰하는 사람에게 그같이 상주시고 갚아 주십니다. 우리가 항상 기이한 일을 행할 정도로 충분한 믿음을 갖게 되기를 바랍니다. 어떤 가련한 영혼들은 하늘로 자기들을 데리고 가기에 충분한 믿음을 갖고 있습니다. 또 어떤 자들은 점잖은 성품을 유지하기에 충분한 믿음을 가지고 있습니다. 그러나 주님께서 자기와 함께 하시기 때문에 감히 모험을 감행할 수 있고, 큰 위업을 행하고, 고난을 극복할 수 있을 정도의 절대적이고 영웅적이며 인내하는 믿음을 가진 자들은 하나님께 영예로움을 입을 것입니다. 우리는 불가능해 보이는 어떤 것들을 시도해야 합니다. 그렇지 않으면 십자가의 참된 군병의 기개를 높이지 못할 것입니다. 이제 네 번째 요점을 생각해 보도록 합시다.

4. 아무리 신실하고 담대한 제자의 영혼 속에도 보통 불신앙이 들락거릴 문이 있기 마련입니다.

베드로가 파도를 보았습니다. 그는 예수님께서 능히 자기로 하여금 바다 위를 걷게 하실 수 있다고 믿을 정도의 충분한 믿음을 방금 전에 행사하였습니다.

그러나 베드로는 자기의 계산속에 바람을 넣지 않았습니다. 만일 그가 파도뿐 아
니라 바람도 고려하고 전체로 예수님을 의뢰하였다면, 그의 믿음이 견지되고 그처
럼 무섭게 갈피를 잃지는 않았을 것이라고 확신합니다. 베드로는 물 위를 한두
걸음 걷자 힘이 났습니다. 그렇게 한두 걸음 떼 놓을 때는 자기가 정말 대단한 기
사(奇事)를 행하고 있다고 느꼈을 것입니다. 그러나 그를 둘러엎을 위협을 하는
거센 돌풍이 일어났습니다. 그는 그처럼 미끄러운 바다 위에 부는 거센 바람에
맞서 똑바로 서 있을 수 없게 되자 두려워하기 시작하였습니다. 예견하지 못했
던 일이 일어난 것입니다. 정말 깜짝 놀라게도 그는 아무것도 아닌 불신앙에 굴
복하였습니다. 그런 일이 우리에게도 자주 일어납니다. 우리는 길에 놓여 있는
위험과 당혹한 요소들을 어떻게 평가하느냐에 따라서 우리의 믿음을 결정하는
것입니다. 심지어 우리에게 일어날 개연성이 있어 보이는 사건들을 계획하기도
합니다. 이런 모든 처지들 속에서 하나님을 신뢰할 수 있다고 확실히 느끼기도
합니다.

　　그러나 우리가 전혀 계산에 넣지 않던 새로운 변수가 떠오릅니다. 우리가
생각하지도 않은 바람이 불면 즉시 우리의 용기가 꺾입니다. 그때문에 하나님을
신뢰하지 않습니다. 바라기는 우리가 계산하지 않고, 무게와 분량에서 독립된 믿음을
가졌으면 좋겠습니다. 일만 가지에 대해서 하나님을 믿는 믿음, 만 가지의 일 때문
에 하나님을 신뢰하되, 마치 한 가지 일 때문에 믿는 것처럼 기꺼운 자세를 가지
는 믿음, 일 세기 동안 안전하게 하나님을 의뢰하되 마치 하루같이 의뢰하는 믿
음, 바다에 뛰어들고 가라앉아 헤엄칠 믿음, 바람이 불든 불지 않든, 파도가 격하
게 치든 아니든 전능하신 하나님께는 모든 것이 쉽다는 것을 믿는 믿음, 지존자
의 신실하심을 조금도 손상시킬 수 없다는 것을 믿는 믿음, 그런 믿음을 가졌으
면 얼마나 좋겠습니까! 그러나 안타깝습니다! 형제들이여, 우리는 어떤 새로운
비범한 일들로 깜짝 놀라고 있습니다. 아마 우리는 우연한 기회들을 미리 계산
하고, 개연성들을 미리 예측하고, 미래를 미리 앞질러 선수치기를 너무 좋아합
니다. 그러다가 어떤 장애물을 만나게 되면 우리는 유감스러운 마음을 나타내거
나 절망하게 됩니다. 우리가 계속 행하면서 모든 것을 하나님의 작정과 깨어 있
는 하나님의 섭리에 맡기고, 우리 하늘 아버지의 지혜와 사랑을 확신한다면, 놀
라거나 어리둥절할 필요가 결코 없습니다. 우리 믿음은 어떤 소문이나 떠오를
수 있는 어떤 소동에 걸맞게 대처할 것입니다. 불신앙이 베드로의 마음속에 바

람에 대한 공포를 들여와 대번에 그를 넘어뜨렸듯이, 마귀는 우리 믿음을 전복시킬 이런저런 요점을 발견하는 방법들을 갖고 있습니다. 때로 저는 주 안에서 기쁨이 충만하였습니다. 저는 심령의 침체는 거의 필연적으로 뒤따라온다는 것과, 그런 침체가 다른 때 같으면 저를 조금도 요동하지 않게 할 상황에서 온다는 것을 통상 주목하였습니다.

사탄은 사소한 것을 이용해서라도 우리 믿음의 영광과 기쁨의 평온함을 망쳐 놓을 방도를 알고 있습니다. 그가 얼마나 교활하게 우리를 공략하는지요! 하나님의 섭리로 여러분을 괴롭게 하던 어떤 난제가 제거되었습니다. 그래서 하나님께 매우 감사하고, 감사를 기념하는 돌을 세워 놓으며, 기꺼이 주님의 이름을 찬미하고자 하는 상태에 들어갈 수 있습니다. 그러고 있는데 이내 새로운 난제가 떠오를 것입니다. 하나님의 모든 자비하심을 인하여 하나님을 찬미하고 있는데 갑작스럽게 어떤 문제가 돌풍처럼 일어납니다. 그것은 언급할 가치가 없을지도 모릅니다. 그러나 그 어떤 고통이 여러분의 모든 기쁨을 다 덮어 버리고 불신앙의 미끼를 물 상황에 이를 정도까지 이상한 규모로 작용할 것입니다. 우리가 불신앙에 대비하여 얼마나 주밀하게 깨어 있어야 하는지요. 모든 죄 가운데 불신앙은 가장 극악한 죄이기 때문입니다. 여로보암이 스스로 범죄하였고 이스라엘로 범죄하게 하였음을 성경이 말하고 있습니다. 그같이 불신앙은 마치 그 여로보암과 같아서 그 자체가 죄이며, 모든 종류의 죄를 파생시키는 근원이 됩니다. 우리는 때로 의심과 두려움에 대하여 말하되, 마치 그것들이 가증히 여겨야 할 범죄라기보다는 불쌍히 여겨야 할 연약함 정도로 말합니다. 그러나 우리는 우리 행동의 태만에 관해서 거의 서로 말하지 않습니다. 곧 성을 내는 기질이나 성급하게 말을 내뱉는 일이나 과격한 판단이나 부적절한 경솔함이나 방종한 행실들에 대해서 말입니다. 아니, 경건하다고 고백하는 사람들 중에 너무나 일반화 되어 있는 범죄들을 고백하는 일을 부끄러워해야 합니다. 우리는 하나님을 신뢰하지 못하는 우리의 의심이나 하나님의 약속을 믿기를 주저하는 두려움을 솔직히 인정하기를 부끄러워하지 않습니다. 그런 잘못들은 주님의 계명과 신실한 모든 그리스도인의 의무를 거스른 많은 죄와 같지 않습니까? 예를 들어, 술 취함이나 부정직함이나, 도덕법을 어기는 범죄와 같은 죄와 같지 않느냐는 말입니다. 하나님의 미쁘심을 의심하는 것은 흉악한 짓입니다. 불신앙의 죄에 들어 있는 바이러스의 분량을 누가 측정할 수 있겠습니까? 그것은 마치 하나님의 심장을 찌르는 것과 같으며, 여호와 하나님의 머리에서 왕관을 빼앗는 것과 같습니다. 온 마음을 다하여 불신앙을 미워하며, 그 죄에 빠지지 않도록 깨어 있읍시다. 우리가 항상 경계하지 않으면 어떤 방향에서든지 불신앙이 우리를 공격할 수 있음을 기억합시다. 주님을 위한 전투에서 가장 담대하였고, 주님을 섬기는 일에 앞장섰던 우리들도 이 죄에 빠져 전복당할 수 있으며, 우리의 영혼을 낮추는 불신앙의 영향에 굴복할 수 있으며, 결국 영예를 빼앗기고 수치로 뒤덮인 가운데 있을 수 있습니다.

5. 믿음이 어느 때에라도 불신앙의 침입으로 전복당한 것 같을지라도, 바로 그때에 믿음은 그 속에 있는 이김의 참된 성격을 보여줍니다.

베드로는 금방 의심하게 되었으나, 또 얼마나 쉽게 기도하기 시작하였는지요! 저는 베드로의 기도의 즉각적인 성격을 생각하기를 좋아합니다. 그는 죄를 짓기 시작했습니다. 그리고 순간 기도합니다. 자신이 빠져 들어감을 알아채자마자 "주여, 나를 구원하소서."라고 말합니다. 이 점은 그의 믿음이 여전히 살아 있었음을 보여줍니다. 믿음이 항상 물 위를 걸을 수는 없습니다. 그러나 항상 기도는 할 수 있었고, 그것이 그 둘 중 더 나은 것입니다. 여러분의 믿음이 여러분으로 항상 기뻐하게 하지 못할 수도 있습니다. 그러나 만일 여러분의 믿음이 그리스도의 보배 피를 항상 신뢰하게 할 수 있다면, 여러분에게 바로 그것이 필요한 것이죠. 여러분의 믿음이 항상 여러분을 산꼭대기로 데려가지 못할 수도 있고, 여러분의 이마에 하나님의 얼굴의 태양과 같은 광채를 쏘이게 하지 못할 수 있습니다. 그러나 만일 여러분의 믿음이 능히 여러분으로 하여금 영생에 이르는 정도(正道)를 가도록 지켜 준다면 그것으로 인하여 하나님을 찬미할 수 있습니다. 물 위를 걷는다는 것은 믿음의 본질적인 특성은 아닙니다. 그러나 가라앉기 시작할 때 기도하는 것은 본질적인 특성입니다. 그리스도를 위해서 크고 기이한 일을 행하는 것은 여러분의 영혼이 구원받기 위해서 필수불가결한 일은 아닙니다. 오히려 곤고할 때에 마음을 하나님께로 항상 돌리는 생각이 있다면 그것이야말로 영혼 속에 있는 하나님의 은혜의 확실한 표지들 가운데 하나입니다. 저는 베드로가 그때에 기도문 따위를 읊조리지 않았다고 확신합니다. 저는 베드로가 그 소리에 맞추어서 기도드릴 음악을 찾아야 한다고 생각하지 않았다고 확신합니다! 그의 기도는 마음에서 금방 솟구쳐 올라왔습니다. 영혼에서 솟구쳐 올라와 입술로 자연스럽게 흘러나오는 기도, 곧 마음이 혀를 강권하여 말하게 하여 나오는 기도야말로 가장 훌륭한 기도 중 하나가 아닙니까! 자신의 비통함을 아는 마음이 지존자께 자신을 털어놓습니다. 사랑하는 여러분, 그와 같은 면에서 기도하는 마음을 갖고 있습니까? 기도하기 위해서 시간을 따로 정해 놓는 것은 복된 계획이라고 생각합니다. 그래서 반 시간, 또는 한 시간, 여러분이 할 수 있는 역량 안에서 은밀한 경건의 시간을 보내는 것은 정말 복된 일입니다. 그러나 기도의 시간을 정해 놓는 것보다 더 나은 것은 기도의 정신입니다. 정기적으로 기도하는 습관은 경건에 큰 도움을 줍니다. 그러면서 아울러 기도의 정신(영)은 습관적으로 끊임없이 하나님과 교제하는 일을 촉진시킵니다.

저는 언젠가 우톤언더엣지(Wootton-under-edge)로 내려가 로울랜드 힐(Rowland Hill) 목사님의 서재가 어디 있었는지 물어본 적이 있습니다. 그랬더니 거기 있는 분들이 그런 물음에는 자기들도 대답할 수 없다고 말하더군요. "아니, 그게 무슨 말이지요? 로울랜드 힐 목사님이 설교를 연구하시지 않았습니까?" 오! 아니요. 목사님은 설교를 연구하고 계셨습니다. 목사님은 응접실에 있든지 목장에 있든지, 자기에게 온 편지의 답장을 쓰고 있든지, 소들을 돌보거나, 물건을 사려고 마을로 가거나, 꽃과 열매가 있는 정원에서 걷고 있거나 간에, 항상 설교를 연구하고 있었습니다. 그래서 그는 가장 잘 준비된 설교자 중에 한 사람이었습니다. 그것은 사람이 계발할 수 있는 가장 훌륭한 습관 중 하나입니다. 거기 있는 이들이 그분의 기도도 그러하였다고 말하여 주었습니다. 그는 골방에 들어가서 기도하는 사람은 아니었습니다. 그러나 어느 곳에 있든지 기도하고 있는 것처럼 보였습니다. 자주 참된 기도를 토해내었습니다. 그래서 그의 마음 속에 다른 생각들이 가득 차 있다는 엉뚱한 생각을 다른 이들로 하게 할 정도였습니다. 조지 클레이턴(George Clayton) 목사님에 관한 일화가 있습니다. 아마 여러분도 기억하실 것입니다. 여러 번 제가 말씀드렸기 때문입니다. 그는 설교를 마치고 나서도 교회당 주변을 떠나지 않고 오랫동안 서성거렸습니다. 그래서 교회당 문을 닫는 사람이 와서 이제 예배당을 닫아 잠글 때라고 말하였습니다. 그 노 목사님은 교회당 의자들 주위를 돌며 자신에게 노래를 불러 주고 있었습니다.

"죽게 될 때
'날 받으소서'라고 외칠 것이다.

예수께서 날 사랑하셨으나
그 이유를 말할 수 없네.
그러나 내가 발견한 이것,
우리 둘이 어찌나 친밀히 연합되었던지
주께서 나를 버려 두시고
혼자 영광 중에 계시지 않을 것을 알았네."

말하자면 자신과 대화하는 특이한 습관을 갖고 있었던 것입니다. 그는 성경 말씀을 되풀이하거나 찬송가 가사들을 암송하는 습관이 있었습니다. 마음으로 기도하고 생각을 끊임없이 하나님께 올리는 습성이 있었습니다. 제가 볼 때 그 것은 어떤 평범한 수준을 뛰어넘는 영적 사고방식을 보여주는 표지입니다. 다윗 은 말하기를, "여호와께서 자기를 위하여 경건한 자를 택하신 줄 너희가 알지어 다."라고 말합니다(시 4:3). 그러나 그 사람이 어떻게 그렇게 실행할 마음을 먹었 는지요? 시편 기자는 여러분에게 "자리에 누워 심중에 말하고 잠잠할지어다"(시 4:4)라고 말해 줄 것입니다. 오! 마음이 그렇게 가만히 있어서 썩지 않고 항상 살 아서 언제나 평화롭다니요! 오! 비둘기의 날개를 달고 말입니다! 비둘기를 잡아 우리에 가두고 시골 먼 데로 보내 보십시오. 그리고 거기서 잠시 있게 한 다음에 어느 날 풀어놓아 보세요. 그러면 그 비둘기의 본래 태어난 곳이 어디인지 금방 알게 될 것입니다. 왜냐하면 비둘기는 높이 올라 날아가며 귀를 기울여 자기의 길을 탐색한 다음에 공중을 계속 순항하여 나가 결국 사랑하는 옛 자기 비둘기 집에 도착하게 됩니다.

여러분의 영혼이 거룩한 본능과 같은 것으로 방주로 나아가는 길을 열고, 영혼의 안 식처로 되돌아갑니까? 온 종일 많은 염려로 사로잡혀 있을 수 있습니다. 가게나 창 고의 일이나, 아이를 양육하거나 부엌일을 하는 것이 여러분의 새장이 될 수 있 죠. 그런데 거기서 벗어나 자유롭게 되는 순간이 옵니다. 그럴 때 여러분의 영혼 은 어디로 날아갑니까? 비둘기처럼 그 안식처로 대번에 날아갑니까? 까마귀들이 날아가는 것을 보고 어떤 사람이 그 까마귀들이 어떤 경로를 따라 날아다니는지 물어온다면 말할 수 없습니다. 그러나 저녁 때까지 시간을 주면 저는 그 수수께 끼를 금방 풀 것입니다. 왜냐하면 그때에 그 까마귀들이 자기 등지를 찾을 것이 확실하기 때문입니다. 고통의 시간에 여러분의 마음이 하나님께로 날아갑니까?

괴로운 시간에 여러분의 심령이 피난처 된 반석을 찾고, 위대한 구원자에게 신속하게 나아갑니까? 그때에 여러분이 베드로처럼 하느냐 말입니다. 여러분이 물결 위를 항상 걷지 못할 수도 있습니다. 그러나 "주여, 나를 구원하소서."라는 말은 항상 할 수 있습니다. 여러분의 영혼 깊은 곳에서 구주의 능하신 팔을 의존한다고 말할 수 있으면, 여러분은 은혜 안에서 자라 결국 영광의 완전에 이르게 할 믿음의 정수를 가진 셈입니다.

6. 우리 주 예수 그리스도께서는 강한 믿음이나 연약한 믿음에 다 같이 친절하십니다.

강한 믿음은 이렇게 말합니다. "나를 명하사 물 위로 오라 하소서." 자, 그리스도께서 때로는 그와 같은 기도에 응답하시기를 꺼려하십니다. 야고보와 요한이 하늘로부터 내려오는 불로 사마리아 사람들을 멸하시라고 간청하던 분노의 기도를 주님은 거절하셨습니다. 세베대의 두 아들들이 주님 나라에서 한 자리를 차지하고 싶어 드렸던 야심의 기도, 한 사람은 우편에 한 사람은 좌편에 앉게 해주십사 하는 기도도 거부당하였습니다. 그러나 믿음의 기도는 대담하고 모험적으로 보일지라도 우리 주님께서 은혜롭게 받아들이고 신속하게 응답하셨습니다. "내가 네게 명하노니 물 위로 오라." 예수께서 "오라"고 말씀하셨습니다. 여기서 여러분 중 어떤 사람이 강한 믿음을 나타내고 있습니까? 여러분이 강한 믿음으로 하나님께 큰 일을 구하면 받게 될 것입니다. 예수님을 믿는 믿음을 가지고 있다면 원하는 대로 구하십시오. 그러면 이루어질 것입니다. 왜냐하면 의인의 소원을 허락하실 것이기 때문입니다. "또 여호와를 기뻐하라. 그가 네 마음의 소원을 네게 이루어 주시리로다"(시 37:4). 여러분이 쓸모 있는 큰 계획을 갖고 있습니까? 영혼을 얻으려는 강력한 소원을 갖고 있습니까? 여러분이 사는 지역에 복음 전도를 하려는 강한 열망을 갖고 있습니까? 믿으십시오. 두려워하지 말고 모험을 하십시오. 왜냐하면 믿는 자에게는 모든 것이 가능하기 때문입니다. 그리스도의 손이 믿음과 함께 하시겠다고 서약되어 있습니다. 그리스도께서는 주님을 믿는 여러분의 신뢰심을 명예롭게 해주실 것입니다. 그리스도를 의뢰하기만 하면, 그리스도께서 그런 자를 부인하실 수 없고 부인하지도 않으실 것입니다. 참된 믿음은 주님 자신의 역사입니다. 만일 그리스도께서 그런 믿음 있는 자 안에 기도를 일으키셨다면 반드시 그 기도에 응답하실 것입니다. 그러니 이 믿음의 능력을 가지고 나아가십시오. 그러면 주님께서 함께 하실 것입니다.

　　그러나 작은 믿음에도 주님께서 얼마나 자비하신지 깨달으십시오! 베드로는 물에 빠져 들어가기 시작하자마자 "나를 구원하소서."라고 울부짖었습니다. 그러자 즉시 구주께서 선한 의지와 신속한 도움의 움직임을 보이셨습니다. "예수께서 즉시 손을 내밀어 그를 붙잡으시며." 우리 주님께서 상의하시느라고 지체하지 않으셨습니다. 또 그를 책망하시면서 "베드로야, 네가 불신앙으로 말미암아 나를 모독하였구나."라고 말씀하지도 않으셨습니다. 그를 심하게 꾸짖거나 단호하게 책망하거나, 혹독하게 벌을 주시면서 더 빠져 들어가게 내버려 두지 않으셨습니다. 다시 더 허우적거리도록 내버려 두시거나, 죽게 하지는 않지만 죽음의 고통을 부과하는 식으로 하지도 않으셨습니다. 아! 정말 아닙니다. 신속하게 도우셔서 그 급박한 위기에 대처하셨습니다. 물속에 빠져 들어가던 베드로가 다시 서게 되었습니다. 그러고 나서 주님은 "믿음이 작은 자여, 왜 의심하였느냐?"라고 말씀하셨습니다. 그리스도께서는 관대하게 하시고 신랄하게 대하지 않으셨습니다. 질책하셨을 때에도 항상 너그러운 관용으로 불만을 가라앉힌 후에 하십니다. 주님께서는 최고의 몫을 우리에게 주십니다. 그런 다음에 우리의 유익을 위해서 우리를 징계하십니다. 주님께서는 우리가 물속에서 거듭해서 허우적거리며 고생할 때까지 기다리게 하지 않으십니다. 오히려 가라앉는 자기 종들의 미약한 울부짖음에 즉시 귀를 기울이십니다. 그들을 구원하신 후에야 타이르십니다. 이솝 이야기에 보면, 한 사람이 해변에 앉아서 한 소년이 물에 빠져서 허우적거리는 모습을 보았습니다. 그런데 그는 감당할 물 깊이를 생각하지 않고 모험하는 경솔함에 대해서 그 허우적거리는 소년에게 강의하였습니다. 가라앉고 있는 불쌍한 영혼들에 대해서 똑같은 일을 하는 사람들이 있습니다. 마땅히 행했어야 할 일, 또는 하지 말았어야 할 일, 지금이라도 해야 할 일 등에 대해서 그 불쌍한 영혼들에게 말합니다. 물론 불쌍한 영혼들이 지금 그 일을 할 수가 없습니다. 그런데도 그들은 팔을 뻗어 불쌍한 영혼들을 도와주지 않습니다. 그들은 너무 무거운 짐을 그 사람들에게 지웁니다. 그러나 그 짐을 가볍게 하기 위해 손가락 하나도 까딱이지 않습니다. 우리 주님께서는 먼저 짐을 벗게 하시고 종을 일으켜 세워 주십니다. 그런 다음에 권고와 책망의 말씀을 하십니다. 그러니 작은 믿음이여, 그분에게 갈지어다. 그대가 쉬려고 하면 먼저 그분에게 갈지어다. 그대를 괴롭히는 슬픔을 구주께 아뢰며, 그대를 압도하는 근심을 구주께 아뢸지어다. 그대의 죄를 고백하고, 자기 스스로 어쩔 수 없는 무능을 아뢰며, 이제 사랑하시는 하나님의 은혜로운 약속을 신뢰할지어다. 나의 형제여, 그대가 강하든 약하든 동일한 장소로 와서 원기를 회복할지어다. 왜냐하면 예수께서 그분께 오는 모든 자들을 기꺼이 맞으시려고 긍휼의 집 문 앞에 서 계시기 때문이로다.

작은 믿음과 큰 믿음

—

"예수께서 즉시 손을 내밀어 그를 붙잡으시며 이르시되
믿음이 작은 자여 왜 의심하였느냐 하시고" — 마 14:31

"이에 예수께서 대답하여 이르시되 여자여 네 믿음이
크도다 네 소원대로 되리라 하시니
그때로부터 그의 딸이 나으니라." — 마 15:28

　　가장 낮은 수준의 믿음이라도 믿음의 상태와 불신앙의 상태 사이에는 큰 간극이 있습니다. 그리스도에 대한 가장 작은 믿음이라도 믿음을 가진 사람과 전혀 갖지 않은 사람 사이에는 엄청난 차이, 즉 심연과 같은 차이가 존재합니다. 연약한 믿음이라도 믿음을 가진 사람은 살아 있는 사람이며, 이마저도 없는 사람은 "허물과 죄로 죽은"(엡 2:1) 사람입니다. 또한 믿는 자는 의롭다 하심을 받은 사람이라면, 믿지 아니하는 자는 "하나님의 독생자의 이름을 믿지 아니하므로 벌써 심판을 받은"(요 3:18) 자입니다. 가장 연약한 믿음을 가진 자라도 그는 천성을 향해 나아가는 도상에 있는 자입니다. 반면에, 믿음을 전혀 갖지 않은 자는 아래를 향해 내려가는 길을 가고 있는 자이며, 마지막에는 불신자들 가운데서 자신의 분깃, 즉 실로 끔찍한 분깃을 받게 될 것입니다.

　　비록 이렇게 우리가 신자들에 대해서 모두 도매금으로 언급한다고 해도, 그럼에도 연약한 믿음을 가진 자와 강한 믿음을 가진 자 사이에는 꽤 먼 거리가 존재합니다. 그렇다 해도 우리는 하나님께 감사드립니다. 왜냐하면 그들의 거리가 아무리 멀리 떨어져 있다 해도, 그들은 모두 한 가지로 안전한 길, 즉 왕의 큰길(민 20:17)에 있기 때문입니다. 그 어떤 심연도 작은 믿음과 큰 믿음을 갈라놓지 못합니다. 작은 믿음을 가진 자라도 그 왕의 큰길을 따르는 여정에 동참하고 있는 것이며, 오히려 장차 그 연약한 자가 그 강한 형제를 따라잡아서, 그가 "주 안에서와 그 힘의 능력으로 강건"(엡 6:10)하게 될 것입니다. 저는 거룩한 길을 따라가는 이 여정에 함께 한 다소 뒤처진 자들이 좀 더 분발하기를 원합니다. 저는 의심은 죽이고, 믿음은 다시 살리고자 합니다. 저는 심약 씨(Mr. Feeble mind)나 많은 두려움 여사(Mistress Much-Afraid)나 아가씨인 절망 양(Miss Despondency)이나 작은 믿음을 가진 모든 족속들이 이 아침에 마음에 소망을 얻고, 주님께서 그들을 위해 예비해 두신 모든 것들을 자신들이 아직 누리지 못하고 있다는 사실을 살펴보게 되기를 원합니다. 작은 믿음으로도 구원을 받을 수는 있지만, 우리는 더욱 큰 믿음을 가져야 합니다. 사람을 강건하게 하고, 기쁘게 하고, 명예롭게 하는 믿음이야말로, 사람에게 유익한 가장 바람직한 은혜입니다. 성경에 "더욱 큰 은혜를 주시나니"(약 4:6)라고 기록된 것처럼, 하나님께서는 우리에게 주실 더 많은 은혜를 예비해 두셨습니다. 작은 믿음도 충분히 익어 감미로운 맛을 내는 충분한 확신을 가지기까지, 그렇게 성숙하여 크게 자라날 수 있습니다.

제가 이 아침에 살펴보고자 하는 것은 세 가지입니다. 첫 번째는, 점잖게 책망 받을 작은 믿음입니다. "믿음이 작은 자여 왜 의심하였느냐?"라는 말씀대로 말입니다. 두 번째는, 점잖게 추천할 만한 작은 믿음입니다. 이 믿음은 비록 작은 믿음으로 불리기는 하지만, 이런 믿음이라도 갖게 되는 것은 결코 작은 축복이 아닙니다. 세 번째는, 더욱더 크게 추천할 만한 큰 믿음입니다. 저는 이 세 가지 믿음에 대해 말씀을 드리고 설교를 마치고자 합니다. 이 마지막 주제에 대해서 저는 우리 주님께서 하신 은혜로운 말씀을 묵상하고자 합니다. "오, 여자여 네 믿음이 크도다 네 소원대로 되리라"(마 15:28).

저는 오늘 본문 말씀인 마태복음 14장과 15장에 기록된 두 이야기를 여러분의 귀에 읽어드렸습니다. 이 본문들은 작은 믿음과 큰 믿음을 잘 보여주는 사건들이며, 또한 이 둘은 서로 밀접히 관련되어 있는 것으로, 매우 인상적인 말씀들입니다. 이 베드로의 이야기와 가나안 여인의 이야기는 여러분이 생생하게 떠올릴 수 있는 그런 내용인 줄 알고 있습니다. 그래도 제가 말씀을 전하는 동안 여러분은 성경책을 펴 놓고 있기를 바랍니다. 성령 하나님께서 여러분의 마음을 열어 주시어, 여러분이 이 말씀들을 이해하게 되기를 기원합니다!

1. 작은 믿음에는 책망할 것이 있습니다.

첫 번째, 우리는 점잖게 책망 받을 작은 믿음을 가지고 있습니다. 설교를 시작하면서 저는 무엇보다도 이 말씀부터 드려야겠습니다. 즉, 이 믿음은 우리가 더 큰 것들을 기대한 곳에서 자주 보게 된다는 것입니다. 작은 믿음으로 책망 받은 이 사람은 바로 베드로입니다. 주님으로부터 그분에 대한 아주 분명한 지식을 얻을 만큼 주님과 충분한 교제를 나누었던 자가 바로 베드로입니다. 열두 제자들 가운데 수제자였던 베드로, 후에 오순절의 위대한 설교자였던 베드로, 비록 자신은 그런 직책을 요구한 적이 없었지만 어떤 사람들에 의해 사도적 교회의 수장, 즉 교황으로 추대되었던 베드로, 바로 이 베드로가 교회의 반석 가운데 참된 돌 한 조각이 되었던 자입니다. 주님으로부터 열쇠를 받은 베드로, "내 어린 양을 먹이라"(요 21:15), "내 양을 먹이라"(요 21:17)는 명령을 받은 베드로, 그리고 예수님으로부터 "오! 믿음이 작은 자여"라는 칭함을 받은 사람도 바로 이 베드로입니다. 사랑하는 성도 여러분, 여러분은 지금까지 큰 은혜를 받았고, 고귀한 특권들을 누렸으며, 은혜로운 보호를 받아 그리스도와 아주 가깝고도 친밀한 교제를 나누는 특별한 은혜를 받은 것이 사실이지 않습니까? 그래서 이쯤 되었으면, 여러분은 마땅히 강한 믿음을 가졌어야만 합니다. 하지만 여러분은 전혀 그렇지 않습니다. 장차 여러분은 곧 본향에 이르게 될 것입니다. 여러분의 백발은 임마누엘의 땅에서 비치는 빛으로 은색으로 변하게 될 것입니다. 그리고 여러분은 좁은 시내 건너편에서 흘러나오는 성도들의 노랫소리도 곧 듣게 될 것입니다. 여러분의 생명이 있을 동안에, 여러분은 오래도록 하나님의 가르침을 받고 그리스도께서 행하신 일들을 깊이 체험하면서, 마땅히 믿음의 아버지들이 되었어야 합니다. 하지만 여러분은 여전히 믿음에 있어서 어린아이들입니다. 또한 여러분은 마땅히 이스라엘의 어머니들이 되었어야 하지만, 여전히 그저 어린아이일 뿐입니다. 정말 그렇지 않습니까? 이런 슬픈 사실을 여러분은 부인할 수 있습니까? 솔로몬은 레바논의 백향목과 담에 나는 우슬초(왕상 4:33)에 대해 말했지만, 저는 너무나 자주 레바논에 나는 우슬초를 보았습니다. 그리고 때로 담에 나는 백향목도 보았습니다. 이것이 무슨 말인가 하면, 제가 보기에, 큰 은혜를 받았으나 그것이 믿음의 성장에 전혀 도움이 되지 않은 것처럼 보이는 경우도 있었고, 작은 은혜를 받았으나 그 모든 것이 너무 지나치게 믿음을 성장시키는 경우도 있었다는 뜻입니다. 서로 전혀 어울리지 않는 이런 일들이 있어서는 안 됩니다. 여러분과 저는 이제 더 이상 어린아이들이 아닙니다. 여러분과 저는 더 이상 연안만 오가는 여객선이 아닙니다. 우리의 배는 이미 깊은 바다를 향해 진수(進水)했으며, 많은 폭풍우들을 체험했기 때문입니다. 여러분과 저는 이제 더 이상 우리 주님에게 낯선 자들이 아닙니다. 왕께서는 종종 우리를 그분의 연회장으로 부르셨고, 우리에게 드리운 그분의 휘장은 사랑이었기 때문입니다. 그런데도 우리가 우리의 작은 믿음으로 인해 여전히 슬퍼하고 있다면, 우리는 마땅히 부끄러워해야만 합니다. 우리가 그분에게 영광을 돌릴 수 없다면 그것은 일종의 질병입니다. 왜냐하면 불신앙이야말로 대단히 큰 죄악이기 때문입니다. 당연한 일이겠지만, 주님께서는 이 아침에 회중석에 앉아 있는 몇몇 사람들을 위해 약간의 수고를 하셔서, 우리 한 사람 한 사람에게 "오! 믿음이 작은 자여 왜 의심하였느냐?"라고 말씀하실 것입니다.

계속해서 우리가 가진 이 점잖게 책망 받을 믿음을 살펴본다면, 이 작은 믿음은 표적을 너무나 갈구한다는 사실에 주목하게 됩니다. 저는 베드로의 믿음이 갑자기 작아졌다고는 생각하지 않습니다. 그의 믿음은 항상 작은 믿음이었는데, 거센 파도를 보자 그 작은 믿음이 드러났던 것입니다. 베드로가 "주여, 만일 주님이시거든 나를 명하사 물 위로 오라 하소서"(마 14:28)라고 말했을 때, 이미 그의 믿음은 약해져 있었습니다. 그는 왜 물 위로 걸어가기를 원했습니까? 왜 그는 그러한 이적을 구했습니까? 그것은 그의 믿음이 작은 믿음이었기 때문입니다. 강한 믿음은 표적이 없어도, 징조가 없어도, 이적이 없어도 만족합니다. 강한 믿음은 오직 하나님의 말씀만을 믿으며, 자신의 믿음을 확증해 줄 그 어떤 기적도 요구하지 않습니다. 그리스도에 대한 강한 믿음은 위로 하늘에 있는 것이나, 아래로 땅에 있는 것 가운데서 어떤 표적도 요구하지 않습니다. 반면에, 작은 믿음은 "주여, 만일 주님이시거든"이라고 말하면서, 표적과 이적을 꼭 보고자 합니다. 그렇지 않으면 그 작은 믿음은 의심하게 됩니다. 기쁜 묵상, 특별한 꿈, 독특한 섭리, 선택된 기도의 응답, 특별한 교제와 같이 평범하지 않은 어떤 것들을 작은 믿음은 꼭 가져야만 합니다. 그렇지 않으면 그 믿음은 붕괴되고 맙니다. 작은 믿

음은 지속적으로 "은총의 표적을 내게 보이소서"(시 86:17)라고 외칩니다. 작은
믿음은 하나님께서 구름 가운데 두신 무지개로 만족하지 못하며, 온 하늘을 휘
황찬란한 색으로 칠하고 싶어 합니다. 또한 작은 믿음은 성도들의 일상적인 분
깃으로 만족하지 못하고, 다른 제자들보다 더 많이 가지고, 더 많이 행하고, 더
많이 체험해야만 합니다. 도대체 왜 베드로는 다른 형제들처럼 배 안에 가만히
있지 못했던 것입니까? 그는 절대로 가만히 있지 못했을 것입니다. 왜냐하면 그
의 믿음이 약해서, 그는 배의 갑판을 떠나 더 깊은 곳으로 뛰어 들어가야 했기 때
문입니다. 그는 주님께서 자신과 함께 걸어가 주시지 않는 한, 실제로 바다 위를
걸어가실 수 있는 분은 오직 그의 주님뿐이라는 사실을 생각할 수 없었습니다.
어떻게 감히 그는 거룩하신 주님께서 행하신 일을 자기도 할 수 있게 해 달라고
요구할 수 있었습니까? 자기가 주님과 함께 할 수 있는 것으로는 그분과 함께 굴
욕을 당하는 것이라는 사실에 그는 만족해야만 했습니다. 그런데도 베드로는
너무나 무모하게 전능하신 분의 기적에 참여하게 해 달라고 요구했습니다. 내가
나의 주님처럼 기적을 행할 수 없다고 해서, 나는 그분을 의심해야만 합니까? 이
것이 바로 연약한 믿음이 가진 약점들 중의 하나입니다. 연약한 믿음은 그분의
잔을 마시고 그분이 받는 세례를 받음으로 만족하지 못합니다. 그 믿음은 그분
의 능력을 나눠가지고, 그분의 보좌에 참여하고 싶어 합니다.

　연약한 믿음은 자신의 능력을 지나치게 높이 평가하는 경향이 있습니다. 어떤 사람
은 "오, 분명히 당신이 틀린 것입니다. 자신의 능력에 대해 지나치게 낮게 평가
하는 것은 연약한 믿음을 가진 자들이 범하는 잘못이 않습니까?"라고 말할 것
입니다. 그러나 사랑하는 성도 여러분, 그 누구도 자신의 능력에 대해 지나치게
낮게 평가할 수 없습니다. 왜냐하면 사람에게는 어떠한 능력도 없기 때문입니
다. 주 예수 그리스도께서 말씀하셨습니다. "나를 떠나서는 너희가 아무것도 할
수 없음이라"(요 15:5). 그러므로 그분의 증언은 참됩니다. 만약 우리가 강한 믿
음을 가지고 있다면, 우리는 우리의 능력 없음에 대해 그분께 영광을 돌리게 될
것입니다. 왜냐하면 우리의 능력 없음으로 인해, 그리스도의 능력이 우리에게
임하게 되기 때문입니다. 하지만 우리가 약한 믿음을 가지고 있다면, 우리는 예
수 그리스도에 대한 신뢰를 줄이고, 그 대신 자신에 대한 과도한 확신을 갖게 될
것입니다. 우리 주님에 대한 믿음이 약해지는 정도에 비례해서, 자신에 대한 생
각은 더욱더 강해질 것입니다. "그래도 제 생각에는 강력하게 자신을 신뢰하는

사람이 큰 믿음을 지닌 사람처럼 보입니다"라고 말할 자들도 있을 것입니다. 그러나 그런 사람은 믿음을 전혀 가지지 못한 사람입니다. 왜냐하면 자기 신뢰와 그리스도 신뢰는 한 마음에 함께 있을 수 없기 때문입니다. 베드로는 자신이 물 위를 걸어서 그의 주님에게로 갈 수 있으리라 생각하였습니다. 그는 다른 사람에 대해서는 신뢰하지 못했지만, 자신에 대해서는 분명한 확신을 가지고 있었습니다. 야고보와 요한과 안드레, 그리고 다른 제자들은 배 안에 있었습니다. 베드로의 머리에는 이들 가운데 어느 누구도 파도를 밟고 갈 수 있으리라는 생각이 들지 않았습니다. 그래서 그는 "주여, 만일 주님이시거든 나를 명하사 물 위로 오라 하소서"라고 소리쳤던 것입니다. 자의식은 믿음의 속성이 아닙니다. 오히려 의심의 온상일 뿐입니다. 만약 그가 자신에 대해 알았더라면, 아마도 그는 "주여, 요한을 명하사 물 위로 오라 하소서, 나는 그렇게 고귀한 위엄을 감당치 못하겠나이다"라고 말했을 것입니다. 허지만 베드로는 절대로 그렇게 말하지 않았습니다. 연약한 믿음을 가진 그는 자기 자신에 대해 강한 소신을 갖고 있었습니다. 그래서 그는 보통 때처럼 황급히 앞장섰습니다. 바다 위를 걸어가려고 그는 떨리는 발을 내디뎠지만, 그 일은 자신에게 전혀 맞지 않는 일이었으며, 오래지 않아 자신이 실수했다는 것을 깨닫게 되었습니다. 이처럼 자신을 높이 생각하는 것이 바로 연약한 믿음입니다. 큰 믿음은 자신을 그 강한 날개 아래 숨깁니다.

연약한 믿음을 또다른 관점에서 살펴보고자 합니다. 연약한 믿음은 그 주변 환경에 너무나 많은 영향을 받습니다. 베드로는 거친 바람에 넘실대는 파도를 보기 전까지는 꽤 잘 걸어갔습니다. 그러나 그는 바람을 보자 무서워하기 시작했습니다. 자신이 보고 느낀 대로 살아가고자 하는 성향은 많은 기독교인들도 가지고 있는 것이지 않습니까? 여러분은 젊은 새신자가 "저는 제가 회심한 줄 압니다. 제가 매우 행복하다고 느끼니까요"라고 말하는 것을 종종 들을 수 있지 않습니까? 그렇습니다. 많은 소녀들은 새로운 드레스로 인해 행복하기도 하고, 젊은이들은 주머니 속에 있는 돈 몇 푼으로 기뻐하기도 합니다. 이런 감정이 여러분이 제시할 수 있는 최고의 증거입니까? 글쎄요. 만약 여러분이 큰 번민 가운데 있다면, 차라리 그것이 여러분의 행복감보다는 여러분이 회심했다는 더 나은 징표가 될 것입니다. 죄로 인해 슬퍼하고, 죄를 대적하여 싸우고, 죄를 극복하고자 노력하는 것이 좋습니다. 이것이 바로 은혜 받은 자의 확실한 징표입니다. 이것은 넘치는 기쁨보다 더욱 확실한 징표입니다. 아, 신자 여러분! 만약 여러분이 예수님을 믿는다면, 여러분은 최고의 의미에서 행복한 사람이 될 것입니다. 그러나 여러분의 행복이 여러분이 가진 확신의 근거가 된다면, 여러분은 즉시 여러분의 행복을 잃게 될 것입니다. 행복은 무슨 일이 벌어지느냐에 따라 좌우되는 어떤 것으로서, 흔히 보게 되는 행운일 뿐, 그 이상은 아무것도 아닙니다. 행복은 감당 못할 큰 요행(僥倖)입니다. 그러나 믿음은 어떤 일이 일어나도 그리스도를 의지합니다. 그러므로 믿음을 가진 자는 슬픈 일이나 괴로운 일이 일어나도 행복합니다. 왜냐하면 믿음은 전적으로 하나님을 의지하기 때문입니다. 믿음은 어떤 일이 일어나도 주님의 신실한 말씀과 약속을 의지합니다. 이렇게 말하면 어떤 사람은 "아, 지금 제 기분은 침울합니다. 기도하려고 해도 마음이 너무 무겁습니다. 저는 제가 원하는 대로 기도조차 할 수 없습니다"라고 말합니다. 여러분은 이런 일로 인해, 여러분의 구원을 의심하기도 합니다. 그렇지 않습니까? 여러분의 구원은 활기찬 여러분의 기도에 달려 있는 것입니까? 어떤 것에 따라 구원은 물론 모든 것이 좌지우지되는 이것이 바로 연약한 믿음의 징표입니다. 사랑하는 성도 여러분, 만약 우리가 감정에 따라 산다면, 우리는 아주 비참한 삶을 살게 될 것입니다. 다시 말해 우리는 아버지의 집에 거하지 못하고, 집시들이 사는 집처럼 비바람을 막기에는 너무나 부족한 천막집에 거하게 될 것입니다. 하나님께서는 기상청의 기압계 같은 우리를 구원해 주셨습니다. 어느 때는 "쾌청한 날씨"이지만, 대기는 늘 불안정하여 그렇게 "쾌청한 날씨"는 오래 지속되지 않습니다. 날씨는 다시 변하여 "우천"(雨天)이 되었다가, 우리가 현재 어디 있는지 알기도 전에, "폭우"(暴雨)로 변하여 비가 내리칩니다. 강한 믿음을 가진 사람은 자신의 참된 자리를 알고 있습니다. 그리고 그 자리가 변하지 않을 것이란 것도 느끼고 있습니다. 그 결과 그가 자리 잡은 토대는 이런 날이 오든 저런 날이 오든 항상 굳건합니다. 왜냐하면 그 믿음의 토대가 그리스도 안에 있기 때문입니다. 강한 믿음을 가진 자가 의지하는 약속이 변함없는 불변성을 지니며 항상 동일한 것처럼, 그 강한 믿음을 가진 자의 토대 또한 항상 동일합니다. 신실하신 우리 하나님은 그분을 신뢰하는 모든 자들을 구원해 주실 것입니다. 강한 믿음에는 일정한 한계가 정해져 있기 때문에, 우리는 그 이상을 넘어가거나 그 이하로 떨어지지 않습니다. 하지만 가련하고 연약한 믿음은 바람이 동쪽에서 부는지 어떤지 항상 알아봅니다. 그러다 혹시라도 정말 바람이 동쪽에서 불게 되면, 그 믿음은 아래로 떨어집니다. 바람이 잠잠합니까? 그러면 베드로는 파도 위를 걷습니다. 바람이 거세게 붑니까? 그러면 베드로는 가라앉기 시작합니다. 이것이 바로 전형적인 연약한 믿음을 가진 자의 모습입니다. 연약한 믿음은 우리로 하여금 어떤 환경에 사로잡혀서 꼼짝도 못하게 합니다. 하나님께서 우리를 도우시어 그 환경으로부터 벗어나게 되기를 기원합니다!

다음으로, 연약한 믿음은 그 연약한 믿음이 초래한 지속적인 위험을 잘 잊어버리며, 그 위험을 무릅쓰고라도 믿는 법을 배우려 하지 않습니다. 베드로가 파도 위를 걸어갔을 때도 사실은 그가 물속으로 빠져 들어가기 시작했을 때와 마찬가지로 위험한 때였습니다. 그럼에도 불구하고 그가 파도 위를 걸어갔을 때 그는 실제로 아무 위험도 느끼지 못했습니다. 왜냐하면 그로 하여금 바다 위를 걷도록 해 주신 예수님께서 내내 그 곁에 가까이에 계셨기 때문입니다. 그가 서 있었을 때도 주님께서 그를 붙들어 주시지 않았다면, 그는 단 한 발자국도 움직일 수 없었습니다. 그리고 그가 물속에 빠져 들어가기 시작했을 때도, 주님은 그가 익사하지 않도록 여전히 지켜 주셨습니다. 베드로의 힘이 빠져간다고 해서, 그의 주님도 그 거룩한 능력을 거두어들이고 그가 멸망하게 내버려 두시겠습니까? 연약한 믿음을 가진 사람은 자주 이 문제에 있어서 실수를 범합니다. 즉, 연약한 믿음을 가진 사람은 자신이 어디에 있든 간에 자기 자신을 바라보는 순간, 그 믿음이 늘 극도로 위험한 상태에 빠지게 된다는 것을 알지 못합니다. 그러나 그가 어디에 있는 간에 주님을 바라본다면, 그 믿음은 전혀 위험하지 않게 됩니다. 만약 여러분이 자신에 대해 분명한 확신이 들지 않는다면, 그리스도를 믿기 시작하십시오. 그저 단순히 그분을 믿는 것이 아니라, 여러분이 그분에 대해 기뻐할 정도로, 여러분이 그분을 닮아갈 정도로, 여러분이 그분에게서 가르침을 받을 정도로 그리스도를 믿으십시오. 혹시라도 여러분이 뭔가 뒤섞인 것을 믿게 된다면, 그 뒤섞인 신뢰는 결국 불순물로 판명될 것입니다. 그리고 연약한 믿음을 가진 자들은 그 마음에 어떤 위기감이 닥쳐올 때도, 어디에서 자신이 가진 확신을 다시 수립해야 할지 알지 못할 것입니다. 그러나 강한 믿음을 가진 자는 예수님만을 자신의 토대로 삼습니다. 반면에 약한 믿음을 가진 자는 이 토대에다 다른 것들을 추가하려고 합니다. 사랑하는 성도 여러분, 연약한 믿음을 가진 자들은 주 예수 그리스도에 대한 확신이 부족할 때, 자기 속에 있는 어떤 불분명한 확신들로 그것을 충당하려고 합니다. 자신의 공로나 기도 같은 그런 어떤 것들로 말입니다. 만약 베드로가 파도 위를 걸어갔든 물속에 빠졌든 간에 어쨌든 그가 예수님을

전적으로 믿었다면, 그는 주님께서 명하신 대로 행하였을 것이고, 적어도 자신
이 안전하다고 생각한 이유가 바람에 의해서 영향을 받는 일은 없었을 것입니
다. 그리고 그가 오직 예수님만을 자신의 확실한 근거로 삼고 의지했다면, 그 근
거에 대해서도 결코 의심하지 않았을 것입니다. 인생을 살면서 일어나는 일시적
인 사건들로 인해 서기도 하고 넘어지기도 하는 연약한 믿음을 우리가 넘어서게
되기를 저는 기도합니다.

　　연약한 믿음을 가진 사람은 자신이 위험에 처한 것을 인식하게 되는 순간,
마치 진자(振子)처럼 반대편 방향의 끝까지 흔들려서, 순식간에 자신이 처한 위험
을 과장합니다. 한순간 베드로는 바다 위를 걸었습니다. 그러나 바로 다음 순간
그는 익사할 지경에 처하게 되었습니다. 그가 헤엄칠 생각을 하지 않았다는 것
은 이상한 일입니다. 한 영혼이 그리스도를 신뢰하게 되면, 그에게는 자신을 의
지하는 마음이 줄어들게 됩니다. 베드로가 물 위를 걸어갈 수 있는 방법을 알게
되었을 때, 그 순간 그는 물속에서 헤엄치는 방법을 잊게 됩니다. 그리스도를 신
뢰하게 되면 자신에 대해서는 신뢰하지 않습니다. 주님의 뜻은, 베드로가 자신
의 연약함을 알고, 자신의 믿음에 의지하여 서며, 그 믿음의 모든 능력들을 주 예
수님 안에서 찾아야 함을 아는 것이었습니다. 베드로는 물속으로 빠져들었습니
다. 그러자 비로소 그는 "주여 나를 구원하소서"(마 14:30)라고 말했습니다. 그는
자신이 가진 재주의 한계에 이르렀던 것입니다. 베드로는 물속에 빠져들고 있었
습니다. 바로 그 옆에 주님께서 서 계셨습니다! 예수님께서는 살아 계시는데, 그
는 죽을 것 같았습니다. 과연 그는 죽을까요? 예수님께서 명하신 것을 행하다가
멸망할 수도 있을까요? 여러분은 그가 멸망할 것이라 생각합니까? 베드로에게
죽을지도 모른다는 두려움이 엄습한 것만은 분명합니다. 저 역시 고난과 궁핍
속에서 멸망할지도 모른다고 생각할 만큼 어리석었던 적이 있습니다. 이것은 어
리석은 생각입니다. 밝은 날에 가졌던 우리의 확신들이 뒤죽박죽이 되어 버리는
것, 즉 어두운 날들이 다가왔을 때 우리가 가진 확신들이 거의 사라져 버리고 게
다가 우리가 멸망하게 될 것이라는 생각으로 두려워하는 것 말입니다. 여러분
가운데 어떤 이들은 성도의 궁극적 견인이라는 교리를 믿었습니다. 그러면서도
여러분은, "내가 후일에는 사울의 손에 붙잡히리니"(삼상 27:1)라고 말한 다윗처
럼, 그렇게 말하지 않았습니까? 그리스도께서 여러분을 지켜 주시겠다고 약속하
셨다는 사실을 여러분도 알고 있습니다. 하지만 지금 여러분은, 여러분이 마땅

히 해야 할 일인 여러분 자신을 지키는 일을 하지 못하고 있기 때문에, 그분께서도 여러분을 지켜주지 못하실 것이라고 착각하는 것입니다. 그분께서는 여러분을 결코 포기하지 않으실 것이라는 사실을 여러분도 알고 있습니다. 그럼에도 불구하고 여러분은 언제라도 즉시 여러분 자신을 모두 포기할 것 같은 태세로 "나는 결국 배교자로 드러나고 말거야"라고 말합니다. 이런 식으로 작은 믿음은 자신의 주님을 잊어버립니다. 작은 믿음은 어떤 날은 너무 담대하다가, 또 어떤 날은 너무 소심합니다. 이 모든 일은 작은 믿음으로 인해 뒤죽박죽 되어버린 확신 때문에 일어나는 것입니다.

작은 믿음은 몰상식하게 말합니다. 우리 주님께서 이 작은 믿음을 어떻게 표현하셨는지 주목해 보십시오. "믿음이 작은 자여 왜 의심하였느냐?"라고 말씀하셨습니다. 믿음이 영적인 상식이라면, 불신앙은 몰상식입니다. 한번 보십시오. 만약 그리스도께서 모든 점에 있어서 신뢰할 만한 분이라면, 베드로는 자기 몸을 바다에 던져 그분에게 나아감으로써 자신의 생각을 드러내보여야 했습니다. 다시 말해 그분이 모든 면에 있어서 신뢰할 만한 분이었다면, 그분은 끝까지 신뢰할 만한 가치가 있었다는 것입니다. 여러분은 어떤 사람에게 다음과 같이 말하지는 않을 것입니다. "그 사람은 신실한 사람입니다. 왜냐하면 가끔은 그의 말을 믿을 수 있기 때문입니다." 여기서 "가끔"이라는 표현은 그 사람의 인격에 치명적인 말입니다. 항상 믿을 수 없는 사람이라면, 그 사람은 진리를 말하는 정직한 사람이 아닌 것입니다. 만약 여러분이 하나님의 약속들에 대해 "저는 이 약속들 중에서 몇 개만 믿을 수 있습니다. 따라서 저는 어떤 특정한 어려움에 처했을 때만 그분이 저를 도우시리라 생각합니다"라고 말한다면, 여러분은 지금 주님을 신실하지 않은 자로 비난하고 있는 것입니다. 오, 사랑하는 성도 여러분, 지금 여러분은 여러분이 지닌 작은 믿음의 토대를 허물고 있는 것입니다. 여러분의 주님이 여러분에게 묻습니다. "왜 너는 네가 믿을 수 있는 만큼만 믿고 있느냐? 지금까지 나를 따라나섰으면서도, 왜 너는 계속해서 끝까지 따라오지 않느냐? 네가 그 정도밖에 믿을 수 없는 이유가 있다 하더라도, 너는 더 큰 믿음을 가져야 한다. 오, 믿음이 작은 자여 왜 의심하였느냐? 네가 조금이라도 믿음이 있다면, 왜 그렇게 의심하는 것이냐? 그렇게 의심하면서 무슨 믿음이 있다고 하느냐?" 믿음과 의심, 이 둘은 서로 조화를 이룰 수 없습니다. 강한 그리스도를 믿는 연약한 신자에 대해 논리적으로 타당하다고 말할 수 없습니다. 흔들리지 않는 약속을 믿는 흔들리는 믿음이 도대체 말이 됩니까? 강력한 구세주를 믿는 연약한 믿음이라니, 이것이 말이 됩니까? 여러분은 믿음으로 그분을 의지하며 그 말씀을 믿고 있습니다. 그러므로 여러분이 가진 믿음의 색깔도 그분과 그 말씀의 색으로 물들도록 하십시오. 그 후에야 비로소, 여러분은 선하고 확고하며 합당한 토대 위에 서게 될 것입니다. 그리고 이런 토대야말로 양심과 이성에 정당한 토대일 수 있습니다.

　떨리는 우리의 불안에 대해 한 말씀 더 드리고자 합니다. **연약한 믿음은 종종 우리의 몸을 젖게 합니다.** 베드로는 물에 빠져 죽지는 않았지만, 여러분도 분명히 알다시피, 그의 몸은 물에 젖었습니다. 만약 여러분이 강한 믿음을 가졌다면, 연약한 믿음을 가진 자들이 빠지게 되는 그 고난의 바다를 종종 헤쳐 나올 수 있을 것입니다. 연약한 믿음은 마치 가짜 두려움을 대규모로 만들어 내는 자와 같습니다. 저는 자기 뒷마당에 고난을 만들어 내는 공장을 차려놓은 친구들을 잘 알고 있습니다. 그들은 그 공장에서 자신의 등을 후려칠 막대기들을 항상 만들어 내고 있습니다. 그들은 이것에 대해서 혹은 저것에 대해서 하나님을 믿지 못합니다. 그래서 항상 초조와 불안 가운데 그 몸은 속속들이 젖어 있습니다. 저는 집에서 만든 옷은 웬만해서는 잘 맞지 않는다는 말을 들어본 적이 있습니다. 그러므로 집에서 만든 고난들도 틀림없이 견디기 아주 힘들 것입니다. 그리고 저는 집에서 만든 옷은 다른 옷보다 더 질기다는 말도 들었습니다. 그래서 저는 집에서 만든 고난은 하나님께서 우리에게 정해 주신 고난보다 더 질기게 달라붙어 있을 것이라고 믿습니다. 그렇게 두려움을 만들어 내는 공장은 당장 문을 닫으십시오. 그 대신 찬양을 만들어 내십시오! 하나님께서 여러분에게 고난을 보내셨다면, 그것은 여러분에게 잘못 전달된 것이 아닙니다. 하지만 베드로의 경우에는 누가 그의 몸을 속속들이 젖게 하고, 깊은 곳에 빠지게 한 것이었습니까? 바로 베드로 자신이 그렇게 한 것이지 않습니까? 베드로 자신이 베드로를 괴롭게 한 것입니다! 만약 그가 강한 믿음을 가지고 있었다면, 아마도 그의 옷은 마른 상태로 있었을 것입니다. 그의 주님께서는 물이 그를 멸망하지 못하도록 막아 주셨습니다. 하지만 그분은 물로 인해 베드로가 아주 곤란한 상황을 겪게 하셨습니다.

　지금까지 저는 아주 점잖게 약한 믿음을 책망하였습니다. 저는 그 약한 믿음의 머리카락 한 올도 상하게 할 마음이 없었습니다. 비록 약한 믿음이라 해도 그것은 복된 것이기 때문입니다. 특히 이 '작은 믿음' 은 더더욱 그러합니다. 작은 믿음의 '작은' 것이 복된 것이 아니라, 작은 믿음의 '믿음' 이 복되기 때문입니다. 제가 그 약함을 죽이고 믿음을 살릴 수 있었으면 좋겠습니다. 즉, 작은 것이 제거되고 믿음이 더 커진다면, 제 마음이 얼마나 기쁘겠습니까!

2. 작은 믿음에도 칭찬할 것이 있습니다.

자, 지금부터는 작은 믿음을 점잖게 칭찬하고자 합니다. 저는 작은 믿음이 작기 때문이 아니라 그것 역시 믿음이기 때문에, 그 믿음을 칭찬하려는 것입니다. 작은 믿음은 섬세하게 다루어져야 합니다. 그래야 그 믿음이 귀한 것으로 보일 수 있기 때문입니다.

무엇보다도, 작은 믿음 역시 참된 믿음이라는 것입니다. 예수님으로 시작하고 예수님으로 끝나는 믿음이 참된 믿음입니다. 그러므로 예수님을 믿는 가장 작은 믿음도 하나님의 선물인 것입니다. 비록 강한 믿음과 같지는 않다 해도, 그럼에도 "동일하게 보배로운 믿음"(벧후 1:1)입니다. 만약 여러분이 겨자씨만한 믿음을 가졌다면, 그 믿음으로도 여러분은 기적을 행할 수 있습니다. 여러분의 믿음이 너무나 작아서, 그 믿음을 보려면 눈을 씻고 찾아봐야 할 정도로 작다 해도, 그 믿음 역시 가장 강한 믿음과 그 본성에 있어서 동일합니다. 은전(銀錢)인 3페니 동전도 왕이 쓰는 면류관과 마찬가지로 은으로 만들어졌으며, 조폐국의 직인이 아주 분명하게 찍혀 있습니다. 한 방울의 물도 본질적으로는 바닷물과 같습니다. 한순간 번쩍이는 불꽃도 베수비오 산(Vesuvius, 이탈리아 나폴리 인근의 화산 – 역주)의 불과 틀림없이 같은 불입니다. 아무리 작은 믿음이라 해도 거기에서 믿음의 불꽃이 일어날지 아무도 모르는 일입니다. 보십시오. 그 작은 믿음이 수천 영혼들의 가슴에 불을 지필 것입니다! 작은 믿음도 참된 믿음입니다. 왜냐하면 우리 주님께서 이런 작은 믿음을 가진 베드로에게 다음과 같이 말씀하셨기 때문입니다. "바요나 시몬아 네가 복이 있도다 이를 네게 알게 한 이는 혈육이 아니요 하늘에 계신 내 아버지시니라"(마 16:17)고 말입니다. 베드로는 참된 믿음을 가지고 있었습니다. 하지만 그 믿음은 작은 믿음이었습니다. 오, 지금 설교를 듣는 사랑하는 성도 여러분, "예수께서 그리스도이심을 믿는 자마다 하나님께로부터 난 자"(요일 5:1)입니다. 그러므로 여러분이 그리스도께서 다 이루신 사역에 나약하게 헌신한다 해도, 다시 말해 여러분이 이처럼 연약한 모습으로 그분을 의지한다 해도, 여러분이 그 강한 손에 붙들려 분명히 구원을 받게 될 것이라는 사실에는 조금도 변함이 없습니다. 예수님께서는 "내게로 돌이켜 구원을 받으라"(사 45:22)고 말씀하셨습니다. 그분을 바라보는 여러분의 눈빛이 매우 불안하다 해도, 또 여러분이 흘리는 슬픔의 눈물로 인해 그분의 모습을 제대로 볼수 없다 해도, 여러분이 그분을 바라보기만 한다면, 여러분은 구원받게 될 것입니다. 위로부터 작은 믿음으로 태어난 자들이 있습니다. 하지만 이들도 구원받은 가족에 속해 있습니다. 그러니 가장 약한 믿음이라 해도 그 믿음은 참된 믿음인 것입니다.

다음으로, 작은 믿음은 말씀에 순종하여 말씀 없이는 단 한 발자국도 움직이지 않으려 한다는 것입니다. 여러분은 이 사실을 주목하십시오. 작은 믿음은 외칩니다. "주여, 만일 주님이시거든 나를 명하사 물 위로 오라 하소서"(마 14:28)라고 말입니다. 베드로는 주님께서 오라고 말씀하시자, 배에서 내려와 물 위를 걸어 예수님에게 나아갔습니다. 예수님께서 "오라"고 말씀하시면, 작은 믿음은 "보소서. 제가 나아가겠나이다!"라고 대답합니다. 비록 걸을 때 비틀거리기도 하고 무릎에 힘이 없다 해도, 그 작은 믿음은 깊은 물 속이든 불 속이든 예수님께서 자신을 부르는 곳이라면 어디든 갈 것입니다. 주님의 자녀이면서도 많은 기쁨을 누리지 못하는 자들에 대해 저는 알고 있습니다. 그럼에도 불구하고 저는 그들의 민감한 양심이 부러울 때가 있습니다. 그들은 죄와 조금이라도 접촉하면 몸을 움츠리고, 주님의 계명이 가리키는 길을 지키려고 조심합니다. 이것이야말로 그들의 성품이 가진 칭찬할 만한 특성입니다. 어찌되었건, 주님과의 은혜로운 동행이 안락한 감정보다는 더 귀하니 말입니다. 가련한 작은 믿음아, 혹여 주님의 길에서 벗어날까 한 걸음을 떼는 것조차 두려워하는 네 모습을 본 나로서, 내가 어찌 너를 책망할 수 있으리? 나는 네가 너의 큰 믿음에 대해 큰 소리로 말하는 것도 들어보지 못했고, 죄와 어리석음을 가지고 장난하는 것도 보지 못했다. 오히려 나는 네가 모든 일에 수줍어하고 조심하며 순종하는 모습을 보았다. 그리고 전혀 큰 문제가 없는데도 불구하고 큰 죄를 지은 것처럼 두려워하는 모습도 보았다. 민감한 양심이 작은 믿음과 나란히 피어날 때, 그것은 마치 특별한 아름다움을 지닌 두 송이 백합화와도 같습니다.

베드로의 작은 믿음은 예수님께서 허락의 말씀을 하시기까지 물 위로 걸어가려 하지 않았습니다. 베드로는 "나를 명하사 물 위로 오라 하소서"라고 요구하였습니다. 저는 종종 매우 절망하고 크게 두려워하는 성도들을 만납니다. 그들은 뒤에서 "이것이 바른 길이니 너희는 이리로 가라"(사 30:21)는 말소리가 들리지 않는 한, 자신의 생명을 위해 아무것도 하지 않는 그런 자들입니다. 그들은 말씀이라는 지도에서 가야 할 길을 찾기 전까지 항상 주저합니다. 그들은 감히 모험을 감행하려 하지 않습니다. 하지만 자신들을 인도해 달라고 무릎 꿇고 부르짖습니다. 왜냐하면 그들은 주님의 뜻이 아니라면, 단 한 발자국도 움직이기를 두려워하기 때문입니다. 그들은 주님의 보증 없이 달려 나아가는 것에 대해 거룩한 두려움을 가진 자들입니다. 비록 작은 믿음이라 해도 이런 생각이 여러분의 마음과 성품이라면, 우리는 여러분을 크게 칭찬할 것입니다!

다음으로, 작은 믿음은 예수님에게 나아가고자 몸부림친다는 것입니다. 베드로는 그저 물 위를 걷기 위해 배에서 뛰어내린 것이 아니었습니다. 그는 주님께 다가가기 위해서 파도 위를 걷는 모험을 감행했던 것입니다. "베드로가 배에서 내려 물 위로 걸어서 예수께로 가되"(마 14:29)라는 말씀처럼, 예수님에게 가는 것, 이것이 바로 그가 원했던 한 가지 목표였습니다. 여러분 중에도 작은 믿음만 가진 이들이 있는 줄 압니다. 그들은 예수님께 더 가까이 나아가기를 갈망합니다. 여러분은 날마다 "주님, 당신을 내게 보여주소서. 내 안에 당신을 보여주소서. 그리고 저로 하여금 더 많이 당신을 닮게 하소서"라고 간구합니다. 예수님을 간구하는 자는 그 얼굴이 항상 바른 방향을 향해 있습니다. 비록 여러분의 무릎은 떨리고, 여러분의 두 손은 힘없이 늘어뜨려져 있다 해도, 여러분이 향하고 있는 그 방향만큼은 예수님을 향해 있습니다. 다시 말해 여러분은 그분을 섬기고자, 그리고 그분에게 영광 돌리고자 노력하고 있는 것입니다. 그렇지 않습니까? 비록 역풍이 불어도, 여러분은 여전히 해안가를 향해 노를 젓고 있습니다. 좋습니다. 여러분이 비록 작은 믿음을 가졌다 해도, 여러분이 몸부림치는 모습을 보니 제 마음이 기쁩니다. 여러분의 연약함에도 불구하고, 여러분은 주님에게 이르고자 애쓰고 있습니다. 예수님께서 여러분을 만나 주시기까지 계속 노력하십시오. 불신으로 인해 여러분이 가라앉기 시작할 때에도 그분께서는 여러분을 붙잡아, 여러분의 두 발로 다시 서게 하실 것입니다. 그러므로 기운을 내십시오!

작은 믿음은 잠시나마 당당하게 행동한다는 측면에서도 칭찬받아 마땅합니다. 비록 베드로가 작은 믿음을 가졌다 해도, 그는 밀려드는 파도 위에 발을 내디뎠습니다. 이것은 아주 드문 일입니다. 베드로가 배에서 뛰어내린 후의 모습이 제 눈에 보이는 듯합니다. 그는 자신이 밟은 물이 마치 단단한 유리처럼 자신을 지탱하고 있다는 것을 알고는 깜짝 놀랐습니다. 그때 그는 이제 막 걸음마를 시작한 어린 아이처럼 한 걸음을 내디뎠습니다. 그리고 확신이 좀 생기자 또 한 걸음을 내디뎠습니다. 발 밑에는 파도가 넘실대고 있었지만, 그래도 그는 그 파도 위에 잠시나마 굳건히 서 있었습니다. 작은 믿음도 잠시나마 대장부답게 행동합니다. 야엘이 장막 말뚝으로 시스라를 죽였고, 겁 많던 여인이 이스라엘의 원수를 무찌르는 전사가 되기도 하였습니다. 보통 때 같으면 거룩한 전쟁에서 돌 하나도 손에 들 수 없었던 연약하고 서투른 자들이 자주 자극을 받아 짧은 시간이나마 영웅의 자질을 드러내었습니다. 작은 믿음은 다윗의 물맷돌처럼 거인도 무찔렀습니다. 그리고 왼손잡이 에훗의 칼처럼 작은 믿음은 구원을 이루어내기도 하였습니다. 그러므로 저는 여러분에게 작은 믿음을 칭찬하는 바입니다. 왜냐하면 여러분도 큰 날과 축제일을 가질 수 있고, 또한 예수님의 이름으로 행한 승리를 셀 수 있을 것이기 때문입니다. 가끔씩 작은 믿음을 가져도 이 정도인데, 만약 이런 믿음이 항상 여러분과 함께 한다면, 여러분은 참으로 영광스러운 사람이 될 것입니다! 바로 지금부터 여러분은 산을 옮기고, 나무들을 뿌리째 뽑을 수 있게 될 것입니다.

　작은 믿음을 제가 부득불 한 번 더 칭찬하고자 합니다. 왜냐하면 작은 믿음은 곤경에 처했을 때 기도로 간구하기 때문입니다. 베드로는 물속으로 가라앉기 시작했습니다. 그때 베드로는 무엇을 하였습니까? 베드로는 "주여 나를 구원하소서"(마 14:30)라고 기도하였습니다. 작은 믿음은 자신의 힘이 어디에 있는지를 알고 있습니다. 그 작은 믿음은 곤경에 처했을 때, 자신의 얼굴을 인간적인 신뢰나 자연적인 힘을 향해 돌리지 않습니다. 그 믿음은 즉시 기도합니다. 작은 믿음은 자신의 마음을 주님 앞에 쏟아 놓습니다. 저는 곤고할 때면 즉시 기도를 드리는 사람을 보고 싶습니다. 이것은 마치 놀란 새들이 자기 날개를 펼치는 것처럼 자연스러운 일입니다. 여러분 가운데 어떤 자들은 이웃에게 달려가거나, 자신의 지혜로 회의를 하기도 합니다. 그러나 이렇게 해서 얻은 유익은 결코 여러분을 부하게 하지 않습니다. 우리는 좀 더 확실한 방법을 사용해야 합니다. 우리가 예전에 즐겨 사용하던 모든 것들을 버리고 즉시 새로운 도움을 구하러 예수님께로 가야 합니다. 그러나 애석하게도, 우리는 모든 다른 문들을 두드려보기 전까지는 결코 예수님에게로 가지 않습니다. 그럴 때에도 예수님은 우리에게 은혜를 베푸시어, 그분의 문에서 결코 우리를 외면하지 않으십니다. 사람이 물에 빠지면 자연적으로 수영을 하게 되지만, 베드로는 수영에 의존하려고 하지 않았습니다. 그는 "주여 나를 구원하소서"라고 기도를 하였습니다. 오, 작은 믿음이여, 너는 기도로 간구할 때에 큰 역할을 하는구나. 너의 그 연약함으로 인해 너는 더욱더 자주 너의 무릎을 꿇는 것이겠지. 너는 강한 믿음처럼 힘 있는 기도를 드리지는 못하지만, 그래도 아주 풍성한 기도를 드리는구나. 나는 네가 겁을 먹고 두려워하는 것을 보았다. 하지만 그때 너는 능력을 달라고 주님께 부르짖었지. 그러자 그분께서 너를 도와주셨다. 너의 이러한 부르짖음이 너의 영적인 자산인 것이 증명되었다. 예전에 어느 한 사람에게 적용되던 바로 그 말씀 그대로이구나. "그가 기도하는 중이니라"(행 9:11).

연약한 믿음은 다음과 같은 이유에서도 또한 칭찬을 받아야 합니다. 즉, 연약한 믿음은 예수님께서 가까이 계시기에 항상 안전하다는 것입니다. 베드로는 물 위에서도 안전하였습니다. 왜냐하면 그리스도께서 그 물 위에 계셨기 때문입니다. 그의 믿음은 연약하였지만, 그가 구원받은 것은 그의 믿음이 강해서가 아니었습니다. 그가 깊은 물에 빠져 들어갈 때, 그가 구원을 받았던 것은, 베드로를 붙들기 위해 손을 펴신 그 은혜로운 손길의 능력 때문이었습니다. 만약 여러분이 전심으로 그리스도를 믿는다면, 즉 그분이 여러분이 신뢰하는 처음이자 마지막이라면, 여러분이 완전히 두려움과 놀람 속에 빠져 있다 하더라도, 예수님께서 여러분을 멸망하도록 내버려 두지 않으실 것입니다. 만약 여러분이 그분을 의지한다면, 즉 오직 그분만을 의지한다면, 그분께서 여러분의 작은 믿음을 얕보면서 여러분이 죽도록 내버려 두는 일은 절대로 불가능할 것입니다. 한 사람의 신자가 아무리 그 믿음이 연약하다고 해도, 그가 물에 빠지도록 우리 주님께서 내버려 두실 것이라는 생각은 그분을 모욕하는 것이며, 이런 생각을 하나님께서는 금하십니다! 그리스도께서 살아 계시는데, 어떻게 여러분이 죽을 수 있단 말입니까? 그리스도께서 물 위에 서 계시는데, 어떻게 우리가 그 물 밑으로 가라앉을 수 있겠습니까? 우리는 그분과 연합된 자들이 아닙니까?

연약한 믿음에 대해서 한 가지 더 칭찬한 것이 있습니다. 그것은 예수님께서도 친히 연약한 믿음도 믿음이라는 사실을 인정하셨다는 것입니다. 예수님께서는 베드로에게 "믿음이 작은 자여"라고 말씀하셨습니다. 그분은 그 믿음이 작은 것에 대해 베드로를 책망하셨지만, 작은 믿음도 믿음이었기 때문에 그분은 그에게 미

소를 지으셨습니다. 저는 성령님이 창조주 되심을 느끼고 싶습니다. 다시 말해
우리의 믿음이 작은 것이 문제가 아니라, 아무리 작은 믿음이라 해도, 성령님께
서 그 믿음을 만드신 창조주라는 사실을 저는 느끼고 싶다는 뜻입니다. 우리가
생각하기에 불신앙보다도 못한 작은 믿음이라고 의심되는 그 믿음마저도 우리
주님께서는 인정해 주십니다. "내가 믿나이다 나의 믿음 없는 것을 도와주소서"
(막 9:24)라는 기도야말로 우리 대다수를 위한 훌륭한 기도입니다. 그리스도께
서는 불신앙은 용서해 주시고, 믿음은 아무리 연약한 믿음이라 해도 아주 은혜
롭게 받아 주십니다. 그분은 쓰레기더미 속에서 완전히 꺼져 있는 것처럼 보이
지만, 마치 불씨처럼 살아 있는 그런 믿음을 알아보십니다.

　　저는 한 번 더 작은 믿음을 칭찬하고자 합니다. 왜냐하면 그 믿음은 때로 가
라앉기는 해도, 자신을 회복해서 예전의 기적들을 다시 행하기 때문입니다. 베드로는
금방이라도 가라앉을 것 같았습니다. 그러나 그의 주님께서 그를 잡아 주셨습니
다. 그 순간 여러분의 눈에는 무엇이 보입니까? 그때 물 위를 걷고 있는 사람은
하나가 아니었습니다. 두 사람이 물 위에 있었습니다. 그리스도께서 거기 계셨
고 베드로도 거기 있었습니다. 베드로, 아니 지금 당신은 태어날 때부터 물 위를
걸을 수 있었던 것처럼 그렇게 물 위를 걷고 있군요! 오, 그렇습니다. 이 작은 믿
음은 주님께서 붙드심으로 자신이 처음에 행했던 것을 다시 행하는 법을 배웠던
것입니다. 그는 처음에 물 위를 걸었습니다. 그러다가 이제 다시 물위를 걷게 되
었습니다. 보십시오! 그는 지금 자기 주님과 함께 배로 다가오고 있습니다. 좋은
시절을 보냈지만, 지금은 깊은 후회로 그 시간들을 회상하는 여러분이여, 여러
분에게도 베드로와 같은 일들이 다시 일어날 수 있습니다. 절망하며 슬퍼하는
여러분이여, 힘을 내십시오. 여러분도 다시 여러분의 축제일을 갖게 될 것이며,
그때보다 훨씬 더 밝은 날들을 갖게 될 것입니다. "오, 그래도 저는 제가 가진 이
연약한 믿음 때문에, 너무나 많은 시간들을 허비하였는데요"라고 말하는 이도
있을 것입니다. 그렇습니다. 참으로 안타까운 일입니다. 하지만 제가 여러분의
신앙에 대해 추천하고 싶은 한 가지 약속이 있습니다. "메뚜기와 느치와 황충과
팥중이가 먹은 햇수대로 너희에게 갚아 주리니"(욜 2:25)라는 말씀입니다. 메뚜
기가 우리의 수확물들을 모두 먹어 버렸습니다. 연약함이라는 메뚜기가 우리의
좋은 열매들을 삼켜 버렸습니다. 하지만 우리 주 예수 그리스도께서 이 허비한
세월들을 갚아 주실 것입니다. 그분은 유익한 십 년의 세월을 일 년 안에 담을 수

있게 해 주실 것입니다. 그분은 기쁨의 일주일을 하루 안에 담을 수 있도록 만드
셔서, 잃어버린 과거를 우리에게 보상해 주실 것입니다. 우리 주님께서는 여러
분이 청년의 시기에 행한 부끄러운 일들을 잊게 하시며, 여러분이 과부로 생활
하면서 받은 서러움들을 더 이상 기억나지 않게 해 주실 것입니다. 작은 믿음을
가진 자들이여, 다시 힘을 내십시오! 비록 여러분이 다시 어린 아이로 돌아갈 수
없다 해도, 여러분은 행복한 가정생활을 시작할 수 있습니다. 작은 믿음을 가진
자들이여, 다시 힘을 내십시오! 비록 여러분이 지금 아픈 채로 구원의 배에 올라
탔다 해도, 여러분이 탄 이 배는 전적으로 안전하여서 여러분은 강한 믿음을 가
진 자들과 마찬가지로 틀림없이 해안가에 도착하게 될 것입니다. 여러분은 주님
을 신뢰하고 그분을 잠잠히 기다리십시오. 그러면 적절한 때에 여러분의 아침이
틀림없이 밝아올 것입니다. 여기까지가 제가 여러분에게 드리는 작은 믿음을 점
잖게 책망하고 부드럽게 칭찬하는 말씀이었습니다.

3. 더욱더 칭찬할 만한 믿음은 큰 믿음이며,
이것은 우리가 기대하지 않았던 곳에서 발견됩니다.

이제 저는 마지막 주제에 대해 몇 말씀 드리고자 합니다. 마지막 주제는 큰
믿음이 더욱더 칭찬할 만한 믿음이며, 이 큰 믿음은 우리가 거의 기대하지 않았던 곳에
서 발견된다는 것입니다. 우리 주님께서는 남자다운 베드로에게서가 아니라, 자
기 자녀를 위해 간구하는 여린 여인에게서 이 큰 믿음을 보셨습니다. 그녀는 여
인이었습니다. 하지만 남자들을 부끄럽게 하는 믿음을 가진 여인이었습니다. 그
녀는 가나안 여인으로서, "가나안은 저주를 받아"(창 9:25)라고 기록된 바로 그
민족 출신이었습니다. 하지만 그녀는 어릴 때부터 성경에 대해 알고 있었던 이
스라엘 사람 베드로보다 더 강한 믿음을 가지고 있었습니다. 그녀는 가정적으로
큰 문제를 겪고 있었습니다. 마귀가 그녀의 딸을 괴롭게 하였기 때문입니다. 여
러분이 귀가했을 때, 마귀가 여러분의 남편에게 역사하거나 혹은 딸에게 역사하
는 것은 대단히 끔찍한 일입니다. 하지만 그리스도를 따르는 많은 여인들은 이
를 감당해야 했습니다. 이런 엄청난 시련에도 불구하고, 집에서 그녀를 위로해
줄 만한 것은 아무것도 없었습니다. 그런데도 그녀는 큰 믿음을 가진 여인이었
습니다. 이 여인이 가진 큰 믿음을 우리가 가지지 못하는 이유는 무엇일까요? 사
랑하는 성도 여러분, 여러분의 환경과 상황이 여러분의 은혜가 성장하는데 큰

방해가 된다 해도, 여러분이 그리스도 안에서 장성한 분량으로 자라나지 못할 이유가 무엇이겠습니까? 주 예수님께서 능히 여러분을 장성하게 하실 것입니다. 여러분을 에워싸고 있는 매서운 바람과 비참한 토양을 보면 여러분은 분명히 잘 자랄 수 없을 것처럼 보일 것입니다. 그러나 그럼에도 불구하고 위대한 농부께서는 여러분을 잘 자라게 하셔서, 여러분이 유명한 작물이 되도록 하실 것입니다. 하나님께서는 불리한 환경을 성장의 수단으로 바꾸실 것입니다. 그분의 은혜라는 거룩한 화학작용으로 그분은 악을 선으로 바꾸실 것입니다. 제가 본 바와 같이 그 모든 환경들이 적대적일 때는 특별히 큰 믿음을 강조하여 칭찬하는 바입니다.

또한 큰 믿음은 주님을 인내하며 간구하기 때문에 칭찬해야 합니다. 이 여인은 자기 딸을 고쳐 보려고 예수님에게 나아왔습니다. 그런데 예수님은 처음에 그녀에게 한 말씀도 하지 않으셨습니다. 오, 아무 말 없이 어정쩡한 그 상황은 얼마나 비참한지 모릅니다! 그 후에 주님께서는 제자들에게 그녀에 대해 냉정하게 말씀하셨습니다. 하지만 그녀는 주님의 말씀에 전혀 아랑곳하지 않고 계속해서 주님에게 간구하였습니다. 그녀는 은혜를 위해 나아왔습니다. 그녀는 다윗의 자손인 주님을 믿었던 것입니다. 따라서 이스라엘 집 외에는 다른 데로 보내심을 받지 "아니하였노라"고 하시는 주님의 말씀을 그녀는 응답으로 받을 수 없었습니다. 그녀는 주님으로부터 긍정의 대답을 듣기로 작정하고서, 끝까지 끈덕지게 애원하였습니다. 오, 강력한 믿음, 끈질긴 믿음은 얼마나 귀한 믿음인지 모릅니다! 사랑하는 성도 여러분, 여러분은 이런 믿음을 가지고 있습니까? 여러분은 이런 믿음을 지금 사용하고 있습니까? 바로 여기에 이런 믿음을 가지고서 자신이 목표한 바를 얻기까지 끊임없이 이 믿음을 행사한 한 여인이 있습니다. 우리는 이러한 믿음을 풍성히 가지기를 기원합니다!

큰 믿음은 또한 칠흑같이 어두운 곳에서도 빛을 바라봅니다. 저는 베드로가 가나안 여인의 반만큼도 시련을 겪지 않았다고 생각합니다. 그렇다면 과연 베드로를 놀라게 한 것은 무엇이었을까요? 바로 바람이었습니다. 그렇다면 그녀를 놀라게 한 것은 무엇이었을까요? 그것은 예수님께서 친히 하신 가혹한 말씀이었습니다. 도대체 누가 바람을 무서워한단 말입니까? 도대체 누가 거친 말씀을 하며 거부하는 그리스도를 무서워하지 않을 수 있단 말입니까? "자녀의 떡을 취하여 개들에게 던짐이 마땅하지 아니하니라"(마 15:26)고, 만약 우리 주님께서 우리

가운데 누군가에게 그렇게 말씀하셨다면, 우리는 정말 다시는 감히 그분에게 기도할 수 없을 것입니다. 우리는 "다시는 기도하지 않을 거예요. 그렇게 가혹한 말씀을 하시다니, 이제 그분과 저는 완전히 끝이에요"라고 말했을 것입니다. 그러나 강한 믿음은 그렇게 하지 않았습니다. "그분께서 나를 개로 부르시니 옳습니다. 개들도 자기들 모임에서 자리가 있나이다. 작은 개들도 저녁 식사 시간이 되면, 그들의 어린 주인에게 이끌려 집 안으로 들어가 빵 껍질이나 부스러기를 먹나이다. 주여, 저는 개입니다. 그러니 저는 제 부스러기를 먹겠나이다. 제가 얻을 수 있는 것이 당신께서 주시는 부스러기가 전부라 해도, 저는 그 부스러기라도 먹겠나이다"라고 말했습니다. 이처럼 그녀는 마치 그분께서 자신을 거절한 것이 아니라 자신에게 약속을 주신 것처럼 끝까지 간청하였습니다. 큰 믿음은 한밤중에도 태양을 볼 수 있습니다. 큰 믿음은 한 겨울에도 추수를 할 수 있으며, 높은 곳에서도 강을 찾을 수 있습니다. 큰 믿음은 햇빛에 의존하지 않으며, 다른 빛으로는 보이지 않는 것들이 큰 믿음으로는 볼 수 있습니다. 큰 믿음은 하나님께서 말씀하신 것이라면, 어떤 사실이든 확실한 것으로 의지합니다. 그리고 오직 그분의 말씀만으로 만족합니다. 큰 믿음은 설령 하나님의 증거를 확증해 줄 만한 어떤 것이 전혀 보이지 않고, 들리지 않고, 느껴지지 않는다 해도, 하나님은 자신을 돕는 분임을 믿습니다. 그래서 큰 믿음을 가진 자들은 만사형통합니다. 오, 사랑하는 성도 여러분, 저는 여러분이 이런 상태에 이르기를 소망합니다. 즉, 여러분의 감정은 하나님의 약속이 거짓이라고 말해도, 또한 여러분의 환경이 그 약속은 거짓이라고 말해도, 하나님을 믿는 여러분이 되었으면 좋겠습니다. 설령 여러분의 모든 친구들과 동료들이 주님을 거짓말쟁이라 말해도, 여러분은 하나님께서 모든 사람들에게 참말을 하는 분이시며, 모든 다른 사람들이 거짓말쟁이라는 사실을 말할 수 있어야 합니다. 우리가 감히 하나님을 의심하다니요! 우리는 감히 그래서도 안 되고, 그러지도 않을 것입니다. 그분의 확실한 약속은 반드시 굳게 설 것입니다. 그런 믿음이야말로 칭찬할 만한 믿음이며, 우리 주님께서 친히 칭찬하신 믿음인 것입니다. "여자여 네 믿음이 크도다."

큰 믿음은 기도하고 응답을 받습니다. 그녀가 얼마나 대단한 응답을 받았는지 모릅니다! 그녀의 딸은 온전하게 되었고, 그녀가 그렇게 바라던 큰 은혜를 받았습니다. "네 소원대로 되리라"(마 15:28)고 응답을 받았으니 말입니다. 저는 우리가 기도와 관련해서 이런 강한 믿음을 가졌으면 좋겠습니다. 하나님으로부터 많은 것을 얻기 위해 믿음을 가지고 기도하는 한 사람의 기도가, 불안한 마음으로 믿음 없이 기도하는 열 명, 아니 만 명의 기도보다 더 많은 응답을 받게 될 것입니다. 제 말을 믿으십시오. 여러분이 하나님께 바라는 것을 얻을 수 있는 기도 방법이 여기에 있습니다. 여러분은 골방으로 올라가 기도하고 응답을 받을 것입니다. 그렇습니다. 거기서 여러분은 "나는 응답받았다"라고 홀로 말하며 밖으로 나오게 될 것입니다. 비록 여러분이 실제로 기쁨을 누릴 만큼 응답을 받지 못했다 해도, 여러분은 믿음으로 그 응답을 움켜잡았고, 인식했으며, 믿었기 때문입니다. 그렇게 해서 여러분은 그 응답을 즉시 받게 된 것입니다. 루터도 가장 어려웠던 시기에 자신의 골방에서 내려오면서, "나는 이겼노라"(Vici)라고 소리치지 않았습니까? 그는 하나님과 기도로 씨름하였으며, 그가 하나님과 씨름할 수 있는 것은 기도 외에는 아무것도 없다고 생각했습니다. 만약 그가 기도로 천국을 정복하였다면, 그는 이 땅과 사망과 지옥도 정복할 수 있었을 것입니다. 강한 믿음은 이 모든 것들을 행하며, 더 나아가 그 이상의 일도 행합니다.

　　이 여인은 하나님을 남달리 경외하였습니다. 그러면서도 그분과 놀랄 정도로 친밀하였습니다. 강한 믿음을 가진 자들이 때로 하나님께 너무 격의 없이 하는 말들을 듣게 된다면, 여러분은 그런 일을 불경스럽다고 생각할 것입니다. 그러나 그런 불경은 강한 믿음의 본심에서 나온 것이 아니라, 그 입술에서 나온 것일 것입니다. 하나님께서 자신을 경외하는 자들에게 보이시는 주님의 그 비밀한 것들을 강한 믿음을 가진 자들에게 알게 하실 때, 그리고 "무엇이든지 원하는 대로 구하라 그리하면 이루리라"(요 15:7)라고 말씀하실 때, 그 강한 믿음을 가진 자들은 하나님과 복된 자유를 누리게 됩니다. 이런 거리낌 없는 관계는 칭송할 만한 일이지, 금해야 할 일이 아닙니다. 만약 성자 예수님께서 여러분을 기도 가운데 자유롭게 하셨다면, 여러분은 참으로 자유로운 사람입니다. 강한 믿음은 항상 이기는 편에 있습니다. 강한 믿음은 그 허리에 천국 열쇠를 차고 있습니다. 그러므로 주님은 흔들림 없는 믿음의 간구를 아무것도 아닌 것으로 거절하실 수 없습니다.

　　저는 이 강한 믿음을 칭찬합니다. 왜냐하면 우리 주님이신 예수님께서도 이 믿음을 보시고 기뻐하셨기 때문입니다. "여자여 네 믿음이 크도다"라고 하신 그분의 말씀은 얼마나 아름다운 음악과도 같은 말씀인지 모릅니다! 주님께서 베드로에게 "믿음이 작은 자여"라고 말씀하실 때에는 그분의 얼굴에 전혀 미소가 보이지 않았습니다. 자기 제자가 자신에 대한 이런 작은 믿음을 가지고 있었다는 사실로 인해 그분의 마음은 슬펐습니다. 하지만 지금 이 가련한 여인이 이렇게 멋진 믿음을 가지고 있었다는 사실로 인해 그분의 마음은 기뻤습니다. 그분은 보석 상인들이 말할 수 없을 정도로 귀하고 유명한 어떤 보석을 바라보듯이, 그 여인의 믿음을 바라보셨습니다. 그분은 "여자여 네 믿음이 크도다. 나는 네 믿음에 매료되었도다. 나는 네 믿음에 놀랐도다. 나는 네 믿음을 기뻐하노라"고 말씀하셨습니다. 자, 사랑하는 성도 여러분, 여러분과 저도 우리 구세주를 기쁘시게 할 일들을 할 수 있기를 바랍니다. 우리도 가끔 "오, 내 구세주를 위해 내가 어떤 찬양을 할까?"('O, what shall I do for my Savior to praise' 찰스 웨슬리가 지은 찬송가 제목 – 역주)라고 소리칠 때가 있다는 것을 저도 알고 있습니다. 그렇다면 그분을 믿으십시오. 의심 없이 그분의 약속을 믿으십시오. 그분을 크게 믿으십시오. 그분을 흔들림 없이 믿으십시오. 그분을 전적으로 믿고, 더 이상 믿을 것이 아무것도 없는 것처럼 보일 때까지 계속해서 믿으십시오. 예수 그리스도를 항상 믿으십시오.

이 여인의 삶이 얼마나 풍요롭게 되었는지 모릅니다! 그녀가 주님을 기쁘시게 해드리자, 이제 주님께서 그녀를 기쁘게 해주셨습니다. "네 소원대로 되리라"고 말입니다. 그녀는 하늘 아래에서 가장 행복한 여인이 되어 그 자리를 떠났습니다. 하나님께서 그녀의 소원을 들어주셨습니다. 그래서 그녀는 매우 기뻤고 언제나 기뻤습니다.

만약 우리가 강한 믿음을 가진다면, 그것으로 다른 사람들에게 얼마나 많은 유익을 끼칠 수 있는지 모릅니다! 그 여인의 딸은 온전해졌습니다. 이 자리에 있는 어머니들이여, 만약 여러분이 더 많은 믿음을 가진다면, 여러분의 자녀들은 지금 당장 예수님에게 나아가게 될 것입니다. 이 자리에 있는 아버지들이여, 만약 여러분이 더 많은 믿음을 가진다면, 여러분의 아들들이 지금 여러분에게 하듯이 그렇게 막돼먹은 짓은 하지 않을 것입니다. 여러분의 하나님에 대해 더 많은 믿음을 가지십시오. 여러분이 아버지 되신 하나님을 좀 더 사랑으로 대접할 때, 여러분의 자녀들도 여러분을 좀 더 사랑으로 대접할 것입니다. 그러나 여러분이 하나님 되신 그분을 의심함으로 그분을 욕되게 한다면, 여러분의 자녀들도 여러분에게 불순종함으로써 여러분을 욕되게 할 것입니다. 이것이 뭐가 이상한 일입니까? 오, 설교자들이여, 만약 여러분이 더 많은 믿음을 가진다면, 여러분은 더 많은 회심자들을 얻게 될 것입니다. 주일학교 교사들이여, 만약 여러분이 더 많은 믿음을 가진다면, 주일학교에 속한 더 많은 어린 아이들이 구세주에게 나아올 것입니다. "우리에게 믿음을 더하소서!"(눅 17:5)라는 기도제목을 가지고 이 시간 우리 모두가 마음으로 기도하기를 저는 소망합니다.

저는 다음과 같은 질문을 하면서 말씀을 마치고자 합니다. 그리스도를 믿는 우리의 믿음이 강해져야 할 중요한 이유가 있지 않습니까? 우리가 그분에 대한 가장 강한 믿음을 가져야 할 많은 이유가 있지 않습니까? 저는 예전에 존 하야트(John Hyatt)가 임종 시에 한 말을 여러분에게 전한 적이 있습니다. 어떤 사람이 그에게 "하야트 씨, 지금 당신은 영혼으로 그리스도를 믿습니까?"라고 묻자, 그는 "만약 내가 만 개의 영혼을 가질 수 있다면, 그 모든 영혼으로도 그분을 믿고 싶습니다"라고 말했습니다. 우리는 이보다 좀 더 극적인 상황도 생각해 볼 수 있을 것 같습니다. 이 세상이 창조된 이후로, 즉 시간이 시작된 이래로 사람들이 범한 모든 죄가 한 불쌍한 죄인에게 덮여져 그의 머리 위에 그 책임을 온통 지운다 해도, 그 죄인이 그리스도께서 그 모든 죄악들을 도말해 주실 것이라는 믿음을 가진다면, 그는 의롭다 함을 얻게 될 것입니다. 여러분이 어떤 사람이든지, 여러분이 어떤 일을 하든지 상관없이, 여러분은 여러분의 짐을 가지고 와서, 그분의 발 아래 내려놓으십시오. "너희 염려를 다 주께 맡기라 이는 그가 너희를 돌보심이라"(벧전 5:7)는 말씀대로 말입니다. 그분께서는 절대로 여러분에게 "믿음이 작은 자여 왜 의심하였느냐?"라고 말씀하지 않으실 것입니다. 오, 그분께서 여러분을 보고 기뻐하시며 종종 다음과 같이 크게 말씀하시기를 기원합니다. "여자여 네 믿음이 크도다 네 소원대로 되리라!"고 말입니다. 제가 지금 전한 이 단순한 말씀을 성령님께서 축복해 주시어, 여러분의 믿음이 성장하기를 기원합니다! 아멘.

제
46
장
—

개들

—

"대답하여 이르시되 자녀의 떡을 취하여 개들에게 던짐이
마땅하지 아니하니라. 여자가 이르되 주여 옳소이다마는 개
들도 제 주인의 상에서 떨어지는 부스러기를 먹나이다 하
니" — 마 15:26, 27

"예수께서 이르시되 자녀로 먼저 배불리 먹게 할지니 자녀
의 떡을 취하여 개들에게 던짐이 마땅치 아니하니라. 여자
가 대답하여 이르되 주여 옳소이다마는 상 아래 개들도 아
이들이 먹던 부스러기를 먹나이다." — 막 7:27, 28

우리는 우리 앞에 놓인 이 주제를 제대로 살펴보기 위해서, 마태복음과 마
가복음의 두 기록을 본문으로 삼고자 합니다. 이에 관한 우리의 묵상을 성령님
께서 축복해 주시기를 기원합니다. 가장 빛나는 보석들은 종종 가장 어두운 곳
에서 발견되곤 합니다. 그리스도께서도 보석처럼 빛나는 귀한 이 믿음을 결코
이스라엘에서 발견하지 못하시고, 가련한 이 가나안 여인에게서 발견하셨습니
다. 농부가 생각하기에 더 풍성한 열매를 거두리라고 예상한 경작지의 중심부보
다는 가장자리나 언저리에서 더 많은 열매가 맺혔던 것입니다. 잡초만 무성해서
전혀 곡식이 자랄 것으로 기대하지 않았던, 그래서 제대로 갈지도 않았던 밭두
렁에서, 주 예수님은 곡식단을 가득 채운 가장 풍성한 이삭을 발견하셨던 것입

니다. 그분의 뒤를 따라 추수하는 우리도 힘을 내어, 이와 같은 경험을 하게 되기를 기대합시다. 어느 지역은 회심자를 내기에는 너무 타락한 곳이라거나, 또 어떤 부류의 사람들은 신자가 되기에는 너무 부패한 사람들이라고 절대로 말하지 맙시다. 비록 저주 아래 있는 땅이라고 해도, 우리는 두로와 시돈의 경계까지 가야 합니다. 왜냐하면 거기서도 우리는 구세주의 면류관을 장식할 보석으로 예정된 어떤 택함 받은 자들을 발견할 수 있을 것이기 때문입니다. 하늘에 계신 우리 아버지의 자녀들은 어디에나 있습니다.

영적인 일들과 관련해 말하자면, 최상의 식물들은 종종 최악의 불모지에서 자라나는 수가 있습니다. 솔로몬은 초목에 대하여 말하되 레바논의 백향목으로부터 담에 나는 우슬초(왕상 4:33)까지 언급하였습니다. 이처럼 자연계에서는 큰 나무들은 큰 산에서 볼 수 있고, 한 자리에서 피어나는 작은 식물들은 그 작은 뿌리에 적합하게 자라납니다. 그러나 주님의 오른손에 있는 식물들은 그렇지 않습니다. 왜냐하면 담에서 자라나는 백향목도 있다는 것을 우리가 보았기 때문입니다. 즉, 분명히 생길 수 없는 그런 곳에서 위대한 성도들이 나타나기 때문입니다. 또한 우리는 레바논에서 자라나는 우슬초도 보았습니다. 이루 헤아릴 수 없을 만큼 많은 신앙의 장점을 가졌음에도 불구하고, 의심스럽고 미비한 경건의 모습을 보이는 성도들이 있기 때문입니다. 주님께서는 지식도 작고, 현재 누리고 있는 것도 작고, 용기도 작은 상태에서 강한 믿음을 갖게 하실 수 있으며, 그런 상태에서 성장한 강한 믿음은 승리하고 정복하며 하나님의 은혜에 갑절로 영광을 돌립니다. 이런 경우가 바로 이 가나안 여인의 경우였습니다. 즉, 그녀는 척박한 토양에서 자라난 백향목이었습니다. 그녀는 자신이 믿는 그분에 대해서 거의 들어볼 수도 없었고, 그분의 발 앞에 엎드려 "주여 저를 도우소서!"(마 15:25)라고 말한 그날까지 아마 그분의 모습을 한 번도 보지 못했을 것입니다. 그럼에도 불구하고 그녀는 놀라운 믿음을 지니고 있었습니다.

우리 주님께서는 아주 예리한 눈으로 믿음을 찾아내셨습니다. 보석이 진흙 속에 파묻혀 있다 해도, 주님의 눈은 그 반짝거리는 빛을 잡아내셨습니다. 가시덤불 가운데 특품의 밀 이삭 하나가 떨어져 있다 해도, 그분은 그것을 분명히 찾아내십니다. 주 예수님은 믿음에 크게 끌리십니다. 믿음을 보는 것만으로도, "왕은 그 머리카락에 매이고"(아 7:5), 다음과 같이 소리칩니다. "네 눈으로 한 번 보는 것과 네 목의 구슬 한 꿰미로 내 마음을 빼앗았구나"(아 4:9)라고 말입니다.

주 예수님은 이 여인의 믿음이라는 아름다운 보석에 매료되셨습니다. 그래서 그 보석을 바라보며 기뻐하셨습니다. 주님은 그 보석을 돌려가면서 다른 빛에 비추어보기로 결심하셨습니다. 돈으로 살 수 없는 이 값비싼 다이아몬드의 각기 다른 면들은 빛이 비취는 각도에 따라 서로 다른 빛이 남으로써, 바라보는 그분의 영혼을 기쁘게 할 수 있었을 것입니다. 그래서 그분은 그녀에게 침묵으로 그리고 낙담케 하는 대답들로 그녀의 믿음을 시험하여 그 보석의 강도를 알아보고자 하셨습니다. 그렇게 시험하는 동안 그분은 그녀의 믿음을 기뻐하셨으며, 은밀하게 그녀가 그 믿음을 유지할 수 있게 해주셨습니다. 충분한 시험을 거친 후, 그분은 그 믿음을 정금처럼 나오게 하시고, 친히 다음과 같은 기념비적인 말씀을 그 정금 위에 어인(御印)처럼 찍어 주셨습니다. "여자여 네 믿음이 크도다 네 소원대로 되리라"(마 15:28)고 말입니다.

이 아침 이 자리에는 아마도 아주 낙담한 상황에서 여기에 나온 가련한 영혼들이 있을 것입니다. 그럼에도 불구하고 저는 그들이 주 예수 그리스도를 강하고 인내하는 믿음으로 믿게 되기를 소망합니다. 비록 아직까지 평안의 문이 열리지 않고, 기도에 대한 은혜로운 응답을 받지 못했다 하더라도, 이 가나안 여인의 모범을 통해 이 아침에 그들의 분투하는 믿음이 더욱 강해질 것으로 저는 믿습니다.

저는 이 여인이 주 예수님께 간구함으로써 응답을 받게 된 이 이야기에서 네 가지 사실을 발견할 수 있었습니다. 첫 번째, 믿음의 입은 절대로 닫혀 있을 수 없다는 것입니다. 두 번째, 믿음은 절대로 하나님과 논쟁하지 않는다는 것입니다. 세 번째, 믿음은 강력하게 주장한다는 것입니다. 네 번째, 믿음으로 자신의 간구에 응답을 받는다는 것입니다.

1. 믿음의 입은 절대로 닫혀 있을 수 없습니다.

설령 이 여인의 믿음이 기도를 중단할 수밖에 없는 시험을 받았다 하더라도, 믿음의 입은 절대로 닫혀 있을 수 없었습니다. 이것이 바로 이 두로 여인의 경우였습니다. 그녀가 맞닥뜨린 어려움은 엎친 데 덮친 격이었습니다. 그럼에도 불구하고 그녀는 어린 딸을 위한 간구를 결코 포기할 수 없었습니다. 왜냐하면 그녀는 예수님이야말로 위대한 메시아로서, 각종 질병들을 낫게 해 주실 능력을 가진 분으로 믿고 있었기 때문입니다. 그래서 그분께서 자신의 끈질긴 요구를 들어주실 때까지 계속해서 그분에게 기도할 작정이었습니다. 그분이야말로 그 아이에게서 귀신을 내쫓아 주실 수 있는 분으로 그녀는 확신하였기 때문입니다.

그리스도의 귀와 입이 닫혀 있다고 해서, 믿음의 입도 결코 닫혀 있을 수는 없다는 사실에 여러분이 주목하기를 바랍니다. 그리스도께서는 그녀에게 한 마디도 대답하지 않으셨습니다. 그녀는 아주 애처롭게 말하였습니다. 그녀는 그분의 발 아래 나아와 엎드렸습니다. 그녀의 어린 자녀는 아주 위급한 상황에 있었고, 그녀의 모성애는 아주 애잔하였으며, 그녀의 부르짖음은 너무 마음을 찢어지게 하였습니다. 이 모든 것에도 불구하고, 그분은 그녀에게 한 마디 대답도 하지 않으셨습니다. 마치 그분은 귀먹은 벙어리처럼 그냥 그녀를 지나치셨습니다. 그럼에도 그녀는 마음이 흔들리지 않았습니다. 그녀는 그분을 믿었습니다. 심지어 그분의 이러한 무시에도 불구하고, 그녀는 그분을 전혀 의심하지 않았습니다. 그분께서 원하시는 것이라면, 그분께서 침묵으로 그녀를 시험하셔도 어쩔 수 없는 일이었습니다. 기도가 헛된 것처럼 보일 때, 그때도 그분을 믿는다는 것은 힘든 일입니다. 이 자리에도 진리를 찾는 몇몇 가련한 이들이 있을 것입니다. 저는 그들이 예수 그리스도는 자신들을 능히 구원하실 수 있고, 또한 그들을 구원하기를 원하신다는 사실을 믿고서, 설령 그들의 기도에 그분이 응답하지 않는다 해도, 절대로 그분을 의심하지 말고 전적으로 믿고 나아가기를 하나님께 기도합니다. 비록 여러분이 한 달 내내 기도하고도 응답을 받지 못해서 혹시 헛된 기도를 드린 게 아닐까 하는 생각이 든다 할지라도, 여러분은 절대로 주 예수님을 의심하지 마십시오. 그분은 여러분의 생각과는 반대로 여러분을 구원할 능력을 가진 분이십니다. 믿음이 궁극적으로 여러분에게 가져다주는 것은 평안인데, 여러분이 그 평안을 아직 누리지 못한다 한들 그게 무슨 상관이겠습니까? 또한 여러분이 죄 사함의 확신을 전혀 갖지 못한다 한들 그게 무슨 상관이겠습니까? 기쁨의 광선이 여러분의 영혼에 전혀 비치지 않았다 한들 그게 무슨 상관이겠습니까? 이 모든 것에도 불구하고 여러분은 결코 거짓말하지 않으시는 그분을 믿으십시오. 욥은 다음과 같이 말했습니다. "그가 나를 죽이실지라도 나는 그를 의뢰하리라"(욥 13:15, KJV). 이것이 바로 훌륭한 믿음입니다. "그가 나를 때리실지라도 나는 그를 의뢰하리니"라고 말할 수 있는 자들은 좀 많을 것입니다. 하지만 욥은 "그가 나를 죽이실지라도"라고 말했습니다. 만약 주님께서 사형 집행인의 옷을 입고서 나를 멸하려는 듯이 대적하신다 해도, 저는 그분을 사랑이 충만한 분으로 믿을 것입니다. 그분은 여전히 선하고 은혜로운 분이십니다. 저는 그 사실을 의심할 수 없습니다. 따라서 저는 그분의 발 아래 엎드려 그분의 손에서 나오는 은혜를 갈망하며 그분을 바라볼 것입니다. 오, 이와 같은 믿음을 가졌으면 좋겠습니다! 오 사랑하는 성도 여러분, 만약 여러분이 이런 믿음을 가진다면, 여러분은 구원받은 사람입니다. 그리고 틀림없이 여러분은 생명을 얻게 될 것입니다. 만약 주님께서 여러분에게 복 내려 주시기를 분명히 거절하신다고 해도 여러분이 여러분의 입을 다물 수 없다면, 여러분의 믿음은 고귀한 것이며 구원은 이미 여러분의 것입니다.

　다음으로, 그녀의 믿음은 제자들의 제지하는 행동에도 결코 침묵할 수 없었습니다. 제자들은 그녀를 친절하게 대하지 않았습니다. 그렇다고 해서 아마 그들이 그녀를 완전히 푸대접한 것도 아니었을 것입니다. 제자들은 주님과 같지 않았으며, 종종 주님에게 나아오려는 자들을 오지 못하게 막기도 하였습니다. 그녀의 외치는 소리가 그 제자들을 화나게 하였지만, 그녀는 악착같이 끈질기게 그들을 따라왔습니다. 그래서 제자들은 "그 여자가 우리 뒤에서(after us) 소리를 지르오니 그를 보내소서"(마 15:23)라고 청하였습니다. 가련한 영혼인 그녀는 그들을 향해(after them) 소리 지른 것이 아니라, 그들의 주님을 향해(after their Master) 소리를 질렀던 것입니다. 때로 제자들의 눈에는 자신들이 아주 중요한 사람인 것처럼 보이기도 했습니다. 그래서 복음을 듣기 위해 밀치며 몰려오는 사람들을 볼 때, 그 사람들이 마치 자신들의 말을 듣기 위한 열정으로 그렇게 나아온다고 착각하였습니다. 하지만 제자들을 통해 전해지는 그 복음의 메시지가 아니었다면, 아마 아무도 그 제자들의 초라한 말에 관심을 갖지 않았을 것입니다. 복음 외에 다른 주제들에 대해 말해 보십시오. 그러면 군중들은 곧 사라져 버릴 것입니다. 끈질기게 외치는 이 여인의 소리에 짜증이 났음에도 불구하고 제자들은 그녀에게 다소 친절하게 대했습니다. 왜냐하면 그들은 그녀가 그토록 바라던 은혜를 받고서 빨리 사라져 주기를 원했기 때문입니다. 하지만 다음과 같은 우리 주님의 대답으로 인해 그 제자들의 바람은 물건너가 버렸습니다. "나는 이스라엘 집의 잃어버린 양 외에는 다른 데로 보내심을 받지 아니하였노라"(마 15:24). 제자들의 관심은 이 여인의 딸이 고침을 받는 것이 아니라, 자신들이 안락한가에 있었습니다. 그들은 그녀를 쫓아 버릴 생각만 하고 있었기 때문입니다. 그래서 제자들은 "그 여자가 우리 뒤에서 소리를 지르오니 그를 보내소서"라고 말했던 것입니다. 제자들이 그녀를 대한 방식은, 남자들이 여자를 대하듯 한 것도 아니었고, 제자들이 진리를 찾는 자를 대하듯 한 것도 아니었으며, 기독교인들이 다른 사람을 대하듯 한 것도 아니었습니다. 그녀가 이런 푸대접을 받았음에도 불구하고, 그녀의 입은 결코 멈추지 않았습니다. 제가 장담하지만, 베드로는 아주 찡그린 얼굴로 그녀를 쳐다보았을 것이며, 요한마저도 타고난 급한 성미 때문에 다소 조급하게 그녀를 대했을 것입니다. 안드레와 빌립과 다른 제자들도 이 여자를 아주 건방지고 뻔뻔하다고 생각했을 것입니다. 그래도 그녀는 집에 있는 어린 딸과 그 딸이 귀신에게 사로잡혀 고통 받을 그 끔찍한 불행에 대해 생각했습니다. 그녀는 구세주의 발 앞에 엎드려 다음과 같이 말했습니다. "주여 저를 도우소서"(마 15:25)라고 말입니다. 제자들의 차갑고 가혹한 말들과 무자비하고 전혀 동정하지 않는 행동들도, 그녀가 믿는 그분께 간구하고자 하는 그 마음을 막을 수는 없었습니다. 아, 불쌍한 죄인들이여, 아마도 여러분은 "나는 구원받기를 간절히 원하지만, 선한 기독교인이라는 아무개 성도가 너무 심하게 나를 대했습니다. 그 사람은 나의 신실함을 의심하였고, 내가 실제로 회개하였는지도 물어보았습니다. 그로 인해 나는 극심한 슬픔에 빠지게 되었습니다. 제 눈에는 내가 구원받는 것을 그는 원하지 않는 것처럼 보입니다." 아, 사랑하는 성도 여러분, 이런 일은 매우 괴로운 일입니다. 하지만 여러분이 주님에 대한 참된 믿음만 가지고 있다면, 여러분은 제자들처럼 대한 성도들의 말에 그리 신경 쓰지 않을 것입니다. 우리가 친절하게 대하든 아주 뻐딱하게 대하든 그게 문제가 되지 않을 것입니다. 주님께서 여러분에게 마음의 평화라는 응답을 주시기까지, 여러분은 주님께 여러분의 사정을 아뢰기만 하십시오.

　그리고 은혜를 입은 소수의 사람들에게만 제한적으로 축복이 임한다는 배타적인 교리에도, 그녀의 입은 결코 닫히지 않았습니다. 주 예수 그리스도께서는 다음과 같이 말씀하셨습니다. "나는 이스라엘 집의 잃어버린 양 외에는 다른 데로 보내심을 받지 아니하였노라"(마 15:24)고 말입니다. 물론 이 말씀을 제대로 이해한다면, 이 말씀이 너무 심한 것이라고 할 수는 없겠지만, 어쨌든 이 말씀은 이 여인의 마음에 마치 무거운 납 조각처럼 떨어졌던 것이 분명합니다. 그 여인은 다음과 같이 생각했을 것입니다. '슬픈 일이다. 그분은 나를 위해 오신 분이 아니다. 그분은 유대인들에게만 해당되는 분인데, 내가 헛되이 간구하였구나'라고 말입니다. 자, 성경에서 분명히 가르치고 있는 이 선택의 교리는 어떤 영혼이든 그리스도에게 나아오는 것에 방해가 되어서는 안 됩니다. 왜냐하면 이 교리가 제대로 이해만 된다면, 이것은 성도들을 낙담하게 하는 교리가 아니라, 성도들에게 힘을 주는 교리이기 때문입니다. 그래도 세상의 기초가 놓이기 전부터 하나님께서 사람들을 택하셨다는 이 교리는, 이런 가르침을 배우지 못한 자들의 귀에는 결과적으로 매우 침울한 기분이 들게 합니다. 지금까지 진리를 추구하는 가련한 자들이 서글프게 다음과 같이 말하는 것을 우리는 들었습니다. "아마도 우리에게는 은혜가 주어지지 않은 것 같아. 나는 작정된 은혜가 없는 사람들 안에 속한 것 같아"라고 말입니다. 자신들에게는 영생이 예정되어 있지 않은 것 같아서, 그들은 기도하기를 중단하고 싶어 합니다. 아, 사랑하는 성도 여러분, 만약 여러분 속에 하나님의 선택에 대한 믿음이 있다면, 여러분은 하나님의 비밀한 것들로부터 자신을 정죄하는 그 어떤 추론도 하지 않을 것이며, 이런 것으로 좌절지도 않을 것입니다. 오히려 여러분은 분명하게 계시된 말씀을 믿을 것이며, 이 말씀은 천국의 비밀한 작정과 모순될 수 없다는 사실을 확신하게 될 것입니다. 우리 주님이 오직 이스라엘의 집으로만 보내심을 받았다 해도, 거기에는 육신을 따라 된 이스라엘의 집만 있는 것이 아니라 영을 따라 된 이스라엘의 집도 있습니다. 그러므로 수로보니게 여자도 자신이 생각하기에는 제외되었다고 생각한 그 이스라엘 집에 포함되는 것입니다. 여러분도 지금까지 여러분을 고민하게 하던 그 은혜로운 운명의 선 안에 포함될 수 있습니다. 어쨌든 여러분은 여러분 자신에게 다음과 같이 말하십시오. "나만큼이나 죄를 많이 지은 다른 사람들도 은혜의 선택에 포함되는데, 나라고 선택받지 못하란 법이 있겠는가? 죄 때문에 나만큼이나 충분히 고민한 다른 사람들도 그 선택에 포함이 되는데, 나라고 선택받지 못하란 법이 있겠는가?"라고 말입니다. 여러분은 이런 식으로 추론하십시오. 여러분이 소망할 수 없는 가운데서도 믿음을 갖고 소망한다면, 성경의 가르침으로부터 유추해 낸 그럴듯한 어떤 추론도, 약속된 구세주를 믿는 여러분의 믿음을 방해하지 못할 것이라고 말입니다. 절대로 이런 것들로 인해 괴로워하지 말고, 여러분은 단호히 나아가십시오.

자신의 무가치함을 인식하게 된 경우에도 이 믿음의 입은 닫히지 않았습니다. 그리스도께서 개들에 대해 말씀하셨습니다. 그분께서는 이방인들이 이스라엘 사람들에게 개와 같은 존재라는 뜻으로 말씀하셨습니다. 그녀는 이에 대해 전혀 이의를 제기하지 않았고, 오히려 "주여, 옳소이다"라고 말하면서 그 지적을 받아들였습니다. 그녀는 자신이 개와 비교될 정도의 가치밖에 되지 않는다는 것을 느꼈습니다. 그녀는 자신이 얼마나 무가치한가를 뼈저리게 느꼈으리라 저는 확신합니다. 그녀는 자신이 어떤 공로를 세워서 그로 인해 은혜를 받을 수 있으리라고 전혀 기대하지 않았습니다. 그녀는 그리스도의 선하신 마음을 의지했지, 자신의 선함을 의지하지 않았습니다. 또한 그녀는 자신의 간절한 간구가 아니라 그분의 탁월한 능력을 의지하였습니다. 이처럼 그녀는 자신이 한갓 가련한 이방인으로서 개에 불과하다는 것을 깨달았음에도 불구하고, 자신의 기도를 중단하지 않았습니다. 그녀는 이 모든 것에도 불구하고 "주여 저를 도우소서"라고 소리쳤습니다. 오, 죄인인 여러분, 설령 여러분 자신이 지옥에 있는 죄인들 중에서도 가장 악한 죄인처럼 느껴지더라도, 여러분은 여전히 기도하십시오. 은혜를 바라며 믿음으로 기도하십시오. 혹시라도 자신의 무가치함을 절감해서 스스로 자멸하고 싶은 충동이 인다 해도, 계속해서 하나님께 간구하십시오. 저도 여러분이 그 깊고 지하 감옥 같은 자기혐오에서 벗어날 수 있도록 기도하겠습니다. 여러분의 구원은 털끝만큼도 여러분에게 달린 것이 아닙니다. 다시 말해, 현재 여러분의 어떤 모습이나 과거의 어떤 모습, 혹은 앞으로 될 여러분의 어떤 모습에 달린 것이 아니라는 것입니다. 여러분은 자신으로부터 말미암는 구원이 아니라, 자신으로부터 구원받을 필요가 있습니다. 예수님께서 여러분을 채우실 수 있도록 여러분 자신을 비우는 것이 여러분이 해야 할 일입니다. 그분께서 여러분을 깨끗이 씻기실 수 있도록, 여러분의 더러움을 고백하는 것이 여러분이 해야 할 일입니다. 예수님이 여러분에게 모든 것이 되실 수 있도록, 여러분 자신은 아무것도 아니라는 것을 깨닫는 것이 여러분이 해야 할 일입니다. 여러분이 행한 허물들의 수와 정도와 빈도와 사악함 등으로 인해, 여러분의 기도가 묵살되지 않도록 하십시오. 비록 여러분이 개라 해도, 즉 주님의 무리 가운데 있는 개들과도 어울릴 수 없을 만큼 가치 없는 개가 맞다 해도, 믿음으로 기도하면서 여러분의 입을 여십시오.

또한 이와 같은 주 예수님의 말씀 속에는 이 여인의 소망을 꺾고 그녀가 기도를 하지 못하게 하시려는 그분의 점잖은 어조와 생각이 들어 있습니다. 그럼에도 불구하고 그녀는 그렇게 가장 암울하고 최고로 절망적인 상황 속에서도 결코 물러서지 않았습니다. 주 예수님께서는 "자녀의 떡을 취하여 개들에게 던짐이 마땅하지 아니하니라. 어울리지도 않고 마땅하지도 않고 합당하지도 않다"고 말씀하셨습니다. 아마도 이 여인은 그분께서 하시려는 말의 뜻을 제대로 잘 알지 못했던 것 같습니다. 하지만 자신의 소망이라는 불길에 찬물을 끼얹는 말씀이라는 정도는 충분히 알 수 있었습니다. 그럼에도 불구하고 그녀의 믿음은 결코 꺼지지 않았습니다. 그녀의 믿음은 그 어떤 것으로도 죽일 수 없는 불멸의 믿음이었습니다. 왜냐하면 예수님께서 어떤 작정을 하시든, 또 어떤 일을 염두에 두시든 상관 없이, 그녀는 자신이 그분을 신뢰하는 것을 중단하지 않고, 자신의 사정을 그분에게 아뢰겠다는 결심이 이미 그 마음속에 있었기 때문입니다. 사람들이 볼 때 갑자기 멍해지거나 오해를 받게 되는 그런 일들은 복음의 안팎으로 대단히 많이 있습니다. 그런 일들은 진리를 추구하는 영혼들을 끌어들기보다는 오히려 내쫓아 버리게 됩니다. 그러나 이런 일들이 무엇이든지 간에, 우리는 그 어떤 위험들을 무릅쓰고라도 예수님께 나아오기로 결심해야만 합니다. "죽으면 죽으리이다"(에 4:16) 하는 심정으로 나아가야 합니다. 선택이라는 큰 걸림돌 외에도, 진리를 추구하는 자들이 과장하고 오해하게 되는 많은 진리와 사실들이 있습니다. 이런 것들 때문에도 그들은 무수한 어려움들을 겪게 됩니다. 그들은 기독교인의 경험, 중생, 원죄 등 온갖 것들로 곤란을 겪습니다. 사실, 한 영혼이 예수님에게 나아가고자 할 때, 무수한 사자들이 그 길을 막아섭니다. 하지만 그리스도께서 인정할 만한 믿음을 가진 자는 "나는 이런 것들을 전혀 두려워하지 않습니다. 주여 저를 도우소서. 나는 여전히 당신을 신뢰하며, 나는 당신에게 나아갈 것입니다. 나는 장애물들을 통과해 당신에게 나아가, 당신의 귀한 발 앞에 엎드릴 것입니다. 당신에게 나아오는 자를 당신께서는 결코 내쫓지 않으실 것이라는 사실을 내가 알기 때문입니다"라고 말합니다.

2. 믿음은 절대로 하나님과 논쟁하지 않습니다.

믿음은 절대로 하나님과 논쟁하지 않습니다. 믿음은 경배합니다. 여러분도 알다시피, 마태는 "여자가 와서 예수께 절하며"(마 15:25)라고 말했습니다. 믿음은 또한 간구하고 기도합니다. 마가는 "간구하거늘"(막 7:26)이라고 말한 것을 여러분도 보았을 것입니다. 그녀는 "주 다윗의 자손이여 나를 불쌍히 여기소서"(마 15:22)라고 말한 후에, "주여 저를 도우소서"라고 소리쳤습니다. 믿음은 간구합니다. 하지만 절대로 논쟁하지 않습니다. 믿음은 예수님께서 하신 그 가장 가혹한 말씀을 듣고서 절대로 논쟁하지 않습니다. 만약 믿음이 논쟁을 한다면, 저는 지금 믿음에 결례가 되는 가정을 하고 있을 뿐입니다만, 그런 믿음은 믿음이 아닐 것입니다. 왜냐하면 논쟁하는 믿음은 불신앙이기 때문입니다. 하나님을 믿는 믿음은 하나님께서 어떤 말씀을 하시든 동의하며, 결과적으로 의심이라는 생각 자체를 배제하는 것을 의미합니다. 참된 믿음은 주님께서 낙담하게 하는 말씀을 하든 아니면 용기를 주는 말씀을 하든, 그분께서 하시는 말씀이라면 어느 한 말씀만이 아니라 모든 말씀을 믿습니다. 그녀는 "그러나"든 "만약"이든, 심지어 "하지만"이라는 말도 결코 사용하지 않습니다. 오히려 그녀는 '주여, 당신이 이 말씀을 하셨나이다. 그러므로 그 말씀은 참된 말씀입니다. 주여, 당신이 이를 명하셨나이다. 그러므로 그 명령은 옳은 명령입니다'라는 생각을 굳게 하였습니다. 그녀는 결코 그 이상을 넘어서지 않았습니다.

여러분은 오늘 본문 말씀에서 믿음은 주님께서 하시는 모든 말씀에 동의한다는 사실을 살펴보십시오. 그녀는 "주여 옳소이다"라고 말했습니다. 그런데 주님께서는 어떻게 말씀하셨습니까? "너는 개와 같다!'고 하셨습니다. 그러자 그녀는 "주여, 옳소이다. 주여, 옳소이다. 나는 그러합니다"라고 대답했습니다. "자녀의 떡을 취하여 개들에게 던짐이 마땅하지 아니하니라"고 주님께서 말씀하시자, 그녀는 대답했습니다. "주여, 옳소이다. 그것은 마땅하지 않은 일입니다. 그래서 저도 당신의 자녀들의 것을 빼앗아 제게 은혜를 베풀어 달라고 원하지 않았나이다." 이에 예수님은 말씀하셨습니다. "아직 네 때가 아니다. 자녀로 먼저 배불리 먹게 해야 한다. 식사 때는 자녀들이 먹고, 그 후에 개들이 먹는다. 지금은 이스라엘이 먹어야 할 때이고, 이방인들은 그 이후다. 그러니 아직 때가 아니다"고 말입니다. 그녀는 진심으로 다음과 같이 대답하였습니다. "저도 알고 있습니다. 주여, 거기에 동의하나이다."

그녀는 주님께서 친히 자신의 주권적인 선한 뜻대로 은혜를 베푸시는 것에 대해 의문을 제기하거나 형평성에 대해 논쟁하려고 하지 않았습니다. 그녀는 하나님의 주권에 대해 트집을 잡으려는 사람들처럼 행동하지 않았습니다. 만약 그녀가 그렇게 행동했다면, 그녀는 작은 믿음을 가졌거나 아예 믿음이 전혀 없는 사람으로 드러났을 것입니다. 그녀는 주님께서 정한 때와 순서에 대해서도 논쟁하지 않았습니다. 예수님께서 "자녀로 먼저 배불리 먹게 할지니"라고 말씀하셨을 때, 그녀는 많은 사람들이 논쟁하는 식으로 그렇게 이의를 제기하지 않았습니다. 많은 사람들은 지금이 은혜를 받을 만한 때가 아니라는 사실을 받아들이지 못하고서, 이 여인의 경우에 그 연기된 은혜의 날을 좀 앞당길 수도 있지 않은 가 하고 논쟁했을 것입니다. 하지만 그녀는 언약의 떡을 자녀들에게서 취하여 할례 받지 않은 이방인에게 주는 것이 마땅하지 않다는 그 말씀에 대해 그 어떤 이의도 제기하지 않았습니다. 그녀는 이스라엘이 자기 때문에 그 떡을 빼앗기게 되는 것을 원하지 않았습니다. 그녀는 개였기 때문에, 그런 자신으로 인해 하나 님의 자녀들에 대한 섭리나 우선순위가 조금이라도 조정되거나 변경되는 것을 그녀는 원하지 않았습니다. 그녀는 주님께서 정하신 모든 것에 동의하였습니다. 비록 하나님의 뜻하신 바가 자신의 생각과 반대되는 것처럼 보여도 그 뜻을 따 르며, 하나님께서 계시하신 선포의 말씀이 유쾌하게 들리든 끔찍하게 들리든 아 무 상관 없이 그 말씀을 믿으며, 또 그 하나님의 말씀이 상처에 바르는 향유 같든 찌르고 죽이는 칼 같든 아무 상관 없이, 그 말씀에 동의하는 이것이 바로 영혼을 구원하는 믿음입니다. 오, 사랑하는 성도 여러분, 만약 하나님의 말씀이 참된 말 씀이라면, 그 말씀을 대적하여 싸우지 말고, 그 말씀 앞에 순복하십시오. 어떤 말 씀이든 하나님께서 선포하신 말씀에 대적해서 전열(戰列)을 가다듬는 것은 예수 그리스도를 믿는 살아 있는 믿음이 나아갈 길이 아니며, 하나님과 화평할 수 있 는 길이 아닙니다. 순복하는 가운데 안전함이 있습니다. "주여 옳소이다"라고 말 하십시오. 그러면 여러분은 구원을 얻게 될 것입니다.

그녀는 주님께서 하신 모든 말씀에 동의하였을 뿐만 아니라, 그 말씀으로 인 해 그분을 경배하였습니다. 그녀는 "옳습니다. 그러나 그럼에도 불구하고 당신은 나의 주님이십니다"라고 말했습니다. "당신은 나를 '개'라고 부르셨습니다. 그 러나 그럼에도 불구하고 당신은 나의 주님이십니다. 당신은 저를 은혜 받을 가 치가 없는 자로 여기시지만, 그래도 당신은 나의 주님이십니다. 저는 당신을 나 의 주님으로 여전히 인정하겠습니다"라고 말입니다. 그녀는 욥의 마음을 지닌 여인이었습니다. "우리가 하나님께 복을 받았은즉 화도 받지 아니하겠느냐 하고 이 모든 일에 욥이 입술로 범죄하지 아니하니라"(욥 2:10). 그녀는 그 기분 나쁜 말들을 기꺼이 받아들이고서, "주님께서 주시든, 주님께서 거절하시든, 그분의 이름이 찬양을 받으실지어다. 그분은 여전히 나의 주님이시다"라고 말했습니다. 오, 논쟁적인 마음을 떨쳐 버리고 주님의 뜻에 동의할 뿐만 아니라 그분의 뜻에 경배하는 이것이야말로 얼마나 대단한 믿음인지 모릅니다. "오, 주여, 앞으로 어 떤 일이 일어나든, 설령 진리가 나를 정죄한다 해도, 여전히 당신은 주님이시며,

나는 당신의 거룩하심을 고백하고, 당신의 탁월함을 고백하며, 면류관을 쓰신 당신의 왕권을 인정하고, 스스로 당신에게 순복하나이다.”

　　그리고 그녀가 “주여, 옳소이다”라고 말했을 때, 그녀는 자신에게 내려진 그 결정이 번복되어야 한다고 지속적으로 제안하지 않았습니다. 여러분은 이 사실을 잘 살펴보기 바랍니다. 그녀는 “주여, 당신은 나를 개들 가운데 하나로 분류하셨나이다”라고 말했습니다. 하지만 그녀는 “나를 자녀들 가운데 하나로 삼아 주십시오”라고 말하지 않았고, 오히려 한 마리의 개처럼 대우해 주실 것만을 그분에게 요청하였습니다. 그래서 그녀는 “개들도 제 주인의 상에서 떨어지는 부스러기를 먹나이다”라고 말했던 것입니다. 그녀는 자신에 대한 주님의 뜻이 번복되거나 그 판단이 변경되거나 그 선포가 취소되기를 바라지 않았습니다. “그렇게 되기를 원하나이다. 그것이 당신의 뜻이라면, 주여 그것이 나의 뜻이기도 하나이다”라는 마음으로 말입니다. 그녀가 믿음을 갖지 않았다면, 오로지 암담한 절망만을 보았을 그런 곳에서, 그녀는 한 줄기 소망의 빛을 찾아내었던 것입니다. 우리도 그녀와 같은 믿음을 가지고, 하나님과 절대로 논쟁하지 말기를 기원합니다.

3. 그러나 믿음은 주장합니다.

　　이제 저는 우리의 설교 주제와 관련하여 다소 흥미로운 부분을 살펴보고자 합니다. 즉, 믿음은 논쟁을 하지는 않지만, 믿음은 주장한다는 사실입니다. 그녀는 “주여 옳소이다마는 개들도 제 주인의 상에서 떨어지는 부스러기를 먹나이다”라고 말했습니다. 이 여자의 주장은 옳았으며, 매우 철저히 논리적이었습니다. 이것은 주님께서 친히 말씀하신 전제에 근거한 주장이었습니다. 여러분도 알다시피, 만약 여러분이 어떤 사람과 토론한다면, 그 상대방이 한 말을 근거로 삼아 주장하는 것보다 더 좋은 방식은 없을 것입니다. 그녀는 계속해서 새로운 전제를 제시하지도 않았고, “나는 개가 아니에요”라고 말하면서 기존의 전제들을 가지고 논쟁하지도 않았습니다. 그녀는 “예, 저는 개입니다”라고 말하였습니다. 그녀는 주님께서 말씀하신 명제를 받아들이고, 그것을 복된 대인 논증(argumentum ad hominem, 상대의 감정·성격·지위·처지 따위에 호소하는 논증, 또는 상대방의 말을 논거로 이용하는 토론 － 역주)으로 사용하였습니다. 사실 이 논증은 토론 분야에서는 결코 탁월한 것이 아니었습니다. 하지만 그녀는 그분께서 친히 입으로 하신 말씀을 가지고, 그 말씀으로 그분을 이겼습니다. 마치 야곱이 천사와 겨루어 이긴 것처럼 말입니다. 이 여인의 주장에는 아주 많은 강점들이 있어서, 이 아침에 그 강점들을 다 설명하기는 굉장히 어려울 것 같습니다. 그래도 저는 성경 번역자들이 "옳소이다" 다음에, 헬라어 원문에는 없는 "마는"이라는 말을 집어넣어서, 본문에 큰 해를 끼쳤다는 사실만은 말하고자 합니다. 이것은 아주 다른 말이기 때문입니다. 예수님께서는 "자녀의 떡을 취하여 개들에게 던짐이 마땅하지 아니하니라"고 말씀하셨을 때, 그 여자는 다음과 말했던 것입니다. "그렇습니다. 그렇게 하시는 것은 마땅하지 않은 일입니다. 왜냐하면 개들도 먹을 것이 따로 있기 때문입니다. 개들은 주인의 상에서 떨어지는 부스러기를 먹습니다. 그런데 그 개들에게 자녀들의 빵을 던져 주는 것은 아주 적절하지 않을 것입니다. 왜냐하면 개들도 자신이 먹을 빵이 있기 때문입니다. 주여, 옳습니다. 자녀의 떡을 취하여 개들에게 던지는 것이 마땅하지 않다는 것을 저도 인정합니다. 왜냐하면 상 아래 개들도 자녀들이 먹던 부스러기를 먹음으로써, 이미 개들은 자기 몫을 받았기 때문입니다. 그것이 바로 개들이 바라는 전부이며, 제가 소망하는 전부입니다. 저는 자녀들의 떡을 제게 달라고 당신에게 요구하지 않습니다. 다만, 개들이 먹을 부스러기를 바랄 뿐입니다."

다양한 방식으로 나타난 그녀의 설득력 있는 추론에 대해 살펴보겠습니다. 첫째로, 그녀는 희망적인 자세로 그리스도에게 간청했습니다. 그녀는 다음과 같이 말했습니다. "저는 한 마리의 개입니다. 그러나 주여, 당신은 지금 시돈으로 가는 중에 계십니다. 당신이 계신 이곳은 제가 사는 나라의 경계와 가까운 곳입니다. 그러므로 이제 저는 길거리를 돌아다니는 그런 개가 아니라, 주인의 상 아래에 있는 개가 된 것입니다." 마가는 그 여자의 말을 다음과 같이 전합니다. "상 아래 개들도 아이들이 먹던 부스러기를 먹나이다"(막 7:28). 그녀는 아주 훌륭하게 대답했습니다. "주여, 당신은 제 처지를 아십니다. 저는 당신이 계신 곳에서 멀리 떨어진 어느 길거리를 헤매던 한 마리 개였습니다. 하지만 지금 당신은 우리 지역에 와서 말씀을 전하고 계십니다. 그래서 저는 당신의 말씀을 듣게 되는 특권을 얻게 되었습니다. 제가 살펴본 바로는, 당신은 많은 자들의 병을 낫게 해 주셨고, 바로 이 집에서도 은혜로운 일들을 많이 행하셨습니다. 비록 한 마리의 개에 불과하지만, 저는 상 아래에 있는 개입니다. 주여, 제게도 부스러기를 주서서 먹게 해주십시오." 이 설교를 듣는 사랑하는 성도 여러분, 여러분은 이 여자의 말이 무슨 말인지 알겠습니까? 여러분은 자신이 죄인이며, 그것도 큰 죄인이라는 것을 인정하고 있습니다. 그러나 여러분은 다음과 같이 말하는 것입니다. "주님, 저는 복음을 듣도록 허락받은 죄인입니다. 그러므로 제게도 축복해 주십시오. 저는 한 마리의 개이지만, 상 아래에 있는 개입니다. 저를 그렇게 대우해 주십시오. 당신의 백성을 위로할 말씀이 설교로 전해진다기에, 저는 그 말씀을 들으러 여기 왔습니다. 성도들이 함께 모여서 귀한 약속들에 대해 서로 이야기를 나누고, 그 약속들로 인해 그들이 기뻐할 때마다, 저도 그들 가운데 있었으면 하는 바람으로 그들을 쳐다보면서 거기에 있었습니다. 주님, 당신께서 제게 은혜를 베풀어 그 복음을 듣게 하셨습니다. 그런데 지금 그 은혜를 받고자 하는 저의 소원을 당신은 거절하시겠습니까? 혹시라도 이후에 당신께서 저를 거절하실 것이라면, 당신은 무슨 목적과 의도로 제게 그렇게 가까이 다가 오셨습니까? 저는 한 마리의 개입니다. 하지만 저는 여전히 상 아래에 있는 개입니다. 비록 제가 당신의 발 아래 있다 해도, 제가 자녀들 가운데 있다는 것만으로도 특별한 은혜를 베풀어 주신 것입니다. 그러므로 선한 주님께 제가 간절히 간구합니다. 이제 이후로 이렇게 당신을 바라보고 이러한 축복을 간구하도록 허락하셨으니, 절대로 저를 거절하지 말아 주십시오." 그 여자의 이런 태도가 큰 설득력이 있었다고 저는 생각합니다. 그녀는 이 점을 잘 활용하였던 것입니다.

　　그녀의 다음 간청은 그녀와 주님의 관계 활성화였습니다. 그녀는 "주여 옳소이다마는 개들도 제 주인의 상에서 떨어지는 부스러기를 먹나이다"라고 말했습니다. 마태는 여기서 "제 주인의 상에서"를 강조하고 있습니다. "당신이 저의 아버지라고 저는 말할 수 없습니다. 저는 당신을 쳐다보면서 자녀의 특권을 요구할 수도 없습니다. 그러나 당신은 저의 주님이십니다. 주인들은 자신의 개들을 먹입니다. 주인들은 자신을 주인으로 여기는 주인 소유의 개들에게 적어도 부스러기를 줍니다." 이러한 간청은 집으로 돌아온 가련한 탕자의 속생각과 아주 비슷합니다. 그는 자기 아버지에게 가서 "나를 품꾼의 하나로 보소서"(눅 15:19)라고 말하겠다고 생각했으니 말입니다. 하지만 탕자의 믿음만은 이 여자의 믿음에 훨씬 미치지 못했습니다. 그녀는 다음과 같이 간청했기 때문입니다. "주님, 저는 비록 당신과 자녀의 관계는 아니지만, 저는 당신의 피조물입니다. 당신은 저를 만드셨습니다. 그래서 저는 당신을 바라보며, 당신에게 저를 멸망시키지 말아 달라고 간구합니다. 비록 제가 당신에 대해 아는 것은 없지만, 적어도 이 한 가지 사실, 즉 저는 당신을 마땅히 섬겨야 한다는 사실만은 알고 있습니다. 비록 제가 자녀 관계에서 벗어난 자라 해도, 저는 당신의 종입니다. 제가 은혜 언약 아래 있지는 않다 해도, 저는 적어도 행위 언약 아래에 있어 당신에게 속해 있습니다. 오, 이처럼 저는 당신의 종이니, 절대로 저를 완전히 거절하지 말아 주십시오. 어쨌든 당신이 저를 창조하셨고 어떤 형태로든 그 소유권을 가지고 계십니다. 오, 저를 바라보고 축복해 주십시오. 개들도 제 주인의 상에서 떨어지는 부스러기를 먹습니다. 제게도 그렇게 해주십시오." 그녀는 개와 그 주인의 관계를 알아차리고, 기발하게도 그 관계를 아주 복된 것으로 삼았습니다. 우리도 이런 방식을 잘 본받아야 할 것입니다.

다음으로, 그녀는 자녀들과 자신의 관련성을 가지고 간청하였습니다. 이 점을 주목해 보십시오. 여기서 제가 여러분에게 확실히 전하고 싶은 사실이 있습니다. 그것은 바로 성경 번역자들이 이 본문의 핵심을 분명하게 제시하지 못한 것이 아닌가 하는 유감스러운 생각이 든다는 사실입니다. 그녀는 지금 자신의 어린 (little) 딸을 위해 간청하고 있습니다. 그래서 우리 주님께서도 그녀에게 "자녀의 떡을 취하여 어린(little) 개들에게 던짐이 마땅하지 아니하니라"고 말씀하셨습니다. 개들이란 이 단어는 개의 지소사(diminutive)로 작은 개들을 뜻하는데, 이 여자는 바로 그 단어에 집중했습니다. "개들"이라는 말은 "어린 개들"이라는 말이 전하는 바의 반도 제대로 전할 수 없었을 것입니다. 그래서 그녀도 "주여 옳소이다마는 상 아래 어린 개들도 아이들이 먹던 부스러기를 먹나이다"라고 말했습니다. 동양에서는 개가 실내로 들어오는 것이 허용되지 않습니다. 동양에서는 실제로 개를 부정한 동물로 여기며, 개들은 사람의 손길이 닿지 않는 들판이나 황야를 배회합니다. 그러나 기독교는 개들을 거두어 기르며, 인간의 친구로 삼았습니다. 앞으로 기독교는 생체해부라는 폭력과 통속적으로 행해지는 잔인한 동물 학대가 과거의 야만 시대에서나 들을 수 있었던 끔찍한 일들로 들릴 때까지, 이 모든 야생 동물들을 거두어 기를 것입니다. 동양에서 개는 극도로 열악한 가운데서 생존해 가고 있으며, 거리를 떠돌아다니면서 부족한 먹이를 찾아 헤맵니다. 성격은 훈련된 이리보다 조금 나은 편입니다. 이처럼 동양에서 성인들은 개들을 데리고 다니지도 않을 뿐더러, 그런 개들을 적대시하는 선입견마저 가지고 있습니다. 반면에 동양의 어린 아이들은 어른들만큼 그 정도로 어리석은 것은 아니어서, 어린 개들을 데리고 다니며 놀기도 합니다. 아버지는 개를 자기 주변에 얼씬도 못하게 하겠지만, 그의 어린 자녀들은 그렇게까지 어리석지는 않아서, 함께 데리고 놀려고 어린 개를 구하기도 합니다. 이렇게 해서 어린 개는 상 아래에 있게 됩니다. 어린 자녀들을 위해서 개가 집 안에 있는 것이 허용되는 것입니다. 제가 보기에 이 여자는 다음과 같이 주장하는 것 같습니다. "당신은 저와 제 딸을 강아지, 즉 어린 개들로 부르셨습니다. 하지만 그 어린 개들도 자녀들의 상 아래에 있습니다. 제가 오늘 당신의 제자들과 함께 있는 것처럼, 어린 개들도 자녀들과 함께 어울려 놉니다. 비록 제가 제자들 가운데 한 사람이 아니라 해도, 제가 그들과 함께 어울렸으니, 저도 그들 가운데 있게 되기를 원합니다." 이 자리에 있는 몇몇 불쌍한 영혼들이 이 사실을 파악하고서 다음과 같이 말하게 되기를 제가 얼마나 간절한 마음으로 바라는지 모릅니다. "주여, 제가 당신의 자녀들 가운데 하나가 되기를 요구할 수는 없지만, 저도 그들 가운데 앉기를 갈망합니다. 왜냐하면 저는 그들과 함께 있을 때 더할 나위 없이 행복하기 때문입니다. 마치 어린 아이들이 어린 개들을 꼬집고 못살게 구는 것처럼, 비록 그 자녀들이 저를 때로 괴롭히고 곤란하게도 하지만, 그들은 때로 저를 돌보아 주기도 하고, 저를 위로하면서 따뜻한 말을 건네기도 하며, 저를 위해 기도해 주고, 저의 구원을 바라기도 합니다. 그러므로 주여, 비록 제가 당신의 자녀가 아니라 해도, 당신께서 저를 한 마리 어린 개로 부르셨으니, 저를 어린 한 마리 개로 대우하시어, 제가 간구하는 은혜의 부스러기라도 제게 주옵소서."

그녀의 주장은 계속됩니다. 왜냐하면 어린 개는 자녀들의 **충분한** 동의하에 자녀들이 먹던 떡의 부스러기를 먹기 때문입니다. 어린 아이가 떡을 먹으면서 어린 개와 놀 때, 그 어린 아이는 어떤 행동을 합니까? 그야 당연히 떡의 작은 조각을 이따금씩 그 개에게 던져 주는 것입니다. 그러면 강아지는 마음껏 그 떡 조각을 먹습니다. 식사 시간에 어린 아이들이 어린 개와 함께 있을 때, 개와 놀던 어린 아이들 한두 명이 던져주는 부스러기를 개는 분명히 받아먹을 것입니다. 그 개가 먹는 것에 대해 아무도 방해하지 않을 것입니다. 이와 같은 경우를 염두에 두고서 그 여자는 다음과 같이 말하는 것 같습니다. "주님, 여기에 당신의 제자들, 즉 자녀들이 있습니다. 그들은 저를 아주 잘 대우하지는 않았습니다. 마치 어린 자녀들이 어린 개들을 항상 친절하게, 다시 말해 어린 개들이 원하는 대로 그렇게 대하지 않는 것과 같습니다. 하지만 주님, 그 어린 자녀들도 지금 제가 간구하는 그 복을 받기를 간절히 바라고 있습니다. 그 자녀들은 당신에게서 이미 충분한 몫을 받았습니다. 그들은 당신과 함께 있으면서, 당신의 말씀을 듣고, 당신의 발 아래에 앉아 있습니다. 그들은 온갖 신령한 복들을 모두 가지고 있습니다. 그러므로 제가 그렇게 작은 복을 갖는 것에 대해 그들이 인색하게 굴 수 없다고 저는 확신합니다. 그들도 제 딸이 귀신에게서 놓임 받기를 저만큼이나 바라고 있습니다. 왜냐하면 제가 바라는 그 복은 그들이 이미 가진 것과 비교하면 한갓 부스러기에 불과하기 때문입니다. 그리고 그들도 제가 이런 복을 받는 것에 대해 불평하지 않을 것입니다. 그러므로 주님, 저는 당신의 주장에 대해 대답하고자 합니다. 당신은 자녀들이 배부르기 전에 떡을 개들에게 주는 것이 마땅하지 않다고 말씀하셨습니다. 그러나 주님, 지금 자녀들은 배가 불렀으며, 제가 제 몫을 받기를 기꺼이 원하고 있습니다. 그들은 제게 부스러기를 허용하는 것에 동의하고 있습니다. 그러므로 당신은 제게 그 부스러기들을 주지 않으시겠습니까?'

저는 그녀의 호소가 설득력이 있었던 또다른 요인이 있었다고 생각합니다. 그 요인은 바로 양식의 풍성함이었습니다. 그녀는 그리스도를 믿는 큰 믿음을 가지고 있었고, 그분께서 큰 일들을 하실 것으로 믿고 있었습니다. 그래서 그녀는 말했습니다. "주님, 자녀들이 충분히 먹지 못할까봐, 제가 떡을 먹어서는 안 된다고 생각하신다면, 당신의 주장은 크게 설득력이 없습니다. 왜냐하면 당신은 자녀들이 먹는 동안에 개들이 그 부스러기를 먹어도 상관 없을 정도로 아주 많은 양식을 가지고 계시며, 개들에게 부스러기를 던져 주어도 자녀들에게 줄 양식은 여전히 충분하게 남아 있기 때문입니다." 가난한 사람들의 상에서는 개들이 부스러기라도 먹도록 주인이 허용하지 않을 것입니다. 하지만 떡이 그리 큰 문제가 되지 않는 왕의 상이라면, 그리고 그 상에 앉아 자녀들이 충분히 먹은 이후라면, 그저 흘린 것들, 즉 주인이 던져 주는 것이 아니라 어린 아이들이 먹다가 떨어뜨린 부스러기들은 그 어린 개들이 상 아래에서 먹도록 허용될 것입니다. 어린 아이들이 한 입에 먹을 양이라도, 개들이 먹기에는 충분히 많은 양입니다. 그래서 그녀는 다음과 같이 말했습니다. "주님, 아닙니다. 저는 당신이 자녀들에게서 떡을 빼앗아 주시길 원하지 않습니다. 그러한 행동으로 저를 위하는 것은 하나님께서 금하십니다. 당신의 흘러넘치는 사랑과 자비는 당신의 자녀들에게도 충분하며, 당연히 제게도 충분합니다. 왜냐하면 제가 간구하는 전부는 당신께서 다른 사람들에게 베푸시는 것에 비하면, 한갓 부스러기에 불과하기 때문입니다"

자, 그녀의 주장이 설득력이 있었던 마지막 이유는 바로 이것입니다. 즉, 그녀는 모든 것을 그리스도의 관점에서 바라보았다는 것입니다. 그녀는 다음과 같이 말했습니다. "위대하신 주님, 보십시오. 당신께서 저를 개로 보시니, 저 또한 겸손히 당신의 말씀을 받아들이겠습니다. 비록 제가 당신에게 한 마리 개라 해도, 저는 당신에게 간구하겠습니다. 제 딸이 낫기를 바라는 그 간구는 제게 베풀어 주시는 당신의 크신 능력과 선하심에 비하면 한갓 부스러기에 불과합니다." 여기서도 그녀는 지소사를 사용하여, "작은(little) 부스러기"라고 말했습니다. 어린(little) 개들은 아이들의 상에서 떨어지는 작은(little) 부스러기들을 먹습니다. 이 얼마나 담대한 믿음입니까! 그녀는 자신이 구한 은혜를 값으로 매길 수 없을 만큼의 귀한 것으로 여겼습니다. 그녀는 그 은혜를 온 세상보다 더 귀한 것으로 생각했습니다. 하지만 그 은혜가 하나님의 아들에게는 한갓 부스러기에 불과하다는 것도 알았습니다. 그 정도로 그분의 치유 능력은 풍성하며, 그분의 선하심과 축복하심도 매우 충만합니다. 사람이 개에게 부스러기를 떼어 준다면, 그의 소유는 약간 줄어들 것입니다. 그러나 예수님은 가장 악한 죄인들에게까지 은혜를 베풀어 주어도, 전혀 잃는 것이 없으십니다. 그분의 겸손과 은혜와 사죄의 능력은 예전과 마찬가지로 부요합니다. 이 여자의 주장은 아주 강력하였습니다. 그녀는 진지할 뿐만 아니라 현명하기까지 했습니다. 그리고 무엇보다도 그녀는 믿기 어려울 만큼 아주 놀라운 믿음을 가지고 있었습니다.

　근본적으로 이 여자는 실제 영원한 하나님의 섭리에 따라 주장하였다는 사실을 전하는 것으로, 저는 이 논증의 대략적인 설명을 마무리하고자 합니다. 자녀들에게 떡을 주시는 계획, 다시 말해 이스라엘 민족에게 하나님의 계시를 주시는 주님의 위대한 계획은 도대체 무엇이었습니까? 자녀들을 통해 개들도 떡을 먹게 하는 것, 즉 이스라엘을 통해 복음이 이방인들에게 전해지도록 하는 것이 언제나 그분의 뜻이지 않았습니까? 자신이 택한 백성을 축복하심으로써, 그분의 구원의 길이 이 땅에 알려지고, 그분의 구원하는 축복이 모든 민족 가운데 임하도록 하는 것이 항상 그분의 계획이었습니다. 이 여인도 어쨌든 간에 이 사실을 거룩한 본능에 의해 알아내고는 이 거룩한 방식에 사로잡혔던 것입니다. 그녀가 이 비밀을 정탐해서 알아낸 것도 아니고, 이에 대해 많은 말들을 우리에게 해 준 것도 아니지만, 그럼에도 불구하고 그녀의 주장에는 본능적인 설득력이 있었습니다. 그 주장을 달리 표현하자면 이런 말일 것입니다. "자녀들을 통해 개들이 먹이를 얻습니다. 주님, 저는 자녀들에게 음식을 주지 말라고 요청하는 것이 아닙니다. 자녀들이 식사를 빨리 하게 해 달라고 당신에게 요청하는 것도 아닙니다. 먼저 자녀들이 먹게 하십시오. 하지만 그들이 손에 가득 떡을 쥐고서 먹는 동안 떨어지는 부스러기들은 제가 먹을 수 있게 해주십시오. 저는 그것으로 만족합니다." 지금 이 자리에 나아온 가련한 죄인들이여, 이것이 바로 여러분을 위한 담대한 주장입니다. 저는 이 주장을 여러분의 손에 맡깁니다. 성령 하나님께서 도우셔서 여러분이 이 주장을 사용하게 되기를 기도드립니다. 혹시라도 여러분이 이를 선용할 수 있다면, 여러분은 오늘 주님을 잘 설득할 수 있을 것입니다.

4. 믿음으로 인해 우리의 간구는 응답을 받습니다.

우리의 마지막 제목이자 말씀을 맺는 제목은 이것입니다. 즉, 믿음으로 자신의 간구에 응답을 받는다는 것입니다. 첫째로, 이 여자는 믿음으로 칭찬을 받았습니다. 예수님께서는 "여자여 네 믿음이 크도다"(마 15:28)라고 말씀하셨습니다. 그녀는 지금까지 예수님에 관한 예언들을 전혀 들어보지 못했습니다. 그녀는 신자가 쉽게 될 수 있는 환경에서 태어나지도, 자라나지도, 교육받지도 못했습니다. 그럼에도 불구하고 그녀는 일등급 신자가 되었습니다. 그녀가 이렇게 된다는 것은 놀라운 일이었습니다. 이처럼 은혜는 기적을 일으키기를 기뻐합니다. 그녀는 이전까지 한 번도 주님을 보지 못했습니다. 수개월 간 그분과 관계를 맺는 사람도 아니었습니다. 그럼에도 불구하고 그녀는 단 한 번 그분을 뵙고서 이 큰 믿음을 갖게 되었습니다. 아마도 그녀는 지금까지 한 번도 기적을 보지 못했을 것입니다. 그녀의 믿음이 전적으로 의존했던 것은 자기 동네에서 들었던 이야기, 즉 유대인들의 메시아가 오셨다는 소식이었습니다. 그래서 그녀는 그 나사렛 사람이 그분이라는 사실을 믿었습니다. 이것이 바로 그녀가 신뢰했던 사실입니다. 오, 사랑하는 성도 여러분, 우리는 이 여인보다 전적으로 유리한 위치에 있습니다. 우리는 그리스도의 전 생애를 알 수도 있고, 신약성경을 통해 우리에게 계시된 복음의 가르침들을 이해할 수도 있으며, 수년 간 그 가르침들을 살펴보고 체험하기도 합니다. 그러므로 우리의 믿음은 마땅히 그녀의 믿음보다 훨씬 더 강해야 합니다. 그녀는 이러한 기회들을 거의 접해보지 못했지만, 그럼에도 불구하고 예수님으로부터 "여자여 네 믿음이 크도다"라는 칭찬을 들을 정도로, 그녀의 믿음은 아주 강했습니다. 이런 사실을 놓고 볼 때, 이 가련한 여인은 우리를 부끄럽게 합니다.

둘째로, 그녀의 믿음이 큰 믿음이 될 수 있었던 것은, **행동하는 믿음**으로써 칭찬을 들었기 때문입니다. 마가복음에 따르면, 예수님께서는 "이 말을 하였으니 돌아가라 귀신이 네 딸에게서 나갔느니라"(막 7:29)고 말씀하셨습니다. 주님은 그녀에게 큰 믿음이라는 칭찬의 말씀뿐 아니라, 그녀의 이 말에 대하여 마치 보답이라도 하시는 듯, 귀신이 네 딸에게서 나갔다는 말씀까지 해주셨습니다. 주님은 자신의 말에 대해, 지혜롭고 신중하고 겸손하면서도 용감하게 말한 그녀의 태도를 크게 기뻐하셨습니다. 그래서 그분은 "이 말을 하였으니 돌아가라 귀신이 네 딸에게서 나갔느니라"고 말씀하셨던 것입니다. 믿음을 칭찬하신 주님은 후에 믿음의 열매와 행동도 칭찬하셨습니다. 좋은 나무에서 좋은 열매가 맺히는 법입니다. 사람이 하는 그 어떤 행동도, 그 자신이 먼저 하나님께 열납될 만한 사람이 되지 않고서는, 하나님께서 받으실 수 없습니다. 그런데 이 여자의 경우는 그 믿음도 주님께서 받으셨을 뿐만 아니라, 그 믿음의 결과까지 예수님의 마음을 흡족하게 하였습니다.

셋째로, 이 여인은 자신이 바라던 것까지 받았습니다. "귀신이 네 딸에게서 나갔느니라"(막 7:29). 주님께서 이 말씀을 하자마자, 귀신은 즉시 그 딸에게서 나갔습니다. 그녀가 집에 돌아가 보니 아이가 침상에 아주 편안하게 누워 있었습니다. 그 아이의 이런 모습은 귀신이 들린 후에는 한 번도 본 적이 없었습니다. 우리 주님께서는 그 마음에 있는 소원을 들어주셨습니다. 그래서 그분은 그녀에게 일종의 전권 위임장(carte blanche)을 주면서 다음과 같이 말씀하셨던 것입니다. "네 소원대로 되리라"(마 15:28). 저는 주님께서 이 여자에게 하신 이런 말씀을 다른 사람에게 한 경우를 보지 못했습니다. "네 소원대로 되리라." 이것은 마치 정복을 위해 한 여자가 휘두르는 믿음이라는 무기에 영광의 주님께서 무조건적으로 항복한 것과 같습니다. 여러분과 저도, 이렇게 믿음으로 정복하고자 몸부림친다면, 주님께서 우리의 기도에 응답해 주실 것입니다. 주님께서 "네 소원대로 되리라"고 말씀하실 때, 우리가 나누게 될 전리품이 얼마나 클지 우리는 상상조차 할 수 없습니다.

이제 이 모든 말씀들을 마치고자 합니다. 이 여자는 모든 외부인들에게, 스스로 아무 소망도 없다고 생각하는 여러분에게, 평생토록 모든 종교에 아무 관심도 없을 뿐 아니라 자라면서 하나님의 집에 한 번도 참석하지 않은 여러분에게 교훈이 됩니다. 이 가련한 여인은 시돈 사람이었습니다. 그녀는 수 세기 전에 죽음의 정죄를 받았던 한 민족, 즉 가나안의 저주받은 한 종족의 후손이었습니다. 그녀는 이 모든 것에도 불구하고, 하늘나라의 큰 자가 되었습니다. 왜냐하면 그녀는 믿었기 때문입니다. 그러므로 완전히 하나님의 교회 밖에 있다고 여겨지는 자들이라고 해서, 교회의 중심에 서서 교회 전체를 가장 뜨겁게 밝히는 불빛이 되지 못할 이유는 없습니다. 오, 버림받고 멀리 떨어져 있는 자들이여, 용기를 내어 위로를 받으십시오. 주 예수님에게 나아와 그분의 손에 여러분을 맡기십시오.

이 여자는 또한 구원받기 위해 나름대로 노력하다가 낙심했다고 생각하는 자들에게 하나의 모범이 됩니다. 여러분은 지금까지 기도하였지만, 응답을 받지 못하였습니까? 여러분은 주님을 찾았지만, 예전보다 더욱 불행한 것처럼 여겨집니까? 여러분은 스스로 개선하고 교정하려고 시도해 보았고, 또 거룩한 능력으로 개선이 되었다고 믿었지만, 결국 실패하였습니까? 그렇다 해도 여러분은 그분을 신뢰하십시오. 그분의 보혈은 아직까지 그 효력이 상실되지 않았고, 그분의 약속 또한 그 진리가 훼손되지 않았으며, 그분의 팔도 그 구원의 능력을 잃지 않았습니다. 죄인인 여러분이여, 십자가를 붙잡으십시오. 여러분이 밟고 있는 땅이 무너진다 해도, 십자가를 붙잡으십시오. 폭풍우가 몰아치고, 엄청난 홍수가 나고, 심지어 하나님조차 여러분을 대적하는 것처럼 보인다 해도, 여러분은 십자가를 붙잡으십시오. 거기에 여러분의 소망이 있습니다. 거기에서 여러분은 결코 멸망하지 않을 것입니다.

다음으로, 이것은 중보기도를 하는 모든 자들에게 교훈이 됩니다. 이 여자는 자신을 위해 간구하지 않았습니다. 그녀는 다른 사람들을 위해 간구하였습니다. 오, 여러분이 여러분과 같은 죄인들을 위해 간구할 때, 여러분은 절대 냉랭한 마음으로 간구하지 마십시오. 여러분의 영혼과 여러분의 생명을 위해 간구하는 것처럼 그렇게 간구하십시오. 다른 사람들의 문제를 진지하게 자기 마음에 담고서, 그 문제를 자기 문제로 여기고, 눈물을 흘리며 평안의 응답을 간구하는 중보자로서 하나님께 간구하는 자가 하나님으로부터 기도 응답을 받게 될 것입니다.

마지막으로, 이 능력 있는 여자, 이 영광스러운 여자는 모든 어머니들에게 하나의 교훈이 된다는 사실을 기억하십시오. 왜냐하면 그녀는 자신의 어린 딸을 위해 간구하였기 때문입니다. 어머니들의 본능인 모성애는 가장 연약한 자라도 강하게 하며, 가장 소심한 자라도 용감하게 만듭니다. 미물인 동물들과 새들에게도 그 모성애는 얼마나 강력한지 모릅니다. 보십시오. 다가오는 낯선 발자국

소리에도 놀라는 몸집이 작은 보잘것없는 울새도, 접근해 오는 침입자로 인해 작은 새끼들이 위험에 처하게 되면, 조금도 움직이지 않고 그 둥지 안에 앉아 있는 법입니다. 어머니는 이 모성애로 인해, 자기 자녀를 위해 영웅처럼 담대해집니다. 그러므로 여러분도 하나님께 간구할 때는 어머니의 사랑을 생각하며 간구하십시오. 그래서 주님께서 여러분에게도 "여자여 네 믿음이 크도다 네 소원대로 되리라"(마 15:28)라고 말씀하실 때까지 간구하십시오. 저는 이 마지막 생각을 부모들에게 전합니다. 그들이 기도하도록 권면하기 위해서입니다. 하나님께서 도우시어 여러분 모두가 이 말씀에 힘을 얻게 되기를 예수님의 이름으로 기도드립니다. 아멘.

제

47

장

—

개인에게 주신 계시로 말미암아 알려지는 예수님

—

"예수께서 빌립보 가이사랴 지방에 이르러 제자들에게 물어 이르시되 사람들이 인자를 누구라 하느냐. 이르되 더러는 세례 요한, 더러는 엘리야, 어떤 이는 예레미야나 선지자 중에 하나라 하나이다. 이르시되 너희는 나를 누구라 하느냐. 시몬 베드로가 대답하여 이르되 주는 그리스도시요 살아 계신 하나님의 아들이시니이다. 예수께서 대답하여 이르시되 바요나 시몬아 네가 복이 있도다 이를 네게 알게 한 이는 혈육이 아니요 하늘에 계신 내 아버지시니라." — 마 16:13-17

본문은 신약 여러 대목 중에서 교회라는 말이 가장 처음 등장하는 대목입니다. 18절에서 예수님께서 "내가 내 교회를 세우리라."고 말씀하십니다. 우리 주님께서 자신에 대한 바른 개념과 교회를 연결시키고 계심은 매우 의미심장합니다. 본문에서 우리는 주님의 총회에 들어오도록 허락 받은 각 사람 모두에게 반드시 던져져야 하는 시금석 같은 질문을 만납니다. "너희는 나를 누구라 하느냐?" 교회에 가입하려는 사람에게 첫 번째로 던져지는 질문은 "그대는 예수님을 어떠한 분으로 생각하는가?"입니다. 예수님을 바르게 생각하기 전에는 나머지 다른 것에서 올바를 수가 없습니다. 만일 여러분이 살아 계신 하나님의 아들 그리스도 예수님과 처음부터 바르게 시작하지 않으면, 줄곧 바르게 나아가지 못할 것입니다. 또 그런 상태로 눈에 보이는 한 교회에 등록하여 다니게 되면 여러분 자신과 교회가 오해하게 만드는 실수를 범하는 것입니다. 사랑하는 여러분, 먼저 그리스도를 앞에 놓고 그 다음에 교회를 놓으십시오. 어떤 유형의 설교에서는 교회가 주도적인 개념으로 자리 잡고 있습니다. 그 말의 의미를 확대하여 말하면, "교회"를 사제(司祭), 곧 하나님의 규례들과 음성을 나눠주는 자로서의 사제를 뜻하는 식으로 이해하고 있는 데가 있다는 말입니다. 그러나 우리에게는 "교회"가 주도적인 낱말이 아니라 "그리스도"가 주도적입니다. 그리스도의 교회도 아니고, 스스로 하나님이시며 지존자의 아들이신 그리스도가 주도적인 요점입니다. 그리스도가 뿌리로서 첫 번째고, 그 뿌리에서 나오는 것이 바로 교회입니다. 첫째는 교회를 세우시는 그리스도요, 그 다음이 그의 세우심에 따라 서 있는 교회입니다. 가장 중요한 질문은 "당신은 교회의 어떤 부분에 속해 있느냐?"가 아니라, "당신은 살아 계신 하나님의 아들이신 그리스도께 속해 있는가?"입니다. 이는 저 다른 질문, "너희는 나를 누구라 하느냐?"라는 질문에 대한 응답으로 결정되어야 합니다. 그리스도를 알고 있고, 그리스도 안에 안식을 얻고 있으며, 그리스도가 여러분에게 "길과 진리와 생명"이라면, 더 나아가 무엇보다도 그리스도께서 "여러분 속에서 영광의 소망을 형성하시는" 분이시라면, 여러분은 참된 교회와 연관을 가집니다. 곧 하나님의 택하시고 구속하신 교회와 연관을 가지는 것이 분명하고 확실하겠지요.

우리 주님께서는 자신에 관한 질문을 던지는 가운데 두 계층의 사람들을 분명하게 구분하셨습니다. "사람들"로 언급된 자들과 자신의 제자들로 구분하셨다는 말입니다. "사람들이 인자를 누구라 하느냐?" 이 "사람들"은 혈(血)과 육(肉)에 따라서 그리스도를 판단합니다. 그들은 육신적인 논증의 근거 위에서 생각합니다. 아니면 일반적으로 사람들이 갖고 있는 견해를 따라갑니다. 그들은 신령한 근거에서가 아니라 본성적인 근거에서 나아갑니다. 그들은 영적인 것들을 아무것도 분변하지 못합니다. 그들의 판단은 혈과 육에 속한 것입니다.

그들이 혈과 육의 안내를 받아 도달한 결론은 무엇이었습니까?

그 결론은 다양하였습니다. "더러는 세례 요한, 더러는 엘리야, 어떤 이는 예레미야나 선지자 중에 하나라 하나이다"(마 16:14). 오류(誤謬)는 다양한 형태를 띠고 있으나 진리는 하나입니다. 천 가지 오류가 함께 공생합니다. 서로를 용납하면서 말입니다. 특별하게 오류를 주장하는 자들이 함께 "너는 우리와 함께 제비를 뽑고 우리가 함께 전대 하나만 두자."(잠 1:14)라고 소리를 칠 때 그러합니다. 천 가지 거짓된 신들이 만신전(萬神殿, pantheon)에 함께 서 있을 것입니다. 그러나 참 하나님의 법궤가 다곤의 신전에 들어가면 다곤이 나동그라져 조각날 것임에 틀림없습니다. 여호와께서만이 참 하나님이시며 따라서 다른 신을 그분의 경쟁상대로 허용하실 수 없을 것입니다. 진리는 필연적으로 오류를 용납하지 않습니다. 제 말을 오해하지 마십시오. 저는 가장 순수한 종교적 자유를 믿습니다. 양심은 하나님 말고 다른 어떤 존재에게도 충성을 맹세하지 않습니다. 그러나 저는 원리를 말하고 있는 것입니다. 거룩함은 죄를 참아낼 수 없으며, 의(義)는 불의를 견뎌낼 수 없으며, 진리는 오류와 조화될 수 없습니다. "그리스도와 벨리알이 어찌 조화되며"(고후 6:15).

오늘날 그리스도에 대하여 사람들이 내리는 판단의 결과는 매우 다양합니다. 그러나 그 결과들은 오직 하나인 진리와 **충돌**하고 있다는 점에서 일치되고 있습니다. 오늘날 어떤 사람은 예수님에 대해서 말하기를, "그분은 좋은 사람이다," 또다른 자들은 "아니야. 그는 사람들을 속이고 있어."라고 말합니다. 또 어떤 이들은, 사실상 하나님은 아니라 할지라도 신적인 존재라고 말합니다. 또다른 이들은 그가 항상 하나님은 아니었지만 하나님이 되었다고 말합니다. 또다른 부류들은 예수님을 신적인 사람(divine man)으로 생각합니다. 어떤 이들은 예수님의 가르침이 전해진 시대 상황 속에서는 놀라운 것이었다는 데는 찬동합니다. 그러나 그들은 한결같이 예수님의 가르침이 이렇게 진보한 시대에서는 진부(陳腐)하다고 합니다. 또 어떤 사람들은 예수님의 가르침이 전혀 실천할 수 없는 괴상한 것이라고 조롱합니다. 예수님에 관해 혈과 육을 따라서 판단하여 만든 교리들은 매우 다양합니다.

그 교리들은 또한 **모순되었습니다**. 예수님께서 세례 요한이셨다면 어떻게 예레미야가 될 수 있겠습니까? 어떤 정신들은 본문에서 나와 있는 모든 견해들과 모순되었습니다. 왜냐하면 그 영들은 바알세불을 집 주인으로 불렀기 때문입니다. 사도들은 사람들이 예수님에 대해 말하는 것 중 가장 훌륭한 것들을 인용하였습니다. 사도들은 더 낮은 호칭으로 자기들의 입을 더럽히고 싶지가 않았습니다. 혈과 육은 많은 추측을 만듭니다. 그러나 그러한 추측은 한 가지의 진리에도 이르지 못합니다. 주님의 원수들은 각자 서로 간에 싸우고 있습니다. 다른 경우에서처럼 이 경우에서도 거짓 증인들이 서로 간에 의견 일치를 보지 못하고 있습니다.

여기 기록된 사람들의 여러 판단들은 주 예수님께 대하여 **존경심**을 나타내고 있습니다. 오늘날 예수님을 매우 존경스럽게 말하는 것은 통상적인 일입니다. 예수님의 신성(神性)을 부인하는 말들 속에 예수님을 향한 존경심이 존재할 수 있다면 말입니다. 오늘날 그들은 십자가에 못 박히신 분의 호지 아니하고 통으로 된 옷을 나눕니다. 그들은 "예수님의 본을 잊지 않고 있으며, 그것을 귀하게 여긴다."고 말하기도 합니다. 그러나 예수님의 희생제물 되심에 대하여는 미신 같은 것으로 여기고 한쪽으로 던져 버립니다. 사람들은 예수님의 교훈에 박수갈채를 보내면서도 예수님이 행하신 이적들은 감히 부인합니다. 그들은 십자가의 교리에 관하여 아무 상관도 하고 싶지 않습니다. 그러나 오직 십자가의 자기 부인에 대해서는 매혹적인 감동을 받습니다. 우리 주님은 그런 식으로 나눌 분이 아닙니다. 그리스도를 전체로 받지 않는 자들은 전혀 그리스도를 받지 않는 자들입니다.

혈과 육의 결론들은 그리스도를 존중하든지 그렇지 않든 간에 하나같이 다 그릇되어 있습니다. 여기서 사도들이 요약하여 호의적으로 제시한 사람들의 추정 중에 옳은 것이 하나도 없습니다. 예수님께서는 세례 요한도 아니셨고, 엘리야나 예레미야나 선지자들 중에 한 사람도 아니었습니다. 분명 예수님께서는 바알세불이 아니었습니다. 사람들은 예수님이 어떠하신 분이신지 몰랐습니다. 예수님을 모르기도 하였거니와 예수님의 아버지도 몰랐습니다. 예수님의 정체는 철학적 치아(齒牙)로 깨물어 터트리기에는 너무나 딱딱한 견과류(堅果類)와 같습니다. 사람들은 예수님을 놀랍게 생각하였습니다. 이 경우가 보여주는 바와 같이 그들은 예수님께 감동을 받았거나 예수님을 미워하였거나 둘 중 하나였습니다. 그러나 그 사람들 중에 예수님의 탄생의 비밀을 선언하거나 예수님의 인격의 불가사의한 신비를 읽어낼 수 있는 자가 누구입니까? 예수님은 신령하시고, 그들은 육적입니다. 예수님께서는 거룩하시고, 그들은 "죄 아래 팔려" 있습니다. 예수님의 영광의 광채가 그들의 눈을 멀게 합니다. 마음이 청결한 자는 하나님을 볼 것입니다. 그러나 악과 사랑에 빠진 자들은 예수님 안에 신성(神性)의 충만이 육체로 거하시는 것을 전혀 알 수 없습니다. 그들은 추측하고 이치적으로 따져보고 이런저런 생각을 해 봅니다. 그들에게 있어서 예수님께서는 넘어지게 하는 돌이시요, 거치게 하는 반석이십니다.

혈과 육의 결론들은 복되지 않습니다. 인자되신 예수님에 관하여 사람들이 견지하고 있는 여러 개념들 중 그 어느 것에도 복이 부여되지 않습니다. 오히려 아버지께로부터 온 계시로 말미암은 판단이 시몬 베드로를 복되게 하였으며, 우리 주님께서 그것을 보시고 복되다 선포하셨습니다. 예수님을 마치 세례 요한이나 엘리야 정도로 알고 바라보면 어떤 복도 받지 못합니다. 만일 성령의 계시로 말미암아 예수님을 알지 못하면 예수님이 영혼에게 복락의 우물 샘으로 알려지지 않습니다. 만일 여러분이 그리스도를 알되, 세상이나 학식 있는 자들이나 철학적인 사람들이 아는 정도 이상을 넘어가지 못하면 여러분은 복을 발견하지 못하는 것입니다. 만일 여러분이 성부 하나님의 도우심을 받지 않은 채 하나님의 말씀을 읽어서 스스로 발견한 그리스도 이상을 여러분이 알지 못한다면 여러분은 복되지 않습니다. 만일 여러분이 혈육이 여러분에게 깨닫게 한 것 이상으로 예수님을 알지 못한다면, 그것은 여러분에게 바리새인들과 사두개인들의 마음에 떠오른 그 시대의 추측들 이상의 복을 받을 수 없습니다. 그들 바리새인들과 사두개인들은 여전히 음란하고 믿지 않은 세대로 남았습니다.

구주께서 지상에 계시던 때에 세상에서 예수님의 제자들로 알려진 사람들은 불과 소수에 지나지 않았습니다. 예수님께서 그들에게 "너희는 나를 누구라 하느냐?"고 물으셨습니다. 그들은 제자들, 곧 배우는 생도(生徒)들이었습니다. 그들은 오늘날 위선적인 말투대로 "사려 깊은 사람들" 이라기보다는 생도들이었습니다. 그들은 주님께서 자기들에게 전해 주시는 것을 받았습니다. 자기들 생각으로 따지는 것보다 "진실로 진실로"라고 말씀하신 주님의 말씀이 더 나았습니다. 그들은 제자들로서 종들이기도 하였습니다. 그들은 순종함을 배웠습니다. 예수님의 발자취를 따라감으로써 예수님을 알았습니다. 그러나 이 둘은 함께 갑니다. 배우는 생도들과 종들이 말입니다. 여러분은 그들이 세상 사람들과 얼마나 다른지를 알게 될 것입니다. "사람들"은 배우려는 자들이 아니었습니다. 왜냐하면 이미 그들은 자기들 생각으로 다 알았습니다. 그래서 그들은 순종하지 않았습니다. 자신들의 꾀를 따라갔습니다. 또한 그들은 자기들이 어떤 사람에게도 매이지 않는 주도적인 사람이라는 걸 자랑하였습니다. 하나님의 택한 백성들은 은혜로 말미암아 겸손한 심령을 받습니다. 자기의 무지를 솔직히 고백하고 배우려는 자세를 가지게 됩니다. 또한 자신의 뜻을 옆으로 제쳐놓고 주님께 복종하려는 열심으로 행동하는 심령을 받게 됩니다. 이 설교를 듣고 계시는 사랑하는 여러분들은 자신을 점검하십시오. 자신의 지성을 자랑하며 "혈과 육"의 인도를 받는 "사람들"에 속하는지, 아니면 성령을 따라 판단하고 아버지께 가르침 받는 "주님의 제자들"인지 판단해 보십시오. 아버지 하나님께서 아들을 여러분에게 계시하셨는지 숙고해 보십시오. 만일 여러분이 이 후자의 그룹에 속한다면 여러분은 복된 자들 중에 있습니다. 구주의 축복의 말씀이 아침이슬처럼 장시간 여러분의 마음속에 내립니다. "바요나 시몬아, 네가 복이 있도다. 이를 네게 알게 한 이는 혈육이 아니라 하늘에 계신 내 아버지시니라"(마 16:17).

여러분은 지금 아침의 묵상 주제로 충분한 것을 배웠습니다. 하나님의 성령께서 우리로 하여금 그것을 묵상하도록 인도하시옵소서!

1. 우리가 첫 번째로 살펴볼 것은, 예수님의 제자들의 지식은 세상에 속한 사람들의 지식과 다르다는 점입니다.

제자들의 지식은 좀 더 진지하고, 좀 더 사려 깊고, 좀 더 개인적입니다. 세상에 속한 사람들은 말합니다. "우리는 예수님이 누구인지 모른다. 그는 매우 주목할 만한 인물이다. 그는 시대의 평온을 어지럽힌다. 그는 틀림없이 우리 중에서 돌연변이임에 틀림없다. 우리는 그가 누구인지 모르겠다. 그리고 우리는 그 점에 대해서 특별히 관심 갖지 않는다." 헤롯은 세례 요한이 죽은 자 가운데서 부활하였다고 성급하게 결론을 내렸습니다. 또다른 이들은 "메시아가 오시기 전에 나타났어야 하는 엘리야이기 쉽다"고 말하였습니다. 세 번째 부류의 사람들은 주님께서 슬퍼하셨다는 소식을 듣고 예레미야가 다시 환생한 것일 수도 있다는 생각을 갖게 되었습니다. "예수는 또다른 선지자일지도 모른다. 그러나 그것이 문제가 되지는 않는다"는 식이었습니다. 제자들은 각자 스스로 성숙하고 사려 깊고 주의 있게 결론에 이르렀습니다. 주님께서 제자들에게 물으셨습니다. "너희는 나를 누구라 하느냐?" 그들 중 누구든지 말할 수 있었습니다. 다만 관례상 베드로가 열두 사람을 대변하여 맨 먼저 말하게 되어 있었습니다. 그래서 그가 먼저 말했고, 매우 타당성 있고 적극적으로 말하였습니다. "당신은 그리스도시요 살아 계신 하나님의 아들이십니다." 제 생각에 이 말은 깊고 엄숙한 어조를 띠고 있었을 것입니다. 분명 그는 마음에 있는 대로 말하였습니다. 그는 그가 말한 진리를 귀하게 여겼고 그 진리에 깊은 중요성을 부여하였습니다. 세상 사람들의 답변들은 경박하고 공허한 것이었습니다. 그러나 사도들의 답변은 경건하고 신중하였습니다. 왜냐하면 그들은 그 주제가 최고의 중요성을 지닌 것이라 판단하였기 때문입니다. 자, 사랑하는 여러분, 여러분은 예수님에 대해 무어라 생각하십니까? 예수님의 이름이 여러분에게 무거운 문제입니까? 예수님에 대한 여러분의 관점이 여러분의 상태를 보여주는 시금석임을 알지 못합니까? 여러분은 그 이름을 잘 달아보았습니까? 그분이 하나님이십니까? 그분이 하나님께 보내심을 받고, 기름 부음을 받으신 분입니까? 하나님께서 그분의 피로 여러분을 씻으셨습니까? 여러분이 그분을 여러분의 모든 것 중에 모든 것으로 받으셨습니까? 여러분 자신을 위해서 개인적으로 그 일을 하였고, 매우 신중하고 주의 깊게 그 일을 하였습니까? 오늘 이 아침에도 여러분의 선택을 그대로 반복하시겠습니까? 좋습니다. 제자는 마땅히 바로 그러해야 합니다.

둘째로, 제자들의 지식은 좀 더 규정적이었고 분명하고 확실한 것이었습니다. 만일 여러분이 밖에 있는 사람들에게 예수님에 관해서 물어본다면 이렇게 대답할 것입니다. "예, 아마 그가 세례 요한이나 예레미야일 것이다." 그러나 그들의 개념은 모두 다 구름처럼 확실하지 않습니다. 그들은 예수님을 꼭 집어 말할 수 없습니다. 그들은 예수님이 신비로운 사람이며, 거룩한 사람이며, 긍휼이 충만한 사람이며, 이적 기사를 행하는 사람으로 알았습니다. 그러나 그들은 예수님이 누구인지 이해할 수 없었습니다. 그러나 제자들에게는 예수님이 알려지셨습니다. 예수님이 어떤 인물이신지 그들은 분명하게 알았습니다. "주는 그리스도시요 살아 계신 하나님의 아들이시니이다."라고 확실하게 말할 만큼 충분히 알고 있었습니다. 저는 이 점에 대해서는 확대 설명하지 않겠습니다. 다만 그 점을 여러분에게 꼭 짚어주고 싶을 따름입니다. 여러분이 예수님을 내면적으로 분별해서 예수님을 믿는 것입니까? 그분이 여러분에게 분명하고 확실하게 하나님의 아들이요 인자이십니까? 분명히 말해서, 그리스도께서 여러분의 구주가 되십니까? 여러분의 죄를 위한 화목제물로 하나님께서 보내신 여러분의 구주시냐는 말입니다. 그분이 여러분의 보증자요, 대속자요, 희생제물이십니까? 모호한 종교를 조심하십시오! 형식이 없는 종교를 또한 조심해야 합니다. 그것은 확실히 피해야 할 것이기 때문입니다! 규정되지도 않고 규정할 수도 없는 것을 조심해야 합니다. 왜냐하면 그 속에는 견실한 것이 아무것도 없기 때문입니다! 시인의 언어처럼 "볼지어다, 우리는 어느 것도 모른다."고 소리치는 종교를 조심하십시오!

이런 일은 짐승들에게나 맞는 일입니다. 그런 모호한 것은 결코 사람을 만족시키지 못할 것입니다. 눈에 보이는 것들은 그냥 내버려 두십시오. 그냥 그렇게 지나가도록 내버려 둬야 할 이유는 그런 것들은 한낮의 꿈에 불과하기 때문입니다. 그러나 러더퍼드(Samuel Rutherford)가 말한 것처럼 저는 여러분에게 간청합니다. 영원한 것들을 "단단히 붙잡으십시오." 그리스도를 인식하시고 그를 꽉 붙잡으십시오. 그분과 함께 일을 확실하게 하십시오. 여러분이 예수님에 관하여 분명히 아는 그것을 아십시오. 전에 들은 정보를 붙들지 마십시오. 가설(假說)이나 미루어 짐작한 어떤 것을 붙잡지 마십시오. 오히려 "주는 그리스도시요 살아 계신 하나님의 아들이시니이다."라고 말하십시오. 단순히 추상적으로 아들이라고 말하지 말고 여호와 하나님의 아들이라고 말하십시오. 살아 계시며 생각하시며 행동하시는 여호와 하나님의 아들이시라는 말입니다. 그러니 제자의 지식은 사람들이 풍문으로 들어 아는 일반적인 것과는 전혀 다른 것입니다. 제자로서 아는 지식 속에서는 그 지식이 분명하고 명확하고 확실합니다.

셋째로, 이 제자들의 지식은 만장일치된 지식이었습니다. 그 그룹 밖에서는 예수님을 여러 모양으로 보았습니다. 그러나 그 그룹 내에서는 예수님이 오직 한 분 "주는 그리스도시요 살아 계신 하나님의 아들이시니이다."는 견해에 일치하였습니다. 사랑하는 여러분, 사람들은 흔히 기독교회의 분열에 대해 우리에게 말합니다. 교회 안에 분열의 모습이 보이는 것조차 안된 일이죠. 그러나 예수 그리스도의 참된 교회 안에는 실질적 분열이란 결코 존재하지 않는다고 저는 담대히 말하겠습니다. 성부 하나님께 진실로 가르침을 받은 사람들은 예수님에 관하여 한 교리를 믿습니다. 만일 제가, 영적으로 그리스도 안에 있는 어떤 기독교단의 대표를 이 강단으로 인도하여 서게 한다면, 주 예수님에 관한 그의 견해와 제 견해는 같을 것입니다. 여기 모인 천 명이 다 한결같이 각각 "주는 그리스도시요 살아 계신 하나님의 아들이십니다."라고 말합니다. 신자들은 무릎을 꿇고 그리스도께 말씀을 드리는 것이지 그리스도에 대해서 말하는 것이 아닙니다. 그들은 다 한결같이 하나를 말합니다. 베드로는 주님께, 본문에 나와 있는 그 고백을 하였습니다. 우리가 서로 이야기를 나눌 때에는 여러 파당으로 나누어지기도 합니다. 그러나 우리 구주께 말씀드릴 때는 우리는 다 같이 같은 말을 합니다.

　　"성도들이 기도 안에서 하나로 나타나고

말씀과 행실과 생각 속에서 하나이도다.
성부와 성자와 더불어
달콤한 교제를 나누는 한에서는."

　세상에 있는 영적인 사람들은 다 하나입니다. 우리는 예수 그리스도를 믿습니다. 사람이시고 하나님이시며 메시아요 구속주로 믿습니다. 그분의 공력과 보배피로 말미암아 우리가 구원을 받습니다. 우리는 다 같이 예수님을 영화롭게 하는데, 우리의 모든 소망이 바로 그 예수님께 달려 있습니다. 영원토록 예수님의 이름이 영광을 받으리로다. 형제 여러분, 우리는 예외 없이 하나님의 교회의 보편적인 평결(general verdict)에 있어서 하나입니다. "주는 그리스도시요 살아 계신 하나님의 아들이시니이다!"

　넷째로, 그리스도의 참 제자들이 가진 지식은 영구하다는 면에서 다른 사람들이 그리스도에 대해 가진 지식과 다릅니다. 예수님에 대한 사람들의 판단은 바람처럼 바뀌질 수 있습니다. 어떤 시대에 사람들은 예수님을 나사렛 사람, 하나님을 모독하는 자로 끌어내렸습니다. 또 시간이 지남에 따라서 사람들은 신들을 함께 두는 만신전(萬神殿, pantheon)에 예수님의 조각상을 세우기도 하였습니다. 어떤 시대에는 예수님의 가르침을 깊은 철학으로 추켜세우기도 하였습니다. 영지주의자(靈知主義者, gnostic)들은 대부분 예수님의 가르침을 신비화(神秘化)하였습니다. 또다른 시기에는 예수님의 가르침을 환상적인 것이나 어리석은 것이라고 조롱하기도 하였습니다. 때로는 그리스도를 시장에 세워놓기도 하였습니다. 그러다가 시장에서 그리스도를 치워 버리기도 하였습니다. 그러나 주목하십시오. 예수님은 전혀 시장에 계시지 않습니다. 예수님은 사고팔고 하는 분이 아닙니다. 어느 날 그들은 예수님에 대해 잘 말합니다. 그러다가 다른 날에는 예수님을 악평합니다. 그들이 말하는 것이 무슨 문제입니까? 예수님은 사람들로부터 존귀한 대접을 받지 않으면 안 되는 분이 아닙니다. 예수님께서는 모독 받는 것을 두려워하지 않으십니다. 예수님을 주와 구주로 믿지 않는 한, 그들이 예수님께 대해 무어라고 생각하든지 그것은 전혀 중요하지 않습니다. 그들이 예수님을 선지자요, 대제사장이요, 임금으로 생각하고 복종하기 전에는 예수님께 대하여 어떤 생각을 갖든지 다 헛된 것입니다. 개가 달을 보고 짖어도 달은 여전히 비춥니다. 그러하듯이 사람들이 예수님을 향하여 조롱하는 악을 쓰거나,

아니면 예수님의 발 밑에서 굽신거린다 할지라도 여전히 예수님께서는 언제나 같이 빛나십니다. 참된 신자는 그리스도에 관해서 항상 같은 생각을 갖고 있습니다. 참 된 신자들은 그리스도를 아는 지식에서 더 자랍니다. 확신의 깊이도 더 자랍니다. 그러나 그들에게 있어서 그리스도는 처음부터 살아 계신 하나님의 아들이십니다. 참 신자들이 그리스도를 아주 잘 알게 될 때에도 여전히 그분은 그리스도이시고 하나님이십니다. 모든 나라와 각 세대마다 변덕스러운 세상의 생각이 달라집니다. 그럴 때에라도 예수님의 제자들은 예수님이 메시아요 하나님이시라는 사실을 견고히 붙잡습니다. 이 반석 위에 그들은 자기들의 소망을 구축합니다.

다섯째로, 제자들의 믿음이 사람들의 개념과 다른데, 제자들의 믿음이 예수님을 더 영화롭게 한다는 면에서 다릅니다. 사람들은 예수님을 세례 요한으로 만듭니다. 그러나 열심에 있어서 특심하였던 그 사람도 예수님의 신발 끈을 풀기에도 합당치 못하였습니다. 사람들은 예수님을 엘리야로, 불의 선지자로 만듭니다. 마치 하늘로부터 불을 불러 내려와 사람들을 멸하시는 분처럼 말입니다. 그들은 예수님을 어떠한 분으로 여기든지 간에 동정녀 마리아를 따라서 다음과 같이 노래하기를 싫어합니다. "내 영혼이 주를 찬양하며 내 마음이 하나님 내 구주를 기뻐하였도다"(눅 1:46, 47). 제 입장을 말하면, 제 혀로는 마음으로 주님께 올리는 찬미의 천분의 일도 말할 수 없습니다. 정말 안타깝습니다. 제 마음은 주님께서 받으시기에 합당한 분량의 천분의 일에 해당하는 분량만큼도 주님을 경배하지 못합니다. 제가 강론에서 있는 힘을 다해 주님을 높이고자 애를 써도 제 혀는 어찌나 둔하고 느린지 혀를 깨물고 싶을 정도입니다. 집에 가서 제 자신에게 말합니다. "그대는 그대의 왕의 훌륭한 전령이로다! 그런데 그대는 사람들의 눈에 그대의 왕의 탁월함을 드러내지 못하고 숨겼도다." 형제들이여, "말은 공기에 불과하고 혀는 진흙에 불과합니다." 우리 구주의 영광이 너무 커서 그런 보잘것없는 방편으로는 그 영광을 제대로 드러낼 수 없습니다. 오, 우리가 예수님을 높이 칭송하는 법을 알 수만 있다면 얼마나 좋겠습니까! 볼지어다, 세상에 속한 너희 사람들이여, 예수님을 이 사람 저 사람 죽을 인생에게 비유하다니! 너희는 정신나간 사람처럼 눈이 멀었도다! 태양을 개똥벌레의 빛에 비유하다니 말이 되겠는가! 천사들과 천사장들이여, 올지어다. 와서 그대들의 불붙는 언어로 우리를 도우라! 아니, 그대들도 반드시 실패할 것이다. 예수님은 무한하시고 어느 누구

와도 비교할 수 없는 분입니다. 성부 하나님의 영광의 광채를 우리의 말로 나타
낼 수 없는 것입니다.

　마지막으로, 제자들이 그리스도에 대하여 가진 지식은 세상이 그리스도에
대하여 가진 지식과는 다르되, 더 감화력이 있다는 면에서 다릅니다. 세상은 예수
님을 세례 요한으로 믿음으로써 영향을 받지 않습니다. 그러나 우리는 예수님께
서 하나님의 아들이심을 믿음으로 말미암아 크게 감동을 받습니다. 이 점이 우
리의 마음을 사로잡고, 우리의 머리와 눈과 손과 발과 몸과 혼과 영을 사로잡습
니다. 이 하나님의 아들은 우리를 다스리시는 주님이십니다. 주님께서는 우리의
마음의 보좌 위에 앉아 계신 최상의 임금이십니다. 우리의 삶은 주님께서 우리
의 사상을 주관하고 다스림을 보여줘야 합니다. 그렇지 않습니까? 이것은 생기
가 없는 견해가 아닙니다. 살아 있고 능동적인 원리입니다. 이 요점들을 스스로
상고해 보도록 여러분에게 맡기겠습니다. 여러분이 머뭇거리며 추측하는 바깥
세상의 거대한 군중에 속하였는지, 아니면 성부 하나님께 배워 그 아들을 아는
내면적 부류에 속하였는지 확인하십시오.

**2. 매우 중요한 요점을 말씀드립니다. 참 제자들이 소유한 그리스도를
아는 지식은 특별한 방식으로 주어진 것입니다.**

"이를 네게 알게 한 이는 혈육이 아니라."

　사랑하는 여러분, 만일 우리가 구주를 올바로 안다면 다른 사람들이 가르쳐
준 것만 배우지 않을 것입니다. 베드로는 다른 사람들이 말하는 것을 들었습니
다. 그러나 아버지 하나님께서 계시하기까지 예수님을 그리스도로 알지 못했습
니다. 바울이 복음에 관해서 말하기를, "내가 사람에게서 받은 것도 아니요 배운
것도 아니요 오직 예수 그리스도의 계시로 말미암은 것이라"(갈 1:12) 하였습니
다. 하나님께서 사람들을 사용하여 우리를 가르치시기를 바랍니다. 그러나 아버
지께서 우리 속에서 개인적으로 그 아들을 계시하기 전까지는 모든 선지자들과
사도들도 우리를 가르칠 수 없었습니다. 성경을 기록한 거룩한 사람들은 붓에
불과하였습니다. 오직 하나님께서 친히 그들을 사용하여 성경을 기록하셔야 했
습니다. 그렇지 않다면 그들의 기록이 우리 마음에 아무것도 기록하지 못할 것
입니다. 하나님께서 우리에게 예수님을 계시하셔야 합니다. 그렇지 않다면 우리
의 목사가 아무리 신실하다 할지라도 하나님을 결코 보지 못할 것입니다.

베드로가 주 예수님의 성품과 영광을 이성 작용을 통해서 발견해 낸 것이 아니었습니다. 예수님을 밝혀낸 혈육은 하나도 없었습니다. 분명 베드로는 구약을 읽었을 때 "저 예언이 예수님 안에서 성취되었다."라고 말하였을 것입니다. 그러나 그것마저도 주님을 그리스도요 하나님으로 그에게 알게 하는 데는 충분하지 못하였습니다. 예수님을 우리에게 보내주신 성부 하나님께서 각자에게 예수님을 알리셔야 합니다. 그렇지 않다면 우리는 예수님을 알지 못하는 상태에 머물러 있을 것입니다. 사람이 자신의 힘으로 탐사하여 하나님을 발견해 낼 수 없습니다. 하물며 예수 그리스도 안에 있는 하나님을 어찌 발견할 수 있겠습니까? 베드로는 예수님께서 살아 계신 하나님의 아들이라는 결론에 이르렀습니다. 왜냐하면 하늘에 계신 아버지께서 그것이 그러할 수밖에 없음을 보고 알게 하셨기 때문입니다.

우리가 하나님의 말씀의 문자를 읽는 것만으로는 그리스도를 발견하지 못합니다. 하나님께서 성경을 통해서 우리에게 구원하시는 진리를 가르치십니다. 그리고 또한 성경에 관한 경건한 묵상을 통해서 가르쳐 주십니다. 그러나 성경 자체나 우리 자신의 성경에 대해서 묵상하는 것 자체로는 효력 있게 작용하지 않고, 다만 그 일들에 하나님께서 함께 해 주실 때에만 효과를 발합니다. 주 예수 그리스도에 관해서 듣고 읽고 생각함에도 불구하고 그분을 깨닫지 못할 수도 있습니다. 참 제자들이 소유한 그리스도를 아는 지식은 혈육으로 말미암지 않고, 오직 아버지의 보내신 성령님의 계시로 말미암아 옵니다.

여러분은 제 말을 경험적으로 이해할 수 있겠습니까? 아버지께서 여러분을 속에서 영적으로 태어나게 하심으로 말미암아 그리스도를 계시하셨습니까? 여러분은 아버지의 아들이 되기까지는 아버지를 결코 알 수 없습니다. 여러분이 아들이기까지는 성자 예수님을 결코 알 수 없습니다. 우리 속에서 영적인 기능이 창조함 받아야 그것으로 하나님의 아들을 분변할 수 있게 됩니다. "육으로 난 것은 육이요"(요 3:6). 정말 그 이상도 그 이하도 아닙니다. 육은 영적인 것들을 분간할 수 없습니다. "영으로 난 것은 영이니"(요 3:6). 그리고 영만이 영적인 세계로 들어가 영적인 것들을 이해할 수 있습니다. "너희가 거듭나야 하겠다"(요 3:7). 여러분은 성부 하나님으로부터 반드시 거듭나야 합니다. 그렇지 않으면 태양 빛이 죽은 사람에게 전혀 알려지지 않는 것처럼 예수 그리스도가 여러분에게 거의 알려지지 않을 것입니다.

더구나 성부께서는 또한 우리를 깨끗하게 하셔야 합니다. 제가 이미 말하였던 것처럼 "마음이 청결한 자는 복이 있나니 그들이 하나님을 볼 것입니다"(마 5:8). 성부께서는 성령으로 말미암아 마음과 삶을 정결하게 하심으로 마음의 눈을 정화하십니다. 그때에야 주 예수 그리스도의 참된 성품과 사역(事役)과 직무(職務)들을 이해하고 지각할 수 있습니다. 우리가 그리스도께 속한 일들 안에서 세움을 입으려면 거듭난 후에 반드시 거룩하게 되는 일이 뒤따라야 합니다. "거룩함을 따르라. 이것이 없이는 아무도 주를 보지 못하리라"(시 12:14). 사람이 자기 앞에 주님을 모시고 있을 수 있습니다. 그러나 거룩함이 없이는 주님을 볼 수 없습니다. 예수님에 관하여 들을 수도 있고 책을 읽을 수도 있습니다. 그러나 그 사람의 성품이 거룩하게 되지 않고는 예수님을 그리스도와 하나님으로 볼 수 없습니다. 우리가 그리스도를 알아볼 수 있으려면 먼저 어느 정도 그리스도의 성품과 조화를 이루는 성품이 주어져야 합니다. 제 말을 오해하지 마십시오. 여러분이 그리스도를 신적인 존재로 믿을 수도 있고, 하나님께로부터 보내심을 받은 자로 믿을 수도 있습니다. 이 모든 요점을 정통적으로 믿을 수도 있습니다. 그러면서도 오늘 이 시간 구원을 받지 못한 상태에 있을 수가 있고 영원토록 그럴 수 있습니다. 예수님을 그리스도로 아는 것, 친구와 친숙한 것처럼 그리스도를 친숙하게 아는 일은 하나님의 성령으로 말미암아 여러분에게 주어져야 합니다. 그렇지 않으면 그 정도에까지 결코 이를 수 없습니다. 혈과 육은 이 요점을 여러분에게 계시할 수 없습니다.

저는 하나님의 여러 백성들의 추억을 새롭게 상기시켜드려야겠습니다. 하나님의 아들께서 여러분 속에서 능력 있게 계시된 적이 여러 번 있었지요? 이러한 여러 경우들 중에는 여러분이 고통에 처해 있을 때가 있었을 것입니다. 여러분의 주님이시요 하나님이신 예수님을 생각할 때까지 결코 쉼을 발견할 수 없었지요. 예수님을 생각하게 되었을 때에 평강이 강물처럼 여러분 속에서 흘러넘쳤습니다. 파도 위를 걸으시며 잠잠하라고 명하시는 예수님을 볼 때까지는 폭풍이 사납게 몰아쳤습니다. 그런 일을 겪은 후에 여러분은 "진실로 하나님의 아들이로소이다."(마 14:33)라고 말하게 되었습니다. 죄의 짐에 눌렸을 때를 기억하십시오. 여러분은 그 일을 결코 잊지 못할 것입니다! 여러분이 죄책의 무거운 짐에 눌려 부서져 땅에 나동그라져 있었습니다. 그때 예수님께서 여러분의 죄를 지시는 분으로 계시되셨습니다. 그리고 여러분이 그의 찔리신 발에 입 맞추고, 예수님께서 여러분에게 용서를 선포하셨을 때 그분이 하나님이신 걸 알았습니다. 하나님께서 옛 사람에게 말씀하지 않으셨습니까? "땅 끝의 모든 백성아 나를 앙망하라. 그리하면 구원을 얻으리라. 나는 하나님이라. 다른 이가 없음이니라"(사 49:22-한글 개역, KJV). 정말 그때 내 마음은 너무나 기쁨에 가득 차서 도저히 감당할 수 없을 정도였습니다. 내 마음속에 예수님께서 하늘이셨습니다. 홀로 서서 믿음을 위해서 싸우면서도 내 주님과 홀로 교제하는데서 달콤한 만족을 누렸습니다. 주님의 면전에서 모든 걱정과 두려움이 달아났으며, 무한한 사랑에 대한 평강이 넘치는 지각 속에서 단번에 모든 의심들이 풀려 버렸습니다. 지존자의 아들이신 주님이시여, 당신은 당신의 빛으로 나에게 계시하셨고, 그래서 저는 기쁘기 한량없습니다! 이처럼 그리스도를 계시하는 일이 여러분 각자에게 일어나야 합니다. 그렇지 않다면 시몬 베드로가 도달한 그 복락에 미치지 못할 것입니다. 마땅히 상세하게 설명하고 싶은 대목을 간단하게 말하지 않을 수 없습니다. 그러나 우리가 시간을 가장 선용하고 있을 때라도 시간은 기다려 주지 않을 것입니다. 여러분의 영혼 속에서 개인적인 계시를 누림으로써 이 책에 기록된 신적 계시가 영원토록 여러분 자신의 것이 될 수 있기를 바랍니다.

3. 이 지식은 그 나름의 독특한 표지를 갖고 있습니다!

그 지식은 혈과 육으로 말미암아 오지 않고 아버지의 가르치심으로 말미암아 옵니다. 그 지식은 나름의 특성들을 갖고 있습니다.

첫째, 그 지식은 마음에 의심할 여지 없는 확신으로 다가옵니다. 책들 속에서 예수님에 관하여 읽거나, 목사들을 통해서 예수님에 관하여 말하는 것을 듣는다면 잘하는 일입니다. 그러나 만일 아버지께서 그분을 여러분에게 나타내시면, 무한히 더 좋습니다. 왜냐하면 그런 경우 증거가 있으면 어떠한 의심의 그림자도 허용되지 않기 때문입니다. 하나님의 증거가 의문에 붙여질 수 없습니다. 주 예수 그리스도에 관한 영광스러운 진리들이 의심 받고 있을 때에 우리가 점점 더 화가 나게 되는 것을 사람들은 이상히 여기지 말아야 합니다. 왜냐하면 우리 마음에 대하여 그 진리들은 논박을 당할 것들의 영역 속에 들어 있지 않기 때문입니다. 아버지께서 우리에게 계시하신 하나님의 아들에 관한 그러한 사실들을 논의할 때 그 자체로 하나님을 모독하는 것이 됩니다. 그러한 의문들이 마음에 떠오르게 될 때 우리 마음이 지극히 고통스러워집니다. 우리는 그러한 문제들을 주님의 성전을 모독한 강도들로 여기고 쫓아 버립니다. 그러나 성부께서 예수님을 그리스도로 계시하고 계실 때, 침입자들이 가까이 오지 못합니다. 그렇게 할수 없죠. 성부께서 마음을 주목하고 계실 때가 틀림없이 있습니다. 그런 경우 의심이 들어올 수 없습니다. 그루터기 가운데 있는 풀이 마른 밀짚을 태우듯이 성부의 증거도 의심하는 것을 소멸시켜 버립니다. 이 말을 듣고 어떤 사람은 이렇게 말할 것입니다. "오, 그러나 성부께서 나에게는 그런 식으로 말씀하지 아니하셨어요." 참 안됐습니다. 그렇게 해 주십사고 구하십시오. 여러분이 그러한 체험이 모자람을 고백하는 것은 좋은 일입니다. 그러나 그 모자람은 매우 심각한 것입니다. 주님께서 여러분을 다루셔야 합니다. 주님의 성령께서 오시어 여러분의 심령과 접촉하셔야 합니다. 성령으로 말미암아 내적 조명이 있어야 합니다. 그렇지 않으면 여러분은 참으로 복되지 못합니다. 베드로를 복되게 만든 것은 베드로가 알았다는 사실뿐만 아니라 그것을 알게 된 방식이었습니다. 순수한 이성의 논증을 훨씬 초월하는 세력으로 진리가 그렇게 계시된 것입니다. 수학적인 논증의 정확성에도 불구하고 저는 감히 역설하는 바입니다. 영혼에 성령께서 기록하신 것이 그것을 받는 사람에게 더 확실하다고 말입니다. 성령의 증거는 여러 입증들 가운데서 가장 확실한 것입니다. 그처럼 비추임을 받은 심령에 아버지의 증거는 절대적으로 확실합니다. 오, 그 비추임을 더하여 주옵소서!

둘째로, 이 지식은 특별한 표지를 가지고 있습니다. 곧 그 지식은 거룩한 작용들을 수반합니다. 성부께서 어떤 사람에게 그리스도를 계시하실 때에 동시에 그 사람이 그 자신을 알게 해 주십니다. 자신이 죄와 파멸에 빠져 있다는 사실을 발견함으로 겸손과 통회와 회개와 갱신에 이르게 됩니다. 그 사람이 거룩을 열망하는 쪽으로 움직이게 되고, 예수님과 같아지기를 갈망하게 됩니다. 예수님을 앎으로 말미암은 복된 결과가 그것입니다. 거룩하고 복된 역사의 모든 방식이 예수님이 알려지는 때에 그 마음속에서 진행됩니다. 믿음, 소망, 사랑, 인내, 열심, 성령 안에서의 기쁨이 예수님의 영광을 발견하는 일과 함께 갑니다. 예수님은 영원토록 생존하는 살아 있고 썩지 아니하는 씨앗입니다. 그로부터 하나님을 기쁘시게 하는 그 거룩한 모든 열매들이 영혼 속에서 자라나는 것입니다. 만일 여러분이 그리스도를 모시면, 새로운 탄생을 한 것이며, 하늘에 속한 생명을 가진 것이고, 거룩한 열망을 갖게 됩니다. 이제 그 사람은 완전에 도달하기 위한 길목에 들어서 있습니다.

셋째로, 성부께서 예수님을 계시하여 주시는 이 일과 더불어 **주목할 만한 평온**이 찾아옵니다. 전에는 마음이 저녁 무렵 날아다니는 박쥐처럼 안정되지 못하였습니다. 그러나 이제 노아의 손에 안착하여 방주로 이끌림을 받은 비둘기처럼 마음이 평온합니다. 여러분의 영혼 속에 성부로부터 오는 주 예수 그리스도에 대한 계시를 얻기만 하십시오. 그러면 "모든 지각에 뛰어난 하나님의 평강이 그리스도 예수 안에서 너희 마음과 생각을 지키시리라"(빌 4:7). 저는 그 평강을 다 묘사할 수 없습니다. 실로 저는 아무것도 묘사할 수 없습니다. 오직 여러분 자신이 그것을 느끼도록 여러분에게 맡겨드릴 수밖에 없습니다. 우리는 복음서에서 우리 주님께서 바람과 바다를 향하여 말씀하신 후에 "아주 잔잔하게 되었다."는 것을 읽습니다(마 8:26). 그 잔잔함은 단순한 잔잔함이 아니라 "아주 큰 잔잔함"이었습니다. 여러분은 심오한 평온함, 깨어지지 않는 안정을 느꼈습니까? 그러한 때에 욕심이 잠들어 있는 것처럼 보입니다. 더 이상 바랄 것이 없어 보입니다. 슬픈 일도 기억나지 않고, 앞일에 대한 걱정도 전혀 생기지 않습니다. 주 예수 그리스도 안에서 모든 것을 가진 셈입니다. 그리고 항상 노래를 부를 것 같은 느낌입니다. 이것이 바로 영혼에 그리스도를 계시하여 주실 때 나타나는 표지들 중 하나입니다. 그 일은 하늘에 속한 안식의 증표와 보증으로 주신 내면적 평안을 불러옵니다.

거기에 하나 더 중요한 표지가 있습니다. 그리스도의 신성(神性)과 그 영광에 대한 확신이 마음속에 영원히 거하게 된다는 사실입니다. 다른 사람들의 말을 듣고 그리스도를 믿는 믿음을 가진 사람은 또다른 사람들에 의해서 그 믿음을 빼앗길 수 있습니다. 그러나 아버지께로부터 믿음을 받은 사람은 깨어질 수 없는 보유권(保有權)으로 그 믿음을 견지합니다. 아버지께로부터 배운 것은 결단코 잊혀지지 않을 것입니다. 성령께서 새겨 놓으신 것은 지워낼 것이 없습니다. 사랑하는 여러분, 제가 여러분에게 간청하는 바는 자기가 만들고 자기 나름으로 수선하여 꿰어 맞춘 종교를 삼가라는 것입니다. 아울러 그리스도인 친구들이 친절하게 주워 모아 주는 것으로 대충 만든 것과 같은 종교를 조심하십시오. 그것들 중 어느 것도 여러분 자신의 것은 없습니다. 꾸어온 기름을 조심하십시오. 기름을 파는 사람들에게 가서 스스로 기름을 사야 합니다. 여러분 중에 어떤 사람도 내 주전자에 있는 것을 마실 수 없습니다. 여러분 스스로 각자 자신을 위해서 샘의 원천으로 나아가야 합니다. 예수님께서 서서 외치셨습니다. "누구든지 목마르거든 내게로 와서 마시라"(요 7:37). 세상에 그 사람 개인이 예수님께 나아가 예수님을 영접하는 일로 말미암아 오는 종교 외에는 안전한 종교가 하나도 없습니다. 이 문제에 있어서 하나님께서 친히 예수님을 여러분에게 계시하셔야 합니다. 예수님께서 친히 말씀하십니다. "나를 보내신 아버지께서 이끌지 아니하시면 아무라도 내게 올 수 없으니"(요 6:44). 성령께서 그리스도께 속한 것을 가지고 우리에게 보여주셔야 합니다. 그렇지 않으면 우리가 결코 그리스도께 속한 것을 받지 못할 것입니다. 아버지께 배운 자마다 예수님께 와서 머뭅니다. 그 점에서 모자라면 그것은 잠시 있다가 없어지는 것이고 기만적인 것입니다. 예수님의 발 아래 앉음으로 말미암아 더 나은 자리를 취하십시오. 그러면 그것을 여러분에게서 빼앗는 일은 결코 없을 것입니다. 그러나 개인이 하나님의 계시를 받아 가진 것이 아닌 종교는 단순한 신기루에 불과합니다. 실상은 전혀 없는 것이죠. 그것은 밤의 꿈처럼 사라져 버릴 것입니다.

4. 끝으로, 이 지식은 그 지식을 소유하는 자에게 특별한 특권들을 확보해 줍니다.

주 예수님께서 말씀하셨죠? "바요나 시몬아 네가 복이 있도다. 이를 네게 알게 한 이는 혈육이 아니요 하늘에 계신 내 아버지시니라"(마 16:17). 베드로는 얼마나 복된 사람이었습니까!

시몬 베드로가 복된 것은 영생을 소유하였기 때문입니다. 어떻게 우리가 아나요? 우리 구주께서 "영생은 곧 유일하신 참 하나님과 그가 보내신 자 예수 그리스도를 아는 것이니이다"(요 17:3)라고 말씀하셨기 때문입니다. "영생은 이것이니." ― 예수님을 하나님께서 보내신 자로 알면 영생을 얻은 것입니다. 예수님을 아는 지식이 영생입니다. 율리우스 카이사르나 안토니우스나 그런 사람들에 대해서 읽어 보셨죠. 그러나 여러분은 그들을 확실하게 모릅니다. 알 수가 없습니다. 여러분이 가진 학문의 정도에 비례하여 그들을 알 뿐입니다. 그러나 그들을 살아 있는 사람들이나, 하나님께서 여러분에게 보내신 자들로 알지는 않습니다. 그들은 오래 전에 죽었습니다. 여러분에게 있어서 그들은 더 이상 존재하지 않거나, 여러분에게 어떤 사명을 띤 존재가 아닙니다. 바로 이 시간 미국 대통령에 관해서 무엇인가를 알고 있죠. 그러나 여러분이 그를 알지는 못합니다. 그러나 주 예수님에 관해서는 크게 알 뿐 아니라 여러분이 그분을 알고 있다는 것을 저는 확신합니다. 여러분이 예수님 그분을 아십니까? 여러분이 그분에게 말씀드린 적이 있습니까? 그분이 여러분에게 말씀하신 적이 있었나요? 여러분의 마음을 그분에게 아룀으로써 그분이 여러분의 마음을 알고 계시나요? 그분이 여러분에게 친구와 친지와 형제와 같으신 분입니까? 이것이 바로 영생입니다. 이런 종류의 지식을 아버지께서 우리에게 계시하십니다. 혈과 육은 우리로 하여금 그리스도의 친구가 되게 할 수 없습니다. 사도들은 육체를 따라서 그리스도를 안 적이 있었습니다. 그것이 그들의 복됨의 원인은 아니었습니다. 그러나 아버지께서 그들에게 영생을 수반한 계시를 주셨습니다.

다시 베드로가 복된 이유는 이 지식이 그가 특별하게 은총을 입은 사람이라는 증거이었기 때문입니다. "주여, 어찌하여 자기를 우리에게는 나타내시고 세상에는 아니하려 하시나이까?"(요 14:22)라는 질문이 무엇입니까? 세상은 그리스도를 알지 못합니다. 알 수도 없습니다. 택한 백성들에게만 그리스도께서 자신을 나타내십니다. 나머지 사람들은 믿지 않습니다. 그러니 그를 알지 못합니다. 주님께서 택한 백성들에게 오시어 친구처럼 말씀하십니다. 그리스도께서 그들을 따로 불러 그들의 마음을 들여다보시고, 그들의 탄식을 들으십니다. 바꿔서 주님께서는 당신의 마음을 열어 그들 각자에게 말씀하십니다. "내가 영원한 사랑으로 너를 사랑하기에 인자함으로 너를 이끌었다 하였노라"(렘 31:3). 아버지께 가르침을 받은 나머지 그 아들을 알게 된 일이 얼마나 큰 은총입니까! 여러분이 그리스도를 안다면 아버지께서 여러분을 미리 아셨습니다. "하나님이 미리 아신 자들로 또한 그 아들의 형상을 본받게 하기 위하여 미리 정하셨으니"(롬 8:29). 만일 여러분이 그리스도를 알고 있다면, 여러분의 이름이 어린 양의 생명책에 기록되어 있으며, 하늘의 가족 명부에 올라 있습니다. 그리고 때가 되면 그리스도께서 계신 그곳에 그리스도와 함께 있게 될 것입니다. 구주께서 "네가 복이 있도다."라고 베드로에게 말씀하신 것은 정말 잘하신 것입니다.

그리스도를 아는 사람은 그리스도께서 어느 곳에 계시든지 은총의 자리에 있는 것입니다. 그 사람은 모든 조건 속에서도 복됩니다. 여러분이 매우 아플 수도 있습니다. 그 아픈 가운데서도 여러분은 복됩니다. 세상에서 번성할 때가 있습니다. 그리스도를 알고 있다면 그 번영이 복됩니다. 여러분이 세상에서 뭐가 잘 안 되고 있는 일 때문에 슬퍼합니까? 애통해하지 마십시오. 여러분의 역경도 복이 있습니다. 여러분이 지능이 매우 부족하고 많은 교육도 받지 못했습니까? 그러나 그 점은 신경 쓰지 마십시오. 그리스도를 알고 있다면 여러분은 복된 것입니다. 이 지식은 모든 학문들 가운데서 가장 탁월한 것입니다. 여러분이 잘 가르침을 받았죠? 모든 지식을 다 즐거워하지는 마십시오. 그러나 여러분이 예수님을 알게 되고 복을 받게 된 이 한 가지는 자랑하십시오. 세상이 여러분을 저주합니까? 그 일에 발끈하지 마십시오. 마귀가 여러분을 삼키려고 노리고 있습니까? 두려워하지 마십시오. 그에게 대항하십시오. 예수님께서 여러분이 복되다 말씀하십니다. 저는 그리스도께서 복되다 하신 사람은 복되고 그 말씀을 어느 누구도 뒤집어엎을 수 없음을 알고 있습니다.

이제 저는 여러분 각자가 이 복을 충만히 알 수 있기를 바라면서 끝을 맺으려 합니다. 만일 여러분이 그것을 알면 그것이 존귀한 섬김을 위한 자격을 여러분에게 부여할 것입니다. 주님을 그리스도가 살아 계신 하나님의 아들로 알고 고백한 그 사람 베드로는 그 자신만 복된 것이 아니었습니다. 그 사람은 교회의 설립 과정을 위한 주춧돌 중 하나로 택하심을 입었습니다. 주님께서 베드로를 반석이라고 묘사하셨습니다. 그 반석 위에 주님께서 그분의 교회를 지으실 참이었습니다. 베드로는 열쇠를 가지게 될 것이라고 말씀하셨습니다. 왜냐하면 구주 하나님을 믿는 신앙 안에서 모든 복음 진리의 열쇠를 이미 소유하였기 때문입니다. 아버지께로부터 온 계시로 말미암아 말씀을 받은 그 사람은 교회가 처음 설립될 때 교회로 지음받기에 합당한 사람이 되었습니다. 그가 자신을 위해서 그리스도께 달라붙은 사람으로서 다른 사람들을 돕는 이가 되었습니다. 여러분이 무엇보다도 먼저 하나님의 독특한 계시로 말미암아 그리스도를 알지 않으면 무엇을 할 수 있습니까? 달리고 싶다고 달려집니까? 보냄을 받기까지 기다리십시오! 예수 그리스도를 하나님께서 보내신 자로 알지 못하고 있으면 아직 보내심을 받지 않은 자입니다. 여러분이 메시지를 전하고 싶어도 그렇게 할 수 있겠습니까? 여러분이 그 메시지를 알기까지 기다리십시오! 여러분이 그리스도를 하나님의 메시야요 하나님의 아들로 아는 개인적인 지식을 갖기까지는 전할 메시지를 알지 못하는 것입니다. 제 이 말이 설교에 대해서 생각하는 젊은 어떤 형제나, 주일학교에서 가르치려고 나서는 어떤 자매를 겨냥한 말일 수도 있습니다. 알지 못하는 것을 가르치겠다고 덤비지 마십시오. 아버지께 배운 적이 없다면 배울 때까지 기다리십시오. 여러분이 주 하나님께 배울 수 있기 위하여 지금 기도하십시오. 장사하는 법을 가르치고 싶은데 그 일을 한 번도 해보지 않은 사람은 자신을 어리석은 사람으로 만드는 셈입니다. 자신이 전혀 알지 못하는 그리스도를 가서 말하고 싶은 사람이 있다면 그 사람은 그것을 생각하는 자체가 어리석은 일이죠.

집으로 가서 하나님 아버지께서 당신의 아들 예수 그리스도를 여러분 자신에게 계시해 주십사고 기도하십시오. 그런 다음에 여러분이 밖에 나서서 말하게 될 때 확신 있게 말할 것입니다. 여러분의 말을 들은 사람들이 "저 사람 매우 독단적이다."라고 말할지도 모릅니다. 그러나 오늘날 그런 용감한 신앙 고백이 정말 필요한 때입니다. 무엇인가 확신해야 합니다. 그렇지 않고서 배울 가치가 있는 어떤 것도 가르치지 못할 것입니다. 지렛대에 고정된 받침대를 가져야 지레가 쓸모가 있습니다. 여러분에게 모든 것이 불확실해 보이더라도, 오직 한 가지는 확실해야 합니다. 곧 어떤 것을 확실하게 알아내기까지는 그 일을 가만두는 것이 좋습니다. 여러분 자신이 어떤 기초를 전혀 가지고 있지 못하다면 다른 사람들을 세워줄 수 없습니다. 그러므로 무엇보다 먼저 하나님께 울부짖으십시오. "주여, 당신의 아들을 제 안에 계시하소서!" 저는 여러분 모두가 바로 그 기도를 드렸으면 합니다. "오, 주 하나님이시여, 그리스도를 주시는 분이시여, 제 마음을 비추어 주십시오. 말할 수 없는 당신의 선물을 보게 하여 주옵소서! 성령님으로 말미암아 저를 능하게 하사 예수님이 누구시며 어떠한 분이신지 알게 하옵소서. 그럼으로써 하나님께서 예수님을 제게 제시하실 때 그분을 영접하게 하옵소서. 하나님께서 당신 품에 계신 그분을 제 것으로 주옵소서. 저를 능하게 하사 그분에 대하여 말하되, 제가 보았던 영광과 제가 느꼈던 그 능력을 가진 분으로 말하게 하옵소서."

제 설교를 듣고 있는 분들이여, 여러분 자신의 기지나 지혜로 주 예수님을 발견해 내리라는 상상을 하지 마십시오. 젊은이여, "나는 학생이요, 내 자신의 능력으로 이 인자되신 분을 발견해 내리라."고 말하지 마십시오. 예수님은 예수님 자신의 빛으로만 알려지실 수 있는 분임을 기억하십시오. 하나님께서만이 하나님을 우리에게 가르치실 수 있습니다. 그리스도는 어떤 사람도 읽어낼 수 없는 책이십니다. 오직 그리스도께서 친히 그 사람에게 말씀 하나하나를 판독하도록 가르치실 때만 읽을 수 있는 책입니다. 예수님을 해석하시는 분은 그분 자신이십니다. 예수님은 문이십니다. 그러나 열쇠도 되십니다. 예수님께서 보이셔야 합니다. 그러나 그분 자신을 보이게 하는 빛을 공급하시는 분이 그분 자신입니다. 예수님은 하나님께로부터 나오셨습니다. 예수님을 아는 능력도 또한 하나님 자신으로부터 나옵니다. 그리하여 모든 것이 다 하나님께로부터 오는 것입니다. 자, 우리 그 문제를 하나님께 돌리시고 성부와 성자와 성령, 그 한 분 하나님께 영원무궁토록 찬미를 올리십시다. 아멘.

제
48
장

—

오직 예수

—

**"제자들이 눈을 들고 보매 오직 예수 외에는
아무도 보이지 아니하더라."** — 마 17:8

"오직 예수" — 이 두 단어만으로도 충분한 설교 본문이 될 것입니다. 베드로가 모세와 엘리야와 함께 계신 주님을 뵈었을 때, "주여, 우리가 여기 있는 것이 좋사오니"라고 외쳤습니다. 마치 예수님하고만 있는 것보다 예수님과 모세와 엘리야와 함께 있는 것이 더 좋다는 것을 함축하듯이 말입니다. 자, 그의 생애 속에서 그리스도께서 변모되신 모습을 보되, 율법과 선지자들을 대표하는 인물들을 함께 보는 것은 틀림없이 좋은 일이었습니다. 그것이 그 특별한 경우에 그가 볼 수 있는 최고의 광경일 수 있습니다. 그러나 일반적인 일의 경우로 볼 때 그처럼 장엄한 황홀경이 제자들을 위해서 좋지 않을 수도 있었습니다. 베드로 자신이 금방 그 광경이 사라지는 것을 보았습니다. 빛나는 구름이 그를 덮었고 하늘로부터 음성이 들려왔을 때 다른 두 제자와 함께 베드로도 심히 무서워하게 되었음을 우리는 발견합니다. 결국 베드로를 위해서 가장 좋은 일은 주님의 변모되시는 모습 때문에 과도하게 긴장하는 일도 아니었고, 나타나서 예수님과 함께 있었던 그 위대한 두 영혼들이 함께 있는 즐거운 모습도 아니었습니다. 오히려 동등하게 영광스러우면서도 흥분이 덜한, "오직 예수님"과 함께 있는 일이 그에게 가장 좋은 일이었습니다. 형제들이여, 경우에 따라 믿음의 힘을 새롭게 하기 위해서 황홀하고 흥분하게 하는 체험들과 취하게 하는 즐거움들이 쓸모 있다 할지라도, 매일 그런 것들이 "오직 예수님"과 고요하고 즐거운 일상적 교제를 누리는 것만큼 선하지 않다는 사실을 확신하십시오. 그것만이 모든 그리스도인의 삶의 독특한 표지가 되어야 합니다. 제자들이 예수님과만 산기슭에 오르고, 예수님과만 함께 무리들에게 돌아왔을 때, 그들은 모세와 엘리야와 함께 그 산 정상에 있었을 때와 똑같이 선한 무리들 중에 있게 된 것입니다. 예수 그리스도께서 평상복 차림으로 계실 때는, 그 옷이 빛처럼 환해지고 얼굴이 해같이 비추던 변화산상에서처럼 제자들의 눈을 현란하게 하지는 않았겠죠. 그럼에도 불구하고 우리 주님은 그런 경우에도 여전히 변화산상에 계시는 것처럼 아주 영광스러우셨고, 주님과 함께 있는 사람들에게는 변화산상에서와 같이 아주 유익하셨습니다. 제자들이 평상시의 모습으로 계신 예수님을 뵈올 때, 광채로 빛나 보이시던 때와 똑같이 그들에게 유익하였습니다. 결국 "오직 예수"가 모세와 엘리야와 함께 계신 예수보다 더 나은 셈입니다. 평범한 예수님, 매일의 그리스도로서의 "오직 예수", 사람들 중에 행하시는 그 사람이신 예수, 제자들과 은밀하게 교제를 나누는 그 사람 예수가 우리가 이 지상에서 몸을 입고 있는 동안에는 탁월한 위엄을 드러내시던 예수님의 모습보다 더 낫습니다.

오늘 아침 "오직 예수"만 보이신 것에 대하여 집중하면서 그 정황이 한량없이 중요하고 기쁨에 찬 모습임을 생각하고자 합니다. 아울러 옛적에 골리앗의 칼에 대하여 "그 같은 것이 없었다."고 한 것처럼, "오직 예수"와 함께 교제하는 것에 대하여도 그렇게 말할 수 있음을 증거할 것입니다. 우리는 무엇보다 먼저, 예수 그리스도께서 변모되신 이후에 제자들에게 일어날 수 있었던 것이 무엇인지 주목해 볼 것입니다. 둘째로, 실제로 일어난 일에 대해서 생각해 보겠습니다. 그리고 세 번째로, 우리가 간절하게 바라는 일이 오늘날 우리 말을 듣는 자들에게 일어날 수 있음을 말해 나갈 것입니다.

1. 첫째로, 예수님의 변모되신 모습을 본 세 제자들에게 일어날 수 있었던 일이 무엇인가를 살펴봅시다.

일어날 수 있었던 일 중에서 네 가지를 살펴보겠습니다. 첫 번째로 상상되는 바는, 그 거룩한 산 위에서 제자들은 자기들과 함께 하는 자를 아무도 보지 못했을 것이라는 점입니다. 그들은 모든 것이 다 사라지고 자기들만 남았다는 생각을 했겠죠. 구름이 덮었을 때 심한 두려움이 그들에게 임하였습니다. 그때 그들은 눈을 들어 전체 광경이 녹아 공중으로 흩어진 것과 같음을 발견했습니다. 모세나 엘리야나 예수님도 보이지 않았습니다. 그 경우 제자들은 아주 민망한 곤경에 처했을 것입니다. 마치 잔칫집의 맛나는 음식을 맛보기 시작하였는데 그만 갑자기 거기 차려진 음식이 다 쓸려 없어지는 것을 본 자들처럼 말입니다. 아니면 수정 같이 맑은 시원한 물방울 몇 방울 맛보았는데 그만 자기들의 눈앞에서 그 샘이 금방 말라 버리는 것을 본 사람들과 같이 말입니다. 그들은 그 날 산을 내려가면서 질문을 던지거나 가르침을 받지 않았을 것입니다. 왜냐하면 그들을 가르칠 선생을 모시고 있지 않았을 것이기 때문입니다. 그들은 산에서 내려가 허다한 무리를 대면하고 귀신과 싸울 참이었습니다. 그런데 그들은 사탄을 이기지 못하고 오히려 군중들 앞에서 사탄에게 가만히 서서 패퇴당하였습니다. 왜냐하면 그들에겐 자기들을 위하여 나서서 악한 영을 쫓아내 주는 대장이 계시지 않았기 때문입니다. 그들이 서기관들과 바리새인들 중으로 내려가서 저희가 던지는 대답하기 어려운 질문들로 당황하게 되었고, 저들의 아는 척하는 현학적 소견을 이겨내지 못하였을 것입니다. 왜냐하면 그들 중에 전과 같이 지혜롭게 매듭을 풀고 혼란으로 아우성치는 상황을 종결짓는 이가 계시지 않았기 때문입니다. 그들은 목자 없는 양이나, 세상에 홀로 남겨진 고아들처럼 되었을 것입니다. 그리고 그들에게, 변모된 예수님의 모습을 본 그날은 이후부터 불행한 날로 여겨졌을 것입니다. 왜냐하면 그 모습을 본 뒤, 그 광경에 생각이 고양되고 크게 기대감으로 부풀어 올랐다가 갑자기 모든 것이 물거품처럼 사라져 버렸고, 남은 것이 하나도 없었을 것이기 때문입니다. 안타깝습니다! 완전하게 된 의인의 영들의 형상을 보고 그러한 모든 영들의 위대한 주님을 본 그들이 혼자 남게 되고, 그런 영들과 함께 가졌던 놀라운 교제가 영원히 없어져 버렸기 때문입니다.

　　사랑하는 형제자매 여러분, 이 세상에는 그와 같은 일이 실제 일어났으면 하고 바라는 사람들이 있습니다. 아니, 우리 자신들도 그들 중에 끼어 있었습니다. 설교나 복음적 제도나 하나님의 말씀을 읽으므로 잠시 기뻐하며 마음이 고양되고 더 숭엄한 능력을 높이 쳐다보았는데, 그만 모든 것이 다 끝난 후에 기쁨이나 은혜가 전혀 남아 있지 않고, 설교를 들었던 모든 것이나 잠시 즐거워했던 모든 것이 다 사라져 버립니다. 어쨌든 매일의 삶의 갈등 속으로 아무것도 가진 것 없이 들어가게 된 셈이죠. 그 광경은 전체가 놀라웠습니다. 그러나 그것뿐입니다. 모세도, 엘리야도, 예수님도 남아 있지 않습니다. 여러분이 본 것은 기억합니다. 그러나 후회스럽게도 아무것도 여러분에게 남겨진 것이 없습니다. 실로 우리에게 때때로 일어나는 이 일은, 복음을 들으나 복음의 진실을 깨닫지 못하는 이 경건하지 않은 세상의 일반적인 습관이요 운명입니다. 이 경건하지 않은 세상도 옛적의 전설처럼 복음 역사에 관심을 가지고 청종하죠. 이적 시대의 이야기들을 경외심을 가지고 잘 듣습니다. 경건하지 않은 세상도 아주 옛적 사람들의 영웅적 행실을 존경합니다. 그러나 경건하지 않은 세상은 그런 모든 광경 중에 오늘날을 위해서, 일상적인 삶과 보통 사람들을 위해서 무엇인가 남아 있다고 믿지를 않습니다. 모세를 알고 있고 엘리야도 압니다. 그리스도도 알죠. 역사의 한 장면을 장식하고 사라져 버렸던 그림자 정도로 압니다. 경건하지 않은 세상은 그런 것들 중 어느 하나라도 남아서 영구한 영향력을 가지고 현재 사람들의 마음과 영을 감동시키는 것에 대해서는 하나도 알지 못합니다. 모든 것이 왔다가 다 사라져 버렸고, 존경 받거나 경외심으로 추앙되던 모든 것이 그때뿐이고 더 이상 아무것도 아니라고 생각하는 것입니다. 현재에 영향을 미치거나 복을 주는 국면에서 남은 것은 하나도 없다고 생각합니다. 예수님과 그의 복음도 왔다가 갔다는 것입니다. 있었던 사실을 있는 그대로 잘 회상할 수 있습니다. 그러나 어떤 현인인 체하는 사람에 따르면 신약성경 안에 있는 어느 것도 이 진보된 시대, 계몽을 받은 19세기에 영향을 미치는 것은 없다는 것입니다. 우리 시대에 사는 사람들은 그보다 훨씬 더 높은 경지에 올라섰다는 것입니다.

아! 형제 여러분, 그런 식으로 만족해할 수 있는 사람들이 윤리적 유물이나 영적 환각이 어우러진 예배를 견디게 내버려 두십시오. 우리에게는 그런 식의 예배가 곤고함 그 자체가 될 것입니다. 오직 우리는 주님의 이름을 찬미하면서 우리에게는 주 예수 그리스도께서 함께 하신다고 말할 수 있습니다. 바로 오늘 그리스도께서 우리와 함께 계시고, 세상 끝날까지 우리와 함께 계실 것입니다. 그리스도의 존재는 옛 고대에나 멀리 떨어진 곳에 국한된 사실이 아닙니다. 그리스도께서는 성령님으로 말미암아 그분의 교회 안에 실재하십니다. 육신의 눈으로는 아니지만 우리는 그분을 뵈었습니다. 육신의 귀로는 아니지만 우리는 그분의 음성을 들었습니다. 육신의 손으로는 아니지만 그분을 부여잡았습니다. 참된 양식인 그분의 살과 참된 음료인 그분의 피를 먹고 우리의 생명을 지탱합니다. 바로 오늘 우리에게는 우리 친구 되신 예수님이 함께 계시고, 그분에게 우리의 비밀을 알려드렸습니다. 그분은 우리의 모든 슬픔을 지십니다. 우리는 그분의 비밀을 여전히 우리에게 계시하고 계시며 우리를 인도하사 하나님의 마음과 하나님의 이름을 알게 하시는 해석교사(解釋教師)이신 예수님을 모시고 있습니다. 예수님은 우리와 여전히 함께 계시며 우리에게 힘을 공급하고 계십니다. 우리는 그분의 능력 안에서 여전히 능합니다. 교회 안에서 예수님께서 주권적으로 왕 노릇 하심을 고백합니다. 또한 그분이 우리에게 주시는 모든 충분한 구원을 받습니다. 교회는 머리가 잘려져 있는 그런 존재가 아닙니다. 교회의 머리가 교회와 생명 있는 연합을 이루며 교회 안에 거하십니다. 예수님은 우리에게 결코 실체가 없는 신화가 아닙니다. 다른 사람들이 예수님을 아무리 그렇게 본다 할지라도 말입니다. 그분은 떠나가 버린 그림자도 아니며, 의인화된 영웅도 전혀 아닙니다. 교회의 활동 자체 속에 그리스도께서 계십니다. 물론 다른 사람들은 그리스도를 보지 못합니다. 우리도 육신의 눈으로 그분을 뵙지 못합니다. 그럼에도 불구하고 그분을 믿음으로 말미암아 말로 할 수 없는 영광의 충만을 누리고 있습니다. 오, 우리가 삶을 영위해 나감에 따라서 우리의 종교가 하나의 꾸며진 이야기로 녹아 버려 단순한 감상에 지나지 않거나, 생각 이외에 실재하지 않거나, 꿈이나 환영처럼 실체가 없게 되는 그런 일은 결코 우리에게 일어나지 않을 것이라고 저는 확신합니다. 오직 우리의 종교가 사실의 문제로서 살아 계시고 항상 함께 거하시는 구주와의 동행이 되게 하시옵소서. 모세가 가 버릴 수 있고 엘리야가 떠나가 버릴 수도 있습니다. 그러나 예수 그리스도께서는 우리와 함께, 우리 안에 거하십니다. 또한 우리가 예수님 안에 거합니다. 그런 일이 영원토록 계속될 것입니다.

자, 제자들에게 일어날 수 있었던 두 번째 일을 생각해 봅시다. 그들이 눈을 들어보니 모세만 보였다 합시다. 그런 경우라면 그들이 실제로 보았던 것과 매우 서글프게 맞바꾼 셈이었음에 틀림없습니다. 모세만 보이다니요. 모세의 얼굴이 광채가 났을 것입니다. 그의 인격이 그들에게 외경심을 일으켰겠죠? 자신들처럼 비천한 가문에 속한 사람들이 그 능한 사람과 함께 산에서 내려오는 일이 결코 작은 일은 아니었겠죠. 그 사람 모세는 40일 동안 하나님과 대면하여 말씀을 나누었고 엄숙한 비밀을 하나님과 나누며 함께 있었던 사람입니다. 그러나 누가 태양을 달과 바꾸고 싶겠습니까? 구주의 신적 애정에서 뿜어 나오는 태양 광선을 모세와 율법의 차가운 달빛으로 바꾸고 싶겠습니까? 살아 계신 자기의 구주를 상실하고, 율법과 동의어로 불리는 사람을 지도자로 만나게 되었다면, 그것은 그들에게 불행한 교환이었을 것입니다. 하나님의 사람 모세를 하나님의 아들 이신 예수님과 비교할 수 없습니다. 그럼에도 사랑하는 형제 여러분, 어떤 이들은 지금도 여전히 모세만 봅니다. 복음 설교가 세상에 있습니다. 주일마다 보배로운 은혜의 교리가 선포됩니다. 성경의 분명한 계시와 사람들의 마음속에서 역사하시는 성령님의 역사가 있습니다. 그런 모든 것에도 불구하고 아직도 우리 중에는 모세만 바라보기를 고집하는 자들이 있습니다. 제가 말하는 뜻은, 그림자 외에는 어느 것도 바라보려고 하지 않는 사람들이 있다는 것입니다. 성경을 읽어보니 상징적이고 모형적이며 그림 같은 것들의 시대는 다 지나가 버렸습니다. 물론 저도 상징들이나 모형들이나 그림들을 좋아합니다. 왜냐하면 그런 것들이 여전히 저에게 교훈을 주기 때문입니다. 그러나 그런 것들이 전면에 드러나 있었던 시대는 더 분명한 빛이 오자 그 빛에 길을 내주었습니다. 그런 것들은 이제 영원토록 사라졌습니다. 그러나 어떤 이들은 성경을 읽으면서 매우 어렵다고 고백합니다. 그리고 그들은 새로운 체계의 모형과 그림자들을 세워 놓습니다. 말씀드리자면, 지각 있는 사람들이 볼 때는 참 우스꽝스러운 체계이며, 영적 맛을 알고 있는 사람들에게는 가증한 것들입니다. 그런데 아직도 그 외적인 제도들을 즐거워하는 사람들이 있습니다. 그들은 의식과 복장과 여러 의식(儀式)의 제도를 가져야 성에 찹니다. 그리고 이러한 일들을 아침과 정오와 밤중에 넘치도록 시행합니다. 그들은 날들과 여러 절기들을 중하게 여기고, 말의 형식과 몸의 자세들을 중하게 여깁니다. 어떤 것을 다른 것보다 더 거룩하게 생각합니다. 어떤 계층의 사람들을 다른 신자들보다 우월한 사제 계층의 사람들로 여기고 있습니다. 상징들을 사랑하는 일이 시도 때도 없이 나타납니다. 그들이 가르치는 것을 듣고 어떤 사람이든지 필요한 오직 한 가지는 "오직 예수"가 아니라는 생각을 할 것입니다. 오히려 관습과 유물과 외형적 행사나 올바른 의식 준수가 필요하다는 생각을 갖게 되어 있습니다! 정말 안타깝습니다! 말로는 예수님을 언급하지만 사실상 모세만 바라보고 있습니다. 아! 신령한 예수님과의 교제를 외형적 행위들과 상징적 표현들과 맞바꿀 수 있는 마음이라면 정말 불행한 변화이죠. 그것은 정말 불행한 일일 것입니다. 왜냐하면 기독교회가 은혜와 진리가 충만하신 살아 계신 주님으로부터 믿음이 마실 수 있는 값으로 다 따질 수 없는 은택을 벗어나 속임수에 빠져 여러 육적 규례들의 가련한 요소들로 돌아갈 수 있다면, 정말 교회로서는 불행한 일입니다. 교황주의자들이 율법의 그림자로 복음의 사실과 실체를 밀어내고 그 자리를 차지하게 한다면, 정말 불행한 시대입니다. 하나님을 찬미하리로다. 우리는 그리스도를 그렇게 배우지 않았습니다. 우리는 모세보다 더한 어떤 것에만 시선을 줍니다.

모세만 바라보는 자들이 너무 많습니다. 그들은 성경에서 율법만 바라봅니다. 성경에 있는 의무나 교훈만 바라봅니다. 십자가에 못 박히신 그리스도가 오직 유일한 소망이라고 설교하려고 우리가 그처럼 애를 쓰는데도 불구하고, 성경을 읽을 때에나 복음을 들을 때마다 자신의 죄의식만 느끼는 사람들이 있습니다. 자기는 죄로 가득 찼다는 의심만을 가지고 스스로 의를 이룩하려고 애를 쓰고 있습니다. 그들은 부단히 하나님의 율법으로 말미암아 자신들을 재고 있습니다. 그리고 자기들의 모자람을 느끼고 자기들의 허물에 대하여 애통합니다. 그러나 그 이상을 나가지 못합니다. 그들이 모세를 보고 있음은 좋은 일입니다. 그런데 제발 율법을 준 자의 엄격한 목소리가 그들을 몰아대어 그 율법을 이루신 분께로 가게 하시기를 바랍니다. 그러나 그들이 율법적 예속 상태에 너무 오래 머물러 있는 것이 슬픈 일입니다. 그런 일은 그들에게 슬픔과 낙담만을 가져올 뿐입니다. 시내 산을 보면 그것이 우리에게 절망 이외에 무엇을 줍니까? 하나님께서 화염 속에서 나타나셔서 우리에게 당신의 불 같은 율법을 선포하셨습니다. 거기에 영혼을 구원하는 무엇이 있습니까? 어떤 방도로도 죄 있는 자를 아끼지 아니하시고 허물을 분명히 찾아내시어 보응하시는 주 하나님을 뵈었다 할지라도, 그것으로 골고다 언덕을 가리지 말아야 합니다. 골고다 언덕에서는 사랑이 공의에 보상합니다.

오, 여러분이 접촉할 수 있는 그 산을 넘어 골고다에 이르게 되기를 바랍니다. 거기에는 공의로 보응하시는 하나님이 분명하게 드러나면서도 자비하신 하나님께서 보좌에 앉아 계십니다. 명령과 위협의 목소리를 피하여 피뿌림으로 나아가는 일이 얼마나 복된지요! 거기서 "오직 예수"만이 더 나은 것을 말합니다.

여러분에 대적하여 비판의 글만 쓰는 이들에게는 모세만 보는 것이 매우 일반화되었습니다. 그런 사람의 경우 성경을 읽거나 복음의 말씀을 들어도 반드시 죄책감을 느낍니다. 자신이 감당할 의무를 알고, 자신이 그 의무를 얼마나 조금밖에 이행하지 못했는지를 고백하죠. 그래서 항상 죄책감을 가지고 있습니다. 그런 사람은 자신의 죄를 위한 화목 제물이신 분에게 나아가지 않을 것입니다. 안타까운 것은, 너무나 많은 사람들이 불신앙의 이상한 뒤틀림으로 하나님의 모든 약속을 위협으로 비꼬아야 한다고 생각하는 점입니다. 꿀을 떨어뜨리는 모든 은혜로운 말씀에서 쓸개와 쓴 쑥을 추출(抽出)해 내려고 애쓴다니 참 이상한 노릇입니다. 그들은 모세의 어두운 그림자만 봅니다. 그들에게는 율법의 깨어진 두 돌판, 연기 나는 산이 있고, 무섭게 울려 퍼지는 나팔소리가 항상 들립니다. 또한 언제나 분노하시는 하나님만 보입니다. 그들은 전에 더 나은 광경을 보았습니다. 지금도 때로 그 광경을 보죠. 왜냐하면 이제나 그때나 복음이 설교되는 자리에서 소망과 긍휼에 대한 희미한 빛을 발견하기 때문입니다. 그러나 그들은 어둠 속으로 이내 미끄러져 들어가 다시 절망으로 빠집니다. 왜냐하면 모세만 보려고 작정하였기 때문입니다. 정말 저는 그들이 꿈꾸는 정신에 변화가 일어나기를 기도합니다. 사도들처럼 그 사람들도 "오직 예수"만 볼 수 있게 되기를 기도합니다.

그러나 형제 여러분, 제자들에게 일어났을 법한 세 번째 경우를 상정해 봅시다. 곧 엘리야만 보았을 경우를 말입니다. 온화하신 구주 대신, 거친 모습과 단호한 심령을 가진 엘리야 곁에 그 제자들이 서 있었다고 상정해 봅시다. 하나님의 어린 양 대신, 죄악에 빠진 이스라엘 중에서 하나님의 어명(御命)을 발하며 고함치던 사자(獅子)만 그들에게 남아 있을 경우를 상정해 보자는 말입니다. 그러한 경우에 그러한 엘리야 같은 지도자와 함께 산에서 내려왔겠죠. 요한이 "하늘로부터 불을 내리라 명령하소서"라고 말하였다면 엘리야는 그 원수들, 바알의 제사장 같은 바리새인들을 소멸하여 단번에 끝장내는 꼴을 보았을 것입니다. 아합의 피처럼 헤롯의 피도 개들이 핥도록 흘려졌을 것입니다. 또다른 이세벨인 헤로디아도 개들에게 삼킨 바 되었을 것입니다. 그러나 악에 대한 보응을 위해 이 모든 세력이 동원된다 하여도 죄인들의 친구 되신 은혜의 전능자와 바꾸는 것은 형편없는 거래였을 것입니다. 누가 사람들의 구주보다 제사장들을 죽인 자를 더 선호하겠습니까? 갈멜 산 꼭대기는 이스라엘을 위하여 비를 내려 주십사고 간구할 때 영화로웠습니다. 그러나 갈멜 산 산꼭대기가 겟세마네에 비하면 얼마나 초라합니까. 겟세마네에서의 탄원은 수천 수백만 사람들에게 영생을 가져다줍니다! 우리가 예수님과 함께 하면 엘림의 종려나무 아래 있습니다. 그러나 엘리야와 함께 하면 못나게 자란 로뎀 나무 아래 광야에 있습니다. 누가 감람산의 탁월함을 호렙 산의 공포와 맞바꾸겠습니까? 그럼에도 불구하고 제가 두려워하는 바는 많은 사람들이 아직도 엘리야만 보고 있다는 것입니다. 장래 사람들이 겪을 재앙에 대한 예언들이 현재 구원의 생각들보다 그들을 더 사로잡습니다. 그리스도를 준비하는 자로서 엘리야를 대표적으로 거론할 수는 있습니다. 왜냐하면 우리 주님께서 엘리야가 온다는 예언이 세례 요한을 가리키는 것이라고 해석해 주셨기 때문입니다. 구원 받기를 바라고 회개하면서 준비 상태에 머무르나 "오직 예수님"께 가지 않는 사람들이 적지 않습니다. 제 자신은 "그리스도를 위해 준비함"이라는 용어 자체를 좋아하지 않습니다. 왜냐하면 제가 볼 때 자신들이 아직 준비되지 못하였다고 가장 크게 느끼는 사람들이야말로 그리스도를 위해서 가장 잘 준비된 사람들로 보이기 때문입니다. 그러나 의심할 여지 없이 믿음을 위해 준비하는 마음의 상태가 있기는 합니다. 자신의 궁핍을 아는 의식, 죄의식, 죄를 미워하는 것 — 이 모든 것들은 예수 그리스도 안에 있는 실제적 평안과 위로를 위한 준비들입니다. 오! 매년 사전 준비 상태에만 계속 머물러 있는 사람들이 얼마나 많습니까. 그들은 촛불을 택하고 태양을 거절하는 상태로 계속 있습니다. 그들은 신자가 되지 않습니다. 다만 항상 자기들은 그리스도께 나아가기에 합당치 못하다는 느낌을 가지고 탄식하고 있습니다. 그리스도를 원합니다. 그리스도를 갈망합니다. 기꺼이 그리스도를 모시고 싶어 합니다. 그럼에도 그 갈망과 소원 속에서만 머물러 있지 더 이상 나아가지를 못합니다. 그들은 결단코 "세상 죄를 지고 가는 하나님의 어린 양"을 보는 데까지 나아가지를 않습니다. 하늘로부터 그들에게 들려오는 소리를 다음과 같은 울부짖음으로 항상 해석합니다. "그러므로 회개에 합당한 열매를 맺고 이미 도끼가 나무뿌리에 놓였으니 좋은 열매 맺지 아니하는 나무마다 찍혀 불에 던져지리라"(마 3:8,10). 그들의 양심이 광야에서 "너희는 주의 길을 준비하라"(마 3:3)고 외치던 음성을 듣고 떨고 또 떱니다. 그들의 영혼이 엘리야의 도전적 발언에 의하여 찢어지고 상하였습니다. "너희가 어느 때까지 둘 사이에서 머뭇머뭇하려느냐. 여호와가 만일 하나님이면 그를 따르고 바알이 만일 하나님이면 그를 따를지니라"(왕상 18:21). 그러나 그들은 여전히 두 견해 사이에서 머뭇거리고 있으며, 구주 앞에서 기뻐하지 않고 엘리야 앞에서 두려워 떨고 있습니다. 불행한 사람들이여, 천국이 그렇게도 가까이 있는데도 이러지도 저러지도 않고 있습니다. 잔치가 그렇게 가까이에서 벌어졌는데도 불구하고 생명의 떡이 모자라 죽어가고 있습니다. 말씀이 여러분에게 가까이 있습니다. 얼마나 가까이 있는지요! 그럼에도 그것을 받지 않습니다. 여러분에게 간청합니다. 구주를 위하여 준비하는 것만 가지고는 구원 받지 못한다는 것을 기억하십시오. 죄의식을 가지는 것과 용서하는 것이 동일하지 않음을 기억하십시오. 예수님을 믿지 않으면, 여러분의 회개는 유감으로 생각하고 버릴 필요가 있는 회개입니다. 세례 요한의 띠에 천국 열쇠가 걸려 있던 적이 없습니다. 엘리야도 구원의 문은 아닙니다. 그리스도를 위해 준비하는 것이 그리스도가 아닙니다. 절망이 거듭남이 아니고, 의심도 회개는 아닙니다. 오직 예수님을 믿음으로써만 구원을 받을 수 있습니다. 그러나 여러분 자신에 대하여 탄식하는 것 자체가 믿음이 아닙니다. "오직 예수"가 길이요 진리요 생명이십니다. "오직 예수"께서 죄인의 구주이십니다. 오, 여러분의 눈이 열려 엘리야도 모세도 보지 말고 "오직 예수"만 보게 하시기를 원하나이다.

이제 여러분은 이상의 세 가지 대안들을 상정해 보았습니다. 그러나 또다른 경우가 있습니다. 제자들이 눈을 떴을 때 일어났다고 상정될 네 번째 경우입니다. 그들은 예수님께서 변모되실 때에 모세와 엘리야가 예수님과 함께 있는 것을 보았겠죠. 언뜻 보아 그 일이 자기들이 그동안 누렸던 것보다 훨씬 더 탁월한 것처럼 보였을 것입니다. 그래서 복된 세 사람과 함께 산에서 걸어 내려왔다면 얼마나 놀라운 특권이었을까요! 하나님의 목적들을 성취하기 위해서 그 삼인조가 얼마나 강하였겠습니까! 모세는 율법을 설교하여 사람들로 두려워 떨게 만들고, 그런 다음에 예수님께서 당신의 은혜와 진리의 복음으로 뒤를 이어나가고, 이어서 엘리야가 그들의 얼굴에 청천벽력과 같은 섬광을 비출 수도 있었습니다. 그런 다음에 그리스도께서 겸비해진 심령들을 고양시킬 수 있었겠죠. 그러한 대조적인 광경을 상상하면 즐겁고 마음이 고무되지 않습니까? 여러 능력을 가진 사람들이 함께 모이면 가장 큰 성공을 이루는데 큰 기여를 하지 않을까요? 그러나 저는 그렇게 생각하지 않습니다. 모세와 엘리야가 예수님과 함께 있는 것을 보는 것보다 영구하게 "오직 예수"만 보는 것이 광대하게 더 나은 것입니다. 지금은 밤입니다. 달과 별들을 보고 있기 때문이죠. 아침이 옵니다. 아침이 오면 저도 아침이 오는 것을 압니다. 더 이상 많은 별들이 보이지 않고 계명성만 하나 남아 보이기 때문입니다. 그러나 날이 온전히 밝으면 그것을 알죠. 왜냐하면 더 이상 계명성을 볼 수 없기 때문입니다. 밤을 안내하던 모든 안내자들과 위로하던 모든 자들이 사라졌습니다. 저는 오직 태양만 볼 뿐입니다. 모든 사람이 밤중보다 한낮을 더 좋아하고 새벽의 어슴푸레한 밝음보다 대낮을 더 좋아하는 만큼, 모세와 엘리야가 사라짐으로 빛의 대낮이 왔음을 표시하는 일은 일어날 수 있는 최선의 일이었습니다. 어째서 우리가 모세를 보고 싶어 해야 합니까? 모든 의식들이 예수님 안에서 성취되었습니다. 율법이 예수님 안에서 높여지고 성취되었습니다. 모세는 가라고 하십시오. 빛은 이미 "오직 예수"안에 있습니다. 어째서 엘리야를 붙잡아 두고 싶어 합니까? 모든 예언들이 예수님 안에서 이루어지고, 엘리야가 설교했던 예수님의 오심을 위한 준비를 예수님께서 친히 갖고 오십니다. 그러니 엘리야는 가라고 하십시오. 그의 빛도 역시 "오직 예수" 안에 있습니다. 모세와 엘리야가 그리스도와 함께 있는 것을 보는 것보다 모세와 엘리야가 그리스도 안에 있는 것을 보는 것이 낫습니다. 어떤 것들이 없어졌다는 것은 그들이 있을 때보다도 더 높은 일들의 상태가 오고 있음을 미리 나타내는 것입니다. 제가 소장하고 있는 도서에 「레니의 영문법」(Lennie's English Grammar)이 있는지 모르겠습니다. 또는 「메이버의 철자 책」(Mavor's Spelling Book), 「헨리의 라틴어 초보」(Henry's First Latin Exercises)가 있는지 모르겠습니다. 그러나 저는 그런 가치 있는 저작들이 없다 해도 후회하지 않습니다. 왜냐하면 저는 그런 것들을 필요로 하는 것 이상으로 자랐기 때문입니다. 그처럼 그리스도인도 모세의 상징들이나 엘리야의 준비들을 원하지 않습니다. 왜냐하면 그리스도께서 모든 것이 되시기 때문입니다. 우리는 그리스도 안에서 온전하게 되었습니다. 거룩한 문헌의 더 높은 행복과 교제를 하며 그리스도의 마음을 기록한 황금책을 읽는 사람은 율법 교과서를 안전하게 옆으로 밀쳐놓을 수 있습니다. 교회의 아주 초기에 그런 것들이 충분히 선한 가치를 가졌었습니다. 그러나 이제 우리는 그 어린아이의 일들을 버렸습니다. "이와 같이 우리도 어렸을 때 이 세상의 초등학문 아래 있어서 종노릇 하였더니 때가 차매 하나님이 그 아들을 보내사 여자에게서 나게 하시고 율법 아래 나게 하신 것은 율법 아래 있는 자들을 속량하시고 우리로 아들의 명분을 얻게 하려 하심이라. 너희가 아들이므로 하나님이 그 아들의 영을 우리 마음 가운데 보내사 아빠, 아버지라 부르게 하셨느니라. 그러므로 네가 이 후로는 종이 아니요 아들이니 아들이면 하나님으로 말미암아 유업을 받을 자니라"(갈 4:4-7).

　　형제 여러분, 그 원리를 더 끌고 나갈 수 있습니다. 왜냐하면 우리가 이 지상에서 아주 귀하게 여기는 가장 보배로운 일들이 하늘의 완전함 속에서 사라질 것입니다. 시온 산에 있던 성전이 당시의 입장에서는 아름다웠습니다. 그리고 복음 시대에서는 건물의 거룩성을 믿지 않지만 우리는 늘 와서 기도하고 하나님께 찬미를 올리는 엄숙한 집회 장소를 사랑합니다. 그러나 우리가 온전함이 들어가게 될 때 하늘에서는 더 이상 어떤 성전도 발견하지 못할 것입니다. 우리는 안식일을 기뻐합니다. 우리는 안식일을 포기하지 않을 것입니다. 오, 영국이 안식일을 상실하는 일이 절대로 일어나지 않기를 바랍니다! 그러나 우리가 위에 있는 예루살렘에 도달할 때는 주간의 첫날을 다른 날보다 더 거룩하게 지키지는 않을 것입니다. 왜냐하면 거기서 우리는 영원한 안식을 누릴 것이기 때문입니다. 성전이 그곳에 하나도 없을 것은 모든 것이 다 성전이기 때문이며, 안식일이 더 이상 없는 것도 하늘에서는 항상 안식일이기 때문입니다. 그처럼 어떤 것들을 상실하는 것이 유익임을 알게 됩니다. 그것은 우리가 그 어떤 것들의 도움을 받을 필요 이상으로 자랐음을 입증하는 것입니다. 우리가 육아실과 그 모든 부속물들을 초월할 정도로 자라면 그것을 잃었다고 결코 후회하지 않습니다. 왜냐하면 우리가 어른이 되었기 때문입니다. 그처럼 모세와 엘리야가 사라집니다. 그러나 우리는 그들을 그리워하지 않습니다. 왜냐하면 "오직 예수"는 우리가 어른으로 자랐음을 나타내기 때문입니다. 우리가 오직 예수님만 볼 수 있다는 것은 더 높게 자랐음을 보여주는 표징입니다.

내 형제들이여, 모든 그리스도인들의 영적 삶에서 이와 같은 일이 많이 일어납니다. 여러분이 처음 죄를 깨닫고 각성하게 되었을 때를 기억하십니까. 그 설교자를 얼마나 크게 생각하였습니까. 또 그 설교자가 복음을 말하는 방식 자체도 얼마나 놀라웠습니까! 그러나 이제 그 설교자의 목소리를 듣기를 기뻐하고 하나님께서 그 설교자를 통해서 여러분을 복되게 하심을 알고 있음에도 불구하고, 그 설교자를 생각하는 것을 구주의 영광 안에 가라앉혔습니다. 그래서 "오직 예수" 외에는 어떤 사람도 보지 않습니다. 여러분이 은혜 안에서 자람에 따라서 전에 모두 중요하게 보이던 많은 교리들과 교회 정치의 여러 요점들이 그리스도 자신과 비교할 때 중요성이 덜하게 보인다는 것을 발견할 것입니다. 물론 여전히 그러한 것들을 귀하게 여기면서도 말입니다. 알프스를 올라가는 등산객이 몽블랑 정상에 도달할 때와 같습니다. 처음에는 여러 산언덕 중 높이 솟아오른 봉우리가 많은 산언덕들 중에서 하나의 뿔처럼 보입니다. 그러다가 가파르게 꼬여 올라가는 산길에서 산들의 제왕이라 불리는 알프스 산보다 더 높이 솟아오른 것처럼 보이는 다른 봉우리들을 보게 됩니다. 그러나 결국 정상에 가까워질 때 다른 모든 산등성이 자기 발 아래 있는 것을 봅니다. 그리고 눈 덮인 몽블랑이 쐐기 모양으로 우뚝 솟아 있어 그 끝이 구름을 찌르는 듯한 모습을 보게 됩니다. 그처럼 은혜 안에서 자람에 따라서 다른 것들은 가라앉고 예수님만 올라 보입니다. 다른 것들은 쇠하여져야겠고 그리스도께서는 흥해야 마땅합니다. 그리스도께서만 우리 영혼의 전 지평선의 시야를 가득 채우고 있어야 합니다. 예수님만이 분명하고 밝고 영광스러운 모습으로 하나님의 하늘로 높여지신 모습이 보여야 합니다. 오, 우리가 그렇게 "오직 예수"만 보게 하시옵소서!

　　오늘 아침 시간이 하도 급하게 지나가 제 강론의 나머지를 어떻게 주어진 시간의 분량 속에서 압축시킬 수 있을지 모르겠습니다.

2.저는 매우 서둘러서 실제로 일어난 일에 대해서 말하도록 하겠습니다.

　　"제자들이 눈을 들고 보매 오직 예수 외에는 아무도 보이지 아니하더라"(마 17:8). 그들은 자기들의 위로를 위해서 바로 그분만을 보기 원하였습니다. 그들은 너무나도 무서웠습니다. 모세는 사라졌습니다. 모세가 그들에게 어떤 위로도 줄 수 없었습니다. 엘리야도 사라졌습니다. 엘리야도 위로의 말을 전혀 할 수 없었습니다. 그런데도 예수님께서 "두려워 말라" 하실 때에 그들의 두려움이 사라졌습니다. 고통스러워하는 마음이 원하는 진정한 모든 위로는 그리스도 안에서 찾을 수 있습니다. 모세나 엘리야나 또는 옛 언약이나 어떤 예언으로 나가지 마시고 곧바로 오직 예수님께만 가십시오. 예수님은 그들이 원했던 오직 유일한 구주셨습니다. 제자들 세 사람은 죄를 씻을 필요가 있는 사람들이었습니다. 모두 다 보호를 받아야 하고 그들의 가는 길을 붙잡아 주어야 할 사람들이었습니다. 그러나 모세나 엘리야 어느 누구도 그들을 죄에서 깨끗하게 할 수 없었습니다. 또다시 죄 짓지 못하게 그들을 지킬 수도 없었습니다. 그러나 오직 예수님만이 그들을 깨끗하게 하실 수 있었고 또 하셨습니다. 그리스도께서 그들을 계속 인도하실 수 있었고 인도하셨습니다. 아! 형제 여러분, 우리는 오직 그 구주를 원합니다. 오직 예수님 안에서만 그 구주를 발견합니다. 로마의 사제들이나, 성공회가 로마 교회를 따라 덩달아 만든 사제 제도가 공식적으로 우리에게 자기들의 봉사를 제공합니다. 우리가 그들 앞에 머리를 숙이고 그들의 멍에에 들어간다면 그들은 얼마나 기뻐할까요! 그러나 우리는 "오직 예수"만 보이는 것을 인하여 하나님께 감사합니다. 모세가 사라졌고 엘리야도 가 버렸습니다. 그런다 할지라도 우리는 로마 교회의 애송이들이 들어와 그 자리를 채우게 하고 싶지 않습니다. "오직 예수"만이 우리의 위로를 위하여 충분하신 분입니다. 성공회나 모세의 규례를 따르거나 로마 교회의 사제주의의 간교함 없이도 충분합니다.

다시 그들 제자들이 그 후 세상으로 들어왔을 때에도 그분 예수님은 주인으로서 충분하셨습니다. "한 사람이 두 주인을 섬기지 못할 것이니"(마 6:24). 비록 모세와 엘리야가 두 번째 반열로 내려앉을지라도, 지도력이 양분되면 그들을 따르는 자들의 마음속에 어떤 어려움이 있었을 것입니다. 그러나 예수님 외에 어떤 지도자가 없어도 예수님의 인도하심과 지시하심과 명하심만으로 충분하였습니다. 영적 전투의 날에 예수님은 그들의 대장으로 충분하셨습니다. 또 역경의 날에 그들을 지도하시는 일에 충분하셨습니다. 그들은 예수님 외에 어떤 다른 자를 원하지 않았습니다. 바로 오늘 사랑하는 여러분, 우리는 그리스도 외에 어떤 선생을 모시고 있지 않습니다. 우리는 하나님의 대리자라고 하는 교황에게 복종하지 않습니다. 우리는 교회의 어떤 대단한 지도자 앞에 자신을 숙이지 않습니다. 칼빈이나 아르미니우스나 웨슬리나 휫필드 앞에도 절하지 않습니다. "우리의 선생은 한 분"뿐입니다. 그 한 분으로 족합니다. 오직 예수님 안에서 하나님의 지혜와 하나님의 능력을 보는 법을 배우기 때문입니다.

주님께서는 그들의 선생일 뿐만 아니라 장차의 삶을 위해 그들에게 필요한 능력으로서도 충분하셨습니다. 그들은 자기들에게 공식적 사도의 권위를 부여해 달라고 모세에게 구할 필요가 없었습니다. 하늘로부터 불을 내려 달라고 엘리야에게 구할 필요도 없었습니다. 예수님께서 그분의 성령을 그들에게 주실 것이고, 모든 일을 위해서 그들은 충분히 강한 사람들이 될 참이었습니다. 형제 여러분, 저와 여러분은 복음을 전하기 위하여 필요한 모든 능력, 영혼들을 얻어 진리로 인도하기 위한 모든 능력을 오직 예수님 안에서만 찾을 수 있습니다. 우리는 국가가 우리의 신성한 권위를 인정해 주기를 바랄 필요가 전혀 없습니다. 또한 우리가 마치 사도를 계승한 것처럼 할 필요가 없습니다. 고위 성직자의 기름 부음을 전혀 원하지 않습니다. 예수님께서 그분의 성령으로 여러분에게 기름 부어 주실 것이고, 높은 데로부터 임한 그 능력을 옷 입어 우리가 풍성하게 될 것입니다. 그리하여 여러분은 큰 일들을 행하고 이겨낼 것입니다. "오직 예수." 자, 그들 제자들은 자기들의 능력을 올바로 사용하도록 그들을 다그치는 또다른 동기를 전혀 원하지 않았습니다. 그리스도 한 분을 위해서 살도록 허락 받는 것이 사람에게 충분한 격려가 됩니다. 그리스도를 생각하는 것만으로도 깨우침을 받은 지성을 충분하게 채울 수 있습니다. 그것만으로 거룩함을 입은 정서들을 얻을 수 있습니다. 하늘을 사양하시고 이 땅에 내려오시어 부끄러움과 수치를 무릅쓰시고 임박한 진노로부터 우리를 구속하신 예수님을 영원하신 하나님으로 잘 이해하기만 하십시오. 가시 면류관을 쓰신 그 머리를 주목하시고, 울어 붉게 충혈된 그 사랑스러운 눈과, 조롱하는 자들이 때려 상하고 야위어진 그 자애로운 얼굴만을 주목하십시오. 우리 때문에 말할 수 없는 슬픔으로 상하셨던 그 부드러운 마음속을 들여다보기만 하십시오. 그리스도의 사랑이 우리를 강권하지 않을 수 없습니다. "우리가 생각하건대 한 사람이 모든 사람을 대신하여 죽었은즉 모든 사람이 죽은 것이라. 그가 모든 사람을 대신하여 죽으심은 살아 있는 자들로 하여금 다시는 그들 자신을 위하여 살지 않고 오직 그들을 대신하여 죽었다가 다시 살아나신 이를 위하여 살게 하려 함이라"(고후 5:14,15). 동기들을 부여함에 있어서 신자들은 모세의 도움을 필요로 하지 않습니다. 벌 받을까 무서워 마지못하여 하는 식이 된다면, 그런 식의 동기화(動機化)는 여러분에게 별 힘을 주지 못합니다. 그런 식이면 천년왕국 시대에 많은 도성들을 다스릴 통치자가 되리라는 소망을 갖게 하는 예언의 핵심을 통해서도 많은 도움을 얻지 못할 것입니다. 여러분이 주 예수 그리스도를 섬기는 것만으로 충분할 것입니다. 예수님을 존귀하게 해 드릴 수 있고 예수님의 면류관을 쓰고 그 이름을 광대하게 할 수만 있다면 충분합니다. 순교자들과 신앙 고백자들에게 충분한 자극이 여기 있습니다. "오직 예수," 그것입니다.

　　형제 여러분, 우리는 오직 복음만 설교해야 합니다. 우리가 설교하고 싶은 것은 복음뿐이어야 합니다. 우리 자신을 위해서 갖고 싶은 확신의 근거도 오직 그것뿐입니다. 다른 사람들 앞에 제시해야 할 소망이 바로 그것이 전부입니다. 이 시대에 지성적이며 깊고 신기한 모습을 가진 자들이 거들먹거리는 열망을 드러낸다는 걸 저도 알고 있습니다. 학문 세계에서 뿐만 아니라 종교에서도 발전이 있어야 한다는 소리를 자주 듣습니다. 우리 같은 사람은 그런 가능성이 없는 사람으로 멸시당합니다. 200년 전에 설교되었던 것을 오늘날도 설교한다면, 생각이 있는 사람이 아니라는 식으로 멸시당할 것이 틀림없습니다. 형제 여러분, 우리는 오늘 1800여 년 전에 설교되었던 것을 설교합니다. 다른 사람들이 여러 대안을 만드나 그들은 보기 흉한 것들을 만들어 내며 결코 진보하지 못합니다.

오직 그리스도의 옛 진리가 영원하다고 공언하기를 우리는 결코 부끄러워하지 않습니다. 다른 모든 것은 지나갔고 또 지나갈 것입니다. 시간이 지나 모든 것이 난파된다 할지라도 복음의 망대는 항상 그대로 있습니다. 우리에게 있어서 "오직 예수"는 우리 목회사역의 오직 유일한 제목으로 남아 있습니다. 우리는 다른 어떤 것도 원하지 않습니다.

왜냐하면 "오직 예수"가 우리의 상급일 것이기 때문입니다. 그분이 계신 곳에 그분과 함께 하며, 그분의 영광을 보며, 계신 그대로 그분을 뵈올 때 우리도 그와 같아질 것입니다. 그러기 위해서 우리는 어떤 다른 하늘을 구하지 않습니다. 우리의 영혼이 다른 어떤 복락을 마음에 품을 수 없습니다. 주 하나님께서 이 충만함을 우리가 가질 수 있게 허락하옵소서. 그러면 "오직 예수"가 영원토록 우리의 기쁨이 될 것입니다.

여기서 길게 상술할 여지가 있었습니다. 그러나 우리는 여러분에게 생각의 내용 자체보다는 생각할 제목들만 제시한 셈입니다. 사도들이 "오직 예수"만 보았지만 그들은 아주 충분하였습니다. 왜냐하면 예수님께서는 시간과 영혼 속에서 충분하시고, 사나 죽으나 어느 경우에도 충분하신 분이시기 때문입니다. 저는 이 문제에 대해서 더 머물러 말하고 싶지만 이제 끝을 내야겠습니다.

3. 우리는 함께 현재 우리 모두에게 '일어나기를 간절히 바랄 수 있는 것이 무엇인지'를 생각해 보기로 합시다.

저는 제 동료 그리스도인들과 제 자신을 위해서 간절히 바랍니다. 가면 갈 수록 더욱더 우리의 생각들과 동기들과 행위들의 위대한 목적이 "오직 예수"일 수 있기를 바랍니다. 우리의 종교가 가장 생명력이 넘칠 때는 언제든지 그리스도로 가장 충만하다고 믿습니다. 더 나아가서, 가장 실천적이고 가장 명백하고 가장 상식적인 것이 될 때에 언제나 우리의 종교가 예수님께 가장 가까이 근접해 있습니다. 제가 깊은 슬픔에 잠겨 있을 때마다 "오직 예수" 외에 어느 것도 나를 위로해 주지 못할 것임을 증거할 수 있습니다. 제가 건강할 때, 종교의 외향적인 것들, 곧 그것의 가파르게 지른 외벽들과 성채의 보루들을 어느 정도 의지할 수 있습니다. 그러나 우리의 거룩한 믿음의 가장 내밀한 요새 안으로 물러설 때, 곧 그리스도의 심장으로 물러설 때가 있습니다. 그때는 바로 제 심령이 시험의 공략을 받거나 슬픔과 고뇌로 포위당할 때입니다. 저는 더 많은 것을 증거할 수 있습니다. 진귀하고 하늘에 속한 영적 부요함을 높이 누리게 될 때마다 그런 일들이 오직 예수님과만 항상 연결되어 있습니다. 신앙적인 다른 것들이 일종의 기쁨을 줄 수도 있고, 그 기쁨이 건전할 수도 있습니다. 그러나 가장 고상하고 가장 황홀하게 하고, 모든 기쁨 중에서 가장 신적인 것들은 오직 예수님 안에서만 발견되기 마련입니다. 결론적으로 말하여, 정말 많은 수고를 하고 싶다면 오직 예수님만 의지하여 살아야 합니다. 고난을 참고 인내하고 싶다면, 오직 예수님만 먹고 살아야 합니다. 성공적으로 하나님과 씨름하고 싶으면, 오직 예수님께만 탄원해야 합니다. 죄를 정복하고 싶은 열망이 있다면, 오직 예수님의 피만 의지해야 합니다. 만일 하늘의 비밀들을 배우고 싶은 갈망이 있다면, 오직 예수님의 가르침만을 추구해야 합니다. 우리가 그리스도에게 어떤 것이든지 덧붙이면, 우리의 위치는 낮아진다고 믿습니다. 우리의 영혼이 높이 올라가면 올라갈수록, 그 영혼이 완전의 영역인 하늘에 올라갈 때의 모습을 더욱더 닮게 됩니다. 다른 모든 것이 철저하게 내려앉고 죽어질수록, 오직 예수님은 처음이요 나중이 될 것입니다. 오직 예수님만이 머리로 생각하는 모든 생각들과 심장의 고동의 알파와 오메가이십니다. 모든 그리스도인에게 그와 같기를 바랍니다!

여기 아직도 예수님을 믿지 않는 이들이 있을 줄 압니다. 우리의 소원은, 위에서 말한 일이 그들에게도 일어나서 그들이 "오직 예수"만 보기를 바랍니다. 어떤 분은 이 말을 듣고 이렇게 대꾸하겠죠. "목사님, 저는 제가 저지른 죄들을 보고 싶습니다. 제 마음은 매우 완악하고 거만합니다. 제 죄들을 보고 싶어요." 친구여, 물론 저도 그러기를 바랍니다. 그러나 제가 바라는 바는 여러분 자신을 의탁하여 그것을 보지 말고 오직 예수님만 의지하여 보기를 바랍니다. 영원히 구주를 의지하여 죄를 바라보는 것이 아니면 어떤 식으로 죄를 바라보든지 참된 심령의 겸손에 이를 수 없습니다. 죄인이여, 저는 여러분이 자신을 의존하여 죄들을 생각하고 있는 것을 알고 있습니다. 여러분은 죄의 무게를 느끼려고 애써 왔습니다. 그러나 더 행복하고 더 좋은 관점이 여기 있습니다. 죄가 예수님께 놓여졌고, 그 죄가 예수님으로 하여금 피땀으로 뒤덮이게 만들었습니다. 그 죄가 예수님을 십자가에 못 박았고, 예수님으로 하여금 "라마 라마 사박다니" 하고 울부짖게 만들었습니다. 죄가 예수님을 죽음의 흙 속으로 낮추었습니다. 자, 친구여, 만일 예수님을 의지하여 죄를 본다면 죄를 미워하게 될 것입니다. 그리고 죄에 대하여 탄식하게 될 것이고 혐오하게 될 것입니다. 또한 죄를 더 이상 자신을 무겁게 하는 것으로 볼 필요가 없습니다. 오직 예수님만 보십시오. 그러면 최선의 회개가 뒤따라 올 것입니다. 그러면 어떤 이는 또 이렇게 말하겠죠. "아, 그러나 저는 그리스도가 더 필요하다는 것을 느끼고 싶어요." 오직 예수님만 바라보면 여러분의 궁핍을 훨씬 더 잘 보게 될 것입니다. 많은 경우에 어떤 식품을 보는 것만으로도 그 식품을 먹고 싶은 구미가 당깁니다. 우리 중 어떤 이들이 서점에서 행하는 것을 보면 이상하게 보입니다. 왜냐하면 집에서는 책 한 권도 없이 모든 일을 잘해 나가던 사람이 책을 보자마자 그 책이 긴급하게 필요하다는 것을 느끼기 때문입니다. 여러분 중에 어떤 분들은 다른 일에 있어서도 그런 경우가 흔합니다. 그래서 보게 하는 일이 가장 위험스러운 경우도 있습니다. 보자마자 그것을 소원하기 때문이죠. 예수님을 한 번 보는 것, 죄인들에게 어떤 분이시고, 그가 죄인들을 어떻게 하셨으며, 그분 자신이 어떠하신 분인가를 한 번 생각해 보십시오. 그러기만 해도 자신의 가련하고 비참한 상태를 곰곰이 생각하는 모든 것보다 예수님의 필요성을 더 느끼게 할 것입니다. 자, 여러분은 더 이상 나아갈 필요가 없습니다. "오직 예수님"만 바라보십시오.

또다른 이는 이렇게 말할 것입니다. "아, 그러나 저는 제 자신의 권리가 무엇인지 분명하게 읽고 싶어요. 예수님 안에 제가 참여하고 있다는 사실을 알고 싶어요." 예수님을 바라봄으로써 예수님 안에 여러분이 참여하고 있음을 가장 잘 읽을 수 있을 것입니다. 만일 어떤 재산이 나의 것인지 알기 원하면 내 자신의 마음을 들여다봅니까? 오히려 그 부동산에 대한 등기서류를 살펴보며, 유언장이나 어떤 계약서를 찾아볼 것입니다. 그러하듯이 예수님은 백성들과 맺으신 하나님의 언약이요, 백성들의 지도자요 사령관이십니다. 오늘날 저는 개인적으로 하늘에 대한 제 자신의 권리를 분명하게 읽을 수 있습니다. 제가 어떻게 그것을 읽었는지 말씀드릴까요? 제가 느끼고 싶은 모든 걸 느꼈기 때문이 아니고, 제가 그런 사람이 되었으면 좋겠다고 바라던 대로의 사람이 되어서도 아닙니다. 오직 말씀 속에서 "그리스도 예수께서 죄인을 구원하시려고 세상에 임하셨다"(딤전 1:15)라고 되어 있기 때문입니다. 저는 죄인입니다. 마귀마저도 제가 죄인이 아니라고 말할 수 없습니다. 오, 보배로우신 구주시여, 당신이 나 같은 자를 구원하시러 오셨습니다. 그런데 다시 "믿고 세례를 받는 사람은 구원을 얻을 것이요"라고 기록되어 있음을 봅니다. 저는 믿었고 세례를 받았습니다. 저는 오직 예수님만을 신뢰하고 있음을 알고 있습니다. 그것이 믿음입니다. 하늘의 하나님이 계신 것처럼 틀림없이 저도 어느 날 하늘에 있게 될 것입니다. 그것이 반드시 그렇게 될 것입니다. 왜냐하면 믿는 자는 구원을 받으리라 하신 그 하나님이 결코 거짓말쟁이가 아니시기 때문입니다. 결국 여러분의 이름이 예수님의 손에 새겨져 있음을 지각하는 것은 여러분 자신을 들여다봄으로 말미암지 않고 오직 예수님만 바라봄으로 말미암습니다. 그리스도의 이름이 제 마음에 쓰여지기를 바랍니다. 그러나 제가 확신을 원한다면 제 이름이 그분의 마음에 쓰여 있는지 보기까지 그의 마음을 들여다보아야 합니다. 여러분의 눈을 자신의 죄와 공허함에서 돌이켜 주님의 의와 충만하심으로 옮기십시오. 겟세마네에서 피가 섞인 땀이 흘려진 것을 보십시오. 골고다에서 사람들의 죄를 위하여 그의 심장이 찔려지고 물과 피를 쏟으신 그분을 보십시오! 그분을 바라보는 것에 생명이 있습니다! 그분을 쳐다보십시오. 모세가 여러분을 정죄하고, 엘리야가 여러분에게 경고를 발한다 할지라도, 오직 예수님만 바라보십시오. 그럼에도 "오직 예수"만이 여러분을 위로하시고 구원하시기에 충분하실 것입니다. 하나님께서 우리 각자에게 우리 삶의 모토와, 죽을 때 우리의 소망과, 영원 속에서 우리의 기쁨을 위하여 "오직 예수"만 취하는 은혜를 허락하시옵소서. "오직 예수"의 이름으로 하나님께서 여러분에게 복 주시기를 바랍니다. 아멘.

제
49
장

—

모두가 희망 없이 바라볼 때

—

"그를 이리로 데려오라." — 마 17:17

우리의 주 예수 그리스도께서 이 땅에 계셨을 때, 그분의 나라는 천국과 지옥을 망라할 정도로 광대했습니다. 비록 천국 문 입구에 계셨지만, 우리는 그분이 영광 속에서 모세와 엘리야와 함께 대화를 나누시는 것을 보았고, 그로부터 몇 시간 후에는 지옥의 함정을 용납하지 않으시고 악한 영과 직면해 계시는 주님을 봅니다. 그것은 족장들로부터 귀신들까지, 선지자들로부터 마귀들까지 망라하는 긴 여정입니다. 그러나 그분이 다른 곳에서 영화롭게 되도록 그분에게 자비가 임하고, 권능이 임했습니다. 그분이 낮아진 모습(그분의 비하)을 취하고 계실 때에도 주님이신 그분은 얼마나 영광스러운 분이실까요! 지금도 그분은 얼마나 영화로우신 분일까요! 그분의 선하심은 한이 없으십니다. 진실로 그분은 땅 끝에서 바다 끝까지 지배권을 갖고 계십니다. 그분의 통치권은 인간의 삶의 최극단까지 미치고 있습니다. 우리의 주님이자 주인이신 그분은 그의 원수를 정복했다는 신자들의 외침을 즐겁게 들으십니다. 그리고 동시에 그분은, 자아에 대한 신뢰를 전적으로 포기하고 자기 능력으로 구원받기를 바라는 죄인의 절망적인 신음소리를 기꺼이 들어주십니다. 어떤 순간에는 그분이 전쟁에서 승리한 결과로 주어지는 면류관을 받고 계시고, 또 어떤 순간에는 그분이 상한 심령들을 치유하고 그들의 상처를 싸매 주고 계십니다.

죽어가면서 그의 안식에 들어가는 승리한 신자의 모습과, 자기가 핍박한 구주로부터 자비를 구하고 있는 다소의 사울의 첫 번째 통회하는 모습 사이에는 커다란 차이가 있습니다. 그러나 주님의 마음과 눈은 이 두 모습을 다 주시하고 있습니다. 우리 주님의 변형 사건은 그분으로부터 귀신을 좇아내는 능력을 박탈하지도 않았고, 그분이 인간의 질병들을 다루기에는 너무 숭고하거나 영적이라고 느끼도록 하지도 않았습니다. 그러므로 하나님의 보좌 우편에 계신다는 이유로 하늘의 영광은 이 땅의 비참함으로부터 그분의 관심을 돌리도록 하지도 않았고, 눈물 골짜기인 이 세상에서 그분을 찾는 연약한 자들의 탄식과 눈물을 외면하도록 하지도 않았습니다.

귀먹고 말 못하게 하는 귀신 들린 아이를 고치신 사건을 다루고 있는 본문에서 주님이 말씀하신 진술의 문맥은 굉장히 중요한 말씀입니다. 모든 죄는 영혼이 사탄의 지배 아래 있다는 것을 보여주는 증거들입니다. 회개하지 아니한 모든 사람들은 사실 어떤 의미에서 마귀에게 사로잡혀 있습니다. 그는 그들의 마음속에 자신의 보좌를 세웠고, 거기서 그들의 육체의 부분들을 다스리고 지배하고 있습니다. "지금 불순종의 아들들 가운데서 역사하는 영"(엡 2:2)은 바울이 어둠의 임금에게 붙여 준 이름입니다. 그러나 이러한 마귀의 소유는 모든 경우에 똑같지는 않고, 비록 항상 동일하신 주님에 의해 이루어진 것이라 해도 사탄을 좇아내는 것은 항상 똑같은 방식으로 진행되는 것은 아닙니다.

우리는 우리가 죄 가운데 살 때, 죄에 대해 열광하는 마음을 갖고 범죄에 빠지지 않은 것에 대해 하나님을 찬양합니다. 우리는 폭풍 속에서 밀려다니는 물건들처럼 흔들리지 않고, 그것을 억제하고 외적 예절의 범주 안에서 행동하게 된 것을 하나님께 감사합니다. 우리는 또한 우리의 죄를 자각하고 경각심을 가지며, 사탄의 철장 아래 떨어졌을 때 우리가 완전한 절망과 엄청난 흑암의 공포, 그리고 어떻게든 견뎌야 하는 내적인 고뇌 속에 떨어지지 않은 것을 감사합니다. 그리고 예수님이 우리를 구원하시기 위해 오셨을 때, 비록 우리가 사탄에 의해 크게 방해를 받기는 해도, 교만에 빠져 입에 거품을 물지 않고, 완고한 정욕에 빠져들지도 않았습니다. 그리고 여기에 묘사된 귀신들린 아이의 이 특별한 사건처럼, 격렬한 절망에 사로잡혀 거꾸러지는 일도 없었습니다. 주님은 자신의 황금열쇠로 친절하게 우리의 마음을 여시고, 우리의 영의 방으로 들어오셔서 그 방을 차지하셨습니다.

대부분 그의 백성들의 영혼 속에서 이루어지는 예수님의 정복은, 비록 똑같은 능력에 의해 이루어진다고 해도, 우리가 지금 고찰하고 있는 사건의 경우보다는 훨씬 더 조용하게 이루어집니다. 우리는 이에 대해 은혜의 하나님께 감사해야 합니다. 그러나 때때로 사탄이 폭동을 일으키고, 그의 악한 힘이 최후의 발악처럼 보이는 이와 같이 희귀하고 특별한 사건들이 있습니다. 이것들은 또한 주 예수님이 강력한 사랑으로 이 세상의 임금을 보좌에서 끌어내리고 그를 발로 짓밟아 다시는 활동하지 못하도록 하시는 사건들로서, 여기서 그분은 자신의 엄청나고도 탁월한 능력을 보여주십니다. 만일 이처럼 고통 받는 사람이 있다면 저는 그가 도움을 받아 의롭게 되리라고 봅니다. 왜냐하면 다음과 같은 말씀이 우리에게 주어졌기 때문입니다. "만일 어떤 사람이 양 백 마리가 있는데 그 중의 하나가 길을 잃었으면 그 아흔아홉 마리를 산에 두고 가서 길 잃은 양을 찾지 않겠느냐"(마 18:12).

저는 하나님으로부터 멀리 떨어져 있는 사람들에게 성령의 기름 부음의 역사가 임하여 가까이 나아갈 수 있도록 기도하고, 속박의 사슬에 매여 있는 사람들은, 아들이 자유롭게 하면 참으로 자유롭게 될 것이기(요 8:36) 때문에 그들이 주 안에서 자유롭게 될 수 있기를 기도합니다.

우선 저는 주님의 도우심을 받아 본문에 기록된 애처로운 사건의 의미에 관해 말씀드리고자 합니다.

1. 희망 없는 상황

그리스도의 육체의 이적들은 그분의 영적 사역의 예표들입니다. 그분이 자연계에서 행한 이적들은 영적 세계에서 이루어지는 이적들의 모형입니다. 외적이고 자연적 사실은 내적이고 영적 사실의 상징입니다. 그렇다면 아버지에게 이끌려 고침받기 위해 주님 앞에 온 귀신들린 아이는, 그를 사로잡고 있는 영이 악한 자로 불리고 사탄은 항상 악질적이지만, 분명히 죄를 많이 범해 초래한 질병의 경우는 아니고, 정신의 커다란 공포와 혼란 그리고 어떤 사람들 속에서는 악한 자에 의해 고통과 위험에 빠지게 된 광적인 절망의 한 실례입니다.

때때로 사람이 완전히 자기 통제력을 잃어버리는 광기의 압도적인 공격을 받아 생긴 질병들을 관찰해 보십시오. 간질병 환자의 발작은 모든 방향으로 약한 사지를 떨어댑니다. 우리는 낙심, 오해, 불신 그리고 절망으로 말미암아 때로는 극복할 수 없는 분노를 일으키는 우울증 환자들을 보았습니다. 그들은 이 악한 불청객들을 받아들였다기보다는 오히려 그것들의 희생자라고 볼 수 있습니다. 마가가 설명하는 것처럼 귀신이 "그를 잡습니다"(막 9:18). 마찬가지로 이같이 절망하는 사람들은 절망이라는 거인에 의해 사로잡히고 끌려간 것입니다. 귀신들은 그들을 잡아채고, 그들을 마른 땅으로 몰아넣습니다. 그들은 쉬기를 구했고, 아무것도 찾지 못했습니다. 그들은 위로받기를 거절했고, 병자들처럼 그들의 영혼은 어떤 음식도 거부했습니다. 그들은 자신들의 우울증을 이겨낼 힘을 보여주지 못했습니다. 그들은 저항할 생각도 못했습니다. 그들의 발걸음은 뒷걸음치고, 완전히 스스로를 불행의 늪으로 끌고 갔습니다. 자신의 때가 짧다는 것을 알고 있고, 예수님이 신속하게 구원의 역사를 펼치시기 위해 오셨음을 잘 깨닫고 있는 사탄은 자신의 힘없는 종들에게 가차 없는 악덕으로 채찍질을 가해서 구원자가 이르기 전에 어떻게든 그들을 완전히 파멸시키려고 획책합니다.

본문에 나오는 불쌍한 희생자는 때때로 극도의 고통 곧 입에 거품을 물고 쓰러지고, 땅에 뒹굴면서 울부짖을 정도로 큰 고통에 시달렸습니다. 때로는 겁나는 발작 속에서 그는 자신의 몸에 상처를 냈고, 착란증세로 인해 자기 주변에 있는 물건들을 마구 집어던졌고, 그것은 또다른 상처의 원인이 되었습니다. 단지 그것을 경험해 본 사람들만이 죄의 가책에 대한 고통이 원수의 유발에 의해 괴롭힘을 당할 때와 같다는 것을 느낄 수 있습니다. 우리들 가운데 어떤 사람들은 어느 정도 이것을 거쳤고, 그것이 땅에서 겪는 지옥이라는 것을 납득할 수 있습니다. 우리는 하나님의 진노의 손의 무게가 얼마나 무거운지 느꼈습니다.

우리는 성경을 읽지만 그 안에서 우리의 상황에 어울리는 약속을 하나도 발견하지 못합니다. 그 대신 번개와 같이 마치 저주가 그것으로부터 번쩍거리는 것처럼, 모든 면들이 위협으로 불타고 있는 것처럼 보입니다. 심지어는 가장 선택할 만한 구절들도, 마치 그것들이 "간섭하지 마라. 이 위로는 너를 위한 것이 아니다. 너는 이것과는 아무 상관이 없다"고 말하는 것처럼 우리에 대해서는 반대하는 말씀으로 보였습니다. 우리는 교리와 교훈과 약속들, 그리고 심지어는 십자가 자체에 대해서까지 흠집을 냈습니다. 우리는 기도했고, 우리의 참된 기도는 우리의 불행을 증가시켰습니다. 우리는 은혜의 보좌에 대해서도 상처를 냈습니다. 우리는 우리의 기도를 주님에 대해 내뱉는 부질없는 불쾌한 소리들로 간주합니다. 교회에 가면 설교자는 우리에게 눈살을 찌푸리는 것 같고, 우리의 상처를 소금으로 문질러대고 우리의 상황을 악화시키는 것 같습니다. 심지어는 성경읽기와 찬송가와 기도들도 우리를 반대하기 위해 동맹을 맺은 것처럼 보이고, 그래서 우리는 그 전보다 더 큰 절망감을 안고 집으로 돌아갑니다.

저는 여러분이 이와 같은 정신상태를 거치지 않기를 바랍니다. 왜냐하면 그것은 지옥 자체와 방불하고, 가장 끔찍한 일들 가운데 하나이기 때문입니다. 이런 곤경 속에서 사람들은 욥과 같이 부르짖습니다. "그런즉 내가 내 입을 금하지 아니하고 내 영혼의 아픔 때문에 말하며 내 마음의 괴로움 때문에 불평하리이다 내가 바다니이까 바다 괴물이니이까 주께서 어찌하여 나를 지키시나이까 혹시 내가 말하기를 내 잠자리가 나를 위로하고 내 침상이 내 수심을 풀리라 할 때에 주께서 꿈으로 나를 놀라게 하시고 환상으로 나를 두렵게 하시나이다 이러므로 내 마음이 뼈를 깎는 고통을 겪으니 차라리 숨이 막히는 것과 죽는 것을 택하리이다 내가 생명을 싫어하고 영원히 살기를 원하지 아니하오니 나를 놓으소서 내 날은 헛 것이니이다"(욥 7:11-16).

저는 이 비참한 상태를 최후로 벗어나는 기쁨은 천사들이 기쁨으로 노래하는 것과 같음을 하나님께 감사를 드립니다. 그러나 어두운 밤을 견디는 동안은 참으로 그것이 흑암의 공포입니다. 순교자를 고문대 위에 올려놓거나, 아니면 그를 위험한 쇠사슬로 꽁꽁 묶어놓고 그를 불에 태워 보십시오. 그때 그의 주님이 그에게 미소만 지어 준다고 해도, 그의 고통은 하나님의 진노에 대한 의식으로 시커멓게 타버린 영혼의 고통과는 비교할 바가 못됩니다. 이런 사람은 예레미야애가의 내용에 공감하고, 다음과 같이 부르짖습니다. "나를 어둠 속에 살게 하시기를 죽은 지 오랜 자 같게 하셨도다 나를 둘러싸서 나가지 못하게 하시고 내 사슬을 무겁게 하셨으며 내가 부르짖어 도움을 구하나 내 기도를 물리치시며 … 활을 당겨 나를 화살의 과녁으로 삼으심이여 화살통의 화살들로 내 허리를 맞추셨도다 … 나를 쓴 것들로 배불리시고 쑥으로 취하게 하셨으며"(애 3:6-8, 12-13, 15). "사람의 심령은 그의 병을 능히 이기려니와 심령이 상하면 그것을 누가 일으키겠느냐"(잠 18:14). 용서받지 못한 죄 때문에 괴로워하는 것, 그 죄의 응보적 형벌을 두려워하는 것, 영원히 불타는 지옥을 무서워하는 것 ─ 이것들은 사람들을 참으로 고통스럽게 하고, 인생을 무거운 짐으로 생각하도록 만드는 일들입니다.

우리는 본문으로부터 악령이 그 아이를 완전히 사로잡았을 때 그를 넘어뜨림으로써 그를 파멸시키고자 했다는 것을 깨닫습니다. 악령은 때로는 그 아이를 불에 던져 넣기도 하고, 때로는 물 속에 던져 넣기도 했습니다. 그것은 깊이 고뇌하는 심령들에게도 마찬가지입니다. 어느 날에는 그들은 진지함과 열렬함을 갖고, 간절함과 큰 관심 속에서 불타는 것처럼 보이지만, 그 다음 날에는 두려운 영혼의 냉정함과 무감각 속에 침몰하여 다시 일어서는 것이 완전히 불가능하게 보이는 상태에 빠져 버립니다. 어제는 지극히 민감, 오늘은 완전한 둔감 ─그렇습니다. 그들은 불확실합니다. 여러분은 그들을 어디서 발견하게 될지 모릅니다. 만일 여러분이 열화 같은 성급함의 위험 속에 있는 사람을 다루듯이 그들을 다룬다면, 여러분의 노력은 수포로 돌아가고 맙니다. 왜냐하면 그 다음 몇 분 안에 그들은 무관심의 물에 빠지는 위험 속에 있을 것이기 때문입니다. 그들은 극단을 향해 날아갑니다. 그들의 상황은 가마솥과 냉동고 속에서 교대로 괴로워하는 연옥 속에 있는 영혼들의 우화와 같습니다.

　여러분은 이 같은 사람이 어떤 순간에는 자기는 죄인 중의 괴수라고 믿는다고 말하다가 얼마 안 있어 죄로부터의 회개 사실을 부정해 버리는 것을 볼 것입니다. 여러분은 어떤 순간에 그가 구주를 만날 때까지 결코 기도하기를 쉬지 않겠다고 말하는 것을 듣지만, 조금 후에는 그가 전혀 기도할 수 없고, 자기가 무릎 꿇고 기도하는 것은 아무 소용이 없다고 말하는 것을 상상할 것입니다. 이와 같은 사람들은 계속 변합니다. 그들은 날씨보다 더 변덕스럽습니다. 그들의 색깔은 카멜레온처럼 바뀝니다. 그들은 강박관념에 사로잡혀 격동과 뒤틀림으로 충만합니다. 만일 어떤 사람이 어느 시점에 한 달 동안 자기의 마음이 달보다 더 자주 변화무쌍하다는 것을 알 수 있다면, 그는 훨씬 더 인간적이 될 것입니다. 우리는 그들의 상태를 조롱하며 웃습니다. 그들의 고통은 우리가 아무리 애를 써서 위로한다고 해도 소용이 없습니다. 오직 예수 그리스도 그분만이 그들을 다룰 수 있습니다. 그분이 치명적인 질고를 다루는데 특별한 비결을 갖고 계시고, 상실된 다른 모든 것들을 소유한 사람들을 즐겁게 치유하신다고 덧붙이는 것이 유익합니다.

　이 비참한 질병의 고통에 더하여, 그 아들은 귀머거리이기도 했습니다. 이 사건에 대한 마가의 설명을 보면, 예수님은 "말 못하고 못 듣는 귀신아 내가 네게 명하노니 그 아이에게서 나오고 다시 들어가지 말라"(막 9:25)고 말씀하셨습니다. 아들은 벙어리였기 때문에, 그에게는 이성적으로 판단할 능력이 전혀 없었습니다. 그 막혀 있는 귀에 소리가 들릴 리 만무했습니다. 다른 사람들에 대해 말한다면, 여러분은 그들을 부드러운 말로 설득해서 그들의 마음의 격동을 진정시킬 수 있습니다. 그러나 아무리 좋은 말이라도 이 비참하게 고통받는 심령에게는 들릴 수 없고, 그에게는 소리나 의견을 받아들일 능력이 전혀 없었습니다. 그런데 오늘날 우리 시대에는 말이 헛소리가 되어 버리는 이 같은 사람들이 없습니까? 여러분이 하나님의 약속들을 인용할 수 있고, 여러분이 용기를 줄 수도 있고, 여러분이 교리를 설명해 줄 수도 있습니다. 그러나 그것은 그들에게 아무 소용이 없습니다. 그들은 자기들이 시작했던 곳에서 끝납니다. 다람쥐 쳇바퀴 돌듯 그들은 결코 성공하지 못합니다.

오, 비참하게 고통받는 심령의 뒤틀리고 왜곡된, 복합적이고 일그러진 정신이여! 그들에게 예수를 믿으라고 말하는 것은 너무 쉬운 일입니다. 하지만 비록 그들이 여러분의 말을 이해한다고 해도, 거듭 설명해 주어야 할 정도로 그것은 모호한 말이기 때문에 여러분은 그 설명을 더 분명하게 밝혀 주어야 합니다. 그들 자신을 예수 그리스도의 피에 던지고, 그분이 이루신 사역을 의지하라고 말해 주는 것은 모든 사실들 가운데 가장 단순한 사실입니다. 어린아이에게 알파벳은 더 단순할 수가 없지만, 그들에게는 그것들조차 분명하지 않습니다. 그들이 여러분의 말을 이해하는 것처럼 보이지만, 곧 옆길로 새고 맙니다. 확신을 갖고, 동시에 의심과 두려움을 다 일소한 것처럼 보이지만, 30분 후에 그들을 만나면, 여러분이 벽에 대고 말을 하고, 귀머거리와 대화를 나누었다는 것을 알게 될 것입니다. 오, 얼마나 고통스러운 상황입니까! 사람의 도움이 아무 소용이 없는 이런 사람들에게 주님이 자비를 베푸시기를 바랍니다! 귀머거리의 귀를 듣게 하고, 그 음성으로 죽음과 같은 적막이 드리워진 절망의 감옥에 달콤한 위로의 말씀을 다시 들려 주시는 분, 강하신 주님을 통해 도움을 베푸신 하나님을 찬양합시다.

설상가상으로 그 고통받는 아들은 벙어리였던 것으로 보입니다. 그는 귀신에게 잡혀 발음이 분명한 말을 할 수 없었습니다. 귀신이 그를 떠났을 때 그가 부르짖은 것으로 보면, 모든 언어기관들은 전혀 이상이 없었지만, 말하는 법을 배우지 못한 경우로 보입니다. 알아들을 수 없는 종류의 말이었습니다. 언어기관은 있었지만, 가슴이 터질 듯한 고통의 울부짖음 소리 외에는 알아들을 수 있는 말이 하나도 없었습니다. 이와 같은 "영적 벙어리"인 사람들이 많습니다. 그들은 자신의 상태를 설명할 능력이 없습니다. 만일 그들이 말을 한다면, 그들이 말하는 것은 알아들을 수 없습니다. 그들은 다섯 마디마다 모순된 소리를 질러댈 뿐입니다. 그들은 자기들이 믿고 있는 바가 맞다고 말하지만, 그들이 여러분에게 서로 모순되는 거짓말을 하고 있다고 생각할 수 있습니다. 그들의 경험은 모순의 연속이요, 그들의 말은 그들의 경험보다 훨씬 더 모순적입니다.

어느 정도 긴 시간 그들과 대화하는 것은 굉장히 어렵고, 때로는 불가능합니다. 그것은 고도의 인내를 요구합니다. 그리고 만일 그것이 듣는 자에게 고도의 인내를 요구한다면, 그 비참한 당사자에게는 얼마나 더 힘든 일이겠습니까! 그들은 기도하지만, 그것을 감히 기도로 구하지 못합니다. 그 대신 그들에게 그것은 갈매기나 제비의 지저귀는 소리와 같습니다. 그들은 의지할 데 없는 자신의 연약한 마음속에 있는 것들에 대해 하나님과 대화하지만, 그것이 끝났을 때 그들이 과연 기도했는지 의심이 될 정도로 혼란스럽고 혼동이 됩니다. 그것은 고통의 울부짖음 ― 쓰라리고 괴로운 외침 ― 이지만, 그것을 말로 파악할 수는 없습니다. 그것은 두려움의 신음소리로서, 성령의 말할 수 없는 탄식이요 갈망이지만(롬 8:26), 그들 스스로는 그 의미를 거의 모르고 있습니다.

여러분은 이 괴로운 사건의 진상을 듣고 몸서리를 칠지 모르겠지만, 저는 아직 이 슬픈 이야기의 결론을 내리지 않았습니다. 만일 여러분이 이와 같은 사건을 겪은 적이 없다면, 하나님께 감사하십시오. 그러나 동시에 이러한 마음의 상태에 있는 사람들을 불쌍히 여기고 기도해 주십시오. 그들에게 위대하신 치유자에 대한 희망을 주시기를 하나님께 간구하십시오. 그분이 오셔서 그들을 구원해 주시기를 위해 기도하십시오. 왜냐하면 그들의 곤경은 사람의 능력 밖의 것이기 때문입니다.

귀신들린 아이의 아버지는 예수님께 자신의 아들의 허약한 상태를 말씀드렸습니다. 이런 엄청난 고통의 짐을 짊어지고 있고, 끊임없는 고통 속에서 결코 잠마저 편안하게 잘 수 없는 사람에게 어떻게 다른 방법이 있을 수 있겠습니까? 그토록 뒤틀리고 파멸된 상태 속에서는 사람의 힘이 오랫동안 유지될 수 없는 것이 당연합니다. 절망은 영혼을 크게 약화시킨다는 것을 기억하십시오. 저는 절망이, 완전히 지쳐 고통받는 자가 다윗처럼 "내 진액이 빠져서 여름 가뭄에 마름 같이 되었나이다"(시 32:4)라고 고백할 때까지 육체도 약화시킨다는 것을 알고 있습니다. 죄책감을 느끼는 것, 다가올 형벌을 두려워하는 것, "임박한 진노"(마 3:7)에 대한 무서운 경고를 듣는 것, 죽음을 겁내고 매순간 죽음을 바라보는 것,

그러나 그 무엇보다 하나님을 불신하고 그분에 대해 반역한 일들을 써넣는 일이야말로 사람의 육체를 고갈시키고, 그 영혼을 시들게 하는 핵심 요인입니다. 존 번연은 그의 자서전 「넘치는 은혜」(*Grace Abounding*)에서 사막의 나무처럼 완전히 고갈된 상태에 빠진 사람에 대해 묘사하고 있는데, 그는 그것이 찾아왔을 때, 자기에게서 조금도 선한 것을 찾을 수가 없었습니다. 번연은 무수한 불신앙의 파도 위에서, 한순간도 안식하지 못하고 끊임없이 억측과 의심과 불길한 예감으로 혼란스러워하고 갈등 속에 빠져 흔들거리는 마음을 묘사하고 있습니다. 그런데 만일 이런 종류의 공격들이 한순간도 멈추지 않고 끊임없이 지속된다면, 만일 불신앙의 발작들이 조금도 멈추지 않는다면, 사람의 마음은 완전히 시들고 말 것이 확실합니다. 그는 죽을 것이고, 그의 완고한 불신앙의 결과로 가야 할 영원한 처소, 곧 지옥으로 떨어질 것입니다.

귀신들린 아이의 사건에서 가장 처절한 요소는 이 모든 악한 상태가 오랫동안 지속되어 왔다는데 있습니다. 예수님은 그 아이의 이런 상태가 언제부터 그랬는지 물으셨고, 그 아버지는 "어릴 때부터"라고 대답했습니다. 때때로 하나님은 우리가 이해하지 못하는 이유로 시험받는 영혼에 대해 오랫동안 지속되는 깊은 고통을 허락하십니다. 저는 그런 사람이 얼마나 많은 세월에 걸쳐 그 고통을 겪어야 하는지 모르지만, 확실히 그 중 어떤 사람들은 인생이 거의 끝날 때까지 불신앙과 싸우다 인생의 황혼기에 가까스로 믿음과 영적 깨달음이 주어집니다. 자기가 어둠 속에서 죽어야 한다고 생각될 때, 성령이 그들에게 나타나시고, 그들은 용기를 얻고 위로를 얻습니다.

청교도들은 허니우드(Honeywood) 여사의 특별한 체험을 주님이 그의 택한 자들을 구원하시는 특수한 사례의 하나로 인용하곤 했습니다. 해가 거듭될수록 그녀는 우울증과 절망의 수렁 속에서 헤매었습니다. 그러나 그녀는 굉장히 이적적인 방법으로 하나님의 은혜의 섭리에 의해 구원을 받았습니다. 그녀는 길쭉한 베네치아 산 유리그릇을 하나 집은 다음 "유리가 박살나 깨지는 것처럼 나도 산산조각이 난다"고 말하고는 그것을 마룻바닥에 힘껏 내던졌습니다. 그런데 희한하게도, 그녀도 놀라고 모든 사람들도 놀랄 만하게, 저도 그 이유를 모르겠지만, 유리는 조금도 조각이 나지 않았고 전혀 깨지지 않았습니다. 무엇보다 먼저 그 상황 속에서 그녀는 한 줄기 빛을 보았고, 그 후부터 자신을 주 예수님께 던졌습니다. 때때로 특별한 빛이 특수한 어둠 속에 비칩니다. 하나님은 그의 발이 철저하게 사슬로 묶여 있고, 그 후 오랜 세월 속박 속에 있었던 심연의 감옥으로부터 죄수를 해방시켜 결국엔 완전하고도 통쾌한 해방을 허락하셨습니다.

이 사건에 대해 한 가지 더 말할 것이 있습니다. 제자들은 귀신을 쫓아내는데 실패했습니다. 다른 경우에 그들은 성공했었습니다. 그들은 주님께 "귀신들도 우리에게 항복하더이다"(눅 10:17)라고 했습니다. 그러나 이 때에는 전혀 승리하지 못했습니다. 그들은 최선을 다했습니다. 그들은 어느 정도 믿음이 있었습니다. 그렇지 않다면 귀신을 쫓아내려고 시도하지도 않았을 것입니다. 하지만 그들의 믿음은 그 위급한 상황에서는 아무 소용이 없었습니다. 서기관들과 바리새인들이 주변에 몰려들어 그들을 조롱하기 시작했습니다. 만일 제자들 가운데 하나가 귀신을 쫓아내는데 성공했더라면, 그들은 크게 감사했을 것입니다. 그러나 그들은 패배했고, 실망했습니다. 그들 앞에 있던 불쌍한 병자는 발작을 일으키고 고통 속에서 몸부림을 쳤지만, 그들은 그에게 티끌만큼도 위로를 주지 못했습니다.

오랫동안 고통을 겪던 영혼이 하나님의 집을 찾아 갔지만 아무런 위로를 발견하지 못했을 때, 영적으로 갈등 속에 있던 사람이 도움을 구했지만 목사나 다른 그리스도인들로부터 아무런 도움을 받지 못했을 때, 기도를 드렸지만 응답이 없었을 때, 눈물로 호소했지만 아무 소용이 없었을 때, 다른 사람들에게 위로를 주었던 책이 자기에게는 별로 도움이 되지 못했을 때, 수많은 사람들을 변화시킨 가르침들이 자기에게는 효과가 없었을 때, 사실은 그때가 가장 고통스러운 상황입니다. 그러나 인간적인 수단들이 모두 아무 소용이 없게 된 실례들이 많습니다. 바다의 파도를 잔잔하게 하거나 천둥소리를 잠잠하게 하는 것만큼, 고통스러워하는 불쌍한 영혼을 위로하는 것 역시 사람의 힘만으로는 불가능합니다. 악령과 성령이 처절하게 분쟁을 일으키고, 악령이 그 모든 악의들을 노골적으로 드러냄으로써 사람에게 극도의 고통을 일으키는 경우가 있지만, 그러나 저는 성령이 그 구원의 능력을 발휘하여 그 지옥 같은 상황으로부터 그를 이끌어 내 주님의 이름으로 찬양하도록 역사하실 것을 믿습니다.

여러분이 만일 주님을 모른다면, 스스로 "나는 이 일들에 관해 아무것도 모르는 것을 하나님께 감사한다"고 생각할 수도 있습니다. 그러나 이것을 하나님께 감사하기 전에 멈추십시오. 왜냐하면 이 상태가 악하고 비참한 상태가 된다고 해도, 여러분이 영적 민감성을 완전히 상실한 채 있는 것보다는 그것이 훨씬 더 낫기 때문입니다. 여러분이 많은 사람들이 행하는 — 마귀들이 그들을 지옥의 길로 이끄는 달콤한 잠 — 것처럼 지옥으로 서서히 미끄러져 들어가는 것보다는 모든 발걸음마다 불타는 뜨거움 속에서, 괴롭고 상처가 많은 상태에서 천국에 들어가는 것이 백 번 낫습니다. 결국 하나님이 간섭하신다면, 그것이 궁극적으로 믿음 안에서 기쁨과 평화가 될 것이기 때문에 내면의 갈등으로 고통을 당하고 괴로움을 겪는 것은 그리 큰 일이 아닙니다. 그러나 "평강이 없을 때" 사람의 귀에 대고 "평강하다, 평강하다"(렘 6:14) 노래하는 것은 참으로 두려운 일이 아닐 수 없고, 여러분이 벗어날 길이 없는 갱 속에 갇혀 표류하는 것을 발견하는 것은 영원히 두려운 일입니다.

감사하는 대신에 두려워해야 합니다. 여행객들이 알프스 산 정상에서 자주 느끼는 경탄할 만한 예고적 고요함은 여러분의 것입니다. 모든 것이 잔잔합니다. 새들도 노래 부르는 것을 멈추고 낮게 날며, 두려움으로 움츠러듭니다. 꽃들 사이에 벌들의 윙윙거리는 소리도 잠잠해집니다. 그의 엄위하신 왕권이 그들에게 미침으로써, 놀라운 고요함이, 마치 죽음이 모든 것을 침묵시키는 것처럼, 시간을 지배합니다. 여러분은 확실히 어떤 일이 일어날지 느끼지 못합니까? 천둥이 준비되고, 번개가 곧 그 강력한 불을 터뜨릴 것입니다. 땅은 진동하고, 단단한 정상(頂上)들도 해체될 것입니다. 모든 자연이 맹렬한 폭풍 아래 흔들릴 것입니다. 그 장엄한 고요함이 오늘 여러분의 것이 될 것입니다. 폭풍이 몰아닥칠 것이니 절대로 그 안에서 기뻐하지 마십시오. 회오리바람과 재난이 여러분을 쓸어버리고, 완전히 파괴할 것입니다. 지금 마귀에게 고통당하는 것이 영원히 그분에게 고통당하는 것보다 낫습니다.

2. 유일한 대책

지금까지 저는 여러분 앞에 아주 고통스러운 주제를 다루었습니다. 둘째로, 제가 여러분에게 유일한 대책을 명심하도록 설명할 때 성령이 저를 돕도록 기도합니다.

제자들은 좌절에 빠졌습니다. 그러나 주님은 좌절하지 않고 "그를 내게로 데려오라"고 말씀하셨습니다. 우리는 어려운 상황에 직면했을 때 가능한 모든 수단을 다 동원해야 합니다. 나아가 우리는 그것들이 통상적으로 갖고 있는 것보다 더 큰 효력을 발휘하도록 해야 할 의무가 있습니다. 우리 주님은 우리가 다른 수단들을 통해 얻는 능력보다 훨씬 더 큰 능력을 갖도록 해주는 수단으로서 기도와 금식을 정하셨습니다. 그리스도인들의 일반적인 방책으로서는 결코 일어나지 않을 변화가 있습니다. 우리는 기도를 더 많이 해서 우리의 몸이 자기부정을 통한 통제 아래 있도록 할 필요가 있습니다. 우리가 기도와 금식을 통해 하나님과 밀접한 교통을 할 때, 고민스러운 상황들을 더욱 잘 다스릴 수 있습니다. 하나님의 교회는 그 자녀들이 더욱 자주 기도하고 금식한다면 이 불의한 세대와 씨름하는데 필요한 힘을 더 크게 얻을 것입니다.

　기도와 금식이라는 이 두 가지 복음적 규정들 속에는 강력한 힘이 있습니다. 첫 번째 힘은 우리를 하늘과 연계시키는 것입니다. 두 번째 힘은 우리를 세상과 분리시키는 것입니다. 기도는 우리를 하나님의 잔치석상으로 인도합니다. 금식은 세상의 문란한 식탁들을 뒤엎습니다. 기도는 우리에게 하늘의 떡을 먹도록 이끕니다. 그리고 금식은 우리의 영이 멸망의 떡으로 가득 찬 상으로 가지 못하도록 합니다.

　그리스도인들은 영적 활력을 최대한 가능하게 일으켰을 때, 그들 속에 역사하시는 하나님의 영을 통해 마귀들을 물리칠 수 있을 것입니다. 그러나 심지어는 그 모든 것에도 불구하고 더 성숙한 그리스도인은 기도와 금식이 문제를 해결하는 것처럼 보이지 않는 태산 같은 어려움들에 봉착할 수 있을 것입니다. 이 어려움들은 제자들이 그렇게 한 것처럼, 즉각 주님 앞에 가지고 나와 그분의 개인적 능력으로 다루어져야 합니다. 주님은 부드럽게 우리에게 "그를 내게로 데려오라"고 명령하십니다.

　저는 이 본문대로 삶에 적용시켜 보라고 여러분에게 권면할 때, 예수 그리스도는 지금도 살아 계신다는 사실을 상기시켜 드리고 싶습니다. 그 진리는 무척 단순하지만 여러분은 그것을 꼭 상기해야 합니다. 우리는 아주 종종 목사들이나 예배들 또는 성도들을 바라봄으로써 교회의 힘을 평가합니다. 그러나 교회의 힘은 거기에 있는 것이 아니라 성령 안에 있고, 항상 살아 계신 주님 안에 있습니다. 예수 그리스도는 죽으셨고, 그것은 진리입니다. 그러나 그분은 다시 살아나셨고, 우리 주님이 지상에 계셨을 때 고통 속에 있던 사람들이 그분께 나아간 것처럼 오늘날 우리도 똑같이 그분께 나아갈 수 있습니다. 이적은 멈추었다고 말합니다. 자연적 이적은 그렇지만, 영적 이적은 그렇지 않습니다. 우리는 다른 종류의 능력은 갖고 있지 않습니다. 그리스도는 어떤 종류의 이적이든 행하실 수 있는 권능을 갖고 계시고, 그분은 지금도 기꺼이 그의 교회 가운데 영적 이적을 행하실 수 있습니다. 저는 주님이, 제가 말할 수 있고 제 사역 가운데 일어나는 모든 상황에 대해 상의할 수 있는 살아 계신 그리스도, 제 영혼과 다른 사람들의 영혼 속에 일어나는 모든 어려움을 내놓을 수 있는 살아 계신 구원자로서 생각할 때 참으로 즐겁습니다. 그분이 죽어 장사되었다고 생각하지 마십시오! 그분을 죽은 자들 가운데서 찾지 마십시오! 예수님은 살아 계시고, 그분이 여기 이 땅에 계셨을 때처럼 고통과 슬픔의 모든 사건들을 처리하실 수 있습니다.

또한 예수님이 권위의 자리에 계시는 것도 잊지 마십시오. 그분이 이 땅에 계셨을 때, 귀신들을 이기는 권능을 갖고 계셨습니다. 그러나 하늘에서 그분은 더욱 큰 권능을 갖고 계십니다. 여기 이 땅에 계실 때 그분은 그의 신성의 광채가 가리어져 있었지만, 지금 하늘에서 그분의 영광은 엄청난 광채를 발하고 있고, 모든 지옥이 그분의 권능의 엄위함을 고백하고 있습니다. 귀신이 아무리 강하다 해도, 만일 예수님이 단지 말씀만 하시거나 심지어는 바라보시기만 해도 두려워 떨지 않을 귀신은 결코 없습니다. 오늘날에도 예수님은 마음과 양심의 주인이십니다. 자신의 은밀한 권능을 통해 그분은 우리 각자의 마음속에 역사하실 수 있습니다. 그분은 우리를 낮추거나 높일 수 있습니다. 그분은 우리를 내던지거나 들어올릴 수 있습니다. 어떤 상황도 그분에게는 어려운 것이 없습니다. 우리는 단지 우리의 필요를 그분께 가지고 가기만 하면 됩니다. 그분은 살아 계시고 — 권능의 자리에 살아계시고 — 우리 심령의 모든 욕구들을 이루어 주실 수 있습니다.

더욱이 예수님은 감찰의 자리에서 살아 계시고, 거기서 은혜롭게 간섭하십니다. 저는 우리가 그분을 그의 교회의 슬픔을 전혀 보지 못하는 멀리 계신 분으로 생각하도록 유혹받는다는 것을 압니다. 그러나 사랑하는 형제들이여, 제가 여러분에게 말하는 것은 그리스도의 영예는, 그분이 산에서 내려와 그 사람과 그의 귀신 들린 아들을 만났을 때 그랬던 것처럼, 이 순간 그의 종들의 패배나 승리와 직결되어 있습니다. 하늘 보좌로부터 예수님은 그의 종들의 사역을 바라보시고, 그때 그들이 패배당하는 것을 보신다면, 자신의 복음의 영예를 위해 질투하시고, 과거에 하셨던 것처럼 지금도 즉각 간섭하셔서 승리를 지켜 주십니다. 우리는 그저 우리 주님을 우러러 보기만 하면 됩니다. 그분은 구약성경에서 보는 것처럼 거짓 신 바알이 그랬던 것처럼 주무시지 않습니다. 그분은 우리의 고통에 무감각하거나 우리의 슬픔에 무관심하시지 않습니다. 복의 근원이신 주님, 주님은 위로하실 수 있고, 구원하기에 충분히 강하십니다! 우리는 주님 앞에 우리를 괴롭히는 문제를 내놓기만 하면 되고, 그러면 주님은 주님의 사랑을 따라 그것을 처리하실 것입니다.

우리는 또한, 우리에게 주시는 한 경고로서, 예수 그리스도는 우리에게 자신을 살아 있고, 강하고, 돕는 분으로 인식하고, 그것으로 자신을 믿어 주기를 바라신다는 것을 기억해야 합니다. 우리는 우리가 믿음이 부족해서 놓치는 것을 알지 못합니다. 우리는 어떤 사람들이 희망이 없는 상태 속에 있다는 것을 믿고, 그러기에 우리는 그리스도의 영예를 깎아내리고 그들에게 상처를 줍니다. 우리는 부단히 그들을 그분에게 소개하지 않고, 어떤 경우에는 포기해 버립니다. 우리는 이스라엘의 거룩하신 분을 제한합니다. 우리는 그분의 영을 슬프게 하고, 그분의 거룩하신 마음을 근심시킵니다. 그러나 만일 어린아이들이 자기 아버지를 믿는 것처럼, 우리가 아브라함과 같은 믿음으로 결코 흔들림 없이 예수님을 신뢰하고, 그분이 약속하신 것을 또한 이루실 수 있다는 것을 믿는다면, 우리는 본문에 나오는 사람이 곧 낮의 빛 가운데로 인도받았던 것과 같은 사건들을 눈으로 보게 되리라고 확신합니다. "기쁨의 기름"으로 슬픔을 대신하고, "찬송의 옷으로 그 근심을 대신할"(사 61:3) 것입니다.

지금 저는 진지하게 고통 속에 있는 사람들의 부모와 친척들, 그리고 그런 자를 친구로 갖고 있는 사람들에게 그들의 사랑하는 고통받는 자를 반드시 예수님께 데려오라고 권면합니다. 그분을 의심하지 마십시오. 여러분이 의심한다면 그분을 실망시킬 것입니다. 속히 그분에게 나아와 그분 앞에 병든 자를 내려놓으십시오. 그리고 비록 여러분이 기도하는 동안 그 병이 나아지기보다는 더 악화된다 할지라도, 주저하지 마십시오. 여러분은 무한하신 하나님의 아들을 대하고 있고, 그렇다고 두려워할 필요는 없습니다. 여러분은 의심해서는 안됩니다. 하나님이 여러분에게 우리의 일상적인 모든 고통들, 특히 우리의 영혼에 관한 문제들을 주 예수님께 갖고 나아오도록 은혜를 베푸시기를 빕니다.

3. 확실한 결과

그 아이가 우리 주님 앞에 나아왔을 때, 그 병은 완전히 희망이 없는 것처럼 보였습니다. 그는 귀머거리에 벙어리였습니다. 주님이 그를 어떻게 다루셨습니까? 거기다 그 아이는 입에 거품을 물고 쓰러져 땅 위에 뒹굴었습니다. 하나님의 능력이 어떻게 펼쳐지기 시작했습니까? 저는 그의 아버지가 "무엇을 하실 수 있거든 우리를 불쌍히 여기사 도와주옵소서"(막 9:22)라고 말한 것이 놀랍지 않습니다. 제가 앞에서 말했던 것처럼, 대부분 다른 경우에는 예수님의 음성이 그 사람의 영을 진정시켰습니다. 그러나 그 음성은 그의 귀가 막혀 있었기 때문에 그의 마음속에 들릴 수가 없었습니다. 구주는 그 전까지 모든 증상들이 전혀 희망이 보이지 않는 아주 고질적인 병을 가진 사람 앞에 서신 적이 없었습니다. 그러나 그 병은 영적인 질병이 분명했습니다. 왜냐하면 한순간도 지체하지 않고 주님께서 불결한 영을 향해 "말 못하고 못 듣는 귀신아 내가 네게 명하노니 그 아이에게서 나오라"(25절)고 말씀하셨기 때문입니다.

그리스도는 권위를 가지고 귀신들에게 명령하실 힘이 있습니다. 그것들은 감히 불복종하지 못했습니다. 구주는 "다시 들어가지 말라"(25절)고 덧붙이셨습니다. 예수님이 고치시면 그 고치심은 영원합니다. 일단 영혼이 감옥에서 벗어나면, 다시는 그곳으로 돌아가지 못합니다. 만일 그리스도께서 "내가 용서하노라"고 말씀하시면, 죄는 사해집니다. 만일 그분이 평화를 말씀하시면, 평화가 멈추지 않는 강물처럼 임할 것입니다. 그것은 영원한 사랑의 바닷속으로 녹아들 때까지 계속될 것입니다. 치유에 대한 희망이 없었지만, 예수님이 그 치유의 손을 내밀었을 때, 치유는 절대로 확실했습니다. 만일 여러분이 깨어지고 낙담한 상태 속에 있다면, 여러분이나 제가 할 수 있는 것은 아무것도 없습니다. 그러나 그분이 할 수 없는 것은 아무것도 없습니다. 오직 그분께 나아가십시오. 그러면 한 마디로 그분이 여러분에게 평강 곧 여러분이 영원한 안식 속에 들어갈 때까지 멈추지 않고 계속될 평강을 주실 것입니다.

그럼에도 불구하고 우리는 그리스도의 말씀은 비록 그것이 승리를 갖고 있지만, 완강하게 거부를 당했다는 기록을 읽습니다. 마귀는 자기 때가 얼마 남지 않았다는 것을 알기 때문에 크게 분노했습니다. 그는 불쌍한 희생자를 갈가리 찢어놓았고, 자신의 모든 악마적 힘을 그에게 행사했습니다. 불쌍한 아이는 입에 거품을 물고 쓰러져 땅바닥에 나뒹굴었습니다. 마귀의 이 끔찍한 역사가 끝나자 아이는 마치 죽은 자처럼 나가 떨어졌습니다. 종종 처음에 그리스도의 음성은 사람의 영혼에 그전보다 더 격렬한 고통을 주는 원인이 되기도 합니다. 그것은 예수님이 그를 괴롭히기 때문이 아니라 사탄이 그분에게 반란을 일으켰기 때문입니다. 시험당한 연약한 사람은 심지어 마치 죽은 자처럼 절망 속에 빠질 수도 있습니다. 그를 둘러싸고 있는 사람들은 "그가 죽었다"고 외칠 수 있지만, 그때에도 부드러움과 사랑으로 가득 찬 치유의 손길이 그를 만질 때, 그는 살아날 것입니다.

만일 언젠가 여러분이 죽은 사람과 같다고 생각된다면, 만일 여러분의 마지막 소망이 사라진다면, 만일 여러분 앞에 "오직 무서운 마음으로 심판과 맹렬한 불을 기다리는 것"(히 10:27) 외에는 아무것도 남아 있는 것이 없다면, 그때에는 예수님이 간섭하실 것입니다. 여러분은 그리스도로부터 너무 멀리 떨어져 나갈 수 없다는 교훈을 배우십시오. 여러분의 한계는 단지 여러분에게만이며 그분에게는 아님을 믿으십시오. 아무리 큰 죄와 아무리 깊은 절망이라도 결코 예수님의 능력을 좌절시킬 수 없습니다. 비록 당신이 지옥의 입구에 있다고 해도, 그리스도는 당신을 거기서 잡아당길 수 있습니다. 비록 죄가 당신을 뜨거운 불꽃이 번쩍거리는 지옥문으로 이끈다고 해도, 그때 예수님을 바라본다면, 그분은 당신을 구원하실 것입니다. 만일 당신이 죽음의 문턱에 있을 때 그분에게 나아간다면, 영원한 자비가 당신을 받아줄 것입니다.

어째서 사탄이 뻔뻔스럽게도 사람들을 절망에 빠뜨립니까? 확실히 그가 감히 그렇게 하는 것은 그의 극악무도한 배도의 하나입니다. 여러분을 돕기 위해 전능하신 하나님이 계시는데 절망합니까? 하나님의 아들의 보배 피가 죄인들을 위해 드려졌는데, 절망합니까? 하나님이 기쁘게 은혜를 베푸시는데, 절망합니까? 소망의 종이 "수고하고 무거운 짐 진 자들아 다 내게로 오라 내가 너희를 쉬게 하리라"(마 11:27)고 울리는데, 절망합니까? 인생이 계속되고 있는데, 은혜의 문이 크게 열려 있는데, 은혜의 사자들이 오라고 부르고 있는데, 절망합니까? "너희의 죄가 주홍 같을지라도 눈과 같이 희어질 것이요 진홍 같이 붉을지라도 양털 같이 희게 되리라"(사 1:18)는 하나님의 말씀을 갖고 있는데, 절망합니까?

감히 죄인에게 절망에 대한 생각을 집어넣는 것은 극악무도한 배도라는 사실을 거듭 말씀드립니다. 그리스도께서 구원할 수 없습니까? 그런 일은 결코 있을 수 없습니다. 그리스도께서 사탄에 의해, 죄에 의해 정복을 당하셨습니까? 불가능합니다. 죄인이 그 질병들을 위대하신 의사로부터 고침 받기에는 그것들이 너무나 많습니까? 비록 사람이 가질 수 있는 온갖 질병들이 여러분 속에 다 들어 있고, 사람이 가질 수 있는 모든 죄가 여러분 위에 쌓여 있고, 불경죄와 살인죄와 사기죄와 간음죄와, 가능하거나 상상할 수 있는 모든 죄를 여러분이 저질렀다고 해도, 하나님의 사랑하시는 아들이신 예수 그리스도의 보배 피가 여러분을 모든 죄로부터 깨끗하게 하실 것입니다. 만일 여러분이 오직 주님만 신뢰한다면 ― 그분이 믿을 만하고 여러분의 신뢰를 받을 만하다면 ― 그분은 지금이라도 여러분을 구원하실 것입니다. 그런데 왜 지체하고, 왜 의문을 제기하고, 왜 숙고하고, 왜 주저하고, 불신하고, 의심합니까? 그분의 품에 안기십시오. 그분은 여러분을 거절하지 않으십니다. 왜냐하면 그분이 "내게 오는 자는 내가 결코 내쫓지 아니하리라"(요 6:37)고 말씀하셨기 때문입니다. 주님이 회심시키지 않는다면, 저는 여러분을 회심시키는 데 절망할 것입니다. 여러분에게 복음에 관해 전하는 것은 저의 책임이지만, 저는 그리스도께서 자신의 영을 통해 권능으로 오시지 않는 한, 여러분이 그것을 듣지 않으리라는 것을 알고 있고, 또는 여러분이 그것을 듣는다고 해도, 그것을 거절하리라는 것을 압니다. 오, 그분이 오늘 오셔서 여러분 안에 있는 악령에게 "너 악한 영아, 그에게서 나오고 다시 들어가지 말라. 내가 내 보배피로 그를 구속했으니 그를 놓아 줘라"고 말씀하시기를 바랍니다. 사랑하는 형제들이여, 저는 성령 하나님이 철창을 부수고, 놋문을 열고, 원수의 포로들이 자유를 얻기까지 이 말씀들을 주시기를 기도합니다. 주님이 자신의 이름을 위해 이 포로들을 축복하시기를 소원합니다. 아멘.

제
50
장
—

잃어버린 양 한 마리

—

"너희 생각에는 어떠하냐 만일 어떤 사람이 양 백 마리가 있
는데 그 중의 하나가 길을 잃었으면 그 아흔아홉 마리를 산
에 두고 가서 길 잃은 양을 찾지 않겠느냐 진실로 너희에게
이르노니 만일 찾으면 길을 잃지 아니한 아흔아홉 마리보다
이것을 더 기뻐하리라." — 마 18:12-13

　　이 대목은 우리 주님께서 그분을 믿는 소자들을 멸시하지 못하도록 하신 강론의
한 부분입니다. 주님께서는 소자들을 멸시하여 그들로 실족하여 넘어지게 하는
자들의 운명이 어떠할 것인지를 경고하고 계시는 것입니다. 주님께서는 우리가
이 자리에서는 다 상고할 수 없는 여러 강력한 논증을 통해서 주님을 믿는 소자
들을 절대로 경멸하지 못하게 하셨습니다. 오늘날 개인들의 회심을 작은 일로
여기는 경향이 뚜렷하게 나타나고 있습니다. 각 개인에게 역사하시는 성령의 역
사를 이 급진적인 시대에는 너무나 더딘 일같이 여기고 있습니다. 우리는 성경
에는 알려지지 않은 대단한 신정정치(神政政治)의 이론들을 듣습니다. 주 하나
님께서 거듭나지 않은 자들로 이루어진 거대한 대중들을 어느 정도 정치적으로
다스리신다는 이론입니다. 우리는 민족들과 인류의 진보를 아주 크게 드높이는
척 과장하는 말들을 자주 듣습니다. 그러나 이러한 고상해 보이는 생각들은 실
제로 일을 일으키지 못하고 도덕적인 능력도 없습니다. 교양이 있다고 하는 교
사들은 개인의 영혼들을 빛 가운데로 인도하는 단조로운 일 따위에는 진저리가

났다는 식입니다. 그래서 그들은 그러한 일을 아주 신속하게 해내고, 못견뎌하는 것입니다. 그들은 최소(最小) 단위들을 다루는 일에는 진력을 냅니다. "인류의 연대"(the solidarity of the race)에 대해서만 마음을 기울입니다. 그러나 저는 담대하게 역설하는 바입니다. 만일 우리가 개인의 회심을 멸시하여 버리면 우리는 건전하지 못한 일의 질서 속으로 빨려 들어가 버리고 외식의 바위에 부딪혀 파선당하고 말 것입니다. 심지어 복음이 가장 자유롭게 선포되고 가장 신속하게 전파되고 가장 광범위하게 영광을 받게 되는 의로운 영광의 시대에도 복음의 진보는 이전의 방식, 주의 말씀에 따라서 믿고 세례를 받게 될 각 개인의 죄의 각성과 회심과 성화의 방식을 따라서 이루어질 것입니다.

저는 오늘날 아주 시끄럽게 칭송받는 거창한 철학적 방법들 때문에 여러분 중에 누구라도 잃어버린 양 한 마리를 조금이라도 멸시하는 일이 있을까 두렵습니다. 저는 여러분이 개인의 기독교 신앙이라는 금을 기독교 사회주의라는 비천한 금속과 바꾸지 않기를 바랍니다. 방황하는 사람들이 떼를 지어 몰려들어올지라도, 그들을 교회에 들이는 일은 한 사람 한 사람씩 들이도록 해야 합니다. 개인적·인격적 중생이 없이 민족적인 중생을 시도하려는 것은 낱장 벽돌들이 없이 집을 건축하려고 꿈꾸는 것이나 마찬가지입니다. 거창하게 일하겠다는 허망한 시도를 하는 가운데 우리는 주밀하게 일하는데서 따라올 실제적인 결과를 상실할 수 있는 것입니다. 우리는 주님께서 본문에 제시하신 본을 따라서 길 잃은 양 한 마리를 찾아 나서는 것보다 좋은 방법이 없음을 명심합시다.

본문은 우리에게 어떤 사람이 악한 성품을 가지고 있더라도 그 한 사람을 멸시해서는 안 된다고 경고하고 있습니다. 첫 번째 유혹은 그가 한 사람에 불과하다는 이유로 멸시하게 되는 것입니다. 그 다음 오는 시험은 그 한 사람이 너무 작아 보이기에 오는 것입니다. 그 다음에는 그가 길을 떠나 헤매고 있기 때문에 멸시해도 된다는 식의 유혹이 오는 것입니다. 개인이 바른 길을 가지 못하고, 율법을 순종하지 못하며, 교회에서 신용을 상실하고 도리어 영적인 일을 망치고, 거룩하신 이를 근심시키고 있다고 합시다. 그러한 경우에도 우리는 그를 멸시해서는 안 됩니다. 11절에서 "인자가 온 것은 잃어버린 자를 찾아 구원하려 함이니라"(KJV)고 기록되어 있기 때문입니다. 헬라 원어에서 "잃은"이라는 말은 아주 강하고 매우 힘 있는 말입니다. 우리는 그 대목을 "파멸된"이라고 번역하여 읽을 수 있습니다. 그렇다고 그 말이 "존재하지 않게 된 것"을 의미하는 것은 아닙니다. 우리가 분명히 알게 될 것이지만, 목자에게 있어서 쓰임새가 없이 파멸된, 또는 그 자체의 행복에 관하여, 또는 창조된 의도에 비추어 볼 때 파멸된 존재라는 것입니다. 어떤 이가 죄로 인하여 어찌나 심하게 파멸되었던지 차라리 존재하지 않는 편이 더 나을 뻔하였다고 할 정도로 크게 비참하게 되었다고 합시다. 또한 허물과 죄 가운데서 죽어 있고 그 행실이 악하다 합시다. 그래도 우리는 그러한 이들을 멸시하지 말아야 합니다. 인자(人子)께서 그러한 이를 멸시하지 않으셨습니다. 주님께서 오신 것은 잃은 자를 찾아 구원하려 하심이었습니다. 많은 영혼들이 그 자체로는 길을 잃었고 하나님께 대하여 상실된 사람이요 소망과 거룩함과 같은 것에 대해서 완전하게 길을 잃은 자들입니다. 그러나 주 예수 그리스도께서 바로 그러한 이들을 은혜의 능력으로 구원하셨습니다. 주님은 각 개인을 귀하게 여기십니다. 제가 오늘 아침 있는 힘을 다해서 가르치려고 하는 교훈이 바로 그것입니다. 성령께서 그 교훈을 가르치시기를 원합니다. 우리가 본문에 나와 있는 주님의 말씀을 숙고함에 있어서, 첫째로, 주 예수님께서 길을 잃고 있는 한 사람에게 특별한 관심을 보이고 계시다는 것을 우리가 주목해야 합니다. 둘째로, 이 사람을 구원하시려는 주님의 특별한 열심을 보여주고 계십니다. 셋째로, 길 잃었던 사람이 회복되었을 때 주님이 나타내 보이시는 특별한 기쁨을 주목해야 합니다. 우리가 이 모든 것을 생각하고 나서 우리는 넷째로, 주님께서 우리에게 매우 괄목할 만한 모본을 세워 놓으셨다는 것에 주목해야 합니다. 그 모본을 통해서 우리 각자 서로 죄로 인하여 파멸된 영혼들에 관심을 가져야 할 것을 가르치고 계시는 것입니다.

1. 잃어버린 사람에 대한 구주의 특별한 관심

우리는 먼저 우리 앞에 있는 이 말씀 속에서 우리 구주께서 길을 잃어버린 자에 대해서 특별한 관심을 갖고 계심을 주목해야 할 것입니다.

먼저, 우리 주님께서 이 상실된 영혼들을 위해서 특별한 성품을 취하신다는 사실에 주목해야 합니다. 본문 11절에는 "인자가 온 것은 잃어버린 자를 찾아 구원하려 함이니라."고 말씀하고 있습니다. 본래 주님께서는 "인자"(人子)로 계셨던 분이 아니고, "하나님의 아들"로 계셨던 분입니다. 창세 전에 주님께서는 아버지의 품속에 거하셨습니다. 그러면서도 주님께서는 자신이 아버지 하나님과 동등됨을 취할 것으로 여기지 않으셨습니다. 그보다 사람들을 구속하기 위해서 지존자의 아들이 사람의 아들이 되셨습니다. 동정녀에게서 나시되, 나면서부터 죄는 없으시나 연약한 인성(人性)을 취하신 것입니다. 그리고 그 연약함에 부수된 고난을 당하셨습니다. 주님께서는 우리 죄와 죄책을 스스로 담당하여 십자가에서 죽으셨습니다. 주님께서는 모든 점에서 자기 형제들과 같이 되셨습니다. 주님께서 사람들의 목자가 되기 위해서는 사람들과 같이 되셔야 했습니다. 그래서 말씀이 겸비해져 육신이 되신 것입니다. 성육신(成肉身)의 그 엄청난 이적을 보십시오! 그 어떤 것도 이 기이하신 임마누엘, 우리와 함께 계시는 하나님을 능가할 것이 없습니다. 그분은 사람의 모양으로 나타나시고 죽기까지 순종하여 십자가에 죽으셨습니다. 오! 잃어버린 자여, 그대의 상실됨을 의식하고 오늘 예수님의 이름이 그대의 귀에 들리게 거명될 때에 마음을 기울이시라. 그는 하나님이시나 사람이시고, 신인(神人)으로서 자기 백성들을 그 죄에서 구원하시는도다.

그런 다음에 예수님께서는 자신의 잃은 양들을 얼마나 귀하게 여기시는지를 보여주기 위해서 놀랍게 자신을 낮추어 내려오십니다. "인자께서 오셨습니다." 그는 항상 "오시는 자"로 알려져 왔습니다. 주님은 잃은 자를 구원하시려 실제로 오셨습니다. 장차 재판장으로 오실 분입니다. 그러나 구원 때문에 주님께서 이미 오신 것을 기뻐해야 합니다. 우리 주님께서 이미 오셨습니다. 완전하다 하는 자들을 멸시하고, 세리들과 죄인들의 친구로 여기 오셨습니다. 주님께서는 천사들의 주가 되신 자리에서 질고를 아는 자로 낮아지셨고, 슬픔을 아는 자가 되셨습니다. 그러합니다. 그는 오셨습니다. 오신 것이 헛되지 않으셨습니다. 오시는 구주를 설교하였던 자들은 어찌나 즐거운 메시지를 전달하였던지 산들을 넘어오는 그들의 발은 아름답고, 그들의 목소리는 하늘에 속한 음악과도 같았습니다. 주님께서 오셨으며, 오고 계시며, 우리의 보증을 완성하기 위해 감당하신 일을 마치셨다고 전파하는 우리는 가장 좋은 메시지를 전하는 이들입니다. 우리 주님 예수께서는 속죄의 희생 제사를 마치셨고, 우리를 의롭다 하시기 위해서 의를 이루신 분입니다. 그로 말미암아 잃은 자가 구원을 받게 된 것입니다. 그러한 소식을 전하는 설교자는 복되며, 그러한 설교자들의 설교를 듣는 여러분의 귀가 복이 있습니다. 선한 목자께서 양 떼들의 구원을 위해 필요한 모든 것을 이행하셨습니다. 그러니 우리는 마음을 기울입시다. 우리가 아무리 길을 잃은 자라고 하여도 그리스도께서 우리를 구원하러 오셨습니다. 그가 오시어 우리의 파멸과 화를 대신 담당하셨습니다. 주님께서 오시어 잃은 자를 찾으신 것은 헛되지 않을 것입니다. 형제들이여! 우리가 예수님께서 사람이 되시어 찾아 구원하려 하시는 자들의 영혼을 얼마나 귀하게 여겨야 하는지요. 주께서 그 잃은 자의 구원을 이루시려고 이 죄악 세상, 죄책을 지고 있는 인류 가운데 오시었다니요!

　여기를 주목하십시오. 주님께서는 아직도 방황하고 있는 자들을 찾아 구원하고 계시는 것입니다. 저는 헬라어 원문을 주목하여 보았습니다. "잃은 자를 찾아"라고 쓰인 부분을 말입니다. 목자는 양이 방황하고 있는 동안에 찾습니다. 양이 길을 잃고 방황하고 있으면, 그 양을 찾는 것이 필요하니 찾는 것입니다. 주님께서 구속하신 이들 중에도 참으로 많은 이들이 아직도 방황하고 있습니다. 지금도 목자께서는 그들을 찾고 계십니다. 구주께서는 여전히 죄를 짓고 있는 자들을 찾으십니다. 회개하는 자들을 주님께서 사랑하신다면 이해하기가 쉬울 것입니다. 그러나 예수님께서는 자신을 등지고 있는 자들, 아직도 우리를 떠나서 더 멀리 벗어나 방황하고 있는 자들에게 관심을 가지실 것입니다. 여기에 정말 귀한 은혜, 온전하고 주권적인 은혜가 나타납니다. 정말 그러합니다. 비록 여러분이 주님께 대하여 완고한 마음을 가지고 있어 주님의 책망에 대해서 거부 의사를 밝히고 있다고 해도 주님께서 여러분을 구속하셨다면 주님의 사랑의 눈이 여러분을 향하고 있는 것입니다. 주님께서는 여러분의 모든 고의적인 방황을 지켜보십니다. 주님께서는 보고 찾고 계시는 것입니다. 오! 제발 이제 복종하고 주님께서 그대를 구원하고 계심을 알기 바랍니다. 오! 지금 주님의 양 우리(fold) 안에 있는 이들이여, 그대들이 우리 밖에 있을 때 그대들을 향해서 그리스도의 사랑이 어떠하였는지 생각하십시오. 주님께서 그때에 그대들을 추적하였고 그대들은 주님의 전능하신 사랑을 피하기 위해서 더 빨리 달아나지 않았습니까? 우리 함께 노래합시다.

> "내가 사탄의 눈먼 노예로
> 　사망이 무서운 줄 모르고 장난할 때,
> 　주님께서는 나를 구원하시기로 작정하시고
> 　나의 모든 길을 살피셨네."

　저의 모든 패역과 모든 완고한 죄에도 불구하고 주님께서는 여전히 진심으로 저를 사랑하사 말씀으로 저를 추적하셨습니다. 오! 예수님께서 우리를 사랑하사 우리가 아직 죄인 되었을 때에 우리를 위하여 죽으셨으니 우리도 죄인들을 사랑하는 것이 얼마나 지당한 일인가요. 우리는 술에 찌든 자들이 술잔 옆에서 기웃거릴 때에도 그들에게 관심을 가져야 합니다. 욕설하는 자들이 함부로 말하는 것을 들을 때에도 그들에 대해서 관심을 가져야 합니다. 방탕한 자들이 밤에 돌아다니면서 밤거리를 더럽히고 있는 것을 보면서도 우리는 그들을 위해서 애통해하고 울어야 합니다. 사람들이 스스로 더 좋아지기를 기다리지 말아야 합니다. 오히려 그들이 길을 잃고 방황하고 있는 것을 볼 때 그들에게 깊은 관심을 가져야 합니다. 양이 가시덤불에 찔리고 병들어 아파하고 오랜 동안의 방황과 주림으로 살가죽과 뼈가 들러붙어 있는 모습을 볼 때에 그 양의 회복을 위해서 최선을 다해야 합니다. 아무리 그 양의 마음속에 목자의 보호와 법칙에 복종하고 싶은 소원이 조금도 보이지 않아도 그리해야 합니다. 구주께서 우리를 사랑하신 사랑이 바로 그러한 사랑이셨습니다. 잃어버린 이들을 향해서 우리가 나타내야 하는 사랑이 그러합니다.

목자는 잃어버린 양에 대해서 특별한 관심을 보입니다. 조금 전에 길을 잃은 양으로서가 아니라 아주 멀리 떠나가 버린 양으로 생각하고 말입니다. "만일 찾으면"이라고 하였습니다. 그 "만일"이라는 말을 유심히 잘 주목해야 합니다. 그 "만일"이라는 말은 그 나름의 이야기를 가지고 있습니다. 양이 그렇게 길을 잃게 되면 다시 찾기가 쉽지 않았습니다. 방황하여 아주 깊은 덤불 속으로 들어가고 아주 어두운 지역으로 헤매고 들어가서 다시 그 양을 찾아올 소망이 거의 없어 보였습니다. 우리는 그리스도의 하시는 일에 대해서 "만일"이라는 말을 자주 쓰지 않습니다. 그러나 여기에 그 말이 있습니다. "만일 찾으면." 이 말은 목자의 연약함을 보여주는 말이 아닙니다. 오히려 양의 절망적인 위험을 보여주는 말입니다. 저는 흔히, 그리스도를 고백하며, 그리스도께서 자기를 사랑하신다는 것을 알고 있는 자들이 그 말을 사용하는 것을 들었습니다. 그들은 너무나 놀라서 다른 모든 이들보다 자기들이 그러한 말을 하게 된다고 합니다. 우리가 주의 성찬 식탁에 앉을 때 그 잔치가 너무도 놀랍습니다. 그러나 가장 큰 놀라움은 나 같은 사람이 거기에 참여하고 있다는 사실입니다. 그래서 우리는 각자 겸손하게 노래를 불러야 합니다.

"어찌 내가 주님의 음성을

> 들을 수 있게 되었는가?
> 수많은 사람들이
> 아직도 곤고한 것을 택하여
> 이 잔치에 참여하지 못하고
> 곤고하게 주려 죽어 가고 있는데
> 내가 이 잔치에 참여하다니."

그러나 사실입니다. 선한 목자는 오늘날 구원받기에 지극히 어려워 보이는 많은 이들을 찾고 계십니다. 확실하게 찾을 소망이 거의 없는 자들까지도 찾으려 하시는 사랑이 바로 여기 있습니다. 정말 하나의 개연성도 없는 경우에 말입니다. 매우 불가능해 보이고 정말 될 것 같지 않아도 목자가 해야 할 일은 양을 찾는 것입니다. 그들의 상태가 그러하였어도 깊은 관심을 기울여야 합니다.

더구나, 우리 주님께서 사랑을 쏟아 부은 이들이 죄를 범하여 지극히 무서운 위험에 뛰어든 경우가 종종 있습니다. "인자가 온 것은 잃어버린 자를 찾아 구원하려 함이니라." 구원한다는 것은 구원받는 이들 속에 이미 어느 정도 파멸과 위험이 존재한다는 것을 함축하는 것입니다. 많은 이들이 지금 지옥 불과 함께 지내고 있지 않습니까? 그 꺼지지 않는 불은 바로 죄와, 죄의 본성과 그 결과들이 아니면 무엇이겠습니까? 사람들은 영원한 파멸의 웅덩이 가에서 장난을 치고 있습니다. "때가 되면 그들의 발이 일시에 미끄러질 것입니다." 정욕을 가지고 즐기는 자는 양날이 서 있는 날카로운 것을 가지고 장난하는 사람들과 같습니다. 많은 이들이 그러한 일을 하고 있습니다. 그들의 그러한 위험에도 불구하고 예수님께서 그들을 찾으십니다. 여러분은 늑대의 소굴 가까이에서 경계하지 않은 채 천연덕스럽게 꼴을 뜯고 있는 양들을 보지 않습니까? 잠시 후에 그 괴물이 그들을 삼킬 것입니다. 그들은 집을 떠나 멀리 있는 것입니다. 먹을 것과 안식, 그리고 안전 모두를 상실한 채 있는 것입니다. 그런데도 그들은 돌아오고 싶어 하지 않습니다. 우리를 떠나 아주 더 멀리 배회하고 있습니다. 주 예수님께서는 그렇게 절망적으로 기만당하고 있는 자들을 찾으십니다. 여러분이 더 이상 돌아오지 못할 곳에 들어서기 전까지는 복음은 여러분더러 돌아오라고 초청할 것입니다. 만일 여러분이 지옥에 곧 떨어질 위치에 있더라도 사랑의 주님은 여러분을 추적하여 가실 것입니다. 긍휼의 주님께서 여러분을 따라가실 것입니다. 우리의 영광스러운 다윗과 같으신 주님께서는 어린 양이 아직 살아 있는 동안에는 사자의 주둥이와 곰의 발에서 구원하실 수 있는 것입니다. 한 영혼이 요나같이 깊은 곳으로 내려갈 수 있고, 모든 인간의 손이 미치지 못하는 깊은 곳에 누워 있다 할지라도, 예수님으로부터 나오는 말씀 한 마디는 그 영혼을 지극히 깊은 그 구덩이에서 끌어내실 수 있습니다. 전능하신 구주의 복되신 이름에 영광을 돌릴지어다. 주님께서는 하나도 잃어버리지 않고 끝까지 구원하실 수 있습니다. 잃은 자를 구원하시는 주님의 능력은 아무리 비열한 자라도 구원하시기에 능합니다.

만일 우리가 이 비유의 말씀을 바르게 숙고하고 있다면, 주님께서 길을 잃은 자들에 대해서 특별한 관심을 기울이고 있음을 알게 될 것입니다. 그들은 바로 주님의 양이기 때문입니다. 이 목자는 들짐승을 찾으러 나간 것도 아니고 다른 이의 양을 찾아 나선 것도 아닙니다. 목자는 자기 양 100마리를 소유하고 있었습니다. 그런 다음에 목자가 그 양들을 세면서 확인하였을 때 한 마리가 없는 것을 발견하였습니다. 고용된 삯군 목자는 자기 양이 아니므로 이렇게 말했을 것입니다. "양들이 거의 100마리에 가까우니 양 한 마리에 대해서 특별한 관심을 기울일 필요가 없다." 그러나 이 양 100마리는 그 목자에게 속한 양들이었습니다. 그 양들은 목자가 자기 기업으로 직접 선택하였고, 영광스럽게 품에 안고 있는 양들입니다. 값비싼 대가를 치르고 구입하였습니다. 한 마리가 빠진 99마리를 100마리로 여기며 쉽게 받아들일 수는 없었습니다. 주님께서는 말씀하셨습니다. "내가 그들과 함께 있을 때에 내게 주신 아버지의 이름으로 그들을 보전하고 지키었나이다 그 중의 하나도 멸망하지 않고 다만 멸망의 자식뿐이오니 이는 성경을 응하게 함이니이다"(요 17:12). 예수님께서는 아버지께서 자기에게 맡겨 주신 양 백 마리 중에서 한 마리를 잃은 상태로 있는 것을 참지 못하셨습니다. 99는 100이 아닙니다. 구주께서는 99를 100으로 여기지 않으실 것입니다. 주님께서는 "나를 보내신 이의 뜻은 내게 주신 자 중에 내가 하나도 잃어버리지 아니하고 마지막 날에 다시 살리는 이것이니라"(요 6:39)고 말씀하셨습니다. 사랑하는 친구 여러분, 예수님께서 방황하는 한 영혼마저 그같이 관심을 보이시는데 여러분은 한 영혼을 돌보라고 부르심을 받았다는 사실을 작은 일로 여깁니까? 40명, 50명이 모이는 작은 교회도 여러분이 최선의 노력을 기울이려면 결코 적은 수가 아닙니다. 주일학교 반이 여러 가지 사정에 의해서 매우 적은 수의 학생들만 남게 되었을 때에도 포기하지 마십시오. 결코 그래서는 안 됩니다. 한 영혼을 온 세상 전체

를 주고도 살 수 없는 귀한 가치로 여겨야 합니다. 구속받은 자들의 총수(總數)
가 차려면 아직도 멀었습니다. 아직도 이 런던에 주님 앞으로 인도함 받지는 않
았으나 주님의 백성 될 자들이 많습니다. 그러니 여러분의 수고를 그만 두려는
생각은 아예 꿈에도 하지 마십시오. 때가 올 때까지 하지 마십시오.

> "모든 선택된 족속들이
> 보좌를 둘러 함께 모이게 될 때, ·
> 주의 은혜의 행적을 찬미하여
> 그 영광을 선포하게 되리이다."

2. 한 마리의 양을 구하기 위하여 특별한 노력을 기울이심

둘째로, 주님께서 단 한 마리의 양을 구하기 위해서 특별한 노력을 기울이시는
것을 여러분에게 상기시킬 때에 성령께서 저를 도우시기를 원합니다.

자, 우리는 이 비유에서 목자가 더 행복한 돌봄의 사역을 잠깐 멈추시는 것
을 보게 됩니다. 목자는 자기에게 항상 꼭 붙어 있는 충성하는 양 떼들을 떠나야
겠다고 생각하였습니다. 그 양들은 방황하지 않는 양들입니다. 그들은 항상 목
자 주위에 모여 있습니다. 목자는 그들을 먹이고, 그들 속에서 즐거움을 누립니
다. 양을 위해서 해야 할 일이 많습니다. 양들은 여러 가지의 질병이 있습니다.
또한 연약합니다. 여러 면에서 많이 부족합니다. 그러나 항상 목자와 함께 있는
충성 어리고 사랑스런 양 떼들에 대해서는 안심하게 되지요. 그래서 위대하신
목자는 그들 99마리의 양들은 들에 놓아두고 떠나는 자로 묘사되어 있습니다.
그 양들은 목자와 교제하며 목자와 함께 있는 양들입니다. 그런데 목자가 그 양
들을 떠납니다. 자기에게 즐거움을 주는 양들을 떠납니다. 그리고 자기에게 고
통을 주는 양을 찾아갑니다. 저는 그 목자가 위에 있는 낙원을 어떻게 떠나셨는
지에 대해서는 생각하지 않겠습니다. 목자장께서는 아버지의 집의 모든 기쁨을
떠나 이 황폐한 세상에 내려오셨습니다. 그러나 저는 여러분에게 주님께서 그렇
게 하신 것을 기억하라고 말씀드립니다. 주님께서 별들을 지나서 구름 낀 이 지
구로 내려와 사람들의 아들들을 구원하러 오신 것은 정말 기이한 강림이었습니
다. 그러나 기억해야 합니다. 주님께서는 계속 성령을 통해서 임하십니다. 주님
의 긍휼의 사명은 영속적인 것입니다. 하나님의 성령께서는 그분의 사역자들을

감동시키십니다. 그 사역자들은 그리스도를 대표하는 자들입니다. 그들로 모인 양 떼들을 먹이는 것을 그만두고 강론을 통해서 방황하는 양들을 구원하기 위해서 애를 쓰라고 요구하십니다. 사실 방황하는 양들의 성품과 행실에는 사역자들에게 힘을 주는 것이 하나도 없습니다. 내 구주의 마음은 자기를 사랑하는 모든 이들을 향하여 충만합니다. 주님께서는 그분의 흉배에 그들의 이름을 새겨 놓았습니다. 그러나 주님의 마음은 멀리 가 있습니다. 곧 아직도 주님께 인도함을 받지 못하고 있는 이들에게 그 마음을 기울이시는 것입니다. 그리고 한때 주님의 우리에 있었으나 다시 방황하며 양 떼를 떠나 있는 양들에게로 마음을 기울이고 있습니다. 주님께서는 행복하고 거룩한 자들을 떠나서 그 잃은 자들에게 모든 생각을 기울이시는 것입니다.

우리 주님께서 이들을 찾아 나서시는 것입니다. 단순히 생각만 하시는 것이 아니라 능력을 발동하십니다. 주님의 신적인 은혜가 발동합니다. 저는 주님께서 오늘도 그러한 일을 하신다고 믿습니다. 그분의 은혜로 이미 부르신 자들 말고도 아직 자기 우리에 들지 않았으나 인도하여 들이셔야 할 다른 양들을 마음에 두고 계시는 것입니다. 주님께서는 그분의 교회가 주님이 푸른 초장으로 인도하여들이신 양 떼들에게만 모든 관심을 다 기울이지 못하게 하실 것입니다. 오히려 교회가 아직 교회의 복된 모임으로 인도함 받지 못한 자들을 찾아 길을 떠나게 하실 것입니다.

본문에 의하면, 목자는 산을 넘고 위험하고 어려운 곳들을 가야 했습니다. 목자는 잃은 양의 구원을 위해서 그 모든 것을 감수하게 될 것입니다. 그 어떤 역경도 그의 강력한 사랑을 막을 수 없습니다. 여러분은 목자 되신 주님께서 사람들을 구원하시기 위해서 어떠한 어두운 골짜기를 지나셨는지에 대해서 알고 있습니다. 주님께서 절망하는 자들을 위해서 얼마나 낮아지셨습니까! 동방에서는 한 마리의 양은 우리 영국의 양보다 더 빨리 달립니다. 그 양은 가젤 영양(羚羊) 같이 높이 뛰기도 합니다. 아시아의 영양같이 높은 산도 올라갑니다. 그와 같은 죄인들은 범죄에 있어서 아주 신속합니다. 그리고 얼마나 주제넘게 구는지요. 그들은 불의에서 뛰고 달립니다. 하나님의 자녀들 같으면 생각하기조차 두려워할 불의를 행합니다. 그들은 그리스도 예수님의 발 아래서 하나님을 두려워하는 것을 배운 자의 피를 응고시킬 만한 신성모독적인 일들을 아무것도 아닌 것 같이 해냅니다. 주님께서 얼마나 무서운 난제를 이겨내셨으며, 얼마나 큰 고난을 이겨내셨으며, 얼마나 높은 산들을 뛰어넘으셨습니까! 오직 잃어버린 자를 찾아 구원하시기 위해서 말입니다. 오! 형제들이여, 여전히 주님께서는 같은 마음을 가지고 계십니다. 주님의 택하신 사역자들 편에 많은 신음과 탄식이 있습니다. 그러한 신음과 탄식 속에서 주님께서는 여러 산들을 넘어 방황하는 자들을 찾으러 가시는 것입니다. 저는 기도합니다. 주님께서 오늘 이 무가치한 종의 노력을 받으시고, 이 설교를 방편 삼아 몇 사람의 잃은 양을 집으로 인도하여 들이시옵소서.

　　우리 주님께서는 잃은 자를 찾기 위해서 자신이 어떠한 애를 쓰시는지 보여주기 위해서 자신을 부지런히 찾으시는 분으로 묘사하고 계십니다. 주님께서는 길을 가시지만 다른 것은 보시지 않습니다. 주님께서는 손으로 눈에 해 가리개를 하고 살핍니다! 어디 잃은 양이 있는가 하고 찾기 위해서 말입니다! 언덕 기슭에 어떤 살아 있는 생물체가 있는 게 분명하다! 아마 저기 저 골짜기 움푹 들어간 데 잃은 양이 있는 것이 아닌가! 거기로 가려면 한참 가야 합니다. 그러나 주님께서는 그리로 곧장 가려는 결심을 합니다. 그러나 가보니 양이 아닙니다. 아니, 어디 있을까? 또 재빨리 여기저기 찾아 두리번거리며 다닙니다. 왜냐하면 목자가 지체하면 양에게 어떤 일이 일어날지 모르기 때문입니다. 또 가다가 멈추어 귀를 기울입니다. 양이 어디서 우는 소리가 들릴까 해서 말입니다. 아니, 양의 소리임에 분명하구나! 그러나 목자가 잘못 들은 것입니다. 목자는 사랑 때문에 그의 귀가 소리가 아닌 것도 소리같이 듣게 되었습니다. 그는 그렇게 오래 찾았어도 아무것도 보지 못하고, 아무 소리도 듣지 못하였습니다. 그러나 그는 계속해서 찾으실 때까지 찾으시는 것입니다. 모든 것을 아시는 그리스도의 전지하심을 동원하여 방황하는 영혼을 향하고 계십니다. 모든 악한 소욕과 모든 악한 정서 속에 있는 잃은 양을 찾고 계시는 것입니다. 회개의 조짐이 보이지 않을까 해서 지켜보고 있습니다. 그리고 마음의 완악함을 슬퍼하면서도 보고 계시는 것입니다. 이것이 바로 우리 주님께서 자기 피로 구속하셨으나 아직도 우리에 인도하여 들이지 못한 이들을 위해서 행하고 계신 일입니다. 주님께서는 발과 손뿐 아니라 눈과 생각도 그분의 방황하는 양들에게로 기울이십니다.

　　결국 주님께서는 구원하시되, 철저하게 구원하시는 것입니다. 주님께서는 그분의 백성들의 구원이 가능하게 하기 위해 오신 것이 아니라 그들을 구원하기 위하여 오신 것입니다. 주님께서는 그들 자신들을 구원할 길을 내기 위해서 오신 것이 아니라 그들을 구원하시기 위해서 오신 것입니다. 주님께서 그들을 절반만 구원하러 오신 것이 아니라, 온전하게 구원하기 위해서 오신 것입니다. 내 주님 께서 그분의 주권적 은혜 속에서 한 영혼을 구원하러 오실 때에 주님께서 그 목 적을 이루십니다. 죄와 사망과 지옥에도 불구하고 말입니다. 이리가 이를 갈 수 있습니다. 그러나 목자는 이리를 능히 이기시는 분이십니다. 양 자체는 오랫동 안 방황했을 수 있습니다. 나중에는 목자의 손을 빠져 나가려고 발버둥칠 수 있 습니다. 그러나 그는 양의 발을 잡고 어깨에 메고 집으로 옵니다. 주님께서는 그 양을 구원하려고 결심하였기 때문입니다. 양은 그렇게 목자의 어깨에 업혀 집에 오는 것이 즐겁습니다. 목자가 양을 어루만져 양의 고집을 꺾고 목자의 완전한 뜻에 복종하게 만들어 나가는 것입니다. 그의 은혜는 잃은 양을 회복시키는 당 당한 에너지입니다.

한 영혼의 구원은 여러 이적들이 합쳐서 된 일입니다. 저는 보석상의 가게 를 태워 버린 화재 사건에 대해서 들었습니다. 그런데 나중에 그 화재 현장에서 여러 값진 금이나 은이나 보석이나 보배로운 돌들이 녹아서 한데 엉키어 거대한 값이 나가는 덩어리로 구워진 것이 발견되었습니다. 한 영혼이 구원받는 것이 그와 같은 것입니다. 값으로 따질 수 없는 자비들이 한 덩어리로 녹여져서 값으 로 따질 수 없는 보석괴(寶石塊)가 되어 "사랑하시는 자 안에서 우리로 아들 삼 으신" 이의 은혜의 영광을 찬송하게 한 것(엡 1:5-6), 그것이 바로 구원입니다. 정 말 우리가 주 안에서 받은 구원은 "영원한 구원"입니다. 제가 주님께서 잃은 한 영혼을 구원하시기 위해 발하신 능력을 생각하게 될 때 내 마음이 흥분되는데, 여러분의 마음도 그렇게 저와 같이 흥분되기를 원합니다. 그래서 우리가 모든 힘을 다 발하여 주님의 잃은 양들을 찾아 발견하고 싶은 소원이 가득하게 되기 를 원합니다. 우리 잃은 자를 찾으시는 주님의 그 위대한 수고에 주님과 협력합 시다. 오! 성령께서 우리 속이 그러한 심령으로 넘치게 하시고, 항상 그 심령이 있게 하옵소서!

3. 주님의 특별한 기쁨

저는 이제 조금 서둘러 나가야겠다는 생각을 가집니다. 세 번째로 우리가 생각할 것은, 우리 주님께서는 방황하는 양이 회복되는 것을 보시고 특별한 즐거움을 느끼신다는 사실을 주목해 보려고 합니다.

여기서 실수하지 말아야 할 것은 우리 주님께서 그분의 은혜로 방황하지 않고 보전된 아혼아홉보다 방황하였던 한 영혼을 더 사랑하신다고 생각하지 말아야 합니다. 정말 아닙니다! 주님께서는 한 마리 한 마리에 동등한 사랑을 주시고 생각하십니다. 왜냐하면 모든 양마다 주님께 동등하게 보배롭기 때문입니다. 우리는 주님께서 어떤 한 영혼을 향해 다른 양보다 99배의 자비로움으로 바라보신다고 여기지 말아야 합니다. 그러나 여러분 자신의 경험에서 나온 한 예증을 통해서 이 대목의 의미가 더 밝히 드러날 것입니다. 여러분에게 가정이 있습니다. 여러분의 자녀 모두를 똑같이 사랑하시지요. 그런데 한 어린아이가 매우 아픕니다. 열이 나고 죽을 것만 같습니다. 자, 나머지 건강한 자식들보다 그 아이에 대해서 더 생각하지요. 그런데 그 아이가 회복되었습니다. 그때 팔로 그 아이를 안고 계단을 내려옵니다. 그때에는 그가 전체 가족 중에서 가장 사랑스런 자식입니다. 그가 자기 형들이나 누나들보다 더 가치 있다는 이야기가 아닙니다. 그러나 그가 그렇게 아파 죽을 수도 있다는 사실에 직면하여 더 염려하였습니다. 그런데 그 아이가 회복되었으니 그 기쁨이 더하지요. 그리스도의 사랑의 깊이는 모든 주님의 양들에게 동등합니다. 그러나 표면상으로는 그 양들 중에 어떤 한 마리 양이 방황하던 자리에서 최근에 회복하게 되면 그때 거룩한 기쁨의 태풍이 몰려오지요.

특별하게 나타나는 이 기쁨의 경우를 배우십시오. 방황하던 한 영혼이 큰 슬픔을 자아내게 하였습니다. 우리 형제가 저렇게 크게 침륜에 빠지게 된 것을 보고 모두 슬퍼합니다. 그렇게 열심이었던 것으로 보였던 자가 저렇게 하나님께 대한 자기의 신앙 고백을 무색하게 하고 하나님을 모독하다니, 정말 어처구니가 없습니다. 우리 주님께서는 우리보다 더 마음이 아프시지요. 그렇게 실수하던 자가 다시 돌아오게 될 때 우리는 속으로 기쁨을 누립니다. 우리가 그 방황하던 자에 대해서 느끼던 슬픔의 정도에 비례하여 그가 회복되면 그만큼 기쁨도 분명합니다.

더구나, 큰 이해심이 생겨나는 것입니다. 그가 주님의 사람이 아니면 어떻게 하냐는 두려움을 가지고 있었습니다. 그가 파멸에 이르게 되는 것이 아닌가 하고 두려워했었습니다. 우리는 그때문에 떨었던 것입니다. 그런데 그 무서움이 지나가 버리게 되었습니다. 양이 안전합니다. 의심하던 자가 구원받고 회복되어 다시 우리에 들어오게 되었습니다. 유쾌함의 깊이는 그 이해심의 무게에 비례하는 것입니다.

목자는 여전히 잃은 자를 향해 큰 수고를 행사하였습니다. 목자는 양을 찾으러 여러 산에 올라갔었습니다. 그러나 이제 그의 수고가 충분하게 보상이 된 것입니다. 자기의 잃은 양을 찾았기 때문입니다. 목자는 더 이상 자기가 수고한 것이나 고통스러운 일이 양이 안전하게 되었다는 기쁨의 사실 때문에 기억되지 않습니다.

그 외에도, 새롭게 회복된 양에 기쁨을 유발하는 구원의 표지들이 있습니다. 그는 가시에 찔렸었습니다. 그러나 이제 회복이 되었습니다. 자, 그가 부드러운 초장에 누워 있는 모습을 보세요! 곤고하고 지쳐 있었고 방황하던 끝에 거의 죽을 뻔하였습니다. 그러나 이제, 그가 목자 앞에서 얼마나 행복한 모습을 보이나요! 그가 이제 목자를 얼마나 바싹 붙어 따르나요! 이제 이 모든 것이 목자의 기쁨의 소재가 되는 것입니다!

그 외에도, 목자가 잃은 양을 도로 찾아왔을 때에 기뻐하는 다른 이유가 있습니다. 그 구원이 특별히 잔치를 벌일 경우와 기회가 되기 때문입니다. 그는 모든 양들이 배우게 되기를 원합니다. 곧 그 한 양을 기뻐하는 당신의 모습을 보고 양들 모두를 주님은 기뻐하신다는 사실을 말입니다. 저는 교회 안에서도 그러하다는 것을 압니다. 저는 주님께서는 양의 다리들을 꼭 잡고 계실 때에 주님을 찬미합니다. 매일같이 견인(堅忍)의 은혜 주심을 인하여 주님을 찬미합니다. 그러나 어떤 말썽을 부리던 방황자가 회복되어 올 때 우리는 주님을 더욱 힘 있게 찬미합니다. 그때에 우리는 음악과 춤을 곁들입니다. 방황했던 자는 흘러넘치는 기쁨이 무엇을 의미하는지에 대해서 잘 알지 못하고 어리둥절합니다. 그러나 다른 모든 이는 잃은 아들이 돌아왔을 때에 특별한 잔치를 벌이는 정당한 이유를 알 수 있습니다. 목자들과 양 떼들은 매일같이 좋은 날을 가질 수는 없습니다. 그러나 잃은 양이 회복하여 돌아왔을 때에 서로 간에 기쁨을 느끼고, 잃은 자가 구원받은 일에 대하여 공통의 즐거움이 있습니다. 그래서 그들은 즐거움의 때를 만나 잔치를 벌이는 것입니다. 여러분 모두가 그 점을 인식하시기를 바랍니다. 만일 여러분이 그리스도의 교회를 사랑하면 여러분은 실족하여 넘어졌던 자가 일으키심을 받게 된 때를 축제의 날로 여기고 지켜야 합니다. 여러분이 그 잔치를 벌이기 위해서 있는 힘을 다해서 잃은 자를 우리 안에 인도하여 들이려고 애를 써야 합니다.

4. 괄목할 만한 모본

우리는 이제 결말에 이르게 되었습니다. 곧 우리의 거룩한 목자께서는 괄목할 만한 모본을 우리에게 제시하셨다는 사실을 숙고하며 살펴보기로 합시다.

우리는 본문이 우리의 개인 전도를 장려한 말씀으로 볼 수 있습니다. 우리는 오늘날 선교에 대해서 생각하라는 부르심을 받고 있습니다. 저는 선교에 대해서 허공을 치는 식으로 설교하는 것은 나태한 발상이라고 생각합니다. 저는 상식적이지만 실제적인 것을 말하려고 합니다. 형제들이여, 우리는 모두 그리스도를 위한 선교사들입니다. 본문은 우리 각자 부지런히 영혼을 구하는 것을 위해서 일하라고 촉구하고 있습니다.

그러니 우리 주님을 본받기 위해서 우리가 어떻게 해야 합니까? 그 대답은, 우리가 한 영혼을 찾아 나서라는 것입니다. 저는 오늘 아침에 여러분을 대신해서 선택할 수 없습니다. 저는 하나님과 함께 일하는 모든 자들에게 잃은 자들을 찾아가라고 촉구하는 바입니다. 각 개인들에게 말하는 일에 요령이 있습니다. 모든 이들이 그 요령을 깨친 것이 아닙니다. 그러나 모든 신자가 그 요령을 깨치려고 애를 써야 합니다. 영혼들을 찾을 때에 한 사람 한 사람씩 나가야 합니다. 저는 한 사람씩 따로 개인적으로 직접 말하는 것보다 여러분 모두에게 한꺼번에 말하는 것이 훨씬 더 쉽습니다. 그러함에도 여러분 각자에게 말하는 것이 전체가 모인 가운데 하는 이 설교보다 더 성공적일 수 있습니다. 저는 위대한 목자께서 길 잃은 한 양을 찾아 나가셨듯이 여러분이 불쌍한 남자와 여자, 또는 아이에게 가서 복음을 전한다고 해서 자신을 보잘것없는 사람으로 생각하지 말아야 합니다.

다시 들어 보세요. 한 사람이 길에서 아주 멀리 떠나 있다고 생각해 봅시다. 멀리 달아나 버려 심각한 상태에 있는 그 사람의 입장에 있다고 생각해 보세요. 여러분의 가족 중에 그런 사람이 한 사람 있을 수 있습니다. 아니면, 장사하는 과정 중에서 그러한 사람을 만날 수도 있습니다. 그 영혼에 대해 주의 깊게 생각하고, 그의 죄와 위험에 대해서 깊이 생각해 보세요. 여러분은 자기가 성공하고 있다는 확실한 느낌을 가지기 위해서 소망스런 경우를 고르고 싶을 것입니다. 이번에는 또다른 경로를 예로 들어 봅시다. 길을 잃고 방황하고 있어 소망 없어 보이는 사람을 찾으려 한다 생각해 보세요. 주님의 본을 따라, 찾기가 거의 힘들어 보이는 자를 찾으러 가십시오. 이런 계획을 해 보시렵니까? 만일 해보지 않으면 여러분은 주님의 방식을 단념하고 있는 셈입니다.

어떤 이가 이러한 말을 합니다. "저는 주일학교 한 반을 맡으며 일을 하고 있어요." 그러합니다. 저는 여러분에게 잠시 아흔아홉의 양을 남겨 두라고 말하고 싶습니다. 정말 심각하게 타락한 사람, 전적으로 방치된 아이를 찾아 나가라는 소명을 느끼게 되시기를 위해 기도합니다. 할 수만 있다면 아흔아홉의 영혼을 일단 놓아두고 모든 위험을 무릅쓰고 한 영혼을 찾기 위해서 나서세요. 비상한 노력을 기울여야 합니다. 여러분의 방식을 버리고 길을 나서세요. 일상적인 섬김의 일을 잠시 뒤로 미루어 놓고 나섭시다. 그것이 정말 여러분을 위해서는 건전한 변화가 될 것입니다. 아마 여러분에게 아주 큰 힘을 주는 일이 될 것입니다. 아마 잃은 양을 찾기 위해서 다른 양들을 잠시 두고 떠나고 난 뒤에 다시 오게 되면 그 안전하게 있는 다른 양들에게도 더욱 유익할 것입니다. 여러분이 약간 지루한 느낌이 들었을 터인데 그렇게 자기의 고정된 일을 벗어나서 일을 하게 되면 유익이 될 것이란 말입니다. 매주일 같은 소년소녀들, 같은 형식의 학습이 지루함을 줄 수 있습니다. 그러니 잠시 동안 모든 남아 있는 자들에 대한 염려를 끊고 방황하는 양 한 마리를 쫓아서 나아가십시오. "목사님은 우리에게 이상한 충고를 하시네요."라고 할 분들이 있을 것입니다. 본문에 그 충고가 없다면 그렇게 충고하지 않아도 됩니다. 그러나 만일 우리를 사랑하시는 주님의 말씀이 그러하다면, 여러분은 아주 용감하게 그 일을 수행할 것이라고 믿습니다.

여러분이 그 잃은 양을 찾아갈 때 여러분에게 있는 모든 기지(機智)를 다 사용해야 합니다. 가서 찾으십시오. 만일 여러분이 빈틈없이 경계를 기울이지 않으면 그 일을 할 수가 없습니다. 방황하는 양을 따라잡으십시오. 주님께서 여러분의 집에 와서 여러분을 부르시기까지는 기다리고 있을 것이라고 말하였습니까? 그것이 바로 잃은 양을 찾는 여러분의 개념입니까? 그것이 가을에 사냥꾼들이 취하는 방식입니까? 사냥꾼들이 꿩이 자기 방 창문까지 날아오기를 기다리고 있습니까? 만일 그러한 식으로 한다면 그 사냥은 형편없을 것입니다.

> "오! 오라, 우리는 가서 그들을 만나자
> 그들이 서성이고 있는 죽음의 길에서."

그들을 추적하십시오. 목자가 그렇게 하였으니 말입니다. 목자는 가파른 산기슭을 전혀 두려워하지 않았습니다. 목자가 여러분보다 산길을 더 사랑하였다고 생각할 수는 없습니다. 그러나 그가 가파른 언덕도 올라갔습니다. 양을 위해서 말입니다. 죄인들의 궁핍과 곤고함의 그늘 속으로까지 따라가 보십시오. 그들을 만나기까지 말입니다.

여기에 여러분에게 힘을 주는 한 가지가 있습니다. 만일 여러분이 그와 같은 영혼을 얻게 된다면, 정규적으로 수고를 들이고 있는 자들을 구원하는 일보다 더 큰 기쁨을 누리게 될 것입니다. 아흔아홉의 소망스런 양들에 대해서보다 잃은 양을 찾음으로 인하여 얻는 기쁨이 더 많을 것입니다. 그 일이 여러분의 믿음에 큰 보탬이 될 것입니다. 특별히 죄 많은 영혼을 구한 여러분의 수고에 더 밝은 희망을 주게 될 것입니다. 저는 여러분이 여러 날 동안 그 일에 대해서 말하게 되는 것을 전혀 이상하게 여기지 않을 것입니다. 여러분이 바라는 대로 일이 이루어지지 않는 경우에도 여러분에게 힘을 더 내게 하는 것입니다. 그러한 회심자들은 우리의 기쁨의 면류관입니다. 여러분에게 이 특별한 양을 찾는 일을 시험해 보라고 특별히 권면해도 되겠습니까? 만일 여러분이 성공하지 못하게 되더라도 전혀 손해를 보는 것이 아닙니다. 여러분은 우리 주님의 본을 따라 행했기 때문입니다. 그러나 여러분이 성공하게 되면 주님께서 여러분과 함께 하여 일어나는 일입니다. 주 성령께서 여러분을 통해서 일하시는 것입니다.

저는 여러분에게 다음의 사실을 상기시켜드리고자 합니다. 여러분은 옛 율법 아래서도 이 일을 해야 할 것이었다고 말입니다. 출애굽기 23장으로 가서 4, 5절을 읽어 보십시오. "네가 만일 네 원수의 길 잃은 소나 나귀를 보거든 반드시 그 사람에게로 돌릴지며 네가 만일 너를 미워하는 자의 나귀가 짐을 싣고 엎드러짐을 보거든 그것을 버려두지 말고 그것을 도와 그 짐을 부릴지니라." 여러분의 원수에 대해서도 선을 행해야 합니다. 여러분의 가장 좋은 친구를 섬기지 않으시렵니까? 만일 여러분의 원수의 소나 나귀를 그 주인에게 돌려주어야 할 때는 돌려주어야 합니다. 양이, 여러분이 진심으로 사랑하는 그분께 속한 것이면 얼마나 더욱 그리해야 하겠습니까! 방황하고 있는 양을 주님께 돌려드리는 수고를 통해서 주님을 사랑한다는 것을 입증하십시오.

신명기 22장 1-5절의 말씀을 읽어 보십시오. 그러면 또다른 율법의 조문을 발견할 것입니다. "네 형제의 소나 양이 길 잃은 것을 보거든 못 본 체하지 말고 너는 반드시 그것들을 끌어다가 네 형제에게 돌릴 것이요." 오! 여러분은 "많은 형제들 중에서 맏아들이신" 주님의 방황하는 양을 그분께 돌려드려야 하지 않겠습니까? "네 형제가 네게서 멀거나 또는 네가 그를 알지 못하거든 그 짐승을 네 집으로 끌고 가서 네 형제가 찾기까지 네게 두었다가 그에게 돌려줄지니 나귀라도 그리하고 의복이라도 그리하고 형제가 잃어버린 어떤 것이든지 네가 얻거든 다 그리하고 못 본 체하지 말 것이며." 만일 여러분이 한 영혼을 그리스도께 인도할 수 없거든, 어찌하였든 그 영혼을 붙들어 놓기 위해서라도 최선을 다해야 합니다. 여러분이 그 영혼을 즉시로 회심하게 인도할 수 없거든 여러분의 집에서 자비를 베풀고 자신이 할 수 있는 한 애써 위로를 베풀어 주십시오. 그리스도께서 그 양을 찾으러 오실 때까지 그 불쌍한 마음에 힘을 줄 수 있는 자가 되십시오. "네 형제의 나귀나 소가 길에 넘어진 것을 보거든 못 본 체하지 말고 너는 반드시 형제를 도와 그것들을 일으킬지니라." 못 본 체하고 숨는 것은 얼마나 쉬운 일입니까! 모세가 바로 그 표현을 사용하였습니다. "너는 못 본 체하지 말라"고 하였습니다. 여러분은 사람들이 매우 악하다는 것을 알았으면 그들의 길에서 벗어나 바른 길로 돌아오기를 원해야 합니다. 신중하자는 생각 끝에 자신을 숨기는 일이 있을 수 있습니다. 거리 전체가 창기들로 술렁거릴 수 있습니다. 그러한 경우에 여러분은 가서 자신의 침대에 들어가고 문을 닫습니다. 그들의 죄와 여러분이 무슨 상관입니까? 또한 주정하는 이들이 많을 수 있습니다. 그러나 여러분은 과도하게 마시지 않습니다. 그렇게 술 취하는 것이 여러분과 무슨 관계가 있습니까? 숨고서 못 본 체하지는 말라는 것이 바로 그러한 자세입니다. 그런 식으로 할 수 있기가 얼마나 쉽습니까!

말할 가치가 있는 한 예를 들지요. 어느 날 범선에 해당하는 배 한 척이 대서양을 횡단하고 있었습니다. 그런데 단마크(Danmark)라는 더 이상 항해할 수 없게 된 이민선과 마주치게 되었습니다. 그 배의 선장이 그동안 배의 진로를 지켜왔다고 생각해 봅시다. 그는 다른 방법을 살펴보면서, 그 이민선에 붙들려 시간을 끌지 않아야겠다고 결심하였을 수 있습니다. 그리고 선장은 이렇게 논리적으로 생각할 수도 있었습니다. '나는 내 소유주들을 위해서 최선을 다해야 한다. 만일 내가 이 고장난 이민선에 가까이 가서 꾸무럭대면 크게 늦어질 것이다. 차라리 그 배를 지나가 버려 그 배를 보지 않는 것이 나을 거야. 아니면 어서 서둘러 항구에 가서 그 배의 구조를 요청하는 것이 더 나을 것이야.' 그런 식으로 일을 처리할 수도 있었을 것이고, 다른 어느 누구라도 그 경우에 일을 더 지혜롭게 처리할 수는 없었을 것입니다. 왜냐하면 그 배가 곧 물속으로 가라앉을 것이니 말입니다. 그런데 그 범선의 선장은 고상하게 교육을 받고 자란 사람이었습니다. 그는 숨지 않았고 조난당한 이민선을 모른 체하지 않았습니다. 선장은 어떻게 하였습니까? 정말 영예롭게도 그는 가까이 가서 그 배를 끌어당기었습니다. 그러나 당겨지지 않았습니다. 배는 떠 있을 수가 없었던 것입니다. 그래서 자기 배의 갑판 위에 수백 명의 이민자들을 태웠습니다. 그 다음에는 어떻게 하였습니까? 그가 내린 결심은 정말 영예로운 것이었습니다. 짐들을 배 밖으로 던지기 시작하였습니다. 그 사람에게 하나님의 복락이 임하였습니다! 하물들을 던져 배의 빈 자리가 생기니 거기에 이민자들을 태웠습니다. 그리고 가장 가까운 항구로 인도하였습니다. 그는 숨을 수 있었습니다. 그렇지요? 여러분은 자신을 그리스도인으로 생각하면 그렇게 할 수 있습니까? 여러분이 이 세상을 지나면서 잃어버린 죄인들의 경우에 대해서 눈을 감고 있을 수 있습니까? 여러분이 이 예배당을 드나들면서 이 교회당에 몰려들고 있는 외인들에게 한 마디도 하지 않고 지나가는 일이 있을 수 있습니까? 여러분이 그러한 이들을 보고 지옥에 대해서 경고하거나 가르쳐 주지 않고 내버려 둘 수 있다는 말입니까? 여러분이 그들로부터 숨을 수 있다니요! 감히 어떻게 여러분은 그러고도 자신을 그리스도인이라고 부를 수 있는지 모르겠습니다. 그 질문에 어떻게 대답할 수 있습니까? 형제자매 여러분, 우리는 이 비인간적인 냉담함을 털어내고, 자신의 안일과 편안과 명예를 부인하고, 가라앉고 있는 영혼들을 구원하기를 원합니다. 여러분은 성령의 권능 안에서 영혼들을 죽음의 자리에서 건져내기 위해서 조심스럽게 하물을 배 밖으로 던지십시오.

본문은 하나님의 교회가 선교에 큰 열심을 내야 함을 확인하는 대목입니다. 구주께서 하신 것같이 우리도 나가서 잃은 자를 구원하여야 합니다. 우리가 이 일을 하는 것은 이방인의 수를 채우기 위해서가 아니라 이방인 중에 속한 한 사람을 구원하기 위함입니다. 저는 중국에 그렇게 수많은 인구가 있고, 인도에 또한 헤아릴 수 없는 많은 인구가 있다는 주장에 상당한 설득력이 있다는 사실을 인정합니다. 그러나 만일 세상의 어느 곳에 한 사람이라도 구원받지 못한 채 남아 있다면, 전체 기독교회는 바로 그 한 사람을 찾아 나서야 합니다. 교회보다 더 크신 분, 곧 신부(新婦)보다 더 크신 신랑 되신 주님께서 하늘을 떠나 오셨습니다. 그분의 사랑하는 자들의 달콤한 모임을 잠깐 떠나오셨습니다. 방황하는 한 사람을 찾기 위해서 말입니다. 그러니 숫자에 대해서 염려하지 마십시오. 가장 작은 족속도 구원해야 합니다. 영국에 있는 햄릿과 같은 이들을 주목해 보십시오. 저는 믿습니다. 우리나라의 흩어진 오두막 집에 사는 자들은 시골에 있는 자들보다 더 나쁜 조건에 있습니다. 그 한 사람에 대해서 관심을 기울여야 합니다. 주님이 하신 것처럼 말입니다. 여기에 그와 같이 하라는 보증이 있습니다.

다음으로 우리가 주목할 것이 있습니다. 우리는 어떤 민족이 우월하다는 가상된 억측에 동요하지 말아야 합니다. 저는 좀 더 저속한 사람들을 고려하기보다 좀 더 우월한 족속으로 여겨지는 이들을 회심시키려고 애를 쓰는 것이 더 좋을 것이라는 말을 들어 본 적이 있습니다. "야만적인 족속들보다 교육받은 브라만(Brahmin)에 속한 이들을 인도하는 것이 더 낫지 않은가? 이 훌륭한 족속들은 얼마나 좋은가! 이 힌두교도들은 얼마나 철학적인 사람들인가! 만일 우리가 그들을 얻을 수만 있다면 그들은 정말 회심하게 할 만한 가치가 있는 자들이다!" 정말 이러한 자세는 그리스도의 마음에 합한 것이 아닙니다. 목자께서는 잃은 양 한 마리를 찾아 나섰습니다. 그가 그것을 발견하였을 때에 그에게 무슨 큰 노획물이 있었던 것이 전혀 아닙니다. 그 양은 거의 파멸된 지경에까지 갔을 정도로 피곤에 지쳐 있었습니다. 그러나 그는 한 불쌍한 짐승을 찾아갔습니다. 우리는 저 저급한 아프리카인, 숲 속에 사는 난쟁이 족속들, 뉴기니의 식인종들, 그러한 모든 이들은 진보된 족속만큼 찾아 구원할 필요가 있는 족속들입니다. 그들도 사람들입니다. 그것이면 족한 것입니다.

또 한 말씀 드리겠습니다. 선교사역은 선교할 대상들의 개개인의 인품이 탁월하기 때문에 그들을 선교해야 한다는 생각이 동기가 되어서는 절대로 안 됩니다. 그 목자는 그 양이 결코 길에서 벗어나지 않았거나 유순했기 때문에 찾으러 나선 것이 아니라, 실제로 그 양이 길에서 벗어났고 유순하지도 않았기 때문에 찾으러 나선 것이었습니다. 사람들의 죄는 하나님의 교회를 향해서 외치고 있습니다. 죄가 많은 곳에 은혜도 더욱 넘치게 되는 이유가 더 많아지는 것입니다. 오! 교회가 가장 먼저 저급한 족속에게 가지 않더라도 그들을 맨 마지막으로 돌려놓지 않는 것이 자기들의 의무라는 것을 느끼게 하옵소서! 여러분이 조금이라도 성공할 기미가 보이면 즉시로 나아가야 합니다. 거기서 믿음의 역사를 나타낼 자리를 발견할 것이기 때문입니다. 그리고 거기서 믿음의 역사를 나타낼 자리가 있고, 그 자리를 믿음으로 채우면 하나님께서는 복을 내리실 것입니다.

사랑하는 친구 여러분, 여러분 모두가 해외의 이교도들에게 가지는 못합니다. 물론 여러분 중에 어떤 이들은 반드시 그 일을 해야 합니다. 그럼에도 해외의 이교도를 위하여 여러분이 할 수 있는 일을 하라고 요청하는 바입니다. 헌금하시기 바랍니다. 그것이 선교 사역을 지원하는 것이 됩니다. 여기에 작은 기회가 존재합니다. 만일 여러분이 이 일에 자신을 드릴 수 없다면, 제가 여러분더러 하라고 초청한 더 큰 일을 하기가 쉽지 않습니다. 주님께서 여러분에게 복을 주시기를 바랍니다! 아멘.

제
51
장
—

두세 사람과 함께 하시는 주님

—

"두세 사람이 내 이름으로 모인 곳에는
나도 그들 중에 있느니라" — 마 18:20

제가 기억하기로는 본문이 들어 있는 대목이 신약성경에서 교회 모임 (church · meeting)에 대해 언급하는 최초의 경우입니다. 구주께서 그분의 모인 백성들에 대하여 선언하십니다. "진실로 너희에게 이르노니 무엇이든지 너희가 땅에서 매면 하늘에서도 매일 것이요 무엇이든지 땅에서 풀면 하늘에서도 풀리리라"(마 18:18). 몇 사람의 신자들이 주 예수님의 이름으로 세상에서 부르심을 받아 여기 모여 지상에서 주님의 집의 일들을 살핍니다. 그런데 한 형제가 다른 형제에게 범죄하였다고 합시다. 피해자가 가해자를 개인적으로 찾아가서는, 개인적인 권면을 통해서 범죄한 그 형제가 참회하도록 하려고 애를 썼습니다. 그러나 실패했습니다. 그때 교회의 두세 형제와 더불어 다시 그를 찾아갔습니다. 간 사람들이 그 범죄자에게 바른 일을 행하도록 함께 탄원하였습니다. 그러나 그 범죄자가 고집을 부립니다. 두세 증인 앞에서 자기의 허물을 인정하지 않고, 친절한 간청에도 설득당하기를 거절합니다. 이제 그 두세 사람이 그 문제를 교회 앞에 말하는 일만 남았습니다. 교회가 몹시 마음 아파합니다. 교회가 그 사건을 참고 듣습니다. 그리고 기도로 하나님께 아룁니다. 하나님께서 인도해 주시기를 바라나, 끝내 그 일에 아무 진전이 없음을 발견합니다. 그 범죄자가 교회의 다른 사람들과 같은 마음을 갖지 않고, 마치 자기 속에 하나님의 생명이 없는 것처럼 행동합니다. 그때 교회는 그 지체를 제거합니다. 그리스도의 원칙에 따라 그런 일이 진행됩니다. 바르고 정당하게, 사랑하는 마음을 가지고 기도하면서 그 일을 진행합니다. 그런데 여기 아래서 소수의 사람들이 행한 그 일이 하늘의 법정에서 기록됩니다. 땅에서 매면 하늘에서도 매입니다. 그들이 땅에서 다시 풀면 하늘에서도 풀립니다. 그 맨 것을 그들이 풀 수 있을 때 그것은 행복한 특권입니다. 회개의 모습을 보이고 배교자가 다시 회복되고, 교회가 성령님의 역사로 말미암아 범죄자의 마음이 움직였다고 믿을 이유를 가지게 되었다 합시다. 그때 그 맨 것이 땅에서 풀립니다. 그러면 그것이 또한 하늘에서도 풀립니다. 하나님의 종들이 교회에 필요한 권징을 위해서 모이는 일은 사소한 모임이 아닙니다. 그러나 거기에는 신적(神的) 권세가 있습니다. 그들이 행하는 것이 주님 되신 예수 그리스도의 이름으로 행해지기 때문입니다. 오, 교회의 모임들을 바로 이러한 엄숙한 빛 아래에서 바라보는 일이 더 보편화 되었으면 얼마나 좋겠습니까!

다음으로 우리는 기도 모임을 만나게 됩니다. 19절에서 "진실로 다시 너희에게 이르노니 너희 중에 두 사람이 땅에서 합심하여 무엇이든지 구하면 하늘에 계신 내 아버지께서 그들을 위하여 이루게 하시리라." 그것은 매우 작은 모임입니다. 모임으로서는 그보다 더 작을 수가 없을 것입니다. 거기 두 사람만이 모였습니다. 두 사람이 기도하고 있습니다. 곧 믿는 두 사람이 기도하고 있습니다. 그 두 사람은 주님의 종들입니다. 그들의 큰 관심은 그리스도의 나라에 있습니다. 그들은 교회가 번창하기를 매우 간절히 바라는 열심 있는 사람들입니다. 두 사람은 같은 심령을 가진 사람들입니다. 하나님과 진리에 대한 사랑에서 일치하며, 그 문제에 대해서 대화를 나누며 숙고하였습니다. 그들은 하나님의 성령에 의해서 감동 받은 느낌을 가지고 중요한 한 가지 문제에 관하여 합심하여 간구합니다. 그들이 함께 모여 기도하는 것이 헛된 일일까요? 그들이 두 사람뿐이니 하나님과 셈하는 일에 그 모임이 실패로 돌아갈까요? 확실히 아닙니다. 주 예수 그리스도께서 앞서 이 영광스러운 약속을 하셨습니다. 땅에서 어떤 일에 관하여 함께 간구하기로 동의하였다면 하늘에 계신 아버지께서 그들을 위하여 이루게 하실 것이라고 말입니다. 그들은 두 사람입니다. 그러나 약속된 들으심을 확보하는 데는 그것으로 충분합니다.

물론 그들이 드린 간구대로 정확하게 응답이 되지 않을 수도 있습니다. 하나님께서는 우리 기도를 들으시되, 우리의 기도들보다도 그 이상의 것에 응답하시는 경우가 많음을 기억하십시오. 제가 뜻하는 바를 말씀드리죠. 참된 기도에는 간구에 생명을 불어넣는 내밀한 혼(魂)이 있습니다. 기도의 몸체는 죽을 수 있습니다. 그러나 기도의 혼은 살아서 영원토록 존재합니다. 어떤 이가 저더러 "목사님의 내면의 마음이 무엇을 위해 기도하나요?"라고 묻는다면, 제 기도의 핵심은 "주의 뜻이 이루어지이다."라고 대답하겠습니다. 우리 구주께서 기도하는 법을 가르쳐 주실 때 그것이 바로 기도의 진수와 정수와 진액이라고 하시지 않았습니까? 주님께서 우리더러 "아버지의 뜻이 하늘에서 이루어진 것처럼 땅에서도 이루어지이다."라고 기도하라고 명하셨습니다. 아버지의 뜻이 이루어지는 것이 우리 주님께서 드린 마지막 기도요, 주님께서 수난 받으시면서 드린 간절한 탄원이요, 가장 깊고 가장 높은 간청입니다. "그러나 나의 원대로 마시옵고 아버지의 원대로 하옵소서"(마 26:39). 우리는 주님의 뜻이 이루어지기를 간절히 소원하고 있습니다. 우리는 주님의 뜻이 비밀스러운 경륜 자체로 그냥 머물러 있지 않고 실제로 이루어지기를 원합니다. 아버지의 뜻이 우리의 뜻입니다. 말하자면, 기도의 손가락으로 말린 이파리들을 하나하나 펴서 사실의 빛에 비추어 드러나 보이게 하여, 하나님의 목적이 그분의 백성의 기도의 응답 속에서 성취되기를 바라는 것입니다. 우리는 기도를 통해서 그보다 더한 어떤 것을 원합니까? 우리가 잘 가르침을 받았다면, 바로 이것이 우리가 의도하는 바라고 생각합니다. 만일 진실로 그러하고 우리가 함께 주님 안에서 기뻐하게 된다면, 주님께서는 정말 분명하게 우리 마음의 소원을 이루어 주실 것입니다. 거룩함을 입은 우리의 뜻이 하나가 되어 하나님의 뜻을 담게 되면, 우리의 기도는 응답을 받습니다. 우리의 기도가 감히 루터가 담대하게 드렸던 기도의 말을 하게 되더라도 결코 주제넘지 않을 정도로 응답이 될 것입니다. 루터는 기도하였습니다. "오, 나의 주님, 나의 뜻이 바로 이 시간 이루어지게 하옵소서!" 자기의 뜻이 하나님의 뜻과 일치됨에 분명하다는 확신을 가졌기 때문에 감히 그렇게 말할 수 있었던 것입니다. 그런 경우에만 여러분은 견고한 터 위에 서 있는 것입니다. 그러한 터 위에서만 어떤 거리낌도 없이 특별한 복락을 간청할 수 있습니다.

　기도 모임은 어릿광대의 극도 아니고, 시간 낭비도 아니며, 단순한 경건한 놀이도 아닙니다. 오늘 이 시대 속에 그렇게 생각하는 사람들이 있습니다. 그러나 그러한 자들은 경솔한 자라고 여겨야 할 것입니다. 분명 그들은 하나님의 백성들의 탄원 속에 놓여 있는 전능성을 알지 못합니다. 주님께서는 그의 왕의 보고(寶庫) 열쇠를 믿음의 손에 맡기셨습니다. 주님께서는 그분의 칼을 칼집에서 빼어 기도에 능한 사람의 손에 들려 주셨습니다. 때로 하나님께서는 그분의 주권적인 홀을 기도의 손에 놓으시는 것처럼 보입니다. "일어날 일을 내게 물으며 또 내 아들들에 관하여 내게 명령하라"(사 45:11, KJV). 주님께서는 우리에게 기도로 하늘을 이길 것 같이 무엄할 정도로 담대하게 말하도록 허락하십니다. 언약의 천사에게 감히 "당신이 내게 축복하지 아니하면 가게 하지 아니하겠나이다."(창 32:26)라고 말할 것을 허락하십니다. 만일 한 사람 야곱이 자기와 씨름하는 천사를 이길 수 있을진대, 두 사람이면 무엇을 할 수 있겠습니까? 한 씨름을 위하여 두 사람이 합심한다면 얼마나 놀라운 승리를 가져올까요! "어찌 하나가 천을 쫓으며 둘이 만을 도망하게 하였으리요"(신 32:30). 합심하여 간구할 때 힘이 합쳐지는 것입니다. 두 사람이 힘을 배로 증가시킬 뿐만 아니라 그것을 열 배로 확대시킵니다. 두 사람이 긍휼의 문을 두드리고 있으면 얼마나 곧장 그 문이 열릴까요! 하나님께서 우리 각자에게 기도의 동반자를 허락하십니다. 요한이 기도의 노를 잡아당기면 야고보가 함께 힘을 다하여 그 노를 잡아당깁니다. 그보다 훨씬 더 낫게, 우리가 기도 모임을 가질 때 우리 아버지께서 우리 중에 임재하심을 항상 믿을 수 있습니다. 그리하여 예수님의 말씀이 참된 것을 발견할 수 있습니다. "두 사람이 땅에서 합심하여 무엇이든지 구하면 하늘에 계신 내 아버지께서 그들을 위하여 이루게 하시리라"(마 18:19).

자, 이제 세 번째로, 그리스도의 영광을 위한 어떤 종류의 모임에든지 다 해당되는 약속을 살펴보십시다. 경건이나 예배의 목적을 위해서 성도가 거룩한 모임을 갖는 동안에 ― 다시 말하면, 기도나 찬양이나, 가장 합당한 어떤 목적을 지닌 모임이든지 간에 ― 그 모임들을 위한 약속이 여기 있습니다. "두세 사람이 내 이름으로 모인 곳에는 나도 그들 중에 있느니라"(마 18:20). 이 약속이 교회 모임을 창조하며, 기도회를 번성하게 합니다. 택한 백성들의 은혜로운 모든 모임을 거느리고 계신 양들의 목자장 되신 이를 여기서 발견합니다. 그분은 여기서 "두세 사람이 내 이름으로 모인 곳에는 나도 그들 중에 있느니라."라고 말씀하십니다.

우리는 첫째, 비본질적인 문제들에 관하여 언급할 것입니다. 두 번째로, 가장 본질적인 문제를 조심스럽게 언급할 것입니다. 그리고 마지막 세 번째로, 우리에게 가장 용기를 북돋아 주는 확신에 대하여 생각해 볼 것입니다.

1. 첫째로, 우리는 '본질적인 것이 아닌 문제들' 에 관해 말합시다.

처음부터 우리는 수(數)가 중요한 문제가 아닌 것을 압니다. 왜냐하면 "두세 사람이 내 이름으로 모인 곳에는 나도 그들 중에 있느니라."고 하셨으니 말입니다. 큰 교회에 기도를 위한 큰 모임들이 있어야 하는 것은 매우 중요한 사실입니다. 왜냐하면 그 교회 교인들의 상당한 수가 거룩하고 복된 일인 기도를 위해 함께 모이지 않는다면, 연합하여 간구하는 규례를 하찮게 여기는 증거가 될 것이기 때문입니다. 그러나 그런 모임을 가질 수 없는 곳에서, 곧 교회 규모가 작은 곳에서, 여기서 상세하게 밝힐 필요가 없는 여러 가지 이유 때문에 많은 사람들이 함께 모일 수 없는 곳에서는, 기도의 응답을 받는 일에 수가 중요하지 않다는 것은 매우 용기를 북돋아 주는 사실입니다. "두세 사람이 내 이름으로 모인 곳에는." 제가 생각하기로는, 여기서 두세 사람의 수가 언급된 것은 회중을 이룰 수 있는 가장 작은 단위가 그것이기 때문입니다. 목사가 "사랑하심을 받은 친애하는 로저 씨, 성경은 여러 대목에서 우리를 감동하게 만듭니다."라고 말해야 하는 곳에서 한 사람을 교회(congregation)로 부를 수는 없을 것입니다. 저는 어떤 목사가 한 번 그런 식으로 말하는 걸 들은 적이 있습니다. 정말로 그것은 두 사람으로 이루어진 집회였습니다. 두 사람이라는 숫자 속에는 그런 의미가 들어 있었습니다. 그러한 상황에서는 주님께서 함께 계심을 발견할 수 있습니다. 그러나 큰 교회에서 두 사람만 모였다 하면 그것은 영적 침체의 불행한 표지가 될 것입니다. 만일 큰 교회에서 두 사람만 모였다면 그 무리는 서글프게 작은 무리이고, 하나님의 복 주심이 물러갈 수 있습니다. 두세 사람을 언급하신 것은 출석하지 않아도 좋다고 격려하기 위한 것이 아닙니다. 함께 모이는 것을 항상 잊지 않는 신실한 소수를 격려하려 하신 것입니다. 어떤 사람의 방식처럼 말입니다.

여전히 그 두세 사람의 수는 모이기에 가장 쉬운 회중이라는 이점을 가지고 있습니다. 두세 사람을 함께 모으는 일은 어려운 일이 아닙니다. 남편과 아내가 모이면 둘입니다. 남편과 아내와 한 자녀가 모이면 세 사람이 되었죠. 아니면 결혼하지 아니한 두 자매나, 과부 어머니와 그 어린 자녀 한 사람 — 이처럼 두 사람을 쉽게 묶을 수 있습니다. 자녀들이 없다 할지라도 남편과 아내와 하인이 있으면 벌써 셋이 되는 것이죠. 아내가 없다 할지라도 형제 둘이면 두 사람이요, 형제와 자매, 또는 세 자매들이 있으면 벌써 두세 사람이 되는 것입니다. 어떤 사람에게 친척이 하나도 없어 혼자 살아간다 합시다. 그런 경우에도 다른 두세 사람을 전혀 만날 수 없을 정도로 아주 멀리 떨어진 지역에서 살 수는 없는 것입니다. 두세 사람은 아주 손쉽게 모을 수 있는 단위입니다. 그 단위는 침실에서도 이루어질 수 있고, 부엌에서도 가능한 단위입니다. 또 밀실에서도 이루어질 수 있는 모임 단위입니다. 어느 곳에서나 그 두세 사람은 모일 수 있습니다. 그처럼 두세 사람은 그렇게 작은 모임입니다. 또한 그 모임은 아주 쉽게 사람들의 시선에서 벗어나기도 하죠. 박해 시대에 두세 사람이 어떤 후미진 곳에서 함께 모일 수 있었고, 동굴이나 땅 속 지하나 다락방에서도 모일 수 있었습니다. 그런 문제라면 감옥에서도 두세 사람이 함께 있을 수 있습니다. 작은 골방에서 두세 사람이 함께 기도할 수도 있습니다. 아니면 래티머(Hugh Latimer, 1485-1555. 영국의 성직자, 순교자 — 역주)나 리들리(Nicholas Ridley, 1500-1555. 영국 성공회 주교, 순교자 — 역주)가 화형당하기 위해서 서로 등을 대고 묶여 있으면서 마음은 한 사람처럼 함께 하늘을 향할 수도 있었죠. 두 주교들은 그리스도를 위해서 화형을 당할 뿐 아니라 경건한 마음으로 불타올라 용감한 기도를 드렸던 것입니다. 그 두 사람이 함께 화형의 장작더미 위에서 만났을 때 예수님께서 그들 중에 계셨음이 확실합니다. 두 사람은 밭에서나 거리에서 만날 수 있습니다. 승합 마차나 기차의 한 구석에서도 만나 함께 합심하여 간구를 드릴 수도 있습니다.

　　두세 사람이 하나의 회중을 이룹니다. 이것이 지극히 작은 것이지만 하나님께서 복되게 하신 이것을 누가 멸시하겠습니까? 저는 두세 사람이 함께 모여서 자주 기도하는 실천을 여러분에게 권합니다. 어떤 목사님은 "아론과 훌 협회"(Aron and Hur Society)라고 불렀던 작은 모임을 이끌었습니다. 그 협회는 두 사람으로 이루어졌습니다. 한 사람이 오른손을 높이 들며 붙잡고 있었고, 또다른 한 사람은 왼손을 높이 쳐들고 있었습니다. 모세가 이스라엘을 위해서 산 위에서 간구할 때처럼 말입니다. 우리는 이러한 제도가 제한 없이 확장되기를 바랍니다. 개인이 홀로 기도하는 것 외에 두세 사람이 함께 합심하여 기도하는 모임이 필요합니다. 그래야 복이 임할 것입니다. 수는 전혀 중요하지 않습니다. 그 점에 대해서 우리는 더 이상 말할 필요가 없습니다. 본문이 "두세 사람"이라고 표현한 것에 주목하고 싶습니다. 왜냐하면 어떤 사람이 지적한 바와 같이 그 표현은 "셋이나 두 사람"이라고 하는 것보다 훨씬 낫기 때문입니다. "셋이나 두 사람"

이라고 표현하였다면 수가 점점 더 줄어드는 것을 암시하게 됩니다. 그러나 "두세 사람"이라고 표현하면 분명히 거기에는 증가(增加)가 암시되어 있습니다. 만일 그 모임이 둘에서 셋으로 증가되기만 한다면 50%가 발전한 것이고, 거기에는 무엇인가 의미가 있습니다. 만일 이 회중이 그와 같이 한다면, 우리 모두가 안식일에 어디에서 모일 수 있겠습니까? 나는 주중에 매일 밤 여러분이 모여서 기도하는 수를 늘리도록 격려할 것입니다. 그리하여 이 건물의 남은 좌석뿐 아니라 2층 좌석까지 채우도록 권할 것입니다. "두세 사람." 그것은 자라나는 회중입니다. 그러나 기도에 신속한 응답을 받는데 있어서 수는 본질적인 것이 아닙니다.

다음으로 거기 모인 사람들의 사회적 지위가 어떠하냐는 중요하지 않습니다. "두세 목사들이 내 이름으로 함께 모이는 곳에"라고 주님께서 말씀하셨습니까? 결코 아닙니다. 목사들도 바로 그 모임의 회중에 있기를 주님께 간구할 수는 있습니다. 그러나 모인 사람들이 목사들이어야 한다는 특별한 언질이 없습니다. 목사들도 주님 앞에서는 평신도처럼 나아가야 합니다. "두세 사람"은 큰 회중을 가르치는 방식으로 말을 할 수는 없습니다. 이 약속에는 그 점이 전혀 언급되지 않았습니다. "경험이 많고 교육을 받은 그리스도인 두세 사람이 함께 모이는 곳에"라고 본문이 말합니까? 결코 아닙니다. 그러한 제한이 암시되었거나 표현되지 않았습니다. 기도의 문제에서 특별한 혜택이 덕행이 높은 자들에게 따로 주어지지 않습니다. "온전하게 자란 두세 신자들이 함께 모이는 곳에"라고 본문은 말하지 않습니다. "두세 부자(富者)가 함께 모이면"이라는 표현은 더더욱 아닙니다. 그런 구분이 전혀 없습니다. 모인 사람들이 하나님의 백성들이고, 주님께서 묘사해 오신 대로 심령이 겸손하고 온유한 적은 수의 사람이라면, 구속주의 이름으로 그들이 두세 사람만 모여도 "나도 그들 중에 있느니라."고 하신 것입니다. 한 가난한 남자와 그의 아내가 밤에 잠자리에 들기 전에 함께 기도할 수도 있습니다. 그러면 주님께서 거기에 함께 계십니다. 여러 하인들이 부엌에서 합심하여 간구한다 합시다. 주님께서 거기에 함께 계십니다. 어린 소년들 두세 사람이 학교에서 파한 후 주님을 사랑하여 기도하러 한 곳에 모였다 합시다. 그러면 주님께서 그들과 함께 계십니다. 루터와 멜란히톤이 주님의 일 때문에 깊은 우울에 빠져 힘을 잃고 있을 때 어떻게 격려를 받았는지 기억하십니까? 그들은 무서울 정도로 침체되었습니다. 그러나 루터가 어느 방을 지나치다가 어린아이들의 목소리를 듣게 되었습니다. 그래서 멈추어 섰습니다. 선한 남자들의 아내 몇 사람이 거룩한 자녀들 몇 명과 함께 모여 있었습니다. 그들은 복음이 교황과 그의 모든 친구들의 위협에도 불구하고 아래로부터 퍼져 나가게 주십사고 주님께 기도하고 있었습니다. 루터는 돌아와서 말하였습니다. "정말 그렇다. 어린이들이 하나님께 기도하고 있다. 주님께서 그들의 기도를 들으실 것이다. 갓난아이들과 젖먹이의 입에서 주님께서는 당신의 능력을 발하셨다." 여러분은 하나님께서 함께 해주시겠다는 그 약속에 거기 모인 사람들의 수나 거기 모인 사람들의 지위에 대한 언급이 전혀 없음을 봅니다.

또 장소에 관한 말씀도 없습니다. 다만 "두세 사람이 내 이름으로 모인 곳에는"이라는 말씀밖에는 없습니다. "모인 곳에는"이라는 표현은 어느 곳이나 상관없음을 뜻합니다. 그리스도의 이름으로 어느 곳에서든지 두세 사람이 함께 모이면 거기 계시겠다는 말씀입니다. 대교회당뿐만이 아니라 헛간 같은 곳에서도, 장막뿐 아니라 들판에서도 함께 계시겠다는 말입니다. "곳에는"이라는 표현은 모든 곳을 뜻합니다. 아주 외로운 곳, 아주 멀리 떨어진 숲 속, 어떤 다락방, 배의 갑판, 또는 병원의 병상, 모두를 가리킵니다.

> "예수님, 주님의 백성이 모이는 곳마다
>   당신의 시은좌(施恩座)를 바라보나이다.
>   주님은 백성들이 주님을 구하는 곳마다 거기 계시고
>   그곳은 어느 곳이나 거룩한 땅이 되나이다."

> "주님은 벽에 갇히실 분이 아니고
>   겸손한 마음에 거하시는 분이시니
>   겸손한 자들이 가는 곳마다
>   항상 거기 주님을 모시고 있사오니
>   저희의 본향에 이를 때까지
>   주님과 함께 동행하며 나아가리이다."

여러분이 기도로 주님과 함께 할 때 어느 곳에서나 그리스도께서는 여러분과 함께 하실 것입니다. 맹약도(Covenanter)들이 평화의 시대를 맞았을 때 어떻게 하였는지 읽어 보시지 않았습니까? 그들은 교회에서 예배를 드릴 수 있을 때

도, 늪지와 산기슭 쓸쓸한 곳에서 흉악하고 악랄한 기병(騎兵)들에게 쫓겨 다니
고 숨어 있었던 때의 영광스러운 날들을 되돌아보면서 슬픔에 빠지곤 하였습니
다. 그때 주님께서는 그들을 그분의 옷자락으로 덮으셨습니다. 성경 본문을 읽
는 설교자가 섬광을 발하는 것 같고, 설교자의 음성이 짙은 어둠 속에 울려 퍼지
는 것처럼 들었습니다. 그때의 영광이 어떠하였던가요! 하나님의 말씀을 듣기
위해서 함께 모였던 성도들이 어느 것도 넘보지 못할 주님의 임재에 대한 압도
적 의식을 갖고 있었습니다. 어느 곳에서나 우리는 기도를 위해서 모일 수 있습
니다. 그리고 우리 중에 예수님께서 계시리라는 기대를 할 수 있습니다. 아무리
낮은 데까지 내려간다 할지라도 장소는 중요한 것이 아닙니다. 매일 아침 사람
들이 교회를 향하여 분주하게 뛰어가는 모습을 볼 때마다 오래 전에 죽었어야
할 미신의 냄새가 거기에서 나는 것을 봅니다. 교회 안을 들여다보면 모여 있는
수가 결코 많지 않습니다. 일반적으로 교구 목사와 한두 가정이 무리를 이루고
있습니다. 그러나 교구 전체가 떼를 지어 교회로 나간다 할지라도, 저는 사람들
이 차라리 집에 있으면서 가족과 함께 기도하는 것이 낫다고 말할 것입니다. 가
정 기도는 매일 아침 종을 울려 사람들을 교회로 모이게 하는 것보다 더 나은 제
도입니다. 여러분 각자가 종을 가지고 스스로 제사장이 되어 성경을 여십시오.
그리고 여러분의 자녀들과 함께 기도하십시오. 그렇게 하는 것이 미신적인 생각
을 가지고 1 km를 걸어가 소위 거룩한 곳에 가서 제사장인 체하는 사람의 목소
리를 듣는 것보다 훨씬 더 하나님께 열납될 만한 제사가 될 것입니다. 여러분의
거실을 하나님께 바치십시오. 여러분의 응접실을 신성하게 구별하시고, 여러분
의 부엌을 하나님을 위한 교회로 만드십시오. 벽돌이나 울타리나 돌이나 스테인
드 글라스(stained glass)에 신성성(神性性)이 있는 게 결코 아니기 때문입니다.
교회의 바깥이 교회 안만큼 거룩합니다. 지금 같은 시대에는 불쾌한 미신적 관
습으로부터 멀리 떨어져 있어야 마땅합니다. 그 미신적인 관습이란 교구 교회를
크게 하기 위하여 신자들의 집을 평범하고 부정한 것으로 만드는 것입니다. 우
리가 그리스도의 단순성으로 돌아갈 수 있게 하시옵소서! "이 산에서도 말고 예
루살렘에서도 말고 너희가 아버지께 예배할 때가 이르리라." 하신 때가 바로 이
때입니다. 지금은 어느 곳에서나 하나님께서 영과 진리로 예배하는 영적인 예배
자들을 찾으십니다.

　　모인 사람의 수나 그 사회적 지위나 장소가 전혀 중요한 것이 아니듯이 언

제 모이느냐는 시간도 중요한 것이 아니라는 것을 주목하십시요. 기도하는 시간을 정할 수도 있습니다. 거룩한 습관에서 그런 일이 마땅히 우리에게 있어야 합니다. 기도하기 위해서 특별히 시간을 정하는 것이 옳을 것입니다. 기도를 위해 시간을 정해 두지 않은 사람은 기도하기를 잊을 가능성이 있기 때문입니다. 그렇지만 하늘의 문이 마치 어떤 특별한 시간을 정해 놓고 열리고, 나머지 시간에는 온종일 닫혀 있는 것 같다는 식의 미신적인 생각을 하기까지 기도 습관이 빠지지 않도록 극히 조심해야 합니다. 여러분이 원하는 시간에 모이십시오. 어떤 시간이 더 기도하기에 알맞은 시간이란 있을 수 없습니다. 모든 시간이 다 좋습니다. 자정부터 다음 날 자정까지 어느 시간이라도 좋습니다. 기도의 시간은 기도할 필요가 있는 시간입니다. 또 기회가 주어지고 또 기도하고 싶을 때가 바로 기도 시간이요, 함께 모일 수 있을 시간이 기도 시간입니다. 기회가 허락되는 대로 어느 시간에나 기도하는 것이 합당합니다. 저는 시골에서 때로 이런 말을 들었습니다. "그런데요, 사람들이 추수하느라고 바빠서 기도회로 모이게 할 수 없어요." 설교자가 새벽 4시에 일어나서 이슬이 풀잎에 아직 맺혀 있을 때에 들에 나가 기도회를 연다면, 설교자와 양 떼들을 위해서 정말 중요한 일이 아니겠습니까? 사람들이 저녁 6시에 기도하러 올 수 없다면, 7시나 8시, 또는 9시나 10시에 모이게 하십시오. 아마 젊은이들은 늦은 시간에 잠자리에 드는 것이 더 좋을 것입니다. 어떤 시간은 공적으로 모이는데 합법적으로 방해가 되는 요소들이 있을 수 있습니다. 그러나 두세 사람이 기도하고 싶을 때 늦게 함께 앉아 모일 수 있습니다. 그러면 경찰이 와서 그만하고 집에 들어가 주무시라고 말하는 일이 결코 없을 것입니다. 우리 통치자들은 지금은 저녁 종을 치지 않습니다. 주 우리 하나님께서는 졸거나 잠들지 않습니다. 항상 은혜를 베푸시기 위해서 기다리십니다.

다시 한 번 말씀드리지만, 모임이 취하는 형식에 관한 말이 하나도 없습니다. "두세 사람이 내 이름으로 모인 곳에는 나도 그들 중에 있느니라." "그들이 떡을 떼려 함께 모였다." 매우 좋습니다. 그들이 그렇게 하는 데 아무런 구애가 없습니다. 주님의 이름으로 함께 모인다면 주님께서 그들 중에 함께 계실 것입니다. "그러나 그들이 설교를 듣기 위해서 모였다." 좋습니다. 그럴 수도 있죠. 설교는 하나님께서 세우신 제도입니다. 주님께서 그들 중에 계실 것입니다. "그들이 성찬식을 위하여 모인 것도 아니고, 설교를 들으러 모인 것도 아니고, 기도하기 위해서 모였다." 그럴지라도 매우 좋습니다. 주님께서 그들 중에 함께 계실 것입니다. "그들이 소리 내어 기도하러 모인 것도 아니고 다만 조용히 앉아서 성경 한 장을 읽으려 모였다." 매우 좋습니다. 주님께서 그들 중에도 함께 계실 것입니다. "그러나 그들이 성경을 읽거나 찬송을 부르거나 소리 내어 기도하기 위해서 모인 것이 아니라 가만히 앉아 있기 위해서 모였다." 예수님의 이름으로 그들이 모였다면 그들 중에도 주님이 함께 계실 것입니다. "두세 사람이 내 이름으로 모인 곳에는 나도 그들 중에 있느니라." "이것만이 유일한 특별한 예배 형태이다." 라고 말하는 어리석은 자가 되지 마십시오. 그리스도께서는 그렇게 말씀하지 않으셨습니다. 스스로 "형제들"이라고 부르면서도 형제애가 가장 없는 자들이 만들어 놓은 끈에 묶이지 말아야 합니다. 그들은 우리 모두가 잘못되었다고 말하죠. 주님께서 우리와 함께 하지 않을 것이라고 그들은 주장합니다. 이들에게 대꾸하는 일은 어렵지 않습니다. 사랑하는 형제들이여, 우리는 그대들이 하는 말로 결코 슬퍼하지 않습니다. 왜냐하면 우리는 그대들이 잘못되어 있음을 알기 때문입니다. 주님께서 우리와 함께 하시기 때문입니다. 이 거룩한 모임을 모이며, 우리에게 주님께서 허락하신 번영을 보는 한 그대들이 무슨 말을 한다 할지라도 그것은 우리에게 전혀 문제되지 않습니다. 수년 동안 해마다 그대들이 싸우는 것처럼 우리는 싸우지 않습니다. 그러니 그대들의 방식을 따라가고 싶어 하지 않습니다. 그대들의 방식은 격렬한 불화를 통해서 옳지 않다는 것이 입증되었습니다. 우리가 그리스도의 이름을 항상 모독하고 있는 지극히 비참한 종파들로 분열되지 않는 한, 그대들이 우리에 대해서 어떤 지적을 한다 할지라도 크게 손상을 입지 않을 것입니다. 우리를 정죄하라. 그래도 우리는 신경 쓰지 않습니다. 왜냐하면 그대들의 정죄는 그저 지나가는 바람일 뿐이기 때문입니다. 우리에 대한 그대들의 심한 비난이 축복이 될 수 있으며, 우리 마음을 편안하게 할 수 있습니다. 우리를 향하여 그런 질책의 말을 하는 것이 그대들의 마음의 고통을 덜어 줄 테니 말입니다. 참된 예배가 취하는 어떠한 형식도 주 예수 그리스도께서는 용납하실 뿐만 아니라 재가하셨다고 우리는 믿습니다. 만일 그리스도의 성령께서 거기 계시다면 말입니다. 그러나 만일 하나님의 성령이 없이 그대들이 모인다 하면 그대들의 집회가 취하는 형식이 정확무오하게 옳다고 스스로 생각할지라도 그 형식은 그대들에게 별 소용이 없을 것입니다. 저는 하나님께서 여기에서 주신 예배의 장엄한 자유를 인하여 하나님을 찬미합니다. 하나님께서 이러한 규례를 정해 놓지 않으시고 당신의 백성들이 하나님의 성령의 인도를 따르도록 맡겨 놓으신 일을 인하여 찬미하나이다. "주의 영이 계신 곳에는 자유가 있느니라"(고후 3:17). "두세 사람이 내 이름으로 모인 곳에는 나도 그들 중에 있느니라."

그처럼 비본질적인 문제들이 그렇게 많습니다.

2. 그러나 이제 두 번째로, '가장 본질적인 문제' 가 있습니다.
곧 그리스도의 이름으로 모여야 한다는 점입니다.

이는 그 모임이 그리스도인들의 모임으로서, 예수 그리스도와 교제하기 위해서 함께 모이고, 서로 그리스도 안에서 모이는 것이 되어야 함을 의미하지 않습니까? 또한 이는 그리스도인들이 그리스도의 뜻을 이해하는 대로, 그 뜻을 신약 성경에서 발견하고, 성령께서 그들에게 신약 성경을 열어 보여주시는 대로 그 뜻에 복종하기 위해 함께 모이는 것이 되어야 함을 뜻하지 않습니까? 또한 이는 분명하게 주님의 목적을 위해서 모이는 모임이어야 함을 뜻하지 않습니까? 그리스도를 높이고, 그리스도께 경배하기 위해서 영광을 그리스도께 돌리기 위한 모임이 되어야 함을 뜻하지 않습니까? 그들이 함께 모이기는 하되 어떤 신비롭고 눈에 보이지 않는 알 수 없는 그리스도를 위해서 모이는 것이 되어서는 안 됩니다. 오히려 그리스도의 이름으로 모여야 합니다. 왜냐하면 그리스도께서는 이름을 가지고 계시기 때문입니다. 그리스도는 독특한 인격, 곧 성품을 갖고 계십니다. 그리스도인들이 마땅히 알고 사랑하고 명예롭게 해야 하는 성품을 갖고 계십니다. 그렇지 않으면 우리가 그리스도의 이름으로 모인 것이 아닙니다. 그리스도께서 우리로 모이라 명하셨으니 모이지 않습니까? 모여서 성찬을 들거나, 세례를 베풀거나, 기도를 하거나, 찬미를 드리거나, 말씀 사역을 하거나, 성경을 읽거나, 서로 덕을 세워 주라고 명하시거나, 가장 합당하게 보이는 어떤 형태의 예배든지, 모두 거기에 대한 주님의 명령이 있기 때문에 우리가 모이는 것이 아닙니까? 우리는 자신들의 꾀를 이루기 위해서 모이는 것이 아니라, 주님께서 친히 우리에게 지시하신 것을 이루기 위해 모여야 합니다.

이렇게 주님의 이름으로 모인다는 것은 무엇보다 먼저, 우리가 주님의 이름으로 알려져야 하며, 그 다음에, 주님께 더 가까이 나아감으로써 서로가 더 친밀해져야 한다는 뜻이 아닙니까? 함께 모이는 것은 주님에 의해서, 주님께로 모이는 것이어야 합니다. 만일 모든 사람들이 그리스도를 중심으로 모인다면 그들 모두가 서로와 밀착되는 것입니다. 만일 각 사람의 목표가 그리스도를 개인적으로 사귀고 그리스도를 개인적으로 알며, 그리스도를 신뢰하고 그리스도를 개인적으로 경배하고 섬기며 그리스도를 닮는 것이라면, 우리 모두는 함께 모이고 있는 것입니다. 우리의 사귐이 성부 하나님과 그분의 아들 예수 그리스도와 함께 하는 것이라면, 또한 우리는 모든 성도들과 교제를 갖는 것입니다. 이것이 우리의 모든 모임의 중요한 목적이 되어야 마땅합니다. 곧 모든 모임이 좀 더 충만하게 그리스도께로 인도함을 받아야 하는 것입니다. 우리 모든 사람들은 마땅히 예수님께서 우리 중에 계시다는 믿음을 가져야 마땅합니다. 그리고 함께 그분께 나아가야 합니다. 여러분이 오늘 밤 어떤 설교자의 말을 들으려고 모이는 것이 아닙니다. 그러나 여러분이 그 설교자로 말미암아 주 예수 그리스도께 더 가까이 나아가는데 도움을 받았기 때문에, 여러분은 설교자의 목소리를 듣기 기뻐하고, 여러분이 그리스도 안에서 교제하는 교우들과 함께 하나님을 예배하기를 즐거워하는 것입니다.

여러분이 전에 그리스도를 만났던 곳으로 다시 오는 것은 잘하는 일입니다. 그리고 전에 그리스도를 만나지 못하였던 모임은 무엇이든지 피하여 가지 않으려는 것도 잘하는 일입니다. 일상적으로 예배하는 곳에서 나오면서 어떤 이들은 슬프게도 이렇게 외칩니다. "사람들이 주님을 무덤에서 가져다가 어디 두었는지 우리는 알지 못하겠다"(요 20:20). 예수님께서 계시지 않는 곳에는 가지 마십시오. 그리고 만일 여러분이 이렇게 말하지 않을 수 없게 되었다 합시다. "내가 설교를 여러 번 들었지만 그리스도의 이름은 언급하지 않더라. 나는 여러 달 동안 함께 모였지만 그 예배를 통해서 하늘의 교제를 맛본다는 즐거운 생각을 해 본 적이 없어." 그럴 경우에는 다시는 그리로 가지 마십시오. 그저 습관을 따라서 교회나 모임의 장소에 가는 일을 하지 마세요. 만일 여러분의 아버지가 이슬링턴(Islington)에 사셨다가 이제는 거기서 이사하여 다른 데로 가서 거주하신다면, 이슬링턴에 가서 그 집 문을 두드릴 필요가 없죠. 그렇지 않습니까? 주님께서 여러분과 만나시는 곳에 가세요. 다시 주님을 만날 수 있을 것으로 생각되는 곳을 찾아야죠. 안식일을 너무나 귀하게 여겨 가만히 집에 앉아 있어 영적으로 굶주릴 수가 없습니다. 소도 빈 외양간에 묶여 있지 않으려 하고, 말도 빈 여물통으로 달려가지는 않습니다. 주 예수님을 구하세요. 그분을 만나기까지 쉬지 말고 찾으세요. 우리는 주님의 이름으로 모이고 그 일을 더 힘써야 합니다. 그렇지 않다면 주의 날들이 아무 의미도 없이 허비되어 날아가 버립니다. 그러면 우리 영혼들은 열매 없는 불모지가 될 것입니다. 자, 평소에 그러듯이 저는 처음 두 요점을 설명하는데 너무 많은 시간을 썼습니다.

3. 이제 마지막 요점이 가장 중요합니다. 곧 '가장 큰 용기를 주는 확신' 이 바로 그것입니다.

"두세 사람이 내 이름으로 모인 곳에는 나도 그들 중에 있느니라."

첫째로, 매우 간단하게 말씀드리자면, 주 예수님께서 두세 사람이 모이는 곳에 어떻게 함께 계시는 것입니까? 자, 본문의 정확한 표현들에 주목하십시오. 그 말씀에 담긴 은혜로운 의미를 파악하기 바랍니다. 주께서는 "나도 그들 중에 있을 것이라"(I will be there)고 말씀하지 않으시고 "내가 그들 중에 있느니라"(I am there)고 말씀하십니다. 주님께서는 그 모임에서 제1인자이십니다. "두세 사람이 내 이름으로 모이는 곳에는 나도 그들 중에 있느니라." "내가 있을 것이라"가 아닙니다. 물론 그렇게 말해도 진리이기는 합니다. 그러나 주님께서는 더 신성한 방식으로 표현하셨습니다. ― "내가 그들 중에 있느니라." 주님께서는 그들이 각자 모임의 장소에 도착하기 전에 이미 거기에 계십니다. 예수님은 모인 회중 가운데 첫 번째로 오시는 분이십니다. 그 모임에 가장 먼저 오신 분이십니다. 그래서 나중에 모이는 자들은 다 주님께로 함께 모이는 것이죠. 주님이 중심이고, 그들 모두 다 주님께로 모이는 셈입니다. "내가 그들 중에 있느니라."

그러면 주님께서 어떤 방식으로 거기 계십니까? 주님의 백성들인 우리가 모일 때 주님께서 거기 계시는 것이죠. 모이는 각 사람 속에 이미 존재하여 계십니다. 그리스도의 백성들 중에서 그리스도를 보는 일은 복된 일입니다. 여러분은 그렇게 주님을 보려고 애를 쓰시나요? 저는 그리스도의 사람들 중에서 노인(老人)을 보려고 노력하는 이들을 알고 있습니다. 죄와 사망의 몸을 보는 데는 오래 걸리지 않습니다. 그런 것은 보기에 유쾌한 장면은 아닙니다. 그러나 오, 그리스도의 사람들 중에서 그리스도를 보는 것 ― 얼마나 매력적인 장면입니까! 제가 아는 모든 하나님의 자녀 각 사람에 관하여 생각할 때에, 제 자신 속에서보다 그 각 사람 속에서 그리스도를 조금 더 많이 볼 수 있다고 생각합니다. 저는 그리스도의 모든 백성들 중에서 내 주님을 보려고 애쓰고 있습니다. 주님께서는 그분의 백성들 중에 계시기 때문이며, 주님을 공경하지 않는 일은 불순하기 그지없는 일이기 때문입니다. 주님께서는 주님의 백성들과 함께, 그리고 그들 안에 계십니다. 우리가 어째서 그 점을 의심해야 합니까? 정말 그 점은 기억할 만한 가치가 있는 일이죠. 만일 성령님의 전(殿)인 사람들이 많이 함께 모인다면, 성령께서 친히 거기에 계신 것이죠. 그들이 서 있는 장소는 거룩한 땅이 되고요. 예수님께서 그들의 생각과 마음의 목적과 소원 속에 계십니다. 아, 그들의 탄식과 슬픔과 심령과 내밀한 영혼 속에 계십니다. 두세 사람이 주님의 이름으로 함께 모이는 곳에 주님께서 그들 중에 함께 계시는 것입니다.

다음으로, 주님께서는 말씀 속에서 우리와 함께 계십니다. 하나님의 책인 성경을 풀어 해석할 때에 그 책은 단순한 말이 아닙니다. "썩지 아니할 씨로 된 것이니 살아 있고 항상 있는 하나님의 말씀으로 되었느니라"(벧전 1:23). 우리가 심는 씨앗마다 은밀한 생명의 배아(胚芽)가 있듯이 그리스도께서 말씀 속에 계십니다. 만일 우리가 하늘에 이르는 길을 사람들에게 가르친다면, 그리스도께서 길이십니다. 은혜의 교리를 설교한다면 그리스도께서 진리이십니다. 또 우리가 그의 보배로운 이름을 누리고 그 이름을 먹고 산다면, 그리스도는 생명이신 것입니다. 그리스도의 말씀이 설교되는 곳에 그리스도께서 함께 계십니다. 왜냐하면 그 말씀이 헛되이 그리스도께 돌아가지 아니하고 그 보낸 일에 형통할 것이기 때문입니다(사 55:11).

그리스도께서 친히 정하신 규례들 속에 계십니다. 주께서는 복된 상징인 세례(침례)와 관계를 끊지 않으셨습니다. 그 상징 속에서 주님의 죽으심과 장사와 부활이 분명하게 드러났습니다. 주님의 고난을 바라보고 그리스도의 몸과 피를 먹고 생명을 유지함으로 말미암아 그 고난에 참여하게 됨을 보여주는 다른 규례들과 관계를 끊지 않으셨습니다. 주님의 성육신과 속죄, 삶과 죽으심을 기억하게 하는 그 신적 규례들을 지키는 우리와 세상 끝날까지 함께 하시겠다고 약속하셨습니다.

그 다음에, 주 예수 그리스도께서 성령님으로 말미암아 성도들의 모임과 함께 계십니다. 성령께서는 주님을 대표하시는 분으로서, 영원토록 우리와 함께 하시는 위로자로 주님이 보내신 분이십니다. 여러분은 주님께서 때로 여러분에게 죄를 깨닫도록 하심을 느껴야 하고, 여러분을 겸비하게 하고 낮추신다는 것을 알아야 합니다. 그런 다음에, 다시 여러분을 북돋아 주고 위로해 주시고 빛을 주시고 인도하시고 새 힘을 얻게 하시고 지탱해 주시고 거룩하게 하십니다. 오, 주님께서 얼마나 놀라운 빛을 가져오시는지요! 주님께서 가져오시는 그 생명은 얼마나 놀랍습니까! 또 주님께서 얼마나 놀라운 사랑을 가져오십니까! 얼마나 놀라운 기쁨을 가져오십니까! 하나님의 성령께서 하나님의 백성들 가운데 계실 때에 그들은 얼마나 기쁜 날들을 누립니까! 지상에서 하늘의 놀라운 날들을 누리는 것입니다!

　　그리스도께서 그분의 백성들 중에 함께 계시다는 그 사실이 그분이 반드시 하나님이심에 틀림없음을 보여주는 것이 아닙니까? 그분이 편재(遍在)하신 하나님이 아니시면 그 백성들이 모이는 모임 어디에서나 어떻게 함께 계실 수 있겠습니까? 자칭 그리스도인들이라고 하는 사람들 가운데 소키누스주의자들과 동료의식을 느끼는 그리스도인들이 있을 수 있습니다. 그러나 저는 결코 그런 느낌을 가지지 않습니다. 저는 그 사람들을 일신론자(一神論者, Unitarian)들이라고 부르지는 않을 것입니다. 왜냐하면 제 자신이 그들 중 어느 사람보다도 더 진정한 의미의 일신론자이기 때문입니다. 저는 삼십(三十)의 신을 믿지 않는 것처럼 삼신(三神)도 믿지 않습니다. 제게는 한 하나님만이 계실 뿐입니다. 그러므로 그런 의미에서 저는 일신론자입니다. 소키누스주의자들은 우리 주 예수 그리스도의 신성을 부인하기 때문에 그 명칭을 쓸 권한이 전혀 없습니다. 우리는 성부와 성자와 성령께서 한 하나님이심을 믿습니다. 예수 그리스도께서는 하나님이십니다. 그 진리를 내팽개치는 자는 누구든지 영생을 내버리는 사람입니다. 만일 그리스도를 성부 하나님의 영원한 아들로 알지 않는다면 어떻게 하늘에 들어갈 수 있겠습니까? 하나님의 백성들이 일 만의 허다한 장소에서 동시에 모인다 할지라도 그 곳곳마다에 함께 계시겠다고 약속하신 것을 보면 틀림없이 하나님이십니다. 단순한 사람이라면, 결코 그렇게 하실 수 없습니다.

　　그러면, 그 모임 가운데서 주님이 계신 자리는 어디입니까? 주님께서는 당신의 백성들과 함께 계시겠다고 약속하셨습니다. 그러나 어디 계십니까? "내가 그들 중에 있느니라." 그들의 구석에 있는 것도 아니라 그들 가운데 계신 분이 주님이십니다. 모든 성도들이 바로 주님을 중심으로 모여듭니다. 주님께서는 모든 것을 비추며 하늘에 떠있는 태양이십니다. 주님께서는 모든 지체들에게 생명을 주는 몸 가운데 있는 심장이십니다. "그들 중에." 그것이 기쁜 일이 아닙니까? 주 예수 그리스도께서 그분의 백성들이 모이는 자리에 오시는 것은 목사에게만 복

을 주시려는 것이 아닙니다. 결코 아닙니다. 여러분 모두는 동등하게 그리스도
가까이에 있는 은혜를 받았습니다. 주님께서는 여러분 가운데 계십니다. 모든
사람들의 마음의 중심에 계십니다. 수레바퀴의 모든 살을 중심에서 붙잡고 있는
바퀴의 중심축처럼 예수 그리스도께서는 무리의 중앙에 계십니다. 군대가 동원
될 때 왕이 군대들의 중심에 있습니다. 또는 큰 장군이 중심에 있습니다. 존귀와
명령의 자리에 있는 것이죠. 그렇듯이 우리의 군대가 전투하러 진군해 갈 때 우
리의 임금 되신 그리스도께서 중앙에 계십니다. 임금 되신 그리스도께서 당신의
모든 영광을 입으시고 성도들 가운데 계십니다. 주님께서 그들과 함께 계시는
것이 그들에게 힘이요 승리에 대한 확신입니다. 우리와 함께 계시는 주님께 영
광을 돌려드리십시오. 그분은 지금 우리 가운데 계십니다.

그리고 주님께서 당신의 백성들 가운데 계시다면 무엇을 하실까요? 아, 당신
백성의 모든 작은 모임들 하나하나를 다 인정하시기 위해서 거기 계시는 것입니
다. 두세 사람에게도 말씀하십니다. "너희는 반대자들(Dissenter:비국교도)이 아니
다. 왜냐하면 너희는 나와 의견이 합치하였기 때문이다. 너희는 사회 규범을 따
르지 않는 자들(Nonconformist:비국교도)이 아니다. 너희는 나를 따르기 때문이
다. 나는 너희와 하나이다. 너희 두세 사람은 확립된 교회(The Established
Church)이다. 나는 내 영원한 사랑으로 너희를 세웠도다. 내 이름으로 모인 자들
을 내가 세웠고 그들에게 영원한 사랑을 주었다. 따라서 지옥의 문들이 그들을
이겨내지 못할 것이다. 만일 너희가 내 백성이라면 너희의 모임을 재가한다." 하
나님께서, 간구하며 하나님을 찬송하는 자들을 복 주시기 위해서 거기 계시는 것
입니다. 그러나 주목하십시오. 본문이 이것을 그렇게 많은 단어로 말하지 않습
니다. 형제여, 그대는 다음에 기도할 때 그것을 말하지 마십시오. 여러분은 이렇
게 말하지 않았습니까? "주여, 주께서 말씀하셨나이다. '두세 사람이 네 이름으
로 모이는 곳에 내가 그들 중에 함께 있느니라. 그들에게 복 주고 도움이 되기 위
해서 내가 거기 있노라.'" 이 마지막 부분의 말씀은 여러분 자신이 한 이야기입니
다. 그렇게 덧붙인 말은 성경에 없습니다. 주님께서는 결코 들려줄 필요가 없는
것을 말씀하시지 않습니다. 우리 중에 그리스도께서 계신 것 말고 무슨 다른 복
을 원하겠습니까? 만일 주님께서 거기 계시다면, 주님께서 주시는 것이 복이 아
니라 주님 자신이 복입니다. 주님께서 행하시는 것이 복이 아니라 주님 자신이 복
이십니다. 주님께서 무엇을 말씀하셨느냐는 것도 중요한 것이 아닙니다. 주님 자

신이 중요합니다. 오, 주님께서 주시는 것으로 인하여 주님의 이름을 찬미하며, 주
님께서 행하시는 일과 주님께서 말씀하시는 것 때문에 주님의 이름에 찬미를 돌
려야 합니다. 그러나 주님의 이름 자체가 훨씬 더 복된 것입니다. 왜냐하면 주님
께서 친히 우리를 사랑하셨고, 우리를 위해서 친히 죽으셨고, 지금은 친히 그 백
성들 중에 오시기 때문입니다.

　　자, 사랑하는 친구 여러분, 만일 그리스도께서 친히 그 백성들 중에 계시다
면 우리에게 화평을 가져오실 것입니다. 주님께서, 문을 닫고 열한 사도가 모여
있는 자리에 오셔서 평강을 주신 것처럼 말입니다. 주님께서 사도들 가운데 서
서 손과 옆구리를 보여주시며 말씀하셨습니다. "너희에게 평강이 있을지어다!"
제자들을 기쁘게 만든 것은 주님 자신이었고, 주님 자신의 평강과 주님 자신의
인격이었습니다. 그때 주님께서 말씀하셨습니다. "아버지께서 나를 보내신 것같
이 나도 너희를 보내노라"(요 20:21). 주님의 입술로 친히 자신의 종들에게 명하
신 말씀이었습니다. 그 말씀을 하시면서 숨을 내쉬시며 "성령을 받으라" 하셨습
니다. 그래서 주님의 호흡과 주님의 성령이 그들에게 임하시어 복음을 전파할
수 있도록 그들을 강하게 만들었습니다. 그리고 주님께서 "내가 그들 중에 있느
니라."는 말씀을 바로 그런 뜻으로 하신 것입니다.

　　우리 가운데 그리스도께서 계시다는 것이 우리의 모임들을 기쁘게 만들지
않습니까? 또 우리의 모임들을 아주 중요하게 만드는 것도 그것이 아닙니까? 누
구든지 주님께서 모임에 계시다는 점을 참으로 강조해야 하지 않습니까? 만일
그리스도와 만났다면 이후 주님과 헤어져 지내는 것을 참지 못할 것입니다. 우
리는 다시 주님과 만나기를 갈망하고, 우리가 주님 없이 지낸다면 그것을 큰 거
절로 여길 것입니다. 이 점이 우리의 모임들을 영향력 있게 만들지 않습니까? 하
나님 백성들의 집회는 세상에 영향력을 미치는 것들의 중심을 이루고 있습니다.
그 모임이 두세 사람밖에 되지 않을 때에도 그리스도께서 거기 함께 계시면, 영
원한 능력과 신성이 거기 있는 것입니다. 이 시온으로부터 완전한 아름다움을
하나님께서 발산하셨습니다. 두세 사람이 함께 모이고, 또 그들 중에 주님께서
함께 계시는 곳에는 "화살과 방패와 칼과 전쟁을 없이하셨습니다"(시 76:3). 주
님께서 당신의 능력을 알리시고, 주님의 은혜의 영광이 그 작은 무리들로부터
발산되어 땅 끝까지 이르게 될 것입니다.

"두세 사람이 달콤한 조화를 이루어
주권적인 주님께 복종하는 곳에,
주님의 은혜의 행사들을 낱낱이 열거하고,
엄숙한 기도와 찬미를 드리노라

구주께서 말씀하시되,
'내가 이 작은 무리 속에 있을 것이고,
그들에게 내 미소 띤 얼굴을 열어 보여줄 것이며,
내 영광을 그곳에 쏟아 부을 것이다.'"

그러나 여러분은 이렇게 말씀하시겠죠. "오, 그러나 강단이 하나님의 위대한 능력이 아닌가?" 저는 하나님의 백성들의 기도 때문에 그러하다고 대답하겠습니다. 어떤 사람은 이렇게 말할 수 있습니다. "다른 사람들이 기도하지 않으면 그게 어떻게 되겠는가?" 설교는 하나님께서 세우신 규례입니다. 곧 영적 전쟁에 쓰는 전투 도끼와 무기들입니다. 그러나 교회에서 이 무기들을 휘두르는 팔은 신자들 집단의 기도입니다. 주 예수 그리스도의 이름으로 성도들이 함께 모여 기도하는 것이 그것입니다. "모이기를 피하는 어떤 사람들의 습관과 같이 하지 말고"(히 10:25). 오히려 기회 있을 때마다 자주 모이십시오. 물론 다른 의무들을 소홀히 하지 말고 균형을 이루면서 말입니다. 주님께서 "너희는 내 얼굴을 구하라"고 말씀하십니다. "주여, 주님의 얼굴을 우리가 구하겠나이다."라고 울부짖으십시오.

토머스 앱니(Thomas Abney)가 런던 시장으로 봉사하기 시작하던 첫 날 밤에 열린 연회에서 15분간 자리를 뜬 적이 있었습니다. 다시 돌아와 주변 친구들에게 말했습니다. "가장 친밀한 친구 한 사람과 어떤 특별한 약속을 지키기 위해서 잠시 물러나 있었습니다." 그 약속은 시장 공관에 있는 가족들과 함께 가정 기도회를 갖자는 약속이었습니다. 그 기도 모임은 포기할 일이 아니었습니다. 어떤 경우에도 말입니다. 다른 모든 일들에 대해서 말하십시오. "너희는 거기 서 있거라. 나는 특별한 약속을 가지고 있다. 두세 사람이라도 예수 그리스도의 백성들과 함께 그리스도를 모셔야겠다. 주님께서 그곳에 함께 계시겠다고 말씀하시니 주님께서 '내 종이 어디 있어. 내 아들이 어디 있지? 내 딸은 어디 있는가.

나는 여기 왔는데 그들이 왜 여기 없어?'라고 말씀하시는 소리를 듣고 싶지 않다."

　　주 예수님을 개인적으로 안다는 것은 복된 일입니다. 저는 어떤 불가지론과 불신앙으로 악명 높은 자에 대해 누가 하는 이야기를 들은 적이 있습니다. 그 불가지론자는 아무것도 알지 못하는 무식한 사람이었죠. 그런데 상당한 학식으로 명성이 나 있는 나이든 부인을 만나기 위해서 어떤 집에 갔습니다. 그 숙녀가 하나님의 말씀을 믿는다는 말을 들었고, 예수 그리스도를 신실하게 추종한다는 말을 들었습니다. 그래서 거기를 떠나 나오기 전에 그 불가지론자는 그 부인과 한마디 대화를 나누고 싶다는 생각을 하였습니다. 그래서 "부인, 저는 당신에게서 한 가지 이야기를 듣고 몹시 놀랐습니다. 부인께서 성경을 믿는다고 들었습니다." 그 부인이 대답하였습니다. "예, 선생님. 성경의 모든 말씀을 다 믿죠." "맙소사, 부인이여, 어쩌다 그런 책을 그렇게 믿게 되었나요?' 그 부인이 대답하였습니다. "제가 그 책을 믿는 여러 중요한 이유들 가운데 하나는 그 책을 지은 저자와 제가 아주 친밀하다는 사실입니다." 참 복된 대답입니다. 믿음은 그리스도를 알게 하는 것입니다. 그래서 그리스도를 안다는 것, 그리스도의 사람들 중에서 그리스도를 만난다는 것, 그것이 모든 불신앙을 막아내는 무장이 되는 것입니다. 그래서 그 무장한 군인들이 완전무장을 하고 나가서 이기게 됩니다.

　　사랑하는 여러분, 여러분에게도 똑같이 그와 같은 일이 일어날 것입니다. 만일 여러분이 골방에서 하나님의 기뻐하심을 받은 그분을 만나기만 한다면, 또한 여러분이 그 거룩한 모임에 자주 참석하기만 한다면 말입니다. 여러분에게 간청합니다. 여러분 중 어느 누가 그 모임에 빠졌다는 불평을 우리가 하지 않도록 하십시오. 언제나 오십시오. 만일 우리의 모임이 예수님과 교제하는 것을 구하는 사람들로 가득 차게 되면 제 마음이 기쁠 것입니다. 오십시오. 예수님께서 우리와 함께 하십니다. 꼭 오십시오. 왜냐하면 예수님은 여기 계신데 여러분이 자리에 없는 것은 정말 보기 흉한 모습일 것이기 때문입니다. 제발 오십시오. 이 집을 천국처럼 만드십시오. 예수님께서 자기들 중에 계신 것을 기뻐하는 빛나는 사람들로 가득 차 있는 곳이 천국입니다. 아멘.

제
52
장

—

네 이웃을 사랑하라

—

"네 이웃을 네 자신과 같이 사랑하라." — 마 19:19

우리 구주께서는 율법의 도덕적 교훈들에 관하여 매우 자주 설교하셨습니다. 그리스도의 설교들 중 많은 것이 — 또 어떤 설교들을 그리스도의 교훈들과 비교할 경우에 — 오늘날 "복음"이라 일컬어지는 것을 전혀 갖고 있지 않습니다. 우리 구주께서는 설교하실 때마다 선택의 교리나 속죄, 효과적 부르심, 또는 성도의 궁극적 견인을 선포하시지는 않았습니다. 그보다는 주께서 인간 삶의 의무들과, 하나님의 은혜로 말미암아 우리 속에서 형성되는 성령의 보배로운 열매들에 관하여 자주 말씀하셨습니다. 제가 방금 말한 이 점을 주목하십시오. 여러분도 처음에 그 점에서 시작하였을 수 있습니다. 그러나 4복음서를 부지런히 읽어 보면, 우리 구주께서 아주 많은 시간을 사람들 서로 간에 무엇을 해야 하는지에 대하여 말씀하시는 것에 할애하였음을 제가 옳게 말하였다는 것을 알게 될 것입니다. 주님의 설교들 중 많은 부분이 이 시대의 정확한 비평가들이라고 하는 사람들이 열정과 향기가 가득한 설교라고 부를 만한 것이 아닙니다. 왜냐하면 주님의 설교들이 신앙의 실천적인 면에 대해서는 관심이 없는 감상적인 병약한 그리스도인들에게는 전혀 맛이 없을 것이기 때문입니다.

사랑하는 여러분, 하나님의 사역자가 할 일은 그리스도의 속죄를 설교하는 것만큼 사람의 의무도 설교하는 것입니다. 사람의 의무를 설교하지 않으면, 그 사역자는 사람을 속죄의 아름다움을 알 수 있는 바른 상태로 인도하는 복을 하

나님께 결코 받지 못할 것이기 때문입니다. 하나님의 사역자가 때로 율법을 외
치며, 주님을 위해서 율법에 순종하는 것이 마땅함을 주장하지 않는다면, 죄를
깨닫게 하는 일은 결코 쉽지 않을 것입니다. 회심으로 이어지는 죄의 각성을 일
으키지 못할 것이 분명합니다. 오늘 아침, 이 같은 교리들에 대한 이해가 항시 부
족한 젊은 사람들에게는 제 설교가 도무지 맛이 없고 유쾌하지 못할 것임을 저
는 알고 있습니다. 그러나 저는 그 점에 별로 신경을 쓰지 않을 것입니다. 이 패
역한 세대는 때로 책망을 받을 필요가 있습니다. 그리고 만일 우리가 백성들에
게 말할 수 있는 기회를 얻는다면 그들을 질책하는 것이 우리 사역자들의 임무
입니다. 본문을 자세히 설명할 필요가 있는 때가 있다면 지금이 바로 그러한 때
라고 생각합니다. "네 이웃을 네 자신과 같이 사랑하라." 사람들이 이 말씀을 잊
고, 거의 기억하지 않을 때가 얼마나 많은지요.

저는 제일 먼저 이 말씀이 명령임을 주목할 것입니다. 두 번째로, 그 명령에
순종해야 할 몇 가지 이유들을 끌어내리려고 노력할 것입니다. 그리고 마지막으로,
율법 자체가 암시하는 몇 가지 요점들을 끌어낼 것입니다.

1. 첫째, '명령'이라는 요점입니다.

이 말씀은 두 번째 큰 계명입니다. 첫 번째 계명은 "주 너의 하나님을 사랑하
라"는 것입니다. 거기에 고유한 표준이 함께 제시되어 있습니다. "하나님을 네
자신보다 더 사랑하라"는 것입니다. 두 번째 계명은 "네 이웃을 네 자신과 같이
사랑하라"는 것입니다. 거기에 주어진 표준은 약간 낮아졌습니다. 그러나 여전
히 탁월하게 높은 표준입니다. "네 이웃을 네 자신과 같이 사랑하라." 거기에 명
령이 주어진 것입니다. 그 명령을 세 부분으로 나누어 볼 수 있습니다. 내가 누구
를 사랑해야 하는가? "내 이웃을." 내가 무엇을 해야 하는가? 그를 사랑해야 한다. 그
일을 어떻게 해야 하는가? 내 자신처럼 이웃을 사랑해야 한다.

첫째로, 내가 누구를 사랑해야 하는가? 내 이웃을 사랑해야 합니다. 이웃이
라는 말은 우리 가까이에 누가 있든지 바로 그 사람을 가리키는 말로 이해해야
합니다. 영어의 이웃(neighbor)이란 단어는 nae 또는 near(가까운)와 buer(거하
다)라는 두 말에서 파생하였습니다. 그러니 그 말은 우리 가까이 거주하거나 가
까이 있는 사람들을 가리키는 말입니다. 세상에서 우리와 지금 가까이 있는 사
람이 누구든지 간에 바로 그 사람이 우리 이웃입니다. 사마리아 사람이 여리고

로 가는 길목에서 부상당한 사람을 보았을 때 그 사람이 자기 가까이에 있다고 느꼈고, 그래서 그 사람을 자기 이웃으로 느꼈습니다. 그리고 그 사람을 사랑해야 한다고 느꼈습니다. "네 이웃을 사랑하라." 이웃이 부자이고 자기는 가난할 수 있습니다. 이웃은 대 저택에 살고 있는데 자신은 바로 그 옆의 작은 오두막에서 살 수도 있습니다. 그래서 그 이웃의 저택과 그 이웃이 호화롭게 차려 입은 비단옷을 주목하고 쳐다볼 수도 있습니다. 하나님께서 그 이웃에게 그러한 좋은 것들을 주셨습니다. 하나님께서 자신에게는 그러한 것들을 주지 아니하셨습니다. 그런다 할지라도 이웃의 부(富)를 탐내거나, 이웃에 대해 심술 맞은 생각을 품지 말아야 한다는 것입니다. 사람의 처지마다 항상 차이가 있기 마련입니다. 그러니 그 차이를 그대로 인정하십시오. 여러분 자신에게 주어진 형편에 만족하십시오. 그 점에 대해서 마음에 들지 않는다 할지라도 이웃을 쳐다보면서 '저 사람도 나처럼 가난해지면 좋겠다'든지, 어떤 사람이 자기에게 도움을 주거나, 저 이웃의 부를 빼앗아서 자기 몫에 넣어 갑자기 부자로 만들어 주었으면 하고 바라지 마십시오. 오히려 이웃을 사랑하십시오. 그리고 그를 시기하지 마십시오. 또 그와는 정반대로 여러분이 부자이고 여러분 가까이에 가난한 사람들이 살 수도 있습니다. 그 사람들을 이웃이라 부르는 것을 수치스럽게 생각하지 마십시오. 그런 사람들이라도 사랑해야 함을 인정하기를 꺼려하지 마십시오. 세상은 그 이웃들을 보고 여러분보다 못한 자들이라고 부릅니다. 어떤 점에서 그들이 못합니까? 사회적 지위에 있어서는 그럴지라도, 사실상 동등한 사람들입니다. "인류의 모든 족속을 한 혈통으로 만드사 온 땅에 살게 하시고"(행 17:26). 여러분은 그 이웃들보다 결단코 더 낫지 못합니다. 그들은 사람입니다. 여러분이 그 점에서 그들보다 더한 것이 무엇입니까? 그들이 누추한 옷을 입을 수도 있습니다. 그러나 누추한 옷을 입었다 할지라도 사람입니다. 여러분이 여러분의 지위에 걸 맞는 품격 있는 진홍색 대례복(大禮服)을 차려 입고 있을지라도 결코 사람 이상이 아닙니다. 여러분의 이웃이 더러운 옷을 입고 있다 할지라도 사랑해야 하며, 깊은 궁핍 속에 내려 앉아 있다 할지라도 그를 조롱하지 않도록 하십시오.

비록 이웃의 종교가 여러분과 다르다 할지라도 이웃을 사랑하십시오. 여러분이 진리에 가장 가까운 종파에 속해 있다고 스스로 생각할 수도 있고, 여러분과 여러분처럼 그렇게 생각하는 동료들이 틀림없이 구원 받을 것이라는 희망을 가질 수도 있습니다. 그러나 여러분의 이웃은 달리 생각할 수도 있습니다. 이웃의 종교가 건전하지 못하고 진리가 아니라고 여러분은 말하겠죠. 그 모든 것에도 불구하고 그를 사랑하십시오. 여러분과 그 사람이 많은 차이가 있다 할지라도 그 사람을 멀리하지 마십시오. 그가 옳을 수도 있고 그를 수도 있습니다. 그 사람이 거의 모든 사람을 사랑한다면, 그가 실천에 있어서는 가장 옳을 것입니다. 또한 그가 전혀 종교를 갖고 있지 않을 수도 있습니다. 여러분이 믿는 하나님을 무시하고, 안식일을 범할 수 있습니다. 또 드러내놓고 자기는 무신론자라고 말할 수도 있습니다. 그럼에도 그 이웃을 사랑하십시오. 새침한 말로는 그 사람을 회개하게 하지 못할 것입니다. 또한 불순한 행동은 그를 그리스도인 되게 만들지 못할 것입니다. 그 이웃을 끊임없이 사랑하십시오. 그의 죄는 여러분을 대적하는 것이 아니라 여러분의 하나님을 대적하는 것입니다. 하나님께서는 자신을 대적하여 저지른 잘못에 대한 보응을 하십니다. 이웃이 그렇게 한다 할지라도 하나님의 손에 그 사람을 맡기십시오. 그러나 만일 여러분이 그 이웃에게 친절하게 대할 수 있고, 또한 여러분이 그 사람을 섬길 수 있는 어떤 방도를 발견할 수 있다면, 언제든지 그렇게 하십시오. 그리고 만일 여러분이 어떤 구별을 짓고 싶으면, 이런 식으로 구별을 만드십시오. 당신은 내 종교에 속하지 않기 때문에 그 만큼 더욱더 내가 당신을 섬길 것이오. 그래서 당신이 옳은 데로 돌아올 수 있도록 말이오. 그대는 이단적 사마리아인이오 나는 정통 유대인이오. 그럼에도 불구하고 그대는 나의 이웃이오. 나는 그대가 그리심 산에 있는 성전을 포기하고 예루살렘에 있는 하나님의 성전으로 와서 경배하기를 바랍니다. 그 소망으로 그렇게 당신을 사랑할 것이오. 종교상에 여러 차이들에도 불구하고 여러분의 이웃을 사랑하십시오.

장사에서 이웃이 여러분을 대적할지라도 이웃을 사랑하십시오. 교역이나 상거래에 관해서 이야기를 시작하는 것은 어려운 과제가 될 것입니다. 그럼에도 불구하고 저는 상업과 교역을 하는 여러분들에게 이 점을 설교해야겠습니다. 어떤 젊은 사람이 여러분에게 손해를 끼칠 수 있는 가게를 최근에 시작하였다고 합시다. 그런다 할지라도 여러분은 그 젊은이에게 상처를 주지 말아야 합니다. 그 젊은이에게 상처를 주는 말이나 생각을 결코 하지 마십시오. 여러분의 임무는 그 젊은이를 사랑하는 것입니다. 그 사람이 여러분의 사업에 방해를 한다 할지라도 그 사람은 여전히 이웃입니다. 여러분에게 빚을 지고 있는 어떤 사람이 여러분 가까이에 거주하고 있다고 합시다. 그의 모든 소유를 가져온다면 그 사람은 망하게 될 것입니다. 그러나 잠시 그 사람이 여러분의 돈을 갖고 있게 내버려 둔다면, 폭풍을 뚫고 나가고 마침내 그 일에 성공할 수도 있습니다. 여러분 자신을 사랑하는 것처럼 그 사람을 사랑하는 것이 여러분의 할 일입니다. 그 사람이 여러분의 돈을 갖고 있게 하십시오. 또 그로 다시 애써보게 하십시오. 아마 그러면 여러분의 돈을 찾을 것입니다. 그리고 그 사람도 역시 도움을 받을 것입니다. 여러분과 거래하는 사람이 누구든지 그 사람이 여러분의 이웃입니다. 누구와 거래하든지, 여러분보다 더 큰 사람이든지 작은 사람이든지 간에 여러분의 이웃입니다. 기독교 율법은 네 이웃을 사랑하라고 명하고 있습니다. 그 사람을 미워하지 말라고만 말하는 것이 아니라, 그 사람을 사랑하라고 말합니다. 그 사람이 여러분의 계획을 훼방 놓고 부(富)를 축적하는데 방해하더라도, 또한 여러분의 고객을 빼앗아가고 여러분의 명성에 누를 끼친다 할지라도, 자신처럼 그 이웃을 사랑해야 합니다. 이 율법은 어떠한 예외도 두지 않습니다. 그 사람이 여러분 가까이 있으며, 여러분과 어떤 거래라도 하고 있습니까? 율법은 그런 경우 "그 이웃을 사랑하라"고 말합니다.

또 비록 그 이웃이 여러분에게 죄를 범하여 여러분을 노엽게 할지라도 그를 사랑해야 합니다. 때로 우리는 거리에서 만나는 사람들의 악행을 보면 마음이 억눌리고 슬퍼질 때가 있습니다. 창기들이나 방탕아들이 일반적으로 보이는 행습은 그들을 사회에서 내쫓을 만한 저줏거리입니다. 그들의 행태는 옳은 것이 아니고 그리스도인다운 것도 아닙니다. 우리는 그런 죄인들이라도 사랑해야 합니다. 소망의 땅에서 그들을 내쫓아서는 안 됩니다. 오히려 그 사람들을 회복시키려고 애써야 합니다. 그 사람이 거짓말쟁이이고 도둑질하는 사람이며 불량배입니까? 저는 그의 불량한 짓을 사랑할 수는 없습니다. 만일 그렇다면 저 자신도 불량배가 되어야겠죠. 그의 거짓말하는 것을 사랑할 수도 없습니다. 사랑한다면 나 역시 진리에 속한 사람이 아닙니다. 그러나 여전히 그 사람을 사랑해야 합니다. 그 사람 때문에 내가 손해를 본다 할지라도 여전히 복수심을 가져서는 안 됩니다. 오히려 하나님께서 나를 용서해 주시기를 바라는 것처럼, 나도 그 사람을 용서해야 합니다. 만일 그가 나라의 법을 어기는 죄를 범하므로 형벌을 받게 된다면(마땅히 그래야죠), 그런 경우라도 형벌 가운데 있는 그 사람을 사랑해야 합니다. 그 사람을 정죄하여 복수심으로 그 사람이 옥에 갇히게 해서는 안 됩니다. 오히려 그 사람의 유익을 위해서 그 일을 해야 합니다. 형벌로 인하여 회개에 이

르게 해야 합니다. 그 사람이 자신의 죄를 속(贖)할 정도가 아니라 그 악행이 무
엇인지 가르치기에 합당할 정도로 형벌을 부과해야 합니다. 그래서 그 사람이
죄를 버리도록 해야 할 것입니다. 그러나 그 사람을 정죄할 때 저는 눈물을 흘려
야 합니다. 그 사람이 감옥에 갇힐 때 그를 보호하는 모든 사람들이 그를 친절하
게 대하도록 각별하게 신경을 써야 합니다. 물론 옥의 규칙이 단호하고 엄격할
필요는 있다 할지라도 너무 지나쳐서 잔인하게 굴지 말아야합니다. 유익한 선을
넘어서 무리하게 대하지 않도록 조심해야 합니다. 그 사람이 악에 빠져 비참하
게 되었다 할지라도 사랑해야 합니다. 이 율법은 어떠한 예외도 인정하지 않습
니다. 이웃을 사랑할 것을 요구합니다. 저는 내 이웃을 사랑해야 합니다. 제 집으
로 데리고 들어가 가족의 일원처럼 대접하지는 못할 것입니다. 친절이 지나쳐
경솔할 수 있습니다. 그래서 그 사람에게 친절하게 군다는 것이 그만 그 사람을
망치고, 악행의 보응을 받게 할 수 있습니다. 내가 정당할 경우에는 이웃에게 단
호하게 반대해야 합니다. 그러나 그 이웃에 대하여 마음으로 대적해서는 안 된다고
저는 생각합니다. 왜냐하면 그 사람도 내 형제이기 때문입니다. 비록 마귀가 그
의 얼굴을 누추하게 만들고 그 입에 독을 품게 하여 함부로 욕설을 내뱉고, 또 그
발을 피 흘리는데 빠르게 하였다 하더라도, 그는 여전히 사람입니다. 사람으로
서 그는 제 이웃이며, 형제로서 저는 그 사람을 사랑해야 합니다. 그리고 몸을 구
푸려 그 사람을 일으켜 세워 도덕적 품위를 견지하게 할 수 있습니다. 만일 그렇
게 하지 않는다면 제가 잘못입니다. 내 자신처럼 그 사람도 사랑해야 하기 때문
입니다. 오, 이 위대한 율법을 온전히 이행할 수 있도록 하나님께서 은혜를 주시
기를 바라나이다. 제 설교를 듣고 있는 여러분이여, 여러분은 이웃을 사랑하지
도 않고, 자신도 그 사실을 알고 있죠. 같은 교회당에 출석하는 모든 사람들을 사
랑하는 것은 그렇게 어렵지 않습니다. 확실히 말해서 자기와 의견이 다른 사람
들을 사랑하는 것에 대해서는 생각하고 싶지 않을 것입니다. 그렇게 하면 너무
나 이상한 사랑이라고 여길 것입니다. 아니, 여러분은 자신의 형제자매들마저
사랑하기가 어렵습니다. 오늘날 여러분 중에 어떤 분들은 같은 어머니의 젖을
먹고 자란 형제들과도 반목하고 있습니다. 오, 자신의 친구들을 사랑하지 않는
다면 원수들을 사랑하리라는 기대를 어떻게 할 수 있습니까? 여러분 중에 어떤
분들은 부모님에게 화를 내고서 여기까지 왔습니다. 또 여러분 가운데는 집을
떠나기 전에 자기 누이가 한 말을 생각하고 누이에게 화를 내고 있는 사람도 있

을 것입니다. 오, 만일 자신의 형제자매들을 사랑할 수 없다면 이교도나 세리보다도 나쁜 것입니다. 그런 여러분이 "네 이웃을 사랑하라"는 이 높고 대단한 명령을 순종하리라고 어떻게 기대할 수 있겠습니까? 그러나 그것의 순종 여부에 관계 없이 그 계명을 설교하는 것이 제 임무입니다. 저는 반발하는 이 시대 사람들의 구미에 맞춰서 그 계명을 전하지는 않을 것입니다. 먼저, 우리는 모든 사람들을 사랑하고 존중해야 합니다. 그들이 사람이라는 단순한 사실 때문에 그렇게 해야 합니다. 우리 근처에 살고 있는 모든 사람들을 사랑해야 합니다. 그들이 우리에게 선을 행하거나 또한 우리에게 실용적인 가치가 있어서가 아니라 단순히 그 율법이 그렇게 하라고 명하기 때문입니다. 그들은 우리의 이웃입니다. "네 이웃을 네 자신과 같이 사랑하라."

　　그러나 이제 내가 이웃에 대하여 어떻게 해야 할까요? 이웃을 사랑하십시오. 이웃을 사랑하라는 것은 어려운 말씀입니다. 어떤 사람은 이렇게 말할 것입니다. "예, 저도 믿습니다. 저는 살면서 다른 어떤 이의 평판에 손해를 끼치는 불친절한 말을 이웃에게 한 적이 없습니다. 저는 이웃에게 해를 끼치지 않으려고 무진 애를 쓰고 있습니다. 사업을 시작할 때 제 경쟁심이 사랑의 심령을 둘러엎지 않도록 애쓰고 있어요. 어느 누구에게도 상처를 주지 않으려고 해요." 사랑하는 친구여, 물론 그 행위는 옳습니다. 그러나 그 행위가 온전한 것은 아닙니다. 이웃을 미워한 적이 없다고 말한 것만으로는 충분하지 못합니다. 이웃을 사랑해야 합니다. 거리에서 그 이웃을 볼 때 그의 길을 막고 그를 넘어뜨리지 않았다고 하는 것만으로는 충분하지 않습니다. 밤중에 그를 성가시게 한 적도 없고 소란을 피워 그의 고요를 깨뜨린 적도 없습니다. 그 계명은 **하지 말라**는 소극적인 계명이 아니라 **하라**는 적극적인 계명입니다. 이웃에게 해를 끼치지 말아야 한다는 것은 진리입니다. 그러나 이웃에게 해를 끼치지 않으면 모든 것을 다한 것이라고 생각해서는 안 됩니다. 마땅히 이웃을 사랑해야 합니다. 어떤 사람은 이런 말을 듣고 이렇게 말할 것입니다. "좋습니다. 내 이웃이 병들어 운신을 하지 못하고 있고 또 가난하다면, 저녁 식사를 위하여 큰 고깃덩어리에서 한 조각을 떼어서 보낼 수 있죠. 그래서 작은 음식이라도 섭취하도록 할 수도 있지요. 극히 그들이 가난하다면 내 돈을 내어놓겠습니다. 그렇게 해서 그들이 돌봄을 받게 말입니다." 물론 좋습니다. 그렇게 할 수 있으면서도 여러분이 그 이웃을 사랑하지 않을 수 있습니다. 가난한 사람에게 개에게 뼈를 던져주듯이 박애를 베푸는 사람을 본 적이 있습니다. 그런데 그런 행동에는 사랑이 전혀 없었습니다. 또 돈이 필요한 사람에게 돈을 주기도 하였으나 말에게 건초더미를 줄 때 가지고 있는 공손한 자세의 절반도 보이지 않고 그런 일을 하였습니다. "자, 여기 당신이 원하는 것이 있어요. 이것을 당신에게 주어야겠다고 생각해요. 그렇지 않으면 사람들이 나를 관대한 사람으로 보지 않을 거예요. 자, 가져가요. 당신이 여기 온 것이 유감이오. 왜 다른 사람의 집에 가지 않는 거예요? 항상 나한테 극빈자들이 찾아와서 애걸하고 있어요." 오, 이것은 이웃을 사랑하는 태도가 아닙니다. 그런 태도가 이웃으로 하여금 우리를 사랑하게 만들지 못하고 있습니다. 만일 이웃에게 친절한 말을 하고서 이웃의 요청을 거절하였다면, 불친절하게 그에게 무엇인가 줄 때보다도 우리를 더 사랑할 마음을 갖게 만들 것입니다. 아니, 여러분이 가난한 사람들에게 먹을 것을 주고 병든 자를 찾아본다 할지라도 그 계명을 순종하지 않을 수도 있습니다. 여러분의 손과 함께 마음이 가지 않는다면 말입니다. 여러분의 생활의 친절이 여러분 영혼의 친절함을 보이지 않는 경우에는 그렇습니다. "네 이웃을 네 자신과 같이 사랑하라"

자, 어떤 사람이 나서서 이렇게 말할 수도 있습니다. "목사님, 저는 제 이웃을 사랑할 수 없습니다. 아마 목사님이 목사님의 이웃을 사랑하는 것은 제 이웃보다 그들이 선하기 때문일 것입니다. 그러나 제 이웃은 정말 잡동사니 같은 사람들이에요. 그들을 사랑하려고 노력하고는 있어요. 내가 행하는 모든 것에 대해 그들은 욕만 합니다." 그러면 그만큼 영웅적인 행위를 발휘할 여지가 많은 것입니다. 여러분은 사랑의 거친 싸움을 감당하기보다는 깃털 침대에 누워 있는 전사가 되고 싶습니까? 선생이여, 모든 것을 감내할 각오를 가진 사람이 거의 모든 것을 이겨낼 것입니다. 만일 여러분의 사랑의 오솔길이 거칠어도 그 길을 담대하게 밟고 나아가며, 여러분의 이웃들이 뚱뚱하든 말라 있든 간에 그 이웃들을 사랑하십시오. 그렇게 함으로써 이웃의 머리에 숯불을 올려 쌓아 놓으십시오. 이웃을 기쁘게 하는 것이 어렵다면 그 이웃을 기쁘게 하려고 애를 쓰지 마십시오. 오히려 여러분의 구주를 기쁘게 하려고 애쓰십시오. 그리고 여러분의 이웃이 여러분의 사랑을 경멸하더라도 구주께서는 그 사랑을 경멸하지 않으심을 기억하십시오. 주님께서는 여러분의 이웃을 향한 사랑의 행위가 마치 그 이웃들에게 받아들여진 것처럼 여러분의 행실을 받아 주십니다. "네 이웃을 네 자신과 같이 사랑하라"

자, 만일 이웃을 향한 이 사랑을 진실로 실천한다면 — 정말 그 사랑이 진실하다면 — 그 사랑이 모든 **성급한 분노**를 억제할 것입니다. 항상 자신에 대해 분을 내는 사람은 누구입니까? 모든 지혜로운 사람들이 지금이나 그때나 한결같이 그렇게 한다고 저는 생각합니다. 우리가 때로 자신에 대해 분을 내지 않는다면 우리가 의롭지 않을 것이라고 의심해 볼 만합니다. 결코 분을 내지 않는 사람은 한 푼의 가치도 없는 사람입니다. 그는 선한 사람일 수 없습니다. 어떤 일들을 볼 때 자주 나쁘게 보여 분을 내지 않으면 안 될 일이 있는데, 그런 일이 그런 사람에게는 일어나지 않습니다. 그러나 기억하십시오. 여러분 자신에게 분을 내는 것보다 자기 이웃에게 더 많이 분을 낼 권한이 전혀 없음을 기억하십시오. 때로 자신에 대하여 성이 날 때가 있을 것입니다. 이웃이 그릇된 일을 행하면 그 사람에게 분을 낼 수도 있습니다. 그러나 자신에게 내는 분은 오래 지속되지 못하고 금방 끝이 납니다. 자신이 사랑하는 자아를 금방 용서합니다. 그렇습니다. 그러니 여러분의 이웃에 대하여도 그렇게 즉시 용서해 주어야 합니다. 이웃에 대하여 거친 말을 한다 할지라도 너무 지나치다 싶으면 금방 그것을 철회해야 합니다. 그만큼 거칠게 말하였으면 되었다 싶으면 더 이상 나아가지 말고 거기서 멈추어야 합니다. 그렇지 않으면 너무 지나치게 됩니다. 이웃에게 진실을 마땅히 말해주지 않으면 안 되겠다 싶으면 진실을 말하십시오. 그러나 할 수 있는 한 친절하게 말해야 합니다. 필요 이상으로 엄격하지 않아야 합니다. 여러분 자신을 다룰 때와 같이 다른 사람들을 다루십시오. 무엇보다도 복수심을 결코 품지 마십시오. 해가 질 때까지 분을 품지 마십시오. 해가 질 때까지 계속 분을 품고 있다면 여러분의 이웃을 사랑하는 것은 불가능합니다. 복수하는 마음은 이 계명에 대한 순종을 전혀 불가능하게 만드는 것입니다.

여러분은 여러분의 이웃을 사랑해야 하고, 이웃을 등한히 여기지 말아야 합니다. 이웃이 병들 수도 있고, 여러분의 집에 매우 가까이 살 수도 있습니다. 그런데 그 이웃이 당신에게 사람을 보내어 집에 오라고 말하지 않습니다. 그것은 그가 '정말 저는 그러고 싶지 않아요. 그 사람을 괴롭히고 싶지 않아요.'라고 생각하기 때문입니다. 기억하십시오. 여러분 편에서 그 이웃을 찾아 나서는 것이 여러분의 할 일입니다. 모든 궁핍 가운데서 가장 가치 있는 것은 결코 동정 받기를 바라지 않는 궁핍입니다. 여러분의 이웃들이 궁핍에 처해 있다면 그 이웃들이 그 사실을 말하기를 기다려서는 안 됩니다. 오히려 여러분 측에서 직접 그것을 찾아내시고, 그들에게 뭔가 도움을 주세요. 그들을 소홀히 여기지 마십시오. 여러분이 그 집에 도와주러 가거든 흔히 자선을 한다면서 콧대 높은 교만을 보이는 적이 있는데 그렇게 하지 마십시오. 어떤 우월한 자가 자비를 베푸는 척하지 마십시오. 오히려 어쩔 수 없이 지게 된 빚을 갚으려는 자세로 그 형제에게 찾아가십시오. 그리고 형제 옆에 앉아서 대화를 하십시오. 만일 그 형제가 높은 마음을 가지고 있다면 여러분 자신이 베푸는 자선을 구제하는 방식으로 주지 마십시오. 다른 방식으로 그것을 주도록 하십시오. 그 일에 조심하지 않으면 그 사람에게 약을 발라 주려고 준비해간 약통으로 그 사람의 머리를 치는 꼴이 될 것입니다. 그 사람에게 말할 때는 아주 신중하게 하십시오. 그의 심령을 상하지 않게 하십시오. 여러분이 베풀 자선을 놓고 나오십시오. 그러면 그 사람이 그것을 잊을 것입니다. 그럼에도 불구하고 여러분의 말씨 속에서 자기를 향한 친절을 잘 기억할 것입니다.

　　이웃을 사랑하는 것은 탐심이나 그와 같은 모든 죄를 옆으로 치워 버립니다. 이웃을 사랑하는 마음이 있으면 우리는 언제든지 이웃을 섬길 준비를 하고 있게 됩니다. 그렇게 해야 한다면, 즉 그렇게 해서 우리가 그리스도의 자녀라는 사실을 입증할 수 있다면, 우리는 기꺼이 이웃의 발판이 될 수 있어야 합니다.

　　어떤 사람은 이렇게 말할 것입니다. "좋습니다. 그러나 내가 항상 용서해야 한다는 건 이해할 수 없어요. 지렁이도 밟으면 꿈틀하지 않습니까?" 여러분이 지렁이를 본받아야 하겠습니까? 지렁이는 꿈틀하겠지요. 그러나 그리스도인은 그렇게 하지 않을 것입니다. 내가 그리스도를 본받아야 하는 데도 불구하고 내가 지렁이를 본보기로 삼는다면 정말 우스꽝스러운 일일 것입니다. 그리스도께서는 되받아치지 않으셨습니다. 욕을 먹을 때도 욕으로 갚지 않으셨습니다. 사람들이 당신에게 십자가를 지우고 그 나무에 매달아 못을 박을 때 그리스도께서는 "아버지여, 저들을 용서하옵소서."라고 울부짖으셨습니다. 사랑, 정복할 수 없는 사랑이 여러분의 가슴 속에 거하게 하십시오. 그 사랑은 많은 물로 끌 수 없으며 홍수라도 침몰할 수 없는 사랑이어야 합니다. 여러분의 이웃을 사랑하십시오.

　　우리가 이웃을 어떻게 사랑해야 하느냐를 주목하였을 때 이 계명에 대해서 다 다른 셈입니다. 어떤 부인들은 자기 애완용 개들을 사랑하는 것만큼만 이웃을 사랑해도 잘하는 일일 것입니다. 또 많은 나라들이 한 떼의 사냥개들을 사랑하는 것처럼 이웃들을 사랑하기만 해도 좋은 일일 것입니다. 또 여러분 중에 어떤 사람이 집에 있는 어떤 애완용 동물을 사랑하는 것만큼 이웃을 사랑한다고 해도 아주 높은 덕행일 수 있다고 생각합니다. 그런데 사실 그런 것은 참으로 열등한 덕행으로 보입니다! 그러나 여러분 중 어떤 사람들이 도달한 덕행보다는 훨씬 더 높은 것이었습니다. 여러분이 주택이나 재산, 돈지갑을 사랑하는 것만큼 이웃을 사랑하지 않습니다. 그러니 "네 이웃을 네 자신과 같이 사랑하라"고 한 복음의 표준은 얼마나 높은 것입니까? 우리 가운데 자신을 너무 소홀히 사랑하는 사람은 없습니다. 물론 우리 중 어떤 사람들은 자신을 너무나 사랑합니다. 여러분은 원하는 만큼 자신을 사랑할 수 있습니다. 그러나 그만큼 여러분의 이웃도 사랑해야 함을 유념해야 합니다. 저는 여러분더러 자신을 사랑하라고 권고할 필요가 전혀 없다고 확신합니다. 여러분은 충분히 자신을 사랑할 것입니다. 그래서 자신이 위로를 받는 것이야말로 여러분이 염려하는 매우 시급한 주제일 것입니다. 할 수만 있으면 여러분의 둥우리는 따뜻한 솜털로 잘 꾸밀 것입니다. 그러니 자신을 사랑하라고 여러분에게 권고할 필요가 없죠. 그 일은 매우 잘할 것입니다. 그러니 자신을 사랑하는 것만큼 이웃을 사랑하십시오. 여기서 말하는 이웃은 상거래에서 여러분과 이해관계가 엇갈리는 사람, 여러분의 원수, 또다른 계층의 사람을 뜻하고 있음을 주목하십시오. 그런 사람을 자신을 사랑하는 것처럼 사랑해야 합니다.

오, 그 사랑을 실천하기만 하면 그 사랑은 진실로 세상을 뒤집어엎을 것입니다. 지금 이 나라에 관습이 되어 있는 많은 것들을 전복시킬 훌륭한 지렛대가 될 것입니다. 영국에는 힌두교 내에서처럼 강력한 카스트 제도가 있습니다. 경(卿,lord)의 칭호를 받는 귀족은 작위(爵位)에서 자기보다 조금 아래에 있는 사람에게는 말을 걸지 않을 것입니다. 경의 칭호를 받지는 않으나 바로 그 밑 단계에 있는 사람은 상인들을 자기보다 무한히 아래에 있는 사람으로 생각합니다. 상인의 신분을 가진 사람은 기계공을 볼 때 처다볼 가치도 없다고 생각하고, 기계공은 또 자기들 등급에 따라서 계급과 지위를 매기고 있습니다. 오, 이러한 모든 계급의식들이 타파되고 같은 피의 충동을 느끼고, 서로 간에 가족처럼 사랑하게 되며, 계층이 다르지만 서로 의존적인 관계를 느끼는 때가 오면 얼마나 좋겠습니까! 각 사람이 마땅한 대로 다른 사람을 돕고 사랑하려고 애를 쓰면 정말 잘하는 것입니다. 저 귀하게 차려입은 귀부인이시여, 여러분의 비단과 공단 옷을 입고서 수많은 날을 교회에 출석하며 빨간 망토를 입고 있는 저 늙은 불쌍한 여인

옆에 앉았습니다. 그 가난한 나이든 여인은 여러분만큼 훌륭한 성도입니다. 그
러나 여러분이 그녀에게 말을 한 적이 있습니까? 평생에 그러지를 못하였죠. 그
가난한 영혼에게 말을 하지 않은 것은 그녀의 빈한한 모습(몇 실링밖에 쓰지 못
하는)에 여러분은 일 년에 수백 파운드나 쓸 수 있는 가치 있는 존재로 여기기
때문입니다. 자, 존 경(卿)이여, 당신은 당신의 자리에 앉아서는, 모든 사람이 당
신에게 높이 경의를 표하기를 바랍니다. 그리고 그것이 마땅한 바라고 생각합니
다. 왜냐하면 사람들은 모두 다 존귀한 사람들이고, "왕을 존대하라"고 하는 본
문 말씀이 역시 "뭇 사람을 공경하라"고 말하기 때문입니다(벧전 2:17). 그러니
우리는 뭇 사람을 다 하나하나 존귀하게 대해야 합니다. 그러나 모든 사람들보
다 자신이 더 존경을 받아야 된다고 여러분은 생각하고 있죠. 그래서 사회적 지
위가 낮은 사람들에게는 몸을 낮추지 않습니다. 친애하는 경이여, 여러분이 그
렇게 큰 사람처럼 보이려 하지 않는다 할지라도 그것에 절반만 숙여도 더 위대
한 사람이 될 것입니다. 오, 다시 말씀드립니다. 그리스도를 찬미하리로다. 이 계
명을 주신 그리스도의 아버지를 찬미하리로다. 또한 그 계명을 순종하고 우리
자신처럼 우리 이웃을 사랑하게 될 때 세상은 정말 복될 것입니다!

2. 이제 저는 '이 계명을 순종해야 할 이유들을' 말씀드리려 합니다.

온 세상에서 그 이유들 중 최선의 이유부터 시작해 보기로 합시다. 하나님께
서 그렇게 하라고 명하시니 우리 이웃을 사랑해야 마땅합니다. 그리스도인에게 있
어서 하나님의 뜻처럼 유력한 논증이 없습니다. 하나님의 뜻은 신자의 법칙입니
다. 그리스도인은 그것이 자기에게 무슨 유익이 되느냐고 묻지 않고, 또한 다른
사람들에게 그것의 선한 효과가 무엇일까라고 묻지 않습니다. 오히려 단순히 말
합니다. "아버지께서 그리 말씀하시느냐?" 오, 성령님이시여, 그 명령을 지키면
항상 내게 유익할 것을 알 수 있기 때문에서가 아니라 주께서 명하셨기 때문이
라는 단순한 이유 때문에 순종하도록 도우소서. 하나님의 계명들을 행하고, "하
나님의 말씀의 소리를 청종하는 것"이 그리스도인의 특권입니다. 그러나 그 이
유 말고 다른 이유로 그리스도인이 아닌 자들을 더 잘 설득할 수 있을지 모릅니
다.

그 다음에, 이기심 자체가 여러분에게 이웃 사랑을 종용함을 지적해야겠습니다.
오, 정말 이상하게도 자기를 사랑하는 이기심이 자기를 죽이는 설교를 하다니

요. 그러나 자아가 말할 수 있다면, 그것이 지혜롭다면, 다음과 같이 웅변을 토할 수도 있습니다. "자아여, 네 이웃을 사랑하라. 그렇게 하면 네 이웃이 너를 사랑할 것이니 말이다. 자아여, 네 이웃을 도우라. 그러면 네 이웃도 너를 도우리라. 오, 자아여, 불의의 재물로 친구를 사귀라. 네가 친구들에게 잘해주면 그들이 영원한 처소로 그대를 맞아줄 것이다. 자아여, 너는 편함을 원하지. 모든 사람을 잘 대접함으로 자신을 편하게 할지어다. 자아여, 너는 즐거움을 원하지. 만일 주위에 있는 자들이 너를 미워한다면 아무 즐거움을 얻을 수 없을 것이다. 사랑하는 자아여, 주위에 있는 자들로 너를 사랑하게 하라. 그러면 네가 자신을 복 되게 하는 셈이다." 아, 여러분이 이기적인 사람이라면, 나는 여러분이 너무 탁월하게 이기적이고 너무 지혜롭게 이기적이라서 여러분 자신을 행복하게 만들기 위해 다른 사람들을 사랑하기를 바랍니다.

행복한 자신이 되는 지름길은 다른 사람들을 행복하게 만들려고 노력하는 것입니다. 세상은 더할 수 없이 악합니다. 그러나 친절의 힘을 느끼지 못할 정도로 나쁘지는 않습니다. 종들을 잘 대접하십시오. 하인들 중에는 전혀 손을 대어 고칠 수 없는 자들이 있습니다. 그러나 그들을 잘 대접하십시오. 그러면 대개 그들도 여러분을 잘 대우할 것입니다. 여러분의 상전을 잘 대우하십시오. 그들 중 어떤 사람들은 난폭하고 매우 나쁩니다. 그러나 그들은 하나의 계층으로서 선한 하인들을 알고 있습니다. 그리고 그들이 여러분에게 잘 대우해 줄 것입니다. 자, 그러니 행복해지고 싶다면 이 세상의 부요를 가지거나 사람들이 위로라 부르는 것들을 가지라고 요구하지 않겠습니다. 제가 바라는 최선의 위로는 주위에 있는 사람들을 사랑하는 것입니다. 내가 가는 곳마다 행복을 뿌려놓았고 사람들을 기쁘게 했다는 생각을 가지는 것입니다. 그것이 바로 행복해지는 길입니다. 그리고 이기심 자체가 "네 이웃을 사랑하라"라고 말할 수 있습니다. 그렇게 함으로써 자기 자신을 사랑하는 것이기 때문입니다. 또 자기와 이웃 사이에 그러한 연관을 가지게 되어 그 사랑의 물줄기가 다시 자신의 마음으로 되돌아옵니다.

그러나 그와 같은 하찮은 동기를 가졌다고 여러분을 공격하지는 않을 것입니다. 그것은 그리스도인으로서 참 가련한 일입니다. 사람의 일반적인 수준에서 볼 때에도 매우 낮은 것이죠. 바로 가까이에 있는 이웃을 사랑하십시오. 왜냐하면 그렇게 하는 것이 세상에서 선을 행하는 길이기 때문입니다. 여러분이 박애주의자일 수 있고, 여러분 중에 어떤 이들은 선교회에 기부할 수도 있고, 고아원이나 다른 자선 기관들에 기부할 수도 있습니다. 이러한 기관들이 훌륭하고 선한 것들이기는 하지만 어떤 면에서는 손실이라고 저는 확신합니다. 왜냐하면 사람이 그런 단체에 자신이 내고 싶었을 것의 10분의 1을 드리기 때문입니다. 한 고아가 한 가정에 의해서 돌봄을 받는 곳에 열 가정이 합해서 그 고아를 돌보았다 합시다. 그러면 그렇게 함으로써 자선의 10분의 1 정도만 드린 셈이죠. 시간을 가진 사람은 그런 여러 단체들에 아무것도 드리지 말고 자신을 온전히 드려야 한다고 생각합니다. 여러분 자신이 단체가 되십시오. 병자를 위한 자선 단체가 있고, 그리고 여러분이 충분한 돈을 가지고 있으면, 여러분 자신이 그 병자들을 돕는 자선 단체가 되십시오. 여러분에게 시간이 있어 가서 병자들을 방문해 보면, 돈이 잘 쓰여지고 있는지 알게 될 것이고 비서 하나를 쓸 경우에 나갈 경비를 절약하게 될 것입니다. 가난한 사람들에게 고기국물을 얻어 먹이는 단체가 있습니다. 여러분 자신이 직접 고기국물을 만들어 친히 가서 그분들에게 드리십시오. 만일 그 단체에 각 사람이 반 크라운을 들여서 직접 고기국물을 가난한 사람들에게 가져다주면, 더 일을 잘하는 셈이 될 것입니다. 자선 단체들은 좋습니다. 그런 단체들을 비난하는 말을 하고 싶은 생각은 전혀 없습니다. 그 단체들을 위해서 할 수 있으면 최선을 다하십시오. 그러나 저는 여전히 때로 그러한 단체들이 개인적 노력을 움츠리게 하는 점을 두려워합니다. 그 단체들이 우리가 직접 선행을 함으로 얻을 수 있는 즐거움의 일부를 우리에게서 빼앗아 간다는 것을 알고 있습니다. 가난한 사람들이 희망 어린 눈으로 바라보는 것을 직접 목격하는 즐거움, 우리 자신이 직접 준비한 물품들을 그들에게 나눠줄 때 감사하다는 답례의 말을 듣는 즐거움을 그 단체들이 빼앗아 간다는 말입니다.

친애하는 친구 여러분, 사람의 선함이 다른 사람들에게 친절하게 하라고 요구하고 있음을 기억하십시오. 세상을 더 낫게 만드는 최선의 방식은 여러분 자신이 친절해지는 것입니다. 여러분이 설교자입니까? 퉁명스럽고 무뚝뚝한 어조로 교회에 설교해 보십시오. 머지않아 그 교회는 곤란한 교회로 변할 것입니다! 여러분이 주일학교 선생님입니까? 어린이들을 가르칠 때에 눈살을 찌푸리고 가르쳐 보세요. 그러면 어린이들이 아주 훌륭한 것을 배우겠습니까? 여러분이 상전입니까? 여러분이 가정 예배를 인도합니까? 여러분이 하인들에게 분을 내어 "자, 기도하자."라고 말해 보십시오. 그와 같은 방식으로 엄청난 정도의 경건을 계발하겠습니까? 여러분이 교도관으로 여러 죄수들을 감시하고 있습니까? 그들에게 마구 욕하고 푸대접해 보세요. 그런 다음에 교도소 목사를 그들에게 보내 보세요. 하나님의 말씀을 받을 아주 훌륭한 준비를 한 것이 되겠습니까? 여러분 주위에 가난한 사람들이 있고, 그들이 유쾌해지는 걸 바란다고 말하세요. 그런 데 항상 여러분이 그들 거처의 빈한함에 대해서 불만을 토로하고, 그들의 취미 가 천하다고 자꾸만 지적해 보세요. 가서 그들 모두의 마음을 휘저어 놓으세요. 그들을 개선시키는데 아주 훌륭한 방법이 되겠습니까? 자, 그 험상궂은 얼굴을 씻으시고, 향수를 조금 사다가 얼굴에 바르고, 입술에 미소를 띠고 말하세요. "나는 당신을 사랑합니다. 저는 전혀 위선적인 투로 말하고 있는 것이 아니에요. 정말 저는 당신을 사랑합니다. 할 수 있는 한 당신에 대한 내 사랑을 증거할 것입 니다. 내가 당신을 위해서 무엇을 할 수 있을까요? 문턱을 넘어가도록 도와줄 수 있을까요? 어떤 도움을 드릴 수 있을까요? 아니면 당신에게 어떤 친절한 말을 할 수 있을까요? 생각하건대 당신의 어린 딸을 돌볼 수 있을 것 같아요. 부인께서 아프신데 의사를 불러다 드릴까요?" 이러한 모든 친절한 행동들이 세상을 더 낫 게 만들 것입니다. 교도소나 교수형이 세상을 더 낫게 만든 적이 없습니다. 원하 는 대로 사람들을 교수대에 매달 수 있을 것입니다. 그런다고 해서 결코 살인 범 죄가 멈춰지지 않을 것입니다. 우리 모두를 다 교수대에 매단다 할지라도 그것 으로 세상을 훨씬 더 낫게 만드는 일은 일어나지 않을 것입니다. 어느 사람도 교 수대에 올릴 필요가 없습니다. 그것이 세상을 결코 개선시키지 못할 것입니다. 부드럽고, 친절하고, 사랑스럽게 대해 주십시오. 그리고 이리 같은 모양을 한 사 람도 친절에는 마음이 녹지 않을 사람이 없을 것입니다. 호랑이 같은 모습을 하 고 있는 여인도 하나님께서 복을 주시어 친구의 사랑의 짐을 지게 되면 마음이 녹아 자기 잘못을 알고 용서를 간청할 것입니다. 다시 말씀드리건대, 세상의 선 을 위하여 여러분의 이웃들을 사랑하십시오.

자, 다시 한 번, 여러분의 이웃을 사랑하십시오. 왜냐하면 세상에는 여러분이 알지 못하는 엄청난 비극이 있기 때문입니다. 가련하고 비참한 영혼들에게 우리는 자주 완고한 말을 해왔습니다. 우리는 그들의 비참함을 알지 못하였습니다. 그 러나 우리는 그 비참함을 알아야 했고 그 비참함을 알아내려고 애써야 했습니 다. 지주(地主)인 내 친구에 대해 말해 볼까요? 그는 어제 세 자녀를 부양해야 하는 가난한 여인에게 자신의 빚을 갚게 하려고 영장을 청구하러 갔었지요. 그 녀의 남편은 오래 전에 죽었습니다. 그녀는 3주간이나 집세를 내지 못했습니다.

지난 번에 세를 물어내려고 남편이 남긴 유품인 시계와 결혼반지를 팔았어요. 그것들은 그녀가 아끼는 모든 것이었습니다. 그런데 그것을 팔아서 세를 지불하였습니다. 그런데 지주인 그대는 그 다음 주간에 그녀에게 갔었지요. 그녀가 조금만 참아달라고 빌었습니다. 그래서 그대는 조금 참은 것 때문에 자신을 아주 모범적인 사람으로 생각하지요. 그대는 이렇게 말했지요? "부인, 내가 감히 말하려는 것은, 정말 안됐습니다. 그렇다 하여도 당신의 자녀가 셋이든 하나도 없든 그것은 내 소관이 전혀 아닙니다. 월세는 월세죠. 일은 일이구요." 그녀는 즉시 그대의 집에서 쫓겨났지요. 오, 그대가 돈 한 푼도 없고 집도 없이 홀로 서 있는 그 여인의 마음을 알 수만 있었고, 그 밤에 그 자녀들과 어디에서 보낼지 몰라 애타하는 그 여인의 마음을 알 수만 있었다면, 이렇게 말했을 것입니다. "착한 부인이여, 신경 쓰지 마세요. 여기에서 계시죠. 저는 과부 되신 당신을 집도 없이 쫓아낼 수는 없어요." 그러나 그대는 그렇게 하지 않았지요? 아니, 그대의 대리인에게 그 일을 하게 하였지요. 그렇게 행한 모든 일만큼 그대에게 죄가 더 지워진 것이로다. 그렇게 할 권한이 그대에게는 없습니다. 그대가 사람의 법이 보기에 어떤 권리를 가지고 있다 할지라도 하나님의 법은 말합니다. "네 이웃을 네 몸과 같이 사랑하라."

　　또 어떤 젊은이가 얼마 전에 그대를 찾아왔었지요. "선생님, 선생님도 알다시피 제 사업이 형편없습니다. 저는 지금까지 아주 힘들게 일해 왔습니다. 선생님께서 매우 친절하게 제게 신용으로 무슨 일을 하도록 해 주셨죠. 그런데 경기가 안 좋아서 일이 어떻게 될지 모르겠어요. 상황이 매우 어렵게 될 것 같습니다. 선생님, 다음 달에 그 어려운 역경을 뚫고 나갈 수 있다면 잘 해 나갈 수 있을 거예요. 선생님께서 신용으로 돈을 조금만 더 빌려 주실 수 있다면, 그렇게 할 수 있도록 허락해 주시기만 한다면 장사할 수 있는 전망은 얼마든지 있습니다." 그러자 지주 되는 그대는 이렇게 말하였지요? "젊은이여, 최근에 나는 대단히 많은 악성 채권을 지게 되었어요. 젊은이가 나에게 안정감을 별로 주지 못하였으니 나도 당신을 신뢰할 수 없어요." 그 젊은이가 그대에게 머리를 숙이고 떠났지요. 그 젊은이가 몸뿐 아니라 마음으로도 그대에게 절하며 간청했음을 그대는 알아주지 않았습니다. 그 젊은이에겐 불쌍한 노모와 두 자매가 있습니다. 작은 사업을 일으켜 세우려고 무던히 애를 썼죠. 그래서 자신뿐만 아니라 가족들의 식량을 댈 수 있기를 원하였지요. 지난 달에 가족들이 버터를 바른 빵 이외에 거의 다른 것을 먹지를 못했어요. 아주 엷은 차만 마셨죠. 그리고 그 젊은이는 정말 어렵게 고투해 왔죠. 그러나 자기가 보기에 자기보다 더 불쌍한 어떤 사람으로부터 받을 돈이 있어도 받지 못하였어요. 그래서 젊은이도 그대에게 빚을 갚지 못했던 것 같습니다. 만일 그대가 그 젊은이를 도와 주었다면 그것은 그 젊은이에게 아주 좋은 일이었을 거예요. 그런데 자, 그 젊은이는 무엇을 해야 할지 말할 수 없습니다. 그의 마음은 깨어지고 그의 영혼은 속에서 울화가 치밀어 올랐습니다. 그의 노모와 누이들은 어떻게 되었을까요? 그대는 그 젊은이의 고뇌를 알지 못하였습니다. 알았더라면 도와 주었을 것입니다. 그러나 알았어야 했습니다. 그 젊은이에 대해서 조금만 더 알기까지 젊은이가 사정하는 것을 물리치지 말았어야 합니다. 그렇게 하는 것은 지극히 사무적으로 한 일이죠? 아니, 선생이여, 사무적이 되는 것은 때로 마귀적이 되는 것입니다. 저는 여러분이 그런 일이 있을 때에 사무적이 되지 않기를 바랍니다. 사무적인 자세를 벗어나서 그리스도인답게 행하십시오. 만일 여러분이 신앙을 고백하는 자라면 하나님의 계명을 순종하십시오. "네 이웃을 네 자신과 같이 사랑하라."

또 그러면 어떤 이는 이렇게 말하겠죠. "그러나 저는 항상 불쌍한 사람에게 매우 친절하게 대했어요." 여기 한 부인이 있는데 그녀는 절약하여서 웬만큼 돈을 가지고 있어요. 그녀에게 있어서 돈은 머리핀처럼 일상적인 것이죠. 그런데 그녀가 가난한 사람들을 보러 갑니다. 가난한 사람들의 집에 들어가서 그 가난한 사람들이 의자에 앉으라고 해서 거기 의자에 앉습니다. 또 그 부인은 경제에 관해서 이야기를 나누기 시작합니다. 경제에 관해서 상당히 훌륭한 강론을 합니다. 그 가난한 사람들은 어떻게 하면 자기들이 지금보다 더 경제적인 모습을 취할 수 있을지 알지 못해 난감해합니다. 왜냐하면 가진 것은 빵밖에 없기 때문입니다. 어디서 그보다 더 싸게 빵을 살 수 있는지 알지 못합니다. 그런데 부인이 그 사람들에게 청결하라고 권하기 시작하고, 자녀들의 옷에 대하여 어떻게 해야 되는지를 말하고, 못마땅한 50가지 단점들을 지적해 냅니다. 그녀가 말합니다. "자, 착한 부인이여, 제가 당신을 떠나기 전에 이 책자를 주고 갈 거예요. 이 책자는 술 취함에 관해 쓴 글이에요. 부인이 그걸 남편에게 주면 좋겠네요." 만일 그 가련한 부인이 자기 남편에게 그 책을 주면 그 남편은 아내를 때리면서 "그 책 가지고 너나 잘 해"라고 할 것입니다. 자, 거기에 찾아간 부인이 "자, 여기 한 실링을 드릴게요."라고 말합니다(한 실링은 20분의 1파운드에 해당하는 적은 액수임 — 역주). 그리고 나서 부인이 생각하기를, '나는 내 이웃을 사랑하노라.'고 한다고 합시다. 여러분은 잘했다고 그녀에게 악수하겠습니까? "아니, 그럴 리 없죠, 목사님." 그러면 여러분이 그녀에게 사랑스럽게 말하겠습니까? "물론 아니죠. 그녀는 수준 이하의 사람이에요." 여러분은 "네 이웃을 네 자신과 같이 사랑하라"라는 이 계명을 순종하지 않았습니다. 저는 여러분이 떠난 후에 무슨 일이 일어났는지 말해드릴까요? 여러분이 자리를 비우자마자 그 여인은 소리치기 시작했어요. 여인은 위로 받기 위해서 목사님에게 찾아갔어요. 그리고 이렇게 말했어요. "목사님도 아시죠. 제가 오늘 아침 얼마만의 위안을 받았음을 하나님께 매우 감사하고 있어요. 그러나 내 심령이 거의 부서질 지경이 되었어요. 목사님, 우리는 한때 지금보다 나은 환경에 살았었습니다. 그런데 오늘 아침 아무개 부인이 와서는 마치 내가 자기 개라도 되는 것처럼, 아니면 내가 어린아이인 것처럼 말하였어요. 그녀가 내게 일 실링을 주기는 했지만 어떻게 해야 할지 모르겠네요. 사실 저는 그 돈을 절박하게 원했죠. 그렇지 않았으면 아마 그녀 뒤에다 던졌을 것이라고 생각해요. 그녀는 그런 식으로 내게 말했어요. 나는 그걸 참을 수가 없었어요. 자, 만일 목사님께서 저를 보러 오신다면 저에게 친절하게 말씀하실 것입니다. 목사님께서 제게 아무것도 주지 않는다 해도 저를 모독하거나 제게서 허물을 발견하지 않을 거예요." 그녀는 계속 말했습니다. "오, 제 마음이 속에서 부서져 내리네요. 참을 수가 없어요. 왜냐하면 저도 이보다 좋은 날들을 지낸 적이 있고, 저도 이와 다른 대접을 받고 살았기 때문이에요." 자, 당신은 그녀를 사랑하지 않았습니다. 당신이 준 그 돈에 작은 사랑도 옷 입히지 않았다면 그 돈이 무슨 가치가 있겠습니까. 만일 그 돈에 작은 사랑을 뿌리기만 했어도 그 실링은 파운드처럼 선하게 쓰였을 것입니다. 그러면 그 실링을 받은 여인은 그것을 훨씬 더 크게 생각했을 것입니다. "네 이웃을 네 자신과 같이 사랑하라" 오! 제 자신도 항상 그 계명을 실천할 수 있게 하옵소서. 제가 그 계명을 여러분 각자의 마음에 각인 시킬 수 있도록 하옵소서. "네 이웃을 네 자신과 같이 사랑하라"

　자, 이제 제가 여러분에게 제시할 마지막 논증은 그리스도인에게 특별하게 적용될 것입니다. 그리스도인이여, 여러분의 신앙이 여러분에게 사랑하라고 요구합니다. 여러분이 그리스도를 사랑하기 전에 그리스도께서 여러분을 사랑하셨습니다. 여러분 속에 선한 것이 하나도 없는 데도 그리스도께서 여러분을 사랑하셨습니다. 여러분이 그리스도를 모독하였고, 멸시하였고, 대항하여 모반하였음에도 그리스도께서 여러분을 사랑하셨습니다. 그리스도께서는 여러분을 줄곧 사랑하셨습니다. 그 사랑은 멈추신 적이 없었습니다. 여러분이 낙심하여 뒤로 물러가 있을 때에도 사랑하셨고, 그런 자리에서 여러분을 끌어내심으로 사랑하셨습니다. 여러분이 죄를 짓고 있을 때에도 사랑하셨고, 악하고 어리석을 때에도 사랑하셨습니다. 그리스도의 사랑의 마음은 영원토록 언제나 동일하셨습니다. 그리스도께서는 자신의 심장에 피를 흘리사 여러분을 향한 사랑을 증거하셨습니다. 그리스도께서 지상에서 여러분에게 필요한 것을 주셨고 하늘에 여러분을 위한 거처를 예비하셨습니다. 자, 그리스도인이여, 여러분의 신앙이 여러분의 구주께서 사랑하신 것처럼 사랑해야 함을 여러분에게 요구합니다. 여러분이 또한 사랑하지 않는다면 어떻게 그리스도를 본받는다 할 수 있겠습니까? 이슬람 교도들이나 유대인들이나 하나님을 믿지 아니하는 불신앙자들에게서 불친절함과 냉정한 모습이 보이면 사람들은 그냥 그렇구나 하는 정도의 생각을 합니다. 그들의 생각대로 하도록 내버려 두는 것이죠. 그러나 여러분에게서 불친절이 발견되면, 정말 이례적으로 이상한 일이 되는 것입니다. 그것은 여러분의 신앙의 정신과 엄청나게 모순된 것입니다. 만일 여러분이 이웃을 사랑하지 않는다면, 어떻게 여러분이 주 예수 그리스도를 참되게 따르는 자일 수 있는지 알지 못하겠습니다.

자, 이제 한두 가지 무게 있는 제안을 함으로 결론을 맺겠습니다. 여러분을 지루하게 만들지는 않겠습니다. 자, 이 본문은 첫 번째로 우리 모두의 죄책을 암시하고 있습니다. 친구 여러분, 만일 이것이 하나님의 율법이라면, 자기는 죄 없다고 항변할 자가 여기 누구입니까? 만일 하나님의 율법이 저더러 네 이웃을 사랑하라고 요구하시면, 저는 이 강단에 서서 제 자신의 잘못을 고백해야 합니다. 어제 이 본문에 대해서 생각하면서 부주의하게 말했던 많은 어려운 경우들을 회상하면서 눈물을 흘렸습니다. 제 이웃을 사랑해야 할 많은 경우들을 놓쳐 버린 것이 생각나서 죄를 회개하려고 애썼습니다. 성령께서 이 율법을 자기 영혼에 힘 있게 적용하신다고 느낀다면, 여기 이 많은 회중 속에서 그런 회개를 하려고 애쓰지 않을 사람이 하나도 없다는 것을 저는 확신합니다.

오! 우리가 죄가 없습니까? 가장 친절한 심령과 가장 자애로운 영혼을 가졌다고 스스로 생각하는 여러분에게 죄가 없습니까? 그 죄를 고백하지 않으시렵니까? 자, 이 계명은 바로 이 점을 암시하고 있습니다. 만일 율법을 완전하게 지켜 그 공로로 구원 받을 사람이 한 사람도 없다면, 누가 자기 공로로 구원 받을 수 있겠습니까? 여러분 중에 어떤 사람이 온 마음을 다해서 이웃을 자기 목숨처럼 사랑하였습니까? 만일 계명을 전혀 어기지 않았다면 여러분 자신의 행실로 구원 받을 수 있겠죠. 그러나 만일 여러분이 그렇게 하지 않았고 할 수도 없다면, 그 율법의 선고를 청종하십시오. 여러분은 죄를 범하였고, 여러분의 죄 때문에 멸망할 것입니다. 율법의 명령을 지킴으로 구원 받기를 희망하지 마십시오. 오! 이 점을 생각할 때 복음이 내게 얼마나 사랑스러운지요! 만일 내가 이 율법을 어겼다면, 아니, 어겼습니다. 그리고 이 율법을 어김으로 하늘나라에 들어갈 수 없다면, 자신의 피로써 내 모든 죄를 깨끗하게 하실 수 있는 구주 예수님은 얼마나 보배로우신 분인지요! 제게 사랑이 부족하고 친절이 부족한 것을 용서하실 수 있는 분은 보배로우신 분입니다. 그분은 제 과격성과 거친 행동들을 용서하실 수 있으며, 제 모든 사나운 말투와 편협함과 불친절함을 제거하시고, 자신의 속죄하는 온전한 제물로 말미암아 나를 하늘의 보좌에 앉히실 수 있는 분입니다. 나의 모든 죄에도 불구하고 말입니다. 오늘 아침 여러분은 죄인들입니다. 여러분은 그것을 느껴야 합니다. 하나님께서 저의 이 설교에 복을 주신다면 이 설교가 여러분 모두로 하여금 죄책을 깨닫게 해야 합니다. 저는 죄인들로서의 여러분에게 복음을 설교해야겠습니다. "주 예수를 믿는 자마다 구원을 받을 것이다." 주 예수 그리스도를 믿는 자는 어느 누구든지 그 율법을 지금까지 범했더라도 하나님께서 용서하실 것입니다. 그리고 새로운 마음과 새로운 영을 그 마음속에 넣어 주실 것입니다. 그래서 그 마음으로 장차 완전하게 하나님의 율법을 지킬 수 있게 될 것이며, 점점 더 영원한 영광 속에서 생명의 면류관을 얻어 갈 것입니다.

　자, 오늘 아침 제가 행한 이 설교가 어떤 사람에게 개인적으로 영향을 미쳤는지 알지 못합니다. 그러나 저는 진지하게 그렇게 되기를 바랍니다. 또 그러려고 이 설교를 한 것입니다. 세상에는 이미 만들어진 모자 하나가 수많은 사람들에게 잘 맞다는 것을 알고 있습니다. 그렇지 않으면 그 모자를 결코 쓰지 않겠죠. 저도 될 수 있는 한 모든 사람들에게 맞는 모자를 만들려고 노력하였습니다. 만일 여러분이 "참 그 말씀이 내 이웃에게 아주 딱 들어맞네요."라고 말하지 않고, 도리어 "아, 그 말씀이 내게 정말 잘 들어맞네요."라고 말한다면, 이 권면을 통해서 여러분이 좋은 유익을 얻게 되기를 소망할 것입니다. 비록 도덕률폐기론자(반反 율법주의자)가 돌아서서 "아! 이거 순전히 율법적 설교구만."이라고 말한다 할지라도 그 귀한 도덕률폐기론자에 대한 내 사랑은 멈춰지지 않습니다. 저는 그의 견해에 관심이 없습니다. 내 구주께서 그처럼 설교하셨으므로 저도 똑같은 일을 할 것입니다. 그리스도인들이 자기들이 무엇을 해야 하는지 들어야 한다는 것은 옳은 일입니다. 세상에 속한 사람들이, 기독교가 우리를 인도하여 무엇을 하게 할지를 알아야 한다는 것도 옳은 일이라고 저는 믿습니다. 또한 사랑과 친절과 율법의 최고의 표준은 세상에서 높이 들려지고, 사람들의 눈에 띄게 부단히 보호되어야 하는 것이 옳다고 믿습니다.

하나님께서 여러분에게 복을 주시고 여러분과 함께 하시기를 예수님의 이름으로 기원합니다! 아멘.

제
53
장
—

이른 아침과 늦은 저녁 나절

—

"천국은 마치 품꾼을 얻어 포도원에 들여보내려고 이른 아
침에 나간 집 주인과 같으니 … 또 제삼시에 나가 보니 장터
에 놀고 서 있는 사람들이 또 있는지라 … 제육시와 제구시
에 또 나가 그와 같이 하고 제십일시에도 나가 보니 서 있는
사람들이 또 있는지라 이르되 너희는 어찌하여 종일토록 놀
고 여기 서 있느냐" — 마 20:1, 3, 5, 6

　　우리는 성경의 맥락을 무시하는 것이 바르지 못하다는 것을 여러 번 지적한
바 있습니다. 어떤 성경 대목을 문맥에서 떼어 내어 그 성경 대목이 의도한 바가
아닌 뜻으로 해석하는 것은 정말 합당치 못한 일입니다. 그래서 저는 본문을 읽
으면서 제가 할 수 있는 한도 내에서 이 비유의 직접적인 의도라고 생각되는 바
를 여러분에게 제시합니다. 이 비유는 율법주의적인 정신에 빠져 율법주의 정신
과는 전혀 상관이 없는 나라에서 자기들이 받을 상급을 계산하기 시작하는 사람
들을 책망하기 위한 비유입니다. 그 나라에서 주어지는 상급은 빚이 아니라 은
혜에 속한 것이니 그 나라는 율법주의적인 정신과는 전혀 상관이 없습니다. 저
는 이제 이 비유와 관련하여 한 가지 매우 독특한 사실에 강조점을 두려고 합니
다. 물론 어떠한 의미에서도 정당성을 상실하지 않은 채 말입니다. 비유의 핵심
을 손상시키는 것은 합당치 못합니다. 그러나 우리가 이미 이 비유의 핵심을 주
목하였고, 할 수 있는 한에서 그 점을 명백하게 부각시켰기 때문에, 이제 이 비유

에서 언급된 여러 주요한 환경들 중 한 가지를 활용할 정당한 입장에 처해 있다고 믿습니다.

오늘 아침 저는 여러분에게 포도원에 들어온 품꾼들의 하루 시간대가 다르다는 사실에 주목하라고 말씀드립니다. 우리는 그 사실을 통해서 분명히 배우게 됩니다. 하나님께서 그의 종들을 당신의 포도원에 들여보내시는 시기와 때가 각기 다르다는 것을 말입니다. 어떤 사람들은 매우 어린 시절에 부름 받습니다. 그러나 또다른 어떤 사람들의 경우는 나이가 많이 들고 이제 남은 여생이 얼마 되지 않는 인생의 낙조(落潮) 때까지 구주를 모르고 있다가 가까스로 주님을 알고 섬김에 부르심을 받는 경우도 있습니다.

어쨌든 간에 그들도 모두 부르심을 받았다는 사실을 기억하라고 말씀드립니다. 구주께서 그 점을 언급하심으로써 어떤 사람도 스스로 천국에 들어오는 사람은 없다는 사실을 가르치고 계십니다. 예외 없이 예수님을 위해 일하는 일꾼들도 이러저러한 방식의 부르심을 받았습니다. 그처럼 구주께 부르심을 받지 못하고서는 그 일을 할 수가 없는 것입니다. 그들은 다 부르심을 받았습니다. 만일 사람이 마땅히 있어야 할 자리를 지키고 있다면 그 사람을 압박하여 그리스도의 복음으로 나오라고 초청할 필요가 없는 것입니다. 인간 본성은 부패해 있고, 쓴 것을 단 것으로, 단 것을 쓴 것으로 만들고, 빛을 어둠으로, 어둠을 빛으로 잘못 분간하기 때문에 사람은 외적인 말씀을 통해서 부르심을 받을 필요가 있는 것입니다. 그는 초청을 받고, 설득을 당하고, 간청함을 받아야 합니다. 또한 사도 바울의 강한 표현을 빌려 쓰자면 하나님께서 우리를 통해서 사람에게 간청하시는 것처럼, 우리는 그리스도를 대신하여 그에게 하나님과 화목하라고 간절히 권해야 합니다. 아니, 이보다 더 나아가서, 어떤 사람들이 복음의 보편적인 부르심을 통하여 포도원에 들어오기는 하였으나 율법주의적인 정신을 가지고 일하러 들어왔다 하더라도, 그에 더하여 하나님의 성령의 효과적인 부르심을 받지 않고서는 어느 누구라도 영과 진리로 그리스도께 나오지는 못합니다. 보편적인 부르심이 사역자를 통해서 주어집니다. 그가 줄 수 있는 것은 단지 그것뿐입니다. 만일 설교자가 극단적인 칼빈주의 형제들이 하는 것처럼 복음의 요청을 어떤 특별한 사람들에게만 국한시키고, 마치 자기들이 하나님의 택한 백성들을 가려내는 자들로 자처하고, 항상 보편적인 것을 가지고 특수하게 만들어 버린다 합시다. 또한 설교자가 그렇게 행동하여 사실상 특별한 부르심을 주려고 애쓴다고 합시다.

그러면 그 사람은 정말 어리석고 무모한 일을 행하고 있는 것입니다. 그리고 보통 그런 경우 사람들의 아들들에게 기쁜 소식으로서의 복음을 전하지 못하는 잘못을 범합니다. 그러나 사람이 자기가 할 수 있는 일에 만족할 때, 다시 말하면 "주 예수 그리스도를 믿으라"고 하고, 또한 "하나님께서 모든 곳에 있는 모든 사람들에게 회개하라 명하신다"는 명령을 전파할 때, 하나님의 택하신 백성들에게 보편적인 부르심이 임하고, 거기에 택한 백성들에게 하나님의 성령님만이 주실 수 있는 특별한 부르심이 따르게 됩니다. 그러나 성령께서 특별한 부르심을 어찌나 효력 있게 주시는지 그 부르심을 듣는 모든 이들은 하나님의 권능의 날에 자원하는 마음을 갖게 되고, 온전하게 확정된 마음으로 주님께 돌아옵니다. 택함을 받은 자들 외에는 아무도 하나님의 말씀을 설교하는 일로 부르심을 받지 못한다면, 부르심을 받은 자들은 많되 택하심을 받은 자들은 지극히 적다는 말씀이 어떻게 옳겠습니까? 부르심에는 두 종류가 있습니다. 하나는 예수님에 대해 듣는 모든 사람들에게 주어지는 보편적인 것입니다. 많은 사람들이 그러한 보편적인 부르심을 받지만 다 선택받은 것은 아닙니다. 또다른 하나는 택한 자들에게 주어지는 것인데, 개인적이고 고유하게 부르시는 부르심입니다. "미리 정하신 그들을 또한 부르시고"(롬 8:30). 자, 우리의 요점을 다시 생각해 봅시다. 포도원에서 일하는 모든 사람들은 어떤 의미에서 다 부르심을 받았습니다. 기독 교회 전체에서 이 법칙에 예외가 될 사람은 하나도 없습니다. 자유의지의 교리는 그것의 정당성을 입증하는 실례가 하나도 없습니다. 양 떼 중에서 목자가 찾기 전에 목자에게 돌아온 양은 하나도 없습니다. 여인이 돈을 잃어버렸는데 돈을 찾기도 전에 저절로 다시 그 돈 꾸러미에 들어오는 일은 전혀 있을 수 없습니다. 그녀가 그것을 찾기 위해 집을 쓸었던 것입니다. 저는 더 나아가 말씀드립니다. "내가 일어나 아버지께로 가리라"고 했던 어떤 탕자가 있다면, 그 사람은 분명히 아버지의 은혜를 먼저 기억한 것입니다. 그 사람이 엄청난 기근으로 말미암아 섭리적인 고통을 당했을 때 그 섭리 속에 아버지의 은혜가 숨어 있었습니다. 사실 탕자가 돼지가 먹는 쥐엄 열매로 배를 채우고자 하되 주는 이가 없어서 주려 있을 때에 아버지의 은혜로 말미암아 죄의 비참함을 배우게 된 것입니다.

저는 오늘 우리가 생각하는 주제를 다루기 전에 또다른 사실을 지적하고 싶습니다. 그것은 부르심을 받은 모든 사람들이 일꾼으로 고용 받았다는 사실입니다. 물론 이 비유 속에는 그렇게 사무적으로 들리는 단어가 하나도 나와 있지 않습니다. 우리는 비유의 취지에 따라서 그 의미를 부여해야 합니다. 그러나 여전히 종을 고용하는 것과 영원히 그리스도께 나와 섬기는 것 사이에는 유사성이 있다고 말씀드릴 수 있습니다. 고용된 사람은 다른 주인을 섬길 하등의 권한이 없습니다. 자기를 고용한 주인을 섬겨야 마땅합니다. 영원히 은혜로 부르심을 받아 주 예수 그리스도를 섬기는 일에 들어설 때, 그는 "오, 주여, 다른 주인들이 이제까지 나를 지배했습니다. 그러나 이제는 당신만 섬기렵니다."라고 소리치는 것입니다. 그는 죄의 멍에를 벗어 던집니다. 죄의 즐거움과 그 모든 관습을 벗어 던지고, 내 멍에는 쉽다고 말씀하시는 새 주인이신 구주 예수님의 멍에를 메고 그 가벼운 짐을 지게 되는 것입니다. 고용된 종은 다른 이를 위해 일해서는 안 됩니다. 자기 주인을 위해서 일해야 합니다. 그처럼 은혜로 부르심을 받은 사람은 다른 어떤 부수적인 목적과 동기를 위해서 살지 말고 자기 구주만을 위해 살아야 합니다. 다시, 고용 받는 종은 자신의 계산을 위해서 일하지 않습니다. 이제는 옛 주인의 소유가 아닙니다. "너희는 너희 자신의 것이 아니라 값으로 산 것이 되었느니라"(고전 6:19, 20). 이제부터 지상에 있는 어떤 사람을 보고도 '주여'라고 말하지 않고, 자기가 섬길 상전은 하늘에 계신 그 한 분임을 기억해야 합니다. 이제 그분에게만 합당한 섬김을 드릴 뿐입니다. 고용 받은 사람과 그 상전 사이에는 하나의 계약이 있는 것입니다. 마찬가지로 참된 신자와 주님 사이에는 엄숙하고 거룩한 계약이 있습니다. 우리는 주님을 섬기는데 자신을 드렸습니다. 우리는 제멋대로 하는 모든 완고함을 다 포기하였습니다. 이제 이후부터 우리의 이 의지는 우리 주님의 다스림에 복종합니다. 우리의 모든 능력과 열정도 하나님의 은혜로 말미암아 우리를 그분의 포도원으로 고용하신 분에게 순종해야 합니다. 우리의 소망도 그러합니다. "한 데나리온씩 품꾼들과 약속하여"라는 말이 사용된 것은 상급의 개념을 나타내 주기 위함입니다. 베드로가 그 경우를 잘 표현하고 있습니다. "그러니 우리가 무엇을 얻겠습니까"라는 베드로의 율법주의적인 의문이 완전히 제거되기 위해서는 바로 그 말이 사용되어야 합니다. 그 마음의 원대로 행하시는 주권적인 하나님의 은혜에 비추어서 그러한 율법주의적인 질문이 얼마나 어리석은가 드러나야 합니다. 그러함에도 불구하고 복음적인 의미에서 모든 신자들이 고용되었으니, 우리가 하나님을 위해서 섬길 때 아무것도 받지 않는 것은 아닙니다. 상급 없이 일하지 않을 것입니다. "죄의 삯은 사망이요 하나님의 은사는 영생이니라." 우리는 구주를 위해서 행한 일에 대한 상을 받게 될 것입니다. 물론 그것이 빚을 갚는다는 의미의 품삯은 아닙니다. 정말 여러분에게 말씀드립니다. 참된 마음을 가지고 하나님을 위해서 일하는 사람치고 구주께서 자기 종들과 회계하는 날에 가장 복된 은혜의 삯을 받지 않을 사람이 없을 것입니다.

이제 요점을 말하겠습니다. 첫째로, 구주께서 이 **품꾼들**을 여러 시간대에 부르셨습니다. 두 번째로, 각 경우에 특별한 은혜가 비치고 있습니다. 그리고 바로 그 점이 선택한 백성들이 부르심을 받는 시간대가 다르다는 것을 통해서 주님의 영광스러운 긍휼과 자비로우심의 다양성을 예증해 주고, 좀 더 명백하게 드러나게 해 줍니다.

1. 부르심 받는 시간이 각자 다름

모든 사람들이 같은 시간대에 부르심을 받는 것은 아닙니다. 이 비유에 따르면 어떤 사람들은 이른 아침에 부르심 받았습니다. 정말 그 사람들은 세 배나 복이 있습니다. 어릴 때 은혜로 부르심을 받는다는 것이 무엇인지 정말 정확하게 규정하기란 어렵습니다. 왜냐하면 어린아이들은 육체적으로 똑같은 나이에 있다 하더라도 동일한 정신 연령에 이른 것은 아니기 때문입니다. 정신적으로 발전하여 가는 문제에 있어서도 각 사람에 대하여 이스라엘의 거룩하신 이께 역사하시는 시간대를 감히 정하여 드릴 수가 없습니다. 그러나 우리가 관찰한 바로는 도덕적인 의식이 이제 막 깨어나는 아주 어린 시절에 은혜가 작용하기도 합니다. 의심할 여지 없이 지성과 감성에서 매우 조숙한 아이들이 있습니다. 두세 살이 되었는데도 불구하고 매우 깊은 성화(聖化)에 이른 아이들이 있습니다. 그런 어린 아이들은 주님께서 즉시 본향으로 데려가려는 아이들입니다. 현재 존재하는 흥미로운 전기물 가운데에서 보면, 가장 어린 사람의 마음에도 성결의 꽃이 피어 열매를 맺을 수 있다는 것이 입증됩니다. 제인웨이의 「어린이들을 위한 표징」(*Token for Children*)과 같은 모음집에 엄격하게 말하여 유아기에 있는 아이들의 일화들이 많이 소개되어 있습니다. 하나님께서는 그런 아이들의 입에서 찬양을 발하게 하셨고, 그들을 통하여 원수와 복수자들의 입을 막아 잠잠하게 하셨습니다. 혀짤배기 소리로 재롱만 피울 수밖에 없었을 것으로 보이는 어린 아이들이 영적으로 깊은 지식을 분명하게 드러내는 말을 할 수 있었고, 특별히 하늘에 속한 것들을 말하기도 하였습니다. 어떤 아기들은 어머니의 품에 있을 때에 구주를 위해 일하라고 특별하게 부르심을 받은 것이 확실합니다. 그래서 어머니의 마음을 녹이는 어조로 구주에 대해서 말하기도 하고, 그 어린아이들의 말을 듣고 그 아버지의 양심이 가책을 받기도 하였습니다. 그런 다음에 하늘 본향으로 부르심을 받아 갔습니다. 이교도들은 "신들이 사랑하는 이들은 일찍 죽는다"고 말하기도 하였습니다. 영광으로 금방 들어갈 허락을 받는다는 것은 적지 않은 특권인 것이 분명합니다. 지상에 잠깐 보였다가는 하늘로 낚아 채감을 받아 가는 영혼, 이 지상에 있기에는 너무나 보배로운 영혼이라서 그러한 일을 만나게 된 것입니다. 보배로운 아이여, 그대는 이 땅에 그대를 보내셨다가 바로 집으로 데려가시는 그 선하신 하나님께 얼마나 사랑스러운 존재인가! 정말 아름다운 장미 봉오리입니다! 그럼에도 불구하고 그 어린 아름다움의 완전함을 가지고 구주의 품에 안겨 천국에 갑니다. 그러니 그대가 하늘로 옮겨졌다고 우리가 어떻게 애통해할 수 있습니까!

> "그대를 위해서 고통의 눈물을 흘려서는 안 되네
> 잠깐 꽃봉오리로 보이다가 가 버린 그대!
> 우리는 그대의 침상에 꽃들로만 가득 장식하네
> 오, 복되게 떠난 영혼!
> 장미꽃같이 새벽에 피었다가 금방 사라져 버린 그대."

"아침 이른 때에." 이는 하루로 쳐서 제1시(우리 시간으로 아침 7시 — 역주)에 들어간 사람들을 내포합니다. 그들은 곧 시작되는 제2시를 허비하지 않은 자들입니다. 소망 찬 소년들과 소녀들을 뜻하고 있습니다. 그들은 아마 젊은이라고 불러야 마땅할 것입니다. 영아기와 유아기를 훨씬 지나 십대에 접어들어 힘찬 젊은이들로 자라나고 있는 이들입니다. 아직 나이어린 아이들은 밖의 일터보다는 마당놀이를 하면서 집에 더 많이 있습니다. 사탄은 그들도 포도원에 가서 바쁘게 일하기보다는 시장 어귀에서 놀라고 부추깁니다. 때로 집 주인은 그러한 아이들을 고용하여 하나님을 찬미하도록 하십니다. 우리 형제들 가운데 어린 소년 소녀의 경건에 대해서 너무 지나치게 의심하는 것처럼 보이는 사람들에게 경고할 필요가 있습니다. 그들은 너무 지나치게 어린이들의 경건을 혹독하게 비평하는 잘못을 저지르고 있습니다. 우리는 이미 주목한 바 있습니다. 또 우리의 교인됨을 주의 깊게 지켜 보았던 사람들은 그와 같은 요점도 주목했어야 했던 것입니다. 곧 우리는 모든 넘어짐과 실족함으로 많은 슬픔을 겪었지만, 소년 소녀들은 그런 슬픔을 당하는 경우가 아주 적습니다. 제가 그들의 어린 시절에 예수 그리스도의 이름으로 세례를 준 자들 가운데 오늘날 힘 있게 복음을 전파하는 사람들이 있습니다. 우리 중에 이 교회를 아주 잘 섬겼던 하나님의 신실한 종들이 있습니다. 그들은 학교에 다니는 어린 나이에 주 예수 그리스도를 기쁨으로 따르던 제자들이었습니다. 하나님의 나라에 속한 일들에 관해서 우리들 중 어떤 사람들은 어릴 적에 총명 있는 이해를 가졌습니다. 성경은 정말 어린 사람들의 신앙 입문서입니다. 또한 우리가 처음 글자를 배울 때 대본으로 삼기도 합니다. 우리의 어린 시절의 인도자요 가장 나이 어린 때의 기쁨이기도 합니다. 우리는 하나님께 감사해야 합니다. 우리 중 아직도 디모데와 같은 사람들이 있음을 말입니다. 그런 사람들이 적지 않습니다. 어린 사무엘은 영아기에 주님의 집에 헌신된 후 그날로부터 제사장의 에봇을 입고 하나님의 제사장들이 섬기는 방식을 따라서 하나님을 섬겼습니다. 그와 같은 사람들이 지금도 있다는 말입니다. 그들은 온 마음을 다해서 하나님을 섬기고 있습니다. 정말 이른 아침에 부르심을 받은 사람들은 행복합니다. 그들은 하나님을 찬미하고 찬양할 특별한 이유를 가진 사람들입니다.

> "우리는 하나의 나무,
> 순전하고 천상적인 뿌리를 가지고 그 나무는 자란다.
> 그러나 가장 어린 나이에 가장 훌륭한 모습을 보이는 사람들,
> 그들은 가장 달콤한 열매를 맺는 자들일세."

우리는 소년 시절에 구원받은 행복한 사람들의 경우를 잠깐 생각하도록 하겠습니다. 이른 아침에 이슬이 풀잎에 맺혀 반짝입니다. 아직도 새벽의 빛같이 홍조 띤 수줍음이 남아 있습니다. 그것은 정말 아름다움을 드러냅니다. 하루해가 시작되는 새벽 여명을 보기 위해서 일어나지 않았던 사람들에게는 발견되지 않는 아름다움입니다. 정말 어린 시절에 경건을 가지고 있다는 사실을 보는 것은 아름다운 일입니다. 정말 말로 다 표현할 수 없을 정도의 매력을 지니고 있고, 그 신선함과 광채가 말로 다할 수 없이 사랑스럽습니다. 어린 시절은 꾸밈없는

단순성이 남아 있는 때이고, 천진한 어린이다운 확신이 남아 있습니다. 그러한 것은 다른 어디에서도 볼 수 없습니다. 물론 아는 것이 많지 않을 수는 있습니다. 그러나 사랑스러움은 더한 것입니다. 계시의 권위에 대해서 더 단순하게 믿으며, 깊은 부분은 적을지 몰라도 향내와 아름다움과 에메랄드의 아름다운 모양은 더한 것입니다. 저는 그리스도인의 생활 가운데서 뿔라(Beulah. 사 62:4. 이상향의 상징 — 역주) 다음으로 가장 기쁜 것을 선택해야 한다면 — 뿔라가 가나안 땅에 아주 가까이 놓여 있기 때문에 그 땅을 가장 기쁜 곳으로 꼽는데 — 저는 태양이 떠오르는 시기에 해당하는 어린 그리스도인의 경험, 곧 사랑이라는 동양의 진주들이 심겨져 있고, 소망이라는 새들의 아름다운 음악이 울려 퍼지는 그 시기의 경험을 택하겠습니다.

잠에서 방금 깨어나 일어나는 그 이른 아침에 하는 일은 쉽습니다. 이 시간에 포도원에서 일을 하는 것은, 대낮에 뜨거운 열기 속에서 짐을 지고 일하는 사람들이 하는 수고보다 훨씬 기운찬 행사입니다. 어린 그리스도인은 세상의 고통과 염려로 억눌리지 않습니다. 하나님을 섬기는 것 외에 어떤 일도 없습니다. 우리 중 많은 사람들이 당하는 황망함이 전혀 없습니다. 자신을 선을 위해서 온전히 드리려 할 때 그 일을 못하게 방해하는 것과 같은 것이 어린 그리스도인에게는 없습니다. 주님 외에는 아무것도 생각하지 않습니다. 그가 책들이 있고 공부할 것이 있기는 하지만, 그들 속에는 심령의 열정이 있을 수 있습니다. 어린 시절에 친구들이 있습니다. 그는 가식 없는 단순성을 가지고 친구들에게 유익을 끼치고, 그 친구들을 통해서 하나님을 섬길 수도 있습니다. 저는 말씀드립니다. 예수님을 위해서 일할 아주 행복스러운 시간이 있다면 나는 아침 시간을 택하겠습니다. 그때는 내 마음이 가장 맑을 뿐만 아니라 기쁨의 순전한 광선이 내 길에 비추고 있습니다. 그때 밝게 타오르는 내 마음은 열정이 부족하지 않습니다. 그리고 행복에 겨운 심령은 염려의 사슬에 매이지 않을 수 있습니다.

어느 누구나 어릴 때 회심하기를 좋아할 겁니다. 왜냐하면 어릴 때 회심하는 사람들은 시장에서 빈둥거리고 놀 시간이 없기 때문입니다. 여러분도 알다시피 손을 호주머니에 넣고 술 취한 사람들과 대화를 나누며 빈둥거리며 보냈던 사람은 제11시에도 별 쓸모 없는 일을 하고 있었던 것입니다. 아니 그날의 반이 지나가고 해가 중천에 뜨고 정오가 되었을 때까지 아무 일도 없이 그냥 벽에 기대고 서 있었습니다. 그런 이들은 그런 습관이 너무 몸에 배어 금방 일을 하려고 마음을 돌리기가 쉽지 않았습니다. 그러나 여러분의 영혼을 위해서 일찍 시작하십시오. 망아지도 어릴 때에 길을 들이십시오. 그래야 마구(馬具)에 잘 적응하는 것입니다. 아직 어릴 때에 일을 시작하는 사람들처럼 좋은 일꾼이 없습니다. 어릴 적부터 믿음을 가지고 있는 사람들에게는 전망 있는 약속의 날들이 얼마나 오래 지속되겠습니까! 이제 방금 해가 떴으니 그 해가 중천으로 오르고 다시 해가 질 때까지 많은 시간이 남아 있습니다. 물론 불필요한 시간들은 없겠지만 일할 수 있는 아주 충분한 시간을 가지게 됩니다. 하나님께서 섭리로 그러한 일이 일어나도록 허락하신다면, 저기 있는 저 젊은이는 앞으로 24시간을 일할 수 있는 것입니다. 그렇다면 무엇을 못하겠습니까? 이른 시기에 신앙을 가지는 것이 본질적인 것은 되지 못한다 할지라도 매우 큰 유익을 가진 참으로 영광스럽고 장엄한 삶입니다. 젊은 날을 예수님께 드린다는 것은 나중에 서글픈 후회를 덜하게 만들며, 악한 많은 습관에 빠지지 못하게 우리를 지켜 주는 것이고, 성령의 축복을 통해서 좋은 성공에 이를 수 있게 만드는 것입니다. 날개가 힘이 있을 때 날기 시작하는 것이 좋습니다. 죄 가운데서 오랫동안 살면서 날개가 부러지고, 그렇게 되면 우리 날들의 남은 동안에는 비록 은혜로 부르심을 받는다 할지라도 곤비한 상태에서 받게 되는 것입니다. 여기 계신 부모들은 자기 자녀들이 어릴 때 회심하기를 간절히 소원하였으면 좋겠습니다! 오! 하나님께서 그 소원을 오늘 아침 여기 온 젊은 사람들의 심령 속에 넣어 주시옵소서. 그래서 여러분 어린 사람들이 어른들로 불려지는 21세가 되기 전에 그리스도 예수 안에서 온전한 사람으로 서 있을 수 있기를 바랍니다. 다시 말하면, 여러분이 어릴 때 하나님의 자녀가 되시기 바랍니다. 여러분이 "갓난아이같이 하나님의 신령한 젖을 받는 사람"이 되게 하시기를 주님께 바랍니다. 그래서 여러분으로 하여금 "그러한 신령한 젖으로 자라게" 하시기를 원합니다. 구주께서 특별한 은혜로 "이른 아침에" 인도하신 영혼들은 정말 복되고 복됩니다.

　집 주인은 다시 제3시(우리 시간으로 오전 9시 — 역주)에 나가 보았습니다. 아마도 이 시간은 어린이들이나 청소년이라고 하기에는 나이가 제법 먹어 이제 어른이 되었다고 생각할 만한 시기를 대표할 수 있습니다. 여기 비유에서 제1시를 칠, 팔 세로 간주한다면 말입니다. 제2시는 21세 정도의 연령까지입니다. 그리하여 이십 세에서 삼십 세에 이르게 되어 여기서 말하는 제3시에 이르게 되고, 그런 식으로 4시, 5시로 흘러갑니다. 어떤 이들은 하나님의 은혜로 제3시에 새롭게 함을 받습니다. 이 경우는 늦은 경우입니다! 21세나 그 무렵의 연령은 정말 늦은 나이입니다. 그때 여러분은 이른 나이의 기쁨 중 많은 부분을 이제는 더 이상 경험할 수 없을 것입니다. 그리고 그때는 많은 죄악적인 습관을 익혀 버렸고, 쓸모 있을 많은 기회들을 잃어버리고 난 다음입니다. 제3시에 이르렀을 때에는 낮의 사분의 일의 시간이 달아나 버리고 만 셈입니다. 하루의 사분의 일의 가장 좋은 시기가 그냥 지나가 버리고 말았습니다. 그 날의 첫 번째 식사(食事)를 놓친 것입니다. 그리스도와 함께하는 복된 아침 식사가 더 이상 불가능하게 되었습니다. 그리스도께서 아침 식사로 마련해 놓으신 아주 보배로운 양식을 놓친 것입니다. 그 주시는 아침의 분량에는 만나와 같은 은혜가 곁들여져 있는데, 그 만나는 해가 떠오르면 녹아 버립니다. 어릴 때 예수 그리스도를 의지하여 먹는 사람은 복됩니다. 참으로 저는 엘리야처럼 로뎀 나무 아래서 깨어 각성 받았을 때를 진정으로 기억합니다. 정말 그 식사가 너무나 고상하고 우아하여 그 식사의 향기로움이 아직도 제게 남아 있습니다. 21세가 된 사람은 그 첫 번째 식사를 잃어버린 것입니다. 아침 식사가 이미 끝나 버린 것입니다. 그리스도께서 다른 사람에게 말씀하신 것처럼, "와서 저녁을 먹자"라고 하실 것입니다. 그 저녁도 대단히 보배로운 것입니다. 그러나 가장 우아한 식사는 이미 지나가 버렸습니다. 아침에 처음 주님과 함께 먹는 식사를 잃어버린 것입니다. 이른 아침 주님과 함께 먹는 그 환희를 더 이상 경험할 수 없게 되었습니다.

　의심할 여지 없이 여기 21세가 되어 회심하는 것도 대단히 이르다고 생각하는 이들이 많음을 저도 알고 있습니다. 그러나 어째서 21년 간을 사탄에게 주어야 합니까? 사람이 사는 평생의 사분의 일을 왜 악에게 주어야 합니까? 그렇게 생각하지 않더라도 그 기간이 그 사람에게 있어서 평생의 사분의 일이 아닐 수 있습니다. 그 사람의 절반일 수도 있습니다. 아니 매우 많은 경우에 그 사람의 일평생 전부일 수도 있습니다. 정오가 되기 전에 태양이 지는 사람이 있습니다. 시장에서 빈둥거리고 놀고 있는 사람은 포도원에 가서 일할 일꾼이 되리라는 소망을 전혀 가지고 있지 못합니다. 하나님께서 정하신 뜻이 있으면 죽음이 오는데, 우리는 그 일에 대하여 아무것도 눈치 채지 못합니다. 그렇게 되면 죽음은 피기도 전에 꽃을 떨어뜨릴 수 있는 것입니다. "그들은 잠깐 자는 것 같으며 아침에 돋는 풀 같으니이다 풀은 아침에 꽃이 피어 자라다가 저녁에는 시들어 마르나이다"(시 90:5-6). 정말 그때는 늦은 때입니다. 서글프게 늦은 때입니다. 그 밝은 날,

마음이 가장 적게 물들어 있는 밝은 날을 상실하는 것은 서글픈 일입니다. 어린 시절이 경건한 습관을 형성하기가 가장 용이한 시기입니다. 죄를 익히되 스물한 살이 될 때까지 익혔다는 것은 정말 서글픈 일입니다. 그렇게 많은 불의에 빠져서 사람의 기억 속에 참으로 더러운 죄악에 대한 것이 쌓여져 있다는 것은 정말 서글픈 일입니다. 이십 년 동안을 하나님과 함께 했다고 한다면 얼마나 놀라웠겠습니까. 아마 하나님 나라에서 그 정도의 기간 동안 하나님과 함께 했다면 좋은 학자가 될 수도 있었을 것입니다. 그러나 세상에서 이십 여 년 동안 죄악적인 상태에 있었다면, 그 사람은 죄악의 물감 속에 여러 번 담가져서 그 붉은 빛깔을 계속 머금어 나중에는 주홍빛같이 되기 시작했을 것입니다. 때가 늦었습니다. 그러나 때가 아직 너무 늦지 않은 것을 인하여 하나님께 감사합니다. 가장 장엄한 목적을 가지신 주님의 편에서 본다면 그때는 아직도 늦지 않았습니다. 그때는 구원을 위해서 아직도 늦지 않을 뿐만 아니라 예수 그리스도를 위해서 많은 것을 하기에도 늦지 않은 것입니다. 우리 중 어느 사람은 스물한 살 때 기독교 목회자로서 5년 간의 목회 경력을 가졌습니다. 그 사람은 21세가 되기 전 5년 동안 많은 영혼들을 그리스도의 십자가로 인도하는 방편으로 쓰임을 받았습니다. 그러나 다른 사람들은 그때에야 은혜로 인도함을 받게 됩니다. 만일 하나님께서 우리의 목숨을 연장시켜 주신다면 여전히 그때도 섬길 수 있는 많은 기간이 남은 때이죠. 젊은 사람은 힘과 열정이 있으며, 그의 뼈가 골수로 가득 차 있으며, 마음이 불로 가득합니다. 젊은 사람은 높은 교육을 받아야 하고, 더 많은 것을 얻기 위해서 준비되어야 합니다.

    이제 그 사람은 일해야 할 때에 와 있는 것입니다. 인생에 대한 계획은 아직 정립되지 않았습니다. 아직 결혼도 하지 않았겠죠. 그 사람의 악한 본을 통해서 상처를 받을 자녀가 하나도 없으니 하나님을 경외하는 가운데서 가정을 세울 기회를 가지고 있는 것입니다. 그 사람은 사업을 시작합니다. 그러나 그는 더 이상 방향을 바꿀 필요가 없다는 것을 알고 그 사업을 잘 주도해야 할 것입니다. 하나님의 은혜로 스물한 살에 부르심을 받았다면 그는 존귀한 생애를 시작할 수 있습니다. 그는 이것저것을 살필 겨를이 없습니다. 곧장 항구로 직행해야 합니다. 그래서 인생이라는 바다에서 보면서 계속 항구를 바라보고 노를 저어 나아가야 합니다. 다시 말하면, 바로 이 순간부터 하늘빛을 향하여 직선으로 연결되어 있는 빛나는 해로를 따라 직행해야 합니다. 그렇게 함으로써 그는 그의 항해 전체가 값으로 따질 수 없는 보배로운 화물(貨物)을 갑판에 싣고 하나님의 은혜의 영광을 찬미하면서 나아가 하늘에 이를 수 있는 것입니다. 때는 늦었습니다. 어떤 방면에서는 너무 늦었습니다. 그러나 오! 구주를 잘 섬기기 위해서는 아직 늦지 않았습니다. 큰 면류관을 상급으로 얻고 하나님의 사랑의 선물을 얻기 위해서는 늦지 않았습니다.

낮의 제3시, 4시, 5시에 처해 있는 우리에게도 일할 것이 쌓여 있습니다. 사실 교회는 우리가 가장 적극적으로 일하기를 기대해야 한다고 저는 생각합니다. 사실 어떤 사람은 이러저러한 시간을 지난 다음에 흔히 적극적인 활동 영역에 있어서 교회에 혈액을 공급하는 사람이기보다는 교회로부터 혈액을 받아들이는 사람이 됩니다. 교회의 신선한 피, 활력, 마음의 따스함, 늘 행동할 준비가 되어 있는 자세는 회심한 젊은 사람으로부터 힘 있게 발산되어야 하는 것입니다. 오! 21세의 나이에 있는 여러분이여, 여러분 모두가 하늘로부터 태어남을 받는 사람이 되기를 하나님께 기도합니다! 어린 시절의 아름다움을 지니고 있는 처녀들도 주님께서 무한한 긍휼로 말미암아 천국에 들여보내시기를 원합니다! 오, 여러분이 하나님의 사랑의 달콤함을 알 수만 있다면, 설득할 필요가 없을 텐데요! 참된 믿음의 기쁨을 이해할 수 있다면, 여러분에게 간청할 필요가 없을 것입니다! 주 예수 그리스도와 은밀하게 교제하는데서 세상이 줄 수 있는 모든 즐거움보다 더 거룩한 환희를 얻을 수 있습니다. 그리스도의 사랑 1 온스가 세상의 아첨하는 말 1톤보다 낫습니다. 세상은 보기에 빛나고 아름다운 색깔의 거품을 제공합니다. 그러나 그것은 순식간에 사라지고 맙니다. 그리스도께서는 진정한 보화를 주십니다. 영원토록 없어지지 않는 보화 말입니다. 세상의 금은 돈의 모든 기초가 되죠. 금은 번쩍이지만 정말 값진 것은 아닙니다. 하나님께 속한 것들은 번쩍거리지 않을 수 있습니다. 그러나 거기에는 "시온의 자녀들만 아는 견실한 기쁨과 영속적인 즐거움"이 있습니다. 구주께서 오늘 여러분의 마음속에 그와 같은 것을 허락하시기를 바랍니다. 저의 단순한 말을 통해서 주님께서 제3시에 여러분들을 불러 그의 포도원에 들이시기를 바랍니다.

구주의 은혜는 바닥이 나지 않았습니다. 그러므로 구주께서는 제6시에도 나가셨습니다. 주인 되신 구주께서 정오에 시장에 나가셨습니다. 하루의 반이 지나간 때였습니다. 어떤 고용주가 정오에 들어온 일꾼에게 온 품삯을 다 주겠습니까? 정오에 사람을 고용한다면 그렇게 많은 품삯을 주지 않을 것입니다. 정오에 사

람을 쓴다면 그가 무엇을 하겠습니까? 한나절밖에는 일하지 못하죠! 한나절은
일하도록 사람을 들여보내기도 어렵고 또 그 사람이 와서 일하기도 어려운 시간
입니다. 그러나 주인은 찾아서 그 일거리를 맡기십니다. 그러시면서 "상당하게
주겠다"고 하십니다. 정오에 포도원에 들어온 사람 몇이 있습니다. 그런 사람이
은혜로 말미암아 구원을 받고 주님을 위하여 일을 시작합니다. 이 경우는 장년
에 이른 사람의 경우를 나타낼 것입니다. 사십 남짓한 사람의 경우입니다. 이때
는 정말 서글프게 늦은 때이고, 매우 늦은 때입니다. 아주 많은 면에서 정말 서글프게
늦은 때입니다. 일할 시간이 얼마 남지 않았기 때문에도 그러하지만, 그의 에너
지와 열심과 힘이 아주 많이 허비되었기 때문입니다. 마땅히 그러한 것들을 하
나님께 드렸어야 하는데도 말입니다. 그러한 힘들이 어느 정도 하나님을 대적하
여 싸우는데 사용되었습니다. 마음이 완고한 상태에서 사십 년을 지내왔다니!
정말 하나님께서 매우 오래 참으신 기간입니다. 사십 년 동안 죄를 짓다니요! 그
긴 기간 동안 양심이 많이 굳어졌을 것입니다. 하나님께서는 "내가 사십 년 동안
이 세대로 말미암아 근심하였다"(시 95:10)고 말씀하셨습니다. 그들은 광야와 같
은 세대 속에서 자기들의 마음을 그 사십 년 동안 계속 완고하게 만들어 왔습니
다. 하나님께서는 진노하시면서 그들이 결코 내 안식에 들어오지 못할 것이라고
맹세하셨습니다. 사십이 되어도 회심하지 않은 여러분을 향해서 하나님께서 그
처럼 무서운 맹세를 하지 아니하셨다면 여러분은 정말 복이 있는 것입니다. 여
러분을 향해서 아직도 오래 참으심으로 기다리고 계시며 그 인내하심으로 여러
분을 붙잡으시며 "가서 내 아들아 내 포도원에 가서 일하라"라고 말씀하신다면
여러분은 참으로 복된 사람들입니다. 정말 그때는 서글프게 늦은 시기입니다.
그 시기는 여러분이 죄의 길에서 행하는 것이 아주 익숙해져 버린 시기였습니
다. 장래에 여러분이 어떤 것을 만난다 할지라도 과거의 여러분이 살아온 삶의
결과라고 생각하고 만족해야 할 것입니다. 영혼이라는 배를 돌려세우는 것은 조
타기로 배를 회전시키는 것처럼 그리 쉬운 일이 아닙니다. 하나님의 손만이 영
혼을 조종하여 은혜의 강물로 들어가게 할 수 있습니다. 사십 년 동안 뿌리를 박
아 온 부패를 극복하기 위해서는 많은 은혜가 필요합니다. 그러한 이들의 집에
는 그 집을 소유하고 있는 소작인이 있기 마련입니다. 그 집의 소작인이 90퍼센
트 정도 소유권을 가지고 있을 것입니다. 그래서 주인이 그를 쫓아내는 것은 매
우 어려울 것입니다. 너무 어려워서 "그보다 더 강한 자"가 쫓아내야 할 판입니

다. 그런 사람들이 죽음에 이르게 될 때에 그 사십 년 동안 회개하지 않은 상태에서 들었던 것들이 되살아나 그를 엄습할 것입니다. 기도하려고 노력할 때에 자기들이 늘 불러왔던 세상 노랫소리가 귓전에 들리게 될 것이고, 여러분이 후회하고 애통해하였던 행실들이 여러분을 막아서게 될 것입니다. 이제 막 "아바 아버지"라고 더듬거리는 혀로 부르려 할 그때에 말입니다. 늦습니다. 매우 늦습니다. 제6시, 정오에 해당하는 때는 매우 늦습니다. 그러나 아주 늦지는 않습니다. 가장 풍성한 것들 중 어느 것을 누리는 데 있어서는 아주 늦지 않습니다. 여러분은 여전히 예수님과 함께 저녁 식사를 할 수 있습니다. 예수님께서 그런 여러분에게 당신 자신을 나타내실 수 있습니다. 세상에는 나타내지 아니하시는 그분의 영광을 여러분에게는 나타내시는 것입니다. 또 안으로 들어와 그분을 섬길 많은 시간을 가지고 있습니다. 그분의 종들 가운데 아주 뛰어나게 섬기기에는 아직도 늦은 시간은 아닙니다. 예를 들어 존 뉴턴(John Newton)의 생애를 살펴보십시오. 그는 인생의 중년에 부르심을 받았습니다. 그러나 존 뉴턴은 하나님의 포도원에 그의 흔적을 남겼습니다. 영원토록 잊혀지지 않을 흔적을 말입니다. 바울도 하나님의 주권적인 은혜로 부르심을 받았던 시기가 바로 그때쯤 아닌가 생각합니다. 아니 사도들 거의 대부분이 아마 긍휼로 말미암아 주님을 만나게 되었을 연령이 바로 그 나이에 가까울 것입니다. 그런데도 영광스런 낮의 일을 감당했습니다. 중년에 있다 할지라도 은혜로 구원을 받았다면 여러분은 더 열심히 일해야 합니다. 과거 지나간 세대에 육체의 뜻을 따라 행한 것을 보상할 만큼 일해야 합니다. 시간을 아껴야 합니다. 때가 악하기 때문입니다. 아니 사십쯤 되어서 회심한 사람은 다른 사람보다 두 배로 더 부지런히 하늘을 향해 전진해야 합니다. 이제 한순간도 놓쳐서는 안 됩니다. 더 열심히 일해야 합니다. 더 젊은 사람들이 할 수 있는 것보다 배의 힘을 들여서 일해야 합니다. 하나님의 능력 안에서 똑같은 시간이라도 두 배의 일을 하도록 구하십시오. 여러분이 일생에 해야할 일을 인생의 반 토막이 난 시간 동안에 해내야 하니 말입니다. 저는 여러분이 그리스도를 위한 면류관을 얻기를 소망하는 사람들이 되기를 바랍니다. 그러니 일어나서 부지런히 일하십시오. 사랑하는 분들이여, 여러분은 은혜로 구원받았습니다. 은혜로만 말입니다. 그리스도를 존귀하게 여기기 위해서 애를 쓰십시오. 오, 여러분에게 주어진 그 은혜의 사랑 때문에 말입니다. 여러분은 남은 시간동안 그리스도를 존귀하게 여기려고 애를 쓰되, 다른 사람들이 평생 동안 그리스도를 존귀하게 여기는 만큼 하려고 애쓸 수 없습니까? 여러분의 열심과 신중함과 분별력과 온전한 헌신을 통해서 구주를 잘 섬길 수 있습니다.

집 주인은 제9시에도 나갔습니다. 그러니까 오늘날로 하면 오후 3시에 나간 것입니다. 오후 3시에 낮 동안 일할 일꾼을 고용한다는 것은 어느 누구도 생각할 수 없는 일입니다. 오후 여섯시까지 일을 끝마쳐야 하는데 말입니다! 그 점은 이 복음적인 고용이야말로 다른 일반적인 법적 고용과 전혀 다르다는 사실을 드러내고 있는 것입니다. 복음적인 고용은 모두 은혜에 속한 것입니다. 사람은 그러한 일을 하리라고 생각도 못할 일입니다. 정말 그렇습니다. 오후 3시, 그 시기는 육십에서 칠십에 이르는 연령에 속한 사람들의 경우일 것입니다. 장년의 좋은 시기가 다 지나가 버렸습니다. 정말 늦은 시기입니다. 서글프게, 정말 매우 서글프게 늦은 시기입니다. 그 사람의 모든 힘이 다 쇠약해져 있기 때문에 늦었습니다. 그의 기억력도 줄어들기 시작합니다. 그 사람은 생각하기를 자기 판단력이 예전보다 더 낫다고 생각합니다. 그러나 그 자신의 관점일 뿐입니다. 그 사람이 가지고 있는 기능들이 거의가 다 나이 들어 예리한 감각을 상실해 버렸습니다. 물론 경험은 많습니다. 그러나 늙은 광대만큼 우스운 광대는 없는 것입니다. 하나님의 은혜로 가르침을 받지 않는 사람은 섭리의 학교에서 가치 있는 것을 거의 배우지 못합니다. 은혜가 그를 가르치지 않았다면 육천 년의 세월이 지났다 할지라도 그 사람은 지혜로운 사람이 되지 못했을 것입니다. 정말 그 시기는 늦지 않다고 생각합니까? 자, 여기 한 사람이 있습니다. 만일 그 사람이 지금 회심한다면, 그에게 무엇이 남아 있겠습니까? 이제 그는 마치 다 타버린 초와 같습니다. 이제 그 사람은 작은 빛밖에는 보일 수 없습니다. 이제 촛대에서 타는 심지와 같을 뿐입니다. 육십 년, 칠십 년을 다 보냈으니 거기 무엇이 남아 있겠습니까? 그 지나온 세월을 모두 다 덮어 버리십시오. 노아의 아들들이 했던 일을 기억해 보십시다. 그리고 그 모든 수치스러운 것을 덮어 버리십시다. 오! 전능하신 은혜가 그 모든 것을 덮어 버리기를 원합니다! 그 사실은 정말 섬뜩할 정도로 무서운 일입니다. 육십 년, 칠십 년 동안을 사탄을 섬기면서 보내 왔다니! 오, 그 사람이 무슨 선을 행할 수 있었겠습니까! 만일 그가 세상을 섬긴 것처럼 자기 하나님을 섬겼더라면, 그는 얼마나 좋은 선을 행할 수 있었겠습니까! 이때까지 그가 믿음 안에서 살았다면 얼마나 풍성한 사람이 되었겠습니까! 그가 한 집을 지었습니다! 그러나 교회를 세우는데 그가 얼마나 많은 도움을 주었겠습니까. 그 사람은 카드

놀이를 하면서 소일해 왔습니다. 바닷가에서 모래성을 쌓는 어린아이처럼 해 왔습니다. 금방 무너질 모래성을 말입니다. 저는 죽음의 무서운 조수가 밀려오는 것에 대해서 들은 적이 있습니다. 그런데 지금도 그 소리가 으르렁거리고 있습니다. 빠진 이빨들, 류마티스 관절염의 고통, 그 모든 것들은 이 세상이 그의 안식처가 아니란 것을 보여줍니다. 땅에 속한 장막이 그 사람에게서 무너지기 시작하고 있습니다. 이제 곧 세상을 떠나게 될 것이라는 큰 소리의 경고가 그에게 들립니다. 그의 모든 부와 그의 모든 집을 다 떠나게 될 것이라고 말입니다. 그래서 그것이 전부라면 결국 그는 아무것도 행한 일이 없다는 것이 밝혀질 것입니다. 그는 그림자를 쌓고 있었습니다. 진흙 무더기를 한데 모으고 있었습니다. 그가 행한 것이라곤 바로 그것뿐이었습니다. 예수 그리스도를 믿었더라면, 그래서 하나님을 위해서, 사람들의 영혼을 위해서 매우 많은 것을 행했더라면 좋았을 그 시기에 그런 것밖에는 하지 못했습니다. 그는 얼마나 악한 습관에 빠졌습니까! 이 사람을 그 무엇에다 쓸 수 있겠습니까? 만일 그 사람이 구원받았다면 불 가운데서 구원받은 것과 같을 것입니다. 그 사람이 부르심을 받아 하늘에 들어갈 것입니다. 오! 그러나 구주를 위해서 한 일이 얼마나 적을까요? 그가 심하게 부패한 본성과 얼마나 무서운 씨름을 해야 하며, 하늘에 이르기까지 얼마나 내면적인 큰 고통을 겪어야 할 것입니까! 때가 늦었습니다. 매우 늦었습니다. 그러나 오! 하나님을 찬미하십시오! 그 경우도 아직 늦은 것은 아닙니다. 바로 이 예배당 안에 중년의 시기를 오래 전에 지났고, 앞으로 나와서 "주님께서 목사님과 함께 계시니 저는 목사님과 같은 운명에 들어갈 것입니다"라고 말한 사람들이 있었습니다. 저는 어떤 노인이 어린아이 같이 천진하게 되어 나이 많은 백발의 상태에서 거듭나 그리스도의 나라로 들어갔다는 기쁨에 찬 이야기를 들었습니다. 아직 때는 너무 늦지 않았습니다. 마귀가 때가 늦었다고 말하던가요? 문이 닫히고 있습니다. 저는 천국 문이 돌쩌귀를 따라 삐거덕거리며 닫히는 소리를 들을 수 있습니다. 그러나 아직은 닫히지 않았습니다! 태양이 지고 있습니다. 그러나 지평선 너머로 아주 떨어지지는 않았습니다. 만일 구주께서 여러분을 부르신다면, 때가 긴박하니 더 빨리 뛰어야 할 것입니다. 여러분이 구원받았다면 있는 힘을 향해서 주님을 섬기십시오. 여기 이 지상에서 주님을 영화롭게 할 시간이 그처럼 적게 밖에 남지 않았으니 말입니다. 주님의 그 지각에 뛰어난 사랑에 깊은 빚을 졌다는 의식을 보여줄 시간이 아주 적습니다! 때가 거의 지나가고 있습니다.

　　날이 거의 지고 있습니다. 제11시, 오후 다섯 시에 이르렀습니다! 이제 사람들은 곧 오후 여섯 시가 되어 가지 않는지 알기 위해 시계를 쳐다보고 있었습니다. 그들은 시계가 여섯 시를 알리는 소리를 듣기를 갈망하고 있습니다. 다시 말하면, 낮의 일이 곧 끝날 것을 생각하고 희망에 차 있는 것입니다. 자, 보십시오. 주인이 그런데도 불구하고 시장으로 나가서 아직도 거기에서 놀고 있는 꼴사나운 사람들을 찾아냅니다. 그리고 몇 사람을 지적하면서 "너희는 어찌하여 종일토록 놀고 여기 섰느냐?"라고 말합니다. "가서 일하라! 이만저만한 품삯을 너희에게 주리라." 그리하여 제십일시, 오후 다섯 시에 포도원에 들어간 사람들이 있습니다. 저 같으면 정말 부끄러워 들어가기 어려울 판입니다. 다른 사람들이 그들이 포도원에 들어가는 모습을 목격하는 것조차도 부끄러운 일입니다. 그렇게 늦게 일을 시작하는 건 정말 부끄럽습니다. 그럼에도 불구하고 그들은 포도원의 어느 곳엔가 몰래 숨어드는 방식으로 들어갔습니다. 포도나무 꼭대기를 넘어 그들을 바라보면서 "아이고, 이렇게 여러분들을 뵙게 되니 반갑습니다. 친구들이여! 아무리 늦었더라도 이렇게 오셨으니 잘 하셨습니다."라는 마음이 넉넉한 일꾼들이 있었습니다. 저는 감히 말합니다. 그 일꾼들 가운데 몇 사람이라도 자기들이 하는 일을 멈추고 그 동료들이 제십일시에도 인도함을 받았다는 것을 생각하고 하나님을 찬미하는 노래를 부르기 시작할 것이라고 말입니다. 바로 이곳이 주님의 포도원이라는 말입니다. 자, 여기 이 마지막으로 들어온 사람들의 경우, 곧 제11시에 들어온 사람들의 경우는 칠십이 넘은 사람들의 경우로 보아야 합니다. 저는 그 시기가 얼마나 늦었는지에 대해서는 말할 수 없습니다. 정말 104세에 하나님께 돌아온 사람의 경우도 있습니다. 아일랜드의 부흥이 일어났을 때에 바로 그 사람은 먼 거리를 걸어가서 예수 그리스도를 믿는 자기 믿음을 고백했습니다. 미국의 어떤 회심자의 경우인데, 그 사람은 자기가 들은 설교를 통해서 회심을 하였는데, 81세에 회심하였습니다. 그가 15세 때에 플라벨(Flavel) 목사님께서 강론을 마치시고 축복하는 대신 다음과 같이 말하는 것을 들었다고 합니다. "나는 여러분을 축복할 수 없습니다. 주 예수 그리스도를 사랑하지 않는 자들을 제가 어떻게 축복한다는 말입니까? '누구든지 주 예수 그리스도를 사랑하지 아니하거든 저주를 받을지어다.'" 그로부터 81살이 되어서야 미국에 살고 있던 그에게 그 엄숙한 말씀이 떠올랐습니다. 하나님께서는 그 떠오른 말씀을 통해서 그 사람을 회심하게 하는 복을 주신 것입니다. 제11시의 때, 곧 죽음이 임박한 사람들이 있었습니다. 그런 사람들이 얼마나 되는지 저는 알지 못합니다. 성경에서 우리가 알고 있는 한 경우가 있습니다. 그것은 죽어 가는 한 강도의 경우입니다. 딱한 경우입니다. 하나님께서는 그의 풍성하신 긍휼을 통해서 은혜의 영광을 찬미하게 하려고 그 일을 하실 수 있습니다. 제11시에도 하나님께서는 당신의 택한 백성을 부르실 수 있습니다. 그 시기는 너무 늦었습니다. 정말 늦은 시간입니다. 서글프게도 늦은 시간이죠. 정말 비탄 어릴 정도로 늦은 시간입니다. 그러나 아직도 늦지 않았습니다. 만일 구주께서 그대를 부르시면, 죄에 빠진 백 년 간의 세월이 여러분의 발목을 잡아서 움직일 때마다 고통스럽게 한다 할지라도 오십시오. 만일 주님께서 그대를 부르시면, 늦기는 했지만 아주 늦은 때는 아닙니다. 그러므로 오십시오. 강도가 주님을 위해서 어떻게 하였는지를 생각하셨습니까? 정말 그 십자가 위는 일하기에 좋은 장소가 아니었습니다. 십자가에 매달려 죽어 가면서, 제11시에 일하기에 좋은 곳이 아니었습니다. 그러나 그는 단 몇 분간에 걸쳐서 큰 일을 하였습니다. 그가 무엇을 하였는지를 먼저 주목하십시오. 먼저 그는 그리스도를 고백했습니다. 그리스도께서 주이심을 인정했습니다. 사람들 앞에서 그를 고백한 것입니다. 그 다음으로, 그는 그리스도께서 옳으심을 인정했습니다. "이 사람은 불의한 일을 행한 일이 없도다." 그런 다음에 그는 그리스도 예수를 경배하면서 "주님"이라고 불렀습니다. 그는 심지어 전도하는 일을 시작하기까지 하였습니다. 그는 자기 동료 죄인을 꾸짖었기 때문입니다. 그는 급하게 부당하게 정죄 받는 저 분을 욕해서는 안 된다고 그 사람에게 말해 주었던 것입니다. 그는 한 간구를 드렸는데, 그 간구는 기도의 매우 중요한 한 가지 모델이 되었습니다. "예수여, 당신의 나라에 임하실 때에 나를 기억하소서." 어쨌든 저도 강도에 대해서 말할 수 있는 것을 제 자신에 대해서 말할 수 있기를 원합니다. 그는 할 수 있는 모든 일을 다 했습니다. 저는 제 자신에 대해서 그렇게 말할 수 없습니다. 여러분 중 어느 분에 대해서도 그렇게 말할 수 없는 것을 두려워합니다. 저는 그 강도가 십자가에서 할 수 있었지만 하지 못한 일이 무엇인지 알지 못합니다. 그는 부르심을 받자마자 주님의 포도원에 들어가서 일을 하되 있는 힘을 다해서 일을 한 것 같습니다. 저는 여러분에게 말씀드리겠습니다. 여러분이 제11시, 곧 오후 다섯 시쯤에 부르심을 받았다고 한다면, 비록 나이가 들고 연로하여 많이 쇠약해 있다 할지라도, 주 예수 그리스도를 위해서 그 큰 사랑으로 일을 하십시오. 주님께서 여러분을 위해서 행하신 그 큰 놀라운 일 때문에 말입니다. 그 길로 가서 있는 힘을 다해 주님을 찬미하십시오.

2. 찬란하게 비취는 특별한 은혜

시간이 다 갔습니다. 저는 "모든 경우에 있어서 특별한 은혜가 찬란하게 비취었다."는 사실이 확실히 드러났기를 바랍니다. 아침 일찍 부르심을 받은 사람들은 그 놀라운 주권적인 은혜 때문에 기뻐할 이유가 있습니다. 그들은 인생의 여러 질병과 죄악에서 벗어날 수 있었기 때문입니다. 그러나 저는 저 자신에 대해서 만족해야 합니다. 랄프 어스킨(Ralph Erskine)의 시구를 암송하면서 그 여러 경우들에 관하여 반복적으로 반추해 볼 때 그러합니다.

> "하늘의 합창 속에 한 질문이 떠오르네
> 투쟁을 일으킨 그 질문은 결코 끝나지 않을 것일세.
> 모든 구속 받은 족속들이 어떤 반열에 속해 있든지
> 주권적인 은혜를 가장 높이 찬양하네.
>
> 태중에서 어머니의 젖가슴에서
> 하늘로 취함 받은 어린 아기들,
> 저 위 안식을 노래할 권리를 주장하네.
> 저희가 행복한 본향을 발견했으니
> 그 본향, 저희가 보지도 찾지도 않았던 것일세."

우리가 어릴 때 부르심을 받았다면, 우리를 부르신 그 은혜는 얼마나 놀라운 은혜입니까! 여기에 선택적인 사랑이 있습니다. "이스라엘이 어렸을 때에 내가 사랑하여 내 아들을 애굽에서 불렀노라"(호 11:1). 우리 가운데 어떤 사람들은, 어리석고 무지한 날들로부터 그들을 취하여 하나님의 가족으로 들여보내신 주님의 사랑을 인해서 특별한 감사의 노래를 일평생 그리고 영원히 불러야 할 것입니다. 그들이 다른 아이들보다 마음가짐이 더 선해서도 아니고, 천성적으로 좋은 어떤 것이 그들에게 있어서가 아닙니다. 그들도 다른 이들과 똑같이 고집 세고 무모하고 교만하고 변덕스럽고 불순종하였습니다. 그럼에도 불구하고 그들을 다른 아이들과는 달리 구별하셨습니다. 그래서 그 하나님의 주권에 대하여 끊임없는 찬미를 올려야 할 것입니다.

열정이 들끓는 20세에 부르심을 받은 사람들은 그 은혜를 높여야 할 것입니다. 그 시절은 사악에 빠지고 싶은 강한 충동을 가지고 있으며 소위 인생의 즐거움에 탐닉하고 싶은 유혹이 일어나는 때입니다. 죄의 매력적인 유혹에서 우리를 건져 주시기 위해서는 하나님께서는 능하신 은혜를 베푸셨습니다. 세상의 얼굴이 보기 좋게 불그스레한 모습을 띠고 있으며, 가장 훌륭한 차림새를 하고 있을 때 그 죄의 유혹을 피한다는 것은 어렵습니다. 그런 경우에 그리스도를 위해서 능욕 받는 것을 애굽의 모든 보화보다 더 낫게 여기는 법을 가르쳐 주는 것이 바로 하나님의 능하신 은혜였습니다. 그러니 바로 그 능하신 은혜로 말미암아 하나님께서 우리에게서 가장 달콤한 노래를 들으셔야 할 것입니다.

장년기, 곧 사십 세쯤에 주님께 부르심을 받은 사람들의 경우는 어떠합니까! 이 경우에도 놀라운 하나님의 능력이 부어졌습니다. 왜냐하면 세상 정신이란 극복하기가 어렵고, 세상을 사랑하는 것이 중년의 죄이기 때문입니다. 여러분 주위에 있는 가족, 사업, 또한 세상이 여러분 속으로 암처럼 파고 들어오는 때에, 하나님께서 긍휼로 여러분을 찾아가셔서 거듭난 영혼이 되게 하신 것은 정말 놀라운 일입니다. 그러니 그런 사람은 은혜의 이적의 소산입니다. 그런 사람은 그것을 느끼고 그 일로 인하여 일평생 그리고 영원히 하나님께 찬미를 올려야 할 것입니다.

그 다음에, 60세가 넘어서 하나님께 부르심을 받은 사람에 대해서 생각해 봅시다. "구스인이 그의 피부를, 표범이 그의 반점을 변하게 할 수 있느냐 할 수 있을진대 악에 익숙한 너희도 선을 행할 수 있으리라"(렘 13:23). 그럼에도 불구하고 60세 이상이 되어 부르심을 받은 여러분들은 선을 행할 수 있게 배웠습니다. 여러분은 여러분을 즐겁게 가르치는 복된 교사를 두었습니다. 여러분은 선하게 행하는 법을 배웠습니다. 비록 여러분의 배가 죄라는 검은 바다 물결에 의해서 부패하기 시작하였다 할지라도, 새로운 주인을 만나서 새로운 돛을 달고 달리게 되었습니다. 이제 선한 희망봉을 둘러 저기 복된 내세의 나라 섬들로 가게 될 것입니다.

그러나 나이 많아 부르심을 받은 분들에 대해서 제가 무엇이라고 해야 할까요? 아, 여러분은 역시 많은 사랑을 가져야 할 것입니다. 여러분이 많이 용서받았기 때문입니다. 매우 어린 나이에 부르심을 받은 우리보다 감사하는 마음이 조금 적을지는 모르겠습니다. 우리는 어린 나이에 하나님께서 부르셨으니 하나님을 찬미할 더 많은 이유를 가지고 있습니다. 그러나 여러분도 마찬가지입니다. 우리는 처음 끝에 있다면 여러분은 마지막 끝에 있는 것입니다. 우리가 하나님께 더 많이 감사할 이유는 더 많은 죄를 짓지 않을 수 있었기 때문입니다. 여러분이 또한 더 많이 사랑하고 감사해야 할 이유는 그렇게 많은 죄에서 구원 받았기 때문입니다. 지옥 불 속으로 들어가지 않는 것만 해도 하나님을 찬미할 제목이 되는 것입니다. 불길 사이를 통과했는데도 타지 않고 용광로를 지나 그 강렬한 불 속에서 또 보호를 받고 건짐을 받았다는 것 — 여러분이 하나님의 은혜에 감사를 표현할 말이 얼마나 마땅치 않은지요! 이른 아침에 부르심을 받았든지 저녁 나절에 부르심을 받았든지, 정오에 부르심을 받았든지 아니면 오후에 부르심을 받았든지, 우리는 다 함께 그 모든 은혜의 영광을 주 예수님께 돌려야 합니다. 우리는 오직 은혜로 말미암아서 부르심을 받았기 때문입니다. 우리는 그리스도의 사랑이 강권하는 힘에 의해서 움직여진 사람들입니다. 그러니 우리는 몸과 혼과 영을 다해서 일합시다. 우리가 더 이상 일할 수 없을 때까지 주님을 위해서 일합시다. 그런 다음 영광의 안식 속에서도 주님을 찬미해야 합니다.

　형제 여러분, 저는 여러분이 게으름에 은근히 빠져들지 않도록 기도합니다. 만일 여러분이 구주의 나라를 확장시키려고 애를 써 왔다면 그 일을 더 하십시오. 더 많이 드리고, 그리스도에 대해서 더 많이 말하고, 더 많이 기도하고, 더 많이 수고하십시오! 저는 자주 "일을 조금 줄이세요"라는 좋은 충고를 받습니다. 그러나 저는 일을 줄일 수 없습니다. 줄이다니요! 우리 하나님을 위해서 최선을 다하지 아니하는 불명예스러운 삶을 사느니 차라리 썩는 것이 낫습니다. 저는 우리 중 어느 누구도 예수님을 위해서 너무 심하게 일함으로 죽는 사람이 하나도 없을까봐 걱정입니다. 주님을 위해서 너무 과도하게 일하느라 죽게 된다면 그것은 복된 죽음일 것입니다. 그래서 용서받을 수 있는 죄가 있다면 바로 그 죄일 것임에 틀림없습니다. 여러분이 그러한 악을 저지를 것 같지는 않습니다. 구주를 위해서 일하십시오! 구주를 위해 수고하십시오! 우리는 주님을 위해서 자신을 다 드리고, 소비해야 하며, 자신을 닳게 해야 합니다! 육체의 정욕을 이루기 위해서 육신을 아끼는 일을 전혀 하지 마십시오. 오, 만일 우리가 주님을 위한 일을 마무리하여 주님께서 다음과 같이 말씀하시는 소리를 듣는 특권을 받는다면 얼마나 놀라운 행복이겠습니까. "잘 하였도다 착하고 충성된 종아 주님의 즐거움에 참여하라." 하나님께서 그리스도를 위하여 여러분에게 복 주시기를 바랍니다. 아멘.

제
54
장
—

25세에서 35세까지

—

"또 제삼시에 나가 보니 장터에 놀고 서 있는 사람들이 또
있는지라 그들에게 이르되 너희도 포도원에 들어가라 내가
너희에게 상당하게 주리라 하니." — 마 20:3,4

어떤 비유도 진리의 모든 면을 가르치지는 않습니다. 그러므로 비유 한 가
지를 모든 면에 적용하려고 하는 것은 잘못된 일입니다. 비유는 어떤 한 가지 교
훈을 전달하기 위해 사용하는 것입니다. 따라서 비유가 어떤 한 가지 교훈을 가
르칠 경우, 우리는 그 비유에서 다른 모든 것을 끌어내려고 해서는 안 됩니다. 이
비유는 크신 하나님을 일 시킬 사람을 찾으러 나가는 집 주인으로 묘사합니다.
우리 중 아무도 하나님께서 우리 같은 사람을 하나라도 필요로 하신다고 생각하
지 않도록 합시다. 하나님은 완전하신 분이었습니다. 천사가 우주에서 날갯짓을
하기 오래 전에, 심지어 시간과 공간이 존재하기도 전에 이미 하나님은 완전히
행복하고 완전히 영광스런 상태에 계셨습니다. 하나님은 언제나 모든 것이 완비
되어 있고 충족하셨으며, 지금도 그러하십니다. 하나님께서 어떤 피조물을 만드
실 생각을 갖거나 그가 만드신 피조물 가운데 무엇을 보존하고 사용하시려고 한
다면, 그것은 하나님께서 그 피조물이 필요하거나 조금이라도 그 피조물에 의존
되어 있기 때문이 아닙니다. 하나님께서 기이한 은혜로 오셔서 우리 중 아무에
게라도 그의 포도원에서 일하라고 부르신다면, 그것은 하나님이 우리를 필요로
하시기 때문이 아닙니다. 오히려 우리가 하나님을 필요로 하는 것입니다. 하나

님은 일꾼이 필요하기 때문에 우리에게 일을 시키시는 것이 아니라 우리에게 일이 필요하기 때문에 시키시는 것입니다. 하나님께서 우리를 부르시는 것은 우리가 필요해서가 아니라 우리가 하나님의 부름을 받을 필요가 있기 때문입니다.

그러므로 어느 누구도 마치 하나님의 대의나 하나님의 나라가 자기에게 달려 있는 것처럼 스스로를 대단한 존재로 생각하지 않도록 합시다. 때로 우리는 우리의 좁은 영역 안에 있으면서 우리가 사라진다면 그 빈 자리가 클 것이라고 생각할 수가 있습니다. 그러나 주님은 우리가 태어나기 전에 우리 없이도 일을 잘 하셨고, 우리가 죽어 사라질 때에도 얼마든지 자신의 일을 해나가실 것입니다. 결국 주님의 일은 방치되는 법이 없습니다. 일꾼들은 죽어도 그 일은 계속 됩니다. 그러므로 만일 누군가가 아주 뻔뻔스럽고 악해져서 자신이 하나님께 저항하면 하나님에게서 영광을 조금이라도 빼앗을 것으로 생각하거나, 자기가 하나님을 섬길 마음을 갖지 않는다면 하나님을 괴롭게 만들 것으로 안다면, 그 사람은 크게 잘못 생각하는 것입니다. 영광을 잃는 당사자는 그렇게 생각하는 그대들이지, 하나님이 아닙니다. 그리고 그로 말미암아 혜택을 잃는 당사자도 그대들이지 하나님이 아닙니다. 설령 하나님이 주리신다 한들 그대들에게 말씀하시지 않을 것입니다. 수많은 산들의 가축이 하나님의 것이고, 세계와 거기에 충만한 것이 하나님의 것이기 때문입니다. 하나님은 우리의 도움 없이도 자신의 영원한 목적들을 이루실 수 있습니다. 우리가 하나님께 저항하기로 결심할지라도 하나님은 그 목적들을 쉽게 이루실 수 있습니다. 하나님은 우리보다 무한히 크십니다. 그러므로 제가 이 시간 여러분에게 하나님의 포도원에 들어가서 하나님을 위해 일하는 것에 관해 말하는 것을 두고, 마치 우리가 우리의 창조주께서 칭찬하실 만한 무엇인가를 할 수 있다고 생각하거나, 마치 하나님께서 우리를 필요로 하신 것처럼 이해해서는 안 됩니다. 하나님은 우리가 어떤 존재인지와 상관 없이 위대하고 영광스러우십니다. 우리가 하나님의 종들이 되는 것은 우리의 기쁨과 우리의 안전, 우리의 영원한 행복을 위한 것입니다. 즐거운 음악을 일으킬 수 있도록 우리의 마음을 조율하는 것, 즉 하나님의 뜻에 순종할 수 있도록 우리 자신을 고치는 것, 하나님을 섬기는 법을 배우는 것은 우리의 삶의 질서를 바르게 잡는데 필요한 일입니다. 바로 이 시간, 그동안 우리 구주를 모르고 지나던 사람들이 구주께서 그들에게 나타나시고, 그들을 불러 구주를 섬기도록 하신다는 것을 발견할 수 있기를 기도합니다.

1. 첫째로, 주님께서 나가셨다는 말씀에 어떤 의미가 있는지부터 생각해 보겠습니다.

이 장의 첫 절이 어떻게 말하고 있는지 살펴봅시다. "천국은 마치 … 이른 아침에 나간 집 주인과 같으니." 그 다음은 본문에 이렇게 나옵니다. "그가 제삼시에 나가 보니." 그리고 5절에는 "제육시와 제구시에 또 나가"라고 되어 있고, 6절에는 "제십일시에도 나가 보니 서 있는 사람들이 또 있는지라"라고 되어 있습니다. 어떻게 하나님께 대해서 나간다는 표현을 쓸 수 있습니까?

이런 표현이 사용되는 것은, 첫째로, 하나님을 섬기려는 욕구는 언제나 하나님에게서 우리에게로 온다는 사실을 가르치기 위함입니다. 무엇보다도 그 욕구는 결코 우리 속에서 나오지 않습니다. 누구라도 하나님을 섬길 뜻을 가지고 있다면, 그것은 그의 뜻을 움직인 또다른 의지가 있었던 것입니다. 그렇지 않았다면 그의 의지가 결코 하나님을 향하여 움직이지 않았을 것입니다. 여기에 언급되는 다양한 사람들 가운데서 이른 아침이든지 이날 오후에든지 나가서 자기를 써 달라고 요청한 사람은 아무도 없었습니다. 집 주인이 시장에 나와서 일꾼들을 고용했습니다. 삼시에, 육시에, 구시에, 자기 뜻으로 온 사람은 아무도 없었습니다. 모든 경우에 주인이 먼저 제안을 하였습니다. "집 주인이 품꾼을 얻어 포도원에 들여보내려고 나갔습니다." 십일시, 곧 낮이 끝나가고 있고 해가 거의 떨어지고 있을 때, 그런 시간에 이르러서도 사람들은 어리석어서 하루를 바른 봉사로 마칠 소원을 품을 지혜가 없었습니다. 그들은 종일 시장에서 빈둥거리며 지냈고, 그래서 마침내 너그러운 주인이 나와서 그들을 타이르고 포도원에 들어가도록 설득하게 되었습니다. 하나님께서 먼저 사람에게 오시기 전까지는 아무도 하나님께 오지 않습니다. 그래서 저는 이 순간에도 많은 사람들이 하나님의 은혜의 충동을 마음에 느낄 수 있기를 바랍니다. 성령 하나님께서는 사람들의 판단, 이해, 감정, 두려움, 소망, 의지에 영향을 끼치실 수 있습니다. 그래서 성령님은 그런 부분들에 영향을 끼치실 때, 하나님의 권능의 날에 사람들로 자원하게 만들어 그들이 하나님께로 돌이키고 주님을 섬기게 만드십니다. 제가 생각할 때, 이것이 하나님이 나가신다는 말의 첫 번째 의미입니다.

다음으로 그 말의 의미는, 하나님께서 특별한 은혜를 나타내시는 것처럼 보이는 시기와 때가 있다는 것입니다. 복음이 전파되는 때가 그런 시기라고 저는 생각합니다. 이 한 교회에서 약 32년 동안 목회를 하면서, 저는 사람들을 회심시키는 하나님의 은혜의 능력을 거의 끊임없이 보아왔습니다. 때로는 그 같은 하나님의 은혜가 급격히 증가하였고, 때로는 약간 줄어들기도 하였습니다. 그러나 대부분 하나님의 복이 지금까지 내내 거의 똑같이 중단 없이 이어졌습니다. 그러나 그 복의 물줄기가 지금만큼 깊고 강한 적은 없었습니다. 그 점을 인해서 저는 마음을 다해 하나님을 찬송합니다. 그러나 보통 교회들에는 사람들이 대거 그리스도 께 몰려오는 어떤 때들이 있었습니다. 하나님의 말씀이 비상한 능력으로 다가오고, 갑작스럽게 죄의 가책이라는 화살이 날아들면, 그 화살을 맞은 사람들이 "우리가 어떻게 하여야 구원을 받으리이까?"(행 16:30) 하고 소리칩니다. 치료하는 향유가 넉넉히 부어지고, 그러면 죄의 상처가 치료되고, 찔린 양심에서 흘러나오는 피가 그칩니다. 말하자면, 하나님께서 그의 은밀한 처소에서 나와 사람들의 영혼을 다루실 때, 그때가 바로 부흥의 시기입니다.

개인적인 경우를 볼 때, 대부분의 사람들에게도 하나님께서 나가시는 때, 곧 사람들이 특별히 감동을 받아 거룩한 일들에 종사하게 되는 때가 있다는 것입니다. 그 일이 어떤 사람들에게는 어린 시절에 일어납니다. 그들이 아주 어릴 때, 하나님께서 사무엘에게 하셨듯이 그들에게 말씀하시는 것입니다. 어쩌면 하나님께서 밤에 그들의 작은 침상에 나타나서 그들에게 "사무엘아, 사무엘아" 하고 부르시고, 그들이 "당신이 나를 부르셨기로 내가 여기 있나이다"(삼상 3:8) 하고 대답하도록 도우실지 모릅니다. 그런가 하면 어떤 이들에게는 하나님께서 조금 더 멀리 가서, 곧 하루의 제이시에, 여전히 그들이 한창 젊을 때 오십니다. 하나님께서 우리가 아직 젊을 때 우리를 부르신 것은 우리 가운데 어떤 이들이 받은 큰 특전이었습니다. 하나님께서 우리 인생 역사에서 중요한 시기에 오시면, 그것은 큰 복입니다. 또 어떤 이들에게는 하나님께서 그들이 인생에서 좀 더 나이가 들었을 때 나타나십니다. 감사하게도, 하나님께서는 날이 거의 저물었고, 근심의 주름이 이마에 새겨졌으며, 백발의 서리가 머리에 내린 사람들에게도 오십니다. 하나님은 성령의 효력 있는 부르심을 통해서 능력 있게 오시어 그들에게 말씀하십니다. 그들은 주의 말씀하시는 것을 듣고 하나님의 종이 되어 남은 생애를 삽니다. 사랑하는 하나님의 자녀들이여, 거룩한 집 주인께서 지금도 이 시장에 오시어 젊은이와 늙은이 모두에게 은혜로 효력 있게 말씀하시기를 기도합시다. 이 비유에 나오는 집 주인이 종들을 보내어 이 사람들을 부르셨다면, 그들 가운데 아무도 포도원에 들어가지 못했을 수가 있을 것입니다. 그러나 집 주인이 직접 와서 그들에게 친히 말했기 때문에 그들이 그 초대를 받고 들어갔습니다. 그리고 제가 알고 있는 사실은 이것입니다. 즉 저 같이 보잘것없는 사람이 여기 서서 있는 힘껏 말을 할 수는 있지만, 저는 사람들의 마음을 움직이는 열쇠를 갖고 있지 않다는 것입니다. 또 제가 사람들의 귀에 대고 말은 할 수 있지만, 그 이상의 일은 할 수 없다는 것을 압니다. 그러나 내 주님께서 전능하신 은혜로 찬란히 빛을 비추면서 오신다면, 주님께서 헛되이 사람을 부르시는 일은 없을 것입니다. 주님은 사람의 마음을 여는 열쇠를 갖고 계시기 때문입니다. "그가 열면 닫을 사람이 없고"(계 3:7). 그래서 주께서 효력 있게 말씀하시면, 사람들은 새장으로 날아가는 비둘기처럼 하나님께로 날아갑니다. 그 일이 여기에 계신 많은 분들에게 일어나면 좋겠습니다!

이렇게 해서 저는 첫 번째 질문, 곧 주님께서 나가셨다는 말씀에 어떤 의미가 있는지에 대해서 답변하였습니다.

2. 두 번째 질문은 여기서 언급하고 있는 시간이 무엇인가 하는 것입니다.

"그가 제삼시에 나가 보니 장터에 놀고 서 있는 사람들이 또 있는지라." 저는 지금까지 젊은이들에게 전하는 설교들을 많이 듣거나 읽었습니다. 그 설교들 가운데 이른 아침에 하나님께 부름을 받은 사람들에게 전하는 설교도 있었습니다. 또 제십일시에 이른 사람들에 대한 설교도 아주 많았습니다. 그래서 저는 이 강론에서 제삼시에 온 사람들에게 특별히 말씀을 전해야 하겠다고 생각했습니다. 제삼시의 때에 처해 있는 사람들은 어떤 이들입니까? 제삼시라는 것이 무엇입니까? 잠시 생각해 봅시다. 유대인들에게는 여름이든지 겨울이든지 간에 낮은 언제나 12시간이었습니다. 그래서 그 시간이 매일 바뀌었고, 시간을 계산하기가 매우 어려웠습니다. 왜냐하면 낮이 길어지든지 짧아지든지 간에 사람들이 여전히 낮을 열두 시간으로 나누었기 때문입니다. 사랑하는 친구 여러분, 인간의 생애를 열두 시간이라는 기간으로 생각해 보고, 매 시간이 어떻게 될 것인지 계산해 보십시오. 인생의 전 기간을 여러분이 원하는 대로 대략 70세, 72세, 73세, 74세, 혹은 75세로 잡아 보십시오. 그 다음에 아주 이른 시간은 빼야 합니다. 하나님은 인생의 그 시기에 있는 어린아이들을 지각 있는 믿음을 표시하도록 부르시지 않습니다. 그 시기의 어린아이들은 그 믿음을 가질 수 있을 만한 이해력이 아직 없기 때문입니다. 그러한 시간을 조금 빼십시오. 그리고 저는 처음의 두 시간이 20세, 21세, 22세, 23세에 끝나는 것으로, 혹은 여러분이 원하시면 24세에 끝나는 것으로 생각해 봅니다. 그 다음에 인생의 제삼시는 25세부터 35세까지가 될 것이라고 말씀드립니다. 그 시간은 남자가 성숙해지고, 여자는 힘이 충만해지는 시기입니다. 이후에도 사람들은 약간 더 성장할 것입니다. 이때가 인생의 절정은 아니라 할지라도 인생에서 아주 발전한 시기에 이르게 되는 것은 확실합니다. 저는 주님께서 인생의 제삼시에 이른 여러분에게 오셔서 "너희도 포도원에 들어가라 내가 너희에게 상당하게 주리라"는 본문의 말씀을 해 주시기를 간절히 기도합니다.

　　20세에서 40세 사이에 있는 친구 여러분, 저는 여러분이 주 하나님의 종이 되기를 바랍니다. 왜냐하면 첫째로, 여러분은 여러분 인생의 가장 좋은 시간들을 얼마간 이미 써 버렸기 때문입니다. 이제 여러분에게 이른 아침 같은 시간은 없습니다. 이슬이 모든 것 위에 내리고, 근심과 염려의 연기 때문에 아직 시야가 흐려지지 않은 그런 시기는 없습니다. 새들이 아주 즐겁게 노래하고 모든 자연이 결혼식 보석들과 같이 지극히 유쾌한 장신구들로 꾸며진 것처럼 보이는 여름날의 이른 아침을 누릴 수 있는 기회는 사라진 것입니다. 하루의 처음 시간들처럼 일할 시간은 없습니다. 아주 젊은 날처럼 주님을 섬길 수 있는 시간은 없습니다. 저는 처음 주님을 알았을 때 주님께 작은 봉사라도 드릴 수 있었을 때 느꼈던 기쁨이 생각납니다. 나는 일주일 내내 학교에 다녔습니다. 그렇지만 토요일 오후가 있었습니다. 제가 토요일 오후에 그냥 놀고 쉬었어도 괜찮은데, 저는 어린 소년에 불과하였지만 토요일 오후를 전도 책자를 나누어 주고, 제가 찾아갈 수 있는 범위 내의 가난한 사람들을 방문하는데 썼습니다. 안식일에는 주일학교 반 아이들을 가르쳤고, 후에는 주일학교에서 말씀을 전했습니다. 아, 제가 그 모든 일을 얼마나 성심으로 했는지요! 종종 저는 그때가 그 이후보다 더 말씀을 잘 전했다는 생각이 듭니다. 왜냐하면 그때는 제가 몹시 떨면서 말했지만, 진심으로 그 모든 말을 했기 때문입니다. 제가 주일에 마을에서 조금 말씀을 전하기 시작하고, 후에는 주중에 매일 밤 전하기 시작했을 때, 그때는 마음속에서 새롭게 나오는 것을 말하곤 했다는 것을 압니다. 그때는 책에서 많은 지식을 모을 시간이 없었습니다. 나의 주요 도서관은 하나님의 말씀이었고, 제 자신의 경험이었습니다. 그러나 온 영혼으로 말씀을 전했습니다. 틀림없이 실수도 많았고, 약점도 많았으며 젊은이의 어리석음도 많았을 것입니다. 그러나 사람들을 그리스도께 인도하고

자 하는 아주 강렬한 소원을 가지고 전했습니다! 제가 불쌍한 노인 한 사람이라
도 구원할 수 있다면, 제 또래의 남자 아이를 구주의 발 앞으로 데려올 수 있다
면, 기쁘게 제 목숨을 내놓을 수 있겠다고 생각했던 기억이 납니다. 그 시기 이후
의 생애에서 그처럼 이른 아침의 일과 같은 것을 할 수 있는 때는 없습니다. 친구
여러분, 여러분은 그 시기를 이미 보내 버렸습니다. 지금 나이가 25세인 분이 있
고, 30세인 분이 있을 것이며, 정확히 35세인 분도 있을 텐데, 여러분은 지금 구
원받았습니까? 구원받았다면, 귀한 시간을 더 이상 낭비하지 마십시오. 십자가
에 못 박히신 분, 내 사랑하는 구주께 즉시 가십시오. 저기에 그분이 머리에 가시
면류관을 쓰고 서 계십니다. 그분께 적어도 여러분 인생의 남은 날들을 드리십
시오. 여러분이 그토록 오랫동안 그분을 사랑하지도 않고 섬기지도 않은 채 지
낸 것에 대해 용서해 주시기를 구하십시오.

　　또 저는 여러분에게 여러분이 그리스도에게 온 이 나이에 대해 말하지 않을
수 없습니다. 그것은 게으름의 습관이 이미 여러분에게 형성되고 있기 때문입니다. 이
말에 여러분은 "아니요, 저는 게으르지 않아요" 하고 말할 것입니다. 저는 지금
영적 게으름을 말하고 있는 것입니다. 여러분은 지금까지 그리스도를 위해서 한
일이 아무것도 없습니다. 심지어 여러분이 할 수 있는 일이 무엇인지 알아보지
도 않았습니다. 여러분은 포도원에서 무슨 일을 할 수 있는지, 곧 여러분이 포도
나무를 손질하든지 포도나무에 물을 주든지 혹은 포도송이를 거두거나 포도즙
틀을 밟든지, 무슨 일을 할 수 있는지에 대해 생각해 보지도 않았습니다. 여러분
은 지금까지 아무것도 행한 것이 없습니다. 제가 두려워하는 것은 여러분이 아
무것도 행하지 않는 이 방식에 금세 적응이 되고, 우리를 죄에서 구원하기 위해
자신을 주신 그분을 위해 아무것도 행하지 않은, 여러분이 나왔던 그 먼지구덩
이로 다시 돌아가게 되는 것입니다. 여러분은 그런 상태에 잠시도 더 머물러 있
지 않도록 하십시오. 밀랍이 지금 아주 말랑말랑한 상태가 아닙니다. 이제 굳어
지기 시작하고 있습니다. 밀랍이 아주 굳어지기 전에, 밀랍에 주권적인 은혜의
도장을 찍어서 여러분의 삶에 그리스도의 형상이 새겨지도록 하십시오.

　　게다가 사탄은 언제든지 우리를 시험하려고 준비하고 있습니다. 여러분도 알다
시피, 사탄은 언제나

　　　"게으른 손이 행할

해악을 지금도 찾고" 있습니다.

저는 여러분이 지금까지 공공연히 어떤 큰 죄를 범하지 않았으리라고 생각합니다. 아마도 여러분은 본문의 이야기에 나오는 젊은이처럼 외형적으로는 순수하고 깨끗하게 보존되어왔을 것입니다. 그러나 여러분이 스스로의 평가에서는 그처럼 선한 사람으로 보이지만, 사탄에게 거침없이 공격당할 수 있다는 것을 알지 않습니까? 만일 사탄이 여러분으로 하여금 육신의 정욕들이나 허망하고 죄악적인 쾌락을 만족시키도록 만들 수 있다면, 여러분을 망쳐놓고 나서 희희낙락하리라는 것을 알지 못합니까? 아, 여러분을 우리 주님의 군대에 편입시킬 수만 있다면 좋겠습니다! 자, 그리스도의 군대에 들어가십시오. 제 말뜻은 주 예수 그리스도를 믿고, 그분을 여러분의 구주로 영접하고 그의 충성스런 종이 되라는 것입니다. 저는 여러분의 손에 괭이나 전지용 칼 혹은 우리 주님의 포도원에 들어가도록 부추길 만한 어떤 것을 들려서 주님을 섬기도록 할 수 있으면 좋겠습니다.

현재 25세나 30세 혹은 35세에 이른 여러분, 여러분이 그리스도께 가기를 바랍니다. 여러분의 태양이 정오에 하늘에서 떨어질 수가 있기 때문입니다. 그런 일들이 실제로 발생합니다. 저는 오늘 아침 이 회중을 둘러보면서, 여기에서 멀지 않은 자리에 앉곤 하였는데 두어 주 전에 하늘로 간 나이든 교우가 생각났습니다. 하나님의 또다른 자녀가 한때 저기에 앉았는데, 그 사랑하는 친구가 불과 며칠 전에 본향으로 돌아갔습니다. 저는 지금 이 자리를 죽 둘러볼 때 한때 여기에 앉았으나 지금은 하나님과 함께 있는 사람들을 종종 떠올리지 않을 수 없습니다. 그들이 차례차례 떠나갔습니다. 그들 가운데는 아주 나이 많은 사람들이 있었습니다. 그러나 본향으로 떠나도록 부름 받은 그 사람들 가운데 아주 젊은 사람들도 많이 있었습니다. 저는 그 젊은이들이 저와 여러분의 장례식 때 이 자리에 있을 것이라고 생각했었습니다. 그런데 우리가 아니라 그들이 일찍 무덤으로 갔습니다. 감사하게도 제가 기억하는 사람들 대부분이 기쁘게 무덤으로 갔습니다. 그들이 기쁘게 갔다고 말하는 것은 그들이 하나님의 은혜로 말미암아 영광에 이르도록 준비되었다는 것을 알았기 때문입니다. 그런데 사랑하는 친구 여러분, 여러분이 하나님을 섬기기를 시작도 하기 전에 하나님의 부르심이 여러분에게 떨어진다면 어떻게 하겠습니까? 아니, 그런 일이 있어서는 안 되지 않습니까? 여러분은 마음속으로 이렇게 말하지 않겠습니까? "하나님의 은혜로 그런 일이 일어나서는 안 돼. 나는 당장 지금 주님을 찾고, 나를 위해 자신을 주신 분에게 나를 드리겠어."

다시 한 번 말하지만, 만일 하나님께서 여러분의 목숨을 아끼신다면, 여러분이 일할 좋은 기회가 남아 있다고 생각합니다. 제가 이 자리에 인생의 한창 때를 지나고 있는 사람들을 둘러볼 때, 그들 가운데 많은 사람이 아직 하나님께 돌이키지 않았다는 것을 압니다. 사랑하는 친구 여러분, 저는 사탄이 여러분을 차지해서는 안 되고, 세상이 여러분을 빼앗아 가서는 안 되며, 죄가 여러분을 차지할 것이 아니라 그리스도께서 여러분을 차지해야 한다고 생각합니다. 그리스도는 참으로 영광스런 구주이시고 하나님이시므로, 저는 어찌하든지 온 세상을 그분의 발 앞에 무릎 꿇게 하고 싶습니다. 그분은 모든 왕들이 그 앞에 엎드리고, 모든 군왕들이 그를 복되다고 일컬을 만한 분입니다. 그 같은 영광을 받으실 만한 분이십니다. 여러분이 그와 같이 한다면 마땅히 해야 할 일을 하는 것입니다. 그러면 여러분은 참으로 놀라운 인생을 영위할 수 있을 것입니다! 여러분의 인생은 참으로 유용하고, 행복하며 복될 수 있습니다! 여러분이 마음을 하나님께 드리면 어떤 사람이 될 수 있는지를 보여주는 망원경을 통해서 이 세상에서와 하늘에서 참으로 놀라운 천국이 여러분을 기다리고 있다는 것을 볼 수 있다면, 틀림없이 여러분은 이 위대하신 집 주인의 부름에 순종하고, 이 예배당을 떠나기 전에 하나님의 포도원에 들어갈 것이라고 생각합니다.

3. 세 번째 질문, 곧 이 집 주인이 말을 건넨 이 사람들은 무엇을 하고 있었는지에 대해 생각해 봅시다.

"장터에 놀고 서 있는지라." 저는 이 점을 자세히 다루지는 않겠지만 놀고 서 있는 사람들에 대해 간단히 말하지 않을 수 없습니다. 말 그대로, 놀고 있는 사람들이 많습니다. 지금도 이런 그리스도인들이 많이 있습니다. 사실 제가 여기서 말하는 것은 그리스도인들이 아니라, 마땅히 그리스도인답게 행해야 하지만 실제로는 빈둥거리며 지내는 사람들을 가리키는 것입니다. 때로 제가 망통(Mentone: 프랑스 남부 휴양도시) 바닷가나 다른 곳에 갔을 때, 아무 근심걱정이 없이 지내는 유복한 사람들을 아주 많이 보았습니다. 그들은 아주 건강하였지만 하루하루를 빈둥거리며 시간을 보내고 있었습니다. 그래서 저는 속으로 이렇게 생각할 정도였습니다. '이 사람들을 지중해에 집어넣는다고 해도 이들 때문에 무슨 손해를 보는 사람들이 있을까?' 우리 예배당에 오는 사람들 가운데서도 그와 같은 사람들이 많지 않습니까? 그들이 많은 빵과 고기를 소모하면서도 그런 점에 전혀 신경을 쓰지 않는다면, 그들은 인생의 날들을 허비하고 있는 것입니다. 그들이 아무에게도 유익을 끼치지 않기 때문입니다. 다 큰 남자가 아무 일도 하지 않고 지내며, 사랑과 친절을 베풀도록 지어진 여자가 사방에 사랑과 친절을 베풀지 않고 주님을 섬기지 않고 지낸다는 것은 참으로 애석한 일입니다! 여러분 가운데 30세에서 40세의 나이가 되었는데 여전히 빈둥거리며 지내는 사람들에게 주 예수 그리스도의 이름으로 아주 간절히 이렇게 말하고 싶습니다. "믿음으로 그리스도께 와서 여러분의 게으름과 그 밖의 죄들을 고백하십시오. 그리고 그리스도의 은혜와 자비를 구하여 주님의 포도원에 들어가고, 여러분이 일할 수 있는 동안에 주님을 섬기십시오."

그런가 하면, 진정으로 가치 있는 것은 아무것도 이루지 못하는 노고에 지쳐서 힘들게 일하지만 무익한 사람들이 있습니다. 사업하는 일에 인생의 모든 시간을 바치고 단지 돈만 벌기 위해서 사는 사람은 그저 하찮은 목표를 위해서 수고하는 것입니다. 세속적인 목적들이 그의 마음을 사로잡고 있기 때문입니다. 하나님을 위해서, 그리스도를 위해서, 사람들의 선을 위해서 사는 사람은 영원히 살아 남을 가치가 있는 목적을 위해서 사는 것입니다. 자신의 명예를 위해서만 사는 사람은 매우 일시적이고 하찮은 목적을 위해서 살므로, 그런 사람에 대해서는 비록 그가 죽을 정도로 힘들게 일할지라도 무익한 사람이라고밖에 말할 수 없습니다! 여러분, 여러분이 힘써서 하는 일이 고작 이런 것이라면, 주님께서는 여러분을 무익한 존재라고 생각하십니다! 여러분은 주님을 위해 아무 일도 하고 있지 않으며, 가치가 있는 일은 전혀 하고 있지 않고, 그리스도의 보혈로 구속받은 영혼이 행한 위업(偉業)처럼 명부와 역사 기록에 남을 만한 것은 아무것도 행하고 있지 않은 것입니다. 부지런히 일하지만 무익한 여러분들이여, 여러분이 주님의 포도원에 가서 일하게 될 수 있기를 기도합니다!

끊임없이 주저하기 때문에 빈둥거리며 지내는 사람들이 있습니다. 그들은 아주 나쁜 사람들이 아니지만 좋은 사람도 아닙니다. 그들은 적극적으로 마귀를 섬기지는 않지만 하나님을 섬기는 일을 소홀히 함으로써 마귀를 돕고 있는 것입니다. 그들이 게으르긴 하지만, 마음에는 선한 의도를 잔뜩 품고 있습니다. 그런데 문제는 그들이 그런 채로 너무 오랫동안 지냈다는 것입니다. 그들이 10년 전에 품었던 결심대로 하였다면, 지금 그들에게 큰 변화가 있을 것입니다. 그러나 그렇지 않습니다. 겉으로 볼 때, 그들은 10년이라는 시간을 보내도 그때도 지금과 똑같을 것입니다. 하나님께서 그때까지 그들의 목숨을 아끼신다면 말입니다. 그들은 그 자리에서 조금도 더 나아가지 못할 것입니다. 그들은 "그들은 결심하고 또 결심하지만" 여전히 같은 자리에 있는 그런 사람이기 때문입니다. 저는 그 사람들이 자기들이 구원받기를 원한다고 말하면서 실제 마음으로는 그렇게 생각하지 않는 것보다, 차라리 자기들이 망하고 싶다고 말했으면 좋겠다는 생각이 들기까지 합니다. 왜냐하면 그들이 자기들이 망하고 싶다고 말했다면, 그 말을 하고 나서 두려운 생각이 들어 미지근한 상태에서 빠져나올 것이기 때문입니다. 그런데 지금 그들은 하나님과 영원과 천국과 지옥을 가지고 놀며 "나는 하겠습니다, 하겠습니다, 하겠습니다" 하고 말합니다. 그리고 언제나 "하겠습니다"고 말은 하면서, 그들은 그 "하겠다"는 것을 현재 행하려는 뜻은 결코 없습니다. 여러분, 만일 집에 불이 났고 여러분이 위층에 있는데, 여러분이 "나는 조금 있다가 불이 2층으로 올라오면 피하겠어. 하지만 지금은 잠시 기다려야 해"라고 말한다면, 참으로 애석한 일일 것입니다. 아니, 그렇게 하지 않을 것입니다. 여러분은 당장에 어떻게 해서든지 도망가려고 할 것입니다. 저는 틀림없이 여러분이 그렇게 할 것이라고 생각합니다. 사람이 언제나 상의하고 "하겠습니다"라고 말만 하고 나서 결코 행동에 옮기지 않는 것은 지혜가 아니라는 것을 우리는 압니다. 하나님의 은혜로 이렇게 말하는 것이 지혜일 것입니다. "저는 이제 주저하던 태도를 끝냈습니다. 주님께서 제게 영적 생명을 주신다면 하나님을 위해 살기 시작하겠습니다. 하나님께서 제게 영적인 빛을 주신다면 어둠의 일들을 던져 버리겠습니다. 예수님의 발 앞에 엎드려 '주여, 저를 구원하소서. 저는 제 죄에서 벗어나고 더 이상 빈둥거리며 지내고 싶지 않습니다' 하고 외치겠습니다."

　이 점에 대해서는 이만큼만 이야기하고, 다음 문제로 넘어가겠습니다.

4. 주님께서는 이 게으른 사람들에게 무슨 일을 시키시려고 합니까?

　"너희도 포도원에 들어가라." 여러분은 어떤 사람들에게서 들은 말을 가지고, 하나님의 일은 아주 힘들고 지루하며 우울하고 고되며 고생스럽다고 생각할 것입니다. 그것은 틀린 생각입니다. 주님께서 우리에게 시키시려고 하는 일은 우리에게 매우 합당하고 잘 맞는 일입니다. 주님께서는 우리가 죄인이라는 것을 인정하도록 하고, 그래서 우리가 와서 씻음을 받도록 하시기를 원하십니다. 그리고 우리가 죄 씻음을 받으면, 이렇게 우리를 구원하신 주님께 찬송을 드리는 것이 우리의 즐거움이자 의무이고 우리의 특권이며 기쁨이라는 것을 깨닫게 하시려고 합니다. 하나님을 섬기는 것은 사람이 행하기에 가장 적합한 일입니다. 그 일은 사람을 결코 타락시키지 않고 지치게 만들지 않습니다. 하나님을 섬기는 가운데서 새로운 힘을 얻기 때문입니다. 그리고 우리는 하나님을 섬기면 섬길수록 하나님을 섬길 수 있는 힘을 그만큼 더 얻게 됩니다.

사랑하는 친구 여러분, 주님께서는 여러분에게 필요한 모든 도구와 힘을 주어 일하게 하실 봉사에 여러분을 초대하십니다. 주님께서 여러분을 포도원에 보내실 때는 여러분이 집에 가서 도구 상자를 가져오기를 바라시지 않습니다. 하나님께서는 죄인들이 자기 구주를 찾을 것으로 기대하시지 않습니다. 하나님께서는 자기 군사들을 전투에 보내실 때 자비량 하라고 하시지 않습니다. 하나님의 종으로 일하는 사람은 하나님께서 자기에게 시키시는 모든 일을 할 수 있도록 특별한 준비와 도움을 받습니다.

사랑하는 친구 여러분, 그 외에도 여러분이 하나님의 포도원에 들어간다면 여러분은 하나님과 함께 일할 것이고, 그래서 고귀한 사람이 될 것입니다. 제가 생각할 때 우리가 "하나님과 함께 일하는 자"(고후 6:1)라는 사실이 우리의 봉사에 관해 가장 놀라운 점인 것 같습니다. 포도넝쿨을 정리하는 일을 할 때 우리의 손을 따라서 함께 능숙하게 움직이는 전능한 손이 있음을 발견하는 것, 날카로운 전지칼로 너무 길게 자란 가지를 자르면서 우리보다 더 예리하게 자르는 칼이 있음을 느끼는 것, 삽으로 포도나무 주위를 파는 동안 우리가 파는 것보다 더 깊이 파서 우리가 하는 일을 효과적으로 만드는 은밀한 일꾼이 있다는 것을 알고 느끼는 것은 참으로 복됩니다. 이와 같이 자기 하나님과 함께 일하는 사람은 행복합니다! 사랑하는 여러분, 여러분이 하나님을 위하여 건물을 짓고 있는데, 흙손이나 망치를 들 때 또다른 손이 흙손과 망치를 들며 여러분과 함께 또 여러분을 통해 건물을 짓고 있다는 것을 느낀다면, 여러분은 하나님께 존중받고 있는 것입니다. 하나님께서 여러분과 함께 일하신다면 여러분은 하늘의 귀족인 것입니다. 하나님께서 여러분에게 "너도 포도원에 들어가라"고 하면서 초대하시는 것은 바로 이 위치로 오라고 하시는 것입니다.

25세나 30세가 된 젊은이 여러분, 여러분에게 한 가지 말씀드리겠습니다. 만일 여러분이 이 일에 종사한다면 그 일이 점점 더 여러분에게 즐거워질 것입니다. 이 일을 처음 시작할 때 겪는 작은 어려움들은 곧 사라질 것입니다. 하나님의 일이 처음에는 마치 물살을 거슬러 헤엄치는 것처럼 보일 수 있습니다. 그러나 후에는 불리한 환경 속에도 즐거움이 있다는 것을 여러분은 발견하게 될 것입니다. 살아 있는 물고기는 언제나 물살을 거슬러 헤엄치는 것을 더 좋아하기 때문입니다. 여러분은 곤경 속에서 기쁨을 발견할 것입니다. 처음에는 아주 힘들게 느껴졌지만 차츰 그것이 신성한 기쁨이라는 것을 알게 될 것입니다. 여러분이 하나님을 위해 살고 수고하면, 하나님을 섬기고 하나님의 거룩한 이름을 영광스럽게 하는 것이 점점 더 즐거운 일이 될 것입니다.

사랑하는 친구 여러분, 하나님을 섬기는 그 일은 마침내 영광스런 보상을 받을 것입니다. 주님께서 그의 은혜를 따라 이 세상에서 보상을 주시고, 내세에서도 보상을 주실 것입니다. 수고에 대한 대가로 주시는 것이 아님을 주목하기 바랍니다. 저는 지금 율법주의를 설교하는 것이 아닙니다. 젊은이에게 일하라고 요청하는 것이 그렇게 일해서 천국을 얻도록 하라고 권하는 것이 아닙니다. 저는 먼저 여러분이 예수님을 믿고, 그래서 살아 계신 하나님의 종이 되고, 그 다음에 감사하는 마음으로 자신을 하나님께 드리고 하나님을 위해서 시간을 쓰라고 말하는 것입니다. 여러분이 그렇게 한다면, 진실로 여러분은 이 세상에서나 내세에서 보상이 부족하지 않을 것입니다.

지금까지 제가 제삼시에 이른 사람들, 즉 25세에서 35세 사이의 나이에 이른 사람들에게 말해 왔지만 우리는 집 주인이 다시 제육시에 나갔다는 것을, 말하자면 35세에서 45세에 이른 사람들에게도 가셨다는 것을 기억하라고 말씀드리면서 설교를 마무리짓도록 하겠습니다. 35세에서 50세 사이에 있는, 아직 힘이 있는 여러분들이여, 여러분이 그리스도의 부르심을 듣고 온다면 그리스도께서 여러분을 거절하지 않고 고용하실 것입니다.

그 다음에 집 주인은 제9시에도 나갔습니다. 말하자면 50세, 55세, 60세 혹은 그 이상 나이든 사람들에게 가신 것입니다. 날이 저물어 가고 있었습니다. 그러나 그런 사람들이라도 일에 모든 에너지를 쏟아 붓는다면 한 바탕 일을 잘 할 수 있을 것입니다. 아무도 벌써부터 필생의 사업을 단념할 필요는 없습니다. 그러나 여러분이 오랫동안 일할 수 없을지라도 집중해서 일할 수는 있습니다. 일을 아주 늦게 시작하는 사람들이 있습니다. 그러나 그들도 아주 활기차고 열심히 일에 뛰어들어 아주 많은 일을 처리합니다. 저는 여러분이 그렇게 하지 못할 이유가 없다고 생각합니다. 그러니 어쨌든 지금 들어오십시오. 나이든 사람들이 과거에 큰 일들을 했습니다. 그들에게 젊은이의 활달함이 없을지라도 지혜는 그들이 더 많습니다. 그들이 힘은 많지 않지만 분별력이 있습니다. 형제 여러분, 여러분에게서 이미 아주 많은 세월이 지나갔지만, 여러분이 채워야 할 부분이 있습니다. 지금이라도 여러분이 그리스도께 온다면 그리스도께서 그의 포도원에 여러분을 쓰실 것입니다.

그런데, 무엇보다도 집 주인이 제십일시에 나갔습니다. 집 주인은 이렇게 말했을지 모릅니다. "내가 지금 나가는 것은 아무 소용이 없다. 왜냐하면 내가 그들을 데려온다고 해도 그들이 일할 시간이 한 시간밖에 남지 않았기 때문이다." 내가 앞에서 이야기한 대로, 집 주인이 그들을 고용한 것은 그가 사람들이 필요해서가 아니라 그들에게 돈이 필요하였기 때문입니다. 그래서 집 주인은 제일시에 그들을 필요로 하지 않았고, 제삼시, 혹은 제육시, 혹은 제구시에 그들을 필요로 하지 않았습니다. 하물며 제11시에 그들이 필요했겠습니까? 그럼에도 불구하고 집 주인은 다시 한 번 밖으로 나가려고 합니다. 거기에 사람들이 있습니다! 그들이 보입니다. 그들은 늙은이 무리입니다. 여러분들이라면 틀림없이 그들을 고용하지 않을 것이라고 생각합니다. 여러분은 이렇게 말할 것입니다. "저 사람들은 일할 시간의 절반은 잡담하는데 보내고, 나머지 시간 절반은 이마에 흐르는 땀을 닦는데 보내고, 아무 일도 하지 않을 겁니다. 이 불쌍한 늙은이들에게는 힘이 전혀 남아 있지 않아요. 이들은 구빈원에 가서 죽 한 그릇을 받아 난롯가 옆에 앉아 있는 게 나아요." 그러나 이 선한 집 주인이 그들을 고용하는 것은 자신을 위해서가 아니라 그들을 위해서였습니다. 집 주인은 이들을 고용하는 것이나 앞서서 다른 사람들을 고용한 것이나 같다고 생각했습니다. 그래서 그는 그들에게 이렇게 말합니다. "자, 지금은 십일시다. 하지만 내 포도원에 들어가서 일하라. 그러면 내가 상당하게 너희에게 주겠다." 인생의 아주 초기에 주님을 위해서 일하도록 부름을 받은 것은 큰 기쁨이라고 저는 생각합니다. 저는 얼마 있지 않아 이렇게 말할 수 있으면 좋겠습니다. "하나님이여 나를 어려서부터 교훈하셨으므로 내가 지금까지 주의 기이한 일들을 전하였나이다 하나님이여 내가 늙어 백발이 될 때에도 나를 버리지 마시며 내가 주의 힘을 후대에 전하고 주의 능력을 장래의 모든 사람에게 전하기까지 나를 버리지 마소서"(시 71:17,18). 저는 주님께서 자신의 늙은 종을 해고시키실 것으로 생각하지 않습니다. 제가 나이가 들면 여러분은 제게 넌더리가 날 수도 있습니다. 그러나 주님은 그러시지 않을 것입니다. 주님은 내 기도를 들으실 것입니다.

"주여, 내게 주의 일을 그만두게 하지 마소서."

우리가 젊을 때부터 주님을 섬겼다면, 그것은 더할 수 없이 행복한 최상의 일입니다. 그러나 나이든 교우 여러분, 슬프게도 여러분이 그 특권을 놓쳤을지라도, 지금 늙고 구원받지 못한 상태에 있더라도, 지금도 주님은 여러분을 초대하십니다. 주님께서 여러분을 부르십니다. 여러분에게 오라고 명하고 여러분을 환영하십니다. 여러분이 주님께 오기만 한다면 주께서 여러분에게 삯을 주실 것입니다. 주님께서 아주 일찍부터 일을 시작한 사람들에게 주시듯이 여러분에게도 주실 것입니다.

제 기억이 맞는다면, 103세의 나이에 회심한 사람이 있었습니다. 제가 생각할 때 그분은 버지니아에 살면서 상황을 관망하고 있었던 것 같습니다. 그러다가 플라벨(John Flavel, 1627-1691, 영국의 비국교회 목사 — 역주)이 플리머스(Plymouth)에서 설교할 때 들었던 말씀이 생각났고, 그 설교의 매우 인상적인 부분을 기억하고서 하나님께로 돌이켰고 평화와 사죄를 얻었습니다. 그는 이후로 3년간 더 살았습니다. 그가 죽었을 때, 그의 무덤에 이 비문(碑文)이 적혔습니다. "여기 자연의 섭리를 따라서 106세가 되어 죽었지만, 은혜 안에서 세 살 먹은 아기가 잠들다."

여러분은 여섯 달 전에 여기서 세례를 받은 훌륭한 그 친구를 기억합니까? 노인 여러분, 저는 그분이 마음의 고통을 겪고 있는 것을 자주 보았습니다. 얼마나 슬픈 일이었는지 모릅니다! 솔직히 저는 그가 있는 곳에는 일부러 가지 않으려고 한 때가 있었다고 말씀드리지 않을 수 없습니다. 저는 그를 기운 나게 만들 수가 없었고, 오히려 그는 사람을 자기와 같은 상태로 끌어내리는 경향이 있었기 때문입니다. 그는 너무 큰 슬픔에 잠겨 있었습니다. 사랑스럽고 훌륭한 영혼을 지닌 하나님의 참된 자녀였지만, 언제나 자신의 믿음의 증거들을 의심하였습니다. 어느 날 제가 구도자들을 만나고 있을 때, 그가 왔습니다. 그가 세례를 받고 싶다고 하며, 그리스도에 대한 믿음을 고백할 수 있을지 모르겠다고 말했습니다. 그는 자기가 하나님의 자녀라는 것을 확신하지 못하였습니다. 그러나 그는 그리스도의 보혈 외에는 아무 소망이 없다는 것을 알았습니다. 그는 아주 나이가 많았습니다. 그분이 너무 늙었다고 제가 생각했겠습니까? 그렇지 않습니다. 주님을 찬송합시다! 저는 그분을 보게 되어 기뻤습니다. 그분은 86세의 나이에 침례를 받았고, 그날 그분은 매우 행복해하였습니다. 그분을 알고 있는 사람들은 그분이 그렇게 즐거워하는 것을 본 적이 없었습니다. 그는 그리스도의 보혈을 의지하고 있었고, 주님의 명령에 복종하였습니다. 그분은 지상에서 약 세 달 동안 천국을 맛보며 살았습니다. 그때 여러분이 그 노인을 보았다면, 틀림없이 여러분은 그의 얼굴이 참으로 빛나는 것을 보았을 것입니다. 그는 하나님과 동행하였고, 그 다음에 본향으로 갔습니다.

우리 중에 오랫동안 교회에 다닌 나이 든 교우가 없습니까? 그렇지 않습니다. 그 여자 성도가 오늘 밤 이 자리에 나올 수 있다면 이 예배당 저쪽에 앉을 것입니다. 그 성도는 열여섯 살 때 우리 교회에 가입했고 교인으로 76년을 살았으며, 지금도 우리 중에 있습니다. 이 두 사람의 차이를 생각해 보십시오. 한 분은 76년 동안 믿음을 고백하고 있고, 또 한 분은 겨우 두세 달 동안만 믿음을 고백했습니다. 그렇지만 두 분 모두 자기의 삯을 받을 것입니다. 저는 우리 교인들이 86세에 포도원에 들어온 그 형제에게 그의 품삯을 주는 것을 싫어할 사람은 없다고 확신합니다. 우리는 그분이 이 세상과 내세에서 품삯을 온전히 받는 것을 기뻐합니다. 사랑하는 친구 여러분, 여러분은 그분이 했던 것처럼 가던 길을 너무 늦게 멈추는 일을 하지 않도록 하십시오. 그리고 여러분이 이제 가던 길을 멈추었다면, 당장 서둘러 그리스도께로 가십시오. 성령님께서 여러분을 인도하고 지도해 주시기를 기도합니다! 아멘.

제
55
장
—

특정한 구속

—

"인자가 온 것은 섬김을 받으려 함이 아니라
도리어 섬기려 하고 자기 목숨을 많은 사람의 대속물로
주려 함이니라." — 마 20:28

    제가 처음 이 강단에 서서 이 홀에 모인 사람들에게 설교하게 되었을 때, 제 설교를 듣는 회중은 이 도시의 모든 거리들에서 하나님 말씀을 듣기 위해 모여드는 잡다한 군중의 모습을 띠고 있었습니다. 그것은 단지 복음 전도자에 불과한 사람이 이제까지 복음을 들어보지 못한 많은 사람들에게 설교하는 형국이었습니다. 하나님의 은혜로 말미암아 정말 놀랍고 복된 변화가 일어났습니다. 이제 제 설교를 듣는 회중은 여기저기서 모여든 잡다한 군중이 아니라 런던 시 어느 곳에서 목회를 하는 어떤 목사의 회중처럼 확정되어 있습니다. 저는 강단에서 이 몇 달 동안 가능한 거의 같은 자리를 차지하고 있는 제 친구 같은 여러분들의 용모를 관찰할 수 있습니다. 여기 함께 모인 여러분들 가운데 4분의 3에 해당하는 많은 분들이 호기심에서 여기에 잠깐 들른 것이 아니라 정규적으로 계속 제 설교를 듣게 된 사람들이라는 것을 아는 특권과 즐거움을 저는 누리고 있습니다. 그리고 제 신분도 변화되었음을 주목하십시오. 이제 제 임무는 복음 전도자로부터 여러분의 목회자가 되어 있습니다. 한때 여러분은 제 설교를 듣기 위해 여기저기에서 잡다하게 모여든 그룹이었습니다. 그러나 이제 우리는 사랑의 끈으로 함께 묶여 있습니다. 상호 연합으로 서로 더 사랑하고 존경하게 되었습니다. 이제 여러분은 제 목장의 양들이 되었고, 양 떼들의 일원이 되었습니다. 이제 저는 제가 저녁에 설교를 전하는 이 예배당에서 뿐만 아니라 이곳에서 목회자의 위치를 차지하는 특권을 누리게 되었습니다. 그래서 회중이나 직무가 바뀌었으니 가르침 자체도 어느 정도 변화를 겪을 것이라는 의식이 모든 이들의 마음에 금방 떠오를 것이라고 저는 생각합니다. 저는 복음의 단순한 진리를 가지고 여러분에게 말하곤 하였습니다. 이곳에서는 하나님의 깊은 것들을 다루려는 시도를 거의 하지 않았습니다. 저녁에 나오는 회중에게 적합하다 여겨지는 본문을 오전에 이곳에서 드리는 예배에서는 논의의 주제로 삼고 싶지 않았습니다. 제 자신의 입장에서 볼 때, 높고 신비로운 많은 교리들을 다룰 기회들이 자주 있었습니다. 그러나 여기서는 말씀을 듣기 위해 여기저기에서 이따금씩 오는 사람들이 회중을 이룰 때는 그 교리들을 소개하지 않았습니다. 그러나 이제 환경이 바뀌었으니 가르침도 바뀔 것입니다. 이제 저는 믿음의 교리, 또는 신자의 세례에 관한 가르침만을 전하지는 않을 것입니다. 문제의 표면에 머물지 아니하고 하나님께서 인도하시는 대로 우리가 그처럼 사랑스럽게 견지하고 있는 믿음의 근본 바탕에 깔려 있는 요점들을 다루도록 할 것입니다. 여러분 앞에 하나님의 주권의 교리를 설교하는 것을 부끄러워하지 않을 것이며, 선택의 교리를 매우 단호하고 대담하게 설교하는 것을 꺼리지 않을 것입니다. 성도의 궁극적 견인의 위대한 진리를 제시하는 것도 두려워하지 않을 것입니다. 하나님의 택한 백성들에 대한 하나님의 유효한 부르심에 관한 의문의 명백한 성경 진리를 미루지 않을 것입니다. 하나님께서 저를 도우시는 대로 제 양 떼가 된 여러분에게 어느 것도 감추지 않고 담대히 말할 것입니다. 여러분 중 많은 사람들이 이제 "주님의 은혜로우심을 맛보았다"는 사실을 알고 저는 담대하게 은혜의 교리들의 전체를 다루는 데로 나아가겠습니다. 그래야 성도들이 거룩한 믿음으로 세워지고 그 덕성을 함양하게 되는 것입니다.

오늘 아침 저는 구속(救贖, redemption)의 교리부터 시작하겠습니다. "인자가 온 것은 … 자기 목숨을 많은 사람의 대속물로 주려 함이니라." 구속의 교리는 믿음의 체계를 붙들고 있는 가장 중요한 교리들 중 하나입니다. 이 점에 실수하게 되면 필연적으로 우리 믿음의 전 체계가 오류에 빠지게 됩니다.

여러분은 구속에 관한 여러 이론들이 있음을 알고 있을 것입니다. 모든 그리스도인들은 그리스도께서 구속(救贖)하시려고 죽으셨다는 진리를 견지하고 있습니다. 그러나 모든 그리스도인들이 동일한 구속을 가르치는 것은 아닙니다. 속죄의 본질, 구속의 의도에 관하여 서로 의견이 다릅니다. 예를 들어서, 아르미니우스주의자(Arminian)는 그리스도께서 죽으실 때 어떤 특별한 사람을 구원하실 의향으로 죽으신 것이 아니라고 주장합니다. 그들은 가르치기를, 그리스도의 죽음 자체는 살아 있는 사람의 구원을 확보하지 못한다고 가르칩니다. 그리스도께서 모든 사람들이 구원받을 수 있게 하기 위해 죽으셨다고 그들은 믿습니다. 혹은 원하는 사람은 누구든지 다른 어떤 일을 행함으로써 영생을 얻을 수 있다고 가르칩니다. 따라서 만일 사람의 의지가 계속 고집을 부리고 자원하는 심령으로 은혜에 복종하지 않으면, 그리스도의 속죄는 무익한 것이 될 것이라고 그들은 주장할 수밖에 없습니다. 그리스도의 죽음 속에 어떤 개별성이나 특수성이 전혀 존재하지 않는다고 주장합니다. 그들에 따르면, 하늘에 올라간 베드로를 위해서만큼 지옥에 있는 가룟 유다를 위해서도 그리스도께서 죽으셨다는 것입니다. 영원한 불 속에 넘겨진 자들을 위해서도 참되고 진정한 구속이 이루어졌다고, 지금 지존자의 보좌 앞에 서 있는 자들을 위해서만큼 동등한 구속이 그들에게도 이루어졌다고 믿습니다.

자, 우리는 그런 주장을 전혀 믿지 않습니다. 우리는 주장합니다. 그리스도께서 죽으실 때에 목적을 가지고 죽으셨으며, 의심할 여지 없이 그 목적이 정말 확실하게 이루어질 것이라고 말입니다. 우리는 그리스도의 죽으심의 효력으로 인해 그리스도의 죽으심의 의도를 측량합니다. 만일 어떤 사람이 우리에게 "그리스도께서 죽으심으로 말미암아 무엇을 의도하시는가?"라고 묻는다면, 그 사람에게 다음과 같이 되물음으로써 그 질문을 대응하겠습니다. 곧 "그리스도께서 자신의 죽으심을 통해서 무엇을 하셨으며, 아니면 무엇을 하실 것인가?" 그리스도의 사랑의 효력은 그리스도의 죽으심이 의도한 것만큼 해당된다고 우리는 선언합니다. 우리는 전능하신 하나님이 의도하신 것이 좌절될 수 있다거나, 속죄와 같은 그러한 큰 일의 계획이 어떤 식으로든지 빗나갈 수 있다고 생각할 수 없습니다. 우리가 믿는 대로 말하는 걸 우리는 두려워하지 않습니다. 그리스도께서 이 세상에 오신 것은 "아무도 그 수를 헤아릴 수 없이 허다한 무리의 사람들"을 구원하시려 함이었다고 우리는 주장합니다. 그 결과 그리스도께서 위하여 죽으신 각 사람마다 일말의 의심도 없이 죄에서 깨끗함을 입고, 그 피로 씻음 받은 상태에서 아버지의 보좌 앞에 서게 된다고 믿습니다. 영원히 저주를 받는 자들을 위해서 그리스도께서 효력 있는 속죄를 하셨다고 우리는 믿지 않습니다. 하나님께서 미리 아신 자들을 구원하기 위해 흘리신 그리스도의 피가 결코 구원받을 수 없는 자들을 위해서도 흘려졌다는 생각을 감히 하지 않습니다. 어떤 사람들의 설명대로 지옥에 있는 이들도 구원하시려고 그리스도께서 죽으셨다는 식으로 우리는 감히 생각하지 않습니다.

그렇게 해서 저는 방금 우리의 구속론(救贖論)을 진술하였습니다. 그리고 그리스도를 믿는다고 고백하는 교회 안에 있는 두 큰 교파 사이에 존재하는 차이들에 대하여 넌지시 말씀드린 셈입니다. 이제 저는 예수 그리스도의 구속의 위대성을 보여주려고 노력하겠습니다. 그렇게 하는 중에 성령님으로 말미암아 제가 능하게 되어 구속의 위대한 전 체계(體系)를 밝히 설명할 수 있게 되기를 희망합니다. 그래서 구속의 전 체계를 우리 모두가 이해할 수 있기를 원합니다. 물론 우리 중 모든 사람이 그것을 그대로 받아들이지 못할 수 있습니다. 이 점을 명심해 두어야 합니다. 여러분 중에 어떤 사람은 아마 제가 역설하는 것들에 반론을 제기하겠다고 벼를 수도 있습니다. 그러나 여러분은 그런 것이 제게는 아무것도 아니라는 것을 기억하실 것입니다. 저는 언제나 제가 참되다고 주장하는 것들을 살아 숨쉬는 어떤 사람에게도 숨기거나 듣지 못하게 하지 않겠습니다. 항상 가르칠 것입니다. 여러분은 여러분 입장에서 똑같은 일을 할 동일한 자유를 갖고 있습니다. 또한 여러분의 총회가 모인 중에서 여러분 자신의 관점들을 설교할 자유를 가지고 있습니다. 제가 제 것을 온전히 주저하지 않고 설교할 권한을 가지고 있다고 주장하는 것처럼 말입니다.

그리스도 예수께서는 "자기 목숨을 많은 사람의 대속물로 주셨습니다." 그 속전(贖錢)을 통해서 우리를 위해 위대한 구속을 이루셨습니다. 저는 이제 이 구속의 위대함을 보여주려고 할 것입니다. 그것을 다섯 가지 방식으로 헤아리면서 말입니다. 이제 구속의 위대함에 주목하겠습니다. 무엇보다 먼저, 우리 자신의 극악한 죄책의 시각에서 살펴보겠습니다. 주께서는 우리를 그런 죄책에서 우리를 구원하셨습니다. 둘째로, 하나님의 엄격한 공의의 시각에서 그리스도의 구속을 헤아려볼 것입니다. 셋째로, 우리는 그 그리스도의 위대성을 그리스도께서 지불하신 대가와 견뎌내신 고통을 통해서 살펴보겠습니다. 넷째로, 그리스도께서 실제로 이루신 구원을 주목함으로 그 구속의 광대함을 드러내고자 할 것입니다. 끝으로 다섯째, 이 구속의 혜택을 받는 무수한 사람들, 우리 본문에서는 "많은 사람"이라고 묘사된 자들을 주목해 봄으로 끝마치려 합니다.

1. 첫째로, 우리 자신의 '죄악들'에 의해 그리스도의 구속을 헤아려 보기만 하면 그것이 결코 작은 일이 아니었음을 알게 될 것입니다.

사랑하는 형제들이여, 여러분을 떠낸 우묵한 구덩이를 살펴보며, 여러분이 어디서 베어냄을 당하였는지를 조사해 보십시오. 씻음을 받아 정결하게 되고 거룩하게 된 여러분이 이전에 어떤 무지한 상태에 있었으며, 여러분이 죄악들과 황급하게 저질렀던 범행들과 삶의 습관들에 빠져 계속 하나님을 거역하였던 행동들을 돌아보십시오. 한 가지 죄만으로도 영원토록 영혼을 파멸시킬 수 있습니다. 단 하나의 죄에 잠재되어 있는 무한한 악을 인간 지성의 힘으로는 다 포착해 낼 수 없습니다. 하늘의 왕이신 하나님을 대적하여 저지른 범행 속에 바로 무한한 죄책이 웅크리고 있습니다. 만일 저와 여러분이 단 한 번만 죄를 지었다 할지라도 그 죄를 말끔히 씻고 그 죄에 대한 하나님의 공의를 만족시키려면, 무한한 가치의 속죄제 외에 어느 것도 소용이 없습니다. 그러나 저와 여러분이 단 한 번만 범죄를 하였습니까? 아니, 형제들이여, 우리의 불의는 그 수가 우리의 머리털보다 많습니다. 우리가 저지른 불의(不義)들이 일어나 우리를 쳐서 힘 있게 송사하면 이길 재간이 없습니다. 우리가 바닷가에 모래를 셀 수 있거나, 대양을 이루기에 충분한 물방울의 수를 계산할 수 있다면, 우리 삶의 특징을 이루었던 범행들을 다 헤아리려고 해볼 만합니다. 우리의 어린 시절로 되돌아가 봅시다. 우리는 얼마나 이른 시기에 죄 짓기 시작하였습니까! 부모의 말을 얼마나 거역하였고, 심지어 우리의 입을 거짓말의 집으로 만들기 위해서 얼마나 열심히 배웠습니까! 어린 시절에 우리는 얼마나 까불어대고 제멋대로 하였습니까! 우리는 자신의 방식대로 완고하고 경솔하였고, 경건한 부모들이 우리에게 경계시키기 위해 처놓은 모든 제약들을 다 부수어 버렸습니다. 우리는 젊음 때문에 마음을 차분히 갖지 못했습니다. 우리 중 많은 사람들은 죄악이 춤추는 한가운데로 돌진해 들어갔습니다. 우리는 불의에 앞장서는 자들이 되었습니다. 우리 자신에게 범죄했을 뿐만 아니라 다른 사람들이 죄를 짓도록 가르쳤습니다. 어른이 되어 인생의 장년기에 들어서게 된 여러분, 여러분은 겉으로는 좀 더 진지하게 될 수 있습니다. 또 무엇보다도 젊은 날의 방탕에서 다소 자유롭게 될 수 있습니다. 그러나 여러분이 사람으로서 더 훌륭해진 면은 얼마나 적은지요! 하나님의 주권적인 은혜가 우리를 새롭게 하지 않는 한 우리는 시작할 때와 전혀 다름이 없습니다. 하나님의 주권적인 은혜가 작용할지라도 우리는 여전히 회개할 죄가 있습니다. 왜냐하면 우리는 모두 엎드리고 머리에 재를 뿌리며 이렇게 부르짖어야 마땅하기 때문입니다. "부정하도다! 부정하도다!" 오! 노년에 피곤하게 지팡이에 기대어 서 있는 여러분은 옷에 여전히 달라붙어 있는 죄가 없습니까? 여러분의 삶은 여러분 머리에 덮인 백발처럼 깨끗합니까? 여러분 겉옷 자락에 묻은 범죄의 흔적이 그 깨끗한 옷을 더럽힌다고 느끼지 않습니까? 얼마나 자주 여러분은 도랑에 빠져 더럽힌 옷을 싫어하는 지경에 들어가는지요!

하나님께서 여러분의 생명을 연장시켜 주신 60년, 70년, 80년을 되돌아보십시오. 그러면 셀 수 없는 여러분의 수많은 범죄들을 헤아릴 수 있다는 생각이 순간이라도 듭니까? 아니면 여러분이 저지른 범죄의 무게를 달아볼 수 있다는 생각을 합니까? 오, 하늘의 별들이여! 천문학자는 별들의 거리를 측량하고 그 높이를 말할 수 있을지라도, 너희 인간의 죄악들이여! 너희는 생각의 범주를 훨씬 넘어섰도다. 오, 높은 산들이여! 사나운 바람과 폭풍우를 내는 산실이여! 사람이 네 꼭대기에 올라 눈 덮인 산정 위에서 기이하게 서 있을 수 있도다. 그러나 너희 죄악의 산들이여! 너희는 우리의 생각보다 훨씬 더 높은 데까지 치밀어 올랐도다. 너희 범죄의 심연이여! 너희는 우리의 상상력이 감히 잠입해 들어갈 한계보다 훨씬 더 깊도다. 여러분은 제가 인간의 성품을 무리하게 중상모략하고 있다고 생각하십니까? 여러분은 인간 성품이 어떻다는 것을 모르기 때문에 그렇게 하는 것입니다. 만일 하나님께서 여러분의 마음을 자신에게 나타내 주시기만 한다면 여러분이 도리어 제게 증거할 것입니다. 내 가련한 말이 과장되기는커녕 우리의 악의 절망적 모습을 묘사하기에 턱 없이 모자라다고 말입니다. 오! 만일 우리 각자 자신의 마음을 오늘 들여다볼 수만 있다면, 만일 우리의 눈이 안을 살펴보고 우리의 돌 같은 마음에 다이아몬드의 철필로 새겨진 불의를 볼 수만 있다면, 우리는 목사에게 이렇게 말해야 합니다. "목사님이 죄책의 절망적인 진상을 아무리 잘 묘사한다 할지라도 그것을 결코 제대로 나타낼 수 없다"고 말입니다.

사랑하는 여러분, 그러니 이러한 모든 죄에서 우리를 구원하시는 그리스도의 속전이 얼마나 커야 하는지요! 예수님께서 위하여 죽으신 사람들의 죄가 아무리 크다 할지라도, 그들이 믿을 때 그들의 모든 범죄들에서 그들을 건져내어 거룩하게 하십니다. 그들이 사탄이 암시할 수 있고 인간 본성이 행할 수 있는 모든 사악과 정욕에 빠져 들었다 할지라도, 일단 믿으면 그들의 모든 죄책이 씻겨 나갑니다. 해가 거듭할수록 흑암으로 그들이 더욱 더럽혀져서 결국 그들의 죄로 물든 색조가 두 배가 되었다 할지라도, 믿는 한순간에, 그리스도를 신뢰하는 승리의 한순간에 그 위대한 구속이 수많은 세월의 죄책을 한꺼번에 날려 버립니다. 아니, 더 나아가 사람들이 생각과 말과 행실 속에서 저지른 모든 죄, 세상이 지음 받고 시간이 시작된 이래 사람들이 저지른 모든 죄가 단 하나의 머리에 떨어지는 것이 가능하다면 어쩌겠습니까! 그 위대한 구속은 이 모든 죄를 속하고, 죄인을 바람에 날리는 눈보다 더 희게 씻기에 충분합니다.

오! 누가 구주의 충분함의 높이를 측량할 수 있겠습니까? 첫째, 죄가 얼마나 높은지를 말해 보십시오. 그리고 노아의 홍수가 지상의 모든 산들의 꼭대기보다 높이 올라간 것처럼 그리스도의 구속의 홍수가 우리의 죄의 산들의 모든 꼭대기를 다 덮어 버렸음을 기억하십시오. 지금 하늘 궁정에는, 전에 살인자였고 도둑이었고 술주정뱅이였고 방탕아였고 하나님을 모독하였고 핍박하였으나 씻음을 받고 거룩함을 입은 사람들이 있습니다. 그들의 빛난 옷이 어디에서 왔는지 물어보십시오. 또한 그들의 깨끗함을 어디에서 완성하였는지 물어보십시오. 그러면 그들은 한 목소리로 어린 양의 피에 자기들의 옷을 씻어 희게 되었다고 말합니다. 오, 양심의 고통을 당하는 이들이여! 수고하고 무거운 짐 진 자들이여! 죄 때문에 신음하고 있는 자들이여! 여러분에게 지금 선포되는 위대한 구속은 여러분의 모자람을 충분히 채우는 완전한 것입니다. 그리고 비록 여러분의 헤아릴 수 없는 그 많은 죄가, 하늘을 장식하고 있는 별보다 더 많다 할지라도 그 모든 죄악들을 위하여 마련된 속죄가 여기 있습니다. 그 죄악들 전체 위에 흘러넘쳐 영원토록 씻어 낼 강물이 여기 있습니다.

이것이 속죄를 헤아리는 첫 번째 방도입니다. 곧 우리의 죄책의 지극히 큰 점에서 살펴보는 것입니다.

2. 이제 두 번째로, 우리는 '하나님의 엄격한 공의'를 가지고 그 위대한 구속을 헤아려야 합니다.

"하나님은 사랑이시라." 언제나 그 진리는 사랑스럽습니다. 그러나 본문 말씀은 다음의 명제와 전혀 모순되지 않습니다. 인류를 다루심에 있어서 조금도 그 공의를 누그러뜨리지 않고 하나님은 엄격하게 공의로우십니다. 성경의 하나님은 사람들이 상상해 내는 그런 하나님이 아닙니다. 죄를 가볍게 생각하여 그냥 지나쳐 죄에 대한 어떤 형벌도 부과하지 않으시는 그런 하나님이 아니시라는 말입니다. 우리의 범죄가 너무 작고 너무 가볍기 때문에 하늘의 하나님께서 그것들을 보시고 눈짓하시며 그냥 묵과하여 없는 것처럼 여기신다고 상상하는 사람들이 있습니다. 하나님은 그런 이들의 하나님이 아닙니다. 이스라엘의 하나님 여호와께서 자신에 관하여 이렇게 선언하셨습니다. "나, 네 하나님 여호와는 질투하는 하나님인즉"(출 20:5). 또한 친히 "그러나 (나는) 벌을 면죄하지는 아니하노라"(출 34:7)고 선언하셨습니다. "범죄하는 그 영혼은 죽을지라"(겔 18:20). 친구 여러분, 하나님을 공의에 엄격하신 분으로 우러러 본 나머지 마치 하나님은 사랑이 아니신 것처럼 생각하는 법을 배우십시오. 그러면서 하나님께서 사랑이심을 깊이 생각한 나머지 하나님은 결단코 엄격하신 분이 아닌 것처럼 생각하는 법을 배우십시오. 하나님의 사랑은 결단코 하나님의 공의를 감소시키지 않습니다. 또한 하나님의 공의는 조금이라도 하나님의 사랑에 대하여 싸움을 걸지 않습니다. 하나님의 사랑과 공의가 조화롭게 그리스도의 속죄 안에서 함께 연결되어 있습니다. 그러나 우리가 무엇보다 먼저 하나님의 광대한 공의의 성경적 진리를 포착하기 전에는 그 속죄의 완전성을 결코 이해할 수 없음을 명심하십시오.

악한 말이나 악한 마음의 생각이나 악한 행실, 그 어느 하나라도 하나님께서 책임을 물어 형벌을 부과하지 않을 것이 없습니다. 하나님께서는 여러분에게서 공의의 만족을 취하시든지, 아니면 그리스도로부터 그 공의의 만족을 취하시든지 할 것입니다. 만일 그리스도로 말미암아 이루어진 여러분을 위한 속죄가 없다면, 여러분은 영원한 비참 속에서도 결코 다 갚을 수 없는 죄의 빚을 항상 갚고 있어야 합니다. 왜냐하면 하나님께서 분명하게 하나님이신 만큼 처벌하지 않고 간과하여 버린 죄가 하나만 있거나, 하나님을 대적하여 모반한 행실 중에서 공의의 보응을 하지 않고 넘겨 버리신 것이 하나라도 있다면, 곧장 하나님되심을 상실하여 버리기 때문입니다. 여러분은 하나님의 이 성품이 너무 차갑고 엄격하고 냉혹하다고 말할지도 모릅니다. 여러분이 그렇게 말하는 것에 대하여는 저도 어쩔 수 없습니다. 그럼에도 불구하고 그것이 진리입니다. 성경의 하나님은 바로 그러한 분이십니다. 거듭 말씀드리건대 하나님께서 사랑이심이 진리입니다. 그러함에도 불구하고 하나님께서 사랑이심 못지않게 공의로 충만하시다

는 것도 진리입니다. 왜냐하면 모든 선한 것마다 하나님 안에서 만나서 온전함
을 이루기 때문입니다. 사랑이 사랑스러움의 극치에 이르듯이 공의도 하나님 안
에서 요지부동한 엄격함에 이르기 때문입니다. 하나님의 성품에는 구부러진 부
분이나 휘어진 부분이 전혀 없습니다. 어떤 성품의 요소도 다른 성품에 그림자
를 드리울 정도로 더 우월하지 못합니다. 사랑이 충분한 활로를 가지고 있으며,
공의도 사랑 못지않게 그 활로가 충분합니다.

　　오, 사랑하는 여러분, 그러하니 그리스도의 대속이 자기 백성들의 모든 죄
에 대한 하나님의 공의를 만족시켰다니, 얼마나 위대하였을지 생각하십시오. 하
나님께서는 사람의 죄에 대해 영원한 형벌을 요구합니다. 하나님께서는 회개하
지 않은 채 죽는 자들을 던져 넣으실 지옥을 예비하여 놓으셨습니다. 오! 나의 형
제들이여, 그리스도께서 대신 받지 않으셨으면 하나님께서 우리에게 쏟으셨을
그 모든 괴로움을 위해 그리스도께서 대속하시어 이루신 속죄의 위대함이 어떠
하였을지 생각할 수 있습니다. 보십시오! 보십시오! 영들의 세계에서 우리를 갈
라내는 어두운 그늘을 엄숙한 눈으로 들여다보세요. 사람들이 지옥이라 부르는
그 비참의 집을 보세요! 그 광경을 참아낼 수 없을 것입니다. 그곳에는 하나님의
공의에 진 빛을 갚고 있는 영혼들이 있다는 것을 잊지 마십시오. 물론 그 영혼들
중에는 4천년이란 긴 기간 동안 불꽃 속에서 헐떡거리고 있는 자들도 있습니다.
그들이 처음 거기에 들어갔을 때보다 고통이 결코 감소되지 않은 채 있습니다.
앞으로 그들이 천만년을 거기서 뒹군다 하여도 그들의 죄책에 대한 하나님의 공
의를 만족시키지 못할 것입니다. 지금과 똑같은 분량의 빛을 지고 있을 것입니
다. 자, 여러분이 주님이 여러분의 죄의 빛을 지불하신 것을 생각하면서 그분의
중보적인 대속이 얼마나 광대하였는지에 생각할 수 있어야 합니다. 그분이 자기
백성들이 하나님께 지불해야 할 빛 중에서 한 눈금 정도도 남기지 않고 단번에
다 지불하시어 이제는 사랑의 빛 외에는 아무것도 없습니다. 믿는 자에게는 하
나님의 공의에 진 빛이 이제 하나도 없습니다. 본래는 그 빛이 영원토록 갚아도
다 갚지 못할 정도로 컸습니다. 그런데 그리스도께서 한꺼번에 그 빛을 갚아 버
리셨으니, 믿는 사람은 모든 죄책에서 완전하게 벗어났습니다. 예수 그리스도께
서 이루신 것으로 말미암아 하나님의 백성은 모든 영벌에서 자유함을 얻었습니
다. 그러니 그리스도께서 이 모든 것을 다 이루셨으니 그분의 속죄가 얼마나 광
대한지 생각해 보십시오.

저는 잠시 여기서 멈추어 다른 문제를 말해야겠습니다. 성령 하나님께서 백성들의 양심 속에 공의의 단호함을 보여주시는 때가 있습니다. 오늘 죄의식으로 마음이 찔린 한 사람이 여기 있다 합시다. 그 사람은 방탕아로서 제멋대로여서 붙잡아 둘 수가 없었습니다. 그러나 지금 주님의 화살이 그의 마음에 깊게 박혔습니다. 그리고 애굽에 종살이 하던 이스라엘 사람들보다 더 악하게 속박당하게 되었습니다. 그 사람이 제게 말합니다. 자기의 죄책이 떠나지 않고 어디나 따라다닌다고 말입니다. 이전에 흑인 노예가 북극성의 안내를 받음으로써 자기 상전의 잔인함으로부터 도망쳐 자유를 누릴 수 있는 다른 나라로 갈 수 있었습니다. 그러나 이 사람은 이렇게 느낍니다: '만일 내가 이 넓은 세상에서 두루 다닌다 해도 죄책에서 도망칠 수는 없으리라.' 쇠사슬에 꽁꽁 묶였던 자도 사슬을 끊어 자유롭게 할 수 있는 쇠줄을 발견하고는 쇠사슬에서 풀려날 수 있습니다. 그러나 이 사람은 기도도 해 보았으며, 눈물도 흘려보고 선한 행실도 해 보았습니다. 그러나 마음을 묶고 있는 쇠사슬을 마음에서 풀어 낼 수 없었습니다. 그래서 여전히 상실된 죄인으로 느끼고 있으며, 무슨 수를 쓴다고 하여도 거기서 벗어날 수 없을 것으로 보입니다. 깊은 감옥에 있는 포로도 생각에 있어서는 때로 자유롭습니다. 몸은 물론 아닙니다. 그의 심령은, 사람의 노예가 아닌 독수리처럼 지하 토굴 벽을 지나서 별들에게까지 높이 날아오릅니다. 그러나 이 사람은 그의 생각들 속에서 노예가 되었습니다. 밝고 행복한 생각을 전혀 할 수 없습니다. 생각 속에서 그의 영혼이 나둥그러져 있습니다. 그의 심령에 쇠꼬챙이가 박혔습니다. 그래서 너무 괴로워서 견딜 수 없을 정도입니다. 때로 잠이 들 때면 자기가 노예라는 것을 잊습니다. 그러나 이 사람은 잠들 수 없습니다. 밤에 지옥의 꿈을 꿉니다. 낮에도 지옥을 느끼는 것 같습니다. 그는 자기 마음속에서 훨훨 타는 용광로를 견뎌내야 합니다. 그는 어떤 일을 해도 그 용광로의 화염을 끌 수 없습니다. 그가 로마 가톨릭교회에서 견진성사에도 참여하였고 영세도 받았습니다. 또 성례에도 참여하였습니다. 교회에 출석해 보고 때로는 비국교도 교회도 가보았습니다. 모든 예배 규정을 준수하고 모든 교회법을 순종하였습니다. 그러나 불은 여전히 타고 있습니다. 가난한 사람에게 돈을 주기도 하였고, 자기 몸을 불사르게 내어줄 각오가 되어 있습니다. 굶주린 자를 먹이기도 하고 병든 자를 찾아보기도 합니다. 벌거벗은 자에게 옷을 주기도 하였습니다. 그러나 자기 마음속에 있는 불은 아직도 타고 있습니다. 자기가 해볼 수 있는 일을 다 해 보았지만 여전히 그 불을 끌 수가 없습니다.

　　오, 곤비하고 비애에 **빠진** 자들이여, 여러분이 느끼는 이것이 바로 여러분을 반드시 붙잡을 하나님의 공의입니다. 이것을 느끼는 여러분은 복이 있습니다. 왜냐하면 저는 이제 여러분에게 복되신 하나님의 영광스런 복음을 설교하려 하기 때문입니다. 예수 그리스도께서 바로 여러분을 위하여 죽으셨습니다. 여러분을 위해서 그리스도께서는 엄격한 공의를 만족시키셨습니다. 이제 평안하고 안정된 양심을 얻기 위해서 해야 할 일은 오직 여러분을 추적하는 그 적수에게 이렇게 말하는 일입니다. "저기를 보라. 그리스도께서 나를 위하여 죽으셨다. 내 선행이 그대를 멈추게 하지 못할 것이다. 내 눈물도 그대를 유화시키지 못할 것이다. 저기를 보라! 저기 십자가가 서 있고 거기에 복되신 하나님이 매달려 있도다! 그의 죽음의 비명을 들어보라! 죽으시는 그를 보라! 이제 그대가 만족하지 않는가?' 그렇게 할 때 지각에 뛰어난 하나님의 평강을 얻게 될 것이며, 그 평강이 예수 그리스도로 말미암아 마음과 생각을 지킬 것입니다. 그러면 여러분은 그리스도의 속죄의 위대함을 알게 될 것입니다.

3. 세 번째로, 우리는 그리스도의 구속의 위대성을 '지불하신 그 대가'의 시각에서 헤아려 볼 수 있습니다.

　　우리 구주께서 당하신 고통의 크기가 어떠한지를 아는 것은 불가능합니다. 그러나 그 고통을 어렴풋하게 보여주는 몇 가지 빛이 우리를 위해서 그리스도께서 지불하신 대가의 크기를 어렴풋하게 볼 수 있게 만들 것입니다. 오, 예수님이시여, 누가 당신의 고뇌를 묘사할 것입니까?

　　　　"모든 샘들이여, 와서
　　　　내 머리와 내 눈 안에 있을지어다.
　　　　구름아, 비야, 올지어다!
　　　　자연이 산출한 모든 물기 있는 것들아,
　　　　내 질고가 너를 필요로 하는구나.
　　　　물을 빨아들이는 모든 엽맥(葉脈)이여
　　　　강물을 빨아다 나의 눈을 적시어 다고.
　　　　눈물이 흐르는 내 곤한 눈이여,

> 눈물을 계속 흐르게 하고
> 내 상태에 걸맞는 새로운 수분을 공급하는 새 눈물샘을
> 얻지 못하면 참을 수 없게 말라 버리는구나."

오, 예수님이시여! 주님께서는 태어나실 때부터 고난자였고 슬픔과 질고와 친숙한 분이셨습니다. 당신의 고난들은 마지막 그 무서운 흑암의 시간대에 이르기까지 끊임없이 소낙비처럼 쏟아져 내렸습니다. 그 마지막 시간에는 당신의 슬픔이 소나기가 아니라 구름과 격랑과 큰 폭포처럼 당신에게 몰아쳤습니다. 저기 주님을 보십시오! 그곳은 서리가 내리는 차가운 밤입니다. 그분은 문 밖에 계십니다. 밤입니다. 그분은 주무시지도 않고 기도로 깨어 계십니다. 그의 신음하는 소리를 청종하십시오! 누가 그분처럼 씨름한 적이 있었습니까? 가서 그분의 얼굴을 들여다보십시오! 거기서 그분의 얼굴을 바라볼 때 죽을 인생의 얼굴에 그와 같은 고통이 그려진 적이 있었습니까? 그분의 하시는 말씀을 들으십시오. "내 마음이 매우 고민하여 죽게 되었으니"(마 26:38). 그분은 일어나십니다. 배반자들에게 잡혀 끌려가십니다. 이제 막 주께서 고통 가운데 들어가신 그곳으로 발걸음을 옮겨 봅시다. 오, 하나님이시여! 우리가 보는 이것이 무엇입니까? 땅을 얼룩지게 한 이것이 무엇입니까? 그것은 피입니다! 어디서 그 피가 흘러 떨어졌습니까? 그분이 무서운 투쟁을 하여 새로 생긴 어떤 상처가 있었나요? 아! 아닙니다. "예수께서 힘쓰고 애써 더욱 간절히 기도하시니 땀이 땅에 떨어지는 핏방울 같이 되더라"(눅 22:44). 오, 그 고뇌는 우리가 묘사하는 어떤 말로도 표현할 수 없는 것이었도다! 오, 말로 담아낼 수 없는 그 고난이여! 구주의 복된 몸에 작용하여 피 섞인 땀이 나오게 만든 너는 무엇이냐? 이것이 시작입니다. 비극의 서막입니다. 슬퍼하며 그를 따라가 보십시오. 슬픔에 젖은 교회여, 그 비극의 종말을 목격하십시오. 그분은 여러 거리를 지나 황급히 끌려 가십니다. 이 법정, 저 법정으로 끌려 다니다가 산헤드린 공회 앞에 던져지고 거기서 정죄함을 받습니다. 헤롯에게 모독을 받으시고 빌라도에게 심문을 당하셨습니다. 빌라도의 선고가 내려졌습니다. "그를 십자가에 못 박으라!" 자, 이제 그 비극은 절정에 이릅니다. 그의 등에서 옷이 벗겨지고, 로마의 낮은 기둥에 묶여집니다. 피 묻은 채찍이 그의 등을 깊이 후벼 팝니다. 그의 등에서 선혈이 한 줄기 흘러내립니다. 비참함의 황제로 선포하는 진홍색 겉옷을 주님에게 입힌 다음 주님을 감방에 들여보냅

니다. 그의 눈을 가리고, 그들이 그를 주먹으로 때리며 말합니다. "우리에게 선
지자 노릇을 하라. 너를 친 자가 누구냐?"(마 26:68) 그들은 주님의 얼굴에 침을
뱉었습니다. 그리고 가시 면류관을 엮어 그분의 머리에 눌러 씌웠습니다. 그분
에게 자줏빛 옷을 입히고, 그 앞에서 무릎을 꿇고 그분을 조롱하였습니다. 그분
은 잠잠히 앉아 계십니다. 한 마디도 대꾸하지 않으십니다. "욕을 당하시되 맞대
어 욕하지 아니하시고"(벧전 2:23). 주님은 이 땅에 와서 섬긴 하나님께 자신을
맡겼습니다. 자, 이제 그들은 주님을 비웃고 조롱하다가 그곳에서 끌어내어 황
급히 거리를 지나갑니다. 주님은 계속 아무것도 먹지 못하여 무척 쇠약하게 되
시고, 심령의 고뇌에 짓눌려 십자가를 지시지 못하고 넘어집니다. 예루살렘의
딸들아! 그분이 너희 거리에서 쇠미(衰微)하시도다. 그들이 주님을 다시 일으켜
세웁니다. 그분의 십자가를 다른 이의 어깨 위에 올려놓습니다. 그들은 아마 여
러 번 창으로 찌르면서 그분을 종용하여 끝내 운명(殞命)의 산에까지 이르게 했
을 것입니다. 거친 병사들이 그를 사로잡습니다. 그리고 난폭하게 넘어트립니
다. 그분은 십자가 나무 위에 눕혀지고, 그의 양 팔은 벌리게 하며, 뻗은 양 팔의
각 손에 못질을 합니다. 한순간에 망치 네 개가 그분의 몸의 가장 민감한 부분들
에 네 개의 못을 박습니다. 거기에 그분은 십자가 위에서 사형 집행을 받기 위해
누워 계십니다. 아직 그 일이 이루어지지 않았습니다. 거친 병사들이 십자가를
세웁니다. 거기에 그 십자가를 세울 구덩이가 예비되어 있습니다. 십자가를 예
비된 구덩이에 밀어 넣고는 흙으로 메웁니다. 그러니 그 십자가가 꼿꼿이 섭니
다.

　　구주의 수족(手足)들을 보십시오. 그 수족들이 얼마나 심하게 떨리고 있는
지요! 십자가를 그 구덩이에 세울 때 모든 뼈가 어그러졌습니다! 그가 어떻게 애
통해하십니까! 얼마나 신음하십니까! 얼마나 흐느껴 우십니까! 아닙니다. 결국
마지막 비명을 어떻게 지르는지 들어보십시오. "나의 하나님, 나의 하나님, 어찌
하여 나를 버리셨나이까"(마 27:46). 오, 태양이여, 네가 눈을 감고 보지 않은 것
이 전혀 이상하지 않도다. 그렇게 잔인한 짓을 더 이상 바라볼 수 없었구나! 바위
여! 네가 너를 창조한 창조주께서 죽으셨을 때 같은 심정으로 네 마음을 녹이고
찢은 것이 놀랍지 않도다! 이 사람이 당한 고난을 아무도 당한 적이 없었도다. 죽
음 자체도 누그러져 무덤에 있던 많은 사람들이 일어나 성내에 들어갔도다. 그
러나 이런 일은 밖으로 드러난 것에 불과하도다.

형제 여러분, 제 말을 믿으십시오. 내면 속에 있었던 일은 훨씬 더 나빴습니다. 우리 구주께서 몸으로 당하신 일은 그의 영혼으로 견뎌내신 것에 비하면 아무것도 아니었습니다. 그것이 어떠하였는지 여러분은 상상할 수 없습니다. 그분이 내면으로 겪었던 것을 상상하도록 여러분을 도울 수가 없습니다. 그러나 단한순간만 상상해 보십시오. 제가 자주 사용했던 문장을 되풀이하여 말씀드리면, 지옥에 들어가 한 시간만 거하면서 영원히 맛볼 고통을 모두 맛본다고 생각해 보십시오. 그리고 그 영원한 고통이 구원 받은 자들의 수로 곱해질 수 있다고 생각해 보십시오. 그 구원 받은 자들의 수는 지금 현재 생존해 있는 모든 인생들을 다 합친 수보다 많습니다. 하나님의 백성들이 영원토록 형벌을 받았더라면 그들의 고난에 얼마나 많은 비참이 모일 수 있었겠는지 생각해 보실 수 있습니까? 그리스도께서 구속하신 모든 사람들을 대신하여 그들이 다 겪어야 할 지옥 형벌에 해당하는 고난을 당하셨음을 회상해 보십시오. 그동안 자주 사용한 말이 아니고는 그런 생각을 더 낫게 표현할 수 없습니다. 마치 지옥이 주님의 마시는 잔 속에 들어와 있었던 것 같습니다. 그리스도께서 그 잔을 받으셨습니다. 그리고 "사랑으로 한 번 크게 들이켜 그 저주를 다 마셨습니다." 그리하여 하나님의 백성들이 지옥에서 당할 모든 고통과 비참을 하나도 남김없이 다 해결하신 것입니다. 그리스도께서는 그 모든 것에 해당하는 고통과 비참을 견뎌내셨고, 하나님의 모든 백성들의 모든 죄에 대한 하나님의 공의의 요구를 만족시키셨으며, 따라서 그들이 당할 심판 전부에 해당하는 동등한 분량을 아버지 하나님께 갚으셨습니다. 자, 여러분이 지금 그 고통을 생각이나 할 수 있습니까? 우리 주 예수 그리스도의 위대한 구속을 추측이나 할 수 있는가 말입니다. 이제 저는 다음 요점에 대해서는 매우 간단하게 다루겠습니다. 구주께서 당하신 고난을 측량하는 네 번째 방식은 이것입니다.

4. '그리스도께서 고난을 당하심으로 발생한 영광스러운 구원'을 통해서 그 고난의 무게를 계산해야 합니다.

신자여, 일어나서 그대의 자리에 서서 오늘 주께서 그대를 위하여 행하신 위대함을 간증할지어다! 내가 그대 신자를 위해서 그것을 말하겠노라. 그대의 체험과 내 체험을 한순간에 말하겠노라. 내 영혼이 죄짐에 눌려 있을 때가 있었습니다. 하나님을 대적하여 거역하였고, 큰 죄를 범하였습니다. 율법의 공포가 나를 사로잡았었습니다. 그리고 죄를 깨닫고 혐오감의 고통이 저를 사로잡았습니다. 제 자신이 죄인임을 알았습니다. 하늘을 우러러 보았습니다. 분노하시는 하나님께서 나를 반드시 형벌하시겠다고 벼르시는 것을 보았습니다. 아래를 쳐다보았을 때는 나를 삼키려고 입을 벌리고 있는 지옥을 보았습니다. 선행을 통해서 내 양심을 무마시키려고 애를 썼습니다. 그러나 다 소용이 없었습니다. 여러 종교 의식에 참여함으로써 속에서 느끼는 고통을 가라앉히려고 애써 보기도 하였습니다. 그러나 그 모든 것이 아무런 효력이 없었습니다. 내 영혼은 지극히 슬픔에 차서 거의 죽을 지경이었습니다. 저는 옛적에 애통하던 사람과 같이 말할 수밖에 없었습니다. "이러므로 내 마음이 뼈를 깎는 고통을 겪느니 차라리 숨이 막히는 것과 죽는 것을 택하리이다"(욥 7:15). 저를 항상 당혹스럽게 만들었던 큰 질문은 이것이었습니다. "내가 죄를 범하였다. 하나님께서 나를 반드시 심판하셔야 한다. 만일 심판하지 않으시면 어떻게 하나님이 의로우실 수 있는가? 그분은 공의로우시니 무엇이 내게 합당한 것인가?' 결국 저는 눈을 돌려 이 말씀을 보았습니다. "그 아들 예수의 피가 우리를 모든 죄에서 깨끗하게 하실 것이요"(요일 1:7). 저는 그 본문을 붙들고 제 방으로 갔습니다. 거기에 앉아서 묵상하였습니다. 십자가에 매달리신 분을 보았습니다. 그분은 내 주 예수님이셨습니다. 가시 면류관이 있었고, 어떤 누구와도 비할 수 없이 비참하게 당하신 고통의 혼적들이 거기 있었습니다. 저는 그분을 쳐다보았고, 내 생각은 "미쁘다 모든 사람이 받을 만한 이 말이여, 그리스도 예수께서 죄인을 구원하시려고 세상에 임하셨다 하였도다"(딤전 1:15)라는 말씀을 회상하였습니다. 그런 다음에 스스로에게 말하였습니다. "이 사람이 죄인들을 위해서 죽으셨단 말인가? 나는 죄인이다. 그러면 그분이 나를 위하여 죽으신 것이다. 그가 위하여 죽으신 자들을 구원하실 것이다. 그는 죄인들을 위해서 죽으셨다. 나는 죄인이다. 그분이 나를 위하여 죽으셨다. 그는 나를 구원하실 것이다." 내 영혼은 그 진리를 의지하였습니다. 저는 그분을 우러러 보았고, "영혼을 구속하시는 피 흘림을 보면서" 내 심령은 기뻐 뛰었습니다. 왜냐하면 이렇게 말할 수 있었기 때문입니다.

> "빈 손 들고 앞에 가
> 십자가를 붙드네
> 의가 없는 자라도

도와주심 바라고
생명샘에 나가니
나를 씻어 줍소서."

자, 믿는 자여, 그대는 그 다음을 말할 것입니다. 여러분이 믿는 순간 여러분의 짐이 어깨에서 부려져 공기처럼 가볍게 느끼게 됩니다. 이제 여러분은 흑암 대신 빛을 얻었습니다. 무거운 의복 대신 찬미의 예복을 입었습니다. 그때 여러분의 기쁨을 누가 말할 것입니까? 여러분은 땅에서 하늘의 찬송을 노래하였고, 평화로운 영혼 속에서 구속받은 자들의 영원한 안식을 내다보았습니다. 여러분은 믿었으니 이제 안식에 들어갈 것입니다. 그렇습니다. 가서 세상에 널리 전파하십시오. 믿는 자들은 예수 그리스도의 죽으심으로 말미암아, 결코 자유로워질 수 없는 율법의 모든 정죄에서 벗어나 의롭다 하심을 얻는다고 말입니다. 하늘에서 이것을 말하십시오. 하나님의 택한 백성들을 송사(訟事)할 수 있는 자는 하나도 없다고 말입니다. 땅에서 말하십시오. 하나님의 구속받은 사람들은 여호와의 눈 앞에서 죄로부터 자유함을 입었다고 말입니다. 지옥에서도 말하십시오. 하나님의 택한 백성들은 결코 그리로 갈 수 없다고 말입니다. 왜냐하면 그리스도께서 그들을 위해서 죽으셨으니 말입니다. 그러니 택한 백성들을 정죄할 자가 누구입니까? 저는 이제 서둘러 마지막 요점을 이야기해야 하겠습니다. 모든 것 중에서 가장 달콤한 요점입니다.

5. 그리스도의 구속의 위대함은 그 구속이 의도하는 범위를 통해서 측정할 수 있습니다.

본문은 말합니다. 예수 그리스도께서 세상에 오신 것은 "자기 목숨을 '많은 사람'의 대속물로 주려 함이니라." 그리스도께서는 자기 목숨을 "많은 사람들을 위한 대속물"로 주셨습니다. 저는 이제 다시 논란의 요점이 되는 곳으로 되돌아가야 합니다. 우리는 자주 이런 말을 듣습니다. 저는 우리 중 어떤 사람들이 칼빈주의자라는 칭호로 보통 불린다는 뜻입니다. 그리고 우리는 그 호칭을 결코 부끄러워하지 않습니다. 칼빈은, 살았으나 영감을 전혀 받지 못하고 살던 어떤 사람보다도 복음에 관해서 더 많은 것을 알고 있었습니다. 우리는 그리스도의 속죄를 우리가 제한한다는 말을 너무나 자주 듣습니다. 그리스도께서 모든 사람들을 위하여 하나님의 공의를 만족시키지 않으셨다고 말하기 때문입니다. 만일 그리스도께서 모든 사람들을 위하여 하나님의 공의의 요구를 만족시키셨다면 모든 사람들이 구원받았을 것입니다. 이에 대한 우리의 답변은 이러합니다. 다른 편에서 보면 우리의 반대자들이 그리스도의 속죄의 범위를 제한하고 있습니다. 우리는 그렇게 하지 않습니다. 아르미니우스주의자들은 이렇게 말합니다. "그리스도께서 모든 사람들을 위하여 죽으셨다." 그들이 그 말을 통해 무엇을 뜻하느냐고 물어보십시오. 그리스도께서 모든 사람의 구원을 확보할 정도로 죽으셨다는 것인가? 물어보십시오. 그들은 말합니다. "아니, 결코 그렇지는 않다." 그럼 다음 질문을 그들에게 던져봅니다. "그리스도께서 구체적으로 어느 사람이나 다 구원을 얻도록 하기 위해서 그렇게 하셨습니까?" 그러면 그들은 대답하기를 "아니요"라고 합니다. 그들이 일관성 있으려면 사실 그렇다고 대답해야만 됩니다. 그들은 "아니다. 그리스도께서 어느 사람이나 구원받도록 죽으셨도다. 구원의 어떤 조건들을 따른다면."이라고 말합니다. 그렇다면 의심할 여지 없이 어느 사람이나 구원을 받도록 죽으신 것은 아니지 않습니까? 여러분은 "아니다"고 말해야 합니다. 여러분이 그렇게 말하지 않는 이유를 말씀드리죠. 여러분은 사람들이 용서받은 후에라도 은혜에서 떨어져 멸망할 수 있다고 믿기 때문입니다. 그리스도의 죽음을 제한하는 자가 누구입니까? 자, 여러분 아르미니우스주의자들이 아닙니까? 여러분은 그리스도께서 누구든지 구원을 틀림없이 확보할 수 있도록 하기 위해 죽으신 것은 아니라고 말합니다. 죄송합니다만, 여러분이 우리가 그리스도의 죽으심을 제한하고 있다고 말할 때 우리는 이렇게 말합니다. "결코 아니다. 친애하는 선생이여, 그리스도의 죽으심을 한계짓는 자는 바로 당신들이다." 우리는 말합니다. 그리스도께서 아무도 그 수를 헤아릴 수 없을 정도의 허다한 무리의 구원을 틀림없이 확보해 놓으시기 위해서 죽으셨다고. 그 허다한 무리들은 그리스도의 죽으심으로 말미암아 구원받을 수 있을 뿐만 아니라 구원받고, 틀림없이 받습니다. 구원받는 일이 어떤 가능성에 의해 이루어지는 모험을 우리는 감행할 수 없습니다. 여러분은 속죄를 환영하고 그것을 지킬 수 있을지도 모릅니다. 그러나 우리는 여러분의 그런 주장 때문에 우리의 속죄를 단념할 생각이 없습니다.

　어떤 사람이 제한 속죄를 비웃거나 조롱하는 것을 들으면 그 사람에게 이렇게 말할 수 있습니다. 보편 속죄는 중간에서 끊어진 넓고 큰 다리와 같습니다. 그 다리는 저편 강둑까지 나가지 못합니다. 그 다리는 절반밖에 가지 못합니다. 구원이 그와 같은 경우라면 어떤 사람의 구원도 확보하지 못합니다. 자, 제가 한 번은 헝거퍼드(Hungerford)같이 좁지만 끝까지 연결된 다리에 서 본 적이 있습니다. 세상처럼 넓은 다리라 할지라도 저쪽 강둑까지 계속 이어져 있지 않다면 쓸모가 없는데, 그 다리는 끝까지 뻗어 있었습니다. 어떤 사람이 제 임무는 모든 사람들이 구속받았다고 말하는 것이라고 제게 충고합니다. 그에 대한 성경적 보증이 있다는 것입니다. — "그가 모든 사람을 위하여 자기를 대속물로 주셨으니 기약이 이르러 주신 증거라"(딤전 2:6). 그 말씀이 다른 편의 입장에서는 매우 위대한 논증처럼 보입니다. 예를 들어서 여기를 보십시오. "온 세상이 그를 따라가도다." 온 세상이 그리스도를 붙좇았습니까? "온 유대와 요단 강 사방에서 다 그에게 나아와 자기들의 죄를 자백하고 요단 강에서 그에게 세례를 받더니"(마 3:5-6). 요단에서 온 유대와 온 예루살렘이 다 세례를 받았습니까? "어린 자녀들이여, 너희는 하나님의 자녀다." "자녀들아, 너희는 하나님께 속하였고"(요일 4:6). "온 세상은 악한 자 안에 처한 것이며"(요일 5:19). 여기서 "온 세상"은 모든 각 사람을 의미합니까? 그렇다면 "하나님께 속한" 사람들이 있다는 말은 어떻게 되는 것입니까? "세상"과 "온(모든)"이라는 말이 성경에서는 7, 8가지의 의미로 사용되고 있습니다. "모든"이라는 말이 개별적으로 모든 사람 각자를 다 의미하는 경우는 매우 드뭅니다. 성경에서 그 말이 사용될 때는 모든 종류에 속한 어떤 사람들을 그리스도께서 구속하셨음을 뜻할 때입니다. 다시 말하면, 유대인들 중에 얼마, 이방인들 중에 얼마, 부자들 가운데 얼마, 가난한 사람들 가운데 얼마를 구속하셨다는 것입니다. 그러니 그 말이 엄격한 의미로 그리스도께서 유대인이나 이방인 모두를 구속하셨음을 뜻하는 것은 아닙니다.

그러나 저는 논란을 피하며 하나의 질문에 답을 해야겠습니다. "목사님, 그러면 그리스도께서 누구를 위해서 죽으셨다는 말입니까?" 한두 마디의 질문을 던질 테니 그 질문에 대한 답을 주시면 저도 그리스도께서 당신을 위해 죽으셨는지 그 여부를 말씀드리겠습니다. 그대는 구주를 원하십니까? 구주가 필요함을 느끼십니까? 오늘 아침 죄 의식을 가지고 있습니까? 성령께서 여러분이 잃어버린 자라고 가르쳐 주셨습니까? 그러면 그리스도께서 바로 당신을 위해서 죽으신 것입니다. 그러니 당신은 구원을 받을 것입니다. 오늘 아침 그리스도 외에 세상에 어떤 소망도 없다는 것을 느낍니까? 하나님의 공의를 만족시킬 수 있는 속죄물을 자신은 도저히 드릴 수 없다고 느끼십니까? 자신을 의뢰하는 모든 신뢰를 포기하셨습니까? 무릎을 꿇고 "주여, 저를 구원하소서. 그렇지 않으면 저는 망하나이다."라고 말할 수 있습니까? 그러면 그리스도께서 바로 그런 사람을 위해서 죽으신 것입니다. 만일 오늘 아침 "나는 마땅한 정도로 선하다. 그래서 내 자신의 공로로 천국에 들어갈 수 있다."고 말하고 있다면, 성경이 예수님에 대하여 한 말을 기억하십시오. "내가 의인을 부르러 온 것이 아니요 죄인을 불러 회개시키러 왔노라"(눅 5:32).

　　여러분이 의인의 상태에 머물러 있는 한, 여러분에게 설교할 어떤 속죄 교리도 저는 갖고 있지 않습니다. 그러나 만일 오늘 아침 여러분 자신이 곤고하기 이를 데 없는 죄책을 가지고 있는 사람이라고 느끼며, 그리스도를 유일한 자신의 구주로 받아들일 준비가 되어 있다면, 여러분이 구원받을 수 있다고 말씀드릴 수 있습니다. 뿐만 아니라 더 나아가서 여러분이 구원을 받을 것이라고 말씀드릴 수 있습니다. 그리스도 안에 있는 소망 외에 어떤 것도 다 박탈당했음을 알고 빈 손 들고 그리스도를 자신의 모든 것이 되시는 분으로 받아들이고 자신은 아무것도 아닌 것으로 인정할 준비가 되어 있다면, 당신은 그리스도를 우러러보며 "피 흘리시는 하나님의 어린 양이시여! 당신은 저를 위해서 질고를 당하셨고, 당신이 채찍에 맞으심으로 제가 나음을 입었고, 고난을 받으심으로 죄 사함을 받습니다."라고 말할 수 있습니다. 만일 그리스도께서 여러분을 위해서 죽으셨다면 여러분은 참으로 놀라운 마음의 평강을 누릴 것입니다! 여러분은 결단코 잃어버린 자가 될 수 없습니다. 하나님께서는 한 가지 일에 대해서 두 번 벌하지 않으실 것입니다. 만일 하나님께서 여러분의 죄 때문에 그리스도를 벌하셨다면, 결단코 여러분을 벌하지 않으실 것입니다. "하나님의 공의는 보증자의 손에서 피 흘리실 때 한 번 받고 또다시 내게 그 대가를 달라고 요구할 수 없다."

　　우리가 그리스도를 믿는다면 오늘 하나님의 보좌로 담대히 나아가 그 앞에 설 수 있습니다. 만일 어떤 사람이 "너, 죄인이 아니야?"라고 말하면 우리는 "그렇다. 나는 죄인이다."라고 말할 수 있습니다. 그러나 "네 죄책에 대해 형벌 받지 않을 이유에 대해 뭐라고 말할 수 있느냐?"라는 질문이 던져지면, 우리는 이렇게 대답할 수 있습니다. "위대하신 하나님, 하나님의 공의와 사랑이 둘 다 우리의 보증이 되어 죄 때문에 우리를 벌하지 않으실 것입니다. 왜냐하면 우리 죄 때문에 하나님께서 그리스도를 심판하시지 않으셨습니까? 대속주이신 그리스도를 벌하시고 나서 그 후에 다시 그리스도께서 대속하신 그 사람을 벌하신다면 하나님께서 어떻게 하나님다우실 수 있습니까?' 여러분이 던질 유일한 질문은 "그리스도께서 나를 위해서 죽으셨는가?"입니다. 우리가 제시할 수 있는 유일한 답변은 이것입니다. "미쁘다 모든 사람이 받을 만한 이 말이여, 그리스도 예수께서 죄인을 구원하시려고 세상에 임하셨다 하였도다"(딤전 1:15). 여러분은 자기 이름을 죄인들의 명부에 써 놓을 수 있습니까? 자기를 자랑하는 죄인들의 명부에 쓰는 것이 아니라, 그 사실을 알고 신음하며 탄식하며 그 점 때문에 긍휼을 구하는 죄인들의 명부에 자신의 이름을 쓸 수 있습니까? 여러분이 죄인입니까? 그것을 느끼고 알고 고백하였으면, 예수 그리스도께서 바로 그런 자를 위해서 죽으셨다고 믿으라고 지금 초청을 받고 있는 것입니다. 왜냐하면 여러분이 죄인이고, 이 위대한 요동하지 않는 반석을 의지하라는 명령을 받았고, 바로 그 주 예수 그리스도 안에서 영원한 안전을 얻으라고 명함을 받고 있기 때문입니다. 아멘.

제
56
장
—

다른 왕의 행렬

—

"시온 딸에게 이르기를 네 왕이 네게 임하나니
그는 겸손하여 나귀, 곧 멍에 메는 짐승의 새끼를 탔도다
하라 하였느니라" — 마 21:5

　　이 구절만 가지고 설교할 뜻은 없습니다. 네 복음서에 들어 있는 대로, 우리 구주의 승리에 찬 예루살렘 입성과 결부된 기사를 가지고 설교하려고 합니다.

　　우리 주님은 여기 지상에 계실 때 그 원수들 앞에서 비천한 사람이었고, 곧 비하고 슬픔이 가득한 분이셨습니다. 주님에게서 타고난 왕의 위엄이 섬광처럼 번쩍하고 빛나는 것은 이따금씩 뿐이었습니다. 때때로 주님께서 왕적 권리를 행사하고 왕의 지위를 주장하시는 날이 있었습니다. 주님은 지금 하늘로 가셨기 때문에 우리는 그분의 모습을 직접 볼 수 없고, 다만 영적으로 우리와 함께 하십니다. 여기 지상에서 주님의 영적 임재는 주께서 육신을 입고 몸으로 이 땅에 계셨던 날들의 임재와 다르지 않습니다. 대체로 복음서에서 주님의 임재의 영광은 제자들 외에는 알아보는 자가 없었고, 다른 사람들이 주님의 인품을 알아볼 때에도 주님은 사람들에게 여전히 무시당하고 거절당하셨습니다. 주님께서는 우리의 집회들 가운데 계시며, 우리의 기도를 듣고 우리의 찬양을 받으십니다. 그러나 여전히 주님을 신적 권리를 가지신 임금으로 알지 아니한 많은 사람들의 눈에는 왕으로서의 그의 존귀가 보이지 않습니다. 그럼에도 불구하고 그 당시 주님께서 자신의 존귀를 좀 더 분명하게 드러내신 때가 있고 자신의 영광을 부

분적으로 나타내신 시간이 있었듯이, 지금도 그러한 일을 하십니다. 주님께서는 교회에 영광스런 기간을 허락하시고, 또 감사의 날들, 주님을 알현하는 날들, 환희의 시간을 허락하십니다. 하나님께서 이러한 시대에 그러한 은혜를 교회에 허락해 주시기를 기도합니다. 그리하여 이 둔감한 세대에 주님께서 다리에 칼을 차고 위엄 있는 모습으로 말을 타고 영광스럽게 다니시는 모습을 볼 수 있게 해 주시기를 기도합니다. 오, 예루살렘 거리가 거룩한 행렬과 주님의 은혜롭고 승리에 찬 모습의 신성한 광채로 인해 기쁨이 넘쳐날 수 있으면 좋겠습니다. 사랑하는 여러분, 세상이 의로운 왕들에게 모든 경의를 표하며 인사하는 것은 잘하는 일입니다. 우리 국민도 사랑 받는 여왕에게 경의를 표하는 것은 잘하는 일입니다. 하나님께서 여왕을 오래도록 보호하여 주시기를 바랍니다! 그런데 만왕의 왕이신 그리스도께 경의를 표하는 일이 없으면 되겠습니까? 저는 주님을 위하여 질투심을 갖고 있다고 솔직히 고백해야겠습니다. 이 영국의 거리들이 대영제국의 여왕을 위하여 화려한 치장으로 번쩍거리고, 영원히 죽지 않으실 그리스도를 명예롭게 하는 일은 거의 아무것도 이루어지고 있지 않는 것을 볼 때 불타는 질투심으로 질투합니다. 자, 보십시오. 지상의 임금들을 위해 하늘이 떠나갈 정도로 허다한 무리가 소리를 치고 있습니다. 저는 그렇게 하는 것에 대하여 불평하지 않습니다. 그러나 평화의 왕을 위하여 기쁨에 찬 목소리로 외치는 일이 없다니, 이게 웬일입니까? 어째서 주님의 교회 안에 이 같은 무기력이 찾아들었습니까? 일만 사람 중에서 제일 되는 그분에 대한 열심은 어째서 이처럼 빈약한 것입니까? 어째서 하늘과 땅이 주님을 찬미하는 소리로 울려 퍼지지 않습니까? 많은 사람들이 주님께 자기 백성에게 돌아오시라고 말하도록 한 마디라도 제가 할 수 있다면, 말할 수 없이 기쁘겠습니다. 사람들의 영혼 속에 그리스도의 나라가 더 신속히 오기를 바라는 간절한 열망을 일으킬 수 있다면, 그래서 주의 영광의 보좌가 그의 백성들 가운데서 더 높아질 수 있다면 세 배나 말할 수 없이 행복할 것입니다. 그 목적을 위해서 저는 힘써서 말할 것입니다. 오, 성령의 기름 부으심이 그 일에 저를 도와주시기를 구합니다.

오늘 아침 생각할 점들은 다음과 같습니다. 첫째, 그리스도께서 지금도 사람들 중에서 영광스러운 시절을 누리고 계시다는 것입니다. 둘째로, 그 영광스러운 날이 임하면, 복음서 기자들이 주님의 예루살렘 입성 때에 묘사했던 것과 유사한 존귀가 주님께 돌려진다는 점입니다. 세 번째로, 그런 때에 그리스도께서는 그와 같이 능한 일들을 곧잘 행하신다는 것을 여러분에게 말씀드립니다. 끝으로, 이 강론의 마지막 부분에서, 우리는 그 찬란한 때조차도 번쩍이는 것이 다 금은 아니라는 사실에 주목해야 할 것입니다.

여기에 생각하기에 매우 유쾌한 점이 있습니다.

1. 첫째로, 주 예수께서는 지금도 그분의 교회에 자신을 특별히 나타내시는 밝고 영광스러운 시절을 허락하신다는 점입니다.

주님은 그동안 복음의 역사에서 몇 번이고 그분의 예루살렘으로 행차하셨습니다. 역사상의 이러한 때를 가리켜 우리는 신앙부흥기라고 부릅니다. 좀 더 성경적인 언어로 말하자면 그때는 "주님 앞으로부터 오는 유쾌하게 되는 날"(행 3:19)입니다.(저는 그 이야기를 따라가면서 생각해야 할 점들을 모두 말씀드리도록 하겠습니다.) 그런 시기는 통상적으로 주님께서 그의 사랑하시는 백성들을 찾아오셔서 영적으로 소생시키신 후에 옵니다. 주님께서 예루살렘에 들어가신 것은 나사로를 죽은 자 가운데서 일으키신 다음이었습니다. 주님이 전능한 목소리로 "나사로야, 나오너라!" 하고 부르셨고, 나사로가 밖으로 나왔습니다. 그리고 그를 감쌌던 수의(壽衣)를 풀어 주도록 하셨습니다. 바로 그 일 때문에 사람들이 종려나무 가지를 들고 주님을 맞으러 나왔던 것입니다. 먼저 주님은 그분의 교회에 말씀하십니다. "네 게으름과 냉담함의 무덤에서 나올지어다." 그리고 또 말씀하십니다. "게으름과 관례주의의 끈을 끊어버려 자유롭게 다니게 하라." 그 다음에 주님께서 그분의 교회에 사랑하는 사람들을 회복시키시고 부활의 권능으로 그들에게 영적 생명의 활기를 새롭게 일으키셨을 때, 바로 그런 때 인자의 영광의 표지가 나타난 것입니다. 사랑하는 여러분, 저는 아무리 사소한 부흥운동이라고 하더라도 하나님의 교회에서 시작하지 않는 것은 성공할 가망이 없는 것으로 봅니다. 부흥은 결단코 밖에서 일어나 안으로 들어올 수 있는 일이 아닙니다. 그것은 영적 생명의 법칙이 아닙니다. 신앙의 부흥은 반드시 교회 안에 있는 신령한 자들로부터 시작됩니다. 그 다음에는 많은 제자들을 소생시키며, 밖에 있는 사람들에게로 확산되고, 점점 더 넓게 퍼질 때 사람들이 그 능력을 느끼게 될 것입니다. 신앙의 부흥은 집에서 시작되어야 합니다. 신앙을 고백하는 여러분들이여, 이 말씀을 잘 들으십시오. 여러분이 그리스도의 영광을 가리지 않도록 조심하십시오. 스스로 그리스도 교회의 지체라고 고백하는 여러분들은 들으십시오. 여러분은 불이 붙지 않는 축축한 나무처럼 되지 않도록 조심해야 합니다. 사람들의 아들들 가운데서는 결코 불이 붙지 않습니다. 오, 주님께서 가장 악한 방해꾼들을 주님의 집에서 발견하는 일이 없도록 해야 합니다. 그리스도의 영광이, 그리스도에게 가장 가까이에 있고, 그래서 그리스도의 거룩한 이름을 위해서 가장 큰 질투심을 보여야 할 사람들에 의해 가려져서는 안 됩니다. 그럼에도 불구하고 그러한 일이 너무 자주 일어나는 것을 볼 때 두렵습니다. 에브라임 자손들이 무장을 하고서 전쟁의 날에 뒤로 물러갔습니다. 그래서 이스라엘의 하나님의 이름에 수치가 돌아갔습니다. 먼저 나사로가 일어나야 합니다. 우리의 죽음을 흔들어 떨어뜨려야 합니다. 그런 다음에 주 예수님께서 당당하게 들어오실 것입니다.

주님께서는 그분의 제자들이 그분께 순종하고 있을 때 행차하시기를 기뻐하셨습니다. 그들이 마음으로 순종한 것을 잘 보십시오. 왜냐하면 그 점이 교회에 그리스도의 영광이 나타날 것에 대한 분명한 예언이기 때문입니다. 주님께서 제자들 중 두 사람에게 말씀하셨습니다. "가라." 그리고 그들은 갔습니다. 그리고 제자들 가운데 주님의 명령을 받은 또다른 사람들은 지체 없이 주님의 심부름을 수행하였습니다. 안타깝습니다! 교회의 불순종이 복음의 진보를 방해하는 때가 얼마나 많은지요. 이런 날에는 제자들이 전과 다르게 예수께서 명하신 일들을 행하지 않았습니다. 그들 중 한 사람이 "나는 바울을 따르겠노라"고 말하고, 다른 사람은 "나는 게바를 따르겠노라"고 합니다. 우리가 모든 파당의 지도자를 버리고 오직 주님의 인도만을 받았으면 좋겠습니다! 어떤 사람은 말합니다. "이 제도는 성경적이지는 않을지라도 존중할 만한 것이다." 또다른 이는 말합니다. "그 예식이 하나님께서 정하신 것은 아니라 할지라도 인상적이고 교육적이라고 믿는다." 그런 식으로 사람들은 자기들의 자의적 숭배(골 2:23)에 대해 핑계를 댑니다. 오, 우리가 이 모든 것들을 제쳐두고, 그 집의 법은 집 주인이 정한 법이지 종이 고안해 낼 수 있는 법이 아니라는 것을 인식할 수 있으면 좋겠습니다. 지금은 우리의 잘못된 호불호(好不好), 변덕스런 마음과 공상들, 우리의 견해들, 심지어 좀 더 건전한 우리의 판단마저도 시온의 유일한 임금이신 주님의 발 앞에 내려놓을 때입니다. 왜냐하면 주님께서 불순종하는 제자들에게는 거룩한 위엄의 영광을 나타내지 아니하실 것이 틀림없기 때문입니다. 만일 나타내신다면 두렵고 떨게 하는 방식으로 나타내실 것입니다. 그러니 신앙 고백에 의하면 주님의 궁전에 있으며, 명목상 주님의 종들인 여러분이여, 하늘에서 주님의 뜻이 이루어지는 것처럼 지상에서도 그의 뜻을 행하려고 힘써야 합니다. 기쁘고, 신속하게, 정확하게, 그의 말씀 한 마디 한 마디를 경외하는 심정으로 행하려고 힘써야 합니다. 그렇지 않으면 주님께서 그분의 영광을 가리실 것이고, 여러분 가운데 그 능하신 행사들을 거의 나타내지 않으실 것입니다.

　　우리 주님께서 영광스러운 시절을 주실 때 나타나는 또다른 표징은 주님의 제자들이 즉각적으로 즐거이 드리는 헌신에 나타날 것입니다. 예수께서 예루살렘에 입성하시던 날에 나귀와 그 새끼의 주인은 주님께서 그것들을 필요로 하신다는 말씀을 듣자마자 즐거이 넘겨 주었습니다. 즉 나귀를 샀던 제자나 그 밖의 제자들은 자기 물건을 아깝지 않게 드렸습니다. 왜냐하면 제자들이 자기들의 겉옷을 벗어 나귀 등에 펼쳐 놓았고, 또다른 사람들은 기꺼이 신하로서 예의를 표하려고 하였기 때문입니다. 그들이 겉옷을 벗어 길에 펼치고 그리스도를 위해서 겉옷을 벗은 채 맨 몸으로 있는 것을 가장 큰 영예로 간주하였기 때문입니다. 환영 나온 사람들은 모두 다 무엇인가를 드렸습니다. 왜냐하면 모든 사람의 마음이 뜨거웠기 때문입니다. 다윗의 자손 그리스도께서 자신의 대성당에 이르는 수도를 지나갈 때 백성들이 드린 자원하는 예물이 그 도로를 덮었습니다. 다윗의 자손 앞에 빈 손으로 나온 사람이 하나도 없었습니다. 그 날에 인색한 모습을 보이는 자가 하나도 없었습니다. 넉넉한 정신이 그의 추종자들을 모두 사로잡았습니다. 이 말을 주목하십시오. 왜냐하면 그 속에는 어떤 사람들이 생각하는 것보다 더 엄숙한 진리가 있기 때문입니다. 예수 그리스도께서 교회에서 성령의 권능을 거두어 가신 적이 많이 있는데, 그것은 신자라고 하는 많은 사람들의 탐욕 때문이었습니다. 그들이 하나님의 대의를 위해 즉각적으로 기쁘게 드렸어야 할 것들을 드리기 싫어하였기 때문입니다. 그들은 주님께 희생을 드리는 것에 대하여 이렇게 말했습니다. "정말 그 일이 너무 지겹군!" 그들은 십일조와 헌물에서 하나님의 것을 도둑질했습니다. 그들은 주님의 대의를 위해서 드리는 것을 허락받는 것이야말로 영예롭고 존귀한 특권이라고 마땅히 생각했어야 할 때 자원하여 드리는 예물을 세금처럼 여겼습니다. 인색한 헌금과, 드리면서도 아까워하는 생각으로 드리는 헌물로 말미암아 하나님을 모독한 것입니다. 세상의 군왕들 중에서 가장 보잘것없는 자에게 드렸더라도 부끄러워했을 것을 그들은 주님께 드렸습니다. 저는 사람들이 다음의 본문 말씀을 인용하여 기도하는 것을 듣고서 얼굴을 붉힐 때가 얼마나 많았는지 모릅니다. "나를 시험하여 내가 하늘 문을 열고 너희에게 복을 쌓을 곳이 없도록 붓지 아니하나 보라"(말 3:10) 여러분은 저더러 "어째서 얼굴을 붉혔습니까?"라고 묻겠죠. 그 본문을 말씀을 정확하게 인용하는 기도를 좀처럼, 아니 거의 들어보지 못했기 때문입니다. 대부분이 그 본문 말씀의 요점을 교묘하게 피해갑니다. 그 본문에서 주 여호와께서 그분의 백성들 앞에 제시하는 시험은 무엇입니까? 어떻게 하나님께서 "지금 나를 시험하라"고 말씀하시는 것입니까? 여러분의 기도로 그리하라 하시는 것입니까? 결코 아닙니다. 여러분 자신의 선한 행위로 말미암아 하나님을 검증하라는 말씀입니까? 결코 아닙니다. 오히려 본문은 "너희의 온전한 십일조를 창고에 들여 나의 집에 양식이 있게 하고 그것으로 나를 시험하여 내가 하늘 문을 열고 너희에게 복을 쌓을 곳이 없도록 붓지 아니하나 보라"고 되어 있습니다. 하나님께서 그분의 백성들에게 하나님 자신을 알아보도록 한 특별한 시험이 바로 그것입니다. 슬프게도 그 시험에서 얼마나 많은 사람들이 넘어지고 마는지요. 그들은 하나님을 위하여 향품을 사지 않고, 그들의 희생으로 하나님을 흡족하시게 하지 않았습니다(사 43:23). 많은 이들이 말로는 풍성하기 이를 데 없고, 입술로는 충성이 넘쳐납니다. 그러나 물질의 문제가 제기되면 거기에는 아무 수고도 들이려고 하지 않습니다. 이 본문을 읽고 "네 가진 것을 팔아 구제하라"는 내용으로 이해한 그리스도인들이 얼마나 적은지요. 그들의 구제는 결코 그런 식으로 이루어진 적이 없습니다. 그들이 드리기는 하였지만, 치즈 몇 덩이와 초 몇 자루를 그리스도께 드렸을 뿐입니다. 자기들이 그러한 것들을 드린 줄을 결코 알지 못합니다. 그렇게 하기 위해 어떤 수고도 하지 않았기 때문입니다. 한 해에 자기들의 신발을 깨끗하게 빠는데 드리는 비용만큼도 예수님께 드리지 않는 사람들이 많습니다. 자기들의 주방에서 가장 비천하게 일하는 종이 받는 품삯의 절반에도 미치지 못하는 분량만 그리스도의 대의를 위해서 지불할 뿐입니다. 이것은 정말 내버려 둘 수 없는 해악이 아닙니까? 그런 잘못을 저지른 자들은 마땅히 그 악에 대하여 해명해야 합니다. 참되지 못한 신앙 고백이 난무하는 이 시대의 그리스도인들이 주님께 마땅히 드려야 할 것을 거부하고, 그리스도 교회의 재정 형편을 가난하게 만들면서도 그리스도의 나라가 임하고 그리스도의 뜻이 더 확장되어 이루어지기를 어떻게 기대할 수 있겠습니까? 만일 길에 겉옷을 펴는 사람이 하나도 없었고, 그리스도께서 타고 가실 그 나귀를 양도하는 사람이 하나도 없었다면, 임금

되신 그리스도께서 어떻게 그 승리를 경축할 수 있겠습니까?

　　그러나 우리는 그 요점에서 더 나아가야 합니다. 그리스도의 영광의 시대가 오고 있음을 보여주는 의미심장한 표지가 셋 있습니다. 곧 각성된 사람들, 순종하는 제자 정신, 보편화 된 자기희생이 그것입니다. 이러한 것들을 살펴봅시다. 그러면 그리스도의 영광스런 날들 가운데 한 시기가 도래하였음을 확신하게 될 것입니다.

　　더구나, 예수 그리스도께서 왕이신 것이 공적으로 선포될 때 그리스도의 영광이 나타납니다. 더 나아가 의심할 여지 없이 우리는 그리스도께서 교회의 왕이심을 인정합니다. 저는 모든 신자들이 바로 그 점에 관하여 확실히 알기를 희망합니다. 그런데 그리스도께서 골방에서 우리에게 말씀하신 진리를 교회는 어떤 굴혈과 구석에서 속삭입니까? 오래 전에 많은 교회들이 이상한 큰 집에서나 산골짜기 후미진 곳에서나 뒷골목에서 모이면서 자기들의 등불을 말(斗, bushel) 아래 감추어 두어도 아주 만족해하였습니다. 그 모임 장소는 거기에 모이는 사람들이나 천사가 아니고는 아무도 찾아낼 수 없는 곳이었습니다. 이처럼 세상에 알려지지 않는 은밀함에 만족하는 것은 복음의 특성에 위배되는 것입니다. 두더지나 박쥐들만 숨겨진 장소를 찾아 거기에 거처를 정합니다. 빛의 자녀들은 부끄러워하는 사람들이 아닙니다. 이런 일들이 한 쪽 구석에서 이루어진 것이 아니라는 사실을 영광으로 생각하는 자들입니다. 거리에서 그리스도의 임금 되심을 선포할 때, 큰 나팔이 울려질 때, 제자들이 큰 길에 서고, 지혜의 목소리가 사람들이 운집한 경기장의 가장 주요한 자리나 큰 문 입구에서 드높여질 때, 그리스도의 나라를 위하여 장대한 시대가 열린 것입니다. 시온이 목소리를 높이되, 힘 있게 높이고 유다 성읍들을 향하여 "너희 하나님을 볼지어다."라고 외칠 때 일들이 질서정연하게 진행되고 있는 것입니다. 설교자로서 우리의 사명은 모든 족속에게 전하는 것입니다. 그러므로 복음의 가르침을 수많은 사람들이 모여 있는 공중 집회에서 하면 할수록 그만큼 더 좋은 것입니다. 참으로 교황주의 시대에 잠자코 있던 사람들이 하나님을 사랑하였고, 은밀한 곳에 모인 작은 무리들이 그리스도를 경배하였습니다. 그런 경우에도 은혜가 있었습니다. 그러나 루터가 노천(露天)에 버젓이 서서 "그리스도가 왕이시며 그의 피로 말미암아 구원을 받는다"고 외쳤던 날은 더 큰 날이었습니다. 그때 전 유럽에 수많은 무리들이 들판에 모이거나, 복음이 전파되는 상수리나무 아래나, 공중(公衆) 광장에 모여들기 시작하였습니다. 숨을 죽이고 한 쪽 구석에 가만히 있는 것이 아니라 모인 사람들 앞에서 적그리스도는 반드시 끝장나며, 주 예수 그리스도를 높여야 하고, 아울러 그리스도를 믿는 믿음이 사람들의 구원이라고 선포해야 한다고 큰 소리로 담대히 외쳐대는 사람들의 말을 듣기 위해 모여들기 시작하였습니다. 바로 그때 그리스도와 그의 교회가 영광스러운 시대를 보았던 것입니다. 종교개혁을 허락하신 하나님을 찬미하리로다. 그러나 우리는 빛바랜 월계관에 안주하지 말아야 합니다. 새로운 승리가 필요합니다. 우리는 복음의 복락이 확장되기를 간절히 소원합니다. 복음이 활로를 찾고 영화롭게 되기를 위하여 기도해야 합니다. 모든 거리마다 즐거운 음악으로 울려 퍼지고, 모든 뒷골목이나 큰 저택마다 구원으로 빛날 수 있기 위해 기도해야 합니다. 아니, 런던에 있는 어느 집도 "주 예수 그리스도께서 주님이시니 하나님 아버지께 영광이로다."는 사실을 알지 못한 채 있지 않도록 위하여 기도해야 합니다. 사람들이 허다히 모인 큰 집회들에서 주 예수님을 만유의 주로 선포할 때 그날은 정말 주목할 만한 날입니다.

그러한 날에 볼 수 있는 영광의 한 모습은 많은 사람들이 그리스도를 만나기 위해서 나아가는 것입니다. 저는 살면서 복음서의 이야기가 가리키는 사실들이 영적으로 이루어지는 것을 볼 수 있기를 소원합니다. 예루살렘에 살던 사람들이 종려나무 가지를 가지고 예수님을 만나러 나와서 예수님께서 그 도성으로 들어오시는 것을 기뻐하였으며, 예수님이 행차하시는 장관을 가슴 벅차게 맞아들였습니다. 심지어 그렇게 하나님께서는 자주 그 밝은 날들에 행차하시어 수많은 사람들로 하여금 복음을 기꺼이 받아들일 심정을 갖게 하십니다. 설교자는 지금 내가 돌밭에 씨를 뿌리고 있다는 느낌을 가질 때가 있습니다. 그러나 하나님의 성령께서 역사하시는 날에는 그 마음의 토양이 부서져 가루가 되어 곡식 알갱이를 받아들이기에 좋고, 씨가 금방 싹이 나고, 추수할 때가 빠르게 임하는 날도 있습니다. 형제 여러분, 하나님께서 우리나라 사람들을 감동시키어 임금 되신 예수님을 기꺼이 맞으러 나가게 해주십사고 기도합시다. 사람들의 마음에 신앙적 사고의 큰 물결이 미칠 수 있도록 기도합시다. 하나님께서는 그렇게 하실 수 있습니다. 하나님은 인간 마음의 열쇠를 갖고 계시며, 그분의 뜻대로 그 마음을 은밀하게 인도하실 수 있습니다. 사람들 사이에 위대한 신앙적 움직임이 있게 하여 주십사고 기도합시다. 그때 우리는 하늘의 날들이 땅에 임한 것처럼 인자의 날들 중 한 날을 기대할 수 있기 때문입니다.

자, 그러면 또다른 표지로 신앙적 열심이 사방에 편만해지는 것을 보게 될 것입니다. 그리스도께서 나귀를 타고 예루살렘에 들어오실 때 그리스도의 위엄있는 모습을 주목하는 사람들이 냉담한 채 있을 수 없었습니다. 어떤 자들은 그 경우에도 예수님께 대해 악의로 불타는 미움을 보였습니다. 그러나 주님을 사랑하는 사람들은 주님을 향하여 불같이 타오르는 애정으로 충만하였습니다. 사람들이 주님의 임재 앞에서 냉담한 채 있기가 거의 어렵다는 것이 그리스도의 특성의 한 가지 특별한 점입니다. 그리스도와 함께하지 않는 자는 그리스도를 대적하는 자입니다. 큰 무리들 가운데 열심이 일어나던 바로 그 날에 예루살렘 도성이 다시 소란하게 되었습니다. 어린 아이들은 나무로 올라가 가지들을 땅으로 내던졌고, 그 부모들은 승리감에 취하여 그 가지들을 흔들어 대었습니다. 그리고 그 가지들을 구주께서 나귀를 타고 지나가시는 길목에 던져 놓아 밟고 지나가시게 하였습니다. 오랫동안 큰 소리로 외쳐댔습니다. 그 날에 많은 사람들이 즐거움에 충만하였습니다. 아, 그것이야말로 교회가 다시 열심을 내게 될 때 그리스도께서 거기 함께 계신다는 한 표지입니다. 너무 흥분해 있다는 식으로 부흥에 대하여 불평하는 소리를 가끔 듣습니다. 물론 그 비판이 정당하기는 합니다. 그러나 저는 약간의 허물을 용납하고 싶습니다. 이 시대는 하나님께 속한 일들에 대해서 지나친 흥분을 하는 바람에 죄를 짓는 일은 일반적으로 없습니다. 우리는 오히려 너무 오랫동안 그와 반대되는 방향에서 잘못을 저질러 왔습니다. 어쩌면 열심을 내다가 약간 과격해지는 것이 모든 재난 중에서 가장 악한 경우가 아닐 수 있습니다. 하여튼 나는 그런 쪽으로 열심을 내기를 두려워하지 않을 것입니다. 의심할 여지 없이 우리 주님의 임재는 태양이 떠오를 때처럼 사방에 빛뿐만 아니라 열기도 뿌려줍니다. 오, 그 태양에 그을리고, 그 열기에 구워지면 좋겠습니다. 주님을 너무 사랑한 나머지 주님의 영광을 위한 열심에 소멸되는 데까지 나아갈 사람들은 복이 있습니다. 나는 그 천상의 병에 걸려 기쁘게 죽었으면 좋겠습니다.

사랑하는 형제여러분, 그 승리의 개선가가 울려 퍼지는 날, 열광하는 분위기가 전혀 없던 곳에서 온 도성이 소동하는 것을 보고 "이 사람이 누구야?"라고 질문을 하는 사람들이 있었습니다. 우리 주님께서 교회에 부흥을 허락하실 때 회중들과 밖에 있는 허다한 무리들이 "이 소동이 어디서 난 것이냐? 이게 대체 무엇이란 말이냐? 이 그리스도가 누구며, 그 구원이 무엇이란 말이냐?"라고 묻기 시작합니다. 이러한 의문을 제기하는 심령은 지극히 바람직한 상태에 있는 것입니다. 그것은 끈질긴 기도로 구해야 마땅한 일입니다. 이 거대한 도시가 "이는 누구냐?"라는 물음으로 소동하는 일을 하나님께서 허락하시옵소서. 어느 곳에서나 사람들이 "그처럼 시끄럽게 만드는 이 복음이 무엇이란 말이냐?"라고 묻게 되는 일을 하나님께서 허락하시옵소서. 주님께서 긍휼을 베풀어 숲의 나무들이 바람에 흔들리는 것처럼 사람들의 마음을 움직여 주옵소서. 성령의 기운이 죽은 사람들을 살리시기 전에 뼈들이 서로 붙었던 그 환상의 골짜기에서 선지자 에스겔이 보았던 움직임이 그것입니다. 오, 하나님의 택한 백성들이여, 밤낮으로 긴급하게 기도하십시오. 요나의 시대에 니느웨가 하였던 것처럼 이 도시 전체가 하나님 말씀의 설교로 말미암아 감동받게 하시기를 기도하십시오.

그때 이상한 일은 예수님께서 예루살렘에 들어오실 때 그의 모든 대적들이 잠잠하였다는 점입니다. 헤롯과 빌라도의 궁정이 있는 거리를 주님께서 드러내놓고 공공연히 말을 타고 행차하셨습니다. 그런데도 그들은 주님을 방해하려고 애쓰지 않았습니다. 로마 사람들은 자기들의 권세에 대항하는 일을 정말 참아내지 못하였습니다. 어떤 사람이 왕으로 나서는 모습만 보이기만 하면 그들은 언제나 신속하게 체포하였습니다. 그런데도 불구하고 수비대 한 사람도 이 유대인의 왕에게 거친 손을 대지 않았습니다. 헤롯의 군사들이 나타나지도 않았습니다. 이 특이한 행렬에 관한 어떤 정보를 그들의 본부에 전달한 일도 없었던 것 같습니다. 주님의 대적들이 주님을 법정에 고소하지도 않았습니다. 서기관들과 바리새인들마저도 조금도 입을 벌려 비난의 말을 내뱉지도 않았습니다. 아니, 그렇게 할 엄두조차 내지 못하였습니다. 왜냐하면 그들은 백성들을 두려워하였기 때문입니다. 그 날 주님의 모든 대적이 그분 앞에 움츠리고 움직이지 못하였습니다. 마치 사자가 으르렁거릴 때 개들이 하는 것처럼 말입니다. 주님께서 성전에 들어가실 때 주님의 무장한 추종 세력이 함께 있었던 것이 아닙니다. 주님께서 칼을 차지도 않으셨습니다. 그저 단순히 작은 끈으로 만든 채찍만 가지셨습니다. 그럼에도 그 경미한 무기로 성전에서 팔고 사는 자들을 내쫓고 그들의 상을 둘러엎으시며 비둘기 파는 자들의 자리를 치워 버리셨습니다. 그런데도 주님께 저항한 어떠한 모습도 보이지 않습니다. 주님께서는 그 시간의 주인이셨습니다. 주님을 대적하여 개 한 마리도 감히 혀를 내밀 엄두를 내지 못하였습니다. 주님과 그 백성들이 예루살렘 도성을 통과하여 그 왕의 장대한 행차의 날이 끝나기까지 시온의 임금님 앞에서 돌같이 잠잠하였습니다. 같은 방식으로 주님께서 그분의 교회를 복되게 하실 때 그 대적들의 노를 제어하시거나 도리어 그 노로 인하여 하나님을 찬미하게 되도록 주장하시는 점은 주목할 만한 일입니다. 주님께서는 아무리 거만한 사람들이라도 스스로 겸비하게 만드실 능력이 있으십니다. 완고하기 이를 데 없는 사람들도 고개를 숙이게 만드시며, 그 능력을 사용하시어 자신의 이름을 영화롭게 하십니다.

그리스도의 영광스러운 날이 우리에게 밝아올 때 그 날이 어떠한지를 제가 묘사하고 있는 동안에도, 사랑하는 교인 여러분들은 모두 하나님께 이렇게 간청하며 간절히 기도하고 계실 것이 틀림없습니다. "은혜의 왕이시여, 이 교회에 영광스러운 왕의 행차가 이루어지는 날을 허락하옵소서." 다른 교회 지체들도 외치고 있습니다. "예수님께서 우리 마을에도 그와 같이 임하게 하옵시고, 그러한 방식을 따라 우리 교회 안에서 다스리게 하옵소서." 우리가 그 일을 위해서 모두 합심하여 끊임없이 기도하십시다. 또한 우리 모두 기운을 냅시다. 왜냐하면 예수님께서 그분의 교회를 사랑하시고, 그분의 교회가 바라는 바를 허락하실 것이기 때문입니다. 그것을 주시도록 주님께 탄원합시다. 그러면 우리는 많은 사람들이 "찬송하리로다. 주의 이름으로 오시는 이여."라고 외칠 날을 보게 될 것입니다.

이 점을 오래 생각할 시간이 없습니다. 그러니 두 번째 요점을 생각해 봅시다.

2. 둘째는, 주님의 교회에 예수 그리스도의 영광의 날이 임하면 그때처럼 지금도 주님께 같은 경의를 표해야 한다는 점입니다.

첫째로 이 날에 예수 그리스도께서 그때와 같이 그의 백성들 가운데서 큰 소리로 찬양을 받고 크게 기뻐하심을 받습니다. 그때에는 주의 백성들이 손뼉을 치며 주님께 "찬송 받으소서" 하고 외쳤습니다. 주님의 제자들의 온 무리가 아주 큰 소리로 "호산나, 호산나" 하고 소리쳤습니다. 아, 사랑하는 여러분, 우리는 그리스도께서 멀리 계실 때는 아무 활기가 없습니다. 신랑이 사라지면 신부의 방에 있는 신부 친구들이 어떻게 즐거워할 수 있습니까? 그리스도의 성령께서 권능으로 우리 중에 임하실 때 어떻게 우리가 금식할 수 있습니까? 오, 그런 경우에는 우리 마음이 즐겁고, 봄기운이 완연하여 오랫동안 얼었던 시냇물이 녹아 흐르는 것처

럼 기쁨으로 우리 마음도 뛸 것입니다. 오, 하나님이시여, 우리에게 단연코 신앙
의 부흥을 보내시옵소서. 그러면 늘 절름발이 같은 자들도 목발을 의지하여 뛸
것이고, 겁이 많고 두려워하고 낙담하던 자들도 거룩한 환희로 노래 부를 것입
니다. 그리스도의 백성들에게는 그리스도께서 함께 계시는 기쁨보다 더한 기쁨
은 없습니다. 우리가 그 기쁨을 가질 수만 있다면 얼마나 좋겠습니까! 그러면 늘
말다툼을 좋아하던 자들도 멈출 것이고, 불평하는 소리도 끝날 것이며, 서로를
원망하거나 하나님의 섭리에 대하여 불평하던 소리들도 잠잠해질 것입니다. 예
수 그리스도께서 그 백성들과 함께 하신다는 의미는 모든 슬픔의 선율을 잊고,
모든 사람의 마음이 변하여 지극히 큰 소리로 감사의 노래를 부르게 된다는 뜻
입니다. 오, 내 영혼아, 주 하나님을 찬미하라. 내 속에 있는 모든 것들아, 분발하
여 일어날지어다. 하나님의 거룩한 이름을 광대하다 하며 복되다 하리로다. 예
수 그리스도의 권능이 택하신 도성에 나타나시던 그 경사스러운 날에 말이다.
우리가 나가 우리의 임금 솔로몬을 뵙고 그분께 새로운 왕관을 드리려 하는 때
는 기쁨의 때요, 노래 부를 때요, 소리치며 환희에 차서 깊은 즐거움을 나타낼 때
입니다. 우리의 임금 되신 그분이 그러한 기쁨이 충만한 때에 우리에게 은혜 베
푸시리라는 것은 말할 필요조차도 없습니다. 우리는 그분 안에서 즐거워하고 기
뻐합시다. 왜냐하면 여러분은 분명히 그렇게 하고 싶을 것이기 때문입니다. 주
여호와께서 시온의 포로들을 다시 돌이키실 때 우리의 입은 노래로 충만해지며
우리의 혀는 웃음으로 넘치게 됩니다.

　　여기서 주목하고자 하는 요점은, 그리스도의 특별한 명예가 주님을 에워싸
고 즐거워하고 기뻐하는 사람들에게서 뿐만 아니라 거기에 감염되어 함께 기뻐하
는 많은 무리들에게서도 나타난다는 것입니다. 지난 주간의 그 예수님의 행렬을
본 사람들이 무엇보다 놀라운 광경은 거기에 모인 무리였다고 말하였습니다. 쳐
다보고 기이하게 여길 일은 멀리서부터 끊임없이 몰려드는 빽빽한 군중이었다
고 하였습니다. 그리스도의 영광의 날에 그리스도를 크게 명예롭게 하는 일은
모인 허다한 군중들, 그 수를 셀 수 없는 큰 무리들입니다. 왜냐하면 그리스도께
서 권능을 보이시고 그의 복음이 능력 있게 전파되게 하실 때, 틀림없이 허다한
무리들이 그리스도의 복음을 청종하고, 사람들은 "볼지어다. 온 세상이 그를 따
르는도다"(요 12:19)라고 말할 것이기 때문입니다. 그런 일은 기이하여 설명할
수 없는 것처럼 보일 수 있습니다. 그러나 사람들이 그렇게 반대하던 복음이 이

상하게 사람들의 귀에 매력 있게 들릴 수가 있습니다. 그래서 사람들은 그 복음
을 듣지 않을 수 없게 됩니다. 물론 지금까지 사람의 마음에는 예수님의 진리에
대해 반감이 있습니다. 그럼에도 불구하고 사람들이 복음 진리를 청종하기를 좋
아한다는 것은 주목할 만한 사실입니다. 그리스도 교회의 모이는 수는 여전히
큰 무리입니다. 보통 사람들은 즐겁게 그리스도의 복음을 청종합니다. 그리스도
께서 오셨을 때 세상의 임금들이 그리스도를 만나러 오지 않았고, 제사장들도
그리스도께 나오지 않은 사실은 알려져 있습니다. 유대인 귀족들 중에 자기들의
임금 되시는 그리스도를 알현하기 위해서 긴 행렬을 이루며 기다린 적도 없습니
다. 그러나 수천의 사람들이 나왔고, 허다한 군중들이 주님을 환호하며 갈채를
보냈습니다. 아마도 바리새인들은 그러한 군중들을 보고 오합지졸이니, 어중이
떠중이니, 하층민들이라는 식으로 불러댔을 것입니다. 사실이 그러하였습니다.
"이 사람이 죄인들을 영접하는도다." 주님께서는 민중들의 임금이십니다. 가난
하고 궁핍한 자들을 돕는 자이십니다. 이 세상에 가난한 자들은 그리스도를 믿
는 믿음에 있어서 부요하였습니다. 옛적에 성도들을 핍박하고 불태워 죽이던 시
대에 화형대에서 가장 훌륭하게 사람됨을 보여주었던 자들이 누구였습니까? 여
기저기에서 주교나 귀족이 한 사람씩 그렇게 하였습니다. 그러나 영웅의 반열에
든 사람들은 가난한 자들이나 중간 계층으로부터 나왔습니다. 한 지체 높은 양
반은 믿음을 부인하였으나 나중에는 다시 정신을 차리고 잘하였습니다. 그러나
콜체스터(Colchester)의 가난한 직공이나, 보우(Bow)의 구두 수선공은 결단코
신앙을 부인한 적이 없었고, 진리를 위해서 화형당하기에 마땅한 사람으로 여겨
진 것을 영광스럽게 생각하였습니다. 이 세상의 대단한 사람들이 복음을 주장하
는 일에 앞장서는 경우는 어느 곳에서나 별 성공을 거두지 못했습니다. 예를 들
어 스페인이나 이탈리아를 생각해 보십시오. 그곳에서 종교개혁으로 회심한 사
람들은 거의 다 높은 계층에 속하였습니다. 그런 곳에서 종교개혁의 교리가 스
러지는 일은 오래 걸리지 않았습니다. 그러나 독일의 농부들이나 영국의 직공들
속에서는 종교개혁의 교리가 살았습니다. 이스라엘의 용감한 사람들은 베틀로
베를 짜거나 대장장이 일을 하거나 쟁기로 밭을 갈거나 목공소에서 목수 일을
하던 사람들로부터 나왔습니다. 복음이 일반 백성들 중에서 그 참호를 구축하는
곳마다 마귀가 그걸 무너뜨릴 수 없습니다. 그런 경우 복음은 숲속에 있는 사자
와 같습니다. 숲속에 있는 사자는 아무도 쫓아낼 수 없습니다. 제사장들과 힘 있

는 자들이 그들이 뜻하는 바를 주장하고 나설 수 있습니다. 그러나 만일 민중들이 임금이신 예수님을 위한다면 예수님의 옹호자들은 얼굴을 붉힐 필요가 전혀 없습니다. 오늘날 그리스도께서 가난하고 궁핍한 자들을 구원하시는 것이야말로 그분의 영광입니다. 허다한 무리들의 임금이시라는 것이 주님의 영광입니다. 주 여호와께서 말씀하십니다. "내가 … 백성 중에서 택함 받은 자를 높였으되"(시 89:19). 예수님은 백성들의 그리스도이시며, 백성들의 사람이십니다. 예수님께서는 다른 사람들이 멸시하는 자들의 입에서 나오는 찬사를 받으십니다. 왜냐하면 예수님께서는 세상의 천한 것들을 택하시고, 있는 것들을 무색하게 하시려고 없는 것들을 택하셨기 때문입니다. 그리스도의 영광의 한 부분이 여기에 있었습니다.

그 날에 그리스도께서 온갖 사람들로부터 모든 경의를 받으셨다는 것이 그리스도의 영광이었습니다. 그 점을 주목하십시오. 이미 말씀드린 것처럼 짐승을 소유한 주인은 그리스도께서 타시도록 기꺼이 그것을 내놓았습니다. 짐승이 없는 사람은 적어도 겉옷을 주님께 드렸습니다. 어떤 사람은 자기가 입는 제일 좋은 옷을 길에다 편다 할지라도 임금 되신 주님께 영예가 되기는커녕 주님을 모독하는 것처럼 보인다 생각될 정도로 너무 남루하였기 때문에 나무에서 꺾어온 가지를 드렸습니다. 어떤 사람들은 돈으로 산 종려나무를 가져왔고, 돈을 주고 종려나무 가지를 살 수 없는 사람들은 길가에 보통 자라고 있었던 나무로 기어올라가서 가지를 꺾어 길에 던졌습니다. 저는 그 가지들이 감람나무 가지였다고 생각합니다. 왜냐하면 그들이 감람산 가까이 있었기 때문입니다. 땅의 비옥함으로 주님께 영광이 될지어다! 또 무화과나무 가지들도 있었을 것입니다. 왜냐하면 벳바게는 무화과의 집이었기 때문입니다. 이 땅의 달콤함으로 주님께 존귀를 돌릴지어다! 의심할 여지 없이 그 가지들 중에는 삼목(cedar)의 가지들도 섞여 있었을 것입니다. 이 땅의 존귀와 힘으로 주님의 영예를 높일지어다! 도금양(myrtle)의 가지들도 있었습니다. 온 땅의 존귀와 승리로 주님을 영화롭게 할지어다! 그리스도께서는 그분을 영예롭게 하려고 노력하는 사람을 보고 너무 지나치게 하지 말라고 말씀하신 경우를 저는 읽어보지 못했습니다. 주님께서는 한 사람의 제자를 꾸짖으시거나 어린 아이들에게 잠잠하라고 하시지 않았습니다. 그리스도께서 영화롭게 되신 날에 그리스도의 모든 백성들은 그분을 섬기려고 각자 주님께 드릴 것을 가져옵니다. 귀족은 많은 것을 가지고 오겠죠. 그러나 보통 평민은 자기의 몫을 가지고 옵니다. 주님께서 그 모두를 다 받으십니다. 주님께서 행차하실 때 어떤 그리스도인도 자기의 의무를 회피하거나 희생 제물을 가져오는 것을 잊지 않습니다. 또한 주님께서 진실한 마음으로 드리는 정직한 예물을 너무 많이 가져오지 말라고 하시지도 않습니다.

그리고 그리스도께서 영광을 얻으시는 날에 어린 사람들이 현저하게 눈에 띈다는 것을 주목하는 일은 즐겁고, 그걸 기억하는 일은 기쁩니다. 그 일은 언제나 그러할 것입니다. 성전에 있던 아이들이 "호산나! 호산나!"라고 소리치지 않았습니까? 그 부모들 못지않게 어린 아이들도 거의 반은 목이 쉬지 않았겠습니까! 그들은 그 기쁜 날에 계속 즐거웠습니다. 그 날은 그들에게 즐거운 축제였습니다. 참된 은혜가 교회에서 강력하게 역사할 때면 언제나 젊은 회심자들이 나타나고, 참된 부흥이 일어날 때마다 소년소녀들이 그리스도께 인도함을 받으리라고 항상 저는 기대합니다. 생각하건대 그런 젊은이들이 그리스도께 인도함을 받지 못하는 곳에는 그 운동이 진정한 것이 아니라고 의심할 만한 이유가 있는 것입니다. 그 일이 하나님의 성령의 진정한 역사였다면, 어린이들이 나이 많은 사람들과 함께 그리스도께 오는 것을 금하는 자가 없을 것이기 때문입니다. 오, 바로 여기 우리 교회에서 그러한 영예가 그리스도께 수북이 쌓일 수만 있다면 얼마나 좋겠는지요! 어린들이 "호산나!"라고 외치고, 그 부모들이 합세하여 함께 찬송하는 소리를 들을 수 있으면 좋겠습니다. 주님께서 은혜를 베푸시어 주일학교가 임금 되신 그리스도의 군대에 자원할 고귀한 사람들을 무수히 보낼 수 있게 하옵소서. 오! 사방에서, 부자든지 아무것도 없는 자들이든지, 아니면 큰 재능들을 가졌든지 못 가졌든지, 또는 많은 시간이나 여유를 갖고 있든지 아니면 자신을 돌아볼 시간을 거의 가질 수 없든지, 또한 나이를 먹었든지 젊은이든지 간에 모두가 구속주를 광대하시다 찬미하는데 하나가 될 수 있게 하옵소서. 오, 여러분 모두 그리스도께서 행차하시는 길목에 무엇인가를 흩뿌려 교회 안에서 그리스도를 영화롭게 하는 모습을 볼 수 있다면 얼마나 좋겠습니까.

물론 이 주제가 매우 흥미 있는 주제이지만, 저는 이 점을 더 이상 오래 생각할 수 없습니다.

3. 셋째로, 그리스도께서 교회에 임하실 때는
전에 행하신 것과 같은 행사를 나타내신다는 점을 주목합시다.

우리가 관찰했던 일 중에 주님께서 행하신 첫 번째 일이 무엇이었습니까? 나귀를 타신 것입니다. 그리고 나귀를 타고 가시면서 사람들의 외치는 소리를 들으셨을 때 예수님 얼굴에 미소가 가득하였을 것이며, 어린이들이 존중의 표시를 당신에게 드리는 것을 보실 때 사랑스러운 눈으로 그들을 바라보셨을 것임에 틀림없습니다. 그러나 갑작스럽게 예루살렘을 내려다볼 수 있는 곳에 임하셨습니다. 물론 그 날은 승리의 날이었지만 멈추어 서시고, 뜨거운 감정이 주님의 마음에 북받쳐 올라왔습니다. 결국 눈물이 뺨에 흘러내렸고, 슬픔의 말씀을 토해 내셨습니다. "오, 너의 이 날에 네가 알았더라면." 그리스도께서 성령의 권능으로 교회 안에 계시면 그곳에서는 언제나 영혼들을 불쌍히 여기는 일이 매우 현저하게 드러남을 저는 알고 있습니다. 그리스도께서는 그분의 백성들의 눈을 통해서 울며, 그분의 백성의 자녀들의 마음을 통해서 갈망하십니다. 주님께서는 그분의 백성들로 하여금 불쌍히 여기고 긍휼이 충만한 사람들이 되게 하십니다. 하나님의 자녀들은 사람들이 저주 받아 영원한 형벌을 받는 것을 참을 수 없으며, 하나님께서 은혜로 찾아오시는 날이 옴에도 불구하고 그처럼 많은 사람들이 그리스도를 배척하는 것을 슬퍼합니다. 오, 사랑하는 형제 여러분, 그리스도께 가까이 살고 있으며 그분과 같은 심정을 가진 여러분은 죽어가는 영혼들에 대하여 아파하는 심령을 주십사고 주님께 구하십시오. 생명을 얻기 위해서 사람들이 그리스도께 나오지 않고 영생으로부터 멀리 떨어져 있음으로 영적 자살을 감행하는 일을 고집하는 것을 보며 괴로워하게 해 주십사고 간구하십시오. 오, 교회에서 영혼들을 위한 거룩한 열정을 우리가 볼 수 있다면 얼마나 좋겠습니까. 왜냐하면 그것이 풍성한 은혜의 복된 표지가 될 것이기 때문입니다.

또한, 그와 같은 풍성한 은혜가 주어지는 때에는 그리스도의 심판이 사람들에게 현저하게 인식되었습니다. 왜냐하면 긍휼의 주님께서 장래의 심판에 대한 소식을 감추려고 하시지 않을 것이기 때문입니다. 주님께서 말씀하셨습니다. "이르시되 너도 오늘 평화에 관한 일을 알았더라면 좋을 뻔하였거니와 지금 네 눈에 숨겨졌도다. 날이 이를지라. 네 원수들이 토둔을 쌓고 너를 둘러 사면으로 가두고 네 자식들을 땅에 메어치며 돌 하나도 돌 위에 남기지 아니하리니 이는 네가 보살핌 받는 날을 알지 못함으로 인함이라 하심이라"(눅 19:42-44). 진정한 부흥의 때에 하나님의 진리를 설교하는 사람들은 하나님의 약속뿐만 아니라 하나님의 거룩한 위협들을 설교하는 걸 마다하지 않는 것을 나는 보았습니다. 사람들이 사랑에 이끌려 그리스도께 인도함을 받는다는 소리를 듣습니다. 물론 그 진술은 진리입니다. 그러나 동시에 "주의 두려우심을 알므로" 우리는 사람들을 설득하되, 악한 소식을 그들에게 감추지 말아야 합니다. 그리스도께서도 우시며 자애로운 심정을 갖고 계심에도 불구하고 임박한 예루살렘의 멸망에 대해 말씀하시는 걸 주저하지 않으셨습니다. 대중들의 구미를 맞추기 위해 그리스도께 속한 두려운 일들을 감추지 않고 담대하게 말할 때 교회 안에 그리스도께서 계시다는 표지가 나타나는 것입니다. 임박한 진노를 있는 그대로 말하지 않고 덜 무섭게 보이려고 그리스도께 속한 그 두려운 일들을 깎아내거나 조절하려고 애쓰는 일이 없을 때, 바로 그 교회에 그리스도께서 계신 것입니다. "너희가 회개하지 않으면 너희 모두가 다 같이 망하리라."는 경고를 거듭거듭 우레처럼 외쳐야 합니다. 불의를 버리지 않고 계속 고집해 나간다면 구원과 소망에서 멀리 쫓겨나 "구더기도 죽지 않고 불도 꺼지지 아니하는 곳"에 들어가게 될 것임을 죄인에게 들려주어야 합니다. 믿음이 없는 교회에는 그리스도께서 함께 하시지 않습니다. 이런 점에서 어떤 교회들은 점점 더 불신앙적인 데로 달아나고 있습니다. 우리는 진리 전체를 전해야 합니다. 자비하심 때문에 미소를 짓게 하는 진리의 국면뿐만 아니라 진리의 무섭게 하는 어두운 면까지도 전해야 합니다. 그렇게 하지 않으면 그리스도께서 함께 하시지 않습니다. 예수님께서 불쌍히 여기는 마음이 있기 때문에 사람들의 아들들에게 사랑하는 참된 정직을 보여주시는 것입니다. 우리도 마땅히 그 동정심을 가지고 그리해야 합니다.

　　그러나 본문에서 여러분이 주목하다시피, 주님께서 그분의 수도 거리를 나귀를 타고 행차하실 때 곧바로 성전 문으로 나아가셨습니다. 그리고 그 곳에 들어가 성전을 정화하기 시작하셨습니다. 채찍을 손에 드시고 좌우로 내려치셨고, 성전세로 내려고 돈 바꾸는 사람들의 상을 둘러엎으셨습니다. 또한 장사를 위해서 거기 쌓아 두었던 비둘기장들을 내던지셨습니다. 그리스도께서는 그렇게까지 하십니다! 그리스도가 계신 교회가 오랫동안 불결한 채 있을 수 없습니다. 그리스도께서 임재하시면 개혁이 일어납니다. 전에 용납되었던 일들이 그리스도께서 계신 곳에는 더 이상 용납될 수 없게 됩니다. 교회가 하나님의 성령의 인도하심을 받지 않는 동안에는 계속 옛 방식을 고수할 것이고, 이전 관례를 변호하며 구실을 댈 것이며, 심각한 기만들을 참아낼 것이고, 그렇게 하는데 대한 구실을 만들 것이며, 핑계 댈 것입니다. 그러나 주님께서 일단 그 교회에 오시기만 하면

매 사냥꾼들이나 행상인들은 거기서 나가야 하고, 돈 주머니나 비둘기들이나 돈 바꾸는 상도 다 치워야 합니다. 그리스도께서 기도하는 그분의 집에서 그런 것들을 두고 그냥 용납하지 않으실 것입니다. 그리스도께서 교회에 임하시면 그런 것들이 가방을 싸들고 나가야 합니다. 오직 진리와 권능의 주님께서만 그분의 교회 가운데서 왕 노릇 해야 합니다. 의회의 법률 조례들을 통해서 교회가 철저하게 정화된다는 걸 저는 믿지 않습니다. 어떤 개혁적인 연합 기관들이나 운동들이나, 단순한 인간적 기관의 활동을 통해서는 어느 교회도 철저하게 정화되지 못할 것입니다. 팔고 사는 자들을 쫓아낼 수 있는 채찍을 들 사람이 아무도 없습니다. 오직 꽁꽁 묶여 십자가로 끌려 가셨던 바로 그분의 손만이 그 채찍을 들 수 있습니다. 주님께서 하시면 일은 성사될 것입니다. 왜냐하면 그 일은 사람에게 속한 일도 아니고 사람이 성취할 일도 아니기 때문입니다. 그리스도께서 그렇게 교회를 정화시킨 다음에 하시는 일은 성전에서 그분께 나아온 병자들을 고치시는 일이었습니다. 시장이 될 수 없는 그 곳이 병원은 되도록 허락받았습니다. 그처럼 그리스도의 영광의 날은 항상 그리스도께서 행하시는 위대한 치유가 두드러지게 나타납니다. 사람의 아들들은 지속적인 은택을 받게 되며, 심각한 질병에서 치유를 받습니다. 눈이 열리고, 마음이 총명의 빛을 얻습니다. 연약함이 제거되고 저는 자가 걷습니다. 고집을 부리던 의지가 제압당하며, 마음이 깨끗함을 입고, 성품이 변합니다. 예수님께서 임하시면 그곳에서 구원이 뒤따라오는데, 그 구원이 함축하는 복락의 모든 행렬을 이끌고 옵니다.

　우리는 바로 그날에 그리스도의 원수들이 매우 당황하였다는 걸 발견합니다. 여러 가지 질문을 가지고 주님을 만나러 왔습니다. 그러나 주님께서 그 질문들에 금방 대답하셨습니다. 그들이 서로 간에 나눈 말이 무엇이었습니까? "볼지어다. 너희 하는 일이 쓸데없다. 보라, 온 세상이 그를 따르는도다"(요 12:19). 오, 구주시여, 우리에게 그와 같은 때를 보게 하여 주옵소서. 우리의 영혼이 지금 그 때를 갈망하나이다. 그리하여 우리의 원수들이 슬퍼하면서 "우리는 이 옛 교리를 부서뜨렸다고 생각했노라. 그러나 우리는 지금 쓸데없는 일을 하였다. 볼지어다. 허다한 무리들이 그 옛 교리들에 감동을 받고 있도다."라고 말하게 하옵소서. 마귀는 몇 년 전 영국에서 복음의 빛이 꺼졌다고 생각했습니다. 마귀는 영국 국교회나 비국교도들로 하여금 깊은 잠에 빠지게 하였었고, 아리우스주의 (Arianism:그리스도의 신성을 부인하는 주장 — 역주)나 모든 종류의 오류들이 온 땅에

퍼졌습니다. 그런데 주님께서 휫필드(George Whitefield)와 웨슬리(John Wesley)와 그 밖에 경건한 자들의 마음을 감동시키셨습니다. 하나님의 성령께서 임하셨고 허다한 무리들이 복음을 기쁘게 청종하였습니다. 그리스도의 많은 원수들이 창문에 서서 전에는 전혀 목격하지 못하던 광경을 보았습니다. 곧 거리의 수많은 사람들이 그런 이들의 말을 들으려고 떼지어 몰려가는 모습을 보았던 것입니다. 또한 마을이나 고을 밖에 넓은 노천에서 부르는 노랫소리가 바람결에 멀리서 들려오는 것을 알았습니다. 그래서 그 원수들은 말했습니다. "아니, 결국 우리는 이 일을 침묵시킨 게 아니야. 우리는 그 일을 파괴시켰다고 생각했는데 말이야." 이 천상의 나무에 대한 소망이 있습니다. 그 나무를 베어낸다 해도 다시 움이 돋을 것입니다. 그 나무는 물 냄새를 맡고 다시 움을 틔울 것입니다. 이 아이는 죽은 것이 아니라 잠이 든 것입니다.

　　지성적이고 교양 있는 체하는 허영심이 강한 당파(黨派)에 속한 사람들이 옛 청교도의 믿음은 거의 멸절되었다고 말합니다. "존 오웬(John Owen)이나 존 번연(John Bunyan)이나 굿윈(Thomas Goodwin)이나 차르녹(Steven Charnock)과 같은 사람들이 주장했던 진리를 붙잡고 있는 이들은 무식한 소수에 불과하다."고 합니다. 그러나 세상의 모든 엘리트들, 곧 자신들이 '감미로움과 빛'을 다 가지고 있다고 하는 자들, 사상가들, 정신적인 상류 계급들은 모두 시대에 더 걸맞는 편에 표를 던질 만큼 충분히 지각이 있다고 합니다. 그러나 우리는 하나님의 이름으로 그들에게 차이를 보여줄 것입니다. 하나님께서 성령님으로 말미암아 복음의 양각 나팔소리로 그들의 귀를 울리게 하시어, 결국 그들과 그들의 여리고가 함께 무너지게 하실 것입니다. 유럽을 흔들었던 복음의 교리가 다시 유럽을 흔들 것입니다. 영국은 순교자들이 목숨을 버리면서까지 지켰던 바로 그 진리, 영국의 청교도들이 많은 논쟁의 장(場)에서 싸워 방어하려 하였던 그 진리가 이 나라의 합리주의나 의식주의(儀式主義)를 산산조각 낼 것을 알아야 할 것입니다. 살아 계신 하나님의 참된 복음의 길목을 막았던 다른 모든 자들도 그렇게 부서지고 말 것입니다. 우리는 두려워하거나 낙담하지 않습니다. 우리는 주님의 임재하심 때문에 소리를 다시 한 번 더 크게 높이게 해 주십사고 임금 되신 그리스도께 맹렬하게 울부짖습니다. 그럴 때 인간의 철학이 부끄럽게 될 것이고, 그 늙은 로마 교회라는 짐승의 새끼들 모두가 주님께서 살아 계시고 주님의 무적의 진리가 그날에 결국 이김을 알게 될 것입니다.

4. 이제 마지막으로, 그리스도께서 예루살렘에 들어오셨을 바로 그때에도 '번쩍이는 것이 다 금은 아니었다'는 사실을 말씀드렸습니다.

그처럼 언제든지 신앙 부흥이 일어나는 때라고 해서 번쩍이는 것이 다 금은 아니라는 점을 생각해야 합니다. 사람들이 "호산나! 호산나! 호산나!"라고 소리쳐서 하늘이 떠나갈 듯하였습니다. 그러나 그 광경 속에도 남모르게 흐르는 암류(暗流)가 있었습니다. 바리새인들과 그들과 함께 하는 다른 계층의 사람들은 마음으로 투덜거리며 분을 내고 으르렁거리며 주님을 무너뜨릴 방안을 강구하고 있었습니다. 바로 그 시간에 자기 구주를 팔 모의와 모략을 계획하던 유다가 있었습니다. 하지만 그것은 대수로운 일이 아니었습니다. 모든 것 중에서 가장 나쁜 것은 이것이었습니다. 곧 그날 "호산나!"라고 부르짖던 그 동일한 혀들이 우리의 인간성의 부끄러운 모습을 드러낸 것입니다. 그것은 언급하기조차 부끄럽습니다. "주의 이름으로 오시는 이여, 찬미하리로다."라고 부르짖던 바로 그 혀들이 그 주간이 지나기 전에 "그를 십자가에 못 박으라! 십자가에 못 박으라!"고 말하였다는 것입니다. 물론 모든 혀가 다 그렇게 한 것은 아니지만 그 중에 어떤 자들이 그러하였습니다. 예수님을 자기들의 왕으로 맞아들인 것은 예루살렘의 군중이었습니다. 그러나 예수님께서 그 왕위를 차지할 마음이 없음을 그들이 알게 되었습니다. 예수님께서 말씀하시는 영적인 나라는 지상 나라가 아님을 알았습니다. 그때 그들은 즉시로 큰 소리로 "그가 십자가에 못 박혀야 하겠나이다! 십자가에 못 박혀야 하겠나이다!"고 소리쳤습니다.

그러므로 복음이 많은 사람들의 마음에 어떤 인상을 남겼다 할지라도, 그 인상을 받은 사람들이 다 끝까지 그리스도를 향할 것이라고 기대하지 말아야 합니다. 경건한 모든 감정이 결국 참된 회심으로 결실한다고 여기지도 마십시오. 꽃을 가꾸는 사람은 꺾꽂이용 가지가 다 관목이 될 것이라고 기대하지 않습니다. 짧게 며칠 만에 꽃이 만발하여 영광스러운 아름다움의 자태를 드러내는 나무들을 살펴보십시오. 활짝 핀 모든 꽃들이 다 열매로 이어질 것이라고 기대합니까? 어느 정원사도 그럴 수 있다고 생각하지 않습니다. 그 꽃들 가운데 정말로 많은 부분은 말라 버리고, 3월의 강풍에 떨어지거나, 밤의 서리에 타격을 입을 것을 알고 있습니다. 꽃이 피는 것만큼 열매가 맺었으면 하는 바람은 있습니다. 그러나 핀 꽃들만큼 그대로 다 열매 맺기를 기대하지 않습니다. 전혀 경험이 없는 사람들의 눈에는 그리스도의 위대한 날들이 실상보다 표면적으로 더 크게 보이기 때문에 그리스도의 위대한 날들 속에는 그런 것들이 전혀 없다고 생각할 수 있습니다. 그런데 감사하게도 현실에는 그런 찌꺼기들이 있습니다. 그것들 때문에 감사한 마음을 가지십시오. 다수 속에 있을 수 있는 조롱 때문에 낙담하지는 마십시오. 희망하는 대로 모든 것이 다 되지 않는다고 낙심하지도 마십시오. 몇 사람이라도 구원을 받으면 우리는 기쁩니다. 회심하였다고 고백하는 사람 천 명 중에 백 명이 참 신앙의 소유자로 판명이 나도, 교회의 모든 회심자들이 참된 것처럼 보이다가 여섯 명밖에 참 신자가 아닌 경우보다 그 일을 훨씬 더 기뻐할 것입니다. 큰 상인들은 약간의 손해나 좋지 않은 빚을 질 것도 각오합니다. 그러나 결국에는 많은 이득을 얻기를 희망하여 참는 것입니다. 진정한 회심자들 몇 명만 얻을 수 있다면 그런 기간 동안에 더 많은 것을 기대했다가 낙담하는 일을 잊을 것입니다. 그리고 제 마음은 오랫동안 버텨나갈 것입니다. 형제 여러분, 계속 기도하면서 소망을 가지고 일하십시오. 주님께서 그분의 백성들에게 복을 주시기 때문입니다. 주님께서 그분의 백성들에게 평강으로 복을 주실 것입니다. 아멘. 아멘.

제
57
장

—

어린이들과 그들의 호산나 찬송

—

"대제사장들과 서기관들이 예수께서 하시는 이상한 일과 또
성전에서 소리 질러 호산나 다윗의 자손이여 하는 어린이들
을 보고 노하여 예수께 말하되 그들이 하는 말을 듣느냐 예
수께서 이르시되 그렇다 어린 아기와 젖먹이들의 입에서 나
오는 찬미를 온전하게 하셨나이다 함을 너희가 읽어 본 일
이 없느냐 하시고" — 마 21:15, 16

서기관들과 바리새인들은 항상 그림의 밝은 색조를 드러내기 위한 배경의
어두운 그림자로 매우 편리하게 등장합니다. 그들이 지금 살아 있어 우리를 괴
롭히지 않는 것을 누구나 다행으로 여깁니다. 그들이 살아 있을 때 구주께 이상
한 반대 신문을 던지고, 그렇게 함으로써 주님께서 보배로운 진리들을 발설하시
게 만든 것은 다행한 일이었습니다. 그리고 그 보배로운 진리들은 마침 그 진리
들이 필요한 경우 때문에 더 잘 이해하게 된 것입니다. 여기 그들이 던진 질문이
있습니다. "그들(어린이들)이 하는 말을 듣느냐?" 그 질문을 온전히 해석하여 풀
어 말하면 이러한 뜻을 담고 있다고 저는 생각합니다. "네가 이 단순한 어린 아
이들이 너를 가리키며 호산나 하면서 찬송하도록 내버려 두느냐? 성전 뜰을 다
시 울리게 만드는 이 시끄러운 소년소녀들의 입에서 네 이름이 오르내릴 때 너
는 네 자신에 대해 무어라 생각하느냐?' 저는 이 시대에서도 그와 같은 정신을
만납니다. 왜냐하면 바리새인들이 아직도 죽지 않고 살아 있으며, 서기관들도

그러하기 때문입니다. 문자적으로는 그들이 죽었다고 할 수 있죠. 그러나 그들의 영적 계승자들은 우리 중에 여전히 살아 있지 않습니까? 그들의 비평을 들어보십시오. "저 선한 사람이 많은 회심자들을 관리하고 있는 것은 사실이다. 그러나 그 회심자들은 어린 소년이나 소녀들 따위에 불과하다." 오, 그렇습니다. 나의 옛 친구여, 전에 내가 그대를 만난 적이 있도다! 이것이 그대 가문의 조상들이 쓰던 바로 그 어법이로다. 그들도 빈정거리며 "그들이 하는 말을 듣느냐?"라고 예수님께 다그쳤도다. 매우 젊은 사람들 속에서 참된 신앙이 보일 때 그 참된 신앙을 멸시하는 것이야말로 세대마다 다시 솟아오르는 치명적인 해악입니다. 그 잡초는 우리가 아무리 부지런히 뽑아도 계속 나옵니다.

　　어린 시절의 경건을 무시하여 다음과 같은 식으로 설명하는 경우들이 종종 있습니다. "우리는 어린이들이 유치하다고 경멸하는 것은 아니다. 그러나 그들은 무지하다. 그래서 그들이 말하고 있는 것을 별로 중요시 여기지 않는다." 바리새인들은 틀림없이 이렇게 소리쳤을 것입니다. "저 어린이들은 '호산나'라는 말의 의미도 알지 못할 거야. 그 말을 나사렛 사람에게 적용하는 것이 합당하다고 그들이 어떻게 알 수 있겠는가?" "그들은 탈무드(Talmud, 유대교의 율법과 그 해설을 집대성한 책 — 역주)도 읽어 본 적이 없고, 게마라(Gemara, 탈무드의 제2편 — 역주)도 읽어 보지 않았어. 그러니 그들이 무엇을 알겠는가?" 이 현대에도 어떤 사람들이 그와 똑같이 말하는 것을 저는 들었습니다. 그들 스스로 세련되고 지성적이라고 하면서 소리칩니다. "오, 이 회중은 아주 낮은 계층에 속한 사람들이군. 그들은 무식하고 교육을 받지 못했어. 매우 열심 있고 기도는 잘하고 진지하기는 해. 그러나 너무 가난하고 글을 배우지 못하여, 꽤 중요한 것을 이루려면 숫자가 이렇게 아주 많아야 할 수밖에 없어." 그 판단은 옛적 바리새인들의 비평과 아주 똑같습니다. 저는 모든 친구들에게 권고하고 싶습니다. 그 옛날 트집 잡기를 좋아하던 사람들이 다니던 길에서 할 수 있는 한 멀리 돌아가라고 말입니다. 그들이 어느 계층에 속해 있든지 간에 진지하게 주님을 사랑하는 사람들을 깔보는 심령은 하늘로부터 온 것이 아닙니다. 그러한 심령을 주 예수님께서는 단 한 순간도 인정하지 않으실 것입니다. 우리의 선생은 오직 한 분 그리스도십니다. 우리 모두는 형제들입니다. 만일 어떤 사람들이 우리가 아는 것만큼 아주 많은 것을 알지 못한다면, 우리는 자신의 지식에 대해 약간의 자만심이 있을 수 있습니다. 그런 때 우리보다 못하는 사람들을 비웃기보다는 그들의 덕을 세우려고 노력하는 것이 훨씬 더 훌륭한 일일 것입니다.

그 다음에, 저는 바리새인들이 이렇게 말하고 싶었을 것이라고 상정합니다. "우리는 그 어린 아이들의 연소함이나 그들의 무지를 비난한 것이 아니다. 그러나 그들의 과도한 열심은 아주 성가신 일이다. 만일 그들이 성전 뜰을 단정히 걸으면서 차분한 목소리로 '호산나'라고 노래 불렀다면 참아낼 만하다. 그러나 그 정도로 소리치는 것은 정도를 훨씬 벗어난 것이다. 이 어린이들은 성전에서 아주 떠들썩하게 '호산나'라고 부르짖고 있다. 성전에서는 모든 일을 단정히 행하며 품위 있게 행동해야 한다." 정말 그렇습니다. 저는 똑같은 소리를 자주 듣습니다. 그러나 그러한 비평 속에는 대단한 것이 들어 있지 않습니다. 우리가 너무지나치게 예의바르면 해가 될 수 있습니다. 우리 중 어떤 이들은 그 예의 때문에 방해를 받고 어려움을 겪습니다. 우리가 그처럼 예의를 차리면 차릴수록 열광하는 것처럼 보이는 어떤 것에 대해 그만큼 더 분을 내게 됩니다. 광신적인 행위 (fanaticism)는 의심할 여지 없이 나쁜 것입니다. 그러나 열광은 선한 어떤 것에 대한 과장된 표현입니다. 열심이 지나쳐서 정신을 잃을 정도가 되면 위험합니다. 그러나 열심을 질서 있게 표현할 수만 있다면, 열심을 이루는 내용은 많은 교회에서 정말로 필요로 하는 것일 수 있습니다. 불은 나쁜 상전입니다. 우리가 그 점을 다 인정하죠. 그러나 불은 또한 지극히 선한 종입니다. 어쩌다 큰 화재로 해를 입는다 해서 화덕에서 타고 있는 모든 불을 다 꺼버린다면 참으로 안된 일입니다. 열심은 하나님께 속한 것입니다. 그것이 광신적인 행위로 자라나지 않을까 하는 두려움 때문에 그 자체를 억누르지는 맙시다. 마음속에 어떤 것이 떠오르면 그 자체가 다 의심스러운 것입니까? 바리새인들이라면 바로 그 같이 하였을 것입니다. 우리가 "그들이 하는 말을 네가 듣느냐?"라고 말한다면, 우리는 분명히 바른 경로를 벗어나 있는 것이 분명합니다. 츠빙글리(Zwingli)가 전투의 날에 말했던 것을 저는 기억하고 있습니다. 저도 그렇게 말하지는 않았지만 그렇게 말하고 싶은 충동을 가끔 느낍니다. 그는 외쳐댔습니다. "성 삼위의 이름으로 모든 자들을 풀어 다니게 하라." 우리가 편협해지고 공식적인 형식에 매이게 될 때, 관료적 형식주의와 예법에 손과 발이 묶일 때, 저는 그 끈들을 끊어 버리고 싶은 충동을 느낍니다. 남녀 누구나 하고 싶은 대로 소리쳐 노래 부르게 하고 싶습니다. 특별히 어린이들이 마음의 열정으로 성전이나 다른 어느 곳에서 마음껏 "호산나" 하고 외치게 하고 싶습니다. 저는 삶의 자유를 요청합니다. 어린 사람들의 삶에 대해서는 두 배로 자유를 요청하는 바입니다. 그렇지 않으면 그들의 삶은 신선하거나 밝거나 아름답지 못할 것입니다.

이제는 바로 그 요점에 대하여 더 이상 할 말이 없습니다. 주일학교 연합회 (Sunday-School Union)에서 말씀을 전해 주십사는 요청을 받은 적이 있습니다. 그래서 저는 그 경우에 합당한 강론의 내용을 작성해야 했습니다. 저는 어느 선교주일(Missionary Sunday)에 한 분의 설교를 들은 적이 있습니다. 그 설교는 세상의 온갖 일은 다 들먹이면서 선교에 대해서만은 아무 말도 하지 않았습니다. 저는 그 설교를 했던 형제가 이렇게 생각하였다고 믿습니다. 선교회가 그 기회를 자기에게 주었으니 선교에 대해서 더 이상 말할 것이 아니라 다른 어떤 것을 토론할 기회로 삼을 수도 있다고 말입니다. 물론 제가 자신의 생각의 흐름에 갇혀 있는 것같이 보일 수 있지만, 그렇게 생각하지 않을 수 없습니다. 저는 예배는 그 목적에 맞게 신성하게 유지되어야 한다고 생각합니다. 저는 총알 하나로 두 표적을 한꺼번에 맞추는 기술을 배운 적이 없습니다. 그래서 저는 오늘 한 주제에 주목하고 어린이들에 관해서 설교해야 합니다. 어린이들을 가르치려고 노력하고 있는 사람들에게 바른 길을 제시해야 합니다. 빈정거리는 투의 질문의 예봉이 그 어린 아이들에게 떨어집니다. "네가 그들이 하는 말을 듣느냐?" 여전히 우리 중에는 어린이들이 진정으로 회심하기가 거의 불가능하다고 생각하는 사람들이 있습니다. 아이가 교회 앞에 서면, 그들은 확대경을 들이댑니다. 그리고 그 어린 아이의 성품 속에서 드러나는 흠결을 면밀하게 살핍니다! 그들은 어린이를 현미경 아래에다 놓고 어른에 대해서 하는 것보다 훨씬 더 세밀하게 검증합니다. 교회가 어린이를 받아들일 때, 이런 생각으로 받아들이는 것입니다. 곧 기독교의 관용 어린 정신만이 우리를 그렇게 놀랍게 겸비하게 만들고, 그처럼 비이기적이 되게 한다는 생각으로 받아들이는 것입니다. 왜냐하면 그처럼 어린 사람들은 교회에 보탬을 줄 수 없기 때문이지요. 그런 경우는 결코 살진 송아지를 잡아먹고 마음껏 즐길 만한 기회가 아닙니다. 사람들의 흠결을 찾으려는 그런 정신이 우리들 속에 떠나지 않고 여전히 머물러 있습니다. 우리가 그런 정신을 근절시킬 수 있었으면 좋겠습니다!

구주께서 바리새인들에게 말씀하신 답변은 정말 빛났습니다. 처음 몇 마디 말씀에서부터 주님은 그들을 강타했습니다. "너희가 읽어 본 일이 없느냐?" 아니, 그들은 항상 읽고 있었죠. 그들은 성경의 문자에 매어 달려 살고 있었으며,

성경 읽기를 매우 덕있는 행동으로 여겼습니다. 읽고 쓰는 것이 서기관들과 바리새인들의 일이었습니다. 구주께서 그들에게 "너희가 읽어 본 일이 없느냐?"라고 말씀하실 때 그들은 큰 타격을 받았습니다. 주님께서는 그들이 읽어 본 적이 없다는 식의 암시를 하고 계시지 않습니까? 그들은 성경을 읽었던 사람들입니다. 그렇지 않다면 아무것도 아니죠. 구주께서 그들이 참된 의미에서 성경을 읽은 자들이 아니었다는 뜻을 암시하고 계십니다. "너희가 읽어 본 일이 없느냐?" 너희는 성경의 내면적 의미에 도달한 적이 없도다. 너희가 성경이 말하는 바를 이해할 정도로 읽은 적이 없도다. 시편에 있는 그 놀라운 대목, "어린 아이들과 젖먹이들의 입으로 권능을 세우심이여"(시 8:2)라는 말씀을 읽어 본 적이 없느냐? 예수님의 그 말씀은 원수의 나라에 전쟁을 선포하는 것과 같았습니다. 그렇게 말씀하시는 방식에서 그들의 정곡을 찌르셨습니다. 그들은 분명히 그걸 느꼈죠. 왜냐하면 그들은 대답할 말을 전혀 찾지 못했기 때문입니다. 예수께서는 그들을 잠잠케 하신 후에 그들에 대해 할 수 있는 일이 아무것도 없음을 아시고 그들을 떠나 베다니로 가셨습니다. 그들은 불태워지도록 버려둔 메마른 땅과 같았습니다. 좋은 씨앗을 그들에게 뿌려보았자 소용이 없었습니다. 예수님께서 그들의 입을 막으셨고, 어린 아이들을 방해하지 못하게 금하셨습니다. 그런 다음에 그분의 동네로 물러나 계시려고 길을 가셨습니다.

주님께서 인용하신 본문은 그들에게 이렇게 말하는 것같이 들렸습니다. "하나님께서 약한 것들 속에서 지극히 큰 영광을 받으시도다." 어린 아이들과 젖먹이들의 입에서 찬송이 나온다면, 그때 하나님께서 크게 존귀함을 입으시는 것입니다. 만일 하늘이 하나님의 영광을 말하고 있다면, 그것은 의미 있는 일입니다. 그러나 어린 아이들이 그 일을 하고 있다면 그보다 더한 의미가 있는 것입니다. 주님의 엄위를 드러내시기 위해서 큰 것들을 사용하시기보다 약한 것들을 일으켜 세우사 강한 것들을 부수실 때 그 권능을 더 크게 드러내시는 것입니다. 구약의 경륜에서 주 하나님께서 항상 가난하고 멸시받는 사람들을 어떻게 돌보셨는지를 주목하는 것은 매우 중요한 일입니다. 부자들이 드릴 예물도 지정하여 주셨습니다. 보통 사람들도 그에 알맞게 예물을 드리도록 정해 주셨습니다. 그러나 이것이 전부가 아니었습니다. 가장 비천한 계층에 있던 사람들에게 합당하게 제물을 정해 주셨습니다. 그래서 가장 가난한 여인도 산비둘기 한 쌍이나 새끼 비둘기 두 마리로 하나님께 제사를 드릴 수 있었습니다. 우리는 레위기 어느 장에서는 "힘이 미치는 대로 제물을 드리라"는 대목이 네 번 나온다고 저는 생각합니다(레위기 14장). 그처럼 주 하나님께서는 가난한 자의 제물을 받으셨습니다. 우리도 어린 아이들이 바치는 것을 주님께서 받으신다는 것을 확실히 알 수 있습니다. 낮고 비천한 사람들과 함께 거하는 것은 우리의 위대하신 주님의 심령을 따르는 일입니다. 또 어린이들의 찬미를 기뻐하는 것도 그와 같은 일입니다. 다른 사람들은 그것들을 멸시할 수 있으나 주님께서는 결코 그리하지 않으십니다. 왜냐하면 그 어린 아이들도 하늘에 기록되었기 때문입니다.

자, 이제 우리는 어린이들의 경건이 복됨을 의문시하는 태도를 살펴봅시다. 성령께서 저를 도우시기를 바랍니다!

1. 우리가 다룰 첫 번째 요점은 이것입니다.
'어린이들도 매우 깊은 경건을 소유할 수 있다.'

우리는 이 바리새인들처럼 "네가 그들이 하는 말을 듣느냐?"라고 오만 무례하게 말하는 대신, 거룩한 기쁨으로 "주여, 주께서 어린이들이 말하는 것을 들으시는 줄 우리가 아나이다. 만일 우리가 더럽다는 이유로 우리의 말에 귀를 기울이시지 않는다 해도, 어린이들의 단순한 외침과 열심 있는 찬미의 노래를 들으시지요. 왜냐하면 그들은 진정 마음으로부터 그렇게 부르고 있기 때문입니다."라고 부르짖어야 할 것입니다.

참된 신앙이 시작될 때 나타나는 초기 은혜를 어린이들도 가질 수 있다고 저는 확신합니다. 곧 그들도 깊은 회개를 할 수 있다는 것입니다. 어린이들이 죄에 대한 각성을 하였을 때 훌쩍거리며 우는 것을 들어보지 못했습니까? 저는 그들의 순전한 생활을 보았는데도 그들이 엄숙한 죄책감을 느끼는 것을 보고 거의 믿지 못했습니다. 외형적으로 흉포한 죄는 그 이름조차도 거의 알지 못하는 아이들이죠. 그런데도 불구하고 하나님의 성령의 권능을 느꼈을 때 보통 응석을 부리고 생각 없이 천진난만한 아이들이 자기 마음의 악을 느낄 때, 위로받을 수 없을 것처럼 흐느끼고 울었습니다. 그들은 부모들에게 불순종한 경미한 행동이나 형제들과 욕심으로 다투었던 일, 혹은 어떤 다른 실수를 열거하며 심하게 울었습니다. 마치 마음이 터질 것처럼 말입니다. 어리석은 사람들은 그때 그걸 보고 이렇게 말했죠. "사랑하는 아가, 그렇게 괴로워하지 마라. 나는 네가 나쁜 아이가 아니었다는 것을 확실히 알아." 그러나 어린 아이는 더 잘 알았습니다. 속에서 깨우침 받은 그의 양심이 거듭나지 아니한 게으름뱅이가 지각할 수 있는 것보다 훨씬 더 많은 죄를 그에게 밝혀 준 것입니다. 그 어린이가 외부로 나타난 행동에서 보여주었던 것보다 훨씬 더 많은 죄를 그 양심이 밝혀 주었습니다. 주님께서 어린 아이였던 저를 어떻게 다루셨는지 기억하지 않을 수 없습니다. 어떤 소년이 죄책을 알았다면 바로 그게 저였습니다. 저는 온화하게 양육을 받았고, 악한 모든 부류들과 떨어져 보호를 받았습니다. 그럼에도 불구하고 내 본성에 아주 깊이 숨어 있던 것들이 터져 나와 하나님을 대적하는 죄와 모반의 거대한 파도를 일으켰습니다. 그리고 저는 제 자신의 죄악 때문에 놀랐습니다. 저는 말년에 회심한 수많은 사람들을 만나보았습니다. 제가 확신하기로, 그 사람들은 제가 하나님의 성령의 손길 아래서 어린 시절에 느꼈던 것의 100분의 1도 느낀 적이 없는 사람들이었습니다. 저는 제 자신에 대해 철저한 혐오감을 느꼈습니다. 왜냐하면 저는 하나님을 위하여 살지 않았고 하나님께 마땅히 드려야 할 사랑과 섬김을 드리지 못했기 때문입니다. 저는 제가 정말로 알고 있는 점에 대해 말씀드리는 것입니다. 제 속에서 보고 느꼈던 것을 증거하고 있는 것입니다. 죄에 대한 슬픔과 죄의 결과에 대한 거룩한 두려움을 나이 많은 사람들뿐 아니라 아주 어린 사람들도 느낄 수 있습니다. 제가 알았던 많은 어린이들이 참된 회개를 하였는데, 그 회개는 철저하고, 깊고, 무엇인가를 알고 나온 것이었으며, 지속적으로 진행되는 것이었습니다. 그들은 십자가 밑으로 가는 길을 발견하였습니다. 그리고 큰 희생을 보았고, 그처럼 은혜로 용서하신 주님의 사랑을 대적하여 범죄했다는 생각으로 더욱 울었습니다.

믿음에 있어서, 회심한 어린이들을 본 사람은 아무도 어린이들이 믿음을 가질 가능성이 있음을 결코 의심하지 않을 것이라고 저는 확신합니다. 하나님의 성령의 능력 안에서는, 어린이가 믿을 수 있는 가능성은 어떤 면에서 성인보다 훨씬 더 큽니다. 어찌하였든 어린이들의 믿음은 통상적으로 어른들의 믿음보다 훨씬 더 단순합니다. 그들은 하나님의 말씀을 발견하는 대로 받아들입니다. 그 말씀에 덧칠하지도 않고, 어떤 학파나 세상에 유행하는 철학들로부터 나온 여러 해석들을 가지고 그 말씀의 격을 낮추지도 않습니다. 하나님의 책은 그들에게 있어서 말하는 그대로 의미를 갖습니다. 어떤 의심의 저음(低音)도 하나님의 약속들이라는 음악을 망치지 않습니다. 그들은 말씀을 받아들여야 할 대로 받아들입니다. 하나님의 입에서 나온 확실한 증거로 받아들입니다. 그들은 말씀을 믿

으며, 투쟁할 불신앙이 거의 없습니다. 그들은 믿고, 확신합니다. 그러니 천국이
그들의 것입니다.

　　여러분은 그들의 믿음이 얼마나 생명력 있는지를 주목해야 합니다. 복음은
그들에게 전부 사실입니다. 그들은 복음을 자기 눈앞에 있는 것처럼 봅니다. 복
음을 느끼고 믿고, 어린이다운 방식으로 복음에 따라 행동합니다. 그들은 큰 일
들을 기대하며, 매일의 삶에서 큰 일들을 고대합니다. 때로 그들은 결코 보지 못
할 형태로 큰 일들이 나타나기를 기대합니다. 그러나 그렇게 기대하는 것이, 그
런 일을 전혀 기대하지 않아서 하나님의 영광을 볼 기회를 놓치는 것보다 훨씬
더 낫습니다. 어린 아이들에게 예수님은 역사 속에 계셨던 단순한 인물이 아닙
니다. 예수님은 그들과 함께 계시고, 그들의 눈은 예수님을 주목합니다. 구주의
말씀이 그들에게는 구주께서 의미하신 그대로입니다. 그들은 구주의 말씀이 실
현되기를 기대하고, 자신의 경험 속에서 성취되는 걸 보기를 기대합니다. 그러
므로 거룩한 어린이들은 가련한 의문들을 잔뜩 가지고 있는 우리들보다 훨씬 앞
서 있습니다. 하찮은 의문들을 갖고 있는 자들은, 그 어린 사람들이 알맹이를 이
미 먹었는데도 겨우 껍질을 깨트리고 있는 셈입니다.

　　그들의 믿음은 얼마나 효력이 있는지요! 거룩한 생활을 통해 믿음의 진정성
을 보인 어린이를 안 적이 없습니까? 그는 어린이였습니다. 달리는 생각할 수 없
는 어린이였습니다. 그러나 그는 거룩한 어린이였습니다. 소년이 어른의 흉내나
내는 모습을 보이는 체하면 그것은 성화(聖化)가 아닙니다. 오히려 그렇게 하는
것은 그를 거룩하게 하기보다는 망가뜨리게 됩니다. 소녀가 소녀답지 않다든지,
조심성 있는 자기 어머니의 풍모를 띠려고 꾸미는 것은 매우 해로운 일일 것이
기 때문입니다. 하나님께서는 어린이들을 거룩하게 구별하여 어른들로 만들지
않습니다. 오히려 어린이다운 방식으로 그 어린이들을 거룩하게 하십니다. 제가
매우 기쁘게 대화를 나눈 적이 있던 어떤 어린이들의 영적 투쟁을 특별히 눈여
겨본 적이 있습니다. 그 어린이들이 학교에 갔는데, 거기서 어른들이 사업장이
나 시장 혹은 주식시장에서 만나는 것과 거의 같은 시험을 만났습니다. 다만 그
것은 새의 그물을 어떻게 쳐야 새를 잡을지 아는 그 악한 자의 계교에 따라 그들
의 상태에 맞게 주어진 시험입니다. 회심한 어린이들은 악한 것을 두려워합니
다. 그들은 나쁜 말을 들은 것 때문에 흐느껴 울다 잠들었습니다. 죄의 모양만 보
아도 마음이 산란해졌습니다. 누군가 거룩하신 주님에 대해 악한 말을 하면 그

들은 발끈하였습니다. 그들은 그런 경우 아주 바르게 행동하지는 못했습니다. 그걸 느낀 그들은 다시 불안해져서 결국 그것을 어머니나 아버지께 말씀드려야 했습니다. 아니면 선생님들에게 말씀드리기도 하였습니다. 그래서 자기들이 용서받았다는 의식을 얻었습니다. 그 사랑스런 어린이들은 모든 사람에 대해 깨끗해지고 싶었습니다. 그래서 그들이 실상보다 더 선한 자로 비춰지기를 원치 않았습니다. 오, 그 어린이다운 달콤한 단순성이여! 사랑스런 어린이가 말했습니다. "저도 예수님께서 저를 용서하셨음을 알아요. 그런데 저는 뭘 훔쳐서 몰래 숨겨 두었어요. 제가 잘못을 범했다고 예수님께 말씀드렸어요. 또 제가 예수님을 사랑하는 것 같다고도 말씀드렸죠. 지금 예수님께서 내 죄를 씻으셨음을 믿어요. 그리고 다시는 악한 일을 행하지 않기를 희망해요. 바르게 행할 수 있도록 저를 위해서 기도해 주세요. 거룩한 어린이 예수님처럼 순전하고 선할 수 있도록 기도해 주세요." 여기 계신 어느 분이 한 어린이 속에 보이는 그러한 소원을 멸시하겠습니까? 친구여, 그대가 그 어린이를 멸시한다면, 정당한 범주 내에서, 아니, 조금 더 벗어날지라도 나는 그대를 멸시할 것입니다. 그럴 수밖에 없습니다. 제가 보기에 초년기의 믿음에는 정말 아름다운 것이 있습니다. 그 어린이의 꾸밈없음을 멸시하는 것은 마치 백합화가 청순하다고 조롱하는 것이나 마찬가지입니다. 어린이들이 우리 중 어떤 사람들에게 하나님을 어떻게 믿는지를 가르칠 수 있습니다. 어린이들이 거짓 없이 기도의 결과를 확신하는 것을 보면 우리 모두 부끄러워질 것이라고 저는 확신합니다. 우리는 기도회에 참석하러 온 어린이의 이야기를 듣고 미소를 띠었습니다. 그 기도회는 비를 내려 주십사고 간구하기 위해 소집된 기도회였습니다. 그런데 그 어린이가 우산을 들고 왔습니다. 아, 그러나 바로 그것이 참된 기도의 골수입니다. 우리는 기도합니다. 그러나 우산을 들고 오지는 않습니다. 그럼에도 불구하고 기도를 들어주실 것을 기대하고 주님께서 응답해 주실 때 어떻게 할지를 준비하는 것이 믿음의 진수입니다. 믿음은 보여주기 위한 것이 아니고, 경건한 대화의 주제거나, 은혜로운 정서의 원천이 아니라, 매일 생활의 일상적 관심사에 작용하는 실제의 힘임을 어린이들은 우리에게 상기시켜 줍니다.

어린이들이 회개하고 매우 고귀한 믿음을 가질 수 있다고 말하는 제 자신이 잘못되지 않았다고 저는 확신합니다.

아, 사랑하는 친구 여러분, 사랑에 관해서 말하자면, 어린이들이 어른보다 나은 여러 면 중에서 하나가 사랑의 문제가 아닙니까? 어린이들이 우리의 복되신 주님을 사랑하는 법을 배울 때 그들은 베다니의 마리아의 사랑을 닮았습니다. 어린이들은 주님의 발 아래 앉아서 그 말씀을 받습니다. 그들은 마르다는 아닙니다. 많은 것으로 섬기느라 분주하지도 않습니다. 저는 거의 이렇게 하나님께 아뢴 적이 있습니다. "하나님께서 은혜를 베푸사 그들이 결코 그런 사람으로 자라지 말게 하옵소서. 오히려 그들이 선한 편을 택하여 조용히 앉아서, 사랑하는 얼굴을 우러러보고, 우리보다 더 그 아름다움을 깨닫게 하소서." 그들은 정말 예수님을 사랑합니다. 그 사실에 의문의 여지를 달 근거가 없습니다! 주님께서 한 어린이에게 "네가 나를 사랑하느냐?"라고 말씀하신 적이 없었습니다. 베드로에게는 말씀하셨죠. 그렇게 말씀하실 이유가 충분히 있었습니다. 그러나 어린이가 일단 그리스도의 제자가 되면 분명 순전한 마음으로 열심히 사랑합니다.

저는 어린이들이 그리스도께 인도함을 받고 나서 그들 속에 또다른 덕행이 나타나는 것을 보았습니다. 예를 들자면, 용기가 그것입니다. 우리는 언제나 어린이들에게서 용기를 기대하지 않습니다. 그런데도 어린이들이 용기를 보였습니다. 순교자 로렌스(Laurence)가 콜체스터에서 화형당할 때 이 점이 분명하게 드러났습니다! 고문을 가하는 교황주의자들이 감옥에서 로렌스를 어찌나 심하게 고문하였던지 그를 의자에 앉힌 채 화형대에 올려 놓아야했습니다. 어른들은 그 사람과 연관된 자로 발각되어 함께 화형을 당할까 두려워했습니다. 그러나 어린이들은 그런 두려움을 전혀 갖지 않았습니다. 그래서 그들은 그 하나님의 사람의 주위에 몰려들어 소리쳤습니다. "주여, 당신의 종에게 힘을 주옵소서! 주여, 당신의 종에게 힘을 주옵소서!" 로렌스가 화염 속에서 자기 주님을 고백하는 동안 그 어린이들이 그렇게 그의 위로자가 되었습니다. 스미스필드에서 한 사람이 화형을 당할 때 한 소년이 그 화형대에 바싹 가까이 있는 것이 보였습니다. 어떤 사람이 물었습니다. "얘야, 네가 왜 거기 있었느냐?" 그러자 아이가 대답했습니다. "선생님, 저는 참된 길을 배우려고 갔어요." 화형대에서 예수님을 위하여 증거하는 법을 소년들이 배웠던 그 시대는 정말 용감한 시대였습니다. 그런데 그들이 어린이들이었습니다. 우리의 어린아이들과 같은 어린이들이었습니다. 순교자 브렌트우드(Brentwood)는 거룩한 소년이었습니다. 어떤 사람이 그에 대해 그의 어머니에게 이런 말을 했습니다. "그 아이에게 믿음을 버리라고 종용하시지요." 그 어머니가 대답했습니다. "제게는 많은 자녀들이 있었습니다. 그러나

이 사랑하는 아이처럼 은혜를 많이 받은 아이는 생각한 적이 없어요. 물론 그 아이는 화형을 당해야 되지만 말이에요. 그 아이는 그렇게 하는 것이 주 예수님을 위한 것임을 알고 있죠." 그 아이는 화염 속에서 자기 뒤에 나란히 서 있었던 더 나이 많은 동료를 격려하였습니다. 그리고 겁을 내지 않고 죽었습니다. 어린이들이 순교 시대에 그들의 몫을 늘 잘 감당하였습니다. 교회 역사의 옛 이야기들을 읽어 보십시오. 교회라는 선한 배가 피의 바다를 헤치고 나아갔을 때 그 배의 갑판 위에 있던 어린이들이 질풍에 흔들려 배가 요동할 때 자기들의 몫을 잘 견뎌냈습니다. 은혜가 그들을 그렇게 만들었습니다. 육체의 본성이 그들을 온전하게 어른들이 되게 하기 전에 은혜가 그들을 영웅으로 만들었습니다.

그러니 여러분 자신의 마음을 더 가까이 들여다보십시오. 그러면 용기와 비슷한 또다른 은혜가 있습니다. 그러나 지금 어린이들이 더 자주 그 은혜를 요구하는데, 그것은 인내입니다. 경건한 어린이들의 인내여! 여러 해 동안 누워 있었으나 교회에서 가장 기운찼던 한 사람을 알고 있습니다. 그는 조금도 움직일 수가 없었습니다. 의사의 지시에 따라 한 위치에 꼼짝 않고 누워 있게 되었습니다. 그러나 그 사람이 불평을 말한 적이 한 번도 없었습니다. 아마 여러분은 어린이들이 병원에 가야 하거나 어떤 고통스러운 수술을 받아야 함에도 불구하고 멋지게 행동하는 모습을 보았을 것임에 틀림없습니다. 그들은 자신을 위대하신 하늘 아버지께 온전히 맡겼습니다. 어른들을 부끄럽게 만들기에 충분하게 예수님을 신뢰하였습니다. 분명히 여러분이 참지 못하고 안달하는 죄를 범하였다면 자책감을 느꼈을 것임에 틀림없을 정도로 말입니다.

오, 사랑하는 친구들이여, 제 온 마음을 다해 어린이들의 경건을 변호하는 바입니다. 왜냐하면 제가 확신하기로 그들은 주님을 경외하는 일을 빨리 깨우칠 수 있기 때문입니다. 그들은 어린아이라고 해서 반드시 무지하거나 피상적인 것은 아닙니다. 최근에 저는 어린이들이 매우 많이 모이는 교회에 가는 특권을 허락받았습니다. 저는 그 어린이들이 복음을 이해하고 있다고 거리낌 없이 확신하면서 그 교회에 가서 설교하였습니다. 저는 아이들과 대화를 나누었고, 그들을 온화하게 대하려고 애를 썼습니다. 그러나 하나님의 깊은 것들에 관한 몇 가지 질문들을 그들에게 던져 보았습니다. 사활을 좌우하는 중요한 질문이 던져질 때마다 아이들은 서슴없이 답변을 하였습니다. 몇 년 전 우리 교회에 한 선한 형제가 출석하였습니다. 그 형제는 교회 집회 때마다 통상적으로 어린 아이에게 몇 가지 시금석이 되는 질문을 던지는 것이 필요하다고 느꼈습니다. 저는 그의 습관을 아주 좋게 생각하지 않고, 도리어 그 사람이 그 습관에서 벗어나기를 바랐습니다. 물론 그 사람은 그 습관에서 벗어나기는 하였습니다. 그런데 그가 한 어린이에게 이런 질문을 던졌습니다. "너는 선한 마음을 갖고 있느냐?" 그 질문을 받은 아이는 어린 소년이었고, 그 소년은 즉시로 대답하였습니다. "예, 선생님." 그러자 제 친구는 마치 "자, 보세요. 이 어린이의 무지를 보시죠!"라고 말하는 것 같은 표정으로 저를 쳐다보았습니다. 저는 더 잘 알고 있었죠. 그래서 그 소년에게 말했습니다. "네가 선한 마음을 갖고 있다고 말할 때 어떤 뜻으로 말했느냐?" "목사님, 제가 예수님을 믿을 때 주 예수 그리스도께서 제게 새 마음을 주셨거든요. 그래서 그 새 마음은 선한 마음임을 확신하고 있어요." 그 질문을 던졌던 그 존경하는 친구는 크게 기뻐하였습니다. 그러나 완전히 입을 닫았습니다. 그는 상당 기간 동안 더 이상 어린이들에게 질문을 하지 않았습니다. 만일 그가 계속 질문을 했더라도, 여러분에게 제시할 더 훌륭한 많은 예증들을 제시할 수 있었을 것입니다.

　믿음이 있는 어린이들이 무엇인가를 믿고서 교회에 오지만 무엇을 믿고 있는지 알지 못한다고 생각하는 건 잘못된 것입니다. 왜냐하면 저는 어떤 어린이들은 성숙한 이해를 갖고 있는 것을 보았기 때문입니다. 그러한 성숙한 이해는 제가 확신하기로 나이 든 어른들 속에서 항상 발견하는 것이 아닙니다. 하나님께서 갓난아이들을 가르치십니다. 젊은 사람에게 지혜를 가르치십니다. 젊은이들에게 지식과 분별력을 주십니다. 분명 노인은 지혜롭습니다. 그러나 항상 그렇지는 않습니다. 젊음은 어리석습니다. 그러나 주님께서 어린 사무엘 같은 사람들이나 젊은 다윗 같은 사람들에게 상당한 지혜를 허락하십니다. 또한 그들이 알고 있는 것이 그들보다 나이 든 어른들이 알고 있는 것보다 더 참된 지혜인 경우가 많습니다. 얼마 전에 제가 읽은 바로는, 유대인들은 다섯 살이 되면 어린이들에게 성경을 읽도록 허락합니다. 그러나 열다섯 살이 되기 전에는 탈무드의 글을 읽을 수 없습니다. 하나님께서 저를 도우셔서 항상 성경을 읽게 하시기를 원합니다. 그러나 탈무드에는 전혀 손을 대지 말게 하옵소서. 안타깝게도 많은 신앙 고백자들이 너무나 노쇠하여 그들에게는 탈무드만이 전부입니다. 성경을 새로운 이론들 더미 아래 장사지냈습니다. 어린이들에게 탈무드는 전혀 읽히지 말고 성경을 많이 읽히십시오. 그들은 그저 단순한 말씀을 계속 주목하도록 해야 합니다. 그들이 알고 있는 것은 알 만한 가치가 있는 것입니다. 반면에 우리 중 어떤 사람들이 알고 있는 많은 것은 알 만한 가치가 전혀 없습니다. 만일 우리가 그것을 온전히 망각할 수만 있다면 큰 복일 것입니다. 어린이들도 하나님을 경외하는 일을 빨리 깨달을 수 있습니다.

만일 여러분이 다른 어떤 것을 묻고 싶다면, "어린이들이 주님을 기뻐할 수 있느냐?"라고 물으십시오. 아이들이 주님을 기뻐할 수 없다고요? 하나님께서 은혜를 베푸시어 우리도 어린아이들의 기쁨을 가지게 하옵시고, 하나님께 속한 일들을 즐거워하는 그들의 마음을 갖게 하옵소서. 어린이들이 죽기 직전에 그들이 하늘의 환호 속에 있는 것 같은 모습을 보이는 것을 본 적이 없습니까? 황금 문이 그들 앞에 열려 있을 때 그들이 어떤 모습이었습니까? 그들이 그때 한 말들은 진귀한 보석처럼 값으로 따질 수 없는 것이었죠? 죽어 가는 어린이가 한 몇 마디 말이 그 속에 담겨진 의미의 무게로 따지면 보들리언(Bodleian) 도서관(옥스퍼드 대학 도서관)만큼 가치가 있었습니다. 그들이 죽어갈 때 하늘에 계신 아버지께서 그들에게 복 주실 수 있으시다면, 그들이 살아 있을 때 말로 할 수 없는 기쁨으로 그들에게 복 주실 수 있으십니다. 그리고 실제로 그렇게 하십니다.

어린이들에 관하여 생각할 때 제 마음을 강하게 때리는 한 가지 요점이 있습니다. 사람들이 늙어 하늘을 위한 추수를 해야 할 때, 죽기 전에 보통 어린아이 같은 생애로 들어간다는 점입니다. 그들의 성숙한 영적 미각과 정화된 마음은 그들을 유치하지 않으나 어린아이 같은 시절로 데려다 줍니다. 어린 시절이 무르익기 시작하는 곳에서 어른의 생애는 끝이 납니다. 옛 노트 박사(Dr. Nott)가 한 마지막 말을 들어보십시오.

"이제 잠들기 위해 나를 내려놓으니
주님께서 내 영혼 지켜 주시기를 기도하노라."

어떤 어린이는 어머니가 가르쳐 준 성경 구절을 가지고 죽음의 문에서 표어로 사용하였습니다. 우리는 최근 작고한 사랑하는 친구 거스리 박사(Dr. Guthrie)에 대한 이야기를 읽으면 매우 기쁩니다. 그는 세상을 떠나기 전에 "어린이 찬송 하나를 불러 달라."고 하였습니다. 오, 그렇습니다. 우리가 늙게 되면 다시 어린아이처럼 됩니다. 우리는 어린 아이들의 찬송과 어린 아이들의 믿음을 원합니다. 어린이는 어떤 면에서 우리의 모델과 표본입니다. "진실로 너희에게 이르노니 너희가 돌이켜 어린 아이들과 같이 되지 아니하면 결단코 천국에 들어 가지 못하리라"(마 18:3). "어린 아이가 내게 오는 것을 용납하고 금하지 말라. 하 나님의 나라가 이런 자의 것이니라"(막 10:14). 어린이 믿음의 탁월성에 관하여 논쟁할 필요가 더 있겠습니까?

2. 두 번째로, 어린아이들이 깊은 경건심을 가질 수 있듯이 '어린아이들은 선한 봉사를 위해 하나님의 손에 붙들릴 수 있다' 는 것입니다.

　어떤 어린이들은 매우 특별한 봉사를 위해서 택함을 받았습니다. 그런 경우 가 많지는 않지만 있습니다. 사무엘 한 사람만 가지고도 어린이에게 그와 같은 일이 있음이 증명될 것입니다. 사무엘은 주님 앞에서 섬겼습니다. 그래서 어린 이 제사장이었습니다. 여호와의 말씀을 엘리에게 알렸고, 밤의 환상 가운데 그 말씀을 받았습니다. 그러니 그는 어린이 선지자였습니다. 엘리의 아들들이 벨리 알의 아들들이 되었을 때에도 사무엘은 하나님의 사자였습니다. 어린이들이 주 위에 있는 자들에게 치료하는 메시지를 전할 수도 있고, 그런 경우가 종종 있습 니다. 나아만의 아내를 시중들던 어린 하녀가 앗수르의 영웅에게 선한 봉사를 드렸습니다. 그 하녀가 말했습니다. "우리 주인이 사마리아에 계신 선지자 앞에 계셨으면 좋겠나이다. 그가 그 나병을 고치리이다"(왕하 5:3). 의심할 여지 없이 어린이들이 눈먼 영혼들을 인도하여 빛을 보게 하고, 심지어 위대한 신자들마저 어린아이들에게 빛을 지기도 하였습니다. 그 늠름하고 강한 은혜를 입었던 사 람, 삼손이 자신의 어리석음 때문에 눈멀게 되었음을 우리가 어찌 잊을 수 있겠 습니까? 삼손이 한 소년의 도움이 없었다면 그의 하나님을 섬길 수 없었을 것입 니다. 그래서 그가 그 소년에게 자기 손을 잡아 달라고 말하였고, "나에게 이 집 을 버티는 기둥을 찾아 그것을 의지하게 하라."고 말했습니다. 그 소년이 눈먼 영웅을 인도하여 자기를 눈멀게 한 블레셋 사람들에게 자신의 모든 힘을 써서 원수를 갚을 곳으로 데려갔습니다. 강한 사람들이 어린이의 인도를 받아 큰 활 동을 한 일이 얼마나 흔합니까! 여러분 중 거의 모두가 자신에게 그러한 경우가 있었음을 기억할 수 있을 것입니다. "어린아이가 그들을 인도하리라"는 말씀이 진실이었습니다. 여러분은 그 점을 생각하지도 않았고, 그 소년이 여러분에게 그것을 말하게 하지도 않았습니다. 여러분이 전에는 그 일을 해낼 수 없었습니다. 그러나 그가 여러분의 얼굴을 올려다보면서 한 말이 여러분을 깨우쳐 힘을 내게 하였습니다. 어떤 남성 그리스도인은 가정 예배를 드린 적이 없었습니다. 그런데 어린 소년이 삼촌을 방문했습니다. 집으로 돌아와서 아버지에게 말했습니다. "아버지, 아버지는 아이작 삼촌처럼 왜 못하시나요?" "얘야, 그게 무슨 말이냐?" "예, 삼촌은 매일 아침과 저녁에 성경 한 장을 읽고 가족들과 함께 기도하죠." 아버지는 그런 일이 있고나서 가정 예배에 참석하였습니다. 어린이의 지적이 큰 도움이 되었습니다. 제 기억에 떠오르는 것과 같은 한 장면을 목격했을 수도 있습니다. 한 금주(禁酒) 모임에 술 취한 사람이 자기가 극진히 사랑하는 어린 소년과 함께 들어왔습니다. 그 두 사람이 강연을 잘 들었습니다. 어린 소년이 돌아보면서 말했습니다. "아버지, 더 이상 술 마시지 마세요. 우리 저 단에 올라가 서약서에 서명해요." "얘야, 그러자구나." 그는 어깨에 소년을 앉혀 놓고 군중들을 헤치고 나아가서 둘 다 서명하고 절제를 상징하는 푸른 옷을 입었습니다. 그는 진실하게 자기의 삶 전체를 절제하였습니다. 아니, 술 취함에서 구원 받은 후에 주 예수 그리스도의 종이 되었습니다. 오, 어린이들이여, 그대들은 많은 일을 하였도다. 또 더 많은 일을 할 것이다. 그러므로 우리는 그들을 밀쳐 내면서 "그들이 하는 말을 듣지 못합니까?"라는 말씀을 구주께 아뢸 수 없습니다. 결코 그리해서는 안 됩니다.

어린이들이 그들의 기도를 통해서 주님을 놀랍게 섬깁니다. 제 생각에는 어린이들이 함께 모여 주께 부르짖는 기도회보다도 감동적이고 유력해 보이는 기도회가 없습니다. 멜란히톤(Melanchthon)은 그렇게 생각하였습니다. 침체에 빠진 루터를 보면서 "형제여, 용기를 내세요. 어린아이들이 우리를 위해서 기도하고 있어요. 하나님께서 그들의 기도를 들으실 거예요."라고 말하였습니다. 횟필드 목사(Mr. Whitefield)는 그의 일기장에서 무어필드에서 어린아이들로부터 받았던 큰 격려를 언급합니다. 흙과 돌멩이 세례를 사람들에게서 받았었다고 합니다. 그러나 그는 큰 위로도 받았습니다. 그것은 일단의 어린이들이 자기가 말하는 연단을 둘러싸고 앉아서는 기도하자고 요청했기 때문입니다. 진흙과 돌멩이들이 그들 주위에 세차게 떨어지고 있었지만 그들은 요동하지 않고 계속해서 하나님의 사람을 올려다보면서 하나님께서 그를 도와주십사고 기도올렸습니다. 주 하나님께서 어린이들의 기도를 들으실 것입니다. 새끼 갈까마귀들이 부르짖어도 주님께서 들으시는데 어린 인간들의 기도는 훨씬 더 잘 듣지 않으시겠습니까? 그들의 입에서 나오게 하신 그 완전한 찬미를 분명히 받으십니다. 왜냐하면 주님께서 친히 그들의 입에 그 찬미를 넣으셨기 때문입니다. 주님께서는 어린 아이들의 간청을 들어주실 것입니다. 어린이들이 기도할 때 틀림없이 복락이 내립니다.

　　제가 진실로 믿기로, 우리에게 있어서 런던의 어린이들이 가장 훌륭한 도시 선교사들입니다. 우리가 앞으로 발견하게 될 가장 훌륭한 복음 전도자들이 바로 그 어린이들입니다. 그들이 우리 학교에 옵니다. 모든 것이 여기서는 행복하고 거룩합니다. 그러나 그들이 떠나왔던 집으로 다시 돌아가서 그 행복하고 거룩한 마음을 지워 버리는 일이 종종 있습니다. 결코 훌륭하지 못한 이유 때문에 말입니다. 그들이 집에 가면 무엇을 할 것입니까? 만일 여러분이 은혜로운 찬송을 부르기 희망하면서 어떤 집을 방문했다면, 여러분은 박대를 당할 것입니다. 그러나 어린 토미는 집에서 노래를 부르고, 아버지는 "애야, 이리 오너라. 너의 작은 찬송곡 가운데 하나를 내게 불러주렴." 하고 말할 것입니다. 아버지가 보기에는 여러분들의 노래보다 토미의 목소리가 훨씬 더 달콤하기 때문입니다. 어린 룻이 집에 가서 선생님이 말씀하신 것을 아버지께 말씀드립니다. 아버지는 교구 목사들에 대해서 아무 관심이 없습니다. 아버지는 종교를 믿지 않습니다. 그러나 여러분도 알다시피 아버지는 룻을 좋아합니다. 룻이 아주 예쁘게 재잘거리는 통에 룻의 말을 듣기 좋아합니다. 룻이 말한 것을 아버지는 친구들에게 자랑조로 말하기도 합니다. 천방지축으로 떠들어대는 것도 아버지에게는 귀엽게 보입니다. 룻이 아버지에게 노래 부르면 아버지의 마음이 깊은 인상을 받는 게 틀림없습니다. 수많은 경우에서 그러하였습니다. 어린아이들은 회심할 때, 노래 이상의 것을 하며, 자기들이 들었던 것을 말합니다. 어떤 어린이의 아버지는 늘상 입에 저주와 욕설을 달고 살았습니다. 한 번은 그 아버지가 가공스러운 말을 할 정도로 마음이 격정에 사로잡혔을 때 룻이 공포스러워 문 뒤로 숨었습니다. 그녀의 아버지가 사납게 물었습니다. "너 거기서 무엇하는 거야. 이리 나와." 룻이 나올 때 보니 울어서 눈이 벌게졌습니다. "애야, 무엇 때문에 우는 거야? 무엇 때문에 우느냐 말이야?" "사랑하는 아빠, 나는 아빠가 욕하는 것을 도저히 들을 수 없었어요!" "그래, 애야, 네가 다시는 그런 말을 듣지 않도록 할게. 여보, 우리 아이가 좋은 학교에 다닌다고 난 생각하는데, 그 학교가 무슨 학교야? 가서 목사님의 말씀을 들어야겠어." 우리 주일학교에 다니는 어린이들을 쓰셔서 하나님이 여러 사람의 마음을 사랑의 끈으로 동여매시는 경우가 얼마나 많은지요!

자신이 별로 하는 일이 없다는 생각 때문에 가르치는 일에 진력을 내는 분이 있습니까? 그렇다면, 여러분이 얼마나 많은 일을 하고 있는지 자신도 모르고 있음을 상기하십시오. 여러분은 어린이들을 가르치고 있습니다. 그러나 어린이를 가르치는 교사인 여러분은 아버지들과 어머니들을 역시 가르치고 있는 것입니다. 그 어린이들을 통해서 우리 중 어느 누구도 들어갈 수 없는 곳까지 그 말씀이 침투하고 있습니다. 하나님께서 어린이들이 집에 가서 하는 말에 복을 주실 것입니다. 어린이들은 있는 그 상태에서 하나님께 큰 봉사를 드릴 수 있습니다. 그러므로 성인이 되었을 때 그들이 회심하게 해 달라고 기도하지 말고, 어린이로 있을 때 회심하기를 위하여 기도하십시오. 그들이 아직 어린아이로 있을 때에 세마포 에봇으로 영적 단장을 할 수 있고, 주님의 집에서 가장 어린 시절을 보낼 수 있게 해 달라고 기도하십시오.

3. 여러분이 지루하지 않도록, 이제 세 번째 요점을 말씀드리겠습니다.
'어린이들의 경건과 섬김은 하나님께 특별한 영광이 된다.'

하나님께서 어린이에게 하나님 경외하기를 가르치시고, 세상에는 자신을 숨기고 어린이에게 그분 자신을 나타내실 때, 그 일은 하나님의 **겸손**을 영화롭게 합니다. 저는 어떤 사람이 어린이들에게 겸손함에 대해 말하는 것을 들었습니다. 오, 형제들이여! 우리는 어린이들에게 말할 때는 고압적인 자세를 취합니다. 우리처럼 형편없는 존재들과 교제하는 것도 어린이들 편에서 볼 때는 거의 겸손에 가까운 일입니다. 그런데 하나님께서 어린이들에게 맞춰 몸을 구푸리시는 것이야말로 정말 기이한 일입니다. 하나님의 위대한 겸손은 신생아들이나 유아들에게서 볼 수 있습니다.

또한 저는 하나님의 주권에 대해서 생각합니다. 하나님께서 이 세상의 지혜로운 자들을 그 지혜 가운데서 어리석게 하시고, 육체를 따라 대인들이나 능한 사람들을 많이 부르지 않으시고 이 세상의 약한 것들을 택하셨습니다. 오늘 밤 저는 우리의 복되신 주님의 말씀에 깊은 공감을 느낍니다. "천지의 주재이신 아버지여, 이것을 지혜롭고 슬기 있는 자들에게는 숨기시고 어린 아이들에게는 나타내심을 감사하나이다. 옳소이다. 이렇게 된 것이 아버지의 뜻이니이다"(마 11:25, 26). 하나님께서는 콧대 높은 군왕들의 드높은 탑은 그냥 지나치시고, 어머니의 무릎에 앉아 무릎을 꿇고 있는 어린 아이를 받아주시려고 내려가십니다. 거기에 은혜의 이적이 작용합니다. 하나님께서 긍휼을 베푸실 자에게 긍휼을 베푸시는데, 그 긍휼을 어린이들에게 베푸실 뜻을 세우십니다. 하나님께서는 주권적으로 자신을 낮추시어 작은 오두막집에서 한 어린이를 취하시어 영원한 보좌로 인도하십니다.

　오, 어린 아이의 회심에 나타난 하나님의 능력은 얼마나 놀라운지요! 아마 여러분은 그 점에 별 감동이 없었을 것입니다. 저는 여러분이 크게 감동하도록 그 점을 말씀드리겠습니다. 만일 여러분이 그 점에 대해서 조금이라도 의심이 있다면, 여러분 스스로 어떤 이를 회심하게 하려고 친절한 노력을 기울이겠습니까? 아마 여기에 어린이를 회심시키는데 실제로 봉사했던 선생님들이 있을 것입니다. 여러분은 모든 점에서 아무리 애를 써도 헛수고만 하였습니다. 작은 죄인을 얻는 것이 이 땅에서 가장 큰 패역자를 제압하는 것만큼 어렵다는 것을 알았습니다. 여러분 마음과 똑같이 어린이의 마음속에도 동일한 불신앙이 있음을 발견하였을 것입니다. 물론 그것이 그 나름의 특별한 형태를 띠고 있습니다. 어린이들도 자기 나름의 형식과 모양을 따라 마음을 잡지 못하고 변덕스럽고 방황하는 것이 있음을 여러분은 보았을 것입니다. 마음의 완고함과, 중요한 진리를 망각하는 일과, 부주의함과 냉담함이 어른들과 똑같이 그들에게도 있다는 것을 알았을 것입니다. 어린이가 한 사람의 성도가 되기 위해서는 하나님의 능력의 강력한 역사가 있어야 합니다. 자신의 노력으로 여러분이 맡은 어린이를 성도로 만들려고 애를 써 본 다음에 여러분은 틀림없이 그렇게 말할 것입니다. 가장 지혜롭고 자애로운 노력을 기울인다 할지라도 하나님의 은혜가 없으면 결국 실패로 끝나기 마련입니다. 그러므로 하나님께서 이적을 행하실 때 그 이름을 찬미해야합니다.

　주 하나님께서는 어린이들의 회심을 통해서 많은 영광을 받으십니다. 왜냐하면 그 회심한 어린이들이 정말 감동적으로 하나님의 원수들을 꾸짖기 때문입니다. 지금 제 말을 듣고 있는 분들 가운데 하나님께 자신의 마음을 아직 드리지 않은 사람이 있습니까? 여러분이 맡은 주일학교 어린이가 그렇게 회심한 것을 보았다면, 여러분은 책망을 받을 것입니다. 자녀들이 아직 어리기는 하지만 매일 자기를 위해서 기도하는 자녀들을 둔 아버지를 저는 알고 있습니다. "하나님, 사랑하는 아버지를 구원해 주세요." 어머니들이 자녀들을 불러 모아 아버지를 위해서 함께 기도하는 것을 저는 알고 있습니다. 어쩌면 그 아버지가 매우 친절할 수 있습니다. 그러나 아직 그리스도인은 아닙니다. 다른 아버지는 술에 취하면 잔인해집니다. 그런 상태에서 아버지가 집에 들어오면 자녀들이 다 무서워합니다. 아버지가 맑은 정신으로 집에 올 수 있게 해 주십사고 하나님께 아버지를 위해서 그들이 얼마나 기도를 드리는지요! 어머니와 자녀들의 기도가 아버지와 남편을 그리스도께 인도하고 있습니다. 우리 중 어떤 사람들이 자녀들 속에서 무엇인가를 보았음에도 불구하고 구속주의 사랑을 대적하여 그토록 오랫동안 살아온 지난날을 부끄럽게 여기지 않을 사람이 누구이겠습니까?

덧붙여 말씀드리자면, 어린이들이 때로 하나님의 백성들을 꾸짖기도 하여 하나님을 영화롭게 한다고 저는 생각합니다. 이 밤에 여기에 온 하나님의 사람들 중 어떤 이들은 자기들의 믿음을 한 번도 고백한 적이 없습니다. 지난 주에 여섯 명의 어린이가 왔길래 제가 어린이들을 다 면접하였습니다. 그들은 함께 간절한 열심으로 와서 "우리는 예수님의 피로 씻음을 받았습니다. 우리도 이 교회에 등록하고 싶어요."라고 제게 말했습니다. 그래서 저는 "아, 어린이들아, 오너라. 나는 너희를 보니 정말 기쁘구나." 저는 그들과 대화를 나누면서 하나님께서 그들을 위해서 무엇을 하셨는지를 들었습니다. 그래서 그들을 교회의 일원으로 받아들이자고 말해야겠다는 큰 확신을 얻게 되었습니다. 그 어린이들의 이야기를 들으면 여러분은 어떤 생각이 납니까? 저는 어린 회심자들이 뒤로 물러간 것을 보지 못하였습니다. 일찍 교회로 인도함을 받은 젊은 사람들이 끝까지 믿음을 견지하면서 우리 교회의 가장 훌륭한 지체들이 된다는 것을 통상적으로 발견합니다. 너무 신중한 나머지 무정하기까지 한 사람들이 그랬듯이, 여러분은 그들을 받아들이기를 거절하는 일을 하지 않도록 하십시오. 어떤 어린이가 2, 3년 동안 구주를 사랑했습니다. 그리고 자기 믿음을 교회 앞에 고백하기를 소원하였습니다. 그 소녀는 자기도 세례를 받게 해 달라고 어머니에게 졸랐습니다. 그 어머니는 너는 아직 너무 어리다고 말했습니다. 그 어린이는 너무 상심한 나머지 침대로 가버렸습니다. 아침에 그 어린이의 눈에 큰 눈물방울이 서려 있었습니다. 그 어린이는 하늘에 있는 승리한 교회에 가입한 것입니다! 여러분의 자녀 중 어떤 어린이가 자기는 예수님에 대한 진실한 사랑을 갖고 있는데도 부모님이 믿어주지 않는다고 불평하는 일이 없게 하십시오. 어린이가 교회에 가입하기 전에 그 아이 속에 완벽한 것이 있기를 기대합니까? 그러면 여러분 스스로가 완벽해

야겠죠. 만일 여러분이 완벽하다면 제발 하늘로 가십시오. 왜냐하면 제가 확신
하기로 여러분은 지상에 있는 어떤 사람하고도 계속 다투게 될 것이기 때문입니
다. 스스로 완벽하다고 생각하는 사람들치고 이웃들과 화합하는 자가 거의 없습
니다. 자기가 너무 선하기 때문에 자기 기준에 맞지 않는 우리를 도저히 견딜 수
없다고 여기는 것입니다. 사랑하는 친구여, 회심한 어린이가 여러분에게 참된
신앙의 증거들을 보일 것입니다. 그러나 완벽한 신앙의 모습을 보이지는 못할
것입니다. 그걸 기대해서는 안 됩니다. 어린이가 그리스도를 믿는 믿음을 공적
으로 고백하게 하십시오. 만일 여러분이 스스로 그리스도를 고백하지 않았다면,
여러분은 책망 받는 자리에 있는 것입니다. 여러분은 그렇게 고백하지 않는데도
불구하고 어린이는 자기 주님께 순종할 채비가 되어 있으니 말입니다.

    사랑하는 주일학교 선생님들이여, 여러분이 섬기고 있는 그 복된 일을 인하
여 여러분에게 축하의 말씀을 드립니다. 여러분이 하는 일은 철두철미하게 하려
면 정말로 어려운 일입니다. 특별히 온 주간 동안 바쁘게 지냈던 여러분들, 그래
서 안식일에는 정말 쉬고 싶은 여러분들에게는 더욱 그러하겠죠. 두통이 나는데
도 참고 어린이들을 가르치죠. 그런데 그 어린이들이 항상 여러분들이 소원하는
만큼 행동하지는 않습니다. 그러나 불쌍한 런던 사람들을 위해서 기도하는 일을
계속 하십시오. 교회와, 그리스도의 이름과, 어린이들을 위해서 기도하십시오.
제가 마지막에 그 점을 강조하는 것은 그것이 제 설교와 아주 밀접한 관계를 갖
고 있기 때문입니다. 어린이들을 위해서 계속 수고하십시오. 그들을 사랑하므로
주일학교 교육을 결코 포기하지 마십시오. "오, 그러나 저는 지금 중년에 접어들
고 있는데요!" 주일학교 교육은 소년들이나 소녀들만 해야 할 일로 생각합니까?
"오, 저는 충분히 할 만큼 했어요!" 태양은 정말 충분히 일을 했다고 말한 적이 없
다는 것을 생각해 보세요. 만일 그런 식으로 태양이 말했다면 내일은 빛을 환하
게 밝히지 않겠다고 하겠지요. 하나님과 그리스도께서는 충분히 할 일을 다 했
다고 말씀하신 적이 없습니다. 주님께서 여러분에게 복 주시는 것을 멈춘다면
여러분은 어떻게 되겠습니까? 런던 어느 곳에서나 주일학교 선생님들을 필요로
하고 있습니다. 세상에서 잘 나가는 사람들은 너무나 존경스러운 위치에 있어서
어린이를 가르칠 수 없습니다. 참으로 곤고한 교만이 아닐 수 없습니다! 자신을
그런 식으로 여기는 사람들은 스스로 부끄러운 자들입니다. 저는 정말 그런 이
들에게 신물이 납니다! 미국에서는 대통령이 주일학교를 가르쳤습니다. 그것은

정말 그의 영예였습니다. 영국에서 대법관들이나 재상들이 그러한 섬김을 불명예로 생각한 적이 없습니다. 여왕들이나 임금들도 주일학교에서 가르치게 하십시오. 그 일이 그들의 명예가 될 것입니다. 만일 여러분이 런던에서 가장 큰 부자라 해도 주일학교 한 반을 맡으십시오. 말하자면 여러분이 참된 그리스도인이라면 그렇게 하라는 것입니다. 지식과 총명과 지성을 가진 여러분들은 다른 사람들에게 용기를 주어야 합니다. 이 거룩한 직무를 그보다 못한 사람들에게 맡기지 마십시오. 여러분이 그렇게 했다고 말씀드리는 것이 아닙니다. 그런 식으로 방향을 틀지 말라는 것입니다. 가장 잘 아는 사람들이 가장 잘 가르칩니다. 스스로 그리스도 안에서 가장 성숙한 사람들은 다른 사람들이 그리스도를 경외하는 가운데 자랄 수 있도록 아주 큰 열심을 내야 합니다.

만일 여러분이 구주를 사랑하신다면 여러분이 잘할 것으로 아주 확신하고서 이 일을 여러분에게 맡깁니다. 만일 구주를 사랑하지 않는다면 여러분이 알지 못하는 것을 가르치기를 시도하라고 요청하지 않겠습니다. 예수님께서 가룟유다나 빌라도에게 "내 양을 먹이라."고 말씀하지 않았습니다. 베드로 같은 여러분에게 그 말씀을 하십니다. 왜냐하면 여러분이 "주여, 주님께서 모든 것을 아시나이다. 내가 주님을 사랑하는 줄 주님께서 아시나이다."라고 말할 수 있기 때문입니다.

제
58
장
—

말라진 무화과나무

—

"그들을 떠나 성 밖으로 베다니에 가서 거기서 유하시니라
이른 아침에 성으로 들어오실 때에 시장하신지라 길 가에서
한 무화과나무를 보시고 그리로 가사 잎사귀 밖에 아무것도
찾지 못하시고 나무에게 이르시되 이제부터 영원토록 네가
열매를 맺지 못하리라 하시니 무화과나무가 곧 마른지라 제
자들이 보고 이상히 여겨 이르되 무화과나무가 어찌하여 곧
말랐나이까" — 마 21:17-20

이 말씀은 이적이면서 비유이기도 합니다. 이적에 관한 책들은 많이 있습니
다. 아울러 비유에 대한 책들도 그에 못지않게 많습니다. 우리는 비유와 이적에
관한 책들 중에서 어느 편에 이 이야기를 넣을까요? 저는 이렇게 대답하겠습니
다. 이적의 책들이나 비유의 책들 모두에게 이 이야기를 넣을 수 있다고 말입니
다. 본문의 내용은 독특한 이적에 대한 기사(記事)이기도 하면서, 두드러진 비유
도 됩니다. 이 본문은 주님께서 우리에게 실물 교육을 하시는, 행동하는 비유의
말씀입니다. 주님께서는 사람들이 볼 수 있도록 진리를 제시하시되, 이 경우에
는 사람들의 마음과 생각에 더 깊은 인상을 받도록 교훈하십니다. 저는 이 이야
기가 비유라는 견해를 크게 강조하고 싶습니다. 만일 우리가 그러한 관점에서
이 사건을 보지 못하면 오해할 수도 있기 때문입니다. 우리는 하나님의 말씀을
냉담한 비평적인 정신을 가지고 접근한 사람들이 아닙니다. 우리 자신을 성경보

다도 더 지혜로운 사람으로 생각하지 않습니다. 우리는 성경을 판단할 수 있다고 생각하지 않습니다. 성령께서는 사람의 정신보다도 훨씬 더 위대하신 분임을 믿고 있습니다. 우리 구주 예수님께서는 우리 중의 어떤 사람들보다도 선과 악에 대해서 더 나은 판단을 하시는 재판장이십니다. 우리는 그분의 발 앞에 있어야 합니다. 우리는 트집을 잡아야 할 사람들이 아니라 그분을 따라야 할 사람들입니다. 예수님께서 무엇을 말씀하시거나 행하시더라도 지극한 경외심을 가지고 따라야 합니다. 우리의 가장 큰 소원은 예수님의 행하심과 말씀에서 할 수 있는 한 많은 교훈을 배우는 것입니다. 우리는 예수님의 단순한 행동들에서 큰 신비를 발견합니다. 그리고 예수님의 가장 평범한 말씀에서 심오한 교훈을 찾습니다. 예수님께서 말씀하시거나 행동하실 때 우리는 마치 가시떨기나무 앞에 있었던 모세와 같습니다. 우리가 거룩한 땅에 서 있다는 느낌을 가지기 때문입니다.

경박한 사람들은 본문에 나오는 이야기를 매우 어리석게 말해 왔습니다. 마치 우리 주님께서 배가 고프셨기 때문에 그분의 필요만 생각하시고 계셨으며, 푸른 무화과 나뭇잎이 있는 것을 보고 힘을 얻어 열매를 맺었을 것이라는 헛된 기대감 속에서 발설하셨다는 식으로 설명합니다. 그런데 그 나무가 열매 맺을 때가 아니기에 아무런 열매도 발견하지 못하셨고, 응당 아무런 열매를 발견하지 못하시는 것이 마땅한 데도 불구하고 그 나무를 저주하셨다는 것입니다. 마치 그 나무가 책임 있는 인격인양 말입니다. 이 경우를 그러한 관점으로 본 것은 그렇게 보는 사람의 어리석음 때문입니다. 우리 예수님께서는 그분의 제자들에게 예루살렘의 운명에 대해서 가르쳐 주고 싶으셨습니다. 사람들이 예루살렘에 들어오시는 예수님을 영접한 것을 보면 정말 앞으로의 전망이 희망찼습니다. 그러나 결국 그것이 아무것도 가져오지 못할 것입니다. 왜냐하면 큰 소리로 "호산나"라고 부르짖던 목소리가 "그를 십자가에 못 박으라"는 말로 변해 갈 것이기 때문입니다.

전에 느부갓네살이 예루살렘을 함락하였을 때, 선지자들은 그 경우를 이미 말해 주었을 뿐 아니라 여러 가지 표징을 통해 교훈 받게 하였습니다. 만일 여러분이 에스겔서를 보면 거기서 화를 경고하는 많은 표징과 상징들에 대한 기록을 발견할 것입니다. 이 표징들은 사람들의 호기심을 자극하고, 생각하게 만들고, 선지자의 경고를 보통 사람들의 마음속에 분명하게 인식시킬 만한 것이었습니다. 다시 말하면, 하나님의 심판이 범죄한 그 도성의 문 앞에 당도했다는 것이었습니다. 말씀, 곧 예수님의 말씀이 많이 발설되었습니다. 심지어 눈물, 곧 예수님의 눈물이 흘려졌지만 결국 허사였습니다. 그 표징이 주어졌지만 결국 그들에게 저주의 표징이 되었습니다. 에스겔은 말했습니다. "들의 모든 나무가 나 여호와는 높은 나무를 낮추고 낮은 나무를 높이며 푸른 나무를 말리고 마른 나무를 무성하게 하는 줄 알리라 나 여호와는 말하고 이루느니라 하라"(겔 17:24). 바로 이 말씀에 우리 주님께서 채용하신 그 상징법이 암시되어 있습니다. 주님께서는 기형적(畸形的)으로 서 있는 무화과나무를 보셨습니다. 보통은 그렇게 되어 있지 않는데, 그 나무는 잎이 무성하였습니다. 그런 특이한 현상들이 식물 세계에 여기저기 나타납니다. 우리 주님께서는 이것이 바로 객관적인 좋은 교훈을 주고 있다는 것을 아셨습니다. 그래서 제자들로 하여금 이파리가 무성한 것같이 무화과 열매도 있는지 보게 하신 것입니다. 아무것도 없는 것을 보시고 그 무화과나무더러 영원토록 열매 맺지 말라고 명령하셨습니다. 그리고 차가운 손을 따뜻하게 하는 연료로 사용하기 위해서 그렇게 명하셨다면, 그 무화과나무를 아주 탁월한 목적을 이루는 재료로 사용하신 셈이 되었을 것입니다. 그러나 사람들의 차가운 마음을 따뜻하게 할 목적으로 그 나무를 사용하셨다면 더 선한 목적으로 사용하신 셈입니다. 어느 사람에게도 해가 돌아가지 않았습니다. 그 나무는 버려진 나무였고 전적으로 쓸모없는 나무였습니다. 그 나무는 아무런 고통도 느끼지 않았고 아무런 분노심도 없었습니다. 주님께서는 객관적인 교훈을 주시려고 무화과나무에게 말씀하셨습니다. "이제부터 영원토록 네가 열매를 맺지 못하리라"(마 21:19). 그리고 나자 나무가 말라 버렸습니다. 주님께서는 이 사건을 통해서 모든 세대의 사람들에게 말씀하셨습니다. 아주 적은 비용을 들여서 말입니다. 나무 한 그루를 마르게 하여 수많은 영혼들을 깨우치신 것입니다. 만일 그렇게 하지 아니하셨다 할지라도 그 나무는 열매를 하나도 맺지 못하였을 것입니다. 그러니 그렇게 마르게 하였다 해도 아무에게도 손해가 되지 않습니다. 한 큰 선생이신 예수님께서는 한 나무를 파멸시키는 것보다 훨씬 더 많은 일을 하실 수도 있습니다. 그것을 통해서 진리를 입증하고 덕행의 씨앗을 뿌릴 수 있으시다면 말입니다. 훌륭한 시적(詩的)인 가르침을 위해서 그렇게 하신 것에 대해 트집을 잡는 것은 정말 게으르기 짝이 없는 비평입니다. 만일 다른 선생이 그런 시적인 교훈의 말씀을 하였다면 바로 그 비평하던 이들은 아낌없는 갈채를 보냈을 것입니다.

겉으로 보기에 대단해 보이던 무화과나무는 유대인의 상태를 아주 독특하게 잘 그려주고 있었습니다. 그 민족은 하나님께 아주 큰 일들을 할 듯이 보였습니다. 모든 다른 족속들이 잎사귀도 없는 나무처럼 참된 하나님께 대하여 아무런 신앙 고백을 하지 못하고 있을 때 정말 풍성한 종교적 신앙 고백의 잎사귀를 가득 달고 있었습니다. 서기관들과 바리새인들과 대제사장들과 백성들의 자녀들이 율법의 문자(文字)에 대해서 아주 예민하게 따졌고, 또 자기들은 유일한 하나님을 예배하는 자들이라 스스로 뽐내고 있었으며, 하나님의 율법의 모든 조문을 엄격하게 지키고 있다고 여기는 자들이었습니다. 그들은 끊임없이 "여호와의 전이다, 여호와의 전이다, 여호와의 전이다." 하고 외쳤습니다. "우리 조상은 아브라함이다!'라고 입만 열면 되뇌었습니다. 그들은 잎이 무성한 무화과나무였습니다. 그러나 달린 열매는 하나도 없었습니다. 왜냐하면 백성들이 하나님께 대해서 거룩하고 의롭고 참되고 신실한 태도를 전혀 갖지 않았고, 그들의 이웃에 대해서도 사랑을 나타내지 않고 있었기 때문입니다. 유대교는 정말 신앙 고백으로 번쩍이는 하나의 집단이었지만, 영적인 생명력은 전혀 뒷받침되지 못하는 교회였습니다. 우리 주님께서 그 성전을 들여다보시고, 기도하는 집이 강도의 소굴로 변하여 있는 것을 보셨습니다. 유대교가 생명 없고 열매 없는 것으로 고착되도록 저주하신 것입니다. 그랬더니 그렇게 되신 것입니다. 회당들은 여전히 열려 있었습니다. 그러나 그 회당의 가르침은 죽은 형식이었습니다. 이스라엘은 그 세대에 아무런 영향을 끼치지 못하였습니다. 유대 민족은 여러 세기 동안 말라 버린 나무가 되었습니다. 그리스도께서 오셨을 때도 신앙을 가지고 있다고 스스로 뽐내는 것밖에는 없었습니다. 그런 그들의 신앙 고백은 거룩한 성을 구원하기 위해서 아무런 힘이 없었습니다. 그리스도께서 유대인의 종교적인 조직을 허물어뜨리지는 않았었습니다. 있는 대로 내버려 두셨습니다. 그러나 그들은 뿌리부터 말랐고, 로마군이 쳐들어 왔고, 로마 주둔군의 도끼가 열매 없는 나무를 통째로 제거하였습니다.

이것은 여러 민족에게 얼마나 놀라운 교훈을 주는지요! 민족들이 대단한 신앙 고백을 할 수 있습니다. 그러면서도 민족을 존귀하게 하는 의(義)를 나타내지는 못할 수 있습니다. 민족들이 문명화와 예술과 진보와 종교의 모든 이파리들로 장식되어 있을 수 있습니다. 그러나 그 속에 경건의 내면적인 생명력이 없거나, 의에 이르는 열매가 없다면 잠시 동안 서 있다가 결국 말라 버릴 것입니다.

　　정말 이 점이 교회에 얼마나 교훈을 줍니까! 수와 영향력에서 탁월한 위치를 점하던 교회들이 있었습니다. 그러나 믿음과 사랑과 거룩함이 유지가 되지 못하였습니다. 결국 성령께서 그들을 내버려 두어 열매 없는 신앙 고백의 큰 모습만 보이게 하셨습니다. 그래서 그런 교회들에는 조직이라는 몸체와 멀리 뻗어나가는 가지들은 있습니다. 그럼에도 불구하고 그 교회들은 죽어 있고, 매년 더 부패해 갑니다. 형제들이여! 비국교도의 교회들 속에서도 그런 교회들이 발견됩니다. 우리 교회에는 그런 일이 없기를 바랍니다. 우리는 많은 사람들이 하나님의 말씀을 들으러 오는 것을 보며, 상당히 많은 사람들이 회심했다고 말하고 있습니다. 그러나 생명 있는 경건을 그들 중에서 보지 못한다면 회중들과 교회들이 무슨 소용이 있습니까? 우리가 가치 있는 사역을 할 수도 있습니다. 그러나 하나님의 성령이 없이는 그러한 것들이 무엇입니까? 교회에 많은 기부금을 낼 수도 있습니다. 또 외적으로 많은 노력을 기울일 수 있습니다. 그러나 기도의 영, 믿음의 영, 은혜와 헌신의 영이 없으면 그러한 것들이 무슨 의미가 있습니까? 우리가 이 나무처럼 되지 않을까 두려워해야 합니다. 외면적인 신앙 고백에서는 최상의 모습을 보이는 보배로운 위치에 있으면서도 주님 앞에서는 아무런 가치가 없다면 그게 무슨 소용이 있습니까? 경건의 비밀스러운 생명력, 그리스도와의 생명 있는 연합이 다 없어진 다음에야 그 모든 것이 무슨 소용이 있습니까? 나무가 하늘을 가릴 정도로 무성하여도 뻔뻔한 거짓말과 속임수와 기만의 열매를 맺고 있다면 나무의 가지들을 다 도끼로 잘라 내는 것이 낫습니다.

　　이것이 바로 본문의 교훈입니다. 그러나 저는 여러분이 대체로 이 교훈을 민족과 교회의 관계에서만 생각하는 것을 원하지 않습니다. 제 마음의 소원은 이러합니다. 바로 이 상세한 내용을 통해서 교훈을 받고, 그것을 우리 각자 마음에 적용시켜야 한다는 것입니다. 주님께서 친히 오늘 아침 각 사람의 마음에 말씀하시기를 바랍니다! 저는 설교를 준비하면서 마음을 크게 살펴보았습니다. 그러면서 이 설교를 들음으로 인해서 동일한 결과가 나오기를 기도합니다. 신앙이 있다고 고백하고 눈에 띄게 그러한 모양을 하면서도, 그러한 신앙 고백을 보증할 수 있는 열매가 모자란다면 정말 두려운 일입니다. 진정한 거룩한 생활로 입증되지 않는다면 성도(聖徒)라는 이름을 가진다는 것이 정직한 사람들을 거스르는 것이 되고, 거룩한 하나님께 대하여는 더 악한 일이 되는 것입니다. 그 배경에 그리스도인으로서의 삶이 없는 신앙 고백적 서약은 거짓말입니다. 그것은 하나님과 사람에게 다 혐오스럽고, 진리를 거스르고, 참된 기독교 신앙을 모독하며, 말라 죽게 하는 저주의 선봉(先鋒)입니다.

성령께서 바로 이 시간 저를 도와 매우 엄숙하고 능력 있게 설교할 수 있게 해 주시기를 원하나이다!

우리가 첫 번째로 주목할 사항은, 세상에는 열매가 없는 외향적 신앙 고백이 있다는 사실입니다. 두 번째 관찰할 사항은, 임금이신 예수님께서 이러한 것들을 조사해 내실 것이라는 점입니다. 그리고 세 번째로, 그 조사의 결과는 매우 두렵다는 점입니다. 오! 성령이시여, 우리를 도와주소서!

1. 첫 번째로, 세상에는 열매가 없는 외향적 신앙 고백의 경우들이 있습니다.

우리가 언급하고 있는 이 경우들이 결코 드물지 않습니다. 그 경우에 해당하는 자들은 동료들보다 훨씬 더 뛰어난 모습을 보이기도 합니다. 그들의 약속은 아주 화려하고, 겉으로 드러난 모습도 매우 인상적입니다. 그들은 열매가 풍성한 나무같이 보입니다. 그들에게서 몇 바구니의 무화과를 딸 수 있을 것 같은 기대감을 갖게 됩니다. 그들은 대화에서 사람들에게 상당한 인상을 줄 뿐 아니라 태도에서 깊은 감동을 주기도 합니다. 우리는 그런 사람들을 보고 시기심이 일기도 하고 그들 앞에 우리 자신이 모자라다는 생각을 갖기도 합니다. 이러한 자세가 우리에게 아무런 해를 주지 못할 수도 있습니다. 그러나 외식자를 시기한다는 것은 오랜 과정 속에서 보면 반드시 우리에게 해를 주기 마련입니다. 왜냐하면 그들의 외식이 발견되면 그들의 위선뿐만 아니라 믿음 자체를 경멸하는 방향으로 나갈 수 있기 때문입니다. 모든 면에서 그럴듯하지만 실상은 그렇지 않은 사람들을 알고 있지 않습니까? 정말 생각하기도 싫습니다! 우리 자신도 그러한 사람이 아닙니까? 자, 그 사람을 보십시오. 그 사람은 믿음이 강합니다. 정말 주제넘을 정도로 대단합니다. 소망으로 기뻐하고 있고, 심지어 경박하기까지 합니다. 그는 심령으로 사랑하고 있으며, 심지어는 진리에 대해서 별 관심이 없는 것처럼 말합니다! 그는 말하는 데 얼마나 입심이 좋은지요! 신학적인 사색에 있어서도 대단히 깊은 모습을 보입니다! 앞으로 나아가자고 강조하는 데 있어서도 대단한 열정을 보입니다! 그런데도 불구하고 그런 사람이 거듭남으로 말미암아 하늘나라의 백성이 된 적이 없습니다. 그는 하나님에 대해서 가르침을 받은 적이 없습니다. 복음이 말로만 그 사람에게 임한 것입니다. 그는 성령의 능력에 대해서 문외한입니다. 그런 사람들이 없습니까? 전통을 변호하면서도 행동에 있어서는 정말 이교적인 사람들이 없습니까? 입술로 고백하는 것을 삶으로는 부인하는 사람들이 없습니까? 우리는 그런 사람들이 있다고 확신합니다. 모든 포도원에 잎사귀가 무성한 무화과나무가 있습니다. 그들의 신앙 고백의 무성함으로 말미암아 다른 사람들이 기대감을 갖게 하지만 주님께 대해서는 아무런 열매를 맺지 못합니다.

그런 사람들은 시절에 개의치 않는 것 같습니다. 그때는 무화과의 때가 아니었음에도 불구하고 통상적으로 익은 무화과가 있음을 나타내는 잎사귀들로 가득 덮여 있었습니다. 여러분 모두 제 자신이 자주 보았던 것을 다 잘 아시리라고 생각합니다. 무화과나무는 잎사귀를 내기 전에 열매를 먼저 냅니다. 그 해의 이른 시기에 푸른 혹이 가지의 끝 부분에서 불룩하게 솟아납니다. 그것이 더 퍼져 자라면 푸른 무화과가 되는 것입니다. 그 후에 잎사귀가 납니다. 그래서 잎사귀가 완전히 나무를 덮을 때쯤 해서는 이미 무화과는 먹게 되어 있습니다. 무화과나무가 잎이 다 자란 상태면, 거기 무화과나무가 달려 있겠거니 하고 기대할 수 있습니다. 나무에 잎사귀가 무성하지 못하면 그 나무는 그 시절에 맞는 무화과를 전혀 맺지 못할 것입니다. 그런데 이 나무는 때가 되기 전에 잎사귀를 풍성하게 내었습니다. 다른 무화과나무보다도 훨씬 더 무성한 모습을 보였습니다. 그러나 그것은 변종(變種)입니다. 참된 성장의 건강한 결과가 아닙니다. 그러한 변종은 포도원이나 숲 속에서 가끔 일어납니다. 그와 같은 양상이 도덕적이고 영적인 세계에서도 일어날 수 있습니다. 어떤 사람들은 주위에 있는 사람들보다 훨씬 더 앞서 보이고, 그들의 특별한 덕행으로 우리를 놀라게 합니다. 그들은 더할 수 없이 선한 모습을 보입니다. 가장 탁월한 것보다 더 탁월해 보입니다. 나타난 모습이 바로 그렇다는 말입니다. 그들은 어찌나 열심을 보이는지 주위의 세상에도 움츠려들지 않습니다. 그들 대단한 영혼들은 자신들을 위해서 여름을 창출합니다. 성도들이 뒤로 물러가거나, 죄인들의 악한 모습을 보더라도 그들은 결코 멈추지 않습니다. 그들은 너무나 힘이 있어서 주위의 영향을 전혀 받지 않는 것처럼 보입니다. 그들은 매우 탁월한 사람들입니다. 이 무화과나무가 덮여 있는 것처럼 여러 덕행으로 덮여 있습니다.

관찰해 보십시오. 그들은 성장의 일반적인 법칙을 뛰어넘었습니다. 여러분에게 말씀드린 것처럼 법칙은 무화과가 먼저 나오고 그 다음에 무화과 잎이 나는 것입니다. 그러나 우리가 생각하는 이 사람들은 그 신앙 고백의 정당성을 입증하는 가장 작은 열매를 내기 전에 벌써 신앙이 있다고 떠들어댑니다. 저는 교회의 젊은 친구들을 보기 좋아합니다. 그들이 그리스도를 믿습니다. 가정에서의 거룩한 생활과 밖에서 경건하게 행함으로 자기들의 신앙을 입증하고, 그런 다음에 나와서 주 예수 그리스도에 대한 믿음을 고백합니다. 그러한 모습이 진실하고 정상적인 절차입니다. 왜냐하면 신앙 고백을 하기 전에 그런 믿음의 사람이 되는 것이 먼저이기 때문입니다. 먼저 빛을 받은 후에야 빛을 발산할 수 있지요. 또 먼저 회개하고 믿습니다. 그런 다음에 그리스도의 이름으로 세례를 받음으로 말미암아 성경적인 방식으로 자기가 회개하고 믿는다는 것을 고백하는 것입니다. 그러나 외향적인 믿음의 소유자들은 마음의 작용의 사소한 것에 신경 쓸 필요가 없다고 생각합니다. 그래서 그들은 사활이 걸린 그 문제의 중요한 부분을 생략하려고 합니다. 그들은 부흥회에 참석합니다. 자신들이 구원받았다고 생각합니다. 마음으로 새롭게 된 적도 없고, 회개한 적도 없고, 믿음을 가진 적도 없는 데도 그렇게 말합니다. 그들은 앞에 나가서 감정으로 어떤 서약을 합니다. 그저 결심 외에 다른 어떤 것을 가지고 있지 않습니다. 그들은 마치 결심이 행위 자체인 양 그들의 결심을 자랑합니다. 그리고는 곧이어 스스로 일어나서 선생 행세를 합니다. 자신의 새로운 덕의 진정성을 검증하거나 테스트해 보기도 전에 자신을 다른 사람들의 모범으로 추켜세웁니다. 자, 저는 회심의 신속성을 반대하고 있는 것이 아닙니다. 오히려 정반대로 그럴 수만 있다면 그걸 정말 찬미하지요. 그러나 삶에서 그 열매와 증거를 보기 전에 저는 판단할 수 없습니다. 만일 행실의 변화가 아주 뚜렷하고 진실하다면, 그 일이 얼마나 빨리 일어났는가에 대해서는 별로 관심을 두지 않습니다. 그러나 우리는 변화를 봐야 합니다. 열기가 있기는 하나, 쉬고 썩어 버리는 흥분을 낳는 열기가 있습니다. 사랑하는 친구 여러분! 열매를 뛰어넘고 즉시 잎사귀로 나아갈 수 있다고 생각하지 마십시오. "땅을 파는 일에 수고와 재료를 소비하는 일은 난센스이다. 기초가 전혀 보이지 않으니 말이다. 나는 시간을 들이지 않고 집을 지을 수 있다. 벽 네 개와 지붕만 있으면 되니 그렇게 많은 시간이 걸리지 않는다."라고 말하는 건축자가 있습니까? 그런 건축자가 되지 마십시오. 그렇습니다. 그러한 집이 결국 얼마나 오래 가겠습니까? 기초가 없는 빌딩을 짓는 게 무슨 가치가 있습니까? 만일 기초를 생략한다면 왜 집은 생략하지 않습니까? 오늘날 특별히 경건을 급속히 계발하기 위해서 환상적인 상태나 회의론적인 상태에 빠져 들어가는 경향이 있지 않습니까? 그런 식으로 경건을 급속하게 일으켜 보았자, 경건은 밤에 일어났다가 그날 밤에 사그라지고 맙니다. 죄를 미워하고 혐오하는 각성을 무시하며, 회개를 분명치 않게 하고, 믿음을 하나의 본받는 것으로 생각하고, 거듭나는 것을 그와 유사한 모조품으로 대치시키고, 경건을 흉내 내는 것쯤으로 생각하니 정말 파멸을 초래하는 태도가 아닙니까? 사랑하는 여러분! 그러한 것은 아무것도 이루지 못합니다. 우리는 잎사귀가 나기 전에 먼저 무화과를 얻어야 합니다. 내가 믿는다고 생각하기 전에 행동이 먼저 나타나야 되고, 세례 받기 전에 믿음이 있어야 되며, 교회와 연합하기 전에 먼저 그리스도와 연합하는 일이 있어야 됩니다. 자연의 순리 과정을 뛰어넘을 수는 없습니다. 은혜의 과정들을 생략할 수 없습니다. 그렇지 않으면 열매 없이 잎사귀만 무성하여 치료할 길이 없는 저주에 빠질 수밖에 없습니다.

이 사람들은 보통 다른 사람들의 눈을 현혹시킵니다. 마가에 따르면, 우리 주님께서 이 나무를 "멀리서 보셨다"고 하였습니다. 다른 나무들은 잎사귀가 없었습니다. 따라서 예루살렘을 향해 언덕을 올라가기 시작할 때 예수님은 이 한 나무가 매우 먼 곳에 있었음에도 눈에 띄는 것을 보셨습니다. 아주 파랗게 차려 입은 그 무화과나무가 선명하게 드러나 보였습니다. 멀리서도 잘 보였던 것입니다. 베다니 성문까지 이르는 길목 가까이에 그 나무가 서 있었습니다. 그래서 길을 가는 모든 사람들이 그 나무를 쳐다보았습니다. 그래서 지나가는 사람들이 그 시절에 그 잎사귀가 그렇게 싱싱한 모습을 보면서 놀라곤 하였습니다. 신앙이 거짓되면서도 흔히 뛰어나 보이는 사람들이 있었습니다. 그들은 겸비하고 뒤로 물러설 만한 은혜를 갖고 있지 않기 때문에 그런 모습을 나타내는 것입니다. 그들은 가장 높은 방을 추구합니다. 그리고 가장 높은 위치에 올라가고 싶어 하고 자신들이 지도자가 되려고 합니다. 그들은 은밀한 곳에서 하나님과 동행하지 않습니다. 또 개인적인 경건에 거의 관심을 두지 않습니다. 그들은 그저 사람들에게 어떻게 보이느냐에 더 많은 관심을 가지고 있습니다. 이것이 그들의 약점이기도 하고 그들의 위험 요소이기도 합니다. 비록 명성을 혼자 다 차지할 수 없을지라도 그들은 명성을 탐하기 때문에 한층 더 사람들의 눈에 띕니다. 이것이 바로 전체 문제의 해악입니다. 바로 이것 때문에 그토록 많은 사람들이 그들의 영적 실패를 알게 됩니다. 그들의 죄가 주님의 이름에 더 큰 불명예를 끼칩니다. 그들의 섬김이 주님의 이름에 누를 끼칩니다. 열매 없는 나무는 성전과 통하는 큰 길가에 있는 것보다 구석에 있는 것이 훨씬 더 낫습니다.

그런 사람들은 다른 사람들의 시선을 끌 뿐만 아니라, 흔히 선한 사람들을 끌어들입니다. 다른 나무들보다 훨씬 이르게 잎을 보이고 있는 나무에 가까이 간다고 해서 누가 우리를 책망하겠습니까? 탁월하게 보이는 사람들과 친숙해지려고 하는 것은 옳지 않습니까? 우리 구주와 제자들이 잎이 무성한 무화과나무를 향하여 올라가셨습니다. 그 나무가 단순히 그들의 시선에 띈 것이 아니라, 그 나무가 그들을 끌어당긴 것입니다. 주 안에 있는 형제 같은 자의 매력적인 행실에 마음이 혹한 적이 없습니까? 보통보다 더 열심이고, 다른 사람들보다도 훨씬 더 하나님을 경외하는 것처럼 보이는 사람들을 통해서 말입니다. 그는 예후와 같이 "나와 함께 가서 여호와를 향한 나의 열심을 보라"(왕하 10:16)고 말하였습니다. 우리는 그와 함께 병거에 올라타는 것을 대단히 좋아하였습니다. 그는 그렇게 경건하게 보이고, 관대하게 보이고, 겸비하게 보이고, 유용하게 보여서 그를 우러러 보았고, 우리가 그와 함께 연합하면 더 가치 있는 것처럼 보여 그렇게 되기를 원하였습니다. 젊은 회심자들과 구도자들은 보통 그런 사람들과 함께 하려는 간절한 성향을 가지기 마련입니다. 그래서 결국 그들이 잘못된 확신을 하였다는 것을 알면 그것은 슬픈 재난이 되는 것입니다.

어떤 사람이 매우 탁월하게 보이고, 아주 대담한 신앙 고백을 하는 것처럼 보일 때, 그들에 대해서 우리가 어떻게 생각해야 되겠습니까? 저는 대답합니다. 그들을 판단하지는 마십시오. 우리가 늘 하는 대로 누구든지 믿지 않으려는 태도는 가질 필요가 없습니다. 여러분의 주님께서 멀리 서서 "이 나무는 쓸모없다."고 말씀하지 않으셨습니다. 제자들과 함께 가서서 그 나무를 유심히 조사하셨습니다. 이 탁월한 사람들이 하나님의 은혜의 놀라운 열매일 수도 있습니다. 우리는 그렇게 되기를 희망하고 기도해야 합니다. 그들 안에서 주님과 그 사랑이 찬미를 받기를 바랍니다! 하나님께는 겨울에 열매를 맺는 무화과나무가 있습니다. 다른 사람의 사랑이 메말라 있을 때 하나님께는 선한 행실로 가득 찬 성도들이 있습니다. 주님께서는 어떤 사람들을 일으켜 전투에서 첨병들을 다시 모으는 진리의 깃발로 쓰십니다. 주님께서는 어린 사람들을 성숙하게 하실 수도 있고, 새로운 회심자들을 쓸모 있게 하실 수 있습니다. 속담과 같은 표현으로 "어떤 사람들은 나면서부터 수염을 가지고 있다"는 말이 있습니다. 주님께서는 큰 은혜를 베푸시어 영적인 성장을 빨리 일으키고 견고하게 하실 수 있습니다. 주님께서 그렇게 하시는 경우가 많기 때문에, 우리 앞에 있는 탁월해 보이는 은혜가 그처럼 은혜의 성장의 결과가 아니라고 의심할 만한 정당한 권한은 없는 것입니다. 은혜의 표지나 믿음의 증거들이 전혀 없다는 것을 아주 씁쓸하게 볼 수밖에 없지 않는 한, 가장 좋은 쪽으로 생각하시고 하나님의 은혜의 나타남을 보고 일단은 기뻐하십시오. 만일 우리가 의심하는 경향에 기울어진다면, 차라리 우리 가슴에 비수를 돌려댑시다. 자신을 의심하는 것이 건전한 일입니다. 그러나 다른 사람들을 의심하려고 하는 것은 잔인할 수 있습니다. 우리는 재판장들이 아닙니다. 우리가 재판장들일지라도, 자신의 법정만 지키고 있는 것이 좋습니다. 자신의 판단 보좌에 앉아서 자신의 작은 나라에서 법을 운영해야만 합니다.

그렇게 탁월해 보이는 사람들이 나중에 보니 정말 그들이 고백하는 대로임이 밝혀지게 되면, 정말 큰 축복이지요. 정말 그 아침에 그 나무에 무화과가 있더라면 얼마나 좋았을까요. 만일 주님께서 푸른 열매를 잡수셨다면 정말 그 일은 주님에게 새 힘을 주는 것이 되었을 것입니다. 주님께서 교회의 첫 번째 자리에 있는 사람이 거룩함에서도 첫 번째 자리를 차지하게 하실 때, 그것은 교회와 가정과 이웃에 축복이 됩니다. 실로 그것이 온 세계에 복락이 된다는 것이 드러날 수 있습니다. 그러므로 우리는 하나님이 심으신 나무에 그분이 물을 주십사고 기도해야 마땅합니다. 다른 말로 해서, 주님께서 친히 강하게 만드신 자들을 은혜로 말미암아 그 오른손으로 붙잡아 주시기 위하여 기도해야 마땅합니다.

그러나 우리가 본문을 주목하고 우리 마음에 그것을 적용할 때, 다른 사람들의 경우에서와 같이 그렇게 유순하게 해서는 안 됩니다. 우리 중 많은 사람들은 오랫동안 이 무화과나무처럼 지내 왔습니다. 신앙 고백과 외적인 모습이 탁월하였습니다. 이 문제에서 여기까지는 부끄러워해야 할 것이 없습니다. 그렇지만 이 비유는 우리들에 대해서 말하고 있는 것이 분명합니다. 왜냐하면 우리는 그동안 길가에 있으면서 신앙을 공언하면서 눈에 띄는 봉사를 하였기 때문입니다. 우리 자신은 다른 사람들이 볼 때에도 "멀리서도 눈에 띄는" 사람이었습니다. 우리 중 어떤 사람들은 매우 담대한 신앙 고백을 하였습니다. 우리는 사람들과 천사들 앞에서 그 고백을 되풀이하기를 부끄러워하지 않았습니다. 그래서 우리는 물어야 합니다. 우리가 정말 신앙 고백에 있어서 진실한가? 우리가 정말로 간직하고 있지 않은 믿음을 위해서 싸우고 있는 것이 된다면 어떻게 되겠습니까? 우리 속에 사랑의 삶은 전혀 없고, 따라서 우리의 신앙 고백이 "소리 나는 꽹과리, 울리는 구리"와 같은 것이라면 어떻게 되겠습니까? 교리는 있고 실천은 없다면, 또 성결한 것은 전혀 없다면 어떻게 되겠습니까? 우리는 결코 주를 보지 못할 것입니다. 비유도 되고 이적도 되는 본문의 기사는 우리 중 많은 사람들에 대해서 얼마나 무서운 면을 보여주고 있습니까? 저는 설교자로서 이 비유가 제게도 많이 해당된다고 느낍니다. 그 심령으로 저는 본문을 거듭 생각해 보았습니다. 또한 모든 집사와 이 교회 장로와 모든 지체와 일꾼들도 자신들의 마음을 열심히 조사할 수 있기를 바라면서 말입니다. 오늘 여기 이 아침에 함께 참석한 그리스도의 모든 사역자들이 스스로 이렇게 말하기를 바랍니다. "그렇다. 나는 무화과나무처럼 탁월하고 굉장한 신앙 고백을 지닌 사람 같이 여겨졌다. 하나님께서 저로 하여금 열매 없는 무화과나무같이 되지 않는 은혜를 베푸시옵소서!"

이제는 두 번째 대지의 엄숙한 진리를 생각할 때가 되었습니다.

2. 둘째는, 이러한 자들은 임금 예수님의 조사를 받게 될 것이라는 점입니다.

예수님께서는 그들에게 가까이 가실 것이고, 나아가서 그들에게 열매를 찾으실 것입니다. 첫 번째 아담은 잎사귀 때문에 무화과나무에게 갔습니다. 그러나 두 번째 아담은 무화과 열매를 찾으십니다. 두 번째 아담 되신 그리스도께서는 우리의 행실을 두루 살피십니다. 진정한 믿음이 있는지, 참된 사랑과, 살아 있는 소망과, 성령의 열매인 기쁨과, 인내와 자기 부인과, 기도의 열심과, 하나님과의 동행과, 성령의 내주하심이 있는지 살피십니다. 만일 그러한 것들을 발견하지 못하시면, 예배당에 오가는 것, 기도회에 참석하는 것, 성찬식에 참석하거나 설교를 듣는 것, 성경을 읽는 것으로 만족해하시지 않을 것입니다. 그러한 모든 것들은 무성한 잎사귀들에 불과하기 때문입니다. 우리 주님께서 우리에게서 성령의 열매를 보지 못하시면, 우리 자신을 만족해하지 않으실 것입니다. 결국 주님의 조사는 혹독한 처방을 내놓을 것입니다. 예수님께서는 여러분의 말이나 굳은 결의나 공언을 살펴보시지 않고, 여러분의 진지함, 내면적인 믿음, 하나님의 성령의 이끌림을 받아 그 나라에 합당한 열매를 맺는 것을 주목하여 보십니다.

우리 주님께서는 열매를 찾으실 때 열매를 기대할 권리가 있으십니다. 주님께서 그 무화과나무가 있는 데로 가셨을 때 그 나무에서 열매를 기대한 것은 정당한 일이었습니다. 왜냐하면 자연 순리에 따르면 열매가 잎사귀보다 먼저 나오기 때문입니다. 잎이 나왔다면 열매는 반드시 있어야 했습니다. 물론 그때는 무화과 때는 아니었습니다. 그러나 무화과 때는 아니었어도 분명 잎사귀가 있을 때도 아니었습니다. 잎사귀보다 무화과가 먼저 나와 열리기 때문입니다. 이 나무는 이파리를 냄으로써 익은 무화과의 징후와 표지를 보였습니다. 결국 그 나무는 열매를 맺은 것처럼 자신을 뽐내고 있었던 것입니다. 그와 같이 우리 중 어떤 사람들은 아무리 어려운 때를 겪는다 할지라도 그때를 따라가지 않고 오직 불변하는 진리만을 따를 것이라고 공언합니다. 그리스도인들로서 우리는 사람들 중에서 구속받았고, 이 패역한 세대에서 구원을 받았다고 고백합니다. 그리스도께서는, 세상과 그 변화무쌍한 시대를 자기들의 최상의 안내자로 여기는 사람들에게서는 열매를 기대하지 않을 것입니다. 그러나 주님께서 자신의 말씀을 믿는 자들에게서는 열매를 구하시는 것이 마땅합니다. 설교자를 통해서 열매를 거두기를 원하시고, 주일학교 선생님을 통해서도, 교회의 교역자를 통해서도, 성경 공부를 지도하는 자매를 통해서도, 주위에 있는 젊은 사람들에게 지도력을 행사하는 형제나, 복음 안에서 지도자적인 역할을 하는 사람에게서 열매를 구하십니다. 주님께서 자신의 복음의 법칙에 복종하는 모든 사람들에게서 열매를 기대하십니다. 그리스도께서 잎사귀가 달린 무화과나무에서 열매를 기대할 권리가 있으셨듯이, 자신들이 주님의 진리를 따르는 자들이라 공언하는 자들에게 큰 일들을 기대할 권리가 있습니다. 아, 나는 어떤가요! 이 사실이 설교자를 얼마나 떨게 만드는지요! 이 사실이 같은 방식으로 여러분 중 많은 사람들에게 영향을 주어야 하지 않겠습니까?

열매는 주님께서 간절히 바라시는 것입니다. 구주께서 무화과나무 아래 오셨을 때 잎을 찾으신 것이 아닙니다. 주님께서 시장하셨다는 것을 본문에서 읽습니다. 무화과나무 잎을 본다 할지라도 배고픔이 가실 수가 없습니다. 주님께서 간절히 원하신 것은 한두 개의 무화과를 먹는 일이었습니다. 그는 우리에게서도 열매 얻기를 갈망하십니다. 우리의 성결을 갈망하십니다. 그분의 기쁨이 우리 속에 있기를 갈망하시고 우리의 기쁨이 충만하기를 갈망하십니다. 그분은 교회의 지체인 우리 각자에게 찾아오시고, 특별히 자신의 백성을 인도하는 여러분에게 찾아오십니다. 그리고 여러분 속에서 주님의 영혼이 기뻐할 일들을 보기를 원하십니다. 우리 속에서 주님에 대한 사랑을 보기를 원하고, 이웃에 대한 사랑,

계시를 굳게 믿는 것, 일단 구원받은 믿음을 위해 열심히 투쟁하는 것, 끈질긴 기도로 탄원하는 것, 삶의 모든 과정에서 주의 깊게 살아가는 것 등을 보고 싶어 하십니다. 주님께서는 하나님의 율법에 합당한 행실들, 하나님의 성령에 합당한 행실들을 우리에게서 기대하십니다. 그러한 것들을 보시지 못하면 주님께서 마땅히 받으셔야 할 것을 받지 못하는 것이 될 것입니다. 자신의 백성들을 거룩하게 하시려는 의도가 아니면 무엇 때문에 주께서 죽으셨습니까? 자신을 주시는 것은 선한 일에 열심을 내는 백성들을 그분에게로 거룩하게 구별하기 위한 것 외에 무엇이겠습니까? 피땀을 흘리고 다섯 군데에 상처를 입으시고 죽음의 괴로움을 겪으신 보상이 무엇입니까? 그러한 일들을 통해서 우리를 사신 것이 아닙니까? 만일 우리가 그를 영화롭게 하지 못하고, 경건하고 열심 있는 삶을 통해서 주님을 찬송하지 않아 우리의 행실을 보시는 성령께서 근심하신다면, 우리는 하나님께서 마땅히 받으셔야 하는 보수를 빼앗는 것이 됩니다.

자, 여기를 주목하십시오. 그리스도께서 한 영혼에게 오실 때 그 영혼을 예리한 분별력으로 조사하십니다. 주님은 속지 않으십니다. 주님을 속인다는 것은 불가능합니다. 잎만 무성한 무화과나무가 속기에 좋지 않으냐는 생각을 가질 수 있습니다. 그러나 우리 주님께서는 결코 그런 실수를 하지 않으십니다. 주님께서는 작은 무화과도 그냥 넘겨보지 않으십니다. 그 순(筍)에서 여리게 돋아나 보이는 것도 그냥 지나치지 않으십니다. 그것이 어떤 단계에 있든지 성령의 열매인지 아닌지를 알아보십니다. 그저 입으로 유창하게 말하는 것뿐이고 마음으로 참되게 고백하는 것이 아니라는 사실을 주님은 너무나 잘 아십니다. 참된 은혜와 단순한 감정도 잘 구분하십니다. 사랑하는 여러분! 주님께서 오셔서 여러분을 다루실 때 그 조건을 조사하시는 것을 아주 좋게 생각해야 합니다. 여러분의 동료는 신속히 판단하고, 여러분을 편벽되게 판단할 수도 있습니다. 그러나 왕 되신 예수님께서는 바른 선고를 내리십니다. 우리가 어떤 위치에 있는지, 우리가 어떤 사람인지를 아십니다. 외모를 따라 알지 않으시고 진리를 따라 판단하십니다. 오늘 아침 우리의 기도가 하늘에 상달되기를 원합니다. "구주 예수님이시여! 오셔서 당신의 조사하는 눈으로 우리를 감찰하시고, 제가 당신께 합당한 삶을 영위하고 있는지 판단하소서. 주께서 저를 보시는 것처럼 저도 제 자신을 볼 수 있게 해 주소서. 그리하여 제 실수를 고치고 주님의 은혜가 더 풍성해지게 하옵소서. 주여, 저로 제가 고백하는 대로 사는 사람이 되게 해 주옵소서. 만일 이미 그런 사람이 아니라면 제 거짓된 상태를 깨닫게 하시고, 제 영혼 속에서 참된 역사를 시작하옵소서. 만일 제가 주님의 사람이고, 주님 보기에 옳다면, 제게 친절하고 확신 어린 말씀을 허락하셔서 두려움을 잠재워 주옵소서. 그리하면 제 구원의 하나님이신 당신을 즐거워하고 기뻐할 것이니이다.”

저는 이제 세 번째로, 하나님의 성령의 인도하심을 따라 다음과 같은 진리를 생각하려고 합니다.

3. 그리스도께서 오셔서, 계절보다 앞서지만 열매가 없는 사람들을 조사하신 결과는 매우 끔찍스러운 일이 될 것입니다.

그 조사자께서는 열매를 기대할 수 있을 잎사귀만 찾으십니다. 그런데 거기서 잎사귀만 찾을 뿐이라면 그것은 정말 거짓말밖에 되지 않습니다. 이 말이 과격합니까? 믿음을 고백하는데도 믿음이 없다면 그것은 거짓말이 아닙니까? 제가 회개했다고 하면서도 회개한 적이 없다면 거짓말이 아닌가요? 제가 살아 계신 하나님의 백성들과 연합하면서도 마음속에서 하나님께 대한 두려움을 전혀 가지고 있지 않는다면 거짓말이 아닌가요? 성찬에 참여하여 떡과 포도주를 들면서도 주님의 몸을 분별하지 못하고 든다면 그것이 거짓말이 아닌가요? 은혜의 교리를 옹호한다고 하면서도 그 교리의 진실성을 확신하지 않는다면 거짓말이지요. 만일 제 자신의 부패성을 전혀 느끼지 못했다면, 또 효과적으로 부르심 받은 적이 없다면, 하나님께서 나를 선택하셨다는 것을 안 적이 없고, 구속의 피에 적셔진 적이 없고, 성령으로 새로움을 받지 않았다면, 은혜의 교리들을 변호한다는 내 자신의 모습이 거짓이 아닌가요? 잎사귀만 있다면, 거짓말밖에 없는 것입니다. 구주께서 그것을 아십니다. 열매는 없는데 잎사귀만 무성하여 있는 모습을 주님께 보인다면 그것은 하나의 기만에 불과합니다. 은혜가 없는 신앙 고백은 죽은 영혼의 장송곡과 같습니다. 거룩함이 없는 신앙은 썩은 나무로부터 나오는 빛과 같습니다. 마치 썩은 데서 나오는 인광(燐光, phosphorescence)의 빛을 발하는 것과 같습니다. 제가 지금 무서운 말을 하고 있습니다. 그러나 어떻게 그보다 약하게 말할 수 있겠습니까? 저와 여러분이 살았다고 하는 이름은 가졌으나 죽어 있는 자라면, 우리의 상태는 과연 무엇입니까? 우리는 부패보다 더 악한 상태에 빠져 있는 것입니다. 부패 가운데서도 더 심한 부패의 상태에 빠져 있습니다. 믿음을 고백하면서도 죄 가운데 살아가는 것은 거름더미에 장미 향수를 뿌리는 것이나 마찬가지요, 장미 향수를 거름더미에 버리는 것이나 마찬가지입니다. 마귀의 성품을 가지고 있는 영에게 천사의 이름을 붙여 주는 것은, 거룩하신 성령을 거스르는 죄를 짓는 일입니다. 만일 우리가 회심하지 않은 채 있다면, 경건한 자들 가운데 우리 이름을 써 넣는다 할지라도 무슨 소용이 있겠습니까?

우리 주님께서는 열매가 없음을 아셨습니다. 그것은 참으로 무서운 일이었습니다. 그 다음에, 주님께서는 그 나무를 저주하셨습니다. 주님께서 그렇게 하신 것이 옳지 않은가요? 그가 그 나무를 저주하셨습니까? 이미 저주를 받은 나무였습니다. 배고픈 사람에게 허망한 기대감으로 감질나게 해 놓고는 배고픈 사람들을 속여 먹은 나무였습니다. 하나님께서는 가난하고 궁핍한 사람들이 조롱당하지 않게 하실 것입니다. 아무런 열매가 없는 신앙 고백은 그 자체가 벌써 저주입니다. 진리의 주님의 탄핵을 받아야 하지 않겠습니까? 그 나무는 거기에서 아무런 쓸모가 없었습니다. 어떤 사람에게도 힘을 주지 못했습니다. 그와 마찬가지로 열매가 없는 신앙 고백자는 복이 되어야 할 입장에 있으면서도, 실상은 악한 영향을 흘려보내고 있는 것입니다. 신앙 고백자가 마음속에 하나님의 은혜를 전혀 갖고 있지 않다면 무익한 것입니다. 어떠한 가능성을 생각해 본다 할지라도 그는 이미 저주받은 사람입니다. 그는 이스라엘 진영에 있었던 아간과 같은 사람입니다. 아간은 주님을 속였고 주님께서 자기 백성들에게 성공을 주지 못하게 만든 장본인이었습니다.

그러나 우리 주님께서는 선하신 목적을 위해서 이 무화과나무를 사용하신 것입니다. 주님께서 그 나무를 마르게 하신 것이 그때문입니다. 왜냐하면 그 나무는 이후부터 신앙이 있는 체하면서도 사실은 없는 모든 사람들에게 하나의 경고문, 하나의 경계가 되었기 때문입니다. 그와 같이 대단한 신앙을 보여 왔으면서도 믿음이 없는 사람이 주님의 길에서 사라지게 된다면, 어떤 도덕적인 영향을 다른 사람들에게 끼치게 됩니다. 즉 다른 사람들이 건전하지 못한 신앙 고백의 위험을 알지 않을 수 없게 될 것입니다. 만약 그들이 지혜로운 사람들이라면 더 이상 그러한 잘못을 범하지 않을 것입니다. 하나님께서 주목받을 만한 종교가들이 말라지는 때마다 그런 일이 일어나게 하시옵소서!

구주께서 그 나무를 저주하셨을 때, 그 나무에 대하여 선고를 내리셨습니다. 그 선고는 무엇이었습니까? 그는 단순하게 "네가 그래왔듯이 그대로"(As you were)라고 선고하셨습니다. 그것은 그 상태를 완전히 확정짓는 것이나 마찬가지입니다. 이 나무는 결코 열매를 맺지 못했고, 앞으로도 맺지 못할 것입니다. 어떤 사람이 하나님의 은혜가 없으면서도 은혜를 가진 것처럼 고백한다면, 그것은 위대한 심판자가 그 사람에게 "너는 계속 은혜 없이 존재하라"고 말씀하시는 것이나 마찬가지입니다. 결국 대재판장께서 하나님을 떠나 있는 사람들에게 말씀하실 때 "떠나가라!"고 단순하게 말씀하실 것입니다. 인생 전체를 통해서 그들은 언제나 하나님과 떨어져 있었습니다. 죽은 다음에도 그들의 성품은 영원토록 그러한 상태로 고정이 되는 것입니다. 만일 여러분이 은혜 없는 상태를 선택한다면, 그 은혜 없는 상태가 여러분의 영원한 운명이 될 것입니다. "더러운 자는 여전히 더러운 자가 되고." 주 예수께서 여러분 중에 어느 사람에게도 그와 같은 식으로 선고하지 않으시기를 바랍니다. 오히려 주님께서 우리에게 돌아서고, 우리로 주님께 향하게 하시고, 우리 속에 영원한 생명을 일으켜 주님을 찬미하고 그 영광을 높이시기를 바랍니다.

　　그 나무에 변화가 일어났습니다. 나무가 즉시 마르기 시작했습니다. 제자들이 즉시 나무가 마른 모습을 알았는지는 잘 모르겠습니다. 그러나 다음 날 그들이 그 길을 지나가다 보니 뿌리로부터 말라 있는 것을 보았습니다. 잎만 늘어져 있는 것이 아니었습니다. 바람이 전혀 없을 때 장식 리본이 밑으로 처져 있는 것처럼 그 잎만 그렇게 내려져 있는 것이 아니었습니다. 생명의 모든 표지를 잃어버린 것처럼 나무껍질만 생기를 잃고 있는 것이 아니었습니다. 나무 전체가 다 말라 있었습니다. 여러분이 이상하게 보이는 기형적인 가지를 가진 무화과나무를 본 적이 있습니까? 그저 잎만 무성해 있다는 것은 특이한 정경입니다. 이 경우에 저는 그 나무의 구조를 봅니다! 그 나무는 두 번 죽었습니다. 바로 뿌리로부터 죽었습니다. 그처럼 대단한 신앙 고백을 하고 있는 사람이 말라 있는 것을 본 적이 있습니다. 그 사람은 용광로의 화기를 느끼는 것같이 보였습니다. 그 모든 습기가 다 말라 있었습니다. 그 사람은 더 이상 제정신이 아니었습니다. 그의 영광과 아름다움이 소망 없이 사라져 버렸습니다. 불을 붙인 적도 없었습니다. 그저 한마디 말씀이 그 일을 해냈습니다. 나무가 뿌리로부터 말랐습니다. 그처럼 페스트와 같은 무서운 염병이나 무서운 천둥 번개가 없어도 한때는 대담해 보이던 신앙 고백자가 가인이 받은 판단과 같은 것으로 타격을 입었습니다. 정말 그것은 무서운 운명입니다. 포도원지기가 손에 도끼를 가지고 와서 그것으로 여러분을 치면서 "나무야, 열매를 맺어야 한다. 그렇지 않으면 작벌(斫伐)을 당할 것이다"라고 말하는 것이 훨씬 더 낫습니다. 그러한 경고가 무섭지만, 아무도 손을 댈 수 없는 위치에서 조용히 시들어 파멸에 이르는 것보다는 무한히 낫습니다.

이제 저는 제 무거운 짐을 부렸습니다. 여러분 중 어느 누구보다 제 자신에게 그것을 적용하였습니다. 왜냐하면 저는 여러분보다 두드러진 위치에 서 있기 때문입니다. 저는 여러분 중 어느 누구보다도 더 큰 소리로 신앙을 외쳤기 때문입니다. 만일 제 마음속에 하나님의 은혜가 없다면, 저는 저를 보고서 싱싱하다고 생각한 허다한 무리들 앞에 서서 뿌리까지 말라 버리게 될 것입니다. 그래서 하나님의 영광을 위해서 아무런 열매를 맺지 못한 자들에게 하나님께서 어떤 일을 하시는지를 보여주는 한 무서운 표본이 될 것입니다.

그러나 이제 저는 좀 더 부드러운 말로 결론을 짓고 싶습니다. 아무도 "이것은 매우 어렵도다."라고 말하는 일이 없도록 해야겠습니다. 형제 여러분! 만일 우리가 어떤 일을 고백한다면 다른 사람들이 그 고백이 진실되다고 믿어야 마땅합니다. 그렇지 않습니까? 그러니 그것은 어려운 문제가 아닙니다. 그 밖에, 저는 여러분에게 부탁합니다. 주께서 하실 수 있는 어떤 일도 어렵다고 생각하지 마시라고 말입니다. 주님께서는 자비하시고 온유하십니다. 그가 파멸시키셨던 것은 바로 이 무화과나무뿐이었습니다. 엘리야가 하늘로부터 내려오는 불로 많은 이들을 죽게 한 것같이 하지 않으셨습니다. 주님은 한 사람도 멸하지 않으셨습니다. 엘리사가 숲에서 나와 저주하여 암콤 둘이 나와서 사십이 명의 아이들을 죽인 것 같이 하지 않으셨습니다(왕하 2:24). 주님께서 마르게 하신 것은 바로 열매 없는 나무였습니다. 주님께서는 그처럼 자애롭고 자비하신 분입니다. 여러분이 마르기를 원치 않으십니다. 만일 여러분이 진실하기만 하면 결코 여러분을 마르게 하실 분이 아닙니다. 그가 기대하실 수 있는 최소한의 요건은, 여러분의 고백에 참되고 합당하게 살기를 바라시는 것입니다. 주님께서 여러분에게 외식하지 말라고 말씀하시기 때문에 그렇게 반역하는 태도를 보이는 것입니까? 만일 주님의 권고를 뒷발질하기 시작하면, 여러분의 마음이 진실하지 못하다는 것을 드러내는 것입니다. 그러지 말고 그 발 앞에 겸손히 엎드리며 "주님, 이 엄숙한 진리 속에 있는 어느 것이든 저와 관계가 있는 것이 있다면 주께서 그것을 제 양심에 적용하시어 그 능력을 느끼게 하시기를 바랍니다. 그리하여 구원을 얻기 위해 주님께 피하게 되기를 원합니다."라고 말해야 할 것입니다. 많은 사람들이 이런 식으로 회심했습니다. 이와 같은 어렵지만 정직한 사실들이 그들을 거짓된 피난처에서 도망치게 했으며, 그리스도와 그 자신의 영혼에 진실하도록 만들었습니다.

　　그러나 어떤 분은 이렇게 말하겠죠. "그러나 나는 내가 할 일을 안다. 나는 어떤 것도 고백하지 않겠다. 나는 전혀 잎사귀를 내지 않겠다." 친구여! 그것은 역시 무지하고 패역한 마음의 자세입니다. 그렇게 말하지 말고, "주님, 저는 주님께서 제 잎사귀를 거두시기를 원하는 것이 아니라 저로 열매 맺게 하시기를 원하나이다."라고 해야 합니다. 잎사귀 없이 열매가 잘 익을 수 없습니다. 잎사귀는 나무의 건강을 위해서 아주 필수적인 것입니다. 나무의 건강은 또한 열매가 맺는데 있어서 필수적인 것입니다. 믿음을 공적으로 고백하는 것은 선한 일입니다. 고백하기를 거부하지 말아야 합니다. 주님! 저는 한 잎사귀도 떨어뜨리지 않겠나이다.

> "내 주님을 인정하고 주님의 대의를 변호하기를
> 　나는 부끄러워하지 않네.
> 　주의 말씀의 존귀함을 나타내고
> 　그의 십자가의 영광을 견지하려네."

　　주님! 저는 구석에 쪼그려 앉아 있고 싶지 않습니다. 저는 사람들이 제 선한 행실을 볼 수 있는 곳에 서는 것이 좋습니다. 그래서 하늘에 계신 내 아버지를 영화롭게 하고 싶습니다. 다른 사람들이 도와주기를 원하는 것이 아닙니다. 오히려 저는 다른 사람들이 저를 보는 게 부끄럽지 않습니다. 오직 주님만이 저로 하여금 다른 사람이 보기에 합당한 자가 되게 하옵소서. 만일 어떤 지휘관이 병사에게 "견고히 섰으라. 실탄을 장전해 있고 빈 총을 들고 나가지 않도록 하라."고 명령하였다고 생각해 보십시다. 그런데 그 병사가 이렇게 대답했습니다. "나는 그렇게 특별하게 굴 수 없어요. 차라리 나는 뒤에 처져서 달려갈 거예요."라고 말했다고 합시다. 그게 합당한 말입니까? 그건 겁쟁이가 하는 말입니다! 지휘관이 겁내지 말라고 소리치는데 여러분이 도망가려 하기 때문입니다! 여러분은 아주 실망스런 존재임이 분명합니다. 만일 여러분이 주님의 책망을 참을 수 없다면 주님께 진정으로 속한 사람이 아닙니다. 이 엄숙한 진리가 우리를 주님으로부터 떼어 놓지 않고 오히려 주님께 더 가까이 다가서며 "주님! 저는 주님께 기도

합니다. 제 소명과 선택을 확실히 해 주십시오. 주님께서 기대하시는 열매를 맺도록 도와주소서. 당신의 은혜는 그렇게 할 수 있나이다."라고 말하게 되어야 합니다.

저는 여기 있는 각 사람에게 말씀드립니다. 주님께서 우리가 본래 열매를 맺을 수 없는 자인 것을 알게 해주시도록 부르짖으라고 말입니다. 은혜 받은 사람들이여! 주님께서 우리로 자신의 열매 없음을 인하여 애통하게 하시기를 원합니다. 우리가 열매를 맺고 있다고 하지만 비교적 열매가 넉넉지 못한 것을 인하여 애통하기를 원합니다. 여러분 자신에 그저 만족하고 있는 것은 위험천만한 일입니다. 여러분이 거룩하다고 느끼거나 완전하다고 느끼는 것은 교만의 구덩이 언저리에 있는 것이나 마찬가지입니다. 여러분의 머리를 높이 쳐들고 거만한 모습을 보인다면, 출입구 문턱에 걸려넘어질 것입니다. 만일 여러분이 호언장담하며 다닌다면 넘어질까 염려스럽습니다. 차라리 여러분이 이렇게 느끼는 것이 더 안전합니다. "주님! 저는 당신을 섬기나이다. 저는 결코 속이는 자가 아닙니다. 저는 당신을 사랑합니다. 당신은 제 속에서 성령의 역사를 행하셨습니다. 그러나 안타깝습니다. 저는 제가 되고자 하는 사람이 되지 못하고 있고, 제가 마땅히 되어야 하는 사람이 되지도 못했습니다. 저는 거룩함을 열망합니다. 거룩함에 이르도록 도와 주시옵소서. 주님! 저는 당신 앞에 티끌 속에 누워서 생각합니다. 두루 파고 거름을 주었는데도 그렇게 적은 열매밖에 맺지 못하여 분이 납니다. 정말 제 자신이 아무것도 아니군요. 저는 부르짖습니다. '하나님이시여! 저를 불쌍히 여기소서'라고 말입니다. 제가 모든 걸 다했다고 할지라도, 저는 무익한 종입니다. 그러나 그렇게 적은 것밖에는 하지 아니하였으니 죄 많은 내 머리를 어디에 숨겨야 할까요?'

끝으로, 여러분이 이렇게 고백하였고 주님께서 여러분의 고백을 들으셨다면, 여러분이 본받기를 원하는 성경의 한 표상이 있습니다. 오늘 아침, 여러분이 스스로를 볼 때, 메말라 죽어 있고 열매가 없음을 알고, 원하는 대로 하나님을 섬길 수 없고, 더 많은 은혜를 위하여 기도하고 싶으나 할 수 없는 자신을 알았다고 합시다. 마치 여러분은 열두 개 지팡이와 같습니다. 그것들은 다 죽어 있고 말라 있었습니다. 열두 지파의 족장들의 손에 들려 있었기 때문입니다. 그들은 공적인 행사를 위해서 그 지팡이들을 사용했습니다. 이 열두 개의 지팡이가 주님 앞에 놓였습니다. 그 중 하나는 아론의 것이었습니다. 그러나 아론의 지팡이도 다른 지팡이들과 똑같이 죽어 있었고 말라 있었습니다. 열두 개의 지팡이가 모두 다 주께서 거하시는 곳에 놓였습니다. 다음 날 아침 지팡이들을 보게 되었습니다. 열한 개의 지팡이는 여전히 마른 막대기였습니다. 그러나 아론의 지팡이를 보십시오. 어떤 일이 일어났습니까? 그것이 원래 죽어 말라 있었습니다. 그런데 싹이 났습니다. 놀라운 일입니다! 그러나 보십시오. 싹이 났을 뿐만 아니라 꽃이 피었습니다. 그리고 꽃이 만발해 있습니다. 꽃이 장밋빛 핑크빛과 흰빛을 띠고 있습니다. 참 기이한 일입니다! 그러나 다시 보십시오. 또 거기에 살구가 열렸습니다! 여기 여러분들은 그 지팡이에서 살구를 봅니다! 복숭아같이 생긴 푸른 열매를 본 것입니다. 하나를 따서 그걸 깨어 보니 그곳에 살구 씨가 들어 있었습니다. 하늘의 능력이 그 마른 지팡이에 임하였습니다. 그리고 그 지팡이가 싹이 났고 꽃이 피었고 살구를 맺었습니다. 열매를 맺는 것은 생명과 은총의 증거입니다.

　　주님! 이 가련한 지팡이 같은 사람들이 오늘 아침 여기 앉아 있습니다. 이들로 싹이 나게 하여 주시옵소서. 주여! 우리가 여기 무리지어 있사오니 우리 수천의 사람들 속에서 이적을 행하시옵소서. 우리로 싹이 나고 꽃이 피고 열매를 맺게 하소서! 신적인 능력으로 이 회중에 찾아오셔서 마른 장작더미와 같은 상태를 과수원 숲과 같은 상태로 변되게 하여 주소서. 오! 우리의 복되신 주께서 오늘 아침 어떤 마른 막대기에서 무화과를 따시는 일이 있게 하옵소서! "아, 주님이시여, 나 같은 죄인을 불쌍히 여기소서!" 이 기도에는 달콤함이 있습니다. 우리 주 예수님께서는 그와 같은 무화과의 맛을 좋아하십니다. "주님! 저는 믿습니다. 저를 도와 불신앙에서 벗어나게 하소서." 또다른 무화과 열매가 있습니다. "그가 나를 죽이실지라도 나는 그를 신뢰하리라." 이것은 바로 처음 익은 무화과가 한 광주리 가득 담겨 있는 것이나 마찬가지입니다. 주님께서는 그 달콤함을 즐거워하십니다. 오시옵소서, 성령이시여, 오늘 우리 속에 열매를 맺어 주소서. 주 예수 그리스도를 믿는 믿음으로 말미암아서 말입니다! 아멘, 아멘.

공공연히 불순종하는 자들과
명목상의 신앙인들

—

"그러나 너희 생각에는 어떠하냐 어떤 사람에게 두 아들이
있는데 맏아들에게 가서 이르되 얘 오늘 포도원에 가서 일
하라 하니 대답하여 이르되 아버지 가겠나이다 하더니 가지
아니하고 둘째 아들에게 가서 또 그와 같이 말하니 대답하
여 이르되 싫소이다 하였다가 그 후에 뉘우치고 갔으니 그
둘 중의 누가 아버지의 뜻대로 하였느냐 이르되 둘째 아들
이니이다 예수께서 그들에게 이르시되 내가 진실로 너희에
게 이르노니 세리들과 창녀들이 너희보다 먼저 하나님의 나
라에 들어가리라 요한이 의의 도로 너희에게 왔거늘 너희는
그를 믿지 아니하였으되 세리와 창녀는 믿었으며 너희는 이
것을 보고도 끝내 뉘우쳐 믿지 아니하였도다."
— 마 21:28-32

광대하게 넓은 이 홀과 빽빽하게 모인 사람들을 보니 아주 먼 옛날 로마 제
국의 원형 경기장이 생각납니다. 층계 위에 또 층계가 있고, 그 층계들이 둘러져
있고, 거기에 수많은 이들이 운집하여 있었습니다. 그들은 잔인한 눈과 무정한
마음을 가지고 있었습니다. 중앙에 외롭게 아무도 도울 이 없이 한 남자가 사자

굴 문이 열리는 것을 바라보며 서 있습니다. 그리스도를 증거하기 위해서 자신을 포기하고 광분하는 군중들의 노(怒)에 자신을 희생물로 바치려고 서 있는 것입니다. 그 군중들에서 비열한 것과 귀한 것을 나누는 데 아무 어려움이 없었을 것입니다. 그 원형 경기장에 들어가는 이들 중에서 아무 생각이 없는 구경꾼이라도 누가 그리스도의 제자이고 누가 십자가에 못 박히신 그리스도의 원수들인지 금방 알아볼 것입니다. 거기 용기 있게 고요하게 서 있는 제자는 이제 죽으려 하고 있습니다. 그러나 거기 큰 원형 경기장의 둘러 있는 계단의 좌석들에 앉아 있는 이들 중에는 으레 그러하듯이 귀인들도 있었고 왕족들도 있었고 왕의 신하들도 있었습니다. 농민도, 평민도 있었고, 원로원 의원도 있었고, 군인들도 있었습니다. 그들은 다 같이 잔인하고 동정심 없는 눈초리로 아래를 내려다보고 있었습니다. 자기들의 이방의 신을 위해서 거칠게 떠들어대고 있었으며, 미움 받은 갈릴리 사람의 제자의 고통을 응시하면서 기뻐하고 소리치고 있었고, 로마의 휴일을 빛내기 위해서 살육을 서슴지 않고 있었던 것입니다. 오늘 우리 앞에 더 행복한 연합을 이루는 다른 장면이 있습니다. 그러나 안타깝습니다! 그날 사도들이 에베소에서 짐승들과 싸우던 시대보다 오늘 쭉정이에서 알곡을 골라내기가, 또는 비루한 것에서 보배로운 것을 나누기가 훨씬 더 어렵습니다. 저는 여기 이곳에 주 예수 그리스도를 위해서 죽을 각오가 되어 있는 이가 수천 명은 아니라 할지라도 수백 명은 있기를 바랍니다. 그리고 저기 저 좌석에 앉아 있는 수많은 이들 속에서 나사렛 사람의 이름을 받아들이고 영접한 이들이 수백 명은 있기를 원합니다. 그럼에도 불구하고 저는 홀 양쪽 층계 위에, 그리고 이 넓은 홀 바닥에 하나님의 아들의 원수들이 있을까 걱정입니다. 그들은 하나님의 아들의 의로운 주장들을 망각하고 있는 이들입니다. 그들은 그들과 주님의 보좌를 매는 사랑의 줄을 내던진 자들입니다. 주님의 십자가와 주님의 상처를 통해서 드러난 그 강력한 사랑에 복종한 적이 없는 자들입니다. 저는 그러한 자들을 갈라내려고 시도할 수 없습니다. 추수 때까지는 다 같이 함께 자라야 합니다. 여러분을 바로 이 시간에 쭉정이와 알곡으로 나누는 일은 천사도 할 수 없습니다. 다만 천사들이 그 일을 아주 쉽게 할 수 있는 날이 이를 것입니다. 그날에 그들은 주님의 명령에 따라서 추수를 하게 될 터인데, 그 후에 그들은 알곡만을 곳간에 들이게 될 것입니다. 저는 여기서 누가 쭉정이인지 알곡인지 나누려 하지 않습니다. 다만 저는 여러분 각자에게 스스로 자신의 경우가 어떠한지 시험해 보라고 요청하는 바입니다. 저는 젊은이들과 처녀들과 노인들과 아버지들에게 요청합니다. 오늘 여러분이 믿음에 있는지 스스로 한번 시험해 보라고 말입니다. 어떤 이는 자기가 기독교회의 수를 늘리는 데 기여하였다는 사실 때문에 의당 그리스도인이겠거니 생각할지 모릅니다. 그러나 각자 자신을 판단해 보십시오. 저는 정말 여러분에게 지극히 간절히 말씀드리는 바입니다. 여러분 자신의 양심으로 분간해 보십시오. 여러분의 총명으로 진정 하나님을 두려워하는 사람과 그렇지 않은 자가 누구인지 분간해 보십시오. 누군가 세마포를 입고 옆구리에 잉크통을 차고 여러분 회중 속을 두루 다니며 이 도시의 모든 가증함 때문에 신음하고 울고 있는 사람들의 이마에 표를 해 줄 사람이 아무도 없다 할지라도, 여러분 스스로 양심적으로 그 잉크통을 취하여 정직하게 표를 하십시오. 아니면 은혜를 받았다는 표지를 받지 않은 채로 있도록 하십시오. 오늘 이 아침, 각 사람은 자신에게 물어보십시오. "나는 주님 편에 서 있는가? 나는 그리스도를 위해서 사는가, 아니면 그리스도의 원수를 위해서 살고 있는가? 나는 주님과 함께 모으는 자인가, 아니면 흩어 버리는 자인가?" 영국 하원 의사당에서 사람들이 "나누라! 나누라!"고 말합니다. 우리도 오늘 이 큰 회중 속에서 같은 말을 해 봅시다. 정치적인 구분은 제가 여러분에게 생각해 보도록 하려는 정말 가장 중요한 구분에 비하면 아무것도 아닙니다. 그리스도께서 의로 세상을 심판하실 그 큰 날에 그분의 우편에 앉을 것인지, 아니면 좌편에 앉을 것인지, 그 둘 중 하나 속에 저와 여러분이 서 있게 될 것입니다. 하늘의 복락이든 지옥의 무서운 참화든 간에 여러분의 영원한 몫으로 정해지는 그날에 여러분은 반드시 나누어질 것입니다.

만일 우리 전체가 그렇게 두 진영으로 나뉘었고, 그래서 이들은 제사로 하나님과 언약한 자들이고 저들은 악한 행실로 하나님의 원수된 자들이라고 말할 수 있다면, 악한 행실로 하나님의 원수 된 자들을 보면서 우리는 여전히 개인적인 적용 방식을 따라서 그들 사이를 나누는 것이 필요하다고 느낄 수도 있습니다. 왜냐하면 모든 불신자들이 다 같이 용서받지 못하고 구원받지 못한다 해도, 그들이 처한 환경이 다르고 그들 죄악의 외적인 모습이 다 같지는 않기 때문입니다. 그들이 그리스도 밖에 존재하지만 여전히 정신적이고 도덕적인 상태에서는 매우 다양하다고 믿습니다. 저는 오늘 아침 성령께서 본문을 설교하도록 인도하셨다고 믿습니다. 본문은 저로 하여금 회심하지 않은 사람들 전체에 대해 말할 수 있게 하면서도 회심하지 않은 큰 무리를 두 부류로 구분함으로써 각 사람의 양심에 호소할 소망스런 기회를 줄 만한 성격을 가진 것이기 때문입니다.

첫째, 우리는 공공연히 하나님께 불순종하는 이들에 대해서 말할 것입니다. 두 번째로는, 거짓으로 하나님께 순종하는 이들에 대해서 말씀드릴 것입니다.

1. 먼저, 공공연히 하나님께 불순종하는 이들에 대해서 드릴 말씀이 있습니다.

여기에 그러한 이들이 많이 있습니다. 복음을 듣는 모든 이들에게 하나님께서 말씀하시듯이 공공연히 하나님께 불순종하는 이들에게, "아들아, 오늘 포도원에 가서 일하라"고 말씀하셨습니다. 그랬더니 그런 이들은 솔직하게 그러나 아주 대담하고, 그러면서도 매우 불손하게 "가지 않겠습니다."라고 대답하였습니다. 아무런 거리낌도 없이 그렇게 말하였습니다. 그러한 이들은 자기를 지으신 창조주의 요구를 정면으로 거절하는 자들입니다. 그러한 이들에게 말합니다. 공공연히 하나님을 불순종하는 여러분은 자기 마음을 솔직하게 드러내었는데, 말뿐만이 아니라 좀 더 확실하고 명백한 태도로도 표현하였습니다. 행동은 말보다 훨씬 더 큰 소리로 말하기 때문입니다. 여러분은 행동으로 거듭거듭 말하였습니다. "나는 하나님을 섬기지 않을 것입니다. 하나님의 아들 예수를 믿지 않을 것입니다." 친애하는 친구여, 나는 그러한 여러분이 여기 이곳에 오늘 오신 것을 대단히 기뻐합니다. 여러분이 이 곳을 떠나기 전에 변화가 생기게 될 것을 확신합니다. 지금으로서는 아직 하나님께 외면적으로 순종하는 모습을 전혀 보이지 않고 있습니다. 모든 방식을 통해서 "나는 순종하지 않겠다."고 말할 뿐입니다. 여러분은 실제로 이렇게 말한 것입니다. "나는 하나님을 경배하지 않겠다. 주일에 예배당에 가지 않겠어. 정말 그 일은 견딜 수 없이 따분한 일이야. 나는 나를 지으신 이를 찬미하는 노래를 부르지 않겠어. 내가 전혀 사랑하지 않는 하나님을 찬미하는 체하고 싶지 않아. 기도회에 나가지 않을 것이다. 그럴 마음이 전혀 없어. 나는 아침 저녁으로 은밀히 기도하는 체하지 않겠어. 그게 무슨 유익이 되겠는가? 나는 기도하지 않겠다. 나는 기도의 효력을 믿지 않아. 나는 도무지 믿지도 않는 헛된 습관을 따르는 그런 위선자가 되지 않을 것이다. 죄라고 부르는 것에 대해서 말하자면, 나는 죄를 사랑해. 죄를 포기하지 않을 것이다." 여러분은 솔직한 사람으로 불리는 것을 자랑합니다. 여러분이 다른 사람들이 자신들에 대해 주장하는 것을 맞다고 인정하기 때문입니다. 그러나 여러분은 신앙적인 사람으로 여겨지는 것을 비웃습니다. 자기를 지으신 분의 권한을 인정하지 않기 때문입니다. 다른 사람들의 의로운 요구들에 대해 여러분은 기꺼이 순종합니다. 그러나 하나님의 의롭고 자애 어린 요구들에 대해서는 아주 단호하고 분명하게 거부합니다. 행동을 통해서 분명하게 말할 수 있듯이 주일을 무시하고 기도를 존중하지 않으며 성경을 전혀 읽지 않고 삶 전체를 통해서 말합니다. "나는 순종 하지 않겠다." 애굽의 바로와 같이 "여호와가 누구이기에 내가 그의 목소리를 순 종하랴?" 여러분은 옛 사람들의 마음과 같은 생각을 가지고 있습니다. "하나님을 섬기는 것이 헛되도다. 만일 우리가 그의 규례를 지킨들 무슨 유익이 있다는 말 인가?"

더구나 친구 여러분, 여러분은 하나님의 말씀의 교리들에 대해서도 아직까 지 찬동하지 않았습니다. 오히려 실제로 뿐 아니라 **지성적으로도** 하나님의 명하 심에 따라 행하지 않습니다. 여러분은 마음속에 믿으려면 먼저 모든 것을 이해 해야 한다는 생각을 정해 놓았습니다. 여러분에게 말씀드립니다만, 여러분은 그 이상을 결코 실행할 수 없을 것입니다. 여러분 자신의 존재마저도 이해하지 못 할 것이기 때문입니다. 여러분 주위에는 전혀 이해할 수 없고, 믿든지 아니면 그 저 영원히 거인 바보처럼 지내지 않을 수 없는 것들이 수천 가지가 넘습니다. 그 런데도 여러분은 이 교리 저 교리들을 흠잡고 있고, 복음 신앙 전체에 대해 공격 하고 있습니다. 만일 여러분이 노동자 모임에서 '당신은 왜 예배당에 가지 않느 냐?'는 질문을 받으면 '이 교리 혹은 저 교리를 좋아하지 않기 때문에 예배당에 나가지 않는다.'고 말할 것입니다. 제 편에서 말씀드리겠습니다. 제 개인적인 이 해관계의 면에서 생각한다면, 여러분이 제가 증거하는 교리를 좋아하느냐 좋아 하지 않느냐는 제게 조금도 문제 될 것이 없습니다. 다만 여러분 자신을 위해서 저는 한량없이 걱정하고 있는 것입니다. 여러분은 그리스도 예수 안에 있는 진 리를 믿어야 합니다. 여러분이 죄 가운데서 살고 있는 동안, 여러분이 교리를 싫 어하는 바로 그것을 볼 때 저는 그 교리의 진리됨을 더욱더 확실하게 믿고, 더 확 신을 가지고 담대하게 그 교리를 설교하게 될 것입니다. 여러분은, 하나님을 예 배하지 않고 자기 죄에 대해 핑곗거리를 찾고 싶어 하는 자들이 좋아하는 일들 과 싫어하는 일들에서 우리가 하나님의 진리를 배우게 된다는 것을 생각해 보시 기 바랍니다. 오, 회심하지 않은 사람들이여, 우리는 여러분에게 가기 훨씬 전부 터 여러분에 대해 무엇을 설교할지를 압니다. 우리가 너무 굼떠서 여러분에게 무엇을 설교해야 할지 잘 모르면, 여러분 자신이 우리를 비웃을 것입니다. 뭐라고요! 의사가 환자에게 무슨 약을 처방해 주었으면 좋겠는지 물어야 하겠습니까? 그러한 경우가 되면 그 사람은 의사가 필요하지 않습니다. 자기 스스로 처방할 수 있습니다. 그렇게 환자에게 묻는 의사가 있다면 뒷문을 열고 나가 달라고 해야 합니다. 그러한 의사가 무슨 소용이 있겠습니까? 부패한 취향과 죄악적인 욕구에 굽실거리면서 "여러분은 내가 여러분에게 무슨 설교를 하면 좋겠습니까? 내가 여러분에게 무슨 부드러운 것으로 먹일까요?" 하고 묻는 목사가 있다면 그런 목사가 무슨 유익을 끼치겠습니까? 아, 영혼들이여, 우리는 단순히 여러분을 즐겁게 하는 것보다 더 높은 목적을 가지고 섬기고 있습니다. 우리는 맛이 없는 진리로 여러분을 구원하려고 합니다. 꿀을 떨어뜨리는 거짓말은 여러분을 파멸시킬 것입니다. 육신의 생각이 가장 좋아하는 가르침은 정말 사람을 속이고 영혼을 죽일 것입니다. 여러분 중에 많은 이들의 경우에, 그 신념과 취향과 기호가 바뀌어야 합니다. 아니면 하늘나라에 들어가지 못할 것입니다. "나는 하나님을 섬기지 않겠다."라고 말하는 여러분의 정직성이 어느 정도 좋아 보인다는 것은 인정합니다. 그러나 그것은 몸서리치게 만드는 정직성입니다. 맷돌같이 완고한 마음을 드러내고 있으니 말입니다.

또, 여러분은 이렇게 말하였습니다. "나는 하나님을 섬기지 않겠다." 그리고 이 순간까지 여러분은 그렇게 말한 것을 뉘우칠 마음을 전혀 갖지 않았습니다. 죄의 방식들이 여러분에게는 아주 달콤하고, 여러분의 마음이 반역하는 일에 확고하기 때문입니다. 성령께서 우리 중 어떤 이들 속에 일으키신 죄책감을 느낀 적이 없습니다. 만일 그러한 것을 느꼈으면, 아마 "나는 하나님을 섬기지 않겠다."는 완고한 고집이 금방 흔들렸을 것입니다. 만일 하나님의 은혜의 능력, 하나님의 능하신 은혜가 여러분을 붙잡기만 하면 "나는 이것을 혹은 저것을 믿지 않는다"라는 말을 더 이상 하지 않을 것입니다. 여러분이 멸시하는 자들 중 어떤 이처럼 두려워 떨면서 "내가 어떻게 해야 구원을 얻으리이까?"라고 소리치게 될 것이기 때문입니다. 지금까지 여러분은 그러한 능력을 경험한 적이 없었습니다. 그러니 여러분이 그것을 인정하지 않는 것이 당연한 일입니다. 정직한 증인의 증거를 여러분이 무겁게 들어야 하는데도 말입니다. 여러분은 실생활에서 그리고 지성적인 면에서도 공공연하게 그리스도인이 아닙니다. 여러분은 자신이 존귀하게 여기지 않는 신앙 고백을 하여 자신이나 다른 이들을 속인 적이 없습니다. 여러분 자신이 정한 길로 계속 간 것입니다. 복음의 모든 요청에 대해서 다소 결의(決意)에 차서 "나는 듣지 않겠다."라고 말하면서 말입니다.

우리는 지금 바로 본문에 기록된 대로 아들이 아버지께 아주 분명하게 대답하였다는 것을 말하였습니다. 그러나 그 대답은 순전한 것도 아니고 아버지가 기대할 만한 것도 아니었습니다. 아버지는 "아들아, 오늘 포도원에 가서 일하라"고 하였습니다. 그러나 아들은 아주 거칠게 "가지 않을 것입니다. 그 일이 재미없어요."라고 했습니다. 어떤 변명이나 이유나 구실을 전혀 대지도 않고 아들은 나가 버렸습니다. 정말 그래서는 안 되는 것입니다. 정말 그렇지요? 친구 여러분, 그러할지라도 그동안 여러분은 너무 급하게 구는 바람에 부당한 일을 했을 수 있습니다. 여러분은 하나님과 하나님의 복음이 마땅히 받아야 하는 존중을 보이기를 거절하지 않았습니까? 여러분은 아주 분명하게 말하였고, 그러면서도 여러분에게서 마땅히 더 나은 것을 받으셔야 했던 하나님께 아주 거칠게 말하였습니다. 여러분은 주 예수님께서 주장하시는 말씀을 정당하게 깊이 생각해 보았습니까? 복음을 정말로 가치 없는 것으로 조롱하면서 거부하지 않았습니까? 하나님과 여러분 영혼 사이의 문제들을 똑바로 보기를 두려워하지 않았습니까? 많은 사람들이 그러한 경우일 것이라고 믿습니다. 저는 런던에 있는 수많은 사람들의 경우가 그러하다고 믿습니다. 그들은 발을 구르면서 "다시는 당신의 종교를 내게 말하지 말아요! 나는 결심했어요. 마음의 결심을 바꾸지 않을 겁니다. 나는 당신의 종교를 싫어해요 그것에 대해서 듣고 싶은 생각이 없어요."라고 말하였습니다. 그들 마음의 깊은 곳에서 그들 자신에게, 그렇게 하는 것은 우리 자신이나 하나님께 정당하게 하는 것이 아니라는 세미한 소리가 전혀 들리지 않았을까요? 정말 그러한 것이 생각해 보지도 않고 금방 결정할 사항인가요? 예수님의 종교가 진리인 것이 밝혀지게 되면 어떻게 되나 하고 생각해 본 적이 없습니까? 예수님을 멸시하는 자들의 운명은 어떻게 될까요? 이 설교를 듣고 있는 분들이여, 예수님의 종교는 진리입니다. 저는 제 자신의 경우에서 그 종교가 참됨을 증거하였습니다. 여러분에게 간청하노니, 예수님의 종교를 깊이 생각해 보십시오. 여러분의 불멸하는 영혼의 문제를 사소하게 취급하지 마십시오. 그래서 우리 주 하나님께서 "너희는 자기의 행위를 살필지니라"(학 1:7)고 하셨던 것입니다.

자, 이제는 공공연히 믿지 않는 자로 자처하는 사람의 실제 상태가 어떤 것인지 말씀드릴 차례입니다. 여러분은 지금까지 자신의 정직성을 꽤나 자랑스럽게 생각해 왔습니다. 그러면서 믿음을 고백하는 어떤 이들을 내려다보면서 "아, 나는 그들처럼 외식하지 않아요. 나는 정직합니다. 예, 정직해요."라고 말하였습니다. 친구여, 그대는 저만큼 외식을 싫어하는 사람일 수 없습니다. 만일 그대가 그러한 이들을 보고 비웃을 좋은 기회를 얻을 수 있거든, 그렇게 해 보세요. 어떤 방도로든지 풍선을 바늘로 찔러서 그 속에 들어 있는 바람을 빼듯이 외식하는 이들의 부푼 것을 빼낼 수 있다면, 그렇게 해 보세요. 저는 제 나름대로 그렇게 해 보려고 하는데, 여러분도 그 같이 해 보기를 바랍니다! 여러분과 저는 이 점에서 뜻이 맞는다고 생각합니다. 즉 거짓과 외식적인 가짜를 정말 싫어한다는 것입니다. 그러나 여러분이 머리를 쳐들기 시작하고 자신이 아무런 신앙을 고백하지 않고 있다는 이유 한 가지만으로 자신이 매우 우월한 사람이라고 생각하면, 저는 여러분으로 하여금 다음과 같은 것을 생각하여 보라고 말씀드리는 바입니다. 도둑이 자기가 정직하다고 떠벌리지 않는다고 해서 그것이 그에게 전혀 명예가 되지 않습니다. 그리고 자기가 진리를 말한다고 고백하지 않는다는 것이 사람에게 지극히 명예로운 일이라고 생각하지 말아야 합니다. "자신이 정직하다"고 스스로 공언하지 않는다 해도 그 사람은 도둑이고, 자기는 진리를 주장하지 않는다고 자랑하는 이는 잘 알려진 거짓말쟁이입니다. 그래서 이쪽 뿔은 피하지만 다른 쪽 뿔에 찔리게 됩니다. 바위는 피하지만 유사(流砂)에 빠지고 마는 것입니다. 그러니 여러분은 뻔뻔스럽게 하나님을 무시한다고 공언하는 자가 되는 것입니다. 큰 구원을 드러내놓고 멸시하는 이가 되었고, 하나님의 그리스도를 전혀 믿지 않는 이로 온전히 알려진 셈입니다. 우리 영국 정부에서 아일랜드의 독립을 주도하는 비밀 결사대의 혐의를 받는 몇 사람을 체포할 때는 언제든지 자랑스럽게 푸른 제복을 입고 큰 깃털을 나부끼는 신사들을 알아내는 데 전혀 어려움을 느끼지 않습니다. 그래서 경관이 "따라오시오. 당신이 그 패요, 반동자의 제복을 입고 있으니 말이요"라고 말합니다. 공의의 천사가 주님의 원수들을 체포할 때에도 여러분이 주님의 원수들이라는 것을 알아보는데 별 어려움이 없을 것입니다. 천사는 신앙이 없다고 스스로 공언하는 여러분의 어깨에 손을 얹으면서, "그대는 하나님의 원수의 복장을 하고 있군. 그대는 뻔뻔하게 자기가 하나님을 두려워하지도 않고 하나님의 구원도 신뢰하지 않는다는 것을 알리고 있구나."라고 말할 것입니다. 여러분의 경우에는 마지막 그 큰 날에 여러분이 정말 하나님의 원수인지 아닌지 알아내기 위해서 증언할 사람이 전혀 필요치 않을 것입니다. 그날에 일어서되, 지금과 같이 담대하게 일어서지는 못할 것입니다. 하늘이 광채로 눈이 부시고, 땅이 그 앞에 녹아 버리고, 크고 흰 구름이 온 시야를 가릴 것이며, 큰 재판장의 눈이 불꽃같이 이글거릴 것입니다. 그러면 복음을 전하는 보잘것없는 설교자 앞에서 뽐내었던 용기는 어디로 가 버리고 전혀 다른 모습으로 주님 앞에 일어서게 될 것입니다. 아! 믿음이 없는 자들이여, 그대들은 자신들이 한 말로 인하여 정죄함을 받을 것이라!

그럼에도 제가 여기에 선 것은 여러분의 죄를 말하기 위함이 아닙니다. 여러분이 죄에서 피하는 것을 도와주기 위함입니다. 이 점은 이 만큼 말할 필요가 있습니다. 그러나 지금은 훨씬 더 즐거운 것을 살펴보도록 하겠습니다. 저는 오늘 여러분 중의 어떤 이들이 본문에 있는 "그 후에"라는 작은 어구가 의미하는 바를 귀담아 듣기를 바랍니다. 이들은 처음에 "가지 않겠습니다."라고 말하였습니다. 그러나 "그 후에 뉘우치고 갔으니." 이것은 돌아서는 것이 없이 길게 뻗은 길이 아닙니다. 이제 우리가 돌아설 지점에 왔다는 것을 믿습니다. 여러분은 회개할 여지가 있습니다. 비록 여러분이 지금까지 술고래였거나, 하나님의 이름으로 욕하는 자이었거나, 방종하던 삶을 살아왔더라도 죽음이 아직 여러분의 몫으로 던져지지 않았습니다. 그러니 변화가 있을 수 있습니다. 하나님께서 은혜를 주셔서, 사람들이 여러분에 대해서 "그가 그 후에 뉘우치고 마음을 바꾸었다. 예수님을 믿었고 주님의 말씀에 순종하였다. 그리고 갔다."라고 말할 때가 오게 하시기를 원합니다. 아마 비유에 나오는 아들은 그 일에 대해서 조용히 좀 더 생각하였던 것입니다. 그리고 자신에게 말하였습니다. "그 문제를 생각해 보자. 많은 경우에 다시 한 번 생각해 보는 것이 좋지. 내가 선하신 아버지께 불손하게 굴고 퉁명스럽게 대꾸하였구나. 정말 아버지를 슬프게 한 것이 송구스럽다. 아버지를 슬프게 했는데 이제 마음을 바꾸어야겠다. 아버지께 '안 가겠습니다'라고 했는데, 아버지께서 명하시는 일에 대해서 생각해 보지도 않고서 그렇게 했었어. 만일 내가 아버지의 포도원에 가서 일한다면 그것이 나 자신을 위해서 일하는 것임을 잊었어. 내가 아버지의 아들이요 아버지께서 가지신 모든 것이 내 것인데, 어떻게 내게 그렇게 큰 유익이 되는 것을 거절하는 미련한 짓을 했을까! 아, 이제야 아버지께서 내 유익을 생각하시고 그렇게 말씀하신 뜻을 알았다. 아버지께서 명하신 대로 해야겠다." 자, 그가 어깨에 연장을 메고 갑니다. 힘을 다해서 일하며 수고합니다. 그전에는 "가지 않겠습니다."라고 하였습니다. 그러나 이제 그는 뉘우치고 갔습니다. 그가 행한 모든 일을 통해서 아버지의 뜻을 인정하고 있음을 드러낸 것입니다. 오! 이 농업회관(Agricultural Hall)에 있는 모든 사람들이 오늘 "내가 말한 것을 취소하겠습니다. 내 아버지께 가서 '아버지의 명하신 대로 하겠습니다. 제가 아버지의 애정 어린 마음을 근심시키지 않을 것입니다. 제 영혼의 최고의 유익을 얻을 기회를 잃지 않겠습니다. 복음의 명령을 순종하겠습니다'라고 말씀드리겠다."고 고백하는 일이 일어나기를 바랍니다. 제 앞에 그러한 이가 있다고 생각하고 그 사람에게 말씀드립니다. 아마 그 사람은 "가지 않겠습니다."라고 말하였을 것입니다. 복음이 무엇인지 진정으로 알지 못하였기 때문입니다. 정말이지 구원의 길이 무엇인지 제대로 아는 이들이 얼마나 적습니까! 교회는 다니고 있고 예배에 참석하지만, 아직도 죄인을 용서하시는 하나님의 계획을 배운 적이 없습니다. 여러분은 구원의 계획을 알지 못합니까? 그것을 듣고 그에 따라서 사시기 바랍니다. 여러분은 하나님을 거슬러 범죄하였습니다. 하나님께서는 반드시 죄를 심판하십니다. 죄는 반드시 심판 받아야 한다는 것이 정해진 율법의 원리입니다. 그러면 하나님께서 여러분에게 어떻게 긍휼을 베푸실 수 있습니까? 오직 이 한 가지 방식으로만 하실 수 있습니다. 예수 그리스도께서 하늘로부터 오시어 그를 믿는 모든 이 대신에 고난을 받으셨습니다. 사람들이 마땅히 당해야 할 고난을 받으셨습니다. 그래서 하나님의 사랑하시는 아들의 공로를 통해서 죄인 중 괴수라도 용서하시면서 동시에 여전히 하나님께서 의로우실 수 있습니다. 여러분 빚진 자들이여, 만일 그대들이 주님을 믿는 자라면, 그리스도께서 여러분을 대신하여 값을 지불하셨습니다. 만일 그대들이 와서 예수님을 의지하되 정말 예수님만 의뢰한다면, 하나님께서는 여러분의 죄 때문에 여러분을 심판하지 않으실 것입니다. 여러분의 죄 때문에 예수님께 형벌을 내리셨습니다. 만일 하나님께서 그리스도를 벌하시고 나서 여러분을 또 벌하시면 그것은 공의의 하나님다운 처사가 아닙니다. 그것은 마치 채무 보증인에게서 빚을 받고 또 빚진 자한테 가서 빚을 갚으라고 졸라대는 것이나 같은 일입니다.

이 설교를 듣는 이들이여, 여러분이 누구이며, 여러분의 과거의 삶이 어떠하다 할지라도, 그리스도를 믿는다면 순간적으로 모든 죄에서 구원받을 것입니다. 지난 과거의 삶 전체에 있었던 모든 죄가 도말될 것입니다. 하나님의 책에는 여러분의 영혼에 대해 송사할 죄목이 하나도 없게 됩니다. 여러분을 위해서 죽으신 그리스도께서 여러분의 죄책을 없애 버리실 것이고, 하나님의 면전에서 여러분에게 한 점 정죄할 거리를 남기지 않으실 것입니다. 본문의 마지막 구절을 읽어 보세요. 그러면 예전에도 사람들이 믿음으로 말미암아 하나님의 나라에 들어갔다는 것을 알게 될 것입니다. 그러니 항상 믿음으로 말미암아 구원받습니다. 세례 요한은 "세상 죄를 지고 가는 하나님의 어린 양이로다"고 외쳤습니다. 만일 여러분이 피 흘리는 어린 양을 쳐다본다면 살 것입니다. 이 말을 이해합니까? 간단하지 않습니까? 정말 여러분에게 합당하지 않습니까? 그런데도 그 복음에 순종하기를 거절하시겠습니까? 성령께서 여러분의 마음을 깨우치지 않으십니까? 바로 지금 이렇게 말하지 않겠습니까? "그 일이 그렇게 간단하나요? 그러면 저도 예수님을 믿겠어요.

> '죄 범한 사람이지만 누그러진 마음으로
> 날아가 구주의 상처를 만지겠어요.'

난 하나님의 도움으로 오늘 아침에 구주께 나가겠어요. 태양이 뜨기 전에 죽음이 오지 않도록 하기 위해서 말입니다. 구원받도록 그리스도를 믿겠습니다. 보배로운 구원의 길이여! 내가 구원받지 않아야 할 이유가 있겠습니까?'

여러분이 "나는 가지 않겠어요."라고 말했을 수도 있습니다. 자기에게는 아무런 소망이 없다고 생각했기 때문입니다. 아! 친구여, 저는 그대에게 확신시켜 드립니다. 오! 내가 그 일을 할 수 있다는 것이 얼마나 기쁜 일인지요. 가장 비열한 자에게도 예수님의 보배로운 피로 말미암아 소망이 있다고 말입니다. 그 어떤 사람도 그리스도의 긴 팔이 미치지 못할 정도로 멀리 나간 사람은 없습니다. 그리스도께서는 아무리 큰 죄인이라도 구원하기를 기뻐하십니다. 주님께서 자신의 사도들에게 "가서 모든 족속에게 복음을 전하라"고 말씀하셨습니다. 그러나 어디서 시작하라고 하셨습니까? "예루살렘에서 시작하여." 주님의 얼굴에 침을 뱉은 정말 비열한 자들이 살고 있는 그 예루살렘에서부터 말입니다. 먼저 그들에게 가서 복음을 전하라. 그들에게 내가 작은 죄인뿐 아니라 죄인 중의 괴수라도 구원할 수 있다고 말하라. 나를 믿으면 너희가 살겠다고 말하라. 낙담한 자들이여, 그대들이 어디에 있습니까? 저는 마귀가 할 수만 있다면 복음의 소리가 들리지 않게 하려고 애쓰고 있다는 것을 압니다. 그러니 저는 "목소리를 아끼지 않고 크게 소리 높여" 말할 것입니다. 오! 절망하고 있는 죄인들이여, 지옥의 문이편에서는 절망할 이유가 없습니다. 만일 여러분이 더럽기 짝이 없는 불의의 하수구를 지나왔다고 할지라도, 죄를 깨끗하게 씻는 능력으로도 지워지지 않는 죄의 얼룩은 조금도 있을 수가 없습니다.

> "피로 가득한 샘이 있네.
> 임마누엘의 허리에서 흘러나오는 피의 샘,
> 죄인들이 그 피의 홍수에 뛰어들어
> 그들의 모든 죄책의 더러움을 다 씻네."

오! 저는 믿습니다. 이제 여러분에게 소망이 있다는 것을 믿습니다. 여러분이 "나는 당장에 갈 것이고 예수님을 믿겠습니다"라고 말할 것이라 믿습니다.

저는 이와 같이 여러분에게 하나님을 무시한 것을 회개하라고 촉구하면서 예수님께 오라고 여러분을 초청합니다. 그리고 다시 그 점을 강조해야겠습니다. 아! 사랑하는 여러분, 여러분은 곧 죽게 될 것입니다. 비록 악한 자들이 어리석은 무감각 속에서 아주 평온하게 죽고, 다윗이 말한 것같이 "죽을 때에도 고통이 없고 그 힘이 강건할"지라도(시 73:4), 그들이 그것을 알든 모르든 간에 여러분에게 귀찮게 달라붙어 있는 죄를 용서받지 못한 채 죽는다는 것은 정말 끔찍한 일입니다. 여러분의 죄 범한 영혼이 몸을 떠나게 될 때에 무엇을 할 것입니까? 1분만 생각해 보세요. 정말 생각할 만한 가치가 있는 일입니다. 여러분 중에 어떤 이가 이 주간에 죽을 수도 있는 것입니다. 수많은 사람들이 한 주간 내내 살아 있으나 주말에는 살아 있지 못할 수도 있습니다. 정말 그러합니다. 우리 중에 어떤 이는 금방 갈 수도 있습니다. 우리 모두는 머지않아 가야 합니다. 우리 앞날을 잠시만 생각해 봅시다. 여러분의 영혼이 몸을 떠나게 되는 순간을 생각해 보세요. 여러분은 몸을 뒤로 하고 떠나게 될 것입니다. 몸을 떠난 영혼이 새로운 세계를 만나게 될 것입니다. 오! 만일 그 몸에서 떠난 영이 자기가 사랑하는 예수님을 뵈옵고 날래게 그 품에 뛰어 들어가 수정같이 맑은 영생하도록 솟아나는 복락의 강수를 마시게 된다면 정말 영광스러운 일이지요. 그러나 정반대로 벌거벗은 영혼이 아무 친구도 없고 고아같이 무능하고 소망도 없는 자리에서 양심의 가책으로 괴로워하며 절망으로 고통당하게 된다면 정말 그것은 무시무시한 일입니다. 만일 여러분의 영혼이 이렇게 부르짖게 된다면 어떻게 하겠습니까? "나는 내 의무를 알았으나 행하지 않았다. 구원의 길을 알았지만 그 길로 달려 나가지 않았다. 나는 복음이 들려 왔지만 귀를 막고 복음을 듣지 않았다. 결국 나는 한평생 살면서 그리스도 없이 살아왔고, 그래서 여기 있는 것이다. 소망은 지나갔고, 이제 회개할 기회도 없다. 믿음을 가질 수도 없고 이제 긍휼과 사랑이 더 이상 시간을 주장하지 못하니 이제 나는 여기서 빠져 나갈 길이 없게 되었다." 설교를 듣고 있는 여러분, 여러분 자신의 딱한 처지를 아십시오. 여러분의 처지는 참으로 불쌍합니다. 내가 여러분을 그 불꽃 가운데서 건져낼 수 있다면, 아주 즐거이 그렇게 하겠습니다! 나는 여러분을 동정하는데 여러분은 자신의 처지를 딱하다고 생각하지 않으시겠습니까? 오! 만일 제 탄원이 하나님의 은혜로 여러분을 설득하여 여러분이 오늘 아침에 그리스도를 믿게 한다면, 목소리와 허파와 심장과 생명이 지속되는 한 여러분에게 간청하겠습니다! 그러나 오, 여러분이 자신을 불쌍하게 여기십시오! 벌거벗은 불쌍한 영혼, 이제 곧 지극한 고통, 스스로 자초한 고통, 곧 경고를 받았으나 피하려고 하지 않고 죄를 버리고 주권적인 은혜의 홀을 붙잡기보다는 차라리 견디겠다고 선택한 그 고통으로 두려워 떨게 될 그 영혼을 불쌍히 여기십시오.

저는 정말 여러분이 이렇게 말하기를 소망합니다. "지금 회개합니다. 하나님의 은혜를 의지하고 가겠습니다." 만일 그렇게 하신다면 저는 한때 여러분과 같았던 자들이 하늘에 많다는 것을 말씀드립니다. 그들도 한때 "가지 않겠다."고 했는데 후에 회개하고 구원을 받았습니다. 저는 그림 하나를 말씀드리겠습니다. 저기 말을 타고 있는 한 무리의 사람들이 있습니다. 그들 중에서 가장 뽐내는 자가 있습니다. 다른 이들이 그를 호위하고 있는 것처럼 보입니다. 그들은 다메섹으로 가고 있습니다. 그는 그리스도인들을 잡아서 옥에 가두고 그들에게 하나님을 모독하는 말을 시키려고 다메섹으로 가고 있습니다. 다소 사람 사울이 바로 그 잔인하고 살기 어린 박해자의 이름입니다. 스데반이 죽음에 처해졌을 때, 하나님께서 이 사람 사울에게 "내 포도원으로 가서 일하라."고 하셨습니다. 그러나 사울은 아주 단호하게 "가지 않겠습니다."라고 하였고, 그의 적의에 찬 심령을 입증이라도 할 양으로 스데반을 죽이는 일에 일익을 담당하였습니다. 지금 그가 말에 채찍질하며 서두르고 있습니다. 악한 사명을 띠고서 말입니다. 그만큼 주님께 대적하기로 굳게 결심한 사람은 없습니다. 그러나 내 주님 예수께서는 사자를 길들이실 수 있고, 그를 어린 양처럼 만드실 수도 있습니다. 그가 그렇게 말을 타고 가고 있을 때에 찬란한 빛이 비쳤습니다. 정오의 해보다 더 밝은 빛이었습니다. 그는 말에서 떨어지고 두려워 떨며 땅바닥에 엎드려 있습니다. 그런데 하늘에서 한 소리가 들려옵니다. "사울아 사울아 네가 어찌하여 나를 박해하느냐?" 놀라서 눈을 들어 보고 그분이 다름 아닌 자기가 몰라서 박해해 오던 하나님의 아들이심을 알게 되었습니다. 새롭게 발견한 그 한 가지 사실이 그에게 얼마나 놀라운 변화를 가져왔습니까! 그 소리, "나는 네가 박해하는 예수라"는 소리가 그의 굳은 마음을 깨뜨려 부수었습니다. 그리고 그 말씀이 주님을 위해서 일하는 자로 만들었습니다. 그리고 삼일 후에 한때 거만하고 콧대가 높은 사람이 지금까지 박해하던 그리스도를 믿는 믿음을 고백하고 세례를 받습니다! 진실된 설교자를 알고 싶다면 사도 바울보다 더 나은 설교자를 어디서 찾을 수 있겠습니까? 그는 불타는 마음으로 거듭 "내게는 우리 주 예수 그리스도의 십자가 외에 결코 자랑할 것이 없으니"(갈 6:14)라고 말합니다. 오늘 아침 여기에 그렇게 타격을 받는 사울이 있기를 희망합니다. 주여, 그러한 자를 때리소서! 영원하신 성령이여, 그를 지금 바로 두들겨 부수시옵소서! 아마 여러분은 자신들이 하나님을 대적하여 싸우고 있다는 것을 알지 못하고 예수님의 종교가 정말 어리석은 망상이라고 생각해 왔을 것입니다. 여러분은 죽어 가시는 구주를 모독한 사람이 바로 여러분 자신이라는 것을 알지 못하였습니다. 그러나 지금 알았습니다. 여러분의 양심이 지금 감동을 받고 이날부터 주님을 섬길 수 있게 되기를 원합니다.

  이만큼 말씀드리고 저는 이 요점을 끝내야겠습니다. 오랫동안 거절한 후에 결국 마음을 누그러뜨리고 그리스도 예수를 믿음으로 말미암아 하나님의 종이 되기를 간절하게 희망하는 이가 있다면, 용기를 가지라고 말씀드립니다. 그 사람은 신앙 고백을 하고는 있지만 그 고백에 진실함이 없이 오래 지나온 사람들 뒤에 서지 않을 것이라고 말씀드립니다. 본문이 이렇게 말하고 있기 때문입니다. "세리들과 창녀들이 하나님의 나라에 들어온다"(마 21:31). 하나님을 섬기노라 하면서도 사실은 그렇지 않은 자들보다 먼저 "그들이 하나님 나라에 들어갑니다." 여러분 큰 죄인들이 하늘에서는 결코 뒷자리에 앉지 않을 것입니다. 여러분은 바깥 뜰에 있지 않을 것입니다. 여러분 큰 죄인들은 최고의 사람들만큼이나 사랑을 받고, 성도들 가운데 가장 빛난 사람들만큼이나 큰 기쁨을 누릴 것입니다. 그리스도 가까이 있게 될 것입니다. 주님의 보좌에 주님과 함께 앉게 될 것입니다. 면류관을 쓰게 될 것이고, 여러분의 손가락으로 황금 비파를 뜯게 될 것입니다. 영광으로 충만한 말할 수 없는 기쁨으로 즐거워할 것입니다. 여러분이여, 그래도 오지 않겠습니까? 주님께서는 "수고하고 무거운 짐 진 자들아 다 내게로 오라 내가 너희를 쉬게 하리라"(마 11:28)고 하십니다. 30년 동안 죄를 지었다 해도 용서받을 것입니다. 그 죄가 용서받는데 30분이 걸리지 않을 것입니다. 아니 40년, 50년, 60년 동안 불의에 매여 살았다 해도 그 죄는 마치 해가 뜨면 사라져 버리는 아침 안개처럼 사라지게 될 것입니다. 와서 내 구주님을 믿으세요. 그의 피 흘린 상처 뒤로 숨으십시오.

> "절망에 겨워 아래를 내려다보는 자여
> 눈을 들어 주의 보좌 둘레에 있는
> 허다한 무리들을 보라!
> 그들 모두 한때 그대와 같이
> 다 죄인들이었지만
> 온전한 구원을 받았도다.
> 불신앙에 지지 마시라
> 주님께서는 "아직 방이 있다"고 말씀하시니
> 그대가 죄인 중의 괴수라 할지라도
> 예수께서 그대를 부르시니
> 그대 어서 올지어다."

2. 거짓된 복종

이제 두 번째 특성의 인물들에 대하여 말씀드리겠으니 잠시만 참아 주시기 바랍니다. 영국 어느 곳에서나 정말 수를 헤아리기 어려운 거짓된 복종이 발견됩니다. 정말 많습니다. 오! 정기적으로 제 설교를 들으러 오는 이들이여, 13년 동안 제 목소리를 들은 이들이 여기에 많이 있습니다. 여러분은 위대하신 아버지 하나님께 "나는 가겠습니다."고 말씀은 드려놓고 가지 않았습니다. 저는 서글픈 심정으로 여러분의 초상(肖像)을 그리려 합니다. 여러분은 정기적으로 예배당에 참석하였습니다. 그리고 주일날 단 하루도 소풍을 가려고 생각해 본 적이 없습니다. 어떤 형태로든지 주일을 어기는 일을 하지 않았습니다. 겉으로는 여러분은 "저는 가겠습니다."라고 한 사람들이었습니다. 마지막 찬송을 부를 때에 여러분은 일어서서 노래합니다. 그러나 마음으로는 부르지 않습니다. "기도합시 다."라고 말하면, 얼굴을 숙이지만 진실한 기도는 드리지 않습니다. 세련되고 공손한 어투로 "하겠습니다. 목사님" 하고 말합니다. 그러나 가지 않습니다. 복음에 관념적으로 찬동은 하지요. 만일 어떤 교리를 제가 언급하면 아마 여러분은 "예, 그것은 진리예요. 저는 그것을 믿습니다."라고 말할 것입니다. 그러나 여러분의 마음은 믿지 않습니다. 마음의 중심으로 믿지 않습니다. 그렇게 믿었다면 그것이 여러분에게 영향을 미쳤을 것입니다. 어떤 사람이 "내 집에 불이 났다고 믿습니다."라고 말하면서도 침대로 가서 잠에 곯아떨어진다고 하면 그것은 자기가 믿는 대로 행하고 있지 않는 것입니다. 자기 집에 불이 났다고 하면 그 사람은 도망치려고 할 것이기 때문입니다. 만일 여러분 중에 어떤 이들이 정말 지옥이 있고 또 천국이 있다고 믿되, 다른 일들을 믿는 것같이 믿는다면, 아마 지금 행하고 있는 바와는 전혀 다르게 행동할 것입니다. 좀 더 설명하여야겠습니다. 여러분 중에 많은 이들이 "가겠습니다, 목사님" 하고 매우 진지한 어조로 말합니다. 제가 간절하게 설교할 때는 눈물이 여러분의 볼에 흐릅니다. 그리고 집에 가서 침실에 들어가 잠시 기도합니다. 그래서 누구나 여러분의 그러한 마음의 관심이 결국 회심에 이르게 할 것이라고 생각합니다. 그러나 여러분의 선함은 "마치 아침의 안개 같고 이른 아침의 이슬과" 같습니다. 여러분은 마치 잠시 눈에 덮여 있는 거름더미 같습니다. 거름더미에 눈이 소복이 쌓여 있으면 정말 희고 깨끗하게 보이지요. 그러나 눈이 녹으면 거름더미는 여전히 거름더미 그대로의 모습을 드러내지요. 오! 정말 그러한 식으로 마음의 인상을 받고 제자리로 돌아가는 이들이 얼마나 많습니까! 죄를 지으면서도 여전히 예배당에 와서 말씀을 들을 때는 두려워 떱니다. 예배당 문을 나가서는 허물을 행합니다. 그래서 그 허물이 생각나서 또 웁니다. 겉모양을 따라서는 복음의 능력을 느낍니다. 그러나 다시 복음을 거슬러 더욱더 패역한 행동을 합니다. 아! 친구 여러분, 저는 지금 여기 계신 여러분 중에 어떤 이들을 볼 때, 가겠다고 약속하고 가지 않은 아들의 모습을 보고 있습니다. 여러분은 구원받기 위해서 예수님을 믿어야 함을 압니다. 그러나 믿지 않습니다. 거듭나야 한다는 것을 압니다. 그러면서도 거듭남에 대해서는 전혀 문외한입니다. 여러분이 앉아 있는 자리만큼 종교적입니다. 그러나 그 이상이 전혀 아닙니다. 이 자리가 하늘에 갈 수 있으면 여러분도 갈 가능성이 있지요. 그러나 그러한 일은 일어나지 않습니다. 이런 상태대로 있으면 죄 가운데서 죽을 것입니다. 사망은 하늘에 들어갈 수가 없습니다.

이 설교를 듣고 있는 사랑하는 여러분, 저는 이와 같은 일을 말하지 않을 수 없고, 또한 그러한 사실을 보고도 별 마음의 충격이 없게 된 것이 서글픈 일입니다. 정말 기이한 일 중의 기이한 일은, 여러분 중에 어떤 이들이 그것이 진리라는 것을 알면서도 진리로 아무런 깨우침을 받지 못한다는 것입니다! 저의 설교 한 편으로 여러분 중 어떤 이들에게 감동을 주는 것은 정말 세상에서 지극히 쉬운 일입니다. 그러나 저는 두려운 생각이 듭니다. 여러분이 단순히 일시적인 감동을 받고 그 이상은 나가지 못하게 될까봐 말입니다. 세차게 부딪히는 파도처럼 설교를 통해서 받은 충격은 쉬 가시고 맙니다. 여러분은 알고 알고 또 압니다. 여러분은 느끼고 또 느끼고 다시 느낍니다. 그럼에도 여러분의 죄, 자기 의(義), 부주의함, 또한 고의적인 악행, 이러한 것 때문에 여러분이 "가겠어요, 목사님." 하고 말하고 나서 그 약속을 잊어버리고 하나님께 거짓말을 하는 것입니다.

자, 저는 매우 정직하게 다른 부류에 속한 이들에게 말하였습니다. 저는 여러분에게도 똑같이 분명하게 말씀드리지 않을 수 없습니다. 여러분도 **스스로에게 불리한 증언을** 합니다. 여러분에게 불리한 말을 할 증인들이 전혀 필요 없을 것입니다. 복음이 진리임을 여러분은 인정해 왔습니다. 또한 미래의 심판이나 장래의 영광에 대한 교리에 이의를 제기하지 않았습니다. 예배당에 참석하였고, 하나님께서 선하시며 섬김을 받아야 마땅하다는 것도 인정하였습니다. 여러분은 하나님께 충성하기로 서약했다고 하였습니다. 마땅히 하나님께 충성해야 한다고 고백하기도 하였습니다. 그리고 무릎을 꿇고 기도하며 "주여! 저는 당신의 진노를 받을 만합니다." 하고 말하기도 하였습니다. 위대하신 하나님께서는 여러분의 형식적인 기도 몇 가지만 들어도 여러분을 정죄할 충분한 증거를 확보하신 셈입니다. 아침 저녁으로 드린 그러한 기도, 외식적인 모든 기도가 여러분의 입으로 자신을 정죄하기에 충분한 증거가 될 것입니다. 조심하시기 바랍니다. 정말 조심하세요. 여러분에게 간청합니다. 여러분이 소망의 땅에 아직 있을 때에 조심하십시오.

이와 함께, 32절을 볼 때 생각나는 바를 말씀드립니다. 여러분이 아직 구원받지 못하고 있는 동안에, 세리들과 창녀들은 여러분에게 아무런 능력이 없던 바로 그 복음으로 말미암아 구원을 받는 것을 여러분은 보았습니다. 여러분은 그것을 알지 못합니까? 젊은이 여러분, 제가 뜻하는 바는 바로 여러분이 경건한 어머니를 둔 아들이 아니었느냐는 말입니다. 여러분이 구원받지 못한 사람인 것을 스스로 알고 있습니다. 여러분은 아버지 밑에서 일하는 어떤 사람이 술주정뱅이였던 것을 보았습니다. 그런데 지난 한두 해 전에 그 사람은 진실한 그리스도인이 되었습니다. 이제 구원받은 사람입니다. 아마 여러분은 그가 버린 습관들을 주운 것같이 보입니다. 타락한 가엾은 거리의 여자들이 있었는데, 그들 가운데 어떤 이들은 그리스도를 알게 되어 한때는 버림받은 사람들이었지만 이제는 그리스도의 정원에 지극히 아름답고 향기 나는 꽃들 가운데 있습니다. 그런데도 살아가면서 외적으로는 아무런 비행을 저지르지 않고 그럴 듯해 보이는 여러분 중의 어떤 이들은 아직도 회심하지 않고 있으며, 그리스도께 "가겠습니다"라고 말하면서도 아직 실행하지 않고 있습니다. 여러분은 하나님 없이 살고 있습니다. 그리스도 없이 살고 있습니다! 여러분은 길을 잃었습니다. 타락했습니다. 망한 것입니다! 외적으로 더 근사해 보이는 사람들을 회심한 자들 가운데서 좀처럼 찾을 수가 없습니다. 저는 여러분을 위해서 기꺼이 울어 줄 수 있습니다! 오, 소돔의 사과들 같이 되지 마십시오. 즉 보기에는 싱싱하지만 따면 재가 되고 마는 유명무실한 존재가 되지 않도록 주의하십시오. 존 번연의 나무들같이 되지 않도록 조심하십시오. 즉 겉모습은 푸르지만 속은 썩어 있어서 불똥만 튀면 금방 타버리는 그런 사람이 되지 않도록 조심하십시오. 오! 여러분 중에 어떤 이같이 "가지요" 하면서도 여전히 가지 않는 그런 자가 되지 않도록 하십시오. 저는 때로 정말 사람을 놀라게 하고 슬프게 하는 병든 이들을 봅니다. 저는 그들에게 말하지요. "사랑하는 친구여, 그대는 죽어가고 있습니다. 소망이 있나요?" 그래도 대답이 없습니다. "그대가 지금 구원받지 못한 망한 상태에 있다는 것을 알지요?" "예, 목사님!" "그리스도께서 죄인들을 위해서 죽으셨어요." "그렇지요, 목사님." "믿음은 우리에게 그리스도의 은혜를 아낌없이 주지요." "예, 그렇습니다." 그들은 말합니다. "예, 목사님. 그렇지요. 그렇습니다. 목사님, 정말 그렇습니다"라고 말합니다. 저는 가끔 하나님 앞에서 바랍니다. 그들이 나를 반대하는 말을 하였으면 하고 말입니다. 왜냐하면 그들이 정직하게 "나는 복음의 말씀을 믿지 않습니다."라고 말한다면, 그들을 어떻게 대해야 할지 알아서 할 것이기 때문입니다. 뻣뻣한 참나무는 강한 바람을 만나면 쓰러집니다. 그러나 바람이 불기만 하면 휘어지는 버드나무 같은 그들을 꺾으려면 어떤 바람이 불어야 하겠습니까?

오! 사랑하는 형제들이여, 복음에 대해 마음이 무감각해지지 않도록 조심하세요. 그렇지 않으면 잠시 부드러워졌다가도 여전히 똑같은 상태에 있게 되고 맙니다. 말씀을 잘 듣는 것처럼 보이지만 더 이상은 나가지 않는 사람이 되지 않도록 조심하십시오!

저는 여러분에게 이렇게 거칠게 보이는 말로 설교를 끝낼 생각은 없습니다. 비록 제 말투가 거칠어 보이지만 여러분의 영혼에 대한 충만한 사랑에서 나온 것입니다. 저는 여러분에게 해드릴 좋은 말도 있습니다. 이 농업회관에서 여러분이 성령으로 말미암아 변화를 겪게 될 것이라고 믿습니다. 비록 여러분이 지난 몇 해 동안 하나님 앞에서 거짓된 고백을 해왔을지라도 말입니다. 하나님의 복음 잔치에는 여러분을 위한 방이 여전히 남아 있습니다. 본문을 주목하십시오. "세리들과 창녀들이 너희보다 먼저 하나님의 나라에 들어가리라"(마 21:31). 그렇다면 여러분도 그들 뒤에 들어갈 수 있음이 분명합니다. 만일 여러분이 그들 뒤에 들어가지 못한다면 그들이 여러분보다 먼저 들어간다는 식으로 말씀하지 않으셨을 것이기 때문입니다. 만일 주님께서 여러분의 마음을 상하게 하시면 여러분도 기꺼이 주정뱅이와 똑같이 주 예수님을 여러분의 모든 것이 되시는 분으로 영접할 것입니다. 여러분이 지금까지 주정뱅이로 지낸 적은 없지만 마치 주정뱅이가 하였듯이 그렇게 할 것이라는 말입니다. 여러분은 창녀로 지낸 적이 없지만 창녀라면 반드시 그렇게 하듯이 기꺼이 주 예수님의 공로를 의지하려는 생각을 갖게 될 것입니다. 젊은이들이여, 여러분에게는 아직도 기회가 있습니다. 비록 여러분이 서약을 깨고 여러분 속에 일어나는 죄의 자각을 무시하여 버렸다 할지라도 말입니다. 아! 머리가 희어진 이들이여, 여러분은 그렇게 오랫동안 외적인 수단들을 의지하여 살아오면서 아직도 예수님께 마음을 온전히 드리지 못했습니다. 그럴지라도 여러분은 예수님의 인도를 받을 수 있습니다. 자, 오십시오! 이 3월 24일에 주님께서 여러분을 인도하시기를 원합니다. 바로 이곳에서 주님이 여러분을 인도하여 조용히 이렇게 말하게 하시기를 원합니다. "하나님의 은혜로 저는 더 이상 외식적인 뻔뻔한 사람으로 살지 않을 것입니다. 저를 위해서 피 흘리시고 저를 위해서 창에 찔리신 저 사랑하는 주님의 손에 제 자신을 맡기겠습니다. 바로 오늘 저는 예수님의 길에 복종하겠습니다."

이 주제를 마무리지으면서, 사실 복음은 모든 계층의 사람들에게 다 같이 전파되어야 할 복음임을 말씀드립니다. 저는 하나님께 기도합니다. 우리가 설교할 때 노동자 계층, 중산층, 상류층에 따로 말하는 날이 오지 않게 하시기를 위하여 하나님께 기도합니다. 저는 여러분들 사이에 아무런 차이가 없음을 압니다. 제가 복음을 설교할 때는, 여러분이 왕이든지 청소부든지 간에 나에게는 모두가 똑같습니다. 복음에는 비단이나 면(綿)이나 광목천이나 코르덴 천이나 다 같습니다. 여러분이 상원의 의석을 차지하고 있는 귀족들일지라도 저는 여러분에 맞게 복음을 다듬지 않습니다. 여러분이 도둑들 중에서 가장 비열한 자라고 해도 긍휼의 복음을 듣지 못하게 여러분을 배제시키는 일은 하지 않을 것입니다. 복음은 죄인들인 사람들에게 임하는 것입니다. 아담 안에서 타락한 모든 이들에게 말입니다. 아담 안에서 모든 이들이 다 같이 타락하고 죄로 인하여 파멸되었습니다. 저는 여왕 폐하를 위한 어떤 특이한 복음을 가지고 있지 않습니다. 구걸하는 여인을 위한 복음을 따로 가지고 있지 않습니다. 구원의 길은 하나뿐입니다. 오직 하나의 기초, 하나의 화목제물, 하나의 복음만이 있습니다. 그리스도의 십자가를 바라보십시오. 그러면 살 것입니다. 놋뱀이 높이 들렸고 모세는 다만 바라보라고 외쳤습니다. 물린 사람이 유다 집의 왕자일지라도, 그는 보라는 말을 들었습니다. 바라보지 않고는 값비싼 대가를 들여 장식한 그의 사자기(獅子旗)가 아무런 효력이 없었습니다. 진영에 뱀에 물린 불쌍한 이가 있었다면 그도 바라보아야 합니다. 그렇게 할 때에 그 큰 무리 중에서 가장 높은 자에게와 똑같은 효력이 가장 비천한 그에게도 임하는 것입니다. 바라보십시오! 바라보십시오! 예수님을 보십시오. 하나님의 아들을 믿고 사십시오! 그 진영에 있는 모든 이들을 위해서 오직 하나의 놋뱀이 높이 들려 있었습니다. 모든 계층, 모든 조건의 사람들을 위해서 오직 한 분 그리스도가 계시는 것입니다. 오늘 아침에 우리 모두가 그리스도를 신뢰할 수만 있다면 얼마나 복되겠습니까!

형제 여러분, 그렇게 하지 않아야 할 이유가 있습니까? 주님은 모든 사람이 신뢰할 만한 분이십니다. 성령께서 모든 이들 속에 믿음을 일으키실 수 있습니다. 오! 불쌍한 죄인이여, 그분을 바라보십시오! 이 설교를 듣고 있는 사랑하는 여러분이여, 여러분 중의 어떤 이들은 제 설교를 다시는 듣지 못할 수도 있습니다. 그래서 이렇게 여러분에게 간청하는 바입니다. 죽음의 시간, 영원의 엄숙한 것들이 점점 다가오고 있습니다. 그래서 여러분에게 이렇게 죄에 대한 유일한 이 처방을 받아들이라고 간청하는 바입니다. 하나님께서도 죽어가는 사람들의 아들을 위해서 주실 수 있는 죄에 대한 처방은 오직 이것뿐입니다. 피 흘리시는 대속주, 여러분 대신 고난 받으시는 그분 아들을 마음으로 믿고 받아들이는 길 외에는 다른 구원의 방도가 없습니다. 그리스도 앞에 완전히 납작 엎드리세요. 구원의 길이 바로 이것입니다. 오직 그리스도만 의뢰하는 것! 오직 그만 의지하세요. 어떤 흑인에게 네가 무엇을 했느냐고 물었답니다. 그랬더니 그 흑인이 말했습니다. "저는 그냥 반석에 엎드렸어요. 반석에 앉으세요! 만세 반석에 앉으세요! 그러면 더 이상 낮게 떨어질 수 없습니다."

저는 이제 한 가지 잘 알려진 예화로 결론을 맺고자 합니다. 여러분은 불타는 집에 있는 아이와 같은 상태입니다. 아이가 창문 끝으로 도망나와 창틀에 매달려 있습니다. 불꽃이 방안 창문에서 뿜어져 나오고 있었습니다. 그 가련한 아이는 곧 타서 죽을 판입니다. 아니면 매달린 데서 떨어지면 박살이 날 판입니다. 그래서 그는 사력을 다해서 매달려 있습니다. 그는 밑에서 건장한 남자가 "애야, 애야, 떨어져라! 내가 너를 받을 테니."라고 말하기 전에는 붙잡은 것을 놓으려고 하지 않았습니다. 자, 그런데 그 소년이 그 남자가 강하다고 믿는다는 자체만으로는 구원받을 만한 믿음이 아니었습니다. 그것은 믿음으로 향하게 하는 좋은 도움이었지요. 그 소년은 그 어른 남자가 강하다는 것을 알고 있으면서도 죽을 수가 있었습니다. 소년이 붙잡은 것을 놓고 그 큰 남자의 팔로 뛰어내렸을 때, 그 것이 믿음이었습니다.

죄인이여, 그대는 아직도 자기의 죄를 붙잡고 있거나 자기의 선행을 의지하고 매달려 있습니다. 구주께서 부르짖으십니다. "붙잡고 있는 손을 놓아라! 놓고 내 팔로 뛰어내려라!" 그러니 믿음은 행함(doing)이 아니라 행함을 버리는 것입니다. 믿음은 일하는 것이 아니라 예수님이 이미 행하신 일을 믿는 것입니다. 믿으십시오! 그것은 단순하고 견실하고, 마음으로부터 나온 진실된 말입니다. 믿으세요. 여러분이 구원을 얻는데 한 시간도 걸리지 않습니다. 여러분이 믿는 순간에 구원을 받습니다. 여러분이 여기 이 곳에 올 때에는 지옥 같이 어두운 자였을 수 있습니다. 그러나 예수님을 믿는다면 완전히 용서받습니다. 번개의 섬광보다 빠르게 순간적으로 은혜의 역사가 이루어집니다. 오! 성령님께서 지금 그 일을 행하시어 여러분이 믿어 구원받게 하시기를 기도합니다. 아멘.

제
60
장
—

혼인 잔치의 비유

—

"**천국은 마치 자기 아들을 위하여 혼인 잔치를 베푼 어떤 임금과 같으니 그 종들을 보내어 그 청한 사람들을 혼인 잔치에 오라 하였더니 오기를 싫어하거늘 다시 다른 종들을 보내며 이르되 청한 사람들에게 이르기를 내가 오찬을 준비하되 나의 소와 살진 짐승을 잡고 모든 것을 갖추었으니 혼인 잔치에 오소서 하라 하였더니**" — 마 22:2-4

만일 하나님께서 제게 능력을 허락하시면 이 비유 전체를 살펴보고 싶습니다. 그러나 현재로서는 왕의 잔치의 초기 장면만 생각해 보려고 합니다. 그러기 전에 우리는 무한한 지성이신 그리스도께서 보잘것없는 이해력에 맞게 비유로써 우리를 가르치시기를 기뻐하셨다는 사실에 깊은 감사의 심정을 표현하는 것이 아주 마땅한 일입니다. 하나님께서 자신의 자녀들에게 하나님 나라의 비밀을 가르치기 위해서 하늘나라를 유사하게 보여주는 비슷한 점들을 궁리해내실 정도로 우리에게 얼마나 애정을 보이시고 겸손하신지요! 때로 대단한 지성을 가진 사람들이 자기를 낮추는 것이 사람들 사이에서 놀라운 일이라면, 하나님께서 친히 하늘에서 허리를 굽히시어 우리의 무지와 더딘 이해력의 수준에 맞추셨다는 사실은 얼마나 더 기이한 일이겠습니까! 학식이 높은 교수가 깊은 철학적인 이해가 필요한 난해한 문제들을 학교 학생들에게 가르치고, 그 다음에 집으로 가서 자기 아이를 무릎에 앉혀 놓고 그 대단한 진리를 아이가 받아들일 수 있도록 수준에 맞추어 설명한다면, 여러분은 그 사람의 마음에 아이에 대한 큰 사랑이 있는 것을 볼 것입니다. 스랍들도 하나님 앞에서는 벌레에 불과합니다. 그런데 그 존귀하고 영원하신 하나님께서 우리의 유치한 이해력의 수준에 맞추어서 가르치려고 자세를 낮추시고, 우리로 하여금 구원 얻는 지혜가 있게 하려고 하시는 것을 볼 때에, 우리는 "바로 여기에 사랑이 있구나"라고 말하지 않을 수 없습니다. 우리가 자녀들의 주의를 끌기 위해 그림을 보여주면서 가르치고, 즐거운 수단들을 통해서 자녀들에게 진리를 깊이 새겨놓고 싶어 하는 것처럼, 주님께서는 사랑으로 궁리를 하여 매력적인 은유와 모형과 우화를 만들어 내는 작가가 되셨습니다. 그렇게 함으로써 우리의 관심을 끌려 하셨고, 성령으로 말미암아 우리의 지성을 밝혀 주려고 하셨던 것입니다. 만일 산들이 떨기까지 큰 소리를 발하시는 분이 아주 세미한 음성으로 우리에게 말씀하려고 하신다면, 우리는 마리아와 같은 자세로 기쁨에 차서 그의 은혜로운 발 앞에 앉아야 하며, 주님으로부터 기꺼이 배우려고 해야 합니다. 하나님께서 여기 있는 각 사람에게 배우고자 하는 심령을 주시기 바랍니다. 배우고자 하는 심령이야말로 하나님의 마음을 이해하는 데로 나아가는 가장 큰 걸음입니다. 어린아이 같은 심령으로 기꺼이 배우고자 하는 사람은 이미 하나님께 상당히 배운 사람입니다. 우리 모두가 이 교훈적인 비유를 그런 식으로 연구하여 깨달아 하나님 보시기에 기뻐하시는 것을 행하게 되기를 바랍니다. 왜냐하면 결국 우리가 진정 믿음으로 배웠다는 것은 우리 사람에 나타난 그 결과로 판단할 수 있기 때문입니다. 우리가 거룩해지면 더 지혜로워집니다. 그렇다면 주 예수 그리스도의 뜻에 실천적으로 순종하는 것이야말로 마음으로 이해했다는 것을 가장 확실하게 보여주는 증거가 되는 것입니다.

우리가 본문에 나타난 비유를 이해하려면, 먼저 본문에 언급된 "어떤 임금"의 의도가 무엇인가에 관심을 집중시켜야 합니다. 그 임금은 원대한 목적이 있었습니다. 그는 아들의 혼인 잔치를 통해서 아들을 존귀하게 하기를 원하였습니다. 그 다음, 우리는 그 임금이 자신의 목적을 이루기 위해 내놓으신 너그러운 방식에 주목할 것입니다. 그는 오찬을 준비하고 많은 사람들에게 명하셨습니다. 아들을 존귀하게 하는 여러 방식들이 있었지만, 그 큰 임금은 자신의 관대함을 가장 잘 드러낼 수 있는 방식을 선택하였습니다. 그 다음에, 우리는 임금의 너그러운 계획을 실행하는 것을 가로막은 **심각한 방해**를 서글픈 심정으로 살펴볼 것입니다. 즉, 초대를 받은 사람들이 오지 않겠다는 것입니다. 물론 임금이 잔치를 풍성하게 배설하는 것을 방해하는 것은 전혀 없었습니다. 잔치를 위해서 아끼지 않고 후하게 준비하였습니다. 그러나 제거하기 어려운 기이한 방해가 있었습니다. 초대를 받은 사람들이 오지 않겠다는 것입니다. 그 다음에, 우리는 탄복하는 마음으로 임금의 은혜로운 답변에 대해서 생각해 볼 것입니다. 임금은 자기의 계획을 반대하는 사람들에게 은혜로운 조취를 취하셨는데, 종들을 보내어 다시 초청한 것입니다. "혼인 잔치에 오소서." 만일 우리가 이 구절의 의미를 깊이 음미하고자 한다면, 한 가지 점을 생각하는 것보다 훨씬 더 많은 시간이 필요할 것입니다.

1. 원대한 목적

넓은 영토와 큰 세력을 가진 어떤 임금이 원대한 목적을 가지고 거대한 잔치를 열 계획을 세웠습니다. 임금이 사랑하는 아들, 곧 그 나라를 물려받게 될 왕세자가 아름다운 신부를 맞아들이려 하였습니다. 그래서 아버지 된 임금은 그 일을 특별히 성대하게 치를 계획을 세웠던 것입니다. 이제 시선을 땅에서 돌려 하늘을 올려다봅시다. 하나님 아버지의 원대한 목적은 자신의 아들을 영화롭게 하는 것입니다. "모든 사람으로 아버지를 공경하는 것 같이 아들을 공경하게 하려 하심이라"(요 5:23). 하나님의 아들이신 예수 그리스도께서는 자신의 신격(神格,divine Person)으로 말미암아 이미 영광스러우신 분입니다. 그분은 말로 표현할 수 없을 정도로 복되신 분이고, 더 이상의 존귀가 필요 없을 정도로 무한히 영예로우신 분입니다. 하나님의 모든 천사들이 그를 경배합니다. 그의 영광이 하늘에 온통 가득 차 있습니다. 예수 그리스도는 창조자로서 활동무대에 나타나셨습니다. 그처럼 그분의 영광은 완전합니다. "만물이 그에게서 창조되되 하늘과 땅에서 보이는 것들과 보이지 않는 것들과 혹은 왕권들이나 주권들이나 통치자들이나 권세들이나 만물이 다 그로 말미암고 그를 위하여 창조되었고"(골 1:16). 주님께서 "빛이 있으라." 하시면 빛이 비추었습니다. 산들에게 머리를 들라고 명하시자 산들의 꼭대기가 구름을 뚫고 일어섰습니다. 주님께서 큰물을 창조하시고 그 물이 흐르는 길을 명하며 그 경계를 정해 주셨습니다. 태초부터 하나님과 함께 계시고, 말씀하시면 그대로 이루어지게 하시는 분, 곧 하나님의 말씀이신 예수님의 영광에 부족한 것이 하나도 없었습니다. 그가 명하시면 어떠한 것이라도

명한 대로 이루어졌습니다. 그는 또한 보존하시는 분으로 크게 높임을 받으십니다. 왜냐하면 그는 만물보다 먼저 계시고 그로 말미암아 만물이 존재하는 분이시기 때문입니다. 주님은 만물이 다 걸려 있는 확실하게 박힌 못과 같은 분이십니다. 하늘과 죽음과 지옥의 열쇠를 쥐고 계신 분이십니다. 정권이 그분의 어깨에 놓여 있으며 그의 이름은 기묘자라 불릴 것입니다. 모든 이름 위에 뛰어난 이름을 가지고 계십니다. 하늘에서나 땅에서나, 땅 아래서 모든 만물이 다 그 이름 앞에 머리를 숙일 것입니다. 그분은 만유 위에 뛰어난 하나님이십니다. 영원히 복되신 분입니다. 이제도 계셨고 전에 계셨으며 장차 오실 그분께 온 우주가 찬송을 드립니다.

그러나 하나님의 아들께서 은혜롭게 우리와 맺기를 기뻐하시는 또다른 관계가 있습니다. 그분은 신랑이 되기 위해 구주의 역할을 감당하셨습니다. 전에도 충분한 영광을 갖고 계셨습니다. 그러나 마음이 크시므로 주님은 능력보다도 긍휼을 더 크게 하셨습니다. 그래서 친히 사람의 본성을 취하실 정도로 낮아지셨습니다. 그럼으로써 자신이 지목하여 사랑하신 자들을 죄에 합당한 형벌로부터 구속하고, 그들과 생각할 수 있는 가장 친밀한 연합을 이루시려고 하셨던 것입니다. 아버지께서 아들을 영화롭게 하려고 하실 때 구주로서의 아들을 영화롭게 하시려 합니다. 그리고 이 복음 잔치는 단순히 그분의 인격의 영예만을 위한 것이 아니라, 새롭지만 옛적부터 계획되었던 관계 속에서 그분의 인격의 영예를 드러내기 위한 것입니다. 복음이 임금의 즐거운 잔치처럼 준비된 것은 예수님께서 자신의 교회와 영적으로 연합하는 존귀를 표시하는 것입니다.

형제들이여, 성대한 잔치가 여기 있다고 말씀드렸을 때 그것은 분명 하나님의 가치 판단 기준에 있어서 그러하였다는 것입니다. 그러니 우리의 가치 판단의 기준에서도 마땅히 그러해야 합니다. 하나님의 아들을 영화롭게 하는 일을 우리는 기뻐해야 합니다. 어떤 나라에서나 왕의 모든 신하들은 왕가에 속한 가족이 결혼하는 것을 큰 관심거리로 여깁니다. 그래서 신하들은 왕가의 결혼을 축하하며 그에 합당한 기쁨을 함께 누리는 것이 마땅합니다. 우리가 살펴보고 있는 본문의 경우에서, 임금들 중의 위대한 임금의 신하들 모두가 이 잔치에 대해 특별한 기쁨을 가져야 마땅합니다. 이 잔치 자체가 우리에게는 개인적으로 큰 기쁨과 감사의 주제가 되기 때문입니다. 그 결합은 누구와 하는 것입니까? 천사들과 합니까? 주님은 천사들을 당신의 결혼상대로 여기지 않으셨습니다. 그분은 우리 사람의 본성과 결합하십니다. "그분이 아브라함의 후손이 되셨습니다." 하늘의 그 크신 주께서 사람으로 성육신하여 멸망의 파멸에서 인간을 구원하시기 위하여 자신을 낮추신 것을 보는 것이 우리에게 큰 기쁨이 아니겠습니까? 천사들은 기뻐합니다. 그러나 우리가 가진 기쁨만큼은 결코 누리지 못합니다. 예수 그리스도께서 하나님과 동등되실 것을 취하지 아니하시고 사람의 모양이 되어 그분의 택한 백성들과 한 몸이 되었다는 것은 우리 사람에게도 지극히 경이로운 기쁨입니다. 잠자는 자들이여 일어날지어다! 여러분이 정신을 차리고 "내 영광아 깨어 일어나 비파와 수금을 탈지어다"라고 소리질러야 할 때가 있다면, 바로 이때입니다. 예수님께서 자신의 교회를 신부로 맞이하기 위해서 오실 그때입니다. 교회와 한 몸이 되어, 교회를 구속하시고, 후에 자기 영광의 보좌에 그 교회를 함께 앉게 하시는 것이 정말 그 놀라운 기쁨의 이유입니다. 여기 또한 초대받은 손님들이 기쁘게 오고, 그런 연회에 초대받은 것을 더할 수 없이 기쁘게 여겨야 할 충분한 이유들이 있습니다. 인류가 예수 그리스도의 영광스러운 복음을 즐거워하고 속히 복음을 붙잡아야 할 놀라운 이유가 있습니다.

　그밖에 우리는 신랑 되신 예수님의 왕적 강림에 대해서 생각해 보아야 합니다. 예수 그리스도 우리 구주께서는 바로 하나님의 본체이심을 기억해야 합니다. 우리가 그분에게 마땅히 영광을 돌려야 한다는 요구를 받습니까? 물론이죠. 그분 말고 다른 누구에게 영광을 돌려야 하겠습니까? 분명히 우리는 우리의 창조주시요 보존하시는 그분을 영화롭게 해야 합니다. 그토록 존귀하시고 모든 경의를 받으시기에 합당하신 분에게 공경심을 보이지 않는다면 그것은 정말 고집스러운 불순종임에 틀림없습니다. 그러한 주님을 섬기는 것은 곧 천국과 같은 것입니다. 주님의 영광은 구름에까지 미칩니다. 영원토록 그분을 경배합시다. 오! 와서 경배하고 절합시다. 우리는 하나님의 아들의 영예를 위하여 하나님께서 내리시는 그 모든 명령들을 기쁘게 순종합시다.

　또한 임마누엘의 인격에 대해서도 생각해 보십시다. 여러분은 그분의 영광을 소원할 것입니다. 이 영광스러운 아들, 그 명성이 널리 퍼져야 할 이 아들은 분명히 하나님이십니다. 우리가 그 점을 말해 왔습니다. 그러나 그분은 또한 확실히 사람이십니다. 우리의 형제요 우리의 뼈 중의 뼈요, 우리의 살 중의 살이십니다. 우리와 같이 시험을 받으시되 죄는 한 번도 지지 않으신 그분을 믿는 것이 기쁘지 않습니까? 인류의 머리시요, 두 번째 아담이시요, 영존하시는 아버지이신 그러한 분, 그러한 분에게 우리 중 누가 경외심을 보이지 않으려 한다는 말입니까? 그분이 지금 우리 인류를 들어 하나님의 보좌 가까이 가게 하신다는 것을 알 때 우리가 그분의 존귀를 구하지 않겠습니까?

또한 그의 **성품**을 기억해 보십시오. 누가 그와 같은 삶을 산 적이 있습니까? 그분의 신적 성품에 대해서 아무리 말해도 지나치지 않습니다. 그분은 본래 경배와 존중을 받아야 할 충분한 이유를 갖고 계십니다. 그럼에도 불구하고 사람으로서 그분이 어떠하신 분인가 생각해 보십시오. 오! 사랑하는 성도 여러분, 그분은 참으로 자애롭고 긍휼이 많으시며, 그러면서도 참으로 거룩한 담대함을 지니셨습니다. 죄인들을 향한 사랑이 어떠합니까! 그분을 사랑하지 않던 사람들도 그분을 보고 감탄하였습니다. 그분의 뛰어나심을 그처럼 인식할 것으로 거의 기대하지 않은 사람들도 그분의 삶을 연구한 결과 크게 감명을 받았습니다. 우리는 마땅히 그분을 찬미해야 합니다. 왜냐하면 그분은 "만인 가운데 제일이고 아주 사랑스러운 분"이기 때문입니다. 사람들 중에서 비할 수 있는 자가 없고, 천사들 중에서도 그와 대비될 수 있는 자가 없는 분에 대해서 말해야 할 때 가만히 침묵을 지키고 있는 것은 반역죄입니다. 왕의 아들의 혼인 잔치를 생각할 때 계속 박수를 치시기 바랍니다. 그 아들을 위해서 신부가 이미 혼인 잔치의 준비를 끝마쳤기 때문입니다.

또한 주님이 성취하신 일들을 생각해 보십시오. 우리는 어떤 왕에게 경의를 표할 때마다 그가 다스리는 나라를 위해서 행했을 수 있는 모든 일을 생각합니다. 예수님께서 우리를 위해서 무엇을 하셨습니까? 오히려 예수님께서 우리를 위해서 행하지 않으신 것이 무엇인지 묻고 싶습니다. 우리의 죄를 어깨에 짊어지고 광야로 나가셨습니다. 그래서 우리의 죄가 영원히 사라진 것입니다. 우리의 대적 원수들이 그분과 싸우려고 나왔습니다. 주님은 원수들을 맞아 싸우셨습니다. 자, 그 원수들은 지금 어디에 있습니까? 그들은 바다 깊은 곳에 내던져졌습니다. 마지막 원수인 사망에 대해서 말한다면, 사실상 주님은 그 사망을 이기셨습니다. 오래지 않아 우리 중 가장 연약한 자라도 그로 말미암아 "오, 사망아 네가 쏘는 것이 어디 있느냐, 오! 무덤아 네가 이기는 것이 어디 있느냐"라고 말할 것입니다. 그는 하늘의 영웅이십니다. 그는 온 우주의 환호 가운데서 아버지의 보좌로 돌아가셨습니다. 그분은 우리를 위해서 싸우셨고, 우리를 위해서 이기셨습니다. 그런데 우리가 그분께 존귀를 돌리고 싶은 마음이 없습니까? 저는 온 힘을 쏟아 말해야 하는 경우에 어떤 주제에 대해 숨죽이며 얘기하고 있다고 느낍니다. 왕관을 가져와서 그분에게 씌워드리십시오! 그것이 그분을 아는 모든 자들이 보편적으로 내리는 평결이 아닐까요! 사람들이 모두 그 사실을 선포해야 하지 않겠습니까? 동서남북에서 모든 자들이 그분의 혼인날에 그를 즐거워하여 기쁨의 종을 울리며 축하의 깃발을 걸어야 하지 않겠습니까? 왕의 아들이 혼인을 하고, 그의 존귀가 찬연히 빛나는 잔치가 벌어지고 있습니다. 그러니 그분의 이름을 높이고 그분에게 영광을 돌립시다! 왕이여 만세수를 하옵소서! 시녀들은 탬버린을 가지고 나오고, 악사들은 아름다운 선율을 연주하도록 합시다. 실로, 호흡이 있는 모든 피조물들이여, 기쁨으로 그를 찬미할지어다. "호산나! 호산나! 찬송하리로다 주의 이름으로 오시는 이여."

2. 너그러운 방식

다시 여기에 그 임금이 세우신 뜻을 성취하기 위한 너그러운 방식이 보입니다. 왕의 아들은 혼인하는 날에 존귀함을 얻어야 합니다. 어떤 방식으로 그 일이 진행될 것입니까? 야만적인 족속들에게 큰 잔치들이 있습니다. 슬프게도 잔치 때 사람들은 틀림없이 아주 저열한 곳까지 낮아졌을 것입니다. 그러한 경우에는 사람들의 피가 강을 이루어 흘러내립니다. 막 문명화되어 가고 있는 오늘날까지, 축제일이나 잔치 때에 극악무도한 관습을 따라 아주 냉정하게 수백 명의 자기 종족을 죽이라는 명령을 내리는 가증스런 폭군이 있습니다. 그런 관습은 정말 극악무도하다고밖에 말할 수가 없습니다. 이렇게 괴물 같은 폭군은 마귀처럼 행동함으로써 자기 아들을 존귀하게 하려고 하였습니다. 그러나 하늘의 위대한 임금께서는 자기의 아들을 존귀하게 하기 위해서 피를 전혀 흘리지 않습니다. 사람들이 예수님의 긍휼을 배척할 때엔 예수님께서 사람들을 멸하실지라도 존귀를 얻으실 것이라는 사실을 저는 의심하지 않습니다. 그러나 하나님께서 자신의 아들을 영화롭게 하기 위해 택하신 방도는 그것이 아닙니다. 구주 예수님께서 사람과 함께 하시는 혼인날에 진노로 영광을 얻으시는 것이 아니라 긍휼로써 영화롭게 되십니다. 만일 그러한 날에 피가 언급된다면 자신의 피를 통해서 영광을 받으시는 것입니다. 사람을 죽이는 것이 예수님께 전혀 기쁨이 되지 않을 것입니다. 그분은 온유하고 겸손하시며, 사람을 사랑하는 분이시기 때문입니다. 거의 모든 왕들이 새로운 세금을 부과하거나, 신민들로부터 받는 특별 보조금을 내게 함으로써 왕자의 혼인을 알리곤 하였습니다. 우리가 사랑하는 여왕의 딸이 결혼할 것이라는 사실이 공포될 때, 이전의 어떤 경우보다도 기쁘게 신부의 혼인 지참금을 내놓을 것입니다. 우리 중 누구라도 불만의 소리를 발하지 않을 것입니다. 그러나 이 비유는 만왕의 왕께서 사람의 방식을 따라서 우리를 대하지 않으시는 것을 보여줍니다. 그 아들을 위해서 특별 보조금을 전혀 요구하시지 않습니다. 그분은 무엇을 요구하심으로써가 아니라, 오히려 선물을 주심으로써 혼인을 기억할 만하게 만드십니다. 백성들에게 무엇을 달라고 하시는 것이 없습니다. 오히려 백성들을 위해서 많은 것을 준비하십니다. 선물을 풍성하게 주시며, 신하들에게 요구하는 것은 그들이 기꺼이 궁정에 오되 일하거나 식탁에서 시중들기 위해서가 아니라 대접을 받고 기뻐하기 위해 오는 것뿐입니다.

하나님께서 그리스도를 존귀하게 여기시기 위해서 쓰시는 너그러운 방식이 본문에 나타난 잔치의 형태를 통하여 나타난다는 점을 살펴봅시다. 저는 매튜 헨리가 잔치의 목적을 어떻게 기술하였는지 지적한 바 있습니다. 그는 청교도들의 두운법(頭韻法)을 써서 이렇게 표현하였습니다. "잔치란 사랑과 웃음을 위한 것이고, 충만함과 교제를 위한 것이다(A feast is for love and for laughter, for fullness and for fellowship)." 복음도 그러합니다. 복음은 사랑을 위한 것입니다. 죄인인 여러분들은 복음 안에서 하나님과 화해하라고 초청을 받습니다. 하나님께서 여러분의 죄를 용서하시며, 하나님께서 여러분에게 더 이상 진노하시지 않을 것이며, 여러분은 그 아들을 통해서 하나님이 화해하도록 하신다는 것을 확신하게 됩니다. 그렇게 해서 하나님과 영혼 사이에 사랑이 확립되는 것입니다. 그 다음으로 복음은 웃음을 위한 것입니다. 즉 행복과 기쁨을 위한 것입니다. 그리스도 예수 안에서 하나님께 오고 그를 믿는 자들은 마음에 흘러넘치는 평강을 가득 채우게 됩니다. 조용한 평강의 호수가 기쁨의 물결로 출렁이고, 그 물결이 환희에 넘쳐서 손뼉을 치게 됩니다.

그 크신 임금께서 그 아들 예수를 영화롭게 하실 때 그 신하들을 초청하신 것은 슬픈 일이 아니라 기쁜 일이었습니다. 하나님께서 여러분에게 십자가에 못 박히신 구주를 믿고 살라고 명하시는 것을 들을 때 괴로워할 필요가 없습니다. 오히려 기뻐해야 합니다. 더 나아가 잔치란 **충만함**을 맛보도록 베풀어지는 것입니다. 사람의 굶주린 영혼이 은혜의 복락으로 만족함을 얻습니다. 복음은 우리의 모든 수용 능력을 충족시킵니다. 영혼이 하나님께서 자비로 준비하신 것들을 받을 때, 우리 본성 가운데 필요로 하는 것을 공급받았음을 느끼지 못하는 기능들은 하나도 없습니다. 우리 존재 전체가 좋은 것들로 만족함을 얻고, 우리의 젊음이 독수리처럼 새롭게 됩니다. "이는 내가 그 피곤한 심령을 상쾌하게 하며 모든 연약한 심령을 만족하게 하였음이라"(렘 31:25). 복음은 모든 것을 영화롭게 하되, 우리를 아버지와 그 아들 예수 그리스도와 사귐(교제)이 있도록 합니다. 그리스도 안에서 우리는 거룩하신 성 삼위 하나님과 교통합니다. 하나님께서 우리 아버지가 되시고, 하나님께서 당신의 부성적인 마음을 우리에게 계시하십니다. 예수님께서 세상에는 자신을 나타내지 아니하시지만 우리에게는 나타내십니다. 성령님의 교통하심도 우리와 함께 하십니다. 우리의 교제는 요나단과 다윗의 교제와 방불하고, 예수님과 제자 요한의 교제와 방불합니다. 우리는 하늘의 떡을 마음껏 먹고, 잘 정제된 포도주를 마십니다. 우리는 주님의 비밀이 밝혀지는 그 하늘의 연회 장소로 인도함을 받게 됩니다. 그래서 주님 앞에 우리의 마음을 다 토해 놓습니다. 하나님과 우리의 교제는 지극히 친밀합니다. 정말이지 하나님께서는 우리에게 지극히 깊은 사랑과 겸손하심을 주시는 것입니다. 이에 대해서 여러분은 무엇이라고 말하겠습니까? 그처럼 풍성한 식사를 준비하시는 분을 풍성히 즐기는 일이 없어야 되겠습니까? 오, 죄인이여, 여기서 여러분의 모든 수용 능력이 바랄 수 있는 전부가 여러분에게 제공될 것입니다. 여러분이 이 세상과 영원에 대해서 필요한 모든 것을 하나님께서 그의 사랑하시는 아들 안에서 준비하시고, 여러분에게 돈 없이 값없이 그것을 받으라고 명하십니다.

저는 이미 모든 비용을 그분이 담당하신다고 말씀드렸습니다. 그 잔치는 정말 풍성하기 이를 데 없는 잔치였습니다. 소를 잡고 살진 고기가 배설되었습니다. 그러나 이 모든 음식 가운데 어떤 것도 하객들의 초장이나 외양간에서 취해 온 것이 아니었습니다. 복음은 정말 값비싼 사업입니다. 그리스도의 심장 자체를 짜내어서 이 큰 잔치의 대가를 지불하신 것입니다. 그러나 복음의 큰 잔치에서 죄인에게는 아무런 대가를 요구하지 않습니다. 돈이나 공로나, 그 잔치의 준비를 요구하지 않습니다. 여러분은 복음 잔치에 있는 그대로 나올 수 있습니다. 왜냐하면 여러분에게 요구되는 혼인 예복이 여러분을 위해 값없이 준비되어 있기 때문입니다. 여러분은 있는 그대로 주 예수 그리스도를 믿으라는 명령을 받습니다. 여러분이 할 일은 아무것도 없습니다. 다만 그의 충만한 데서 받기만 하면 되는 것입니다. "영접하는 자 곧 그 이름을 믿는 자들에게는 하나님의 자녀가 되는 권세를 주셨으니"(요 1:12). 여러분에게 잔치에 필요한 헌물을 드리라고 요구하지 않습니다. 무한하신 긍휼로 이루어진 하나님의 잔치에 참여해 즐겁게 먹으며 기뻐하기만 하면 되는 것입니다.

또한 복음은 복음을 받는 자들에게 얼마나 존귀한 것입니까? 왕의 혼인 잔치에 초대를 받는 일은 초대받은 사람에게 대단히 큰 명예였습니다. 우리 중 많은 사람들이 공주의 결혼식에 초대될 가능성이 있다는 생각을 거의 하지 않습니다. 초대를 받는다면, 아마 우리는 아주 우쭐댈 것입니다. 왜냐하면 우리 거의 모두가 그 일을 우리 생애의 가장 큰 사건 중 하나로 느끼게 될 것이기 때문입니다. 이 사람들에게도 역시 마찬가지입니다. 왕의 아들이 날마다 결혼하는 것이 아닙니다. 또 왕의 혼인 잔치에 와서 즐기라는 청을 아무나 받지 않습니다. 그 혼인 잔치의 초청을 받아 간 사람들은 살면서 내내 "나는 그분의 혼인 예식에 참석하여서 잔치의 찬란함을 모두 목격하였지"라고 말할 것입니다. 아마 그들 가운데 어떤 사람들은 전에 그처럼 영화롭고 호화로운 잔치에 참석했던 적이 없을 것입니다. 또한 그러한 훌륭한 무리들 속에 낀 적도 없었을 것입니다.

형제들이여, 사람이 복음을 받아들이는 것보다 영예로운 일은 없을 것입니다. 사람이 믿음으로 그리스도를 존귀하게 여기면 그리스도께서 그를 존귀하게 여기십니다. 임금의 아들이 된다는 것은 결코 작은 일이 아닙니다. 그런데 하나님의 친아들의 혼인 잔치에 참여하는 사람들은 왕의 아들들이 될 것입니다. 그들 자신이 모든 것을 물려받는 그 위대한 상속자의 영광에 동참하게 됩니다. 이 임금이 취한 너그러운 방식에 대해서 말하는 동안 제 마음이 점점 더 거룩한 열정으로 차 오릅니다. 그리고 잔치에 참여하는 모든 손님들을 존귀하게 하는 그 사랑의 잔치에 사람들이 오지 않는 이유가 점점 더 이상하게 생각됩니다. 잔치를 준비하기 위해서 주인은 엄청난 대가를 치렀습니다. 손님들에게는 아무런 부담을 지우지 않았습니다. 또 참석하는 모든 사람들에게 잔치는 지극히 영예로웠습니다. 그런데 그 잔치에 참여하는 은총을 거절할 정도로 지혜롭지 못한 사람이 있다는 것을 어떻게 이해해야 하겠습니까? 확실히 그것은 새롭게 되지 못한 마음의 어리석음을 잘 예증해 주며, 죄가 가져온 인간 본성의 깊은 부패를 여지없이 보여주는 증거가 될 것입니다. 만일 사람들이 돌판을 가지고 있는 모세에게 등을 돌린다면 저는 놀라지 않을 것입니다. 그러나 은혜를 잔뜩 쌓아 놓은 식탁을 멸시하는 것은, 즉 소와 살진 짐승을 잡아놓은 식탁을 거절하는 것은 정말 이상한 일입니다. 하나님의 공의를 대항하는 것은 범죄입니다. 그러나 하늘의 관용을 거절하는 것, 그것은 무엇이겠습니까? 정말 비열한 배은망덕의 행위에 꼬리표를 달아 줄 오명(汚名)의 낱말을 고안해 내야 할 판입니다. 지극히 큰 위엄으로 두려우신 하나님을 대항하는 것은 정말 무지한 일입니다. 자비의 위엄을 보이시는 하나님을 깔보는 것은 미치광이짓보다 더 어리석은 일입니다. 하나님의 선하심에 영광을 돌리기보다는 차라리 굶어 죽는 편을 택한다면 그것은 정말 죄악의 극치입니다.

　저는 남은 시간을 생각해서 설교를 마무리지어야 할 것 같습니다. 지금까지 여러분에게 하나님께서 그 아들을 존귀하게 하시는 방식을 설명하였으니, 이제 즉시 초대를 알리고 여러분에게 이같이 소리쳐야 하겠습니다. "혼인 잔치에 오십시오. 여러분, 오셔서 은혜로 준비한 것들을 받아들임으로써 예수님을 영화롭게 하십시오. 그리스도의 의에 맞서서 자신의 행위를 높인다면 그 행위가 결코 주님을 존귀하게 하지 못할 것입니다. 만일 여러분이 회개를 그리스도의 보혈에 필적하는 것으로 생각한다면, 그 회개마저도 그리스도를 영화롭게 할 수 없습니다. 범죄한 죄인이여, 있는 그대로 와서 예수님께서 여러분에게 값없이 제공하시는 긍휼을 받으십시오. 그리고 그리스도께서 자기를 믿는 자들에게 그의 피로써 주시는 용서를 받으십시오."

　한 번 생각해 보십시다. 왕의 사신이 심부름 받고 나가서 왕의 초대를 받은 사람들이 초대를 무시하는 표시를 보고, 그들이 오려고 하지 않는다는 것을 알았을 때, 그는 틀림없이 놀라서 아무 말을 하지 못하였을 것입니다. 그 사신은 잔치에 배설된 소와 살진 짐승들의 고기를 보았고, 거기에 차려진 훌륭한 것들을 다 보았습니다. 그는 임금도 알고 그 아들도 압니다. 또 그러한 잔치에 참여하는 것이 얼마나 희락에 넘치는 일인지를 알고 있습니다. 그런데 오라는 청을 받은 사람들이 그에게 등을 돌리며 자기들의 밭으로 가기 시작했습니다. 그 사신은 메시지를 거듭거듭 열심히 전달하며, 그러는 동안 내내 그처럼 선한 임금을 대담하게도 모욕하는 패역한 행동을 보면서 기이하게 여깁니다. 저는 그가 처음에는 자기 주인을 위해서 화를 내다가 후에는 그런 터무니없는 배은망덕과 무례하기 짝이 없는 행위에 틀림없이 따르게 될 일을 알고서 불쌍히 여기는 연민의 마음이 들게 됩니다. 그는 자기가 사랑하는 동료 시민들이 그처럼 선한 제안을 거절하고 그처럼 복된 선포를 멸시할 정도로 어리석은 것을 보고 한탄하였습니다.

저도 역시 속으로 착잡하면서도 아주 안타까운 심정을 가집니다. 오, 나의 하나님, 하나님께서 복음을 마련해 주셨습니다. 이 예배당에 있는 사람은 어느 누구도 복음을 거절하지 않게 하시옵소서. 당신의 아들을 가볍게 여기거나 모독하는 사람이 하나도 없게 해 주옵소서. 모든 자들이 예수 그리스도를 영화롭게 하는 아버지 하나님의 너그러운 방식을 즐거워하게 하소서. 예수 그리스도는 그의 교회의 신랑입니다. 그래서 여기 있는 모든 이들이 다 주님께서 사랑으로 베푸시는 그 잔치에 참여하여 잔치를 영화롭게 하게 하시옵소서.

3. 심각한 방해

우리는 이제 세 번째 점을 볼 때, 그 즐거운 행사에 잠깐 끼어든 심각한 방해를 유감스럽게 기억하게 됩니다.

왕은 심중에 생각하였습니다. '내가 큰 잔치를 벌이리라. 그리고 많은 사람들을 초청해야겠다. 그들은 내 나라가 제공할 수 있는 모든 것을 누릴 것이다. 그렇게 함으로써 내가 내 아들을 얼마나 사랑하는지를 보여줄 것이고, 더 나아가 거기에 참석한 모든 손님들이 내 아들의 혼인과 관련하여 아주 아름다운 추억을 갖게 할 것이다.' 그의 사신들이 나가서 전에 분명한 초대를 받은 사람들에게 때가 왔다고 알렸을 때 그들의 반응이 이와 같이 기록되었습니다. "그들이 오기 싫어하였다." 그들이 올 수 없었던 것이 아니라 오려고 하지 않았습니다. 어떤 사람은 이런 이유로, 다른 사람은 저런 이유로 오려고 하지 않았습니다. 예외 없이 오기를 싫어하였습니다. 여기에 임금이 구상하는 원대한 사업을 매우 심각하게 훼방하는 것이 있었습니다. 임금이 손님들을 잔치 자리까지 강제로 끌어올 수 없었습니까? 있었습니다. 그러나 그렇게 하면 그의 뜻은 이루어지지 않을 것입니다. 임금은 억지로 끌려온 노예들로 자기 보좌를 빛나게 하고 싶지 않았습니다. 마지못해 와 앉아 있는 사람들은 혼인 잔치를 빛내 주지 못할 것입니다. 신하들을 강제로 동원하여 잔치 자리에 참석하게 하는 것이 왕에게 무슨 영예가 되겠습니까? 안 됩니다. 앞에서 말씀드렸듯이, 신하가 진정으로 하객이 되어야 하기 때문입니다. 손님들이 잔치에 올 때 즐거운 마음으로 오는 것이 잔치의 품위를 나타내는데 필수적인 요소였습니다. 그런데 손님들이 오고 싶어 하지 않았습니다. 어째서입니까? 어째서 그들은 오지 않으려고 합니까? 이 질문에 대한 대답은, "어째서 와서 예수님을 믿지 않느냐?"는 질문에 대한 대답과 같을 것입니다. 초

청을 받은 많은 사람들이 그 일에 별로 관심이 없었습니다. 왕의 아들을 결혼시
키는 일에 대해 그들은 관심을 보이지 않았습니다. 왕가의 결혼식은 대단히 큰
일이고, 백성들의 높은 관심거리입니다. 울타리를 치고 도랑을 파러 간 농부들
이나 장사를 하는 사업가들이나 솔직하게 말하는 사람들이었습니다. 그들이 궁
궐과 임금님과 왕자와 왕자의 신부, 또는 임금님의 만찬에 대해서 무슨 관심이
있었겠습니까! 그들이 그렇게 말은 하지 않았지만 그렇게 느꼈습니다. 왕가의
혼인 잔치가 그 자체로는 멋진 일일 수 있지만, 그들의 관심사에서는 완전히 벗
어난 일이었습니다. 이 시대에 얼마나 많은 사람들이 그런 식으로 처신합니까?
우리는 이 시대 사람들이 이렇게 말하는 것을 들어왔습니다. "일하는 노동자에
게 종교가 무슨 상관이 있나?' 사업에 바쁜 사람들은 신앙을 위해서 시간을 할애
할 수 없고 돈 벌 궁리를 하는 것이 더 낫다고 말하는 사람들도 있습니다. 주님께
서 이런 사람의 어리석음을 불쌍히 여기시기를 원합니다! 여기에 바로 복음에
대한 큰 장애물이 있습니다. 모든 구상들 가운데 가장 위대한 구상, 곧 하나님께
서 죄인들을 불쌍히 여기심으로써 당신의 아들을 영화롭게 하신다는 이 구상에
대해 인간이 관심을 보이지 않는 이것이 큰 장애물입니다.

    비유에 나오는 사람들이 그 초청을 거절한 근본적인 이유를 보면, 임금에
대한 불충(不忠)이 자리 잡고 있음을 알게 됩니다. 그들이 저녁 만찬에 오기 싫
어하는 것은, 그 잔치가 충성스런 사람들은 기뻐할 기회가 되었지만, 그들은 충
성스런 자들이 아니어서 그 자리에 참석한 다른 사람들의 노래와 환호소리를 듣
고 싶어 하지 않았기 때문입니다. 그들은 잔치에 참석하지 않음으로써 임금을
모독하였고, 그가 왕이든 아니든, 그의 아들이 왕자이든 아니든 신경 쓰지 않겠
다고 선언을 한 것입니다. 그들은 초청을 거절함으로써 왕에 대한 충성을 거부
할 작정이었던 것입니다. 사실상 그들은 이렇게 말한 것입니다. "여하튼 그가 왕
이고 그의 아들이 왕자라 해도 우리는 그에게 아무런 경의를 표하지 않을 것이
다. 우리는 왕의 식탁에 둘러앉아서 왕의 찬연함을 빛내 주는 사람들에 끼지 않
을 것이다. 틀림없이 그 잔치는 훌륭할 것이고, 우리가 참여하기에 좋을 만한 충
분한 준비를 갖추고 있을 것이다. 그러나 일단 우리는 우리의 식욕을 부인하고
우리의 교만을 충족시킬 것이다. 우리는 반역을 선포한다. 우리는 가지 않겠다
고 선언한다." 아! 예수님을 믿지 않는 불신앙의 근저에는 자기를 지으신 조물주
에 대한 적대감이 자리 잡고 있으며, 온 우주를 통치하시는 위대한 하나님을 원

망하는 강한 반감이 서려 있습니다. 마땅히 그분에게 경의를 표해야 함에도 불구하고 말입니다. "소는 그 임자를 알고 나귀는 그 주인의 구유를 알건마는"(사 1:3). 그러나 불신앙에 빠진 사람들은 알지 못하고, 생각지 않습니다. 그런 자들은 하늘의 지존하신 분을 대적하는 반역자들입니다.

더구나, 그 초청을 거절한 것은 임금님을 멸시했을 뿐만 아니라 그 왕자를 멸시하는 것이었습니다. 어떤 경우들에는, 사람들이 복음을 반대할 때 주로 그와 같은 의도로 반대합니다. 불신자는 그리스도의 신성을 거부하고, 또는 그의 속죄를 멸시하기 때문입니다. 오, 선생들이여, 이 점을 인식하십시오. 그리스도의 하나님 아들 되심과 그의 신성을 부인함으로써 그리스도를 모독하는 것보다 더 치명적인 암초는 없습니다. 여러분은 그 암초에 난파당하지 않기를 간절히 바랍니다. "그의 아들에게 입맞추라 그렇지 아니하면 진노하심으로 너희가 길에서 망하리니 그의 진노가 급하심이라"(시 2:12). 본문에 나오는 초청에 대한 거절은 무관심이 표면적인 원인이었습니다. "그들이 돌아보지도 아니하고." 그러나 그 마음의 한 껍질을 벗겨 보면 그 밑바닥에는 왕의 위엄을 대항하는 모반이 들어 있으며, 왕의 아들의 존엄을 싫어하는 마음이 들어 있습니다.

의심할 여지 없이 그들 가운데 어떤 자들은 잔치 자체를 멸시하였습니다. 그들은 그와 같은 임금이 빈약한 잔치를 차려 놓고 오라 하지는 않는다는 사실을 알았음이 분명합니다. 그런데 그들은 감히 그 잔치를 무시하였습니다. 오늘날도 복음을 알지도 못하면서 무시하는 사람들이 얼마나 많습니까? 저는 그 사람들이 복음을 이해하지 못한다고 분명히 말씀드립니다. 그러니 어떤 사람이 복음을 낮게 평가하는 소리를 여러분이 듣는다면 거의 틀림없이 그는 신약 성경을 읽어보지도 않았고, 은혜의 교리들에 대해 전적으로 문외한이라는 것을 발견할 것입니다. 복음을 비난하느라고 입에 거품을 무는 사람의 말을 들어 보십시오. 그러면 그 사람이 아무것도 아는 것이 없기 때문에 큰소리치고 있다는 사실을 알게 될 것입니다. 만일 그가 복음을 잘 이해했더라면, 복음을 받아들이는 충성된 자가 되지 않는다 할지라도 적어도 감탄의 침묵을 지킬 수밖에 없다는 것을 발견할 것입니다. 그가 솔직한 사람이라면 말입니다.

사랑하는 친구 여러분, 그 잔치는 여러분에게 크게 필요한 것입니다. 그래서 저는 그 잔치가 어떠한 것인지 말씀드리려 합니다. 그 잔치는 과거를 용서하는 것입니다. 현재에 대해서는 성품을 새롭게 하는 것이고, 내세에 대해서는 영화롭게 하는 것입니다. 여기에 우리를 돕는 자이신 하나님이 계십니다. 그의 아들은 우리의 목자 되시고, 성령께서는 우리를 가르치시는 선생이십니다. 여기에 우리의 기쁨인 아버지의 사랑이 있으며, 우리를 깨끗하게 하는 아들의 피가 있고, 우리를 죽은 자 가운데서 살아나게 하는 성령의 역사가 있습니다. 복음을 통해서 제공되는 것 외에는 여러분이 마땅히 원해야 할 것이 없는 것입니다. 복음을 믿음으로 받아들인다면 그리스도께서 영광을 받으실 것입니다. 그런데 여기에 한 장애물이 있습니다. 사람들이 그것을 받아들이지 않는 것입니다. "그들이 오기를 싫어하거늘." 복음을 분명히 설명한다면, 복음을 간절한 자세로 진술한다면 우리의 말을 듣는 사람들이 분명코 회심할 것이라고 생각하는 사람들이 있습니다. 물론 말할 필요도 없이 복음을 명백하고 간절한 자세로 전하려고 노력해야 합니다. 그러나 아무리 훌륭하게 수행한 사역도 어느 정도는 성공을 거두지 못할 것입니다. 다시 말하면, 성령께서 효과적으로 역사하지 않는다면 그러한 최선의 사역도 성공하지 못한다는 것입니다. 그래서 여전히 "우리가 전한 것을 누가 믿었느냐?"(사 53:1)라고 부르짖지 않을 수 없습니다. 최선을 다해 구주를 섬기는 사람들도 자기들이 돌밭에 씨를 뿌리고 감사할 줄 모르는 물에 떡을 던진 것에 대해서 한탄할 것입니다. 설교자의 황태자이신 우리 예수님께서도 이렇게 말씀하시지 않을 수 없었습니다. "너희가 성경에서 영생을 얻는 줄 생각하고 성경을 연구하거니와 이 성경이 곧 내게 대하여 증언하는 것이니라 그러나 너희가 영생을 얻기 위하여 내게 오기를 원하지 아니하는도다." 슬프기 짝이 없는 일입니다. 이렇게 하나님의 자비가 거절을 받고 천국이 퇴짜를 맞다니요.

4. 은혜로운 답변

이제 끝으로, 아주 실제적인 문제를 생각해야 하겠습니다. 임금의 계획에 지장을 초래한 그 무례한 행위에 대해서 임금 되신 하나님께서 어떻게 "은혜롭게 답변"하셨느냐는 것을 살펴보고자 합니다. 임금님이 뭐라고 말씀하셨습니까? 그들이 초대받았고, 그 다음에 또 초청받는 것을 보게 됩니다. 동양의 관습에 따를 때, 그 초청은 잔치가 곧 시작될 것을 알리는 것이었습니다. 그래서 초청 받은 사람들은 불시에 일을 당하는 것이 아니라 자기들이 무슨 일을 하는지 알았습니다. 그들은 두 번째 초청을 냉정하게 의도적으로 거절하였습니다. 왕은 어떻게 하였습니까? 즉시 그 도성을 불태우고 모반자들을 뿌리뽑았습니까? 아닙니다.

먼저 그들의 무례한 거절을 눈감아 주었습니다. 임금은 속으로 이렇게 말하였습니다. "아마 그 사람들이 내 종들이 말하는 것을 오해했을 것이다. 아마 그들은 시간이 됐다는 것을 이해하지 못했을 것이다. 그들에게 전달된 메시지가 너무 간단하여 그 의미를 놓쳤을 것이다. 아니면, 혹시 나에 대해 잠시 적대 감정을 가졌을지 모른다. 그래서 그들이 다시 생각해 보고 나에게 그렇게 무례하게 행동하거나 너그럽지 못하게 행동하는 일을 하지 않았어야 했다고 후회할 것이다. 내가 어떻게 했기에 그들이 내 만찬을 거절한단 말인가? 내 아들이 어떻게 하였기에 그들이 내 잔치에 참여하여서 즐겁게 먹고 마심으로 아들을 존귀하게 해 주고 싶은 생각이 없단 말인가? 사람들은 잔치를 좋아하고, 내 아들은 그들의 존중을 받을 만한데, 어째서 그들이 오지 않는단 말인가? 과거는 다 잊어버리고 다시 시작해야겠다."

이 말을 듣는 청중 여러분, 여러분 가운데는 복음의 초청을 많이 받았음에도 불구하고 그리스도를 거절한 사람들이 많습니다. 오늘 아침 우리 주님께서 여러분이 보였던 과거의 불친절한 자세를 잊고, 다시 저를 보내어 같은 메시지를 전하고, "혼인 잔치에 오라"고 초대하십니다. 지난 과거를 눈감아 주고, 정직하게 여러분의 선을 바라며, 끝까지 온유함을 보이는 것은 결코 작은 인내심이 아닙니다.

임금이 또다른 초대장을 보냈습니다. "모든 것을 갖추었으니 오소서"라고 말입니다. 그러나 임금은 자기 대신 가서 메시지를 전하는 사자를 바꾸셨다는 사실에 주목해야 할 것입니다. "다시 다른 종들을 보내며." 그렇습니다. 저도 그렇게 말하겠습니다. 제 마음도 그렇게 느끼기 때문입니다. 사자(使者)를 바꾸어서 여러분이 믿기만 한다면, 내 구주의 이름으로 설교하는 직무를 제가 참으로 사랑하지만, 내가 있는 이 자리에서 죽어도 좋습니다. 다른 어떤 설교자가 와서 이 강단에 서서 전파함으로 여러분이 구원받을 수만 있다면 말입니다. 제 말이 여러분 가운데 어떤 분들에게는 틀림없이 매우 단조롭게 들리리라는 것을 저는 알고 있습니다. 저는 새로운 이미지를 많이 찾으려고 하고, 음성과 말하는 투를 바꿔 보려고 애를 씁니다. 그러나 한 사람이 계속 설교하다 보면 너무 자주 들음으로 말미암아 식상하게 느껴지겠죠. 내 설교 방식들이 여러분의 기질상 특성에 맞지 않을 수 있습니다. 그렇습니다. 선한 상전이신 주님이시여, 당신의 종인 저를 제쳐놓으시고 종으로 여기지 마시옵소서. 다른 사자들이 성공할 수만 있다면 그들을 보내시옵소서. 그러나 여러분 중의 어떤 분들에게는 제가 또다른 사자입니다. 더 나은 사자는 아닐지라도 다른 사자일 것입니다. 이전의 형제들이 여러분을 변화시키는데 성공하지 못했기 때문입니다. 오, 제가 "예수께 와서 그의 속죄를 믿고, 그를 믿으며, 그를 바라보고 살라"고 소리칠 때, 이 새로운 음성이 성공을 거두게 하옵소서. 이전 선구자들이 대접을 받지 못한 곳에서 말입니다.

　여러분도 주목하다시피 다른 종들에게 들려 보낸 메시지에 약간 변화가 있습니다. 처음에는 메시지가 아주 짧았습니다. 분명히 사람들의 마음이 올바른 상태에 있었다면 짧은 설교라도 충분할 것입니다. 만일 마음이 바른 상태에 있다면 간단한 초청만으로도 충분할 것입니다. 그러나 마음이 잘못된 상태에 있으므로, 하나님께서는 당신의 종들에게 더 자세히 충분히 설명해 주라고 명령하십니다. "내가 … 준비하되 나의 소와 살진 짐승을 잡고 모든 것을 갖추었으니 혼인 잔치에 오소서"(마 22:4) 하라 하였습니다. 죄인들을 그리스도께 인도하는 가장 훌륭한 방법 가운데 하나는 죄인들에게 복음을 풀어 설명해 주는 것입니다. 만일 우리가 설교 준비를 생각하고 있다면, 또한 우리가 복음의 풍성함과 값없음에 대해서 말한다면, 구원의 계획만을 간단하게 말하는 짧은 메시지로는 주목을 끌지 못할 수 있는 사람들의 관심을 끌 수 있습니다. 어떤 이에게는 "주 예수 그리스도를 믿으라 그리하면 네가 구원을 받으리라."라고 말하는 것만으로 충분합니다. 왜냐하면 그들은 "선생들아 내가 어떻게 하여야 구원을 얻겠는가?"라고 묻고 있기 때문입니다. 그러나 다른 사람들에 대해서는, 잔치에 음식을 차리기 위해서 얼마나 엄청난 비용이 들었는가를 묘사함으로써 혼인 잔치에 대한 관심을 끌 필요가 있습니다. 우리는 복음을 좀 더 충분히 전하도록 힘써야 합니다. 그러나 하나님의 은혜의 풍성함에 대해서 모두 말할 수는 없을 것입니다. 하늘이 땅 위에 높은 것처럼, 주님의 생각은 여러분의 생각보다 높습니다. 주님의 길은 여러분의 길보다 훨씬 더 높습니다. 그러므로 여러분의 죄와 생각을 버리고 주님께로 돌아오십시오. 그리하면 주님께서 여러분을 온전히 용서하여 주실 것입니다. 여러분을 사랑하는 마음으로 받으실 것이고, 이 시간에 여러분에게 애정 어린 입맞춤을 하실 것입니다. 탕자처럼 여러분이 돌아와서 아버지의 얼굴을 구하면 말입니다.

　복음은 사랑의 강이요, 사랑의 바다요, 사랑의 하늘이요, 사랑의 우주입니다. 복음은 전부가 사랑입니다. 죄인에 대한 하나님의 놀라운 사랑을 충분히 표현할 수 있는 말은 없습니다. 하나님께서 용서하지 못할 만큼 너무 크거나 검은 죄가 없고, 용서하실 수 없을 만큼 너무 붉거나 저주받을 악행은 없습니다. 십자가에 못 박힌 하나님의 사랑하는 아들을 바라보기만 한다면 여러분의 모든 죄와 모든 신성모독을 다 용서받을 것입니다. 죄 사함을 받는다는 말입니다. 예수님께서는 회개와 용서를 함께 주십니다. 그러니 이 세상과 내세에서 여러분에게 주어질 행복을 충분히 묘사하기란 불가능합니다. 여러분은 땅에서 천국을 소유하게 될 것이고, 하늘에서도 천국을 소유하게 될 것입니다. 하나님께서 여러분의 하나님이 되시고, 그리스도께서는 여러분의 친구가 되시며, 그래서 영원한 복락을 누리게 될 것입니다.

방금 말씀드린 메시지에서, 하객들은 매우 세심하게, 그러면서도 마음에 조금만 너그러움이 있다면 감동을 받았을 방식으로 요구를 받았습니다. 복음서 기자가 그것을 어떻게 표현하고 있는지 주목해 보십시오. "오라 그렇지 않으면 너희가 잔치를 놓칠 것이다. 오라 그렇지 않으면 임금님이 진노할 것이다. 오라 어서 오라 그렇지 않으면 너희들은 잃어버린 자들이 될 것이다"라고 말하지 않았습니다. 아주 놀라운 방식으로 표현합니다. 저는 감히 이렇게 말합니다. 제가 잘못 생각하고 있다면 구주께서 그렇게 말하는 저를 용서해 주시기 바랍니다. 임금이 마치 당황한 주인처럼 동정을 구하듯이 말합니다. 자, 여기를 보십시오. "내가 오찬을 준비하되 먹을 자가 없구나. 소와 살진 짐승을 잡고 모든 것을 갖추었으나 손님이 없구나. 자 오라. 어서 오라. 손님은 없고 주인인 나밖에 없구나." 그와 같이 때로는 복음 안에서 하나님께서 말씀하시는 것을 들으면, 마치 우리 구원으로 인하여 하나님께서 무슨 이익을 취하시는 것처럼 하신다는 것을 여러분은 발견할 것입니다. 자, 하나님께서는 사랑 가운데서 자신을 낮추어 사람들의 방식을 따라 말씀하고 계심을 알아야 합니다. 우리를 통해서 하나님께서 무슨 유익을 얻을 수 있겠습니까? 만일 우리가 망한다 할지라도 하나님께서 무슨 손해를 보시겠습니까? 그러나 하나님께서는 복음을 통해서 아들을 그리워하는 아버지, 아들이 집으로 돌아오기를 간절히 바라시는 아버지와 같은 모습을 취하십니다. 하나님께서는 친히 무한한 하나님이시면서도, 자신의 피조물들을 향하여 무엇인가를 구걸하는 모습을 취하고, 당신 자신과 화해하자고 간청하는 모습을 띱니다. 정말 기이하게 자신을 낮추시는 모습입니다. 자기의 물품을 팔러 돌아다니는 행상인처럼 하나님께서 "오! 목마른 자들아 물로 나아오라 돈 없는 자도 오라"고 소리치십니다. 그리스도께서 예루살렘을 내려다보시면서 우실 때 그들 자신을 위해서 뿐만 아니라 자신을 위해 우시는 것 같은 모습을 취하시는 것을 주목하십시오. "내가 얼마나 자주 너희의 자녀를 모으려 하였더냐." 하나님께서는 선지서들을 통해서 당신의 슬픔을 이렇게 표현하십니다. "내가 어찌 너를 아드마 같이 놓겠느냐 어찌 너를 스보임 같이 두겠느냐"(호 11:8 참조). 마치 죄인이 죽게 되면 그 어린 자식만이 아니라 그 아버지도 손실을 당하는 것처럼 말씀하셨습니다. 여러분은 하나님의 복음이 거절받는 것을 볼 때 하나님과 같은 심정을 느끼지 않습니까? 십자가가 높이 들려도 아무도 쳐다보는 사람이 없습니까? 예수님께서 죽으시는데도 그의 죽으심으로 말미암아 사람들이 구원 받지 못하다니요!

오! 복되신 주님이시여, 우리가 손님이 없어서 당황하는 것 같은 주님 당신의 모습을 볼 때에 우리만이라도 분명히 와야 한다고 느낍니다. 다른 어떤 것이 우리를 끌어당기지 않는다 할지라도 말입니다. 위대하신 하나님이시여, 우리가 이렇게 오나이다. 기쁨으로 당신께 오나이다. 당신께서 예비하신 풍성한 잔치에 참여하려고 이렇게 오나이다. 우리는 궁핍한 죄인으로서 주께서 우리를 불쌍히 여기사 예비하신 것을 받음으로써 그리스도를 영화롭게 하기 위해서 이렇게 오나이다.

형제자매들이여! 그리스도께서는 많은 사람들이 그분을 영화롭게 하기를 싫어함을 아십니다. 그러므로 저는 세상이 그러는 만큼 주님을 더욱 사랑하는 여러분에게 권고합니다. 주님에게 오지 않을 수 없었던 여러분은 그의 식탁에 앉았을 때에 노래하고 즐거워하며 그의 이름을 찬미하는 것을 잊지 마십시오. 집에 가서는 오지 않은 자들을 위해서 중보의 기도를 드리십시오. 주님께서 그들의 총명을 밝혀 주시며, 그들의 의지를 바꾸어 그들도 예수님을 믿지 않을 수 없게 되기를 기도하십시오. 오늘 아침, 주님의 부드러운 은혜의 말씀에 감동을 받아, 와서 잔치에 참여해야겠다는 생각이 반쯤 기울어진 여러분, 제가 청하노니 오십시오. 그것은 영광스러운 복음입니다. 복음의 잔치는 훌륭합니다. 그분은 영광스런 임금님이십니다. 잔치의 주인은 선하신 분입니다. 그분은 복되신 구주이시며, 혼인한 그분은 선하십니다. 모든 것이 훌륭합니다. 만일 여러분이 오늘 주어지는 복음의 초청을 받아들이기만 한다면 여러분도 선해질 것입니다. "믿고 세례를 받는 사람은 구원을 얻을 것이요 믿지 않는 사람은 정죄를 받으리라"(막 16:16). "주 예수를 믿으라 그리하면 너와 네 집이 구원을 받으리라"(행 16:31). 주 하나님께서 그분의 성령을 보내어 부르심을 유효하게 하시기를 사랑하는 아들의 이름으로 기도합니다. 아멘.

제
61
장
—

혼인 자리에서 입을 예복

—

"임금이 손님들을 보러 들어올새 거기서 예복을 입지 않은
한 사람을 보고 이르되 친구여 어찌하여 예복을 입지 않고
여기 들어왔느냐 하니 그가 아무 말도 못하거늘 임금이 사
환들에게 말하되 그 손발을 묶어 바깥 어두운 데에 내던지
라 거기서 슬피 울며 이를 갈게 되리라 하니라 청함을 받은
자는 많되 택함을 입은 자는 적으니라" — 마 22:11-14

　　마지막 구절의 부가적인 언급이 없이도 이 혼인 잔치의 비유는 분명히 완전
했을 것입니다. 그러나 이 결말을 덧붙인 데서 예수님의 무한한 지혜가 드러납
니다. 이 점은 하나님의 교회에서 실제로 경험할 수 있는 것입니다. 교회에 많은
사람들이 들어오는 것을 본 사람들은 혼인 예복에 대한 비유가 아주 적합하고
알맞다는 것을 발견할 것입니다. 부흥이 있을 때마다 많은 사람들이 그리스도께
인도함을 받습니다. 그런 때 합당하지 않은 사람들이 상당수 교회에 들어오는
일이 불가피하게 보입니다. 감독을 아무리 철저히 한다 할지라도 그 일에 아무
런 분깃이나 몫이 없는 위선자들이 몰래 기어들어올 것입니다. 설교자가 영혼들
을 그리스도께 인도하는데 아주 열심일 때 거룩한 질투심을 함께 가질 필요가
있습니다. 믿음이 있노라고 앞으로 나오는 사람들이 육신적 동기로 감동받은 것
이지 그 마음을 하나님께 드린 것이 아닐 수 있기 때문입니다. 많은 사람들을 모
아들이기 위해서는 그물을 사용해야 합니다. 그러나 그물 속에 잡힌 것이 좋은

것만 있는 것은 아닙니다. 시온의 타작마당에서는 순전한 곡식만 쌓여 있는 것이 아닙니다. 알곡과 함께 쭉정이가 섞여 있습니다. 그러므로 키질하는 바람이 필요합니다. 하나님의 용광로가 시온에 있습니다. 그것이 있을 충분한 필요성이 있습니다. 왜냐하면 여전히 금이 원광석 속에 있어서 순금을 찌끼와 분리시켜야 하기 때문입니다. 나무나 짚이나 풀로 집을 지으면 빨리 지을 수는 있습니다. 그러나 그것은 노력 낭비입니다. 우리가 짓는 재료들을 부단하게 시험할 필요가 있습니다. 우리가 정말 진정한 금과 은과 보석들을 사용하고 있는지 확인해 볼 필요가 있다는 말입니다. 사람들이 종교적으로 흥분해 있을 때에, 경건은 외적인 신앙 고백에 있는 것이 아니라 내면적인 생명력과 외적인 거룩함을 통해서 입증되어야 함을 깨우쳐 줄 필요가 아주 절실합니다. 마음을 조사하시는 하나님께 모든 일을 검증받아야 할 것입니다. 만일 하나님께서 우리를 조사하러 오실 때 우리의 부족한 것이 발견되면 우리는 혼인 자리에서 추방당할 것입니다. 하늘 문으로부터 바로 지옥으로 가는 길이 있기 때문입니다. 한 마디로 말해서, 위대한 임금님의 원수들이 교회 밖에만 있는 것이 아니라 교회 안에도 있다는 것을 모든 이들이 명심하는 것이 좋다는 말입니다. 일부는 임금님의 아들의 혼인에 오는 것을 거절합니다. 또 일부는 잔치에 들어 왔지만 여전히 임금님의 원수들입니다. 하나님께서 오늘 제가 말씀드리는 설교의 이 주제가 마음을 조사할 수 있는 효과를 발휘하도록 은혜 주시기를 바랍니다. 이 설교가 뼛속까지 파고 드는 북풍과 같은 효력을 갖게 하옵소서. 이 설교를 듣고서 우리가 하나님께 조사를 받고 시험을 받고 싶은 마음이 들게 하옵소서. 우리가 진정 믿음을 가지고 있는지, 아니면 하나님이 보시기에 버림받은 사람들인지를 알기 위해서 말입니다.

저는 이 비유를 다섯 가지 제목으로 나누어 강론을 하겠습니다. 잔치 자리에 참석한 원수. 그 다음에, 잔치 자리에 나타난 임금. 그런 다음에, 임금님이 잔치에서 재판장이 되십니다. 그래서 원수는 잔치 자리에서 범죄자가 되는 것입니다. 그리고 그 범죄자는 잔치의 집행자로 말미암아 신속하게 처리됩니다.

1. 잔치에 참석한 원수

우리는 본문에서 그 혼인 잔치에 원수가 있었다는 것을 발견합니다. 그 원수는 오라는 초청을 받았을 때 잔치자리에 들어갔습니다. 그러나 그는 외면적으로만 잔치에 참여한 것이지 마음으로 참여한 것은 아닙니다. 그 잔치는 아들의 영예를 위하여 베푼 것이었습니다. 그러나 이 사람은 그럴 뜻이 하나도 없었습니다. 그는 거기에 차려 있는 음식을 먹고 싶은 마음은 있었지만 그 임금의 아들에 대한 존경심은 전혀 없었습니다. 다른 사람들처럼 "가지 않겠다. 나는 이 사람이 나를 다스리는 왕 노릇 하는 것을 원치 않아요."라고 말하지 않았습니다. 오히려 그는 "가겠다. 그러나 왕의 목적을 이루게 하는 방식으로 참여할 것은 아니고 오히려 방해할 목적으로 참여할 것이다. 나는 방관자로서 거기 있을 뿐이다. 나는 그 예식에 아무 관심이 없다. 오히려 나는 그 일에 아무 관심 없음을 보여줄 것이다. 그 일이 내게 유익을 주는 면에서는 그렇게 하지 않겠지만." 하고 말한 것입니다. 그는 아주 완고한 마음과 이기심을 잔뜩 품고서 왔습니다. 그는 임금에게 경의를 보이려고 온 것이 아니었습니다. 오히려 자기의 독립적인 주권성을 주장하려고 결심하였습니다. 그는 바로 왕의 식탁에서, 임금이 그처럼 풍성하게 자비를 베푸시는 바로 그 자리에서 자기가 임금님을 모독하는 것을 전혀 두려워하지 않는다는 것을 왕에게 보이려고 하였습니다. 그는 혼인 식장의 문에 도착했을 때 거기에 온 모든 손님들이 혼인 잔치에 합당하게 의복을 차려입는 것을 보았습니다. 영국에서와 마찬가지로 여기에서도 장례식장에서는 조문객마다 거기에서 나누어 주는 애도의 표지를 달도록 되어 있었습니다. 그와 마찬가지로 혼인 잔치에서도 거기에 참석하는 사람마다 신랑을 높인다는 뜻을 담은 표지를 달게 되어 있었습니다. 그 사람이 혼인 예식에 참석한 사람이고, 그 혼인을 기뻐하는 사람임을 나타내는 표지로서 혼인 예복을 입게 되어 있었습니다. 다른 사람들은 이 혼인 예복을 즐거이 입었는데 이 반역자는 그렇게 하지 않았습니다. 그는 궁정의 규례를 무시할 작정이었습니다. 자신의 옷을 입고 나타남으로써 임금을 모독하려고 마음먹었던 것입니다. 그는 예를 갖추어 기쁨을 나타내는 옷 입는 것을 비웃었습니다. 오히려 무엄한 오만을 보임으로써 자기를 눈에 띄게 하고 싶었습니다. 그 예복은 예복을 입는 사람이 잔치에 진실로 즐겁게 참여하고 있음을 나타내려는 의도로 마련된 것입니다. 그런데 그 사람은 바로 그 이유 때문에 예복을 입으려 하지 않았습니다. 그는 임금을 인정하지 않고, 왕자도 인정하지 않았습니다. 또한 그 기쁜 혼인 잔치에 대하여도 일말의 관심을 두지 않았습니다. 물론 그가 거기 있는 것을 싫어하지는 않았습니다. 거기 맛있는 음식들을 먹고 의자에 기대어 거만한 모습을 보여주는 것을 싫어하지는 않았습니다. 그는 잔치를 벌이는 연회장에 있기는 하였지만 그 잔치에 참여하는 것은 아닙니다. 몸으로는 있었지만 영으로는 아닙니다. 교회에 등록하는 것이 하나님을 모욕하는 것밖에 되지 않는 사람들이 허다하게 많지 않습니까? 그들이 관례상 교회에 등록하는 것이지 진정한 믿음으로 등록하는 것이 아닙니다. 그들은 교회의 머리되신 그리스도께 관심이 없습니다. 또는 마음을 조사하시는 하나님께도 관심이 없습니다. 그들은 교인이 되는 것을 사소한 것으로 여기고, 그 문제에 대하여 마음에 감동하는 바가 전혀 없습니다. 사실상 그들은 이렇게 말하는 것입니다. "주의 식탁은 아무것도 아니야." 우리 연회에서 두려움 없이 자기 배를 채우는 저들은 부끄러운 자들입니다.

"그 혼인 예복이 무엇인가?"라는 질문을 사람들이 많이 하였습니다. 그 질문은 호기심에서 꼬치꼬치 캐물을 필요가 없는 것입니다. 그 질문에 대해 아주 많은 답변들이 제시되었기 때문에 저는 이렇게 결론을 내렸습니다. 만일 우리 구주께서 어떤 특별한 한 가지만을 의도하셨다면 당신 자신의 뜻을 좀 더 분명히 나타내셨을 것입니다. 그래서 우리가 그렇게 많은 신학적인 논쟁을 겪지 않고도 주님께서 뜻하신 바가 무엇인지 이해할 수 있게 하셨을 것입니다. 제가 볼 때 우리 주님께서는 어떤 한 가지 이상을 뜻하신 것으로 보입니다. 거기 온 손님들은 혼인 잔치에 오라는 초청을 받고 와서 임금과 그 아들에게 경의를 표하였습니다. 어떤 이들은 오려고 하지 않았습니다. 그럼으로써 혼인 잔치를 방해하고 싶은 마음을 보여준 것입니다. 그런데 이 사람은 들어와서 혼인 예식의 규례에 대해서 들었습니다. 정해진 예복을 입어야 하고, 그 경우에 걸맞은 외모와 복장을 해야 한다는 것을 들었습니다. 그는 그 예복을 입지 않기로 마음먹었습니다. 그는 이러한 반역의 행위를 통해서 그 자리에 오려고 하지 않았던 사람들만큼 대적하는 행동을 하였습니다. 그는 그 사람들보다 한술 더 떴습니다. 거기에 온 여러 손님들과 임금 앞에서 감히 불충과 모욕을 드러내었습니다. 복음의 복을 마땅히 즐거이 받아야 할 사람들이 얼마나 많습니까! 그런데 슬프게도 그들이 여전히 하나님께 대해 적대감을 갖고 있고, 독생자를 전혀 기뻐하지 않습니다. 그런 자들은 경건의 모양을 띠지만 마음은 주님을 대적하는 모반 정신으로 가득차 있습니다.

혼인 예복은 그리스도인에게 필요 불가결한 어떤 것을 상징합니다. 거듭나지 못한 마음은 그리스도인에게 필요 불가결한 것을 받아들이려고 하지 않습니다. 구원에 참여하기 위해 꼭 필요한 것으로 주님께서 지정하신 것을 싫어합니다. 이기심 때문에 그것을 싫어하는 것입니다. 그러므로 여기서 혼인 예복은 우리에게 전가(轉嫁)되는 그리스도의 의를 가리킨다고 말할 수 있습니다. 안타깝게도 많은 명목상의 그리스도인들이 구주의 의로 말미암아 의롭다함을 얻는다는 교리를 발로 차 버리고 그리스도의 의에 대항하여 자기 의(義)를 세우고 있습니다. 그리스도 안에서 율법에 속한 자신의 의를 붙잡지 않고 믿음으로 말미암는 하나님께 속한 의를 갖고 있는 것으로 발견되는 것이 바로 하나님의 참된 종임을 보여주는 탁월한 표지입니다. 그래서 믿음으로 말미암는 하나님께로서 난 의를 거부한다는 것은 하나님의 영광을 명백하게 대적하는 것이고, 높이 되신 하나님의 아들의 이름과 인격과 사역을 거부하는 것입니다.

　우리는 그와 마찬가지로 또 이렇게 말할 수 있습니다. 혼인 예복은 거룩한 성품을 뜻하는 것이고, 성령께서 우리 안에서 역사하사 나누어 주시는 의를 뜻할 수 있다는 것입니다. 그것 또한 은혜의 한 증거로서 마찬가지로 필요합니다. 만일 그 진술에 의문을 제기한다면 저는 여러분에게 하늘에서 성도들이 입은 옷을 상기시켜 드리겠습니다. 그 옷에 대해 무엇이라고 말합니까?"어린 양의 피에 그 옷을 씻어 희게 하였느니라"(계 7:14). 그러므로 그들의 의복은 일찍이 씻을 필요가 있는 의복이었습니다. 이것은 어떤 의미에서든지 주 예수 그리스도의 의를 말하는 것일 수 없습니다. 주 예수 그리스도의 의는 항상 완전하고 흠이 없었기 때문입니다. 그렇다면 이 비유는 개인적 성품과 관련하여 때로 성도들에게 적용되는 것이 분명합니다. 위대한 임금님의 충성스러운 손님들에게는 언제나 거룩함이 있습니다. 왜냐하면 "거룩함이 없이는 아무도 주를 보지 못할 것이기" (히 12:14) 때문입니다. 자칭 신자라고 하는 사람들 가운데 성령의 거룩하게 하시는 역사에 대해서는 전혀 관심이 없으면서 자기들이 전가된 의를 소유하고 있다는 생각으로 안심하는 사람들이 너무나 많습니다. 그들은 순종의 의복을 입기를 거부합니다. 성도들의 의(義)인 흰 세마포 옷 입기를 거절합니다. 이렇게 그들은 방자함과 하나님께 대한 적의를 보이며, 하나님의 아들에 대한 불순종을 드러냅니다. 그런 사람들이 믿음으로 말미암아 의롭다 함을 받는 것에 관하여, 또는 은혜로 말미암아 구원받는 것에 관해서 자기들의 생각을 말할 수 있습니다. 그러나 마음속으로는 반역을 생각하는 자들입니다. 그들은 혼인 예복을 입지 않고 있어서, 그들이 그처럼 맹렬하게 비난하는 자기 의를 내세우는 자들과 다를 바가 없습니다. 사실 우리가 은혜의 복을 원한다면 마음으로 이것저것 고르지 말고 은혜의 원칙에 복종해야 합니다. 어떤 사람들이 그래왔듯이, 혼인 예복이 믿음인지 사랑인지에 관해서 따지는 것은 쓸데없는 일입니다. 성령의 모든 은혜와 언약의 모든 복들은 함께 가기 때문입니다. 그리스도의 전가된 의를 가지고 있는데도 성령의 역사로 말미암은 의가 어느 정도 나타나지 않는 일이란 있을 수 없습니다. 믿음으로 말미암아 의롭다함을 받는다는 것이 선한 행실을 내는 것을 반대하지 않습니다. 결코 그렇지 않습니다. 우리로 의롭다 함을 얻게 하는 믿음은 거룩함을 산출하는 믿음입니다. 사람을 거룩하게 하지 못하는 믿음, 죄를 사랑하는 데서 건져내지 못하는 믿음으로 말미암아 의롭다 함을 받을 사람은 아무도 없습니다. 그리스도인의 성품을 형성하는 본질적인 모든 것은 큰 혼인 잔치의 예복을 마련하는 것으로 이해할 수 있습니다. 한 마디로 말해서, 우리는 그리스도로 옷 입어야 합니다. 그는 "하나님께로부터 나와서 우리에게 지혜와 의로움과 거룩함과 구속함"(고전 1:30)이 되십니다.

여기서는 혼인 예복이 단순하게 혼인 잔치에 온 사람들의 충성심을 시험하는 시금석으로 언급되고, 또 반역을 공공연히 나타내는 방식이자 충성심을 분명히 드러내는 방식으로 언급됩니다. 복음 잔치에 나왔지만 잔치와 연관되는 계명을 순종하기를 거절하는 사람이 여기 있었습니다. 그는 의도적으로 하나님보다 자신을 더 추켜세웠고, 그의 마음은 적대감과 교만으로 가득 차 있습니다. 그는 은혜의 선물들을 멸시했습니다. 사랑의 원칙을 조롱하였고, 또한 임금이 배설한 자비의 연회에서마저 무례한 반역자로 서 있었습니다.

그의 죄는 무엇보다 먼저 혼인 예복을 입지 않고 혼인 잔치에 들어온 데서 나타났습니다. 만일 그가 거기 들어온 다른 손님들이나 주인과 마음을 같이하지 않겠다는 생각을 하였다면 어째서 들어왔습니까? 만일 그 사람이 하나님의 뜻에 온전히 복종할 의향이 없다면 무엇 때문에 자신이 하나님의 교회에 속해 있다고 말하는 것입니까? 만일 어떤 사람이 그리스도의 의로 구원을 받지 않는다면, 어째서 그는 스스로 그리스도를 믿는 신자라고 주장하는 것입니까? 만일 그 사람이 그리스도의 거룩한 뜻에 순종할 마음이 없다면 어째서 그리스도의 제자인 척합니까? 누구든지 마음을 새롭게 하지도 않고, 자기가 말하는 바를 그대로 믿지 않으며, 복종하겠다고 말하는 원칙을 진실로 사랑하지 않는 한, 하나님의 교회 안에 있으면 자기에게 유익이 될 수 있다고 생각한다면, 그것은 심각한 잘못입니다.

그 침입자의 죄는, 불법적으로 잔치에 들어온 후에도 혼인 예복을 입지 않고 거기에 있었다는 사실로 인해 더욱 가중되었습니다. 그는 양심의 가책도 전혀 없는 것처럼 보였습니다. 또 자신의 실수를 고치려는 생각도 없는 것으로 보입니다. 임금님이 들어와서 "그를 잡아 끌어내라"고 말씀하셨을 때에야 그 무엄한 배도자는 자기가 그 자리에서 쫓겨난다는 사실을 생각하였습니다. 교회에 그런 식으로 들어오는 이가 있을까봐 두렵습니다. 만일 그 사람이 혼인 잔치에 예복을 입을 필요가 없다고 생각하고 들어와 보니 다른 모든 사람이 예복을 입고 있는 것을 보았고, 그 예복이 바로 그 자리에 온 손님들의 독특한 표지라는 것을 주목하였다면, 아마 그는 불안을 느꼈을 것입니다. 그리고 예복을 가지고 있는 사람들에게 가서 자신도 예복을 얻고 싶은 마음을 토로하였을 것입니다. 그렇게 했다면 그가 그런 잘못으로 문책 받지는 않았을 것입니다. 그러나 그는 자기가 취한 입장 그대로를 고집하고 있었습니다.

설교를 듣고 있는 여러분! 만일 여러분이 눈에 보이는 하나님의 교회에 가입하면서 선행적인 조건들을 갖추지 않았거나 마음으로 하나님께 복종하지도 않고 그리스도를 진심으로 존귀하게 여기지 않는 죄악을 저질렀다면, 저는 여러분에게 간청합니다. 여러분에게 부족한 것을 구하십시오. 곧 하나님을 믿는 믿음을 구하고, 새로운 마음을 구하며, 생활의 거룩함을 구하십시오. 임금님의 충성스러운 신하가 되려고 애를 쓰십시오. 여러분이 그러한 것들을 갖기 전에는 여러분은 결코 만족해서는 안 됩니다. 곧 임금님이 들어오실 것입니다. 임금님께서 지금은 여러분에게 시간을 주고 계십니다. 즉 지금 여러분이 있지 않았어야 할 위치에 있지만, 그럼에도 불구하고 현재 여러분이 있는 곳에서 여러분을 의롭게 할 것을 얻음으로써 올바른 위치에 있을 수 있는 은혜를 얻도록 시간을 주고 계시는 것입니다. 자기의 옷을 입고 앉아 있는 사람은 무리들 중에 금방 눈에 띄는 얼룩무늬 새와 같았습니다. 그때에라도 그 사람들 중 한 사람이 될 수 있는 가능성이 있었습니다. 그러나 그는 그런 가능성을 활용하지 않고 계속해서 임금님을 무시하였습니다.

그는 잔치에 오기를 거절했던 사람들의 운명이 어떠한 것인가를 알았음에도 끝내 고집을 부렸습니다. 임금이 군대를 보내어 임금의 사신들을 죽였던 악한 사람들을 멸하였다는 사실을 알았을 것입니다. 그런데도 그는 감히 그 면전에서 태연히 군주의 무서운 권세를 깔보고 있습니다. 그는 이마를 놋처럼, 마음을 금강석처럼 단단히 만들었습니다. 그리고 자기의 선동적인 정신이 뚜렷하게 드러날 수 있는 입장을 밀고 나갔습니다. 그는 속으로 이렇게 말하였습니다. '나는 이 혼인에 대해서 아무 관심이 없어. 나는 이 혼인을 아주 우스꽝스럽게 만들 거야. 잔치 자리에 밀고 들어가서 무시하는 태도를 보여주겠어. 물론 잔치 음식을 먹을 거야. 그러나 그 아들은 내게서 조금도 영예를 받지 못할 거야. 그 임금도 내 뜻을 굽혀 명령에 순종하게 하지 못할 거야.' 그래서 그는 그처럼 뻔뻔스럽게 궁흘의 잔치에 참여하여 악의에 찬 모반자로서 즐기고 있었던 것입니다. 여기에 계신 분들 중에 그러한 사람이 있습니까? 지금 당장은 그런 사람이 아니지만 자신을 정죄하기 시작하는 사람들이 그러한 경향을 띨 것입니다. 저는 이렇게 말한 사람을 알고 있습니다. "나는 그 혼인 예복을 입지 않은 손님이에요." 물론 그 여자는 그런 사람이 아니었습니다. 왜냐하면 그녀는 교회의 지체가 아니었기 때문입니다. 그러므로 이 말씀이 그 여자에게 해당된 것이 아닙니다. 그러나 그 여자와 같은 많은 사람들이 자신에 대해 신랄하게 말합니다. 또 어떤 사람은 이렇게 말할 것입니다. "내가 그 사람이에요." 하나님 가까이에서 살고 그리스도를 닮고 싶은 소원을 가지고 있으며, 범사에 하나님의 뜻대로 행하려는 마음을 가진 사람이 그런 말을 하는 경우가 있습니다. 아주 확실하게 바른 위치에 있는 사람이 자신이 그러한 사람이 아니라고 의심을 가질 수도 있습니다. 반면에 하나님의 뜻에 전혀 복종해 본 적이 없는 불성실한 사람들이 이렇게 말할 수도 있습니다. "그게 무슨 문제인가? 나는 다른 사람들과 같이 행하고 있어. 나는 다른 사람들처럼 은혜의 방편에 참여하고 있어. 그러니 내게 염려스러운 것은 전혀 있을 수 없어." 그런 사람들에게 하나님께서 은혜를 주시어 주님 앞에서 근신하고 두려움을 갖게 하시기를 바랍니다.

2. 혼인 잔치에 나타나신 임금

우리는 이제 다음 요점인, 혼인 잔치에 나타나신 임금에 대해서 생각해 봅니다. "임금이 손님들을 보러 들어올 때." 아낌없이 베푸시는 임금님의 은혜로 말미암아 이렇게 함께 모인 그 불쌍한 사람들에게 있어서 임금님이 혼인 잔치에 나타나신 일은 얼마나 영예롭고 특별한 은혜입니까! 그 일이야말로 잔치의 전체 과정에서 가장 절정에 이르는 순간이 아니었습니까? 우리의 가장 큰 기쁨은 이렇게 노래하는 것입니다.

> "왕께서 친히 가까이 오시어
> 오늘날 성도들을 위해 잔치를 베푸시네!"

　교회의 사귐이라는 것이 하나님과의 사귐을 내포한 것이 아니라면 무슨 소용이 있겠습니까? 내 사랑하는 형제들과 즐겁게 앉아 있는 것은 참으로 놀라운 일입니다. 그러나 가장 훌륭한 포도주는 하나님 아버지와 교제하고 그의 아들 예수 그리스도와 사귀는 것입니다. 임금님께서는 잔치를 베풀어 놓고 손님들끼리만 먹도록 내버려 두지 않으시고 "들어오셨습니다." 모든 복음적인 교회마다 임금님의 명령에 따라서 모인 자들에게 임금 되신 하나님께서 오실 것입니다. 우리 교회가 가장 바라야 할 점은 임금님 되신 하나님께서 친히 우리를 찾아오시는 것입니다. 우리는 하나님께서 우리와 함께 계시는 것을 믿습니다. 그러나 하나님께서 자신을 더 충만히 드러내시기를 간절히 바라야 합니다. 우리는 이렇게 부르짖어야 합니다. "위대한 임금님이시여, 오소서! 당신의 모든 영광스러운 능력과 성령과 당신의 영광스러운 아들과 함께 자신을 우리에게 나타내소서. 세상에는 나타내지 아니하시는 방식으로 말입니다."

　임금이 연회장에 들어왔을 때 거기에 있는 손님들을 보았습니다. 또한 손님들도 임금을 보았습니다. 그것은 상호간에 자신들을 열어 보여주는 것이었습니다. 하나님께서 성도들을 보신다는 이것이 항상 성도들에게 다함이 없는 달콤한 복락입니다. 우리가 하나님께 충성하고 하나님을 사랑할 때에는 하나님께서 우리를 보는 것이 결코 두렵지 않습니다. "주 하나님께서 나를 살피신다"(창 16:13)라는 구절은 정말 아름다운 음악과도 같습니다. 우리는 언제나 그 하나님께서 감찰하시는 아래 거하기를 소원해야 합니다. 흘러넘치는 사랑으로 우리를 감찰하시니 말입니다. 물론 하나님께서 우리의 허물을 보십니다. 그 허물을 제거하려고 보시는 것입니다. 우리의 결점들을 보십니다. 그 결점들을 씻어 내시기 위함입니다. 오! 위대하신 임금이시여, 저를 보소서. 당신의 눈을 들어 저를 보소서. 그리고 저를 사랑하시는 아들 안에서 받아 주옵소서. 우리가 하나님을 뵈올 수 있다는 것이 예수 그리스도 안에서 구원받은 우리에게는 얼마나 놀라운 기쁨입니까! "거울로 희미하게" 보는 것 같은 안목이라도 저희들에게 허락하시옵소서.

물론 아직 우리는 하나님의 그 놀랍고 충만한 인격을 완전히 보기에는 합당치 않은 상태에 있습니다! 그러나 우리 영혼에 하나님께서 당신 자신을 나타내 주시고 그의 영원하신 사랑을 알게 하시는 것은 얼마나 달콤한 일입니까? 그러니 사랑의 깃발이 우리 위에서 펄럭이고 임금님의 음성이 말로 할 수 없는 즐거움으로 우리를 채울 때, 그 잔치야말로 가장 훌륭한 포도주를 마시는 잔치입니다.

"임금이 손님들을 보러 들어올새." 저는 말씀드립니다. 바로 이 순간이야말로 연회 전체 과정 중에서 가장 영화로운 순간이었습니다. 거기에 온 손님들이 자리를 차지하고 난 다음에 임금이 들어왔다는 것에 주목하십시오. 그들이 연회 식장에 들어오기 전에는 임금을 보지 못했습니다. 낮은 자가 더 높은 자를 보려고 할 때는, 항상 낮은 자가 그를 맞이하기 위해서 문까지 나아갑니다. 그래서 높은 자가 올 때까지 기다리는 것입니다. 만일 여왕 폐하께서 신하 중의 한 사람에게 찾아온다면, 신하는 계속 기다리다가 문 앞에서 여왕 폐하를 맞이해야 할 것입니다. 그러나 높은 자가 낮은 자를 대접하려 할 때는 낮은 자가 먼저 식탁을 차지하고 있어야 합니다. 그리고 모든 것이 준비되었을 때 그 귀인이 들어오는 것입니다. 긍휼의 잔치에서도 마찬가지입니다. 저와 여러분은 하나님에 대해서 아무것도 알지 못합니다. 먼저 우리가 긍휼의 메시지를 듣고 혼인 잔치에 들어오고 난 다음에 하나님을 알게 되었습니다. 진실로 그 전까지는 하나님께서 우리에게 나타나시면 우리는 무서워 거의 죽을 정도가 되기 때문입니다.

> "인간의 육신을 입으신 하나님을 뵈올 때까지
> 내 생각은 위안을 찾을 수 없었네.
> 그 거룩하시고 의롭고 신성하신 삼위 하나님은
> 내 마음에 무서운 공포였었네.
>
> 그러나 임마누엘의 얼굴 나타나시자
> 내 소망 내 기쁨이 시작되었고
> 그의 이름은 내가 가진 두려움 쫓아 버리고
> 그의 은혜로 내 죄를 씻었네."

제가 긍휼의 잔치에 참석하면, 거기서 만왕의 왕을 감히 뵈올 수 있을 것입니다. 그러기 전까지는 그 왕을 뵐 수 없습니다. 우리 주 예수 그리스도의 아버지 하나님을 뵈옵는 것은 얼마나 기쁜 일인지 모릅니다. 곧 복음에서 나타나신 영광의 아버지, 당신의 살진 것으로 우리를 대접하시는 영광의 아버지를 뵙는 것은 참으로 기쁜 일입니다. 성육신 하신 하나님께서는 우리에게 하나님을 보여주시고, 하나님을 보게 하여 우리를 행복하게 만드십니다. "내 얼굴을 보지 못하리니 나를 보고 살 자가 없음이니라"(출 33:20)는 것은 옛적의 말씀이었습니다. 그러나 보십시오. 이제 오늘날은 살 수 있습니다. 그리스도께서 자신의 백성들과 혼인의 언약을 하심으로써 우리는 아름다우신 임금님의 얼굴을 보고서도 우리 영혼은 살아 있을 수 있으며 이제 더욱더 풍성한 생명을 얻게 되었습니다. 주목하십시오. 사랑하는 형제들이여, 임금님이 이 일을 위해서 특별한 때를 마련하신 것입니다. 임금님께서 항상 잔치가 벌어진 식장에 나타나시는 것은 아닙니다. 슬프게도 우리는 때로 하나님의 식탁에 임금 되신 하나님이 계시지 않는 경우를 만나게 됩니다. 우리에게는 항상 규례가 있습니다. 그러나 그 규례들을 세우신 하나님을 항상 누리는 것은 아닙니다. 은혜의 방편은 항상 존재합니다. 그 방편의 은혜는 우리 하나님의 주권적인 선하신 뜻에 따라서 오고 갑니다. 임금님께서 들어오시는 때를 정하실 것입니다. 그때는 자신의 백성들에게 기쁨을 선사하는 때입니다. 그러나 그때는 수많은 신앙 고백자들을 시험하는 때이기도 합니다. 어떤 의미에서 그러합니까? 합당치 못한 손님들에 대하여 하나님께서 잔치를 방문하시면 정말 그때는 신앙 고백자들의 진상이 확연히 밝혀지게 됩니다. 사자가 낮에는 내내 잠들어 있을 수 있습니다. 그런 경우에는 사자가 유순하다는 것밖에는 그 진상을 알 수 없죠. 그러나 밤이 되면 사자가 먹이를 사냥하기 위해서 일어납니다. 그때 사자는 포효하면서 그 흉포한 잔인성을 나타냅니다. 그처럼 거룩하지 못한 사람들은 하나님의 교회에서 양 떼 속에 있는 어린 양같이 유순한 모습을 보일 수 있습니다. 어떤 것도 경건하지 않은 자의 진상을 의심하게 할 수 없을 것 같습니다. 그러나 죄를 지으면 유익을 얻을 때가 오거나, 아니면 죄를 통해서 즐거움을 얻게 될 수 있거나, 죄를 지으면 핍박을 피하게 되는 때가 오면, 그 사람이 어떤 사람인지 알게 됩니다. 이러한 섭리적인 사건들이 손님들을 둘러보기 위해서 들어온 임금님의 행차와 같습니다. 교회의 조건의 변화, 개인의 조건의 변화들, 모든 섭리적인 사건들이 알곡과 쭉정이를 갈라놓는 큰 키(체)와 같은 역할을 한다는 말입니다.

교회를 둘러보았을 때, 임금이 손님들을 보기 위해서 들어오는 지극히 엄숙한 그 행차가 어떻게 이루어지는지 우리는 알지 못합니다. 주께서는 이런저런 외식자가 그동안 회개할 충분한 여지를 받았고 또한 악행을 돌이킬 만한 충분한 시간이 있었으므로 이제는 죽음에 처하여짐으로써 무서운 법정에 소환되어야 한다고 결정하십니다. 임금님께서 손님들을 보러 들어오신 그때는 마지막 심판의 때가 아닙니다. 왜냐하면 마지막 심판의 때는 아버지가 들어오시는 것이 아니라 아들이 들어오시기 때문입니다. 그리고 만일 이 비유를 통해서 그 점을 의도하셨다면, 우리는 아들이 손님들을 보러 들어왔다고 읽어야 할 것입니다. 우리는 이 비유를 통해서 임금이신 하나님께서 계속하여 신앙 고백자들을 판단하고 계시며, 성도들 중에 끼어 있는 모반자들을 가려내신다는 사실을 알게 됩니다. 이 하나님의 판단에 의해서 범법한 사람들이 손발이 묶인 채 교회에서 끌어내어져 바깥 어두운 데 던져지고, 거기서 울며 이를 갈 것입니다. 사랑하는 형제 여러분! 하나님께서 자신의 교회를 언제 방문하셔서 우리 중에 있는 모반자들을 가려내시고 결박하여 쫓아내실지 그때를 저는 알지 못합니다. 그러나 신자라고 하는 사람들이 죽을 때 그들 모두가 예수님 안에서 잠드는 것이 아님은 확실히 압니다. 그들 중 어떤 자들은 곡식 가운데 있는 가라지처럼 뿌리째 뽑혀지고 태우기 위해 다발로 묶여집니다. 이러한 구분은 끊임없이 진행되고 있습니다. 임금님이 계시다는 것을 신자들은 알고서 기뻐합니다. 그러나 외식자들은 임금께서 그들을 끊어내고 영원한 재앙을 그들의 운명으로 정해 주실 때 비로소 임금이 계시다는 것을 알게 됩니다.

그러나 임금님이 손님들을 보려고 들어오신다는 것을 아주 확실히 알 수 있는 때가 있다면, 그것은 세상으로부터 수많은 사람들이 교회에 몰려 들어온 다음입니다. 자, 여기를 주목하십시오. 종들이 아주 많은 사람들을 모아들였을 때, 바로 그때 임금이 들어왔습니다. 주님께서 우리를 찾아오셔서 키질 하실 때는, 우리가 지금 느끼고 있는 이 부흥의 시기가 끝난 다음일 것입니다. 아마 대단히 많은 사람들이 교회에 등록하게 될 것으로 전망되는 때가 지난 다음입니다. 만일 지금까지 사랑의 목적으로나 아니면 심판의 목적으로 교회를 하나님께서 찾아오신 적이 없었다면 — 이 둘은 함께 가는데 — 바로 이때 크신 주님께서 친히 찾아오시리라는 것을 우리는 확신할 수 있을 것입니다.

3. 혼인 잔치의 재판장

이제 혼인 잔치에서 재판장으로서 서신 임금님에 대해서 생각해 봅시다. 혼인 잔치에 온 다른 모든 사람들에게 그는 사랑받는 군주였습니다. 정말 아름답고 찬란한 연회를 풍성하게 준비하신 분이었습니다. 그래서 모든 사람들의 눈이 그를 보면서 마음이 흐뭇했습니다. 아름다우신 임금님을 뵙는 것만으로도 정말 큰 기쁨이었습니다. 또한 왕가의 모든 보석들을 다 차고 있는 그 아들, 혼인 잔치를 위해 차려입은 그 아들의 모습을 보는 것만으로 충분히 기쁨이 넘치는 일입니다. 그러나 거기 가만히 들어온 외식자에 대해서는 재판장으로 오신 것입니다. 하나님의 성도에게 위로의 날이 그 대적들에게는 하나님께서 보응하시는 날도 됩니다. 애통하는 모든 자들을 위로하시러 오신 그분이 동시에 철장(鐵杖)으로 모든 반역자들을 치러 오십니다.

여러분이 아시겠지만, 봄으로써 심판이 시작됩니다. "임금이 한 사람을 보고." 전능자의 눈이 어떠한 눈입니까! 이 비유의 말씀은 거기에 참석해 있는 한 사람만을 이야기합니다. 그러나 모든 것을 감찰하시는 임금께서는 그를 당장에 알아보고, 불꽃 같은 눈으로 그를 응시하셨습니다. 제가 생각에는 아마 그때 온 손님들은 여기 이 예배당에 모인 사람들보다 훨씬 더 많았을 것입니다. 그러나 임금님께서는 거기에 있는 그 한 사람 배역자를 즉시 응시하셨습니다. 이 비유의 말씀에서 한 사람만을 지칭하신 것이, 교회에 외식자가 한 사람밖에 없다는 것을 나타내기 위한 것입니까? 슬프게도, 혼인잔치에 그처럼 예복을 입고 오지 않은 사람들이 많았습니다. 그러나 한 사람만을 지칭한 것은 거기에 한 사람만 있다 할지라도 하나님은 그 사람을 찾아내신다는 것을 보여주기 위한 것입니다. 시온성 안에 죄인들이 많다 할지라도 결단코 심판하시는 분의 눈을 피해갈 수 없다는 것을 확실히 알아야 합니다. 손님들 가운데 어느 누구도 그 사람의 복장을 눈여겨보지 않았을 수도 있습니다. 이 비유의 말씀은 다른 사람들이 그 사람에게 어떤 충고를 했는지에 대해서는 전혀 밝히지 않고 있습니다. 아마 거기에 있는 모든 손님들은 임금님의 모습을 보고 거기에 온통 마음이 빼앗겨 있었을 것입니다. 그리고 그들 자신은 잔치에서 너무 즐거웠기 때문에 다른 사람들에게 시선을 돌릴 여유가 없었을 것입니다. 그러나 임금님은 당장에 혼인 잔치에 요구되는 것을 빼먹고 있는 한 사람을 간파하여 내셨습니다. 거기에는 어떤 공격적인 범행의 모습이 보였던 것이 아니고 다만 그 자리에 요구되는 것이 빠져 있었던 것입니다. 그 합당치 못한 손님에게 임금은, "네가 더러운 옷을 입고 있느냐?"라고 말하였거나, "너는 더럽다." 또는, "얼굴을 씻지 않고 왔구나."라고 하지 않았습니다. 다만 잔치를 즐거워하는 손님임을 나타내는 그 특별한 표지가 없음을 지적한 것입니다. 하나님께서 자신의 교회를 끊임없이 심판하시되 바로 이 점을 따라서 심판하십니다. 그리스도인이 되기 위해서 절대적으로 필요한 것이 있는가 하고 보시는 것입니다. 아들을 존귀하게 여기는 것이 없거나, 아버지께 순종하는 것이 없으면 그것을 지적하시는 것입니다. 오! 여러분이 믿음을 고백하고 있음에도 불구하고 예수님을 사랑하지 않고, 만왕의 왕이신 그 위대하신 주님을 두려워하지 않는다면, 이 혼인 예복을 입지 않고 있는 셈입니다. 그렇다면 여러분이 여기서 무얼 하고 있는 것입니까? 임금님은 그것이 여러분에게 모자라다는 것을 즉시 아실 것입니다. 여러분의 도덕성, 여러분의 관용성, 여러분의 소리 높여 기도하는 것들, 심지어 여러분의 웅변적인 강론들, 이런 것들이 여러분의 마음이 하나님과 함께하지 않는 사실을 하나님께 숨길 수 없습니다. 오직 한 가지 필요한 것은 주님을 충성스럽게 임금님으로 받아들이는 것입니다.

이제 임금이 그 반역자를 다루기 시작하였습니다. 자, 임금님이 그 사람에게 어떻게 말하였는지 보십시오. 임금님은 자신의 차원에서 그 사람을 취급하셨습니다. 그 날은 임금이 거친 말투로 얘기하기에는 아주 고귀한 날이었습니다. 그 사람은 마치 임금의 친구라도 되는 양 가장하였습니다. 그래서 임금님께서 그 사람을 친구라고 부르셨습니다. 그러나 그 말을 틀림없이 부드럽게 말씀하셨겠지만, 그 말은 분명 그를 무섭게 찔렀을 것입니다. 그 사람에게 감정이 있었다면 말입니다. 가룟 유다는 자신의 인격으로 이 인물을 구현하였습니다. 그가 구주께 배반자로서 입 맞추었을 때 주님께서는 그를 "친구"라고 부르셨습니다. 그는 친구인 척했습니다. 임금의 식탁에서 임금을 모욕하는 친구, 호의로 초대를 받은 임금 아들의 혼인이라는 아름다운 기회에 무례한 짓을 하려고 마음먹은 친구! 그 일은 수치스러운 일이었습니다. 친구라니! 만일 그러한 자들을 친구로 부른다면 여러분은 어디에서 원수들을 보겠습니까? 임금은 그에게 그 칭호를 쓰시면서 이렇게 말했습니다. "어찌하여 여기에 들어왔느냐? 네가 여기서 무슨 일을 하고 있느냐? 무엇 때문에 네가 이처럼 악의적으로 내게 반역하느냐? 내가 가장 마음을 쓰는 날에 나를 치고, 내 손님들을 조롱하고, 내 아들을 짓밟다니! 네가 감히 그런 무례를 범할 생각을 했느냐? 어떻게 네가 여기 들어왔느냐? 여기에! 네가 이런 소란을 피울 다른 곳이 없었더냐? 반역자 노릇을 행할 다른 곳이 없었더냐? 내 궁정에 들어와서 내 식탁에 앉아 내 아들의 혼인 날에 아들 앞에서 네 적의를 나타낼 필요가 있느냐? 이런 일을 할 필요가 있었더냐?' 주님께서 우리 중 어떤 사람에게 그렇게 말씀하실 수 있습니다. "죄를 지을 다른 방도가 없더냐? 내 종이 아니면서 종인 것처럼 고백을 하다니! 네가 마실 수 있는 다른 잔이 없더냐? 그래서 내 식탁의 잔을 모욕해야만 하느냐? 내 아들의 몸을 대표하는 떡 외에 네 악한 입에 넣을 수 있는 다른 떡이 없었더냐? 네가 교회 안에서 죄를 꼭 지을 수밖에 없을 정도로 죄지을 다른 곳이 없더냐? 사람들의 아들들을 구속하기 위해서 십자가에서 피를 흘리신 내 아들을 믿는다고 거짓되게 고백하는 일 외에는 네 그 악심을 나타낼 다른 방도가 없더냐? 내 독생자의 상처를 건드리는 것밖에는 나를 공략할 데가 없더냐? 네가 내 친구인 양 하면서 여기 들어와 나를 공격하기 위해서, 필요한 것을 뻔뻔스럽게 거부하며 내가 은혜롭게 벌여 놓은 잔치에서 내 사랑하는 아들을 존중하지 않기로 작정함으로써 내 성령을 노엽게 할 수 있느냐?' 저는 이 점에 대해 오래 생각하지 않겠습니다. 저는 여러분에게 본문을 제시합니다. 여러분의 양심이 여러분에게 설교할 수 있기를 기도합니다.

　　그러나 한 가지를 주목해 주십시오. 다시 말하면, 임금님께서 재판장으로 돌변하실 때에는 바로 이 사람만 다루셨다는 것입니다. "네가 어찌하여 여기 들어왔느냐?'라고 말씀하셨습니다(우리말 개역 성경에는 '네가'라는 2인칭 단수가 나타나 있지 않음 — 역주). 저는 어떤 사람의 마음속에서 다음과 같이 속삭이는 음성을 들었습니다. "글쎄, 만일 내가 교회의 지체가 되기에 합당치 못하다면 그 같은 비난을 받을 사람들이 부지기수다." 여러분은 그 점을 어떻게 생각합니까? 자, 여러분 자신을 주목하십시오! 임금이 손님들을 보러 들어올 때 이 사람에게 "저기 있는 사람들이 혼인예복을 입지 않고 어떻게 여기 들어왔느냐?'라고 말하지 않았습니다. 임금은 그 사람만 보고 말하였습니다. "어찌하여 네가 예복을 입지 않고 여기 들어왔느냐?' 신자라고 하는 사람이여, 자신을 살펴보십시오. 자신을 말입니다. 여러분의 집에서부터 사랑을 실천하십시오. 여러분 자신의 눈에서 들보를 빼십시오. 그래야 여러분이 밝히 보고 형제의 눈 속에 있는 티를 빼낼 수 있습니다. 임금은 한 사람만 보았습니다. 그 사람만을 청중으로 삼고 그에게 엄숙한 질문을 던지셨습니다. "친구여, 어찌하여 여기 들어왔느냐?'

　　아, 제 설교를 듣고 있는 사랑하는 여러분, 저는 이 교회의 목회자로서 많은 수가 교회에 가입하는 것을 보고 매우 크게 기뻐하였습니다. 많은 사람들이 우리 교회에 가입하였습니다. 또 많은 사람들이 우리 교회에 왔다가는 다른 교회로 갔습니다. 이 문제에 관해서 저는 하나님 안에서 항상 기뻐하였습니다. 저와 함께 목회를 한 사랑하는 우리 형제들이, 여러분 가운데 교회에 등록하기를 원하면서도 그에 상응하는 열매를 맺지 못하는 사람은 누구든지 뒤로 물러서게 하려고 애를 썼습니다. 우리는 목회를 하면서 사람을 속이려고 하지 않았습니다. 우리는 하나님 앞에서 어떤 사람들에게 너무 혹독하게 하려고도, 너무 느슨하게 하려고도 하지 않았습니다. 다만 어떤 이들이 그리스도인이 아니면서도 그 이름을 달고 다니는 것을 알고 있을 따름입니다. 옛날에 유대인이 아니면서도 유대인인 척하면서 거짓말하는 사람들이 있었습니다. 지금 저는 죄에 빠졌다가 책망을 받고 출교 처분을 받았는데도 불구하고 여전히 회중 속에 남아 있는 어떤 사람들에 대해서 말하고 있는 것이 아닙니다. 저는, 생활은 외적으로 바람직한 모든 모습을 띠지만 신앙 고백하는 마음의 중심에는 벌레가 들어 있는 사람들에 대해서 말하고 있는 것입니다. 그들은 사실상 믿음이 있는 사람이 아닙니다. 살았다는 이름은 가졌습니다. 아직 그 이름을 더럽히지 않았습니다. 그러나 죽어 있습니다. 여러분 자신을 조사해 보십시오. 이 예배당에 다니다가 지옥으로 떨어지는 일이 없도록 하십시오. 여러분은 이렇게 기도하십시오. "내 영혼을 죄인과 함께, 내 생명을 살인자와 함께 거두지 마소서"(시 26:9). 저는 여러분에 대해서 관심이 있는 만큼 제 자신에 대해서도 관심이 있습니다. 제 자신이 "사랑하는 자 안에서 받아들여지기를" 원합니다! 다른 사람들에게 전파한 후에 제가 버림받지 않기를 원합니다! 이것을 우리가 서로 엄숙한 문제로 생각해야 합니다. 만일 여러분이 예수님께 배운 적이 없다면 지금 오십시오. 여러분이 그동안 삶의 거룩함을 추구하지 않았다면 이제 추구하십시오. 여러분이 혼인 예복을 입은 적이 없었다면 이제라도 입을 수 있습니다. 그것을 은혜로 값없이 주시는 분에게 오십시오. 주님께서 여러분을 거절하지 않으실 것입니다. 오늘 오십시오. 그러면 그분이 여러분을 받으실 것입니다.

4. 잔치 자리에 있는 범죄자

그 자리에 합당치 못한 손님은 잔치에 참여한 범죄자입니다. 임금이 그에게 재판장이 되었습니다. 그 사람에게 개인적으로 질문이 던져졌습니다. 그런데 그는 아무 말도 못하였습니다. 어째서 그가 말을 못합니까? 자신의 부인할 수 없는 불충한 마음이 완전히 드러났다는 것을 깨달았기 때문입니다. 다른 어떤 증거도 필요가 없었습니다. 그는 악의에 찬 목적을 가지고 거기에 들어와서 자신의 불충한 마음을 보여주려고 작심하였던 것입니다. 그리고 임금님의 면전에서 그 일을 자행하였습니다. 그 사람이, 무지하나 진지한 마음으로 교회에 들어온 사람을 상징한다고는 생각하지 않습니다. 그 사람은 신앙 고백이 무엇인가에 대해서 면밀히 검토하지 않고, 그저 아무렇게나 신앙 고백을 하고 의도적으로 주님의 명령을 멸시했던 사람을 보여주고 있는 것입니다. 그 사람은 은혜로 구원받는 것을 원하기는 합니다. 또 그렇게 은혜로 구원받았다고 고백하기도 합니다. 그러나 하나님께 대한 자기의 의무를 인정하기를 거부하고 아들에 대해 마땅히 행할 바를 하기 싫어합니다. 그는 말을 하지 못하였습니다. 그는 자신의 불충을 공포하기 위해 이때 선택한 것보다 더 악한 장소, 더 뻔뻔스런 방법을 고를 수 없었을 것입니다. 그 순간, 곧 임금이 그 사람을 정말 뚫어지게 보았을 때 그는 자신의 위치가 얼마나 끔찍하게 무서운 것임을 알았습니다. 그는 다리의 힘이 풀렸습니다. 마치 벨사살 왕이, 손가락이 나타나 벽에 글씨를 쓰는 것을 보고 넓적다리가 떨렸던 것처럼 말입니다. 그는 이제 임금님을 모욕하는 자기의 때가 끝난 줄을 알았고, 보응의 날이 왔다는 것을 알았습니다. 그는 바로 그 현실에 붙잡혔고 도망갈 수 없었습니다. 그는 사악하기 그지없는 죄를 범했습니다. 쓸데없이 잔치 자리에 들어가 자신의 교만을 드러내는 악한 죄를 범한 것입니다. 그는 자살과 같은 무엄한 침입을 감행하였습니다. 어쨌든 그는 임금에게서 멀리 떨어지고 그 앞으로 나서지 않을 수도 있었습니다. 그러나 이제 그는 자기가 선동하려고 했던 일이 수포로 돌아갔다는 것을 알게 되었습니다. 임금님이 거기에 계시고, 이제 그는 임금의 수중에 있고, 아무도 그를 구출해 낼 수가 없게 되었습니다. 그가 어째서 눈물을 쏟아내지 않았습니까? 어째서 그가 자기의 그릇됨을 고백하지 않았습니까? "나의 임금님이시여, 내가 당신을 모욕하였나이다. 나를 불쌍히 여기시옵소서."라고 말하지 않은 이유는 무엇입니까? 그의 교만한 마음이 그렇게 하지 못하게 했습니다. 죄는 회개하지 못하게 만드는 것입니다. 하트(Hart)의 찬송시 가운데 다음과 같은 시구(詩句)가 있습니다.

　　"죄의 영구한 상태가 고정되었으니

> 그들이 회개할 수 없었고
> 이제 때가 너무 늦었도다."

그 말은 정말 진리입니다. 그러나 그것은 불가능성을 상정하는 말입니다. 차라리 이렇게 말했으면 더 좋을 뻔했다는 생각이 듭니다.

> "죄의 영구한 상태가 고정되었으니
> 이제 그들은 회개할 수 없고, 때는 이미 늦었도다."

죄인이 계속해서 죄를 짓기 때문에 계속 고통을 당하는 것입니다. 그는 죄 짓는데서 돌이킬 생각이 없고 돌이킬 수도 없습니다. 구스 사람이 피부를 바꿀 수 없고, 표범이 그 반점을 바꿀 수 없듯이 죄가 절정에 달했을 때, 사람이 죄의 발걸음을 딴 데로 돌리거나, 굴복하거나, 온 길로 되돌아가게 할 수 없습니다. 오! 그때라도 회개할 수만 있었다면 얼마나 좋았을까요! 그러나 그는 회개할 수 없었습니다. 임금님이 그 선고를 한 다음에 그가 눈물을 흘렸다 할지라도 그것은 회개의 눈물이 아니라, 절망적인 교만에서 나온 눈물이었을 것입니다. 그는 아무 말 없이 서 있었습니다. 그가 아무 핑계를 대지 못했을 뿐만 아니라 자기의 잘못을 인정하려고도 하지 않았습니다. 여기에 그런 마음 상태를 가지고 있는 사람이 없습니까? 거짓된 신앙 고백을 함으로써 죄를 지어 왔고, 그것이 잘못된 것임을 앎에도 불구하고 자기 허물을 어리석게도 고백하지 않으려 드는 사람이 없습니까? 이보세요, 항복하세요! 즉시 항복하세요. 즉시 임금님의 발 앞에 엎드리십시오. 여러분이 외식자가 아니라 할지라도 여러분이 그러한 사람이라는 의심이 조금이라도 들거든, 엎드려서 이렇게 말하십시오. "나의 임금님이시여, 저를 진실하게 만드소서. 저는 주님의 뜻에 복종하겠습니다. 당장 혼인 예복을 입겠습니다. 만일 제가 당신의 아들을 영화롭게 할 수 있는 방식이 있다면 그 방식에 대해 트집 잡지 않을 것입니다. 저는 주님의 표지들을 달고 모든 사람에게 제가 진정으로 크신 임금님의 아들을 사랑하는 사람임을 알리도록 하겠습니다."

5. 형 집행자

그러나 마지막으로, 그가 임금님 앞에서 유구무언으로 서 있을 때 왕은 형

집행자에게 그 일을 맡기셨습니다. 그는 "그의 손발을 묶어라"고 명령하셨습니다. 그는 무법한 사람이었습니다. 자기가 법이라고 생각하는 사람입니다. "나는 자유롭고 내가 하고 싶은 대로 할 것이다." 그러나 이제 그 사람은 다시는 자유롭지 못합니다. 그를 단단히 묶으라고 임금님의 명령이 떨어졌기 때문입니다. 형집행자여, 그대의 의무를 이행하여 그를 죽일 준비를 하라. 슬프게도 숨이 끊어지기도 전에 결박을 당하는 사람들이 있습니다. 흔히 거짓된 신앙 고백자들은 죽을 때에 기도할 수 없고 회개할 수도 없다는 것을 알게 되었습니다. 외식자이자 배교자인 그들은 비참을 의식하기는 하나 회개하지는 않았습니다. 어떤 복음의 약속도 그들을 위로하는데 효과가 없었습니다. 그들의 마음은 시들어 버려서 죽기 전에 이미 죽어 있는 것과 같은 상태였습니다. 그래서 "그를 끌어내라"는 선고가 떨어졌습니다. 이 선고는 때로 교회에서 출교 처분을 통해서 시행되기도 합니다. 속이는 자들은 권징을 통해서도 복음 잔치에서 내쫓기게 됩니다. 그러나 그 일은 죽을 때, 곧 희망이 그 사람에게서 사라질 때 더 철저하게 이행이 됩니다. 아! 선생들이여, 주님의 성찬상에서 쫓겨나고, 그대들이 자랑하던 세례에서 끊어지며, 머리로는 그렇게 잘 이해하였지만 마음으로는 알지 못했던 복음의 교리들에서 끊어질 때 마음의 참된 은혜가 없다면 어떻게 하겠습니까? 존 번연이 줄로 결박을 당한 채 일곱 귀신에게 끌려가는 사람을 묘사한 글이 제 마음에 떠오릅니다. "그 손발을 묶어 바깥 어두운 데에 내던지라." 손님들을 혼인 잔치에 인도하여 들인 종들과, 명령을 받고 그들을 끌어낸 종들이 같지 않음을 인하여 하나님께 감사합니다. **둘로이**(종을 뜻하는 헬라어 '둘로스'의 복수 — 역주)가 손님들을 잔치에 인도하여 들였습니다. 그리고 여기 그들을 결박하여 밖으로 내던지라는 명령을 임금님으로부터 받은 종은 디아코노이입니다. 임금은 속이는 자들을 쫓아내는 일을 다른 특별한 종들에게 시킵니다. 죽음의 시간에 바로 하나님의 천사들이 그 일을 합니다. 그들은 하나님의 보응을 시행하는 것입니다. 하나님께서는 우리 목회자들에게 더 나은 직분을 주십니다. 하나님께서는 우리에게 긍휼을 전하는 전령이 되라고 명하십니다. 그러나 심판자이신 하나님은 "내던지라"고, 즉 그 사람을 쓸모없고 무가치한 것처럼 내동댕이치라고 말씀하셨습니다. 저 비열한 자가 내 혼인 잔치를 감히 더럽혔으니 밖으로 내던지라. 마치 사람들이 정원 담 너머로 가라지들을 뽑아 던지는 것처럼, 또는 뱀을 불에 떨어 던지는 것처럼 하라는 것입니다. 정말 하늘이나 땅에서 그리스도인의 이름을 달고 있으면서 그리스도인 성품의 본질적인 것들을 전혀 갖고 있지 않은 사람만큼 잡동사니나 오물을 던지듯이 던져지기에 합당한 비열한 사람은 없습니다. 그를 내던지라. 어디로 던집니까? "바깥 어두운 데로." 잔치가 벌어지는 연회식장에서 멀리 떨어진 곳으로 집어던지라는 것입니다. 연회장에는 횃불이 타오르고 등이 환하게 밝혀져 있지만 그곳은 어두운 곳입니다. 그를 차갑고 으스스한 밤공기 속으로 집어던지라는 말입니다. 한때 그는 빛을 보았습니다. 그러나 다시 어둠 속으로 들어가게 되면 빛을 보았던 그 사람에게는 더 깜깜한 어둠이 될 것입니다. 한번 빛을 받았던 사람의 어둠처럼 어두운 흑암은 없는 것입니다. 그를 바깥 어두운 데에 내던지라. 그러면 그는 거기서 무엇을 할까요? 우리는 그 사람에게 어떠한 일이 벌어지는지에 대한 얘기를 듣지 못합니다. 들을 필요도 없습니다. 그러나 다른 곳에서 우리에게 계시될 수 있는 만큼은 알게 됩니다. 그가 어떻게 하였는지에 대해서는 말을 듣습니다. 왜냐하면 "거기서 울 것이기" 때문입니다. 마음에 위안을 주는 눈물을 쏟는 것이 아니라, 새로운 슬픔을 느끼게 하고 더욱더 고통을 느끼게 하는 통렬한 눈물을 영원토록 흘릴 것입니다. 밖에 던져진 사람은 뉘우침의 눈물을 결코 흘리지 않습니다. 그보다는 부루퉁한 실망감의 눈물을 흘리는데, 이는 그가 그 임금을 결국 모욕하지 못하고 다만 임금의 공의와 권세를 예증하는 데 기여했을 뿐이기 때문입니다. 그렇게 함으로써 마음 깊이 미워한 임금에게 영광을 돌린 셈입니다. 그가 이를 가는 것은 분하고 질투심이 일어났기 때문입니다. 왜냐하면 그가 더 이상 악행을 저지를 수 없으니 말입니다. 감히 지독한 악행을 시도했으나 실패하고, 결국 선하고 탁월한 자들에게 승리를 안겨 주는 데 기여하고 만 악의에 찬 심령만큼 슬픈 것이 없습니다. 지옥의 비참함은 하나님께서 독단적으로 창조하신 비참함이 아닙니다. 그것은 죄의 필연적인 결과요, 죄 자체가 열매를 거두는 것입니다. 여기서 여러분은, 그리스도인은 되지 않은 채 교회의 회원으로 들어오는 어리석은 사람의 모습을 발견합니다. 영원토록 그는 하늘의 영광스러운 지존자 하나님을 대적하여 이를 갑니다. 그럴지라도 그는 그 지존자를 해롭게 할 힘이 없고, 다만 그는 마음속으로 계속 그 지존자를 미워할 것입니다. 이것이 바로 그 사람의 지옥일 것입니다. 그가 하나님을 미워하는데, 그것이 바로 그의 어둠입니다. 그래서 하나님에게서 어떤 아름다움도 볼 수 없습니다. 그리고 이것이 바깥 어두운 데 있는 것이며, 그래서 그는 하나님의 뜻을 이해할 수 없습니다. "너희 저주받은 자들이여 떠나가라"는 말씀은 사랑스럽지 못한 자를 생각해서 쫓아내는 것에 불과합니다. 그것은 그 타락한 본성이 추구했던 것을 그 사람에게 공의롭게 주는 것뿐입니다. "나를 떠나가라 너희는 나를 존귀하게 하지 못했다. 너희가 내게 왔을 때 입술로만 왔었다. 너희의 마음이 탐하는 곳으로 가라. 나를 떠나가라 너희 저주 받은 자여." 오! 하나님께서 여기 계시는 분들 가운데 어느 한 사람도 이 무서운 비유의 비난을 받는 사람들이 없게 하옵소서. 다만 주님께서 나타나시는 날에 우리가 평강 안에서 주님께 속한 자로 발견되게 하옵소서. 여러분은 주님께서 우리를 어떻게 키질 하시는지를 알았습니다. 첫째, 우리는 복음 설교를 통해서 키질을 당합니다. 그래서 많은 사람들이 오지 않습니다. 한 무더기 쭉정이가 생기는 것입니다. 그 다음, 하나님의 교회 안에서 하나님의 심판을 통해 어떤 사람들의 부족이 발견됩니다. 그렇게 하여 또다른 쭉정이 더미가 쌓이게 됩니다. 아! 이 일이 행해지고 두 번의 큰 키질이 이루어질 때 우리가 여전히 알곡 가운데 있게 될까요?

　　여러분은 "이 설교는 나와 상관이 없소. 나는 신앙 고백을 한 적이 없소. 그러니 나는 편안히 집으로 갈 수 있다."고 말씀하십니까? 자, 이리로 오십시오, 친구여. 여러분을 그냥 보내지 않겠습니다. 한 부랑자가 절도죄로 고발당하여 치안판사 앞에 끌려왔습니다. 그는 그러한 짓을 결코 하지 않았다고 완강히 부인합니다. 그러나 그의 잘못이 발견되었습니다. 그래서 그때문에 고통을 당해야 합니다. 그러고 나서 한 허풍쟁이가 왔습니다. 그는 이렇게 말합니다. "나는 정직하다고 떠벌리지 않습니다. 나는 할 수 있으면 누구 것이든지 도둑질합니다. 정말 그렇게 할 마음을 가졌지요. 법을 지키는 척하지 않습니다." 자, 그 치안판사가 뭐라고 말했겠습니까? "나는 적어도 좋은 일을 한 것처럼 가장하는 사람에게도 죄를 주는데, 네게는 형벌을 배나 주어야겠다. 너는 확실히 교정(矯正)할 수 없는 사람이구나. 너의 경우는 오래 생각할 필요가 없다." 자신을 그리스도인이라고 밝히지 않은 사람, 자신을 그리스도인이라고 고백하지 않은 사람, 자신을 그리스도의 원수로 자처한 사람들이여, 이 비유를 듣고 결코 위로를 받아서는 안 됩니다. 오히려 구주께 항복하고, 그를 믿으십시오. 믿고 세례를 받는 자는 구원을 받을 것입니다.

제
62
장
—

천사처럼 사는 생활

—

"부활 때에는 장가도 아니 가고 시집도 아니 가고
하늘에 있는 천사들과 같으니라" — 마 22:30

　　우리는 모두 어떻게 해서든지 안의 것이 밖으로 나타나기 마련입니다. 우리가 지상에 보는 인간의 모습은 푸른 잎사귀이거나, 아니면 고작해야 이삭이 난 곡식일 뿐입니다. 인간의 참 모습은 오는 세상에서야 충만하게 드러날 것입니다. 우리는 내려가든지 올라가든지 둘 중 한 영역에 속할 수밖에 없습니다. 오늘 지상에서 차지하고 있는 위치를 고수할 수 있는 사람은 하나도 없습니다. 어떤 이들은 시간마다 아래로 미끄러져 내려가고 있습니다. 악한 습관의 힘 때문에 내려가고 있습니다. 점점 더 그들은 마귀의 노예요 종이 되어갑니다. 그래서 결국 갈수록 마귀의 형상을 닮게 됩니다. 그런 이들의 영원한 운명이 다음의 말씀으로 기록되어 있습니다. "저주를 받은 자들아 나를 떠나 마귀와 그 사자들을 위하여 예비된 영영한 불에 들어가라." 즉 너희가 마귀를 따랐고 그래서 점점 더 마귀를 닮았으니 이제 너희는 마귀에게 정해진 운명을 받으라는 것입니다. 반면에 회개하고 믿어 복음의 교제에 들어온 사람은 은혜 위에 은혜를 받습니다. 그는 영광에서 영광으로 나아가 하늘에 속한 존재들을 더 완전하게 닮게 되고, 마침내 천사들이 그 사람의 회개를 기뻐하며 자기들을 닮게 된 그 사람의 영혼을 받아 하나님의 품으로 데리고 갑니다. 사람이여, 정말 그대는 어느 편인가? 황금 낫으로 추수되어 하늘의 추수마당에 쌓이게 될 익은 곡식인가, 아니면 가라지가 되어 철 낫에 베어져 그대와 같은 운명에 처할 동료들과 함께 묶여 소멸하는 불 속에 던져지게 될 것인가? 누구든지 그 중의 한 편에 속하기 마련입니다. 오, 하나님의 무한한 은혜로 본성적인 성향들을 이기고, 우리가 힘을 얻고 더 얻어 나아가는 자들 가운데 속해서 마침내 하나님의 산에 오르고 천사들을 닮는 데까지 이르면 좋겠습니다.

서론은 이 정도로 하겠습니다. 오늘 아침 강론의 주제는 하나님의 보좌 앞에 있는 영들의 생활이 어떤 면에서 천사들의 생활과 같은지에 대한 것입니다. 그 다음에 두 번째는, 우리가 아직 지상에 있는 동안에도 천사와 같은 삶을 시작해야 하는데, 그 점에 대해서 몇 가지 실천적인 점들을 알아보도록 하겠습니다.

1. 첫째로, 죽음의 시내를 건넌 성도들이 어떤 면에서 천사를 닮게 됩니까?

많은 점에서 닮게 되겠지만, 특별히 다음의 다섯 가지 항목에서 천사와 아주 방불하게 될 것이라고 저는 생각합니다.

1. 하나님의 성도들은 그 품격에서 천사들과 같게 될 것입니다. 한 가지 면에서 천사들과 성도들은 똑같았습니다. 곧 성도들이나 천사들이 다 같이 하나님의 피조물로서 결단코 어느 쪽을 더 높게 보아서는 안 됩니다. 거짓된 교회는 신봉자들에게 천사들에게 종교적 경의를 표하라고 명하였습니다. 그 명령은 성경의 본(本)과 분명한 교훈에 반하는 것입니다. 천사들이든 성자(聖者)들이든 간에 숭앙의 대상이 되어서는 안 됩니다. 만일 천사든 소위 성자든 어느 누구에게 경배하면, 반드시 우상 숭배의 죄에 빠지게 되는 것입니다. 그 일을 보여주는 유사한 두 가지 사례를 생각해 봅시다. 요한이 천사를 보고 그를 주님으로 알고 그 앞에 엎드려 경배하려고 하였을 때, 이 답변을 들었습니다. "나는 너와 네 형제들과 같이 된 종이니 삼가 그리하지 말고 오직 하나님께 경배하라"(계 19:10). 루스드라에서 이교도들이 바울과 바나바를 제우스와 헤르메스로 알고 제사를 드리려고 소와 양과 화환을 가지고 왔을 때에, 그 거룩한 사람들이 옷을 찢으며 "우리도 여러분과 같은 성정을 가진 사람이라."고 선언하였습니다(행 14:13-15). 천사들과 거룩한 사람들은 어떤 경배도 받기를 거절합니다. 그들은 한 목소리로 이렇게 노래합니다. "우리에게가 아니라 오직 여호와의 이름에 모든 찬미를 올릴지어다." 오! 감히 성자(聖者)들과 천사들과 남자들과 여자들의 상(像)을 만들어 세워놓은 저주받을 배도하는 교회를 하나님이 얼마나 오래 참으시는지요! 그리

고 저는 경배의 대상으로 만군의 주 여호와와 겨룰 어떤 존재가 있는지 모르겠습니다.

그러나 그 일은 주요하지 않습니다. 하늘의 성도들이 거기에서는 성별이 영원히 사라진다는 점에서 천사들과 같습니다. "장가도 아니 가고 시집도 아니 가고." 이런 말씀이 있다고 해서 저는 여성 안에 있는 영적인 것이나 남성 안에 있는 정신적인 것이 파괴될 것이라고 생각지 않습니다. 다만 신체 구조에서 남성과 여성을 구분하는 모든 것이 더 이상 존재하지 않을 것이라고 봅니다. 보좌 앞에서 어떤 성도들은 지상에 있을 때 거룩한 여성이었음을 나타내는 지극한 상냥함과 영웅적인 애정을 보일 수 있고, 어떤 영들은 특별한 힘과 활력과 용기와 열심을 보임으로 그들이 지상의 전투하는 교회에서 이스라엘의 용사였다는 사실을 영광 가운데서 드러내 보일 수도 있을 것이라고 생각합니다. 그렇지 않겠습니까? 그럼에도 불구하고 남성과 여성에 있어서 그 밖의 육신적인 것은 다 사라져 버릴 것이 분명합니다. 그래서 우리는 그리스도 예수 안에서 남자와 여자 없이 다 하나가 될 것입니다. 그때는 결혼이 전혀 문제가 되지 않을 것입니다. 이 점은 하늘에 있는 영들이 불멸성에서 천사들과 같을 것이라는 사실과 연관되어 있습니다. 그들은 죽을 수가 없습니다. 하늘에서는 장례식의 조종(弔鐘) 같은 것은 전혀 들리지 않습니다. 천사가 죽어 무덤에 장사지낸 일이 전혀 없었습니다. 물론 천사들이 무덤 안에 들어갔던 적이 있었습니다. 왜냐하면 두 천사가 예수님의 몸이 뉘어 있던 자리의 머리와 발 부분에 앉아 있었기 때문입니다. 그러나 천사들은 주님의 무덤을 찾은 방문객들이지 그 무덤에 묻힐 자들이 아니었습니다. 천사들에게는 죽음의 구더기가 먹을 것이 전혀 없습니다. 무덤이 천사들의 자유로운 영들을 가두어 두지 못하였고, 사망의 사슬이 한순간도 그 영들을 붙잡아 둘 수 없었습니다.

무덤을 지나 이제 그리스도와 함께 있는 자유롭게 된 영들도 그러합니다. 그들은 죽을 수가 없습니다. 영원의 끝없는 순환이 계속 굴러가지만 불멸자들의 머리가 희어지는 일은 없을 것입니다. 천상의 존재들은 쇠약해지는 일이 없을 것입니다. 바로 이 때문에 저 하늘의 인구(人口)는 출생으로 인해 계속 채워질 필요가 없습니다. 지상에서는 생명이 죽음과 싸우는 부단한 투쟁이 있습니다. 죽음이 온 세상에 걸쳐 승리를 거두어 지면(地面)을 무덤들로 상처를 내고 있습니다. 그러나 여전히 생명이 이기기 위해서 아기들을 계속 보내어 무덤보다 많

은 꽃들이 피어나게 합니다. 죽음의 베헤못(Behemoth)이 생명의 홍수를 현저하
게 빨아들여도 여전히 그 홍수는 전보다 더 넓고 더 깊은 급류를 흘려보냅니다.
그러니 하늘에 간 성도들은 하늘에서는 천사들과 같습니다. 거기에는 죽음이 없
고, 인구의 감소도 없으니 인구의 감소를 보충하려고 새롭게 낳는 일도 필요 없
습니다.

　우리는 또한 보좌 앞에 있는 이 영들이 부활의 나팔이 울려 퍼질 때에도 천
사들과 같고, 또 잠시 몸이 없이 지내던 영들이 다시 몸을 입게 될 때, 그들이 완
전한 성숙에 이른 상태라는 사실에서 천사들과 같게 될 것이라고 믿을 수 있습
니다. 하늘에서는 어린 아이들도 더 이상 어린 아이가 아닐 것입니다. 지상에서
아이의 상태에서 하늘로 간 이들도 거기서는 완전히 성숙하게 될 것입니다. 하
늘에서는 지팡이를 의지하는 노인도 없을 것이고, 눈이 흐려 더듬거리다가 넘어
지는 사람들도 없을 것입니다. 하늘에서는 어린 아이도 정화된 성인의 영광에
이르고 어떤 부패의 요소도 느끼지 않을 것입니다. 어린이라도 거기서는, 백세
가 되었거나 노인이 되어 하늘에 간 사람들과 같게 될 것입니다. 저는 천사들이
젊다거나 노인이 되었다거나 한 것을 읽어 본 적이 없습니다. 항상 그들 천사들
은 복된 완전 상태에서 확고하게 서 있습니다. 하나님의 성도들도 육체적으로나
영적으로나 다 그렇게 완전한 복의 상태에 있게 될 것입니다. "새벽이슬 같은 주
의 청년들이 주께 나오는도다"(시 110:3). 오, 예수님이시여, 당신의 오른손이 심
으신 나무들에 바로 그 이슬이 내리나이다. 또한 우리는 보좌 앞에 있는 모든 영
들이 아름다움에 있어서 천사들과 같을 것이라고 생각합니다. 몸을 벗고 있는
성도들의 영은 있는 그대로에서도 예수님의 눈에는 정말 아름답게 보일 것입니
다. 그들의 신령한 몸이 '하늘의 영광'의 빛을 발산하며 일어나게 될 때 그 모습
은 모든 자의 눈에 흠모할 만할 것입니다.

　사도는 "욕된 것으로 심고 영광스러운 것으로 다시 살아날 것이라"(고전
15:43)고 말하였습니다. 우리가 땅에 묻은 가련한 피조물의 흉물스러운 모습이
아무리 욕되게 보였을지라도, 하나님의 명하심에 따라서 무덤에서 일어날 더 고
상한 존재의 용모를 훼손할 흉측한 것이 하나도 없을 것입니다. "장래에 어떻게
될지는 아직 나타나지 아니하였으나"(요일 3:2). 그러나 우리가 말로 다 표현할
수 없을 만큼 아름다운 모습을 띨 것임은 너무나 확실합니다. 왜냐하면 "그가 나
타나시면 우리가 그와 같을 줄을 아는 것은 그의 참 모습 그대로 볼 것이기" 때

문입니다(요일 3:2). 부활한 성도들은 천사들의 영광을 능가할 영광을 얻을 것입니다. 왜냐하면 천사들이 독생자를 본받게 될 것이라는 말씀을 들은 적이 없기 때문입니다. 그러나 성도들이 다 주님의 피로 값 주고 사신 바 되고 그 피로 정결함을 입어 그리스도의 형상을 본받은 상태에서 주님의 얼굴을 뵙게 될 것이기 때문입니다.

아름다움에서 천사들을 닮게 되듯이 힘에서도 천사들을 닮을 것이 분명합니다. "능력이 있어 여호와의 말씀을 행하며 그의 말씀의 소리를 듣는 여호와의 천사들이여 여호와를 송축하라"(시 103:20). 그래서 사도는 "약한 것으로 심고 강한 것으로 다시 살아나며"(고전 15:43)라고 말하였습니다. 우리가 어떠한 능력을 받을 것이라고 생각할 수 있겠습니까! 더 커진 정신적 수용능력, 즉 훨씬 더 광범위한 영적 역량을 갖추게 될 것입니다. 새로운 몸에 관한 한, 우리는 상상을 초월할 정도의 힘을 갖게 될 것입니다. 사랑하는 여러분, 힘의 문제에 있어서 우리가 어떻게 되리라는 것은 알 수 없습니다. 그러나 우리가 이 점은 확실하게 압니다. 우리가 피곤한 몸을 휴식의 침대에 던진 채 축 늘어져서 무의식 속에서 반시간 정도 누워 있을 필요가 전혀 없으리라는 것입니다. 왜냐하면 우리가 밤낮 주님의 성전에서 주님을 섬길 것이기 때문입니다. 그리고 이 점은, 우리가 지금은 전혀 알 수 없지만, 그때는 전혀 곤비해지지 않고 육체적으로 견딜 수 있으리라는 것을 표시하는 것입니다. 이 점에서도 우리는 하나님의 천사들과 같이 될 것입니다.

현세가 지나면 여러분이 입게 될 그 복된 인격성을 단 일분간이라도 미리 한 번 생각해 보십시오. 오늘은 여러분이 고생을 하고, 멸시를 받으며 거절을 당합니다. 아니, 저기 기어다니는 나방의 유충이나 여기 번데기에서 무지개 색 날개를 단 사랑스런 나비가 나오듯이, 여러분의 신음하는 가련한 인성(人性)에서 사랑스럽고 아름다운 존재가 나올 것입니다. 여러분의 영은 그 본성적 부패의 허물을 내던지고, 여기 이 땅에 머무르는 동안 지녔던 더러움과 손상된 모습을 다 벗게 될 것입니다. 그래서 여러분의 전인(全人)이 고상한 체질을 회복할 것입니다. 하나님께서 여러분과 함께 거하실 보기에 좋은 영광스러운 성전이 될 것입니다. 그 성전 안에서 여러분이 하나님과 함께 거하게 될 것입니다.

2. 이제 두 번째로, 영화롭게 된 성도들은 **성품**에서 천사들과 같게 될 것입니다. "(아버지의) 뜻이 하늘에서 이루어진 것 같이 땅에서도 이루어지이다"(마

6:10). 주님이 가르치신 기도의 이 대목은 천사들이 하나님의 뜻을 완전하게, 기쁨으로, 부단히, 곤비하지 않고, 최대한 민첩하게 이행한다는 것을 우리에게 가르쳐 줍니다. 여호와 하나님의 얼굴을 뵙는 것을 허락받은 복된 영들도 그러합니다. 하늘에 계신 아버지의 뜻을 행하는 것이 그들의 기쁨입니다. 주님께서 그들에게 무엇을 부탁하든지 그것을 시행하는 것이 그들의 천국입니다. 왜냐하면 하늘에서는 주님의 뜻이 곧 그 백성들의 뜻이기도 하기 때문입니다. 형제자매 여러분, 여기 지상에서는 우리에게 원함은 있으나 어떻게 해야 할지 알지 못합니다. 우리는 거룩해지고 싶습니다. 그러나 우리 마음의 법과 싸우는 다른 법이 우리 지체 속에 있음을 발견합니다. 우리 속에 있는 죄 때문에 탄식하고 울부짖습니다. 그래서 결국 "오호라 나는 곤고한 사람이로다 이 사망의 몸에서 누가 나를 건져내랴"(롬 7:24) 하고 외치게 됩니다. 그러나 천사들은 실족하여 넘어진다는 것이 무엇인지 알지 못합니다. 천사들은 속에서 일어나는 유혹과 싸운 적이 없었습니다. 물론 밖에서 오는 큰 시험의 공략을 한 번 받은 적이 있었고, 그 일로 사탄과 그 종자들이 행복에서 떨어졌습니다. 천사들은 죄를 가지고 태어나지 않았습니다. 그들에게는 천상의 열정을 막는 무거운 본성이 없습니다. 그래서 방종이나 탐심으로 슬퍼할 필요가 없습니다. 그들은 넘어지게 하는 교만한 생각도 없고, 심령의 침체도 없으며, 불신앙의 조롱도 없고, 제멋대로 행하는 일도 전혀 없습니다. 그들이 하나님을 섬김에 있어서도 석연치 못한 구석이 조금도 없습니다. 그들의 영혼을 더럽히는 죄 된 생각이 전혀 일어나지 않고, 그들의 입에서 악한 말이 한 마디도 떨어진 적이 없습니다. 또한 하나님의 법을 어길 생각으로 그들의 봉사를 더럽히는 일도 없습니다.

그들과 함께 영광 중에 거하는 성도들도 그러합니다. 그들도 틀림없이 하나님 보좌 앞에 섭니다. 그들은 의복을 어린 양의 피로 빨아 희게 하였습니다. 성령께서 정화시키는 불같이 그들 성품의 악한 것은 무엇이든지 정결하게 하였습니다. 그래서 그들은 지금 그리스도의 의를 입고 또 성령께서 그 속에 일으키신 정결함으로 인해 하나님처럼 깨끗합니다. 여러분이 만일 이 정결함을 얻을 수만 있다면, 그들과 함께 있기를 갈망하지 않겠습니까? 죄에서 구원받으면 모든 슬픔에서 벗어나게 될 것이고, 완전한 거룩함을 얻으면 기쁨의 절정에 이르게 될 것이기 때문입니다. 오, 만일 우리가 하나님을 완전하게 섬길 수만 있다면 장소에 대해서 아무 조건을 달지 않을 것입니다! 지하 감옥에 있더라도 완전해지기만 한다면 궁정에서 지극히 작은 죄를 짓는 것보다 무한히 더 나을 것입니다. 사람이 모든 악에서 구원받고도 그러한 심령이 육체의 고통을 겪을 수 있더라도, 죄에서 벗어난 기쁨이 몸에 가해질 수 있는 모든 고통을 보상해 줄 것입니다. 형제자매 여러분, 이것이 저와 여러분이 맞이할 운명입니다. 오늘날 갖은 곤란을 무릅쓰고 죄와 싸우며 우리가 질 수도 있다는 두려움에 종종 사로잡히기도 하지만, 그럼에도 우리는 어린 양의 피로 이기게 될 것을 확신할 수 있습니다. 저기 면류관이 있습니다. 믿음으로 면류관을 붙잡으십시오. 용기를 가지고 견디십시오. 믿는 자에게는 모든 것이 가능하기 때문입니다. 뿌리 깊이 박힌 악한 습관도 깨트릴 수 있습니다. 어제 우리를 제어하였던 정욕도 우리가 내주하시는 하나님의 권능과 왕 노릇 하시는 구주의 능하심 속에 지낸다면 더 이상 우리를 이기지 못할 것입니다. 그러니 기운을 내십시오. 여러분이 예수님으로 말미암아 이길 것이고, 면류관이 영원히 여러분의 몫이 될 것이기 때문입니다.

　　3. 셋째로, 복된 영혼들은 그 소임(所任)에 있어서 천사들과 같이 될 것입니다.

　　우리는 성경에서 천사들이 보좌 주위에서 몸을 굽혀 거룩한 예배를 드리는 것에 대해서 읽습니다. 그들은 보좌 앞에서 유리 바다에 자기들의 면류관을 던지며 어린 양을 영원히 영원히 경배합니다. 땅이 빛에 싸일 때든지 어둠에 덮일 때든지 하나님의 아들께서 천만천군의 하늘의 영들에게 숭앙을 받지 않는 순간은 없습니다. 그룹과 스랍들이 살아 계시는 하나님의 아들 앞에 얼굴을 가리고 있습니다. 경배는 그들의 항구적인 소임입니다. 그리스도께서 피로 구속하신 이들도 다 그러합니다. 그들도 영원히 경배할 것입니다. 예수님께 영구한 사랑을 드립니다. 장로들은 달콤한 향이 가득한 잔과 금 거문고를 들고 보좌 앞에 서 있는 것으로 묘사됩니다. 그들은 영화롭게 된 교회가 드리는 받으실 만한 항구적인 찬미를 나타냅니다. 오, 땅에서도 참으로 향기로운 예배가 종종 드려집니다. 그렇다면 하늘에서 드리는 예배는 얼마나 향기롭겠습니까! 우리는 안식일을 사랑합니다. 우리의 모이는 곳이 우리에게는 사랑스럽습니다. 우리 영혼들에게는 이곳이 바로 하나님의 집이기 때문입니다. 그러나 생각과 마음이 이리저리 산만하게 흩어지지 않고 온전하게 예배드린다면 그 예배가 얼마나 복되겠습니까! 그러한 예배를 우리가 곧 드리게 될 것입니다.

　　성경에서는 천사들이 거룩한 노래를 부르는 일에 종사하는 것으로 묘사되어 있습니다. 요한은 수를 헤아릴 수 없는 허다한 천사들의 목소리를 들었습니다. 그들은 보좌 앞에 올라가는 가락을 함께 노래하면서 일찍이 죽임당하신 어린 양에게 존귀와 영광과 영예와 엄위를 돌려드립니다. 이 합창곡을 영화롭게 된 영들이 열심히 함께 부릅니다. 그들의 선율이 훨씬 더 아름다운데, 이는 천사들은 어린 양의 피에 씻음 받은 것을 인해서 주님을 찬미할 수는 없기 때문입니다. 그러므로 영화롭게 된 영들이 부르는 곡조가 지극히 우렁차게 들립니다. "큰 음성으로 이르되 죽임을 당하신 어린 양은 능력과 부와 지혜와 힘과 존귀와 영광과 찬송을 받으시기에 합당하도다 하더라"(계 5:12). 오, 그 하늘의 노래는 얼마나 대단할까요! 지금도 이따금씩 그 곡조가 제 마음에 들려서 제가 그것에 대하여 말할 수 있으면 좋겠습니다! "내가 하늘에서 나는 소리를 들으니 많은 물소리와도 같고 큰 우렛소리와도 같은데 내가 들은 소리는 거문고 타는 자들이 그 거문고를 타는 것 같더라 그들이 보좌 앞과 네 생물과 장로들 앞에서 새 노래를 부르니"(계 14:2-3). 우리가 원하는 대로 스랍들의 노래를 함께 부를 수는 없지만 우리는 오늘날에도 그리스도께 영광을 돌리며, 마음으로부터 우러나오는 찬미의 헌물을 죽임당하셨던 분에게 돌립시다.

　　하나님께 경배와 찬미를 드리는 것 외에도, 천사들이 하나님의 방식들, 특히 하나님의 은혜로운 행사의 방식들에 대해 기이히 여기며 살피게 될 것이라고 믿을 만한 이유가 많이 있습니다. 사도가 말하기를, "천사들도 살펴보기를 원한다."고 하였기 때문입니다. 천사들도 지식에서 완전하지 못하다는 것은 아주 확실한 사실입니다. "그 날과 그때는 아무도 모르나니 하늘에 있는 천사들도 모른다"고 주님께서 말씀하셨기 때문입니다(막 13:32). 그들은 지식에서 끊임없이 자라고 있습니다. 다니엘의 책에 나타난 것을 보면, 천사들은 질문을 던지고 가르침받기를 간절하게 갈망하고 있습니다. 야곱이 본 환상에서 하나님의 천사들이 사닥다리 위에서 오르락내리락 하고 있었습니다. 이 장면은 예수님에 관해 묵상하면서 오르락내리락 하는 거룩한 영들의 생각을 보여주고 있습니다. 즉 성육하신 하나님의 영광, 곧 그리스도께서 무덤에 내려가심과 아버지의 보좌에 당당하게 오르신 일에 대해 연구하는 것을 보여줍니다. 그들의 생각은 성육하신 하나님의 십자가와 그 행사들을 끊임없이 살피는 것입니다. 복 받은 자들의 할 일이 바로 그런 것입니다. 오늘날 우리를 비틀거리게 하는 난제들이 하늘에서는 우리에게 설명될 것입니다. "내가 하는 것을 네가 지금은 알지 못하나 이후에는 알리라"(요 13:7). 현재 우리의 다림줄로 재기에는 너무도 깊은 신비들이 저 세계에서는 우리에게 그 보화를 밝히 드러낼 것입니다. 여기에서는 우리가 부분적으로 아나 장래에는 하나님이 우리를 아시는 것 같이 우리가 알 것이기 때문입니다. 어렴풋이 추측하고 희미하게 알 수밖에 없는 진리들을 아주 밝히 알게 될 것입니다. "우리가 지금은 거울로 보는 것 같이 희미하나 그때에는 얼굴과 얼굴을 대하여 볼 것이요 지금은 내가 부분적으로 아나 그때에는 주께서 나를 아신 것 같이 내가 온전히 알리라"(고전 13:12). 그리스도 안에 있는 학자들이여, 하늘에서 여러분은 지식에서 놀랍게 자랄 것입니다! 영감된 책을 연구하기를 사랑하는 자들이여, 하늘에서 여러분은 하나님의 교훈들을 아주 만끽할 것입니다! 가장 훌륭한 주석은 저자 자신의 설명일 것입니다. 성경을 기록하신 분이 거기에서 함께 계시니 여러분은 이렇게 물어볼 수 있을 것입니다. "분명치 않아 보이는 이 말씀이 무슨 뜻인지요?' 우리는 문자 너머에 있는 뜻을 온전하게 파악하게 되므로 더 이상 말이나 문장을 필요로 하지 않을 것입니다. 도리어 성령님을 의지하여 하나님의 마음이 뜻하는 천상적인 의미를 알게 될 것입니다. 확실히 우리는 거기서 천사와 같이 될 것입니다. 우리는 오직 경건하고 신성한 것들만을 연구하게 될 것이기 때문입니다.

하늘의 천사들은 하나님의 얼굴을 봅니다. 이것은 제 말이 아니고 바로 성경적인 표현입니다. 우리 주님께서 "그들의 천사들이 하늘에서 하늘에 계신 내 아버지의 얼굴을 항상 뵈옵느니라"(마 18:10)고 말씀하셨기 때문입니다. 그렇게 하나님의 얼굴을 뵙는 것이 어떤 것이겠습니까? 형제 여러분, 이 말씀을 육신적으로 해석하여 하나님께서 천사의 눈이나 인간의 눈으로 뵐 수 있는 분 같이 여기지 말아야 합니다. 왜냐하면 천사나 인간의 둔한 시각으로는 도저히 뵐 수 없는 분이기 때문입니다. 하나님께서는 영이시고, 영은 생각과 정신적인 이해로서만 분별할 수 있을 뿐입니다. 그러나 "그들의 천사들이 하늘에서 하늘에 계신 내 아버지의 얼굴을 항상 뵈옵느니라."는 표현으로 의도하는 하나님에 대한 이해는 어떤 것이겠습니까? 구약시대 최고의 지성(知性)인 모세는 하나님을 뵙게 해주십사고 간청하였습니다. 그러나 모세는 우리 번역에 하나님의 등이라고 칭하는 것만 보는 것으로 만족하였습니다. 그러나 길게 늘어진 자락, 곧 전능하신 하나님의 광채의 가장자리를 그보다 더 적합하게 표현할 수 있는 단어가 어디 있겠습니까? 이것이 모세가 볼 수 있는 전부였습니다. 그의 눈이 율법 시대의 어느

사람보다도 밝았지만 말입니다. 형제들이여, 그러나 우리가 하늘에서는 천사들
과 같이 되어 하나님의 얼굴을 뵈올 것이고, 하나님의 이름이 우리 이마에 있을
것입니다.

> "사랑의 상급인 예수님의 아버지시여,
>
> 당신의 보좌 앞에 부복하여
>
> 항상 당신을 주목하다니, 얼마나 놀라운 환희입니까!'

그럼에도 불구하고 우리가 천사들이 하는 일들을 다 말한 것이 아닙니다.
앞에서 언급한 이런 것들은 주로 묵상과 관련된 복된 광경입니다. 즉 예배하고
노래하며 살펴보는 모습입니다. 그러나 천사들은 지상과 연관된 소임들도 지니
고 있습니다. 예를 들어서, 그들은 공감의 기쁨을 느낍니다. 만일 예수님께서
"이와 같이 죄인 한 사람이 회개하면 하나님의 사자들 앞에 기쁨이 되느니라"(눅
15:10)고 말씀하지 않으셨으면 우리도 그 사실을 알지 못하였을 것입니다. 구속
받은 영혼들도 그와 같은 기쁨을 가질 것이라고 저는 믿습니다. 회심하지 않은
자녀를 남겨두고 어떤 믿는 부모가 하늘로 갔는데, 나중에 그 자녀가 모친이 세
상을 떠나기 전에 그를 위해 드린 기도를 통해 구원받은 것을 보면, 모친의 영혼
이 기뻐할 것입니다. 이렇게 그의 모친은 죽음의 병상에서 뒤에 남은 자녀에게
기도를 가장 선하고 가장 거룩한 유산으로 남긴 것입니다. 많은 아버지들이 자
기들이 땅에서 드렸던 기도들을 통해서 유복자들이 영적인 자녀로 태어나는 것
을 보았습니다. 그리고 그 기도가 성취되었을 때는 찬미가 기도로 바뀌었습니
다.

저는 때로 생각합니다. 물론 공상일 수도 있지요. 만일 영광 중에서 제가 주
님을 바라보는 데서 잠시 눈을 돌리거나, 잠깐 동안 사랑하시는 주님께 노래드
리는 것을 멈출 수 있다면, 저는 하늘의 변경 너머로 시선을 돌리어 제가 섬기던
지상의 교회가 어떻게 번성하고 있는지 보려고 할 것입니다. 먼저 이 양 떼를 섬
겼던 존경하는 이들은 지금의 우리의 번영을 보고 매우 기뻐할 것임에 분명합니
다. 그리고 땅에서 하늘로 올리는 전보(電報)로 소식이 전해졌다 합시다. 수백
명의 사람들이 하나님의 자녀로 거듭났다는 소식, 우리 중에 증거된 하나님의
말씀이 좌우에 날선 어떤 검보다 더 예리하고 민첩하여 힘이 있었다는 소식이

전보로 하늘에 알려졌다 합시다. 그러면 천사들이 기뻐합니다. 그렇다면, 저는 영화롭게 된 영들은 회개하는 죄인들에 대해 천사들보다 더 친밀하게 여기고 더 깊은 공감을 가지게 될 것이고, 훨씬 더 큰 환희를 느낄 것이라고 믿지 않을 수 없습니다.

저는 여기서 계속 나아가야 합니다. 하늘에서 천사들은 지치지 않고 하나님을 섬긴다는 말을 우리는 듣습니다. 가브리엘은 주님의 말씀대로 마리아에게든, 목자들에게든, 그리스도에게든 날아갑니다. 산헤립의 대군을 치기 위해서 내려오든지 아니면 어린 아이를 지키기 위해 내려오든지, 그것이 천사에게는 전혀 문제가 되지 않습니다. 만일 두 천사가 땅에 파송되었는데, 한 천사는 세상의 모든 광채 가운데서 다스리게 되었고, 다른 천사는 접시 닦기 같은 허드렛일을 수행하는 임무를 띠었다면, 천사들은 주님의 마음을 아는 한에서는 무엇이나 상관없다고 생각할 것입니다. 하나님께서 원하시는 것은 무엇이든지 천사들은 다 이행합니다. 빛나는 그 영들은 자기들이 아니라 자기들의 하나님의 선한 기쁨만을 생각하기 때문입니다. 천사들이 우리를 위해서 무엇을 하는지에 대해서 우리는 아는 것이 거의 없습니다. 천사들에게는 하늘의 임금께 속한 모든 후손들을 은밀하게 지키는 임무가 있습니다. 천사들은 언제나 일을 합니다. 빈둥거리는 법이 없습니다. 사탄이 게으른 영들이 수행할 해악적인 일을 제공하는 곳에서는 천사들을 볼 수 없습니다. 그들은 밤낮 없이 자기들의 하나님만 섬길 뿐입니다.

끝으로 이 점에 대하여 말씀드리자면, 그들은 하늘 궁정에서 항상 하나님을 수종드는 자들입니다. 예수님께서 계시는 곳은 어디든지 그 주위에 천사들이 있는 것을 봅니다. "인자도 아버지의 영광으로 거룩한 천사들과 함께 올 때에 … "(막 8:38). 군왕이 움직이면 신하들도 왕과 함께 행차합니다. 왕이 있는 곳은 어디든지 무장을 한 친위대가 있습니다. 왕의 호위병들이 있습니다. 그와 같이 임금이신 예수께서 계신 곳은 어디든지 주님의 천사들도 있습니다. "하나님의 병거는 천천이요 만만이라 주께서 그 중에 계심이 시내 산 성소에 계심 같도다"(시 68:17). 죽지 않는 영원한 대왕께서는 허리에 칼을 차고 싸우러 나가실 때 혼자서 가시지 않습니다. 천사 군단이 주님의 뒤를 따릅니다. 주님께서 마귀와 그의 종들과 싸우실 때 이 모든 천사들, 곧 그분을 수종드는 자들과 거룩한 자들, 불꽃같이 이글거리는 그룹들과 불 같은 스랍들이 주님의 우편에 전투 경험이 많은 병사들같이 서 있습니다. 영화롭게 된 영혼도 다 그러한 일에 종사할 것입니다.

저기 하늘에 가면 우리가 수행할 거룩한 임무가 무엇인지 추측하는 것은 헛된 일입니다. 그러나 우리는 게으르게 있지 않을 것입니다. 성경에 이렇게 기록되어 있습니다. "그들이 하나님의 보좌 앞에 있고 또 그의 성전에서 밤낮 하나님을 섬기매"(계 7:15). 천사들은 하나님의 종들에 지나지 않으므로 우주의 먼 구석구석에 있는 주님의 일하시는 현장을 방문하기 위해 집 밖으로 파송된다고 저는 생각합니다. 그러나 하나님의 자녀들인 우리는 편하게 밤낮 성전에서 하나님을 섬길 것입니다. 이렇게 기록되어 있기 때문입니다. "저희가 영원토록 여호와의 집에 거하리로다." 우리에게 주어질 것은 집안일입니다. 바로 주님의 면전에서 집안일을 할 것입니다. 우리는 태양 안에 서 있는 천사와 같이 될 것입니다. 무한하신 하나님의 면전의 그 충일한 광채 속에 영원히 거할 것입니다. 성품과 인격에서 뿐 아니라 하는 일에서도 우리는 천사들과 같이 될 것이고 천사들을 닮게 될 것입니다.

4. 여러분을 지루하게 만들고 싶지 않아서 네 번째 요점에 대하여는 몇 마디만 하겠습니다. 물론 이 요점도 매우 중요하기는 합니다. 우리는 천상적인 면에서 천사들과 같이 될 것입니다. 여기서 우리는 본문의 핵심적인 요점을 만납니다. 천사들은 결혼하지 않고, 혼인 생활을 하지도 않습니다. 천사들에게는 마음을 써야 할 다른 일들이 있으며, 다른 관심사와 즐거움들이 있습니다. 그들은 땅의 것들에 신경을 쓰지 않고 오직 하늘에 속한 정신을 가지고 있습니다. 복을 받은 영혼들도 보좌 앞에서 그러할 것입니다. 먹고 마시고 무엇을 입을까 하는 문제는 더 이상 그들의 고려 대상이 아닙니다. 집을 지키는 문제나 자녀들을 기르는 문제, 이리들을 문 밖으로 쫓아내는 문제들은 더 이상 하늘에 있는 영들을 괴롭게 하지 못합니다. 형제들이여, 죽은 다음에 우리의 생각과 관심, 우리의 지위와 소원과 기쁨은 모두 하나님 안에 있을 것이라는 이 사실은 우리에게 정말 바람직한 큰 변화를 가져올 일들 중 하나입니다. 이 땅에서 우리는 외양적인 것들을 원합니다. 육적인 것들을 추구합니다. 왜냐하면 먹고 마실 것이 필요하기 때문이며, 옷을 입어야 하고, 집 안에서 살아야 하기 때문입니다. 여기서 우리는 이 보잘것없는 물질주의의 더 거대한 요소들로 인해 다소 방해를 받지 않을 수 없습니다. 그러나 저기 하늘에 있는 천사들은 우리와 같은 부족함이 없습니다. 따라서 그들은 세상적인 욕망이 없습니다. 오직 하나님에 관한 것만을 소원합니다. 어떤 피조물도 그들을 그런 상태에서 끌어내리지 못합니다. 그들은 창조주

하나님 앞에서 자유롭게 경배하고, 오직 하나님만 생각합니다.

> "오직 하나님의 지극히 깊은 바다에 빠져
> 하나님의 광대하심 속에 몸을 담그네."

오, 그것은 참으로 놀라운 구원이 아닐 수 없습니다! 왜냐하면 우리가 지금 1, 2분간만이라도 날아올라 더 장엄한 것들에 이르고, 비스가 산 꼭대기에 올라가듯이 올라가서 세상을 내려다볼지라도, 우리는 골짜기로 다시 내려가 그 전투의 소동과 먼지 속에 들어가라는 부르심을 받기 때문입니다. 그러나 거기 하늘에서는 그때 나타날 영광에 휩싸여서 고귀한 천상적인 것들 안에서 영원히 거할 것입니다.

5. 끝으로, 우리가 영광 중에 거하게 될 때에 행복함에 있어서 천사들과 같이 될 것입니다. 천사들과 영화롭게 된 성도들의 복락은 완벽합니다. 그들은 항상 하나님의 인정을 받고 있습니다. 이것이 바로 기쁨의 원천입니다. 그들은 자기들이 완전하게 안전하다는 것을 알고 있습니다. 그것이 바로 평안의 원천입니다. 그들은 종사할 합당한 일을 받습니다. 이것이 바로 행복의 원천입니다. 그들은 깨지지 않는 안식을 소유합니다. 아니, 그들의 섬김이 곧 안식입니다. 안식은 복락입니다. 그들은 알고 이해하고 즐거워할 수 있는 큰 역량을 받습니다. 더 커진 역량이 지극히 큰 주제로 충만히 채움을 받으므로 지극한 복을 영원히 누리게 됩니다. 우리도 그렇게 될 것입니다. 내 입의 말로써는 그 복을 도무지 표현할 수 없을 것입니다. 그래서 저는 하늘의 복락을 묘사하려고 애쓰지 않겠습니다. 그 복이 어떤 것이든, 우리가 믿는 자들이라면 그 복은 우리의 것이 될 것입니다. 모든 가족 중에서 가장 작은 자라도 그리스도의 보혈을 믿으면, 그 복은 바로 그 사람의 것입니다. "저희가 하늘에서는 하나님의 천사들과 같다"고 하신 주님의 말씀은 몇 사람들만을 가리킨 것이 아니고 모든 믿는 이들에 대하여 하신 말씀이기 때문입니다.

이제 아깝게도 제가 써야 할 시간이 다 가 버렸습니다. 저는 두 번째 대지를 더 설명하고 싶었습니다. 그 주제는 한 번의 설교로 취급하기에는 너무나 큰 것입니다. 그래서 저는 둘째 부분에서 말할 수 있었던 것의 개요만 전해야겠습니다.

2. 저는 땅에서 천사와 같이 사는 생활에 대하여 말하고 싶습니다.

만일 우리가 하늘에서 하나님의 천사들과 같이 된다면, 여기 지상에서 천사와 같이 사는 것에 대해 개략적으로 아는 것이 좋을 것입니다. 즉 여기 지상에서부터 천사와 같은 삶을 시작하는 것에 대해 알아야 합니다. 우리는 그렇게 살아야 합니다. 우리 주님을 가리켜 천사라 일컫습니다. 그분은 언약의 사자이십니다. 우리도 지금 여기에서 그분을 닮아야 합니다. 그러므로 우리는 현재 천사들을 닮아야 합니다. 목사들은 특히 이 일을 하라고 부르심을 받았습니다. 이것이 바로 목회자들이 지닌 이름들 가운데 하나이기 때문입니다. 요한은 일곱 교회의 사자들에게 편지를 씁니다. 목사들은 사람들에게 하나님의 사자들입니다. 목사들은 모든 피조물에게 전할 영원한 복음을 갖고서 하늘을 날아다닌 그 천사와 같이 되어야 합니다. 그 천사가 나팔을 불었듯이 기회가 있는 대로 자주 나팔을 불어야 합니다. 회중이 함께 모일 때 목회자는 나팔을 늘 준비를 하고 있어야 합니다. 그리고 나팔을 분명하지 못하게 불어서는 안 됩니다. 이 땅에서 우리가 천사들과 같이 될 수 있다는 것은 확실한 사실입니다. 왜냐하면 우리는 성경에서 스데반에 대해 말하기를, 그를 돌로 쳐 죽이던 자들이 그를 보니 빛나 하나님의 천사와 같았다고 하는 글을 읽기 때문입니다. 우리가 천사들과 같지 않을 이유가 무엇입니까? 광야에 있던 사람들이 천사들의 음식을 먹지 않았습니까? 그렇다면 오늘날 우리가 영적으로 천사들의 음식을 먹고 살 수 있지 않습니까? 아니, 우리가 이렇게 노래부를 수 있지 않습니까?

> "하늘에서 천사들이
> 구속하시는 은혜와
> 죽기까지 보이신 사랑을
> 맛보지 않았는가?"

그럼에도 구속하신 은혜와 죽기까지 보이신 사랑은 구원받은 모든 영혼들의 매일 양식과 음료입니다.

우리는 하는 일들에서 천사들과 같을 수 있습니다. 첫째로, 하나님의 말씀을 선포하는 것이 천사들의 일인 것 같이 우리의 일이 되도록 합시다. 우리는 천사들이 전한 말씀에 대해 성경에서 읽습니다. 영원한 복음을 가지고 하늘을 가로질러 날아가는 천사들에 대해서도 읽습니다. 남자 형제들이여, 여러분은 자신의 능력에 따라서 이 면에서 하나님의 천사들과 같이 되어 구원의 계획을 만방에 전하십시오. 여러분 각자 자기의 능력을 따라서 다른 이들에게 예수 그리스도의 구원을 말하십시오. 하나님께서 여러분을 성령님의 사자로 삼아 사람들의 마음에 감화를 끼치게 하실 때만큼 천사를 닮을 때가 없을 것입니다.

우리가 이 땅에 있는 동안에 선한 싸움을 싸우는 일에 천사들을 본받읍시다. 미가엘과 그의 천사들이 용과 그의 사자들과 싸워 용이 하늘에서 쫓겨난 일을 우리는 성경에서 읽습니다. 싸움은 매일 진행되고 있습니다. 미가엘은 오직 유일한 천사장이신 주님 예수십니다. 우리는 그를 본받고 그분의 휘하에서 진리를 위한 전사처럼 굳게 서서 피 흘리기까지 죄와 싸울 각오를 해야 합니다. 불굴의 용기와 더럽혀지지 않는 양심으로 굳게 서서 주님이 오실 때까지 한 주님, 한 믿음, 한 세례를 위하여 싸웁시다. 그러면 우리에게 결산하자고 부르실 주님께서 "잘 하였도도다. 착하고 충성된 종아"라고 말씀하실 것입니다. 그러니 천사들같이 우리도 가르치고, 천사들같이 우리도 그리스도의 대의와 면류관을 위하여 싸웁시다.

반역자들의 길에 대항하는 일에 천사들 같이 됩시다. 발람이 이스라엘을 저주하러 가는 길목에 불 칼을 가진 천사가 서서 그를 멈춰 세웠습니다. 선한 사람이 믿지 않는 자들에게 그 같은 일을 할 수 있는 경우가 얼마나 많습니까! 악한 사람들이 영광스러운 심령들 앞에서 감히 신성모독인 말을 하거나 고의로 죄를 지을 수 없다는 느낌을 가지곤 하였습니다. 선한 사람 한 명이 전체 무리들에게 경외심을 느끼게 하였습니다. 여러분은 모범을 통하여 세상에 이렇게 말해야 마땅합니다. "하나님을 거역하지 말라"(수 22:19). 여러분이 입으로 말하지 않더라도 삶의 웅변을 통해서 죄가 흘러넘치지 못하도록 부단히 막아야 합니다.

이것으로 만족하지 말고, 우리도 소망의 죄수들, 곧 하나님의 죄수들을 풀어주는 방편이 됩시다. 천사가 베드로에게 와서 옆구리를 치며 그를 묶은 사슬을 끊고 문을 열고 거리로 인도하였습니다. 저와 여러분도 죄의 각성으로 괴로워하고 있으며 전혀 자유가 없는 사람들에게 이 같은 일을 해 줍시다. 기회가 주어지면 그들의 옆구리를 쳐서 잠을 깨우며 간절한 마음으로 일러 줍시다. "사망과 심판이 이렇게 가까운데 어째서 잠을 자고 있는가?" 그가 일어나는 것을 보면 따라오라 명하십시오. 그래서 은혜로운 약속의 문을 차례로 열고 단순한 믿음으로 말미암

아 얻게 되는 그리스도 안에 있는 자유의 넓은 거리로 그를 인도합시다. 여러분
모두가 천사가 하는 이런 일에서 천사와 같을 수 있습니다. 여러분이 다 설교자
가 될 필요는 없습니다. 만일 수심에 잠겨 있는 이들을 찾아냈다면, 그들을 큰 집
회에서만 아니라 집에서도 예수님께로 인도할 수 있습니다.

　사랑하는 여러분, 그런 다음에 우리는 **구원받은 자들에게 위로를 주는 일**에서
천사를 본받읍시다. 엘리야가 로뎀 나무 밑에서 심신이 지쳐 있을 때 천사가 나
타나서 숯불에 구운 떡을 먹으라고 하였습니다. 바울이 배를 타고 있을 때에 한
천사가 나타나 "두려워말라"고 하였습니다. 천사들이 경건한 사람들을 찾아와
"두려워 말라"는 메시지를 전하는 일이 종종 있었습니다. 오, 주님을 사랑하고
주님 안에서 스스로 행복한 여러분은 이 일, 곧 하나님께서 오늘 여러분을 위로
한 바로 그 위로로 다른 이들을 위로하는 일에서 천사와 같이 될 수 있습니다. 오
늘 여러분 가까이에 하나님께로부터 오는 메시지가 필요한 울고 있는 한나가 앉
아 있을 수가 있습니다. 그 메시지가 여러분의 입을 통해서만 상한 마음을 가진
그 불쌍한 사람에게 전달될 수 있습니다. 자기 양 떼를 잃지 않는 목자 되신 주님
의 선하심과 인애하심을 증거하십시오. 그러면 그런 식으로 여러분이 수많은 사
람들에게 긍휼의 천사가 될 것입니다. 만일 주님께서 여러분에게 기회를 주신다
면 말입니다.

　우리는 또다른 면에서 천사들을 닮을 수 있습니다. 우리가 항상 영혼들을 지
키는 일을 할 수 있다는 점에서 그렇다는 것입니다. 주일학교 선생님들은 항상
천사들이 되어야 마땅합니다. 그리스도께서 안고서 "진실로 너희에게 이르노니
너희가 돌이켜 어린 아이들과 같이 되지 아니하면 결단코 천국에 들어가지 못하
리라"(마 18:3)라고 말씀하셨던 바로 그 어린이들에 대하여 읽어 본 적이 없었습
니까? 주일학교 선생님들의 사명이 바로 그것입니다. 여러분이 그 사명을 잘 감
당하고 있는지 늘 확인하십시오. 천사들이 우리 발이 돌에 부딪히지 않게 하려
고 우리를 손으로 받치고 있습니다. "여호와의 천사가 주를 경외하는 자를 둘러
진 치고 그들을 건지시는도다"(시 34:7). 믿는 자들이여, 여러분의 동료 그리스도
인들을 둘러 지키는 법을 배우십시오. 동료 그리스도인들이 시험과 슬픔에서 구
원받는 일에 도움을 주십시오. 그들을 동정하는 마음으로 감싸서 도와주십시오.
넘어지기 쉬운 자의 길에 거침돌이 있으면 치우세요. 그 연약한 형제들의 발이
돌에 부딪히지 않도록 그들을 손으로 받쳐 주세요. 이렇게 해서 여러분은 지상

에서도 천사들과 같이 될 수 있습니다.

이 모든 것에 더하여 성경에 이렇게 기록되어 있지 않습니까? "너희 천사들이여 여호와를 찬미하라." "하나님의 모든 천사들은 그에게 경배할지어다"(히 1:6). 자, 항상 찬미의 상태에 있음으로써 천사들과 같이 될 수 있습니다. 여러분의 입에서 불평이 나오지 못하게 하십시오. 여러분의 마음에 불만이 거하지 않도록 하십시오. 해가 비취지 않아도 하나님을 찬미하며, 안개와 구름이 짙어 해가 보이지 않아도 하나님을 찬미하십시오. 바람이 휘몰아치고 비가 내려도 하나님을 찬미하십시오. 여러분은 환경의 지배를 받지 마십시오. 천사들이 밤낮 가리지 않고 항상 하나님을 찬미하고 있으니 여러분도 그렇게 하십시오.

> "호흡을 허락하실 때나,
> 죽게 되어 목소리를 내지 못하게 될 때에도,
> 하나님을 찬미하며,
> 여러분의 더 고상한 힘을 활용하여 찬미할지어다."

이렇게 하여 저는 여러분에게 우리가 얻게 될 기능들을 제시하였고, 그 기능들을 충분히 채우게 하시는 성령님의 효력 있는 권능으로 말미암아 우리가 지금도 가지고 있는 기회들을 제시한 셈입니다. 여러분이 여기서부터 천사와 같은 삶을 시작하기를 열망하시기 바랍니다. 기억하십시오. 그리스도의 십자가에 그 삶으로 들어가는 문이 있습니다. 천사들이 놀라서 응시하는 곳, 회개하는 여러분을 주목하고 있는 바로 그곳으로 가십시오. 죄에 대해 크게 슬퍼하면서 주님께 가고, 죄인들을 위해서 죽으신 주님을 믿으십시오. 그러면 천사들의 주님께서 여러분의 주님이 되실 것이며, 천사들의 궁정이 영원토록 여러분의 궁정이 될 것입니다. 아멘.

제
63
장
—

그 날의 질문들과
그리스도의 질문

—

"너희는 그리스도에 대하여 어떻게 생각하느냐?"
— 마 22:42

    유대인의 관습 중에는 유월절 어린 양을 잡기 전에 검증을 위해 여러 날 동안 가둬 두는 일이 있었습니다. 그 유월절 어린 양은 처음부터 세심하게 살펴 골라낸 것이었습니다. 왜냐하면 그 어린 양은 "흠 없고 일년 된 수컷"이어야 했기 때문입니다. 어떤 흠이 있어도 처음에는 발견되지 않아 지나칠 수 있기 때문에 그것을 막기 위해서 여러 날 동안 검사를 하였던 것입니다. 하나님의 유월절 어린 양은 그와 유사한 고된 시련을 통과해야 하는 것이 마땅하였습니다. 우리 구주께서 골고다에서 우리를 위해서 자신을 드리기에 앞서 여러 날 동안, 예수님을 위하는 자들과 반대하는 원수들로부터 다 검증과 질문을 받아내셨다는 것은 주목할 만한 일입니다. 날카롭기 그지없는 눈이 주님을 노려보았습니다. 그 눈은 악한 마음의 악의로 인해 지극히 예민해진 눈입니다. 주님께서는 바리새인들과 헤롯 당파들과 사두개인들과 율법사들의 정밀한 조사를 거치셨습니다. 그들은 주님을 샅샅이 검증하였고, 모든 점에서 주님을 달아보았습니다. 그럼에도 불구하고 그들은 주님에게서 어떠한 흠결도 발견하지 못했습니다. "그들이 이 말씀을 듣고 놀랍게 여겨 예수를 떠나 가니라"(마 22:22). 그들은 빌라도처럼 그에게서 어떤 흠도 찾지 못했습니다. 본문이 들어 있는 이 마태복음 22장을 그런 관점에서 읽으십시오. 그러면 이 대목이 매우 흥미로워집니다. 우리의 거룩한 구주의 공격할 수 없는 완전을 드러내는 대목임을 알게 됩니다. 우리가 검증 받고 시험을 받을 때 우리도 불 같은 시련을 견디고 정금으로 드러나게 해 주십사고 기도합시다. 그들이 우리 구주를 검증하였으니 우리도 역시 검증할 것입니다. 주님의 승리하는 은혜로 말미암아 우리도 끝까지 견딜 수 있게 하옵소서.

제가 본문을 살펴볼 때 또다른 생각의 흐름이 마음을 스쳐 지나갔습니다. 본문은 주목할 만한 문맥 가운데 있습니다. 본문을 포함하고 있는 마태복음 22장은 혼인잔치의 비유로 시작합니다. 혼인잔치가 배설되었고 손님들을 초청하였습니다. 그런데 그들이 오고 싶어 하지 않았습니다. 그래서 특별한 사자를 보내어 만나는 사람마다 잔치에 참여하도록 강권하였습니다. 그렇다면 모든 세대에서 주님을 섬기는 사역자들에게 이 점을 알려야 합니다. 곧 그들이 만나는 가장 큰 장애물은 구실을 대거나 헐뜯기 좋아하는 사람의 정신으로부터 야기됨을 알려야 합니다. 우리는 마태복음 22장에서 우리 주님을 공격하였던 여러 부류의 트집을 잡는 자들에 대한 자세한 설명을 만납니다. 복음을 설명할 때 사람들은 우리 메시지에 중요한 것이 하나도 없다고 말하여 우리가 하는 일을 퉁명스럽게 거부하지는 않습니다. 그보다는 우리가 전하는 메시지에 대해 여러 가지 난점들을 암시하며, 하찮은 의문들을 제기합니다. 아니면 덜 중요한 점들 몇 가지를 붙잡고 본래의 의도에서 벗어나게 하려고 애를 씁니다. 그들은 논쟁에 뛰어들어 복음의 추적을 피합니다. 마치 자기 주위에 먹물을 뿌리면서 도망치는 오징어들처럼 부차적인 성격의 질문들을 제기함으로써 하나님의 말씀의 초청과 선언을 회피합니다. 그리스도의 때에도 그러하였습니다. 그리스도를 대항하는 자들은 그리스도의 논증을 구차스런 변명이나 쓸데없는 논쟁으로 무마하려고 하였습니다. 세상은 지금도 확실히 그러합니다. 우리 복음 사역자들이 사람들을 붙잡을 수 없습니다. 그들이 우리를 피하여 나갑니다. 얼버무리면서 우리의 예봉을 피하며, 악한 질문의 방패 뒤에 숨어 우리를 곤란하게 합니다. 우리는 그들을 총검으로 찌를 수 없습니다. 그들은 논쟁의 성벽 뒤에 참호를 파고 누워 있습니다. 또다른 질문들로 가장 중요한 질문을 떠밀어 버리고, 영혼을 구원하는 진리에서 멀리 벗어납니다. 그런데 여기서 주 예수 그리스도께서는 그의 사역자들에게 죄인의 방어선을 뛰어넘어 그 요새의 중심으로 돌진하여 칼로 죄인을 치는 기술을

가르치고 계십니다. "너희는 그리스도에 대하여 어떻게 생각하느냐?"라는 질문
으로써 그같이 하도록 가르치십니다. 우리도 주님께서 하신 방식대로 논쟁거리
들을 다루어야 합니다. 그들이 답변하지 않으면 안 되는 한도 내에서 지혜와 신
중함으로 그들을 대응해야 합니다. 그때 주님께서는 우리가 원수의 나라와 싸우
도록 하시고, "너희는 그리스도에 대하여 어떻게 생각하느냐?"라는 물음으로 인
간의 양심을 공격하도록 하셨습니다. 오늘 아침 저는 무엇보다 먼저 그 날의 질문
들에 대해서 말하고 난 뒤에, 생사가 걸려 있는, 질문들의 질문이라 할 수 있는
그리스도의 질문을 말씀드리려 합니다.

1. 첫째로, 그 날의 질문들 중 몇 가지를 잠깐 살펴보겠습니다.

저는 그 질문들로 여러분의 흥미를 끌려는 의도는 전혀 없습니다. 오히려
그 질문들에 너무 몰두하지 않도록 거기서 벗어나게 하려는 의도로 살펴보려는
것입니다.

그 날에 던져진 첫 번째 질문은 바리새인들과 헤롯 당파들이 우리 주님께
던졌던 질문과 거의 유사합니다. 그 질문은 정치와 종교의 관계를 다룹니다. 교
회와 국가라는 난처한 문제가 바로 그것입니다. 가이사의 통치 영역은 어디까지입
니까? 어디서 끝나는 것입니까? 우리가 하나님께만 복종해야 하는 영역은 어디
입니까? 이 의문은 매우 실제적 양상을 띠고 영국의 비국교도들에게 제기됩니
다. 우리 교회들 일부에서 볼 수 있는 신앙부흥의 부분적 쇠퇴의 원인이 주로 교
회와 국가 사이에 존재하는 비성경적이고 불의한 관계에서 자연스럽게 야기되
는 질문들에 관심을 집중한데 있다고 저는 봅니다. 우리 각자는 정신력과 시간
과 정력에서 정해진 분량이 있습니다. 그 이상은 갖지 못합니다. 필요하다면 모
든 비국교도들은 다 자기의 권리와 특권을 위해서 투쟁하고, 이 나라에서 완벽
한 신앙적 평등이 확립되기까지 쉬지 않고 투쟁해야 할 것입니다. 그렇게 되면
우리가 불가피하게 숙고해야 할 일에 신경을 쓰기 위해 더 높고 더 선한 문제들
에 들어야 할 우리의 힘을 많이 빼앗기게 됩니다. 우리는 지금 우리를 괴롭히는
비열한 멍에로부터 벗어나기 위한 노력을 그만 둘 수 없습니다. 우리가 관용을
누린다는 말을 듣습니다. 그것은 매우 모욕적인 말입니다. 우리가 힘이 있는 교
파에 속한 사람들을 관용한다고 말한다면 그들이 어떻게 생각하겠습니까? 모든
종교적 공동체들이 법 앞에서 평등한 대우를 받기까지 우리는 결코 만족하지 못

할 것입니다. 가이사는 자기가 선택한 종교나 미신을 지지하라고 우리에게 요구할 권한이 전혀 없습니다. 국교회는 영적 폭군입니다. 우리 손목에 사슬이 묶여 있지는 않습니다. 그러나 우리를 압박하는 자들이 강철 끈보다 더 괴롭게 만드는 족쇄들을 우리 영혼에 채워 놓았습니다. 우리가 기도와 눈물로 목숨을 바쳐세우고 죽기까지 견지해야 할 것을 무너뜨리는 일을 자기 임무로 알고 있는 교회를 국민의 한 사람으로 지지하라는 압력을 받고 있습니다. 프로테스탄트 비국교도들로서 우리가 전하는 진리들이 교황주의적인 국교도(Anglican Papist)들의 군대의 공격을 받고 있는 걸 봅니다. 그들은 우리가 가장 소중하게 여기는 계획을 반대하기 위해 우리더러 그 군대를 지원하라고 강요하고 있습니다. 오늘날교황주의 교회가 우리 중에 세워져 지원을 받고 있습니다. 그 교회의 하수인들을 우리 국교회의 성직자로 인정하라는 강압을 우리는 받고 있습니다. 사실 우리 선조들이 죽으면서까지 무너뜨리려고 한 바로 그것을 지원하라고 우리에게 강요하는 것입니다. 우리는 분개하지 않을 수 없습니다. 그러한 불의를 보고 우리 피가 끓지 않는다면 우리는 사람도 아닙니다. 만일 사람들이 천주교회나 다른 어떤 형태의 오류를 원한다면 그들이 스스로 그 일을 위한 대가를 지불하게 내버려 두십시오. 그리고 그것을 자기들의 교회라고 부르게 하십시오. 그러나 나라의 한 부분인 우리에게 그들의 미신을 억지로 떠안기는 것은 온 땅의 재판장이신 하나님께 탄원드릴 학대입니다. 사람들은 몹시 싫어하는 미신을 유지하는 짐을 오래 견딜 수 없습니다. 크롬웰의 후예들은 그것을 조금도 참을 수 없습니다. 이들은 비록 세상적인 무기를 다 내려놓았을지라도 그들의 선조들이 기사당원들(찰스 1세 시대의 기사 당원, Cavaliers)을 혼쭐을 내었던 그 전장(戰場)을 결코잊을 수 없습니다. 현재 교회와 국가에서 구체적으로 나타나고 있는 우리 양심에 대한 모욕은 날마다 사람으로서 그리고 그리스도인으로서 우리를 격분시킵니다. 현재 불의한 권세에 대해 저는 이렇게 말하고 싶습니다. 영혼 속에 정의의 불꽃이 남아 있는 여러분 모두여, 그 권세를 타도하라, 타도하라고 말입니다. 우리는 용서할 수 없는 이 불의로부터 자유로워질 때까지, 하나님 곧 의로우신 하나님께서 살아 계시는 것만큼 확실히 우리가 자유로워질 때까지 쉬지 않을 것입니다.

자, 우리는 이 모든 일을 생각하고 그 일에 열심을 내면 반드시 그 방향으로 많은 힘을 소진하지 않을 수 없습니다. 순전하고 영적인 신앙에 기꺼이 쏟아야 할 힘을 말입니다. 우리는 이 점을 인정하고 그렇게 된 현실을 슬퍼하지 않을 수 없습니다. 우리는 항상 오로지 그리스도만을 설교하기를 바랍니다. 우리는 그리스도의 교회를 세우기 바라고, 또 모든 형제들과 평화롭게 살고 싶습니다. 범사에 우리의 모든 마음과 영혼과 힘을 하나님께 드리고 싶습니다. 그러나 여기에 하나님과 가이사에 관한 논쟁이 끼어들 것입니다. 그렇게 되면 우리는 관심을 쏟지 않을 수 없습니다. 그 일은 더 고귀한 일에서 우리의 시선을 어느 정도 빼앗습니다. 그러므로 이런 일은 빨리 끝낼수록 더 좋습니다. 우리는 언제나 이 문제에 관심을 쏟을 수 없습니다. 우리는 복음이 그런 문제보다 만 배나 더 가치 있다고 여깁니다. 가이사의 문제가 제기되었을 때 구주께서는 거기에 대해 아주 완벽한 답변을 하셨습니다. 사람들이 물었습니다. "우리가 가이사에게 세를 바쳐야 할까요?" 주님께서 "이것이 누구의 돈이냐?"라고 하셨고, 그들은 "가이사의 것이니이다."고 대답하였습니다. "그럼 좋다. 너희는 분명 가이사의 통치에 복종하였다. 그의 수하에 있다. 그러므로 가이사가 너희에게 요구하는 세금을 바쳐라. 그러나 그럼에도 불구하고 너희가 하나님의 통치 아래 있다는 사실을 조금도 잊어서는 안 된다. 그러니 하나님께 속한 것들을 하나님께 드릴지어다." 주님께서는 항상 지켜야 마땅한 선을 여기에 긋고 계십니다. "그런즉 가이사의 것은 가이사에게." 질서를 지키고 범죄를 억제하고 개인의 자유를 보존하고 각 사람의 권리를 보호해 주는 것, 그것이 가이사의 임무입니다. 우리에게 신앙을 가르치는 일, 그 일을 가이사가 해야 합니까? 천만에요. 가이사가 우리에게 무슨 종교를 가르치겠습니까? 그가 이교도면, 그는 도리어 우상 숭배를 강화시킬 것입니다. 그가 교황주의자면, 교황 제도를 세울 것입니다. 그가 무신론자입니까? 그러면 그는 불신앙을 확립할 것입니다. 메리 여왕 시대를 기억하십시오. 가이사가 종교에 쓸데없이 참견할 때 무슨 일을 할 수 있는지 보십시오. 우리의 양심을 다루는 것은 결코 가이사의 일이 아닙니다. 양심에 저촉되는 어떤 문제에 있어서도 우리는 결코 가이사에게 복종하지 않을 것입니다. 가이사가 종교에 관해서 자기가 원하는 어떤 법률을 제정할 수 있죠. 그러나 우리는 하나님께 충성함으로써 하나님의 자리를 찬탈한 가이사에게 경멸을 보냅니다. 가이사가 자기에게 주어진 합법적 권위의 테두리를 벗어나면 거리에 있는 가장 하찮은 거지보다도 우리에게 존경을 받지 못할 것입니다. 가이사의 것은 가이사에게, 정치는 정치인들에게 맡기십시오. 우리는 통치자들에게 기꺼운 마음으로 신속히 순종합니다. 하나님께 속한 것들은 오직 하나님께만 드리십시오. 그것들이 무엇입니까? 우리의 마음과 영혼과 양심입니다. 사람 자신은 하나님께서 자신의 형상을 각인시키고 표기해 놓은 동전입니다(물론 안타깝게도 그 형상과 표기가 다 훼손되었지만). 우리는 우리의 인간성과 의지와 사상, 우리의 판단과 지성과 마음을 하나님께 드려야 합니다. 양심은 하나님을 위한 것입니다. 양심에 저촉되는 법은 어떤 것이든 **바로 그 사실 때문에**(ipso factor) 효력이 없으며 공허한 것입니다. 왕들과 의회들이 양심의 영역에 끼어들어 간섭할 권한이 하나도 없다는 단순한 이유 때문에 그러합니다. 양심은 다름 아닌 하나님의 법 아래 있습니다. 우리는 하나님을 향한 양심의 자유를 믿지는 않습니다. 우리는 하나님을 향하여야 합니다. 하나님께서 우리에게 말씀하신 것을 믿어야 하고, 명하신 것을 행해야 마땅합니다. 그러나 모든 인류에게 있어서 양심의 자유는 태어난 모든 각 사람의 생득적 권리입니다. 그러므로 그 양심을 진심으로 존중해야 마땅합니다.

　　여기서 우리 주님은 가이사에게 속한 것을 가이사에게 드리고, 하나님께 속한 것들은 하나님께 드리라고 말씀하심으로써 논란을 잠재우십니다. 자, 만일 회심하지 않은 어떤 분이 여기 계시다면, 그 사람의 지성은 교회와 국가에 관한 논란으로 사로잡혀 있을 것입니다. 교회와 국가 중 어느 편을 들 수도 있습니다. 저는 그런 이에게 간절하게 말씀드립니다. 그것은 중요한 문제입니다. 우리 중 어떤 사람에게는 우리 영혼의 구원 문제 다음으로 중요한 문제일 것입니다. 또 그 문제야말로 우리 마음을 가장 무겁게 짓누르죠. 그럼에도 불구하고 무엇보다 먼저 더욱 심각한 질문을 주목하십시오. "너희는 그리스도에 대하여 어떻게 생각하느냐?" 여러분의 평가에서 그리스도께서 기묘자요, 모사(謀士)요 전능하신 하나님이십니까? 그분으로 말미암아 구원을 받았습니까? 구원을 받지 못했다면 방금 말씀드린 그 문제는 뒤로 미뤄놓고 훨씬 더 중요한 문제에 대한 답을 찾으라고 말하고 싶습니다. 사람이 죽게 되었을 때 그를 살리기 위해서 우리가 무얼 할 수 있겠습니까? 배가 가라앉고 있을 때 각 사람에게 긴급하게 요청되는 한 가지 일은 "어떻게 하면 구명보트에 탈 수 있는가?"입니다. 때로 갑작스럽게 배가 파선하는 것과 같은 절망적인 경우에 사람들은 자기 생명을 사랑한 나머지 자신들을 위해 마땅히 해야 하는 것보다 한 걸음 더 나아가서, 자기들이 죽을지도 모른다는 공포심에 사로잡혀 다른 사람들의 요구를 모른 척하게 되는 시험에 빠질 수 있습니다. 오, 바라기는 자기 영혼에 대하여 지나친 열심과 같은 것이 마음에 일어났으면 좋겠습니다. 그럴 수만 있다면 말입니다. 교회의 논쟁에 휘말리지 않고 물리칠 수 있을 만큼 구원의 확신이 있는 사람들이 있습니다. 그러나 아직 구원받지 못한 여러분은 십자가로 가서 거기에서 구원을 찾는 것이 낫습니다. 교회와 국가의 문제가 지극히 중요한 것은 분명합니다. 그러나 아직 구원받지 못한 여러분들에게 훨씬 더 중요한 문제는 그리스도를 믿는 것입니다. 여러분이 오늘 밤에 죽는다고 생각해 보십시오. 교회와 국가의 분리의 문제에 관해서 의회가 다음 회기 동안에 무엇을 할 수 있을지에 대한 문제는 여러분에게 사소한 일이 될 것입니다. 만일 여러분이 금년이 다 가기 전에 하나님의 심판대 앞에 서야 하고, 여러분이 하늘과 소망으로부터 추방된다면, 국교회들이 여러분에게 별의미가 없게 될 것입니다. 그러므로 이 점을 분명히 아십시오. 여러분에게 간청합니다. 여러분의 영혼의 관한 일에 어떠한 것도 끼어들지 못하게 하십시오.

　그 시대의 두 번째 문제가 마태복음 22장에 갑자기 나타납니다. 내세 상태의 상세한 면에 대한 질문이 있습니다. 제가 생각하기로는 우리 교회 교인들 가운데 경건하지 않은 자들의 운명과 의인들의 상태에 관하여 그처럼 이상한 이론들이 많이 제기되었던 시대를 기억하는 사람은 아무도 없을 것입니다. 어떤 사람들은 믿지 않는 자들뿐만 아니라 믿는 자들도 이 세상을 떠날 그때에 죽는다고 가르치고 있습니다. 부활의 날까지는 의인들도 전혀 존재하지 않는다고 아주 열심히 가르칩니다. 소멸되지 않는 영혼 같은 것은 없고, 경건한 사람들도 흙이 되어 부활의 날에 무덤에서 일어나기까지 존재하지 않는다는 식으로 가르칩니다. 이런 주제들은 매우 엄숙한 것들입니다. 그 주제들에 대해서 정통 신앙을 가질 필요가 아주 크다고 저는 믿습니다. 이러한 일들에 대한 옛 믿음을 방어하기 위해서 일어서는 사람이 시간 낭비하는 일을 한다고 생각지 않습니다. 저는 일반적으로 받아들여지는 관점들이 올바르고 건전하며, 우리 주위에서 떼를 지어 일어나는 새로운 것들이 많은 해악을 일으킬 것이라고 확신합니다. 영혼 수면설(soul-sleeping), 영혼 멸절설(annihilation), 보편적 회복설(universal restoration) 등과 같은 것들을 포함하는 온갖 오류들 외에 생각해야 할 다른 문제들이 있습니다. "너희는 그리스도에 대하여 어떻게 생각하느냐?"라는 질문이야말로 가장 먼저 던져야 할 질문입니다.

　그러나 장래에 속한 사실들을 사람들이 알아야 하기 때문에 우리 구주께서는 사두개인들의 이단적 발상을 다루셨습니다. 사두개인들은 순전한 물질주의를 믿고 있었고 부활을 부인하였습니다. 구주께서 그들에게 내세 상태의 확실성을 선포하셨고, 공상(空想)으로 만들어낸 난제의 무기를 그들의 손에서 빼앗으셨습니다. 일곱 번 결혼했던 여인에 관한 그들의 질문에 대하여, 내세에서는 사람들이 혼인하지도 않고 혼인할 필요도 없다고 밝히셨습니다. 죽음의 파괴적 위력이 더 이상 존재하지 않는 곳에서는 재생산의 필요가 전혀 없습니다. 사두개인들이 천사들의 존재를 부인하였기에, 우리 주님께서는 그들의 회의론을 일축해 버리고 부활한 자들은 하나님의 천사들과 같다고 선포하셨습니다. 그렇게 하심으로써 돌 하나로 두 마리의 새를 잡으신 것입니다. 다음 세계에서 사람들의 상태에 관한 그들의 관점을 바로잡고, 천사들과 같은 영들이 존재한다는 사실을 조용히 전제하고 말씀하셨습니다. 그런 다음에 위대한 선생이신 예수님께서는 사두개인들에게 가시떨기나무에서 모세에게 말씀하셨던 바로 그 음성을 상기시킴으로써 성도들이 계속 존재한다는 사실을 의문의 여지 없이 입증하셨습니다. 사두개인들도 모세 오경은 큰 권위로 받아들였습니다. 구약의 다른 책들의 영감도 부정하지는 않았지만 모세의 글들을 훨씬 더 존중하였습니다. 그러므로 지혜로우신 우리 주님께서는 출애굽기에서 가시떨기나무에서 모세에게 말씀하셨던 하나님의 말씀을 인용하십니다. "나는 아브라함의 하나님이요 이삭의 하나님이요 야곱의 하나님이로라 하신 것을 읽어보지 못하였느냐"(마 20:32). 그런 다음에 유대인에게 잘 알려진 격언과도 같은 말씀을 덧붙이셨습니다. "하나님은 죽은 자의 하나님이 아니요 살아 있는 자의 하나님이시니라." 그래서 한 번의 전투로 회의론자들을 물리치셨습니다. 아브라함과 이삭과 야곱이 모세 시대에도 여전히 살아 있었다는 사실은 아주 당연한 결론이었습니다. 물론 그들은 무덤에 있었습니다. 그것은 확실한 사실입니다. 그러므로 동시에 확실한 것은 참 아브라함은 무덤에 있지 않고 다른 곳에 있었다는 것입니다. 말하자면 아브라함과 이삭과 야곱의 영혼이 살아 있었고, 하나님의 소유로 살아 있었다는 것입니다. 그들의 몸은 다 벌레가 먹어 사라졌다고 할지라도 말입니다. 구주께서 주장하시는 말씀이 바로 그것이었습니다. 몸에 관한 한, 족장들은 몇 세대 동안 죽어 있습니다. 그럼에도 불구하고 하나님께서 친히 자신이 그들의 하나님이라고 하셨습니다. 그러므로 진정한 의미에서 그들은 사실 죽을 수 없고 여전히 존재하기 마련입니다. 아브라함과 이삭과 야곱이 몸에 관해서는 그때에 죽어 있었습니다. 그것은 사실입니다. 그러나 아브라함과 이삭과 야곱이 바로 그때에 살아 있었다면 그 주장이 더 힘이 있으리라는 것이 이 주장의 핵심입니다. 이 사실을 잘 주목하고 그 점을 생각해 보십시오. 하나님께서 사람에게 "내가 너의 하나님이라"고 말씀하실 때 얼마나 무한한 복을 그 사람에게 베풀고 있으며, 그 말씀이 얼마나 엄청난 것을 함축하고 있는지요! 하나님께서 살아 계시는 한, 하나님께서 바로 그 사람에게 속하신 것입니다. 그러므로 하나님께서 존재하시는 한 그 사람 자신도 존재해야 합니다. 존재하지 않는 것은 어떤 것도 소유할 수 없기 때문입니다. 어떤 것을 소유하고 있는 자는 그 자체로 존재하기 마련입니다. 그래서 아브라함과 다른 모든 성도들이 영혼의 하나님을 자기들의 하나님으로 모시고 있어야 한다는 결론이 나옵니다. "내가 너의 하나님이라"는 말씀에 따라서 말입니다. 그러므로 그들은 반드시 영원히 존재해야 합니다. 하나님의 약속의 총체와 그 본질을 받고 체험하기 위해서는 영원이 아니면 그 어느 것도 충분하지 못할 것입니다. 하나님께서 어떤 사람에게 복락을 베푸실 때, 하나님은 그 복락을 누릴 능력을 주시는 만큼 그 존재의 범주도 허락하시는 것입니다. 세상에서 받는 복들은 자연적인 존재에 허락되었습니다. 하나님을 소유하는 광대한 영적 혜택은 무한합니다. 그것을 향유하기 위해서 영원한 존재가 필요한 것입니다. 성도들은 여전히 살아 있습니다. 그렇지 않다면 하나님께서 그들의 하나님이 되실 수 없습니다. 성도들은 여전히 의식을 가지고 있습니다. 왜냐하면 하나님께서 수백 년 동안 생각이나 느낌이 없는 무의식인 존재들의 하나님이 아니시기 때문입니다. 하나님은 활동하고 있다는 의미에서 살아 있는 자들의 하나님이십니다. 그들은 여전히 경배하고 하나님을 존중하며 사랑하며 섬기고 있습니다. 예수님과 함께 누리는 그들의 안식은 무의식의 안식이 아닙니다. 그들은 살아 있습니다. 단순히 존재하기만 하는 것이 아니라 살아서, 살아 계신 하나님께 영광을 돌리고 있습니다. 이것이 바로 우리 구주의 증거였습니다. 그 증거는 어떤 논리도 압도할 만큼 설득력 있는 것입니다.

　의인들이 계속 존재한다는 교리는 부활의 교리와 묶여 있습니다. 불멸과 부활은 같은 성질을 가진 진리들입니다. 하나님께서 "나는 아브라함의 하나님이다"라고 말씀하셨을 때 "나는 아브라함의 영혼의 하나님이라"고 말씀하신 것이 아닙니다. 만일 그렇게 말씀하셨다면 아브라함의 영혼의 존재가 그 약속을 이룬 것이 될 것입니다. "나는 아브라함의 하나님이라"는 말씀은 아브라함의 인격 전체를 함축하는 것입니다. 아브라함의 영혼뿐만 아니라 몸까지 함축합니다. 그러므로 아브라함의 몸이 다시 부활하여 하나님의 충만을 누려야 하는 것이 필요하였습니다. 학식 있는 작가가 소견을 말하듯이, 계속해서 진보가 있었습니다. 아브라함이 죽을 몸을 입고 있었을 때에도 하나님께서는 아브라함의 하나님이셨습니다. 그 몸을 벗었을 때에도 아브라함의 하나님이셨고, 하늘로부터 오는 집으로 옷 입고 있는 지금도 아브라함의 하나님이실 것입니다.

사랑하는 청중 여러분, 저는 즉시 여러분에게 이 주요 요점에 주목하라고 말씀드리고 싶습니다. 여러분은 이 질문들을 숙고해야 하고, 거기에 대한 그리스도의 가르침을 받아야 합니다. 이 악한 날들이 꾸며낸 이야기들 중 어느 것에도 귀를 기울이지 말아야 합니다. 여러분을 위한 더 복된 질문이 여기 있습니다. "너희는 그리스도에 대하여 어떻게 생각하느냐?" 여러분은 그리스도 안에 분깃을 갖고 있습니까? 여러분은 그리스도로 말미암아 구원 받았습니까? 회심하지 않은 사람이 "하늘의 본질은 무엇인가? 부활할 몸의 형태는 어떠할까?"라고 묻는 것은 정말 어리석은 일입니다. 여러분은 먹을 것이 없어 거리에서 떨고 구걸하며 굶주려 있는 비참한 거지를 본 적이 있습니까? 그런 거지가 금년 일사분기에 황제의 총 소득액이 정확히 얼마인가에 대해 호기심을 갖겠습니까? 그게 그 사람에게 무슨 의미가 있겠습니까? 그가 할 첫 번째 일은 빵조각 하나라도 얻는 것이 아니겠습니까? 사람으로서 여러분이 첫 번째 관심을 두어야 할 것은 죄를 용서 받고 하나님 앞에 용납되며 지옥에서 구원을 받는 것이 아니겠습니까? 그리스도의 재림과 에스겔과 다니엘의 예언들에 관한 사변적인 생각들이 있습니다. 여러분이 그리스도 밖에 있다면 그것들이 여러분과 무슨 상관이 있겠습니까? 구원 받지 못한 자들이여, 만일 여러분이 그런 식으로 한다면 미친 것이 아닙니까? 여러분의 영혼은 그리스도를 아는 지식이 모자라 멸망해가고 있는데 그런 호기심이나 만족시키려고 합니까? 하나님의 진노가 여러분의 머리 위에 있습니다. 여러분은 마치 사형 집행 날을 기다리며 감방에 갇혀 있는 사람과 같습니다. 지금 다른 사람들에게나 관련이 있고 여러분에게는 전혀 상관이 없는 문제들에 머리를 쓸 때입니까? "너희는 그리스도에 대하여 어떻게 생각하느냐?" 그 문제를 해결하기까지 다른 것들은 옆으로 제쳐놓으십시오. 그러면 하나님께서 도우심에 따라 순서대로 그 문제들에 주의를 기울일 때가 올 것입니다.

그러나 그밖에 일어날 다른 문제들, 곧 신학에 관한 문제들이 있습니다. 바리새인들이 우리 구주께 그 신학적인 문제들 가운데 하나를 질문하였습니다. 첫째되고 제일되는 계명이 무엇인지 알고 싶어 했습니다. 바리새인들이 믿기로는, 모세가 1년에 365일이 있는 것처럼 365개의 계명을 주었다는 것입니다. 그리고 248개의 금령(禁令)을 주었다고 믿었습니다. 그들은 정확한 수를 아는 것을 중요하게 생각하였습니다. 그들 중에 어떤 계명을 어기는 것이 더 큰 죄가 되느냐에 대해서 큰 논란이 있었습니다. 어떤 사람들은 의식(儀式)과 관련된 규례들이 도덕적 계명들보다 더 중요하다고 주장하였고, 다른 파에 속한 사람들은, 의식적 교훈들이 도덕법과 비교할 때 아주 부차적인 문제에 지나지 않는다고 주장했습니다. 서기관들과 율법사들은 끝없이 논쟁을 벌였습니다. 우리의 구주께서는 그들의 질문에 하나님을 사랑하고 그 이웃을 사랑하는 것이 더 큰 계명이라고 답하셨습니다. 그렇게 함으로써 그 문제를 매듭지었습니다. 그러나 그들의 생각이 거기에 머물러 있도록 내버려 두지 않으셨습니다. 주님께서는 더 중요한 문제를 그들에게 디밀었습니다. "그리스도를 너희가 어떻게 생각하느냐?" 현재 만일 여러분이 어떤 사람에게 그의 영혼에 관해서 말하면, 그는 여러분에게 "당신은 아르미니우스주의자입니까, 칼빈주의자입니까?"라고 물을 것입니다. 이에 대한 우리의 답변은 "사랑하는 그대여, 그대가 구원을 받았습니까? 그것이 그대의 문제입니다. 다른 때에 우리가 어떠한 사람인지에 대해서 말해 주겠습니다. 현재 그대는 구주가 필요합니다. 그 문제를 해결하는데 마음을 써야 합니다." 그러면 그 사람이 이렇게 대답하겠죠. "좋아요. 세례에 관한 당신의 견해는 무엇입니까?" 우리는 언제든지 답변할 수 있습니다. 왜냐하면 우리는 주님께서 친히 말씀하심으로써 당신의 뜻을 충분히 피력하셨음을 알기 때문입니다. 그러니 제발이지 여러 규례들보다 예수님을 더 많이 생각하십시오. 트집을 잡는 사람은 "그러나 당신은 교회 정치에서 장로교회입니까, 아니면 감독교회를 선호합니까?"라고 말할 것입니다. "사랑하는 친구여, 그것이 당신과 무슨 상관이 있습니까? 당신은 생명에서 사망으로 옮겼습니까?" 바로 거기에 요점이 있는 것입니다. 어떤 사람이 물에 빠져 허우적거리고 있습니다. 그를 구출하려고 손을 내밀었더니 내가 어떤 라틴어 단어를 정확하게 발음하는 것을 보여주기까지는 내 손을 붙잡지 않으려 한다고 합시다. 그런 사람이라면 정말 천치 바보가 아닙니까? 사랑하는 친구여, 지금 물에 빠져 죽어가고 있는 그대의 처지에 비하면 그 라틴어의 운율과 음절의 장단은 말할 수 없이 하찮은 문제입니다. 그대가 일단 물 밖으로 끌려나온 다음에야 그 모음이 장음인지 단음인지 얘기할 것입니다. 그처럼 영혼이 구원 받지 못한 상태에 있는데 사소한 문제를 해결하려고 덤빌 수는 없는 것입니다. 나는 지금 어떤 교리를 숙고할 필요가 없다고 말하는 것이 아닙니다. 또 어떤 진리도 중요하지 않다고 말하는 것도 아닙니다. 지극히 작은 진리 하나도 목숨을 걸고 지킬 만한 가치가 있습니다. 그러나 우리가 논란이 되는 교리들을 다루기 전에 먼저 엄숙하게 숙고해야 할 사실들이 있습니다. "그러나 어떻게 우리가 주님의 성만찬을 기념해야 하죠?"라고 말할 분들이 있을 것입니다. 저는 대답하겠습니다. "우리는 당신 같은 사람들하고는 성만찬을 기념하지 않겠습니다. 당신이 구주를 알기까지는 당신을 위해서 성만찬을 결코 시행하지 않을 것입니다." 그 사람이 "그러나" 하고 말합니다. 그는 성만찬 때 돌로 된 단을 써야 하느냐, 나무 단을 써야 하느냐에 대해 질문하기 시작하고, 성만찬의 요소들을 사제나 목사가 분배해야 하느냐, 아니면 일반 그리스도인도 그 일에 참여할 수 있느냐 하는 문제를 던지기 시작합니다. "이러한 것들은 매우 의미심장한 문제들입니다. 즉시 그 문제들을 다 풀어야 해요."

사랑하는 친구들이여, 저도 그런 문제들이 의미심장하다고 생각합니다. 우리는 그 문제들에 결코 얼버무리지 않습니다. 그러나 우리는 여러분과 그런 일로 논쟁하지 않을 것입니다. 왜냐하면 무엇보다 먼저 여러분에게 그리스도와 그의 십자가에 못 박히심을 알라고 간절하게 권하고 있기 때문입니다. 여러분의 부르심과 택하심을 확실하게 하십시오. 그런 다음에 우리의 믿음과 실천에 대해서 하나님 말씀에서 이끌어낸 이유들을 여러분에게 이야기할 수 있을 것입니다. 현재로서는 "너희가 그리스도에 대하여 어떻게 생각하느냐?"는 질문이 여러분이 주의를 기울여야 할 유일한 문제입니다. 저는 방금 정치와 종교에 관해서 가장 첫 번째 되는 질문을 아주 분명하게 말씀드렸다고 생각합니다. 제가 결단코 사소한 요점들을 적당히 얼버무리고 있다고 생각하지 않도록 분명하게 천명하였습니다. 제가 여러 교리들과 규례들을 평가 절하하고 있지 않다는 것을 보여 줄 필요가 있다면 여기서 그것들에 대해서도 마찬가지로 명확하게 말하겠습니다. 그러나 그 모든 것에도 불구하고, "너희는 그리스도에 대해서 어떻게 생각하느냐?"라는 질문은 구속함을 받지 못한 사람에게는 다른 모든 문제들보다 훨씬 중요한 것입니다. 저는 아직 그리스도를 믿지 않는 여러분에게, 다른 문제들에 신경 쓰느라 멸망하지 않도록 하라고 강조합니다. 그런 다른 문제들은 유일하게 필요한 한 가지 문제에서 여러분의 관심을 분산시킴으로 여러분을 파멸시킬 수 있습니다. 여러분이 구원 받기까지는 하나의 본질적인 점에 생각을 집중시키려고 해야 합니다. 그런 후에야 우리는 주님께서 말씀하신 모든 것을 지키라고 가르칠 것입니다. 그러나 지금은 "주 예수 그리스도를 믿으라. 그리하면 네가 구원을 받으리라."는 것이 성경에서 여러분이 숙고할 가장 중요한 본문입니다.

2. 자, 우리는 이제 우리 주제의 두 번째 부분을 살펴봅시다.

현대의 중요한 질문, 시대가 끝날 때까지 모든 날의 가장 중요한 질문은 "너희는 그리스도에 대하여 어떻게 생각하느냐?"는 것입니다.

이 질문이 구주와 관련된 것임을 주목합시다. "너희는 메시아, 하나님의 보내신 자요 그리스도요 기름 부으신 자에 대하여 어떻게 생각하느냐?" 여러분은 그리스도의 사명이 필요하였다고 생각하는가? 그러한 사람이 여기 이 땅에 오실 필요가 있었는가? 그대의 경우에 구주가 정말 필요하였는가? 그대는 어떠한 죄를 지었는가? 그대는 헤어나올 수 없는 죄가 있는가? 그 죄에 대하여 스스로 속죄할 수 없는가? 그것을 느꼈는가? 지금 그것을 느끼고 있는가? 만일 여러분이 죄가 없다고 한다면, 여러분은 그리스도께서 괜히 쓸데없이 하늘로부터 보내심 받았다는 식으로 그리스도를 생각하는 것이 될 것입니다. 그리스도께서 구원 받을 필요가 없는 자들을 부르러 오신 것이 아닙니다. 그리스도께서 필요 이상의 일을 해야 할 이유가 있습니까? 여러분이 죄를 느꼈습니까? 죄를 고백합니까? 여러분은 하나님께서 자기 백성을 그 죄에서 구원하러 그리스도를 보내실 때 은혜롭고 자비로운 일을 행하셨다고 믿습니까? 하나님께서 보내신 분을 영접합니까? 그분을 통해서 구원받기를 기꺼이 갈망합니까? 그분의 방식대로 구원 받을 뜻이 있습니까? 그 방식은 그리스도께서 여러분의 유일한 구주가 되시기에 여러분 자신을 그분에게 맡기고, 그분이 여러분의 구원의 모든 영광을 갖게 되는 것입니다. 여러분은 자신의 어떤 공로로 구원받지 않고 그리스도의 보혈과 의로 말미암아 용서받게 되는 것입니다. 여러분은 이 사실에 동의합니까? 여러분 영혼이 살아 계신 하나님 앞에서 그 점에 대하여 "예"라고 말합니까? 그렇다면 그리스도에 대한 여러분의 생각은 옳습니다. 그러나 그런 경우가 아니라면 그리스도의 희생을 발로 차버리며 "나는 그것을 전혀 필요로 하지 않는다."고 말하는 셈입니다. 만일 여러분이 죄를 버리는 것을 불충분하다고 생각하고, 그래서 그것을 신뢰하지 않는다면, 그 아들에 관한 하나님의 증거를 믿지 아니함으로 하나님을 거짓말쟁이로 만든 셈입니다. 그러나 저는 오늘 아침 그리스도에 대한 여러분의 생각들이 다음과 같으리라고 믿습니다. "나는 하나님의 형벌을 받을 만한 죄인이다. 하나님께서 예수 그리스도 안에서 죄를 벌하셨음을 나는 안다. 그래서 속죄 희생 제물이신 그리스도만을 온전히 신뢰한다. 그리스도께서 나를 구원하시고 나를 통치하시고 그의 거룩하심처럼 나를 거룩하게 만드시도록 내 자신을 그리스도께 온전히 맡긴다. 만일 그분이 나를 받아주기만 하시면 그분을 반대할 생각이 전혀 없다. 아니, 내 영혼을 온전히 주님의 뜻에 맡기고, 그러한 구주로 말미암아 구원 받은 것을 복되게 여기노라." 내가 진심으로 이같이 느끼는 사람들에게 설교하고 있는 것은 정말 은혜를 받은 것입니다. 여러분을 성가시게 하는 것이 무엇이든지 사랑하는 여러분은 언제나 그 점을 견지하십시오. 우리의 사랑하시는 구주에 대한 여러분의 생각이 겸비하고, 항상 즐거우며, 유쾌하게 하십시오. 그러면 여러분은 거룩한 봉사를 할 수 있을 만큼 강하게 될 것입니다. 그러나 결단코 절대로 예수님에 대하여 좋게 생각하는 것을 멈추어서는 안 됩니다.

이 질문이 구주와 관련된 것만이 아님을 아시기 바랍니다. 그 질문은 또한 구주의 인격에 관한 것입니다. 사람들은 이 점을 너무 자주 잊어버립니다. 우리는 주님의 가르치심과 행하심에 대해서 말하지만, 그분의 진정한 존재는 기억하지 않습니다. 주님은 어떤 이름이나 꾸며낸 허구적인 인물이 아닙니다. 역사의 페이지에 슬쩍 지나쳐가는 그림자도 아닙니다. 우리가 "그가 누구의 아들이냐?"라고 질문을 던질 만한 분입니다. 우리 구주께서 친히 여기에서 그 질문을 던지셨죠. 그 질문을 여러분에게 던져 볼까요? 그리스도의 인격에 대해서 여러분은 어떻게 생각하십니까? 그분 안에 하나님의 아들 되심과 주 되심이 어떻게 조화를 이루었는지 이해하십니까? 그분이 다윗의 자손임을 이해하셨습니까? 그러므로 지상에서 사람과 하나님께 순종함을 드리고, 우리를 위해서 종들 가운데 종이 되시고, 죽기까지 복종하신 분이십니다. 그럼에도 그분이 만유의 주가 되시며, 그 어깨에 정사가 놓여 있음을 이해하십니까? 그리스도가 여러분의 구주와 여러분의 선생이십니까? 그분이 여러분의 발을 씻기셨으나, 엎드려 그분의 발에 입맞춥니까? 그분이 여러분을 위해서 모든 일을 하셨습니까? 여러분의 마음에 최고의 사랑의 대상으로 여러분의 마음의 왕좌에 왕 노릇 하신다고 느낍니까? 그를 위해서 어느 것이나, 또는 모든 것을 하고 싶습니까? 십자가에서 피를 흘리셨으나 보좌로 올리우신 분, 이 두 가지 요점을 조화시킬 수 있습니까? 가시면류관과, 온 우주를 통치하는 군왕의 면류관 — 이 둘이 그의 복되신 인격 안에서 어떻게 연합을 이루는지 아셨습니까? 여러분은 그리스도에 대하여 어떻게 생각합니까? 하나님 아들이심과 주 되심이 함께 어우러져 있는 분입니다. 그분은 사람이시요 하나님이시며, 육신적 혈통을 통해서는 다윗의 자손이시고, 본성과 본질로는 하나님의 아들이심을 믿습니까? 우리가 점잔빼며 말하는 문제들은 소용이 없습니다. 그리스도의 신성을 믿지 않는 사람이 구원받을 것이라고 우리는 믿을 수 없습니다. 우리는 가능한 한 최선의 사랑을 갖고 싶어 합니다. 그러나 우리는 또한 정직해야 합니다. 그리스도가 하나님이 아니라고 생각하는 것은 그리스도의 구원을 전적으로 부정하는 것으로 보입니다. 사랑하는 여러분, 여러분은 그리스도를 전체로 받아들였습니까? 그리스도를 사람이신 그리스도, 하나님이신 그리스도, 임마누엘, 우리와 함께하시는 하나님으로 받아들였느냐는 말입니다. 그분이 여러분의 신뢰의 대상입니까? 그렇지 않다면 주님께서 여러분을 인도하시어 어떤 문제보다도 그 문제를 정면으로 살펴보도록 은혜 주시기를 원합니다. 다른 것들은 뒤로 미뤄놓고 이것을 먼저 생각하십시오. 여러분은 예수 그리스도 안에 있는 하나님, 곧 사람들의 구주를 바르게 생각하였습니까?

여러분은 그리스도의 나라에 대한 반대와, 그럼에도 불구하고 그리스도께서 얻으실 확실한 정복의 문제에서 그분을 바르게 생각하였습니까? 성령께서 다윗을 인도하시어 그에 관해서 어떻게 쓰게 하셨는지 주목하십시오. "여호와께서 내 주에게 말씀하시기를 내가 네 원수들로 네 발판이 되게 하기까지 너는 내 오른쪽에 앉아 있으라 하셨도다"(시 110:1). 그리스도께서는 반대를 받습니다. 여러분은 그 점을 압니다. 여러분도 그 일을 슬퍼합니까? 또한 그리스도께서 이러한 모든 반대를 극복하고, 자기 조상 다윗의 보좌에 앉으시고 그의 모든 원수들의 맹렬한 공격을 권능의 홀로 쓸어 버리실 것을 믿습니까? 오, 우리가 다음과 같은 점을 알 수 있으면 잘하는 것입니다. 즉 그리스도께서 내 영혼 속에서 죄와 싸우고 계시는데 내 자신의 부패와 타락한 본성에 의해 저항을 받으신다는 것입니다. 그럼에도 불구하고 내 모든 죄가 극복되고 내 모든 부패가 무너질 때 그리스도께서 왕으로 보좌에 앉아 통치하시는 것이 확실합니다. 구주께서 싸우시고 조만간 이기시는 것을 보고, 그런 면에서 그리스도를 생각하는 것은 복된 일입니다. 저는 여러분에게 우리의 사랑하시는 주 예수 그리스도의 신적 인격에 대하여 확실하게 알라고 권고하는 바입니다. 여러분이 그리스도를 알고 그 안에서 발견되며, 그리스도 안에 있는 완전한 구원을 받기까지, 오랫동안 다른 모든 것들은 뒤로 미루어 놓으십시오.

저는 조금 더 이야기해야 하겠습니다. 이 질문은 구속주와 그의 인격에 관한 것만이 아니라 또한 생각들에 관한 것입니다. "너희가 그리스도에 대해서 어떻게 생각하느냐?" 우리는 우리의 생각들 때문에 교수형에 처해지지는 않을 것이라는 말을 들었습니다. 그럴 수 있죠. 그러나 많은 사람들이 자신의 생각 때문에 저주를 받았습니다. 실로 저주의 원천이 여기에 있습니다. 곧 사람들이 잘못 생각하고, 말도 하고 행동도 합니다. "너희는 그리스도에 대해서 어떻게 생각하느냐?" 이것은 어떤 사람들에게는 엄중한 질문입니다. 왜냐하면 그리스도에 대한 그들의 관계는 생각하는 것을 제외하고 그들이 좋아하는 다른 것으로 이루어져 있기 때문입니다. 예배당에 오는 많은 사람들이 생각하는 수고를 결코 하지 않습니다. 그들은 밤낮 기도에 대해 말합니다. 그러나 생각하는 것은 고려하지 않습니다. 그들은 성례에 참석하죠. 그러나 얼마나 자주 성례에 참여해야 하느냐에 대해서는 한 번도 생각하지 않습니다. 나를 위해서 대신해서 생각하도록 사제를 만들어 낸 것이 아니면 무엇이란 말인가 하고 생각합니다. 그러나 문제는 "너희가 그리스도에 대해서 어떻게 생각하느냐?"는 것입니다. 만일 자신의 종교에 대하여 아무 생각도 없다면, 그 속에 아무 생명도 없는 것입니다. 사람들은 생각하는 일의 끔찍한 필연성에서 벗어나기 위해서 기계적인 형식들과 양태들을 고안해 냅니다. 그러나 그렇게 함으로써 자신의 영혼을 망하게 만듭니다. 사람마다 자기 생각을 가져야 합니다. 집에서도 그렇게 해야 합니다. 자기를 대신해서 다른 누군가가 그 일을 행하도록 할 필요가 없습니다. 하나님을 향하여 지성을 사용해야 합니다. 그렇게 하지 않는다면 우리의 예배는 죽은 예배입니다. 우리 구주께서 우리에게 생각하라고 하시고, 그리스도에 대해서 생각해야 한다고 말씀하십니다. "너희가 그리스도에 대해서 어떻게 생각하느냐?" 그리스도에 대해서 생각하는 것이 여러분에게 즐거운 일입니까? 여러분은 그리스도를 그처럼 사랑하고, 여러분의 평가에서 그분을 그처럼 높이고 있으니 그분을 생각하는 것이 즐겁습니까? 여러분은 자주 그리스도를 생각합니까? 여러분이 사랑하는 자들을 자주 생각하는 것과 똑같이 말입니다. 우리가 음식을 먹고 살 수밖에 없음을 알고, 또 내면적인 식욕 때문에 먹는 것을 잊어버릴 수 없으므로 음식 먹는 것을 생각하도록 다짐 받지 않고도 음식에 대하여 자연스럽게 생각하듯이 그리스도에 대하여 자연스럽게 생각합니까? 여러분은 그리스도를 향한 열정이 있습니까? 이런 것들은 사람을 시험하는 질문들입니다. 여러분의 성품이 완전히 변화되어서 그리스도께서 여러분의 친구가 되시므로, 여러분이 그리스도를 기뻐합니까? 그리스도께서 여러분의 양식이 되시므로 여러분이 그리스도를 갈망하지 않을 수 없습니까? 여러분의 성품 안에 새로운 욕구와 갈망이 생겼기 때문에 그렇게 그리스도를 갈망하지 않을 수 없습니까? 그리스도를 생각할 때 기쁩니까? 여러분들이 이렇게 말할 수 있습니까?

> "하늘의 어린 양 안에서
> 나는 세 배로 행복하네
> 그의 이름만 들어도
> 내 마음은 기뻐 뛰네."

　여러분은 그리스도와 더 가까이 하고 싶고, 그리스도를 더 분명하게 보고 싶고, 그리스도께서 보이지 않으시면 거룩한 상사병이 나서 "그리스도께서 계신 곳에서 함께 있었으면, 내가 있는 곳에 그리스도께서 나와 함께 하시면 참으로 좋겠다" 하고 그리스도에 대해서 생각합니까? 여러분은 그리스도를 생각할 때 탄복하며 참으로 사랑스러우신 분으로 여깁니까? 그분을 생각할 때 그의 형상을 본받으려는 강렬한 소원이 생겨서 이렇게 말합니까? "은혜로우신 주여, 제가 당신을 닮게 하옵소서." 여러분은 그리스도를 생각할 때 사랑을 실천할 마음이 생겨서, 그분의 대의를 섬기며, 그분의 가난한 백성들을 돕고, 그분의 진리를 전파하고, 그분의 교회를 섬기며, 그분이 위하여 피 흘리신 불쌍한 죄인들을 동정할 생각이 있습니까? 여러분은 그리스도에 대해서 좋게 말하고 사람들에게 그분을 사랑하라고 말할 만큼 그리스도에 대해서 생각합니까? 여러분은 그리스도를 생각하면 죄에서 물러나게 되고, 계속해서 주님의 이름을 위해 거룩한 길로 행하게 됩니까? 여러분이 그리스도를 바라고, 그분에게 드리며, 그분을 위해서 일할 정도로 그리스도를 생각하십니까? "너희는 그리스도에 대하여 어떻게 생각하느냐?" 그리스도께서 여러분이 실제로 부지런히 일하여 섬길 만한 분입니까? 아니면 그리스도를 섬긴다는 것이 그저 대화의 주제로 삼거나 농담거리나 실천력이 없는 헛된 결심이나 허망한 신앙 고백을 하는 정도에 머무는 것입니까? "너희는 그리스도에 대해서 어떻게 생각하느냐?"

그 다음에, 그 질문이 여러분 자신의 생각에 관한 것이라는 점을 주목하기 바랍니다. 우리는 모두 다른 사람들을 판단하는 일에 얼마나 즐거움을 느낍니까. 여러분이 모든 교회와 신앙인들을 비판하며 "모든 사람들이 진리에서 떠나 곁길로 가고 있다"고 말하는 것을 들으면, 몹시 기뻐할 자들이 있습니다. 그들은 거룩한 교회에서 일어나는 추문을 즐거워합니다. 자, 모든 사람이 매우 나쁘다는 것은 사실일 수 있습니다. 그러나 저는 그 말이 저와 무슨 관계가 있는지 특별히 알지 못합니다. 어쨌든 여러분 거의 모든 사람들이 생각해야 할 주요한 문제는 "너희는 그리스도에 대해서 어떻게 생각하느냐?"는 것입니다. 너희. 어떤 사람은 이렇게 말합니다. "아, 저는 욕을 듣는 것을 좋아해요." 좋습니다. 그러면 이리 와서 우리 함께 여러분의 마음을 뒤집어 봅시다. "너희는 그리스도에 대해서 어떻게 생각하느냐?" 어떤 사람은 말합니다. "나는 잘못된 것을 찾아내는 일을 좋아해요." 좋습니다. 그러면 이 질문으로 여러분을 조사해 보십시오. 여러분의 영혼을 허리케인 같이 훑고 지나가 보세요 "너희는 그리스도에 대해서 어떻게 생각하느냐?" 어떤 사람은 이렇게 말합니다. "슬프게도, 내 이웃들은 안식일을 크게 범하는 자들이에요." 선생이여, 당신은 어떠합니까? 당신은 안식일을 범하면 예배에 참석할 수 없습니까? 안식일에 짐을 지고 있지 않습니까? 안식일은 몸뿐 아니라 마음도 쉬라고 정해 주신 것이 아닌가요? "아, 그러나 내 이웃들 중 어떤 자들은 그 교리에서 아주 그릇되게 행합니다." 그러면 당신은 정통 신앙으로 인해서 더 나은 게 있습니까? 그것이 중요한 문제이기는 하죠. 어둠 속에 그냥 빠져 있는 것보다 등불을 가지고 있으면서 그 빛에 따라서 행동하지 않는 것이 더 큰 죄가 되지 않나요? 여러분 각자에게 간청합니다. "너희는 그리스도에 대해서 어떻게 생각하느냐?"라고 자신의 영혼에게 질문해 보라고 말입니다. 설교를 듣고 나서 여러분은 얼마나 자주 이렇게 말하였습니까? "나는 설교의 그 부분을 아무개가 어떻게 가만히 앉아서 들을 수 있었는지 모르겠어. 나는 설교를 들으면서 아무개의 약점을 찔렀다고 생각했지." 그런 생각들이 옳은 것입니까? 그것이 복음을 듣는 바른 방식입니까? 우리 자신을 위해서 들어야 하지 않겠습니까? 설교되는 모든 내용을 자신에게 적용해야 하지 않습니까? 이 점을 여러분에게 강력하게 주장하는 바입니다. 제가 여러분과 함께 있든지 떠나 있든지 여러분 각자가 이 질문에 대하여 답해 보라고 강권하는 바입니다. "너희는 그리스도에 대해서 어떻게 생각하느냐?"

여기서 저는 이 질문이 생각들만 다루고 있기는 하지만 다른 모든 영적인 주제와 연결되어 있다는 점을 끝으로 말씀드리고 싶습니다. 만일 여러분이 이 점에서 옳지 못하면 어느 것에도 옳을 수 없습니다. 다음의 찬송시가 그 점을 바르게 지적하고 있습니다.

> "그분을 바르게 생각하지 않는 한
> 바른 안식을 누릴 수 없네."

구주를 하찮게 생각하는 사람치고 죄를 하찮게 생각하지 않는 사람이 없었습니다. 중보자 구주를 하찮게 생각하는 사람치고 하나님에 대해 아주 이상하게 생각하지 않는 사람이 없었습니다. 그리스도를 잘못 생각하는 사람치고 자신에 대하여 바르게 생각하는 사람을 만나보지 못했습니다. 만일 여러분이 예수님을 온전히 구주로 알고 그분의 희생을 통해서 자기의 모든 죄가 씻어졌음을 안다면, 여러분 자신이 죄인임을 알 것이고, 그 죄가 씻어졌음도 알 것입니다. 그러면 곧장 자신이 죄 씻음 받은 성도임을 알게 될 것이고, 다른 모든 것도 바르게 알게 될 것입니다. 그러니 샘의 근원으로 나아가라고 여러분에게 간청하는 바입니다. "너희가 그리스도를 어떻게 생각하느냐?" 본질적인 이 질문을 마음으로 생각하십시오. 만일 제가 여러분의 영적인 상태에 대하여 문답식으로 가르칠 수 있게 된다면, 저는 어떤 특정한 신조나 종파를 다루지 않을 것입니다. 오히려 이 한 가지 요점, 곧 "너희는 그리스도에 대해서 어떻게 생각하느냐?"라는 문제부터 시작할 것입니다. 어떤 사람이 치명적인 질병을 갖고 있다면, 그 사람을 아무리 아름답게 치장해 주어도 별 소용이 없습니다. 내부 장기들을 바르게 치료해야 합니다. 만일 주 예수님에 대하여 그릇된 상태에 있다면 그 악은 하나님의 은혜로 치료해야 합니다. 그렇지 않다면 여러분은 영원히 죽을 것입니다. 그리스도에 대한 우리의 견해가 틀렸다면 우리의 상태도 그릇되어 있다는 것을 기억하십시오. 사람이 거듭날 때 그리스도를 압니다. 전에도 그리스도를 알았다고 생각할 수 있습니다. 그러나 알지 못한 것입니다. 왜냐하면 영적인 사람만이 영적인 것들을 이해하기 때문입니다. 만일 여러분의 현재 상태가 그릇되면, 주 예수님에 대하여 바르게 정립되지 않는 한, 장래의 상태에 대해서도 그릇될 것입니다. 그러니 우리 앞에 있는 그 질문은 현세와 영원을 다 함축하고 있습니다.

이미 구원은 받았지만 기쁨이 충분하지 못한 형제가 이 설교를 듣고 있습니까? 사랑하는 형제여, 여러분이 그렇게 낙담해 있는 이유가 예수 그리스도를 초라하고 무가치하게 생각하고 있기 때문일 수 있다는 의문만 가질 뿐입니다. 만일 여러분이 살아 계신 구주와 연합된 자신에 관하여 더 많은 것을 안다면, 또한 예수님의 피와 그 의로 말미암아 그 모든 백성들에게 주어진 완전함에 대하여 더 많은 것을 안다면, 분명히 여러분의 기쁨은 흘러넘치게 될 것이고 여러분의 의기소침은 그칠 것입니다. 만일 우리가 사고(思考) 속에 주님에 대해 초라한 개념들만 갖고 있다면, 우리의 전체 영적 성격은 결과적으로 곁길로 나갈 것입니다. 구속주에 대해 편협한 개념들을 가지면 주님에 대한 사랑도 편협해지고, 주님의 영광을 위한 우리의 사업도 편협해지기 마련입니다. 그리스도에 대한 저급한 생각들은 가장 강력한 팔도 마비시킬 것입니다. 위대하신 구주를 위대하게 사랑하는 것이야말로 위대한 행실을 낳습니다. 구주 예수님이 모든 것보다 훨씬 사랑스러우심을 주목하십시오. 그분이 여러분의 마음을 빼앗고 여러분의 심령에 불을 지르게 하십시오. 그러면 주님께서 여러분의 사람됨을 온전한 인격으로 변화시킬 것이고, 그래서 여러분은 뜻 있게 하나님을 섬길 것입니다. 예수님을 여러분을 따라다니는 그림자처럼 여기지 마십시오. 그렇지 않으면 여러분의 종교는 허울뿐인 것이 될 것입니다. 그분을 여러분에게 하나의 명목에 지나지 않게 만들면, 여러분의 종교도 유명무실하게 될 것입니다. 그분을 역사의 한 신화(神話) 정도로 여기지 마십시오. 그렇지 않으면 여러분의 종교는 단순한 공상에 불과할 것입니다. 그분을 한 선생으로 여긴다면, 여러분은 구주를 모시지 않는 셈입니다. 그분을 하나의 본보기로만 삼는다면 그분의 피의 공로를 제대로 알지 못할 것입니다. 그분을 시작과 끝으로, 처음과 마지막으로 삼으십시오. 여러분의 심령의 모든 것의 모든 것이 되시는 분으로 삼으십시오. 그리스도는 하나님의 사랑하시는 분이시니 그리스도를 여러분의 사랑하는 분으로 삼으십시오. 그리스도께서 만유의 주가 되시니 여러분의 주로 모시고, "네가 그리스도에 대해서 어떻게 생각하느냐?"라고 묻는 자들이 있으면 그들에게 이르십시오. "그리스도는 내 구원 전부요, 그리스도는 내 소원 전부이시다." 아멘, 아멘.

제
64
장
—

"나는 원하였으나
너희는 원하지 아니하였도다"

—

"예루살렘아 예루살렘아 선지자들을 죽이고 네게 파송된 자
들을 돌로 치는 자여 암탉이 그 새끼를 날개 아래 모음 같이
내가 네 자녀를 모으려 한 일이 몇 번이더냐 그러나 너희가
원하지 아니하였도다." — 마 23:37

이 말씀은 단순히 사람의 언어가 아니며 그럴 수도 없었습니다. 만일 어떤
사람이 한 도시에 사는 거민들 전체를 "암탉이 그 새끼를 날개 아래 모음 같이"
모으고 싶었다고 말한다면 정말 무모한 일이 될 것입니다. 그 밖에 그 말씀은 여
러 세기 동안 선지자들을 파송하고 다른 많은 경고를 보내신 하나님께서 자주
예루살렘 거민들을 품으시되, 암탉이 그 날개 아래 병아리들을 모으려 한 것 같
이 자주 하셨음을 함축합니다. 자, 그리스도께서 단순한 사람에 불과하셨다면
그처럼 여러 세대에 걸쳐 그 백성들을 모으려 하였다고 말씀하실 수 없었습니
다. 만일 예수님의 생명이 베들레헴에서 비로소 시작되었다면, 그 말씀은 정말
무모하기 짝이 없는 것이 되었을 것입니다. 그러나 하나님의 아들로서 사람들의
아들들을 항상 사랑하시고 이스라엘에게 선을 행하실 소원을 항상 갖고 계셨기
에, 선지자들을 보내실 때 거듭거듭 백성들에게 복 주시기를 간절히 원하였다고
말씀하실 수 있었습니다. 물론 그 선지자들을 백성들은 돌로 쳐 죽였습니다. 그

러함에도 주님께서는 그들에게 복 주시기를 원하셨습니다. 그래서 진실로 "내가 네 자녀를 모으려 한 일이 몇 번이더냐?"라고 말씀하실 수 있었습니다. 예수님의 이 탄식 속에서 난점들을 발견한 어떤 사람들은 그리스도의 말씀이 사람인 그리스도의 언어였다고 주장하였습니다. 저는 매우 단호하게 그런 주장은 거부하라고 여러분에게 말씀드리는 바입니다. 그 발언은 인자(人子)시요 하나님의 아들이시며, 인성과 신성을 복합적으로 갖고 계신 인격체로서의 그리스도의 말씀임에 분명합니다. 지금은 그런 난제들에 대하여 깊이 생각해 보지는 않겠습니다. 다만 여러분이 예수님의 그 발언을 하나님이시자 사람이신 그리스도의 언어로 믿지 않는 한, 어떤 관점에서 보더라도 이 대목을 온전히 이해할 수는 없을 것입니다.

이 구절은 사람들의 멸망의 원인이 그들 자신에게 있음을 보여줍니다. 그리스도께서 그 점을 아주 명백하게 진술하십니다. "내가 모으려 하였으나 너희가 원하지 아니하였도다." "내가 네 자녀를 모으려 한 일이 몇 번이더냐. 그러나 너희가 원하지 아니하였도다!" 그것이 사실입니다. 우리 중 어떤 누구도 그 점에 대하여 의문을 갖지 않았을 것이라고 생각합니다. 우리는 구원은 오직 은혜에 속한 것임을 강력하게 주장합니다. 그러나 우리는 또한 그와 마찬가지로 사람의 멸망은 전적으로 자기 자신의 죄의 결과라고 굳게 믿습니다. 구원하시는 것은 하나님의 뜻입니다. 지옥에 떨어지는 것은 사람의 뜻입니다. 예루살렘은 지존자의 은혜와 총애로 보존되고 있었습니다. 그러나 예루살렘이 불에 탑니다. 사람들의 범죄와 불의로 말미암아 예루살렘의 돌들이 무너집니다. 사람들의 불의가 하나님의 진노를 격발하였습니다.

이 두 가지 요점에 대단히 깊은 의미들이 있습니다. 그러나 저는 여러분을 그 깊은 데로 인도하는데 익숙하지 못합니다. 그리고 이 시간에 그렇게 하려고 하지 않을 것입니다. 신학의 실천적 부분은 우리가 알아야 할 가장 중요한 부분입니다. 하나님의 주권만 끊임없이 생각하는 사람은 누구나 무서운 미궁 속으로 빠질 수 있습니다. 마찬가지로 사람의 자유 의지만 묵상하는 사람은 익사(溺死)하기에 십상인 깊은 곳에 빠져 들어갈 수 있습니다. 가장 좋은 일은 하나님께서 여러분에게 계시하신 것을 취하고 그걸 믿는 것입니다. 하나님의 말씀이 저를 오른쪽으로 인도하시면 저는 그쪽으로 갑니다. 왼쪽으로 인도하면 또 저는 그리로 갑니다. 서 있으라 명하시면 저는 가만히 서 있습니다. 여러분이 그런 식으로 행동한다면 안전합니다. 그러나 만일 기록된 것보다 더 지혜로워지고 싶어 하거나 천사들마저 이해하기 힘든 것을 알려고 노력한다면 안개 속으로 들어가게 될 것입니다. 저는 비밀스러운 주제들보다 실제적인 주제들을 여러분에게 제시하고 싶습니다. 오늘 우리가 이 설교를 통해서 다루는 주제는 우리 모두와 연관된 것입니다. 사람을 크게 파멸시키는 장본인은 바로 사람의 의지입니다. 사람의 자유 의지가 한 영혼이라도 구원했다는 것을 저는 믿지 않습니다. 오히려 자유 의지는 허다한 사람들의 멸망을 가져왔습니다. "너희가 원하지 아니하였도다." 는 것이 죄 있는 사람들을 질책하시는 그리스도의 엄숙한 고발입니다. 다른 때에 그리스도께서 "그러나 너희가 영생을 얻기 위하여 내가 오기를 원하지 아니하는도다."(요 5:40)라고 말씀하지 않으셨습니까? 인간의 의지는 필사적으로 그리스도를 대항합니다. 수많은 선한 의향들과 정서들을 크게 삼켜 버리고 파괴시키는 장본인이 바로 인간의 의지입니다. 의지가 항상 선하고 진실한 것을 대적하며 활동하고 있기 때문에 그런 선한 의향들과 정서들이 결단코 영구한 것에 이르지 못합니다. 제가 생각하기에, 이것이 바로 본문의 골자입니다. 저는 그것을 다음과 같은 방식으로 다룰 것입니다.

1. 첫째로, 우리 주님께서 사용하신 지극히 겸손한 상징을 보고서 하나님께서 자기에게 오는 자들에게 어떠하신 분인가를 숙고해 봅시다.

하나님께서는 그들을 "암탉이 그 새끼를 날개 아래 모음 같이" 모으십니다. 잠깐 그 점을 생각해 봅시다. 하나님께서 자신을 암탉에 비유하실 정도로 자신을 낮추신 것은 정말 기이한 일입니다. 지존자의 아들이신 그리스도, 사람들의 구주께서 그처럼 자신을 한없이 낮추어 암탉에 비유하시다니요. 이 은유 속에 매우 교훈적인 것이 들어 있음에 틀림없습니다. 그렇지 않다면 우리 주님께서 그 은유를 그러한 문맥에서 사용하지 않으셨을 것입니다.

하나님께서 그리스도께로 모으신 여러분들은 무엇보다 먼저, 이 놀랍게 모으시는 분으로 말미암아 모아져 행복한 교제 속에 들어왔다는 사실을 알아야 합니다. 암탉의 날개 아래 있는 병아리들은 옹기종기 함께 모여 마냥 행복해 보입니다. 그것들은 얼마나 행복한 작은 가정인지요! 그들은 어미 품에 숨어서 크게 만족하며 기뻐서 얼마나 짹짹거리는지요! 아직도 회심하지 않는 분들이 여기 있다면 그분들에게 말씀드립니다. 여러분은 이 세상에서 얼마나 소란한 교제를 발견합니까. 여러분을 돕고 여러분을 복되게 하고 마음의 안식을 주는 그러한 친구 관계를 세상에서 얻지 못합니다. 그러나 만일 여러분이 주 예수 그리스도께로 모으심을 받았다면, 지존자의 날개 그늘 아래서 이생의 삶을 영위하는 데 많은 달콤함이 있음을 발견했을 것입니다. 그리스도께 오는 자는 아버지와 어머니와 자매와 형제를 만나며, 그리스도와 연합되어 있고 그래서 그리스도와 연합한 자들을 사랑하는 다정한 친구들을 얻게 됩니다. 제 삶에서 가장 큰 행복은 그리스도인들과의 교제라고 분명히 말씀드립니다. 시골에서 런던으로 온 많은 사람들이 오랫동안 이러한 교제를 많이 놓치고 있다가 그리스도인들과 교제하면서 다시 행복을 얻게 되었다고 생각합니다. 오, 고독한 죄인이여, 이 예배당에 다니면서도 "아무도 나에게 관심을 두는 것 같지 않다"고 말합니까? 만일 여러분이 그리스도께 나아와 그의 날개 그늘 아래 모여 있는 교회에 가입을 하면 금방 행복한 교제를 만나게 될 것입니다! 제가 기억하기로, 박해의 시대에 어느 성도 한 사람이 자기 고장에서 쫓겨나 아버지와 어머니를 잃었다고 말했습니다. 그러나 그는 "나는 백 명의 아버지와 백 명의 어머니를 만났습니다. 왜냐하면 어떤 그리스도인의 집에 들어가든지 간에 나는 거기서 고향에서 추방당한 나를 영접한 자들로부터 말할 수 없는 돌봄을 받았고, 그래서 모든 사람이 내게 아버지와 어머니처럼 보였기 때문입니다." 여러분이 그리스도께 나오기만 하면 그리스도께서 여러분을 인도하여 행복한 교제를 나눌 많은 사람들을 소개해 주실 것이라고 확신합니다.

그러나 그것은 시작에 불과합니다. 암탉이 어린 새끼들에게 가서 안전하게 덮어 줍니다. 하늘에 매가 나타났습니다. 어린 병아리들은 알지 못하지만 어미 닭은 그걸 알 수 있습니다. 그러면 어미 닭이 병아리들에게 독특한 소리로 경고를 발하고, 병아리들은 그 소리를 듣자 신속하게 어미 닭의 날개 아래로 숨습니다. 그래서 매가 이제는 병아리들을 해치지 못할 것입니다. 어미 닭의 날개 아래서 병아리들은 안전합니다. 예수 그리스도로 말미암아 그리스도께 나오는 자들에게 하나님께서 바로 그러하신 분입니다. 하나님은 안전을 주시는 분이십니다. "그가 너를 그의 깃으로 덮으시리니 네가 그의 날개 아래에 피하리로다 그의 진실함은 방패와 손 방패가 되시나니"(시 91:4). 여러분이 그리스도께 나아와 그 아래 숨으면 여러분의 옛 죄들의 유혹이나 장래 시험거리들의 위험에 대해서도 해를 받지 않게 보존하실 것입니다.

우리 주님께서 사용하신 비유는 의미가 충만합니다. 왜냐하면 그 다음으로 암탉은 병아리들에게 위로의 원천이기 때문입니다. 병아리들은 밤의 찬 기운 때문에 밖에 그냥 있으면 얼어 죽을 것입니다. 그러나 암탉이 병아리들을 불러들입니다. 병아리들이 암탉의 날개 아래 있으면 어미 품에서 따뜻한 온기를 얻게 됩니다. 암탉이 어린 병아리들을 돌보는 모습은 정말 놀랍습니다. 암탉은 정말 아주 조심스럽게 앉아서 날개를 넓게 펴 병아리들 모두가 다 집안에 있게 합니다. 어린 병아리들이 어미 닭의 날개 아래 있다는 것이 병아리들에게는 얼마나 놀라운 오두막이요, 얼마나 놀라운 궁전입니까! 눈이 내리거나 비가 세차게 내릴 수도 있습니다. 그러나 암탉의 날개 그늘은 병아리들을 보호합니다. 사랑하는 친구여, 만일 그대가 그리스도께 오기만 하면 안전을 얻을 뿐 아니라 위안도 얻을 것입니다. 제 경험을 말씀드리는 것입니다. 여러분이 하나님 안에 숨으면 깊고 달콤한 위안이 있습니다. 고통이 오고, 파도가 연이어 부딪쳐 온다 할지라도 자기를 긍휼히 여기시는 하나님을 모신 사람은 복이 있습니다. 환난이 오거나 사랑하는 가족을 여의는 아픔을 만나게 되거나 재산을 잃어버리는 일이 있거나 병이 들거나 할지라도 여러분에게 하나님만 계시면 부족함이 없습니다. 하나님을 떠나서는 만 가지의 조건이 갖추어져도 여러분을 만족시키거나 위안을 줄 수 없습니다. 그런 것들은 그냥 가게 내버려 두십시오. 오직 하나님이 여러분의 하나님이시고, 그분의 날개 그늘 아래 숨는다면, 병아리들이 암탉 아래 있는 것처럼 하나님 안에서 행복할 것입니다.

　그 다음에, 암탉은 또한 병아리들에게 사랑의 원천입니다. 암탉은 병아리들을 사랑합니다. 여러분은 자기 병아리들을 지키느라 암탉이 싸우는 걸 본 적이 있습니까? 암탉은 다른 때에는 아주 겁이 많습니다. 그러나 병아리들이 위험에 처하면 겁이 없어집니다. 암탉이 병아리들에게 얼마나 놀라운 애정을 갖고 있는지요. 물론 자기 병아리들 말고 다른 병아리들에게 그런 애정을 갖지는 않습니다. 암탉이 다른 암탉이 낳은 알에서 깬 병아리들을 죽이는 걸 저는 보았기 때문입니다. 그러나 자기 병아리들에 대해서는 얼마나 놀라운 사랑을 갖고 있는지요! 암탉의 마음은 온통 병아리들에게 기울어져 있습니다. 그러나 오, 만일 여러분이 사랑의 참된 원천을 알고 싶으면 그리스도께 나와야 합니다! "아무도 나를 사랑하지 않아요. 나는 상심한 마음으로, 나를 채우고 만족시킬 사랑을 갈망하고 있어요."라고 말해서는 결코 안 될 것입니다. 예수님의 사랑이 사람의 마음을 흘러넘치도록 채우며, 모든 환경 아래서 능히 이기게 하십니다. 제 설교를 듣고 있는 여러분 모두를 하나님께서 이미 모으셨기를 바랍니다. 저는 하나님께서 여러분 중 많은 이들을 이미 모으셨음을 알고 있습니다. 그래서 하나님의 이름을 찬미합니다. 그러나 아직도 여기에는 암탉의 날개 밖에 있는 병아리들이 있습니다. 구주 밖에 있는 죄인들, 하나님과 전혀 화해하지 않은 남자, 여자, 어린이들이 여기에 있습니다.

암탉은 역시 병아리들에게 자라도록 길러 주는 자입니다. 만일 암탉이 병아리들을 돌보지 않는다면 자라지 못할 것입니다. 병아리는 연약하여 소중하게 길러줄 필요가 있습니다. 그들이 온전한 데까지 나아가도록 말입니다. 하나님의 자녀가 그리스도 가까이에서 살며 그 날개 그늘 아래 숨으면 그는 얼마나 빨리 자라는지요! 하나님 가까이에 있지 않으면 은혜에서 은혜로 나가는 것이나, 믿음이 약한 데서 강한 데로 자라거나, 연약한 열심에서 큰 열심으로 나아가는 일은 전혀 없습니다.

우리 주님께서 사용하신 이 상징적 비유는 지금까지 설명드린 것보다 훨씬 더 교훈적인 것입니다. 시간이 없어서 다 말씀드릴 수가 없습니다. 주님께서 죄인들을 자신에게 모으시면, 그 죄인들은 주님 안에서, 병아리들이 암탉 안에서 얻는 모든 것을 무한히 더 얻게 됩니다.

2. 자, 이제 두 번째로, 하나님께서 사람들을 모으시기 위해서 무엇을 하시는가를 알아봅시다.

사람들이 헤매고 방황하고 있습니다. 그러나 하나님께서 모으십니다. 본문을 보면 예수님께서 "내가 네 자녀를 모으려 한 일이 몇 번이더냐"라고 말씀하십니다. 하나님께서 당신께 왔던 우리들을 어떻게 모으셨습니까?

첫째로, 우리에게 당신 자신을 알리심으로 모으십니다. 우리가 그분이 누구신지, 어떠한 분이신지를 알게 되며, 그분의 사랑과 인애와 위대하심에 대해 무언가를 알게 되면, 그분에게 나아갑니다. 무지는 우리를 그분에게서 떠나게 만듭니다. 그러나 하나님을 알고 그의 아들 예수 그리스도를 아는 것이 영생입니다. 그래서 저는 여러분에게 부지런히 성경을 상고하라고 강권하는 바입니다. 할 수 있는 한 자주 복음의 신실한 설교자의 증거하는 말씀을 들으시고, 주님을 알고, 그 지식으로 말미암아 주님께로 이끌림을 받게 하십시오. 하나님의 성령께서 사람들을 그리스도께 인도하는 사랑의 끈들이 바로 그것입니다. 성령께서 그리스도를 우리에게 알리시고, 신성과 인성의 장엄함 속에 계신 그리스도를 보여주며, 고난의 수욕을 당하신 그리스도를 보여주십니다. 부활의 영광 속에 계신 그리스도, 그리스도의 마음의 사랑, 그의 팔의 권능, 그리스도의 탄원의 효력, 그리스도의 피의 공력을 보여주십니다. 이러한 거룩한 교훈을 알게 될 때 우리는 말합니다. "그분이 바로 나를 위한 그리스도시요, 나를 위한 하나님이시라." 그렇게 해서 우리가 하나님께 모아지는 것입니다.

　　그러나 하나님께서는 당신의 종들의 부르심을 통해서 많은 사람들을 당신께로 모으십니다. 옛적에 선지자들을 보내셨습니다. 지금은 목사들을 보내십니다. 만일 하나님께서 우리를 여러분에게 보내지 않으시면, 우리는 결단코 여러분을 모으지 못할 것입니다. 만일 우리가 자신의 이름으로 여러분에게 나아오면, 헛되게 나오는 것이 될 것입니다. 그러나 만일 주님께서 우리를 보내셨으면, 그분이 우리를 복되게 하시고, 우리의 메시지가 여러분을 그리스도에게 모으는 방편이 될 것입니다. 만일 영혼들을 하나님께 모으는 일이 아니면 저는 가서 설교하기를 허락받기보다 차라리 설교를 멈추는 편을 더 원할 것입니다. 진실로 말씀드릴 수 있는 것은, 저는 어떤 재미있는 것을 말하거나 괜히 시간을 끌거나, 어떤 멋진 형식의 말을 하고 싶은 생각이 조금도 없다는 것입니다. 제가 진정 원하는 것은 여러분의 영혼을 얻고, 여러분의 죄를 죽이고, 하나님을 위해서 실제적인 일을 하는 것입니다. 여기 우리 교회에 올 모든 남자와 여자와 어린이에게 실제적인 일을 하고 싶을 뿐입니다. 저는 하나님의 백성들에게 그렇게 할 수 있도록 기도하여 주시기를 요청하는 바입니다. 하나님께서 사람들을 자신에게 모으시는데 자신의 종들을 통해 사람들에게 전하는 메시지에 의해서 모으십니다.

　　주님은 사람들을 자신께로 불러 모으시는 다른 많은 방식들을 갖고 계십니다. 오늘 아침 여러분은 베드로가 수탉이 우는 것을 통해서 회개하도록 부르심 받는 것을 보았습니다. 주님께서는 죄인들을 당신께로 이끌 때 아주 많은 방편들을 사용하실 수 있습니다. 전능하신 주님께서는 어느 곳에서나 종들을 부리십니다. 하나님께서 온갖 대리인을 사용하여 택한 백성들을 모으실 수 있습니다. 사람들에게는 지극히 부적합하게 보이는 대리자를 통해서도 택한 백성들을 모으실 수 있습니다. 하나님께서 여러분 중에 어떤 사람을 부르셨습니다. 아직 하나님께 이르지 못한 어떤 이들을 부르셨습니다. 본문은 "몇 번이더냐!"고 말합니다. 본문은 주께서 얼마나 자주 그 일을 하셨는지 횟수를 밝히지는 아니합니다. 그러나 "몇 번이더냐"라는 감탄의 표현을 통해서 놀랄 만큼 많이 시도하신 것을 나타 냅니다.

저는 묻고 싶습니다. 하나님께서 여러분 가운데 어떤 분들을 얼마나 자주 부르셨습니까? 그동안 양심이 여러분 가운데 대다수 사람들에게 그 메시지를 속삭여 왔습니다. 여러분은 죽어가는 사람들을 본 적이 있습니까? 그들과 진지하게 대화를 나누어 보면 자기들이 준비되지 않았다고 말하는 것을 종종 들을 것입니다. 그래서 많은 경우에 그들은 두려워 떨며 확신하지 못하고 흔들렸노라고 말할 것입니다. 그들은 오랫동안 불안으로 고통을 당하였고, 때로는 "거의 확신하는" 상태에 이르기도 했다고 말할 것입니다. 저는 이 예배당에 계신 분들 가운데 내세를 생각할 때 두려워 떤 적이 없는 사람은 없다고 생각합니다. 여러분에게는 그런 일이 얼마나 자주 있었습니까? "내가 내 자녀를 모으려 한 일이 몇 번이더냐"라고 하나님께서 말씀하십니다.

주님께서는 때로 양심을 통해서보다는 섭리를 통해서 말씀하십니다. 가족을 여의게 되었을 때 그것이 우리에게 얼마나 놀라운 음성이었습니까! 어머니가 죽거나, 불쌍한 아버지가 세상을 떠났을 때, 바로 그때가 주님께서 우리를 모으시는 얼마나 귀한 시간이었습니까! 그런데 여러분은 이내 그 모든 것을 망각하였습니다. 그러나 그 당시에는 그것을 느꼈습니다. 아, 사랑하는 여인이여, 당신은 그대의 품에서 어린 아기를 빼앗기고 그 아기의 관이 집을 떠날 때 어떻게 느꼈는지 기억하십니다. 아버지인 여러분, 혀짤배기 아들이 임종의 침상에서 여러분에게 주일학교에서 배운 찬송을 불러 그대의 마음을 거의 무너지게 만들었을 때, 주님께서는 섭리로 그대에게 찾아오신 것입니다. 그때 주님께서 그런 아버지와 어머니를 그분께 모으기 위해 찾아오신 것입니다. 그러나 여러분은 오기를 싫어하였습니다. 우리 본문대로 하면 "너희가 원하지 아니하였도다."

주님께서 여러분에게 항상 죽음을 통해서만 말씀하신 것은 아니었습니다. 왜냐하면 다른 여러 부르심의 경우들이 있었기 때문입니다. 사람이 낮은 자리에 처해지게 되었거나, 일자리를 잃었거나, 때로 그리스도인 친구가 말해 주었거나, 잠시 멈추어 서서 깜짝 놀라지 않을 수 없게 만드는 것을 어떤 책자나 신문에서 보았을 때가 있었습니다. 그런 모든 경우가 이 본문을 가리키지 않습니까? "내가 너희를 모으려 한 일이 얼마나 자주, 얼마나 자주 있었더냐?" 하나님께서는 사람들의 마음 문을 여러 차례 두드리십니다. 하나님의 이 부르심 가운데 유효(有效)한 부르심이 있다는 걸 알고 있습니다. 여러분이 그 효력 있는 부르심을 들을 수 있기를 바랍니다! 그러나 그밖에도 많은 부르심이 사람들에게 옵니다. 이들에 대해서 그리스도께서 "청함을 받은 자는 많되 택함을 입은 자는 적으니라."(마 22:14)고 말씀하십니다. 이 말씀에 해당하는 사람들을 여러 번 부르셨습니다. 그리스도께서 여러분을 얼마나 자주 부르셨습니까! 전능하신 하나님께서 여러분에게 얼마나 자주 오셨는지 헤아려 보십시오. 하나님께서 그 넓은 날개를 펴시고 날개 아래 여러분을 모으려 하셨습니다. 그러나 "내가 너희를 모으려 한 일이 몇 번이더냐. 그러나 너희가 원하지 아니하였도다." 그 말씀대로 되었습니다.

　하나님께서 사람들을 모으시는 또다른 방식은 사람들에 대해 오래 참으시면서 계속해서 같은 메시지를 그들에게 보내시는 방식입니다. 항상 저는 제 설교를 끊임없이 듣고 있는 여러분이 이렇게 느끼게 될까봐 두렵습니다. "우리는 그의 설교를 너무 오랫동안, 너무 자주 들어왔기 때문에 어떤 새로운 것을 들을 수 없다." 일찍이 여러분이 이 예배당에 와서 처음 제 설교를 들었을 때 제가 여러분의 마음을 흔들어 많은 눈물을 흘리지 않을 수 없게 만들지 않았습니까? 그런데 이제는 설교를 들어도 전혀 떨지 않을 수 있습니다. 여러분은 마치 대장간의 개와 같습니다. 모루로 내려칠 때마다 불똥이 여기저기로 튀는 데도 개는 잠들어 있습니다. 사우스워크(Southwark)에서 대형 보일러를 만드는 곳에 가 보십시오. 사람들이 대갈못을 박고 있는 동안에 사람이 안으로 들어가려면 망치질을 멈추게 해야 합니다. 정말 소리가 무섭도록 시끄럽습니다. 그곳에 들어가는 사람은 처음에 도저히 서 있을 수 없다고 느낍니다. 그냥 있다가는 죽을 것 같다는 느낌이 듭니다. 그런데 조금 더 지나면 그의 청각이 둔해집니다. 그 굉음이 정말 엄청납니다. 그런데 해머로 내려치는 그 시끄러움 속에서도 어떤 사람들은 잠을 자기도 한다는 말을 들었습니다. 복음을 듣는 일에서도 그러합니다. 사람들이 갈수록 더 완강해집니다. 처음에 매우 강력한 부르심으로 작용했던 것이 나중에는 전혀 아무런 부르심을 받지 못한 것처럼 보입니다. 그럼에도 아직도 당신은 이 땅에 있습니다. 당신의 머리칼이 희어져 갑니다. 자, 당신은 오래 전에 인생의 황금기를 지났습니다. 자, 당신은 한때 파선을 당하기도 하고 사고를 만나기도 하고 열병을 앓기도 했습니다. 그러나 죽지 않았습니다. 자, 하나님께서 그대에게 말씀하시되 "가라"고 말씀하지 아니하시고 "오라, 올지어다"라고 말씀십니다. 그리스도께서 아직 여러분에게 "너희 저주받은 자들아, 떠나갈지어다."라고 말씀하지 않으시고, 오히려 여전히 "수고하고 무거운 짐 진 자들아 다 내게로 오라 내가 너희를 쉬게 하리라"고 외치고 계십니다. 이것이 하나님께서 부르시는 방식입니다. 이것이 하나님께서 사람들이 영생을 얻도록 자기에게 오라고 초대하시는 가운데 계속해서 무한한 긍휼을 베푸심으로써 사람들을 모으시는 방식입니다.

3. 자, 세 번째 요점은, 사람들을 하나님께 오게 하는데 필요한 것이 무엇인가 하는 문제입니다.

본문에 따르면 하나님께서 사람들을 모으십니다. 그러나 그들의 편에서 필요한 것이 무엇입니까? 우리 구주께서 주님을 싫어하는 자들에 대하여 "너희가 원하지 아니하였도다."고 말씀하셨습니다.

첫째로 필요한 것은 하나님께 오려는 진정한 의지입니다. 여러분은 자유의지(free will)의 놀라운 능력에 대해 아주 많이 들었을 것입니다. 자유의지에 대한 제 견해를 여러분에게 이미 말씀드렸습니다. 그러나 필요한 것이 바로 그것입니다. 선한 것을 향한 의지가 필요하다는 말입니다. 죄인이 바로 그 점에서 실패합니다. 그에게 진정 필요한 것은 참된 의지입니다. 사람들은 이렇게 말하겠죠. "오, 그렇습니다! 우리는 기꺼이 할 뜻이 있습니다. 할 마음이 있습니다." 그러나 여러분은 그런 뜻이 없습니다. 만일 우리가 참된 진리를 얻을 수 있다 해도 여러분은 그렇게 할 의향이 없습니다. 여러분의 마음속에 진정으로 그렇게 할 의향이 없다는 것입니다. 왜냐하면 그 참된 자발적인 의향은 실천적인 의향이기 때문입니다. 그리스도께 기꺼이 오려고 하는 사람은 "나는 죄를 버리고 자기의(義)도 버려야 된다. 나를 구원하실 수 있는 유일한 분을 찾아야 한다."고 말합니다.

사람들은 기꺼이 구원받으려는 뜻에 대해서 말하고, 자유의지에 대해서 논란을 벌입니다. 그러나 능동적 실천의 문제에 이르게 되면 그럴 의향이 없습니다. 회개할 마음이 전혀 없습니다. 그들은 계속 죄를 짓고 싶어 하고, 자기의에 그대로 머물려는 마음이 있습니다. 실천적 결심을 가지고 그리스도께 나아오려는 뜻이 없습니다. 즉각적인 의지가 필요합니다. 여기에 계신 분들 중에 아직 회심하지 않은 사람은 모두 죽기 전에 그리스도께 나올 뜻이 있습니다. 그렇지 않은 사람을 만나본 적이 없습니다. 그러나 여러분이 지금 그리스도께 나올 의향이 있습니까? 그것이 요점입니다. "오늘 너희가 그의 음성을 듣거든 너희 마음을 완고하게 하지 말라"(히 4:7). 그러나 여러분은 "우리는 마음이 완고하지 않습니다. 우리는 다만 조금 더 시간을 달라는 것이죠."라고 대꾸합니다. 무엇을 위해서 시간을 좀 더 달라는 것입니까? 하나님을 계속 대항할 시간을 더 달라는 것입니까? 영원한 멸망의 무서운 모험을 감행할 시간을 더 달라는 것입니까? 그러니 여러분도 알다시피 필요한 것은 진정한 의지와 즉각적인 의지입니다.

어떤 사람들에게는 확고한 의지가 필요합니다. 오, 그렇습니다. 그들은 올 준비가 되어 있습니다! 설교자가 말하기 시작하는 순간 즉시 느낍니다. 예배 중 첫 번째 찬송을 부를 때 감동을 받았습니다. 부흥회가 끝나고 난 뒤에 그들은 부흥회 때 무엇을 느꼈는지 말하기 시작합니다. 그런 다음, 며칠 뒤 수요일에 그 사람들을 살펴보십시오. 그들은 월요일과 화요일을 지나면서 마음에 몇 가지 작은 불평들이 있었습니다. 그러나 수요일에는 어떻습니까? 수요일에는 오이처럼 차가워져 있습니다. 주일에 받았던 모든 느낌이 사라져 버린 것입니다. 그것에 대한 어떤 기억도 없습니다. 그들의 선함은 마치 아침 안개 같으며, 쉬 없어지는 아침 이슬 같습니다. 사람들 가운데는 선한 결심을 가지고 우리를 속이는 이들이 있습니다. 그들의 선한 결심에는 결국 보면 아무것도 없습니다. 왜냐하면 확고한 의지가 없기 때문입니다!

또 어떤 사람들에게는 순종하는 의지가 필요합니다. 그렇습니다. 그들은 구원을 받고자 하는 마음이 있습니다. 그러나 은혜로만 구원 받고 싶어 하지는 않습니다. 자신들을 전적으로 구주께 드리고 싶은 마음이 없습니다. 자신의 의(義)를 부인하고 자신들을 그리스도의 의에 복종시키려는 뜻이 없습니다. 그렇습니다. 그 점은 사실 그렇게 할 의향이 전혀 없음을 뜻합니다. 왜냐하면 여러분이 하나님의 구원하시는 방식을 받아들이지 않는 한, 여러분이 자신의 의지에 대해 이야기하는 것은 아무 소용이 없기 때문입니다. 여기에 여러분을 파멸시키고 있는 큰 악이 있습니다. 그 악은 오래지 않아 여러분을 멸망시킬 것이고 지옥에 데려다 줄 것입니다. "너희가 원하지 아니하였도다. 너희가 원하지 아니하였도다." 오, 하나님의 은혜가 여러분에게 임하여 여러분의 의지를 제압하고 새롭게 하고, 하나님의 권능의 날에 여러분이 진정으로 바라게 만드시기를 원하나이다!

이제 마지막으로 말씀드릴 요점은 매우 엄숙한 것입니다. 그 점을 지루하게 이야기하지 않겠습니다.

4. 마지막 요점은, 그리스도께 모이지 않는 사람들은 어떻게 될 것인가 하는 것입니다.

"너희가 원하지 아니하였도다"라는 말씀을 계속 듣는 사람들은 어떻게 되겠습니까? 본문은 그 질문에 대해 두 가지 답변을 제시합니다. 암탉의 날개 아래로 오지 않는 병아리들은 어떻게 됩니까? 암탉에게 모이지 않는 병아리들은 어떤 일을 만납니까? 일부는 매가 와서 삼키고, 나머지는 추위가 해칩니다. 그들은 어미 닭의 날개 아래에서 얻을 수 있는 따뜻함과 위안을 놓칩니다. 그것은 큰일입니다. 내세가 없다 할지라도 저는 그리스도인이 되고 싶습니다. 개처럼 죽어야 한다할지라도, 제가 그리스도 안에서 얻은 기쁨 때문에 저는 그리스도를 따르는 자가 되고 싶습니다. 여러분이 하나님을 사랑하지 않으면 이 세상에서 잃어버린 자입니다. 평안과 위안과 능력과 소망을 이 세상에서도 잃어버린 자입니다. 그러나 이후에 파멸시키는 천사가 두루 다닐 때 여러분을 덮어 줄 날개가 없고, 하나님의 두려운 공의의 벼락이 하나님의 오른손으로부터 잇달아 떨어질 때 여러분을 숨겨줄 깃털이 없으면 여러분의 손실이 어떠하겠습니까? 피난처가 없으니 결과적으로 안전할 데가 없습니다.

> "하나님을 피난처로 삼는 자,
>   가장 안전한 거처를 얻을 것일세."

그러나 그 피난처를 갖지 않은 자는 보좌에 앉으신 이의 얼굴과 어린 양의 진노에서 숨기 위해 바위와 산들에게 자기들 위에 떨어져 달라고 애원하는 큰 무리들 가운데 있게 될 것입니다. 오, 선생들이여, 내가 여러분에게 간청하노니, 그리스도 예수님 안에 있는 하나님의 피난처 없이 살려고 애쓰는 무서운 모험을 더 이상 감행하지 마십시오!

그런데 본문은 두 번째 질문을 던집니다. 결국 예루살렘은 어떻게 되겠는가? "예루살렘아, 예루살렘아, 내가 내 자녀를 모으려 한 일이 몇 번이더냐. 그러나 너희가 원하지 아니하였도다." 그렇습니다. 결국 예루살렘에 어떤 일이 일어났습니까? 하나님도 없고 그리스도도 없는 여러분들이여, 여러분에게 도움이 될 수 있을지 모른다는 희망으로 요세푸스의 글을 읽어 보라고 간청하는 바입니다. 범죄한 예루살렘 도성의 거민들이 어떻게 되었습니까? 자, 그들이 영광의 주를 십자가에 못 박고, 그 제자들을 색출하였습니다. 그러나 자신들에게는 "우리는 어떤 해도 임할 수 없는 하나님의 도성에서 살고 있고, 우리의 성벽 안에 성전이 있으니 하나님께서 당신의 거룩한 성소를 지키실 것이다."라고 말했습니다. 그러나 바로 얼마 지나지 않아서 그들은 로마의 멍에를 벗어던지려고 시도하였습니다. 로마인들과 싸우기로 결심한 열심당원들이 여러 파로 나뉘어 있었습니다. 그들은 불평과 불만을 토로하였고 자중지란(自中之亂)에 빠지게 되었습니다.

　　로마군이 예루살렘을 공격하기 전에 거민들이 서로를 죽이기 시작하였습니다. 그 도시는 여러 파로 나뉘었고, 세 파가 궁정을 세 토막 내어 각각 차지하였습니다. 그리고 서로 간에 밤낮으로 싸웠습니다. 그것이 바로 경건하지 못한 사람들에게 일어나는 일입니다. 사람의 본성이 스스로의 속박에서 벗어나 활개치고 다니는 것입니다. 내면적 다툼이 일어나면, 곧 사람의 영혼이 속에서 서로 싸우면 무섭기 짝이 없는 내면적 전쟁이 일어납니다. 스스로에게 적대감을 가지고서 본성의 한 부분이 "가라"고 말하나 다른 부분은 "뒤로 물러가라"고 외칩니다. 그러면 그 세 번째 부분은 "지금 있는 곳에 있어"라고 외쳐댑니다. 그렇게 자신 안에서 싸우는 사람은 얼마나 곤고한 사람입니까. 여러분 중에 말발굽에 초토화되고, 대포를 나르는 병거 바퀴자국으로 균열이 생기고, 피로 얼룩진 전쟁터와 같은 사람이 많지 않습니까? 많은 사람의 마음이 꼭 그와 같습니다. 그는 말하죠. "안식이라고요? 그건 내게서 떠난지 오래되었어요." 아침에 술잔치를 끝낸 사람을 보십시오. 그는 만나는 사람마다 싸움을 거는 데 그 사람이 어떤 지경에 처했는지 보세요. 자기 아내에게 불성실한 사람, 자기를 고용한 주인에게 부정직한 사람, 자기가 가진 모든 것을 도박으로 탕진한 사람을 보세요. 곤고한 불쌍한 사람이여, 어떻게 그가 잠들 수 있겠습니까? 그는 쉬지 못합니다. 그는 잠이 들자마자 꿈을 꾸나 쉬지 못하고 항상 공포에 질려 있습니다. 저는 단 5분도 그 사람과 자리를 바꾸고 싶지 않습니다. 지독하게 가난하여도 정직한 양심을 가지면, 죄 가운데서 말할 수 없이 큰 사치를 누리는 것보다 무한히 더 가치 있는 일입니다. 하나님 없이 사는 사람은 틀림없이 자신과 다투기 시작합니다.

　　그후 어느 날 아침 예루살렘 성벽에서 보초를 서던 사람들이 성벽에 난 총안(銃眼)을 통해서 멀리 내려다보다가 소리쳤습니다. "로마 군인들이 온다. 정말 예루살렘 성을 향하여 진군해 오고 있어." 베스파시아누스(Vespasian)가 6만의 군대를 거느리고 왔고, 잠시 뒤에 티투스(Titus)가 성 주위로 흙벽을 쌓아 올려서 어느 누구도 예루살렘 성 안팎으로 출입하지 못하게 하였습니다. 그가 얼마나 철저하게 성을 둘러쳤던지 성 안에 있는 이들이 모두 갇히고 말았습니다. 여러분도 기억하다시피 그때는 유월절이어서 그 나라에는 여러 곳에서 모여든 사람들의 수가 백만이 넘었습니다. 그 작은 성 안에 모두가 갇힌 것입니다. 그처럼 죄책을 가진 사람들이 갇힐 때가 오는 것입니다. 그들이 죽기 전에 때로 그러한 일이 일어납니다. 그들이 갇혔습니다. 그들은 늘상 해왔던 대로 죄를 전혀 즐길 수 없게 되었습니다. 더 이상 어떤 희망도 없습니다. 그들은 완전히 우리 안에 갇힌 셈입니다. 그들은 하나님께서 사랑으로 모으실 때 순종하지 않았습니다. 그러나 이제 결국 그들은 복수하는 양심에 의해 끌어 모아졌으며, 하나님의 공의(公義) 안에 갇히게 된 것입니다.

저는 어린 시절에 죽어가는 사람을 보았던 기억을 결코 잊을 수 없을 것 같습니다. 방에 들어갔더니 그 사람이 하나님의 이름을 모독하는 욕설을 하며 저를 맞았습니다. 저는 그때 어렸습니다. 저는 18살에 목사가 된 사람이었습니다. 저는 그의 말에 다소 당황하였습니다. 그는 침대에 누우려 하지 않았습니다. 그는 하나님께 반항하였습니다. 죽고 싶지 않다고 말했습니다. 제가 "위하여 기도할까요?"라고 물었습니다. 제가 무릎을 꿇고 기도를 시작하여 막 몇 마디 하지도 않았는데 어찌나 끔찍한 말로 저를 저주하였던지 저는 막 일어서려고 했습니다. 그런데 이제는 그가 울면서 다시 자기와 함께 기도해 주기를 간청하였습니다. 물론 그 일도 별로 효과가 없었습니다. 그는 말했습니다. "소용없어요. 저를 위한 목사님의 기도가 응답되지 않을 거예요. 난 이미 저주를 받았어요." 그 곤고한 사람은 자기가 진정 그렇게 저주 받은 사람인 것처럼 말하였습니다. 자신의 영혼 속에 그 저주를 실감하고 있는 듯 보였습니다. 그를 설득하여 침대에 눕히려고 애를 썼습니다. 그러나 소용이 없었습니다. 힘이 허락하는 대로 이 방 저 방을 서둘러 걸어 돌아다니며 앉았다 일어났다 하였습니다. 그는 자기가 죽어야 한다는 것을 알았습니다. 그러나 그는 그렇게 계속 걷고 있을 동안에는 죽을 수가 없었습니다. 그래서 그가 계속 그런 일을 하고 있었던 것입니다. 그 다음, 제가 다시 그와 함께 기도해야 했습니다. 그런 다음 하나님을 모독하는 정말 끔찍한 말이 그 입에서 튀어나올 참이었습니다. 기도가 응답될 리가 없다는 식이죠. 그 사람처럼 악한 경우를 만나기가 쉽지 않을 것입니다. 그러나 그처럼 눈으로 볼 수 없지만 정말 서글픈 마음의 상태가 있습니다. 그리스도 없이 죽어가는 사람에게 임하는 마음의 상태가 그런 것입니다. 그들은 갇혔습니다. 로마 군사들이 도시를 뺑 둘러싸고 행진하고 있습니다. 피하여 달아날 가망이 없습니다. 그리고 그들은 그것을 느끼기 시작했고 절망 중에서 죽습니다.

그러나 로마 군사들이 올 때 예루살렘의 화가 끝난 것이 아니었습니다. 그 도성에 기근이 들었습니다. 그 기근이 얼마나 끔찍한지 모세가 거듭 말했던 것이 그대로 이루어졌습니다. 유약하고 허약한 여인이 자기가 난 아이를 먹었습니다. 그들이 먹을 것을 찾으려고 집들을 뒤지고 다녔습니다. 어떤 여자가 자기 어린 아이를 반쯤 먹어치웠습니다. 그러면서 "너도 먹을 수 있으면 이리 와서 먹어."라고 말하였습니다. 도성 전체에 서로 뜯어 먹는 일이 일어났습니다. 마음에 하나님이 계시지 않으면 사람의 영혼 속에 그것이 얼마나 무서운 기근을 만드는지요! 그는 찾을 수 없는 것을 얼마나 갈망하는지요. 그리고 온 세상이 그에게 줄 수 없는 것을 갈망합니다. 자기 심령의 굶주림에 탐욕스러움을 가라앉힐 한 입 거리의 먹을 것도 세상은 줄 수 없습니다!

이 파멸은 다음 시대에 더욱 악화될 것입니다. 여러분은 예루살렘이 완전하게 파괴된 것을 알고 있습니다. 돌 하나도 돌 위에 놓이지 않았습니다. 만일 여러분이 구주를 거부하면 그런 일이 바로 여러분에게 일어납니다. 여러분이 파괴될 것이고, 영원한 파멸을 당할 것이며, 하나님의 성전도 없는 영원한 멸망 속에 처하게 될 것입니다. 파멸되는 것 — 바로 그것이 여러분에게 떨어질 형벌입니다. 주 하나님의 면전과 그 권능의 영광에서 쫓겨나 멸망당할 것입니다. 그것도 영원토록 하나님이 거하지 않는 곳에서 거하게 될 것이고, 소망과 위안이 전혀 없이 지낼 것입니다. 회개하지 않으면 여러분에게 주어질 운명은 참으로 끔찍합니다!

> "너희 죄인들이여, 그분의 은혜를 구할지어다.
> 그분의 진노는 너희가 참아낼 수 없도다.
> 십자가 피난처로 달려가
> 거기서 구원을 얻을지어다."

부디 여러분이 그렇게 하기를 기도합니다! 아멘.

제
65
장
—

노아의 홍수

—

**"홍수가 나서 그들을 다 멸하기까지 깨닫지 못하였으니
인자의 임함도 이와 같으리라."** — 마 24:39

우리는 보통 "예외 없는 법칙은 없다."고 말합니다. 예외 없는 법칙은 없다는 그 법칙은 분명히 그 자체에 한 가지 예외가 있습니다. 왜냐하면 하나님의 법칙들은 예외가 없기 때문입니다. 하나님께서 경건하지 않은 자를 심판하시는 법칙은 예외가 없습니다. 그리스도 밖에 있는 모든 사람들이 멸망할 것이라는 법칙도 예외 없는 법칙입니다. 그리스도 안에 있는 자들은 다 구원 받을 것이라는 법칙도 역시 예외가 없습니다.

오늘 밤 저는 예외가 없는 그 세 가지의 법칙들에 주목하도록 할 것입니다.

1. 첫 번째는 본문에 있는 것입니다. "홍수가 나서 그들을 다 멸하기까지."

대홍수로 인한 파멸은 온 세상에 미치는 것이었습니다. 방주 밖에 있는 어떤 사람들만을 쓸어 버린 것이 아니었습니다. 모든 사람들을 다 쓸어 버렸습니다. 그때도 지금과 똑같이 사람들 사이에 차이가 있었던 것이 분명합니다. 왜냐하면 아담의 자손들이 지면에 허다하게 퍼진 이후에 그들이 모두 똑같이 활기 없게 한 가지 수준에서만 지낸 것은 아니기 때문입니다. 그때도 많은 사람들은 부요(富饒)하였습니다. 그들은 금과 은을 쌓아 놓았습니다. 무역을 하거나 발명을 하거나 약탈을 하여 부자가 되었습니다. 또 밭의 소출을 통하여 부자가 되기도 하

였습니다. 그들은 광활한 땅을 소유했습니다. 그들은 자신들을 위해 문명의 이기와 생활의 사치품들을 증가시켰습니다. 그러나 홍수가 그 모든 것을 다 쓸어가 버렸습니다. 한 사람의 부자도 자기가 모은 모든 것을 가지고 달아날 수 없었고, 자기가 가진 모든 부(富)를 다 드린다고 하여도 생명을 살 수가 없었습니다. 홍수가 와서 모든 것을 다 쓸어 버렸기 때문입니다. 값비싼 삼목(杉木)으로 엮은 뗏목이나 비용을 들여 만든 석조 건물의 높은 탑들도 모든 걸 다 삼켜 버리는 홍수에 잠기지 않는 것이 없었습니다. 죽음은 구두쇠와 상인을 비웃었고, 백만장자와 군왕들을 비웃었습니다. 모든 것들이 그 성난 홍수 속에 다 휩쓸려가 버렸습니다.

그 시대에도 지극히 가난한 사람들이 있었습니다. 그들은 몸과 영혼을 보존하기 위해서 필요한 것을 얻기 위해서 고되게 일하였습니다. 그러나 거의 얻을 수가 없었습니다. 그들은 매일 다음과 같은 것을 겪어야 했습니다.

> "압제자의 비행들,
>   거만한 사람의 모욕적인 언사."

그러나 그들이 그런 고생을 한 보답으로 홍수가 그들을 비껴갔다는 것을 보지 못합니다. 아닙니다. 홍수가 왔을 때 그들을 모두 쓸어가 버렸습니다. 방주 밖에서는 거지나 군왕이나 똑같이 망하였습니다. 가난하고 비참한 소작농도 죽었습니다. 그의 더러운 흙집에서 쓸려가 버렸습니다. 군왕들이 그들의 궁정에서 쓸려갔듯이 말입니다. 신발이 없어 맨발로 다니는 거지도 죽었습니다. 홍수는 그가 입은 초라한 넝마를 전혀 불쌍히 여기지 않았습니다. 거리에 서서 지나가는 사람의 가벼운 구제를 기다렸던 거지도 그를 불쌍히 여겼던 귀족들과 함께 쓸려갔습니다. 홍수가 와서 모든 자들을 다 쓸어 버렸습니다. 무자비한 높은 물결이 단 한 군데 안전한 방주 밖에 있는 모든 사람들에게 동등한 운명을 부과하였습니다.

결국 마지막 날에도 그렇게 될 것입니다. 대인이 자기가 쌓아 놓은 모든 것으로 도망갈 방도를 구입할 수 없듯이, 가난한 사람도 자신의 가난 때문에 구원받는 일도 없을 것입니다. 지옥에 부자가 있었음을 성경에서 읽습니다. 가난한 사람들도 거기에 있어 왔고, 지금도 있습니다. 부요함이 사람을 지옥에서 구원할 수 없듯이, 가난함도 사람을 하늘로 올리지 못합니다. 하나님의 은혜와 공의 는 사람들의 사회와 신분, 상태와 조건과 아무 상관이 없습니다. 주 하나님께 문 제가 되는 것은 황금을 얼마나 많이 가지고 있느냐가 아닙니다! 하나님께서는 사람의 지갑으로 그 사람을 측량하지 않고 영혼으로 하십니다. 사죄 받지 못한 사람은 망한 사람입니다. 풍요 가운데 호화롭게 살든지 궁핍 속에서 파리하게 지내든지 상관 없습니다. 거듭나야 합니다. 예수님을 믿어야 합니다. 한 마디로, 방주 안으로 들어가야 합니다. 그렇지 않으면 홍수가 와서 여러분 모두를 다 쓸 어버릴 것입니다. 여러분이 나사로 비유에 나오는 부자처럼 부자이든지 나사로 처럼 가난하든지 상관 없습니다.

그 당시에 세상에 학식 있는 사람들도 있었습니다. 밤에 별을 연구하는 사람 들도 있었고, 별자리를 해독하는 사람들, 문제의 비밀들을 조사하는 사람들, 과 학적 지식을 샅샅이 뒤지고, 사람들이 찾아갈 수 있는 한(그들이 얼마나 멀리까 지 갔는지는 모르겠지만) 지식의 가장 내밀한 구석까지 파고든 사람들이 있었습 니다. 그러나 홍수가 왔을 때 그 모든 자들은 쓸려갔습니다. 철학자도 그렇게 쓸 려갑니다. 철학자가 죽어 가면서 숨이 깔딱거리는 소리를 내는 것을 들을 수 있 습니다. 대홍수 이전에 솔로몬과 같은 지혜자의 머리가 떠다니고 있습니다. 홍 수는 예술의 거장들과 법의 박사들과 신학에서 랍비 같은 사람들을 다 쓸어가 버렸습니다. 어떤 사람도 자기가 배운 모든 지식을 동원하여도 그 홍수를 피할 수 없었습니다. 지식은 구명 부대(浮袋)가 될 수 없습니다. 논리도 수영 연습용 부대(浮袋)가 될 수가 없고, 수사학도 구명 보트가 되지 못합니다. 그들은 밑으 로, 밑으로 내려가고, 그들과 함께 그들의 모든 과학도 끝없는 파도 밑으로 가라 앉고 맙니다.

지금과 마찬가지로 그때도 자기 손가락의 수밖에는 셀 수 없는 문맹자들도 있었습니다. 그들은 학식이나 웅변의 세세한 것들을 전혀 알지 못합니다. 홍수 가 왔을 때 그 모두를 다 쓸어가 버렸습니다. 그러니 그처럼 예수 그리스도를 마 음으로 아는 지식 그 하나를 제외하고는 어떤 지식도 마지막 멸망에서 우리를 건져내지 못할 것입니다. 반면에 무지가 계획적인 것이 아니라면 죄에 대해서 참작이 될 수 있지만, 죄를 심판 받지 않은 채 그냥 지나가게 만드는 구실은 결코 될 수 없습니다. 구주의 뜻을 알고 행치 않는 자들은 지옥에 갑니다. 하나님께 속 한 일들을 알고 싶지 않은 자들, 하나님의 일들을 고의적으로 모른 채 살다가 죽은 자들도 지옥에 갑니다. 홍수는 모든 자들을 다 쓸어 버렸습니다. 교리에서 정통적이고 신학에 대해 말할 수 있으며 스스로 이스라엘의 선생이라 주장할 만한 사람이라도 그리스도께 속하지 않으면, 홍수가 와서 다 쓸어 버릴 것입니다. "그것이 무엇이 문제인가? 신조들이란 오래된 쓰레기 다발들에 불과하지 않은가? 우리는 성경을 연구하지 않고 성경에서 가르치는 교리들을 알고 싶지 않아요." 라고 말하는 분이 있습니까? 그럼 저는 그런 이들에게 말씀드립니다. 그리스도를 알지 않고 그 안에서 발견되지 않는다면 여러분의 무지도 충분한 핑곗거리가 결코 되지 못할 것입니다. 왜냐하면 불로 홍수처럼 심판할 때가 오면 그런 자들 모두를 다 쓸어 버릴 것이기 때문입니다.

노아의 홍수 때 멸망당했던 자들 중에 종교에 매우 열심 있던 자들이 틀림없이 많았을 것이라고 저는 생각합니다. 아마 자기들 가문에서 제사장 역할을 감당하던 사람들도 있었을 것이고, 하나님의 제단에서 그 일을 감당한 자들도 있었을 것입니다. 그들은 자기 당대에 경건하지 않은 족속들은 아니었습니다. 겉모양과 신앙 고백에 국한해서 생각한다면 말입니다. 그들은 종교가 있었습니다. 가인의 자손들도 종교가 있었습니다. 일반적으로 사람들이 가장 악독한 마음을 가질 때에도 외형적 종교에 대해서는 아주 시끄럽게 떠들어댑니다. 노아의 시대에도 그러하였을 것이라고 상상할 수 있지요. 그러나 홍수가 왔을 때 이 사람들은 방주 밖에 있었습니다. 제사장이든 아니든 그들은 방주 밖에서 홍수를 맞았습니다. 홍수가 그 모든 자들을 다 쓸어 버렸습니다.

의심할 여지 없이 하나님을 경멸하고 하나님에 관하여 불신앙적인 말을 노골적으로 표현했던 불경한 자들도 있었습니다. 그러나 홍수는 가식적인 제사장이나 노골적으로 신성모독적인 발언을 하는 사람들 사이에 아무 구분을 두지 않았습니다. 홍수가 왔을 때 그 모든 자들을 다 쓸어가 버렸습니다. 오, 레위 자손들이여, 제사장의 예복을 입고 하나님께 보내심을 받아 다른 사람들을 가르친다고 고백하는 자들이여, 그대들이 자신들을 불쌍한 죄인으로 알고 예수님을 믿고 구원을 위해서 오직 십자가만을 바라보지 않는다면, 아무리 마술적 권능을 떠벌린다고 할지라도 홍수가 올 때 여러분 모두를 다 쓸어 버릴 것입니다. 제사장 선생이여, 그대가 세례로 거듭났다고 하며 성례의 효력을 외친다고 할지라도 홍수에 익사당할 것입니다! 여러분은 입술에 발린 거짓된 결심과 더불어 지옥의 맨 밑바닥에 가라앉을 것입니다! 오, 종교에 악담을 퍼부으며 자신이 위선자가 아니라고 자랑하는 자들이여, 그대들은 자신이 정직하다고 생각하고 있음에 틀림없 도다. 그러나 그대들이 스스로 뻔뻔스럽게 이야기하는 "정직"이 마지막 그 무서 운 날에 그대들을 홍수에서 면제시켜 줄 것으로 생각하지 마시라. 그 무서운 진 노의 날에 맹렬한 홍수가 그대들 모두를 다 쓸어 버릴 것이기 때문이로다. 그때 가 되면 하나님께서 의심하는 자들을 간단히 처리해 버리실 것입니다. 그들이 하나님을 볼 것이고, 놀라다가 그만 멸망할 것입니다. 그때는 하나님께서 아주 신속하게 일을 처리하실 것이기 때문입니다. 그 날에 외식자들을 아주 간단하고 빠르게 처리하실 것입니다. 그들이 애원하겠지만 하나님께서 그들의 요청을 듣 지 않으실 것입니다. 하나님께 울부짖기 시작하겠지만 그들의 참화를 하나님께 서 조롱하시며, 그들에게 두려움이 임할 때 그들을 비웃으실 것입니다. 홍수가 결국 모든 자들을 쓸어 버릴 것입니다. 종교적인 사람이든지 세속적인 사람이든 지 다 쓸어 버리실 것입니다. 왜냐하면 그들은 방주로 뛰어가지 않았고, 유일한 피난처를 거부하였기 때문입니다.

오늘 밤 저는 여기 오신 회중 여러분에게 그 멸망의 날에 가장 오래 살았던 사 람들도 망하였음을 상기시켜 드리고 싶습니다. 머리가 희어졌거나 벗어졌거나 간 에 여기 계신 나이 든 분들보다 더 오래 산 사람들도 다 망하였습니다. 자녀들을 길렀고, 손자들과 증손자들을 귀여워하며 무릎에서 얼러 준 적이 있는 여러분보 다 더 나이 많은 여인들도 다 망하였습니다. 다른 이들과 함께 물살에 쓸려갔습 니다. 한 번도 빛을 본 적이 없는 사람처럼 망하였습니다. 젊은 사람들도 죽었습 니다. 무서운 파멸이 임하여 아름다운 아이들을 쓸어갔고, 힘이 넘치는 젊은이 와 활짝 핀 꽃 같은 처녀도 쓸어갔습니다. 홍수가 그 모든 이들을 다 쓸어갔습니 다. 그와 같이 성년에 이르러 선과 악을 분별할 만한 지식을 가진 자들도 모두 쓸 어갔습니다. 만일 우리가 그리스도 안에 발견되지 않는다면 홍수가 우리를 다 쓸어가 버릴 것입니다. 자기 일에 책임을 질 수 있는 나이가 어느 때부터인지 모 르겠습니다. 어린이도 자기의 어린 상태만을 믿고 안심해서는 결코 안 됩니다. 법정에 섰던 스무 명의 얼간이 같은 사람들이 자기들이 "미성년"이라는 이유를 내세워 항변하는 것을 들었습니다. 그들은 법이 금하는 온갖 못된 짓은 다 하였 습니다. 열아홉 살에서 스무 살 먹은 남자 아이들이 보석류를 사고, 자기들의 욕 망을 소비하기 위해 온갖 사치품을 달고 다니면서 "미성년"이라는 것을 구실 삼 아 피해 나가려 한 것입니다. 그러나 제가 볼 때 그것은 전혀 용납할 수 없는 것이었습니다. 소년이나 소녀, 젊은 사람들도 마지막 끝날에는 자기들의 나이 어림을 핑계로 삼지 못할 것입니다. 여러분이 옳고 그름을 알고, 주 예수 그리스도의 복음을 이해하면서도 그 복음을 거부하고 태만히 여긴다면, 큰 모험을 하는 것입니다! 그리스도께 나오지 않고는 젊은이나 노인이나 아무도 피하지 못할 것입니다. "너희가 거듭나야 한다."는 것이 젊은이나, 백발이 성성한 노인 모두에게 보편적으로 적용되는 진리입니다. 젊음이 결코 구실을 제공하지 못하며, 인생의 경험이 여러분에게서 파멸을 면제시켜 주지 못합니다. 하나님의 진노의 홍수가 모든 인류를 다 쓸어 버립니다. 은혜 언약의 방주, 곧 예수 그리스도의 인격과 그 하신 일, 하나님의 피 흘리시는 어린 양 안에서 피난처를 찾지 않는 한 그리 될 것입니다.

　이 보편성을 또다른 방식으로 설명해야 하겠습니다. 노아가 방주를 지었습니다. 그 일은 하나님을 믿는 믿음이 아니었다면 일반 이성의 모든 원칙에서 볼 때 터무니없기 짝이 없는 일이었습니다. 그래서 노아가 방주를 지을 때 이 일을 듣고 기이하게 여기는 사람들이 대단히 많았을 것이라고 생각할 수 있습니다. 그 방주는 아주 거대한 배였습니다. 이제까지 그렇게 큰 배가 건조된 적이 없었습니다. 또 그 배를 띄워 항해한다는 생각만 해도 노아 시대 사람들의 마음은 정말 산란하였을 것입니다. 노아가 이 배를 마른 땅 위에서 건조하였습니다. 강이나 바다에서 아주 멀리 떨어진 뭍이었습니다. 그러니 그 자체만으로도 정말 이상한 일로 여겨졌음에 틀림없습니다. 이웃의 모든 나라들에서도 그 일에 대해 이야기가 분분했을 것입니다. 그 소문이 아주 멀리까지 넓게 퍼졌을 것에 틀림없습니다. 그 소문을 듣자마자 "미친 사람이네! 그 친구들이 그를 가두어 놓지 않는 것이 이상하네. 그 같은 정신병자가 어디 있나!"라고 말하는 사람들이 있었을 것입니다. 또 그에 대해 이야기하면서 한두 마디 농담을 주고받았을 것이고, 그처럼 아주 터무니없는 일을 조소하는 것이 다반사가 되었을 것입니다. 그래서 그 일은 속담이 되어, 사람이 어리석은 일을 하면 "아니, 그 사람 노아처럼 어리석구만!"이라고 말했을 것입니다. 노아는 입이 상스런 사람들로부터 받을 수 있는 모든 희롱을 다 받았습니다. 사람들은 노아를 멸시하고 비웃고 철저히 업신여겼습니다. 그러나 홍수가 와서 그들을 모두 쓸어 버렸을 때, 그들의 농담은 끝이 났고, 그들의 빈정거림과 조소는 종말을 고하였습니다. 홍수가 그들을 가장 효과적으로 잠재웠습니다. 그리스도의 복음을 조롱했던 자들은 어느 누구라도 그와 같이 될 것입니다. 그런 이가 여기 있다면 주의 크고 두려운 날에 그의 비웃음이 사망에 대하여 아무런 힘도 쓰지 못하고, 지옥의 고뇌를 조금도 줄여 주지 못한다는 것을 발견할 것입니다. 그 두려운 날에 불신앙을 용납할 여지는 전혀 없을 것입니다. 하나님께서 여러분을 산산조각 내시고 아무도 여러분을 그 손에서 구원할 수 없을 때, 하나님께서 여러분에게 정말로 생생하게 임하실 것입니다. 콰르릉하는 천둥 소리가 죽은 자들을 깨우고, 책들이 펴지고, 책에 쓰여진 것이 번개 불빛에 의해 밝혀지고, "너희 저주 받은 자들아, 떠나갈지어다!"라는 선고가 떨어질 때, 심판은 정말로 생생한 현실이 될 것입니다. 멸시하는 자들이여, 조심하고 놀라고 망할지어다. 하늘 가는 길을 비추는 은혜가 주어지는 지금, 복음을 멸시하는 자들이여, 조심할지어다. 그 은혜의 날이 영구히 계속되지 않기 때문입니다. 노아 시대에 조롱하는 자들이 맹렬한 홍수에 멸망하였듯이 영원한 사랑이 우리 중 누구든지 삼켜 소멸하는 불에서 멸망당하지 않도록 구원하기를 바라나이다.

노아의 소문을 들었을 때 노아의 방주 짓는 일을 비판하는 사람들이 틀림없이 있었을 것입니다. 당시 배를 건조하는 일에 종사하는 사람들 가운데는 노아가 하는 일을 보면서 배의 용골이 똑바르게 배치되지 않았다고 말하는 사람들도 있었을 것입니다. 그리고 큰 배의 안팎에 역청을 칠하는 독창적인 계획도 아주 신랄한 비판을 받았을 것임에 틀림없습니다. 그 방식이 완전히 새로운 것으로 보였을 것이기 때문입니다. 그것은 사람이 고안하여 낸 것이 아니라 하나님의 계시를 따른 것이었습니다. 그 다음에 배에는 문을 하나만 만들게 되어 있었습니다. 아니, 우리가 그 대목을 지금 읽어도 그게 무슨 뜻인지 이해가 안갑니다. 노아의 방주를 위해서 작성된 모든 설계도들을 보면 그 설계대로 배가 건조될 가능성이 전혀 없어 보였습니다. 아니, 지혜로운 배 목수는 이렇게 말했습니다. "이런 배는 정말 홍수가 온다 하여도 결코 물 위에 뜨지 않을 것이다. 그 밖에도, 배를 짓는데 그처럼 오래 걸렸으니 분명 그 배는 건조(乾燥) 부패로 인해 썩고 말았을 것이다." 그 배를 두고 하는 지혜로운 말들이 오죽 많았겠습니까! 만일 그런 말들을 인쇄할 수 있었다면, "노아의 오래된 나무 상자 같은 배"를 비판하는 논문들이 얼마나 많이 쏟아져 나왔겠습니까. 사람들은 노아의 배를 그런 식으로 불렀을 가능성이 아주 충분합니다! 이 모든 비평가들은 자기들이 노아가 짓는 배보다 훨씬 더 잘 만들 수 있다고 생각했을 것입니다. 틀림없이 그랬을 것입니다. 그러나 그들은 배를 짓는 일을 전혀 하지 않았습니다. 비록 그들이 노아가 짓는 배의 결점을 발견하고 노아가 했던 것보다 훨씬 더 일을 잘 할 수 있었다고 합시다. 그럼에도 불구하고 어쨌든 그들은 물에 빠져 죽었고, 노아는 구원을 받았습니다. 지금 이 세상에서도 마찬가지입니다. 하나님의 백성들의 죄를 보면 떡먹듯이 열심히 떠들어대는 사람들이 부단히 존재합니다. 그들은 이렇게 말할 수 있습니다. "오! 그래요. 종교에는 무엇인가가 있다는 것은 분명해요. 그러나 당신에게는 불완전함과 결점들이 많아요!" 형제들이여, 그들은 하나님 백성들의 허물을 들추어내는데 오랜 시간이 필요치 않습니다. 그들은 우리에게서 조금 고쳐야 할 점을 금방 수만 가지라도 찾아낼 수 있습니다. 때로는 우리를 비평하는 자들이 어떤 면들에서 우리보다 낫다는 것을 의심하지 않습니다. 세상 사람들 가운데는 참된 그리스도인보다 성품이 더 나은 자들이 많습니다. 이렇게 말하기가 부끄럽지만, 회심한 어떤 사람들보다 아량이 더 넓은 불신자들을 저는 알고 있습니다. 어떤 자질에서는 그들이 우리보다 우월합니다. 그러나 그럼에도 불구하고, 다른 사람들을 아무리 날카롭고 철학적으로 비평하는 사람이라도 그리스도 밖에 있다면 심판의 불로 소멸되고, 반면에 그 사람이 비평하고 정죄했던 사람들이 겸손하게 예수님을 믿는 사람들 가운데 있다면 그들은 예수님을 믿음으로 말미암아 구원을 받을 것이라는 엄숙한 진리가 있습니다. 그 모든 것은 바로 이 한 가지 문제, 방주 안에 있느냐 밖에 있느냐에 좌우됩니다. 방주 안에 있다면 불완전한 것이 천 가지가 있더라도 모두 구원 받았습니다. 그러나 방주 밖에 있으면 천 가지의 탁월한 점을 가지고 있더라도 결국 예외 없이 물에 빠져 죽습니다!

　노아와 그 큰 배를 보러 온 자들 중에는 노아의 편을 든 사람들도 있었을지 모릅니다. 노아 편을 들면서 다음과 같은 식으로 말하는 사람처럼 어리석은 사람이 있는지 모르겠습니다. 아마 이렇게 말하는 사람들이 있었을 것입니다. "아, 어쨌든, 우리는 노아에 대해 너무 심하게 굴지 맙시다. 그분은 아주 존경 받을 만한 족장이죠. 또 그분은 자기의 신념을 따라서 사는 사람이에요. 그의 신념은 아주 터무니없는 것입니다. 그러나 오늘날 정말 진실한 마음으로 실천하는 분을 본다는 것은 멋진 일입니다. 우리는 그처럼 어떤 일에 열중하는 사람을 보고 싶어요. 우리는 그가 정신이 온전한 사람이기를 바랄 뿐이죠. 그럼에도 불구하고 많은 사람들이 원칙 없이 유치하게 구는 것을 보니 차라리 사람이 미쳐서 자기 신념을 실행하는 것을 보는 것이 거의 더 낫습니다." 방주를 본 점잖은 사람들 가운데 많은 이들은 그렇게 말함으로써 양심을 놀랍게 무마시키며 집으로 돌아가서는 이렇게 생각했을지 모릅니다. '자, 내가 아주 좋은 말을 했어. 트집 잡기를 좋아하는 사람들을 잘 막았어. 그 착한 노인, 정말 매우 착한 그 노인 편을 들었어. 그가 아주 크게 속고 있기는 하지만 틀림없이 착한 사람이야." 아! 그러나 홍수가 왔을 때 그들도 똑같이 휩쓸려 죽었습니다. 그들의 논평에 매우 친절한 요소가 있었고, 그들이 말하는 분위기는 노아를 매우 후원하는 듯이 보였습니다. 그러나 홍수가 그들도 모두 쓸어갔습니다. 여러분은 지금도 그러한 사람들이 있다는 것을 알지 않습니까? 오늘 밤 여기에 그런 자들이 틀림없이 있을 것입니다. 그들의 신사다운 대화를 잘 들어보세요. 얼마나 관대하게 말하는지요. "아, 그렇습니다. 저는 이 그리스도인들이 그렇게 열심을 내는 걸 보는 게 좋아요. 저는 그들이 대단히 좋은 일을 많이 한다고 감히 말하고 싶습니다. 알다시피 저는 설교자가 그처럼 분명하게 말하는 걸 듣는 것이 좋습니다. 저는 또 이 사람들의 매우 열정적인 모습이 보기 좋군요. 요즘 같은 시대에 어떤 일에 이렇게 열심 내는 사람들을 보는 것이 매우 신선한 느낌을 줍니다. 왜냐하면 형식이나 교리에 얽매이지 않는 광교회파(latitudinarianism, 廣敎會派)적인 모습도 많이 보이고 품위도 있어요. 물론 그들이 약간 너무 교조적이고 편협한 사람들이라는 생각이 들기는 하지만 그들의 결의에 찬 모습을 보는 것이 좋죠." 오, 선생들이여, 우리에게 좋은 평을 해 주시니 감사합니다. 그러나 여러분이 회개하지 않으면 똑같이 멸망당할 것입니다. 여러분의 훌륭한 논평이 여러분을 구원하지 못하며, 여러분의 매우 관대하고 신사답고, 신앙에 대한 광교회적 관점들이 여러분에게 아무 도움을 주지 못할 것입니다. 여러분이 매우 관용적이고 탁월한 그 모든 관점들을 주장할 수도 있죠. 또 여러분들이 그런 관점들을 주장하는 걸 보는 건 좋습니다. 그럼에도 불구하고 여러분이 그리스도의 구원과는 아무 상관이 없을 수 있습니다. 여러분이 그처럼 관대한 견해들을 주장할 만큼 교양 있는 사람일 수 있습니다. 그러나 아무리 교양이 있다 할지라도 그리스도께 나오지 않으면, 가장 지독한 핍박자와 똑같이 멸망당할 수밖에 없을 것입니다.

이 밖에도 훨씬 더 노아를 더 좋아하는 사람들도 있었을 것입니다. 그들은 노아를 너그러이 보고 변호해 주었을 뿐만 아니라 때로는 노아의 방주 짓는 일에 대해서 매우 열심을 보이기도 하였습니다. 그들은 이렇게 말했습니다. "노아가 옳아요. 그분의 삶을 보세요. 그분의 품행과 행실을 주목하세요. 그분을 조롱하고 멸시하는 자들보다 훨씬 더 훌륭하시죠. 우리는 그분의 설교를 통해서 그분의 증거가 진리임을 확신합니다. 우리는 그분을 도울 것이고 그분의 편을 들어줄 거예요. 우리는 무례한 자들이 그분에 대해서 하는 버릇없는 논평을 듣기 싫어요. 정말 그들의 말을 들으면 넌더리가 나요." 그런 다음 그렇게 말하는 그들이 방주로 들어갈까요? "글쎄요. 우리는 아직 그것에 대해서 알지 못하죠. 아마 차차 알게 되겠죠. 우리는 그것에 대해서 좀 생각하고 있어요. 그 문제를 매우 진지하게 숙고해 봤어요. 그것이 매우 합당한 일이고 옳은 일이라고 생각해요. 하지만 동시에 그렇게 하기에는 아직 편리한 때가 아니군요. 좀 더 기다릴 거예요." 또 어떤 사람은 이렇게 말하겠죠. "아, 저는 아직 결혼을 안 했거든요." 또다른 사람은 "아, 이러이러한 날에 잔치가 열려서 거기 가봐야 돼요. 사람들이 먹고 마셔야 한다는 건 아시죠. 그래서 지금 당장은 방주에 들어가지 않겠어요." 자, 좋은 뜻을 가지고 있으면서도 꾸물거리는 사람들은, 계속 방주로 나가는 길을 미루고 연기하고 있습니다. 그들이 어떻게 되겠습니까? 그들 가운데 한 사람이라도 멸망을 면한 사람이 있었습니까? 슬프게도, 아무도 없습니다. 홍수가 왔을 때 그들을 모두 쓸어가 버렸습니다. 시간이 조금만 더 길었다면 구원 받았을지도 모를 사람들이 하나도 구원을 받지 못했단 말입니까? 선한 결심을 거의 굳혔고 그래서 거의 그리스도인이 될 뻔한 사람들도 홍수가 아끼지 않았나요? 그들 중 한 사람도 남기지 않았습니다. 그들 모두 동일한 난파선을 타고서 다 같이 멸망하였습니다. 왜냐하면 좋은 결심이라도 실행에 옮기지 않으면 아무도 구원하지 못하기 때문입니다. 거의 그리스도인이 될 정도로 설득을 당한 사람도 마찬가지입니다. 그런 이는 거의 사면(赦免)을 받을 뻔하다가 교수형에 처해진 사람과 같습니다. 거의 구출되었다 싶은데 집에서 타죽은 사람과 같습니다. 나이 든 헨리 스미스(Henry Smith)가 말하는 것과 같습니다. "거의 닫혀진 것 같은 문이 열리고, 정말 정직해 보이는 사람이 도둑이요, 거의 구원을 받았다 싶은 사람이 저주 받는도다." 두 의견 사이에서 머뭇거리는 자들이여, 그 점을 주목하십시오! 깨우침을 받았으나 결정을 내리지 못한 자들이여! 그대들은 깨우침을 받았으나 회심하지는 않았도다! 노아의 친구들 중에서 가장 사랑스러운 친구들이라 할지라도 홍수가 왔을 때 방주 밖에 있는 자들은 다 쓸려가 버렸습니다. 아들과 딸들이여, 그대들의 마음을 주님께 드리지 않는다면 여러분도 반드시 그와 같이 될 것입니다.

　　이제 마지막으로, 다음의 사실을 말씀드리고서 거듭 이야기하는 이 요점을 끝맺겠습니다. 여러분은 노아를 위해서 함께 일하였던 일꾼들도 망하였다는 소리를 자주 들었습니다. 그들은 분명 일한 대가를 받았을 것입니다. 그렇지 않았으면 일을 하지 않았겠죠. 그들은 나무를 켜고, 배의 용골을 설치하고, 쐐기를 박고, 배의 틈새를 메우고, 역청을 칠하고, 선재(船材)들을 강화시켰습니다. 그러나 그런 모든 일을 하였음에도 불구하고 그들 중 한 사람도 홍수를 피하지 못하였습니다. 교회당을 지키는 관리자나, 교회당 문을 열어 주는 사람이나, 장로나 집사, 목사나 감독, 대주교, 교회에서 어떤 역할을 담당하는 자들, 그리스도의 복음이라는 견고한 배와 관련된 일을 하는 자들도 모두 살아 있는 믿음으로 말미암아 그리스도 안에 있지 않으면, 복음을 조롱하는 자들이나 부랑자들과 똑같이 멸망하기 마련입니다. 여기에 엄숙한 원칙이 있습니다. 그리스도 밖에 있는 자들은 모두 구원을 받지 못하고, 그리스도 안에 있는 자들은 다 구원을 받는다는 것입니다. 불신자들은 하나 같이 망합니다. 신자들은 그리스도 안에서 다 보존됩니다. 이 법칙에는 그 어떤 예외도 없습니다.

　　이제 매우 간단하게 두 번째 주제에 대하여 말해야겠습니다.

2. 홍수가 왔을 때 사람들은 먹고 마시고 장가들고 시집가고 하였는데, 본문에 따르면 이것 역시 예외 없는 규칙이었습니다.

　　지금도 예외 없이 인류 대중들이 여전히 자기 영혼을 소홀히 하고 하찮은 이익에 분주하며, 영원한 실상들에 대해서는 무관심하다는 것은 매우 엄숙한 사실이 아닙니까? 거듭나지 않은 사람들은 예외 없이 이 법칙을 따라서 살아가고 있습니다. 은혜를 받은 사람들은 영혼의 문제에 대하여 관심을 가집니다. 그러나 본성적인 사람들은 노아 시대의 사람들과 같습니다. 저는 오늘 오후 그 점을 생각하면서 깜짝 놀랐습니다. 제 자신에게 이렇게 말했습니다. "노아 시대에 방주에 들어가 구원 받는 일에 관심을 둔 사람이 한 사람도 없었다니, 어떻게 그런 일이 있을 수 있는가?" 어떤 사람은 당시 지상에 살던 인구가 지금보다 훨씬 더 많았을 것이라고 생각합니다. 당시 사람들의 수명이 매우 길어 죽는 자들이 지금보다 훨씬 적었을 것이고, 그래서 인구가 훨씬 더 빠르게 증가하였을 것이라는 말입니다. 그런데 그들 중에 본성적으로 하나님을 찾은 사람이 한 사람도 없었다니요? 노아가 반복해서 예언하는 소리를 믿고 방주에 피하여 숨는 사람이

한 사람도 없었다는 것은 특이한 일입니다. 그러나 거듭나지 않은 사람들이 하나님의 은혜로 소성케 되지 않는 한, 그들 가운데 그리스도께로 피하려는 마음을 갖는 사람이 하나도 없다는 것이 훨씬 더 이상한 사실이 아닙니까? "너희가 영생을 얻기 위하여 내게 오기를 원하지 아니하는도다"(요 5:40). 이 말씀은 보편적으로 적용되는 법칙입니다. 앞으로도 사람들은 그리스도께 나오지 않을 것입니다. 나와서 그리스도를 믿기보다는 자기들의 죄 가운데서 망할 것입니다.

　　저는 여기에 세 가지 이유가 있다고 생각합니다. 첫째, 사람들은 보편적으로 자기 영혼에 관심이 없습니다. 자기들의 가장 고귀한 부분, 자기들의 가장 진정한 자아에 관하여 터무니없이 무관심합니다. 그것은 이상한 일입니다! 사람은 항상 자기 목숨에 관해서는 열심을 냅니다. "사탄이 여호와께 대답하여 이르되 가죽으로 가죽을 바꾸오니 사람이 그의 모든 소유물로 자기의 생명을 바꾸올지라"(욥 2:4). 자기가 불에 타서 죽겠다 싶으면 아우성을 치면서 뛰어 일어날 것입니다! 불난 집에서 빠져 나오려고 안간힘을 쓸 것입니다! 물에 빠져 거의 익사할 지경에 이르러서도 얼마나 바동거리는지요! 병이 들면 즉시 의사를 부르러 사람을 보냅니다. 자기 힘이 미치는 범위 내에서 최상의 진단을 얻어내고 싶어 얼마나 애를 태우는지요. 그렇게 해서 자기 생명을 보존하려고 합니다! 그런데 자기의 가장 고귀한 생명을 보존하는 일은 전혀 중요하지 않게 보는 것 같습니다! 생각이 있는 사람이라면 누구나 자신의 참된 자아는 영혼임을 알아야 하고, 몸은 자기 자신이 아니고 다만 그 자아가 입은 일종의 의복과, 거처하는 집이라고 생각해야 마땅합니다. 그런데도 사람들은 아침부터 저녁까지 이 겉사람을 위한 옷과 음식을 마련하는데 시간을 허비합니다. 그런데 그 집 안에 거하는 거주자는 까마득하게 잊혀져버리니 참으로 불쌍한 존재입니다! 이것이 정말 이상한 일이 아닙니까? 그것이 바로 죄 때문에 이성적 존재보다 못하게 타락하여 짐승처럼 행동한다는 것을 입증하는 것 같지 않습니까? 사람은 이 세상에서 아주 잠깐밖에 살지 못하면서도, 세상에서 사는 날 동안에는 행복하기를 바랍니다. 사람이 여인숙에서 잠시 동안만 머물러 있는 경우에도, 굴뚝에서 연기가 나고 식탁보가 더러우며 요리해 나온 고기가 잘 구워지지 않았으면 얼마나 야단을 치는지요. 그런데 자기의 더 나은 자아가 또다른 세계에서 영원토록 살아야 함을 알면서도 그 세상에 관해서는 전혀 관심을 두지 않습니다. 거기에서 행복할지 불행할지에 대해서 전혀 관심이 없습니다! 참으로 이상한 일입니다!

"그것 참 이상하고, 이상하며 기이하구나."

사람이 자기 불멸의 영혼의 유익에 대하여 그토록 무관심하다는 것이 미쳤다고 할 만큼 이상한 일입니다. 자신이 결코 죽지 아니하는 구더기가 있는 곳에서 깨어날지, 아니면 깨어나서 예수님과 함께 찬란한 영원의 영광을 누리게 될지 알지 못하면서 편하게 잠자리에 든다는 것은 도무지 이해할 수 없는 일입니다. 그럼에도 이 무관심이 모든 사람에게 퍼져 있습니다. 오, 형제들이여, 저와 여러분은 하나님께서 이 죽음의 바다를 휘저으시고, 살리시는 음성을 발하여 사람들이 이 영적인 일들에 눈을 뜨게 해 주십사고 기도해야 합니다. 그렇지 않다면 사람들은 무관심의 무덤 속에서 영원토록 썩을 것입니다.

이 무관심의 두 번째 이유는 의심할 여지 없이 널리 퍼져 있는 불신앙에 있습니다. 노아 시대 사람들 중에 노아의 말을 믿는 자가 하나도 없었다는 것이 이상한 일이 아닙니까? 노아는 정직한 사람이었습니다. 여러 해 동안 노아를 알아온 사람들도 있었을 것입니다. 아니, 수백 년 동안 그들은 노아를 알았습니다. 그 당시에는 사람들이 아주 오래 살기 때문입니다. 노아는 정직한 사람답게 말하였습니다. 열정적으로 힘 있게 설교하였습니다. 그러나 한 사람도 그를 믿지 않았습니다. 임박한 진노에서 피할 정도로 노아를 믿은 영혼이 단 하나도 없었습니다! 그것 참 이상하죠. 전에도 말씀드린 것처럼, 이제까지 들었던 거짓말 중에서, 거짓을 믿는 사람들이 더러 발견되기는 하나 나중에 알고 보면 진리를 믿는 이들이 훨씬 더 많았다는 말처럼 믿지 못할 거짓말이 없었습니다. 그것 참 괴이한 일이지요. 매우 개연성이 충분해 보이는 진리가 있지만 인간이 죄 때문에 아무도 그것을 믿지 않았습니다. 그 진리를 너나 할 것 없이 다 거절하였습니다. 그리스도의 복음에 대해 지금도 그러합니다. 하나님의 아들이 육신이 되어 사람들을 구속하러 오셨고, 그를 믿는 자는 누구나 구원을 받을 것이라고 이웃에게 말해 줍니다. 그러나 이웃들은 그것을 믿으려 하지 않습니다. 우리가 그 점을 우리 가운데 수많은 사람들에게 증명하였습니다. 할 수 있는 한 엄숙하고 간절하게 말해 줍니다. 우리가 그런 것들을 맛보고 다루어 보았노라고 말해 줍니다. 그것들은 공교히 꾸며낸 이야기가 아니라 확실한 진리요, 가장 보배롭고 입증된 사실이라고 말해 줍니다. 그럴지라도 하나님의 은혜가 없이는 낮은 자나 높은 자, 부한 자나 가난한 자나 믿어 친히 그것을 알아볼 정도로 나아가는 사람은 한 명도 없습니다. 오히려 그들은 머리를 혼들며 자기 길을 갈 것이고, 하나같이 불신앙 가운데서 살다가 죽습니다. 주권적 은혜가 끼어들지 않는 한 말입니다. 참 이상하고 기이한 일입니다!"그들이 믿지 않음을 이상히 여기셨더라"(막 6:6). 우리도 정말 이 죄의 보편성을 보고 이상히 여기지 않을 수 없습니다.

이렇게 무관심이 보편화된 세 번째 이유는, 사람들이 항상 세상적인 일에 몰두해 있다는 것입니다. 본문을 보면, 사람들이 단순히 먹고 즐기는데 너무 분주한 나머지 임박한 홍수에 대비할 생각을 전혀 하지 않았음이 넌지시 나타납니다. 폭식하는 사람들도 있고, 또 그렇게 많이 먹지 않고 먹을 때 맛에 탐닉하는 식도락가들도 있었습니다. 바울이 말한 바대로 그들은 배(belly)를 자기의 신으로 섬기고 있습니다. 안타깝습니다! 먹는 걸 탐하느라 망하는 사람들이 많았습니다. 사람들은 자기 이빨로 지옥에 이르는 길을 파고 있습니다. 사람들은 짐승처럼 배를 채우기에만 연연합니다. 어떤 이들은 술 취해 있습니다. 아! 그런 이들은 술잔을 얼마나 좋아하는지요! 그런 이들은 포도주 병을 보고 그 안에 들어 있는 포도주가 몇 년간 숙성되어 있는지를 얼마나 잘 판단하는지 모릅니다! 그들은 맛좋은 술이 들어 있는 큰 통에 코를 들이박고 들이킵니다. 클래런스 공작(Duke Clarence)처럼 포도주 통에 빠져 살다 죽었습니다. 틀림없이 그들은 런던 시장이 벌이는 잔치에 참석했고, 시의회 의원이나 사교 모임의 저녁 만찬에도 참석했을 것입니다. 그 밖에 어떤 연회를 누렸는지는 모르겠습니다. 하여간 그들은 이런 일들, 곧 돼지 같은 생활에 필연적으로 따르는 일들에 온통 정신이 팔려 있었습니다. 그래서 그보다 우월한 일에 대해서는 아무것도 생각하지 않았고 할 수도 없었습니다. 그들은 시집가고 장가갔습니다. 그런 일은 진지한 일이죠. 그래서 그런 일에는 다들 참석해야 합니다. 그들이 어떻게 혼인 잔치와 새로 결혼하는 신부들의 모습을 보는 일을 포기할 수 있겠습니까? 이런 일들이 그들의 생각을 가득 채웠습니다. 그러나 친구들이여, 다음 날 물에 빠져 죽을 판인데 먹고 마시는 것이 무슨 소용이 있었습니까? 결혼한 그 다음 날에 홍수에 쓸려 죽을 판인데 그 혼인이 무슨 소용이 있었습니까? 그들이 이런 일들을 믿음에 비추어서 살펴보았더라면, 그런 일들을 멸시하였을 것입니다. 그러나 그들은 흐릿한 감각의 눈만을 사용하였고, 그래서 쾌락의 현세 일들에 유쾌하게 하는 것들을 쌓아 놓았습니다. 아, 오늘날도 악한 사람들은 그렇게 합니다. 그런 이가 부자가 됩니다. 그러나 저주를 받을 것임에 틀림없다면 부자가 되는 것이 무슨 소용이 있겠습니까? 그런 사람은 어리석어서 황금 관(棺)을 살지라도, 그것이 그에게 무슨 도움이 될 것입니까? 죽은 그에게 양 손에 황금 가방을 쥐어 주고, 뻗은 두 다리 사이에 황금을 잔뜩 쌓아놓는다 한들 그것이 그에게 무슨 도움이 될까요? 또 어떤 이들은 배우려고 기를 씁니다. 그러나 학식과 함께 파멸에 이른다면 그 학식의 유익이 무엇이란 말입니까? 그 많이 배운 사람의 두개골을 세워 놓고, 그 다음에 글자를 거의 모르는 빈민가에 사는 천하디 천한 거지의 두개골을 옆에 세워 놓으십시오. 그 둘 사이에 무슨 차이가 있습니까? 두 해골 모두 갈색 가루로 부서져 동일한 원소로 분해됩니다. 사람들의 부러움을 살 지위에서 죽는다 해도 그것이 무슨 소용이 있습니까? 영구차에 깃털 몇 개를 더 장식하거나, 애곡하는 자들이 타고 가는 마차의 행렬이 더 길다 한들 그것이 무엇입니까? 이것이 지옥의 비참함을 완화시켜 주겠습니까? 아! 친구 여러분, 여러분은 죽어야 합니다. 어째서 필연적으로 올 일을 예비하지 않습니까? 오! 사람이 지혜롭다면, 온 세상의 기쁨들은 한갓 어린아이들이 만들어 낸 비눗방울 거품에 불과함을 알 것입니다. 비눗방울들은 번쩍이고 빛나나 금방 꺼져 버리고 흔적도 남기지 않습니다. 오, 사람들이 방주에 들어가는 지혜, 그리스도를 바라보는 지혜를 가져 홍수가 엄몰할 때 그리스도 안에서 안전한 자로 발견될 수 있기를 바랍니다.

자, 이 보편적인 법칙은 아무리 깊이 생각하고 크게 슬퍼한다 할지라도 결코 지나칠 수 없습니다. 이 법칙을 알고 모든 그리스도인은 무거운 마음으로 슬퍼해야 마땅합니다. 심판은 정말 다가오고 있으며, 어느 곳에서나 전 인류가 보편적으로 죽음과 지옥의 언저리 사이에 끼어 있으면서도 태연하고 무관심한 상태로 있으니 말입니다. 불의 홍수가 와서 모든 자들을 쓸어 버릴 때까지 온 인류는 여전히 그러한 상태에 머물러 있을 것입니다. 그처럼 전 인류는 하나님께서 영원한 사랑으로 간섭하지 않으시면 망할 때까지 시시덕거리며 살 것입니다.

마지막으로 숙고할 요점은 간단히 다루겠습니다.

3. 마지막 요점은 매우 위로를 주는 것으로 방주 안에 있던 모든 자들이 안전하였다는 사실입니다.

하나님께서 정하신 피난처에 있던 자들은 한 사람도 낙오되지 않았습니다. 아무도 끌려 나가지 않았습니다. 피난처 안에서 아무도 죽지 않았습니다. 그 피난처 안에서 어느 사람도 버림받아 망하지 않았습니다. 방주에 들어간 자들은 모두 해를 입지 않은 채 방주에서 나왔습니다. 그 안에서 모두 보존된 것입니다. 참혹한 대 파국에서도 그들은 전부 안전하게 인도함을 받았습니다. 방주가 그 모든 이들을 지켰듯이 예수 그리스도께서도 자기 안에 있는 자들을 모두 지키실 것입니다. 누구든지 그리스도에게로 오면 안전할 것입니다. 아무도 멸망하지 않을 것이고, 그리스도의 손에서 그를 낚아채 가지 못할 것입니다. 방주 안에 보존되었던 것들이 얼마나 이상한 피조물들이었는지 생각해 보십시오! 부정한 짐승들은 둘 씩 짝을 지어 방주에 들어갔습니다. 부정한 짐승과 같았던 여러분들을 하나님께서 그리스도께 인도하시기를 바랍니다. 죄를 지은 큰 돼지 같은 여러분이여, 그대들은 부정한 일에 아주 멀리까지 헤매고 다녔고 자신들을 더럽혔습니다. 그럼에도 불구하고 돼지들이 방주 안에 있어 안전하였듯이, 그대들도 그리스도 안에서 안전할 것입니다. 죄로 까맣게 물든 까마귀 같은 여러분이여, 그리스도께로 날아오면 그리스도께서 내쫓지 않고 안전하게 지켜 주실 것입니다. 하나님께서 택하신 사랑으로 그대를 뽑아내고, 효력 있는 은혜로 그대를 방주 문으로 인도한다면, 여러분이 그 안에 들어간 다음에 방주 문이 닫히고 그대는 구원 받을 것입니다. 방주 안에 겁쟁이 산토끼도 있었으나, 겁 많음 때문에 망하지 아니하였습니다. 연약한 너구리도 있었지만, 그 연약함에도 불구하고 방주 안에서 모두가 다 안전하였습니다. 달팽이 같이 천천히 기어다니는 미물들도 거기 있었습니다. 박쥐처럼 어둠을 좋아하는 존재들도 있었습니다. 그러나 모두가 다 안전하였습니다. 생쥐는 황소와 똑같이 안전하였고, 늘보도 날쌘 사냥개처럼 안전하였으며, 다람쥐도 코끼리만큼 안전하였고, 겁 많은 산토끼도 용맹스런 사자와 같이 안전하였습니다. 그들 자신이 가진 무엇 때문에 안전한 것이 아니라 그들이 있었던 장소, 곧 방주 안에 있었기 때문에 안전하였습니다.

오! 주님의 백성들은 얼마나 잡다합니까! 정말 얼마나 이상한 존재들입니까! 그들 중에 아버지들이 있지만 많지는 않습니다. 어린아이들이 대다수입니다. 물론 그들은 자랐어야 하는데, 여전히 매우 육신적이고, 그리스도 안에서 갓난아이들에 불과합니다. 성숙하게 자란 어른들 같지 않습니다. 그럼에도 불구하고 그리스도 안에서 다 안전합니다. 그들이 아주 다양한 모습을 띠고 있으나 그리스도 안에서 안전하기는 마찬가지입니다. 그들의 기질이 다양하지만 안전함에는 차이가 없습니다. 체험도 다양하나 그리스도와 하나됨에 있어서는 동일합니다. 그리스도 안에서 모두 하나입니다. "그러므로 우리가 믿음으로 의롭다 하심을 얻었은즉 우리 주 예수 그리스도로 말미암아 하나님으로 더불어 화평을 누리자"(롬 5:1). 우리가 큰 사람이든 하찮은 사람이든 예수 그리스도로 말미암아 하나님과 더불어 화평을 누리고 있습니다.

> "땅의 오래된 기둥들이 무너질지라도
> 우리에게는 언약이 확고하게 서 있네.
> 강한 자나 힘이 없는 자나 연약한 자나 모두
> 이제는 예수님 안에서 하나일세."

폭풍이 방주에 타격을 가할 때 생쥐를 파멸시키는 것처럼 신속하게 사자를 파멸시킬 수 있었습니다. 그러나 방주의 외벽이 폭풍을 견뎌낼 수 있었기 때문에 아무것도 파멸시키지 못하였습니다. 홍수가 왔을 때 방주는 자꾸만 높이 떠올랐고, 하늘에 닿을 것처럼 떠올랐습니다. 그리고 그만큼 물은 더 깊어졌습니다. 우리에게도 마찬가지입니다. 폭풍과 광풍이 오고, 우리의 죄가 우리를 습격하며 우리의 슬픔이 우리를 그렇게 공략해 보라고 합시다. 그럼에도 약하기 짝이 없는 우리라도 지극히 강한 자처럼 아주 안전합니다. 우리가 그리스도 안에 있고, 그리스도께서 그 폭풍을 온전히 이겨 내시고 우리를 더 높은 데로 이끌어 가시고, 하나님의 하늘에 더 가까이 오르게 하실 것이기 때문입니다.

하나님께서 우리에게 은혜를 허락하사 주님께서 오시는 날에 주님을 평안하게 맞을 수 있게 하옵소서. 체질이 뜨거운 불 속에 녹아지고 하늘이 두루마리처럼 말릴 그 날에 말입니다. 이미 말씀드린 대로, 모든 일은 "네가 그리스도를 믿느냐?"에 달려 있습니다. 마음으로 그리스도를 신뢰하면 어떤 것이 올지라도 안전합니다. 그러나 만일 그리스도 안에 의지하지 않는다면 어떤 일이 올지라도 망하게 될 것입니다. 하나님께서 여러분을 구원하시기를 예수님의 이름으로 기원하는 바입니다. 아멘.

> "방주로 나오라, 방주로
> 저기 예수께서 떠나 가시도다.
> 역병(疫病)이 밤에 순행하고
> 대낮에 화살이 흐르도다.

방주로 나아오라. 물이 차오른다.
바다가 물결을 일으키도다.
어둠이 하늘을 덮고 있을 때
가까이 있는 피난처를 볼지어다.
방주로 나아오라
죄의식으로 울고 있는 모든 자들아
밖에는 깊음이 깊음을 부르고 있도다.
그러나 안에서는 모두 평강이로다.
홍수 전에 방주로 나아오라
너희 머뭇거리는 발걸음이 너를 망하게 하도다.
올지어다. 열려 있는 그 문이 이제 곧 닫히려 하노라."

제
66
장

—

들어감을 허락받은 자들과 거부당한 자들

—

"그들이 사러 간 사이에 신랑이 오므로 준비하였던 자들은 함께 혼인 잔치에 들어가고 문은 닫힌지라." — 마 25:10

신랑이 오기를 기다리는 동안에는 지혜로운 다섯 처녀와 어리석은 다섯 처녀 사이에 차이가 없어 보였습니다. 바로 오늘날 거짓 신앙 고백자와 참 신앙 고백자를 거의 분간할 수 없는 것같이 말입니다. 그러나 신랑이 왔을 때 모든 것이 드러났습니다. 열 처녀에게 신랑이 오는 일은 그 밤에 가장 중요한 사건이었습니다. 신랑이 오는 일이 없었다면 등불을 들고 나가지 않았을 것입니다. 그들은 신랑이 분명히 올 줄 알았기 때문에 혼인 잔치에 참여하려고 준비하였고, 신랑을 대동하고 노래를 부르며 그의 거처로 가려고 하였습니다. 그런데 잠시 동안 신랑이 오지 않았습니다. 해는 지고 어둠이 덮여 지평선이 하나도 보이지 않게 되었습니다. 그래도 신랑이 오지 않았습니다. 밤이슬이 내릴 시간이 되었습니다. 그런데도 오지 않았습니다. 기다리는 시간이 지루하였습니다. 시간이 아주 천천히 흘러갔습니다. 그런데도 오지 않았습니다. 기다리는 시간이 길어지고 밤이 깊었습니다. 별들이 눈에 띄었습니다. 이제 낮의 빛은 완전히 사라지고 깊은 어둠의 때였습니다. 기다리는 처녀들의 눈꺼풀이 무거워지고 계속 눈 뜨고 있기가 어려워졌습니다. 어째서 신랑이 이렇게 더디 오는가? 그들은 신랑을 기다리라는 명을 받았기 때문에 신랑을 고대하였습니다. 그런데도 오지 않았습니다. 이게 속임수가 아닌가? 또 신랑이 오지 않을 것이라는 식의 속삭임도 있었습니다. 그리고 잠이라는 죄책감이 모르는 사이에 그들에게 스며들었습니다. 열 처녀 중 몇 사람은 자원하는 마음은 있었으나 육체가 약하였습니다. 나머지 사람들은 육체와 심령이 다 느슨해져서 깊이 잠들게 되었습니다. 마치 죽은 듯이 잠들었습니다.

그러나 형제들이여, 본문의 경우에 신랑이 왔듯이, 하늘의 신랑이 오실 것입니다. 신랑을 아무리 오래 기다렸다 할지라도 신랑이 꼭 올 것이라는 확신을 가집시다. 전에 그분이 오셨던 것처럼 분명히 "구원에 이르게 하기 위하여 죄와 상관 없이 자기를 바라는 자들에게 두 번째" 나타나실 것입니다(히 9:28). 제가 볼 때, 초림을 믿는 것보다 재림을 믿는 것이 더 쉽습니다. 그리스도께서 전에 이 땅에 오셨습니다. 그러니 그리스도께서 다시 오실 길을 알고 계십니다. 주께서 전에 이 땅에 계시며 기이한 일을 행하셨으니, 분명 당신의 수고의 보상을 받기 위하여 다시 오실 것입니다. 선한 목자 되신 분이 양들을 위하여 자기 목숨을 내놓기 위해 전에 이 땅에 오셨습니다. 그러니 분명 목자장께서 당신 자신을 위해서 밤낮 충성스럽게 목자의 역할을 감당한 자들에게 상 주시기 위하여 분명 다시 오실 것입니다. 예수께서 신랑이 한밤중에 왔듯이 분명하게 다시 오실 것입니다.

그렇습니다. 신랑이 왔습니다. 시간은 지체되었지만 신랑이 왔습니다. 그리고 그때 신랑의 나타남을 기다렸던 사람들 사이에 무서운 구분이 일어났습니다. 신랑의 어떤 행위 때문에 어리석은 처녀들과 지혜로운 처녀들로 나뉜 것 같지 않습니다. 신랑이 가까이 왔다는 소리에 그들은 다 깨어났습니다. 신랑보다 먼저 온 전령이 "보라 신랑이로다." 하고 외쳤습니다. 잠든 자들이 다 깨어 일어났습니다. 신랑을 진실로 따르는 지혜로운 처녀들은 자기들이 잠든 것을 뉘우치며 기름을 등에 부었습니다. 등에 불을 붙이니 처음에는 등불이 작게 보이다가 불이 타오르며 밝고 환해졌습니다. 신랑의 행렬이 가까이 왔을 때 "준비하였던 자들은 함께 혼인잔치에 들어가고 문은 닫혔습니다." 그러나 어리석은 처녀들은 기름을 은밀하게 비축하는 것을 비웃었던 자들입니다. 그들은 비길 데 없는 하나님의 은혜를 바라고 성령께 나아간 적이 없는 자들입니다. 그들은 지혜로운 처녀들과 분리되었습니다. 신랑이 어떤 특별한 행동을 취함으로 그런 일이 일어났다기보다, 준비하지 않은 자신들의 상태가 가져온 자연스런 결과로 말미암아 그렇게 된 것입니다. 그들은 기름을 파는 자들에게 기름을 사러 가야 했습니다. 그들이 돌아왔을 때 혼인잔치에 들어가기에는 너무 늦었습니다. 그들이 황급히 궁정 문에 왔지만, 문이 굳게 닫힌 것을 보았습니다. 영원히 굳게 닫혔습니다. 그리고 그들은 바깥 어두운데 처하며 슬피 울며 통곡해야 함을 알았습니다. 그들은 신랑의 얼굴을 주목하거나 신랑의 기쁨에 참여할 자격이 없는 자들이었음을 알게 된 것입니다.

사랑하는 친구들이여, 저는 할 수 있는 한 간단하게 아주 간절한 심정으로 본문에 언급된 두 종류의 사람들에 관하여 말씀드리려 합니다. 첫째로, 신랑 맞을 준비를 하여 잔치에 들어간 사람들에 대해서 말하겠습니다. "준비하였던 자들은 함께 혼인잔치에 들어가고." 두 번째로는 준비하지 않아 거절당한 사람들에 관해서 다소 말씀드리겠습니다. "문은 닫힌지라."

1. 먼저, 준비하여 들어간 사람들에 대해 생각해 봅시다.

"준비하였던 자들은 함께 혼인잔치에 들어가고." 먼저 그 들어간 일 자체에 관하여 잠시 생각해 보고, 들어가는 즐거움을 누린 사람들에 관하여 생각해 보도록 하겠습니다.

그들의 들어감에 관하여 주목해야 할 일은, 신랑이 오자 즉시 들어갔다는 것입니다. 신랑이 나타나자 시간 간격이 없이 즉시 들어간 것으로 보입니다. "신랑이 오므로 준비하였던 자들은(즉시) 함께 혼인잔치에 들어가고." 사랑하는 친구들이여, 그리스도의 나타나심은 그 백성들이 영화(榮化)롭게 되는 일일 것입니다. 우리는 오직 그리스도의 얼굴을 보기만을 바랄 것입니다. 그리스도의 얼굴을 볼 때 우리의 복락은 충분하고 완전해질 것입니다. 그러면 신자마다 욥처럼 말합니다. "내가 알기에는 나의 대속자가 살아 계시니 마침내 그가 땅 위에 서실 것이라 내 가죽이 벗김을 당한 뒤에도 내가 육체 밖에서 하나님을 보리라 내가 그를 보리니 내 눈으로 그를 보기를 낯선 사람처럼 하지 않을 것이라"(욥 19:25-27). 어떤 사람들이 다시 공상하기 시작한 연옥과 같은 상태에 대해서는 아무런 두려움도 품지 마십시오. 교황(敎皇)의 금고를 채웠던 거짓말, 곧 종교개혁자들이 "연옥 소매치기"(purgatory pickpurse)라고 이름을 바르게 붙인 그 거짓말은 무수한 불멸의 영혼들에게 저주였습니다. 그 거짓말은 하나님께서 루터와 칼빈에게 주신 빛으로 그 누추함이 낱낱이 밝혀졌습니다. 그런데도 지금 이 악한 세대에 득세하는 회의론(懷疑論) 속에서 그 더러운 올빼미, 즉 흑암의 시대의 그 용(龍)이 다시 돌아오고 있습니다. 때때로 하나님의 자녀들마저도 그 악한 존재의 영향을 느낍니다. 사랑하는 그리스도인 친구들이여, 연옥 같은 것을 두려워하지 마십시오. 여러분이 죽으면 몸을 떠나 즉시로 주님과 함께 거하게 될 것입니다. 그것이 여러분이 그리스도 안에서 누리는 복된 운명이 될 것이기 때문입니다. 만일 여러분이 예수님께서 다시 오실 때까지 살아 남아 있다면, 여러분의 몸은 순식간에, 눈 깜짝할 사이에 변화되어 공중에서 주를 맞이하기 위해 들려올릴 것이고, 영원히 주님과 함께 거할 것입니다. 그러나 만일 여러분이 예수님 안에서 잠이 들었다면, 주님께서 오실 때 지상에 살고 있던 어떤 자들보다 먼저 주님을 맞을 것입니다. 이미 그리스도 안에서 잠든 여러분이 썩지 않을 것으로 다시 살고, 하나님의 명령에 의해 부활의 순간에 여러분의 영은, 완전하게 정화되고 영화롭게 된 몸과 다시 결합될 것입니다. 그리고 그리스도와 함께 혼인잔치에 들어가 영원토록 그리스도와 함께 거하며 그를 닮게 될 것입니다. 그러니 무슨 일이 일어날지 혹은 안 일어날지에 대해 걱정하지 마십시오. 이 점을 확신하십시오. 여러분이 잠들어도 예수님 안에서 잠들 것이고, 깨어 일어나도 바로 예수님의 형상대로 깨어 일어날 것이고, 주님과 결코 분리되지 않을 것입니다. 주님과 함께 있는 것이 지금도 여러분에게 최고의 기쁨의 원천입니다. 그리고 주님의 나라에 함께 참여하는 것이 영원토록 여러분의 기쁨이 될 것입니다.

다음으로 주목할 것은, 지혜로운 처녀들이 혼인잔치에 들어가는 일은 즉시 일어났을 뿐 아니라 그 들어감이 친밀하였다는 사실입니다. "준비하였던 자들은 신랑과 함께 혼인잔치에 들어가고." 저는 "신랑과 함께"라는 표현을 좋아합니다. 저는 신랑과 함께 하지 않으면 어느 곳에도 가고 싶지 않습니다. 어디든지 신랑과 함께 갈 수 있다면 신랑이 어디로 인도하시든지, 내게는 행복한 날이 될 것입니다. 신랑이 나타남을 사모하는 모든 자들에게 그러할 것입니다. 사랑하는 여러분, 우리 주 예수님께서 우리를 당신의 영광 중에 함께 있게 하도록 뜻을 정하셨습니다. 주님께서 마지막 유언으로 말씀하신 다음 구절을 들어 보십시오. "아버지여, 내게 주신 자도 나 있는 곳에 나와 함께 있어 아버지께서 창세 전부터 나를 사랑하시므로 내게 주신 나의 영광을 그들로 보게 하시기를 원하옵나이다"(요 17:24). 오, 사랑하는 여러분, 예수님과 하나가 되어 예수님과 함께 십자가에 못 박히고 예수님과 함께 일으키심을 받고 하늘에 예수님과 함께 앉힌 바 된 여러분이 이 말씀에서 무엇인가를 발견할 것이라고 확신합니다. 즉 "준비하였던 자들은 **함께** 혼인잔치에 들어가고"라는 달콤한 진술이 여러분에게 이루어질 때 하늘에 속한 것이 무엇인지를 더욱 잘 알게 될 것이 분명합니다. 다른 식으로 하늘에 있었던 경우보다 말입니다. 우리 주 예수께서 우리를 호위하여 영광의 처소로 인도하실 것이고, 지극히 고귀한 복락의 원천으로 우리를 데려가실 것입니다. 이는 요한계시록에서 장로가 요한에게 말한 바와 같습니다. "이는 보좌 가운데에 계신 어린 양이 그들의 목자가 되사 생명수 샘으로 인도하실 것이라"(계 7:17). 제가 볼 때 바로 그것이 하늘 복락의 핵심입니다. 하늘은 마치 에스골 골짜기의 포도송이 같습니다. 그러나 그 진수, 그 포도송이의 달콤함의 진액은 우리가 예수님과 함께 있을 것이라는 사실에 있습니다. "그리하여 우리가 항상 주와 함께 있으리라"(살전 4:17). 아, 형제 여러분, 우리가 주와 함께 가지 않으면, 곧 주님 뒤에 숨어 그의 의(義)로 가려지고 그 피로 씻음 받지 않는다면 어떻게 혼인자리에 들어갈 희망을 가지겠습니까? 요한은 아무도 셀 수 없는 모든 민족들과 족속들과 백성들과 방언들에서 온 허다한 무리들이 보좌 앞과 어린 양 앞에 서 있는 것을 보았습니다. 장로는 그들에 대하여 이렇게 말하였습니다. "우리는 큰 환난에서 나오는 자들인데 어린 양의 피에 그 옷을 씻어 희게 하였느니라 그러므로 그들이 하나님의 보좌 앞에 있고 또 그의 성전에서 밤낮 하나님을 섬기매 보좌에 앉으신 이가 그들 위에 장막을 치시리니"(계 7:14,15). 어느 누구도 그리스도와 함께 들어온 자들이 영광으로 들어가는 것을 막지 않을 것입니다. 정결하고 거룩한 하나님께서도 그 아들과 함께 들어가면 우리가 들어가는 일에 전혀 이의를 제기하지 않으실 것입니다. 하나님의 공의가 요구하는 모든 것이 우리가 그와 함께 들어가는 사실로 말미암아 완전하게 충족될 것입니다. 그리스도의 의(義)로 가려지고, 그리스도의 아름다움으로 장식되며, 그리스도의 인격과 뗄 수 없이 연합된 우리는 그리스도께서 마음으로 사랑하시는 자들입니다. 그런 우리가 그리스도와 함께 혼인자리에 들어갈 것이므로 우리를 들어가지 못하게 할 사람은 아무도 없을 것입니다.

저는 이같이 즐거운 주제에 대해서 오래 생각하고 싶은 마음이 듭니다. 그러나 그러지 말아야 하고 그럴 필요도 없습니다. 왜냐하면 그런 주제는 여러분이 집에 있을 때 충분히 묵상할 수 있기 때문입니다. 제가 볼 때 이 말씀에는 말로 할 수 없는 달콤함이 있습니다. "준비하였던 자들은 **함께** 혼인잔치에 들어가고."

다음으로 주목할 것은 그렇게 혼인잔치에 들어가는 일이 참으로 **기쁜** 일이었다는 점입니다. "준비하였던 자들은 함께 혼인잔치에 들어가고." 그들의 복이 문 밖에 서서 잠깐 문이 열릴 때 흘러나오는 음악을 듣거나 빛을 보고 기뻐하는 정도로 그치는 것이 아니었습니다. 그들은 "(신랑과) 함께 혼인잔치에" 들어갔습니다. 주님은 이 비유에서 성도들이 어떠한 능력을 가지고 하늘에 들어갈 것인지를 말씀하려고 하신 것이 아닙니다. 이 비유는 몇 가지 교훈을 가르치기 위한 것입니다. 그리고 그 교훈들을 아주 분명히 설명합니다. 만일 그 비유가 우리에게 모든 것을 가르치려 하였다고 생각한다면, 우리는 가장 중요한 교훈을 놓칠 수 있습니다. 성경의 다른 대목들을 보면, 우리는 신랑과 함께 혼인잔치에 들어갈 때 단지 주님의 즐거움을 구경하는 사람으로서가 아니라 지극히 크게 기뻐하시는 신랑의 친구들로서 들어갈 것을 압니다. 우리는 그리스도와 함께 들어가서 그의 복락을 함께 나눌 것입니다. 우리가 죄인이요 그처럼 뛰어난 영예를 얻을 만한 자격이 전혀 없는 사람임에도 불구하고 예수님께서 모든 믿는 영혼에게 이렇게 말씀하시는 것을 항상 기억해야 합니다. "내가 너를 신부로 맞아들였으니 영원토록 내 것이로다." 정말 비길 데 없는 놀라운 말씀입니다! 여러분 믿는 신자는 그리스도와 함께 하늘의 혼인잔치에 들어가되, 어린 양의 아내라는 놀라운 신분으로 들어갈 것입니다. 이 신부는 자신의 복이 영광스러운 남편인 그리스도와 함께 있음으로 인해 영원히 성취되는 것을 발견할 것입니다. 이 사실을 믿을 수 있을 만큼 은혜를 받았다는 것은 얼마나 놀라운 자비입니까. 한때는 다른 이들과 똑같이 진노의 상속자들이었고, 죄로 말미암아 지옥의 가장 깊은 곳에 던져졌어야 마땅했던 자들에게 그처럼 놀라운 운명이 주어질 것을 믿는 데는 많은 믿음이 필요하기 때문입니다! 그럼에도 사랑하는 여러분, 하늘에는 우리가 올라가지 못할 높은 곳이 없습니다. 그리스도의 보좌 앞에서 우리가 참여하지 못할 기쁨도 없습니다. 단순히 그리스도의 종이나 구경꾼으로, 환대받는 손님들로 그 혼인잔치에 참여하지 않을 것입니다. 그보다는 충만한 모든 복락과 영광에 참여하게 될 것이고, 우리 자신이 그리스도의 가장 내밀한 사랑의 대상이요, 가장 특별하고 사랑스럽고 가깝고 친밀하게 그리스도와 교제를 누리는 대상으로 거기 있게 될 것입니다. 우리는 그리스도와 혼인 관계로 영원토록 하나가 될 것입니다. 아니, 그보다 더 나아갑니다. 왜냐하면 혼인 관계의 끈도 우리 영혼과 그리스도 사이의 영원한 연합을 은유적으로 나타내기 위해 사용되기는 하나 완전하게 나타내기에는 턱없이 부족하기 때문입니다. 사도 바울이 혼인을 가리키면서 "이 비밀이 크도다 나는 그리스도와 교회에 대하여 말하노라"(엡 5:32)라고 말했습니다. "준비하였던 자들은 함께 혼인잔치에 들어가고." 그들은 바로 잔칫상으로 나아가 대연회를 위해 마련된 모든 희귀한 진미를 맛보게 되었습니다. 그 잔치에 차려진 것들은 위대한 임금의 모든 통치 영역에서 모든 시대로부터 거두어들인 것들이고, 모든 날들 가운데 가장 위대한 그 날을 위해 베푸는 큰 잔치를 위해 거두어들인 것입니다. 그 날을 위해 다른 모든 날들이 존재하였고, 바로 그 큰 날은 심판의 날이 되기도 합니다.

이 땅에서도 우리는 혼인이 어떠해야 하는가를 생각할 때 언제나 혼인에 지극히 큰 기쁨이 따르는 것으로 생각합니다. 그리고 응당 그래야 마땅합니다. 혈과 육을 가진 우리가 지상에 있을 때 본성적으로 누리는 기쁨이 있다면, 그것은 우리가 결혼하는 날에 맞이하는 기쁨입니다. 사랑하는 남녀가 혼인할 날을 정해 놓으면 큰 기대감으로 고대합니다. 지나고 난 다음에는 혼인과 관련된 좋은 추억들을 되새기며 뒤돌아보곤 하죠. 혼인하고 난 후에 결혼 생활에 아무리 낙심하게 하는 일들이 많이 닥칠지라도, 혼인날 자체는 언제나 기쁨으로 존재합니다. 하나님의 백성들에게 천국이 어떠할지 생각해 보십시오. 하나님 백성에게 천국은 그리스도와 혼인하는 것이며, 슬픈 모든 것을 내쫓고 기쁜 모든 것을 한데 모으는 영원한 잔치입니다. 지상에서의 결혼을 생각해 보세요. 그것이 무엇인지 우리는 알고 있습니다. 그러나 하늘에서의 혼인을 누가 묘사할 수 있겠습니까? 남자와 여자가 결혼하는 것, 그것에 대해서 우리는 잘 알고 있습니다. 그러나 제가 말씀드리려고 하는 이 연합은 하나님의 그리스도와 그리스도께서 구속하신 백성들 사이의 혼인입니다. 지상의 혼인은 두 죄인 사이에 맺어진 계약입니다. 그러나 이 하늘의 혼인은 온전히 순전하고 거룩하신 분과 그분이 영원한 연합을 위해 모든 흠과 점과 주름 잡힌 것에서 깨끗하게 하신 자가 결합하는 것입니다.

"준비하였던 자들은 함께 혼인잔치에 들어가고." 이 말씀이 제 귀와 제 마음에는 결혼식을 알리는 종소리처럼 들립니다. 들어 보세요. 이 사람들은 그동안 예수 그리스도의 선한 군사로 전장(戰場)에서 싸워왔습니다. 그러나 때가 되니 그들은 "신랑과 함께 혼인잔치에 들어갔습니다." 그들은 주님의 포도원에서 무거운 짐과 한낮의 열기를 참아내며 수고해 온 자들입니다. 태양이 그들 위에 내리쬐었습니다. 태워버릴 것 같은 열기로 그들은 검게 그을렸습니다. 그러나 때가 되니 그들은 "신랑과 함께 혼인잔치에 들어갔습니다." 그들은 한동안 주님을 뵈었다가 잠시 주님을 보지 못하였습니다. 그러나 이제 그들은 "그 주님과 함께 혼인잔치에 들어갔습니다." 때로 그들은 주님을 떠나 방황하기도 하였고, 어둠이 그들을 둘러싸기도 하였습니다. 아, 마땅히 깨어 있어야 할 때에 악하게 졸기도 하였습니다. 그러나 그들은 "신랑과 함께 혼인잔치에 들어갔습니다." 모든 악이 영원히 종식되고 모든 기쁨이 시작되어 다함이 없는 곳에 있는 복을 누리게 되었습니다. 모든 죄와 불완전함이 그리스도의 보혈로 말끔히 지워지고, 모든 거룩함과 완전함이 영원토록 그들에게 덧입혀지게 되었습니다! 저는 "준비하였던 자들은 함께 혼인잔치에 들어가고"라는 말씀에서 이 모든 것과 그 이상의 것을 읽습니다.

　그런 다음 이 작은 문장(文章)이 이어지는데, 그 문장은 경건하지 않은 자들에게 정말 끔찍한 것이죠. 그러나 오! 은혜 받은 자들에게는 얼마나 달콤한 내용인지요. "문은 닫힌지라." 이 말씀은 의인이 하늘에 들어가는 것이 영원함을 보여줍니다. 두 가지 목적을 위하여 문이 닫혔습니다. 그러나 제가 이해하는 대로는, 첫째로 경건한 자들을 문 안으로 들이고 닫아 지키기 위한 것입니다. 문이 열려 있으면 악인들이 들어올 수도 있죠. 그러기 전에 의인들이 열린 문으로 밖으로 나갈 수도 있을 것입니다. 우리 주님의 이 두 선언은 나란히 선고됩니다. "그들은 영벌에, 의인들은 영생에 들어가리라 하시니라"(마 25:46). 만일 한 쪽의 영원성을 부인하면 다른 쪽의 영원성도 부인해야 합니다. 각각의 경우에 동일한 단어가 사용되고 있기 때문입니다. 안에 들인 성도들의 안전을 위해 문을 닫아야 합니다. 밖에 있는 경건하지 않은 자들에게 어떤 변화가 일어나기 전에는 그 문이 그들에게 열리지 않습니다. 물론 그런 일은 결코 일어날 수 없습니다. 이 혼인잔치의 기쁨은 영원한 기쁨입니다. 우리 주님의 말씀에 그 점이 함축되어 있습니다. "준비하였던 자들은 함께 혼인잔치에 들어가고 문은 닫힌지라."

　저는 이제 다음으로 신랑과 함께 들어간 그들이 누구인지 주목하고자 합니다. 본문에 따르면 그들은 준비된 사람들이었습니다. "준비하였던 자들은 함께 혼인잔치에 들어가고." 본성적으로 그 혼인잔치에 들어갈 준비가 되어 있는 인생들은 하나도 없습니다. 놀라운 변화를 겪어야 합니다. 사실 그들은 거듭나야 합니다. 우리가 본성적으로 어떠한 존재들인지 잠시 생각해 보십시오. 그들은 하늘의 혼인잔치에 그리스도와 함께 들어가기에 전혀 합당하지 못한 자들입니다. 그처럼 밝고 순전하며 거룩하신 그리스도가 어떤 분이신지, 천국에 들어가 이 영광스러운 신랑과 영원토록 함께 있기에 합당한 신부는 누구인지요? 오, 내 영혼아, 그대는 먼지와 재에 불과하도다. 내 주님께서는 의의 태양이시로다! 오, 내 영혼아, 그대는 죄로 말미암아 분토에 지나지 않는 존재이다. 내 구주께서는 무한히 완전한 분이시다. 그런데 네가 그리스도와 함께 혼인잔치에 들어갈 "준비를 할" 수 있겠느냐? 그대를 위하여 합당한 남편이 되기 위해서 사람이 되신 바로 그 하나님께서 그대가 영원토록 그분과 혼인할 수 있게 하기 위해 먼저 그대를 거룩하게 하실 것이다.

그리스도와 함께 혼인잔치에 들어갈 수 있기 전에 먼저 큰 변화가 여러분에게 일어나야 합니다. 이것은 젊음의 어떤 능력으로 이룰 수 없는 일입니다. 무엇보다 먼저 성품에서 새로워져야 합니다. 그렇지 않으면 그 혼인잔치에 들어갈 준비를 하지 못할 것입니다. 죄로부터 씻음을 받아야 합니다. 그렇지 않으면 그 혼인잔치에 준비되지 못합니다. 그리스도의 의(義)로 의롭다하심을 받아야 합니다. 그래서 혼인 예복을 입어야 합니다. 그렇지 않으면 준비되지 않은 것입니다. 먼저 하나님과 화해(和解)해야 하고, 하나님을 닮아야 합니다. 그렇지 않으면 준비되지 않은 것입니다. 혹은 본문의 비유를 보면, 등이 있어야 하고, 등을 하늘의 기름으로 채워야 합니다. 그리고 등의 심지가 밝게 계속 타올라야 합니다. 그렇지 않으면 천국의 혼인잔치에 들어갈 준비가 되지 않은 것입니다. 어둠의 자식들은 아무도 빛의 궁정에 들어갈 수 없습니다. 본성의 흑암에서 벗어나서 하나님의 기이한 빛으로 인도받아야 합니다. 그렇지 않으면 그리스도와 함께 혼인잔치에 들어가 영원토록 그분과 함께 있을 준비가 전혀 되지 않은 것입니다.

주 안에서 사랑하심을 받은 형제들이여, 저는 여러분이 그 혼인잔치에 들어갈 준비가 되어 있는지 자주 살펴보기를 바랍니다. 지금 여러분은 다 준비되어 있습니까? 바로 이 순간에 천사장의 나팔소리가 울려 퍼지고, 아니면 사랑하는 친구들에게 최근에 일어났던 일과 같은 일이 지금 벌어진다면, 어떻게 하겠습니까? 중풍에 걸리거나 뇌졸중으로 쓰러져 순식간에 세상을 떠나야 한다고 합시다. 그런 경우 큰 변화를 맞이할 준비가 되어 있습니까? 그리스도와 함께 혼인잔치에 들어갈 준비가 되어 있습니까? 그 큰 모든 일을 맞을 준비가 되어 있을 뿐만 아니라 작은 일들에 대해서도 준비가 되어 있어야 한다고 여러분에게 충고하고 싶습니다. 그리고 주님과의 관계에서 여러분에 관한 모든 일에 준비하라고 말하고 싶습니다. 여러분 가운데 세례를 통해 공적으로 그리스도를 옷 입지 않은 사람도 있을 수 있습니다. 그러면 그 면에서 여러분은 아직 준비되지 않은 것입니다. 그리스도의 명령에 순종하기를 더디하지 마십시오. "믿고 세례를 받는 자는 구원을 받으리라"는 말씀을 기억하십시오. 마음으로 주 예수님을 믿는다면 입으로 그분을 고백하십시오. 그리스도의 명령 가운데 어느 한 가지도 무시하지 마십시오. 아마 아직은 주님의 성찬식에 참여한 적이 없는 분도 있을 것입니다. 그런 경우라면 여러분 스스로 "나는 혼인잔치에 그리스도와 함께 들어갈 준비를 하였다."고 말할 수 있다고 생각지 않습니다. 아마 여러분은 이러한 모든 것들이 사소한 일이라고 생각하겠죠. 그러나 그리스도의 명령 중 어느 하나라도 무시하고 있다가 죽음을 맞는 일이 없기를 바랍니다. 여러분의 아들딸들과 함께 기도하지 않았습니까? 그렇군요. 그럼 아직 준비되지 않은 것입니다. 여러분이 유언장을 작성하지 않았고, 집을 질서 있게 정돈하지 않았을 수 있습니다. 그 모든 일들을 아주 잘 준비하였으면 좋겠습니다. 왜냐하면 정리하지 않은 사소한 것이 떠나는 순간에 여러분을 크게 괴롭힐 수 있기 때문입니다. 여러분은 하나님을 향하여 거의 서약하다시피 한 것을 아직 이루지 않았을 수 있습니다. 여러분은 현세에 있는 동안 여러분이 마땅히 해야 할 일을 아직 다 이루지 못하였습니다. 경건하지 않은 친구에게 경고하는 일도 아직 하지 않았습니다. 여러분의 마음이 얼마 전에 그렇게 하도록 촉구하였는데도 말입니다.

　　형제자매들이여, 저는 여러분들이 오늘 밤 여러분의 집에서 갑자기 죽어 다른 사람들이 슬프게 생각한다 할지라도 죽음 때문에 갑작스런 영광이 찾아온 것을 감사할 수 있는 상태에 들어가기를 바랍니다. 휫필드(Whitefield) 목사님은 늘 말하곤 했죠. "나는 잠자리에 들기 전에 모자와 장갑을 가지런히 놓습니다. 그래야 아침에 일어나 쉽게 찾을 수 있습니다." 다음과 같이 말할 수 있다면 기쁜 일입니다. "하나님과 내 영혼 사이, 나와 아내와 자녀들과 내 주변의 모든 것들 사이가 다 잘 정돈되어 있다. 죽음이 올 테면 올지어다. 달콤한 병거(兵車)여 올지어다. 희년(禧年)을 노래하는 사람들이 즐거이 부르는 것처럼, 달콤한 병거여, 나를 태우고 하늘나라로 올라갈지어다. 내가 그리스도와 함께 혼인잔치에 들어갈 하늘나라로 올라갈지어다."

사랑하는 친구들이여, 준비하시고 준비하십시오. 특별히 구원의 큰 문제를 잘 준비하십시오. 그러나 모든 일에 준비하고 있으십시오. 매우 특별한 친구, 또는 어떤 중요한 인물을 만나러 갈 때는 제일 좋은 옷을 입고, 그 사람을 만나기에 필요한 모든 일을 다 준비하죠. 그리고 그 친구의 집에 도달하거나, 중요한 인물의 저택에 가까이 도달하면, 의복에 얼룩이 묻어 있지 않게 하려고 거리에서 묻은 작은 먼지라도 솔로 털어 버리지요. 그렇게 하여 만날 사람이 나타날 때 맞을 준비를 아주 잘하지요. 마찬가지로 신령한 일에서 여러분이 가장 좋은 옷을 입고 있다 할지라도 여전히 작은 솔질을 하는 것이 필요합니다. 여러분이 그렇게 하여 그 일에 합당한 어떤 요점에서도 지적당하는 일이 없도록 해야 합니다. "준비하였던 자들은 함께 혼인잔치에 들어가고 문은 닫힌지라."

나는 큰 호수를 자주 건너야 했던 미국의 한 신사가 쓴 글을 읽은 적이 있습니다. 그 사람은 필요한 경우에 사용하려고 구명복(救命服)을 늘 갖고 다니는 습관이 있었습니다. 어느 날 밤 잠이 들었는데 경고음이 울렸습니다. 곁에 있던 구명복을 걸치고 갑판으로 뛰어 올라갔습니다. 그러나 두려워할 필요가 조금도 없음을 알아차렸습니다. 그래서 다시 배 아래층으로 내려가 침대에 누웠을 때 꿈같은 것을 꾸었습니다. 그것은 백일몽 같은 것이었는데, 이런 것이었습니다. 그는 자신이 큰 배를 타고 있다고 생각하였습니다. 시간이라는 넓은 바다에서 우리 모두는 큰 배를 타고 있는 셈이지요. 그런데 크고 무서운 광풍이 불어 닥쳤다고 해 보십시오. 갑판 위에 몇 사람이 있었는데 그들은 구명복을 착용하고 있었습니다. 날씨가 고요하고 바다가 잔잔할 때에는 구명복을 착용한 사람들을 보고 킬킬거리며 비웃는 이들도 있었습니다. 그러나 배가 흔들리고 배의 목재들이 삐걱거리니 갑판에 서 있는 이들을 보고 조롱하는 사람이 하나도 없었습니다. 도리어 그들의 얼굴 표정이 고요하고 평온해하는 모습을 보고 크게 부러워하는 이들이 많았습니다. 여러분은 이 사람들이 누구이며, 그들을 보호하고 있는 것이 무엇인지 압니다. 예수 그리스도를 믿는 믿음이 대단한 구명복입니다. 태풍이 갑자기 불어 닥칠 때 그리스도를 믿는 믿음은 어떤 풍랑도 능히 헤쳐 나가게 만들 것이고, 그래서 결국 우리가 하늘의 복된 해변에 도달하게 할 것입니다.

이 신사가 갑판에 서서 주위를 돌아보고 있는데, 어떤 사람이 이렇게 말하는 걸 들었습니다. "사실 나는 구명복을 사러 가려고 했었지. 구명복 파는 가게가 우리 집 건너편에 있었거든. 구명복은 즉시 구입해 놓는 것이 좋다는 말을 친구들로부터 자주 들었지. 나도 그러려고 했지. 그러나 그 일을 미루었어. 배 출발 시간에 맞추려면 구명복을 사기에 시간이 조금 모자랐어. 그래서 어쩔 수 없이 구명복 없이 배에 타야만 했지. 사실은 나도 구명복을 살 뜻이 있었는데도 말이야.” 신사는 이 사람이 구명복이 없는 다른 사람들과 같이 갑판 밖으로 쓸려 가는 것을 목격하였습니다. 그가 구명복을 가져야겠다는 선한 뜻이 있었지만 그것이 그를 구원할 수 없었습니다. 분명히 여기에도 영적 구명복을 가질 뜻이 있었던 분들이 많이 있을 것입니다. 지금 그런 뜻이 있는 사람들도 여기에 있을 것입니다. 그래서 이렇게 말도 하죠. 아! 하늘은 예수님을 믿은 사람들로 가득 채워지고 있으며, 지옥은 예수님을 믿을 뜻이 있었지만 실제로는 믿지 않았던 사람들로 가득 채워지고 있습니다. 이것이 두 부류 사이의 차이입니다. 그러나 그들이 죽음에 이르게 될 때 두 부류 사이에 그 차이는 얼마나 엄청난 것입니까! 이 사람들은 멸망의 통로를 가득 메운 자들이요, 구주를 믿을 뜻은 있었지만 실제로는 전혀 믿지 않았던 자들입니다. 그들은 구명복을 구할 장소 맞은편에 살고 있었습니다. 그래서 구명복을 구입해야겠다는 생각은 했습니다. 그러나 마지막 큰 폭풍이 임할 때는 구명복을 입고 있지 않았습니다. 그래서 그들은 구원 받지 못하고 영원히 멸망하였습니다.

　　또 어떤 이는 이렇게 말하였습니다. “나는 그동안 구명복 없이 이 바다를 여러 번 건너왔으니 이제 한 번 더 모험을 해야겠다고 생각했지요.” 그도 파도에 쓸려 갔습니다. 이 설교를 듣는 분들 가운데는 “나는 지금까지 20년, 30년, 40년, 50년, 60년, 또는 70년을 살아왔지만 아직도 죽지 않았어. 나는 또 한 해를 맞이할 모험을 해보겠어.”라고 말하는 사람들이 있습니다. 정말로 지금은 아무도 늙을 것 같지 않지요. 75세나 80세 된 남자를 만나보십시오. 그 사람은 자기가 언젠가 늙게 될 것이라고 생각합니다. 또 그는 99세까지 산 사람을 보았습니다. 그리고는 자기도 그 나이까지 살 것이라고 생각합니다. 이웃의 밭을 사고 싶어 하는 나이 많은 한 농부의 이야기를 들은 적이 있습니다. 그의 나이는 80이었고, 그의 이웃은 자기보다 5년 아래였습니다. 그런데 그 이웃이 밭을 팔지 않으려 하자 이렇게 말하였습니다. “아, 좋아요! 뭐, 신경 쓰지 말아요. 당신이 지금 노인이니, 당신이 죽으면 그때 사지.” 그것이 사람들이 말하는 방식입니다. 모든 사람들이 “자기를 빼고 다 죽을 것이라.”고 말합니다. 자기보다 나이가 5년 적은 사람이 여기 있습니다. 그런데 그는 자기보다 나이가 적은 그 사람이 죽으면 그때 그의 밭을 사겠다니요! "나는 구명복 없이도 그렇게 오랫동안 이 인생이라는 바다를 항해해 왔으니 여전히 구명복 없이 바다를 지나가 보겠어." 그렇게 하여 그들도 망하고 맙니다.

어떤 이는 트렁크로 달려가 뚜껑을 열고 구명복을 꺼내었습니다. 그러나 꺼내고 보니 구명복이 고장이 나서 전혀 쓸모가 없었습니다. 사실 그 구명복은 살 때부터 잘못되어 있었습니다. 잠시 동안 그 구명복을 가지고 다녔지만 그런 쓸모없는 것에 넌더리가 나서 트렁크에 던져 버렸습니다. 정작 폭풍이 와서 자기 생명을 보존하기 위해서 필요할 때는 그 구명복이 전혀 쓸모가 없었습니다. 여기에도 그런 분들이 있음을 저는 압니다! 한때는 신앙 고백을 하였죠. 또 구명복을 갖고 있기도 했습니다. 스스로 그렇게 생각했습니다. 그러나 그 구명복은 좋은 것이 아니었습니다. 그렇지 않으면 지금 가지고 있겠죠. 겉으로는 좋아보여서, 한동안 그걸 착용했었죠. 즉 기도회에 참석하기도 하였고, 교회의 회원이 되기도 하였으며, 잠깐 동안 종교가 있었습니다. 그러나 지금 그 종교가 어떻게 되었습니까? 여러분은 지난 밤에 어디 있었습니까? 거듭 질문을 던지겠습니다. 지난 밤에 여러분이 어디 있었습니까? 만일 마귀가 여러분을 붙잡아 자기 수하에 두었다면, 마귀가 여러분을 붙들고 도망갈 때 "멈춰라, 도둑놈아!"라고 소리칠 사람이 아무도 없었을 것입니다. 왜냐하면 마귀가 자기 소유물을 가지고 가는 것으로 알았기 때문입니다. 여러분의 이름이 마귀의 부동산 증서에 기재되어 있었던 것입니다. 여러분이 전에 신앙을 고백한 적도 있었고, 성찬식에 참여하기도 했으며, 세례도 받았을 수 있습니다. 그러나 여러분의 구명복이 지금은 어디 있습니까? 없어졌습니다! 낙심하여 뒤로 물러간 여러분들을 하나님께서 구원하시기를 바랍니다. 그래서 여러분이 배도자로 전락하지 않기를 바랍니다! 여러분이 가던 길을 멈추고 뒤돌아서려면 시간이 있을 때에 빨리 돌아오십시오. 아직도 희망이 있을 때 돌아오십시오. 만일 여러분이 아직도 회심한 적이 없었다면 하나님께서 바로 지금이라도 여러분 속에서 은혜로운 역사를 시작하시기를 바랍니다!

구명복을 착용한 채 배를 탄 또 한 사람이 있었습니다. 그는 구명복을 차고 있을 때 매우 즐거워 보였습니다. 그러나 파도가 덮쳐 그를 배 밖으로 쓸어가 버렸을 때 그는 잠시 바다 위에 떠 있었습니다. 그리고 나서 가라앉았습니다. 사실 그의 구명복은 가짜였습니다. 어떤 사람이 그에게 말해 주었습니다. 좋은 구명복은 너무 값이 비싼데, 더 좋게 보이는 구명복이 여기 있다고 말입니다. 사실 그 때 그 구명복이 필요한 시험을 견디지 못할 것이라고 알리는 속삭임이 있었습니다. 그러나 그는 그 속삭임에 별로 신경 쓰지 않았습니다. 그 구명복이 진짜처럼 좋아보였기 때문입니다. 그는 진짜 구명복을 착용한 지각 있는 사람들과 함께 서 있다는 영예를 얻었습니다. 그래서 큰 파도가 이는 바다로 나갈 때까지는 그 구명복이 쓸모가 있었습니다. 그처럼 가짜 구명복을 착용한 분들이 여기 있을 수 있습니다. 여러분은 교회 회원들입니다. 성찬에도 참여하고 모든 자들이 여러분을 존중합니다. 아! 그러나 가짜 종교를 가지고 물이 불어 요단 강에서 어떻게 할 것입니까? 마음과 육체가 쇠잔해질 때 여러분은 무엇을 할 것입니까? 오! 너무 늦기 전에 하나님께서 여러분을 가짜 신앙으로부터 벗어나게 하시고 여러분에게 참된 경건, 곧 새 마음과 바른 영을 허락해 주시기를 바랍니다!

　　그 신사가 주변을 살펴보니 또다른 부류의 승객들이 있었습니다. 어떤 젊은 이는 구명복을 착용한 다른 사람에게 매달려 있었습니다. 그는 구명복을 착용한 사람에게 소리치고 있었습니다. "당신을 붙잡도록 허락해주세요. 당신의 구명복이 충분히 우리 둘을 가라앉지 않게 해주지 않겠어요?" 그러나 구명복을 착용한 사람이 대답하였습니다. "이 구명복은 한 사람에게만 충분할 것입니다. 한 사람만 물에 뜨게 해줄 것입니다." 그때 그 신사는 우리 구주의 열 처녀 비유가 생각났습니다. 미련한 다섯 처녀가 지혜로운 처녀들에게 말했습니다. "우리의 등불이 꺼져가니 기름을 좀 달라." 그러나 지혜로운 처녀들이 대답하였습니다. "우리와 너희가 쓰기에 다 부족할까 하노라." 그렇듯이 우리는 그 자신의 경건이 살아 있지 않으면 다른 사람의 종교로는 결코 도움이 되지 않는다는 사실을 기억해야 합니다. 우리 주님께서 모든 자들에게 주신 메시지는 "너희는 거듭나야 한다."는 것입니다. 대리로 거듭나는 것과 같은 일은 없습니다. 여러분 자신이 피난처를 찾아 예수님께 신속히 나아가야 합니다. 여러분을 위해서 이 일을 해줄 수 있는 사람은 없습니다. 하나님의 성령의 능력을 힘입어 여러분 자신이 그리스도를 믿어야 합니다. 아무도 여러분을 대신하여 믿어 줄 수 없습니다.

　　저는 여기에 참된 복음의 구명복을 착용한 사람들이 아주 많은 것을 인하여 기뻐합니다. 예수 그리스도 안에 서 있으므로 그들은 두려워하지 않습니다.

　　　"그들은 정죄 받을 것을 전혀 두려워하지 않으니

예수께서 그들의 모든 것이 되시기 때문이네."

그들은 홍수든지 불꽃이든지 삼키는 깊은 바다든지 전혀 떨지 않고 대면할 수 있습니다. 아니, 그들은 심지어 "지옥이나 끔찍한 죽음도 전혀 두려워하지 않을 수" 있습니다. 자기가 천국의 평화로운 해안에 안전하게 상륙하고 거기에서 영원히 머물 것을 알고 있기 때문입니다.

이제 주제의 두 번째 부분을 말씀드릴 수 있는 시간이 얼마 되지 않지만 이야기할 수 있어서 정말 감사하게 생각합니다.

2. 준비하지 않은 처녀들과 그들이 혼인잔치에서 배제된 일에 대해 말씀드리겠습니다.

몇 마디 안 되는 말로 많은 것을 말해 보도록 하겠으니, 제가 드리는 말씀 한 마디 한 마디를 명심하고 들어 주시기를 바랍니다.

그 처녀들을 들어가지 못하게 막은 것이 무엇이었습니까? "문은 닫힌지라." 문이 삐끗이 조금 열려 있었던 것이 아니라 완전히 닫혀 버렸습니다. 안에 있는 손님들과, 너무 늦게 와서 밖에 있는 처녀들 사이를 완전히 단절시킬 정도로 굳게 닫혀 버렸습니다.

그럼에도 이 단절은 지극히 정당한 것이었습니다. 미련한 처녀들은 때에 맞게 왔어야 했습니다. 신랑과 함께 들어갔어야 했습니다. 그들이 신랑을 대동하고 들어가는 것이 그들의 직무가 아니었습니까? 신랑과 함께 들어갈 시간이 당도하였습니다. 정확한 시간에 온 것입니다. 신랑은 그들에게 그 밤에 준비하도록 모든 것을 주었습니다. 그들은 신랑이 오기 전에 너무 더디 온다고 불평하기까지 하였습니다. 마침내 문이 닫혀졌을 때는 때가 너무 늦었던 것입니다. 기름을 사서 등에 채울 충분한 시간이 그들에게 주어졌습니다. 비록 신랑이 초저녁에 온 것은 아니었음에도 불구하고 "우리는 등에 기름을 채울 시간이 없었다."고 말했겠지요. 그러나 결코 그렇지 않았습니다. 사랑하는 친구들이여, 여러분은 주님께서 오래 참고 인내심을 가지고 여러분에게 간청하는 수많은 세월을 살아왔습니다. 여러분의 마지막 시간이 올 때에 문이 닫히는 것은 정당한 일일 것입니다. 오, 너무 늦기 전에 지혜롭게 행하십시오!

"문이 닫혀졌을 때," 이제는 들어갈 가능성이 완전하게 끝난 것입니다. 말씀을 아무리 자세히 살펴보아도 한번 닫힌 문이 다시 열릴 것이라는 희망을 전혀 찾지 못했습니다. 어떤 사람들은 "더 큰 희망"을 기대합니다. 그러나 저는 썩은 널빤지에 자신의 영혼을 맡기는 모험을 결코 하지 말라고 간청하는 바입니다. 그런 일에 대해 성경에 아무런 보장이 없기 때문입니다. 있다 할지라도 복음이 제공하는 것 외에 무슨 더 큰 희망을 바라겠습니까? 그리스도와 함께 혼인잔치에 들어갈 준비를 어째서 하지 않고 있는 것입니까? 어째서 그처럼 밖에서 서성거리고 있습니까? 여러분이 차가운 밤공기를 맞으면서도 그 문으로 들어갈 수 없게 하는 모험을 부추기며 지체하도록 유혹하는 무엇이 있습니까? 그처럼 많은 사람들을 미혹하는 더 큰 희망 같은 것이 있었다면, 기를 쓰고서라도 그것을 의지하는 모험을 감행해야 하겠죠. 영혼 소멸이나 영혼 회복(restitution)에 관하여 말하는 이들은 여러분으로 하여금 그리스도를 믿는 즉각적인 믿음과 그리스도로 말미암은 즉각적이고 영원한 구원에서 시선을 돌이키게 할 만큼 매력적인 것을 전혀 제공하지 못합니다. 장차 오는 세계에서는 "죄 사함의 어떤 조례도 통과되는 일이 없다"는 무시무시한 일이 여러분에게 해당되어서는 안 됩니다. 어째서 여러분은 지금 당장 저주에서 즉시 구원 받을 수 있는 확실성을 내팽개쳐야 합니까? 지금 이 순간에라도 예수 그리스도를 믿으면 즉시로 얻게 될 구원을 어째서 던져야 합니까? 혹시는 애통하고 슬퍼하며 이를 가는 시대가 지나고 나면 긍휼의 문이 열릴지도 모른다는 어리석은 망상에 젖어 그렇게 하는 것입니까? 결코 그런 일은 없으니 그리스도와 함께 혼인잔치에 들어갈 준비를 하십시오. 주 하나님께서 살아 계시니 저는 다음과 같은 사실을 말하지 않으면 책임을 면할 수 없습니다. 성경을 읽으면 읽을수록, 그 문은 일단 닫히면 어떤 살아 있는 영혼에게도 결코 다시 열리지 않을 것이라는 확신이 더욱더 든다는 것입니다. 죽음이 여러분에게 닥쳐오면 하나님의 심판이 여러분을 찾아낼 것이고, 그 심판의 형벌 속에 영원토록 갇히게 될 것입니다. 여러분의 영원한 운명을 위태롭게 하지 말라고 간청하는 바입니다. 오히려 "너희는 여호와를 만날 만한 때에 찾으라 가까이 계실 때에 그를 부르라 악인은 그의 길을, 불의한 자는 그의 생각을 버리고 여호와께로 돌아오라 그리하면 그가 긍휼히 여기시리라 우리 하나님께로 돌아오라 그가 너그럽게 용서하시리라"(사 55:6,7).

　　문이 닫혀진 후 밖에 있었던 이 사람들은 누구입니까? 그들은 처녀라는 이름을 가지고 있었으나 문이 닫혀져 들어갈 수 없었습니다. 그들은 어떤 사회에서 쫓겨난 사람들이 아니었고, 거리의 방랑자들도 아니었습니다. 불신앙자들이나 불가지론자들이 아니라 교회의 지체들이었습니다. 그들은 처녀로 불렸습니다. 그럼에도 그들에게 문이 닫혔습니다. 등을 가지고 있었고, 다른 사람들처럼 등불을 밝힌 적도 있었습니다. 그들의 등불 빛과 지혜로운 처녀들의 불빛 사이에 아무 차이가 없었습니다. 그런데도 불구하고 문이 닫혀서 들어가지 못하였습니다. 그들은 적어도 약간의 기름은 있었습니다. 그래서 한동안 지혜로운 처녀들과 한 무리가 되었습니다. 신랑을 맞으러 슬기 있는 처녀들과 함께 나갔습니다. 그 처녀들은 아마도 한밤중 아주 늦은 시간에, 아니 등불이 꺼질 때까지는 자기들이 미련한 자들인 줄 전혀 눈치 채지 못하였을 것입니다. 오, 선생들이여, 선생들이여, 우리는 같은 성찬의 포도주를 마시고, 같은 주의 성찬 상에서 떡을 먹었습니다. 주님의 찢기신 몸과 피를 함께 기념하였습니다. 그럼에도 불구하고 우리 중 어떤 자들은 닫힌 문 밖에 있어 하나님과 영원토록 함께 있지 못하게 될 것입니다. 여러분 중 어떤 자들은 영원토록 그 문 안으로 들어가지 못할 것입니다. 왜냐하면 성령을 받지 않았기 때문입니다. 은혜의 기름의 은밀한 내장고(內藏庫)를 전혀 갖고 있지 않았기 때문입니다. 하나님께서 은혜로 그런 일이 일어나지 않게 하여 주시기를 바랍니다!

주목하십시오. 이들은 많은 면에서 신랑과 함께 들어간 자들과 똑같은 방식으로 행동하였습니다. 그들도 신랑을 맞으러 나갔습니다. 슬기 있는 다섯 처녀들이 갔던 길을 걸어갔고 동일한 보조를 취하였습니다. 안타깝게도 그들은 잠이 들었습니다! 물론 슬기 있는 다섯 처녀도 잠이 들었습니다. 또 함께 깨었습니다. 그리고 슬기 있는 자들이 등을 준비할 때 함께 등불을 점검하기 시작했습니다. 그들은 하나님의 자녀의 신분을 가진 자들로 보였습니다. 은혜로 택하심을 받은 자들의 표지(標識)를 많이 지니고 있는 것처럼 보였습니다. 그러나 실제로는 그런 것들이 전혀 없었습니다. 등에 쓸 기름이 그들의 그릇에 없었습니다. 은혜도 없었고, 성령의 내주하심도 없었고, 성도들 안에서 기뻐하시는 소원을 두고 행하게 하시는 초자연적인 성령의 작용도 없었습니다. 그들은 그리스도의 진짜 신부를 어찌나 빼 닮았는지요. 오직 신랑이신 그분이 한밤중에 와서 그 차이를 드러내실 때에야 그 차이가 모든 이들에게 확연히 보였습니다.

제가 보기에도 이 문 밖에 있었던 사람들은 기도에 관해서 다소 알고 있던 자들이었습니다. 그 밤에 처음으로 괴로워하며 "주여, 주여, 우리에게 문을 열어 주소서."라고 부르짖었던 것이 아닙니다. 그들은 아마 기도회에 늘상 참석하였을 것입니다. 사람들이 그리스도를 "주님"이라고 부른 곳에도 왔습니다. 그들도 신앙 고백문을 사용했습니다. 아마도 그들은 "주여, 주여, 내가 주의 이름으로 선지자 노릇 하였고 주의 이름으로 귀신을 쫓아내었고 주의 이름으로 많은 권능을 행하지 아니하였나이까?'라고 말했을 수도 있습니다. 그런데도 그들에게 문이 닫히고 열리지 않았습니다. 그들은 문 밖에서도 문 안에서 진행되고 있는 일에 대해 무언가 알고 있었습니다. 그래서 그 속에 들어갈 수 없음에 더욱더 이를 갈았을 것입니다. 빛을 보았으나 등불이 꺼진 자들에게 문이 닫혀졌습니다. 그들은 그 행렬에 낄 권리를 주장하게 만들 등불을 들고 있었습니다. 그러나 그 등불은 꺼져 버렸습니다. 그래서 그들은 어떤 곳에도 들어갈 권한을 얻지 못하였습니다. 문이 그들 앞에 닫혀졌습니다. 신앙을 고백하기만 하는 여러분, 여러분은 스스로 긍휼의 문이 여러분에게 닫히게 하려고 합니까? 성령님만이 공급하실 수 있는 은혜의 그 은밀한 기름을 얻는 일에 게을리한다면 그리 될 것입니다.

다음 안식일이 오기 전에, 우리 형제 중 한 사람이 그리 되었듯이 여러분의 설교자도 갑자기 쓰러질 수 있습니다. 신앙이 있다고 하는 여러분에게 신앙 고백의 진정성을 확인하라고, 영혼 속에 하나님의 은혜를 진실로 소유하라고 경고할 기회를 설교자인 제가 더 이상 얻지 못할 수 있습니다. 아니, 여러분 중에 어떤 자들이 더 이상 경고를 듣지도 못한 채 순식간에 취해감을 당할 수 있습니다. 우리 친구들 가운데 한 사람이 당하였듯이 말입니다. 그때 여러분이 저 세계에서 저를 보면서 이렇게 말한다고 생각해 보세요. "설교자여, 우리는 당신의 설교를 거듭 들어왔소. 당신의 입술에서 나오는 모든 걸 청종하였죠. 우리는 목요일 밤마다 당신의 설교를 들으러 나오기도 했어요. 그런데 당신이 우리에게 부드러운 것을 말하며 평화가 없는 데도 '평화, 평화'라고 말했죠." 저는 하나님께 기도합니다. 마지막 무서운 날에 제 옷자락에 누구의 피도 묻지 않게 해 주십사고 말입니다. 그러므로 저는 여러분에게 지금 명합니다. 임박한 진노를 피하십시오. 그리스도께로 피하십시오. 그리스도의 사랑스런 십자가로 피하십시오. 그의 피 흘리는 상처를 쳐다보십시오.

"그 십자가에 못 박히신 분을 바라보면 살기" 때문입니다.

여러분의 죄악들을 피하십시오. 아니 여러분 자신으로부터 피해 달아나십시오. 여러분을 얽어매는, 세상적인 것을 추구하는 모든 일에서 달아나 오직 예수 그리스도와 그의 십자가에 못 박히심만을 의지하십시오. 그리고 마음으로부터 이렇게 말하십시오.

"예수님이시여, 당신의 피와 의는
내 아름다움이며 내 영광스러운 의복일세."

"당신과 함께 혼인잔치에 들어갈 것입니다. 문이 닫혔을 때 나는 문 안에 있을 것입니다."

"질고와 죄악의 세상에서 멀리 떠나
닫힌 문 안에서 하나님과 영원토록 거하리로다."

주 하나님이시여, 우리 모두를 구원하소서! 주님의 이름으로 기도하나이다. 아멘.

제
67
장

—

두 달란트

—

"두 달란트 받았던 자도 와서 이르되 주인이여 내게 두 달란
트를 주셨는데 보소서 내가 또 두 달란트를 남겼나이다 그
주인이 이르되 잘하였도다 착하고 충성된 종아 네가 적은
일에 충성하였으매 내가 많은 것을 네게 맡기리니 네 주인
의 즐거움에 참여할지어다." — 마 25:22-23

"온갖 좋은 은사와 온전한 선물이 다 위로부터 빛들의 아버지께로부터 내려
오나니"(약 1:17). 사람들이 가지고 있는 모든 것들의 연원을 추적해 보면 모든
선한 것을 주시는, 위대한 원천이신 분에게 이르게 마련입니다. 여러분에게 재
능들이 있습니까? 그 재능들은 하나님께서 주신 것입니다. 시간을 가지고 있습
니까? 부와 영향력과 권세를 가지고 있습니까? 말의 능력을 가지고 있습니까? 생
각의 능력도 있습니까? 여러분이 시인이거나 정치가 혹은 철학자입니까? 여러분
의 지위가 어떠하든지 여러분이 가진 은사가 어떠하든 다 여러분 자신의 것이
아님을 기억해야 합니다. 위에 계신 분이 여러분에게 빌려 주신 것들입니다. 사
람은 죄밖에는 자신에게서 어떤 것도 내놓을 수가 없습니다. 잘해야 소작인(小
作人)에 불과합니다. 하나님께서 우리를 그의 기업으로 불러들이셔서, "내가 올
때까지 이걸 차지하라."고 말씀하셨습니다. 비록 우리의 포도원이 그렇게 많은
열매를 맺은 적이 없다 할지라도 그 포도원은 임금님께 속해 있는 것입니다. 그
래서 우리가 보수로 백 달러를 받아 할지라도 솔로몬 임금은 자기의 수입으로

천 달러를 받아 가져야 합니다. 우리 능력의 모든 영예와 그 능력으로 인한 유익은 하나님께 드려져야 합니다. 왜냐하면 하나님께서 그것을 우리에게 주셨기 때문입니다. 이 비유의 말씀이 바로 그 점을 뚜렷하게 말해 줍니다. 왜냐하면 이 비유의 말씀은 자기가 가진 모든 재능들이 주께로부터 왔음을 인정하게 만들기 때문입니다. 땅을 파고 주인의 돈을 묻어 둔 사람마저도 자기가 가진 그 달란트가 주인에게 속해 있다는 것을 부인하지는 않았습니다. "주여 보소서 당신의 것이니이다."라고 말하는 그의 답변이 지극히 불순하고 회개하지 않는 모습이지만 그 사실 자체를 부인한 것은 아니었습니다. 그래서 이 사람은, 마땅히 하나님께 드려야 할 의무를 부인하며 자신의 창조주께 순종할 것을 얘기하면 거만하게 머리를 저으며 자기들의 시간과 힘을 하나님을 섬기는데 쓰지 아니하고 오히려 하나님을 대적하는 데 쓰는 자들보다는 나았습니다. 오! 우리 모두 모든 진리 가운데서 이 가장 분명한 진리, 곧 우리가 가진 모든 것이 다 지존하신 분으로부터 받은 것임을 알아 그에 따라 행동하는 지혜로운 사람이 되었으면 좋겠습니다.

자, 세상에는 재능을 적게밖에 가지지 않은 사람들이 있습니다. 이 비유의 말씀도 "한 사람에게는 금 다섯 달란트를, 한 사람에게는 두 달란트를 주었다"고 말을 하고 있습니다. 오늘 아침 바로 그 다섯 달란트 받은 자와 두 달란트를 받은 자에게 말씀드리고자 합니다. 제가 지적하는 몇 가지 요점이 그들을 세워 주거나 책망하는 말이 될 수 있도록 하나님께서 복 주시기를 기도합니다. 첫째, 저는 적은 재능밖에 가지지 않은 사람들이 많다는 사실에 주목해 보고자 합니다. 하나님께서는 그들에게 적은 재능밖에는 주시지 않았는데, 그 점에 대해서 설명하겠습니다. 둘째로, 적은 재능밖에는 가지지 아니한 자들도 주님 앞에서 회계(會計)해야 한다는 점을 상기시켜 드리고자 합니다. 셋째로, 위안이 되는 사실인데, 적은 달란트를 바르게 잘 쓰면 우리의 양심이나 우리의 주님이 더 많은 것을 가지지 않았다고 해서 우리를 정죄하지 않는다는 것을 결론적으로 다루고자 합니다.

1. 적은 재능밖에 가지지 않은 사람들이 많다

자, 이제 하나님께서 어떤 사람들에게는 적은 달란트를 주셨다는 사실을 생각해 봅시다. 어떤 사람들이 서로에게 하는 말을 들어 보면, 하나님께서는 정신적인 차이를 전혀 두시지 않은 것처럼 말하는 것을 자주 듣습니다. 자, 어떤 사람은 자신이 성공했다고 생각합니다. 다른 모든 사람이 자신처럼 부지런하고 끈질기게 노력했다면 누구나 반드시 자기처럼 성공했을 것이라고 생각합니다. 경건하고 열심 있는 목회자들임에도 불구하고 사람들을 끄는 능력을 갖지 못한 사람들에 대해서 비평하는 소리를 자주 듣습니다. 그런 사람들을 보고 게으르고 빈둥대는 사람들이라고 평합니다. 왜냐하면 그들은 세상에서 영향력을 많이 행사할 수 없기 때문이라는 것이지요. 그러나 사실 그들은 적은 은사만을 가지고 있고, 자기들이 가지고 있는 것을 최대한으로 활용하고 있는 것일 수 있습니다. 그래서 그들이 성취한 것이 작다고 해서 책망 받을 이유는 전혀 없습니다. 모든 사람들이 알아야 하는 사실은, 태어날 때부터 사람마다 차이가 있다는 것입니다. 모든 어린이들이 다 조숙한 것은 아닙니다. 모든 사람들이 똑같이 다 배우는 능력이나 가르치는 능력을 가진 것은 아닙니다. 하나님께서는 분명한 차이들이 있게 하셨습니다. 존 밀턴과, 문맹(文盲)으로 죽은 사람 사이의 차이가 교육 때문에 생긴 것이라고 여겨서는 안 됩니다. 근본적으로 차이가 있는 것이 분명합니다. 물론 교육은 많은 것을 해냅니다. 그러나 모든 것을 해내지는 못합니다. 잘 갈아엎어 부드럽게 만든 비옥한 토양은, 메마르고 척박한 토양을 최선으로 경작한 경우보다 틀림없이 소출을 더 많이 낼 것입니다. 하나님께서는 크고 확실한 차이들을 만드셨습니다. 우리 사람들을 다룰 때에도 이 점을 명심해야 합니다. 그래야 하나님께서 뒤에 가서 "잘하였도다 착하고 충성된 종아"라고 칭찬하실 사람들이 한 일을 잘못 깎아 내리지 않을 것입니다.

　　그러나 어째서 하나님께서 모든 사람에게 같은 재능을 허락하지 않으셨습니까? 제가 제시할 첫 번째 대답은 이러합니다. 하나님은 주권자이시고, 사랑이시기에 앞서 무엇보다 주권자이시기 때문에 자신의 주권을 나타내시기를 기뻐하신다는 것입니다. 하나님께서는 당신의 원하시는 바를 마음대로 행하실 권한이 있다는 사실을 사람들로 알게 하시고자 하고, 그래서 구원의 문제에 있어서도 어떤 사람에게는 구원을 주기도 하고 다른 사람들에게는 주시지 않기도 하는 것입니다. 그러한 하나님의 처사를 불의한 것으로 비평하는 사람들에 대한 하나님의 답변은, "이 사람아 네가 누구이기에 감히 하나님께 반문하느냐 지음을 받은 물건이 지은 자에게 어찌 나를 이같이 만들었느냐 말하겠느냐"(롬 9:20)는 것뿐입니다. 벌레가 자기를 천사로 만들지 않았다고 하나님께 불평할 수 없습니다. 바다를 헤엄치는 물고기가 저 높은 하늘을 날 수 있는 날개가 없다고 해서 불만을 토로해서는 안 됩니다. 하나님께서는 당신의 기뻐하시는 대로 피조물들을 만드는 권한이 있으십니다. 비록 사람들이 하나님의 이 권한에 의문을 제기할 수 있지만 하나님께서는 모든 자들에 대해서 그 권한을 조금도 누그러뜨리지 않고 시행하실 것입니다. 하나님께서는 당신의 그 권리를 보호하고 허망한 사람들로 하여금 그 권리를 인정하도록 만드시기 위해서 사람들에게 베푸시는 모든 재능과 은사 속에서 하나님의 주권을 끊임없이 기억하게 만드십니다. 하나님께서는 이렇게 말씀하십니다. "나는 이 사람에게 예리한 예지를 주어서 모든 비밀한 데까지 파고들 것이다. 또다른 사람에게는 그렇게 예리한 예지를 허락하지 않아서 지식의 가장 분명한 요소를 아는 데까지밖에는 나아가지 못할 것이다. 또 어떤 사람에게는 상상력을 풍성하게 허락하여 산더미처럼 높은 상상의 재료를 가지게 될 것이고, 그래서 마침내는 그의 언어가 마치 천상의 위엄을 갖추게 될 것이다. 또 어떤 사람에게는 둔한 영혼을 주시므로 그는 시상(詩想)을 떠올릴 수 없을 것이다." 오! 하나님, 어째서 그러합니까? 그에 대한 하나님의 답변은, "내 것을 가지고 내 마음대로 하지 못하겠느냐?"는 것입니다. "그 자식들이 아직 나지도 아니하고 무슨 선이나 악을 행하지 아니한 때에 택하심을 따라 되는 하나님의 뜻이 … 오직 부르시는 이로 말미암아 서게 하려 하사"(롬 9:11). 사람들 중에 어떤 자가 다른 자들보다 크게 되는 이유를 그렇게 기술하고 있는 것입니다. 어떤 사람들은 목만 까닥이고, 다른 사람은 그들의 발 밑에 엎드립니다. 주님께서는 은사와 재능과 부요를 당신 보시기에 합당한 대로 마음껏 주장할 권한을 갖고 계시기 때문입니다.

자, 대부분의 사람들이 이 진리에 이의를 제기합니다. 그러나 여러분이 하나님 안에서 불평하는 바로 그 점이 여러분이 본래 사랑하는 점이라는 사실에 유의하기 바랍니다. 사람은 누구나 자기 것을 가지고 마음대로 사용하는 권한이 있다고 느끼고 싶어 합니다. 우리는 모두 작은 주권자가 되고 싶습니다. 불쌍한 사람들에게 마음대로 값없이 돈을 주고도 싶습니다. 그러나 만일 어떤 사람이 뻔뻔스럽게 여러분의 사랑을 요구할 권한이 있는 것처럼 군다면 여러분은 그 사람에게 주겠습니까? 안 줄 것이 틀림없습니다. 그런데 그렇게 요구하는 사람에게 사랑을 베푼다고 해서 여러분에게 지나치게 너그럽게 행동한다고 비난할 자가 누구입니까? 그것은 한 복음서 기자가 쓴 비유의 말씀과 같습니다. 그 비유에서 포도원에 들어온 사람들이 노동을 끝냈는데, 어떤 사람은 12시간 수고하였고, 어떤 이는 6시간, 또 어떤 이는 1시간밖에 수고하지 않았습니다. 그러나 주인은 각 사람에게 하루의 품값에 해당하는 돈을 주었습니다. 오! 저는 순하게 머리를 조아리면서 이렇게 말해야 할 것입니다. "나의 주여, 주께서 제게 한 달란트를 주셨습니까? 그것을 인하여 주님을 찬미하나이다. 이제 그것을 바르게 사용할 은혜를 부여하옵소서. 내 형제에게 10달란트를 주셨나이까? 그에게 크신 친절을 베푸시니 감사하나이다. 그러나 제 형제를 시기하거나 그 형제의 일로 불평하지 않습니다." 오! 하나님의 주권에 항상 겸비하게 복종하는 심령이 복됩니다.

하나님께서 한 사람에게는 다섯 달란트를, 다른 사람에게는 두 달란트를 주셨습니다. 창조주께서는 다양성을 좋아하시기 때문입니다. 하늘의 첫 번째 법은 질서이고, 두 번째 법은 확실히 다양성이라는 말이 있습니다. 왜냐하면 하나님의 모든 행하심에는 정말 아름다운 다양성이 존재하기 때문입니다. 밤에 하늘을 쳐다보십시오. 모든 별들이 같은 밝기로 반짝이지 않습니다. 또 한 줄로 늘어서 있지 않습니다. 우리 거리의 가로등처럼 말입니다. 그 다음에 땅 아래를 보십시오. 저 식물의 세계를 바라보십시오! 거기에도 얼마나 많은 차이들이 있습니까. 레바논의 게달로부터 시작해서 벽을 타고 자라는 우슬초까지, 아니 더 작은 이끼까지, 그 다양성을 생각해 보십시오. 거대한 나무를 보십시오. 그 나무는 가지로 한 군대에 그늘을 드리울 수 있을 것처럼 큽니다. 그러나 그로부터 시선을 아주 작은 이끼와 같은 존재로 돌려보기 바랍니다. 하나님께서는 모든 것을 아름답게 지으셨습니다. 그러나 모든 것을 다양하게 지으셨습니다. 자, 한 나무를 바라보십시오. 모든 잎이 다 같지 않습니다. 봄이 가까이 오는 내음을 토해 내는 이 시절의 작은 새싹을 보세요. 얼마나 아름답습니까. 같은 것은 하나도 없습니다. 또 동물의 세계를 보세요. 하나도 같게 만들지 않으셨습니다. 거대한 코끼리로부터 시작해서 바위틈에 거하는 작은 토끼에 이르기까지 그 생물계가 얼마나 광범위합니까. 콧김으로 깊고 하얀 물보라를 일으키는 고래로 시작해서 시냇물에서 미끄러지듯 헤엄치며 다니는 작은 물고기까지, 우리들은 어느 곳에서든지 다양성을 발견합니다. 저는 하늘에서도 다양성이 존재한다고 확신합니다. 왜냐하면 그 하늘에는 "보좌들과 다스리는 자들과 정사들과 권세자들이 있기 때문입니다." 다시 말하면, 천사들도 여러 반열로 나뉘어 있다는 것입니다. 그래서 층층이 구별되어 있는 것입니다. "별과 별의 영광이 다르도다"(고전 15:41). 그러면 어째서 인간 사회에도 같은 원리가 적용되지 않아야 합니까? 하나님께서 우리를 모두 같은 틀에 넣어 지으셨습니까? 그렇지 않습니다. 우리의 얼굴도 똑같이 만들지 않았습니다. 용모에 있어서도 똑같은 사람은 하나도 없습니다. 약간 닮은꼴이 있기는 하지만 여전히 분명한 다양성이 있습니다. 이지(理智)도 역시 마찬가지가 아닙니까? 영혼들을 모두 같은 모양으로 찍어 내야 합니까? 하나님의 창조 사역을 큰 공장에서 일어난 것으로 축소시켜야겠습니까? 큰 공장에서는 모든 것을 같은 불 속에서 용해시켜 똑같은 틀에다 붓습니다. 하나님은 결코 그렇게 하지 않습니다. 다양성을 위하여 어떤 사람은 영성이 높은 다윗으로 짓기도 하시고, 다윗의 갑옷을 들고 다니는 무명의 사람을 짓기도 하셨습니다. 어떤 사람은 예언할 예레미야와 같은 사람으로 만들기도 하셨고, 또 어떤 사람은 예언서를 읽기만 하는 바룩과 같은 사람으로 만들기도 하셨습니다. 또 어떤 사람은 이삭같이 부자가 되게 하시고, 어떤 사람은 나사로처럼 가난하게도 하십니다. 어떤 사람은 천둥치듯이 큰 소리로 말할 수 있고, 또다른 이는 말을 못하고 입을 다물고 있을 것입니다. 어떤 사람은 말과 설교에 능하고, 다른 사람은 말이 시원치 않고 말하는 것이 더딥니다. 하나님께서는 모든 것을 다양하게 주장하신 것입니다. 어느 날 우리는 세상을 내려다보면서 그 역사 속에 들어왔던 다양한 인물들로 인하여 역사의 아름다움이 얼마나 찬란하게 드러났던가를 보게 될 것입니다.

조금 더 생각해 봅시다. 하나님께서는 더 깊은 이유를 가지고 계십니다. 어떤 사람들에게는 두 달란트밖에는 주시지 않습니다. 그것은 하나님께는 작은 영역들이 많이 있어서 그런 영역을 이런 사람들로 채우고자 하셨기 때문입니다. 큰 대양이 있습니다. 그래서 그 대양을 채울 것들이 필요합니다. 오, 주여! 주께서는 큰 고래로 하여금 대양에서 헤엄치게 하셨습니다. 바다 깊은 곳 저 멀리에는 은밀한 동굴이 숨겨져 있습니다. 그 입구는 매우 작습니다. 그러므로 큰 고래만 살고 있다면 그 작은 은밀한 동굴은 영원토록 손대지 않은 채 비워져 있을 것입니다. 하나님께서는 작은 물고기를 만드시고, 그 작은 동굴이 작은 물고기에게는 매우 큰 대양처럼 자유롭게 왕래할 수 있는 것이 되게 하신 것입니다. 또한 숲의 나무에는 수천 수만의 가지들이 있습니다. 그런데 숲에 온통 독수리들만 살고 있다고 합시다. 그러면 숲이 어떻게 즐거운 노래로 가득 찰 수 있겠으며, 작은 가지마다 큰 독수리들을 어떻게 다 감당할 수 있겠습니까? 그러나 하나님께서는 작은 나뭇가지마다 음악소리가 나게 하셨고, 그 위에 앉아 노래를 부르는 작은 새를 지으셨습니다. 그래서 영역마다 그 영역의 크기에 알맞은 피조물이 있어야 합니다. 하나님께서는 언제나 경제적으로 행동하시는 분이십니다. 하나님께서 어떤 사람을 400~500명밖에 되지 않은 작은 교구의 목회자로 세우실 의향이 있으십니까? 그렇다면 그 사람에게 사도의 능력을 주신들 무슨 소용이 있겠습니까? 또 하나님께서 어떤 사람을 가정에 거하면서 자기 자녀들을 조용하게 훈련시키는 겸비한 교사로 만드실 뜻을 가지고 계십니까? 그런 경우에 하나님께서 그녀로 하여금 여류 시인이 되게 하여서 나라 전체를 감동시킬 만한 시적 재능을 허락하신다면 그것은 그녀에게 상처가 되고 해를 끼치는 것이 아니겠습니까? 그녀의 재능을 작게 하신 것은 그녀가 차지하는 영역의 정도에 알맞게 하시기 위함입니다. 빈민 학교(The Ragged School)에서 돕는 일을 아주 잘할 수 있는 젊은이가 있다 합시다. 그런데 만일 그 사람이 더 높은 재능을 가지고 있다면 그런 일을 깔볼 수도 있었을 것이며, 그래서 그 학교는 아주 훌륭한 선생 한 사람을 잃게 되었을 것입니다. 작은 영역들이 있습니다. 그래서 하나님은 작은 사람들로 그 영역들을 채우려고 하십니다. 중요한 의무를 감당할 자리들이 있습니다. 그런 의무에 종사할 사람들은 그 일을 감당하기에 알맞은 신경과 근육을 가진 사람이어야 합니다. 하나님께서는 벽감(壁龕)마다 꼭 맞는 조상(彫像)들을 만드셨습니다. 화랑의 모든 장소에 알맞은 그림을 걸어 놓으신 것입니다. 어떤 공간도 빈 채로 놔두시려고 하지 않습니다. 벽감이 작기 때문에 거기에는 아주 작은 조상이 세워질 것입니다. 하나님께서 어떤 사람에게는 두 달란트를 주시는데, 그것으로 충분하기 때문입니다. 다섯 달란트를 주신다면 너무 많을 것입니다.

　또, 하나님께서 두 달란트를 주시는 사람이 있습니다. 하나님께서 영혼을 구원하는 일에 있어서 하나님의 크신 은혜를 나타내실 때 그런 사람들을 통해서 나타내시는 경우가 아주 많기 때문입니다. 어떤 거룩한 전승(傳承)에 기록되어 사람들이 읽고 감동을 받는 한 사역자에 대한 이야기가 있습니다. 그의 지혜는 심오하였습니다. 그의 강설은 은혜로웠습니다. 그가 설교할 때에 많은 사람들이 회심하였습니다. 그런데도 그 전승은 그 사람의 성공이 주로 그의 학식과 세련된 웅변술에서 나왔다고 전혀 말하지 않고, 거의 암시조차 하지 않는다는 것을 듣지 못했습니까? 그런데 다른 한편으로 어떤 한 사람은 사투리가 심하고 매너가 세련되지 못하며 문학적인 큰 재능도 없습니다. 그럼에도 불구하고 하나님께서는 그 사람에게 성실한 마음이라는 한 달란트를 주셨습니다. 그는 우레의 아들들처럼 말합니다. 세련되지 못하고 단호한 어투로 죄를 질책하고 복음을 선포합니다. 그 사람의 설교를 듣고 수백 명이 회심하였습니다. 세상 사람들은 그를 비웃습니다. 학자는 말합니다. "이렇게 된 이유를 도통 알지 못하겠단 말이야. 하는 말이 다 시시하고 세련되지 못하며, 아는 것도 하나도 없는데 말이야." 비평가는 펜을 날카롭게 하고, 할 수 있는 한 가장 쓰디쓴 잉크를 찍어 그 사람의 가장 즐거운 일을 기록합니다. 그 이야기 속에서 비평가는 그 사람이 머리에 뿔이 달렸다고 말하지는 않지만, 그 외에 모든 것을 비판적으로 말합니다. 그 사람이 악한 것뿐이고, 선한 것은 하나도 없는 것처럼 묘사합니다. 비평가는 그 사람을 완전히 매도해서 말합니다. 그는 어리석고 쓸모없으며, 야비하고 거만하며 학식이 없는 야만인이라는 식으로 말입니다. 그 사람의 나쁜 것을 표현할 만한 마땅한 단어가 없어서 그에 맞는 단어를 만들어 내야 할 정도라는 식입니다. 자, 교회를 무엇이라고 말할까요? 또 그 사람 자신은 무엇이라고 할까요? "그럴지라도 주여! 주님께 영광이 세세토록 있을지어다. 하나님께서 세상의 약한 것들을 택하사 강한 것들을 부끄럽게 하려 하시며 하나님께서 세상의 천한 것들과 멸시받는 것들과 없는 것들을 택하사 있는 것들을 폐하려 하시나니"(고전 1:27-29 참조). 여기서 보는 대로, 하나님께서는 큰 자에게서보다 작은 자로부터 영광을 더 많이 얻는 경우가 종종 있는 것 같습니다. 여러분 중 어떤 사람들에게는 선을 행하고 감화를 끼치는데 적은 능력을 주셔서 좁은 영역에서밖에 일하지 못하게 하셨습니다. 마지막 날에 하나님께서는 천사들에게 그 작은 영역을 통해 얼마나 많은 일을 하셨던가를 나타내시기 위해서 그렇게 하시는 것입니다. 저는 그 점을 의심하지 않습니다.

사랑하는 친구들이여! 항상 우리의 주목을 끄는 두 가지 일이 있습니다. 하나는 거대한 규모로 구현된 기술입니다. 큰 배를 보면 사람이 그 배를 지을 수 있었다는 것에 우리는 놀라워합니다. 그러나 어떤 때에는 2.5평방 센티미터보다도 작은 공간에 진열돼 있는 우아한 작품을 보면서 "사람들이 큰 배를 만들 수 있는 것은 이해할 수 있겠는데, 예술가가 인내심을 가지고 저렇게 작은 것을 만드는 기술을 가질 수 있다는 것은 도무지 이해가 되지 않는다."라고 말합니다. 아! 친구들이여, 한없는 창공의 광활함과 그 속에 떠다니는 수를 헤아릴 수 없는 천체들을 볼 때보다, 허름한 오두막에서 살면서 영혼 속에 하나님의 완전한 말씀의 역사를 누리고 있는 한 여인을 볼 때 하나님이 훨씬 더 위대하게 보이는 것 같습니다. 하나님의 지극히 높은 영광이 그 여자의 작은 달란트를 통해서 나타나고 있는 것입니다. 사람은 작은 달란트를 받았을지라도 큰 달란트를 받은 사람만큼 자신을 존귀하게 할 수 있다면, 무한하고 영원하신 하나님께서는 인류 가운데 작은 사람들에게까지 허리를 굽혀 은혜를 베푸실 때 자신의 영광을 가장 크게 드러내실 수 있는 것이 확실합니다.

2. 적은 재능밖에는 가지지 아니한 자들도 주님 앞에서 회계(會計)해야 한다

우리의 두 번째 전제는 적은 재능밖에 가지지 아니한 자들도 주님 앞에서 회계를 해야 한다는 것입니다. 우리는 심판 날에 대해 생각할 때 어떤 사람들은 다른 사람들보다 더 혹독한 심문을 받을 것이라고 생각하는 경향이 아주 강합니다. 나폴레옹의 역사를 읽으면 저는 정말 자주 이렇게 말하지 않을 수 없었습니다. "이 사람은 엄청난 재능을 가진 사람이다. 세상을 주름잡을 수 있는 사람이다. 아마 그 사람은 12세기만에 하나 나올까 말까 하는 사람이다. 그러나 이 사람은 자기의 모든 재능을 야심을 채우는데 남용해 버렸고, 군대를 파멸하는 홍수처럼 모든 나라로 끌고 다니면서 과부들을 만들고 어린 아이들로 고아들이 되게 하였다. 그 수가 수백 만은 아니겠으나 수천 명에 이를 것이다. 그가 하나님의 보좌 앞에 섰을 때 자기가 행한 일에 대해 엄숙히 설명을 해야 할 때 어떻게 할까? 스페인이나 러시아나 이탈리아나 애굽이나 팔레스타인의 전쟁터에서 증인들이 수도 없이 일어나 자신의 대단한 야심을 충족시키기 위해서 그들을 죽게 만들었던 그 사람을 송사하지 않을까?"

그러나 나폴레옹이 하나님의 법정에 죄인으로 서야 하는 것처럼 우리 각자도 그 자리에 서야 한다는 사실을 기억해야 합니다. 우리의 지위가 아주 높지 않고 명성이 자자한 자리에 서 있는 것은 아니지만, 그럼에도 불구하고 지존자의 감찰을 받기에 충분한 높이에 서 있다는 것을 알아야 합니다. 우리는 세상에서 해악을 끼치고 또 거기에 대해 책임을 져야 할 만큼 충분한 능력과 힘을 가지고 있음을 알아야 합니다. 그러면 어떤 이는 이렇게 말할 것입니다. "틀림없이 심판 날에 하나님께서 나를 통과시키실 거야. 나는 톰 페인(Tom Paine: 18세기 미국 작가로, 유명한 불신자)처럼 살지 않았어. 나는 천하고 야비한 불신앙자들 사이에서 지도자 노릇을 한 적이 없어. 살인을 저지른 일도 없어. 죄인들 가운데 괴수로 지내지 않았어. 또 공중(公衆)의 평안을 소란하게 한 적도 없어. 내가 은밀히 저지른 죄는 거의 없어. 그런 죄를 들었다는 사람이 아무도 없어. 나의 나쁜 행실이 사람들의 귀에까지 들어간 적이 없어. 내 행실을 통해서 내 자녀들이 많은 복을 받지는 못했을지라도 내 비행은 아주 적은 양에 불과해. 내 자신 외에 다른 어느 누구에게도 해악을 끼치지 못할 만큼 적어. 나는 대체로 도덕적으로 생활해 왔어. 내가 하나님을 섬겼다고 말할 수는 없지만 마땅히 해야 할 의무를 소홀히 한 적은 거의 없어!' 이렇게 말할 분이 있을 것입니다. 아! 친구 여러분, 여러분이 자신을 그렇게 하찮은 사람으로 생각할 수도 있습니다. 그러나 자신을 그렇게 생각한다고 해서 그것이 여러분의 잘못을 정당화시킬 구실은 되지 못할 것입니다. 여러분에게 맡겨진 것이 아주 적을 수 있지요! 그래서 여러분의 재능을 활용하는 것이 여러분에게는 큰 수고가 아니었을 것입니다. 많은 달란트를 가진 사람들은 그 모든 것을 사용하기 위해서 열심히 일해야 합니다. 그 사람은 자기가 가지고 있는 다섯 달란트를 시장에 한꺼번에 투자하기에 너무 많다는 핑계를 댈 수도 있습니다. 그런데 여러분은 한 달란트밖에 가지고 있지 않습니다. 어느 누구든지 자기가 가진 한 달란트를 남에게 빌려주어 이자를 받을 수 있습니다. 그 달란트를 활용하는데 그렇게 많은 수고가 들지 않을 것입니다. 여러분이 살다가 죽을 것이 확실한 것처럼, 그 한 달란트를 활용하지 못하고 하나님 앞에 서면, 받은 달란트가 적기 때문에 달란트를 활용하는데 수고가 적게 밖에 들여지지 않았을 것이라는 그 사실 때문에 여러분의 죄책은 크게 증가될 것입니다. 만일 여러분에게 적은 것밖에 없다면 하나님께서는 여러분에게서 적은 것만 요구하십니다. 그런데 어째서 그것을 드리지 않았습니까? 어떤 사람이 일 파운드짜리 셋집을 얻었다고 합시다. 그 집은 돈에 비해서 결코 작은 집이 아니었습니다. 그런데 세를 꼬박꼬박 내지 않는다면, 반 파운드를 낼 수밖에 없는 핑계를 댈 소지가 전혀 없는 것입니다. 일백 파운드짜리 셋집을 얻어 살면서 세를 꼬박꼬박 내지 않는 사람과 하등의 차이가 없는 것입니다. 여러분에게 요구되는 작은 것을 드리지 못하면 그에 대한 책임은 그 만큼 더 커지는 것입니다. 제가 이 말씀을 드리는 것은 여러분이 반드시 회계를 해야 한다는 사실을 상기시켜 드리고자 하는 것입니다.

이 설교를 듣는 여러분, 심판 날에 우리 각자가 개인적으로 하나님 앞에 서서 회계해야 한다는 사실을 기억하시길 바랍니다. 하나님께서 여러분의 교회가 무엇을 했느냐고 묻지 않으실 것입니다. 여러분 자신이 어떤 일을 했느냐고 물으실 것입니다. 자! 여기 교회 학교가 있습니다. 만일 하나님께서 교회의 모든 지체들을 한 덩어리로 다 묶어서 재판하신다면, 교회의 지체들은 각각 이렇게 말할 것입니다. "교회로서 우리는 교회 학교를 훌륭하게 운영했어요. 교사들도 많았어요." 그러나 일이 그렇게 되지 않습니다. 모든 신앙 고백자들 한 사람 한 사람이 하나님 앞에 서야 합니다. "교회 학교를 위해서 네가 무엇을 했느냐? 나는 네게 어린아이들을 가르치는 은사를 허락하였다." "네가 무엇을 했느냐?", "오! 주여! 교회 학교가 있었는데요." 그것이 무슨 상관입니까? 네가 무엇을 했느냐? 여러분이 연합해 있는 무리에 대해서 하나님께 설명하라고 요구받지 않고, 개인적으로 여러분 자신이 무엇을 했느냐고 물어 보실 것입니다. 어떤 사람은 이렇게 말하겠죠. "오! 정말 가련한 목사들이 참 많습니다. 저는 서리 홀(Surrey Hall) 교회에 있었습니다. 우리 교회는 그 가련한 목사들을 위해서 많은 일을 했습니다." 그것을 묻는 것이 아닙니다. 여러분이 무엇을 하였느냐? 여러분 자신의 부요와 자신의 능력에 대한 책임을 개인적으로 져야 하는 것입니다. 어떤 사람은 이렇게 말합니다. "좋아요. 이제는 전보다 복음 전파가 훨씬 더 많이 이루어지고 있다고 말하게 되어 정말 행복합니다. 교회들이 깨우침을 받은 것 같군요." 예, 좋습니다. 그대는 그 가운데 일부를 자신의 공로로 돌리는 것 같군요. 여러분이 정말로 전보다 설교를 많이 합니까? 여러분은 목회자입니다. 여러분이 조금이라도 더 큰 노력을 기울입니까? 기억하십시오. 하나님의 심판대 앞에서 여러분이 계산해야 하는 것은 여러분의 형제들이 무엇을 하고 있느냐가 아니라, 여러분이 무엇을 하고 있느냐는 것입니다. 여러분 각자가 "내가 준 너의 달란트를 가지고 무엇을 했느냐?"라는 질문을 받을 것입니다. 여러 교회들과 여러분이 어떤 관계를 가지고 있느냐 하는 것은 전혀 문제가 되지 않습니다. 여러분 자신이 무엇을 했느냐 입니다. 구원을 주시는 하나님의 은혜의 증거로서 여러분에게 요구되는 바, 하나님을 향한 여러분 개인의 섬김이 어떠하냐가 문제입니다. 만일 다른 사람들이 게으르고 다른 사람들이 하나님께 마땅한 도리를 행하지 못한다면 그 만큼 여러분은 더 부지런히 일해야 할 충분한 이유를 가지게 되는 것입니다.

　다시 한 번 생각하십시오. 여러분 각자가 하나님 앞에서 계산을 해야 한다는 것을 말입니다. 하나님께서는 그 계산서의 모든 항목들에 대해 따지실 것입니다. 심판 날에 계산을 대강 얼른 해서 하나님 앞에 올려서는 안 됩니다. 하나님은 모든 항목을 다 따져 읽으시는 분이십니다. 여러분은 그것을 하나하나 입증할 수 있겠습니까? 그렇습니다. "내가 너희에게 이르노니 사람이 무슨 무익한 말을 하든지 심판 날에 이에 대하여 심문을 받으리니"(마 12:36). 자, 그 항목들에 사람이 잘못한 것들이 있습니다. 어떤 사람은 이렇게 말할 것입니다. "내 삶을 대체적으로 본다면 그렇게 부끄러울 것이 없는 것 같아요. 그러나 하나하나 세밀한 항목을 따져 본다면 정말 계산하기가 어려운 부분이 있습니다. 다루고 싶지 않은 부분이죠." 여러분은 지나간 어제가 작은 일들로 이루어졌다는 것을 아시죠? 오늘 우리가 해야 할 일들은 다 사소한 것들입니다. 또 내일 여러분이 해야 할 일들도 다 작은 것들일 것입니다. 작은 조개껍질들이 모여서 거대한 석회석 언덕을 이루고, 그 석회석 언덕들이 함께 모여 구릉과 산맥을 이루듯이, 사소하고 하찮은 행동들이 계산서 전체를 만들고, 이러한 각 항목이 따로따로 계산됩니다. 여러분이 일전에 한 시간을 아낄 수 있었습니다. 그 시간에 무엇을 했습니까? 여러분은 목소리를 가지고 있었습니다. 어떻게 그것을 사용했습니까? 여러분이 연필을 가지고 있습니다. 그런데 그 연필을 어떤 데 사용하였습니까? 구체적인 항목을 다 제시해야 하고, 각 항목에 대해 설명해야 할 것입니다. 오! 여러분이 지혜로운 사람이라면 문제를 사소하게 취급하지 않을 것입니다. 여러분의 행실이라는 음악 속에서 음표 하나하나가 다른 음표와 조화를 이루도록 할 것입니다. 그렇게 하여 여러분 인생의 시편이 소름끼치는 불협화음이 되지 않게 할 것입니다. 여러분이 지혜로운 사람이라면 말입니다. 오! 하나님 없이 사는 자들은 그 삶이 마지막 큰 심판의 날에 반드시 정죄 받고 말 것임을 기억해야 할 것입니다.

또 그 계산은 아주 정확할 것입니다. 작은 것들에서도 앞뒤가 맞지 않는 것이 있어서는 안 됩니다. "오! 그런 것들은 사소한 아주 작은 죄요, 정말 아주 작은 문제들에 불과합니다. 그러한 것들은 전혀 계산에 넣지 않았는데요." 그러나 그 모든 것들을 다 계산에 넣어야 합니다. 하나님께서 마지막 날에 우리 마음을 들여다보실 때 큰 것만 보지 아니하고 작은 것들까지도 보십니다. 모든 것을 들여다보실 것입니다. 파운드화처럼 크게 보이는 불의(不義)뿐만 아니라 펜스처럼 작게 보이는 죄들도 다 들여다보실 것입니다. 모든 것을 내놓고 정확히 계산해야 합니다.

또한 이 점을 기억해야 합니다. 마지막으로 이 점에 대해서 생각해 보십시오. 모든 사람이 자기 지위에 상관 없이 다 심문을 당하는 심판 날에 하나님께서 아주 공정하게 판단하실 것입니다. 왕도 자기가 받은 달란트를 가지고 계산하기 위해서 하나님의 심판대에 서야 할 것입니다. 그 심판대 앞에 그의 경호원과 그의 노예도 함께 설 것입니다. 가장 힘 있던 황제도 하나님의 법정에 서야 하고, 가장 작은 오두막에 사는 사람도 서야 합니다. 모든 사람들이 하나님 앞에 나타나 몸으로 행한 행실을 따라서 심문을 받아야 할 것입니다. 우리가 입으로 어떤 신앙 고백을 했느냐는 전혀 유익이 되지 못할 것입니다. 우리는 교만으로 말미암아 세상을 병들게 만들었던 가장 거만한 위선자였을 수도 있습니다. 그러나 우리는 마치 가장 비열한 죄인이었던 것과 마찬가지로 조사받고 검사받아야 합니다. 우리는 하나님의 영원한 법정 앞에서 재판을 받아야 합니다. 어떤 것도 우리의 재판장이신 하나님의 마음을 한 쪽으로 치우치게 만들 수 없고, 증거를 떠나서 우리를 위하는 쪽으로나 아니면 우리를 대적하는 쪽으로 생각을 갖도록 만들 것이 하나도 없습니다. 오! 만일 우리가 호소할 그리스도의 피가 없다면, 이 사실로 인해서 심판이 얼마나 무서운 것이 되겠습니까! 그 위대한 대언자이신 그리스도께서 전가해 주시는 자신의 공로로 백성들을 정죄에서 면하게 하실 것입니다. 물론 그들의 죄 자체로 보면 그들은 정죄당하기에 마땅할 것입니다. 그러나 기억하십시오. 그리스도 없이는 우리가 마지막 그 무서운 심판의 불 같은 시련을 견뎌 내지 못할 것이라는 점을 말입니다. 한 옛 설교자는 말하였습니다. "그렇습니다. 율법이 주어질 때에 시내 산에 연기가 덮였고, 시내 산이 밀랍같이 녹았습니다. 그러나 율법의 형벌이 주어질 때는 온 땅이 진동할 것입니다. 주님의 날, 하나님의 맹렬한 분노의 그 날을 참아 낼 자가 누구이겠습니까!"

3. 두 달란트를 바르게 잘 쓰면 다섯 달란트를 가지지 않았다는 것이 우리에게 전혀 해가 되지 않을 것이다.

마지막 요점은 우리가 가진 두 달란트를 하나님의 은혜로 바르게 사용하기만 한다면, 다섯 달란트 가지지 않았다는 것이 전혀 손해가 되지 않을 것입니다 (하나님의 은혜를 통해서만 우리가 가진 두 달란트를 바르게 활용할 수 있습니다).

교회의 중심에서 진리를 위한 당당한 전사(戰士)로 지내던 사람이 죽을 때는 천사들이 하늘 문에 몰려 나와서 그를 보려 한다고 여러분은 말합니다. 그가 대단한 영웅이었고 우리 주님을 위해서 많은 것을 행하였기 때문이라는 것입니다. 칼빈이나 루터 같은 사람이 얼마나 많은 갈채를 받았겠습니까! 이 사람들은 정말 많은 달란트를 가진 사람이었고, 자기들에게 맡겨진 것에 대해 충실한 사람들이었습니다. 그렇습니다. 그러나 오십 명도 채 되지 않는 보잘것없는 시골 교회를 목회하는 목회자들이 많이 있습니다. 그들은 평생 작은 회중을 위해서 수고하고, 그들이 잘 되는 것을 위해서 기도하는 데 시간을 보내고, 그들을 그리스도께 인도하기 위해서 작은 능력을 모두 동원하여 애를 쓰고 있습니다. 그런 목회자가 하늘에 올라갈 때, 루터 같은 사람들이 하늘에 들어갈 때만큼 승리의 개선가가 불려지지는 않겠다고 생각하십니까? 여러분이 그렇게 생각한다면 하나님께서 당신의 백성들을 어떻게 다루시는지 알지 못하고 계시는 것입니다. 하나님께서는 그들에게 맡겨 주신 재능의 크기에 따라서 상급을 주지 아니하시고, 그들에게 맡겨진 재능에 얼마나 충실했느냐에 따라서 상급을 주십니다. 가장 작은 것에 충성한 자가 많은 것에 충성한 자만큼 상을 받을 것입니다. 저는 이 점을 알기 위해서 마태복음 25장 전체를 간단하게 살펴보고 싶습니다. 여러분은 무엇보다도 먼저, 두 달란트 받은 자가 다섯 달란트 받은 자와 똑같이 큰 확신을 가지고 주인 앞에 나아갔다는 것을 주목할 것입니다. "주인이여 내게 두 달란트를 주셨는데 보소서 내가 또 두 달란트를 남겼나이다." 두 달란트를 받은 그 가난한 사람은 그걸 가지고 장사하는 동안에 다섯 달란트 받은 이웃을 자주 쳐다보았을 수 있습니다. 그러면서 이렇게 말했을 수도 있습니다. "오! 나도 저 사람만큼 많은 일을 할 수 있으면 좋겠는데! 자, 그는 다섯 달란트를 투자할 수 있어서 매년 참으로 많은 이익을 거두겠어. 오! 나도 그만큼 많은 이익을 남길 수 있으면 좋겠네!' 또 그렇게 장사에 나가면서 자주 이렇게 기도했을 수 있습니다. "오! 나의 주님, 제게도 더 큰 능력을 주시고, 주님을 섬길 수 있게 더 큰 은혜를 주시옵소서. 더 많은 일을 하고 싶습니다." 그리고 앉아서 자기 일기를 읽으면서, 이렇게 생각했을 수 있습니다. '아! 이 일기는 많은 것을 기록하고 있지 않아. 이 일기에는 내가 오십 개의 마을을 순행하면서 일한 기록이 전혀 없어. 바울이 진리를 전파하기 위해 이 나라 저 나라로 여행했던 것처럼 나는 말할 수 없어. 아니야. 나는 그저 이 교구에서만 지냈고, 이 회중을 위해서 안간힘을 다하여 수고했지. 교회에 모이는 수를 열 사람이나 열두 사람 더 많게 했다면 내게는 대단한 일이었을 거야. 아무개 목사님은 일 년에 이삼백 명이나 교인을 불리는 특권을 받았다고 하는데. 오! 나도 그렇게 할 수 있었으면! 나는 하늘에 갈 때, 기어서 그 문에 들어갈 거야. 그 목사님은 은혜로 곡식단을 끼고서 담대하게 들어갈 수 있겠지."

잠깐 멈추십시오. 믿음이 적은 자여, 그대의 구주께서는 그대를 그런 식으로 다루지 않으실 것입니다. 그대는 죽게 될 때, 두 달란트를 잘 사용했던 사람이 죽으면서 가졌던 확신과 똑같은 확신을 은혜로 말미암아 갖게 될 것입니다. 또는 열 달란트를 가진 그대의 형제가 가진 담대함을 똑같이 갖고 들어가게 될 것입니다. 거기에 이르게 되면 주님의 아름다우신 면전에 서서 이렇게 말할 것입니다. "저는 그리스도 안에서 온전한 자니이다. 그리스도의 의가 머리에서 발끝까지 나를 덮어 주시니, 내 과거의 삶을 돌아볼 때 주님의 거룩한 이름을 찬미하라고 말할 수 있나이다. 내가 할 수 있었던 일은 아주 보잘것없지만 주님을 위해서 할 수 있는 대로 힘을 다해 일했습니다. 그분이 나의 허물을 용서하실 것을 알고 내 잘못을 용서하실 것을 압니다. 저는 제가 맡았던 보잘것없는 시골 목회의 책무를 돌아볼 때 참으로 크게 기뻐하지 않을 수 없습니다. 주님께서 제가 그곳에서 수고하도록 허락하셨기 때문입니다."

오! 제 생각에는 그 사람이 공적으로 더 많은 갈채를 받았던 사람보다 양심에 더 큰 자부심을 가질 수도 있습니다. 왜냐하면 그리스도를 온전히 의지하고 나서 자신에게 이렇게 말할 수 있기 때문입니다. "그렇다. 나는 명성을 얻으려고 이 일을 행하지 않았음이 확실하다. 나는 사람이 없는 광야 같은 곳에서 친절한 마음을 잃어버렸을 때 보는 사람이 없어도 부끄러웠기 때문이다. 내 행실을 본 사람은 아무도 없었다. 내가 행한 일은 내 자신과 하나님 사이에서만 알려졌고, 나는 그분에게 내 사정을 아뢰며 '주여! 내가 이 일을 당신을 위해서 했나이다. 내 자신을 영화롭게 하기 위해서 한 것이 아닙니다.'라고 말할 수 있다."

그렇습니다. 친구들이여, 지금 나는 우리나라에서 성실한 많은 복음전도자들 가운데서 우리 중 어느 누구보다 더 열심히 일하고 있으면서도 훨씬 더 명성을 얻지 못하는 여러분들에게 말씀드릴 수 있습니다. 그렇습니다. 저는 그런 분들에게, 그리스도를 위해서 엄청난 칭찬을 받을 만큼 수고하면서도 이 땅에서는 상급을 많이 받기는커녕 멸시와 천대를 받는 많은 도시 선교사들의 이름을 댈 수 있습니다. 여러분은 그 가난한 사람이 오늘 예배를 마치자마자 수고의 일을 시작하는 것을 볼 것입니다. 그는 오늘 오후에 세 시간이 남자 병자들에게 가서 지내는데, 월요일 아침에도 수고하는 것을 보게 될 것입니다. 그는 집집마다 다닙니다. 어떤 집에서는 문전 박대를 당하고, 또 어떤 데서는 폭도들과 술주정뱅이들에게 곤욕을 치릅니다. 때로는 온갖 종교적 신념 있는 사람들을 만나고 혹은 아무 종교적 신념도 없는 사람들을 만나 조롱과 비웃음을 당하기도 합니다. 그는 계속해서 수고합니다. 그는 작은 저녁 모임을 인도합니다. 작은 무리를 모아 함께 기도하려고 애씁니다. 가끔 회심자를 한두 사람 얻습니다. 그러나 그는 아무 영예를 취하지 않습니다. 그는 다만 그 사람을 데리고 목회자에게 가서 이렇게 말합니다. "목사님, 여기 좋은 분이 왔습니다. 이분이 감명을 받은 것 같은데, 이분에게 세례를 주고 목사님 교회에 받아 주시겠습니까?" 그 목회자가 그 일에 대한 모든 공로를 차지합니다. 그 가난한 도시 선교사에 대해서는 거의 얘기를 하지 않거나 아무 얘기도 하지 않습니다. 그저 때때로 아무개 아무개 씨가 인도했다는 보고가 있을 수 있습니다. 그러나 사람들은 그런 사실은 별로 중요하게 생각지 않습니다. 그 사람을 자기들이 늘 사랑을 베풀어 주어야 하는 대상 정도로밖에 생각지 않습니다. 그러나 사실 그들에게 사랑을 베풀어 주는 사람은 바로 그입니다. 그는 일 년에 자기 가족을 부양하기에도 부족한 60파운드를 받아 생활하면서 자기 생명의 수액과 피와 골수를 그들에게 줍니다. 그러나 친구 여러분, 그 사람이 죽으면, 수많은 무리들 앞에서 종교 문제 때문에 나라 전체를 분발시켰던 사람 못지않게 그의 양심이 떳떳함을 누리게 될 것입니다. 그는 그리스도의 의를 입고 그리스도 앞에 설 것입니다. 부끄럽지 않은 얼굴로 "주여 내게 두 달란트를 주셨는데 보소서 내가 또 두 달란트를 남겼나이다."라고 말할 것입니다.

자, 이제 결론지어 말씀드리겠습니다. 구주께서 칭찬하시는 데는 전혀 차이가 없고, 그 상급에도 차이가 없다는 것을 여러분은 주목하셨을 것입니다. 다섯 달란트 받은 자와 두 달란트 받은 자의 경우에 다같이 주님은 "착하고 충성된 종아 네가 적은 일에 충성하였으매 내가 많은 것을 네게 맡기리니 네 주인의 즐거움에 참여할지어다"(마 25:21)라고 말씀하셨습니다. 조지 횟필드(G. Whitefield, 18세기의 위대한 영국의 영적 각성자 — 역주)라는 사람이 있습니다. 그는 잉글랜드와 스코틀랜드, 아일랜드, 미국에서 하나님의 진리를 증거하였는데, 복음을 설교하기 위해서 한 번 설 때 이천 명 앞에서 설교하였습니다. 그리고 한 번 설교를 듣고 수천 명이 회심하기도 하였습니다! 그는 박해와 조롱을 받았지만 끄덕하지 않았습니다. 그는 세상이 감당치 못하는 사람이었습니다. 그는 동료들을 위해 살았고, 마침내 그들의 대의를 위해 죽었습니다. 구주께서 그의 손을 잡고서 "잘

하였도다. 잘하였도다. 착하고 충성된 종아! 네 주인의 즐거움에 참여할지어다."
라고 말씀하시는 동안 천사들이 곁에 서서 탄복합니다. 자, 값없는 은혜가, 용감
하게 일할 수 있게 만든 그 사람을 얼마나 명예롭게 하는지 보십시오.

　귀 기울여 들으십시오! 저기 오는 저 사람이 누구입니까? 홀쭉해 보이는 불
쌍한 저 사람은 지상에 있을 때에 폐병을 앓았던 사람입니다. 때때로 얼굴이 벌
겋게 달아오르는 홍조가 있었지요. 병상에서 삼 년 동안이나 고생하였던 여자입
니다. 그 여자가 오는 것을 보고 하늘이 그렇게 부산하게 움직이는 것을 보니 그
여자가 공주였나요? 아닙니다. 그 여자는 삯바느질로 생계를 이어가던 가난한
여자였습니다. 스스로 생활비를 벌면서 일하다가 죽은 사람입니다! 아침부터 밤
중까지 계속 바느질만 했습니다! 그런데 그녀가 하늘로 갔습니다. 그녀는 이른
나이에 삶을 마친 것입니다. 그러나 그녀는 알알이 잘 익은 옥수수 같은 모습으
로 천국에 들어오고 있습니다. 그녀의 주인이 말씀하십니다. "잘하였도다 착하
고 충성된 종아 네가 적은 일에 충성하였으매 내가 많은 것을 네게 맡기리니 네
주인의 즐거움에 참여할지어다!" 그리고 조지 휫필드 옆에 자리를 차지합니다.
그녀에게 무엇을 했느냐고 물어 보십시오. 그녀가 런던의 어두운 골목길에 위치
한 어느 집의 작은 다락방을 쓰며 살았던 사람임을 알게 될 것입니다. 그런데 그
녀와 함께 일하러 오는 불쌍한 가난한 소녀가 있었습니다. 그 불쌍한 가난한 소
녀가 그녀와 함께 처음 일하러 왔을 때 천진난만한 아이였습니다. 이 폐병을 앓
고 있는 여자가 그 다른 소녀에게 그리스도에 관해서 말해 주었습니다. 그녀가
건강이 꽤 좋아질 때는 둘이 함께 밤에 가만히 교회당에 출석하곤 했습니다. 그
다른 소녀를 데리고 교회당에 가는 것이 처음에는 어려웠습니다. 그러나 사랑스
러운 마음으로 그녀를 강권하여 데리고 다니곤 하였습니다. 그 소녀가 투정을
부리게 될 때에도 결코 포기하지 않았습니다. 그 폐병이 걸린 여자는 이렇게 말
하곤 하였습니다. "오 제인, 나는 네가 구주님을 사랑했으면 좋겠어." 제인이 일
하러 오지 않을 때는 그녀를 위하여 기도하곤 했습니다. 또 일하러 올 때에는 함
께 기도하곤 했습니다. 그 다른 불쌍한 소녀가 바느질을 계속하는 동안 성경을
한 페이지씩 읽어 주었습니다. 왜냐하면 제인이라는 그 다른 소녀는 책을 읽을
수 없었기 때문입니다. 그녀는 자기를 사랑하사 자기를 위하여 목숨을 버리신
구주에 관해서 말해 주려고 애쓰면서 많은 눈물을 흘렸습니다. 결국 여러 날 어
려운 설득과 서글픈 낙담의 시간을 보내고, 또한 여러 밤을 자지 않고 눈물로 기

도한 끝에, 결국 그녀가 그리스도를 사랑한다고 고백하는 것을 듣게 되었습니다. 그런데 그녀는 병이 악화되어 그 다른 소녀를 두고 병상에 눕게 되고 결국 병원에 실려 가게 되었습니다. 병원에서 그 여자는 죽었습니다. 병원에 있을 때에 그 여자는 몇 권의 소책자를 갖고 있었는데 자기를 찾아온 사람들에게 나누어 주곤 했습니다. 할 수 있는 대로 여자들을 불러 모아서 소책자를 나누어 주려고 애썼습니다. 그 병원에 처음 갔을 때 침상 밖으로 나올 수 있는 힘이 있는 경우에는, 죽어 가는 옆 사람 곁에 가서 있곤 했고, 간호사들도 그렇게 하도록 허락했습니다. 결국 병이 너무 악화되었을 때, 건강이 점점 더 좋아져서 퇴원하게 되어 있는 병실 건너편에 있는 불쌍한 소녀에게 자기에게 와서 성경을 한 장씩 읽어 달라고 요청하곤 했습니다. 사실은 자신을 위해서 읽어 달라는 것이 아니라 읽는 그 소녀를 위해서 읽어 달라고 한 것입니다. 그렇게 그 소녀가 직접 성경을 읽는 동안에 마음에 감동을 받을 수 있을 거라는 생각 때문이었죠. 결국 이 불쌍한 여자는 죽었고 예수님 안에서 잠이 들었습니다. 폐병을 앓으며 바느질하던 그 여자가 그 소녀에게 "잘 했어. 너는 할 수 있는 일을 다 했어."라고 말하였습니다. 천사장이 말한들 이보다 더 나은 말을 할 수 있겠습니까?

구주의 칭찬을 들어 보십시오. 자기의 달란트를 잘 사용한 모든 사람들에게 똑같은 마지막 상급이 주어질 것입니다. 아! 만일 영광에 있어서 등급이 있다면 우리가 받은 재능에 따라서 구분되는 것이 아니라, 그 재능들을 사용한 우리의 신실성에 따라서 구분될 것입니다. 물론 영광의 등급이 있는지 없는지 저는 잘 모르겠습니다. 그러나 이 점은 알고 있습니다. 주님의 뜻을 행하는 사람은 "착하고 충성된 종아 네가 잘하였도다."라는 말을 듣게 될 것입니다.

자, 친구들이여! 이 말씀을 하나만 더 드립니다. 우리 교단에는 복음을 끊임없이 설교하는 많은 사람들이 있다고 여러분에게 말씀드린 바 있습니다. 가난한 목사님들이 우리더러 읽으라고 써 보낸 편지 몇 통을 가져오는 것이 좋을지 모르겠습니다. 그러나 때로는 그렇게 하는 것이 다른 사람의 감정을 손상시키는 것이라는 생각이 듭니다. 저는 그렇게 하고 싶지 않습니다. 그런데 어떤 해에 그렇게 하였더니 헌금이 거의 배로 늘어나는 효과를 거두었습니다. 그래서 저는 그들을 돕는다는 목적으로 거의 무례를 범한 것이 아닌가 생각합니다. 그러나 여러분에게 확실하게 말할 수 있습니다. 궁핍이 존재하는 곳이 있다면 침례교회 목회자들 가운데서 발견될 것입니다. 한 가지 이유가 교인들의 허물이라고 말씀드리지 않을 수 없어 안타깝습니다. 교인들이 헌금하는 일에 너무 인색하여 그들의 목회자들이 굶주리고 있습니다. 자, 만일 그리스도께서 내세에서 많은 겸손한 설교자들에게 "잘하였도다."라고 말씀하신다면, 그 설교자들이 지상에 있을 때에 한 해에 30 파운드나 40 파운드를 받게 하여 교회가 그들을 주리게 만들 의도를 갖고 계시다고 생각하십니까? 자, 형제들이여! 만일 그리스도께서 마지막 날에 "잘하였도다."라고 말씀하실 것이면, 우리는 주님께서 "오늘 잘하였도다."라고 말씀하실 것이라고 예상할 수 있습니다. 곡식을 밟아 떠는 소에게 망을 씌우기보다는 "잘하였도다."라고 말하면서 가난한 목회자들에게 우리가 가진 부요 가운데 다소 드릴 수 없습니까? 하나님께서 우리에게 주시는 대로 그들의 생활비를 공급할 수 없느냐 말입니다. 금년에 여러분이 드린 것에 의존하여 한 해를 살아야 할 사람들이 많을 것입니다. 어쩌면 여러분이 그 점을 기억하시고 그들을 도울지 모르겠습니다. 평소에 여기에 오시는 어떤 친절한 신사분이 이렇게 말했습니다. "제가 오늘 여기 올 수 없습니다. 목사님 옆에 있는 헌금함에 넣을 제 헌금을 보냅니다." 저는 믿습니다. 오늘 여기에 오지 않으신 분이라도 다음 주일에 오실 때는 헌금을 결코 잊지 않을 것이라고 말입니다. 헌금은 우리 교회 교인들이 언제나 마음으로 매우 소중히 여기는 일입니다.

제
68
장

—

새해 손님

—

"내가 … 나그네 되었을 때 영접하였고" — 마 25:35

**"영접하는 자, 곧 그 이름을 믿는 자들에게는
하나님의 자녀가 되는 권세를 주셨으니"** — 요 1:12

저는 최근에 신년 연하장을 받았는데, 그 연하장이 저에게 지금 여러분에게 말씀드리려는 설교 제목을 암시하여 주었습니다. 그 연하장을 도안한 사람은 거룩한 통찰력으로 두 본문이 서로 관련이 있음을 보았고, 두 구절을 함께 놓음으로써 두 구절이 모두 많은 것을 시사하도록 만들었습니다. 믿음으로 행하는 환대가 나그네 되신 예수님을 영접할 때 우리 속에 신성한 능력으로 작용하고, 그럼으로써 우리가 하나님의 아들들이 되는 권세를 받는다는 이 생각에는 신선함이 있습니다. 두 말씀 사이에서 암시된 관계는 실제로 존재합니다. 요한복음의 문맥을 읽어보면 그러한 연관성이 억지로나 공상으로 만들어낸 것이 아님을 알게 될 것입니다. "그가 세상에 계셨으며 세상은 그로 말미암아 지은 바 되었으되 세상이 그를 알지 못하였고"(요 1:10). 주님은 자신이 지으신 세상에서 나그네이셨습니다. "자기 땅에 오매 자기 백성이 영접하지 아니하였으나." 이와 같이 주님은 많은 자비의 행사들을 베풀어 자신을 위해서 구별하신 백성들 가운데서 나그네이셨습니다. "그러나 영접하는 자들," 곧 이 복되신 나그네를 대접하자는 자들, "그 이름을 믿는 자들에게는 하나님의 자녀가 되는 권세를 주셨으니." 저는 이 구절이 새해가 시작되는 시점에서 강론하기에 합당하고 유익할 수 있다고 생각하였습니다. 지금이 후하게 대접하는 시기이기 때문입니다. 우리 친구들 중 어떤 이들은 주 예수님께 "주 하나님께 복 받으신 분이여, 들어오소서. 어째서 그렇게 밖에서 서 계십니까?"라고 말씀드림으로 새해를 시작하는 것이 좋다고 생각할 것입니다. 이 거룩한 나그네는 여러 집의 문을 두드렸습니다. 그 머리가 이슬에 젖고, 그 고불고불한 머리털에 밤이슬이 송송 맺히기까지 그리하셨습니다. 자, 이제 일어나 그분에게 문을 열어 드림으로 이 해가 다 가는 마지막 날에 욥처럼 말할 사람들이 있다고 믿습니다. "나그네가 거리에서 자지 아니하도록 나는 행인에게 내 문을 열어 주었노라"(욥 31:32). 진실로 그렇게 함으로써 부지중에 천사들을 대접할 뿐 아니라, 천사들의 주가 되시는 분을 영접할 것입니다. 진실로 여러분이 그분을 영접하는 날은 여러분의 남은 여러 해의 시작이 될 것입니다. 그 날이 여러분에게 주어지는 연수의 첫 날이 될 것입니다. 그 연수가 적든지 많든지 간에 그렇게 시작하는 해마다 진정한 의미에서 행복한 해가 될 것입니다.

　저는 먼저 그 나그네를 영접하여 들인 일에 대해 몇 마디 말씀드리고, 그 다음에 그 나그네가 여러 나그네들을 아들로 삼으시는 일에 대하여 말씀드리겠습니다.

1. 그 나그네를 영접하여 들인 일

　이 일은 우리 주님께서 친히 말씀하신 직유(直喩)입니다. 왕이 자신의 보좌로부터 친히 우리에게 알려주신 은유입니다. 마태복음의 본문이 어떤 식으로 시작되는지 주목하십시오. "내가 주릴 때 너희가 먹을 것을 주었고 목마를 때에 마시게 하였고." 이 두 가지 행실은 예수님께 대한 믿음과 사랑을 입증하는 선한 행실들입니다. 그러므로 그 행실들은 인정을 받고 기록되며, 상급을 받습니다. 그러나 예수님에 대한 믿음과 사랑은 "내가 나그네 되었을 때 영접하는" 일에서 분명하고 기념할 만한 성장을 보입니다. 그 나그네를 집에 들여 묵게 한 것은 문 앞에서 음식을 주어 기운을 돋구어 주는 것보다 훨씬 더 큰 선물입니다. 아무리 작은 일이라 할지라도 무엇이든지 그리스도를 위해서 믿음으로 하는 것은 좋은 일입니다. 그러나 우리 영혼 속에서 예수님을 대접하고, 우리 마음과 생각 속에 예수님께서 들어와 계시도록 하는 것은 훨씬 더 좋은 일입니다. 우리에게 있는 것으로 그리스도께 드리되, 주님의 가난한 백성들에게 도움을 주고 주님의 대의

(大義)를 거듭으로써 우리 존재 전체를 활짝 열어 주님을 영접하고 존귀한 손님으로 우리 영혼에 모셔야 합니다. 그렇게 하기 전까지 우리는 주님께서 우리에게 마땅히 요구하실 수 있는 것을 온전히 주님께 드린 것이 아닙니다. 우리는 냉수 몇 잔이나 떡 몇 조각을 드리는 것으로 만족하지 말아야 합니다. 오히려 "그를 강권하여 우리와 함께 유하소서."라고 말해야 합니다. 우리 마음은 베다니 마을 같아야 합니다. 거기서 우리는 마리아와 마르다와 나사로처럼 우리 구주님을 대접해야 합니다. 또한 오벳에돔의 집 같아야 합니다. 그 집에서 주님의 언약궤가 평화롭게 안치될 수 있도록 해야 합니다. 우리 기도는 아브라함의 기도와 같아야 합니다. "내 주여, 내가 주께 은혜를 입었사오면 원하건대 종을 떠나 지나가지 마옵소서"(창 18:3).

　　본문 중에서 가장 눈에 띄는 단어는 나그네입니다. 그 단어 때문에 문맥 전체에 묘한 분위기가 드리워집니다. 여기에 이상한 일들이 세 가지 있습니다. 첫째로, 주 예수께서 이 지상에서 나그네로 계셨다는 것입니다. "그가 세상에 계셨고 세상이 그로 말미암아 지은 바 되었다"는 것이 이상한 일이 아닙니까? 주님께서 세상에서 나그네이셨다는 것입니까? 그러나 그것은 전혀 이상한 것이 아니라 사실입니다. 왜냐하면 그분이 태어나셨을 때 여관에 그분을 위한 방이 하나도 없었기 때문입니다. 여관은 일반 나그네들을 위해서 문이 열려 있었습니다. 그러나 예수님을 위해서 열린 문은 없었습니다. 왜냐하면 예수님은 주위에 있는 어느 누구보다 큰 나그네이셨기 때문입니다. 그 동네는 다윗의 베들레헴이었습니다. 베들레헴은 다윗이 속한 고대 가문(家門)의 중심지였습니다. 그런데 주님께서 "자기 형제들에게 낯선 자요 그 어머니의 자녀들에게 외인이" 되었습니다. 그분에게 열린 문이 하나도 없었습니다. 그 마을 자체에 주님을 위한 안전한 곳이 하나도 없었습니다. 왜냐하면 헤롯왕이 그 어린 아기의 생명을 찾고 있었기 때문입니다. 그래서 애굽으로 피신하여 낯선 땅에서 나그네가 되어야 했습니다. 아니, 나그네보다 못한 자리에 처하셔야 했습니다. 왕으로 나신 분이 자기 땅에서 망명하고 피해야 하다니요. 애굽에서 돌아오시고 공중 앞에 나타나셨을 때 수많은 대중들 틈에서도 그분을 위한 자리는 없었습니다. 예수님께서 자기 소유인 이스라엘에 오셨습니다. 선지자들이 그분을 이스라엘에게 나타내었고, 이스라엘의 많은 예표가 그분을 바라보게 하였습니다. 그러나 그들은 주님을 인정하려고 하지 않았습니다. "그는 멸시를 받아 사람들에게 버림받았으며"(사 53:3).

사람들이 그분을 싫어하여 혐오하였습니다. 그분을 어쩌나 혐오하였던지 "그를 없애버려라! 그를 십자가에 못 박으라! 십자가에 못 박으라!"라 외쳐댔습니다. 그렇습니다. 세상은 그를 거의 알지 못하여 영광의 주님이신 그분을 십자가에 매달아야 된다고 생각했습니다. 그래서 그들은 "그 거룩하시고 의로우신 분"을 잔인하게 죽였습니다. 유대인들과 이방인들이 다 같이 작당하여 그분이 참으로 나그네이셨음을 입증하였습니다. 유대인은 말하였습니다. "이 사람은 어디서 왔는지 알지 못하노라"(요 9:29). 로마인은 "너는 어디로부터냐?"(요 19:9)라고 물었습니다. 자, 그리스도께서 그와 같은 나그네이셨다는 것이 진실로 서글프고 기이한 일입니다. 그러나 놀랄 일이 아닙니다. 왜냐하면 악하고 이기주의적으로 자기만 아는 세상이 어떻게 예수님을 알거나 영접하겠습니까? 주님의 백성은 고대의 예표를 통해서 이 사실을 미리 알았습니다. 주님께서 육체로 나타나기 오래 전에 믿는 자들에게 자신이 나그네이심을 보여주셨습니다. 주님께서는 아브라함에게 천사의 모습으로 오셨습니다. 그래서 우리는 성경에서 다음과 같은 이야기를 읽습니다. "눈을 들어본즉 사람 셋이 맞은편에 서 있는지라. 그가 그들을 보자 곧 장막 문에서 달려 나가 영접하며 몸을 땅에 굽혀 이르되 내 주여 내가 주께 은혜를 입었사오면 원하건대 종을 떠나 지나가지 마시옵고 물을 조금 가져오게 하사 당신들의 발을 씻으시고 나무 아래에서 쉬소서 내가 떡을 조금 가져오리니 당신들의 마음을 상쾌하게 하신 후에 지나가소서"(창 18:2-5). 세 사람 가운데 중앙에 계셨던 주님께서 나그네이셨고, 믿음의 아버지인 아브라함이 그분을 대접하셨습니다. 모든 시대에 믿는 자들이 할 일을 모형으로 보여준 것입니다. 예레미야가 그분에 대하여 이렇게 말하였습니다. "이스라엘의 소망이시요 고난 당한 때의 구원자시여, 어찌하여 이 땅에서 거류하는 자 같이, 하룻밤을 유숙하는 나그네 같이 하시나이까"(렘 14:8).

이러한 바른 경고에도 불구하고 우리 주님께서 자비의 사명을 띠고 이 땅에 오셨을 때 그처럼 홀대를 받으셨다는 것이 여전히 서글픈 기이한 일입니다. 그분을 아는 자들이 거의 없고, 그분을 알아보는 자들이 그렇게 드물며, 그렇게 무례하게 그분을 대우하다니요. 애굽이 이스라엘로 자기를 엄하게 섬기게 하였듯이, 우리는 오래 참으시는 나그네로 하여금 우리의 죄를 처리하게 만들었고, 우리의 불의로 그분을 지치게 하였습니다. 인자 되신 그분은 머리 둘 곳이 없었습니다. 누가는 야만인들이 바울과 그의 친구들에게 적지 않은 친절을 베풀었다고 말합니다. 그러나 사람들은 자기들의 구주에 대하여 야만인들보다 더 악하였습니다. 종이 상전보다 더 대접을 받거나 제자가 자기 선생보다 더 대접을 받아야겠습니까? "아버지께서 어떠한 사랑을 우리에게 베푸사 하나님의 자녀라 일컬음을 받게 하셨는가, 우리가 그러하도다. 그러므로 세상이 우리를 알지 못함을 그를 알지 못함이라"(요1 3:1).

또다른 이상한 일은 우리가 나그네이신 주 예수님을 영접할 수 있다는 점입니다. 주님께서는 영광에 들어가셨습니다. 그런데 주님께서 우리에게 "내가 나그네 되었을 때에 너희가 나를 영접하였다"고 말씀하려고 한다는 것입니까? 그렇습니다. 우리가 주님께서 여기서 말씀하시는 영적인 대접을 해드린다면 그렇게 말씀하실 것입니다. 이 일은 여러 방식으로 행할 수 있습니다.

그리스도 안에 있는 형제자매들이여, 저는 여러분이 그렇게 하리라고 믿습니다. 믿는 자들이 지극히 적고 어디에서나 멸시를 받을 때 우리는 나그네 되신 그리스도를 영접할 수 있습니다. 우리는 세상 정신이 넘쳐나고 신앙이 무시되는 곳에 머무를 수도 있습니다. 그런 경우에 예수님을 믿는다고 공언하는 데는 약간의 용기가 필요할 수 있습니다. 바로 그때 "내가 나그네 되었을 때에 너희가 나를 영접하였다"는 칭찬의 말씀을 들을 기회가 생깁니다. 이때 나그네 된 우리 주님을 영접하는 데서 사랑의 분명한 증거를 보일 수 있습니다. 만일 여왕이 망통(Mentone: 프랑스 남부 요양지)을 다시 방문하고 싶어 한다면, 거기에 있는 모든 저택들이 기꺼이 여왕이 마음대로 쓰도록 하였을 것입니다. 그러나 여왕이 제국에서 쫓겨나 불쌍한 나그네의 신분으로 전락했을 경우, 여왕을 후히 대접하는 것은 여왕에 대한 충성심을 지금보다 훨씬 더 잘 드러낼 것입니다. 예수님께서 어디에서든지 무시당하실 때, 우리는 주님께 대한 충성을 더욱 담대하게 공언하도록 합시다. 사실 예수님께서 그렇게 무시당하시는 경우가 때때로 있습니다. 많은 신앙 고백자들이 신자들과 함께 있을 때는 같은 신앙인 체하다가 신앙이 없고 경건하지 않은 자들과 함께 있을 때는 그들과 다정한 친구인 체할까봐 두렵습니다. 이들은 허다한 무리와 함께 "호산나"를 외칩니다. 그러나 마음으로 하나님의 아들이신 예수님을 사랑하는 것은 전혀 없었습니다. 그리스도에 대한 우리의 충성은 지역과 상황에 따라 달라져서는 안 됩니다. 우리는 어디에서도 그분을 사랑해야 합니다. 많은 사람들이 그분을 무시할 때에도 그분에게 영광을 돌려야 하고, 모든 사람들이 그분을 망각하여도 그분을 말해야 합니다.

우리가 가난한 성도에게 형제의 친절함을 보이면 사실 그것이 직접 주님을 대접하는 것이라고 주님께서 보증하시는 것을 여기서 봅니다. 만일 우리가 궁핍에 처하거나 멸시를 받거나 조롱을 받는 그리스도인을 보고 이렇게 말한다고 합시다. "그대는 나의 친구다. 그대가 무슨 옷을 입었느냐는 문제가 되지 않아. 그대에게는 그리스도의 이름이 붙어 있다. 나는 그대와 함께 고난을 받는다. 그대의 필요를 채워주고 그대가 당하는 능욕을 함께 받을 것이다." 그러면 영광의 주님께서 친히 우리에게 마지막 날에 이렇게 말씀하실 것입니다. "여기 내 형제 중에 지극히 작은 자에게 한 그것이 곧 내게 한 것이니라." 여러분과 제가 지금도 우리 주님을 대접할 수 있다고 제가 말은 하지만, 이상하게 들릴 것입니다. 그러나 사실입니다. 겸손하며 진실한 의인이 "주여, 우리가 어느 때에 주께서 주리신 것을 보고 음식을 대접하였으며 목마르신 것을 보고 마시게 하였나이까? 어느 때에 나그네 되신 것을 보고 영접하였으며 헐벗으신 것을 보고 옷 입혔나이까?" 라고 외치는 것은 전혀 이상한 일이 아닙니다. 우리도 정말 놀라지 않을 수 없을 것입니다. 우리도 역시 "하나님께서 진실로 지상에서 사람들과 함께 거하실까? 하나님께서 우리의 손에서 대접을 받으실까?"라고 외칩니다. 그런데 정말 그러하십니다.

또 주님과 그 사도들이 가르친 교훈들이 사람들로부터 나쁜 평판을 받을 때 그리스도의 신실한 말씀을 굳게 붙잡음으로써 나그네 되신 그리스도를 대접할 수 있습니다. 오늘날 하나님께서 계시하신 진리가 사람들 자신의 생각이나 꿈보다 별로 중요하지 않은 것처럼 보입니다. 그리스도의 신실한 말씀을 여전히 믿는 사람들은 주님께로부터 이와 같은 말씀을 듣습니다. "내가 나그네 되었을 때에 네가 나를 영접하였다." 여러분이 계시된 진리가 양피지에 쓰여 여기저기 돌아다니고 빈핍한 모습을 보이며, 환난을 받고 괴롭힘을 받으며, 그 진리에 대하여 좋게 말하는 사람이 하나도 없는 것을 본다 합시다. 그것이 그리스도의 진리이기에 그 진리를 공언(公言)할 때가 바로 그때입니다. 그리스도를 위하여 능욕을 받는 것을 애굽의 모든 보화보다 더 큰 보배로 여김으로써 여러분의 충성심을 입증할 때가 바로 그때입니다! 단지 대다수 사람들과 한 패가 되어야 하기 때문에 다른 모든 사람들이 믿는 것을 믿는 사람들은 무시해 버리십시오. 이런 자들은 물살에 휩쓸려 내려가는 죽은 고기와 같은 자들입니다. 그렇게 휩쓸려가다가 부끄러운 결말을 맞게 될 것입니다. 산 물고기가 물결을 거슬러 헤엄치듯이,

살아 있는 그리스도인들도 시대의 환경이나 조류를 거스르고 그리스도의 진리를 추구하며, 시대의 무지와 문화에 도전합니다. 다른 모든 사람들이 진리를 버렸을 때 확고하게 진리를 지지하는 것이야말로 신자의 영예요 그리스도인의 기사도 정신입니다.

그와 같이 그리스도의 교훈이 무시당하고, 주의 날을 생각지 않고, 주님께 예배드리는 것을 멸시하는 때에 우리가 들어와 십자가를 지고 주님을 따르며 나그네 되신 분을 영접할 수 있습니다. 확실하게 어떤 이들은 이렇게 말할 것입니다. "저 사람들은 광신적인 감리교도들이거나 아니면 엄격한 장로교도들이다." 그러나 그게 어떻습니까? 세상이 우리에 대해 뭐라고 말한들 그게 무슨 상관입니까? 우리는 세상에 대하여 십자가에 못 박히고 세상도 우리에 대하여 십자가에 못 박혔습니다. 만일 우리 주님께서 어떤 법칙을 설정해 놓으셨으면 그걸 따르는 것이 우리의 소임입니다. 그렇게 함으로써 우리 영혼의 안식을 얻습니다. 그렇게 함으로써 저 복된 선고, "내가 나그네 되었을 때에 너희가 나를 영접하였다."라는 말씀을 확보하고 있어야 그때에 우리 영혼 속에서 특별한 안식을 얻습니다. 값으로 따질 수 없는 그 귀한 말씀을 안전하게 지킬 수 있다면 주님을 위해 죽는 것마저 대수롭지 않은 일이 될 것입니다.

또 한 가지 생각할 점은 그리스도를 내면적으로 영접하는 것이 영적 생명이라는 사실입니다. 받은 자 밖에 아무도 모르는 것이 새 생명입니다. 성령의 각성하게 하심으로 그리스도인은 일반 사람들보다 훨씬 탁월하게 됩니다. 마치 사람들이 몰고 다니는 말 못하는 가축보다 훨씬 더 탁월한 것같이 말입니다. 만일 우리가 그 복된 선물을 받는다면, 나그네 된 우리 주님을 더욱 대접하는 일이 될 것입니다. 신앙을 고백하는 일은 많으나 은밀히 생명을 간직하고 있는 일은 드뭅니다. 살았다 하는 이름을 가진 자들은 어느 곳에나 있습니다. 그러나 진실로 생명을 가지고 있는 자들이 어디에서나 분명하게 눈에 띕니까? 말만 그럴듯하게 하지 않고 진정 그러한 사람이 되고, 위선적으로 하지 않고 진정 기뻐하며, 내면에 참으로 그리스도를 모시는 것 ― 모든 이마다 이런 경지에 들어가는 것은 아닙니다. 오직 하나님을 본받는 이들 속에 그런 것을 소유하며, 그들만이 하나님의 참된 자녀들입니다.

세 번째 기이한 일은 예수님께서 우리 마음속에 거하시려는 의도를 갖고 계시다는 사실입니다. 예수님 같으신 분이 나 같은 자 속에서 거하시기를 원하시다니요! 영광의 왕께서 죄인의 가슴속에 거하고 싶으시다니요! 이것이 은혜로운 기적입니다. 그런데 우리 안에 거하시는 방식은 지극히 단순합니다. 겸손히 회개하는 믿음이 문을 열면 예수님께서 즉시 마음에 들어가십니다. 그리고 사랑이 회개의 손으로 문을 꼭 닫고, 거룩한 경계심으로 침입자가 들어오지 못하게 지킵니다. 그렇게 해서 약속을 이행하십니다. "볼지어다 내가 문 밖에 서서 두드리노니 누구든지 내 음성을 듣고 문을 열면 내가 그에게로 들어가 그로 더불어 먹고 그는 나와 더불어 먹으리라"(계 3:20). 묵상과 숙고와 기도와 찬미, 그리고 매일의 순종이 주님을 위해 일할 수 있도록 집을 질서정연하게 만듭니다. 그 다음에 우리의 전체 성품을 주님의 성전으로 쓰시기에 합당하게 헌신하는 일이 뒤따릅니다. 영과 혼과 몸, 그리고 그 모든 능력들을 성소의 거룩한 그릇들처럼 쓰시도록 드리는 것입니다. "여호와께 성결"이라는 문구가 우리와 관련된 모든 것에 기록되고, 결국 우리가 매일 입는 옷이 예복이 되고, 우리의 먹는 음식이 성례전이 되며, 우리의 생활이 사역이 되고, 우리 자신들이 지존하신 하나님에게 제사장들이 되는 것입니다. 오, 주님께서 우리 안에 내주(內住)하시는 그 지극한 겸비하심이여! 주님께서 천사들 속에 결코 거하신 적이 없습니다. 그러나 하나님은 죄를 깊이 뉘우치는 심령 속에 거하십니다. "내가 그들 속에"라는 구주의 말씀에는 충만한 의미가 있습니다. 바울이 "너희 안에 계신 그리스도시니 곧 영광의 소망이니라."라고 번역하였듯이, 그 말씀의 의미를 알게 하시옵소서.

2. 나그네 되신 주님께서 나그네들을 아들로 삼으심에 대하여 몇 마디만 말씀드리겠습니다.

"영접하는 자 곧 그 이름을 믿는 자들에게는 하나님의 자녀가 되는 권세를 주셨으니." 그렇습니다. 사랑하는 여러분, 믿음으로 그리스도를 마음에 모셔들이는 순간, 우리는 더 이상 외인이나 나그네들이 아니라 하나님의 권속입니다. 왜냐하면 주 하나님께서 "우리를 양자(養子)로 받아들여" 자녀의 반열에 넣으시기 때문입니다. 주님께서 진노의 상속자들인 우리를 받아 그리스도 예수님과 함께 한 하나님의 상속자로 만드시는 행사는 하나님의 찬란한 은혜의 행위입니다. 모든 성도들, 곧 그의 이름을 믿는 모든 자들이 바로 그러한 영예를 얻습니다.

그 다음에 필연적으로 더 따라오는 것이 있습니다. 아들의 호칭을 얻음과 동시에 아들들의 실제적인 상태로 태어난다는 사실입니다. 그 특권에는 권세가 따르고, 그 이름이 성품에 의해 지지되고 보증됩니다. 왜냐하면 그리스도께서 오셔서 우리를 거듭나게 하실 때 하나님의 성령께서 우리 속에 들어오시기 때문입니다. 거듭남이 없이 양자로 받아들여지면 불충분한 복락이 될 것입니다. 그러나 우리가 양자로 받아들여지고 또한 거듭나게 되면, 그때에 충분한 아들됨의 신분을 갖게 되는 것이고, 우리를 향하여 그 은혜가 온전하게 되는 것입니다. "사람이 거듭나지 아니하면 하나님 나라를 볼 수 없느니라." 그러나 그리스도를 영접함과 함께 오는 이 비밀스러운 탄생은 우리를 자유롭게 만듭니다. 즉 우리를 하나님의 나라에 속하게 할 뿐만 아니라 하나님의 집과 하나님의 마음에도 속하게 만듭니다.

주 예수님께서 우리 마음에 들어오실 때 우리와 주님 사이에 항상 생생하고 사랑스러운 영구히 지속되는 연합이 발생한다는 사실을 잊지 마십시오. 이것이 우리의 하나님 아들됨을 인치는 것입니다. 왜냐하면 우리가 성자와 하나됨에 따라 우리도 아들들이 됨에 틀림없기 때문입니다. 예수님께서 "내 아버지, 곧 너희 아버지"라고 표현하신 바와 같습니다(요 20:17). 우리가 마음으로 "아빠 아버지"라고 부르게 만드는 것은 바로 아들의 영이십니다. "주와 합하는 자는 한 영이니라"(고전 6:17). 예수님께서 아버지에 대하여 그러하듯이 우리도 아버지께 대하여 그러합니다. "아버지께서······또 나를 사랑하심 같이 그들도 사랑하신 것을 세상으로 알게 함이로소이다"(요 17:23). 그래서 예수님을 영접할 때 영어개역성경(RV)이 바르게 번역하였듯이 우리는 "하나님의 아들들이 되는 권리"(the right to become the sons of God)를 받습니다.

그러나 또 한 가지 더 말씀드리자면, 예수님을 실제로 생활에서 영접하면 그것이 우리 자신과 다른 사람들에게 우리가 하나님의 아들들임을 증거하게 됩니다. 왜냐하면 그렇게 영접하면 뚜렷하고 의문의 여지 없을 만큼 하나님을 닮은 모습이 우리에게서 나타나기 때문입니다. 자, 우리 하나님 여호와는 다 이해할 수 없는 무한하신 분이시고 그분의 영광은 상상할 수조차 없이 찬란한 분이심에도 불구하고, 우리는 그분에 대해 이 사실을 알고 있습니다. 즉 하나님께서 항상 기뻐하시는 당신의 아들 그리스도께서 하나님의 품에 계시다는 사실을 말입니다. 자, 예수님을 우리와 하나 되시는 분으로 우리 마음에 영접할 때, 또한 우리가 그에게서 기쁨과 즐거움을 얻을 때, 우리는 그 점에서 성부 하나님을 닮게 되는 것입니다. 그렇게 함으로써 우리는 성부 하나님과 동일하게 사랑과 즐거움의 대상을 갖게 되어, 성부와 교제를 하게 되고, 성부께서 빛 가운데 계시기 때문에 빛 가운데 행하기 시작합니다. 작은 창문이 큰 태양빛을 방 안으로 끌어들입니다. 하물며 우리 영혼과 하나님 사이에서 복된 만남의 처소이신 예수님께서는 얼마나 더 그러한 일을 하시겠습니까. 하나님의 생명과 빛과 사랑을 우리 영혼 속에 끌어들이고 우리를 하나님과 닮게 만드실 것입니다.

더구나, 우리가 나그네 되신 예수님을 영접하면, 그 후로부터는 다른 모든 나그네들에게 동정심을 느낍니다. 왜냐하면 그들의 조건이 우리와 비슷한 것을 보기 때문입니다. 우리는 우리처럼 하나님과 함께 나그네 된 모든 자들을 사랑합니다. 또한 우리 모든 조상들이 그랬듯이 나그네 된 자들을 사랑합니다. 이렇게 하는 가운데서 또한 우리는 하나님을 닮게 됩니다. 나그네 된 자들에 대해 성경에서 이렇게 기록하고 있습니다. "여호와께서 나그네들을 보호하시며"(시 146:9). 우리 하나님은 "은혜를 모르는 자와 악한 자에게도 인자하시니라"(눅 6:35). 그래서 예수님께서는 우리더러 하늘에 계신 우리 아버지의 자녀답게 행하라고 명하셨습니다. "이는 하나님이 그 해를 악인과 선인에게 비추시며 비를 의로운 자와 불의한 자에게 내려 주심이라"(마 5:45). 사람이 자신만을 위해서 살지 않고 다른 사람들을 사려 깊게 돌볼 때 하나님의 자녀답게 되는 것입니다. 사람이 자기 혈육이라는 좁은 범위에만 마음을 쓰지 않고 범위를 넓혀 주위에 있는 자들을 축복하되, 그들이 아무리 무가치할지라도 그렇게 할 때 하나님 아들답게 되는 것입니다. 하나님의 참된 자녀들은 구원 받지 못한 사람을 보면 반드시 그 사람을 구원하려고 애를 쓰며, 비참한 사람에 대한 이야기를 들으면 반드시 그 사람에게 위로를 베풀려는 열망을 가집니다. 주 하나님께서 이스라엘에게 "너희가 애굽 땅에서 나그네 되었은즉 나그네의 사정을 아느니라."(출 23:9)고 말씀하셨습니다. 우리도 그러합니다. 왜냐하면 우리도 전에 포로였고, 우리의 가장 존귀하신 친구이신 분이 여전히 나그네로 계시기 때문입니다. 그분 때문에 우리는 모든 고통당하는 사람들을 사랑합니다. 그리스도께서 우리 안에 계실 때 우리는 탕자들과 나그네들과 버림받은 자들을 위대하신 하나님 아버지의 집으로 이끌어들일 기회를 찾습니다. 우리의 사랑은 모든 인류를 향하여 뻗어나갑니다. 우리의 손이 어느 누구를 향해서도 움츠러 들지 않습니다. 우리가 정말 그러한 아량을 베푼다면 어린 자녀들이 그 아버지를 닮는 것과 같이 우리도 하나님을 닮게 됩니다. 오! 하나님의 아들을 믿음으로 대접하는 것이 얼마나 놀라운 결과를 가져옵니까! 하나님의 아들이 우리 안에 거하실 때, 우리는 거룩한 교제 속에서 그분을 응시합니다. 그래서 "우리가 다 수건을 벗은 얼굴로 거울을 보는 것같이 주의 영광을 보매 그와 같은 형상으로 변화하여 영광에서 영광에 이르니 곧 주의 영으로 말미암음이라"(고후 3:18). "사랑하는 자들아, 우리가 서로 사랑하자. 사랑은 하나님께 속한 것이니 사랑하는 자마다 하나님으로부터 나서 하나님을 알고"(요일 4:7).

우리가 매일 마음으로 예수님의 능력을 느끼게 하옵시고, 우리의 전체 성품이 변화하여 더욱더 하나님의 자녀임을 뚜렷이 드러내게 하시옵소서. 우리 주님께서 우리를 가리키며 "저 사람들이 어떠한 자들이냐?"라고 물으실 때, 우리 편에 있는 사람들이나 심지어 주님을 대적하는 원수들까지라도 "당신이 그러하신 것처럼 저들도 그러하였나이다. 각 사람이 다 같이 한 임금의 자녀의 모습을 지녔습니다."라고 대답하지 않을 수 없게 하옵소서. 그러면 예수께서 믿는 모든 사람들로 인하여 찬사를 받으실 것입니다. 왜냐하면 사람들이 그 자녀들에게서 거룩한 나그네이신 주님의 솜씨를 볼 것이기 때문입니다.

제
69
장
—

"받아서 먹으라"

—

"그들이 먹을 때에 예수께서 떡을 가지사 축복하시고
떼어 제자들에게 주시며 이르시되
받아서 먹으라 이것은 내 몸이니라 하시고" — 마 26:26

　　우리 모두는 이 한 가지 요점에 의견을 같이 합니다. 곧 주의 성만찬이 예수 그리스도의 죽으심과, 우리가 예수님께로부터 은택을 받는 방식을 보여주는 표상이라는데 이의가 없습니다. 떡은 예수 그리스도의 찢겨진 몸을, 잔은 그분이 흘리신 피를 나타냅니다. 이 둘이 서로 나뉘어 있지만 다 같이 주님의 죽으심을 나타냅니다. 우리가 이 떡과 잔을 받는 방식은 먹고 마시는 것입니다. 이 점은 주 예수 그리스도의 공로와 효력을 받는 방식을 나타냅니다. 즉 우리가 본성적으로 떡과 포도 열매를 몸에 받아들이는 것과 같이 먹는 것과 같은 믿음으로, 마시는 것과 같은 신뢰로, 그리스도를 영적으로 우리 마음에 영접함으로 그리스도의 공로와 효력을 받는 방식을 나타냅니다. 이 두 단어, "받아서 먹으라"는 말씀은 주님의 성만찬에 관한 실제적 지침입니다. 영적으로 이해할 때, 그 단어들은 하나님의 은혜의 복음입니다. 주 예수님의 제자마다 그리스도께서 자신에 대하여 "받아서 먹으라"고 말씀하시는 신령한 음성을 들을 수 있습니다. 자신이 그리스도의 제자가 아니라는 두려움을 갖고 있는 분들이 여기 있습니까? 만일 여러분이 정말 그리스도의 제자가 되고 싶고, 그리스도를 마음에 모시고 싶은 갈망이 있으며, 그리스도를 더듬어 찾기 시작하고 있다면, 저는 그런 분들에게도 "받아서 먹으라"고 말씀드리겠습니다. 그것이 바로 그리스도를 모시고, 그리스도를 취하고, 그리스도께 참여하는 방식입니다. 그렇게 하면 그리스도는 여러분의 것이 됩니다.

여러분은 아마 아우구스티누스가 회심한 특이한 이야기를 들어본 적이 있을 것입니다. 그가 죄의 삶을 영위하던 중에 양심의 가책으로 괴로워하게 되었습니다. 그 마음의 슬픔이 매우 컸습니다. 그는 평안을 얻을 수 없었는데, 담 너머에서 어린 아이의 음성 같은 소리를 듣게 되었습니다. 저도 그게 무슨 소리인지 알려 드릴 수 없습니다. 그러나 그는 거듭해서 "톨레, 레게. 톨레, 레게. 톨레, 레게." 하고 말하는 음성을 들었습니다. 곧 "집어서 읽으라. 집어서 읽으라."는 음성이었습니다. 그는 성경을 집어 읽었고, 믿는 마음으로 성경을 연구하였으며, 드디어 하나님과 더불어 화평을 얻게 되었습니다. 오늘밤 여기에 젊은 아우구스티누스 같은 사람이 올 수 있게 해 주십사고 저는 기도드렸습니다. 현재로서는 그의 이름을 들으면 "구역질이 날" 수 있습니다. 그 사람이 죄와 불의 속에서 살고 있기 때문입니다. 그런 사람이 양심의 고통을 느끼고 "받아서 먹으라"는 말씀을 통해 그리스도께 인도될 수 있기를 기도합니다. 이 명령의 말씀이 여러분 심령에 깊숙이 박혀 여러분이 이 말씀을 받아들이고 실행에 옮기게 될 수 있기를 바랍니다. 그리하여 내 구주께서 큰 죄인을 아우구스티누스 같은 위대한 성도로 만드시기를 바랍니다. 지금은 전능하신 하나님의 사랑을 거역하여 절망적으로 죄를 짓고 있지만 나중에는 하나님의 은혜의 복음을 용감하게 변호할 사람으로 만드시기를 바랍니다! 오, 그런 일이 일어나기를 바랍니다!

저는 그런 목적을 염두에 두고 본문을 생각하겠습니다. 본문을 여러 부분으로 나눌 수는 없을 것입니다. 제가 특별히 말하고 싶은 것은 두 단어밖에 없습니다. 그래서 제 설교의 주제를 두 항목으로 나누도록 하겠습니다. 첫 번째는 "받으라"는 것이고, 두 번째는 "먹으라"는 것입입니다.

1. 우리가 첫 번째로 주목하고 싶은 단어는 "받으라" 입니다.

의사가 처방전의 첫 줄에 "이러저러한 것을 먹으라(take)"고 써놓듯이, 주 예수님께서 제자들에게 "받으라"(take)고 말씀하셨습니다. 그 단어가 신약에서 흔히 "받아들이다"(receive)로 번역됩니다. 예수님께서 손으로 떡을 들고 내밀며 "이것을 받으라. 손으로 받으라."고 말씀하십니다. "예수께서 떡을 가지사 축복하시고 떼어 제자들에게 주시며." 그런 다음 제자들에게 내미시며 "받으라, 받으라, 받으라."고 하셨습니다. 제자들이 떡을 받았고, 그 떡이 제자들의 떡이 되었습니다. 그런 방식으로 성도들이 복을 얻습니다. 성도들이 그렇게 해서 복을 취합니다. 죄인들도 그런 식으로 복을 얻습니다. 하나님의 은혜로 말미암아 죄인들이 복을 받습니다. 죄인들이 복을 만들지도 않고, 획득하지도 않고, 복을 받을 만한 행실을 하지 않음에도 불구하고 복을 받습니다. 예수께서 그들에게 "받으라"고 말씀하십니다. 그래서 죄인들이 예수님의 말씀에 순종하여 받습니다.

주의 만찬 식탁에 둘러앉은 어느 누구도 "주여, 저는 받지 않겠나이다."라고 말하지 않았습니다. 오히려 예수님께서 "받으라" 하셨을 때 제자들은 받았습니다. 아마 거기에 있는 제자들 누구라도 "나는 그걸 받을 만한 자격이 없어."라고 느꼈겠지만 아무도 그렇게 말하지 않았습니다. 다만 예수님께서 "받으라" 말씀하시니 받았습니다. 여러분에게 제공되는 좋은 것은 어느 것이라도 받는 것이 최상의 전략입니다. 만일 여러분이 매우 가난한 사람이고, 어떤 사람이 여러분에게 1실링을 준다면, 저는 다음과 같이 조언하겠습니다. "그냥 받아요. 뻣뻣이 서서 '선생님, 아무나 닥치는 대로 자선을 베푸는 것은 옳지 않다고 저는 생각합니다. 선생님은 제 됨됨이를 알아보신 적이 없습니다. 제가 정말 일거리가 없어 놀고 있는 사람인지 아닌지도 모르잖아요.'라고 말하지 마십시오." 오, 친구여, 매우 가난한 그대에게 1실링을 받으라고 하는 사람이 있다면 받는 것이 낫습니다. 만일 그대가 몹시 굶주려 있고 주위에 빵이 있는데, 그것이 여러분에게 제공된다면, 받아먹는 것이 좋습니다. 값없이 그대에게 제공되는 것이라면 자유롭게 그것을 받으십시오. 제가 그런 처지였다면 저는 양심을 위해서 뿐만 아니라 제 자신의 필요 때문에라도 아무 질문도 던지지 않을 것입니다. 주 예수 그리스도께서 하나님의 은혜로 그 선물을 제게 주신다면 특별히 더 그렇게 거리낌 없이 받을 것입니다. 하나님께서 "받으라"고 말씀하시면 받을 것입니다. 선물만큼 자유로운 것은 없습니다. 선물은 내가 줄 때보다 받을 때 더 자유로운 것이 확실합니다. 왜냐하면 우리의 가련한 성품은 위축되어 있고, 그래서 언제나 주는 데 자유롭지 못할 수 있기 때문입니다. 그러나 분명히 이기심조차도 받는 일에서는 우리를 자유롭게 만들 수 있습니다. 여러분에게 선함과 구원에 대한 거룩한 열망이 있다면 그것이 여러분을 자극하여 "아, 주여, 주께서 값없이 주시면 묻지 않고 자유롭게 받겠나이다!"라고 말하게 만들 수 있을 것입니다.

그리고 구주께서 떡 조각을 베드로에게 건네는데 30분이 걸렸다고 생각할 수 없습니다. 구주께서 "받으라" 하시니 베드로가 떡을 받았습니다. 요한에게 "받으라" 하시니 요한이 받았습니다. 빌립에게 "받으라" 하시니 빌립이 즉시 받았습니다. 그리스도에 대해서 처음 듣자마자 그리스도를 영접하는 자들은 복 받은 자들입니다. 그러나 그리스도께서 "받으라" 말씀하실 때 은혜로 말미암아 신속하게 "아, 주여, 제가 받겠나이다. 주여, 정말로 감사하나이다!"라고 대답하는 사람들은 세배로 복이 있습니다. 우리가 너무 자주 부르는 찬송가 가사를 기억하십시오.

> "예수님 안에서만 생명을 얻나니
> 예수님 안에서만 그대에게 생명이 선물로 주어지나니
> 값이나 돈 없어도 받을 수 있으니
> 은혜로 보내신 하나님의 이 선물
> 구원을 받으라
> 지금 받으라 그리하여 행복하여라."

저는 이렇게 말할 사람이 있을 것이라고 생각합니다. "그런데 예수 그리스도를 받음으로써만 그리스도를 모셔야 합니까?" 바로 그렇습니다. 그대는 구주를 필요로 합니까? 여기 그분이 계십니다. 그분을 받으십시오. 정말 죄의 권세에서 구원받고 싶습니까? 그분이 그대를 구원할 수 있으니, 그렇게 하도록 그분을 받으십시오. 그대는 거룩하고 경건한 삶을 영위하고 싶은 간절함이 있습니까? 여기 그대를 씻어 능히 그렇게 살도록 하실 분이 계십니다. 그분을 받으십시오. 그분은 공기처럼 값없이 받을 수 있는 분입니다. 그리스도를 받기 위해서는 폐에 공기를 흡입하기 위해서 숨을 들이쉬는 것만큼도 수고가 필요하지 않습니다. 그분을 받아들이세요. 그대가 해야 할 일은 그것뿐입니다. "나같이 가련하고 무가치한 죄인이 내 모습 이대로 그리스도를 받을 수 있다는 생각을 도저히 할 수 없어요."라고 말한다면 저는 이렇게 대답하겠습니다. 바로 그것이 내가 그대에게 전해야 하는 복음이라고 말입니다. 예수께서 "받아서 먹으라."고 말씀하셨기 때문입니다.

주 예수님께서 제자들에게 말씀하셨습니다. "받아서 먹으라. 이것은 내 몸이니라." 그렇습니다. 무엇보다 먼저 그리스도께서 죄인들에게 얼마나 은혜로우신 분인가를 아십시오. 왜냐하면 **그분은 몸을 가지셨기** 때문입니다. 몸을 갖지 않으셨을 때도 있었습니다. 찬송 받으실 하나님의 아들께서는 순전한 영이셨습니다. 그러나 자신을 낮추시어 마리아에게서 태어나셨습니다. 저는 그분이 어린 아기로 강보에 싸여 구유에 뉘어 계시는 모습을 본다는 생각을 합니다. 만유의 주께서 어찌나 자신을 낮추셨던지 여인의 가슴에 매달려 계셨고, 다른 갓난아이들 같이 기꺼이 포대기에 싸여 지내셨습니다. 영광과 생명의 주께서 인성을 취하셨습니다. 어린 아이로 나사렛에서 사시고, 노동하는 사람으로, 평판이 좋은 목수의 아들로 자라십니다. 여러분의 하나님이 여러분을 위해서 노동하는 목수가 되셨다니요! 그분을 받으십시오. 분명히 말해서 사람들 중에 오시어 우리와 같은 몸을 입으셨다는 사실 자체가 우리가 그분을 자유롭게 받을 수 있다고 생각하도록 격려하기에 충분합니다. 그분의 이름은 임마누엘, 곧 우리와 함께 하시는 하나님이십니다. 우리와 함께 하시는 하나님, 우리 뼈 중에 뼈요, 우리의 살 중에 살이시라면, 우리를 복되게 하시려고 그처럼 멀리까지 오셨다면, 우리는 의심하지 말고 담대하게 그분을 받읍시다.

더구나 주님께서는 몸을 취하신 다음에 그 몸으로 고난을 받으셨음을 기억하십시오. 예수 그리스도께서 여러분을 구속(救贖)하시기 위해 **죽으려고** 하셨다고 여러분에게 말씀드렸다 할지라도 그것이 여러분의 믿음을 아마 시험하였을 것입니다. 그러나 저는 예수께서 죽으셨고, 여러분의 구속의 일을 마치셨다고 여러분에게 말해야 합니다. 또한 예수님께서 "다 이루었다"고 외치시며 머리를 떨구고 영혼을 내놓는 바로 그 순간에 여러분이 지은 빚을 털끝만큼도 남김없이 갚으셨고, 나무에서 자신의 몸으로 여러분의 죄를 담당하셨습니다. 제가 여러분에게 이것을 말하지 않을 수 없는데, 이것이야말로 진정 좋은 소식입니다. 이 소식은 저로 하여금 거기에서 그치지 않고 이렇게 말하게 만듭니다. 만일 예수께서 그 모든 일을 하셨고 죽으셨다면, 곧 "우리를 하나님 앞으로 인도하시려고 그리스도께서도 단번에 죄를 위하여 죽으사 의인으로서 불의한 자를 대신하셨다면"(벧후 3:18), 우리가 그분을 거리낌 없이 받을 수 있다고 말입니다. 하나님께서 그의 아들을 죄를 위한 화목 제물로 보내 주셨습니다. 그러므로 우리는 그분이 "받으라, 받으라, 받으라."라고 말씀하시는 음성을 들읍시다. 그렇게 우리에게 값없이 제공된 것을 받읍시다.

내 사랑하는 친구들이여, 또한 기억해야 할 것은 예수 그리스도께서 몸을 가지셨고 바로 그 몸으로 죽으셨으니 그 죽으심의 목적은 자기 자신을 위한 것이 아님에 틀림없다는 사실입니다. 주님께서 그렇게 죽어 당신 자신을 위하여 어떤 것을 얻으려고 사람이 되셨을 리가 없습니다. 자신의 영광만을 위하는 일을 위해 죽으셨을 리가 없습니다. 그리스도께서는 신성의 찬란한 광채를 몸으로 가리고 또 그 몸으로 죽으셔야 할 필요가 전혀 없으신 분입니다. 그러니 그리스도께서 다른 사람들을 위해서 죽으셨음이 틀림없습니다. 그러므로 그분을 받고 취하십시오. 나무에 열린 열매들이 그 나무 자체를 위해서 달려 있는 것이 아니라 지나가다 시장한 사람들이 손을 들어 따서 먹게 하기 위함인 줄 모르겠습니까? 아, 여러분이 그리스도께서 자신의 죄가 아닌 백성들의 죄를 위해서 속죄의 죽음을 죽으셨음을 아는 지각이 있기를 바랍니다. 그 같은 지각이 생겨서 여러분이 그분을 받되 아주 자유롭게 받을 수 있기를 바랍니다!

그밖에 예수께서는 우리에게 받으라고 명하신 것을 친히 주십니다. 이 구절이 어떻게 표현되고 있는지 봅시다. "예수께서 떡을 가지사 축복하시고 떼어 제자들에게 주시며 이르시되 받아서 먹으라." 여러분은 예수님께서 주시는 것을 정말로 받을 수 있습니다. 제가 가서 다른 사람의 물건을 취할 수 없습니다. 그러나 그 사람이 제게 주는 것은 받을 수 있습니다. 다른 이가 도둑질하였다고 나를 체포한다면, 저는 진실로 "이 사람이 그것을 내게 주었어요. 그러니 내가 도둑일 수가 없잖아요?"라고 말할 수 있을 것입니다. 예수 그리스도께서 여러분에게 은혜를 주시고, 여러분이 그것을 취한다면 결코 도둑이 아닙니다. 사실 그리스도를 붙잡을 합법적 권한이 없다면 아무도 결코 그렇게 하지 못합니다. 개 한 마리가 정육점 안으로 뛰어들어 고기 덩어리를 물어간다면, 정육점 주인은 고기 덩어리를 빼앗아 개가 먹지 못하도록 할 것입니다. 그러나 죄인 중에 그리스도의 긍휼을 붙잡는 이를 보시고 그리스도께서 긍휼을 힘입지 못하게 뺏으신 적은 한 번도 없었습니다. 죄인이여, 그리스도의 긍휼을 취할지어다. 그러면 그것이 그대의 것이 되었도다. 여러분이 그리스도의 긍휼을 붙든다면 하나님께서는 여러분이 믿음으로 붙잡는 그 일을 합당하게 보십니다. 왜냐하면 하나님께서 그렇게 하라고 명하시기 때문입니다. 그리스도께서 필요로 하는 자들에게 그의 은혜의 풍성함을 따라 은혜를 베푸시는 이 권리 외에는 여러분이 그리스도께 대해 어떤 권리도 가질 수 없습니다. 그러므로 "받으라. 받아, 어서 받아."라고 말하는 이 말씀을 들으십시오. 받아들이고 영접하며 붙잡고 자기 것으로 삼으며 취하십시오.

예수 그리스도께서 제자들에게 "받으라"고 하셨을 때 예수님은 그들의 주이셨습니다. 그래서 그리스도의 말씀은 제자들에게 법이었습니다. 제자들 가운데 "나는 받지 않겠어요."라고 말하는 사람이 있었다면 그는 반드시 불순종의 죄를 면할 수 없었을 것입니다. 오, 오늘 저녁 여기에 나온 분들 중에 "구주가 계십니까? 그러면 제가 그분을 받아들이겠습니다."라고 말하고 싶은 가련한 영혼의 소유자가 계십니까? 무한하신 사랑의 성령님께서 그런 이의 마음에 감동을 주어 일종의 거룩한 절망감으로 외치게 하시기를 바랍니다. "저는 지금이라도 주님을 맞아들이겠습니다. 내가 그렇게 할 수 있든지 없든지 간에 나는 그분을 맞아들이겠습니다. 비록 내 죄의식이 '너는 그래서는 안 된다'고 말하고, 마귀가 '네가 감히 그럴 수 없지'라고 말한다 할지라도 나는 그분을 받아들일 것입니다. 나는 믿습니다. 나는 믿을 것입니다. 믿어야 합니다. 예수님께서 나를 위해 죽으셨다니요. 나는 그분을 나의 구주로 받아들이겠습니다. 나 자신을 전적으로 오직 그분에게 맡기려 합니다." 그렇게 말한다면 여러분은 결코 멸망하지 않을 것입니다. 왜냐하면 여러분에게, 그리고 그리스도의 제자인 모든 사람에게, 또는 앞으로 제자가 될 모든 사람들에게 "받으라. 어서 받아, 받으라"고 이 명령의 말씀을 하시기 때문입니다. 오, 복된 소식이여, 달콤한 명령이여, 하나님의 성령께서 여러분을 인도하여 그 명령에 순종하여 그리스도를 여러분의 구주로 맞아들이게 하시기를 원하나이다!

2. 이 설교의 두 번째 대지는 먹으라는 것입니다. "받아서 먹으라."

먹는 행위는 그것을 설명하려고 애를 쓸 필요가 없을 정도로 매우 단순한 일입니다. 여러분이 집에 가서 저녁식사를 한다면 그 말을 이해할 것입니다. 배가 고픈 모든 사람, 아니 살아 있는 사람은 모두 먹는 것이 무엇임을 알죠. 그럼 먹는 것이 무엇입니까?

먹는 것이란 가장 깊은 곳에 받아들이는 것입니다. 여러분 앞에 차려진 음식을 여러분 속에 받아들이는 것입니다. 지금이라도 그리스도를 받으십시오. 그래서 그의 제자가 되십시오. 그리스도 자신, 그가 하신 일, 그의 피와 의를 받아들이십시오. 그것들을 여러분 안으로 받아들이십시오. 그리고 이렇게 말하십시오. "이는 나를 위한 것이다. 내가 그것을 나 자신을 위해서 받아들인다." 내가 먹는 것을 다른 사람과 나누지 않습니다. 내가 먹은 것은 나 자신을 위해서 먹은 것입니다. 아내나 자녀를 위해서 먹을 수 없습니다. 여러분 자신을 위해서 먹어야 합니다. 자, 사랑하는 여러분, 아주 담대한 마음을 가지고 그리스도를 전부 받아들이십시오!"이 죽어 가시는 구주께서 내 구주이시다. 이 부활하신 구주께서 내 구주이시다. 다른 허다한 사람들도 그분을 모시기를 바란다. 그러나 나는 지금 그분을 모시려 한다."라고 말하십시오. 먹을 때 나 자신을 위한 행위를 하고 있는 것입니다. 틀림없습니다. 자, 사람이 되어 사시고 죽으시고 부활하셨던 하나님의 복되신 아들을 믿음으로 받으십시오. 나 자신을 위하여 나 자신에게 그분을 받아들이십시오. 여러분에게 간청하노니 바로 오늘 밤 그 일을 하십시오. "아, 그것은 이기적인 행동인데요."라고 말하는 분이 있겠죠. 아, 그러나 그것은 필요한 행위입니다! 여러분 자신이 죄를 범하였습니다. 그러니 여러분 자신이 그리스도를 받아야 합니다. 개인적으로 배가 고프면, 그 자신이 먹어야 하죠. 그 일을 누가 비난하겠습니까? 만일 여러분이 스스로 먹지 않는다면 다른 사람을 향하여 이타적으로 행동할 수 없을 것입니다. 왜냐하면 이기적이든 이타적이든 먹지 않으면 오랫동안 살아 있지 못할 것이기 때문입니다. 그러니 이 점을 염두에 두십시오. "받아서 먹으라." 그리스도를 가장 깊은 곳에 영접하시기 바랍니다.

먹는 일은 매우 친숙한 종류의 받아들임입니다. 귀인이나 노동하는 사람이나 다 같이 할 일이 그것입니다. 귀족보다 노동하는 일꾼이 그 일을 더 잘하는 경우가 흔하다고 생각합니다. 노동하는 자들이 어떻게 먹을 수 있는지 보세요! 그리스도께 나올 때에 단순한 마음을 가진 사람들이 어떻게 먹을 수 있는지 보세요! 만일 여러분이 먹는 것을 보고 싶으면 "신사 숙녀"를 산해진미를 푸짐하게 차려 놓은 잔칫집으로 데려가지 마십시오. 오히려 고된 일을 하는 불쌍한 많은 사람들을 초대하십시오. 한 달 동안 먹을 식량도 비축하지 못한 사람들을 초청하라는 말입니다. 그와 같은 사람들이 많습니다. 그들에게 좋은 고기가 붙은 뼈를 차려 놓으십시오. 그리고 그들이 어떻게 먹는가 보십시오. 먹는 것은 우리가 매우 잘 알고 있는 행위입니다. 그러므로 예수 그리스도의 위대한 구원에 관하여 우리는 "받아서 먹으라"고 말합니다. 그분을 즉시 받아들이십시오. 여러분이 음식을 먹듯이 그분을 받을 수 있습니다. 주리고 배고픈 사람들이 음식을 게걸스럽게 먹듯이 주님을 받아들일 수 있습니다. 그와 같이 주 예수 그리스도를 받아들이시고, 그를 믿고, 그를 여러분 자신에게 영접하면서, "그분은 전적으로 내 것이고 또 내 것이 될 분이다."라고 말하십시오.

자, 음식을 먹어야 할 때 그것을 입에 넣고만 있지 않고 씹어야 합니다. 그 음식을 입 안에 넣고 이리저리 돌려가면서 음식의 맛을 느낍니다. 자, 이런 방식으로 예수 그리스도와 그의 구속(救贖)의 역사를 많이 생각하십시오. 진리를 읽고 진리에 표시를 해놓으며 배우고 내적으로 소화하십시오. 믿을 수 없다고 느낀다면, 믿어야 할 것을 많이 생각하고, 믿어야 하는 그분에 대해서 많이 생각하십시오. 음식을 씹는 것은 하늘 양식을 섭취하는 놀라운 방식이 될 것입니다. 예수님께서 죄인들을 위해서 죽으셨고, 죄인들을 대신하여 죽으셨습니다. 죄인들의 자리에 서서 대신 죽으셨습니다. 이 위대한 진리를 씹고, 다시 돌려서 생각하고, 여러분의 '생각의 치아(齒牙)'로 이 위대한 교리를 씹으십시오. 그 교리의 골수와 진수를 여러분 영혼에 받아들이기까지 씹으십시오.

그런 다음에, 음식과 함께 진행되는 내면적 흡수가 있습니다. 음식이 우리의 내장 기관에 들어가면 우리의 몸을 세워주기 시작합니다. 그리하여 조금 전까지 떡이었던 음식이 살과 피가 됩니다. 그리스도를 여러분의 생각과 믿음과 마음에 담아 두십시오. 그러면 결국 그리스도께서 여러분과 하나가 되고, 음식이 여러분의 몸을 세우는 것처럼, 여러분의 영혼을 살리십니다. "받아서 먹으라." 먹는 일 전체는 결국 음식을 여러분 자신 안으로 받아들이는 것입니다. 그렇게 음식을 여러분 자신 안에 받아들여 여러분 자신의 것이 되고 여러분의 일부가 되게 하는 것, 그것이 바로 중요한 점입니다. 자, 저 복되신 주 예수 그리스도와 죄인들을 위해서 그가 행하신 기이한 모든 일에 대하여 그렇게 하십시오. 그것을 여러분에게 받아들여 자신의 부분이 되고, 그것으로 말미암아 살아가도록 하십시오. "받아서 먹으라."

저는 또 어떤 사람이 이렇게 말하는 걸 생각해 봅니다. "오, 하지만 나같이 가련하고 자격 없는 사람이 그리스도를 내 것으로 받아들이되, 빵 조각을 음식물로 먹는 것처럼 받아들인다는 것이 너무나 터무니없는 일처럼 보여요." 그러나 들어 보십시오. 그리스도께서 그렇게 하라고 명령하십니다. 만일 내가 지옥에서 끄집어낼 가치가 전혀 없는 사람이라도 예수님께서 나더러 그분을 믿으라고 명하시면 나는 예수님을 믿을 수 있습니다. 제가 그렇게 하는데 충분한 근거는 바로 주님께서 명하셨다는 사실입니다. 오, 하나님의 자녀여, 진실로 하나님의 자녀가 되고 싶은 자여, 하나님께서 그대에게 먹으라고 명하십니다. 내가 그대에게 간청하노니 제발 주저하지 말고 하나님의 명령하심을 자신의 정당한 근거로 삼으십시오!

예수 그리스도께서 겸손하게 자신을 떡에 비유하십니다. 그러나 먹게 되어 있지 않은 떡이라면 무슨 소용이 있겠습니까? 먹어야 할 것이 아니라면 무엇 때문에 떡을 만들었습니까? 무엇 때문에 떡 가게에 떡이 진열되어 있습니까? 볼거리로 둔 것입니까? 뭐라고요! 거리에 주린 자들이 있는데, 떡을 그렇게 장식품으로 진열하여 구경하게 했다고요? 떡을 만든다는 것 자체가 사람들이 먹을 양식을 마련한다는 뜻입니다. 주 예수 그리스도께서 자신을 떡에 비유하신 것은, 은혜 언약에서 자신을 그러한 모양과 형태로 표현하셨다는 것을 뜻합니다. 또한 예수님께서 우리가 예수님을 영접하도록 의도하셨다는 의미입니다. 먹지 못할 떡이라면 그게 무슨 소용이 있겠습니까? 먹지 못할 만나가 광야에 내려 쌓이고 벌레가 생기며 썩었다고 생각해 보십시다. 우리 주 예수 그리스도께서 죄인들을 구원하시지 않는다면 그분은 우리에게 아무 소용이 없으신 분입니다. 아무도 구원하지 못하는 구주라니요! 예수님께서 마치 가게를 열어놓고 물건을 전혀 팔지 않는 사람과 같다고 생각할 수 있습니까! 또는 의사가 마을에 와서는 한 사람의 환자도 치료하지 않는다니요! 그리스도께서는 죄인을 구원하셔야 합니다. 그리스도께서는 죄인들을 원하시고, 죄인들을 구원하고 싶은 열망이 가득하십니다. 그러니 와서 그분을 받으십시오. 와서 바로 그 떡을 먹으십시오. 만일 떡을 먹지 않는다면, 그 떡의 목적과 의도를 잃어버리는 것입니다. 떡 되신 그리스도를 먹지 않는다면 그리스도를 모독하는 것이 됩니다.

"받아서 먹으라." 그렇습니다. 그러면 먹는다는 것은 무엇을 뜻합니까? 말씀드리죠. 동방에서는 두 사람이 떡 한 조각을 나누어 먹습니다. 그것은 우정을 뜻합니다. 자, 제가 아랍 사람의 장막에 들어간다 합시다. 그런데 그 아랍 사람이 어떤 유의 사람인지 알 수 없다고 합시다. 그 경우 그 아랍 사람이 그 밤에 나를 죽이고 내 물건을 빼앗을 수 있습니다. 그러나 만일 그가 내게 떡 한 조각을 주면서 함께 먹는다면, 그는 나를 해치지 않을 것입니다. 후한 대접을 해주는 것은 나의 안전을 지켜 주는 것입니다. 그 사람과 나 사이에 우정이 존재하는 것입니다. 자, 보시죠. 하나님께서 예수 그리스도를 크게 기뻐하십니다. 여러분도 예수 그리스도를 기뻐하지 않겠습니까? 자, 여러분도 기뻐한다면 함께 떡을 나누어 가진 셈입니다. 한 분을 같이 즐거워하고 있기 때문입니다. 하나님께서 자신의 영예를 그리스도께 맡기셨습니다. 여러분도 영혼을 그리스도께 맡기시겠습니까? 그렇다면 하나님과 떡을 나누어 가진 셈입니다. 예수님께서 "받아서 먹으라" 말씀하시고, 여러분이 그렇게 하는 순간 여러분과 위대하신 성부 하나님 사이에 언약이 체결된 셈입니다. 제가 예수 그리스도를 사랑하는 것보다 하나님께서 예수님을 더 사랑하심을 저는 압니다. 그러나 하나님께서 그리스도를 진실로 사랑하시는 만큼 저도 그리스도를 사랑한다고 거의 말할 수 있다고 생각합니다. 제 영혼에게 그리스도는 어떠하신 분입니까! 하나님께서 그리스도를 사랑하십니다. 하나님과 제가 그 한 가지 점에서 뜻이 일치합니다. 우리는 보배로우신 구주에 관하여 의견이 같습니다. 우리가 서로 손을 맞잡는 장소가 바로 거기에 있습니다. 하나님과 우리는 영원토록 친구입니다. 예수 그리스도의 희생 제사로 인해 우리의 언약이 체결된 것입니다. 믿음으로 그리스도를 먹는 순간에 여러분과 하나님 사이에 영원한 우정이 확립된 것입니다.

　또 한 가지 생각할 것은, 예수님께서 "받아서 먹으라" 하실 때, 그 말씀은 예수님 자신이 우리 영혼의 참된 자양이 되려 하심을 보여줍니다. 영혼은 하나님의 진리로 자양분을 얻고 자라야 합니다. 하나님의 진리가 영혼들의 영적 양식입니다. 주 예수 그리스도를 생각하고 그분에 대해서 묵상하고, 그분을 믿고 영접할 때, 그분은 우리 마음의 양식이요, 우리 영의 자양분이십니다. 그러니 그분에 대해서 많이 생각하십시오. 그분을 많이 신뢰하십시오. 그분에 대해서 많이 묵상하십시오. 왜냐하면 그렇게 함으로써 여러분이 주님 안에서 강하게 자라고, 그리스도 예수님 안에서 온전한 사람으로 자라도록 세워질 것이기 때문입니다. "받아서 먹으라"는 본문이 바로 그 점을 뜻하고 있습니다.

　이 말씀은 또한 그리스도와 그 백성들 사이에 존재하는 기이한 연합을 그려주고 있습니다. 사람이 먹고 살아가는 것은 그 사람 자신과 불가분리적으로 결합됩니다. 그 사람이 어제 먹은 것을 그 사람에게서 떼어낼 수 없습니다. 이미 그의 한 부분이 되었습니다. 한 아일랜드 소년에게서 신약성경을 빼앗은 사제에 대한 이야기를 저는 들었습니다. 그 소년이 "그러나 당신이 내게서 빼앗아갈 수 없는 열 장(章)을 저는 가지고 있어요."라고 말했습니다. "어떻게 해서?" 하고 사제가 물었습니다. "나는 이미 마음으로 그것들을 배웠거든요." 그와 마찬가지로 여러분이 그리스도를 마음에 받아들이면 그리스도를 여러분에게서 빼앗아 갈 수 없습니다. 그리스도의 사랑에서 여러분을 떼어낼 자가 누구입니까? 그리스도와 믿는 자 사이의 연합은 얼마나 강력한지 그리스도가 망하든지 그 사람이 망하든지 하지 않으면 둘 사이를 분리할 수 없습니다. 그 둘은 어찌나 강하게 짜이고 얽히고 섞였던지 분리해 낼 가능성이 전혀 존재하지 않습니다. 그래서, 구주께서 제자된 여러분, 또 그의 제자가 되고 싶은 여러분에게 "받아서 먹으라"고 말씀하십니다. 성찬 식탁에서 지금 보듯이 떡을 받아먹으십시오. 그래서 그리스도를 받으시고, 그리스도를 식량으로 삼으십시오. 왜냐하면 그리스도께서 그렇게 하라고 명하시기 때문입니다. "받아서 먹으라." 사랑하는 성도 여러분, 예수께서 그 떡을 획득하는 것이나 그 떡을 사는 문제나 그 떡을 받을 준비를 하는 일들에 관해서는 아무것도 말씀하지 않으셨습니다. 그저 와서 주 예수 그리스도를 받으십시오. 그러면 그리스도께서 여러분의 것이 됩니다.

그러면 어떤 사람은 이렇게 말할 것입니다. "오, 난 그리스도를 믿겠다. 지금 그분을 받을 것이다." 제가 휴식을 끝내고 돌아와서 맞는 첫 번째 안식일인 오늘 밤 여기 이 자리에 나온 젊은 남녀 여러분, 만일 여러분이 담대하게 그리스도를 받아들이려 하면 정말 이 밤은 제게 행복한 밤이 될 것입니다. 고통 가운데 있을 때 저는 그리스도를 받아들여서는 안 되는 것처럼 생각했습니다. 오래 전, 제가 15세의 소년일 때 늘 그 생각 때문에 괴로웠습니다. 그리스도께서 나를 위해 죽으셨다는 생각을 감히 하지 못했습니다. 내 영혼으로 그리스도를 신뢰하기가 무서웠습니다. 내가 용기를 내어 그리스도를 믿는다면 믿을 수 있겠다는 생각이 점차 들기 시작했습니다. 또 내가 그리스도를 믿는다면 믿게 될 것이고, 결코 무(無)로 돌아가지 않을 것이라는 사실이 점차 분명해졌습니다. 또 예수 그리스도께서 제 곁을 지나가시는 기회를 포착하여 그 옷가라도 만진다면, 그렇게 하는 것이 주제 넘는 일처럼 보이긴 하지만, 거룩하고 높이 칭찬을 받을 만한 주제넘음이라는 생각이 들었습니다. 또 그리스도께서 그렇게 한다고 저에게 화를 내지 않으실 거라는 생각도 점차 분명해졌습니다. 처음 믿었을 때 저는 마치 도둑이 되어 치료(治療)를 훔친 것처럼 생각되었습니다. 그러나 그때 주 예수 그리스도께서 그 치료를 저에게서 빼앗지 않으셨습니다. 저는 모험을 감행하였고 위험을 무릅쓰고 감히 "나는 그리스도께서 나를 구원하실 수 있으며, 이미 구원하셨다고 믿습니다."라고 말하였습니다. 저를 그분에게 맡겼습니다. 그러고 나서 저는 평강을 얻었습니다. 오늘 밤에 여러분도 그와 같이 하십시오. 예수님께서 "나를 믿는 자는 영생을 가졌다."고 말씀하셨습니다. 그런 사람은 지금 영생을 얻습니다.

그 생명은 영원할 것이고, 영생을 얻은 사람은 결코 영생을 상실하지 않을 것입니다. 예수 그리스도를 믿는 자는 그의 지난날의 모든 죄와 죄책에도 불구하고 정죄당하지 않습니다. "믿고 세례를 받는 사람은 구원을 얻을 것이요"(막 16:16). "네가 만일 네 입으로 예수를 주로 시인하며 또 하나님께서 그를 죽은 자 가운데서 살리신 것을 네 마음에 믿으면 구원을 얻으리라"(롬 10:9).

"받아서 먹으라. 받아서 먹으라." 저는 그 말을 어찌나 하고 싶은지요. 저기 위층 꼭대기에 있는 분들이 앞으로 20년 동안 더 산다고 해도 20년 동안 그 말을 들을 것입니다. 그리하여 여러분이 여기에 걸린 등불들과 여기에 모인 회중석의 사람들을 회상할 때, 어쩌면 내가 무덤에서 "받아서 먹으라"고 외치는 소리가 들리는 것 같을지도 모릅니다. 그러나 20년을 기다리지 말고 "지금 받아서 먹으십시오." 오늘 밤 그렇게 하십시오. 여러분 모두가 받아서 먹도록 도우시기를 예수님의 이름으로 기도합니다! 아멘.

제
70
장
—

예수께서 군대를 동원하기를 거절하심

—

"너는 내가 내 아버지께 구하여 지금 열두 군단 더 되는 천사를 보내시게 할 수 없는 줄로 아느냐 내가 만일 그렇게 하면 이런 일이 있으리라 한 성경이 어떻게 이루어지겠느냐 하시더라." — 마 26:53, 54

이곳은 겟세마네 동산입니다. 이쪽에 우리 주님이 서 계시고, 저 쪽에 배신자가 있습니다. 그 배신자가 무리 중 맨 앞에 있습니다. 여러분은 그를 압니다. 곧 멸망의 자식(요 17:12), 가룟 유다의 얼굴을 압니다. 그는 몽둥이와 칼, 횃불과 등을 든 사람들을 떠나서 앞으로 나옵니다. 그리고 계속 앞으로 와서 주님에게 입을 맞춥니다. 그것은 관리들에게 그들의 희생 제물이 누구인지 알게 해주는 표시입니다. 여러분은 제자들이 흥분한 것을 금방 눈치 챕니다. 제자들 하나가 소리칩니다. "주여 우리가 칼로 치리이까?"(눅 22:49). 제자들은 주님을 사랑하는 마음이 앞서서 분별력을 잃었습니다. 그들은 열한 명밖에 되지 않습니다. 당국에서 그들의 주님을 체포하기 위해 파견한 무리들을 대항하기에는 아주 적은 수에 불과합니다. 그러나 사랑은 승세를 계산하지 않습니다. 주께서 대답을 하시기도 전에 베드로가 검을 휘둘렀고, 대제사장의 종이 간신히 칼을 피하는 바람에 머리가 두 쪽이 나는 것을 모면했지만, 그 대신에 귀가 잘렸습니다.

사람들은 베드로의 행동에 전혀 놀라지 않습니다. 왜냐하면 베드로는 그의 무모한 열심 외에도 주께서 저녁 식사 자리에서 하신 말씀, 곧 "검 없는 자는 겉옷을 팔아 살지어다"(눅 22:36)는 말씀을 아주 크게 오해하였을 것이기 때문입니다. 주님께는 설명할 시간이 없으셨습니다. 제자들은 주께서 구체적으로 말씀하시는 화법에 아주 익숙해 있었기 때문에 주님의 이 말씀을 오해하지 않았어야 했습니다. 그런데 그들은 오해하였습니다. 주님은 그냥 그들에게 그들이 사람들 사이에 드나들면서 사람들의 환영을 받았던 평화의 시절이 이제는 끝났다고 말씀하신 것입니다. 왜냐하면 한때 모든 백성들에게 총애를 받았던 주님 자신이 이제 "불법자의 동류로 여김을 받았"(눅 22:37)듯이 그들도 만물의 찌꺼기(고전 4:13)로 여김을 받을 것이었기 때문입니다. 이제 그들은 우호적인 백성들의 대접을 기대할 수 없었고, 자신들이 비용을 부담해야 했습니다. 그들이 어디로 가든지 안전하다고 느끼기보다는 자기들이 원수의 땅에 있다는 것을 알아야 했고, 자기 방어를 위해 무장한 사람처럼 세상을 지나가야 했습니다. 그들은 이제 자신들의 물질을 사용하고, 고마워하는 사람들 가운데서 즐거운 대접을 받을 것을 기대하지 말아야 했습니다. 제자들은 그들을 죽이면서도 자기들이 하나님을 섬기는 일을 하고 있다고 생각할 사람들에 대해서 조심할 필요가 있었습니다. 그런데 제자들은 주님의 말을 곧이곧대로 들었고, 그래서 "보소서 여기 검 둘이 있나이다"(눅 22:38) 하고 대답했습니다. 주님께서는 "족하다"고 답변하시면서 틀림없이 제자들의 큰 오해에 슬프게 웃으셨을 것이라고 생각합니다. 주님께서 제자들이 자기를 유대인들에게 넘겨주지 않기 위해 싸워야 할 것이라고 생각하셨을 리 만무합니다. 검 두 자루로 그들과 싸운다는 것은 터무니없는 일이었기 때문입니다.

제자들은 주님의 말뜻을 오해하였습니다. 주님은 단지 주님의 대의를 위한 환경에 변화가 일어날 것에 대해 경고하려는 것뿐이었습니다. 그런데 제자들은 주께서 하신 말씀을 곧이곧대로 받아들이며 칼 두 자루를 내보였습니다. 어떤 사람들이 추측하였듯이 아마도 이 칼들은 그들이 유월절 양을 잡을 때 사용한 기다란 제사용 칼이었을 것입니다. 그런데 사실 무기를 소지하는 것은 우리보다는 동양에서 훨씬 더 일반적인 일이었습니다. 주님의 제자들은 대체로 갈릴리 사람들이었고, 갈릴리 사람들은 다른 유대인들보다 더 호전적이었으며, 따라서 칼을 가지고 다니는 것이 갈릴리 사람들 가운데서는 훨씬 더 일반적인 일이었을 것입니다. 그런데 사도들 가운데 두 사람이 칼을 가졌습니다. 이것은 그들이 싸우는 사람들이었다는 뜻이 아닙니다. 그들이 칼을 가진 것은 아마도 그것이 그들 지방의 습관이었고, 위험 지역을 지나갈 때는 칼을 가지는 것이 필요한 일이라고 생각하였기 때문일 것입니다. 아무튼 베드로는 칼을 가지고 있었고, 즉시 칼을 사용했습니다. 베드로는 자기에게서 가장 가까이 있는 사람을 칼로 칩니다. 저는 베드로가 유다를 치지 않은 것이 이상합니다. 베드로가 유다를 쳤다면 사람들은 그를 용서했을지 모릅니다. 그러나 칼에 맞아 귀를 잃는 사람은 대제사장의 종입니다.

그때 주님께서 아주 유순한 태도로 앞으로 나오십니다. 마치 저녁 식사 자리에 계실 때처럼 침착하게, 마치 이미 고통을 다 겪으신 것처럼 평온하게 앞으로 나오십니다. 주님께서 조용히 "이제 허락하라"(마 3:15)고 말씀하십니다. 주님께서 그 종의 귀를 만져 낫게 하십니다. 주님을 잡으러 온 사람들마저도 이 놀라운 자비의 기적에 넋을 잃었을 때 잠시 찾아온 정적 가운데서 주님은 위대한 진리를 말씀하십니다. 즉 "칼을 가지는 자는 다 칼로 망하느니라"(마 26:52)고 말씀하시면서 베드로에게 칼을 도로 칼집에 꽂으라고 명령하십니다. 그때 주님은 잊지 못할 이 말씀을 하십니다. "너는 내가 내 아버지께 구하여 지금 열두 군단 더 되는 천사를 보내시게 할 수 없는 줄로 아느냐 내가 만일 그렇게 하면 이런 일이 있으리라 한 성경이 어떻게 이루어지겠느냐?" 그리고 또한 주님은 요한 혼자만 들은 것으로 보이는 이 말씀을 하셨습니다. "아버지께서 주신 잔을 내가 마시지 아니하겠느냐?"(요 18:11).

말고가 부상당한 일은 은혜로운 목적에 이바지하였습니다. 그 일로 말미암아 우리 주님께서 새로운 이적을 행하실 수 있었기 때문입니다. 이 이적은 이전에는 행하시지 않았던 종류였습니다. 즉 폭력에 의해 불구가 되거나 절단이 된 사지를 회복시키는 이적은 과거에 행하신 적이 없었습니다. 사도들의 큰 실수도 매우 교훈적인 목적을 이루는데 이바지하게 되었습니다. 여러분은 외견상 주님께서 제자들에게 칼을 소지하라고 권하고 나서 칼을 사용하지 말라고 금하시는 것이 아닌가 하는 생각이 들 것입니다. 여러분은 제 마음에 분명하게 떠오르는 생각을 따라오시기 바랍니다. 사람이 사용할 힘이 아무것도 없을 때 힘을 사용하기를 삼가는 것은 대단한 미덕이 아닙니다. 이 사실을 생각할 때 쿠퍼(William Cowper, 영국의 시인. 1731-1800 — 역주)의 민요 가운데 한 줄이 떠오릅니다.

"몸을 똑바로 세워 앉을 수 없는 사람은
   똑바로 앉아야 할 때도 몸을 구부리고 있네."

그러나 사람이 언제든지 사용할 수 있는 힘이 있는데 사용하기를 삼가는 것은 자제하는 것이고, 어쩌면 그것은 훨씬 고귀한 유의 자기희생일 것입니다. 우리 주님께서는 비록 사용하시지는 않았지만 그날 밤 주님 곁에는 칼이 있었습니다. 이 말을 듣고 여러분은 "뭐라고요! 어떻게 그럴 수가 있습니까?" 하고 말할 것입니다. 우리 주님께서는 "너는 내가 내 아버지께 구하여 지금 열두 군단 더 되는 천사를 보내시게 할 수 없는 줄로 아느냐" 하고 말씀하십니다. 이렇게 우리 주님께는 자기 방어 수단이 있으셨습니다. 칼보다 훨씬 더 강력한 것을 곁에 두고 계셨습니다. 그러나 주님은 사용할 수 있는 권능을 동원하기를 거절하셨습니다. 주님의 종들은 이 시험을 견딜 수 없었습니다. 제자들은 자제력이 없었고, 베드로는 당장에 칼에 손을 댑니다. 이 문제에서 제자들이 실패한 점은 우리 주님의 말할 수 없이 침착하심을 반대로 예증한다고 생각됩니다. 주님께서 이렇게 말씀하시는 것 같습니다. "슬프게도, 너희들에게 칼도 맡기지 못하겠구나. 하물며 너희에게 그보다 더 큰 힘을 맡길 수 있겠느냐. 만일 너희에게 명령대로 움직이는 천사들이 있었다면, 천사들이 하늘로부터 끊임없이 내려와 보복의 일을 시행하여 사랑으로 이루려는 내 필생의 중대한 사역을 망치고 말 것이다." 형제 여러분, 우리는 칼이나 그 밖의 형태의 무력을 가지고 있는 것보다 차라리 없는 것이 더 낫습니다. 우리는 우리 주님처럼 자제하는 법을 아직 배우지 못했기 때문입니다. 우리 주 예수 그리스도의 이 영광스런 자제심을 찬미합시다. 주님은 칼로 무장하시지 않았지만 싸울 준비가 되어 있는 "투구를 쓴 그룹들과 칼을 찬 스랍들을" 거느리고 계셨으면서도 그들을 불러 내려 자기를 구원하도록 기도하는 일조차 거부하신 분입니다. 베드로가 격정적으로 칼을 사용한 사실은 주님께 복된 자제심이 있음을 예증하여 줍니다. 이 점이 이 사건의 유용한 면입니다.

이제 이어서 본문에 나오는 주 예수님의 말씀에서 배울 점들을 살펴봅시다.

1. 첫째로, 저는 여러분에게 본문에서
우리 주님의 광대한 자원을 주목해 보라고 말씀드리고 싶습니다.

"너는 내가 내 아버지께 구할 수 없는 줄로 아느냐?" 우리 주님은 적들에 둘러싸여 계십니다. 예수님 주위에는 적들의 악의로부터 주님을 방어해 줄 만한 능력이 있는 존재들이 전혀 없습니다. 이 상황에서 주님께서는 어떻게 하실 작정입니까? 주님은 말씀하십니다. "나는 아버지께 구할 수 있다." 바로 이것이 우리 주님께서 위험한 때 끊임없이 사용할 수 있는 자원입니다. 그렇습니다. 심지어 주님께서 "이제는 너희 때요 어둠의 권세로다"(눅 22:53)라고 말씀하신 그때에도 그렇습니다.

첫째로, 예수님은 지상에서 아무런 재산이 없으셨습니다. 그러나 주님께는 아버지가 계셨습니다. 저는 주님께서 "너는 내가 내 아버지께 구할 수 없는 줄로 아느냐?"고 말씀하신 것이 기쁩니다. 주님은 배신을 당하셨습니다. 또 주님의 피를 보기를 갈망하는 자들의 손에 넘겨지십니다. 그러나 주님께는 전능하고 거룩한 아버지가 계십니다. 만일 우리 주님께서 단지 하나님께서 당신을 구원하실 수 있을 것이라는 뜻으로 말씀하셨다면, 이렇게 말씀하셨을지 모릅니다. "너는 내가 여호와께" 혹은 "하나님께 구할 수 없는 줄로 아느냐?" 그런데 주님은 여기에서, 그리고 요한복음의 해당 본문에서 "내 아버지"라는 감미로운 표현을 사용하십니다. 요한복음에서 주님은 "내 아버지께서 주신 잔을 내가 마시지 아니하겠느냐"(요 18:11)라고 말씀하십니다. 형제 여러분, 우리에게 하늘에 계신 아버지가 계심을 기억합시다. 모든 것이 사라져 버렸을 때 우리는 "우리 아버지"라고 말할 수 있는 분이 계십니다. 친척들은 죽습니다. 그러나 우리 아버지는 살아 계십니다. 쌀쌀한 날씨에 제비들이 떠나듯이 친구라고 생각되는 사람들이 우리를 떠났습니다. 그러나 우리는 혼자가 아닙니다. 아버지 하나님이 우리와 함께 계시기 때문입니다. "내가 너희를 고아와 같이 버려두지 아니하고 너희에게로 오리라"(요 14:18)는 복된 말씀을 굳게 붙잡으십시오. 모든 곤경과 근심과 곤란의 때에 우리에게는 그 지혜와 진리와 권능을 의지할 수 있는 아버지가 계십니다. 여러분의 사랑하는 자녀들은 걱정을 별로 하지 않지 않습니까? 자녀들은 부족한 것이 있으면 아버지에게로 갑니다. 그들은 난처한 일을 만나면 아버지에게 묻습니다. 그들은 학대를 당하면 아버지에게 호소합니다. 손에 가시가 하나만 박혀도 어머니에게 달려가 빼달라고 합니다. 자녀의 고통은 크든지 작든지 간에 부모의 관심사가 됩니다. 이 때문에 자녀의 삶이 쉬워지는 것입니다. 우리가 하나님께 대해 어린아이처럼 행동한다면 우리의 삶도 쉬워질 것입니다. 우리는 맏아들이신 그리스도를 본받도록 합시다. 그래서 우리도 겟세마네에 있게 될 때에는 우리 주님처럼 "내 아버지여, 내 아버지여" 하고 계속해서 소리치도록 합시다. 바로 이것이 칼이나 방패보다 우수한 방어물입니다.

우리 주님께서 의지하시는 수단은 효력 있는 기도로 아버지 하나님께 가까이 가는 것이었습니다. "너는 내가 지금 내 아버지께 구할(pray) 수 없는 줄로 아느냐?" 우리 주 예수님께서는 기도라는 놀라운 무기를 사용하실 수 있었습니다. 기도는 방패이자 칼이고, 창이자 투구이며, 또한 갑옷입니다. 이 모든 것이 기도라는 이 하나에 들어 있습니다. 여러분은 달리 아무것도 할 수 없을 때라도, 기도할 수 있습니다. 여러분이 다른 많은 일들을 할 수 있을지라도 "기도합시다"라고 말하는 것이 여전히 지혜로운 일이 될 것입니다. 그런데 여러분은 우리 주님께서 기도 하셨지만 주님의 불행이 제거되지 않았다는 반론을 제기할 수 있다고 생각합니다. 주님은 친히 피 같은 땀을 흘리며 기도하셨지만, 보호를 받지 못하고 원수들의 수중에 떨어졌습니다. 그것은 사실입니다. 그러나 그것이 진실의 전부는 아닙니다. 왜냐하면 주님은 그동안 강하셨고, 이 상황에서도 구출할 능력을 자유롭게 사용하실 수 있었기 때문입니다. 주님은 당장 구원해 달라고 거듭 탄원하기만 하면 되었습니다. 여기에 사용된 헬라어는 일반적인 기도를 설명하는 단어가 아닙니다. 개역성경(The Revised Version)은 그 단어를 이렇게 번역합니다. "너는 내가 내 아버지께 탄원할(*beseech*) 수 없는 줄로 아느냐?" 우리가 모든 기도를 한 범주로 몰아넣고, 모든 참된 기도의 형태는 다 똑같다고 생각한다면 크게 잘못 아는 것입니다. 우리는 기도하고 호소할 수 있으며, 또 지극히 간절히 기도할 수 있습니다. 그러나 우리는 복을 틀림없이 가져다 줄 탄원의 방식을 사용할 수는 없습니다. 지금까지 우리 주님께서도 기도하셨고, 또 간절히 기도하셨습니다. 그러나 주님께서 옳다고 생각했다면 사용하셨을 수 있는 더 고귀한 형태의 기도가 아직 있었습니다. 그래서 주님께서 그렇게 탄원하셨다면 아버지 하나님께서 반드시 응답하셨을 것입니다. 그러나 주님은 그렇게 하려고 하시지 않았습니다. 형제 여러분, 아마도 여러분은 여러분이 처한 곤경에 대해 아주 많은 기도를 드렸을 것입니다. 그러나 아직도 여러분 속에는 탄원할 힘이 남아 있습니다. 성령님의 도우심을 받으면 여러분은 좀 더 고귀하고 효력 있게 기도할 수 있습니다. 이것이 칼보다 훨씬 더 나은 무기입니다. 저는 어제 한 형제에게 내 주님께서 제 경우에 현저하게 응답하신 기도에 관해 이야기하고 있었습니다. 나는 그 형제에게 이렇게 말하지 않을 수 없었습니다. "하지만 저는 언제든지 그 방식으로 기도하지는 못합니다. 그렇게 기도할 수 없을 뿐만 아니라 또한 할 수 있다고 하더라도 제가 감히 그렇게 기도하지 못할 것입니다." 성령의 감화를 받으면 때로 우리는 시은좌에서 반드시 응답을 얻는 믿음의 힘으로 기도합니다. 그러나 그런 감화가 없을 때는 스스로 그 뜻을 밀고 나가서는 안 됩니다. 사람이 산을 옮길 만한 믿음을 가지고 있을지라도 "그러나 나의 원대로 마시옵고 아버지의 원대로 하옵소서"라는 말만 함으로써 믿음을 보이는 것이 가장 지혜로운 처사인 경우가 많이 있는 것입니다. 주님께서 원하셨다면 얼마든지 자신을 적들로부터 효과적으로 구원하였을 기도를 드릴 능력을 여전히 지니고 계셨던 것입니다. 그러나 주께서는 그 능력을 사용하는 것을 옳다고 생각지 않으셨습니다. 그러나 그렇게 하는 것을 기뻐하셨다면 주님은 그와 같이 탄원하셨을 것입니다.

우리 주님께서 그런 순간에도 기도할 수 있다고 생각하셨다는 점을 살펴봅시다. 기도를 드릴 필요가 없을 만큼 상황이 멀리 나간 것은 아니었습니다. 어느 때 상황이 그렇게 될 수 있습니까? "지금"이라는 단어가 실제로는 우리 번역 성경에서는 두 번 나옵니다. 그 단어가 처음에는 "지금"이라고 번역되고 그 다음에는 "즉시"(개역개정에는 번역되어 있지 않음 — 역주)로 번역되어 있기 때문입니다. 이 단어가 원문에서는 한 번만 나옵니다. 그러나 그 구절에서 단어의 위치를 쉽게 정할 수 없기 때문에 번역자들이 대단한 지혜를 발휘하여 이 단어를 그 문장의 앞 부분과 뒤 부분에 집어넣었습니다. 우리 주님께서는 이런 뜻으로 말씀하신 것이 분명합니다. "나는 지금 궁지에 처해 있다. 과거에 나를 지지하여 바리새인들로부터 나를 보호하였던 사람들이 멀리 가 버렸고, 나는 곧 무장한 사람들에게 붙잡힐 것이다. 그러나 나는 지금도 내 아버지께 기도할 수 있다." 기도는 항상 열려 있는 문입니다. 우리가 기도할 수 없는 곤경이란 없습니다. 어린 양이신 그리스도께서 어디로 가시든지 우리가 그를 따른다면, 그리스도께서 과거에 그렇게 하실 수 있으셨듯이 우리도 지금 효력 있게 우리 아버지께 기도할 수 있습니다. 여러분이 "운명의 시간이 가까이 왔다"고 말씀합니까? 여러분은 지금 기도할 수 있습니다. "하지만 위험이 임박했다"고 말씀하십니까? 여러분은 지금 기도할 수 있습니다. 요나처럼 여러분이 지금 산 밑바닥에 있거나 깊은 물 속에 잠겨 있을지라도 여러분은 기도할 수 있습니다. 기도는 전투하는 중에 언제라도 사용할 수 있는 무기입니다. 헬라인들은 긴 창을 사용했는데, 이 창들은 대열이 깨어지지 않는 한, 방진(phalanx, 方陣:창병[槍兵]을 네모꼴로 배치하는 진형 — 역주)에 대단히 유용하였습니다. 그런데 로마인들은 짧은 칼을 사용했습니다. 그리고 짧은 칼은 접근전(接近戰)에서는 훨씬 더 효과적인 무기였습니다. 그런데 기도는 긴 창이 자 또한 짧은 칼입니다. 그렇습니다. 형제 여러분, 여러분은 사자에게 막 잡아먹히는 순간에도 기도할 수 있습니다. 우리는 찬송 받으실 우리 주님을 기뻐합니다. 주님은 자신이 기도의 능력을 온전히 발휘하시고자 하면 온 하늘을 동원시키실 수 있다는 것을 믿고 아셨습니다. 주님의 탄원하는 기도가 아버지 하나님의 귀에 닿았다면, 즉시로 천사들이 불길처럼 일어나 주님의 적들을 섬멸하였을 것입니다.

우리 주님은 육체적 무기를 의지하시지 않았습니다. 그보다는 탄원이라는 강력한 수단을 의지하셨습니다. 보십시오, 형제 여러분, 우리의 중요한 수단이 항상 어디에 있어야 하는지를 보십시오. 육체의 병기를 보지 말고, 주 우리 하나님을 보십시오. 하나님의 교회여, 불쌍하게 국가를 보지 말고 시은좌로 달려가십시오. 하나님의 교회여, 목회자를 보지 말고 은혜의 보좌를 의지하십시오. 하나님의 교회여, 학식 있는 사람들이나 돈 많은 사람들을 의지하지 말고, 간곡히 기도하는 믿음으로 하나님께 탄원하십시오. 기도는 병기고로 쓰려고 지은 다윗의 망대입니다. 기도는 우리의 전쟁 도끼이자 전쟁 무기입니다. 우리는 우리의 적들에게 이렇게 말합시다. "너희는 내가 지금 내 아버지께 구할 수 없는 줄로 아느냐?" 이렇게 말함으로써 우리 주님께서 지극히 두려운 곤경의 밤에 의지하셨던 그 중대한 수단을 보여주도록 합시다.

2. 둘째로, 우리 주님께서 지상에서 아무 힘이 없는 것처럼 보인 그때에도 하늘에서 주님의 권능은 조금도 쇠하지 않았다는 사실에 주목하십시오.

주님께서는 이제 막 묶여 가야바에게 끌려갈 상황에서 "나는 즉시 하늘로부터 열두 군단의 천사들을 불러 내릴 수 있다"고 말씀하십니다. 주님은 하늘에서 천사들의 주이신 아버지께 영향력을 가지고 계셨습니다. 주님은 아버지 하나님께 속해 있어서 아버지가 소유하신 모든 것을 가질 수 있으셨습니다. 하나님께서는 사랑하는 아들의 소원을 만족시키기 위해서는 필요하다면 하늘을 전부 비우실 것이었습니다. 이제 곧 십자가에 달릴 처지에 있는 사람이신 그리스도 예수께서 아버지 하나님에 대해 그런 능력을 가지고 계시므로 주님은 그저 구하고 받으시기만 하면 됩니다. 아버지 하나님께서는 즉시 주님의 기도에 응답하실 것입니다. "아버지께서 즉시 열두 군단 더 되는 천사를 내게 보내실 것이다." 조금도 지체하거나 주저함이 없이 보내실 것입니다. 아버지께서는 언제든지 주님을 도울 준비가 되어 있으셨고, 주님을 구원하기 위해 기다리고 계셨습니다. 온 하늘이 주님을 관심 있게 지켜보고 있었습니다. 모든 천사들 무리가 하늘에 떠서 기다리고 있었습니다. 그래서 예수께서 소원을 표시하기만 하면 즉시로 겟세마네 동산은 새 예루살렘처럼 빛나는 존재들로 붐비었을 것입니다.

우리 주님은 아버지 하나님께서 천사들을 자기에게 주시거나 보내실 것에 대해 말씀하십니다. 주님의 이 말씀을 해석하자면, 아버지 하나님께서 즉시 하늘의 영광스런 거주자들을 주님의 재량에 맡기실 것이라는 것입니다. 스랍들이 슬픔의 아들의 처분대로 행한다는 것을 생각해 보십시오! 주님은 지금 사람들에게 무시당하고 거절 받으시는데, 사람보다 힘이 탁월한 천사들이 주님이 시키시는 대로 행합니다. 날개가 빠르고 손이 민첩하며 생각이 지혜로운 천사들은 기쁘게 인자의 사자(使者), 곧 예수님의 종복(從僕)이 됩니다. 여러분은 가시 면류관을 쓰신 머리 앞에 고개를 숙이고, 못자국이 난 손과 발을 응시할 때, 사랑하는 이 분을 생각하십시오. 예수께서 겟세마네에서 고뇌 어린 기도를 끝내고 일어나서 이제 곧 묶여 대제사장에게로 끌려가려고 할 때, 천사들과 통치자들과 권세들, 그리고 어떤 이름으로 불리든지 간에 상관 없이 모든 정결한 영들의 군대가 모두 예수님의 명령을 기다리고 있었습니다. 그리스도는 가장 비천하고 연약한 자리에 있을 때에도 우리의 주요 우리의 하나님이십니다.

예수께서 "열두 군단"에 대해서 이야기하십니다. 제가 생각할 때, 예수님께서는 열한 제자 각 사람과 예수님 자신을 위한 군대로서 열둘이라는 수를 언급하시는 것 같습니다. 예수님의 일행은 열둘밖에 안 되지만, 수를 헤아릴 수 없는 하늘의 군대가 그들을 구원하기 위해 무장을 갖추고 진군할 것이었습니다. 로마 군대에서 한 군단은 적어도 6천명의 군사로 이루어져 있었습니다. 6천명을 열두 번 곱한 수의 천사들이 예수님의 요구를 이루기 위해 올 것이었습니다. 그런데 예수님은 열두 군단 "더" 되는 천사들이 올 것이라고 말씀하십니다. 하나님의 그리스도께서 사용하실 수 있는 자원은 끝이 없습니다. 예수께서 원하신다면, 수많은 천사들이 하늘을 가득 메울 것입니다. 유다가 이끌고 온 무리는 보잘것없는 부대에 불과하여, 우리 구주께서 자기편을 호출하신다면 그들은 즉시 소멸되고 말 것입니다. 사랑하는 형제 여러분, 배반당하고 체포된 우리 주님의 영광이 어떠한지 보십시오. 주님께서 그때 그러한 분이셨다면, 아버지께 모든 권세를 받으신 지금 주님은 어떠한 분이시겠습니까! 예수께서는 수욕을 받는 자리에 계셨을 때에도 만유의 주이셨고, 특별히 보이지 않는 세계와 그 세계에 사는 군대의 주이셨다는 사실을 항상 분명히 기억하십시오. 여러분이 이 사실을 분명하게 인식하면 할수록 그만큼 더 여러분은 주님께서 십자가의 죽음을 무릅쓰도록 만든, 모든 것을 정복하는 그 사랑에 감복하게 될 것입니다.

　　여기서 잠시 멈추어서, 천사들이 여러분의 믿음의 정도에 따라 여러분의 부름에도 응답한다는 점을 생각해 봅시다. 여러분이 하나님께 기도하기만 하면, 천사들이 여러분의 발이 돌에 부딪히지 않게 손으로 여러분을 떠받칠 것입니다. 우리는 이 하늘의 존재들에 대해 많이 생각하지 않습니다. 그러나 이들은 구원의 상속자들을 섬기도록 보냄을 받는 부리는 영들입니다. 엘리야의 종처럼 여러분의 눈이 열린다면, 여러분은 산에 불말이 가득하고 하나님의 종들을 불병거가 두르고 있음을 보게 될 것입니다. 우리는 보이지 않는 세력들을 의지하는 법을 주님에게서 배우도록 합시다. 눈에 보이고 귀에 들리는 것을 의지하지 않도록 합시다. 감각으로 알 수 없고 믿음으로만 알 수 있는 영적 존재들을 존중하도록 합시다. 천사들은 우리가 알았던 섭리의 일들에서 훨씬 더 중요한 역할을 합니다. 하나님은 땅에서 우리들에게 친구들을 세워 주실 수 있고, 그렇게 하시지 않을 경우에는 하늘에서 더 유능한 친구들을 우리를 위해 모으실 것입니다. 사람들의 귀를 베는 칼을 뽑을 필요가 없습니다. 그보다 말할 수 없이 더 뛰어난 수단들이 우리를 위해 일할 것이기 때문입니다. 하나님을 믿으십시오. 그러면 모든 것이 합력하여 여러분의 선을 이룰 것입니다. 하나님의 천사들은 하나님의 자녀들 가운데 지극히 작은 자라도 보호하는 것을 명예요 영광으로 생각합니다.

　　이 주제를 오래 다루고 싶은 마음은 크지만 그렇게 할 수 없습니다.

3. 본문 말씀이 교훈으로 가득하지만, 중요한 요점은 세 번째 주제, 곧 우리 주님께서 고난 받기를 온전히 자원하셨다는 사실입니다.

　　저는 그 점을 이미 앞에서 여러분에게 말했다고 생각합니다. 우리 주님은 배반당하여 죄인들의 손에 넘겨질 것이었는데, 그 일을 기꺼이 순순히 따랐습니다. 유다가 겟세마네 동산을 알았지만 주님은 그 자리를 피하지 않으셨습니다. 우리 주님께서 겪으신 고난 가운데 그의 본성상 필연적인 고난은 아무것도 없었습니다. 하나님으로서도 죄 없는 사람으로서도 주님이 반드시 고난당해야 할 이유는 없었습니다. 주님께 지워진 고통들 가운데 어떤 것도 주님이 부득이 견디지 않으면 안 될 필연성은 없었습니다. 다만 주님께서 성경의 예언을 이루어야 하고, 주님께서 오셔서 행하려고 하신 자비의 사역을 이행하셔야 하는 필연성밖에 없었습니다. 주님은 우리 죄를 위하는 속죄제물이 되셨기 때문에 죽으셔야 했습니다. 그러나 그 점을 떠나서는 주님께서 죽으셔야 할 필연성은 아무것도 없었습니다. 사람들이 주님께 채찍질을 하였습니다. 그러나 주님께서 그 일을 허락하시지 않았다면 사람들은 주님께 채찍을 댈 수 없었을 것입니다. 주님은 잔인한 나무에 달려 목이 마르셨습니다. 주님께서는 세상의 모든 샘들을 만들고 채우십니다. 그러므로 주님께서 그 일을 받아들이기로 마음먹지 않으셨다면 목마르실 필요가 없었습니다. 주님께서 죽으셨을 때, 주님의 본래의 힘이 부족하여 죽으신 것이 아닙니다. 주님은 우리의 속죄제물로서 스스로 자신을 죽음에 내주셨기 때문에 죽으신 것입니다. 주님께서는 숨을 거두시는 순간에도 큰 소리로 외치셨는데, 이는 그 안에 여전히 생명이 있음을 보여주시는 것이었습니다. 그는 "숨지셨습니다"(눅 23:46). 즉 주님께서 보존하실 수도 있었을 생명을 기꺼이 내놓으신 것입니다. 주님은 자발적으로 자기 영혼을 하나님께 드리셨습니다. 그 생명을 주님 자신의 의지보다 더 강한 힘이 주님에게서 빼앗아 간 것이 아닙니다. 주님께서는 자원하여 우리의 죄를 지셨고, 자원하여 우리의 대속물로 죽으셨습니다. 자원하여 고난을 받으신 주님을 사랑하고 찬미합시다.

사실 주님은 하나님의 뜻에 그냥 복종하신 것이 아니었습니다. 저는 그것을 역설적으로 표현할 수 있다면, 주님은 적극적으로 복종하셨다고 말하고 싶습니다. 단 한 번만 기도하셨다면 우리 주님은 적으로부터 구원받으셨을 것입니다. 그러나 주님은 참으셨고, 아버지께 탄원하고 싶은 본능적인 충동을 억제하셨습니다. 주님은 영적 선물들 가운데 가장 고귀한 선물, 모든 형태의 능력 가운데 최상의 능력, 곧 기도의 능력을 사용하시지 않았습니다. 선한 사람은 언제나 기도를 마음껏 드릴 수 있다고 사람들은 생각하였을 것입니다. 그럼에도 불구하고 예수께서는 기도의 능력이 마치 칼이라도 된 것처럼 기도에 손을 대셨다가 칼을 다시 칼집에 집어넣듯 기도를 보류하셨습니다. "그가 남은 구원하였으되 자기는 구원할 수 없도다"(마 27:42). 주님께서 다른 사람들을 위해서는 기도하셨지만, 이 경우에 자신을 위해서는 기도하려고 하시지 않았습니다. 얼마든지 하실 수 있었을 텐데 말입니다. 주님은 하나님의 뜻에 조금이라도 어긋나는 것을 구하는 기도가 된다면 주님은 아무것도 하려고 하시지 않았습니다. 주님은 아버지의 뜻에 철저히 복종하셨고, 우리의 구원을 이루기를 간절히 바라셨으므로, 주님의 원수들의 잔인한 행위들과 죽음의 혹독함을 피하기 위해 기도하시지 않았습니다. 주님은 그것이 아버지의 뜻임을 아십니다. 그러므로 아버지의 뜻에 반대되는 소원을 품지 않으려고 하십니다. "아버지께서 주신 잔을 내가 마시지 아니하겠느냐?" 여러분, 이 점을 기억하십시오. 주님께서 자신이 붙잡혀 죽임당하는 것을 막기 위해서는 잘못된 일을 조금이라도 행할 필요가 없었습니다. 잘못된 일을 할 것이 아니라 좋은 일, 즉 기도를 하면 되었습니다. 그러나 주님은 기도하려고 하시지 않습니다. 주님은 구속의 일을 담당하셨습니다. 그래서 주님은 구속의 일을 끝까지 해내야 하고, 또한 해내려고 하십니다. 주님은 여러분과 나의 구원을 간절히 바라시고, 그가 행하기로 책임을 진 일을 행하여 아버지 하나님을 영예롭게 하고 영광을 돌리기를 간절히 열망하십니다. 그래서 주님은 기도로써 자신의 고난을 막으려는 일을 시도조차 하시지 않습니다.

　"이런 일이 있으리라 한 성경이 어떻게 이루어지겠느냐"는 주님의 질문은 놀랍습니다. 이 질문은 이렇게 말하는 것과 같습니다. "다른 누가 그 잔을 마실 수 있겠느냐? 다른 누가 전능자의 진노의 포도주 틀을 밟을 수 있겠느냐? 아무도 없다. 내가 그 일을 해야 한다. 나는 이 짐을 다른 어느 누구에게 지울 수 없다." 그러므로 주님은 자기 앞에 있는 즐거움을 위하여 십자가를 참으시고 수치 받는 것을 개의치 않으셨습니다. 주님은 처음부터 끝까지, 자원하여, 참으로 자원하여 우리의 고난 받는 구주가 되셨습니다. 주님은 자원하여 베들레헴에 태어나고, 나사렛에서 활동하시며, 예루살렘에서 조롱을 받고, 마침내 골고다에서 죽으셨습니다. 그 모든 과정 중 어느 한 점에서 주님은 뒤로 물러가실 수 있었습니다. 죽음보다 강한 사랑 외에는 아무것도 주님을 강제하는 것이 없었습니다.

　사랑하는 청중 여러분, 저는 여러분이 예수님께서 지금도 기꺼이 구원하는 일을 하신다는 추론을 끌어내기를 바랍니다. 자원하여 고난 받으신 분은 자원하여 구원하시는 분임에 틀림없습니다. 주님께서 자원하여 죽으셨다면, 마찬가지로 주님은 그 죽으심의 결실을 언제든지 우리에게 주시기를 기뻐하시는 것이 틀림없습니다. 여러분 가운데 누구든지 예수님을 모시려고 한다면, 여러분은 틀림없이 예수님을 당장에 모실 수 있습니다. 주님께서는 기꺼이 우리 모두에게 자신을 주셨습니다. 주님께서 그처럼 자원하여 우리를 위한 희생 제물이 되셨다면, 주님을 의지하여 하나님께 나아오는 여러분과 모든 사람에게 얼마나 더 기꺼이 그의 희생의 영광스런 결과를 나누어 주시려고 하지 않겠습니까! 조금이라도 할 뜻이 없다면 여러분은 그 일을 하려고 하지 않습니다. 그런데 주님은 은혜 베푸시기를 기뻐하십니다. 이 진리의 마력이 내게서처럼 여러분 마음에도 영향력을 발휘하기를 바랍니다. 저는 주님을 참으로 사랑합니다. 주님께서 어느 때라도 나를 구속하는 일에서 뒤로 물러나실 수 있으셨는데 그렇게 하려고 하시지 않았다는 것을 알기 때문입니다. 단 한 번만 기도해도 주님은 자유로워졌을 것입니다. 그러나 주님은 기도하려고 하시지 않았습니다. 그만큼 우리를 사랑하셨기 때문입니다!

> "이것은 거룩한 동정심이었네.
> 죄 용서의 대가가 주님의 피라는 것을
> 주님께서 아셨을 때도
> 주님의 동정심은 물러나지 않았네."

주님께서 용서하기를 내켜 하시지 않고, 여러분 같은 죄인을 마지못해 받아들이신다고 생각하여 주님을 슬프시게 하는 일을 여러분은 하지 마십시오. 주님께서 이렇게 말씀하시지 않았습니까? "내게 오는 자는 내가 결코 내쫓지 아니하리라"(요 6:37). 여러분이 어떤 사람이든지 간에 주님께 오면 주님이 기뻐하실 것입니다. 여러분이 그냥 믿고서 주님께 가까이 가기만 하면 주님께서 그의 고뇌의 열매를 여러분에게 주실 것입니다. 그러면 그의 죽으심의 모든 공로가 아낌없이 여러분에게 흘러갈 것입니다. 오십시오. 죄인이여, 오십시오. 환영합니다.

4. 이제 저는 여러분에게 우리 주님께서 성경을 매우 존중하셨음에 대해서 아주 간단하게 말씀드리도록 하겠습니다.

주님께서 열두 군단 되는 천사들을 부리실 수 있지만, "내가 만일 그렇게 하면 이런 일이 있으리라 한 성경이 어떻게 이루어지겠느냐" 하고 말씀하십니다.

우리 주님께서 성경의 신성성을 믿으셨다는 점에 주목하시기 바랍니다. 주님께서는 "그렇게 하면 성경이 어떻게 이루어지겠느냐"고 말씀하십니다. 그러나 성경이 단지 사람들의 기록에 불과하다면, 그 기록이 이루어져야 할 필연성은 없습니다. 성경이 단지 훌륭한 사람들의 틀리기 쉬운 발언에 지나지 않는다면, 저는 그 발언이 성취되어야 할 특별한 필연성을 보지 못합니다. 그런데 우리 주 예수 그리스도께서는 성경이 반드시 이루어져야 한다고 주장하셨고, 그 이유는 성경이 사람의 말이 아니라 하나님의 말씀이기 때문이라는 것이었습니다. 성경이 우리 주 예수 그리스도께는 분명히 하나님의 말씀이었습니다. 주님은 성경을 가볍게 다루지 않으시고 성경과 다른 이야기를 하시지 않으며, 성경이 사라질 것이라고 말씀하시지도 않습니다. "내가 율법이나 선지자를 폐하러 온 줄로 생각하지 말라 폐하러 온 것이 아니요 완전하게 하려 함이라 진실로 너희에게 이르노니 천지가 없어지기 전에는 율법의 일점일획도 결코 없어지지 아니하고 다 이루리라"(마 5:17,18)고 말씀하신 분이 바로 주님이십니다.

주님은 성경의 신적 기원을 믿으셨고 성경이 오류가 없음도 믿으셨습니다. "내가 만일 그렇게 하면 이런 일이 있으리라 한 성경이 어떻게 이루어지겠느냐?" 주님은 성경에 작은 실수가 있을 수 있다는 것을 넌지시 비추는 일도 하시지 않습니다. 주님은 이렇게 말씀하시지 않습니다. "나는 나를 구원하기 위해 천사들 열두 군단을 불러올 것이다. 성경이 헛되게 되는 것은 내게 아무 문제가 되지 않는다." 아, 그렇지 않습니다. 성경은 진리임에 분명하고, 그래서 성경은 이루어져야 합니다. 그러므로 주님은 배반당하여 사람들 손에 넘겨져야 합니다. 주님은 성경이 일점일획에 이르기까지 진실임이 확증되는 것이 필연적인 일이라고 여기십니다.

형제 여러분, 보십시오. 우리 주님께서 성경을 얼마나 가치 있는 것으로 평가하시는지를 말입니다. 사실 주님은 이렇게 말씀하시는 것입니다. "성경이 조금이라도 성취되지 않는 것보다는 차라리 내가 죽는 것이 낫다. 하나님의 말씀의 어떤 한 마디라도 실행되지 않는 것보다는 차라리 내가 십자가에 달리는 것이 낫다." 스가랴 선지자는 이렇게 기록하였습니다. "만군의 여호와가 말하노라 칼아 깨어서 내 목자, 내 짝 된 자를 치라 목자를 치면 양이 흩어지리라"(13:7). 이 예언의 성취는 그날 밤이 지금 기일이었습니다. 그래서 하나님의 아들은 아버지의 말씀이 땅에 떨어지게 하기보다 양들의 목자로서 기꺼이 고난을 받으려고 하셨습니다. 가죽으로 가죽을 바꾸니 사람이 그의 모든 소유물로 자기의 생명을 바꿀 것입니다(욥 2:4). 그러나 예수께서는 성경을 위하여 생명을 내놓으려고 하셨습니다. 형제 여러분, 성경의 진리 가운데 어느 하나라도 포기하느니 차라리 죽는 것이 온 교회를 위해 가치 있는 일입니다. 성경의 명예를 떨어트리기보다는 차라리 우리 수많은 사람들이 하나의 큰 번제물로서 제단에서 소멸되도록 합시다. 하나님의 말씀은 우리가 살든지 죽든지 상관 없이 반드시 살아서 이깁니다. 주님은 우리에게 성경을 자유나 생명을 넘어서는 귀중한 것으로 생각하도록 가르치십니다.

그러나 우리 주님의 말씀의 취지는 거기에서 그치지 않습니다. 제가 그 말씀을 다시 한 번 반복하고 나서 자세히 설명하도록 하겠습니다. "내가 만일 그렇게 하면 이런 일이 있으리라 한 성경이 어떻게 이루어지겠느냐?" 성경은 하나님의 숨은 뜻을 기록한 것입니다. 우리는 운명, 곧 맹목적이고 무정한 것을 믿지 않습니다. 우리는 예정, 곧 지혜로우시고 사랑이 많으신 아버지 하나님의 정하신 뜻을 믿습니다. 운명이라는 책은 무자비한 지식입니다. 그러나 거룩한 예정의 책은 매력적인 문장들로 가득합니다. 어떤 일들을 반드시 이루어져야 할 것으로 정하시는 것이 하늘에 계신 우리 아버지 하나님의 뜻입니다. 이 사실 때문에 우리는 하나님의 미리 정하신 뜻을 즐거이 받아들입니다. 하나님께서 그 일을 정하셨다는 것을 일단 확신하게 되면 우리는 그에 대해 전혀 갈등하지 않습니다. 아니, 우리는 그 문제를 달리 어떻게 해보고 싶은 소원조차 품지 않습니다. 우리는 하나님의 뜻을 최고의 법으로 삼읍시다. 그렇게 생각해야 합니다. "이는 여호와이시니 선하신 대로 하실 것이니라"(삼상 3:18)는 말씀에서 우리는 깊은 위로를 발견합니다. 자, 주 그리스도께서 보실 때 성경의 예언은 반드시 그대로 되어야 하는 하나님의 예정을 계시하는 것이었습니다. 그래서 주님은 즐거이, 기쁘게, 심지어 그것을 피하고자 하는 기도조차 하시지 않고, 하나님께서 그 뜻을 정하셨기 때문에 그 일을 반드시 이루기 위해 자신을 드리십니다. 여러분 가운데 누구든지 하나님의 예정을 믿지 않는다면, 아마도 여러분은 우울한 때를 만나면 여러분의 슬픔이 잔인한 운명에서 나온 것으로 생각하게 될 것입니다. 어떻든지 간에 사람의 마음은 결국 이런 결론에 이르고 맙니다. 즉 어떤 일들은 사람의 통제와 뜻을 벗어나고, 이런 일들은 숙명에 의해 결정된다고 생각하게 되는 것입니다. 그렇게 생각하기보다 하나님께서 그런 일들을 정하셨다는 것을 아는 것이 얼마나 더 낫습니까! 멈출 수 없이 확실하게 돌아가는 바퀴가 있습니다. 그런데 그 바퀴에 눈들이 가득 달려 있고, 바퀴가 하나님의 정하신 뜻을 따라 움직이고

있다고 믿는 것이 여러분에게 위로를 주지 않겠습니까? "이것이 내 아버지의 뜻
이다"라고 말하는 사람은 행복한 사람입니다. 예정은 운명만큼이나 확실하고 분
명합니다. 그러나 예정 뒤에는 만물에 명령을 내리시는 살아 계시고, 사랑이 많
으신 인격체가 있습니다. 우리는 이 인격체에게 즐거이 복종하는 것입니다.

사랑하는 여러분, 우리는 그리스도께서 그러셨듯이 성경을 소중히 여깁시
다. 저는 성경을 더욱더 소중히 여기자고 말씀드립니다. 성취되지 않은 성경은
그리스도께서 그 알맹이가 되시기 전까지는 껍데기에 불과하였는데, 우리 주님
께서 성취되지 않은 성경을 소중히 여기셨다면, 하물며 우리는 그 성경을 얼마
나 더 소중히 여겨야 하겠습니까? 그리스도께서 고난을 받으셨고, 하나님의 선
지자들이 자기에 대하여 기록한 대로 행하셨기 때문에 그리스도에 대한 성경은
대부분이 성취되었습니다!

시간이 너무 빨리 가 버려서 저는 다음 주제로 넘어가지 않을 수 없습니다.
여러분은 우리가 지금 의미심장한 본문을 대하고 있다는 것을 압니다. 본문은
배우기를 원하는 사람들에게 주는 생생한 교훈으로 가득합니다. 하나님께서 우
리가 본문의 거룩한 모든 가르침을 즐거이 받도록 도와주시기를 구합니다!

이제 저는 마지막 요점을 다루지 않으면 안 됩니다.

5. 우리는 주님께서 본문에서 우리 각 사람에게
주시는 교훈을 생각해 봅시다.

첫 번째 교훈은 이것입니다. 하나님의 일을 할 때 하나님께서 사용하도록
친히 정해 주시는 것 외에 다른 힘을 바라지 말라는 것입니다. 정부가 와서 여러
분의 교회를 지지하여 돕기를 바라지 마십시오. 하나님께서 목회자들에게 능변
이라는 마력을 주어 목회자들이 사람들의 귀를 사로잡고 그렇게 해서 말의 지혜
로 믿음을 유지하게 되기를 바라지 마십시오. 학식과 높은 지위와 명성이 기독
교 편에 떨어져서 기독교 신앙이 존경을 받고 영향력을 행사할 수 있게 되기를
바라지 마십시오. 하나님께서 사용하도록 정해 주시지 않은 수단을 우리는 탐욕
스러운 눈으로 보지 않아야 합니다. 우리 주님께서 "만군의 여호와께서 말씀하
시되 이는 힘으로 되지 아니하며 능력으로 되지 아니하고 오직 나의 영으로 되
느니라"(슥 4:6)고 말씀하시지 않았습니까? 예수께서는 모든 천사들 부대를 마음
대로 부리실 수 있으십니다. 그러면 여러분은 주님께서 그들을 사용하시기를 바

라지 않겠습니까? 우리가 빽빽하게 늘어선 천사들의 군대를 보고 그들의 휘황찬란한 모습을 볼 때 그 광경이 얼마나 영광스럽겠습니까! 그러나 예수께서는 그 천사들에게, 가만히 서서 하나님의 구원이 그들의 개입 없이 이루어지는 것을 보라고 말씀하십니다. 예수께서는 새로운 세계가 천사들에게 종속되도록 하시지 않았습니다. 그들은 사람들의 구속에 간섭해서는 안 됩니다. 진리를 위한 투쟁은 사람과 뱀 사이의 영적 전쟁이 되도록 되어 있습니다. 영적인 힘 외에는 어떤 것도 사용되지 않을 것입니다. 그 전투는 천사들이 아니라 사람들이 수행할 것입니다. 사람은 오직 영적 수단으로만 죄를 이겨야 합니다. 베드로여, 칼을 치워라! 예수님은 칼의 예리한 날을 필요로 하시지 않습니다. 너희 스랍들이여, 너희 칼을 칼집에 넣어두라! 예수께서는 너희 천상의 존재들의 칼조차도 필요로 하시지 않는다. 주님의 약함이 사람이나 천사의 힘보다 많은 일을 해냈습니다. 주님의 고난과 죽음이 모든 천사들이 달려들어도 이룰 수 없었을 일을 해냈습니다. 진리가 싸움에서 승리합니다. 성령께서 악한 권세들을 정복하실 것입니다. 형제 여러분, 다른 누가 개입하도록 구하지 마십시오. 우리는 하나님께서 정해주신 근거 위에 서서 이 싸움을 싸우도록 합시다. 하나님은 정신의 세계에서 전능하신 분이라는 것과, 그러므로 하나님께서 그의 진리와 성령으로 이기실 것이라는 사실을 알도록 합시다. 주님께서는 그의 성령으로 논증하고 설득하며 깨우치는 방법 외에 다른 모든 힘들은 치워 두십니다. 그러니 우리는 주님께서 사용하도록 정하시는 것 외에 어떤 힘에도 손을 댈 생각조차 하지 않도록 합시다.

다음으로, 다른 힘들을 사용할 수 있는 처지에 있을 때, 여러분은 하나님 나라를 전진시킨다는 목적으로 그 힘들을 사용하지 않도록 조심하십시오. 여러분이 진리를 위해 논증하고 있을 때 화를 내지 않도록 하십시오. 그렇게 하면 마귀의 무기를 가지고 주님의 싸움을 싸우게 될 것이기 때문입니다. 그 의견이 틀렸거나 심지어 신성모독적인 경우라도 그런 사람을 누르려는 생각을 품지 마십시오. 우리의 견해를 선전하기 위해 뇌물을 사용하는 것은 천한 일입니다. 우리와 정서가 다른 사람들에게 사랑을 베풀기를 거부하는 것은 혐오할 만한 일입니다. 사람들에게 위협하는 말을 하지 말고, 뇌물로 여러분의 손을 더럽히지 마십시오. 진리의 싸움은 그런 식으로 싸우는 것이 아닙니다. 여러분이 어떤 사람에게 형벌이나 질병 혹은 악한 어떤 일이 내려져서 그 사람의 입을 다물게 하고 싶은 생각이 든다면, 여러분은 그처럼 그리스도인답지 않은 생각이 여러분 마음속에 들어왔다는 사실을 인하여 슬퍼해야 합니다. 사람들 가운데 사악하기 그지없는 사람들에 대해서도 선한 것만을 바라도록 하십시오. 그리스도를 위해서 그런 식으로 싸우면 그리스도께 큰 상처를 낼 뿐일 것입니다. 프랑스 왕이 우리 주님께 가해진 잔인한 행위들에 대해서 듣고는 이렇게 소리쳤습니다. "아, 내가 거기에 내 근위부대를 데리고 있었다면 그 악인들을 갈가리 찢었을 것이다!" 당연히 그렇게 했을 것입니다. 그러나 예수님은 프랑스 왕도 원하지 않으셨고 그의 근위부대도 원하지 않으셨습니다. 주님은 사람들의 생명을 멸하러 오신 것이 아니라 구원하기 위해 오셨습니다. 형제 여러분, 주 예수님은 여러분이 주님을 위해 싸울 때 여러분의 믿음으로, 거룩한 생활로, 진리에 대한 확신으로, 성령님을 의지함으로 싸우기를 바라십니다. 여러분이 칼자루에 손을 대고 싶은 생각이 들 때마다 주님께서 "칼을 칼집에 꽂으라"(요 18:11)고 하시는 말씀을 듣기를 바랍니다. 주님은 사랑으로, 오직 사랑으로 정복하시기를 원합니다. 제가 바로 이 순간 우리 교회에 국가의 모든 부를 부여할 수 있고, 지금 사회를 빛내고 있는 모든 지혜와 재능과 웅변을 이 교회에 다 모아줄 수 있고, 또 단 한 번의 기도로 그렇게 할 수 있을지라도, 저는 그 청원을 드리기를 몹시 주저할 것입니다. 이런 것들은 우상이 되어서 살아 계신 하나님으로 질투하시도록 만들 수가 있습니다. 그보다는 우리가 가난하고 약하며, 사람들 가운데 높이 평가받는 것들이 부족한 것이 더 낫고, 성령의 세례를 받는 것이 우리 하나님을 떠나서 강하게 되는 것보다 무한히 더 낫습니다. 우리는 거룩하지 않은 무기들, 곧 하나님께서 정해 주시지 않은 도구로 이 싸움을 싸워서는 안 됩니다. 성령의 능력으로 진리를 말할 때 우리는 그 결과에 대해 두려워하지 않습니다. 우리 주님께서 말씀하신 뜻은 확실히 이것입니다. "나는 내 아버지께 기도하면 즉시 천사들 호위대를 받을 수 있을 것이다. 그러나 나는 그런 일은 일절 하지 않을 것이다. 내 나라는 이런 것들이 아닌 다른 수단에 의해서 와야 하기 때문이다."

　다음의 교훈은 이것입니다. 고난을 피하기 위해서 진리를 희생시키려는 일은 결코 해서는 안 된다는 것입니다. "그렇게 하면 성경이 어떻게 이루어지겠느냐?" 그리스도께서 이렇게 말씀하시는 것입니다. "나는 붙잡혀 묶이고 악인 취급받는 것을 피할 수 있다. 그러면 그 성경 말씀이 어떻게 이루어질 수 있겠느냐?" 여러분은 살아가면서 내내 모든 고난에서 보호받기를 원합니까? 아주 많은 사람들이 "그러고 싶습니다" 하고 말할 것이라고 생각합니다. 여러분도 그러고 싶습니까? 여러분은 항상 질병과 가난, 근심과 사별, 비방, 박해가 없이 살고 싶습니까? 그렇게 한다면, "내가 너를 고난의 풀무 불에서 택하였노라"(사 48:10)는 말씀이 이루어질 수 있겠습니까! "어찌 아버지가 징계하지 않는 아들이 있으리요"(히 12:7)라는 본문이 무슨 의미가 있겠습니까? 예수께서는 "사람이 자기 십자가를 지고 나를 좇지 않고서는 내 제자가 될 수 없다"고 말씀하셨습니다. 여러분은 이 규칙에 예외가 되겠습니까? 아, 여러분은 고난을 걷어 차 버리지 마십시오. 그렇게 하는 가운데 여러분이 하나님과 싸우게 될 수가 있기 때문입니다. 베드로가 칼을 뽑았을 때 그는 자기도 모르는 사이에 우리의 구속을 막기 위해 싸우고 있었습니다. 우리가 고난이나 박해에 대항하여 싸울 때 미처 알지 못하는 유익과 싸우는 것이 될 수가 있습니다. 여러분은 군왕들처럼 말을 타고 세상을 지나가고 싶습니까? 그런 위험천만한 운명을 바라지 마십시오. 그러면 제자가 선생보다 낫지 못하다는 성경이 어떻게 이루어질 수 있겠습니까? 성경의 권위 앞에 택하신 백성들을 위하여 모든 것을 참으십시오.

다시 말하지만, 적의 편에 힘이 있을 때 떨지 마십시오. 바리새인과 제사장들, 당국이 주님을 체포하기 위해 보낸 자경단(posse comitatus, 自警團)이 오고 있는 것이 보입니다. 그러나 주님은 두려워하시지 않습니다. 주님이 두려워하실 이유가 있습니까? 주님께서는 열두 군단의 천사들에게 명령하여 적을 격퇴시키실 수 있었습니다. 자기 뒤에 예비대가 있는 것을 아는 사람은 두려움 없이 적의 매복 장소로 들어갈 수 있습니다. 많은 사람들이 자기들 앞에 단순히 한 사람, 이상하게 피 같은 땀을 흘리는 약한 사람이 서 있다고 생각합니다. 아, 그들은 주님도, 주님의 아버지 하나님도 알지 못합니다. 주님께서 휘파람을 한 번 부시도록 해 보십시오. 그러면 감람나무 숲 뒤에서, 동산을 두르고 있는 성벽으로부터, 감람산의 모든 돌들로부터 가이사의 군사들보다 더 강한 전사들, 곧 대항하는 군대를 다 살라 버릴 용사들이 나올 것입니다. 하나님의 이 강력한 천사들 가운데 하나가 산헤립의 18만 5천명의 군사들을 단 하룻밤에 다 죽였습니다. 또다른 천사는 애굽의 모든 장자를 쳤습니다. 그렇다면 열두 군단의 천사들은 얼마나 더 한 일을 할 수 있을지 생각해 보십시오! 형제 여러분, 이 거룩한 하늘의 존재들이 우리 편에 있습니다. "아, 저렇게 많은 사람들이 우리를 치려고 하다니!" 예, 우리를 대항하는 사람들이 그렇게 많다는 것을 저는 압니다. 그러나 우리를 위하는 자들은 더 많습니다. 하늘의 무수한 천사들이 우리 편입니다. 여러분은 수많은 천사들 군단이 호출을 기다리고 있는 것이 보이지 않습니까? 우리의 크신 군대 대장이신 그리스도께서 때가 왔다고 결정하기 전에 명령을 내리기 원하는 사람이 누가 있습니까? 그리스도께서 하늘로부터 큰 소리와 천사장의 호령과 하나님의 나팔 소리와 함께 내려오실 때까지 우리는 인내로 기다립시다. 그때 하늘 문으로부터 하늘의 예비대들이 쏟아져 나올 것입니다. 거룩한 모든 천사들이 당당하고 찬란한 모습으로 몰려올 것입니다. 그때까지 기다립시다! 꾹 참고 기다리십시오! 주 예수께서 기다리셨습니다. 그의 천사들이 기다렸습니다. 주님의 아버지께서 기다리셨습니다. 그들 모두가 지금도 기다리고 있습니다. 하늘의 오랜 고난이 수 세기를 걸쳐 은실처럼 지금도 이어지고 있습니다. 예수께서 아버지의 모든 영광 가운데 그의 천사들을 데리고 오실 것입니다. 주님께서 틀림없이 내일 오실 것이다, 그렇지 않으면 주님은 자기 약속에 대해서 태만하다고 비난받아야 한다고 생각하지 마십시오. 주님께서 여러분 생전에 오시기를 바라고, 주님을 기다리십시오. 그러나 주님께서 지체하시더라도 낙담하지 마십시오. 주님께서 또 한 세기를 지연하시더라도 지치지 않도록 하십시오. 찬란한 천년왕국의 날이 오기 전에 또 천년이 흘러야 한다고 하더라도 여러분 각 사람은 자기 자리에서 굳게 서고, 아무것도 두려워하지 말며, 주님의 이름으로 여러분의 깃발을 세우십시오. "만군의 여호와께서 우리와 함께 하시니 야곱의 하나님은 우리의 피난처시로다"(시 46:7). 우리는 힘이 부족하지 않습니다. 그런데 그 힘을 쓰지 않는 것은 하나님께서 그렇게 뜻하시기 때문이고, 현재 우리의 약함이 주님의 장엄한 정복의 수단이 되는 것도 하나님께서 그렇게 뜻하시기 때문입니다. 주님, 우리가 기꺼이 주님을 믿고 인내로 주님을 기다립니다. 주께 간구하오니 우리를 떠나지 마시옵소서. 아멘.

제
71
장

—

"그러나 … 이후에"

—

**"예수께서 이르시되 내가 말하였느니라. 그러나 내가 너희
에게 이르노니 이후에 인자가 권능의 우편에 앉아 있는 것
과 하늘 구름을 타고 오는 것을 너희가 보리라 하시니"**
— 마 26:64

우리 주님께서 원수들 앞에서 자신을 변호하시는 일에 침묵을 지키셨습니다. 그러나 경고하고, 담대하게 진리를 공언하는 일에는 충실하셨습니다. 예수님의 침묵은 인내의 침묵이지 무관심의 침묵은 아니었습니다. 용기의 침묵이지 겁쟁이의 침묵이 아니었습니다. "본디오 빌라도를 향하여 선한 증언을 하신 예수 그리스도"라고 기록되어 있습니다(딤전 6:13). 그리고 그 진술은 가야바 앞에서 예수님이 하신 말씀에도 그대로 적용될 수 있습니다. 왜냐하면 필요한 진리를 인정할 때는 침묵을 지키지 않으셨기 때문입니다. 만일 여러분이 본문이 들어 있는 마태복음 26장을 읽어 보면, 대제사장이 예수님을 윽박지르며 "네가 하나님의 아들 그리스도인지 우리에게 말하라"(마 26:63)고 한 것을 봅니다. 그 요구에 대하여 예수님은 즉시로 "네가 말하였느니라."고 대답하셨습니다. 예수님은 자신이 메시아이심을 부인하지 않으셨고, 자신이 약속된 자, 하늘로부터 온 사자, 지존자의 기름 부으심을 받은 그리스도라고 주장하셨습니다. 한순간도 자신의 신성(神性)을 부인하지 않으셨습니다. 그분은 자신이 하나님의 아들이심을 인정하고 고백하였습니다. 주님께서 자기 인격에 관하여 지극히 중요한 점이 질

문으로 나올 때는 어떻게 잠잠할 수 있으셨겠습니까? 주님께서는 그들을 어리둥절한 상태에 내버려 두지 않고 "내가 그로라"고 말씀하심으로써 당신의 신성을 공개적으로 선언하셨습니다. 왜냐하면 복음서 기자 중 한 사람이 그분이 하신 말씀을 그렇게 보도(報道)하고 있기 때문입니다. 그런 다음 그분 자신이 하나님, 곧 아버지 우편에 앉게 되신다는 엄숙한 사실을 계시하셨습니다. 본문의 말씀에서 주님은 이렇게 선언하셨습니다. 주님을 정죄하고 있는 사람들이 주님의 영화롭게 되심을 보게 될 것이고, 때가 되면 주께서 우리 복음을 따라 산 자와 죽은 자를 심판하기 위해서 하늘 구름을 타고 임하실 때 그의 심판대 앞에 서게 될 것을 천명하셨습니다.

　　사랑하는 친구 여러분, 우리 주 예수님께서 우리 거룩한 종교의 위대한 진리들을 몇 마디 안 되는 말로 분명하게 천명하시는 것을 보십시오. 주님은 자신이 하나님의 그리스도와 하나님의 아들이시라고 주장하셨습니다. 함축성이 있는 간단한 진술로 주님은 자신의 죽으심과 장사되심과 부활하심과 아버지의 권능 안에서 하나님 우편의 보좌에 앉으실 것을 말씀하십니다. 예수님께서 의로 세상을 심판하기 위해 곧 두 번째 강림하실 것도 말씀하신 것입니다. 우리 주님의 진술은 매우 충만한 것입니다. 그것을 진심으로 받아들이는 사람은 복이 있습니다.

　　저는 표어가 될 만한 세 단어를 깊이 생각해 보려고 합니다. 이 단어들 주위를 용기를 주는 엄숙한 사상 세계가 두르고 있습니다. 첫 번째 단어는 그러나 (nevertheless)이며, 두 번째는 이후에(hereafter)입니다. 그리고 세 번째 단어는 나중에 알려드리겠습니다.

1. 그리스도께서 "그러나 내가 너희에게 이르노니 이후에 인자가 권능의 우편에 앉아 있는 것과 하늘 구름을 타고 오는 것을 너희가 보리라." 고 말씀하셨습니다.

　　이 "그러나"라는 단어는 현악기의 줄과 같습니다. 우리는 이 줄에서 음악을 이끌어내야 합니다. "그러나." 이 단어를 분해하여(never-the-less) 해석해 보면, 진리란 반대 때문에 결코 덜 확신하게 되지 않는 것이라는 뜻입니다. "그럼에도 불구하고." 진리는 틀림없이 이기게 되어 있습니다. 진리는 자신을 부정하는 말이나 반대하는 모든 행동을 다 이겨냅니다. 예수님은 분명히 권능의 우편에 앉으실 것이고, 때가 되면 하늘 구름을 타고 오실 것입니다. 잠시 동안 이 중요한 사실, 진리가 사람들과 귀신들의 반대를 받는다고 해서 그 확실성이 결코 줄어들지 않는다는 사실을 숙고해 보기로 합시다.

첫째로, 구주께서 "그러나"라는 말을 하셨을 때의 조건이 예수님께서 부활하여 권능의 우편에 오르시지 못할 것을 보여주는 증거가 아니었다는 점을 살펴봅시다. 그 때 주님께서는 자신을 전혀 보호할 수 없는 불쌍하고 쇠약한 사람으로 서 계셨습니다. 주님은 겟세마네 동산에서 뜬 눈으로 피땀을 흘리신 뒤에 이제 막 끌려오셨습니다. 예수님을 잡은 사람들에게 마치 도살장으로 가는 어린 양처럼 끌려와서 온유하고 겸손하게 고난을 받으시는 처지였습니다. 주님을 위해서 편들어 말해 줄 사람이 아무도 없었습니다. 주님은 미워하는 자들에게 둘러싸여 계셨고, 친구들로부터도 버림을 받으셨습니다. 서기관과 바리새인들과 제사장들이 주님의 심장의 피를 흘리지 못해 안달하였습니다. 공회 앞에 서 계신 그리스도의 가련한 모습은 마치 이리들 가운데 있는 어린 양과 같았습니다. 그 같이 주님의 현재의 조건은 말씀하신 것과 모순되어 보였습니다. 그럴지라도 충성되고 진실한 증인이신 주님께서 다음과 같이 증거하실 때 진실된 말씀을 하신 것입니다. "그러나 너희에게 이르노니 이후에 인자가 권능의 우편에 앉아 있는 것과 하늘 구름을 타고 오는 것을 너희가 보리라"(마 26:64).

주님께서는 자신에게 인자(人子)라는 겸손한 칭호를 붙이시는데, 이 호칭은 당시 주님께서 어떤 조건으로 계신지를 가장 잘 나타냅니다. "이후에 인자가 권능의 우편에 앉아 있는 것과 하늘 구름을 타고 오는 것을 너희가 보리라." 그리스도의 낮아지심은 주님의 장래 영광을 조금도 위태롭게 하지 않았습니다. 주님의 고난과 수치와 죽으심이 주님이 보좌에 확실하게 오르시리라는 사실을 조금도 깎아내리지 않았습니다. 주님을 대적하는 자들이 트집 잡는 일들이 많았지만 그로 인해 한순간도 주님을 존귀의 자리에서 벗어나게 하지 못하였습니다. 여러분이 이 점을 기억하기를 바랍니다. 거기에 위대한 원리가 있기 때문입니다. 핍박 받는 진리의 편을 들지 못하고, 가장 인기 있고 유행하는 종교 이외에는 어느 것도 받아들이지 않는 마음 약한 불쌍한 사람들이 많이 있습니다. 그들은 사람들이 진리에 대해 침을 뱉고 진리를 조롱하며 멸시를 퍼부을 때 감히 진리의 편을 들지 못합니다. 그러나 겁쟁이들이 진리를 버리고, 불성실한 마음을 가진 사람들이 진리를 대적한다 할지라도, 그럼에도 불구하고 진리는 승리할 것입니다.

진리가 세상의 법정에서 정죄 받은 죄인처럼 서 있다면, 진리가 인간들로부터 보편적으로 야유밖에 받지 못할지라도, 그럼에도 그것이 진리라면, 정죄 받을 수 있지만 진리는 결국 옳다 인정하심을 받을 것입니다. 진리는 매장될 수 있습니다. 그러나 진리는 부활할 것입니다. 사람들이 거부할 수도 있지만 진리는 영화롭게 될 것입니다. 하나님의 그리스도께 일어난 일과 똑같이 말입니다. 진리의 보배로움을 알게 되는 때는 언제든지 누가 진리를 부끄러워하겠습니까? 진리로부터 무엇이 나올 것인지를 예견하는 사람이 현재의 반대 때문에 두려워 떨겠습니까? 잔인한 재판장들 앞에서 온갖 연약과 궁핍과 모욕을 받고 계시는 이 슬픔의 사람이 동시에 만유를 물려받을 상속자이시고, 권능의 우편에 앉으시고 하늘 구름을 타고 오실 자로 지명된 분이십니다. 얼마나 장엄한 광경입니까.

자, 우리는 주님의 조건이 단지 멸시 받고 배척 받는 사람으로 서 계신 것으로만 생각할 수 없습니다. 왜냐하면 주님께서는 심문을 받으실 때 극악한 악을 행하였다는 혐의를 받고 있었고, 이제 곧 교회 당국자들에게 유죄선고를 받게 되어 있었기 때문입니다. 율법에 조예가 깊은 서기관들은 주님께서 하나님을 모독하였다고 발표하였으며, 하나님의 규례에 정통한 제사장들은 "그를 없애 버려라. 그를 살려두는 것이 마땅치 아니하다."고 소리쳤습니다. 대제사장 자신도 그를 사형에 처하는 것이 마땅하다고 판단하였습니다. 모든 교회의 당국자들이 여러분을 반대하고, 여러분을 정죄하는데 만장일치가 될 때 정말 그것은 심각한 일이 아닙니까? 정말 그렇습니다. 그렇게 되면 마음에 큰 양심의 가책이 일어날 수 있습니다. 왜냐하면 화평을 원하는 사람치고 당국의 반대를 받고 싶어 하는 사람은 아무도 없으며, 오히려 모세의 자리에 앉아 있는 자들에게 선한 말을 듣고 싶어 할 것이기 때문입니다. 그러나 제도적인 교회 당국자들이 악하고 심하게 그릇되게 행동한 것이 이번만이 아니었습니다. 이때 그들은 죄 없는 자를 정죄하고 있었고, 하늘로부터 내려오신 주님을 모독하고 있었습니다. 말씀드리건대, 주교의 관(冠)과 예복을 잔인한 악의 편이 입었던 때가 이번만이 아니었습니다. 그런다 할지라도 그것 때문에 그리스도께서 우리 구주가 되지 못하거나 그분의 신성이나 보좌를 빼앗기지 않으셨습니다. 같은 원칙에 따라서, 인간의 역사는, 서기관들과 제사장들과 주교들과 로마 교황들이 진리를 정죄하였음에도 불구하고 진리는 확실히 옳았고, 마땅한 권리를 가지고 있는 대로 승리하게 되었다는 사례들을 풍성히 우리에게 제시합니다. 외로운 한 사람이 서 있습니다.

온갖 유명 인사들이 그를 둘러싸고 있습니다. 권세와 평판이 있는 사람들, 고결한 사람과 치장이 화려한 사람들이 그를 둘러싸고 있습니다. 그들은 그분이 하나님의 우편에 앉을 수 있다는 사실을 만장일치로 부정합니다. 주님께서 말씀하십니다. "그러나 내가 너희에게 이르노니 이후에 인자가 권능의 우편에 앉은 것을 보리라." 주님은 진리를 말씀하셨습니다. 주님의 선포는 이후에 정말 영광스럽게 이행되었습니다. 성직자들과 제사장들과 교황들의 목을 주님의 구원의 승리의 병거가 밟고 굴러갈 것이며, 진리 곧 주님의 영광스러운 복음의 단순한 진리가 그 모든 자들에도 불구하고 시대를 장악할 것이고, 사람들 위에 왕 노릇 할 것입니다.

이것이 전부가 아닙니다. 또한 우리 주님께서는 지상 권세를 소유한 자들에게 둘러싸여 계셨습니다. 제사장들은 빌라도의 도움을 받았고, 빌라도는 로마군단을 휘하에 두고 있었습니다. 이러한 연합 세력에 누가 저항할 수 있었겠습니까? 교활함과 권세가 무서운 동맹을 이룹니다. 한 제자가 칼을 뽑았습니다. 그러나 우리 주님께서 산헤드린 공회 앞에 서 계시던 그때는, 기사도 정신을 발휘하던 그 용감한 전사(戰士)가 주님을 부인하였습니다. 그래서 모든 물리적 세력이 주님의 반대편에 결집되었습니다. 공회 앞에 서 계셨을 때 그분은 사람으로서 무능하게 있었습니다. 저는 지금, 믿음의 눈으로 보면 그분 안에 거하고 있었던 전능한 능력에 대해서 말하고 있는 것이 아닙니다. 그보다는 그가 약할 대로 약해지신 인간의 능력에 대해서 말하는 것입니다. 주님의 대의(大義)는 완전히 땅에 떨어진 것처럼 보였습니다. 주님을 변호하기 위해 일어서는 사람이 아무도 없었습니다. 아니, 주님 편에 서서 말해줄 사람이 아무도 없었습니다. "그 세대 중에 누가 생각하기를 그가 살아 있는 자들의 땅에서 끊어짐은 마땅히 형벌 받을 내 백성의 허물 때문이라 하였으리요"(사 53:8). 그런데도 그 모든 것에도 불구하고, 아니 그때문에, 그분은 권능의 우편에 앉으실 것이고, 하늘 구름을 타고 오실 것입니다. 형제여, 여러분 홀로 잊혀진 진리를 옹호하게 되는 일이 일어날지라도, 그대의 구주께서 강하고 능한 자들 중에 여러분을 매우 연약한 상태로 놓으신다 할지라도 두려워하거나 떨지 마십시오. 왜냐하면 권세를 소유하는 것은 진리를 소유하는 것에 비하여 하찮은 것이기 때문이며, 옳은 것을 가진 사람이 세상의 강한 세력에 도전하고도 안전할 수 있기 때문입니다. 그 사람이 이기고 정복할 것입니다. 군왕들과 권세를 잡은 자들이 어떤 세력과 결탁하고 교활함을 부린다 할지라도 말입니다. 그럼에도 불구하고 예수님께서는 이기십니다. 비록 모든 권세가 예수님을 대적한다 할지라도 말입니다. 주님께서 말씀하시는 진리도 그렇게 이길 것입니다. 왜냐하면 그 진리는 모든 반대자들을 좌절시키는 숨은 권능이 있기 때문입니다.

거기에는 단지 권세만 있는 것이 아니었습니다. 주님을 반대하는 **맹렬한 분노**가 아주 많았습니다. 가야바가 주님께 어떻게 말하였던지요! "내가 너로 살아 계신 하나님께 맹세하게 하거니"라고 말하였습니다. 그렇게 말한 다음에 분이 나서 옷을 찢었습니다. 불처럼 화가 치밀었습니다. 그러나 그리스도께서는 매우 고요하십니다. 하나님의 어린 양은 조용하십니다. 주님은 원수의 얼굴을 쳐다보시면서, "그러나 내가 너희에게 이르노니 이후에 인자가 권능의 우편에 앉아 있는 것과 하늘 구름을 타고 오는 것을 너희가 보리라."고 말씀하십니다. 예수님은 강하셨기에 고요하셨습니다. 확신에 차셨기에 평화로우셨습니다. 완전히 확신하였기에 인내하셨습니다. 기다리실 수 있었던 것은 믿으셨기 때문이며, 대제사장이 격분하였지만 주님의 예언은 진리였습니다. 그와 같이 거품을 입에 물고 우리를 대항하여 이를 가는 사람, 우리의 거룩한 믿음을 저해하는 글을 쓰려고 붓에 쓸개즙을 묻히는 사람, 과격하게 하나님의 그리스도를 대적하는 일에 지칠 줄 모르는 사람을 만난다 해도, 그것이 우리에게 무슨 문제입니까? "그러나(그럼에도 불구하고) 인자가 권능의 우편에 앉아 있는 것을 보리라." "내가 나의 왕을 내 거룩한 산 시온에 세웠다 하시리로다"(시 2:6). 여호와께서 그같이 말씀하셨습니다. 이교도들이 격노하고 사람들이 허망한 것을 꿈꾼다 할지라도 하나님께서는 정하신 뜻을 선포하셨습니다. 승리를 그처럼 확신하는 사람은 격노하는 자들 앞에서도 미소지을 수 있습니다.

그렇습니다. 분을 낸 것이 한 사람만이 아니었습니다. 예루살렘 사람들, 유월절을 위해서 올라왔다가 제사장들과 바리새인들로부터 뇌물을 받고 매수된 허다한 무리들이 모두 우리 주님이 죽기를 바라고 "십자가에 못 박으라, 십자가에 못 박으라." 하고 소리쳤습니다. 그런데도 주님께서는 그런 와중에도 의연하게 서 계셨습니다. 그들의 소요하는 소리를 들으시며, 갈수록 당신의 피를 더 과격하게 요구하는 것을 내다보시면서도 주님은 확신을 잃지 않았습니다. 오히려 조용히 말씀하셨습니다. "그럼에도 불구하고 내가 너희에게 이르노니 이후에 인자가 권능의 우편에 앉아 있는 것을 보리라." 주님의 완벽한 내면의 평화를 주목하십시오. 모든 대적들이 이를 갈고 있는 상황에서 담대한 신앙 고백으로 확신을 나타내시는 것을 보십시오. "너희는 마치 바다 물결 같을 수 있고, 대양이 폭풍에 요동치며 물결을 일으키는 것 같이 할 수 있다. 그러나 하나님의 목적과 경륜은 그럼에도 불구하고 성취될 것이다. 너희는 하나님의 경륜을 조금이라도 방해할 수 없다. 너희는 인자가 권능의 우편에 앉아 있는 것을 보며 영원히 어쩔 줄 모를 것이다."

사랑하는 여러분, 여러분은 우리 주님께서 이렇게 말씀하신 후에 헤롯과 빌라도 앞으로 끌려 가셨음을 압니다. 결국 그렇게 하여 주님은 사형에 처해지셨습니다. 주님께서는 그 모든 것을 아시고 분명하게 내다보셨습니다. 그럼에도 불구하고 주저하지 않으셨습니다. 예수님께서는 자신이 십자가에 못 박히며, 당신을 대적하는 원수들이 당신과 당신의 나라를 끝장냈다고 자랑할 것을 아셨습니다. 주님의 제자들이 구석구석으로 숨을 것도 아셨습니다. 나사렛 사람에 관하여 어느 누구도 말 한 마디 못하게 될 것을 아셨습니다. 나사렛 사람이라는 이름이 모든 사람들 중에 치욕거리로 소문날 것도 미리 아셨습니다. 예루살렘이 "그 대의(大義)가 박살이 났다. 악행의 싹이 잘라졌다."고 말할 것을 예수님은 미리 아셨습니다. 그러나 그 모든 걸, 아니 그 이상을 내다보시면서도 주님은 이렇게 선포하셨습니다. "그럼에도 불구하고 이후에 인자가 권능의 우편에 앉아 있는 것과 하늘 구름을 타고 오는 것을 너희가 보리라." 저는 본문에 대해 같은 말을 반복하고 또 반복하지 않을 수 없습니다. 저는 본문으로 여러분을 지루하게 하지 않을 것이란 희망을 갖고 있습니다. 왜냐하면 제가 볼 때 본문은 음악이기 때문입니다. 저는 "그럼에도 불구하고"(그러나)라는 말을 빨리 대충 훑어보고 싶지 않습니다. 저는 이 단어를 더 늘려 말하고 싶으며, "그럼에도 불구하고"라고 계속 반복하고 싶습니다. 아니, 반드시 주님의 승리는 올 것입니다. 주님의 왕권은 결코 위협을 당하지 않을 것이고, 주님의 확실한 승리도 결코 위태롭게 되지 않을 것입니다. 주님의 죽음에 의해서도, 그 결과로 주님의 제자들이 흩어졌음에 의해서도 아무 위험이 일어나지 않았습니다. 오히려 이 모든 것들이 합력하여 주님에 관한 하나님의 뜻이 성취되었습니다. 주님께서 더 낮게 허리를 구부리면 구부릴수록 궁극적으로 주님은 그만큼 더 확실하게 더 큰 영광으로 일어서시는 것입니다.

자, 사랑하는 여러분, 지금도 역시 그러합니다. 사람이신 예수 그리스도께서 멸시를 받으셨고 사람들에게 거절을 당하셨습니다. 그러나 바로 이 순간에도 주님께서 권능의 우편에 앉아 계십니다. 하늘과 땅에 있는 모든 권세가 주님에게 주어졌습니다. 그러므로 주님께서 우리더러 그의 복음을 선포하라고 명하시는 것입니다. 그의 명하심에 순종하는 천사가 하나만 있는 것이 아닙니다. 주님의 뜻에 따라서 섭리가 결정됩니다. 왜냐하면 "그의 어깨에는 정사를 메었고 그의 이름은 기묘자라, 모사라, 전능하신 하나님이라, 영존하시는 아버지라, 평강의 왕이라 할 것이기"(사 9:6) 때문입니다. 속죄하는 일을 마치셨습니다. 그러므로 주님이 앉아 계십니다. 주님의 일을 잘 끝냈습니다. 그러므로 하나님 우편에, 곧 존귀와 위엄의 지위에 앉아 계시는 것입니다. 오래지 않아 주님이 다시 오실 것입니다. 그때가 언제인지 우리는 알 수 없습니다. 밤중일 수도 있고, 아니면 지루하게 오랜 시간이 지난 후에 오실 수도 있습니다. 그러나 분명히 그분이 오실 것입니다. 왜냐하면 갈릴리 사람들이 하늘을 쳐다보고 있을 때에 천사들이 이같이 말했기 때문입니다. "너희 가운데서 하늘로 올려지신 이 예수는 하늘로 가심을 본 그대로 오시리라 하였느니라"(행 1:11). 주님께서 큰 나팔 소리와 많은 천사들과, 주님을 영예롭게 하는 모든 자들을 대동하고 오실 것입니다. 소멸하는 불을 가져와 진동하는 땅에 던지실 것입니다. 아버지의 모든 영광을 가지고 오실 것이며, 세상의 임금들과 군왕들이 그 앞에 설 것이고, 옛적부터 있었던 사람들 속에서 영광스럽게 왕 노릇 하실 것입니다. 그날에 사람들이 소동하고, 통치자들이 모략을 꾸몄던 일들이 모조리 밝혀지고 그들에게 영원한 수치가 될 것입니다. 그럼에도 불구하고 그분의 보좌는 눈부시게 찬란할 것입니다.

　　여러분이 바로 이 점을 통해서 영적 교훈을 배우기를 간절히 바랍니다. 그 교훈을 이미 제가 지적하여드렸습니다. 곧 실패하고 있는 듯이 보이는 대의를 지지하기를 두려워하지 말라는 것입니다. 혼자서 진리를 고백하는 것을 결코 주저하지 마십시오. 사제주의(司祭主義, sacerdotalism)에 주눅들지 마시고, 사람들의 격노하는 모습에 기가 죽거나 허다한 무리들을 보고 흔들리지 마십시오. 진리가 인기는 없지만 영원합니다. 오늘날 사람들이 악한 것으로 여겨 비웃고 내팽개치는 교리가, 그럼에도 불구하고 그 진리의 편에 서고 수욕을 함께 당하는 사람에게는 영원한 존귀를 가져다줄 것입니다. 오, 이렇게 원수들의 발 아래서 "그럼에도 불구하고"라는 말을 던지신 그리스도의 사랑은 그리스도께서 어디로 가시든지 주님을 따릅니다. 홍수나 불이나 외로움이나 수치나 비방이나 능욕을 당하면서도 그리스도를 따르으십시오! 진영 밖에 쫓겨나더라도 그리스도를 따르십시오. 한 걸음 걸을 때마다 능욕과 조소를 당한다 할지라도 잠잠히 주님을 따르십시오. 주님을 따라 감옥이나 죽음에까지라도 가십시오. 주님께서 권능의 우편에 앉아 계시는 것이 확실하므로 주님을 사랑하고 주님의 진리에 충실했던 자들도 주님과 함께 보좌에 분명하게 앉게 될 것입니다. 주님의 승리와 주님의 왕권이 진리와 진리를 용감하게 지지하는 사람들의 승리를 보증합니다.

이렇게 해서 우리는 제일 큰 종을 친 셈입니다. "그러나(그럼에도 불구하고)." 이제 그 음악소리가 여러 곳으로 퍼져나가 귀를 열고 사람들에게 청아하게 들리도록 합시다.

2. 두 번째 종은 "이후에" 입니다.

"그러나 이후에." 저는 이 두 종을 함께 울리고 싶습니다. 다시 한 번 이 두 종을 울립시다. "그럼에도 불구하고, 이후에." "이후에"라는 말은 간단히 이야기해서 그리스도의 주요 영광은 장래에 있다고 말하는 것 같습니다. 오늘도, 아니 내일도 그 결과가 눈에 보이지 않을 것입니다! 그러니 인내하십시오! 잠시 기다리십시오. "너의 도움은 헛되고 무익하니라"(사 30:7). 하나님께서는 매우 여유로우십니다. 하나님은 영원하시기 때문입니다. 우리도 "그러나 이후에"라는 노래를 부르는 동안 하나님의 여유로우심을 본받으십시다. 바로 이 순간에 하나님의 성령의 능력을 바라십시오. 왜냐하면 "진리의 성령이 오시면 그가 … 장래의 일을 너희에게 알리시리라."(요 16:13)라고 기록되어 있기 때문입니다.

거듭나지 못한 사람들이 그리스도의 나라에서 어떤 영광도 볼 수 없는 한 가지 큰 이유는, 그들에게는 그런 것이 아주 먼 장래의 일이기 때문입니다. 그리스도의 나라의 소망은 영원을 내다봅니다. 그 나라의 위대한 상급들도 현 시대와 상태를 초월합니다. 그러므로 육신적인 눈으로 볼 때에는 너무 멀어서 보이지 않습니다. 거듭나지 않은 사람들은 존 번연의 「천로역정」에 나오는 대로 '정욕'과 같습니다. 그들은 자기들의 좋은 모든 것을 지금 가지려고 합니다. 그래서 그들은 자기들의 장난감을 가지고 놀며 부서뜨립니다. 그리고 세상을 떠납니다. 그런 다음 "이후에" 그들의 삶은 후회와 원망에 찬 처량한 모습입니다. 믿음의 사람들은 더 나은 것을 압니다. 존 번연의 「천로역정」에서 '인내'와 같이 그들의 가장 좋은 것을 마지막에 가지려고 합니다. 왜냐하면 마지막으로 오는 것이 영원토록 지속되기 때문입니다. 마지막 차례로 가는 자 뒤에는 아무도 좇아오지 않습니다. 그의 좋은 것들을 그로부터 탈취해 갈 자들이 전혀 없을 것입니다. 반(半) 맹인이나 다름없는 불쌍한 세상은 자기 코 앞도 내다볼 수 없습니다. 그래서 세상은 즉시로 기쁨과 부요를 가져야 성이 찹니다. 그들에게 있어서는 재빨리 승리하는 것이 주요한 일이고, 진리는 아무것도 아닙니다. 오늘날 대의가 승리합니까? 그것이 거짓된 대의일지라도 상관 없이 모자를 벗어 던지며 "만세"라고 소리칩니다. 허다한 무리들이 그런 식으로 기울어지죠? 그러니 여러분, 여러분이 세상적인 지혜자라면 그런 무리들과 함께 달려가십시오. 종려나무 가지를 꺾어 들고 길에 펴며 "시대의 영웅에게 호산나!"라고 소리치십시오. 그 사람이 폭군이든 속이는 자이든 상관 없이 말입니다. 그러나 하나님께 배운 사람들은 그렇게 하지 않습니다. 그들은 영원을 고려합니다. 그들은 "이후"를 생각하기 때문에 현재 멸시받는 자들과 함께 가고 기꺼이 사람들에게 거절 받습니다. 그들은 홍수의 물결을 거슬러 헤엄칠 수 있습니다. 왜냐하면 이 세상의 진로가 어디를 향하는지 알고 있기 때문입니다.

　　눈먼 세상이여, 그대가 지혜롭다면 그대의 행동노선을 뜯어고치고, 이후의 일도 생각하기 시작할 것이로다. 형제들이여, 이후의 일이 곧 여기에 당도할 것이기 때문입니다. 아담이 에덴 동산에서 걸었던 때로부터 지금까지 시간은 얼마나 짧았습니까! 만세(萬世) 반석에 비하면, 별들의 역사와 비하면, 하나님의 생명에 비하면 그 시간은 눈 깜짝할 사이요 번개가 번쩍이는 것에 불과합니다. 사람이 자라 조금 더 나이가 먹게 되면 그에게 남은 햇수는 그만큼 더 짧아지고, 시간은 그 전보다 훨씬 더 빠르게 지나가는 것처럼 보입니다. 그래서 밤하늘을 가로질러 나타났다 없어지는 유성처럼 일 년이 휙 지나가 버립니다. 우리가 더 나이가 먹어 평온한 저 위 거처로부터 내려다볼 때, 여러 세기와 시대들이 우리에게 한순간처럼 느껴질 것이라고 저는 상상합니다. 주 하나님께는 그러한 세월들이 아무것도 아니기 때문입니다. 주님의 다시 오심이 만 년이나 연장된다고 상상해 봅시다. 이것은 상상일 뿐입니다. 그런다 할지라도 만년은 금방 지나가 버릴 것입니다. 하늘 구름을 타고 오시는 그리스도의 존엄한 광경이 정말 현실이 될 때, 만 년 동안 재림을 미루어 오신 그 기간은 마치 한 시간에 불과해 보일 것입니다. 지금과 그때의 간격, 또는 바로 이 시간에 있어서 "지금"과 그 마지막 때의 "지금" 사이의 간격, 그 간격은 얼마나 짧습니까! 사람들은 영원 세계로부터 뒤를 돌아다보면서 이렇게 말할 것입니다. "우리가 지상에 살 때 그 덧없는 인생에 대해서 어떻게 그리 많이 생각하였던가! 그 삶이 끝나고 영원이 이어지는데도 말이야. 우리가 그처럼 순간적이고 덧없이 지나가는 쾌락을 얻기 위해서 얼마나 어리석게 행동했던가. 눈에 보이지 않고 영원한 것들이 이제 우리에게 당도했는데 우리는 그것들을 받아들일 준비가 되지 못하였구나!" 그리스도께서 금방 오실 것입니다. 그가 오시게 되면, 지금과 그 오실 때의 간격이 아무리 길었다 할지라도 그때는 지극히 짧은 시간에 불과할 것입니다. 그러니 "이후에"라는 말씀은 멀리서 들리는 대포소리나, 멀리서 들리는 천둥소리 같은 것이 아닙니다. 오히려 서둘러 우리를 따라잡아 추월하려고 세차게 돌아가는 바퀴의 굴러가는 소리입니다.

"이후에!" "이후에!" 오, 그 이후에가 올 때, 예수님의 원수들에게 그것이 얼마나 압도적일까요! 그때에 가야바가 어디 있을까요? 그가 주님께 말하라고 그때도 요구할까요? 너희 제사장들이여, 너희의 오만한 머리를 들지어다! 그때도 주님을 대적하는 판결을 내려 봐라! 저기 너희에게 희생당하신 그분이 하늘 구름을 타고 계시다. 그때도 그분이 하나님을 모독한다고 말하며 너희 옷을 찢고 다시 한 번 정죄해 봐라. 그때 가야바는 어디에 있습니까? 그는 죄 범한 머리를 감춥니다. 산들에게 자기 위에 떨어지라고 애걸합니다. 오, 밤중에 앉아서 너희의 무죄한 희생자를 냉정하고 잔인한 눈으로 노려보았고, 후에는 너희의 순교당한 그 임금의 죽음을 보면서 히죽이던 산헤드린 사람들이여! 주님이 오시는 그때 그대들은 어디 있는가? 아버지의 모든 권세를 가지고 그대들을 판단하러 오신 그때 그대들은 어디 있을 것인가? 그들은 산들에게 동굴을 열어 자기들을 숨겨 달라고 간구하고 있을 것입니다. 그러나 반석들은 그들의 피난처가 되기를 부인합니다. 그날에 주님의 신성을 부인하고, 주님의 안식을 모독하며, 주님의 백성을 비방하고, 주님의 복음을 공공연히 비난하였던 그대들은 그날 어디에 있을 것입니까? 그 무서운 날에 그대들은 어디에 있겠습니까? 내일 태양이 떠오르는 것처럼 확실하게 그날은 옵니다.

오, 선생들이여, "이후에!"라는 이 말을 깊이 생각하십시오. 저는 쾌락에 정신을 빼앗긴 죄인의 귀에 그 말씀을 속삭이지 않을 수 없습니다. 가까이 오십시오. 제가 여러분의 귀에 이후에라는 말을 속삭이게 말입니다! 저는 그 말을 평강과 안위를 꿈꾸면서 자기가 지옥에 들어가는 줄도 모르고 잠들어 있는 범죄자의 침상 머리맡에 자명종처럼 놓고 싶습니다. 이후에! 이후에! 오, 그렇습니다. 여러분은 달콤한 것을 빨아들이며, 살진 고기를 먹고, 원하는 대로 마실 수 있습니다. 그러나 이후에! 이후에! 그것을 기억하십시오. 입안에 달콤한 것이 뱃속에서 쓰게 될 이후에, 오늘의 즐거움이 영원을 위해서는 비참한 것이 될 그 이후에 여러분은 무엇을 할 것입니까? 이후에! 오, 이후에! 자, 하나님의 성령님이시여, 분별없는 귀를 열어 주시어 이 예언적 소리를 듣게 하시기를 원하나이다.

　주님의 백성들에게는 "이후에"라는 말보다 더 달콤한 소리가 없습니다. "이후에 인자가 권능의 우편에 앉아 있는 것과 하늘 구름을 타고 오는 것을 너희가 보리라." 구주여, 어서 오시옵소서. 어서 오시옵소서. 구주시여, 환영하나이다. 어서 오시옵소서! 여러분의 모든 성품을 다하여 그분을 환영하십시오. 구속 받은 헤아릴 수 없는 수만의 무리들 입에서 그 놀라운 외침과 경하하는 노래가 얼마나 놀랍게 터져 나올까요. 인자되신 주님의 깃발들이 하늘에서 처음 보이게 될 때 말입니다! 지상의 어느 아침에 여전히 사람들의 자녀들은 "시집가고 장가가고" 있을 것입니다. 한편 성도들은 주님의 나타나심을 사모하고 있을 어느 날 아침에 무엇보다 주님께서 정말 오고 계심을 재빨리 지각할 것입니다. 오랫동안 소원하고 기다렸던 그분이 드디어 오십니다. 그때 지극히 크고 긴 나팔소리가 들리고, 희년의 새벽에 울려 퍼졌던 어떤 나팔소리보다도 더 달콤한 선율이 참 이스라엘 사람들에게 울려 퍼질 것입니다. 오, 그것은 얼마나 놀라운 기쁨이겠습니까! 얼마나 기쁨에 찬 눈으로 그 광경을 쳐다볼까요! 놀라운 복락의 홍수여! 압제는 끝났고, 우상들은 부서졌으며, 죄의 왕 노릇은 끝장이 났고, 어둠은 더 이상 나라들을 지배하지 못할 것입니다. 그분이 오십니다. 그분이 오십니다. 그분의 이름에 영광을 돌릴지어다!

　　"왕관을 가져와
　　　만유의 주께 씌워드릴지어다"

　환호하는 복된 날이여! "이후에" 주님의 성도들이 주님과 자신들을 위해 준비되었던 것을 직접 보게 될 때 하늘의 궁창이 그 환호소리와 함께 얼마나 놀랍게 열려질 것인가요. "이후에 인자가 권능의 우편에 앉아 있는 것과 하늘 구름을 타고 오는 것을 너희가 보리라."

형제자매들이여, "이후에"라는 말은 지금도 우리에게 지극히 장엄한 위로입니다. 저는 그런 입장에서 여러분 앞에 그 이후에라는 말을 내놓고 싶습니다. 옳고 참된 것에 충실하다는 이유로 오해를 받거나 중상모략을 당하였습니까? 괴로워하지 마십시오. 여러분 자신의 입장을 옹호하려 들지 마십시오. 저 위에 계신 임금의 재판석에 그 일을 회부하며, "이후에! 이후에"라고 말하십시오. 여러분을 보고 미친 사람이며 광신자라고 비난받았습니까? 그밖에 여러분에게 어떤 일이 일어났는지 나는 모릅니다. 여러분에게는 편당이 아무것도 아니고 교회 성직자의 교만도 아무것도 아니며, 여론의 인정을 받는 것도 아무것도 아니고, 여러분이 구주의 자취를 따르기로 결심하고 참된 것을 믿고 옳은 것을 행하기로 마음먹었기 때문에 어떤 일을 겪었는지 나는 모릅니다. 그런 경우라도 결코 서두르지 마십시오. 확실한 미래가 논쟁을 진정시킬 것입니다. 아니면, 여러분이 매우 가난하고 병들어 있으며 슬픕니까? 그러나 여러분이 그리스도의 백성입니까? 그리스도를 믿습니까? 그리스도와 교제를 나누는 삶을 살고 있습니까? 그러면 이후의 소망은 현재의 쏘는 것을 족히 제거할 수 있을 것입니다. 여러분이 고난 받는 일이 길지 않을 것입니다. 여러분 안에서 그리고 여러분 주위에 곧 영광이 나타날 것입니다. 장래의 부요함을 상징하는 황금거리가 있으며, 여러분의 영원한 기쁨을 상징하는 하늘의 비파가 있습니다. 여러분은 곧 흰 두루마기를 입게 될 것이고, 먼지 묻은 수고의 의복은 벗어던지게 될 것입니다. 여러분은 지극히 뛰어나고 영원한 영광을 얻을 것입니다.

그러므로 잠시 받는 가벼운 환난은 인내로 참을 수 있습니다. 여러분이 지금까지 헛되이 수고하였습니까? 여러 영혼들을 그리스도께 인도하려고 애를 썼지만 아무런 보상을 받지 못했습니까? 조급해하지 마십시오. "이후에"를 기억하십시오. 많은 수고를 하였으나 사람이 보기에 성공한 것 같지 않아 보이는 많은 사람들이 그날에 구주로부터 "잘 하였도다. 착하고 충성된 종아."라는 칭찬을 받게 될 것입니다. 여러분이 가지고 있는 것을 중요하게 여기지 마시고, 여러분에게 없는 것을 너무 바라지 마십시오. 현재가 사실상 여러분에게 꿈, 곧 공허한 연극이라 생각하고, 마음에 견고하고 영원한 장래를 담아 두십시오. 그 장래에는 얼마나 놀라운 음악이 있습니까! 하나님의 참된 자녀들은 그때 얼마나 기쁘겠습니까! "그럼에도 불구하고, 이후에."

밖에 있는 사람들은 여러분을 이해하지 못할 것입니다. 그러나 그 "이후에"

라는 사실 때문에 여러분은 얼마든지 기뻐할 수 있을 것입니다.

3. 이제 세 번째로 나아갑니다.

저는 세 번째 종을 어디서 찾아야 할까요? 제가 앞에서 말한 세 번째 단어는 어디에 있습니까? 사실 우리가 보통 사용하는 성경역본에서는 발견할 수 없습니다. 성경 원어에는 세 번째 단어가 없습니다. 그럼에도 거기에 생각하고 있는 단어가 있습니다. 사실, "이후에"라고 번역된 두 번째 단어는 또다른 의미를 담고 있습니다. 저는 여러분에게 헬라어 비평가들이 그 단어의 의미에 가장 가깝다고 말한 바를 제시하여 드리겠습니다. 그것은 "이제부터는"(henceforward)이라는 단어입니다. "금후에 너희가 인자가 권능의 우편에 앉아 있는 것과 하늘 구름을 타고 오는 것을 너희가 보리라." "이제부터는." 이것은 또다른 단어입니다. 그 단어로부터 끌어낸 교훈은 이러합니다. 현재에도 그리스도의 승리를 나타내는 표지들이 있다는 것입니다. 어떤 이는 이렇게 말합니다. "그러나 그리스도께서 제사장들에게 이제부터는 너희가 내가 권능의 우편에 앉아 있는 것을 틀림없이 볼 것이다 고 말씀하셨습니까?" 그렇습니다. 주님께서 바로 그 말씀을 하셨습니다. "너희가 지금 나를 보고 비웃고 있으나 선생들아 너희가 더 이상 그런 일을 할 수 없게 될 것이다. 왜냐하면 이제부터는 내가 지금 보이는 그 모습이 아님을 너희가 알게 되고, 내가 권능의 우편에 앉은 것을 볼 것이기 때문이다. 이후로 너희가 사는 날 동안에 너희를 괴롭히는 그 진리를 알게 될 것이다."

그런 뜻으로 말씀하신 것입니다. 그리고 정말 그 말씀대로 되었습니까? 그렇습니다. 그 말씀이 그 밤에 진리가 되었습니다. 왜냐하면 구주께서 죽으셨을 때 한 사자가 산헤드린 공회원들과 다른 이들에게 왔습니다. 성전 휘장이 둘로 갈라졌다고 보고하였습니다. 그 나사렛 사람이 죽는 순간에 찬란한 휘장이 마치 주님의 죽으심을 끔찍하게 무서워하는 것처럼 위에서 밑으로 찢어졌습니다. 공회원들은 거리에서 서로 만나 소식을 이야기하였을 때, 틀림없이 아주 깜짝 놀라 아무 말도 하지 못하였을 것입니다. 그들은 서로 바라보고 있을 때, 자기들이 서 있는 땅이 비틀거려 똑바로 서 있을 수 없었습니다. 이것이 그 날 그들을 깜짝 놀라게 한 첫 번째 기사(奇事)가 아니었습니다. 왜냐하면 태양이 비정상적으로 아주 깜깜해졌기 때문입니다. 그 날 대낮에 태양이 빛을 비추기를 멈추었는데, 이제는 땅이 안정되게 있기를 멈춥니다. 보라, 그날 저녁의 어둠 속에서도 공회원 중 어떤 이들은 수의(壽衣)에 싸여 있는 죽은 몸들이 무덤에서 일어나 거리를 걸어가는 것을 보았습니다. 바위가 터지고 땅이 흔들리고 무덤이 열렸으며, 죽은 자들이 나와 많은 사람들 앞에 나타났기 때문입니다. 이와 같이 일찍이 그들은 나사렛 사람이 권능의 우편에 계신 것을 알기 시작하였습니다.

셋째 날 이른 아침 그들이 함께 모였을 때 한 사자가 황급히 와서 보고하였습니다. "돌이 무덤 문에서 굴려졌습니다. 당신네들이 보초를 세우고 무덤 문을 돌로 막고 인봉하였음을 알 것입니다. 그런데 오늘 이른 아침에 군인들이 말하기를 그 사람이 거기서 나왔다는 것입니다. 그가 부활하였습니다. 우리가 사형에 처했던 그 무서운 사람이 말입니다. 그 사람을 보고서 파수꾼들이 두려워 떨며 죽은 자처럼 되었습니다." 자, 이 사람들, 이 산헤드린 공회원들도 그 사실을 믿었습니다. 그들이 그렇게 믿었다는 분명한 증거가 있습니다. 왜냐하면 그들이 군인들에게 돈을 주며 "너희는 말하기를 그의 제자들이 밤에 와서 우리가 잘 때 그를 도둑질하여 갔다 하라"(마 28:13)고 하였기 때문입니다. 그 다음에, 그 말씀이 또 계속 이루어졌습니다. 그들은 자기들이 정죄한 예수님께서 권능의 우편에 계신 것을 분명히 보았습니다.

그 뒤로 몇 주간이 흘러 지나갔습니다. 그리고 예루살렘 성에 시끄러운 소리가 났습니다. 사람들을 흥분시키는 특별한 일이 발생하였습니다. 베드로가 설교하였고 3천명이 하루에 그들이 그렇게 무서워하던 이의 이름으로 세례를 받았습니다. 그들은 들었습니다. 그들은 선지자 요엘의 책에 예언된 대로 성령님이 놀랍게 나타나셨다는 사실을 들었고, 그에 대한 최상의 증거를 보았습니다. 그때 그들은 서로 얼굴을 쳐다보면서 수염을 뜯고 입술을 깨물며 서로 말하였을 것임에 틀림없습니다. "그가 자기가 권능의 우편에 앉은 것을 우리가 보게 될 것이라고 말하지 않았느냐?" 그들은 자주 그 말을 기억하지 않을 수 없었고, 그 말이 사실이라는 것을 거듭 알지 않을 수 없었습니다. 베드로와 요한이 그들 앞에 끌려갔을 때, 그 두 사람이 앉은뱅이를 고쳤고, 이 무식하고 배우지 못한 자들이 앉은뱅이로 있었던 자가 뛰며 걷게 된 것이 예수님의 이름으로 말미암았다고 말하였기 때문입니다. 몇 날이 못 되어서 그들은 자기들의 뜻에 어긋나게 자기들이 사형에 처한 그 사람을 믿는 종교가 계속해서 확산되는 것을 목격하지 않을 수 없었습니다. 그러는 가운데서 그의 이름이 그들이 부정할 수도 반발할 수도 없을 정도로 그 종교에 영향력을 끼치고 있는 것을 보지 않을 수 없었습니다. 보

세요, 자기들 공회원 가운데 한 사람이었던 바울이 회심하였고, 그가 파괴하려
고 그렇게 기를 쓰던 바로 그 믿음을 설교하고 있었습니다. 그들은 엄청나게 놀
라고 분하게 생각했습니다. 이 일에서도 그들은 인자께서 권능의 우편에 계시다
는 것을 깨달았을 것입니다.

아마 여러분은 이렇게 물을 것입니다. "그들이 예수님께서 하늘 구름을 타
고 오시는 것을 보았느냐?" 저는 "그렇다"고 대답합니다. 이후에 그들은 역시 그
것을 보았습니다. 왜냐하면 그들에게 불길한 징조와 어두운 생각이 드리워지기
시작했기 때문입니다. 유대 족속은 나쁜 상태에 있었습니다. 사람들은 갈수록
불안해하였고, 협잡꾼들이 늘어났으며, 그 족속의 지도자들은 로마 사람들이 행
할 일을 생각하고 크게 두려워하였습니다. 결국 일이 터지고 말았습니다. 로마
황제의 권위에 도전하는 일이 발생하였습니다. 아직 살아 있던 자들 중에 어떤
자들은 그리스도의 말씀이 실현되고 있음을 깨닫기 시작했습니다. 그들이 하늘
에 떠있는 혜성을 보았고, 칼집에서 빼낸 칼이 예루살렘 위에 걸려 있는 모습을
보았으며, 예루살렘 성이 군대들에게 에워싸임을 보았고, 로마군단들이 성 주위
에 도랑을 파고 흙을 돋으며 그 거룩한 성 주위를 흙으로 에워싸는 것을 보았습
니다. 한편 성 전체가 염병과 기근에 시달렸습니다. 성벽 위에 있는 모든 망대에
서 자기 동족들이 십자가에 못 박혀 죽는 것을 볼 수 있었습니다. 왜냐하면 로마
인들이 유대인들을 수백 명씩 십자가에 못 박아 죽였기 때문입니다. 심지어는
수천 명씩 못 박아 죽였습니다. 그때에 그걸 목격한 사람들은 인자가 오고 계심
을 틀림없이 보기 시작하였을 것입니다. 예루살렘 성은 파괴되었고, 횃불을 거
룩한 곳에까지 던졌습니다. 유대인들은 추방을 당하거나 노예로 팔렸습니다. 결
국 유대인들을 노예로 삼기 위해서는 신발 한 켤레 값에 미치지 못하는 돈을 주
어도 될 판이었습니다. 그처럼 그 수많은 사람들이 크게 멸시를 당하였습니다.
그때 사람들은 인자가 하늘 구름을 타고 와서 그 원수들에게 복수하시는 것을
보았습니다.

본문이 다음과 같은 것을 뜻한다고 생각하고 읽어 보십시오. "이제부터는
너희가 인자가 권능의 우편에 앉은 것과 하늘 구름을 타고 오시는 것을 보리라."
물론 이 표현은 이 구절의 전체 의미는 아니고 그 의미의 한 부분임에 의심할 여
지가 없습니다.

사랑하는 여러분, 지금도 우리는 우리 중에서 그리스도의 권능의 표징을 볼

수 있습니다. 오직 표징들만을 주목해 보십시오. 저는 여러분이 장래에 대한 소망에서 한 눈을 팔도록 만들고 싶지 않습니다. 그러나 이제부터, 그리고 지금도 우리 주 예수님의 권능을 보여주는 표징들이 있습니다. 교회 안에 일어난 신앙부흥들을 살펴보십시오. 교회 안에 신앙부흥들이 갑작스럽게 일어날 때 그 부흥들이 그리스도의 모든 대적들을 얼마나 비틀거리게 만듭니까? 그들은 말했습니다. 아니, 감히 말했지요. 복음은 그 능력을 다 상실했노라고 말입니다. 횟필드나 웨슬리 시대의 이후 대중들이 각성 받을 소망이 전혀 없다고 말하였습니다. 그런데도 불구하고 여기 우리 교회당에서 안식일마다 거대한 군중들이 말씀을 듣고 있는 것을 목격하고 있습니다. 몇 달 전만 해도 우리 미국인 형제들의 설교를 들으려고 애를 쓰고 몰려드는 군중들을 수용하기에 충분한 집을 결코 지을 수 없을 정도였습니다. 그때 그들은 입을 다물고 더 이상 아무 말도 하지 못하였습니다. 주 예수 그리스도께서 여전히 살아 계심이 확증되었기 때문이며, 만일 예수님의 복음을 온전하고 단순하게 설교한다면, 그런 설교가 많은 사람들을 그리스도께 이끌며 적지 않은 영혼들이 구원 받게 될 것임이 분명하게 드러났습니다.

여러분, 신앙을 떠나서, 교회 밖의 용감한 세계에서 하나님의 그리스도의 권능에서 기인한 어떤 영향력들이 얼마나 널리 퍼져 있는지 살펴보십시오. 20년 전만 해도 미국에 더 이상 노예가 없을 것이라고 하면 누가 믿었겠습니까? 통일된 이탈리아가 그 독재자들로부터 자유로워질 것이라고 20년 전에 누가 믿었겠습니까? 교황이 자기가 바티칸에서 죄수가 되어 이리저리 끌려 다닐 것이라고 누가 믿을 수 있었습니까? 적그리스도의 세력이 박탈될 것을 누가 믿을 수 있었습니까? 아닙니다. 과거 지나간 몇 년 동안 역사상에 일어난 기이한 일들은 그리스도께서 권능의 우편에 계심을 우리에게 보여주기에 족합니다. 형제들이여, 여러분은 장래에 어떤 일이 일어날지라도 폭정과 압제를 오래도록 지속하는 것이 불가능함을 주목하십시오. 왜냐하면 주 예수 그리스도께서 이 땅의 가난한 자들과 궁핍한 자들을 위해 전면에 나서시기 때문입니다.

오, 폭군들이여, 그대들은 원한다면 뜻하는 바를 행할 수 있고 술책과 계략들을 사용할 수 있을지 모른다. 그러나 주 예수 그리스도께서 이 온 세상에 다림추를 드리우시고 의로운 표준을 세우셨도다. 그리스도께서 직선을 그으실 것인데, 그 선에 걸리는 모든 것을 베어 버리실 것입니다. 이 선은 선하고 사랑스럽고

옳고 정의롭고 참된 모든 것들은 그냥 지나칠 것입니다. 이것들이 사람들 중에
서 왕 노릇 하시는 주님의 통치권 안에서 확증될 것입니다. 저는 그리스도의 통
치를 믿습니다. 왕들과, 이슬람 국가들의 군주들과, 러시아의 황제들, 이들은 다
꼭두각시들이며, 의회도 다 헛된 것들뿐입니다. 하나님만 위대하십니다. 예수님
께서 온 땅의 임금이십니다. 예수님은 사람들의 임금이시요, 만유의 주이십니
다. 예수님의 이름에 영광을 돌리십시오. 해가 거듭함에 따라서 그리스도의 통
치를 더욱더 보게 될 것입니다. 왜냐하면 예수님께서는 오래 참으셨기 때문입니
다. 그러나 이제 주님은 의롭게 일을 마무리짓기 시작하십니다. 예수님께서는
전쟁을 위해서 오른팔을 걷어붙이고 계십니다. 그래서 인간의 정당한 요구를 거
절하는 것, 그리스도께서 받으신 인류의 목을 짓밟는 것, 예수님의 보좌와 그 통
치에 대적하는 것은 토기장이의 질그릇처럼 박살날 것이 틀림없습니다. 왜냐하
면 예수님의 손에 있는 홀(笏)은 철장이며, 예수님은 철장을 맹렬하게 사용하실
것이기 때문입니다. 그리스도께서는 당신의 권능의 표징들을 여전히 보여주고
계십니다. 그것들은 표징들에 불과합니다. 그러나 확실한 표징들입니다. 새벽이
정오의 햇빛처럼 찬란하지는 않지만 분명히 빛을 비추듯이 말입니다.

　　오, 저는 여러분 가운데 그리스도의 원수 된 자들도 있을 것이라고 말해야
되겠습니다. 그러나 여러분은 그리스도의 권능의 어떤 표징들이 나타나고 있음
을 틀림없이 지각하였을 것입니다. 저는 그리스도께서 이교도를 복음으로 흔들
어 결국 그 이교도가 "거의 네가 나를 설득하여 그리스도인 되게 할 뻔하였다."
고 말하는 것을 보았습니다. 그리스도께서 고요한 밤중에 그를 붙들고 그의 양
심을 자세히 조사하셨습니다. 즉 주님께서는 온유함과 사랑과 동정하는 마음으
로 그 사람을 인도하여 생각하도록 만들었습니다. 그래서 그가 완전히 항복하지
는 않았을지라도 하나님의 그리스도에게 어떤 엄숙한 힘이 있다는 것을 느꼈습
니다. 지극히 악한 자들 가운데서 그리스도께서 자기를 이겼다고 인정할 수밖에
없던 자들도 있었습니다. 로마 황제 율리아누스(Julian, 361-363년에 재위하였던 황제
로 기독교를 박해하였다 — 역주)가 죽을 때에 어떻게 말했는지 여러분은 기억하십시
오. "나사렛 그 사람이 나를 이겼어. 나사렛 사람이 나를 이겼단 말이야." 불신자
여러분, 나는 그대들이 죽음의 순간에 그렇게 말하지 말고, 지금 그렇게 말할 수
있기를 바랍니다. 여러분이 그의 사랑에 설득당하고, 그의 긍휼하심에 항복하기
를 바랍니다. 그러면 여러분이 구원을 얻는 가운데서 그리스도의 권능의 표징을

볼 것입니다.

그러나 저에게 할당된 시간이 다 흘러갔기 때문에 저는 끝마쳐야겠지만 이 말을 덧붙이고 싶습니다. 즉 여기 있는 모든 사람이 예수님을 믿는 신자가 되어 이후에 그리스도께서 권능의 우편에 앉아 계시고 하늘 구름을 타고 오실 것을 본다면 복된 일일 것이라고 말입니다. 하나님께서 우리가 그 환상을 충분히 생각하고, 예수님께서 권능의 우편에 계신 것을 믿고 그를 신뢰하고 의지하면서 살 수 있게 해주시면 좋겠습니다. 우리는 예수님께서 능하고 강한 주이시요 전쟁에 능한 주이심을 알기 때문에 우리가 옳은 것을 행할 때 결코 의심을 가지지 말아야 합니다. 우리가 예수님을 따를 때 결코 의심을 가져서는 안 됩니다. 그분은 넉넉히 이기시는 분이고, 또한 그분을 따르는 모든 자들도 넉넉히 이기게 될 것이기 때문입니다. 우리는 어린 아이가 아버지를 신뢰하는 것처럼 계속해서 담대하게 그리스도를 신뢰합시다. 우리가 신뢰하는 그리스도께서 능하신 분이기 때문입니다.

우리는 또한 주님께서 오고 계시다는 사실을 항상 유념합시다. 잠에 곯아떨어진 어리석은 처녀처럼 되지 맙시다. 바로 지금 저는 "볼지다. 신랑이 온다."고 밤중에 큰 소리로 외치는 것을 듣고 있는 것 같습니다. 여러분 처녀들이여, 일어나 자지 말지어다. 신랑이 가까이 왔도다. 어리석은 처녀들이여, 하나님께서 은혜를 베푸사 그대들이 잠에서 깨어나 신랑이 오기 전에 등불에 쓸 기름을 마련할 시간을 허락해 주시기를 바랍니다. 그분은 우리가 알지 못할 때 갑자기 오십니다. 그러니 항상 준비하십시오. 생각지 않을 때에 인자께서 오십니다. 주인을 기다리는 사람들처럼, 주인과 계산할 회계장부를 준비하는 종들처럼 하십시오. 집 주인이 가까이 오셨기 때문입니다.

우리가 성찬을 위해서 모일 때마다 그런 심령으로 주의 성찬상에 임해야 합니다. 왜냐하면 주께서 "내가 올 때까지 이 일을 행하라."고 말씀하셨기 때문입니다. 외적인 규례들은 주님이 오시면 끝이 날 것입니다. 주님께서 친히 우리 중에 계시면 더 이상 기념할 필요가 없을 것이기 때문입니다. 우리는 여기서 주님의 잔을 들고 서약합시다. 우리가 주님이 오고 계심을 진정으로 믿는다고 말입니다. 또한 주님이 오고 계심을 우리가 진정으로 선포하는 바라고 말입니다. 그것이 여러분이 기뻐하는 주제입니까? 만일 그렇지 않다면 이렇게 하십시오.

"너희 죄인들이여 그의 얼굴을 구할지어다.
그의 진노를 너희가 참아낼 수 없도다.
그분 은혜의 홀에 머리를 숙이고
거기서 구원을 얻을지어다."

하나님께서 여러분에게 복 주시기를 바랍니다. 아멘.

제
72
장

—

엄청난 대조

—

"이에 예수의 얼굴에 침 뱉으며 주먹으로 치고"
— 마 26:67

"또 내가 크고 흰 보좌와 그 위에 앉으신 이를 보니
땅과 하늘이 그 앞에서 피하여 간 데 없더라." — 계 20:11

마태복음의 본문이 인도하는 대로 먼저 대제사장 가야바의 법정으로 가봅시다. 거기서 우리는 지극히 슬픈 마음으로 "이에 예수의 얼굴에 침 뱉으며"라는 무서운 말씀의 의미를 생각해 보도록 합시다. 그 말씀에서는 저 하늘에서 갑자기 치는 번개보다 더 깊고 무서운 우렛소리가 들립니다. 또한 그 말씀에는 아주 강렬하기 짝이 없는 번갯불에서보다 더 생생한 공포가 있습니다. "이에 예수의 얼굴에 침 뱉으며."

제사장들과 서기관들과 성직자들, 그리고 그들의 부리는 종들은 우리 주님께서 하신 말씀을 들은 후 이 부끄러운 행동을 감행하였음을 주목하십시오. 주님의 말씀은 이러하였습니다. "이후에 인자가 권능의 우편에 앉아 있는 것과 하늘 구름을 타고 오는 것을 너희가 보리라." 주님께서 자신에 대해서 예언하신 그 주장을 경멸하고 그 영예를 조소하느라고 "이에 그들이 예수님의 얼굴에 침을 뱉었습니다." 마치 그들은 자기들에게 재판을 위해 서 있는 그분이 자기들의 재판장이 되신다는 주장이나, 자기들이 겟세마네 동산에서 한밤중에 잡아온 자가 하늘 구름을 타고 온다고 하는 말을 더 이상 견딜 수 없다는 듯이 그렇게 한 것입니다. "이에 예수의 얼굴에 침 뱉으며"

또한 대제사장이 옷을 찢자마자 그들이 우리 주님을 그런 식으로 공격했다는 점을 부언하지 않을 수 없습니다. 형제들이여, 대제사장은 유대인들 가운데서 선하고 고상한 모든 것을 대표하는 자로 인식되었다는 사실을 잊지 마십시오. 대제사장은 유대교의 세상적 수장이었습니다. 죽을 인생들 가운데서 대제사장만이 신비로운 휘장 안으로 들어갈 수 있었습니다. 그런데 영광의 주를 정죄한 자가 그였습니다. 그는 옷을 찢으면서 "그가 신성 모독 하는 말을 하였으니 어찌 더 증인을 요구하리요. 보라, 너희가 지금 이 신성 모독 하는 말을 들었도다."(마 26:65)고 말하였습니다. 저는 다음과 같은 것을 생각할 때 두려워 떨지 않을 수 없습니다. 사람이 하나님을 섬기는 일에서 아주 높은 지위에 있으면서 또한 하나님의 그리스도의 참으로 무서운 원수들이 될 수 있는 것을 생각하면 떨지 않을 수 없습니다. 우리 중 어느 누구도 교회에서 가장 높은 지위에 오르게 되었으니 응당 구원을 받겠지 하고 생각하지 않도록 합시다. 우리가 대제사장이 되어 우림과 둠밈을 가슴에 찰 수 있고, 모든 기이한 보석들을 흉배에 달 수도 있으며, 진기한 에봇의 띠를 두르고 있을 수 있습니다. 그러나 이 모든 것에도 불구하고 하나님과 그의 그리스도를 경멸하는 말을 하는데 주동자가 될 수 있습니다. 대제사장 가야바가 그리스도를 쳐서 정죄의 말을 선언할 때 "이에 예수의 얼굴에 침 뱉는" 일이 일어났습니다. 하나님께서 우리에게 은혜를 베푸사 하나님의 교회에서 어떤 책임을 감당하든지, 그래서 권위와 영향력을 옷 입는 자리에 있더라도, 그러한 책임을 통해서 하나님의 그리스도를 조소하고 경멸하는 일에 앞장서지 않도록 하옵소서! 그럼에도 저는 서슴없이 말씀드립니다. 사람들이 위대한 대제사장이신 그리스도를 바라보지 않고 지상의 제사장을 바라보거나, 그리스도께서 드리신 속죄의 희생을 믿는 대신 미사를 의뢰하도록 가르침 받을 때, 바로 그 제사장들은 예수님의 얼굴에 침 뱉는 일에 앞장서는 것입니다. 그리스도께서 그처럼 모독을 받는 장소에서만큼 적그리스도가 확실하게 거하는 곳은 없습니다. 그리스도의 발 아래 엎드리고 그리스도를 사람들 가운데서 높여야 하는 입장에 있음에도 불구하고 그리스도를 배척하고 그리스도의 옳은 주장들을 거부하는 자들만큼 그리스도께 무서운 모독을 끼치는 자는 없습니다.

"이에 예수의 얼굴에 침 뱉으며." 예수님께서 모든 자를 다스리는 임금이요 심판하는 왕으로 자신의 신성을 선포하고 난 다음에 그런 일이 일어났습니다. 지상에서 마땅히 그리스도의 첫 번째 종으로 있어야 하는 사람이 최고의 반역자로 돌변하여 그리스도를 하나님을 모독하는 자로 몰아세움으로써 그리스도를 경멸하는 일에 앞장서고 나서 그런 일이 일어났습니다. "이에 예수의 얼굴에 침 뱉으며."

이 악한 자들이 예수님의 얼굴에 실제로 침을 뱉었다는 것을 생각할 때 제 마음에 떠오르는 두세 가지의 생각이 있습니다. 그 얼굴은 하늘의 빛이요, 천사들의 기쁨이요, 성도들의 복락이요, 아버지의 영광의 광채입니다. 그 예수님의 얼굴에 침 뱉은 사실은 무엇보다 먼저 죄가 얼마나 멀리까지 갈 것인지를 보여줍니다. 만일 사람들이 인간 마음의 부패의 증거를 보기 원한다면, 저는 소돔과 고모라의 매춘굴을 보라고 가리키지 않을 것입니다. 또한 헤롯이나 그와 같이 비열한 자들이 사람들의 피를 물같이 흘리는 곳으로 여러분을 데리고 가지도 않겠습니다. 사람들이 전적으로 타락하였고, 인간 본성이 하나님을 대적하고 있음을 보여주는 가장 분명한 증거는 예수님의 얼굴에 침 뱉은 사실에서 발견됩니다. 사람들이 예수님을 거짓되게 송사하고 정죄하며, 악인처럼 끌고 가서 죄인으로 십자가에 달아 죽도록 한 데서 발견됩니다. 아니, 예수님께서 무슨 악을 행하셨습니까? 그들이 예수님의 얼굴에 침 뱉게 할 만한 것이 예수님의 생애 전체에 있기나 하겠습니까? 예수님께서 침 뱉음을 당하는 바로 그 순간에도 그들에 대한 분노로 얼굴이 붉어지셨습니까? 그들을 경멸하는 눈초리로 바라보셨습니까? 결코 아닙니다. 왜냐하면 그는 자기 원수들을 향하여서도 항상 온유하고 자애로우셨기 때문입니다. 그들의 마음은 완악하고 짐승과 같아서 "예수님의 얼굴에 침을 뱉었던" 것이 틀림없습니다. 예수님은 그들의 병을 고쳐 주셨습니다. 배고플 때 그들을 먹이셨고, 유대와 사마리아를 오르내리면서 사람들 중에서 복락의 샘이 되어 주셨습니다. 그런데도 불구하고 "이에 그들이 예수님의 얼굴에 침 뱉었습니다." 저는 다시 한 번 말씀드리건대, 옛 고대 민족들의 범행을 쳐다보라든지, 문명화되지 아니한 미개인들이 저지른 가공스러운 악을 보라든지, 우리의 큰 도시들에서 일어나는 구체적인 불의들을 자세히 쳐다보라고 내게 말하지 마십시오. 그리스나 로마의 가증스러운 일들을 말하지 마십시오. 자, 여기를 보십시오. 하나님의 천사들이 볼 때, 그리고 천사들의 하나님께서 보실 때, 모든 불의 가운데 가장 극악한 일은 이것입니다. "이에(그들이) 예수의 얼굴에 침 뱉으며."

임금 되신 하나님의 궁정으로 들어가 하나님의 독생자에게 가까이 가서 그 얼굴에 침을 뱉다니! 이것은 사람들의 악명 높은 극악함을 보여주는 범죄들 중의 범죄입니다. 인간성은 예수님의 얼굴에 침 뱉을 정도에 이르기까지 사악하기 짝이 없는 죄로 정죄 받은 상태에 있습니다.

그들이 하나님의 사랑하시는 자의 얼굴에 침을 뱉었는데, 이제 그분에 대해 생각하려고 합니다. 그분에 대해 생각한 것은 이것입니다. 그분이 견뎌야 했던 그 굴욕이 얼마나 깊었던가 하는 것입니다. 죄를 알지도 못하시는 분이지만 우리를 위해서 죄로 여김을 받으셨고, 또 우리 주 예수 그리스도께서 당신 백성들의 죄를 친히 짊어지시며 그들의 죄책의 어마어마한 무게에 짓눌리셨을 때, 하나님의 공의는 마치 주님께서 실제로 죄인인 것처럼 주님을 다루어야 할 의무가 있었습니다. 주님은 결코 죄인이 아니시고 죄인이 될 수도 없으셨습니다. 그는 완전한 사람이시요 완전한 하나님이셨습니다. 그럼에도 불구하고 죄인의 자리에 서셨고, 주 하나님께서 당신 백성들 모두의 불의를 그로 짊어지게 하셨습니다. 그러므로 그리스도께서 낮아지셨을 때 하나님의 아들로 대접을 받거나 의인으로 영예를 얻지 못하셨음이 틀림없습니다. 먼저 그분은 수치와 경멸을 받아야 했고, 그 다음에 고난과 죽으심을 당하셔야 했습니다. 결과적으로 그분은 잔인하기 짝이 없는 이 마지막 모욕을 당하셨습니다. "이에 예수의 얼굴에 침 뱉으며." 오, 나의 주여, 당신이 얼마나 무서운 위치에까지 떨어지셨습니까! 내 죄로 말미암아 그리고 주님께서 그 불의를 담당하신 모든 무리의 죄로 말미암아 얼마나 깊은 데까지 끌려 내려가셨습니까! 오, 형제들이여, 우리는 죄를 미워합시다. 오, 자매들이여, 죄를 가증히 여깁시다. 이는 죄가 우리의 사랑하는 구주의 복된 발과 손을 찔렀기 때문만이 아니라 또한 주님의 얼굴에 감히 침을 뱉었기 때문입니다! 그들이 영광의 주님의 얼굴에 침을 뱉었을 때 당하신 모든 수치를 알 사람이 없습니다. 우리는 본문의 말씀을 너무 쉽게 말합니다. 어쩌면 저조차도 본문의 말씀을 마땅히 느껴야 하는 대로 느끼지 못할지 모릅니다. 할 수 있다면 그렇게 느끼려고 하겠지만 말입니다. 그러나 내가 마땅히 그리스도의 그 끔찍한 수치에 맞게 느껴야 하는 대로 느낄 수 있고, 그 다음에 죽을 인생이 알아들을 수 있는 언어로 그 감정을 해석할 수 있다면, 분명히 여러분은 얼굴을 들지 못하고 붉히게 될 것이고, 여러분 속에서 감히 하나님의 그리스도에게 이와 같은 수치를 안긴 죄에 대하여 타오르는 분노가 일어나는 걸 느낄 것입니다. 그들이 예수님의 얼굴에 침을 뱉었다는 생각을 할 때 저는 예수님의 발에 입 맞추고 싶습니다.

그 다음에, 저는 다시 한 번 주님에 대해 이런 식으로 생각하게 됩니다. 곧 저는 주님의 사랑의 자애로운 전능성에 대해 생각합니다. 만일 주님께서 한 번 그들을 흘긋 보고 화를 내시며, 불꽃이 그들을 죽이고 모두 말라 버리게 하셨다면, 어떻게 주님께서 이처럼 침 뱉음을 참으실 수 있었겠습니까? 그러나 주님은 그들이 얼굴에 침을 뱉는 데도 조용히 서 계셨습니다. 주님을 모욕한 것은 그들만이 아니었습니다. 그 후에 주님께서 병사들에게 끌려 빌라도의 관정으로 갔을 때 병사들도 주님께 지독한 경멸과 조소를 퍼부었습니다.

> "가장 낮은 자리에서 모욕을 받으시며
> 잠잠히 서 계시는 예수님을 보라!
> 죄인들이 전능자의 손을 결박하고
> 그들의 창조주의 얼굴에 침을 뱉었도다."

주님께서 어떻게 그것을 참아내셨을까요? 친구 여러분, 그분이 전능하신 분이 아니었다면 그 모욕을 참아내실 수 없었을 것입니다. 자기를 모욕하는 자들을 능히 멸하실 수 있었을 전능성은 힘의 전능성뿐 아니라 또한 사랑의 전능성이었습니다. 주님으로 하여금 "자제하게" 만든 것이 바로 이것이었습니다. 제가 그렇게 말할 수 있다면 말입니다. 왜냐하면 전능성을 제지하는 그런 전능성은 존재하지 않기 때문입니다. 그럼에도 불구하고 사람들에게 침 뱉음을 당하는 것을 참으실 수 있었던 것은 바로 그런 사랑의 전능성 때문이었습니다. 여러분은 예수님께서 이처럼 기이하게 자신을 낮추신 것을 생각할 때 그분에 대한 사랑이 불타오르는 것을 느끼지 않을 수 있겠습니까? 주님께 경의를 표하는 특별한 행동을 하기를 간절히 바라지 않을 수 있겠습니까? 그런 행동을 통해서 할 수만 있다면 이처럼 수치를 당하신 것에 대해 예수님께 보답하고자 하는 마음을 보여드리고 싶지 않겠습니까?

저는 그 점에 관해서 더 이상 말하지 않겠습니다. 왜냐하면 그 수치스러운 사실이 성경에 지울 수 없게 기록되어 있기 때문입니다. "이에 예수의 얼굴에 침 뱉으며." 그러나 저는 형제들에게 이 진리를 각인시켜 주고 싶습니다. 그리하여 우리도 이 악한 사람들이 행한 것을 그리스도께 어떻게 행했을 수 있는지를 보여주고자 합니다. 어떤 사람은 말합니다. "오! 저는 그 자리에 없었어요. 저는 예수님의 얼굴에 침 뱉지 않았어요." 들어 보십시오. 아마 여러분은 예수님의 얼굴에 침 뱉었을 것입니다. 아마 여러분도 그분의 얼굴에 침 뱉었을 것입니다. 우리가 가끔 부르는 감동적인 찬송가를 기억해 보십시오.

> "나의 예수님! 잔인한 가시면류관을
> 만든 자가 누구입니까?
> 당신의 어깨를 그토록 무겁게 짓누른
> 무겁고 괴로운 십자가를 만든 자가 누구입니까?
>
> 나의 예수님! 수치스럽게 침을 뱉어
> 당신의 거룩한 이마를 모독한 자가 누구입니까?
> 아니면 무자비한 채찍질로
> 당신의 보배로운 피를 흘리게 만든 자가 누구입니까?
>
> 그처럼 은혜를 모른 자가 바로 저였으니
> 예수님, 불쌍히 여기소서!
> 오, 나의 주여, 제게 자비를 베풀고 용서하여 주소서.
> 주님의 자비를 인해서 그리하소서!"

그리스도의 신성을 부인함으로써 지금도 그리스도의 얼굴에 침 뱉는 자들이 있습니다. 그들은 주장합니다. "그는 단지 사람일 뿐이다. 선한 사람임에는 틀림없다. 그러나 사람에 지나지 않는다." 감히 어떻게 그렇게 말을 할 수 있는지 저는 도저히 납득이 가지 않습니다. 왜냐하면 하나님이 아니신데 자신이 하나님이라고 주장하는 사람이라면 그가 선할 리가 없기 때문입니다. 만일 예수님께서 진실로 하나님이 아니셨다면, 제자들로 하여금 자기를 예배하도록 내버려 두셨다면, 또 우리로 예배하지 않을 수 없게 만드는 삶을 뒤에 남기셨다면, 그러면서도 그가 진정으로 하나님이 아니었다면, 이제까지 살았던 사람들 중에서 나사렛 예수만큼 비열한 협잡꾼은 없습니다. 그러므로 예수께서 하나님이 아니라고 선언하는 모든 사람들에 대해서, 사실 오늘날 명목상 신앙인이라고 하는 사람들 가운데 그런 사람들이 아주 많이 있는데, 그들에 대해서 우리는 슬프지만 진실되게 이같이 말하지 않을 수 없습니다. "이에 저희가 예수의 얼굴에 침 뱉었다."

그리스도의 복음에 대해 악담하는 자들도 같은 일을 하는 것입니다. 오늘날 복음을 산산조각 내지 않으면 행복해질 수 없는 것처럼 보이는 자들이 많이 있습니다. 그리스도의 대속의 제사의 신성한 비밀이 특별히 지혜로운 자들이 겨누고 있는 화살의 표적입니다. 제가 말하는 지혜로운 사람들이란 이 세상 지혜를 따라 지혜로운 자들입니다. 우리는 주 예수 그리스도께서 당신의 백성들을 대신하여 고난을 받으셨다는 것을 알고 기뻐합니다.

> "그리스도께서 아버지의 의로운 분노를
>   우리가 받지 않게 하기 위하여 고난을 당하셨도다."

그럼에도 불구하고 그 복된 교리에 반대하여 쓴 무서운 글들을 보았습니다. 그 글들을 읽을 때 저는 제 자신에게 이렇게 말하지 않을 수 없었습니다. "이에 (저희가) 예수의 얼굴에 침 뱉으며." 그리스도의 다른 모든 영광을 초월하는 것이 있다면 그것은 그리스도의 속죄 제사입니다. 만일 여러분이 그리스도의 눈동자를 손가락으로 찔러 가장 예민한 부분에서 주님의 명예를 건드리는 일이 있다면, 그것은 여러분이 그리스도께서 자기 백성의 불의를 씻어내기 위해서 점도 흠도 없이 하나님께 자신을 희생 제물로 드리신 그분의 일을 대항하여 말하였을 때입니다. 그러므로 이 문제에서 여러분 자신을 판단하십시오. 여러분이 그리스도의 신성을 부인하였거나, 그분의 속죄 희생을 비난한 적이 있었다면, "이에 예수의 얼굴에 침 뱉으며"라는 말씀이 그대로 여러분에게 해당될 수 있습니다.

더구나, 사람들이 그리스도의 의보다 자신들의 의를 더 우월하게 여길 때 바로 이 악을 행하는 것입니다. "우리는 용서 받을 필요가 없어. 그리스도를 믿음으로 말미암아 의롭다 하심을 받기를 원치 않아. 우리는 이미 충분히 선해." 또는 "우리는 자신의 구원을 스스로 이루어 나가고 있어. 우리 스스로 구원할 거야."라고 말하는 사람들이 있습니다. 여러분, 만일 여러분이 자신을 구원할 수 있다면 어째서 예수님께서 십자가에서 피를 흘리셨겠습니까? 만일 여러분이 자신의 공력으로 구원 받을 가능성이 있다면 하나님의 아들이 인간의 모양으로 죽으셔야 했다는 것이 정말 쓸데없는 일이었습니다. 만일 여러분이 그리스도의 공력보다 여러분 자신의 공력을 더 우월하게 여긴다면 "이에 저희가 예수의 얼굴에 침 뱉으며"라는 말씀이 그대로 여러분에게 해당됩니다. 여러분의 의는 더러운 누더기에 불과합니다. 만일 여러분이 성도들의 의인 깨끗한 세마포와 같은 그리스도의 의보다 이런 것들을 더 우월하게 여긴다면, 자신의 눈물로 자신들을 씻을 수 있다고 생각하여 예수님의 보배로운 피, 곧 그것이 없이는 우리의 죄가 전혀 깨끗하게 되지 못하는 그 피를 경멸한다면, "이에 저희가 예수의 얼굴에 침 뱉으며"라는 본문 말씀이 그대로 여러분에게 적용됩니다. 그리스도의 의보다 여러분 자신의 의를 더 높일 때 그러한 일을 행하는 것입니다.

저는 그동안 여러 번에 걸쳐 여러분에게 탕자의 비유에 관해서 말씀드렸습니다. 그런데 아마 여러분의 논리는 그 비유에 나오는 큰 아들의 논리와 더 비슷할 것입니다. 여러분은 여러분 몫의 재물을 갖고 있습니다. 그것이 다 여러분의 것이고 그래서 여러분은 그것을 보존하고 있습니다. 여러분은 부자요 재물이 늘어 필요한 것이 아무것도 없습니다. 여러분은 자기 의에 충만합니다. 하나님과 그리스도 없이도 잘해 나갈 수 있다고 생각합니다. 하나님께서 여러분 없이 아무 일도 할 수 없다는 식으로 거의 생각합니다. 여러분은 의식과 예식을 시행하고, 구제와 경건한 일을 이행하는 가운데 아주 일을 잘하고 있다고 여깁니다. 여러분이 먼 나라에 간다면 매우 훌륭한 모습을 띨 것입니다. 여러분은 머지않아 불쌍한 탕자를 여러분의 밭으로 보내 돼지를 치게 할 그 나라의 훌륭한 시민들 가운데 한 사람이 될 것입니다. 그러나 저는 여러분의 경우가 탕자의 경우보다 훨씬 더 서글프고 절망적이라고 믿게 됩니다. 여러분은 하나님으로부터 너무 멀리 갔습니다. 하나님 없이도 잘 살아가고 있습니다. 여러분의 생활에는 전혀 하나님이 계시지 않습니다. 여러분은 하나님이 없으면 좋겠다고 소원할 정도입니다. 하나님이 없으면 여러분의 한창 때를 망쳐놓을 어두운 구름이 멀리 떠있지 않을 것이고, 한창 때의 즐거움을 망쳐놓을 폭풍이 오리라는 두려움도 전혀 없을 것이기 때문입니다. 그리스도를 대놓고 거부하는 공공연한 불신자에 대해서 말하는 것과 똑같이 여러분에 대해서도 "이에 예수의 얼굴에 침 뱉으며"라고 말하지 않을 수 없습니다.

오! 누구든지 자신이 그리스도를 따르는 제자라고 하는 신앙 고백을 저버릴 때, 참으로 슬픈 일이지만 그 사실이 그대로 그에게 적용됩니다. 안타깝게도 그런 사람들이 있습니다! 한동안 그들은 하나님의 교회에서 잘 서 있는 것처럼 보였습니다. 저는 그들을 판단하지 않겠습니다. 그러나 믿음에 대한 고백을 한 후에 유유히 세상으로 돌아가 버린 사람들이 있었습니다. 그들은 한동안 매우 열심을 보이고 나서 세상적인 사람이 되어 버렸습니다. 그들은 방탕하고 심지어는 음란하고 천한 사람이 되었습니다. 안식일을 어기고, 하나님의 말씀을 소홀히 여기며, 은혜의 시은좌(施恩座)를 포기합니다. 그래서 그들의 마지막은 처음 믿을 때보다 더 악합니다. 사람이 창기에게 들어가기 위해서 그리스도를 버릴 때, 금을 얻기 위해서 하늘을 포기할 때, 경건하지 않은 자들과 한 무리가 되는 즐거움을 위해서 그리스도 안에서 가졌노라고 말하던 기쁨을 포기할 때, 그것은 "이에 예수의 얼굴에 침 뱉으며"라는 진리가 적용되는 또다른 경우입니다. 이러한 것들 중 어느 것이라도 그리스도보다 더 선호하는 것은 수치스러운 일입니다. 입으로 침 뱉는 행위는, 마음과 영혼으로 침을 뱉고, 그리스도를 택하기보다는 죄 짓기를 택함으로써 그리스도에게 모욕을 퍼붓는 이 죄에 비할 때 작은 것으로 보입니다. 그럼에도 불구하고 슬픈 일은, 지금도 그리스도의 얼굴에 그런 식으로 침을 뱉는 자들이 너무도 많다는 것입니다. 아마 바로 지금 그런 일을 하고 있는 사람들이 있을 것입니다.

사랑하는 친구 여러분, 만일 우리 양심이 이 죄에 대하여 조금이라도 우리를 고소한다면, 즉시 그 사실을 고백합시다. 그리고 주님 앞에 겸손합시다. 주님에게 침 뱉었던 바로 그 입으로 성자 하나님께 입 맞추어 그가 노여워하시지 않도록 합시다. 우리는 주님의 진노가 조금만이라도 타오르면 길에서 망하게 됩니다.

우리가 죄를 자백하였다면, 그리스도께서 우리를 용서하실 수 있고 용서하실 마음도 있으심을 믿읍시다. 사람이 죄를 느낄 때, 하나님의 찬란한 자비를 믿으려면 믿음의 위대한 행동이 요구된다는 것을 저는 압니다. 그러나 사랑하는 친구 여러분, 그 점을 믿으십시오. 주 예수님께 다음과 같이 말씀드리어 주님께 큰 영예를 돌려드리십시오. "은혜로우신 주님이시여, 당신의 보배피로 저를 씻으소서. 당신의 얼굴에 제가 침을 뱉었어도 깨끗하게 하는 샘으로 저를 씻으소서. 그리하면 제가 눈보다 희어지리이다." 여러분이 믿으면 그 믿음을 따라서 그 일이 여러분에게 이루어질 것입니다. 여러분이 이 큰 죄를 고백하고, 또 그리스도께서 그 죄를 용서하실 능력과 용서하실 마음을 다 같이 갖고 계심을 믿는다면 그런 죄라도 용서를 받을 것입니다.

여러분이 일단 그런 잘못을 범하였으면, 여러분과 다른 사람들이 비방하고 모욕했던 그분을 평생 동안 찬미하고 영화롭게 하려고 힘쓰십시오. 오, 제가 그리스도의 신성을 부인한 적이 있다면, 저는 이 강단에서 밤낮으로 제가 그렇게 말한 것을 철회하고, 그분이 권능을 가지신 하나님의 아들이라고 선언하려고 할 것이라고 생각합니다! 제가 무엇이든지 그리스도에 반대하여 세워 놓은 적이 있다면, 저는 밤낮으로 다른 무엇보다도 주님을 높이기를 바랄 것입니다. 진실로 저는 그렇게 하기를 갈망할 것입니다. 그리스도인 형제자매들이여, 오십시오, 그리스도의 영예를 위해서 비상한 일을 합시다. 우리는 그리스도의 복되신 이름을 더 영화롭게 할 어떤 방안을 다른 사람들과 함께 하든지 혹은 우리 혼자서 하든지 찾거나 궁리해 냅시다.

또 한 가지를 생각해 봅시다. 어떤 사람이 그리스도 때문에 우리를 멸시한다면 우리는 그 일을 힘들다고 생각하지 맙시다. 그보다는 주님을 위해서 기꺼이 조소와 경멸을 당할 마음을 가집시다. 우리 자신에게 이렇게 말합시다. "이에 그들이 예수의 얼굴에 침을 뱉었다." 그 다음에, 그들이 내 얼굴에 침을 뱉는다면 어떻게 하겠습니까? 그들이 그렇게 한다면, 나는 "주님 때문에 그 일이 내게 임하였으니 능욕을 환영하고 수치를 달게 받을 것입니다." 자, 저 비천한 자가 이제 그리스도의 얼굴에 침을 뱉으려 합니다! 여러분이 볼을 내밀어 얼굴에 침을 받고, 대신 예수님에게 그 침이 떨어지지 않도록 하십시오. 주님께서 그처럼 무서운 수치를 당하셨으니 그분의 보배로운 피로 구속 받은 자는 누구나 그 수치에 동참하는 것을 영예롭게 여겨야 합니다. 만일 어떻게 해서든지 우리가 그리스도께서 더 이상 사람들에게 멸시나 배척을 받지 않으시도록 막을 수 있다면 말입니다.

사랑하는 친구 여러분, 저는 이 놀라운 본문, 곧 "이에 예수의 얼굴에 침 뱉으며"라는 말씀에 대하여 제가 원하고 소망하는 대로 마땅히 설교하고픈 대로 설교하지 못했으며, 그저 매우 미약하게만 말했을 따름입니다.

자, 이제 몇 분간만 제 얘기를 들어 주십시오. 이제 저는 그 예수님의 얼굴을 전혀 다른 빛으로 비춰드리겠습니다. 두 번째 본문은 요한계시록 20:11에 있는 본문입니다. "또 내가 크고 흰 보좌와 그 위에 앉으신 이를 보니 땅과 하늘이 그 앞에서(그 얼굴 앞에서) 피하여 간 데 없더라."

이 구절은 제가 그걸 설명하기 위해서 더 말할 필요가 없는 대목입니다. 사도가 "내가 보니"라고 하며 말하기 시작하는 것을 보십시오. 오, 저도 여러분에게 이 위대한 전경을 보게 할 능력을 가졌다면 얼마나 좋겠습니까! 때때로, 진리를 한 번만이라도 생생하게 깨달으면 그것이야말로 진리가 단지 천 번 진술되는 것을 듣는 것보다 훨씬 더 낫습니다. 어떤 병사가 팔레스타인 정찰대 중 한 사람으로 근무하게 되었습니다. 여호사밧 골짜기에 여러 사람과 함께 있었습니다. 함께 있는 다른 사람들은 그 사람의 말을 신중하게 생각하지 않았습니다. 그 사람이 동료들에게 말했습니다. "그리스도께서 세상을 심판하시려 두 번째로 오실 때에 우리가 지금 근무하는 바로 이 여호사밧 골짜기일 거라고 어떤 사람들이 말하더라." 그런 다음에 이렇게 부연하였습니다. "크고 흰 보좌가 놓이면 내가 어디에 있어야 할지 모르겠어." 그러면서 그는 무심코 소리쳤다고 합니다. "나는 여기 이 큰 바위 위에 앉을 거야." 그리고 그 바위에 앉았습니다. 그러나 순간적으로 그는 공포심에 사로잡히게 되었습니다. 앉으면서 그 거대한 전경을 마음속에 그리고, 장엄하고 가공스러운 어떤 것을 깨닫기 시작하였기 때문입니다. 사도 요한이 환상으로 본 그 전경을 여러분이 인식할 수 있게 말할 방도를 제가 알면 얼마나 좋겠습니까. 주 예수 그리스도께서 당신의 고유한 몸을 입으시고 감람산 꼭대기에서 하늘로 올리어가셨습니다. 하늘로 올리신 것과 똑같은 방식으로 다시 오실 것입니다. 그러나 이제는 비천한 슬픔의 사람으로 오시지 않고 크고 흰 보좌에 앉으신 만유의 재판장으로 오실 것입니다. 요한은 "내가 보았다"고 말합니다. 그것은 우리가 조금 전에 불렀던 찬송과 같습니다.

> "주님이 다시 오시리
> 그러나 이전에 낮은 몸으로 오셨을 때와는 다르게 오시리
> 원수들 앞에서 잠잠한 어린 양
> 슬픔의 사람, 고뇌로 충만한 사람이셨으나
> 이제 주님께서 오시리
> 무지개 화관과 폭풍의 두루마기를 입으시고
> 그룹들의 날개와 바람 날개로
> 온 인류를 판단하시는 지정된 재판장의 무서운 모습으로 오시리."

사랑하는 친구 여러분, 저는 여러분이 꿈에서라도 이 광경을 보았으면 좋겠

습니다. 왜냐하면 제가 꿈 자체를 믿지는 않지만, 이 위대한 진리를 깨닫는 것은 단순히 그 진리를 듣기만 하는 것보다 훨씬 나을 것이기 때문입니다.

요한은 "또 내가 크고 흰 보좌를 보았다."고 말합니다. 요한은 보좌를 보았습니다. 그리스도께서 지금 왕 노릇 하시기 때문이며, 왕 중의 왕이요, 만주의 주이시기 때문입니다. 주님께서 다시 오실 때 온 인류를 심판하기로 하나님이 정하신 재판장으로 우주를 다스리시는 주권의 권세를 가지고 오실 것입니다.

그 보좌가 희다고 말하였습니다. 어떤 다른 보좌를 그렇게 묘사할 수 있습니까? 죽을 인생에 불과한 자들의 보좌는 불의로 자주 얼룩져 있습니다. 또한 잔인한 전쟁의 피로 더럽혀져 있습니다. 그러나 그리스도의 보좌는 하얗습니다. 왜냐하면 그리스도께서 공의와 의를 행하시며, 그의 이름이 진리이기 때문입니다.

그 보좌는 또한 크고 흰 보좌일 것입니다. 보좌가 어찌나 큰지 이전 왕들과 임금들의 모든 보좌가 그에 비하면 아무것도 아닐 정도입니다. 아시리아, 바벨론, 페르시아, 그리스나 로마의 보좌들은 한순간에 증발하는 작은 이슬방울에 불과할 것입니다. 이 큰 흰 보좌만이 왕 중의 왕이요 모든 주권자들을 다스리는 주권자의 보좌로 인정될 것입니다. "내가 크고 흰 보좌를 보았다."

요한은 크고 흰 보좌만 본 것이 아닙니다. "그 위에 앉으신 이"도 보았습니다. 그 정경은 얼마나 놀라웠을까요! 요한은 그 보좌에 앉으신 이의 눈이 "불꽃 같고 그의 발은 풀무 불에 달련한 빛난 주석 같다."(계 1:14,15)고 하였습니다. 요한은 그분의 신성한 엄위가 크고 흰 보좌에 앉으셨을 때도 여전히 지니고 계실 못자국들을 통해서 눈부시게 빛날 것을 보았습니다. 사도 요한은 주님의 가슴에 머리를 기댄 사람이었습니다. 주께서 십자가에 죽으시는 것을 보았는데, 바로 그 구주께서 우주를 심판하시는 보좌에 앉아 계시다니, 그 광경이 요한에게 어떠하였겠습니까! "또 내가 크고 흰 보좌와 그 위에 앉으신 이를 보니."

자, 무슨 일이 일어났는지 보십시오. "땅과 하늘이 그 앞에서 피하여 간 데 없더라." 이 크고 흰 보좌가 사라지자마자 해변에 밀려왔던 파도가 뒤로 물러가는 것처럼 하늘과 땅이 말리기 시작하였습니다. 하늘과 땅이 그분 앞에서 마치 당황한 듯이 물러간다면 그분이 어떠한 분이시겠습니까?

먼저, 그리스도의 권세를 주목하십시오. 주님이 하늘과 땅을 몰아내시는 것이 아닙니다. 그것들에게 말씀하지도 않으셨습니다. 그분의 얼굴을 보는 것만으로도 충분하였습니다. 주님의 얼굴을 보기만 하면 옛 하늘과 죄로 물든 옛 땅이 도망하기 시작할 것입니다. "그날에는 하늘이 큰소리로 떠나가고 물질이 뜨거운 불에 풀어지고 땅과 그중에 있는 모든 일이 드러나리로다." 그리스도의 얼굴을 보는 것만으로도 그 모든 일이 일어납니다. 주님께서 팔을 들고 땅으로 창을 세차게 던지실 필요도 없습니다. 주님의 얼굴을 보자마자 땅과 하늘이 피하여 달아날 것입니다.

그리스도의 엄위의 두려움을 주목하십시오. 그분의 얼굴에 침을 뱉고 멸시하던 여러분, 여러분은 그날에 어떻게 할 것입니까? 바로 그날에 여러분이 무엇을 하겠습니까? 큰 심판 날이 이미 당도하였다고 생각해보십시오. 그 크고 흰 보좌가 바로 저기에 놓였다고 생각하십시오. 보좌가 배설 되는 일이 끝이 나면, 여러분은 죽었다가 부활한 모든 자들과 함께 심판하는 재판장 앞에 서야 합니다. 어떤 사람은 이렇게 말하지 않을 수 없을 것입니다. "나는 그분을 거절하였어. 내가 어떻게 그분의 얼굴을 감히 쳐다볼 수 있겠어?" 또 어떤 사람은 이렇게 소리칠 것입니다. "그분은 전에 나를 이끄셨어. 그분이 사랑으로 끌어당기는 것을 느꼈었어. 그분의 영이 나를 인도하시는 것을 느꼈지. 그러나 나는 거부하였고 복종하려고 하지 않았어. 그러니 어떻게 이제 그분을 만날까? 그분의 얼굴을 어떻게 쳐다볼 수 있을까?" 또다른 자들은 이렇게 말하게 될 것입니다. "나는 기를 쓰고 그분의 긍휼의 손을 피해 달아나려고 했었지. 나는 양심을 억압하였어. 그리고 세상으로 돌아갔지." 여러분 모두 그분의 얼굴을 쳐다보아야 합니다. 그러면 그분이 여러분 모두를 바라보실 것입니다. 또 어떤 이는 이렇게 말하지 않을 수 없을 것입니다. "나는 세상을 위해서 그리스도를 버렸어." "나는 극장 때문에 그리스도를 버렸어." 또다른 자는 "나는 댄스홀에 가느라고 그분을 버렸어." 또다른 자들은 "나는 여자들을 사랑하느라고 그분을 버렸지." 또 어떤 이들은 "내가 참된 그리스도인이 되려면 사업을 계속할 수 없기에 사업을 진척시키기 위해서 그분을 버렸지. 내가 얻을 수 있었던 것 때문에 그리스도를 포기했어." 여러분은 이렇게 말하지 않을 수 없을 것입니다. 곧 그렇게 말할 날이 올 것입니다. 지금 여러분이 강단에 서 있는 저를 보는 것처럼 분명하게 그날에 그리스도께서 크고 흰 보좌 위에 앉으신 것을 볼 것입니다. 전에 사람들에게 멸시를 받고 버림을 받던 그 임금이 앉아 계시는 것을 볼 것입니다.

여러분, 여러분이 이 모든 것을 생각하기를 바랍니다! 이 모든 것은 제 일이 아니라 바로 여러분의 일입니다. 저는 그리스도의 얼굴을 뵙기를 두려워하지 않습니다. 왜냐하면 그분이 저를 사랑으로 보아오셨고, 제 모든 죄를 다 도말하셨으며, 이제 저도 그분을 사랑하며, 그분과 영원토록 함께 있기를 갈망하기 때문입니다. 그러나 만일 여러분이 주님으로부터 사랑의 표정을 받지 못했다면, 그분과 화해한 적이 없다면, 저는 여러분에게 간청합니다. 그 사랑을 인해서 이 문제에 관해 생각하기 시작하십시오. 사람들의 임금이신 이 분, 사랑이신 이 분을 만날 준비를 시작하십시오. 그분이 사랑의 주님임에 틀림없듯이 또한 진노의 임금임에 틀림없습니다. 사랑의 분노와 같은 분노가 없기 때문입니다. 우리가 조금 전에 읽었던 "어린 양의 진노"와 같은 분노는 없습니다. 하나님의 사랑이 의로운 분노가 될 때는 로뎀 나무 숯불처럼 활활 타며, 지옥 불처럼 끌 수 없습니다. 그러므로

> "너희 죄인들이여, 그분의 은혜를 구할지어다.
> 너희는 그분의 진노를 감내할 수 없도다.
> 그분의 십자가의 피난처로 달려가
> 거기서 구원을 얻을지어다."

하늘과 땅이 보좌에 앉으신 이의 얼굴을 피하여 달아나기 시작하기 전에, 여러분 자신이 바위를 향하여 나를 덮으라, 산을 향하여 그 얼굴에서 나를 숨기라고 부르짖기 시작하기 전에, 겸손한 인내와 믿음으로 주님의 얼굴을 구하십시오. 그리하여 그 무서운 마지막 날에 기쁨으로 주님을 만날 준비를 하시기 바랍니다.

만일 제가 지금까지 말씀드린 것이 순전히 꿈에 불과하다면 그것을 깨끗이 잊어버리고 여러분의 생각대로 계속 죄를 지으십시오. 그러나 만일 이런 것들이 하나님의 참된 진리라면 — 그렇습니다. 참된 진리입니다 — 그렇다면 정신이 온전한 자처럼 행동하십시오. 그 사실들을 거듭 생각하시고 여러분의 재판장을 만날 준비를 하십시오. 하나님께서 여러분을 도와 그렇게 할 수 있게 해주시기를 바랍니다! 아멘.

빌라도의 아내의 꿈

—

**"총독이 재판석에 앉았을 때에 그의 아내가 사람을 보내어
이르되 저 옳은 사람에게 아무 상관도 하지 마옵소서 오늘
꿈에 내가 그 사람으로 인하여 애를 많이 태웠나이다 하더
라."— 마 27:19**

저는 우리 구세주께서 십자가 처형을 당하시기 전, 그분께서 받은 재판에
대한 내용들을 재구성해 보기를 간절히 원하였습니다. 그래서 이 주제를 연구하
기 위해 자리에 앉았습니다. 하지만 이 소망을 실행하기에는 전적으로 무능한
제 자신을 발견하게 되었습니다. "내가 어쩌면 이를 알까 하여 생각한즉 그것이
내게 심한 고통이 되었더니"(시 73:16)라는 말씀대로 말입니다. 제 감정이 너무
나 강렬해지고, 우리 주님이 당하신 그 슬픔이 너무나 생생하게 느껴져서, 저는
이 주제를 당분간 보류할 수밖에 없다는 생각이 들었습니다. 그분에게 이 고통
의 시간이 지나갈 때까지 제가 마냥 지켜볼 수도 없었고, 그렇다고 해서 이 거룩
한 장면을 그냥 외면할 수도 없었습니다. 그러던 차에 빌라도의 아내와 그녀의
꿈에 관한 내용을 접하게 되어 다소 안심이 되었습니다. 이 내용은 제가 전하려
는 것과 그 줄거리가 연결되어 있을 뿐만 아니라, 주님의 슬픔과 모욕을 가까이
에서 볼 경우 갖게 될 극도의 긴장감을 완화시켜 주기도 합니다. 그 끔찍한 광경
앞에서 제 정신은 기력을 잃습니다. 병사들에게 무시를 당하시고 헤롯 궁정에서
물러나는 그분의 모습이 제 눈에 보이는 듯합니다. 잔인한 제사장들은 군중들을

충동질하여 그분을 다시 빌라도의 관정으로 서둘러 끌고 가려 합니다. 저는 다시 그 길을 따라 그분을 따라갑니다. 거리에서 군중들은 구세주이신 예수님 대신, 강도인 바라바를 선택해 놓아 주라고 외칩니다. 그들은 피에 굶주린 것 같은 목소리로 "그를 십자가에 못 박게 하소서 십자가에 못 박게 하소서"(눅 23:21)라고 끔찍하게 소리를 지릅니다. 제 귀에는 그렇게 울려 퍼지는 함성들의 첫 음성들이 들리는 듯합니다. 바로 거기에 나를 사랑하사 나를 위해 자기 몸을 버리신 그분이 마치 이리들 틈에 있는 한 마리 어린 양처럼 서 계셨습니다. 그 누구도 그분을 동정하지 않았으며, 그 누구도 그분을 도우려 하지 않았습니다. 특히 제가 알기로 다음 장면은 빌라도와 관련된 것으로서, 그 환상은 저를 압도하였습니다. 빌라도는 "나는 그에게서 죄를 찾지 못하였노라"(요 19:6)고 말하면서 그분의 무죄를 선언하였음에도 불구하고, 그분을 잔인한 자들에게 넘겨주어, 그들이 그분을 채찍으로 때리고, 그분에게 가시 면류관을 씌워 무자비하게 모욕하게 하였습니다. 그래서 그분은 백성들 앞으로 끌려 나가, "보라 이 사람이로다!"(요 19:5)라는 가슴이 찢어지는 말까지 듣게 되었습니다. 지금까지 그분이 당한 슬픔처럼 그렇게 애달픈 슬픔이 있었습니까? 저는 "밤낮 칠 일 동안 그와 함께 땅에 앉았으나 욥의 고통이 심함을 보므로 그에게 한 마디도 말하는 자가 없었더라"(욥 2:13)고 성경에 기록된 바와 같이, 욥을 본 욥의 친구들과 거의 같은 심정이었습니다. 저는 이 마음으로 오늘 주님에 관해 말씀드리고자 합니다.

우리는 잠시 주님에 관한 말씀을 유보하고서, 빌라도의 아내가 꾼 이 꿈에 대해 살펴보고자 합니다. 이 꿈은 성경에서 단 한 번 언급되었는데, 마태가 이에 대해 기록하였습니다. 복음서 기자 가운데 왜 마태만 이를 기록할 사명을 받았는지 그 이유를 저는 알지 못합니다. 아마도 마태만 이 이야기를 들었을 것입니다. 비록 단 한 번 기록되었다 해도, 이 기록은 우리의 믿음을 위한 충분한 내용을 담고 있으며, 그 분량도 우리가 묵상하며 영혼의 양식으로 삼기에 충분합니다. 우리는 이 이야기를 성령님께서 공인해 주신 말씀으로 받고자 합니다.

빌라도는 직무 기간 내내 심한 악행들을 많이 저질렀습니다. 그는 불의하고 사악한 유대 총독이었습니다. 갈릴리 사람들과 사마리아 사람들 모두 이 빌라도의 병력을 두려워하였습니다. 왜냐하면 조금이라도 반란의 기미가 보이면 그는 조금도 주저 없이 백성들을 대량 학살하였기 때문입니다. 그는 많은 유대인 무리들이 모인 군중들 가운데 칼을 가진 자객을 보내, 자신의 말을 잘 듣지 않는 자들을 제거하였습니다. 조금이라도 이득이 되는 일이라면 어떤 일이라도 하는 것이 그의 목적이었으며, 교만이 그의 정신을 지배하고 있었습니다. 나사렛 예수께서 그 앞에 끌려나왔을 때는, 이 빌라도에 대한 불평들이 디베료 황제에게 보고되어, 자신이 저지른 폭정과 토색과 살인 등에 대해 황제의 문책을 받을까봐 두려워하던 때였습니다. 이 시기에 그가 지은 죄악들은 그를 처벌하는 발단이 되었습니다. 이에 대해 욥이 "죄악이 나를 따라다니며"라고 말한 바대로 말입니다. 죄의 형벌 가운데 한 가지 끔찍한 요소는 죄는 사람으로 하여금 또다른 죄를 범하도록 강요하는 힘을 가지고 있다는 것입니다. 빌라도의 허물들은 이제 한 무리의 이리들처럼 그를 에워싸서 울부짖고 있었습니다. 그는 그 죄악들을 직면할 수도 없었고, 유일하고 위대한 피난처이신 그분께로 피할 은혜도 없었습니다. 그러나 그의 두려움은 그로 하여금 죄악들 앞에서 도망치게 했고, 분명히 그로 하여금 더 깊은 혐오감에 빠지게 했습니다. 그는 예수님에게 단 하나의 허물도 없다는 것을 알고 있었습니다. 그럼에도 불구하고 유대인들이 그분을 죽이라고 소리쳤기 때문에, 그는 그들의 요구를 들어주어야 한다고 느꼈습니다. 혹시라도 그렇게 하지 않았다가는 자신이 가이사의 통치에 충성을 다하지 않았다고 또다시 자신을 고소할 것이라고 생각했습니다. 그것도 그럴 것이, 자신을 왕이라고 말한 사람이 도망가도록 빌라도가 허락한 꼴이 되니 말입니다. 만약 그가 정당하게 행동했던 사람이라면, 그는 대제사장들과 서기관들을 두려워하지 않았을 것입니다. 무죄한 자는 용감합니다. 하지만 죄를 지은 자는 두려워합니다. 빌라도가 지은 옛 죄악들이 그를 찾아내어, 야비한 무리들 앞에서 그를 약하게 만들었습니다. 혹시라도 빌라도가 무죄하였다면, 그는 심판석에서 그 무리들을 쫓아낼 수 있었을 것입니다. 빌라도는 그들을 입 다물게 할 수 있는 권력을 가지고는 있었지만, 예수님을 둘러싼 그 논쟁을 종결시킬 정도의 충분한 결단력은 가지고 있지 않았습니다. 빌라도는 자신이 한 행동들이 취조가 시작되면 곧 밝혀질 것을 알고 있었기 때문에, 자신이 가진 권력은 생각도 하지 못했습니다. 그는 자신의 자리를 잃는 것을 두려워하였으며, 그 자리를 보전하는 것만을 자신의 유일한 목적으로 삼았습니다. 자, 보십시오. 자신보다 더욱 사악하고, 어떤 목적에 대해 자신보다 더욱 집착하는 이런 자들 앞에서, 조롱당하며 우유부단한 모습을 보이는 이 흔들리는 불쌍한 자를 보십시오. 사악한 제사장들의 타락한 결정으로 인해, 갈팡질팡하던 정책은 그 무리들 앞에서 기가 죽었으며, 빌라도는 그토록 피하고자 했던 것을 할 수밖에 없었습니다.

　　예수님의 태도와 말씀은 빌라도를 감동시켰습니다. 그 어디에도 비할 데 없
는 예수님의 온유하심은 죄수에게서는 아주 보기 드문 것으로서 그 통치자에게
충격을 주었던 것이 분명합니다. 그래서 저는 예수님의 태도에 대해 말하는 것
입니다. 빌라도는 그때까지 붙잡혀온 유대인들에게서 거의 광신적 행위에 가까
운 난폭한 대담함을 보아왔습니다. 그런데 그리스도에게서는 이런 광신적인 것
이 전혀 없었습니다. 또한 빌라도는 많은 죄수들이 죽음을 면해 보고자 어떤 비
열한 행동이나 말을 하는 것을 보아왔습니다. 하지만 우리 주님에게서는 전혀
그런 모습을 보지 못했습니다. 빌라도는 그분에게서 당당한 위엄과 함께 보기
드문 온유함과 겸손함이 겸비된 모습을 보았습니다. 그는 또한 그분에게서 순전
함과 조화된 순종도 볼 수 있었습니다. 이런 모습으로 인해 빌라도는 그분이 얼
마나 선한 분인지를 느끼게 되었습니다. 빌라도는 이 유일한 고난 받는 자로 인
해 감동을 받았습니다. 그는 감동받지 않을 수 없었습니다. 게다가, 우리 주님께
서는 빌라도 앞에서 선한 고백을 증언하셨습니다. 여러분은 우리가 이에 대해
예전에 생각해 본 것을 기억할 수 있을 것입니다. 빌라도가 "진리가 무엇이냐?"
(요 18:38)라는 주제넘은 질문을 하며 발끈 화를 내고서 다시 재판정으로 되돌아
갔다 해도, 그의 가슴 한편에는 결코 흔들어 뺄 수 없는 화살이 하나 꽂혔습니다.
예수님의 이런 보기 드문 성품은 대부분 미신처럼 치부되었을 것입니다. 하지만
빌라도는 주님의 이런 특별한 인품을 반은 의심하면서도 그분에 대한 경외심을
느꼈습니다. 빌라도는 자신이 보기에도 전혀 죄가 없는 그분을 정죄하도록 요청
받는 아주 특별한 위치에 자신이 처해 있음을 느꼈습니다. 그분의 사명은 아주
분명하였고, 그분은 그 사명에 대해서 조금도 의심하지 않으셨습니다. 반면에
빌라도의 사명은 그것이 자신의 유익과 관련되지 않는 한, 아무것도 아니었습니
다. 빌라도는 자신이 하고자 하기만 했다면 스스로를 위험에 빠뜨리지 않고서
도, 저 옳은 사람을 구할 수 있었습니다. 하지만 그 소심한 두려움으로 인해 빌라
도는 무죄한 피를 흘리게 되었던 것입니다.

　　빌라도가 우유부단하게도 유대인들에게 바라바와 나사렛 예수 사이에서 선
택할 수 있는 기회를 제공하던 바로 그 순간에, 즉 그가 심판석에 앉아 유대인들
의 결정을 기다리고 있는 바로 그 순간에, 하나님의 손에 의해 보내진 경고의 말
씀이 그에게 임했습니다. 그 경고의 말씀은 만약 그가 예수님을 정죄한다면, 그

유죄 판결은 빌라도 자신의 떳떳하지 못한 손에 의해 자발적으로 행해진 것이라는 사실이 영원토록 알려지게 될 것이라는 경고였습니다. 예수님은 하나님의 예정적 경륜과 예지 가운데 죽을 수밖에 없었습니다. 그리고 사악한 자들의 손에 의해 십자가에 못 박혀 죽으셔야 했습니다. 그러므로 빌라도도 자신이 죄를 짓는 것인지 모른 채 죄를 지어서는 안 되었습니다. 빌라도를 향한 경고는 그의 아내를 통해서, 즉 그의 아내가 꾼 꿈을 통해서 임했습니다. 저 옳은 사람을 건드리지 말라는 경고의 말씀이 신비롭고 무서운 환상으로 임했습니다. 빌라도의 아내는 "오늘 꿈에 내가 그 사람으로 인하여 애를 많이 태웠나이다"라고 말했습니다. 대부분의 사람들에게는 지금까지 살아오면서 다음과 같은 때가 있었을 것입니다. 즉, 잘못된 길에 들어섰지만, 큰 불행으로까지는 치닫지 않고, 중간에 멈추어서서 조심스럽게 그 길을 살피게 되는 그런 때 말입니다. 그때 하나님께서는 큰 긍휼하심으로 경고의 말씀을 보내십니다. 우리가 돌이킬 수 없는 파국으로 빠지기 전에, 광란의 그 행로에 정지할 것을 명하는 위험 신호를 보내 주시는 것입니다. 이 방향으로 가다보면 어딘가에 오늘 우리가 설교하려는 주제가 있습니다. 오, 성령 하나님께서 도우시어 이 주제가 많은 자들에게 유익이 되기를 기원합니다.

1. 섭리와 하나님의 역사는 항상 협력하고 있습니다.

첫 번째로 여러분은 섭리와 하나님의 역사 간의 협력에 주목하기 바랍니다. 저는 사람들이 죄를 짓지 않도록 하나님이 경고하시는 것을 하나님의 역사라고 부르겠습니다. 이와 더불어, 하나님의 은혜로 죄를 예방하고, 죄를 주의하도록 인간의 마음에 새겨지는 것이 바로 섭리적 역사인데, 저는 여러분이 이 섭리적 역사에 주목하기를 바랍니다.

첫째, 이 꿈을 꾸게 하신 하나님의 섭리를 살펴보겠습니다. 달빛 아래 존재하는 것들 가운데 법에서 면제되었다고 생각될 수 있는 어떤 것이 있다면, 그리고 순전히 우연한 피조물이라고 여길 만한 어떤 것이 있다면, 그것은 틀림없이 꿈일 것입니다. 참으로 하나님께서 사람들에게 예언적으로 말씀하시던 옛적의 꿈들도 있었습니다. 하지만 일반적으로 꿈은 생각의 향연이고, 혼미한 정신 상태이며, 무질서한 춤과 같습니다. 로마 총독의 아내가 꾼 꿈에는 틀림없이 온유함이나 양심과 관련된 요소가 많이 없었을 것이며, 십중팔구 은혜의 선 안에서 꾼 꿈도 아니었을 것입니다. 통상적으로 꿈은 가장 혼란스러운 현상입니다. 그럼에도 불구하고, 꿈도 주님의 지배를 받는 듯합니다. 파도가 절벽에 부딪혀 튀는 물보라 한 방울 한 방울이 마치 하늘의 별들처럼 일정한 궤도를 그리며 떨어지는 것을 저는 잘 이해하고 있습니다. 그러나 인간의 생각들은 전혀 법칙을 따르지 않으며, 특히 깊은 잠에 빠졌을 때는 더욱 그런 것처럼 보입니다. 새가 날아가는 방향을 예상할 수 있다면, 꿈의 과정도 당연히 예상할 수 있을 것입니다. 꿈에서 나타나는 그런 길들여지지 않은 몽상들은 통제되지도 않고 통제될 수도 없는 것처럼 보입니다. 물론 많은 것들이 꿈을 꾸는 유형에 영향을 미칩니다. 꿈은 종종 위장의 상태나, 잠자기 전에 섭취한 고기나 물 등에 영향을 받기도 합니다. 꿈의 다양한 유형들은 흔히 몸의 상태나 마음의 동요에 따라 형성되기도 합니다. 꿈은 침실에서 일어나는 움직임에 영향을 받기도 한다는 것은 의심의 여지가 없는 사실이기도 합니다. 지나가는 수레바퀴나 많은 사람들의 발자국소리나, 마루를 지나가는 하인이나, 심지어는 벽채 뒤에 있는 생쥐 한 마리가 움직이는 미세한 움직임에 의해서도 꿈을 꾸거나 꿈의 내용이 영향을 받습니다. 선잠을 자고 있는 때라면 감각을 자극하는 어떤 작은 것이라도 별 희한한 생각들을 다 불러일으킬 수 있습니다. 그러므로 이 부인의 경우에도, 그녀의 꿈에 어떤 요인이 작용했는지는 모르지만, 아마도 섭리의 손길이 그 꿈 전체와 그녀의 마음에 작용하였을 것입니다. 물론 자유로운 공상이었지만, 완전히 하나님의 뜻이 아닌 길로 헤매지는 않았으며, 결과적으로 하나님의 뜻에 따라 꾼 꿈이었습니다. 그녀는 반드시 그렇게 꿈을 꿀 수밖에 없었으며, 달리 꿈을 꿀 수도 없었습니다. 그 꿈은 반드시 이러이러한 순서에 따라 꾸어야 하지, 다르게 꾸어서는 안 될 꿈이었습니다. 심지어 꿈의 나라에서도 어떤 다른 신이 있는 것이 아니라 하나님이 계십니다. 유령과 환영조차도 그분의 명령에 따라 나오기도 하고 들어가기도 합니다. 따라서 지극히 높으신 그분의 탁월한 권위로부터 벗어난, 밤에 꿈에서 보는 것들의 형상은 있을 수 없습니다. 빌라도의 아내가 꾼 꿈은 어떤 계기로 꾸게 되었는지는 잘 모르지만, 어쨌든 이와 같은 적절한 때에 이러한 형태로 꿈을 꿀 수밖에 없었다는 사실에서, 여러분은 하나님의 섭리를 보기 바랍니다. 어떤 옛 작가들은 그녀의 꿈을 마귀의 소행으로 보고, 다시 말해 우리 주님의 죽음을 막아보려는 바람으로 보고, 그리하여 우리의 구속을 막으려는 것으로 추측하기도 하였습니다. 저는 그런 생각에는 동의하지 않습니다. 혹 제가 이런 생각에 동의한다 해도, 저는 지혜로운 작정을 위해 사탄의 계교마저 뒤엎어 버리는 섭리를 더욱더 찬양할 것입니다. 빌라도는 반드시 경고를 받아야 했습니다. 그래서 그의 판결이 자신의 행동과 증거로 남아야 했습니다. 이런 경고가 그의 아내가 꾼 꿈을 통해 그에게 주어졌던 것입니다. 이렇게 섭리는 역사하였습니다.

둘째, 이 꿈을 꾸면서 큰 정신적 고통을 받도록 조정하는 하나님의 섭리에 주목하십시오. "오늘 꿈에 내가 그 사람으로 인하여 애를 많이 태웠나이다!" 그녀 앞에 어떤 광경이 펼쳐졌는지, 또 마음의 눈으로 그녀가 무엇을 보았는지 저는 알 수 없지만, 그 꿈이 그녀에게 끔찍한 고통을 안겨준 광경인 것만은 분명해 보입니다. 현대 예술가들은 이 꿈에 대해 자신이 상상한 것들을 그림으로 그렸습니다. 하지만 저는 그런 상상력이 발휘된 그림 속에 있는 그 위대한 분을 따를 마음이 없습니다. 빌라도의 아내가 수면 중에 생생하게 본 것은 아마도 가시 면류관을 쓰고 채찍질당하거나, 심지어 십자가에 못 박혀 죽기까지 고통당하시는 그런 끔찍한 장면이었을 것입니다. 주 예수님에 관한 그 어떤 다른 것보다 그분의 죽음을 슬쩍 보는 것만으로도 우리의 마음은 고통스럽습니다. 저는 이 모습보다 더 우리의 마음을 고통스럽게 하는 것은 없다고 생각합니다. 십자가 안에는 애정이 깃들어 있습니다. 하지만 아무리 그 십자가의 애정을 잘 알고 있는 영혼이라 해도, 십자가 주위에는 너무 큰 슬픔이 가득하기 때문에 불면의 밤을 보낼 수밖에 없습니다. 어쩌면 그녀가 꾼 꿈은 이와는 전혀 다른 꿈이었을지도 모릅니다. 그녀는 꿈에서 저 옳은 사람이 하늘의 구름을 타고 오시는 것을 보았을 수도 있습니다. 그녀는 마음으로 크고 흰 보좌 위에 앉아 계신 그분을 보았을지도 모르고, 심지어는 그분에게 사형 선고를 내린 자기 남편을 보았을지도 모릅니다. 그녀는 남편이 심판을 받으러 나오는 모습, 다시 말해 예전에 남편 앞에서 심문받은 저 옳은 사람 앞에 한 사람의 죄수로 심판을 받으러 나온 남편의 모습을 보았을 수도 있습니다. 그녀는 남편이 바닥을 모르는 구렁텅이에 빠지면서 지르는 비명소리에 놀라 잠이 깼을지도 모릅니다. 그 꿈이 어쨌든 간에, 그녀는 꿈에서 되풀이되던 고통스러운 생각으로 애가 많이 탔을 것입니다. 그녀에게 닥친 그날 밤의 공포는 다음 날 하루 온종일 그녀를 위협하였습니다. 그래서 그녀는 그분을 재판하는 남편의 손을 멈추게 하고자 서둘렀던 것입니다. 자, 여기에 하나님의 손길이 있습니다. 이 간단한 이야기를 통해 꿈나라에서 배회하는 집시 같은 그 유령들도 그분의 통제 아래 있다는 사실이 증명됩니다. 물론 이 유령들로 인

해 번민과 고통이 일어나게도 하시지만, 그분은 이들을 통해 어떤 큰 목적을 수
행하십니다.

　　셋째, 이와 마찬가지로 주목해야 할 놀라운 사실은 그녀가 남편에게 다음과 같
은 메시지를 보낼 수밖에 없었다는 것입니다. "저 옳은 사람에게 아무 상관도 하지
마옵소서"라는 메시지 말입니다. 우리는 대개 꿈들을 거의 잊어버립니다. 우리
는 아주 놀랐던 몇몇 꿈들에 대해서만 이야기를 하며, 수년 동안 기억할 만큼 인
상 깊은 꿈들은 아주 가끔씩 꾸게 됩니다. 여기 있는 사람들 중에 판사석에 앉아
있는 판사에게 메시지를 보낼 정도로 그런 인상적인 꿈을 꾸어 본 사람은 아마
거의 없을 것입니다. 정말 위급한 경우에만 이런 뜻을 담은 메시지를 보낼 것입
니다. 비록 재판장이 여러분의 남편이라 해도, 그가 중요한 공적 업무를 보고 있
는 중인데, 꿈 이야기로 그의 심기를 불편하게 한다는 것은 매우 부담스런 일일
것입니다. 대부분은 업무가 끝날 때까지 기다렸다가 꿈 이야기를 합니다. 하지
만 로마인이었던 이 부인은 남편이 집에 올 때까지 기다릴 수 없을 정도로 그 마
음에 매우 심한 압박을 받고 있었습니다. 그래서 즉시 그녀는 남편에게 전갈을
보냈습니다. 그녀의 조언은 위급한 것이었습니다. "저 옳은 사람에게 아무 상관
도 하지 마옵소서." 그녀는 지금 당장 남편에게 경고의 말을 전해야만 했습니다.
남편이 그분을 한 대라도 때리기 전에, 그 남편의 손에 조금이라도 그 피가 묻기
전에 말입니다. 그녀는 "그분을 조금만 채찍질한 다음 그냥 내 보내세요"라고 말
하지 않고, "저 옳은 사람에게 아무 상관도 하지 마세요. 불친절한 말은 한 마디
도 하지 말고, 어떤 피해도 끼치지 마세요! 그분을 대적들에게서 구해 주세요! 혹
시라도 그분이 죽어야 한다면, 당신의 손이 아니라, 다른 사람의 손으로 죽게 하
세요! 나의 남편이여, 나의 남편이여, 나의 남편이여, 내가 당신께 간구하니, 저
옳은 사람에게 아무 상관도 하지 마세요. 그분을 그냥 내버려 두세요. 제가 당신
께 간청합니다!'라고 말했습니다. 그녀는 자신의 메시지를 아주 단호하게 전했
습니다. "저 옳은 사람에게 아무 상관도 하지 마세요. 오늘 꿈에 제가 그 사람 때
문에 애를 많이 태웠습니다. 당신의 아내를 생각해 주세요! 당신 자신도 생각하
고요! 이 거룩한 분으로 인해 제가 애를 태운 것을, 당신을 향한 경고의 말씀으로
삼았으면 좋겠어요. 제발 그분을 그냥 내버려 두세요!' 그런데 여러분이 이 사실
을 아는지 모르겠지만, 제 귀에는 아내가 남편에게 하는 이 말이, 비록 그녀의 남
편이 재판장이기는 해도, 재판장의 말보다 더 권위 있게 들린다는 사실입니다!

그녀가 메시지를 전한 어조는 통상적으로 아내가 남편에게 말하는 어조가 아니었습니다. "저 옳은 사람에게 아무 상관도 하지 마옵소서. 오늘 꿈에 내가 그 사람으로 인하여 애를 많이 태웠나이다." 이것은 하나님의 놀라운 섭리를 보여줍니다. 이 부인은 감동을 받아 아주 강력한 메시지를 고집이 센 남편에게 보냈던 것입니다. 그리고 남편이 저 옳은 사람을 석방하도록 남편에게 간구하고 간청하고 애원하며 요구하기까지 하였습니다. 오, 섭리여, 그대는 과연 얼마나 강력하게 역사했는지 놀라울 따름이오! 오, 주여, 스랍들이 당신에게 순종하나이다. 당신은 이 스랍들과 마찬가지로 기꺼이 순종하는 종인 섭리를 보내시어, 이 섭리가 당신의 명령대로 여인으로 하여금 자기 남편과 죄악 사이에 서서 역사하게 하셨나이다.

넷째, 이 섭리와 관련하여 저는 여러분이 다시 한 번 더 그녀가 경고의 말씀을 전한 그 특별한 시점에 주목하기를 원합니다. 그때는 분명히 그 꿈을 꾼 아침이었습니다. "오늘 꿈에 내가 그 사람으로 인하여 애를 많이 태웠나이다"라는 말씀대로 말입니다. 날이 밝으려면 꽤 오랜 시간이 남아 있었습니다. 그때는 아주 이른 아침이었기 때문입니다. 로마인들에게는 아침에 꾼 꿈은 이루어진다는 미신이 있었습니다. 그녀가 이 꿈을 꾼 시기는 제 생각에 아마도 남편이 집을 떠난 후였을 것입니다. 제가 사실이 아닌 약간의 추측을 말해도 괜찮다고 여러분이 허락한다면, 아마 그녀는 분명히 아주 사랑받는 부인이었으나 병약한 상태로서, 남편보다 좀 더 안정을 취해야 할 필요가 있었을 것입니다. 그래서 남편이 집에서 나간 후에도 침상에 누워 다른 꿈을 꾸었을 것입니다. 그녀는 예민한 성격을 지닌 탓에 일반 사람들보다 더 많은 꿈을 꾸었을 것입니다. 그때도 아침 잠을 자면서 꿈을 꾸었습니다. 그렇게 꿈을 꾸다가 그녀는 도저히 떨쳐 버릴 수 없을 정도의 공포에 눌려 잠을 깨고 말았습니다. 그때 빌라도는 이미 집에 없었고, 그녀는 남편이 지금 재판정에 있다는 말을 들었습니다. 그녀가 종들에게 왜 이렇게 이른 시간에 그가 재판정이 있는지를 묻자, 종들은 대제사장과 유대 군중들이 궁중의 안마당까지 들어와 보통 때와는 다른 소동을 일으켜서, 총독이 그들을 보러 나갔다고 대답하였습니다. 아마 그 종들은 나사렛 예수가 죄인으로 그곳에 끌려왔으며, 제사장들은 빌라도에게 예수를 사형에 처해 달라고 요청하고 있지만, 정작 총독은 예수에게서 아무 허물도 찾지 못했다는 말까지 전해 주었을 것입니다. 그러자 그녀는 하녀에게 다음과 같이 말했습니다. "가서 호위병 가운데

한 사람을 불러 그에게 즉시 나의 남편에게로 가서 내가 이르는 말을 전하라고
하여라. 그에게 큰 소리로 일러, 잔인한 유대인들도 이 말을 듣도록 하여, 그들의
잔인한 계획이 성사되지 않도록 하여라. 너는 다음과 같이 아뢰어라. 제가 간청
하오니, 저 옳은 사람에게 아무 상관도 하지 마옵소서. 오늘 꿈에 내가 그 사람으
로 인하여 애를 많이 태웠나이다." 여러분도 알다시피, 빌라도가 심판석에 앉는
바로 그 순간, 그는 자기를 향한 그 경고의 말씀을 듣게 되었습니다. 무리들의 소
동이 잠시 잦아드는 소강상태가 되자, 빌라도는 그 죄수를 석방했으면 좋겠다는
생각을 했습니다. 바로 그 시간이 그에게는 큰 소망의 순간이었습니다. 마치 천
칭의 오른편으로 그의 무게 중심이 기우는 것 같은 순간이었습니다. 가장 지혜
롭고도 가장 은혜로운 어떤 것이 작용하여 빌라도가 그 슬픈 죄악을 범하지 못
하도록 막고 있었습니다. 그 경고의 말씀은 아슬아슬하게 때를 맞추어 임했습니
다. 비록 우리가 아는 바와 같이 헛된 경고로 끝나고 말았지만 말입니다! 섭리의
그 정확함을 찬양합시다. 하나님의 시간은 결코 앞서가지 않습니다. 그렇다고
해서 그분의 시간이 느린 것도 아닙니다. 그분께서 행하시는 모든 일들은 우리
에게 드러난 바와 같이, 예언에 의해 결정된 바로 그 당일에 성취됩니다. 제 영혼
은 하나님의 영광을 찬양하지만, 저는 두려워하며 서 있습니다. 그분의 섭리는
마치 에스겔의 바퀴(겔 1:15)처럼 크며, 그 바퀴는 눈으로 가득합니다. 그 눈들은
항상 돌아가면서, 모든 주위를 살피고 필요한 것들을 공급합니다. 그래서 잘못
본다거나, 못보고 넘어간다거나, 사고나 지체가 전혀 없습니다. 주님의 역사하
심은 신속하며 효과적입니다.

     섭리에 대해서는 이 정도로 전하고자 합니다. 섭리와 하나님의 역사는 항상
이렇게 협력하고 있습니다. 이런 주장에 여러분 모두 동의하리라 저는 생각합니
다. 위대한 작가라면 비록 하나님이 하시는 일에 대해서 알지는 못한다 해도, 의
를 위해 이 땅에서 역사하고 있는 어떤 힘이 있다고 말할 것입니다. 정말 그런 힘
이 역사하고 있다는 지적은 정확합니다! 이것은 당연한 말입니다. 왜냐하면 섭
리야말로 그 모든 힘들의 수장(首長)이기 때문입니다. 여러분과 제가 밖에 나가
서 사람들에게 죄에 대한 경고의 말씀을 전할 때, 우리는 결코 혼자가 아닙니다.
모든 섭리가 우리의 등 뒤에서 함께 하고 있습니다. 우리가 십자가에 못 박히신
그리스도를 전할 때, 우리는 하나님과 함께하는 사역자들입니다. 하나님께서는
우리를 통해 역사하실 뿐만 아니라, 우리와 함께 역사하고, 지금도 역사하고 계

십니다. 이 땅에서 일어나는 모든 일들은 어떤 목적을 향해 나아가고 있으며, 우리는 그 목적을 위해 일하고 있습니다. 우리가 사람들에게 죄와 의를 깨닫도록 노력할 때도 마찬가지입니다. 성령 하나님이 계시는 곳에는 자연과 섭리의 모든 힘들이 모여듭니다. 제국의 몰락, 전제 군주의 죽음, 국가의 융성, 조약의 체결이나 파기, 끔찍한 전쟁들과 황폐한 기근 등, 이 모든 것들은 하나의 큰 목적을 향하고 있는 것입니다. 그렇습니다. 집안 문제도 마찬가지입니다. 예를 들어, 자녀의 죽음, 아내의 병, 실직, 가정의 빈곤, 이외에도 수천 가지 다른 많은 일들이 우리 인간의 개선을 위해서 역사하고, 역사하며, 항상 역사하고 있는 것입니다. 여러분과 저처럼 가련하고 연약한 자들도 하나님과 협력하고 있으며, 지금도 우주의 모든 힘들과 함께 행진해 나아가고 있는 중입니다. 그러므로 이런 사실로 인해 위로를 받으십시오. 오, 예수님을 위해 많은 고난을 받으며 일하는 예수님의 일꾼들이여, 선한 용기를 내십시오. 제 갈 길을 가고 있는 하늘의 별들도 살아 계신 하나님의 종들을 위해 싸우고 있고, 들판의 돌들도 여러분과 연합하고 있기 때문입니다.

2. 그래서 우리의 양심은 하나님께 다가갈 수 있는 가능성이 있습니다.

두 번째로, 저는 이 이야기에서 우리 양심이 하나님에게 다가갈 수 있는 가능성을 생각하게 되었습니다. 우리가 어떻게 하면 빌라도에게 다가갈 수 있겠습니까? 우리가 어떻게 하면 그에게 경고의 말씀을 전할 수 있겠습니까? 그는 예수님의 음성 듣는 것과 그분을 보는 것조차 거절한 사람이었습니다. 혹시 베드로를 데리고 와서 그를 책망하도록 하면 되지 않겠습니까? 애석하게도 베드로는 자기 주님을 부인하였습니다. 그렇다면 요한을 데리고 오면 되지 않을까요? 심지어 그 요한도 주님을 버렸습니다. 그렇다면 도대체 어디서 그 경고의 말씀을 전할 사자를 찾을 수 있겠습니까? 꿈에서라면 그 일을 감당할 수 있을 것입니다. 아무리 완고한 사람이라 해도, 하나님은 그 사람의 마음속에 들어가실 수 있습니다. 그러므로 그런 자들을 결코 포기하지 마십시오. 그들을 일깨우는 일에 절대로 절망하지 마십시오. 제가 하는 사역과 여러분이 하는 사역, 그리고 복된 성경이 하는 사역마저 모두 헛된 일처럼 보인다 해도, 하나님께서는 꿈을 통해 그 사람의 양심에 이르실 수 있습니다. 백병전(白兵戰) 가운데 칼로 무찌를 수 없는 상황이어도, 무작위로 쏘아대는 길 잃은 화살이 적군이 입은 갑옷의 이음매를 찾는 법입니다. 우리는 사악한 자들 주변에도 계시는 하나님을 믿어야만 합니다. 결코 그들에 대해서 "그들이 회심하는 것은 불가능한 일이다"라고 말해서는 안 됩니다. 주님께서는 리워야단도 상처를 입게 하실 수 있습니다. 왜냐하면 그분의 무기는 다양하며, 리워야단이 아닌 다른 무기가 원수에게 적합할 때도 있기 때문입니다. 제 경우에는 꿈이 역사하여 제가 확신을 하게 되었다고 생각하지 않습니다. 하지만 어떤 사람들의 마음은 그 쪽으로 열려 있어서, 그들에게는 꿈이 영향력을 행사할 수도 있습니다. 하나님께서는 자신의 자비로우신 목적을 성취하기 위해서 우상도 사용하실 수 있습니다. 지금까지 빌라도 외에도 많은 자들이 꿈을 통해 경고의 말씀을 받았습니다.

더욱이 빌라도의 경우에는 자기 아내의 꿈을 통한 접근이 더욱 용이하였습니다. 헨리 멜빌(Henry Melvill)은 이 주제에 대해 아주 멋진 설교를 하였습니다. 멜빌은 설교에서, 만약 빌라도가 이 꿈을 꾸었더라면, 아마도 그 아내가 꾼 것만큼 그렇게 크게 역사하지 않았을 것이라고 말하였습니다. 그는 빌라도에게 아주 소중하고 사랑스러우며 상냥한 부인이 있었다는 것을 그 누구도 부인할 수 없는 하나의 전제로 삼았습니다. 그녀에 대해 우리가 추측한 이 짧막한 이야기도 멜빌의 전제와 같아 보입니다. 그녀가 남편을 극진히 사랑하였던 것은 분명한 사실이고, 그래서 그녀는 남편이 예수님에게 부당한 행동을 하는 것을 막고자 하였습니다. 그녀를 통해 보내진 경고의 말씀은 빌라도의 애정을 통해 그의 양심에까지 이르렀습니다. 혹시 사랑하는 아내가 자신의 행동으로 인해 괴로움을 겪는다면, 남편인 자신의 마음도 틀림없이 무거워질 것이기 때문에, 그는 아내를 곤란하게 하고 싶지 않았습니다. 그는 불어오는 모든 바람으로부터 자기가 사랑하는 자를 막아 주어 그녀에게 완전한 위로를 주고 싶었습니다. 그녀가 어떤 것이라도 청하기만 한다면, 그것을 들어주는 것이 그의 기쁨이었습니다. 따라서 그녀가 지금 고통을 받고 있다는 것, 그것도 자신에게 메시지를 전해야 할 만큼 아내가 괴로워했다는 것은 그에게 결코 작은 문제가 아니었습니다. 그런데 그 고통은 그녀가 훌륭하다고 생각하는 한 사람으로 인한 괴로움이었고, 그에 대해서는 빌라도도 허물이 없다고 알고 있는 사람이었습니다. 이 여자가 정말 빌라도가 젊을 때 얻은 아름답고 상냥한 부인이라면, 그렇게 아름답던 그녀가 점점 병약해져서, 남편이 가진 그녀에 대한 아름다운 기억에도 불구하고, 그녀의 얼굴이 더욱더 창백해져 가는 상황이라면, 그런 때에 그녀가 "오늘 꿈에 내가 그 사람으로 인하여 애를 많이 태웠나이다"라고 말한다면, 그녀의 말은 남편에게 엄청난 영향을 끼쳤을 것입니다. 오, 클라우디아 프로쿨라(Claudia Procula, 전통적으로 빌라도의 아내 이름으로 알려져 있다 — 역주)여, 이것이 정녕 당신의 이름이라면, 자비로운 주님께서 자신의 메시지를 당신의 설득력 있는 입에 맡기신 것은 당연한 일이었습니다. 왜냐하면 당신을 통해 그 메시지가 열 배나 더 많은 영향을 끼칠 수 있었기 때문입니다. 전통적으로 이 여자는 기독교인으로 알려져 있으며, 그리스 정교회는 그녀를 정교회 달력에 성인으로 실었습니다. 하지만 우리는 이에 대한 증거를 얻지 못했습니다. 우리가 아는 모든 것은 그녀는 빌라도의 아내였으며, 그의 아내로서 영향력을 발휘하여 빌라도가 이 범죄에 가담하지 못하도록 하였다는 것입니다. 모든 일에 인내하면서 부드럽게 남편을 사랑하는 아내가 난폭하고 거친 남편에게 얼마나 엄청난 영향력을 발휘했는지 모릅니다! 모든 것을 아시는 현명한 그분께서도 이 사실을 알고 계셨습니다. 그래서 그분도 이렇게 영향력 있는 대리인을 통해 죄 있는 인간들에게 종종 말씀하셨습니다. 그분은 가족 가운데 한 사람을 회심하게 하시어, 그녀가 다른 가족들에게 선교사가 되도록 하셨습니다. 이렇게 해서 그분은 사람과 천사들의 입보다 더 나은 무언가로 말씀하십니다. 왜냐하면 그분께서는 사랑 그 자체를 그분의 대변자로 사용하시기 때문입니다. 애정은 웅변보다 더욱 강합니다.

　사랑하는 성도 여러분, 하나님께서 여러분에게 잠시나마 귀여운 어린 아이를 주셔서 그가 구세주에 대해 여러분에게 재잘거리게 하신 이유가 바로 여기에 있습니다. 비록 그 어린 아이는 지금 하늘에 올라가 있지만, 그 아이가 부른 작은 찬송의 음악소리는 지금까지도 여러분의 귓가에 울려 퍼지고 있습니다. 예수님과 천사들에 관한 어린 아이의 말도 아직까지 여러분에게 남아 있습니다. 어린 아이는 하나님의 집으로 부르심을 받았습니다. 하지만 하나님께서는 그 아이를 잠시 동안 여러분에게 보내시어, 여러분이 그분에게 끌리도록 하시고, 여러분을 옳은 길로 인도하였습니다. 이와 같이 그분께서는 여러분에게 죄를 버리고 그리스도에게 돌아오라고 명하고 계십니다. 또한 여러분은 지금은 보좌 앞에 계신 여러분의 사랑하는 어머니가 돌아가실 때 여러분에게 한 말씀을 기억하고 있습니까? 여러분은 지금까지 저를 통해 여러 번 설교를 들었습니다. 하지만 여러분은 여러분의 어머니가 임종을 앞두고 침상에서 이른 그 말씀과 같은 설교를 제게서는 한 번도 들을 수 없었을 것입니다. 여러분은 어머니의 그 말씀을 결코 잊지 못할 것입니다. 그 어머니의 영향력을 아무렇지 않게 떨쳐 버릴 수도 없을 것입니다. 여러분이 혹시 그 어머니의 말씀을 사소하게 여기고 있지는 않은지 주의하십시오. 빌라도에게 있어서 아내의 메시지는 하나님의 최후통고였습니다. 하나님께서는 그에게 다시 경고의 말씀을 하지 않으셨고, 심지어 예수님께서도 그 앞에서 침묵하셨습니다. 오, 사랑하는 성도 여러분, 여러분에게는 여러분의 자녀, 여러분의 어머니, 혹은 여러분이 사랑하는 아내가 하나님의 마지막 메신저일 수 있습니다. 다시 말해, 여러분에게 더 선한 마음을 갖도록 경고하는 천사의 마지막 노력일 수 있다는 것입니다. 눈물로 간구하는 사랑하는 친척이 종종 은혜의 가냘픈 소망이 될 수도 있습니다. 아주 훌륭하게 계획되고 지혜롭게 실천된 공격이야말로 완고한 영혼을 향한 마지막 사랑의 돌격일 수 있습니다. 이런 사랑의 공격 이후에는, 자기 뜻대로 하도록 내버려 두게 됩니다. 이런 아내의 선택은 분명히 하나님의 무한한 지혜와 사랑에 의한 것이었습니다. 이를 통해 빌라도는 죄의 이력을 중단하고, 의로운 행동을 더욱 힘 있게 하여, 가장 끔찍한 죄악을 피할 수 있었습니다.

　그래서 우리는 다음과 같은 안전한 결론에 이르게 됩니다. 즉, 주님께서는 도시 선교사가 들어갈 수 없는 곳에 자신의 선교사들을 보내십니다. 주님은 설교를 들을 수 없는 곳에 어린 아이들을 보내어 찬송하며 기도하게 하십니다. 주님은 또한 한 경건한 여자를 감동하셔서, 성경이 읽히지 않는 곳에서 그녀의 입술과 삶을 통해 복음을 선포하게 하십니다. 주님은 또한 예수님과 그분의 사랑에 대해서 어느 누구도 말하지 못하는 곳에, 자라나는 아름다운 한 소녀를 보내어 형제나 아버지를 구원하도록 하십니다. 이 일을 행하시는 하나님께 우리는 감사드립니다. 이런 역사는 하나님이 없다고 하는 이 도시의 가정들에 소망을 주며, 우리는 물론 주일의 종소리를 헛되이 듣는 사람들에게도 소망을 줍니다. 그들은 자신들의 마음을 끌어당기는 이 가정의 설교자들이나, 메신저들의 이야기를 듣게 될 것이며, 또한 반드시 들어야만 합니다.

　이와 더불어, 하나님이 꿈이나 아내를 이용하지 않는 곳에서는, 눈에 보이는 가시적인 수단이 아닌, 영혼 속에 머물고 있는 예상 밖의 생각들을 통해 인간의 영혼에 들어오실 수 있습니다. 오랫동안 묻혀 있던 진리들이 갑자기 떠오르기도 하며, 천사가 발람을 만났을 때와 마찬가지로, 죄의 행동을 하려던 순간에 그 행동을 중단하기도 합니다. 악을 팔아 산 값으로 쾌락을 누리고자 작정한 바로 그 순간에 양심이 그 죄인과 맞닥뜨리게 되는 일들이 얼마나 자주 일어나는지 모릅니다. 엘리야가 나봇의 포도원 문에서 아합을 만났을 때처럼 말입니다. 아합 왕은 그 선지자를 보자 움찔하였습니다. 왕은 철천지원수인 엘리야를 보자마자 화가 나서 이렇게 말했습니다. "내 대적자여 네가 나를 찾았느냐?"(왕상 21:20)라고 말입니다. 하지만 엘리야는 진정으로 아합의 가장 좋은 친구였습니다. 아합도 이를 알고 있었습니다. 달콤한 죄를 혀 아래 머금고 있다가, 앉아서 그 죄를 즐기려고 할 때, 바로 그때 양심은 종종 그 사람을 덮칩니다. 양심이 엄습하면, 도둑질한 꿀이 쓴 맛으로 변하기도 하고, 금지된 쾌락이 고통으로 바뀌기도 합니다. 양심은 종종 수풀 속의 사자처럼 숨어 있다가 죄인이 그 넓은 길을 따라 가려고 하면, 그에게 달려들어 짧은 시간이나마 상처를 입히기도 합니다. 악한 사람은 리워야단에 비유될 수 있습니다. 우리가 성경에서 읽은 바와 같이, 그의 즐비한 비늘은 그의 자랑거리로 튼튼하게 봉인한 듯 닫혀 있습니다(욥 41:15). 그래서 그에게는 칼이 꽂혀도 소용이 없고 창이나 투창이나 화살촉도 꽂히지 않습니다. 하지만 주님께서는 그에게 다가가 아픈 상처를 낼 방법을 알고 계십니다. 그러므로 아무리 악한 자라 해도, 우리는 그들을 위해 소망을 갖고 기도해야 합니다.

사랑하는 성도 여러분, 여러분이 마주한 어떤 문제에 선한 사람들을 사용하십시오. 냉정한 논증과 건전한 교리만을 사용하지 말고, 꿈이 여러분의 마음에 감동을 주었다면, 그 꿈이 효과가 있어 보이는 곳에서는 그 꿈에 대해 말하는 것을 주저하지 마십시오. 이 전쟁에서는 어떠한 무기도 사용할 수 있습니다. 지금 여러분 모두는 영혼들을 구하고 있다는 사실을 꼭 염두에 두십시오. 아내인 여러분은 특별히 이 거룩한 역사에 힘을 내야만 합니다. 빌라도의 아내를 기억하고, 자기 남편에게 경고의 말씀을 전한 그녀의 애정을 생각하면서, 가서 이와 같이 행하십시오. 경건하지 않은 남편에게 그가 행하던 잘못에서 돌이키라고 주저 없이 말하십시오. 그리고 사랑하는 자녀 여러분, 여성도 여러분, 점잖은 성도 여러분, 여러분은 자신의 운명이 어떤 상황에 처해진다 해도, 여러분의 그 침착한 태도로 예수님을 위한 사자가 되기를 주저하지 마십시오. 여러분 모두에게 말합니다. 우리가 죄를 억제하고 성결을 이루도록, 모든 기회들을 사용하는 데 관심을 가집시다. 우리는 경건하지 않은 자들에게 즉시 경고의 말씀을 전하도록 합시다. 아마도 우리가 만나게 될 사람은 아직 치명적인 죄악은 범하지 않았을 것입니다. 아직 회개할 여지가 있으니, 그 사이에 우리가 그들 앞에 서도록 합시다.

빌라도는 지금까지도 심판석에 서 있습니다. 시간이 귀합니다. 서두르십시오! 그가 피를 부르는 범죄를 저지르기 전에 서두르십시오! 메신저를 그에게 보내십 시오! 그 행동이 일어나기 전에 그의 행동을 멈추게 하십시오. 비록 그가 여러분 의 개입을 싫어한다 해도 말입니다. 여러분은 그에게 다음과 같이 말하십시오. "당신은 저 옳은 사람에게 아무 상관도 하지 마옵소서. 내가 그 사람으로 인하여 애를 많이 태웠나이다. 나는 당신이 그분을 대적하는 어떤 행동도 하지 않기를 간구하나이다."

이것이 바로 우리의 두 번째 쟁점입니다. 하나님께서 이 말씀을 축복하시기 를 기원합니다. 비록 제 마음에 있는 그대로 다 말씀을 전하지 못했지만, 성령 하 나님께서 이 말씀에 능력을 더하여 주실 것입니다.

3. 그러나 최고의 수단들이 동원되는 데도 불구하고 번번이 실패합니다.

세 번째로, 이제 우리는 가슴 아픈 주제를 살펴보고자 합니다. 즉, 최고의 수 단들이 동원되는 데도 불구하고 번번이 실패한다는 사실입니다. 인간적으로 볼 때, 빌라도의 아내가 남편에게 경고의 말씀을 전하도록 한 것이 그 경고가 빌라도의 양심에 이르게 하는 가장 좋은 수단이었다고 저는 감히 말씀드렸습니다. 빌라도 는 아마 아내의 말을 조금은 들었을 것입니다. 하지만 결과적으로 그는 그녀의 말을 듣지 않았습니다. 어쨌든 경고의 말씀을 전한 그녀가 헛수고를 한 셈입니 다. 그렇다면 그렇게 된 이유는 무엇이었습니까?

첫째, 자신의 이익이 이 문제와 관련되어 있었습니다. 이것이 강력한 주된 요 인이었습니다. 빌라도는 자신이 통치권을 잃지는 않을까 두려워하였습니다. 만 약 그가 유대인들의 잔인한 요구를 따르지 않는다면, 그들이 화를 냈을 것이기 때문입니다. 다시 말해, 그들은 그를 디베료 황제에게 고발했을 것입니다. 그렇 게 되면 현재 그가 가진 재정적으로 유리한 지위를 잃게 되었을 것입니다. 애석 하게도, 이런 상황은 지금 이 순간에도 죄에 사로잡힌 여러분 중 몇몇이 마주한 처지와 같습니다. 여러분은 진리와 의를 말할 수 없습니다. 진리와 의를 말하면 치러야 할 희생이 너무 많기 때문입니다. 여러분은 주님의 뜻을 알고 있습니다. 여러분은 무엇이 옳은지를 알고 있습니다. 하지만 여러분은 그리스도를 멀리한 채 죄의 삯을 받고자 죄의 길에 머무르면서, 그분을 부인합니다. 여러분은 참된 기독교인이 되는 것을 두려워하고 있습니다. 왜냐하면 지금까지 여러분이 누리던 친구들의 호의와 경건하지 않은 자들로부터 받은 후원과 영향력 있는 세상과 의 관계로부터 얻는 대우 등, 그 모든 것을 잃을 수 있기 때문입니다. 여러분은 그렇게 모든 것을 잃는 상황들을 감당할 수가 없습니다. 여러분은 그 비용을 계산해 보고는, 그러기에는 너무 희생이 크다고 생각합니다. 그래서 여러분은 설령 여러분의 영혼을 잃는 일이 있다 해도, 세상을 얻겠다고 결심하게 됩니다! 그러면 그 다음에 무슨 일이 일어나겠습니까? 여러분은 부유한 채로 지옥에 가게 될 것입니다! 이 얼마나 유감스런 결과입니까! 여러분이 그렇게 해서 얻은 것들 가운데 어느 하나라도 바람직한 것을 보았습니까? 오, 여러분은 여러분이 가고 있는 길들을 살펴보고, 지혜의 음성에 귀 기울이기 바랍니다!

둘째, 빌라도 아내의 간청이 효과를 얻지 못한 이유는 빌라도가 소심한 사람이었기 때문입니다. 그의 뒤에는 군대가 있었지만, 그럼에도 불구하고 그는 유대의 폭도들을 두려워하였습니다. 사실 그는 한 가련한 죄수에게서 아무런 죄도 찾지 못했음에도 불구하고, 그 죄수를 풀어 주기가 두려웠습니다. 그는 자신의 이런 행동이 감찰 대상이라는 것을 알았기에 두려워했던 것입니다! 그는 도덕적으로도 소심한 사람이었습니다! 허다한 사람들이 천국 길을 가고자 싸울 용기가 없어서 지옥으로 가고 있습니다. "두려워하는 자들과 믿지 아니하는 자들과 흉악한 자들과 살인자들과 음행하는 자들과 점술가들과 우상 숭배자들과 거짓말하는 모든 자들은 불과 유황으로 타는 못에 던져지리니 이것이 둘째 사망이라"(계 21:8)고 하나님께서 말씀하셨습니다. 그들은 바보들에게 비웃음을 살까봐 두려워합니다. 그래서 영원한 경멸을 받을 곳으로 달려 들어갑니다. 그들은 오랜 친구들과 단절되는 것을 참지 못하며, 천박하게 조롱하며 야유를 보내는 것이나 감정을 자극하는 말들을 견디지 못합니다. 그래서 그들은 그 천박한 자들과 계속해서 관계를 유지하다가 그들과 함께 멸망하게 됩니다. 그들은 "아니요"라고 말할 담력이 없습니다. 물결을 거슬러 헤쳐 나갈 용기가 없습니다. 그들은 아주 작은 조롱에 직면해도 바로 낙심해 버리는 아주 소심한 피조물들입니다.

셋째, 빌라도는 소심했을 뿐만 아니라 뻔뻔하기도 했습니다. 그는 사람을 두려워할 뿐만 아니라 옳은 일을 행하는 것도 두려워하였습니다. 그럼에도 불구하고 그는 무죄한 피를 흘린 죄책을 남에게 뒤집어씌울 용기는 있었습니다. 오, 피를 물로 씻어낼 수 있다는 듯이, 물을 가져다가 자신의 손을 씻는 빌라도의 이 소심함이라니. 그러고 나서 그는 다음과 같이 말했습니다. "이 사람의 피에 대하여 나는 무죄하니"라고 했는데, 사실 이 말은 거짓말이었으며, 그 다음에 "너희가 당하라"(마 27:24)고 말했습니다. '너희가 맡으라' 는 뜻을 담은 뒤의 말로써 그 는 그 피를 자신에게 돌린 꼴이 되었습니다. 왜냐하면 그는 자기가 맡은 죄수를 자비가 없어 보이는 무리들에게 일임해 버렸기 때문입니다. 다시 말해, 그들은 빌라도가 허락하지 않는 한, 그분에게 손 하나 댈 수 없었는데, 빌라도가 그것을 허락한 것이었기 때문입니다. 오, 이 뻔뻔한 빌라도는 하나님이 보는 앞에서 살 인을 저지르고도 그 책임을 부인한 것입니다. 많은 사람들에게서 이런 식의 소 심함과 뻔뻔함이 이상하게 혼재되어 있는 것을 볼 수 있습니다. 그들은 사람은 두려워합니다. 하지만 몸과 영혼을 지옥에서 멸망시킬 수 있는 그 영원한 하나 님은 두려워하지 않습니다. 이것이 바로 최고의 수단들이 사용되었음에도 불구 하고, 사람들이 구원을 받지 못하는 이유입니다. 그들은 뻔뻔하고 대담하게 주 님을 무시하기 때문입니다.

넷째로, 빌라도는 두 마음을 품은 자였습니다. 그에게는 이런 마음도 있었고, 저런 마음도 있었다는 것입니다. 그에게는 예수님을 풀어 주려고 애쓰는 옳은 마음도 있었지만, 자신의 유익을 구하는 또다른 마음도 있었습니다. 그는 유대 인들의 마음을 불편하게 하면서까지 자신의 지위를 잃어버리는 위험은 감수하 고 싶지 않았습니다. 우리 주위에도 이와 같은 두 마음을 품은 자들이 많습니다. 이 아침 이 자리에도 그런 사람들이 있습니다. 그런 여러분은 어젯밤 어디에 있 었습니까? 여러분은 오늘 아침 설교를 통해 감동을 받을 것입니다! 그런데 오늘 설교를 통해 감동을 받은 여러분이 어떻게 내일은 음란한 말이나 선정적인 노래 에 영향을 받을 수 있는 것입니까? 많은 사람들이 두 길을 달려가고 있습니다. 그들은 자신의 영혼과 관련해서 진지한 듯이 보입니다. 그러나 자신의 유익이나 쾌락을 위해서는 훨씬 더 열심을 냅니다. 스스로 이렇게 이중적으로 살아가고 있다니, 이 얼마나 이상한 도착(倒錯) 상태입니까. 우리는 사람을 맹수에 묶어서 그 몸이 산산조각 날 때까지 끌고 다니도록 하는 폭군의 이야기를 들어 본 적이 있습니다. 그런데 이 사람들이 바로 이런 일을 자기 몸에다 하고 있는 자들입니 다. 그들은 주일을 소홀히 지키는 것에 대해 지나치게 양심적입니다. 그래서 기 도하는 집에 출석하는 것을 아예 보류합니다. 또 완전한 신앙인이 되는 문제에 있어서도 너무 지나치게 양심적입니다. 그래서 솔직히 말해 불신자가 되어 버립 니다. 그러면서도 동시에 그들은 자신이 위선자가 되지 않기 위해서는 그렇게 양심적이지 않습니다. 그들은 겉으로는 "내가 감히 그럴 수 없다"라고 말하지만, 실제 속으로는 "나는 그러기를 원해"라고 말하는 것입니다. 그들은 옳은 일을 하고 싶어는 합니다. 그러나 그렇게 하기에는 너무나 많은 희생이 따르기 때문에, 감히 위험을 무릅쓰려고 하지 않습니다. 그러면서도 그들은 하나님의 면전에서 영원히 쫓겨나 소망이라고는 절대 임할 수 없는 곳으로 가려는 끔찍한 위험을 무릅쓰려고 하고 있습니다. 오, 이러한 저의 이야기들이 대포에서 발사된 말이기를 원합니다! 오, 이 말들이, 결단하지 못하고 우유부단한 자들 앞에 발사되는 대포의 포탄 같기를 바랍니다! 오, 바위를 산산조각 내며, 암사슴으로 하여금 새끼를 낳게 하는 하나님의 우레 같은 음성으로 제가 말할 수 있기를 원합니다. 그래서 은혜로운 노력들을 방해하는 이런 필사적인 악들을 행하는 자들에게, 다시 말해 자기 아내가 지극히 부드러운 사랑으로 다가올 진노를 피하라고 간구하는데도, 스스로 파멸의 길을 선택하는 자들에게 제 말이 경고의 말씀이 되기를 바랍니다.

4. 그렇게 죄를 범한 자들이 더욱더 가혹하게 정죄를 합니다.

네 번째로, 더욱더 끔찍한 사실이 있습니다. 그것은 이렇게 죄를 범한 자들이 더욱더 가혹하게 정죄를 한다는 사실입니다. 이 빌라도는 전혀 변명의 여지가 없는 죄를 범하였습니다. 그는 의도적으로 그리고 자신의 자유 의지로, 그분이 하나님의 아들인 줄 알면서도, 그리고 자신의 조사와 그 아내를 통해서 그분이 "옳은 사람"인 줄 알면서도, 그 옳은 하나님의 아들을 사형으로 정죄하였습니다.

빌라도가 받은 메시지는 아주 분명하였다는 사실에 여러분은 주목하십시오. 그 메시지는 꿈으로 제시되었지만, 그 꿈에는 정말 꿈같이 허황한 것들이 전혀 없었습니다. 그 꿈은 다음과 같은 말로 표현할 수 있을 만큼 분명한 꿈이었습니다. "저 옳은 사람에게 아무 상관도 하지 마옵소서 오늘 꿈에 내가 그 사람으로 인하여 애를 많이 태웠나이다." 그는 자신의 눈으로 친히 보고서도 주님을 정죄하였습니다. 이것은 끔찍한 죄의 한 형태입니다. 오, 사랑하는 성도 여러분, 혹시 이 자리에 있는 사람들 가운데, 아주 악한 어떤 일을 계획했다가 최근에 하나님으로부터 경고의 말씀을 받은 사람이 있습니까? 제가 혹시 그런 자에게 이 말씀을 전하고 있는지도 모르겠습니다. 저는 그런 여러분에게 좀 더 주의해야 할 한 말씀을 더 드리겠습니다. 저는 복되신 하나님의 이름으로, 피 흘리신 구세주의 이름으로 여러분에게 간청합니다. 여러분은 여러분 자신을 사랑합니까? 여러분에게 경고의 말씀을 전한 여러분의 아내를 여러분은 사랑합니까? 그렇다면, 그 악한 일을 중단하십시오. 그 일에서 여러분의 손을 떼십시오! 그런 가증스런 짓을 그만 두십시오! 그 일이 어떤 일인지 여러분이 더 잘 알고 있습니다. 이 경고의 말씀은 신비롭거나 애매한 방식으로 여러분에게 제시되지 않습니다. 그 말씀은 한 치의 실수도 없는 정확한 말로 마치 정확하게 겨냥된 표적처럼 여러분에게 전달됩니다. 하나님께서는 여러분에게 양심을 주셨으며, 그분께서 그 양심을 밝히셔서, 그 양심이 여러분에게 아주 분명한 말로 전하고 있습니다. 이 아침의 설교 말씀은 죄의 대로를 달리고 있는 여러분에게 권총을 꺼내 여러분의 귓가에 대고서, "꼼짝 말고 가진 것을 몽땅 내놓아라"고 여러분에게 요구하는 것과 같습니다. 조금이라도 움직이면, 여러분의 영혼은 위험해질 것입니다. 여러분은 지금 제 말이 들립니까? 천국에서 보낸 그 경고장을 여러분은 이제 귀담아 듣겠습니까? 오, 잠시라도 여러분은 멈추어 서서, 오늘 그리스도에게 순복하라고 명하시는 그분의 말씀을 들으십시오. **지금이야말로 여러분에게 두 번 다시 찾아오지 않을 절호의 기회입니다.** 마치 빌라도의 아내가 남편에게 사람을 보낸 바로 그날처럼 말입니다. 빌라도는 자신이 하도록 예정된 악한 짓들을 전적으로 시행할 참이었습니다. 만약 그가 그 모든 것들을 감행했더라면, 그의 뻔뻔함은 극에 달했을 것입니다. 그의 아내는 그에게 "저 사람에게 아무 상관도 하지 마옵소서"라고 말하지 않고, "저 옳은 사람에게"라고 말했습니다. 바로 이 말이 그의 귓가에 맴돌았습니다. 거듭해서 그가 자기 입으로 되뇔 때까지 계속되었습니다. 24절 말씀을 읽어 보겠습니다. "이 옳은 사람의 피에 대하여 나는 무죄하니"(마 27:24 개역개정 이역[異譯]). 빌라도의 아내가 우리 주님에게 붙여드린 다른 호칭이 바로 이 '옳은 사람'이라는 이름입니다. 그 화살들이 빌라도를 관통하였습니다! 그는 그 화살을 흔들어 뽑아낼 수 없었습니다! 창에 옆구리가 찔린 한 마리 맹수처럼, 자신의 죄악이라는 수풀 속으로 달려가 봤습니다. 하지만 그렇게 해봤자, 더욱더 아프기만 할 뿐이었습니다. "저 옳은 사람"이 빌라도를 사로잡았습니다. 때때로 하나님께서는 한 사람으로 하여금 죄를 죄로 보게 하시며, 죄의 암울함도 보게 하십니다. 그런데도 그가 여전히 죄악 가운데 버틴다면, 그는 이중으로 죄를 짓는 것이며, 옛날 소돔의 심판보다 더 참을 수 없는 가혹한 심판을 자기 위에 임하게 하는 것입니다.

이외에도 빌라도는 암울한 죄에서 떠날 수밖에 없는 경고를 받았습니다. 그런데 빌라도는 이런 분명한 경고를 받은 후에도 죄를 지었을 뿐만 아니라, 그의 양심이 아내의 애정을 통해 감화 감동을 받은 후에도 여전히 죄를 지었습니다. 어머니의 기도에도 불구하고 죄를 짓는 것은 끔찍한 일입니다. 그 어머니는 지금도 여러분이 가고 있는 길에 서 있습니다. 어머니는 자기의 팔을 펼치고는 눈물로써 여러분이 가고 있는 그 멸망의 길을 가로막겠다고 말합니다. 그런데도 여러분은 여러분을 막기 위해 길에 누운 어머니를 넘어 그 파멸의 길을 억지로 가려 합니까? 어머니가 무릎을 꿇습니다! 어머니는 여러분의 무릎을 붙잡고 여러분에게 멸망의 길을 가지 말라고 애원합니다. 그런데도 여러분은 어머니의 사랑을 뿌리칩니다. 과연 여러분은 그 정도로 모진 사람입니까? 여러분의 어린 아이들도 여러분에게 애걸합니다. 그런데도 여러분은 그 눈물을 무시할 작정입니까? 슬픈 일입니다. 그 어머니는 바로 여러분의 어머니입니다. 죽음으로 인해 그 어머니는 이제 이 땅에 없지만, 그녀는 이 땅을 떠나기 전, 여러분에게 자신을 따라 천국으로 오라고 간청하며 짧게 찬송가를 불렀습니다.

"예, 우리는 강가에 모이게 될 것입니다"(로리[Robert Lowry]가
지은 '우리는 강가에 모이게 될까?'라는 찬송가의 후렴구 — 역주).

여러분은 무죄한 아이들을 살해한 헤롯왕처럼, 또 한 사람의 헤롯이 되어 여러분의 아기들을 내팽개치고는, 영원히 저주를 받아 여러분 스스로 멸망의 길로 들어서려고 하는 것입니까? 제가 여러분에게 이런 말을 하는 것은 힘든 일입니다. 만약 이 말씀이 여러분 중 어떤 이들의 마음에 새겨진다면, 이 말씀을 듣는 여러분도 아주 힘들 것입니다. 제가 진정으로 바라는 것은 비록 어려운 일이겠지만, 여러분이 마지막으로 다음과 같은 말을 하는 것입니다. "그렇게 간절한 애원으로 나를 괴롭게 한 그 사랑에 나는 굴복합니다."

예수님께서 심판석에 앉으시고, 빌라도는 살아 있을 때 자신이 행한 일에 대해 심판을 받으려고 서게 되는 그 최후의 심판 날에, 그의 아내가 즉석에서 증인이 되어 그를 정죄하게 될 것이라는 생각은 그저 상상으로만 그치지 않을 것입니다. 최후 심판 날에 이와 같은 장면들이 많이 생길 것이라 저는 추측할 수 있습니다. 그런 장면들을 상상해 볼 때 우리를 가장 많이 사랑한 자들이 우리를 대

적하는 가장 비중 있는 증거들을 가지고 올 것입니다. 그때에도 우리가 여전히 죄 가운데 있다면 말입니다. 제가 어렸을 때, 우리 어머니는 자녀들에게 구원의 도리를 가르쳐 주면서, "만약 너희가 그리스도를 부인하고서 멸망한다 해도, 나는 너희를 위해 탄원할 수도 없고, 너희는 몰랐다고 말할 수도 없단다. 그러니 나는 너희가 심판을 받을 때에 아멘이라고 말할 수밖에 없다"라고 말했습니다. 그때의 말씀이 제게 큰 영향을 끼친 것으로 저는 압니다. 저는 어머니의 말씀 중에 나온 한 단어를 잊을 수가 없습니다! 내가 심판을 받게 되는데, 나의 어머니가 "아멘"이라고 말할 수 있다니요? 그런데 빌라도의 아내여, 당신은 우리 어머니와 다르게 대답할 수 있습니까? 모든 자들이 진실을 말해야 하는 그때에, 당신의 남편은 당신을 통해 애절하고도 진지하게 경고의 말씀을 들었음에도 불구하고, 구세주를 그 원수들에게 넘겨 주었다는 말 외에, 달리 당신이 할 수 있는 말이 무엇이 있겠습니까?

오, 지금 설교를 듣는 믿음 없는 성도 여러분, 제 영혼은 여러분으로 인해 속이 탑니다. "너희들은 돌아오라, 너희들은 돌아오라, 왜 너희들은 죽으려고 하는가?"(오컴[Samson Occom], '오 너희들은 돌아오라, 왜 너희들은 죽으려고 하는가? '주 예수의 강림이'[21세기 찬송가 179장] — 역주). 왜 여러분은 구세주를 대적하여 죄를 범하려고 합니까? 하나님께서 은혜를 베푸시어, 여러분이 구원을 거절하지 않고, 그리스도에게 돌아와 그분 안에서 영원한 구속을 얻게 되기를 기원합니다. "이는 그를 믿는 자마다 영생을 얻게 하려 하심이니라"(요 3:15).

제
74
장

—

가시 면류관

—

**"가시관을 엮어 그 머리에 씌우고 갈대를
그 오른손에 들리고" — 마 27:29**

우리가 병사들의 관정에 들어가 "일찍이 상처를 입은 그 거룩한 머리"를 응시하기 전에, 그처럼 잔인하게 수치를 당하신 분이 누구셨으며 어떠한 분이셨는지 숙고하는 것이 좋을 것입니다. 그분 인격의 본질적인 탁월성을 잊지 마십시오. 그분은 아버지의 영광의 광채시며, 아버지의 인격의 분명한 형상이시기 때문입니다. 그분 자신이 만유 위에 계신 하나님이시며, 영원토록 복되신 분이고, 영원한 말씀이십니다. 그로 말미암아 만물이 지은 바 되었고, 그로 말미암아 만물이 존재합니다. 그분은 만물의 상속자이시고, 땅의 임금들 중의 임금이시지만 사람들에게 멸시를 받고 버림을 당하셨습니다. "간고를 많이 겪었으며 질고를 아는 자라"(사 53:3). 그분의 머리가 왕관 대신 조롱조로 엮어 만든 가시관을 썼고, 그분의 몸에 색이 바랜 자주 두루마기를 입혔으며, 홀 대신 그 손에 보잘것없는 갈대를 들려줬습니다. 그리고 상스러운 군인이 감히 그분의 얼굴을 빤히 쳐다보면서 추잡한 농담으로 그분을 괴롭혔습니다.

"천사들이 은혜를 입기를 바라며 보았던
그 얼굴에 군인들이 침을 뱉었고,
선지자들이 보려고 했으나 보지 못했던

그분의 얼굴이 나처럼 슬픔에 잠기셨던가?"

주님께서 이전에 늘 누리셨던 영광을 잊지 마십시오. 이 땅에 오시기 전에 주님은 아버지의 품 속에 계셨고 그룹들과 스랍들의 경배를 받으셨으며 모든 천사들의 복종과 하늘에 있는 정사들과 권세들의 경배를 받으셨기 때문입니다. 그런데도 여기 지상에서 그분은 흉악범보다 더 악한 자로 취급받고 희극의 주인공이 되셨다가 비극의 희생물이 되십니다. 그들은 주님을 부서진 의자에 앉히고 병사의 망토를 씌우고 왕을 모시는 흉내를 내며 주님을 모욕하였습니다.

> "그들이 내게 무릎을 꿇고
> 왕 만세 하고 소리치네.
> 나는 그들이 온갖 조소와 경멸을 갖다 퍼붓는
> 밑바닥과 시궁창이 되었으니,
> 나 같은 슬픔을 겪은 자가 누구인가?"

주님이 우리를 향한 사랑 때문에 얼마나 낮은 데 처하게 되었는가! 타락한 자리에서 우리를 끌어올리시기 위해서 그분이 어떻게 밑으로 떨어지셨는지 아십시오! 병사들이 주님을 그렇게 조롱하던 바로 그 시각에도 여전히 그분은 만유의 주이시며, 열두 천사 군단에게 자기를 구출하라 명령을 내리실 수 있는 분이셨음을 잊어서는 안 됩니다. 그분은 비참함 가운데 처해 있으면서도 위엄이 있으셨습니다. 사실 주님은 당신 아버지의 궁정의 더할 수 없이 영광스러운 화려함을 제쳐 놓으셨습니다. 지금 그분은 초라한 나사렛 사람이었습니다. 그러나 그 모든 것에도 불구하고 원하시기만 하면, 눈 한 번 깜짝임으로 로마 군대를 말려버릴 수도 있었습니다. 잠잠히 있으시지만 한 마디 말씀으로도 빌라도의 궁정을 기초부터 지붕까지 흔들어 버릴 수 있으셨습니다. 원하시기만 했다면 우유부단한 총독과 악의에 찬 군중들을 한꺼번에 산 채로 지옥에 내던져 버리셨을 것입니다. 옛적에 고라와 다단과 아비람이 당했던 것과 같이 말입니다. 하늘에서 아버지의 사랑을 받으신 분이고 땅의 임금이신 하나님의 아들이 저기에 앉아 몸과 마음을 상하게 하는 잔인한 관을 쓰고 계십니다. 마음은 욕설에 상하고, 몸은 찌르는 고통에 상합니다. 그분의 얼굴은 "쉼 없이 피가 흘러나오고, 또 핏방울이

똑똑 떨어지는 상처들"로 상해 있었습니다. 그럼에도 "지극히 고상하고 사랑스러운 얼굴"은 일찍이 사람들의 얼굴보다 아름다웠으며, 그때에도 그 얼굴은 우리와 함께하시는 하나님, 임마누엘의 용모를 띠셨습니다. 이런 것들을 기억하십시오. 그러면 빛을 받은 안목과 자애로운 마음으로 그분을 응시하게 될 것입니다. 그렇게 되면 질고를 당하고 계신 그분과 더욱 충만한 교제를 나눌 수 있게 될 것입니다. 그분이 어디에서 오셨는지 기억하십시오. 그러면 그분이 그처럼 낮은 데까지 자신을 굽히신 것을 생각하고 여러분은 더욱 놀라게 될 것입니다. 그분이 어떠하신 분이셨던지를 기억하십시오. 그러면 그분이 우리의 대속주가 되셨다는 것이 더 놀랍게 보일 것입니다.

자, 이제 우리는 호위병들이 있는 방에 들어가서 가시 면류관을 쓰신 우리 예수님을 살펴봅시다. 예수님께서 쓰신 가시관이 어떤 종류의 가시로 되어 있느냐에 대한 여러 추측들을 알아보려고 길게 시간을 끌지 않겠습니다. 랍비와 식물 채집가들에 따르면, 팔레스타인에는 가시달린 식물이 20에서 25가지에 이를 것이라고 합니다. 어떤 작가들은 자신들의 판단이나 공상에 따라서 우리 예수님의 머리에 씌운 특별한 가시가 달린 식물의 한두 종을 선택하였습니다. 그러나 그 많은 것들 중에서 어떤 가시를 선택해야겠습니까? 주님은 한 가지 질고만 지신 게 아닙니다. 모든 질고를 지셨습니다. 어떤 한 가시나 모든 가시라도 다 좋습니다. 특별한 종류의 가시에 대한 의견들이 분분하다는 것 자체가 우리에게 교훈을 줍니다. 그 관에 한 종류 이상의 가시들이 엮어져 있다고 보는 것이 좋을 것입니다. 어쨌든 죄는 가시처럼 세상을 그렇게 깊이 찔렀습니다. 그런 가시들을 찾는 데 전혀 어려움이 없었습니다. 그것은 마치 매일 아침 주님을 징벌하고, 일생을 슬퍼하는 사람으로 만들기에 비탄거리가 부족하지 않은 것과 같습니다.

군인들이 아카시아의 나긋나긋한 큰 가지를 사용했을 수도 있고, 싯딤나무 가지를 사용했을 수도 있습니다. 그 나무는 썩지 않는 성질 때문에 신성한 상(床)들과 성소의 기명들을 만드는 재료가 되었습니다. 그러므로 그러한 경우라면 그 나무를 의미심장하게 사용한 것이죠. 옛 작가들이 일반적으로 생각했던 대로 그 초목이 스피나 크리스티(spina christi)였을 수도 있습니다. 왜냐하면 그 나무는 작고 날카로운 가시들이 많이 붙어 있고, 그 푸른 잎들로는 화관을 만들기도 하였습니다. 전쟁이 끝나서 돌아오는 장군들이나 황제들에게 그것으로 관을 만들어 씌워주곤 하였습니다. 그러나 그 문제는 이만큼 해둡시다. 주님의 머리를 찌른 것은 가시관이었으며, 그것은 수치뿐 아니라 고통도 가져다주었습니다. 그 정도로 아는 것에 만족해야 합니다. 지금 우리가 알아보고자 하는 것은, 가시관을 쓰신 예수 그리스도를 주목할 때 우리가 무엇을 보느냐 하는 것입니다. 제 마음에 선명하게 부각되는 여섯 가지 항목이 있습니다. 제가 휘장을 치울 때에 저와 함께 잘 주목하시기를 바랍니다. 그리고 하나님의 성령께서 거룩한 빛을 비추어 주시어 궁금해하는 우리의 영혼 앞에 그 장면을 밝히 드러내 주시기를 바랍니다.

1. 깊이 살펴보기 전에는 아주 무심코 보는 사람이라도 첫 눈에 볼 수 있는 것은 슬픔을 자아내는 광경입니다.

여기에 자애롭고 사랑이 많으시며 온유하신 그리스도께서 무례와 조소를 받으십니다. 생명과 영광의 임금님께서 상스러운 군인에게 조롱거리가 되셨습니다. 자, 가시나무 가운데 백합화를 보십시오. 대적하는 죄 가운데서도 순결함이 우뚝 솟아 있는 모습을 보십시오. 여기 수풀에 걸려 꼼짝 못하고 있는 희생 제물을 보십시오. 이 희생물은 아브라함이 이삭 대신 잡았던, 수풀에 걸린 숫양이 나타낸 고대 예표를 성취하기 위해 우리 대신 잡힌 것입니다. 이 슬픈 광경에서 다음 세 가지 요점을 주의 깊게 보도록 합시다.

여기에 강한 로마 군대에 제압당한 그리스도의 낮아지심과 연약이 있습니다. 로마 군인들은 예수님을 호위병의 방으로 데려가면서 자기들이 그를 온전히 손아귀에 쥐고 있다고 느꼈습니다. 그들은 예수님이 스스로 왕이라고 주장하는 것이 너무나 터무니없어 조롱거리에 불과하다고 느꼈습니다. 예수님은 초라하기 그지없는 차림새를 하고 있었습니다. 농부가 겉에다 걸치는 덧옷만 입고 계셨기 때문입니다. 예수님께서 자주 옷을 요구하셨습니까? 그분은 잠잠히 계셨습니다. 나라를 선동한 분이었습니까? 그분은 채찍에 맞은 상처와 상한 자국뿐이었습니다. 그분이 군대를 일으켜 로마를 전복하려고 한 영웅이었습니까? 예수님을 놀려먹는 것이 그들에게는 아주 재미있는 놀이였습니다. 야수들이 자기의 희생물을 가지고 장난치듯이 저희도 예수님을 그렇게 놀려댔습니다. 제가 분명히 말하건대, 로마 군대는 조롱하고 떠들썩하게 소리쳤습니다. 또한 병사들이 그 일로 큰 소리로 웃어댔습니다. 그러나 주님의 얼굴을 보십시오. 얼마나 온유해 보이십니까! 폭군들의 오만한 용모와는 얼마나 다릅니까! 예수님께서 친히 왕이라고 주장하시는 것을 조롱하는 것이 난폭한 군대들에겐 자연스럽게만 보였겠죠. 예수님은 어린아이처럼 온순하셨고, 여인처럼 자애로우셨습니다. 예수님의 존엄은 조용하고 평안하게 참아내시는 모습에서 드러났습니다. 그러나 이 존엄함을 거의 야만인처럼 된 이 사람들은 느낄 수 없었습니다. 그래서 예수님께 멸시를 퍼부어댄 것입니다. 우리를 위해서 주님께서 연약해지셨음을 기억하십시오. 우리를 위해서 어린 양이 되셨으며, 우리를 위해서 자신의 영광을 사양하셨으며, 이렇게 자원하여 자신을 낮추신 것이 그처럼 많은 조소와 멸시를 받으셔야 했다는 것을 보는 것이 우리에게는 더 큰 고통거리입니다. 물론 그 낮아지심은 말로 다할 수 없는 가치를 지니고 있었습니다. 주님은 우리를 구원하시기 위해서 자신을 굽히셨습니다. 그런데 그분이 굽히시니 우리는 그분을 보고 비웃습니다. 우리를 보좌로 끌어올리시기 위해서 주님은 보좌를 하늘에 둔 채 내려오셨습니다. 그런데 은혜로 자신을 낮추어 내려오시니 그분에게 주어진 몫은 경건하지 않은 세상이 시끄럽게 웃어대는 것이었습니다. 아, 기막힙니다! 언제 사랑이 그와 같이 불쾌한 대접을 받은 적이 있었나요? 그 사랑이 받은 잔인함은 그 사랑이 마땅히 받아야 할 명예만큼이나 심한 것입니다. 이렇게 사람의 아들들이 사악합니다.

> "오, 상처로 가득한 머리여!
> 핏기가 사라진 이마여!
> 오, 그 크신 겸손이시여
> 그분의 얼굴에 견디기 어려운 모욕이 쏟아지고
> 주께서 나를 위해 그 모든 것을 참으시네."

그들이 주님의 겸비하심만 조롱한 것이 아니었습니다. 주님 자신이 임금이라고 주장하는 것도 조롱하였습니다. 그들은 이렇게 말하는 것 같았습니다. "아, 이 사람이 왕이라고? 촌스런 유대인이 그렇게 하듯이 틀림없이 이 볼품없는 시골뜨기도 그런 식으로 자기가 왕이라고 우기는 것이겠지. 이 사람이 다윗의 자손인가? 언제 그가 가이사와 그 군대를 바다로 몰아내고 로마에 새 국가를 세우고 왕 노릇 할 것인가? 이 시골뜨기 유대인이 자기 민족의 꿈을 이루어 온 인류를 다스리겠는가?' 놀랍게도 그들이 이 사상을 조롱하였습니다. 그들이 그러한 짓을 한 것을 우리는 이상하게 생각하지 않습니다. 왜냐하면 주님의 참된 영광을 그들이 감지할 수 없었기 때문입니다. 그러나 사랑하는 여러분, 제가 말씀드리는 요점은 여기에 있습니다. 가장 진실되고 명확한 의미에서 그분은 임금이셨다는 사실입니다. 만일 그가 임금이 아니셨다면 협잡꾼으로서 마땅히 조롱을 받을 만했을 것이고, 그 조롱을 예리하게 느끼지 않았을 것입니다. 그러나 그분은 진실로 실제로 임금이셨기에 그들이 하는 말 한 마디 한 마디가 왕 되신 그분의 영혼을 찔러댔을 것임에 틀림없습니다. 협잡꾼들은 자기 주장이 거짓으로 밝혀지고 사람들의 조롱을 받게 될 때, 그 자신도 응당 그러한 경멸을 받아야 된다는 걸 아주 잘 알죠. 그런 경우 무슨 말을 할 수 있겠습니까? 그러나 만일 하늘과 땅의 모든 소유에 대한 진정한 상속자가 그 권리를 부인당하고 인격의 모독을 받는다면, 그 마음은 상처를 받고, 능욕과 비난으로 말미암아 마음에 슬픔이 가득 차게 됩니다. 하나님의 아들, 유일하게 복되신 군주께서 그처럼 치욕을 당해야 하셨다니요!

　　그건 단순한 조롱이 아니었고 모욕에 고통이 더해진 잔인한 행위였습니다. 만일 그들이 주님을 모욕할 뜻만 있었다면 짚으로 엮은 왕관을 예수님의 머리에 씌웠을 것입니다. 그러나 그들은 예수님을 괴롭게 할 양으로 가시면류관을 엮어 만들었습니다. 여러분, 보십시오. 그들의 손 아래에서 고난을 받으시는 그분의 인품을 주목해서 살펴보십시오. 그들은 주님을 채찍질하여, 머리 말고도 그들의 타격에 피가 나지 않는 부분이 하나도 없을 정도로까지 고통스럽게 했습니다. 자, 이제 그 머리도 고통을 받게 되어 있습니다. 슬프게도, 우리의 머리 전체가 병들었고, 우리의 온 마음은 쇠잔합니다. 그래서 주님께서도 허물 가운데 있는 우리에게 주어지는 그런 징벌을 받으셔야 했습니다. 우리의 인간성에 죄가 미치지 않은 부분은 하나도 없습니다. 그러니 주님의 인성에 고난을 받지 않는 부분이 하나도 없어야 합니다. 만일 우리가 어느 정도 불의를 피하여 고통에서 탈출하였다 할지라도, 머리부터 발끝까지 범죄의 의복이 덮고 있기에, 우리 대신 서신 그분이 머리에 쓰신 가시관으로부터 시작해서 발바닥까지 수치와 능욕의 옷을 입어야 하셨습니다.

　　"오, 사랑이여,
　　　오직 주님이 아니라면 누가 한없는 사랑을 나타내셨으리오!

> 뻔뻔한 범죄자의 저주와 고통을 당하신
> 범죄자로 취급받으신 분의 사랑이여!
> 구원하시려는 인자하심 외에는
> 어떤 다른 동기가 있을 수 없는 사랑이여."

사랑하는 여러분, 언제나 저는 제 구주의 고난에 대해서 말하게 될 때 혀가 무엇에 묶여 있는 것 같다는 느낌이 듭니다. 저는 주님의 고난에 대해서 생각할 수 있습니다. 제 스스로 그 고난을 그려보고 그것을 생각하며 울 수도 있습니다. 그러나 다른 사람들에게는 주님의 고난을 어떻게 그려 주어야 할지 모르겠습니다. 여러분은 그런 그림을 그릴 수 있는 펜이나 연필을 알고 계십니까? 미켈란젤로나 라파엘로 같은 사람도 이 그림을 그리는 일에는 매우 주저했을 것입니다. 천사장의 혀로도 우리의 부끄러운 범죄 때문에 당하신 주님의 수치와 질고를 노래하려고 애쓰다가 지칠 수 있습니다. 저는 여러분에게 주님의 슬픔을 듣고 끝마치지 말고 묵상하라고 요청하는 바입니다. 제가 드리는 말씀을 주목하는 데서 나아가 사랑하는 눈으로 주님을 우러러 보라고 간청합니다. 저는 물론 그 그림을 대충 스케치할 수 있습니다. 목탄으로 그림의 윤곽을 거칠게 그리는 것처럼 말입니다. 그려놓고 그 다음에 색칠하는 부분은 여러분이 하도록 남겨 두겠습니다. 앉아서 그것을 연구하는 것은 여러분의 몫입니다. 그러나 저처럼 여러분도 그 일에 완전히 성공하지는 못할 것입니다. 우리가 그 깊은 곳으로 뛰어 내릴 수는 있죠. 그러나 아무리해도 우리의 범죄로 말미암아 주님께서 고뇌하고 당하신 치욕의 심연의 깊은 곳에까지는 다다를 수 없습니다. 우리가 저 높은 곳을 향하여 오를 수 있습니다. 그러나 폭풍이 휘몰아치는 고뇌의 높은 산정들은 저 위에 우뚝 솟아 있어서 우리가 도달할 수 없습니다.

2. 이 슬픈 광경을 막고 있는 휘장을 다시 제치면, 그 슬픈 광경에서
우리에게 그처럼 상냥하고 부드럽게 말하는 엄숙한 경고가 보입니다.

그 경고가 무엇이냐고 제게 묻겠지요? 그것은 그 군인들이 저질렀던 것과 같이 우리가 항상 범하는 죄에 대한 경고입니다. 여러분은 또 이렇게 말하겠죠. "같은 죄라니요! 우리는 그 사랑스러운 분의 머리에 씌울 가시면류관을 만들지 않아요." 여러분이 결코 그럴 수 없기를 저는 기도합니다. 그러나 많은 사람들이 그 일을 하였고 지금도 하고 있습니다. 그들은 저 군인들이 한 것처럼 주님께서 자신이 왕이시라는 주님의 주장을 부인하는 죄를 자행하고 있습니다. 바로 이 시간 온 세계의 지혜로운 자들은 가시나무들을 엮어서 주 하나님의 기름 부으신 자를 괴롭게 하려는 일에 분주합니다. 그들 중 어떤 자들은 소리칩니다. "그렇다. 그는 선한 사람이었다. 그러나 하나님의 아들은 아니었다." 또다른 자들은 그분의 삶과 교훈에 나타난 최고의 미덕을 부인하기까지 합니다. 그들은 주님의 완전함을 믿지 못하겠다 하면서 트집 잡고, 아무 결점이 없는 곳에서 결점이 있는 것처럼 생각합니다. 그들은 주님의 성품을 비난할 때만큼 행복한 때가 없는 사람들입니다. 제가 지금 스스로 무신론자임을 공언하는 사람, 곧 구속주의 인격과 교리를 믿지 않는 사람에게 말을 하고 있습니다. 저는 그런 사람이야말로 하나님의 그리스도께 가시면류관을 씌워 주고 있노라고 고발하는 바입니다. 그 사람은 주 예수 그리스도를 대적하는 신랄한 비난을 궁리해내고 주님의 대의와 그 백성들을 대적하여 매도하는 말을 내뱉을 때마다 그 일을 하고 있는 셈입니다. 여러분이 주님의 주장들을 부인하면, 특히 그 주장들을 조롱하면 본문에 나오는 불행한 장면을 되풀이하는 것입니다. 복음서의 이야기들에서 오직 모순되어 보이는 것만을 찾아내거나, 자기들이 과학적으로 발견한 것이라고 하는 사실들과 하나님 말씀의 선언들 사이의 차이점들을 드러내는데 모든 지혜와 기술을 동원하는 사람들이 있습니다. 그런 사람들은 자주 주님께 씌워질 가시면류관을 짜느라고 자기 손이 부르틀 정도였습니다. 저는 그들 가운데 어떤 사람들은 죽게 될 때, 인류를 사랑하는 그분을 괴롭히는데 사용할 가시나무를 찾아 연구한 학문적 성과를 드러낸 결과로 가시나무 침상에 누울 수밖에 없게 될까봐 염려스럽습니다. 그리스도께서 오셔서 그들을 판단하여 정죄하시고 그리스도께 대한 그들의 모든 불경건을 인해서 그들을 불못에 던지실 때 영원토록 가시나무 침상보다 더 악한 곳에 눕지 않게 된다면 다행일 것입니다. 오, 그들은 세상의 유일한 소망이신 그분에게 씌워 주려고 가시관을 엮는 무익하고 악의에 찬 이 작업을 쉬지 않을 것입니다. 그분을 믿는 종교야말로 인간의 슬픔으로 뒤덮인 한밤중에 빛을 비추고 죽을 인생을 평화의 항구로 안내하는 유일한 별입니다! 기독교의 세상적인 은택 때문에라도 선한 예수님께서 귀중히 여김을 받으셔야 합니다. 주님은 노예를 해방시키셨고, 짓밟히는 자들을 일으켜 세우셨습니다. 예수님의 복음은 자유의 헌장이요, 폭군을 응징하는 채찍이요, 사제들을 죽음에 처하게 하는 것입니다. 복음을 널리 퍼트리십시오. 그러면 평화와 자유와 질서와 사랑과 기쁨을 널리 퍼트리게 됩니다. 그분은 최고의 박애주의요, 사람의 가장 진실한 친구이십니다. 그런데 무슨 이유로 진보와 계몽에 대해서 말하는 자들이 그리스도를 대항합니까? 만일 사람들이 주님을 알기만 하였다면 인도산 진주보다 더 보배로운 경건한 사랑의 다이아몬드로 장식한 왕관을 그 머리에 씌워드렸을 것입니다. 왜냐하면 예수님의 통치는 황금시대를 열 것이며, 지금부터도 예수님의 통치가 현재의 곤궁을 완화시킵니다. 과거의 비참을 제거하였듯이 말입니다. 흠을 잡고 트집 잡는 행위는 나쁜 일입니다. 그 일에 전념하는 자들에게 간청하는 바입니다. 그 비열한 수고, 곧 이성적인 존재에 합당하지 못하고 불멸의 영혼들을 파멸시키는 그 수고를 그치라고 말입니다.

　　그리스도께 위선적인 충성서약을 하는 것이야말로 또다른 형태로 가시관을 씌워드리는 일입니다. 이 군인들이 그리스도의 머리에 가시관을 씌웠지만 예수님이 왕이라고 믿고 그렇게 한 것이 아니었습니다. 예수님의 손에 홀을 쥐어줬습니다. 그러나 그것은 실제로 왕권을 의미하는 상아 지팡이가 아니었습니다. 그저 약하고 가느다란 갈대였습니다. 그들은 그런 일을 통해서 성의 없이 신앙 고백을 하는 자들이 그리스도를 조롱하고 있음을 상기시켜 줍니다. 내면 깊은 곳에서 주님을 사랑하지 않는 여러분, 여러분은 주님을 조롱하는 사람들입니다. 그러면서 여러분은 말합니다. "내가 어떤 점에서 주님께 왕관을 씌워 주지 못했는가? 교회에 등록하지 않았는가? 내가 믿는 자라고 말하지 않았던가?" 오, 여러분이 진심으로 고백하지 않는다면, 여러분은 가시로 주님께 관을 씌워드린 셈입니다. 주님께 여러분의 영혼을 드리지 않았다면 주님의 손에 갈대를 홀이라고 쥐어 주면서 심하게 조롱하는 것입니다. 여러분 자신의 종교로 주님을 모독하는 것입니다. 거짓 신앙 고백은 주님을 조롱하는 것입니다. 그런 거짓된 신앙 고백을 하면서 주님의 뜰을 밟으라고 누가 여러분에게 요구하던가요? 여러분은 주님의 성찬 식탁에서 주님을 모욕합니다! 무릎을 꿇고서 주님을 모욕합니다! 여러분이 마음으로 주님과 함께하지 않으면서 어떻게 주님을 사랑한다고 말할 수 있나요? 주님을 결코 믿지 않고 죄를 회개한 적도 없고 주님의 명령에 순종한 적도 없다면, 그리고 매일의 생활에서 예수님을 주와 왕으로 삼지 않았다면, 주님을 그처럼 모욕하는 그 거짓된 신앙 고백을 내려놓으라고 저는 여러분에게 요구합니다. 예수님이 하나님이시라면 그분을 섬기십시오. 그분이 왕이시라면 그분에게 복종하십시오. 그렇지 않다면 그리스도인이라고 고백하지 마십시오. 만일 여러분이 그분을 임금으로 받아들이기를 인정하지 않으면 정직하게 어떠한 관(冠)도 주님께 드리지 마십시오. 명목상 복종하는 척하거나 충성하는 척 흉내 내거나 섬기는 체하면서 주님을 다시 모욕할 필요가 어디 있습니까? 오, 외식자들이여, 그대들의 길을 돌아볼지어다. 그대들이 격노케 해드린 주님께서 이내 자기 원수들을 제거하는 일을 하지 않도록 하십시오.

진지하지만 주의 깊은 행실이 부족하여 자신의 신앙 고백을 더럽히는 사람들도 같은 일을 저지를 수 있습니다. 여기서 바르게 말한다면, 여러분 모두에게 여러분이 정죄 받은 상태에 있다고 솔직히 고백하라고 강권할 것입니다. 우리가 죄 많은 육신을 따라서 행동할 때마다 구주의 머리에 가시관을 씌워드리는 것이기 때문입니다. 우리 중 이런 일을 하지 않은 사람이 있습니까? 우리의 사랑하는 머리여, 곧 정금보다 보배로운 머리칼 하나하나여, 당신께 우리의 마음을 드렸을 때 우리는 언제나 당신을 경배해야 한다고 생각했으며, 우리 삶 전체가 당신을 기리고 찬미하며 당신에게 왕관을 씌워 주는 하나의 긴 시편이 될 것이라고 생각했습니다. 그런데 우리는 우리의 이런 이상에서 얼마나 멀리 떨어져 있습니까! 우리는 우리 죄의 가시로 주님을 얼마나 찔러대었습니까! 우리는 무심코 화가 나서 얼마나 경솔하게 말했는지요. 그렇지 않으면 우리는 세속적으로 지냈고, 주님께서 혐오하시는 세상을 사랑하였습니다. 혹은 열정에 사로잡혀 악한 정욕을 충족시키기도 했습니다. 우리는 허영과 어리석음, 망각과 태만함, 불법으로 주님의 머리에 치욕의 작은 화관을 씌워드렸고, 그것을 생각하면 두렵습니다. 오, 매일같이 마음을 써서 영화롭게 해드렸어야 하는 사랑하는 분을 잔인한 마음과 손으로 학대를 하였다니요! 공공연한 죄로 그리스도의 십자가를 더럽힌, 타락한 자가 이 말을 듣고 있습니까? 제 말을 듣고 있는 사람들 가운데 한때 살았다 하는 이름을 가졌으나 지금은 죄 가운데 죽은 자의 수에 들어 있는 사람들이 있을까 두렵습니다. 만일 여러분 속에 은혜의 불꽃이 하나라도 있다면, 제가 지금 말씀드리는 것이 여러분을 찔러 살려내며, 쓰라린 상처에 소금을 쳐 영혼까지 욱신거리게 할 것임에 틀림없습니다. 제가 사랑하는 구주의 머리에 가시관을 엮어 씌워드린 부적합한 행동들을 의도적으로 나무랄 때 여러분의 귀가 얼얼합니까? 분명히 그러할 것입니다. 왜냐하면 여러분이 입을 열어 하나님을 모독하였고, 주님을 부정하는 자들에게 주님을 욕하도록 가르쳤으며, 그 시대의 주님 백성들을 슬프게 했으며, 많은 사람으로 하여금 넘어지게 하였기 때문입니다. 경건하지 않은 사람들은 무죄하신 구주의 문에 여러분의 잘못을 가져다 놓았습니다. 그들은 "이것이 바로 당신의 종교다"라고 말하였습니다. 여러분은 가시를 길렀지만 그 가시를 예수님이 대신 쓰셨습니다. 우리는 여러분의 죄를 불일치(모순)라고 부릅니다. 그러나 세상 사람들은 그것을 기독교의 열매로 간주하며, 여러분의 신 포도송이 때문에 포도나무를 정죄합니다. 예수님을 잘못 따르는 사람들의 허물을 거룩하신 예수님 탓으로 돌립니다. 사랑하는 친구 여러분, 우리 각 사람의 경우에 본향을 살펴볼 여지가 없습니까? 우리가 그렇게 하면서, 슬퍼하고 사랑하는 회개자의 심정으로 와서 주님의 사랑스러운 발을 눈물로 씻읍시다. 우리가 주님의 머리에 가시관을 씌워드렸기 때문입니다.

이와 같이 가시관을 쓰신 주님이 슬픈 모습으로 우리 앞에 서서 우리에게 엄숙한 경고를 전달하고 계십니다.

3. 베일을 다시 들추어, 고문당하고 모욕당하시는 주님의 인격에서 승리하는 인내를 봅니다.

그분은 정복당하실 수 없는 분이셨습니다. 가장 깊은 수치의 때에도 승리하셨습니다.

> "온갖 수욕과 부끄러움을 당하시면서도
> 마음이 위축되지 않은 분
> 지극히 예리한 고통 가운데서도
> 계속 같은 사랑을 보이셨네."

주님께서는 그 순간 우리 대신 그 자리에 서셨기 때문에 당신에게 응당 떨어진 대속의 고통을 당하고 계셨고, 그 질고를 당하지 않으려고 피하지 않으셨습니다. 우리는 죄인들이었습니다. 죄의 상급은 고통과 죽음입니다. 그러므로 그분은 우리의 평화를 위해서 징계를 받으셨습니다. 바로 그 시각에 우리가 마땅히 받았어야 할 것을 견디셨으며, 공의가 우리를 위해서 섞어 만든 잔을 비우고 계셨습니다. 주님께서 그것을 받지 않으려고 뒤로 물러서셨습니까? 결코 아닙니다. 먼저 주님께서는 겟세마네 동산에서 쓴 쑥과 쓸개즙 같은 잔을 마시게 되었을 때, 잔을 입에 대고 한 모금 마셨을 때 순간적으로 주님의 강한 심령마저 비틀거리는 것 같았습니다. 주님의 영혼은 심히 고민하여 죽을 지경까지 갔습니다. 주님은 내면의 고통으로 말미암아 몹시 흔들려 정신을 차리지 못하는 사람과 같았습니다. "내 아버지여 만일 할 만하시거든 이 잔을 내게서 지나가게 하옵소서"(마 26:39). 주님은 이렇게 세 번 기도를 드리셨습니다. 그러는 동안 주님의 인성의 모든 부분이 수많은 슬픔이 싸움을 벌이는 전쟁마당이었습니다. 주님의 영혼은 부풀어 오르는 비통을 배출시킬 구멍을 찾느라 온 몸을 샅샅이 뒤졌고, 주님의 몸 전체는 피가 섞인 땀으로 범벅이 되었습니다. 그 무시무시한 투쟁을 겪은 후에, 사랑의 힘이 인성의 연약함을 이겼습니다. 주님은 그 잔을 입에 대고 물러서지 않았습니다. 찌꺼기를 하나도 남기지 않고 잔을 곧바로 들이키셨습니다. 그리고 이제 진노의 잔이 비워졌습니다. 그 잔에서 하나님의 진노의 가공할 포도주의 흔적을 전혀 찾을 수 없게 되었습니다. 주님께서는 엄청난 사랑으로 들이키신 그 한 모금으로 자기 모든 백성들을 위해서 멸망을 영원토록 마셔 버리신 것입니다. "누가 정죄하리요. 죽으실 뿐 아니라 다시 살아나신 이는 그리스도 예수시니"(롬 8:33,34). 또 "그러므로 이제 그리스도 예수 안에 있는 자에게는 결코 정죄함이 없나니 이는 그리스도 예수 안에 있는 생명의 성령의 법이 죄와 사망의 법에서 너를 해방했음이라"(롬 8:1). 자, 주님께서 본문이 묘사하는 그 고통스러운 조롱을 참으셨을 때 그 인내가 최고점에 도달한 것이 분명합니다. 그럼에도 불구하고 주님은 정해진 목적을 벗어나 주춤거리거나 빗나가지 않으셨습니다. 주님은 그 조롱을 받아들이셨고, 끝까지 견디고 가려고 하셨습니다. 질고를 참고 인내한 기적을 보십시오. 주님께서 우리 대신 그 질고의 일들을 당하지 않으셨다면, 그 질고로 세상은 지옥에 떨어졌을 것입니다.

아버지께서 사람들의 죄에 마땅히 따르는 수치와 고난을 그 아들로 당하게 하시기를 기뻐하신 것 외에도 주님은 사람들의 미움에서 나오는 과도한 악의를 견디고 계셨습니다. 예수님께서 사형 집행을 당하시는 판국에 사람들이 온갖 조소와 잔인함을 쏟아 부을 필요가 있었습니까? 주님이 죽으셔야 한다는 것만으로 충분하지 못했습니까? 쇠같이 굳은 그들의 마음은 주님의 지극히 부드러운 감수성을 괴롭힐 때 쾌락을 느꼈습니까? 그들은 무슨 목적으로 주님의 비통을 더 깊게 만드는 이러한 것들을 궁리해 냈습니까? 우리 중 누구라도 그런 식으로 조롱을 받았다면 분개했겠죠. 그런 모욕을 받고도 잠잠히 있었을 사람은 여기에 아무도 없습니다. 오직 예수님께서 전능하신 인내로 참으시고 왕답게 그 마음이 흔들리지 않으셨습니다. 악의가 주님의 전능하신 사랑을 이길 수 없었던 것을 볼 때 우리는 영광스러운 인내의 본을 인해서 주님을 경배합니다! 채찍을 맞으며 인내하신 그 고통 때문에 주님은 극심한 고뇌와 함께 떨지 않을 수 없었습니다. 그러나 우리는 그분이 눈물을 흘리셨거나 신음하셨다는 내용을 읽지 못합니다. 성을 내며 불평하셨다거나 복수심을 가지고 위협하셨다는 이야기는 더 더욱 읽지 못합니다. 주님께서는 동정을 구하지 않으셨고, 자기에게 관대하게 해 달라고 호소하지도 않으십니다. 그들에게 무엇 때문에 나를 이렇게 고통스럽게 하고 조롱하느냐고 묻지도 않으십니다. 주님은 용기 있는 증인이십니다! 담대한 순교자이십니다! 주께서는 극심한 고난을 받으면서도 잠잠히 참으십니다. 주님의 몸은 죄 없이 잉태되어서 완전한 몸이었기 때문에 죄로 말미암아 약해진 우리 몸으로 느낄 수 없는 심한 고통을 틀림없이 느꼈을 것입니다. 주님의 예민한 순결은 완악해진 우리의 심령으로는 평가할 수 없는 상스런 조롱의 혐오스러움을 느꼈습니다. 그럼에도 예수님께서는 그 모든 것을 참아 내셨습니다. 하나님의 아들만이 그 일을 참아 내실 수 있었습니다. 사람들은 하고 싶은 대로 주님에게 무거운 짐을 올려 쌓아 놓을 수 있었습니다. 주님께서는 오직 더 인내력을 발휘하시어 그 모든 것을 견디려고 하셨습니다. 움츠리거나 겁내지 않으셨습니다.

우리의 복되신 주님께서 보여주신 그 인내의 광경은 군병들 몇 사람까지도 감동시킬 만한 것이었다고 감히 저는 주장하는 바입니다. 마태가 예수님이 겪으신 조롱에 대하여 어떻게 모든 것을 알게 되었느냐 하는 생각이 떠오르지 않습니까? 마태는 거기 없었습니다. 마가도 그 일을 진술하고 있습니다. 마태는 호위병이 거하는 방에 들어감을 허락받지 못하였을 것입니다. 근위병들은 아주 거만하고 거칠어 유대인들이 그들의 관청 안으로 들어오는 것을 용납하지 않았습니다. 하물며 예수님의 제자들이야 말해서 무엇합니까. 거기에 군인들 외에는 아무도 들어간 적이 없었기에 그러면 누가 그 이야기를 들려 주었을까라는 의문이 충분히 생깁니다. 그 이야기를 들려준 사람은 목격자였을 것임에 틀림없습니다. 마태복음 27장에 나오는 백부장이 "이는 진실로 하나님의 아들이었도다"(마 27:54)고 말했는데, 그 백부장이 아니었을까? 주님의 죽으시는 모습뿐 아니라 또한 그 장면을 보면서 그 결론에 이르렀을 수 있지 않는가? 우리는 잘 모릅니다. 그러나 이 점은 아주 분명합니다. 이것은 그 일을 직접 목격한 사람이 들려준 이야기이며, 또한 그 고난당하신 분을 동정했던 사람이 그 이야기를 들려주었을 것입니다. 왜냐하면 그 이야기가 제 귀에는 아무 관심도 없는 방관자가 묘사한 대목으로 들리지 않기 때문입니다. 저는 감히 이렇게 주장하고 싶습니다. 어떤 사람이 우리 주님의 오래 참으시는 상한 얼굴을 보고서 아주 깊은 감동을 받고 그 얼굴에서 신비로운 능력을 느꼈으며, 그러한 인내는 인간의 한계를 훨씬 뛰어넘는 것이라고 생각하고 이후부터는 가시관을 쓰신 구주를 자기의 주와 임금으로 받아들였습니다. 이것은 이상한 일이 아닙니다. 저는 이 점을 잘 압니다. 만일 저와 여러분이 예수님을 위해서 인간의 마음들을 이기고 싶으면 우리 역시 인내해야 한다고 말입니다. 만일 사람들이 우리를 조롱하고 핍박할 때 불평하거나 앙갚음하려는 생각 없이 참을 수만 있다면 아주 짐승 같은 사람의 마음도 느낄 감화를 끼칠 것입니다. 그리고 택함 받은 사람의 마음들은 그 감화를 받아들일 것입니다.

4. 네 번째로, 우리가 베일을 들추면, 우리는 이 승리의 고난자에게서 거룩한 약을 만나게 된다고 생각합니다.

저는 이 약으로 치료할 질병들을 넌지시 말씀드릴 수 있습니다. 피가 뿌려진 가시나무는 바르게 잘 활용만 된다면, 천상의 수술실에서 귀하게 여겨지는 유명한 식물입니다. 이 가시관(冠)에서 가시를 하나 뽑아 작은 창으로 사용해 보십시오. 그러면 그 가시가 정욕의 뜨거운 피를 유출시키고 교만의 열기를 떨어뜨릴 것입니다. 그 가시는 의기양양해하는 육신과 죄의 뜨거운 열기를 가라앉히는 놀라운 치료제입니다. 가시관을 쓰신 예수님을 바라보는 사람은 통회의 눈물을 흘리며 자신을 보지 않을 경우, 자신을 보는 것이 역겨울 것입니다. 가슴에 이 가시가 박히면 사람들은 노래를 부르게 될 것입니다. 그러나 그 노래는 자기를 축하하는 곡조가 아니고 비둘기가 자기 짝을 그리워하면서 슬피 우는 곡조일 것입니다. 기드온은 숙곳 사람들을 가시로 가르쳤습니다. 그러나 그들이 배운 교훈은 우리가 예수님의 가시로부터 배우는 것처럼 유익한 것이 아니었습니다. 선한 의사이신 그리스도께서 자기의 가시관에서 우리에게 가져오시는 거룩한 약은 강장제처럼 작용하여, 우리가 그리스도를 섬기는 일로 인하여 어떤 수치나 어떤 손해를 볼지라도 낙심하지 않고 끝까지 참아내게 하는 힘을 줍니다.

"누가 맹렬하기 그지 없는 내 원수들을 물리칠까?
누가 비통하기 짝이 없는 내 슬픔을 위로할까?
누가 내 쇠미한 마음을 소생시키고
찌르는 마음의 숨은 고통을 치료할까?
가시관을 쓰신 예수님 그분일세."

여러분이 하나님을 섬기기 시작하고 하나님을 위해서 여러분의 이웃들에게 은택을 베풀려고 할 때, 사람들로부터 어떤 상급을 기대하지 마십시오. 오히려 오해나 의심이나 욕을 먹을 것을 각오해야 합니다. 세상에서 가장 선한 사람들이 보통 가장 악한 말을 듣습니다. 악한 세상은 거룩한 삶에 대해 좋게 말할 수 없습니다. 가장 달콤한 열매는 새들이 가장 잘 쪼아 먹고, 하늘에 가장 가까운 산이 폭풍의 타격을 가장 많이 받으며, 가장 사랑스러운 성품이 가장 거센 공략을 받습니다. 여러분이 구원하려고 하는 사람들이 여러분이 애쓰는 것에 대하여 감사하지 않고 오히려 간섭한다고 나무랄 것입니다. 그들의 죄를 책망하면 자기들에게 경고하는 소리를 참지 못하고 분개하는 경우가 비일비재합니다. 예수님께 오라고, 예수님을 믿으라고 초청하면 여러분의 간청을 하찮은 것으로 여길 것입니다. 이런 일을 만날 준비가 되어 있습니까? 그렇지 않다면, 여러분이 마음으로 지치고 나약해지지 않기 위해 죄인들이 당신 자신을 그렇게 거역하는 것을 참으신 분을 깊이 생각하시기 바랍니다. 만일 여러분이 많은 사람들을 그리스도께 이끄는데 성공하더라도, 온 세상 사람으로부터 명예를 얻으리라고 기대하지 마십시오. 오히려 이기주의자이고 인기를 따르는 사람이라는 비난이나, 어떤 큰 죄를 지었다는 비난을 받게 될 것입니다. 여러분은 믿지 않는 세상으로부터 오해 받거나 우습게 여겨지거나 어리석은 자나 악한 자로 여김을 받을 것입니다. 여러분이 하나님을 섬기면 이 세상에서 얻을 면류관은 사파이어보다는 대못이 더 많이 꽂혀 있을 것이고, 에메랄드보다는 찔레나무 가시가 더 많이 엮여 있을 것입니다. 그런 면류관을 쓰게 되거든, 여러분이 주님처럼 되는 것이라고 생각하고 아주 기쁘게 여기며, 그 면류관을 기쁘게 쓸 수 있게 하는 은혜를 구하도록 하십시오. 마음으로 이렇게 말하십시오. "나는 이러한 것을 전혀 모욕으로 느끼지 않는다. 사람들이 수치스러운 일들을 내게 전가할 수 있을지라도 나는 부끄러워하지 않는다. 그들은 나를 낮출 수 있으나 그렇다고 내가 천해지지 않는다.

그들이 나에게 경멸을 퍼부어댈 수 있지만 그렇다고 내가 경멸할 만한 사람은 아니다." 사람들이 집 주인을 보고 바알세불이라 하면서 침을 뱉었습니다. 그러니 그들이 그 주인의 가족에 대해서는 그보다 더 악한 일을 자행할 수 있습니다. 그러므로 우리는 그들의 경멸을 경멸하는 바입니다. 이와 같이 우리는 멸시 받으신 나사렛 사람의 인내를 보고 인내할 용기를 얻게 됩니다.

　　가시관은 불만과 고통의 치료제이기도 합니다. 몸의 고통을 참을 때, 우리는 움츠리고 초조해지는 경향이 있습니다. 그러나 우리가 가시로 관 쓰신 예수님을 기억하면 이렇게 말할 수 있습니다.

> 　　"주님이 가신 길은 내 길보다 더 거칠고 더 어두웠도다.
> 　　　내 주 그리스도께서 그런 고난을 받으셨다면 내 어찌 불평하겠는가?"

　　그래서 우리의 불만은 쑥 들어가게 됩니다. 왜냐하면 주님께서 당하신 고통에 우리의 질병을 감히 비교하면 부끄러울 뿐이기 때문입니다. 고난으로 말미암아 온전하게 되신 우리의 위대한 모범을 볼 때 그 발 아래에서 인종(忍從)을 배우게 됩니다.

　　가시관은 염려를 치료하는 약입니다. 우리는 주님께서 우리를 위해서 준비하시는 옷은 어떤 것도 기쁘게 입을 것입니다. 그러나 우리 스스로 불필요한 가시관을 만드는 것은 크게 어리석은 짓입니다. 그럼에도 불구하고 참 신자로 제가 알고 있는 어떤 사람들이 애써서 스스로를 괴롭게 하고, 아주 힘들여 스스로 무거운 짐을 지는 것을 보았습니다. 그들은 급하게 부자가 되려고 하며, 안달하고, 그래서 수고하고, 걱정하고, 부의 짐으로 자신들을 무겁게 눌러댐으로 고통을 당합니다. 그들은 세상에서 크게 되는 가시면류관을 씀으로써 스스로 상처를 입습니다. 자신들의 등짝을 때리는 막대기를 만드는 방식이 여러 가지입니다. 저는 어머니들이 하나님께 맡길 수 없었던 자녀들 때문에 가시면류관을 만드는 것을 보았습니다. 그 어머니들은 하나님을 즐거워할 수도 있었을 때 가정의 염려로 지쳤습니다. 어떤 이들은 어리석은 두려움 때문에 가시면류관을 만듭니다. 그럴 만한 근거가 하나도 없는데도 말입니다. 그런데 그들은 큰 야망을 품고 있기 때문에 안달하며 자신을 찔레가시로 찌르려고 애쓰고 있는 것처럼 보입니다. 오, 신자여, 자신에게 말하십시오. "내 주님께서 나를 위해서 내 가시관을 쓰셨도다. 그런데 어째서 내가 또 그 가시관을 써야 하는가?' 주님께서 우리의 질고 (병고)를 담당하시고 우리의 슬픔을 지신 것은 우리로 행복한 사람들이 되어 그 명령의 말씀에 복종할 수 있도록 하기 위함입니다. "그러므로 내일 일을 위하여 염려하지 말라. 내일 일은 내일 염려할 것이요 한날 괴로움은 그날에 족하니라" (마 6:34). 우리가 쓰는 관은 인애와 자비의 관입니다. 우리의 모든 염려를 우리를 돌보시는 그분에게 맡기면 그 면류관을 쓰게 됩니다.

그 가시관은 세상의 헛된 영광을 갈망하는 우리를 치료해 줍니다. 그 가시관은 모든 인간적인 허세와 자랑을 희미하게 만들어 연기처럼 날아가게 합니다. 우리가 교황의 삼중관이나 독일 황제의 왕관, 혹은 모든 러시아 사람들을 지배하는 차르의 홀을 가져올 수 있습니까? 가져올 수 있다면, 그 모든 것을 예수님의 가시면류관과 비교하면 어떻게 되겠습니까? 우리가 어떤 대단한 사람을 보좌에 앉혀 놓고, 그런 다음에 예수님께서 그 옆에 앉으신다면 그 대단한 사람이 얼마나 작게 보일까요? 백성들에게 세금을 부과하고 그들의 수고한 것으로 먹고 살면서 백성들에게는 거의 돌려줄 수 있는 것이 없는 왕을 왕이라고 할 수 있겠습니까? 가장 왕다운 일은 모든 백성들에게 사심 없는 사랑의 의무를 지우고, 백성들에게 복락의 원천이 되는 것입니다. 오, 황제의 어떤 자줏빛 옷도 그리스도의 피의 영광에 필적할 수 없으며, 어떤 보석도 주님의 가시관과 경쟁할 수 없다는 것을 알게 되면, 여러분의 금이 찬란해 보이지 않고, 보석도 귀해 보이지 않으며, 어떤 산해진미도 먹음직스럽게 보이지 않습니다. 죽으심으로 우리를 구원하신 구주의 초월적인 탁월하심을 빛을 받은 눈으로 인식한 사람에게는 겉치레와 화려한 행렬이 더 이상 매력적으로 보이지 않게 됩니다.

주 예수 그리스도를 알고 나서 안위를 추구할 자 누구입니까? 그리스도께서 가시관을 쓰셨는데 우리가 월계수관을 탐하겠습니까? 사나운 십자군이라도 예루살렘에 들어가 왕으로 세움을 받았어도 다음과 같이 말할 지각을 충분히 갖고 있습니다. "내 구주께서 가시관을 쓰신 이 도성에서 나는 금 면류관을 쓰지 않겠다." 우리가 안일한 군사들처럼 모든 것이 잘 준비되어 편안하고 즐겁게 지내기를 바라야 하겠습니까? 예수님께서 십자가에 매달려 계시는데 이렇게 편안한 소파에 기대어 있는 이유가 무엇입니까? 주님께서 발가벗으셨는데 이 부드러운 옷을 입고 있는 것이 웬 말입니까? 주님께서 그처럼 잔인하게 대우를 받으셨는데 이러한 사치가 웬일인가요? 그처럼 가시면류관은 세상의 허영에서 우리를 치료해 주며, 또한 안일을 사랑하는 이기적인 욕심에서 우리를 건져 주기도 합니다. 세상의 음유시인이 이렇게 외칠 수 있습니다. "오, 애야, 이리 오너라. 장미 봉오리로 네게 관을 씌워 주마!' 그러나 쾌락에 빠진 사람의 요청은 우리를 위한 것이 아닙니다. 슬픔의 사람을 생각하고 있는 동안에는 육체의 즐거움도 이생의 자랑도 우리에게 별 매력을 끌지 못합니다. 임금이신 그분이 우리에게 자신의 안식을 함께 누리라고 명하시기까지 우리에게 남은 고난이 있으며, 남은 수고가 있습니다.

5. 저는 이제 다섯 번째로, 우리 앞에 신비로운 대관식이 있음을 생각해 보려고 합니다.

제가 여러 소제목으로 나누어 생각하는 것을 이해해 주기 바랍니다. 그리스 도께서 가시관을 쓰신 것은 상징적인 일이었습니다. 그 속에 큰 의미가 들어 있었습니다. 첫째로, 가시관은 주님께 승리의 왕관이었습니다. 그리스도께서는 광야에서 처음으로 죄와 맞선 날부터 시작하여 빌라도의 관정으로 들어가실 때까지 죄와 싸우셨고, 죄를 이기셨습니다. 그가 승리를 쟁취하셨음을 보여주는 증거로서 죄의 왕관이 전리품으로 포획된 것을 주목하십시오! 죄의 왕관이란 무엇이었습니까? 가시였습니다. 이것들은 저주로 말미암아 생겼습니다. "땅이 네게 가시덤불과 엉겅퀴를 낼 것이라."(창 3:18)는 말씀은 죄의 즉위를 나타내는 것이었고, 이제 그리스도께서 그 가시를 취하여 머리에 쓰셨습니다. 그리스도께서는 죄로부터 죄의 가장 부유한 왕관을 빼앗아 자기 머리에 쓰십니다. 이 영광스러운 우승자를 환영합시다! 낙원은 날카롭기 그지없는 가시 울타리로 둘려 있어서 아무도 거기에 들어갈 수 없었습니다. 그러나 우리의 대장이신 예수님께서는 먼저 아주 높다란 성벽 위로 뛰어올라가 붉은 피로 물든 십자가의 깃발을 더 나은 새 에덴의 심장부에 꽂으셨습니다. 주님께서는 이렇게 우리를 위해 새 에덴을 차지하시고 다시는 잃어버리지 않도록 하셨습니다. 예수님께서 가시관을 쓰고 계시는데, 이는 예수께서 낙원의 문을 여셨음을 나타냅니다. 예수님께서 쓰신 것은 씨름하는 자의 면류관이었습니다. 이는 예수님께서 혈과 육과 싸우신 것이 아니라 정사와 권세들과 싸우셨고, 그의 원수를 무너뜨리셨기 때문입니다. 예수님께서 쓰신 것은 경주자의 면류관이었습니다. 왜냐하면 주님께서는 힘센 자들과 함께 달리셨고, 경주에서 그들을 앞지르셨기 때문입니다. 예수님께서 달려갈 길을 거의 다 마치셨습니다. 목표에 다다르기 위해서 한두 걸음만 내디디면 됩니다. 여기서 좀 더 깊이 생각할 놀라운 부분이 있습니다. 그리고 우리는 너무 멀리 가지 않기 위해서 즉시 멈추고 생각해 보아야 합니다. 가시관을 씌움으로써 주려고 하는 수치에도 불구하고 가시관은 영광이 풍성한 왕관이었습니다. 우리는 예수님에게서 비참의 세계의 군주, 곧 일만 고난자 중에 제일 고난을 많이 받으신 분을 봅니다. "나는 큰 고난을 받고 있는 사람이다."라고 말하지 마십시오. 예수님이 당하신 것에 비교할 때 우리의 질고란 무엇입니까? 한 시인은 팔라틴 언덕(Palatine Mountain)에 서서 로마의 비참한 멸망을 생각하면서 이렇게 소리쳤습니다. "우리의 화와 고난은 어떠한 것인가?" 그래서 저는 묻습니다. 임마누엘의 무한한 슬픔에 비할 때 우리의 피상적인 질고는 무엇입니까? 우리는 "좁은 가슴으로 우리의 하찮은 비참을 다스리는 것"으로 충분합니다. 더구나 예수님께서는 순교자들 중의 순교자이십니다. 예수님께서는 고난 받는 증인들과 진리의 고백자들로 구성된 고귀한 부대의 선두에 서 계십니다. 비록 그들이 화형당해 죽었거나, 지하 감옥에서 파리해졌거나, 야수들에게 던져졌다 할지라도, 그들 중 누구도 자기가 가장 큰 고통을 당했다고 주장하지 않습니다. 신실하시고 참된 증인, 곧 가시관을 쓰시고 십자가에 달리신 그분이 그들 모두의 선두에 계십니다. 우리는 결코 이 존엄한 무리에 낄 수 없을 수도 있습니다. 그러나 우리가 이전 시대의 성도들을 보고 시기해도 좋은 영광이 있다면, 그것은 바로 이것입니다. 그들은 원하면 루비 보석 면류관을 얻을 수 있었던 시대, 최고의 희생을 바칠 수 있었던 용기 있는 시대에 태어났었다는 것입니다. 오늘날 같이 진실로 부드러운 시대에 살면서 우리 구주를 고백하는 것을 부끄러워하거나, 조금만 조소를 당하여도 무서워하고, 세상의 비평들 앞에 두려워 떤다면, 우리는 소심한 겁쟁이들입니다. 지혜로우시기 바랍니다. 오히려 우리는 어린 양이 어디로 이끄시든지 따라갑시다. 주님의 나라에서 주의 영광을 볼 수 있기 위하여 주님의 가시관을 쓰는 걸 만족히 여깁시다.

6. 마지막으로, 우리는 이 가시에서 강력한 자극제를 봅니다.

무엇을 일으키는 강력한 자극제를 본다는 것입니까? 첫째로, 주님을 열렬히 사랑하도록 만드는 자극제입니다. 여러분은 주님께서 가시로 면류관을 쓰신 것을 보고서도 그분에게 끌리지 않을 수 있겠습니까? 오늘 아침 그리스도께서 우리 가운데 오셔서 우리가 그분을 뵈올 수 있다면, 주님의 옷가라도 만져보고 싶어 하고, 그분의 발에 입 맞추기라도 하려는 사랑스러운 행렬들이 주님을 둘러쌀 것입니다. 구주시여, 주님은 우리에게 지극히 보배로우신 분입니다. 모든 이름들 중에서 가장 사랑스러우신 이름을 지니신 내 구주, 내 하나님이시여, 주님은 언제나 영화로우십니다. 그러나 주님은 부끄러운 조롱을 받으실 때만큼 사랑스러우신 때는 없습니다. 주님은 골짜기의 백합화이며 또한 샤론의 장미이십니다. 주님은 완벽한 성품으로 아름다우시고, 또한 그 큰 고난으로 인해 피로 붉게 물들어 계신 분입니다. 주님을 예배할지어다. 그분을 경배할지어다! 그분을 찬미하리로다. 소리 높여 "어린 양이 존귀하시도다." 하고 노래합시다.

그 다음에, 가시관을 쓰신 주님의 모습은 회개하도록 자극합니다. 우리의 죄가 주님의 머리에 가시관을 씌웠습니까? 오, 가엾은 타락한 내 성품이여, 그대가 주님을 채찍질한 것을 인하여 내가 그대를 채찍질하겠으며, 그분이 가시에 찔리는 고통을 견디도록 한 것을 인하여 그대를 가시에 찔리게 해 주겠노라. 여러분은 여러분의 가장 사랑하는 분이 그처럼 수치를 당하신 것을 보고도, 주님을 찌른 죄들과 정전 협정을 맺거나 회담을 하겠습니까? 그럴 수 없습니다. 우리는 우리 때문에 구주께서 그같이 고난 받으신다는 것을 우리가 영혼으로 깊이 슬퍼한다는 사실을 하나님 앞에서 천명하도록 합시다. 그런 다음에, 이 날부터 죄가 우리에게 접근하지 못하도록 가시로 우리 삶에 울타리를 칠 수 있는 은혜를 주십사고 기도합시다.

오늘 저는 산사나무가 수천 개의 찌르는 가시가 빽빽이 두르고 있는 울타리 안에 자라고 있는데, 바로 그 가시덤불 한가운데 작은 새의 예쁜 둥우리가 있는 것을 본 것이 생각납니다. 어째서 그 피조물이 거기에 거처를 정하였나요? 가시가 그 새의 보호막이 되어 해를 받지 않도록 피난처를 제공하였기 때문입니다. 제가 지난 밤에 이 복된 주제에 대해서 묵상하면서, 여러분의 둥우리를 그리스도의 가시 안에 지으라고 말해야겠다 생각했습니다. 그것은 죄인들에게 안전한 거처입니다. 사탄이나 죄나 죽음도 거기에 있는 여러분에게 손을 댈 수 없습니다. 여러분의 구주의 고난을 응시하십시오. 그러면 죄가 속함 받는 것을 보게 될 것입니다. 그분의 상처 속으로 날아가십시오! 너희 겁 많고 두려워 떠는 비둘기들이여, 날아갈지어다! 너를 위해서 그처럼 안전한 안식처는 없도다. 다시 말씀드리지만, 여러분의 둥우리를 이 가시들 사이에 트십시오. 여러분은 그렇게 하고, 예수님을 신뢰하며, 예수님을 여러분의 모든 것의 모든 것으로 여기십시오. 그런 다음, 주님의 그 거룩한 머리에 다른 관들을 씌워드리십시오. 그분이 받아 마땅한 영광은 어떤 것입니까? 그분에게 드리기에 충분히 선한 것은 무엇입니까? 만일 우리가 군왕들의 모든 보물창고에서 보석들을 취할 수 있다 해도 그것들은 주님의 발 밑에 있는 조약돌의 가치에도 미치지 못할 것입니다. 만일 우리가 모든 홀과 주교관들과 교황의 삼중관과 왕관들과 그밖의 화려한 모든 것들을 다 주님 앞에 가져올 수 있다 해도, 그 모든 것들은 전혀 무가치하여 주님 앞에서 먼지 속에 던져도 상관 없을 것입니다. 그러면 우리는 무엇으로 주님께 관 씌워 드릴까요? 우리는 함께 찬미로 면류관을 엮고 진주 대신에 눈물로, 금 대신에 사랑으로 관을 꾸밉시다. 그것들은 주님이 보실 때 많은 다이아몬드들처럼 번쩍일 것입니다. 주님께서는 회개를 사랑하고, 믿음을 사랑하시기 때문입니다. 오늘 아침, 우리는 찬미로 화관을 만들고, 그것을 은혜의 월계관으로 주님께 씌워드립시다. 그리스도께서 죽은 자 가운데서 일어나신 이 날 우리는 주님을 높입시다. 오, 마음으로 그렇게 하도록 하고, 생활로 그렇게 하며, 혀로 그렇게 하도록 하는 은혜를 구합시다. 그래서 우리를 위해서 수치를 당하시려고 머리를 숙이신 주님을 영원히 찬미할 수 있게 해주시기를 구합시다.

제
75
장
—

세 시간 동안의 흑암

—

**"제육시로부터 온 땅이 어둠이 임하여
제구시까지 계속되더니"** — 마 27:45

지금 우리 시각으로 아홉시부터 정오까지 보통 때와 같은 빛이 비쳤습니다. 그래서 우리 주님의 대적들이 주님의 고난당하시는 모습을 바라보면서 욕설을 퍼붓기에 충분한 시간이 있었습니다. 주님께서 십자가에 실제로 못 박혔다는 사실에 관하여는 어떤 실수도 있을 수 없었습니다. 왜냐하면 주님은 밝은 대낮에 십자가에 못 박혀 죽으셨기 때문입니다. 그분이 나사렛 예수님이라는 사실을 우리는 분명히 확신합니다. 왜냐하면 예수님의 친구들이나 원수들 모두 예수님의 고통을 목격했기 때문입니다. 그 세 시간 동안 유대인들은 앉아서 십자가에 달리신 주님을 지켜보면서 그 비참한 모습을 두고 농담을 주고받았습니다. 저는 그 세 시간 동안 빛이 환하게 비춘 것에 대하여 감사하게 생각합니다. 그렇지 않다면 우리 믿음의 대적들은 우리 구주의 복된 몸이 정말로 그 나무에 못 박혔는지 의문을 제기하였을 것이고, 어둠에 불쑥 나타나곤 하는 박쥐들이나 올빼미들처럼 여러 가지 공상들을 지어냈을 것입니다. 만일 아침부터 밤까지 태양이 빛을 감추었다면 이 엄숙한 장면을 목격한 사람들이 있을 수 있었겠습니까? 세 시간 동안 빛이 환하게 비춤으로 자세히 조사하고 눈으로 볼 기회가 있었습니다. 그래서 우리는 빛이 너무 빨리 사라지지 않게 한 것이 지혜로운 처사라는 것을 알게 됩니다.

정오에 한낮의 빛을 가린 이 이적은 약한 가운데 계신 우리 주님께서 행하신 일임을 잊어서는 안 됩니다. 주님께서 힘이 있으시던 때에는 바다 위를 걸으셨고 죽은 자들을 살리셨으며 병든 자를 고치셨습니다. 그러나 이제 주님께서 지극히 낮은 자리에 처하셨고, 신열이 주님을 덮었으며, 기력이 쇠하고 목마르십니다. 주님께서는 영혼과 몸이 분리되는 경계점에 매달려 계십니다. 그럼에도 불구하고 정오의 해를 어둡게 할 능력을 갖고 계십니다. 그분은 여전히 진실로 하나님이십니다.

> "볼지어다, 진홍빛 피가 그 손과 머리에서
> 쏟아져 내리도다.
> 심홍색 물결이 태양빛을 가리운다.
> 그의 신음이 죽은 자들을 일깨우도다."

연약하심 중에서 이와 같은 일을 하실 수 있었다면, 힘이 있을 때에는 무엇을 못하시겠습니까? 여러분은 이 능력이 주께서 보통 힘을 발휘하지 아니하는 영역에서 나타났음을 기억해야 합니다. 그리스도께서 활동하시는 영역은 선하고 자비로운 영역이고, 따라서 빛의 영역입니다. 그리스도께서 어둠을 짓고 심판을 행하는 영역으로 들어가실 때, 주님은 기이한 일이라고 부르시는 일을 시작하시는 것입니다. 두려운 기사(奇事)들은 주님에게 어울리지 않는 일들입니다. 주님께서 정오에 해가 지게 하시고, 맑은 날에 땅을 어둡게 하시는 것은 때때로 하시는 일입니다. "주 여호와의 말씀이니라. 그 날에 내가 해를 대낮에 지게 하여 백주에 땅을 캄캄하게 하며"(암 8:9). 우리 주님께서 죽어 가시면서도 원하시면 어둠을 만드실 수 있습니다. 그렇다면 주님께서 영원토록 하나님 도성의 빛으로 살아 계시는 지금에는 우리가 어떠한 영광을 기대해야 마땅하겠습니까? 어린 양이신 그리스도는 빛이십니다. 얼마나 놀라운 빛이신지요! 하늘은 주님의 죽으시는 능력에 깊은 인상을 받아 그 빛을 상실합니다. 새 하늘과 새 땅이 부활하신 주님의 능력을 입증하지 않겠습니까? 죽어가시던 그리스도를 둘러싼 그 두꺼운 흑암은 전능자가 입으신 두루마기입니다. 그분은 다시 사셨고, 모든 권세가 그분의 손 안에 있으며, 그 모든 권세를 발휘하여 자기의 택한 백성들에게 복 주실 것입니다.

대낮에 찾아온 한밤중이 분별없는 사람의 아들들에게 참으로 놀라운 것을 깨우쳐 주었을 것입니다! 그들은 하나님의 아들이 자기들 중에 계심을 알지 못했습니다. 주님께서 인간의 구속(救贖)을 이루고 계셨음도 몰랐습니다. 모든 역사 중에서 가장 장엄한 시간이 사람들의 주의를 끌지 못하고 그냥 지나가는 것처럼 보였습니다. 그 시간에 갑자기 밤이 서둘러 자기 방에서 나와 낮을 빼앗아 버렸습니다. 모든 사람이 서로에게 "이 어둠이 무엇을 뜻하느냐?"라고 물었습니다. 일하는 것도 멈췄습니다. 밭을 갈던 쟁기도 밭고랑 안에 멈추어 서고, 나무를 패려고 들던 도끼도 들린 채 멈추었습니다. 그 시간은 사람들이 가장 바쁘게 움직이는 한낮이었습니다. 그들이 다 하나같이 멈추었습니다. 골고다 언덕에서 뿐 아니라, 모든 언덕과 골짜기마다 어둠이 덮었습니다. 삶의 행렬이 멈추었습니다. 누구라도 맹인처럼 길을 갈 때 더듬거리지 않을 수 없었습니다. 집 주인이 대낮에 종에게 등을 가져오라 명하였고, 종은 두려워 떨면서 주인의 비상한 명에 순종하였습니다. 다른 곳에서도 등불들이 반짝이고 있었습니다. 예루살렘은 밤을 만난 도성과 같았습니다. 다만 사람들이 침상에 있지 않았다 뿐입니다. 그때 사람들이 얼마나 놀랐겠습니까! 그 위대한 분이 죽어가는 운명(殞命)의 침대 주위에 합당한 고요가 내려앉았습니다. 소름 끼치는 두려움이 모든 집단의 사람들에게 덮쳤으며, 생각이 깊은 사람들은 무서운 일들을 예견하였음에 틀림없습니다. 십자가 주위에 서서 예수님의 위엄을 모독하던 자들은 두려움으로 온 몸이 굳었습니다. 그들은 상스러운 말을 멈추고, 미치광이처럼 잔인하게 조롱하는 것도 멈추었습니다. 무엇인지 모르지만 그들은 위협을 받고 있었습니다. 그들 중 비열하기 짝이 없는 자들마저도 말입니다. 좀 더 선한 사람들은 "가슴을 치며" 돌아섰습니다. 할 수 있는 한 많은 사람들이 숨을 거처로 도망하느라 비틀거렸고, 숨으려고 애를 썼습니다. 그들이 무서워하던 가공할 심판의 두려움이 가까웠기 때문입니다. 흑암의 침묵이 이어지는 동안에 사람들이 말했다고 하는 이상한 일들에 대한 전설들이 난무하는 것을 저는 이상하게 여기지 않습니다. 과거의 소문들이 참일 수도 있고 그렇지 않을 수도 있습니다. 그런 소문들이 늘 학식있는 사람들의 논쟁의 주제가 되어왔죠. 그러나 그것을 논박하느라고 드린 수고는 괜한 헛수고였습니다. 그럼에도 불구하고 어떤 사람이 된 일을 보고받고서 "하나님이 고난을 당하고 계시거나 그렇지 않으면 세상은 망하고 있는 것이다." 라고 말했다고 할지라도 우리는 놀라지 않았을 것입니다. 한 애굽 항해사가 강을 따라 배를 조종해가다가 갈대가 많은 강둑에서 나는 바스락거리는 소리 가운데 "위대한 목양신(Pan, 그리스 신화에 나오는 염소 뿔과 염소 다리를 가졌으며 피리를 부는 신 — 역주)이 죽었다"고 속삭이는 음성을 들었다는 시적(詩的) 전설을 제 믿음을 앞세워 내팽개칠 필요가 없습니다. 참으로 자연(自然)의 신께서 임종을 맞고 계셨으며, 강가에 있는 갈대보다 더 뻣뻣한 것들도 그런 소리를 들었을 때 떠는 것이 당연합니다.

이 어둠이 온 나라를 덮었다는 말을 듣습니다. 누가는 그것을 "온 땅에 어둠이 임하여"라고 기술하고 있습니다(눅 23:44). 그때 보통 때처럼 자연의 밤을 맞아 검은 휘장에 싸여 있었던 지구의 부분은 거기에 영향을 받지 않았겠죠. 그러나 깨어서 일을 하고 있던 모든 사람들에게 그 일은 위대하고 엄숙한 어떤 사건을 크게 알리는 것이었습니다. 그 일은 이제까지 전혀 경험하지 못한 일이었습니다. 그래서 모든 사람들이 놀랐습니다. 햇빛이 지극히 밝았어야 하는 바로 그때 세 시간 동안 모든 것이 어둠에 싸였기 때문입니다.

이 어둠에 중요한 교훈이 있을 것임에 틀림없습니다. 왜냐하면 우리가 역사의 중심인 십자가에 아주 가까이 나아갈 때 모든 사건이 다 의미를 가져 보이기 때문입니다. 이 어둠에서 빛이 나올 것입니다. 저는 죽음이 드리운 세 시간 동안의 장엄함을 느끼기 좋아합니다. 그 광경을 묵상하되 혼자 앉아서 어둠에 싸여 계시던 그 존엄하신 고난자를 묵상하기를 좋아합니다. 저는 성령께서 도우시는 대로 그 점을 네 가지 면에서 말씀드리려 합니다. 첫째로, 우리는 우리를 놀라게 하는 이적 앞에서 마음을 겸손히 합시다. 둘째로, 이 어둠을 무엇인가를 가려주는 휘장으로 생각해 봅시다. 셋째로, 이 어둠을 가르침을 주는 상징으로 생각해 봅시다. 그리고 넷째로, 이 어둠을 동정심을 나타내는 것으로 생각해 봅시다. 이 사건을 암시하는 예언들에서 우리는 이 사실을 미리 보게 됩니다.

1. 첫째로, 우리는 이 어둠을 우리를 놀라게 하는 이적으로 봅시다.

이 어둠이 사물의 자연스런 진행에서 완전히 벗어났다는 것이 터무니없는 사실로 보일 수 있습니다. 세상이 시작된 이래 정오에 갑자기 어둠이 온 땅을 덮었다는 걸 들어본 적이 없습니다. 그 일은 자연의 질서를 완전히 벗어난 것이었습니다. 이적을 부인하는 사람들이 있습니다. 또한 그들이 하나님을 부인한다 할지라도 지금은 그들의 그러한 태도를 다루지 않겠습니다. 그러나 하나님을 믿는 사람이 이적의 가능성을 의심한다면 그것은 매우 이상한 일입니다. 제가 볼 때, 하나님의 계심을 인정한다면 하나님께서 독자적이고 능동적인 의지를 이따금 선포하시기 위해 이적을 베푸실 것이라고 생각할 수 있습니다. 하나님께서 자신의 행동들을 위한 어떤 규칙들을 만드실 수 있고, 그 규칙을 지키는 것이 하나님의 지혜일 수 있습니다. 그러나 분명히 하나님은 자신이 정한 규칙을 벗어날 자유가 있는 것은 당연한 일입니다. 그렇지 않다면 하나님께서는 자신의 신성(神性)을 제쳐놓고 법칙을 신(神)으로 모시며 하나님 자신보다 높이 세우는 격이 될 것입니다. 하나님께서 법칙에 복종하셨고, 어떤 정해진 방식이 아니면 움직일 수 없게 자신의 손을 묶어 놓으셨다는 식으로 확신할 수 있다면, 그런 경우에 우리는 하나님의 신성의 영광을 더 많이 생각할 수 없을 것입니다. 하나님을 생각할 때 하나님의 자존성과 자유 의지를 인정하게 되면, 때로 하나님께서 보편적인 규칙으로 따르는 방법들에 매이시지 않는다는 것을 기대할 수 있습니다. 이 점을 생각하면 우리는 이적이 하나님의 신성의 증거라는 보편적인 신념에 이르게 됩니다.

제가 생각할 때 창조와 섭리의 보편적 행사들이 하나님의 신성을 보여주는 최상의 증거들입니다. 그러나 이런저런 이유에서, 보통 사람들은 이적을 신성을 보여주는 더 확실한 증거로 생각합니다. 그래서 하나님께서 이적을 베푸실 것으로 생각하는 것입니다. 주 하나님께서 낮과 밤이 있도록 질서를 세우시지만, 바로 이 경우에 여러 가지 이유로 낮의 가장 밝은 시간대에 세 시간의 밤을 끼워 넣으십니다. 그 이유가 무엇인지 주목하십시오. 더 낮은 자연 세계에서 일어나는 비상한 일이 주님께서 자연계를 다루시는 비상한 처사와 조화를 이루도록 하신 것입니다. 분명히 이 이적은 그리스도의 죽음에서 일어나고 있는 더 큰 이적에 아주 일치된 조화를 이루고 있었습니다. 이때 주님께서 친히 모든 일반적인 방식을 벗어나고 계시지 않았습니까? 태초부터 한 번도 행해진 적이 없었고, 이후에도 다시 행해지지 않을 일을 하고 계시지 않았습니까? 사람이 죽는 일은 너무 일상적인 일이라서 필연적인 일로 간주됩니다. 장례식을 알리는 조종 소리를 들을 때 우리는 놀라지 않습니다. 우리는 무덤에 친숙하게 되었습니다. 어린 친구들이 곁에서 죽는다 해도 놀라지 않습니다. 왜냐하면 죽음은 도처에 있고 우리 속에도 있기 때문입니다. 그러나 하나님의 아들이 죽으셔야 하다니, 이것은 전혀 예기치 못한 일이요, 자연 질서를 벗어날 뿐 아니라 자연 질서에 정반대되는 일입니다. 하나님과 동등이신 분이 십자가에 달려 죽으려 하시다니. 이보다 더 예외적인 법칙이나 예기치 못할 것은 아무것도 없다고 생각합니다. 정오에 해가 어둡게 된 것은 예수님의 죽음에 아주 잘 어울리는 일입니다. 그렇지 않습니까?

더 나아가 이 이적은 자연 질서를 벗어났을 뿐 아니라 불가능한 것으로 선언되 었을 일이었습니다. 만월 때에 일식은 존재할 수 없습니다. 보름에는 달이 지상 에 비치는 해를 가려 그림자를 만들 위치에 와 있지 않습니다. 유월절은 만월의 때였습니다. 그러므로 해가 가려지는 일식은 결코 일어날 수 없었습니다. 바로 해가 어두워진 이 일은 엄격히 말해서 천문학적 질서 속에 일어난 일식이 아니 었습니다. 그 어둠은 의심할 여지 없이 다른 방식으로 일어난 것입니다. 그럼에 도 불구하고 거기 있었던 자들에게는 해가 완전하게 가리어진 개기일식(皆旣日 蝕)으로 보였습니다. 그런 일은 완전히 불가능한 일이었는데도 말입니다. 아, 형 제들이여! 우리가 사람과 타락, 죄, 하나님, 그리스도, 속죄를 다룰 때, 완전히 불 가능한 일들을 대하고 있는 것입니다. 우리는 그날에 경이로움과 놀람과 기이함 이 순서대로 일어난 곳에 당도하였습니다. 영원한 사랑의 범주 안에 들어가게 되면, 장엄한 일들이 평범한 일들이 됩니다. 아니, 그 이상입니다. 이제 우리는 가능한 일들이 벌어지는 견고한 땅을 떠나서 깊은 곳에 이루어지는 하나님의 활 동과 기이한 일들을 보는 바다에 이르렀습니다. 다른 영역들에서 불가능한 일들 을 생각하면 우리는 깜짝 놀라 뒤로 물러섭니다. 그러나 십자가의 길은 신적인 것들로 싸여 있습니다. 그래서 우리는 금방 "하나님께는 모든 것이 가하니라"는 것을 깨닫습니다. 자, 그러니 예수님의 죽음에서 불가능한 것이 가능함을 보십 시오. 자, 여기서 하나님의 아들이 어떻게 죽을 수 있는지 주목하십시오. 하나님 께서 고난을 받거나 죽으실 수 있음을 함축하는 찬송가 가사를 만나면 때로 우 리는 멈칫합니다. 시인이 너무 파격적인 표현을 사용하였다고 생각합니다. 그럼 에도 불구하고 우리가 그 표현을 혹평하지 않는 것이 온당합니다. 성경에 그와 같은 말씀이 있기 때문입니다. 사도행전 20:28에 "하나님이 자기 피로 사신 교회 를"이라는 표현이 나옵니다. "하나님의 피"라니요! 아, 좋습니다. 저는 성령의 언 어를 지키는데 마음을 쓰지는 않습니다. 그러나 그런 표현 앞에서 저는 우리가 방금 부른 찬송의 가사가 정당하다고 기꺼이 말합니다.

"태양도 어둠 속에 숨어 버려

자신의 영광을 보이지 않으려 한 것은 잘한 일일세
전능하신 창조주 하나님께서 사람을 위해,
피조물의 죄를 위해 죽으실 그때에."

저는 감히 성육신하신 하나님의 죽으심을 설명하려 들지 않겠습니다. 다만 그것을 믿고 거기에 내 소망을 두는 것으로 만족합니다.

어떻게 거룩하신 분께서 스스로 죄를 짊어지실 수 있었나요? 저도 그것을 알지 못합니다. 한 지혜자가 우리에게 속담처럼 말하였습니다. '죄의 전가(轉嫁)도, 죄의 비전가(非轉嫁)도 다 불가능한 것이다.' 정말 그렇습니다. 그러할지라도 우리가 십자가를 본 이후로 그런 일들에 익숙해졌습니다. 사람들이 불합리한 것으로 여기는 것들이 우리에게 근본 진리들이 되었습니다. 십자가의 교리가 망하는 자들에게는 미련한 것입니다. 우리는 주님에게 죄가 전혀 없었다는 걸 압니다. 그럼에도 불구하고 주님께서는 친히 몸으로 나무에 달려 우리의 죄를 짊어지셨습니다. 하나님의 무죄하신 아들이 자신의 것이 아닌 죄들 때문에 고난을 받도록 어떻게 허용될 수 있었는지 저는 알지 못합니다. 그처럼 완전하게 거룩하신 분이 하나님께 버림을 받도록 공의가 허락하여 "엘리 엘리 라마 사박다니"라고 외치게 만드는지 참으로 놀랍습니다. 그러나 정말 그러하였습니다. 그것은 지극히 높은 공의의 정하신 바를 따라 그렇게 된 것입니다. 우리는 그 점을 기뻐합니다. 일식이 일어날 가능성이 전혀 없을 때 해가 가리어졌듯이, 예수님께서 우리를 위하여 그 일을 행하셨습니다. 예수님의 죽으심의 고뇌 속에서 일반적인 사람의 판단으로 볼 때 전혀 불가능하다고 단정될 일들이 일어난 것입니다. 우리의 믿음은 기이함의 땅에 당도하게 됩니다. 거기서 주 하나님의 생각들이 우리 생각보다 높기를 하늘이 땅보다 높음처럼 높음이 드러난 것입니다.

이 이적에 관해서 한 가지 더 주목해야 할 요점이 있습니다. 이 해의 어두워짐은 자연계의 모든 보통의 일식을 뛰어넘었다는 것입니다. 일반적인 일식보다 오래 어둠이 지속되었으며, 그 어둠이 다른 방식으로 임하였습니다. 누가복음에 따르면, 처음에는 어둠이 온 땅을 덮었습니다. 그런 다음에 해가 어두워진 것입니다. 어둠이 해로부터 시작된 것이 아니라, 어둠이 해를 주장하였습니다. 그것은 독특하고 초자연적인 일이었습니다. 자, 그 어떤 슬픔도 예수님이 당하신 슬픔에 비할 것이 없습니다. 우리의 위대하신 대속주의 고뇌에 필적할 고뇌가 있을 수 없습니다. 가장 강력한 빛이 가장 깊은 그늘을 물리치듯이, 예수님의 놀라운 사랑 때문에 일반 사람들에게는 임하지 않는 무서운 죽음을 치르시는 것입니다. 다른 사람들도 죽습니다. 그러나 이 사람은 "죽기까지 순종하십니다." 다른 사람들도 운명의 잔을 마시지만 쓸개 탄 잔을 마시지는 않습니다. 그러나 주님은 "죽음을 맛보셨습니다." "그는 자기 영혼을 버려 사망에 이르게 하셨습니다"(사 53:12). 주님의 모든 부분이 비상한 사망의 그림자로 어두워졌습니다. 주님 밖에 있는 자연의 어둠이 독특한 그 죽음을 덮어서 가리었을 뿐입니다.

그리고 이제 그 광경을 생각하게 될 때, 이 어둠은 지극히 자연스럽고 아주 타당하였던 것으로 보입니다. 우리 주님의 죽으심의 이야기를 써야 했다면, 이 어둠을 생략할 수 없었을 것입니다. 그것을 생략한다면 가장 중요한 항목을 소홀히 한 것이 될 것입니다. 어둠은 그 위대한 처리의 본질적인 한 부분으로 보입니다. 그 이야기를 자세히 읽어 보십시오. 그러면 여러분은 그 어둠에 대해서 전혀 놀라지 않을 것입니다. 이 분이 하나님의 아들이시라는 생각이 여러분의 마음에 친숙해지고, 주님께서 팔을 벌려 십자가에 잔인하게 죽으신다는 생각에 익숙해지면, 성전 휘장이 갈라지는 것에도 놀라지 않게 됩니다. 또한 지진이 일어나고 죽은 자들이 일어나는 것에도 놀라지 않습니다. 이런 일들은 우리 주님의 수난에 응당 함께 일어날 일들입니다. 어둠도 그러합니다. 어둠이 제자리에 들어오는 것입니다. 마치 다르게는 어찌할 수 없는 것처럼 말입니다.

> "오, 그 희생이여! 주님의 죽으심이여
> 지존하시고 영원한 거룩하신 이시여!
> 그를 아는 하늘이 점점 어두워지고
> 그 장면을 쳐다보고 있던 태양도 검어지는 것이 당연하도다."

잠시 다시 생각해 봅시다. 어둠이 가리고 있는 그 죽음이 마치 위대한 전체의 자연스런 부분인 것처럼 보이지 않았습니까? 이렇게 해서 마침내 우리는 하나님의 그리스도의 죽으심이 인간 역사의 필수적인 부분인 것처럼 느끼게 되었습니다. 여러분은 인간의 연대기에서 그 죽으심을 빼버릴 수 없지 않습니까? 타락을 생각하고, 낙원이 상실된 것을 보십시오. 그러면 여러분은 우리를 구속하셨고 그 죽으심으로 우리에게 다시 낙원을 얻게 하신 더 위대한 사람을 소개하

기 전까지는 그 시(詩)를 완성할 수 없습니다. 여러분이 계속해서 기이하게 여길
지라도 참된 모든 이적들이 결코 부자연스러운 것이 아니라는 것이 참된 모든
기적들의 비범한 특징입니다. 그 이적들은 놀랍기는 하나 결단코 기괴하지 않습
니다. 그리스도의 이적들은 인간 역사의 전반적인 노선과 꼭 맞아들어갑니다.
마르다와 마리아가 슬프게 나사로의 죽음을 말했을 때, 주님께서 지상에 계시는
데 나사로가 죽은 자 가운데서 일으키심을 받지 않을 수 있겠습니까? 제자들이
갈릴리 호수에서 풍랑을 만나 몹시 고생하고 있는데 그리스도께서 그들을 건지
시기 위해 호수 위로 걸어오시지 않을 수 있었겠습니까? 권능의 기사(奇事)들은
예수님께서 등장하시는 이야기에 응당 나오기 마련입니다. 모든 일이 주위의 사
실들과 딱 맞아떨어집니다. 로마 가톨릭 교회에서 주장하는 이적은 항상 기괴하
고, 그 곁에 있는 모든 것과 전혀 조화를 이루지 못합니다. 성자 위니프레드
(Winifred)의 머리가 우물에서 솟아올라 막 물을 기르려다가 놀란 농부에게 말
하였다는 것입니다! 그런 일이 있었는지 아닌지 저는 관심이 없습니다. 그런 일
은 역사를 조금도 바꿔놓지 못하고, 영향을 끼치지도 못합니다. 그것은 기록에
덧붙여진 것이지 기록의 한 부분은 아닙니다. 그러나 예수님의 이적들, 그 이적
들 중에서 바로 이 어둠의 이적은 인간 역사에 반드시 필요한 것입니다. 특별히
그의 죽으심과 그 죽음을 가리고 있는 이 큰 어둠의 경우가 그러합니다. 인간 역
사 속에서 일어나는 모든 일은 십자가에 초점을 맞추고 있습니다. 십자가는 추
가로 집어넣은 부분이거나 임기응변으로 보이지 않습니다. 그보다는 죄인들에
게로 사랑이 흘러나갈 수 있도록 하는 미리 준비된 적절한 통로입니다.

　　저는 할 말이 더 많이 있지만 표현이 부족하여 더 이상 말할 수 없습니다. 여
러분, 앉아서 그 짙은 어둠이 여러분을 덮어 십자가조차 볼 수 없게 될지라도 가
만히 있으십시오. 그리고 육신의 눈으로 볼 수는 없지만 여러분의 주님께서 자
기 백성의 구속을 완성하셨다는 것만을 아십시오. 주님께서는 조용한 가운데 인
내와 사랑의 이적을 행하셨습니다. 이 이적으로 말미암아 어둠과 사망의 음침한
골짜기에 앉아 있는 자들에게 빛이 임하였습니다.

2. 저는 여러분이 이 어둠을, 가려 주는 휘장으로 생각하기를 바랍니다.

　　그리스도께서 저기 나무 위에 달려 계십니다. 저는 그 무시무시한 십자가를
봅니다. 양편에 강도들이 십자가에 달린 모습을 볼 수 있습니다. 십자가 주위를

둘러보니, 예루살렘에서 온 잡다한 시민들과 서기관들과 제사장들과, 여러 다른 나라에서 온 외인들이 로마 군병들과 함께 섞여 있는 것이 보입니다. 그들이 주님을 주목합니다. 대부분이 가운데 십자가에 달리신 그 거룩하신 분에게 지독한 경멸의 눈길을 보내고 있습니다. 사실 그것은 두려운 광경입니다. 저 천한 개들과 그보다 조금 신분이 높은 바산의 황소들을 보십시오. 이들이 모두 연합하여 저 온유하고 겸손한 분을 모욕합니다. 저는 구주의 죽으심의 이야기를 읽으면서 십자가에 못 박히는 고통에 대해 생각할 때 깊은 고통을 느끼지 않을 수 없다고 고백합니다. 십자가 처형은 귀신들이 고안해 냈다고 보기에 충분한 죽음이었습니다. 그것이 수반하는 고통은 그 깊이를 헤아릴 수 없었습니다. 저는 그 고통을 묘사하여 여러분을 괴롭힐 생각은 없습니다. 그 고통의 묘사를 읽을 때마다 눈물을 흘리며 여러 날 밤을 뜬 눈으로 새울 수밖에 없는 어떤 사랑하는 성도들의 마음을 저는 알고 있습니다.

그러나 주님께서 골고다에서 당하신 것에는 고통 이상의 것이 있었습니다. 그분에게 쏟아지는 조롱과 경멸이 모든 것을 한층 더 비참하게 만들었습니다. 조롱, 지독한 비웃음, 조롱, 찌르는 말들, 이런 것들에 대해서 우리가 무슨 말을 하겠습니까? 때로 저는 프랑스 왕이 울부짖었던 일을 생각하고 약간의 공감을 느끼곤 하였습니다. "내가 거기서 내 근위대들과 함께 있었더라면 그 야비한 자들을 단박에 쓸어 버렸을 것이다." 그 광경은 참으로 처참하였습니다. 십자가에 달려 희생하는 사람의 고통은 정말로 가혹한 것이었습니다. 그러나 가증한 그 조롱자들의 악담을 누가 참아낼 수 있었겠습니까? 그러한 악행이 한창 이루어지는 가운데 어둠이 임하여 조롱자들이 더 이상 그런 짓을 하지 못하게 하신 하나님께 감사합시다. 예수님은 반드시 죽습니다. 예수님의 고통을 경감시킬 어떠한 것도 없었으며, 죽음에서 예수님을 구해낼 어떤 것도 없었기 때문입니다. 그러나 조롱자들이 입을 다물지 않을 수 없었습니다. 갑자기 임한 짙은 어둠에 그들의 입이 완전히 닫혔습니다.

그 어둠의 휘장에서 제가 보는 것은 무엇보다 범행을 저지르는 원수들로부터 숨기셨다는 사실입니다. 여러분은 그 점을 생각했습니까? 하나님께서 마치 이렇게 말씀하시는 것 같았습니다. "나도 그것을 참을 수 없노라. 이 파렴치한 처사들을 더 이상 보지 않을 것이다! 오, 어둠의 휘장이여, 내려 덮을지어다!" 그래서 짙은 어둠이 내린 것입니다.

"내가 하늘에 물었노라.
'하나님을 대적하는 어떤 원수가 이 비할 데 없는 비행을 저질렀는가?'
하늘이 소리치도다.
'그것은 사람이었다. 우리는 황망하여 죄와 수치의 그 광경을
더 이상 볼 수 없어 해를 갑자기 감추었노라.'"

하나님께 감사하게도 십자가는 숨는 처소입니다. 십자가는 죄 있는 사람들을 위해서 아무도 볼 수 없게 가려 주는 피난처를 제공합니다. 그래서 공의가 보고 내려치지 못하게 합니다. 하나님께서 그의 아들을 높여 눈에 띄게 하실 때에 사람들의 죄를 감추십니다. "알지 못하던 시대에는 하나님이 간과하셨다"(행 17:30)고 말씀하십니다. 사람들의 큰 죄마저도 하나님께서는 등 뒤로 던지고 다시 보지 않으시고 오히려 오래 참으시며 긍휼을 베푸시며 그들의 격노케 함을 인내하십니다. 돌아다니며 착한 일을 행하시고 온갖 질병을 치료하신 분을 사람들이 그처럼 터무니없이 잔인하게 대하는 것을 보시는 영원한 하나님의 마음은 슬프기 짝이 없었음에 틀림없습니다. 백성의 선생들이 그리스도를 멸시하고 거절하며, 그리스도를 마땅히 자기들의 메시아로 받아들였어야 할 이스라엘의 후손이 그분을 멸시하고 혐오하여 내쫓는 것을 보는 것은 끔찍한 일이었습니다. 그러므로 저는 어둠이 온 땅을 덮어 그 수치스러운 광경을 끝내라고 명하신 하나님께 감사한 마음이 듭니다. 여기 이 자리에 있는 죄인들에게 말씀드리고 싶습니다. 주 예수님께서 여러분의 죄를 그 짙은 어둠보다도 더 철저하게 가리게 하셨음을 인하여 하나님께 감사하라고 말입니다. 그리스도 안에서 하나님이 여러분을 멸망시키기에 충분한 공의의 엄격한 눈으로 보시지 않음을 인하여 감사하십시오. 여러분이 그 죽는 것을 보고 멸시하였던 예수님께서 개입하시지 않았다면, 여러분은 오래 전에 여러분의 죄의 결과로 죽고 말았을 것입니다. 그러나 주님 때문에 하나님께서 여러분을 보시지 않은 것처럼 여러분이 살도록 허락 받은 것입니다. 이 오래 참으심은 여러분에게 회개할 기회를 주려 하심입니다. 그러니 그리스도께 나오지 않겠습니까?

그러나 더 나아가, 그 어둠은 주님의 그 복된 인격을 거룩하게 숨기는 것이었습니다. 말하자면, 천사들이 자기들의 임금을 위해서 그 두꺼운 구름의 장막을 쳤습니다. 그 장막 안에서 우리 임금께서 그 비참한 시간 동안 숨겨질 수 있었습니

다. 그 장막은 너무도 두꺼워서 악한 자들이 그 흠 없으신 분을 무례하게 볼 수 없었습니다. 그 원수들이 예수님을 온통 발가벗기고 그 겉옷을 제비뽑지 않았습니까? 그러므로 그 거룩한 몸이 결국 합당한 가림막을 갖게 된 것은 온당한 일이었습니다. 슬픔의 조각 도구에 의해 그 복되신 몸에 새겨진 흔적들을 짐승 같은 자들이 보는 것은 합당치 못하였습니다. 신성(神性)이 거하는 그 거룩한 몸이 우리를 대신하여 하나님의 진노의 철장 아래 부서져 뒤틀리는 모습을 술 마시고 떠드는 자들이 보는 것은 합당치 않았습니다. 예수께서 우리를 위해서 죄로 여기심을 당할 때 행하신 모든 것과 견디신 모든 것을 아무도 보지 못하게 하나님께서 그를 덮으신 것은 합당한 일이었습니다. 그렇게 주님을 가려 주신 하나님께 경건하게 찬미를 올리나이다. 태양을 보기에 합당치 못하고, 더 나아가 의의 태양이신 분을 쳐다보기에는 더더욱 합당치 못한 자들이 감히 보지 못하게 막을 쳐서 그분을 가리었습니다.

이 어둠은 매우 경건한 우리에게도 경고합니다. 이 어둠은 주님의 고난이 큰 신비라서 샅샅이 파고들어 알 수 있는 것이 아님을 우리 모두에게 말해 줍니다. 저는 주님의 고난을 대속으로 설명하려고 합니다. 성경이 분명하게 말하고 있는 곳에서는 저도 분명하게 말할 수 있고, 또 그렇게 말해야 한다고 생각합니다. 그러나 대속의 개념이 그 일 전체를 대변한다고는 생각지 않습니다. 인간이 가진 어떤 관념도 그리스도께서 당하신 그 무시무시한 고난의 신비 전체를 완전하게 파악할 수는 없습니다. 그 일은 어둠 속에서 행해졌습니다. 그 일의 광범위하고 충만한 의미와 결과는 유한한 지성으로는 파악할 수 없는 것이기 때문입니다. 예수님의 죽으심이 자기희생의 위대한 모범이었다고 말해 보십시오. 그러나 저는 그 사실을 알고 그보다 훨씬 더 큰 것을 볼 수 있습니다. 예수님의 죽으심은 하나님의 뜻에 놀랍게 복종한 것이라고 말해 보십시오. 그러나 저는 그 사실을 알고, 그보다 훨씬 더 큰 것을 볼 수 있습니다. 세상의 무수한 죄인들이 자기들 죄의 징벌로 졌어야 하는 것을 대신 담당한 것이라고 말해 보십시오. 저는 물론 그 사실을 볼 수 있습니다. 거기에 나의 최고의 소망이 달려 있는 것을 압니다. 그러나 그것이 십자가에 내포되어 있는 전체라고 말하지는 마십시오. 이 사실이 크긴 하지만, 우리 구주의 죽으심에는 훨씬 더 많은 것이 들어 있습니다. 하나님만이 하나님의 사랑을 아십니다. 그리스도만이 머리를 숙이고 영혼을 아버지 손에 맡기며 마치신 그 모든 일의 의미를 아십니다. 자연 속에도 꼬치꼬치 파고들려 하면 불경이 되는 세속적인 신비들이 있습니다. 그러나 이것은 거룩한 신비입니다. 우리는 그 신비 앞에서 신발을 벗어야 합니다. 골고다라 불리는 그곳이 거룩한 땅이기 때문입니다. 하나님께서 어둠으로 십자가를 가리셨습니다. 십자가의 더 깊은 의미는 어둠 속에 많이 숨어 있습니다. 하나님께서 십자가를 가리고 싶으셨기 때문이 아니라, 우리가 십자가의 전체적인 의미를 분간하기에 충분한 능력을 갖고 있지 못하기 때문에 그렇게 하신 것입니다. 하나님께서 육체로 나타나셨습니다. 주님은 인간의 몸으로 자기를 희생으로 드려 죄를 없이하셨습니다. 이 점을 우리 모두가 압니다. 그러나 "크도다, 경건의 비밀이여, 그렇지 않다 하는 이 없도다"(딤전 3:16).

또 한 가지를 말하자면, 이 어둠의 휘장은 흑암의 권세가 항상 그리스도의 영광을 감춰 버리려고 애쓰는 방식을 보여줍니다. 우리가 십자가를 설교하려 할 때 흑암과 싸우고 있는 것입니다. 그리스도께서 "이제는 너희 때요 어둠의 권세로다"(눅 22:53)고 말씀하셨습니다. 바로 그 시간에 소집된 지옥의 군대들이 우리 주님의 심령을 맹렬히 공격하고 있었음에 틀림없습니다. 우리는 또한 이 어둠의 권세가 맹렬한 세력을 부리고 있는 곳이 있다면 바로 그리스도께서 높이 들려진 곳이 거기임을 알게 됩니다. 십자가를 가리는 것은 영혼의 대적들이 꾀하는 큰 목적입니다. 여러분은 십자가를 주목한 적이 있습니까? 복음을 미워하는 이 사람들은 다른 교리는 검토하지 않고 다 그냥 지나쳐 버릴 것입니다. 그러나 속죄의 교리가 설교되고, 거기서 연유되어 나온 진리를 선포하면 곧바로 발끈합니다. 십자가처럼 마귀를 격동시키는 것은 없습니다. 현대 신학은 속죄의 교리를 회석시키는 것을 주요 목적으로 삼고 있습니다. 이 현대의 오징어들은 먹물로 생명수를 검게 만듭니다. 그들은 죄를 하찮은 것으로 취급하고, 죄의 형벌을 잠시 겪는 일로 취급합니다. 그렇게 질병을 낮추어 평가하니 질병의 치료도 얕잡아보는 것입니다. 우리는 그들의 간계를 모르지 않습니다. 형제들이여, 흑암의 구름이 십자가를 둘러싸서 죄인들이 십자가를 보지 못하게 하려고 한다는 것을 아십시오. 그러나 거기에 임한 어둠이 끝이 날 것도 아십시오. 빛이 어둠을 뚫고 분출되어 나옵니다. 죽지 않고 영원히 살아 계시는 하나님의 아들이라는 영원한 빛이 나옵니다. 그리스도께서는 죽은 자 가운데서 다시 살아나 영원토록 악의 어둠을 흩어 버리십니다.

3. 이제 우리는 이제 이 어둠이, 교훈을 주는
상징이라는 점에 대해서 이야기하도록 합시다.

어둠의 휘장이 내려와 감춥니다. 그러나 동시에 어둠은 상징으로서 계시하는 바가 있습니다. 그것은 이렇게 말하는 것 같습니다. "그 안을 샅샅이 뒤지려고 하지 말고 그 휘장 자체로부터 무엇인가를 배우라. 그 휘장을 향하여 일하는 천사들이 있도다." 이 사실에서 우리는 실제로 볼 수 없는 예수님의 고통을 짐작하게 됩니다.

어둠은 하나님의 독생자를 죽인 자들에게 떨어지는 하나님의 진노를 상징합니다. 하나님께서 분노하셨습니다. 하나님의 성난 얼굴이 낮의 빛을 거두어 갔습니다. 죄가 당신의 독생자를 죽이고 있을 때 하나님께서 진노하시는 것은 당연한 일입니다. 유대인 농부들이 "이는 상속자니 자 죽이고 그의 유산을 차지하자."(마 21:38)라고 말할 때 분노하시는 것이 당연하였습니다. 이는 또한 모든 인류를 향하신 하나님의 진노입니다. 왜냐하면 예수님께서 죽으실 때 그 일에 모든 사람들이 실제적으로 다 찬동하였기 때문입니다. 바로 그 진노가 사람들을 어둠 속으로 몰아넣었습니다. 그들은 무지하였고 눈멀었으며 미혹당하였습니다. 그들은 자기 행실이 악하기 때문에 빛보다 어둠을 더 사랑하게 되었습니다. 그 어둠 속에서 회개치 않고 하나님의 그리스도를 계속 배척합니다. 하나님께서 그 어둠 속에 있는 사람들을 들여다보시면서 만족해하실 수 없습니다. 하나님께서는 그들을 어둠의 자녀요 하나님의 진노의 상속자들로 보고 계십니다. 그들을 위해서 어둠의 흑암이 영원토록 예비되어 있습니다.

그 상징은 또한 우리 주 예수 그리스도께서 무엇을 견디셨는지를 말해 줍니다. 주님 밖의 어둠은 주님 안에 있었던 어둠을 상징적으로 드러낸 것입니다. 겟세마네에서 짙은 흑암이 주님의 심령 속에 임했습니다. 주님은 "지극히 고민하여 죽게 될" 정도였습니다. 주님의 기쁨은 하나님과 교통하는 것입니다. 그런데 그 기쁨이 사라졌습니다. 주님께서 어둠 속에 계셨습니다. 주님에게는 하나님 아버지의 얼굴빛이 낮이었습니다. 그런데 얼굴이 가려지고 공포의 밤이 주님을 둘러쌌습니다. 형제들이여, 구주의 영혼을 눌렀던 슬픔이 어떠한 것이었는지를 제가 말할 수 있는 체하는 것은 그 휘장에 대하여 죄를 짓는 일입니다. 제가 말할 수 있는 것은 주님과 함께 그 고난에 참여하게 되었다는 것뿐입니다. 여러분은 죄의 깊고 압도적인 공포를 느낀 적이 있습니까? 여러분 자신의 죄든 다른 사람들의 죄든 간에 말입니다. 하나님의 사랑의 빛에 비추어 죄를 본 적이 있습니까? 여러분의 예민한 양심에 죄가 공포스럽게 떠돌아다닌 적이 있습니까? 엄청난 진노에 대한 의식이 한밤의 어둠처럼 여러분에게 덮쳐온 적이 있었습니까? 진노가 여러분을 둘러싸거나 여러분 주위에 있거나, 여러분 위에 혹은 여러분 안에 있는 것을 느낀 적이 있습니까? 여러분이 연약에 싸여 있고, 그래서 하나님으로부터 내쫓겼다고 느낀 적이 있습니까? 둘러보아도 아무런 도움을 얻지 못하고, 하나님 안에서도 어떤 위로도 받지 못하고, 소망도 평안도 없는 상태를 맛보았습니까? 이런 모든 일을 겪었다면 여러분은 우리 주님께서 던져진 소금 바다의 짜고 쓴 고통을 조금 맛본 것입니다. 아브라함처럼 여러분에게 큰 흑암의 공포가 갑자기 임하였다는 것을 느꼈다면, 아버지 하나님께서 여러분의 주님으로 상하게 하시고 질고를 당하게 하시기를 기뻐하셨을 때 주님께서 당하신 고난을 조금 맛본 셈입니다. 주님으로 하여금 피가 섞인 땀방울을 땅에 뚝뚝 떨어지게 만든 것이 그 공포입니다. 십자가에서 섬뜩하게 울부짖으며 "나의 하나님, 나의 하나님, 어찌 나를 버리셨나이까?"라고 외치시게 만든 것이 바로 그것이었습니다. 주님으로 하여금 그렇게 울부짖게 만든 것이 가시 면류관이나 채찍이나 십자가의 고통이 아니었습니다. 오히려 어둠, 버림받았다는 무서운 흑암이 주님의 생각을 짓눌렀고, 괴로워 미칠 듯한 느낌을 갖게 하였습니다. 주님을 위로할 수 있는 모든 것이 다 사라졌습니다. 주님을 괴롭힐 수 있는 모든 것이 쌓여 주님을 눌렀습니다. "사람의 심령은 그 병을 이기려니와 심령이 상하면 그것을 누가 일으키겠느냐"(잠 18:14). 우리 구주께서 심령이 상하여, "내 마음은 밀랍 같아서 내 속에서 녹았으며"(시 22:14)라고 외치셨습니다. 영적인 위로와 모든 육신적 위로를 모두 빼앗기셨으며, 주님의 비탄은 극에 달하였습니다. 골고다의 어둠은 보통 밤의 어둠과 달라서 별들이 보이지 않습니다. 그 어둠은 하늘에 걸려 있는 모든 등불을 다 꺼버렸습니다. 주님의 강력한 울부짖음과 눈물이 주님 영혼의 깊은 고통을 나타냈습니다. 주님께서는 마음으로 감당할 수 있는 모든 능력을 다 쓰신 셈입니다. 주님의 마음의 능력이 신성과 연합하여 확장되고 활기를 더 충만히 갖게 되었음에도 불구하고 말입니다. 주님께서는 지옥에 해당하는 고통을 다 감내하셨습니다. 아니, 그뿐만 아니라 율법을 만족시키기 위해서 지옥의 만 배의 분량을 견디셨습니다. 우리 주님께서는 죽으실 때 세상이 멸망당하기 위해 선고된 것보다 훨씬 더 큰 분량으로 괴로움을 겪음으로써 공의를 만족시키셨습니다. 제가 이렇게 말씀드렸는데, 이 이상으로 말할 수 있는 것이 무엇입니까? 이 말로 할 수 없는 어둠, 하나님의 얼굴을 가리고 있는 이 가림막이야말로 다 형언할 수 없는 예수님의 비통을 잘 나타낸다고 말해도 좋을 것입니다.

다시, 저는 그 어둠 속에서 예수님께서 무엇과 싸우고 계셨는지를 볼 수 있다고 생각합니다. 왜냐하면 십자가는 주님께 전투(戰鬪) 장소였음을 잊지 말아야 하기 때문입니다. 주님은 그 싸움터에서 영광스럽게 승리하신 것입니다. 주님께서는 그때 흑암과 싸우고 계셨습니다. 사탄이 그 수장으로 있는 흑암의 권세들과 싸우고 계셨으며, 인간의 무지와 부패와 거짓됨의 흑암과도 싸우고 계셨습니다. 이렇게 골고다에서 나타난 전투는 그때까지 치열하게 진행되어 왔습니다. 그때 투쟁이 절정에 이르렀습니다. 왜냐하면 두 큰 군대의 대장들이 직접 전투에 참여하고 있었기 때문입니다. 여러분과 제가 참가하는 전투는 우리에게 떨어진 작은 몫으로서, 어둠의 모든 권세들이 하나님의 전능하신 아들을 대적하여 굳게 뭉쳐 공세를 취하던 그 전투에는 비교할 바가 못 됩니다. 주님께서 그들의 공격을 견디내셨으며, 그들의 무시무시한 공격의 충격을 당해냈습니다. 결국 승리의 고함을 외치며 원수들을 사로잡았습니다. 주님께서는 권능과 신성으로 어두운 밤을 다시 낮으로 바꾸셨고, 이 세상이 다시 빛의 통치를 받도록 하셨습니다. 하나님을 찬미합시다. 빛의 통치는 결코 끝이 없을 것입니다. 너의 어둠의 대군들아, 감히 또 덤빌 테면 다시 전투장에 나와 보거라! 십자가가 너희를 물리쳤도다. 십자가가 너희를 물리칠 것이다. 할렐루야. 십자가는 승리의 상징입니다. 십자가의 빛은 어둠의 소멸입니다. 십자가는 험난한 날씨에 타격을 입은 가련한 인간을 평화의 항구로 인도하는 등대입니다. 이는 위대하신 아버지의 집 문 위에서 비추어 탕자들을 돌아오도록 유도하는 등불입니다.

우리는 본향으로 가는 순례 길에서 우리를 괴롭히는 모든 흑암을 두려워하지 마십시다. 예수님께서 그 모든 것을 이기시는 빛이시기 때문입니다.

주님께서 침묵을 깨시기까지 어둠은 끝나지 않았습니다. 모든 것은 조용하였고, 어둠은 지독히 깊어졌습니다. 마침내 주님께서 말씀하셨고, 주님의 음성이 시편을 말하셨습니다. 그것은 시편 22편의 말씀이었습니다. "나의 하나님, 나의 하나님, 어찌 나를 버리셨나이까?" "엘리, 엘리"라고 외치는 소리가 그 장면에 아침빛을 환하게 밝혔습니다. 주님께서 "어찌하여 나를 버리셨나이까?"라고 외치셨을 바로 그 즈음에 사람들은 다시 보기 시작하였습니다. 심지어 어떤 사람들은 주님의 말씀을 잘못 해석하였는데, 무지해서라기보다는 공포에 싸여서 그리한 것입니다. 그들은 "그가 엘리야를 부른다."고 말했습니다. 그들의 말이 조롱투로 한 것일 수도 있습니다. 그러나 저는 그렇게 생각지는 않습니다. 어쨌든 그 말을 하는 그들은 아무 생각이 없었고 그들 동료들의 응답에도 아무 생각이 없었음이 드러났습니다. 그럼에도 불구하고 빛이 비치므로 그들이 신 포도주를 해면에 적실 수 있었습니다. 형제들이여, 예수님께서 말씀하시지 않으시면 어떤 빛도 어두운 마음에 찾아들지 못할 것입니다. 우리를 위해서 주님의 외치시는 음성, "어찌하여 나를 버리셨나이까?"라는 음성을 듣기까지는 빛이 분명해 보이지 않을 것입니다. 질고에 찬 주님의 음성은 우리 질고의 종말임에 틀림없습니다. 어둠 속에서 주님이 외치신 그 울부짖음은 우리의 우울한 마음에 격려를 틀림없이 보냅니다. 흑암 속에서 주님께서 외치신 것이 우리의 마음에 천상의 아침을 엽니다.

이 본문 속에 얼마나 많은 것이 함축되었는지 여러분은 보셨습니다. 사람이 건강하고 활기가 넘칠 때 그러한 주제에 대해서 말하는 것은 기쁜 일입니다. 그런 경우 우리는 납달리(Naphtali)처럼 거리낌 없이 말하게 되고 좋은 말이 흘러넘칩니다. 그러나 오늘 저는 몸이 괴롭고 마음도 얼어붙는 것 같습니다. 그럼에도 불구하고 주님께서는 내 어눌한 말에 복을 주시어, 이 어둠 속에 우리 중 어느 누구도 소홀히 해서는 안 되는 깊고 넓은 의미가 있음을 여러분으로 알게 하실 수 있습니다. 만일 하나님께서 여러분의 묵상을 도우신다면 이 어둠이 여러분 주위를 밝혀 주는 빛이 될 것입니다.

4. 이제 네 번째 요점이자 마지막으로 드릴 말씀은
공조(共助)에 대한 것입니다.

여러분은 자연이 자기를 지으신 주님께 공감하는 것이 보입니까? 즉 하늘에 있는 태양이 의(義)의 태양에 공조를 나타내고 있는 것이 보입니까? 만물을 존재하게 하신 분이 어둠 속에 계시는데 자연은 빛 가운데 그대로 남아 있는 것은 불가능한 일이었습니다.

내가 첫째로 보는 공조의 사실은 이것입니다. 그리스도께서 빛을 발하시지 않자 모든 빛이 희미해진다는 것입니다. 주님께서 빛을 비추시지 않으시면 모든 것이 흑암입니다. 교회 안에 예수님께서 계시지 않으면 그 교회 안에 무엇이 존재하겠습니까? 예수님께서 뒤로 물러가신다면 태양 자체가 우리에게 빛을 산출할 수 없었습니다. 일곱 촛대는 주님께서 그 사이에 다니시며 손질을 하고 거룩한 기름을 채우지 않으시면 금방 꺼질 것입니다. 형제 여러분, 그리스도께서 여러분과 함께하지 않으시면 여러분은 금방 힘이 빠지고 심령도 쇠미해지며 손도 풀리게 됩니다. 만일 예수 그리스도를 온전하게 설교하지 않으면, 또 그의 성령으로 말미암아 그리스도께서 우리와 함께 계시지 않으시면, 단번에 모든 것이 어둠 속에 들어갑니다. 십자가를 모호하게 말해 보십시오. 그러면 모든 영적 교훈을 흐려놓은 셈입니다. 여러분은 이렇게 말할 수 없습니다. "나는 다른 모든 요점에서 명료하고, 다른 모든 교리에 대하여도 분명하게 말할 것이다. 그러나 너무도 많은 사람들이 트집을 잡고 있으니 속죄의 교리는 피할 것이다." 선생들이여, 결코 그럴 수 없습니다. 촛불을 밝혔으나 그것을 가려놓으면 집안 전체가 어둡습니다. 모든 신학은 십자가에 공감하며, 십자가에 의해 영향을 받고 채색됩니다. 여러분이 드리는 경건한 예배와 읽는 책들과 공적인 예배가 다 이런저런 방식으로 십자가와 연결될 것입니다. 만일 십자가가 어둠 속에 있다면, 여러분이 행하는 모든 일도 다 어둠 속에 있게 될 것입니다.

> "너희가 그리스도에 대하여 어떻게 생각하느냐?
> 그것이 바로 그대의 활동과 계획을 시험하는 시금석이로다
> 그리스도에 대하여 바르게 생각지 않는 한
> 나머지 모든 일에서 결코 옳을 수 없도다."

여러분의 의심들을 불러내 보십시오. 철학들을 꾸며내 보십시오. 여러분 자신의 이론을 만들어 보십시오. 거기에서 십자가가 제외되었다면 거기에는 어떤 빛도 존재하지 않을 것입니다. 여러분 자신이 만든 불꽃들도 헛되고, 여러분은 슬픔 속에서 눕게 될 것입니다. 그리스도의 하신 일과 그 산고가 우리에게 제일 중요한 것이 되고 유일한 소망이 되지 않는다면 우리의 모든 일과 산고도 결국 헛될 것입니다. 우리에게 유일한 빛인 그리스도의 십자가에 대해서 깜깜하다면 여러분의 어둠이 얼마나 크겠습니까?

다음으로, 모든 피조물이 다 그리스도께 의존되어 있음을 주목하십시오. 그리스도께서 물러나시자 모든 피조물이 어두워진 사실에서 그 점이 입증되었습니다.

모든 세계를 만드신 분이 죽는데, 그럼에도 불구하고 온 세상은 이전에 행한 그대로 계속 진행된다는 것은 합당치 않은 일이었습니다. 그리스도께서 빛이 소멸되는 고통을 겪으신다면 모든 피조물도 일식의 고통을 겪어야 합니다. 의의 태양이 피 속에 진다면, 자연계의 태양도 그분을 따라 져야 합니다. 친구 여러분, 그리스도와 자연 세계 사이에는 우리 중 어느 누가 생각한 것보다 훨씬 더 놀라운 공조가 있다고 저는 믿습니다. 피조물 전체는 지금까지 고통 가운데 함께 신음하고 산고를 겪고 있습니다. 왜냐하면 그리스도께서 교회 안에서 해산의 수고를 하고 계시기 때문입니다. 그리스도께서 그 신비로운 몸 안에서 여전히 해산의 수고를 하고 계십니다. 그래서 전체 피조물도 하나님의 아들이 나타나심을 고대하고 있음에 틀림없습니다. 우리는 하늘로부터 주님이 오시기를 기다리고 있습니다. 언덕이나 골짜기, 산이나 바다 가운데 교회와 함께 그리스도의 오심을 기다리지 않는 것은 없습니다. 여러 곳에서 지진이 일어나고, 화산이 터지고, 무서운 태풍이 일어나고 사망에 이르는 질병이 무섭게 퍼져 나가도 놀라지 마십시오. 불길한 징조들과 낙담하게 하는 일들에 대한 소문이 들릴 때도 기이하게 여기지 마십시오. 끝이 오기 전에 그런 일들이 있어야 하는 것입니다. 위대한 목자께서 자신의 굽은 지팡이로 홀을 삼고 더 이상 고통이 없는 통치를 시작하시기 전에 이 가련한 지구는 도처에서 피를 흘리는 일이 있어야 합니다. 길게 지연되는 이 날들이 끝날 때까지는 어둠이 있어야 합니다. 그리스도께서 오실 때까지 평온한 역사가 진행되리라고 기대하는 사람은 잘못 알고 기대하는 것입니다. 관대한 정치가 질서와 만족을 창출할 것이며, 자유 무역의 확대가 열국에 보편적인 평안을 불어넣을 것이라고 생각하는 자들은 죽은 자들 가운데서 살아 있는 자들을 찾는 것이나 같습니다. 주님께서 오실 때까지 세상은 나가서 "엎드러뜨리고 엎드러뜨리고 엎드러뜨리는"(겔 21:27) 일을 합니다. 그래서 예수님께서 오실 때까지 다른 나라들에서 뿐만 아니라 이 나라에서도 모든 것이 뒤집어엎어질 것입니다. 흔들릴 수 있는 모든 것이 다 흔들리고, 오직 그리스도의 진동치 못할 보좌와 진리만이 남을 것입니다. 자, 지금은 주께서 어둠과 싸우시는 때입니다. 그러니 아직은 방해 받지 않는 빛이 영구히 계속 되리라는 희망을 가질 수 없습니다.

사랑하는 친구 여러분, 그리스도의 마음을 어둡게 만들고 그 짙은 어둠 속에서 그리스도를 죽게 만든 그 죄가 온 세상을 어둡게 하고 있습니다. 그리스도를 어둠 속으로 몰아넣었고 어둠 속에서 십자가에 매달리게 한 그 죄가 그리스도를 믿지 않는 여러분을 어둡게 하고 있으며, 오직 세상의 빛 되시고 여러분에게 빛을 주실 수 있는 그분에게 오지 않는 한, 여러분은 어둠 속에서 살다가 어둠 속에서 죽을 것입니다. 그리스도 안에 있는 사람을 제외하고는 그 어떤 사람을 위해서도 빛은 존재하지 않습니다. 그리스도를 믿기까지 짙은 흑암이 여러분을 동여 맬 것이고, 여러분은 그 흑암 속에서 넘어지고 망하게 될 것입니다. 그것이 바로 제가 여러분에게 가르쳐 주고 싶은 교훈입니다.

또다른 실제적인 교훈은 이것입니다. 우리가 이 시간에 어둠 속에 있을지라도, 우리의 심령이 어둠에 가라앉아 있을지라도, 절망하지 맙시다. 왜냐하면 주 예수 그리스도께서 친히 어둠 속에 계셨기 때문입니다. 죄 때문에 비참에 떨어졌다 할지라도 모든 소망을 포기하지 맙시다. 왜냐하면 아버지께서 지극히 사랑하시는 이도 내가 겪는 어둠보다 짙은 어둠을 통과하셨기 때문입니다. 오, 믿는 영혼이여, 그대가 어둠 속에 있다면 그대의 왕의 지하 저장실에 더 가까이 있는 셈이로다. 그 지하실에서는 포도주가 잘 숙성됩니다. 여러분은 주님의 장막 속에 들어간 셈이고, 그래서 주님과 함께 말할 수 있습니다. 여러분은 번지르르한 교만의 장막 속에서는 그리스도를 만나지 못할 것입니다. 악함의 어리석은 소굴 속에서도 만나지 못할 것입니다. 음악과 춤과 술잔이 인간의 정욕에 불을 붙이는 곳에서는 주님을 만나지 못할 것입니다. 그러나 여러분이 애통의 집에 가면 슬픔의 사람이신 그분을 만날 것입니다. 헤로디아가 춤추는 곳이나 버니게가 매력을 뽐내는 곳에 주님은 계시지 않고, 오직 슬픔에 찬 심령으로 기도하는 여인이 있는 곳에 주님은 계십니다. 어둠 속에 잠잠히 앉아 자기 잘못을 비통해하는 곳에는 주님이 반드시 계십니다.

> "주여, 어둠의 시간에
> 내 방을 그림자가 가득 채우는 시간에
> 고통이 차 올라 신음을 발하는 곳에서,
> 슬픔이 진하여 신음하고 애통하는 때에
> 주님은 가까이 계시니이다."

여러분이 구름 아래 있을지라도 주님을 간절히 바라십시오. 필시 주님을 만날 수 있을 것입니다. 여러분은 깊은 슬픔 속에 가만히 서서 말하십시오. "오, 주여, 설교자가 주님의 십자가도 이와 같은 어둠 속에 서 있었을 때가 있다고 말하더이다. 오, 예수님이시여, 내 기도를 들으소서." 그럴 때 주님께서는 여러분에게 응답하실 것입니다. 주님께서 구름 기둥 속에서 보시고 여러분에게 빛을 발하실 것입니다. "나도 그들의 슬픔을 안다."고 말씀하십니다. 주님께서는 마음이 상한 자를 결단코 모르지 않으십니다. 그리스도께서 한때 우리의 죄 때문에 고난을 당하셨습니다. 그를 신뢰하십시오. 그러면 주님께서 여러분에게 빛을 비추실 것입니다. 주님을 의뢰하십시오. 그러면 주님께서 여러분을 어두운 광야에서 끌어내어 안식의 땅으로 인도하실 것입니다. 하나님께서 여러분이 그렇게 하도록 도우시기를 바라나이다!

　지난 월요일에 저는 지난 주일 아침 강론을 통해서 생명과 빛과 자유함을 얻었다고 하는 한 형제로부터 편지를 받았는데, 그 편지로 말미암아 저는 말로 다할 수 없는 격려를 받았습니다. 저는 여러분의 영혼들에게 제 설교가 유익하였다는 말을 듣는 것보다 더 큰 기쁨이 없습니다. 바로 그 이유 때문에 저는 오늘 아침 신체적으로는 몹시 힘든 상태에 있었지만 설교하려고 애를 썼습니다. 오, 구원 받은 사람들로부터 그런 소식을 더 많이 듣게 해 주십사고 하나님께 기도합니다! 방황하다가 어두운 황무지로 들어간 어떤 심령이 빛을 찾다가 제 설교를 통해 본향에 이르는 길을 발견할 수 있으면 좋겠습니다! 만일 여러분이 나의 주님을 발견하였다면, 그 주님을 그냥 놓아 보내지 마시고 새벽이 될 때까지 그를 꼭 붙잡으라고 간청하는 바입니다. 그러면 어둠이 달아날 것입니다. 하나님께서 여러분을 도우셔서 그렇게 하게 하시기를 예수님의 이름으로 빕니다! 아멘.

제

76

장

—

"엘리 엘리 라마 사박다니"

—

"제구시쯤에 예수께서 크게 소리 질러 이르시되 엘리 엘리
라마 사박다니 하시니 이는 곧 나의 하나님, 나의 하나님, 어
찌하여 나를 버리셨나이까 하는 뜻이라." ― 마 27:46

"제육시로부터 온 땅에 어둠이 임하여 제구시까지 계속 되더니." 이 외침은
바로 그 어둠 속에서 터져 나왔습니다. 그 외침이 맑게 비치는 의의 태양으로부
터 나오는 광선답게 높은 데서 오기는 하였지만, 그 외침 한 마디 한 마디를 다
꿰뚫어 보리라고 기대하지는 마십시오. 그 외침 속에는 빛과 밝음과 번쩍이는
광선이 있습니다. 그러나 그 중심에는 침투하여 들어갈 수 없는 어둠이 있습니
다. 그 중심에서는 그 두려운 어둠 때문에 영혼은 즉시 기진해 버리고 맙니다.

그때 우리 주님은 자신이 걸어가시는 길목에서 가장 어두운 위치에 계셨습
니다. 우리 주님께서는 지금까지 여러 시간 동안 포도즙 틀을 밟으셨고, 이제 그
역사가 거의 마쳐질 참이었습니다. 주님의 고뇌는 절정에 이르렀습니다. 이것은
지극히 낮은 비참 가운데서 슬퍼하며 외친 비탄입니다. "나의 하나님, 나의 하나
님, 어찌하여 나를 버리셨나이까." 저는 시간의 세계나 심지어 영원 세계에서 그
보다 더 고뇌에 찬 진술을 발견하지 못한다고 생각합니다. 이 주님의 고뇌 앞에
서는 쓴 쑥이나 쓸개즙이나 그밖의 쓰디쓰기 이를 데 없는 모든 것들이 다 뒤로
물러갑니다. 여기서 여러분은 거대한 심연을 들여다보는 것 같을 것입니다. 여
러분이 눈에 힘을 주고 눈이 침침해질 때까지 뚫어지게 볼지라도 바닥이 전혀

보이지 않습니다. 그 깊은 밑바닥은 헤아릴 수 없으며, 그 깊이를 가늠하여 재어 볼 수 없습니다. 저와 여러분을 위한 구주의 이 고뇌는 바로 죄가 필요로 하는 그만큼 크고 무거운 것입니다. 혹 다르게 말한다면, 그 고뇌는 그런 죄의 크기와 무게를 견뎌낸 사랑입니다. 우리는 이해할 수 없는 곳에서 외경심으로 찬미할 것입니다.

제가 이 주제를 택한 것은 하나님의 자녀들로 하여금 구속하시는 주님께 진 무한한 빚에 대하여 조금이라도 이해하도록 돕기 위함입니다. 주님의 슬픔의 깊이로 주님의 사랑의 높이를 잴 수 있다면 재어 보십시오. 주님의 슬픔의 깊이를 알 수 있다면, 그렇게 재 보십시오. 우리를 율법의 저주에서 구속하시기 위해 치르신 대가가 얼마나 큰지를 아십시오! 여러분이 그것을 알면 자신에게 말하십시오. "우리가 그러하면 어떠한 사람이 되어야 마땅하겠느뇨! 임박한 진노에서 우리를 구원하시기 위해서 그 극한 형벌을 담당하신 분께 우리가 마땅히 어떠한 사랑을 돌려드려야 하는가?" 저는 이 깊음 속으로 뛰어들어 그 깊이를 잴 수 있다고 장담하지 않습니다. 저는 다만 그 깊음의 가장자리에라도 가보려고 할 생각입니다. 그리고 여러분에게 그 깊음의 밑을 내려다보며 하나님의 성령께 죽어 가시는 우리 주님의 이 비탄에 마음을 집중할 수 있게 해 주시도록 기도하라고 말할 것입니다. 그 짙은 흑암을 뚫고 그 슬픔의 외침을 들어보십시오. "나의 하나님, 나의 하나님, 어찌 나를 버리셨나이까?"

우리가 가장 먼저 생각할 주제는 사실입니다. 아니면 그가 무슨 고통을 당하셨는가 하는 것입니다. 하나님께서 우리 주님을 버리셨습니다. 두 번째로, 우리는 주님의 **질문**을 주목할 것입니다. 즉 주님께서 왜 고난을 받으셨는가에 대해서 생각할 것입니다. "어찌하여"라는 말이 본문의 가장 예리한 요점입니다. "어찌하여 나를 버리셨나이까?" 그런 다음 세 번째로, 그 질문에 대한 대답을 숙고할 것입니다. 즉 주님의 고난이 무엇을 가져왔는가 하는 것입니다. 주님의 질문에 대한 응답이 부드럽게 주 예수님의 영혼 속으로 흘러 들어가 더 이상 말을 필요로 하지 않았습니다. 왜냐하면 주님께서는 고통을 그치시고 이내 "다 이루었도다."는 승리의 외침을 발하셨기 때문입니다. 주님의 일은 완성이 되었습니다. 주님께서 버림받으신 일이 우리를 위해서 주님께서 담당하신 역사(役事)의 가장 중요한 부분이었습니다.

1. 성령의 도우심을 따라 우리는 먼저 그 사실에 대해서,
즉 우리 주님께서 어떤 고난을 받으셨는가에 대해서 생각해 봅시다.

하나님께서 주님을 버리셨습니다. 마음의 슬픔은 몸의 고통보다 더 견디기 어렵습니다. 여러분이 심령이 용감하고 강건한동안에는 분발해서 몸의 고통과 아픔의 격통을 견딜 수 있습니다. 그러나 영혼이 다치고 마음이 고뇌로 병들게 되면, 고통마다 그 혹독함이 더해지고, 그래서 그것을 이겨내고 버틸 힘이 없게 됩니다. 영적 슬픔은 정신적 고통들 가운데서 가장 나쁜 것입니다. 사람이 자기에게는 의지할 하나님이 계시다고 느끼면, 세상적인 문제들에 관하여 마음의 침체를 견뎌낼 수 있습니다. 그는 내팽개쳐져도 절망에 떨어지지 않습니다. 그는 다윗처럼 자신과 대화하며 이렇게 물을 수 있습니다. "내 영혼아, 네가 어찌하여 낙심하며 어찌하여 내 속에서 불안해하는가. 너는 하나님께 소망을 두라. 내가 여전히 찬송하리로다"(시 42:5). 그러나 만일 주님께서 자기를 떠나시거나 한 시간만이라도 주님이 함께 하신다는 위로의 빛이 가려지게 되면, 가슴속에 고통이 생기는데, 그것은 마치 지옥의 전주곡을 듣는 것과 같다고 밖에 할 수 없습니다. 이것이 마음을 가장 무겁게 짓누를 수 있는 고통입니다. 이것이 시편 기자로 하여금 "주의 얼굴을 내게서 숨기지 마시고 주의 종을 노하여 버리지 마소서."(시 27:9)라고 탄원하게 만든 것입니다. 몸에서 피가 나는 것을 참을 수도 있고, 상한 심령도 견딜 수 있습니다. 그러나 하나님께 버림을 받았다는 의식이 들면 정말 참아낼 수 없는 한계에 이른 것입니다. 주 하나님께서 보좌에서 얼굴을 돌리시고 구름으로 얼굴을 가리셨다면, 누가 그 어둠을 견딜 수 있겠습니까?

"음부의 뱃속"(욘 2:2)에서 나온 이 소리는 구주의 슬픔의 지극히 깊은 심연을 표시합니다. 하나님은 정말로 그를 버리셨습니다. 어떤 면들에서 우리 주님은 "아버지께서 나와 함께 하신다."라고 말씀하실 수 있었습니다. 그럼에도 불구하고 하나님께서 예수님을 버리신 것은 엄숙한 사실이었습니다. 그것은 주님께서 믿음이 약해져서 사실이 아닌 것을 상상으로 그렇게 생각한 것이 아닙니다. 우리는 믿음이 약해지면 하나님께서 우리를 버리셨다고 생각합니다. 그러나 우리 주님의 믿음은 한순간도 흔들리지 않았습니다. 왜냐하면 주님께서 "나의 하나님, 나의 하나님"이라고 두 번이나 말씀하시기 때문입니다. 그것은 주저하지 않는 믿음으로 두 번에 걸쳐 힘 있게 하나님을 붙잡는 행위였습니다! 그것은 마치 주님께서 이렇게 말씀하시는 것처럼 보입니다. "아버지께서 나를 버리셨을지라도 나는 아버지를 버린 적이 없습니다." 믿음이 이기고 있는 것입니다. 살아 계신 하나님을 향한 믿음이 연약해졌다는 표징이 전혀 보이지 않습니다. 주님의 믿음이 그렇게 강하지만, 그럼에도 불구하고 주님은 하나님께서 위로의 교제를 거두셨다고 느끼며, 그래서 두려운 상실감을 겪으며 떨고 계시는 것입니다.

　그 일은 결코 공상이나 몸이 약해져서 온 정신 착란이 아니었습니다. 심한 열이나 심령의 우울함 혹은 거의 죽을 지경에 처하게 되어서 생긴 정신 착란이 아니었습니다. 주님은 끝까지 정신을 차리고 계셨습니다. 계속 고통 가운데 계시며 피가 빠져나가고 조롱하는 이들의 경멸과 목마름과 외로움을 견디셨습니다. 십자가와 못 박힘과 조롱에 대해 불평하신 적이 없습니다. 우리는 복음서들에서 육신의 약함 때문에 "내가 목마르다"고 자연스럽게 소리치신 것 외에 다른 어느 것도 읽을 수 없습니다. 주님은 몸으로 겪으신 그 모진 고통을 다 잠잠히 참아내셨습니다. 그러나 하나님께 버림 받으셨다는 생각이 미치게 될 때 주님의 위대한 마음은 "라마 사박다니, 어찌하여 나를 버리셨나이까?" 하고 외치지 않을 수 없었습니다. 주님께서 슬퍼하신 것은 오직 하나님에 관한 것입니다. "어찌하여 베드로가 나를 버렸는가? 어찌하여 유다가 나를 배반하였는가?"라는 것이 아닙니다. 그 일들도 예리한 슬픔이었습니다. 그러나 하나님께 버림 받으셨다는 것이 가장 큰 슬픔입니다. 그 슬픔이 주님을 너무도 큰 고통을 주었기에 "나의 하나님, 나의 하나님, 당신께서 어찌하여 나를 버리셨나이까?"라고 외치지 않을 수 없었습니다. 그 일은 어둠의 망상에서 터져 나온 외침이 아니었습니다. 주님께서 정말 애통해하신 것은 하나님의 부재였습니다.

　이것은 아주 놀랄 만한 버리심이었습니다. 당신의 자녀들과 당신의 종들을 버려두시는 것이 하나님의 방식이 아닙니다. 하나님의 종들은 크게 연약하고 고통 가운데서 죽게 되었을 때 하나님이 가까이 계심을 발견합니다. 하나님이 함께 계시기 때문에 찬미를 부르게 됩니다. "내가 사망의 음침한 골짜기로 다닐지라도 해를 두려워하지 않을 것은 주께서 나와 함께 하심이라"(시 23:4). 죽어가는 성도들은 살아 계시는 하나님을 분명히 봅니다. 그동안의 관찰을 통해서 보면, 다른 때는 주님께서 떠나계신 것처럼 보일지라도 죽는 순간이나 환난의 용광로 속에서는 주님께서 그 백성을 결코 떠나 계시지 않는 것을 알 수 있습니다. 다니엘서에 나타난 하나님의 거룩한 세 자녀의 관한 기록을 읽어 보십시오. 그들이 느부갓네살의 풀무불 가운데서 행하기 전에는 주님께서 항상 눈에 보이게 그들과 함께 계셨다고 기록하고 있지 않습니다. 그때 그 자리에서 주님은 그들을 만나셨습니다. 그렇습니다. 사랑하는 여러분, 하나님께서는 고통 받는 자기 백성들과 함께 하시는 것이 하나님의 행하시는 방식입니다. 그런데 하나님께서 그 아들이 고통 가운데 있을 때 버리셨습니다! 주님께서 피 흘리기까지 충성하는 주님의 증인들과 함께 하시는 것이 통상적으로 행하시는 방식입니다! 순교자들의 이야기가 담긴 책을 읽어보십시오. 초대교회 때의 박해이든 그 후의 박해이든, 어느 때를 연구하여 보든지 여러분은 주님께서 분명 그 증인들과 함께 계셨다는 증거를 볼 수 있을 것입니다. 주 하나님께서 화형대에 서 있는 순교자 한 사람을 지원하지 못하시겠습니까? 교수대에 서 있는 주님의 증인들 중 한 사람이라도 버리신 적이 있으셨습니까? 주님은 그의 성도들이 몸으로 고난을 당하도록 허용하시는 동안에도 그들의 심령을 기이하게 붙들어 넉넉히 이기게 하셨습니다. 그래서 그들이 자기가 당하는 고난을 가볍게 여기게 하셨음을 교회는 항상 증거하였습니다. 화형대의 불이 '장미 침대'는 아니었습니다. 그러나 그 불은 승리의 불 병거였습니다. 칼은 예리하고, 죽음은 쓰디씁니다. 그러나 그리스도의 사랑이 달콤하므로 그리스도를 위해서 죽는 것이 영광이 되었습니다. 하나님께서 자신의 전사들을 버리거나 그 자녀들 중 가장 작은 소자라도 시련의 때에 내버려 두시는 것은 하나님의 방식이 아닙니다.

우리 주님의 경우, 하나님의 버리심은 독특하였습니다. 이전에 주님의 아버지께서 버리신 적이 있으십니까? 네 복음서를 샅샅이 뒤진다 할지라도, 이전에 아버지께서 자기를 버리셨다고 주님이 불평하신 경우를 본 적이 있었습니까? 아닙니다. 오히려 "항상 내 말을 들으시는 줄을 내가 알았나이다"(요 11:42)고 말씀하셨습니다. 주님께서는 항상 하나님과 교제하는 가운데 사셨습니다. 아버지와 교제하시는 것이 항상 친밀하였고 분명하였습니다. 그러나 지금 처음으로 주님께서 "어찌하여 나를 버리셨나이까?"라고 울부짖으십니다. 이 경우는 매우 주목할 만합니다. 이 경우는 주님께서 우리를 사랑하셔서 자신을 우리를 위해 내 주셨다는 사실로만 풀 수 있는 수수께끼였습니다. 주님께서 이루시려는 그 목표를 실행하시느라 이 슬픔을 맛보고, 하나님께 버림을 받으신 것을 애통하는 데에 이르셨다는 점을 알아야만 풀 수 있는 수수께끼였습니다.

이 버리심은 매우 지극히 두려운 일이었습니다. 하나님께 버림당하는 일이 어떤 것인지 온전하게 말할 수 있는 자가 누구입니까? 우리가 세상에서 잠시 부분적으로 하나님께 버림받았다는 느낌을 가졌을 때 경험한 것으로 짐작할 뿐입니다. 하나님은 우리를 떠나신 적이 없습니다. 왜냐하면 "내가 너를 떠나지 않고 버리지 않을 것이다."고 분명하게 말씀하셨기 때문입니다(사 43:1-7). 그럼에도 불구하고 우리는 하나님께서 우리를 내치신 것 같다는 느낌을 종종 갖습니다. 그래서 "오, 제가 하나님을 어디서 찾을 수 있는지 알기만 한다면"이라고 외쳤습니다. 아버지께서 주님을 사랑하시는 것을 보여주는 분명한 광채가 사라졌습니다. 이렇게 하나님께서 주님을 버리셨을 때 주님께서 어떻게 느끼셨을지에 대해 우리는 조금밖에 알 수 없습니다. 예수님의 마음은 한 가지 어두운 주제에 관하여 골똘히 생각하지 않을 수 없었습니다. 마음에 힘을 주는 어떤 주제도 찾지 못했습니다. 그때는 "그가 그들의 죄악을 친히 담당하리로다."(사 53:11)라고 한 옛 적의 예언대로 주님께서 하나님 앞에 죄를 짊어지는 자로 뚜렷한 의식을 가지고 서야 할 시간이었습니다. 그래서 하나님께서 "그를 우리를 대신하여 죄로 삼으셨다."라는 것이 진리가 되었습니다(고후 5:21). 베드로는 그 점을 이렇게 진술합니다. "친히 나무에 달려 그 몸으로 우리 죄를 담당하셨으니"(벧전 2:24). 죄, 죄, 죄가 그리스도를 온통 둘러싸고 있었습니다. 주님은 죄를 지으신 적이 없으셨습니다. 그러나 주님께서는 "우리 모두의 불의를 짊어지셨습니다." 위로부터 주어진 어떤 힘도 없었고, 그 상처를 부드럽게 하는 은밀한 기름도 없었고, 포도주도 부어진 적이 없었습니다. 오직 그분은 세상 죄를 지고 가는 하나님의 어린 양으로 외롭게 나타나시게 되었습니다. 그러므로 그분은 죄의 무게를 느끼지 않을 수 없고, 하나님께서 그것을 차마 보실 수 없어 그 거룩한 얼굴을 외면하신 것입니다.

　그때 아버지 하나님께서는 주님을 공개적으로 인정하는 일을 전혀 하지 않으셨습니다. 다른 때에 주님은 "이는 내 사랑하는 아들이요 내 기뻐하는 자."라는 음성을 들으셨습니다. 그러나 지금은 그러한 증거가 가장 요구되어 보이는 때인 데도 불구하고 하나님께로부터 오는 음성이 전혀 없었습니다. 저주 받은 자로 십자가에 달려 계셨습니다. 왜냐하면 그분은 "우리를 위하여 저주를 받은 바 되사 … 기록된 바 나무에 달린 자마다 저주 아래 있는 자 하였기"(갈 3:13) 때문입니다. 하나님께서는 사람들 앞에서 주님을 인정하지 않으셨습니다. 아버지께서 그리하시기를 기뻐하셨다면 열두 군단의 천사들을 보내실 수 있었습니다. 그러나 그리스도께서 겟세마네를 떠나신 이후에 한 명의 천사도 오지 않았습니다. 그리스도를 경멸하는 자들이 그 얼굴에 침을 뱉었지만, 기민한 스랍 천사 하나도 의로운 복수를 하기 위해 내려오지 않았습니다. 주님을 경멸하던 자들이 주님을 묶어 채찍질하였지만, 그 어깨에 내리치는 채찍을 막으려고 하늘의 군대 중 한 명이라도 내려와 간섭하지 않았습니다. 그들이 주님을 못으로 나무에 단단히 박고 높이 들며 조롱하였습니다. 그런데도 섬기는 영들 중 한 무리도 그 폭도들을 물리치고 생명의 임금을 구하려 신속하게 내려온 적이 없었습니다. 아니, 주님은 정말 하나님께 버림을 받았으며, "매 맞으며 환난을 당하는 것"처럼 보였습니다. 그래서 잔인한 사람들의 손에 넘겨져 그 악독한 손들이 주님께 끝도 없이 고통을 가하였습니다. 정말 주님께서 "나의 하나님, 나의 하나님, 어찌하여 나를 버리셨나이까?"라고 묻지 않을 수 없었습니다.

그러나 그것이 전부가 아니었습니다. 이제까지 그리스도께서 전 생애를 통해서 누리셨던 아버지와의 평화로운 교통과 사랑스러운 사귐이라는 거룩한 물줄기를 그리스도의 아버지가 끊으신 것입니다. 여러분도 기억하다시피 주님께서 친히 "보라, 너희가 다 각각 제 곳으로 흩어지고 나를 혼자 둘 때가 오나니 벌써 왔도다. 그러나 내가 혼자 있는 것이 아니라 아버지께서 나와 함께 계시느니라."(요 16:32) 하고 말씀하신 것을 기억하실 것입니다. 이제까지 주님은 바로 그 사실에서 부단한 위로를 받았습니다. 그러나 이 모든 위로가 다 말라 버렸습니다. 하나님의 성령께서 더 이상 그의 심령을 돕지 않으셨습니다. 아버지와의 사랑의 교통들이 다 끊어졌습니다. 재판장 되신 이가 법정에서 죄인들을 대표하여 서 있는 자에게 미소를 띠는 일은 불가능하였습니다. 우리 주님의 아버지께 대한 믿음이 떨어진 것이 아닙니다. 이미 말씀드렸듯이 주님께서는 "나의 하나님, 나의 하나님"이라고 말씀하셨기 때문입니다. 그럼에도 불구하고 그의 마음은 어떤 지원도 느낄 수가 없었고, 어떠한 위로도 그 마음에 흘러 들어오지 못했습니다. 한 작가는 예수님께서 하나님의 진노를 맛보지 않고 오직 하나님과의 교제가 철회되는 것을 겪으셨다고 선언합니다. 그 차이는 무엇입니까? 하나님께서 따사로움을 거두셨거나 차갑게 대하셨거나 결국 한 가지입니다. 하나님께서 주님에게 미소를 띠지 않으셨고, 주님이 하나님 가까이 계시다고 느끼도록 허락하시지 않았습니다. 이것이 주님의 지극히 부드러운 심령에는 말할 수 없이 고통스런 슬픔이었습니다. 한번은 어떤 성도가 말하였습니다. 자기가 슬픔에 빠졌을 때 하나님께로부터 "필요한 양식은 받았으나 온화하게 대하시는 것은 받지 못했다."고 말입니다. 그런 일이 합당한 일이기는 하지만 달콤한 것은 아니었습니다. 우리 주님께서는 극도의 상실감으로 고통을 겪으셨습니다. 사람을 살게 하고 삶을 즐겁게 만드는 빛을 박탈당하셨습니다. 여러분도 하나님께서 함께 하시고 사랑하신다는 의식을 상실하는 것이 무엇인지 나름대로 아실 것입니다. 하나님께 버림을 받으셨다는 느낌을 가지고 계신 구주의 슬픔이 어떠하였는지 희미하게나마 짐작할 수 있을 것입니다. "터가 무너지면 의인이 무엇을 하랴"(시 11:3). 우리 주님께는 아버지의 사랑이 모든 것의 초석이었습니다. 그것이 가버린 다음에는 모든 것이 함께 다 사라진 것입니다. 밖에도 안에도 위에도 아무것도 남지 않았습니다. 전적으로 신뢰하는 그분의 하나님이 그분에게서 완전히 돌아서셨습니다. 그렇습니다. 하나님께서는 모든 방면에서 우리 구주를 버리셨습니다.

하나님께 버림받으신 일이 우리가 그런 경우였을 때보다 예수님께는 더 큰 괴로움의 원인이 되는 것입니다. 여러분은 "오, 어떻게 그렇습니까?"라고 말하겠죠. 그분은 완전히 거룩하신 분이셨기 때문입니다. 완전히 거룩한 존재가 거룩하신 성삼위의 하나님과 결별하였다면 가장 이상하고 가장 비정상적이며 가장 당혹스럽고 고통스러운 일임에 틀림없었을 것입니다. 여기 계시는 분 가운데 하나님과 화목하지 아니한 사람은 누구나 주님의 참된 상태를 알 수만 있다면, 놀라서 기절할 것입니다. 사죄 받지 않은 사람들이 자기들이 처한 곳이 어떤 곳인지 알고, 이 순간에 자신들이 하나님 보시기에 어떠한 존재라는 걸 알기만 한다면, 하나님과 화해하기 전까지 결코 웃지 않을 것입니다. 슬프게도, 우리는 죄의 속임수로 무감각하고 굳어져서 우리의 참된 상태를 느끼지 못합니다. 주님은 자신의 완전한 거룩함 때문에 거룩한 삼위 하나님께 버림 받는 것을 지극히 두려운 참화로 느끼신 것입니다.

저는 또한 우리의 복되신 주님께서 하나님과 결코 금가지 않은 교제 가운데서 살아오셨음을 기억합니다. 버림을 받는 일은 그분에게는 처음 겪는 슬픔이었습니다. 그분은 그때까지 어둠이 어떠한 것인지를 몰랐습니다. 하나님의 빛 가운데서 늘 살아오셨기 때문입니다. 하나님의 사랑하시는 자녀들이여, 만일 여러분이 항상 하나님과 충만한 교제 가운데 거하여 왔다면, 여러분의 날들은 지상에서 하늘을 누리는 날들과 같았을 것입니다. 그런데 자신이 버림을 당하여 어둠 가운데 있음을 발견하면 마음이 얼마나 차갑게 얼어붙겠습니까? 완전한 사람이신 그분에게 일어나는 것과 같은 것을 마음속에 상상할 수만 있다면, 어째서 우리 복되신 사랑하시는 주님께 그것이 특별한 시련이 되었는지 그 이유를 알수 있을 것입니다. 기억하십시오. 주님께서는 우리 중 어떤 사람보다도 더 풍성하게, 그리고 부단히 하나님과 교제를 누리셨습니다. 주님께서 아버지와 가지신 교제는 가장 높고 가장 깊고 가장 온전한 차원의 교제였습니다. 그런데 그 교제를 잃어버리셨으니, 그 심령이 어떠하였겠습니까? 우리가 하늘에 속한 신령한 교제를 즐거이 경험하다가 상실하면, 그것은 몇 방울을 잃어버리는 것에 불과합니다. 그럼에도 불구하고 그 손실은 죽는 것 같은 고통을 줍니다. 그러나 우리 주예수 그리스도께는 바닷물이 말려진 것 같았습니다. 제 얘기는 무한하신 하나님과 누리신 교제의 바다를 상실하신 것을 말하는 것입니다.

주님은 하나님 없이 존재하는 것을 완전히 자신을 짓누르는 비참으로 틀림없이 느끼셨을 분임을 잊지 마십시오. 모든 방면에서 그분은 완전하셨습니다. 모든 부분에서 하나님과 교제를 누리기에 최상의 상태를 유지하셨습니다. 죄 있는 사람은 하나님을 두려워할 필요가 있습니다. 그러나 우리 주님은 그 두려움을 알지 못합니다. 그러므로 그는 완전한 사람에게 임할 하나님에 대한 굶주림과 갈망을 하나님으로부터 빼앗길 것이라고 생각하지 않습니다. 주님의 본성의 완전함 때문에 거룩한 사람은 하나님과 교제를 누리거나 아니면 고독하게 지낼수밖에 없게 됩니다. 길 잃은 천사를 상상해 보십시오! 자기가 섬기는 하나님을 잃어버린 스랍 천사를 생각해 보세요! 그가 완전한 거룩함을 지니고 있다고 생각해 보십시오. 그런데 하나님을 만날 수 없는 조건에 떨어져 버렸다고 합시다! 저는 그 천사의 상태를 묘사할 수 없습니다. 아마 밀턴(John Milton) 같으면 묘사했을 수 있을 것입니다. 그 천사는 죄가 없으며, 믿음에 충실합니다. 그런데도 자기는 하나님께 버림받았다는 강렬한 느낌을 지니고 있습니다. 그는 아무데도 가지 않았습니다. 하나님께서 등을 보이시는 곳에 가는 것은 상상할 수도 없습니다. 그때 그룹 천사는 "나의 하나님, 나의 하나님, 나의 하나님, 어디에 계십니까?"라는 탄식을 발할 것이라고 생각합니다. 아침의 아들들에게 있어서 그 일은 정말 얼마나 큰 슬픔이겠습니까! 그러나 여기서 우리는 하나님과 훨씬 더 충만한 교제를 누리는 분의 슬픔을 보고 있습니다. 위대하신 아버지의 사랑을 받기에 더 합당하신 분인 만큼 그에 비례하여 아픔도 훨씬 더 강렬합니다. 독생자로서 주님은 어떤 종이나 천사보다도 더 충만한 교제를 하나님과 누릴 수 있습니다. 그런데 지금 하나님께 버림을 받고, 마음속에서 느끼는 공허감은 더 크고, 고뇌는 더 쓰라립니다.

우리 주님의 마음과 모든 성품은 도덕적으로나 영적으로 너무나 우아하게 형성되어 있습니다. 그리고 지극히 섬세하고 부드러우십니다. 그래서 하나님 없이 존재한다는 것은 그분께는 무게를 잴 수 없을 정도의 큰 슬픔이었습니다. 저는 본문에서 주님이 하나님의 버리심을 견디는 것을 봅니다. 그런데 저는 그분이 그것을 참아낼 수 없다고 느낍니다. 그러한 역설(逆說)이 아니고는 제가 마음으로 뜻하는 바를 어떻게 표현할 수 있을지 모르겠습니다. 그분은 하나님 없이 존재하는 것을 참아내실 수 없습니다. 주님은 하나님께서 자신을 떠나시는 것에 복종하셨습니다. 죄인의 대표로 마땅히 처할 자리가 그것입니다. 그러나 순결하고 거룩한 주님은 고요한 세 시간이 지난 후에 사랑과 순결의 심정으로서는 견딜 수 없는 처지를 만납니다. 그 처지에서 시간을 다 채우신 후에 침묵을 깨고 외치셨습니다. "어찌하여 나를 버리셨나이까?" 주님은 자기가 당하는 고난과 싸우고 계신 것이 아닙니다. 오히려 그분은 그렇게 고난 받게 만든 처지에 계실 수 없었던 것입니다. 마치 주님께서는 호된 시련을 끝내셔야 하는데, 고통 때문이 아니라 도덕적 충격 때문에 끝내셔야 하는 것처럼 보입니다. 주님은 고난을 앞두고 "할 만하시거든 이 잔을 내게서 지나가게 하옵소서 그러나 나의 원대로 마시옵고 아버지의 원대로 하옵소서"라고 외치셨습니다. 그런데 여기서 주님이 그 고난 뒤에 다시 그렇게 외치시는 것을 듣는 셈입니다. "나의 하나님, 나의 하나님, 어찌하여 나를 버리셨나이까?" 이 외침은 그리스도께서 죄인들을 위한 대속자의 위치에서 그 거룩한 심정이 놀라서 부르짖는 소리입니다.

친구 여러분, 저는 최선을 다했습니다. 그러나 제 자신이 볼 때에는, 제 위에 있는 무한히 높은 어떤 것에 대하여 어린 아이가 혀짤배기 소리로 중얼거리려는 것 같습니다. 저는 우리 주 예수께서 우리를 위해서 하나님께 버림을 받으신 그 엄숙한 사실에 대해서는 이만큼 다루고 마치겠습니다.

2. 이는 우리로 하여금 어째서 주님이 고난을 받으셨는지 생각하게 만듭니다.

"나의 하나님, 나의 하나님, 어찌하여 나를 버리셨나이까?"라는 이 울부짖음을 자세히 주목하십시오. 정말 이 울부짖음은 순전한 고뇌, 아무것도 섞이지 아니한 괴로움을 지닌 울부짖음입니다. 그러나 그것은 경건한 영혼의 고뇌입니다.

그러한 차원에 속한 사람만이 그같이 부르짖었을 것이기 때문입니다. 우리는 그로부터 유익한 몇 가지 교훈을 배웁시다. 이 울부짖음은 시편에서 따온 것입니다. 주님께서 가장 예리한 슬픔을 느끼셨을 때 그 슬픔을 가장 합당하게 표현할 말을 성경에서 찾으셨으니, 그 거룩한 책을 우리 주님께서 사랑하심을 보여주는 사례가 아닙니까? 여기서 우리는 시편 22편의 첫 구절을 만나게 됩니다. 오, 우리가 영감된 말씀을 참으로 사랑해서 그 책의 악보를 따라 노래할 뿐만 아니라 그 운율에 따라 울기까지 할 수 있으면 얼마나 좋겠습니까!

또, 우리 주님의 슬픔은 하나님을 향한 것임을 주목하십시오. 경건한 사람들은 고통 가운데 있을 때 자기를 치는 손을 돌아다봅니다. 구주의 외침은 하나님을 대적하는 것이 아니라 하나님을 향한 것입니다. "나의 하나님, 나의 하나님." 주님은 하나님께 더 가까이 하려고 두 배의 노력을 기울이고 계십니다. 여기에 참된 아들의 모습이 드러나 있습니다. 어둠 가운데 있는 자식이 아버지를 찾아 울부짖고 있습니다. "나의 하나님, 나의 하나님." 고통 가운데 계신 예수님께는 성경과 기도가 다 친밀하였습니다.

그 다음에, 그 울부짖음이 믿음의 표현이라는 점을 생각해 봅니다. 주께서 "어찌하여 나를 버리셨나이까?"라고 물으셨지만, 그보다 먼저 "나의 하나님, 나의 하나님"이라고 두 번이나 말씀하셨기 때문입니다. "나의"라는 말에 주님께서 하나님을 자기 하나님으로 굳게 붙잡고 있는 마음이 나타나 있습니다. 그러나 "하나님"이라는 말에는 겸허한 경외심이 들어 있습니다. 그 표현은 이러합니다. "나의 하나님, 나의 하나님, 당신은 언제나 내게 하나님이십니다. 그리고 저는 가련한 피조물입니다. 저는 당신과 다투지 않습니다. 당신의 모든 권리는 의문의 여지가 없이 정당합니다. 왜냐하면 당신은 나의 하나님이시기 때문입니다. 당신은 원하시는 대로 하실 수 있나이다. 당신의 거룩한 주권에 저는 복종합니다. 저를 치시는 당신의 손에 입 맞추나이다. 온 마음을 다하여 저는 '나의 하나님, 나의 하나님'이라고 울부짖나이다." 고통으로 미칠 것 같은 때에도 여전히 성경을 생각하십시오. 여러분의 마음이 종잡을 수 없을 때 마음이 시은좌(施恩座)를 향하여 다가가도록 하십시오. 여러분의 마음과 육체가 쇠미해질 때 여전히 믿음으로 살면서 "나의 하나님, 나의 하나님"이라고 부르짖으십시오.

우리는 예수님이 던지신 그 질문을 좀 더 면밀히 살펴봅시다. 제게 있어서 그 질문은 언뜻 주님의 마음이 평정을 잃고 산만해져 나온 질문같이 보였습니다.

그러나 그 질문은 불합당한 것이 아니라 너무도 이치에 꼭 맞는 것입니다. "아버지께서 어찌하여 나를 버리셨나이까?" 예수님께서 모르셨나요? 예수님께서 버림받으신 이유를 모르셨나요? 예수님은 분명히 그 이유를 아셨습니다. 그런데도 불구하고 그의 인성(人性)이 사정없이 두들겨 맞아 가루로 부서지고 있는 동안에는 마치 그렇게 큰 슬픔을 당할 이유를 알 수 없는 것처럼 보였습니다. 주님은 버림을 당하셔야 했습니다. 그러나 그처럼 지독하게 고통스러운 슬픔을 당할 충분한 이유가 있을 수 있었습니까? 그 잔은 그렇게 쓰디써야 했습니다. 그러나 그 잔 속에 들어 있는 성분이 그처럼 메스꺼워야 할 이유가 무엇입니까? 저는 해서는 안 될 말을 할까봐 몹시 떨고 있습니다. 제가 그것을 말했고, 거기에 진리가 있다고 저는 생각합니다. 슬픔의 사람이 공포심에 짓눌렸습니다. 바로 그 순간에 사람이신 예수 그리스도의 유한한 영혼이 하나님의 무한한 공의와 무섭게 접촉하셨던 것입니다. 하나님과 사람 사이에 오직 유일한 중보자로서 서 계신 사람으로서 예수 그리스도께서, 사람의 죄를 대적하여 무장한 하나님의 거룩함을 보셨던 것입니다. 우리 주님께서는 인성을 취하셨습니다. 하나님께서 예수님을 위하셨고 예수님과 함께 계신 것은 의심의 여지가 없는 사실이었습니다. 그러나 바로 그때에는 주님이 느끼시는 한에서 하나님께서 예수님을 대적하셨고, 따라서 필연적으로 예수님을 떠나셨습니다. 그리스도의 거룩한 영혼이 하나님의 무한한 공의와 고통스럽게 접촉하게 되었을 때 전율을 느끼셨다는 것은 놀라운 일이 아닙니다. 비록 예수님이 고통을 당하시는 의도는 하나님의 무한한 공의를 만족시켜드리고 율법을 제정하신 분을 영화롭게 하는 것이었지만 말입니다. 우리 주님은 이때 "주의 모든 파도와 물결이 나를 휩쓸었나이다."(시 42:7)라고 말씀하실 수 있었습니다. 그러므로 주님께서는 논리로 비평하려는 자의 차가운 손으로 분석할 수 없는, 고뇌로 달구어진 언어를 사용하십니다. 비통이 문법 학자의 법칙에는 별로 중요하지 않아 보입니다. 지극히 거룩한 사람도 극도의 고통 가운데 있을 때에는 순결과 진실을 따라서 말할 수밖에 없지만 자신만의 언어를 사용하게 됩니다. 이 언어는 동정하는 마음을 가진 사람만이 충분히 듣고 받아들일 수 있습니다. 저는 이 말씀에 들어 있는 모든 것을 다 보지는 못합니다. 그러나 제가 볼 수 있는 것도 여러분에게 말로 다 표현할 수가 없습니다.

　저는 그 표현에서 복종과 결심을 볼 수 있다고 생각합니다. 우리 주님은 뒤로 물러서지 않으십니다. 그 질문에는 앞을 향하여 나아가는 움직임이 있습니다. 일을 그만두는 사람은 일에 대해서 더 이상 질문을 던지지 않습니다. 주님께서는 하나님께서 버리시는(forsaking) 일을 어서 빨리 끝내 주시기를 요구하지 않으십니다. 다만 그 의미를 새롭게 이해하고자 하셨습니다. 주님은 움츠리지 않으십니다. 오히려 "나의 하나님, 나의 하나님"이라는 말로써 자신을 하나님께 새롭게 드리십니다. 고뇌의 근거와 이유를 재검토함으로써 그 고통을 마지막까지 참으실 것을 결심하십니다. 주님께서는 이제까지 당신을 지탱해 주었고 또 끝까지 지탱해 주어야 하는 그 동기를 다시금 느끼기를 간절히 희망하셨습니다. 주님의 그 외침이 제게는 마치 깊은 복종과 강한 결심, 그리고 하나님께 간청하는 것처럼 들립니다.

여러분은 주님이 "우리를 위하여 죄를 삼으신 바 되셨을 때"(고후 5:21) 놀라서 그렇게 울부짖게 되었다고 생각지 않습니까? 그처럼 거룩하고 순결하신 분이 속죄제물이 된다는 것이 놀라운 경험이었기 때문입니다. 죄가 그분에게 지워졌고, 이제 그는 죄를 지은 사람처럼 취급을 받으셨습니다. 물론 개인적으로는 죄를 한 번도 지으신 적이 없습니다. 자, 가장 거룩하신 하나님을 대적한 반역에 따르는 무한한 공포심이 그의 거룩한 영혼을 채우고 있으며, 죄의 불의가 그의 마음을 부수고 있으며, 그래서 주님께서 멈칫 뒤로 물러서면서 "나의 하나님, 나의 하나님, 어찌하여 나를 버리셨나이까?"라고 울부짖으시는 것입니다. 어째서 내가 그처럼 혐오하는 행실의 그 무시무시한 결과를 담당해야 하는가라는 뜻입니다.

더 나아가, 여러분은 그 외침에서 주님께서 자신의 영원한 목적과 은밀한 기쁨의 원천을 얼핏 보시는 것이 나타나지 않습니까? "어찌하여"라는 의문사는 어두운 구름을 감싸고 있는 은막(銀幕)입니다. 우리 주님은 희망을 품고서 그것을 보셨습니다. 자신이 버림당하는 일이 죄인을 구원하시기 위해서는 꼭 필요하다는 걸 아셨습니다. 그리고 그 구원을 바라보면서 위로를 얻으셨습니다. 주님이 버림당하시는 일은 쓸데없거나 무가치하게 계획된 일이 아닙니다. 그 계획 자체를 주님께서 너무나 사랑하셔서 지나쳐 가는 불행마저도 달게 받고 계시는 것입니다. 물론 그 불행이 당신께는 죽음과 같은 것이기는 하지만 말입니다. 주님께서는 "어찌하여"라는 말씀으로 그 이유를 바라보고 계시며, 그 좁은 창문을 통해서 하늘의 빛이 주님의 어두워진 생명 속으로 흘러 들어옵니다.

"나의 하나님, 나의 하나님, 어찌하여 나를 버리셨나이까?" 틀림없이 주님께서는 "어찌하여"라는 말을 길게 발음하셨을 것입니다. 우리도 그렇게 말하는 방식에 주의하도록 하기 위해서 그렇게 하셨을 것입니다. 주님은 우리로 하여금 자신이 당하시는 슬픔의 이유와 이치를 보게 하고 싶으셨습니다. 고난당하시는 주님을 깊이 생각하십시오. 그러나 그 고난의 이유를 간과하지 마십시오. 만일 이런 저런 슬픔이 주님이 당하신 전체 고난의 위대한 목적을 이루는데 어떻게 작용하였는지 이해할 수 없다면, 그 슬픔이 "어찌하여"라는 그 장엄한 이유에 한몫 끼고 있다는 것을 믿으십시오. 쓰디쓰지만 복된 그 질문, "어찌하여 나를 버리셨나이까?"라는 말씀을 평생 공부하도록 하십시오. 이렇게 구주께서 그 질문을 하시는 것은 자신을 위해서라기보다는 우리를 위해서 하시는 것입니다. 자신의 마음 속에 있는 어떤 절망감 때문에서가 아니라 자신 앞에 있는 소망과 기쁨 때문에 그렇게 물으신 것입니다. 그 소망과 기쁨이 슬픔의 황무지 속에서 주님에게 위로의 샘이었습니다.

　지극히 넓고 솔직한 의미에서 주 하나님께서는 실로 죽기까지 순종하는 자신의 아들을 결코 버리실 수 없었다는 것을 잠깐 생각해 보십시오. 하나님은 구원의 원대한 계획에서 항상 주님과 함께 계셨습니다. 하나님께서는 주 예수님에 대하여 언제나 무한한 사랑의 관계를 유지하고 계셨음에 틀림없습니다. 진실로 아버지께는 독생자께서 죽기까지, 십자가에 죽기까지 복종하실 때만큼 그분이 사랑스러우신 적이 없었습니다! 그러나 우리는 여기서 하나님을 온 땅의 재판장으로 보아야 합니다. 주 예수님 역시 공식적 입장에서 언약의 보증으로, 죄를 위한 희생 제물로 보아야 합니다. 만민을 판단하시는 위대한 재판장이 죄인을 대신하여 선 그분에게 미소를 띨 수 없습니다. 죄는 하나님께 가증한 것입니다. 죄를 제거하기 위해서 하나님의 독생자가 그 죄를 담당하시게 되었다 할지라도 죄는 여전히 가증스러운 것입니다. 그 죄를 담당하시는 분이 하나님과 행복한 교제를 누릴 수 없었습니다. 이 점이 속죄를 위해서 반드시 필요한 사실이었습니다. 그러나 사실 크신 아버지께서 그 아들을 사랑하시는 일은 결코 멈추지 않았고, 줄어들지도 않았습니다. 그 사랑의 흐름이 억제당하지 않을 수 없지만, 그 사랑이 그 원천에서는 결코 줄어들 수 없었습니다. 그러니 "어찌하여 나를 버리셨나이까?"라는 주님의 외침을 보고 의아해하지 마십시오.

**3. 이 성령의 인도하심을 기대하며 그 질문에 대한 답을
알아보도록 하겠습니다.**

이에 대하여 제가 쓸 수 있는 시간은 몇 분밖에 남지 않았습니다. "나의 하나님, 나의 하나님, 어찌하여 나를 버리셨나이까?" 이 고난의 결과는 무엇입니까? 그 고난 받은 이유가 무엇이었습니까? 우리 구주께서는 스스로 던진 질문에 답하실 수 있었습니다. 잠시 예수님의 인성이 당혹스러워하셨을지라도, 그의 지성은 금방 분명하게 깨달으셨습니다. 왜냐하면 "다 이루었다"고 말씀하셨기 때문입니다. 이미 말씀드린 것처럼, 이것은 주께서 혼자 괴로워하면서 수행해 오셨던 그 일을 가리키신 것입니다. 그러면 어째서 하나님께서 그 아들을 버리셨습니까? 다음의 대답 이외에는 어느 것도 생각할 수 없습니다. 곧 주님께서 우리 대신 서 계셨기 때문입니다. 아버지께서 주님을 버리셔야 하는 까닭은 없었습니다. 주님은 완전하셨고, 한 점 흠도 없는 삶을 영위하셨습니다. 하나님께서는 까닭 없이 행동하시는 적이 없습니다. 우리 주 예수 그리스도의 성품과 인격에는 아버지의 버림을 받을 만한 이유가 전혀 없었습니다. 그러니 우리는 그 이유를 다른 데서 찾아야 합니다. 저는 다른 사람들이 그 질문에 대해 어떻게 대답하는지는 모르겠습니다. 저는 다만 이런 방식으로 대답할 수 있을 따름입니다.

> "주님께서 느끼셨던 그 모든 질고가 우리의 것이었으며,
> 주님이 당하신 그 모든 화가 바로 우리의 것이었으며,
> 그 흠 없는 영혼이 쓰라린 고통으로 눈물을 흘리셨던
> 그 비애가 우리의 것이었도다
>
> 우리는 그분이 하늘의 정죄를 받아
> 하나님으로부터 쫓겨난 것을 보았도다.
> 그분이 우리 죄 때문에 신음하시면서
> 아버지의 채찍을 맞아서 피 흘리시는 것을 보았도다."

주님께서는 죄인의 죄를 담당하셨습니다. 그래서 주님이 죄를 지으신 적이 한 번도 없었지만 마치 죄인처럼 취급당하셔야 했습니다. 주님께서는 자신이 짊어진 그 죄들을 실제로 저지른 것같이 취급 받기를 기꺼이 동의하셨습니다. 우리의 죄와, 그 죄를 주님께서 스스로 짊어지셨다는 사실이 "어찌하여 나를 버리셨나이까?"라고 물으신 이유에 대한 대답입니다.

이 경우에 우리는 주님의 순종이 완전하였다는 것을 보게 됩니다. 주님께서 세상에 오신 것은 아버지께 복종하기 위함이었고, 또 아버지께 죽기까지 복종하셨습니다. 그 순종의 정신이 어느 정도였는지는, 주님께서 하나님께 버림을 받았다는 느낌을 가질 때에도 조롱하는 군중들 앞에서 아버지께 대한 충성을 공적으로 엄숙히 드러내시고 자신을 괴롭히시는 하나님께 대한 신뢰심을 여전히 나타내심을 통해서 확연히 드러났습니다. "어찌하여 나를 버리셨나이까?"라고 물으시면서 "나의 하나님, 나의 하나님"이라고 외치신 것은 정말 고귀한 일입니다. 아버지께 대해 그보다 더한 복종을 드릴 수 있겠습니까? 저는 그 이상의 복종을 알지 못합니다. 화산이 폭발하여 화산재가 쏟아져 내리는데도 폼페이의 성문 앞에서 여전히 초소를 떠나지 않던 병사도, 자기를 버리시는 하나님을 소망의 충성심으로 굳게 붙잡으신 그분의 신뢰심보다 더 진실하지 못하였습니다.

우리 주님의 고난이 바로 이 특별한 형태를 취하신 것은 적절하였고 필요한 일이었습니다. 우리 주님께서 그저 단순하게 몸으로 괴로움을 겪으시는 것만으로는 충분하지 못하였을 것입니다. 심지어 다른 방식으로 마음에 슬픔을 겪으신 것도 부족하였을 것입니다. 주님은 그 특별한 방식으로 고난을 받으셔야 했습니다. 주님은 반드시 하나님께 버림을 받았다고 느끼셔야 합니다. 왜냐하면 그것이 바로 죄의 필연적인 결과이기 때문입니다. 사람이 하나님께 버림을 받는 것은 하나님과의 관계를 깨뜨린 결과로 자연스럽고 필연적으로 따라오는 형벌이기 때문입니다. 죽음이란 무엇입니까? 하나님께서 아담에게 경고하셨던 그 죽음은 무엇이었습니까? "네가 따먹는 날에는 정녕 죽으리라." 그 죽음은 그저 소멸되는 것입니까? 아담이 범죄하는 날 소멸되었습니까? 분명히 아닙니다. 그는 그 후 아주 오랫동안 살았습니다. 그러나 금지된 실과를 따먹던 바로 그 날에 그는 하나님과 분리됨으로 죽었습니다. 하나님으로부터 영혼이 분리되는 것이 영적 죽음입니다. 영혼이 몸에서 분리되는 것이 육신의 죽음이듯이 말입니다. 죄를 위한 희생 제물은 반드시 떠나보냄을 받는 자리에 서야 합니다. 그리고 사망의 형벌을 받아야 합니다. 위대한 희생 제물이신 주님께서 대신 버림을 받고 죽임당하심으로써, 하나님께서 죄와는 결코 상종하실 수 없으심을 우주의 모든 피조물들에게 보여주신 것입니다. 의로운 자로서 불의한 자를 대신하여 서신 그 거룩하신 분마저 하나님께 버림을 받으셨다면, 실제 죄인은 어떤 운명에 처해져야 마땅하겠습니까! 죄는 언제나 모든 경우에 분리하는 영향력을 발휘하여, 심지어 죄를 짊어지신 그리스도마저도 멀리 떠나보냄을 받으셔야 했습니다.

또다른 이유에서 그것이 필요하였습니다. 주 하나님께서 대속 제물을 버리시는 일이 없었다면 죄 때문에 고난당하는 일은 있을 수 없었습니다. 하나님께서 대속자에게 미소를 보내시는 한 율법은 그를 괴롭히지 않을 것입니다. 위대한 재판장께서는 죄인을 대신하여 서 있는 사람에게 인정하는 표정을 지을 수 없습니다. 그리스도께서는 죄로부터 온 고통만 받으신 것이 아니라 죄를 위한 고통도 받으셨습니다. 만일 하나님께서 그리스도를 지지하고 붙들어 주실 것이면 주님은 죄를 위해 고난을 받고 있는 것이 아닙니다. 만일 재판장이 고통 받고 있는 그분을 분명하게 지원하고 있다면 죄를 위한 고통을 부과하지 않고 계신 것입니다. 만일 계속 대속주이신 그리스도께서 아버지의 임재의 찬란한 햇빛을 누린다는 의식을 가지고 계셨다면, 인간의 죄를 위해서 그리스도께서 대속의 고난을 받으시는 일은 존재할 수 없었습니다. 주님께서 "나의 하나님, 나의 하나님, 어찌하여 나를 버리셨나이까?"라고 울부짖는 것이야말로 우리 대신 희생당하신 그분의 입장에 반드시 필요한 일이었습니다.

사랑하는 여러분, 주 우리 하나님께서 그리스도를 통해 자신의 율법의 정당성을 변호하고 계셨다니 얼마나 놀라운 일입니까! 주 하나님께서 자신의 율법을 영광스럽게 하기 위하여 "이 허다한 사람들이 내 법을 어겼으니 그들은 멸망할 것이다."라고 말씀하셨다면, 율법을 매우 높이신 일이었을 것입니다. 그러나 주 하나님께서 "여기에 내 독생자가 있도다. 내 다른 자아이다. 그가 이 패역무도한 자들의 인성을 스스로 취하고 있다. 나는 그에게 그들의 불의의 짐을 지우고, 허다한 이 모든 자들이 마땅히 심판 받았어야 하는 그들의 범죄를 그에게서 찾아내겠다. 나는 일을 그렇게 할 것이다."라고 말씀하십니다. 예수께서 머리를 숙여 율법의 타격을 받으실 때, 아버지께서 자기에게서 얼굴을 돌리시는 것을 잠잠히 순종하실 때, 우주의 무수한 세계들이 율법 제정자의 완벽한 성결과 단호한 공의에 놀랍니다. 아마도 하나님의 한없는 창조계에는 수를 헤아릴 수 없는 세계들이 존재할 것입니다. 이 모든 존재들이 하나님의 사랑하시는 아들의 죽음에서 하나님께서 결코 죄를 하찮게 여기지 않으신다는 단호한 선언을 볼 것입니다. 만일 그분 자신의 아들이 다른 자들의 죄를 짊어지고 그분 앞에 불려온다면, 실제로 죄지은 자들에게서 얼굴을 돌리듯이 그 아들에게서도 얼굴을 돌리실 것입니다. 하나님 안에서 무한한 사랑이 만유 위에 비치고 있습니다. 그러나 그 사랑이 하나님의 절대적인 공의를 깎아먹게 내버려 두기보다는 공의를 살리기 위해서 그 사랑을 거두십니다. 하나님께서는 모든 완전한 것 가운데 완전하시며, 우리는 주 예수님에게서 그 완전함이 반사되는 것을 봅니다. 사랑하는 여러분, 이는 실로 놀라운 주제입니다! 오, 그 주제에 합당하게 표현할 수 있는 혀가 제게 있다면 얼마나 좋겠습니까! 그러나 누가 이 위대한 논증의 고지에 다다를 수 있겠습니까?

다시 한 번, 예수님께서 어찌하여 아버지께 버림을 당하셔야 했느냐고 질문을 던질 때, 우리의 구원의 대장이신 예수님께서는 이렇게 고난으로 말미암아 온전하게 되셨다는 사실을 보게 됩니다. 우리 주님께서 친히 그 길의 모든 부분을 다 빠짐없이 걸어 보셨습니다. 사랑하는 여러분, 주님께서 이처럼 버림 받으신 적이 없다고 생각해보십시오. 그리고 제자들 중 한 사람이 그 예리한 고통을 인내하도록 부르심 받았다고 합시다. 그리고 주 예수님께서 그런 고통을 당하는 제자에 대해서 아무런 동정심도 가질 수 없었다고 해 보십시오. 고난 받는 제자가 대장이시요 자기를 인도하시는 주님을 보며 "나의 주여, 주님께서는 이 어둠을 느끼신 적이 있습니까?"라고 물었다 합시다. 그런데 주 예수님께서 "아니다. 나는 그렇게 낮은 데까지 내려간 적이 없다."고 말씀하신다고 합시다. 그러면 시련을 받는 제자가 얼마나 무서운 상실감을 갖겠습니까! 왜냐하면 선생이 전혀 경험하지도 못한 슬픔을 그 종이 당한다면 참으로 슬픈 일일 것이기 때문입니다.

어떤 연고로도 낫지 않는 상처가 있고 진통제로 가라앉힐 수 없는 고통도 있었을 것입니다. 그러나 지금은 그렇지 않습니다. "주님은 그들의 모든 환난 중에서 환난을 받으셨습니다." "모든 일에 우리와 똑같이 시험을 받으신 이로되 죄는 없으시니라"(히 4:15). 오늘날 우리는 그 점을 크게 기뻐합니다. 우리가 낙담하는 경우가 너무나 많기 때문입니다. 우리 주님께서는 우리보다 더 깊이 버림 받으신 경험을 하셨습니다.

제가 다음의 세 가지 사실을 말씀드리면 그것으로 다 끝마치는 셈입니다. 첫째는, 주 예수 그리스도를 믿는 저와 여러분이 구원을 위해서 오직 주님만을 의뢰하고 있다는 것입니다. 그러니 우리는 열심히 의지합시다. 우리는 모든 무거운 것을 주님께 가져갑시다. 주님께서는 우리의 모든 죄와 염려의 짐을 다 짊어지실 것입니다. "어찌하여 나를 버리셨나이까?"라는 예수님의 부르짖음을 들을 때 나는 내 죄에 대해 호되게 고소하는 소리를 더 이상 듣지 않게 됩니다. 저는 하나님의 복수하시는 손에서 지옥의 가장 밑바닥을 차지해야 마땅한 자인 줄 알고 있습니다. 그러나 저는 이제 두려워하지 않습니다. 하나님께서 저를 결단코 버리지 않을 것입니다. 왜냐하면 하나님께서 나 대신에 자신의 아들 예수님을 버리셨기 때문입니다. 저는 제 죄 때문에 고난 받지 않을 것입니다. 왜냐하면 예수님께서 내 대신 그 고통을 온전히 받으셨기 때문입니다. 아니, "나의 하나님, 나의 하나님, 어찌하여 나를 버리셨나이까?"라고 울부짖을 정도로 고통을 당하셨습니다. 이제 죄인은 대속(代贖)이라는 늦벽 뒤에 안전하게 피하여 있습니다. 이 "요새 같은 바위"(사 33:16)가 모든 신자들을 방어하고 있습니다. 그래서 안전하게 있을 수 있습니다. 나를 위해서 반석이 열려져 있습니다. 내가 이제 그 갈라진 틈에 숨으면 어떠한 해도 내게 미칠 수 없습니다. 여러분은 완전한 속죄, 위대한 희생 제물, 영광스러운 율법의 변호를 다 지니고 있습니다. 그러니 예수님을 신뢰하는 여러분 모두, 평화롭게 안식하십시오.

다음에, 이후로 우리 생활에서 하나님께서 우리를 버리셨다는 생각이 든다면, 우리 주님의 모범을 보고 우리가 어떻게 처신해야 할지를 배웁시다. 만일 하나님께서 여러분을 떠나셨다 할지라도 성경을 덮지 마십시오. 아니, 여러분의 주께서 하신 것처럼 성경을 펴시고, 여러분에게 합당할 본문을 찾아내십시오. 만일 하나님께서 여러분을 버리셨거나, 아니면 여러분 자신이 그렇게 생각되더라도 기도는 포기하지 마십시오. 아니, 주님께서 하신 것처럼 기도하십시오. 주님께서는 어느 때보다 더 간절하게 기도하셨습니다. 하나님께서 여러분을 버리셨다는 생각이 들더라도 하나님을 믿는 믿음을 포기하지 마십시오. 오히려 우리 주님께서 "나의 하나님, 나의 하나님"이라고 거듭 울부짖으신 것처럼 하십시오. 전에 하나의 닻을 가지고 있었다면 이제 두 개의 닻을 던지십시오. 그리고 갑절의 믿음으로 붙드십시오. 그리스도께서 늘 하시던 대로 여호와 하나님을 "아버지"로 부를 수 없더라도 하나님을 당신의 "하나님"이라고 부르십시오. "나의" 하나님이라고 굳게 말하십시오. "나의 하나님, 나의 하나님"이라고 말입니다. 어떤 것에도 믿음을 잃지 않도록 하십시오. 계속해서 예수님을 붙잡으십시오. 가라앉거나 헤엄을 칠지라도 꼭 붙잡으십시오. 제 경우에 낭패를 당하면 저는 십자가 밑으로 갈 것입니다. 저는 이제 이렇게 믿게 되었습니다. 저는 하나님께서 저를 받으시는 얼굴을 보지 못할지라도 하나님께서는 자신의 아들에게 항상 신실하시며, 맹세와 피로써 인친 언약의 진실하심을 믿을 것입니다. 예수님을 믿는 자는 영생을 가졌습니다. 삿갓조개가 바위에 찰싹 들어붙어 있듯이 저도 그 점을 굳게 붙잡겠습니다. 하늘 문은 하나밖에 없습니다. 그리로 들어갈 수 없을지라도 그 문의 기둥들에 매달릴 것입니다. 내가 지금 무엇을 말하고 있습니까? 아니, 저는 그리로 들어가겠습니다. 왜냐하면 그 문은 예수님을 영접한 영혼에게는 결단코 닫히지 않을 것이기 때문입니다. 예수님께서 말씀하십니다. "내게 오는 자는 내가 결코 내쫓지 아니하리라"(요 6:37).

　　세 사실 중에 마지막은 이것입니다. 우리는 사랑하는 주님에게 그러한 고통을 가져다 준 죄를 미워합시다. 주 예수님을 십자가에 못 박은 죄는 얼마나 몹쓸 것입니까! 여러분은 죄를 비웃고 있습니까? 밤에 나가서 죄의 흉내를 내겠습니까? 죄를 마치 달콤한 캔디를 먹는 것처럼 그렇게 버리지 못하고 아껴 굴리겠습니까? 그러다가 하나님의 집에 와서 주의 날 아침에 하나님께 예배를 드리겠다고 생각합니까? 하나님을 예배하십시오! 그러나 가슴속에 탐닉하는 죄를 품고서 하나님을 예배하다니요! 생활에서 죄를 사랑하고 죄가 하자는 대로 하면서 하나님을 예배하다니요! 오, 선생들이여, 만일 어떤 사람이 내 형제를 죽였다 합시다. 그런데 내 형제의 시뻘건 피로 흥건하게 적시어진 칼을 제가 귀하게 여긴다면 여러분은 저를 어떻게 생각하시겠습니까? 제가 살인자를 친구로 삼는다든지, 형제의 가슴에 비수를 들이 댄 암살자와 매일 교분을 쌓는다면 저를 어떻게 생각하시겠습니까? 분명히 나도 그 범행에 공범자가 될 것이 틀림없습니다! 죄가 그리스도를 타살하였습니다. 그런데 죄와 친구가 되겠습니까? 죄가 성육하신 하나님의 심장을 찔렀습니다. 그런데 그 죄를 사랑할 수 있습니까? 오, 그리스도의 비참처럼 깊은 심연이 있어서 내가 당장에 죄의 단도를 그 심연으로 던져 버려서 그 단도가 다시는 빛을 볼 수 없게 할 수 있다면 좋겠습니다! 오, 죄여, 가버릴지어다! 예수님께서 왕 노릇 하는 마음에서 죄는 추방되었도다! 꺼져 버릴지어다. 죄가 내 주님을 십자가에 못 박았고 "어찌하여 나를 버리셨나이까?"라고 울부짖게 만들었기 때문입니다. 오, 이 설교를 듣는 여러분, 여러분이 자신에 대해서 알고, 그리스도를 사랑하기만 한다면, 여러분 각자는 더 이상 죄를 숨겨두지 않을 것입니다. 죄를 보면 의분을 느끼고 울부짖을 것입니다.

　　　　"제가 아무리 사랑하는 우상일지라도
　　　　　주여, 저는 그것을 그 보좌에서 끌어낼 것이고

오직 주님만 예배할 것입니다."

오늘 아침 제 강론으로 그러한 열매가 나온다면 정말 기쁘겠습니다. 주님께서 여러분에게 복 주십니다! 여러분을 위해서 고난당하신 그리스도께서 여러분에게 복을 주시고, 주님이 당하신 어둠 속에서 여러분의 빛이 일어나게 하시기를 바랍니다! 아멘.

제
77
장

—

찢어진 휘장

—

"예수께서 다시 크게 소리 지르시고 영혼이 떠나시니라. 이
에 성소 휘장이 위로부터 아래까지 찢어져 둘이 되고 땅이
진동하며 바위가 터지고" ─ 마 27:50-51

"그러므로 형제들아, 우리가 예수의 피를 힘입어 성소에 들
어갈 담력을 얻었나니 그 길은 우리를 위하여 휘장 가운데
로 열어 놓으신 새로운 산 길이요 휘장은 곧 그의 육체니
라." ─ 히 10:19-20

　　우리 주 예수 그리스도의 죽으심은 여러 가지 이적들로 적절하게 둘러싸여
있었습니다. 예수 그리스도의 죽으심 자체가 다른 모든 것을 훨씬 뛰어넘는 커
다란 기사(奇事)입니다. 마치 태양이 자기를 둘러싸고 있는 행성들을 향하여 빛
을 비추는 것과 같이 다른 모든 것들 위에 뛰어납니다. 유일하게 불멸하신 분이
죽으셨을 때 지진이 일어나고 무덤이 열리며 성전 휘장이 찢어진 것은 충분히
자연스러워 보입니다. 하나님의 아들의 죽으심을 생각하면 할수록 그 일의 기이
함에 놀라게 될 것입니다. 하나의 이적이 하나의 평범한 사실을 훨씬 뛰어넘듯
이, 이 기사(奇事) 중의 기사가 모든 권능의 이적들을 훨씬 뛰어넘습니다. 거룩
한 주님께서 비록 죽을 육체 안에 싸여 계셨다고 할지라도 죽음의 권세에 복종
할 정도로 낮아지시되, 십자가에서 머리를 숙이고 무덤에 누이게 된 일이야말로

모든 신비들 중에서 가장 큰 신비입니다. 예수님의 죽으심은 시간 세계와 영원에서 모두 기이한 일입니다. 마치 아론의 지팡이가 다른 모든 지파의 지팡이들을 삼킨 것처럼 예수님의 죽으심은 그 자체로 그보다 못한 모든 기사(奇事)들을 다 집어삼킵니다.

그럼에도 불구하고 성전 휘장이 갈라진 것은 가볍게 지나갈 이적이 아닙니다. 그 휘장은 "가늘게 꼰 베실과 그룹을 정교하게 수놓은 것"(출 26:1)이었습니다. 이 사실을 볼 때 휘장은 아무리 세게 잡아당겨도 견딜 수 있을 튼튼한 천이었다는 생각이 듭니다. 인간의 손으로는 그 거룩한 가림막을 찢을 수 없었습니다. 어떤 우연한 사고로 휘장의 가운데가 갈라질 리도 없었습니다. 그럼에도 불구하고 이상한 이야기지만 예수님의 거룩한 인격의 죽으심으로 말미암아 지성소를 가리고 있던 큰 휘장이 "위로부터 아래로 찢어졌습니다." 그것은 무엇을 의미하였습니까? 제가 여러분에게 말씀드릴 수 있는 것보다 훨씬 더 많은 것을 뜻하겠지요.

휘장이 찢어진 것을 주님의 성전 편에서 비통해하는 엄숙한 행위로 간주하는 것은 공상적인 이야기가 아닙니다. 동방에서 사람들은 옷을 찢어 슬픔을 표현합니다. 성전도 그 주인께서 죽으실 때 공포로 충격을 받아 휘장을 찢어낸 것 같습니다. 인간의 죄가 자기의 주님을 타살한데 대한 의분(義憤)으로 충격을 받은 외양적 상징이 하나님의 참된 성전이신 그분과 같은 심정이 되어 거룩한 의복을 위로부터 아래까지 찢은 것입니다. 그 이적은 모형과 그림자들과 의식들의 전체계가 바로 그 시점에 끝이 났음을 뜻하는 것이 아니었습니까? 지상의 제사장 제도의 여러 규례들이 휘장과 함께 떨어져 나간 것입니다. 의식법(儀式法)이 죽은 것을 표하면서, 의식법의 혼(魂)이 그 성소를 떠났고, 그 육신의 장막을 죽은 것으로 남겨 놓았습니다. 율법의 시대가 끝났습니다. 휘장이 찢어짐은 이렇게 말하는 것과 같았습니다. "이후부터 하나님께서 더 이상 지성소의 두꺼운 어둠 속에 계시지 않으며, 더 이상 그룹 사이에서 빛을 비추지 아니하신다. 특별하게 막아 놓은 것이 헐렸으니, 이제 땅에 있는 대제사장이 들어갈 내밀한 성소는 없다. 모형적인 속죄와 희생 제사가 이제는 끝이 났다."

본문의 설명에 따르면, 휘장이 찢어진 것은 전에는 분명히 나타나지 않았던 지성소로 가는 길이 모든 신자들에게 열렸음을 뜻하였습니다. 대제사장이 일 년에 한 차례 엄숙하게 이 휘장의 한 쪽을 쳐들고 두려움에 떨면서 지성소 안으로 들어갔습니다. 그리고 피와 거룩한 향을 가지고 여호와 하나님의 면전으로 나아 갔습니다. 그러나 휘장이 찢어짐으로 그 은밀한 장소가 공개되었습니다. 위에서 아래로 찢어짐으로 하나님의 은혜로 부르심을 받은 모든 사람들이 그 보좌로 나아가 영원하신 분과 교통하기 위해 들어갈 넉넉한 공간이 확보되었습니다. 저는 이 주제에 대해서 오늘 아침 말씀드리려 하면서 제 마음 깊은 곳에서 기도드립니다. 저와 여러분과 다른 모든 신자들이 하나님을 예배하기 위해 모인 이 시간에 그 휘장 안으로 실제로 들어갈 담력을 가질 수 있게 해 주십사고 기도하고 있습니다. 오, 하나님의 성령께서 우리를 인도하여 무한하신 여호와 하나님과 죽을 인생이 나눌 수 있는 가장 친밀한 교제에 들어갈 수 있게 해주시기를 바라나이다!

오늘 아침 먼저, 저는 어떤 일이 일어났는지를 생각해 보자고 말씀드리겠습니다. 휘장이 찢어졌습니다. 둘째로, 그럼으로써 우리가 갖게 된 것이 무엇인지 생각해 보겠습니다. 우리는 "예수님의 피로 말미암아 지성소에 들어갈 담력을 얻게 되었습니다." 셋째로, 우리는 이 은혜를 어떻게 행사해야 할지를 숙고할 것입니다. "그러므로 형제들아, 우리가 예수의 피를 힘입어 성소에 들어갈 담력을 얻었나니 그 길은 우리를 위하여 휘장 가운데로 열어 놓으신 새로운 살 길이요 휘장은 곧 그의 육체니라."

1. 첫째, 어떤 일이 일어났는지를 생각합시다.

실제적인 역사적 사실로 성전의 영광스런 휘장이 위로부터 아래로 찢어져 두 쪽이 되었습니다. 우리에게 훨씬 더 중요한 영적인 사실의 문제는 **사람들을 분리시키는 율법의 규례가 폐지되었다**는 것입니다. 율법 아래 이와 같은 규례가 있었습니다. 지성소에는 오직 대제사장만이 일 년에 한 차례 들어갈 수 있고 다른 이는 아무도 들어갈 수 없었습니다. 또한 그곳에 들어갈 때는 반드시 피를 가져가야 했습니다. 만일 어느 사람이라도 지성소에 들어가려고 시도하였다면 반드시 죽었을 것입니다. 지존자의 은밀한 곳에 무엄하게 침범하여 하나님을 모독한 죄책 때문입니다. 소멸하는 불이신 하나님 앞에 누가 설 수 있겠습니까? 하나님과 우리 사이에 거리를 두게 하는 이 규례는 율법 전체에 들어 있습니다. 지성소로 들어가는 현관과 같은 성소도 제사장들에게만 허용이 되었습니다. 백성들은 그곳에서 멀리 떨어진 곳에 머물게 하였습니다. 하나님께서 시내 산에 강림하실 때 부과하신 율법의 첫 번째 제도에서도 "너는 백성을 위하여 주위에 경계를 정하라"(출 19:12)는 규례를 모세에게 주셨습니다. 가까이 나아오라는 초청의 말씀이 전혀 없었습니다. 백성들도 감히 그렇게 하고 싶다는 말을 전혀 주고받을 수 없었습니다. 왜냐하면 시내 산 전체가 연기에 휩싸여 있었으며 "모세도 이르되 내가 심히 두렵고 떨린다 하였느니라"(시 12:21). "여호와께서 모세에게 이르시되 내려가서 백성을 경고하라. 백성이 밀고 들어와 나 여호와께 와서 보려고 하다가 많이 죽을까 하노라"(출 29:21). 짐승이 그 산을 침범하는 즉시 돌로 쳐 죽여야 했고, 아니면 화살을 쏘아 반드시 죽여야 했습니다. 옛 율법의 정신은 경외심을 가지고 멀리 떨어져 있게 하는 것이었습니다. 하나님께 택하심을 받은 사람인 모세만이 여호와 하나님께 나아갈 수 있었습니다. 그러나 나머지 백성들 전체에게는 "이리로 가까이 나오지 말라."는 명령이 떨어졌습니다. 주 하나님께서 율법을 주시며 당신의 영광을 나타내실 때에 백성들이 어떻게 하였는지에 대하여 성경은 이렇게 기록하고 있습니다. "뭇 백성이 우레와 번개와 나팔 소리와 산의 연기를 본지라. 그들이 볼 때 떨며 멀리 서서"(출 20:18). 그 모든 것이 끝이 났습니다. 뒤로 멀리 물러서 있으라는 지시도 폐지되었습니다. 이제는 "수고하고 무거운 짐 진 자들은 다 내게로 오라."는 초청의 말씀을 하셨습니다. "가까이 나가자"라는 것이 복음을 받은 사람의 정신입니다. 이로 인해서 제가 얼마나 감사하고 있는지요! 그것이 제 영혼에게 얼마나 큰 기쁨인지요! 하나님의 백성들 가운데는 아직도 이 은혜로운 사실을 인식하지 못한 자들이 있습니다. 왜냐하면 여전히 그들이 멀리서 예배를 드리고 있기 때문입니다. 기도의 매우 많은 부분을 경외심을 가지고 드리는 것을 저는 아주 높이 칭찬합니다. 그러나 그 속에 자녀가 아버지께 대해 가지는 확신이 부족합니다. 하나님의 위대하심을 감안하여 예배 때 엄숙하고 정중한 언어를 사용하는 것을 칭찬할 수 있습니다. 그러나 그 언어가 완전한 사랑을 알고 기쁨에 차서 친근감이 배어 있기까지는 내 마음을 뜨겁게 하거나 내 영혼을 표현하지 못할 것입니다. 완전한 사랑은 두려움을 내쫓고 하늘에 계신 아버지께 어린 아이가 육신의 아버지께 말하듯이 친근하게 말할 수 있는 담력을 줍니다. 형제 여러분, 이제 어떠한 가림막도 남아 있지 않습니다. 그런데 어찌하여 멀리 서서 종처럼 떨고 있습니까? 믿음의 충만한 확신으로 가까이 오십시오. 휘장이 찢어졌습니다. 그러므로 자유롭게 나아갈 수 있습니다. 담대하게 은혜의 보좌 앞에 나아가십시오. 예수님께서 친히 하나님 아버지께 가까이 계신 것처럼 여러분으로 하여금 하나님께 가까이 나아가게 하셨습니다. 우리가 지성소, 곧 지존자의 은밀한 곳에 대해서 말하지만, 휘장이 찢어진 것이 바로 그 외경의 장소, 여호와의 성소에서 일어난 일입니다. 그러므로 여러분이 그리로 들어가는 데 어떤 것에도 방해를 받지 않도록 하십시오. 분명히 말해서 어떤 율법도 여러분을 금하지 않습니다. 오히려 무한한 사랑이 하나님께 가까이 나아오라고 여러분을 청합니다.

　　휘장이 찢어진 이 일은 둘을 분리시키는 죄를 제거하는 것을 의미하였습니다. 죄는 결국 하나님과 사람 사이를 가로막는 큰 장벽입니다. 남자줏빛을 띤 고운 쌍겹 세마포로 된 휘장은 사실상 하나님과 사람을 분리할 수 없었습니다. 왜냐하면 하나님은 어느 곳에나 계시기에 우리 중 어떤 사람도 하나님으로부터 멀리 있지 않기 때문입니다. 죄는 둘 사이를 훨씬 효력 있게 갈라놓는 장벽입니다. 죄는 죄인과 죄인을 심판하시는 분 사이에 구름이 끼게 합니다. 죄는 기도와 찬미와 모든 형태의 신앙적 행사를 차단합니다. 죄는 하나님으로 하여금 우리를 대적하시게 만듭니다. 왜냐하면 우리가 하나님을 대적하여 행하기 때문입니다. 죄는 영혼을 하나님과 분리시키므로 영적 죽음을 가져옵니다. 죽음은 범죄의 열매와 형벌입니다. 서로 뜻을 같이하지 않으면 어떻게 두 사람이 함께 동행할 수 있습니까? 거룩하신 하나님께서 거룩하지 못한 피조물과 어떻게 교제하실 수 있습니까? 공의와 불의가 어떻게 함께 거하겠습니까? 완전한 순결과 가증한 악이 어떻게 함께 거주하겠습니까? 결코 그럴 수 없습니다. 우리 주 예수 그리스도께서는 자신을 희생 제물로 드리심으로써 죄를 제거하십니다. 주님이 세상 죄를 지셨습니다. 그래서 휘장이 찢어진 것입니다. 정말 보배로운 주님께서 피를 흘리심으로써 우리가 모든 죄에서 깨끗함을 입습니다. 그리고 새 언약의 가장 은혜로운 약속이 성취됩니다. "내가 그들의 죄를 다시 기억하지 아니하리라"(시 8:12). 죄가 사라질 때 장벽이 무너지고 깊이를 헤아릴 수 없는 틈이 채워집니다. 죄를 제거하는 용서와, 의(義)를 가져오는 의롭다하심은 빈틈을 너무나 확실하고 완전하게 메우기 때문에 어느 것도 화해하시는 하나님에게서 죄인을 분리하여 내지 못합니다. "재판장이 이제 아버지가 되었습니다." 전에는 정죄하지 않을 수 없었던 분이 이제는 용서하고 받아들여 주시는 일을 정당하게 행하십니다. 이렇게 두 가지 의미에서, 휘장이 찢어진 것입니다. 즉 분리하는 규례가 폐지되었고, 분리시키는 죄를 용서받은 것입니다.

다음으로 우리가 기억해야 하는 것은 하나님과 분리시키는 죄악성이 우리 주 예수 그리스도로 말미암아 또한 제거되었다는 사실입니다. 우리를 하나님으로부터 멀어지게 만드는 것은 우리가 행한 일뿐만 아니라 또한 우리의 됨됨이이기도 합니다. 우리 속에 죄가 깊이 뿌리박혀 있습니다. 자기 속에 은혜를 간직하고 있는 사람들도 "선을 행하기 원하는 나에게 악이 함께 있는 것이로다"(롬 7:20)라고 탄식하지 않을 수 없습니다. 죄로 말미암아 우리의 눈이 멀고 귀가 막히고 마음이 굳어졌으며 지각이 죽어 버렸는데 어떻게 하나님과 교제할 수 있겠습니까? 우리의 본성 전체가 악으로 부패하고 오염되었고 왜곡되었습니다. 그런데 우리가 어떻게 주님을 알 수 있겠습니까? 사랑하는 여러분, 우리 주 예수님의 죽으심으로 말미암아 은혜 언약이 우리와 체결되었고, 그 언약의 은혜로운 조항들은 이와 같습니다. "언약은 이러하니 곧 내가 나의 법을 그들의 속에 두며 그들의 마음에 기록하여"(렘 31:33). 이처럼 하나님의 뜻이 마음에 새겨지고 본성이 전적으로 변화될 때, 하나님을 보지 못하게 우리를 가리고 있는 그 휘장이 제거됩니다. "마음이 청결한 자는 복이 있나니 그들이 하나님을 볼 것임이요"(마 5:8). 의를 사랑하고 따라가는 자는 복이 있습니다. 의로우신 분이 그들과 동행하며 교제할 수 있는 길에 있기 때문입니다. 하나님을 닮은 심령들은 하나님과 나뉘지 않습니다. 본성이 다른 것 때문에 휘장이 처지는 것입니다. 그러나 예수님의 보배로운 죽으심으로 말미암은 신생(新生)과 신생에 따라오는 성화가 그 휘장을 제거합니다. 죄를 미워하고 거룩함을 추구하며 하나님을 두려워하면서 거룩함을 온전히 이루기에 애를 쓰는 사람은 하나님과 교통하고 있는 것입니다. 하나님께서 사랑하시는 것을 우리가 사랑하고, 하나님께서 추구하시는 것을 우리도 추구하고, 하나님께서 목표하시는 것에 공감하고, 하나님의 계명들에 순종할 때 복이 있습니다. 왜냐하면 주 하나님께서 바로 그러한 자들과 함께 계실 것이기 때문입니다. 은혜로 말미암아 우리가 하나님의 성품에 참예하는 자가 되었을 때, 우리는 주님과 하나가 되고, 그 휘장이 제거됩니다.

어떤 사람이 이렇게 말하겠죠. "그렇습니다. 나는 그 휘장이 세 가지 방식으로 제거된 것을 이제 알겠습니다. 그러나 여전히 하나님은 그 하나님이시고, 우리는 여전히 하잘것없는 가련한 사람들에 불과합니다. 하나님과 사람 사이에 필연적으로 분리하는 휘장이 있을 수밖에 없습니다. 그 분리는 창조주와 피조물 사이의 커다란 불일치로 말미암아 생긴 것입니다. 어떻게 유한자와 무한자가 교제할 수 있습니까? 하나님은 모든 것 중의 모든 것이고, 모든 것 이상이신 분입니다. 우리는 아무것도 아니요, 정말 무익한 존재입니다. 그런데 우리가 어떻게 하나님과 교제할 수 있습니까?' 주 하나님께서 은혜를 받은 사람들에게 가까이 오실 때 그들은 엄청난 그 영광을 도저히 감당할 수 없음을 인정합니다. 사랑 받은 요한마저도 "내가 볼 때에 그의 발 앞에 엎드러져 죽은 자 같이 되었다"고 말하였습니다(계 1:17). 우리가 특별히 주님의 임재와 역사하심을 의식하였을 때에 몸에 소름끼치는 전율을 느꼈습니다. 야곱이 "이에 두려워하여 이르되 두렵도다. 이곳이여, 이곳은 다름 아닌 하나님의 집이요 이는 하늘의 문이로다"(창 28:17)라고 말했을 때, 그가 무엇을 뜻하는지 우리는 알았습니다. 정말 그러합니다. 주 하나님께서 "네가 내 얼굴을 보지 못하리니 나를 보고 살 자가 없음이니라"(출 33:20)라고 말씀하시기 때문입니다. 이것은 제가 이미 언급한 것보다 훨씬 더 얇은 휘장임에도 불구하고 여전히 휘장임에 틀림없습니다. 사람은 하나님께 대하여 그저 마음 편하게 있기가 어렵습니다. 그러나 주 예수님께서 하나님과 우리를 떼어놓는 먼 거리에 다리를 놓으십니다. 하나님의 복되신 아들께서 세상에 오시어 인성(人性)을 취하셨음을 보십시오! "자녀들은 혈과 육에 속하였으매 그도 또한 같은 모양으로 혈과 육을 함께 지니심은"(히 2:14). 비록 주님께서 하나님과 동등하신 하나님이시지만, 여전히 그분은 의심할 여지 없이 사람이십니다. 우리가 주 예수 그리스도의 인격 안에서 하나님과 사람이 생각할 수 있는 가장 친밀한 결합을 이루고 있는 모습을 잘 보십시오. 한 인격 안에서 신성(神性)과 인성(人性)이 영원히 결합되어 있기 때문입니다. 예수님께서 쓰디쓴 종말, 곧 십자가에서 죽으시기까지 우리와 함께 일을 마치셨다는 사실로 말미암아 하나님과 우리의 틈이 완전하게 매워졌습니다. 주님께서는 무덤에 이르기까지 인간의 모든 역정을 다 거치셨습니다. 그래서 우리는 신성과 인성 사이에 걸려 있던 휘장이 우리 주 예수 그리스도의 인격 안에서 찢어진 것을 봅니다. 우리는 그의 육체로 말미암아 지성소에 들어갑니다. 그 육체는 인성과 신성을 연결하는 고리입니다.

　자, 여러분은 휘장이 어떻게 제거되었는지 아셨습니다. 이 혜택이 오직 신자들만을 위한 것임을 엄숙하게 주목하십시오. 예수님을 거절한 사람들은 하나님께 나아가는 유일한 길을 거부합니다. 예수님의 죽으심으로 말미암아 휘장이 찢어지지 않았다면 사람은 하나님께 감히 나아갈 수 없습니다. 옛적에 속죄소로 나아가는 예표적인 길이 있었습니다. 그것은 휘장의 한 쪽을 제치며 들어가는 것이었습니다. 다른 길은 없었습니다. 여러분 중 어느 누구도 찢어진 휘장, 곧 하나님께서 속죄제로 세우신 예수 그리스도의 죽음을 통하지 않고는 하나님과 교제할 수 있는 다른 길이 없습니다. 이 길로 오십시오. 그러면 자유롭게 하나님께 나아갈 수 있습니다. 이 길로 오는 것을 거부하십시오. 그러면 여러분과 하나님 사이에는 통과하지 못할 휘장이 쳐 있습니다. 그리스도가 없으면 하나님도 없으며, 소망도 없습니다. 예수님께서 친히 그 점을 확증하여 주십니다. "너희가 만일 내가 그인 줄 믿지 아니하면 너희 죄 가운데서 죽으리라"(요 8:24). 여기 계신 여러분 중 한 사람에게도 이런 일이 일어나지 않게 하시기를 하나님께 구하는 바입니다!

신자들을 위해서 휘장을 말아 놓은 것이 아니라 휘장이 찢어졌습니다. 이 휘장은 갈고리에서 벗겨 주의 깊게 말아 놓아 한 쪽에다 치웠다가, 나중에 필요하면 다시 그곳에 달기 위해 간수해 놓은 것이 아닙니다. 정말 아닙니다! 오히려 하나님의 손이 그 휘장을 잡아 위에서부터 아래로 찢으셨습니다. 그 휘장은 다시 그 자리에 달 수 없습니다. 그것은 불가능합니다. 그리스도의 예수님 안에 있는 자들과 위대한 하나님 사이에 다시는 가로막는 것이 없을 것입니다. "누가 우리를 하나님의 사랑에서 끊으리요"(롬 8:39). 오직 하나의 휘장이 쳐져 있다가 찢어졌습니다. 하나님과 우리 사이를 가로막는 유일한 분리막이 폐기된 것입니다. 저는 이 점을 생각하면 매우 기쁩니다. 마귀도 이제는 나를 하나님의 손에서 결코 떼어낼 수 없습니다. 마귀가 나를 하나님으로부터 떼어내려고 무진 애를 쓸 수 있고, 또 그럴 것입니다. 그러나 그가 행할 수 있는 일 중에 가장 극악한 일은 찢어진 휘장을 다시 걸어 놓으려 하는 것입니다. 찢어진 휘장이야말로 마귀의 무능을 드러내는 것이 아니면 무엇이겠습니까? 하나님께서 휘장을 찢으셨고, 마귀는 그 찢어진 휘장을 수선할 수 없습니다. 신자와 하나님 사이에 서로 나아가는 통로가 열린 것입니다. 자유롭게 나아갈 수 있는 길이 영원토록 열려 있음에 틀림없습니다. 휘장을 말아 한 쪽으로 치워 놓았다가 어느 날 다시 그 휘장을 달려고 하는 그런 일은 없기 때문입니다. 그 휘장은 찢어졌고 쓸모없게 되었습니다.

누가가 말하듯이 휘장 한 쪽 구석이 찢어진 것이 아닙니다. 우리가 안을 들여다볼 수 있는 작은 틈이 생길 만큼만 찢어진 것도 아닙니다. 위에서부터 아래까지 찢어졌습니다. 아무리 큰 죄인들이라도 들어갈 수 있도록 열렸습니다. 만일 휘장에 작은 구멍만이 생겼다면, 더 작은 범죄를 행한 자들만이 그리로 기어서 들어갈 수 있었겠죠. 그러나 휘장이 중앙에서, 위로부터 아래로 찢어져 내림으로 죄인 중의 괴수라도 넉넉하게 들어갈 수 있게 하셨다니, 그것은 얼마나 넘치는 궁휼의 행사입니까! 이는 또한 신자들에게는 하나님께 대가 없이 온전한 확신을 가지고 나아가는 것을 막는 장애가 전혀 존재하지 않음을 보여줍니다. 오, 오늘 아침 하나님께서 문을 열어 놓으셨을 뿐 아니라, 문을 돌쩌귀에서 아예 빼서 들어내시고 들어오라고 하십니다. 그러니 아주 담대한 마음으로 나아가십시오. 하나님께서 문을 제거하셨을 뿐만 아니라, 그 기둥과 문지방도 모두 제거하셨습니다!

　　이 휘장이 찢어질 때 사람이 찢은 것이 아니라 하나님께서 그리 하셨다는 사실에 주목하기를 바랍니다. 경건하지 않은 폭도가 그 일을 한 것이 아닙니다. 불경한 제사장 무리가 밤중에 과격하게 행한 일도 아닙니다. 그것은 오직 하나님이 하신 일이었습니다. 아무도 그 휘장 안에 서 있지 않았습니다. 휘장 바깥에 제사장들이 제사를 드리는 순번을 이행하느라고 서 있었습니다. 순번을 따라 그 거룩한 직무를 감당하던 제사장들이 지성소가 한순간에 그대로 노출되어 보이는 것을 보았을 때 정말 깜짝 놀랐을 것임에 틀림없습니다. 그 육중한 휘장이 사람이 손댄 적도 없는데 한순간에 갈라지는 것을 보았을 때 그들은 얼마나 무서워했겠습니까. 누가 그 휘장을 찢었습니까? 하나님께서 친히 하신 일이 아니면 누가 하였습니까? 하나님 외에 다른 자가 그 일을 하였다면 그것은 실수를 범한 것이겠죠. 그리고 실수를 만회하기 위하여 다른 휘장으로 바꾸어 달려고 했을 것입니다. 그러나 주 예수님께서 그 일을 행하셨다면, 옳게 행한 것이고, 최종적으로 행한 것이고, 번복할 수 없게 행하신 것입니다. 그리스도께 죄를 짊어지우시고 그리스도 안에서 죄를 없이하신 분이 하나님이십니다. 하나님께서 친히 신자들에게 하늘 문을 열어 주셨고, 사람들의 영혼이 하나님께로 나아가는 길을 마련하셨습니다. 하나님께서 친히 땅과 하늘 사이에 사다리를 놓으셨습니다. 이제 겸손한 자들이여, 그분께 나아오십시오. 보십시오. 그분이 여러분 앞에 문을 열어 놓으셨습니다!

　　사랑하는 친구 여러분, 저는 이제 두 번째 주제를 경험적으로 실현하는 문제를 다루려 하니 따라와 주시기 바랍니다.

2. 우리는 지금 우리가 가진 것이 무엇인지를 봅니다.

"그러므로 형제들아, 우리가 예수의 피를 힘입어 성소에 들어갈 담력을 얻었나니"(시 10:19). 우리 앞에 있는 이 단락에서 "얻었다(가졌다)"는 말이 삼중적인 의미로 쓰인 걸 주목해야 합니다. 따라서 삼중적 의미 전체를 파악하지 않고서는 만족하지 말아야 합니다. 우리는 "들어갈 담력"을 얻었습니다. 담대함에도 여러 등급이 있습니다. 그러나 여기에서는 가장 높은 담대함을 말합니다. 휘장이 찢어졌을 때, 그 안을 보려면 담대함이 필요하였습니다. 제단에서 섬기던 제사장들이 그 시은좌를 똑바로 응시할 용기를 가졌을지 의문입니다. 그들은 너무나 놀라 충격을 받은 나머지 제단에서 달아났을 것이라고 추측해 봅니다. 갑자기 죽을까 두려웠을 것입니다. 하나님의 신비를 바라보려면 어느 정도 담대함이 항상 필요합니다. "천사들도 살펴보기를 원하는 것이니라"(벧전 1:12). 하나님의 깊은 것들을 단지 호기심 어린 눈으로 바라보지 않는 것이 좋습니다. 어느 누구든지 삼위일체의 신비를 파고들려고 할 때 큰 위험을 무릅쓰지 않을 수 있을지 의문입니다. 어떤 사람들은 이성의 눈으로 그 신비를 들여다보려 하다가 그 신비의 태양빛에 눈이 멀어 그 후로 어둠 속에서 방황하였습니다. 자기 백성을 선택하고 구속하는 사랑의 광채를 들여다보는 데는 담력이 필요합니다. 만일 어떤 사람이 휘장이 찢어졌을 때 지성소를 들여다보았다면, 그 사람은 지극히 담대한 사람입니다. 왜냐하면 다른 이들은 자기도 벧세메스 사람들의 운명(運命)에 처해질까봐 두려워하였을 것임에 틀림없기 때문입니다. 사랑하는 여러분, 성령께서 거룩한 곳을 들여다보라고 여러분을 초청하십니다. 들여다보되 경외심을 가지고 바라보라고 요청하십니다. 왜냐하면 그 거룩한 지성소는 여러분에게 무엇인가를 가르쳐 주는 것으로 충만하기 때문입니다. 시은좌의 신비를 이해하시고, 정금으로 입힌 언약궤의 신비를 이해하십시오. 그리고 만나 항아리와, 돌판, 아론의 싹난 지팡이의 신비를 이해하십시오. 예수 그리스도로 말미암아 담대하게 들여다보십시오. 그러나 바라보는 것만으로 만족해하지는 마십시오! "들어갈 담력을 얻었나니"라는 본문이 말하는 바를 잘 들으십시오. 하나님께서 더 이상 멀리 쳐다보는 것이 아니라 담대한 확신으로 가장 은밀한 성소에 들어갈 이 달콤한 길을 우리에게 가르치셨다니, 하나님을 찬미하리로다! "들어갈 담력"은 우리가 마땅히 가져야 할 것입니다.

우리는 대제사장의 모범을 따릅시다. 그리고 거기에 들어간 후에는, 그 안에 들어가는 사람의 직무들을 수행합시다. "들어갈 담력"이라는 말은 우리가 마땅히 있어야 할 자리에 서 있는 사람처럼 행동함을 나타냅니다. 휘장 안에 설 때, 하나님의 종은 하나님의 임재 의식을 압도적으로 느낍니다. 만일 하나님의 종이 살면서 늘 하나님 가까이에 있다면, 즉 문을 닫아걸고 들어가 세상으로부터 완전히 차단되어 철저히 혼자 있을 때 하나님께 가까이 있는 것이 확실하다면, 그는 영광스런 여호와 외에는 아무도 그와 함께 있지 않는 것입니다. 오, 사랑하는 여러분, 우리가 오늘 이런 의미에서 지성소에 들어가기를 바랍니다! 악한 사람이든 그리스도인이든 세상에 대해 문을 닫고, 여기에 주님께서 아주 가까이 분명하게 함께 계심을 알도록 합시다. 우리가 하갈처럼 "내가 어떻게 여기서 나를 살피시는 하나님을 뵈었는고."(창 6:13) 하고 소리치게 되기를 바랍니다. 오, 개인적으로 여호와 하나님의 임재를 인식하는 것은 얼마나 달콤한 일인지요! 만군의 주께서 우리와 함께 계시다고 느끼는 것이 얼마나 큰 용기를 주는지요! 우리는 하나님께서 우리가 곤경 가운데 있을 때 즉시 도움을 주심을 알고 있습니다. 우리가 여호와 삼마(Jehovah Shammah), 곧 주께서 여기 계시다고 노래 부를 수 있는 것은 가장 큰 천상의 기쁨 중의 하나입니다. 하나님의 임재를 의식하면 처음에는 두려워 떱니다. 그러나 우리가 성령을 더 느끼게 되면 거룩한 기쁨으로 가까이 하나님께 나아가며, 하나님을 매우 편안하게 느껴 모세처럼 노래하게 됩니다. "주여, 주는 대대에 우리의 거처가 되셨나이다"(시 90:1). 동(東)이 서(西)에서 먼 것처럼 하나님께서 여러분에게서 아주 멀리 떨어져 계신 것같이 살지 마십시오. 아주 낮게 세상에 붙어 살지 말고, 아주 높게 마치 하늘에 있는 것 같이 사십시오. 하늘에서는 여러분이 하나님과 함께 있을 것입니다. 그러나 땅에서는 하나님께서 여러분과 함께 하실 것입니다. 많은 차이가 있습니까? 하나님께서는 우리를 그리스도 예수 안에서 함께 살리셨고 함께 하늘에 앉히셨습니다. 예수님께서 보배로운 피로써 우리를 가까이 나아오게 하셨습니다. 매일같이 하나님께 아주 가까이 살도록 힘쓰십시오. 대제사장이 여호와의 장막의 은밀한 곳에 한동안 서 있을 때 느꼈던 것처럼 말입니다.

　　대제사장은 하나님과 교제하고 있다는 의식을 가졌습니다. 그는 하나님께 가까이 있었을 뿐 아니라 하나님과 대화하였습니다. 모세가 무엇을 말했는지는 알 수 없습니다. 그러나 그 특별한 날에 대제사장은 이스라엘의 죄와 슬픔의 짐을 주 하나님께 부렸고, 주 하나님께 구할 것들을 아뢰었습니다. 아론은 거기에 홀로 서서 자신의 허물과 백성들의 우상 숭배와 침륜에 빠졌던 죄악들을 온통 떠올렸을 것임에 틀림없습니다. 하나님께서 그에게 빛을 비추셨고, 그는 하나님 앞에 엎드렸습니다. 그가 감히 발설할 수 없는 것들을 들었을 수 있습니다. 또 발설하여도 율법에 어긋나지 않는 것들을 들었을지도 모릅니다. 사랑하는 여러분, 하나님과 교제한다는 것이 무엇인지 아십니까? 말은 하나님과 교제하는데 보잘 것없는 도구에 불과합니다. 하나님과 교제하는 것은 얼마나 복된 일입니까! 우리들 가운데 영원하신 하나님과 대화하는 습관 속에서 살아가는 사람들에게는 하나님이 계신 증거들이 너무나 넘쳐납니다. 만일 누군가 제 아내나 아들의 존재를 입증하는 글을 쓴다고 해도 저는 분명 그 글을 읽지 않을 것입니다. 재미삼아 읽는 것이 아니면 말입니다. 하나님과 교제하는 사람 역시 하나님의 계심을 보여주는 증거들을 읽지 않을 것입니다. 여러분 중 많은 사람들이 하나님과 동행합니다. 참 복 있는 일이죠! 지존자와 교제하는 것은 마음을 고양(高揚)시키고 청결하게 하며 힘을 주는 일입니다. 담대하게 그 교제에 들어가십시오. 은혜롭게도 하나님께서 여러분의 생각을 이해하시듯이 여러분도 계시된 하나님의 생각들을 이해하도록 하십시오. 하나님께서 여러분의 계획들을 살피기 위해서 자세를 낮추시듯이, 여러분도 하나님의 계획을 알기 위해 생각을 높여 보십시오. 자신을 높이 들어 달라고 하나님께 간구하십시오. 황송하게도 하나님께서 여러분과 함께 거하려고 하시듯이 말입니다.

우리가 휘장 안으로 들어갈 담력을 얻을 때 휘장이 찢어진 일이 우리에게 가져오는 것이 바로 이런 것입니다. 그러나 주목하십시오. 우리가 그리로 들어갈 담력을 얻기까지는 찢어진 휘장이 우리에게 아무것도 가져다주지 못합니다. 어째서 우리가 밖에 서 있어야 합니까? 예수님께서는 우리를 가까이 데려가십니다. 그리고 진실로 우리의 교제는 아버지와 그 아들 예수 그리스도와 함께 하는 것입니다. 우리는 스스럼없이 담대하게 보좌로 나아가는 일을 늦추지 맙시다. 푸른색과 자줏빛과 진홍색이 어우러진 고운 두 겹 세마포로 된 휘장 안으로 대제사장이 피를 가지고 들어간 것은 이스라엘을 위해서 기도하기 위함인데, 그때 피와 향을 가지고 들어갔습니다. 거기 지존자(至尊者) 앞에 서서 백성들에게 복을 주십사고 탄원하였습니다. 오, 사랑하는 여러분, 기도는 하나님이 세우신 제도요, 우리에게 속한 것입니다. 그러나 기도에는 여러 가지가 있습니다. 하나님의 거룩한 성전에서 내쫓긴 것처럼 보이는 사람의 기도가 있습니다. 이방인의 뜰에서 멀리 서서 성전을 바라보고 서 있는 사람의 기도도 있습니다. 이스라엘이 서 있는 곳에서 택한 백성들을 위해서 하나님께 간구하는 사람의 기도도 있습니다. 또 하나님의 거룩하심을 입은 사람이 제사장의 뜰에서 중보 기도를 드리는 경우도 있습니다. 그러나 모든 기도 중에서 최상의 기도는 지성소에서 드려집니다. 지성소에서 드리는 기도가 응답되지 않을까 두려워할 필요는 조금도 없습니다. 그 사람이 서 있는 위치 자체가 하나님께서 그를 받으신다는 증거입니다. 그는 하나님께서 받아들이실 수 있는 가장 확실한 근거에 서서 기도하고 있는 것입니다. 그는 하나님께 아주 가까이 있어서 그의 모든 소원이 응답을 받습니다. 그 사람이 그곳에서는 철저하게 드러납니다. 왜냐하면 그가 하나님께 지극히 가까이 있기 때문입니다. 하나님께서는 그의 생각들을 읽으시고 그의 눈물을 보시며 그의 신음 소리를 들으십니다. 왜냐하면 그는 들어갈 담력을 얻었기 때문입니다. 원하는 것을 구할 수 있습니다. 그리고 그 원하는 것이 그에게 이루어질 것입니다. 제단이 제단에 드려지는 헌물을 거룩하게 하듯이, 예수님의 피로 말미암아 들어가는 지성소는 거기에서 드리는 기도가 반드시 응답을 얻도록 합니다. 하나님께서 기도할 때 우리에게 그런 능력을 베푸시옵소서! 주 하나님께서 사람의 음성을 들으신다는 것은 정말 놀라운 일입니다. 그럼에도 불구하고 그렇게 하나님의 응답을 받는 사람들이 있습니다. 루터는 골방에서 나오며 이렇게 소리쳤습니다. "내가 이겼다." 그는 이제까지 그의 적들에 맞서지 못하였습니다. 그러나 그가 사람들을 위해서 하나님을 이겼을 때, 자신이 하나님을 위해서 사람들을 이길 것이라고 느꼈던 것입니다.

그러나 여러분도 기억하다시피 대제사장이 하나님과 교제하고 하나님께 기도를 드린 후에 나와서 백성들에게 복을 빌었습니다. 대제사장은 영광스럽고 아름다운 의복을 입습니다. 그러나 지성소로 들어갈 때는 그 의복들을 벗어 놓았습니다. 왜냐하면 거기서는 단순하게 흰 옷만 입고 서 있어야 했기 때문입니다. 다른 것들은 전혀 입지 않았습니다. 그러나 이제는 그가 흉배(胸背)와 보배로운 모든 장식들을 달고 나와서 백성들에게 축복하였습니다. 만일 예수님의 피를 힘입어 지성소에 들어갈 담력을 얻었다면 여러분도 바로 그와 같은 일을 할 것입니다. 여러분은 주위에 있는 사람들에게 축복할 것입니다. 주님께서 여러분을 축복하셨고, 여러분으로 하여금 복을 삼으실 것입니다. 여러분의 일반적인 행실과 대화는 복된 모범이 될 것입니다. 여러분이 예수님을 위해서 하는 말은 주님께로부터 떨어지는 이슬 같을 것입니다. 여러분의 말을 통해서 병든 자가 위로를 받을 것입니다. 여러분의 믿음으로 말미암아 낙담한 자가 용기를 얻을 것입니다. 여러분의 사랑으로 말미암아 미지근한 마음이 회복될 것입니다. 사실 여러분은 여러분을 아는 각 사람에게 이렇게 말하고 있는 것입니다. "여호와는 네게 복을 주시고 너를 지키시기를 원하며 여호와는 그의 얼굴을 네게 비추사 은혜 베푸시기를 원하노라"(민 6:24,25). 여러분이 복의 통로가 될 것입니다. "너희 배에서 생수의 강이 흘러나오리라"(요 7:38). 우리 각자가 여러 복들을 가지고 나올 수 있도록 성소에 들어갈 담력을 얻기를 원하나이다!

만일 여러분이 본문을 잘 살펴본다면, 내가 넌지시 말하는 바가 이 담대함은 정당한 근거에 의한 것임이라는 점을 주목하게 될 것입니다. 저는 언제나 사도가 "그러므로"라는 접속사를 사용하는 것을 보기 좋아합니다. "그러므로 형제들아, 우리가 … 담력을 얻었나니"(히 10:19). 바울은 진정한 시인(詩人)의 모습을 보일 때가 종종 있습니다. 그러나 그는 언제나 정확한 논리가(論理家)의 자리를 떠나지 않습니다. 마치 바울은 신학보다 수학(數學)을 다루고 있는 것처럼 보일 만큼 논리적입니다. 우리는 그가 여기서도 그러므로라는 말을 쓰는 것을 봅니다.

어째서 우리가 담력을 얻습니까? 우리가 "형제"가 되는 것은 우리와 그리스도의 관계 때문이 아닙니까? "그러므로 형제들아, 우리가 담력을 얻었나니." 가장 연약한 신자라도 거룩한 성소에 들어갈 권리를 바울과 똑같이 가지고 있습니다. 그도 형제 중의 하나이기 때문입니다. 저는 존 라일랜드(John Ryland)가 지은 운문시를 기억합니다. 그는 하늘에 대해서 이렇게 썼습니다.

"작은 자든 큰 자든 모두 다 저기 하늘에 있게 될 것이네
가련한 나 거기서 저 복된 바울 사도와 악수할 것일세."

우리가 그러한 지위와 교제를 갖게 될 것임을 저는 의심하지 않습니다. 잠깐 오늘 아침 사도 바울과 악수합시다. 그가 우리를 형제라 부르니 말입니다. 우리는 서로 형제간입니다. 우리가 예수님께 형제이니 말입니다. 사도가 간 곳에 우리도 갈 것입니다. 아니, 우리의 믿음의 대 사도시요 대제사장이신 그분이 그리로 들어가는 것을 보았으니 우리도 따라 들어갈 것입니다. "그러므로 형제들아, … 담력을 얻었나니."

사랑하는 여러분, 이제 우리는 거룩한 지성소에서 죽을까봐 조금도 겁낼 필요가 없습니다. 대제사장은 그가 어떤 사람이었든지 간에 그 엄숙한 속죄일에 항상 두려워 떨었을 것임에 틀림없습니다. 그가 고요하고 은밀한 곳으로 들어가야 할 때 말입니다. 그 일이 실제로 어떠하였는지 저는 말할 수 없습니다. 그러나 유대인들 가운데 내려오는 전승을 읽은 적이 있었는데, 대제사장의 발목에는 밧줄이 묶여 있었다는 것입니다. 대제사장이 여호와 앞에서 죽는 일이 일어나면 그 시체를 밖으로 끌어내기 위해서 말입니다. 유대인들이 미신적인 생각으로 그러한 일을 꾸며내지 않았을까 하는 의심을 갖지 말아야 합니다. 왜냐하면 여호와 하나님의 은밀한 처소로 들어가는 일은 사람에게 있어서 엄청난 두려움을 갖게 하는 것이기 때문입니다. 그러나 예수님께서 우리를 위해서 죽으셨으니 우리는 이제 그 거룩한 곳에서 죽을 수 없습니다. 예수님의 죽으심은 예수님께서 위하여 죽으신 모든 사람들의 영생을 보장합니다. 우리는 지성소에 들어갈 담력을 얻었습니다. 왜냐하면 우리가 거기에서 죽지 않을 것이기 때문입니다.

우리의 담력은 그리스도의 희생 제사의 완전함으로부터 생기는 것입니다. 14절을 읽어 보십시오. "그가 거룩하게 된 자들을 한 번의 제사로 영원히 온전하게 하셨느니라." 우리는 그리스도께서 우리를 위한 완전한 대속자이심을 믿기에 그리스도의 제사를 의지합니다. 그래서 우리의 대속자이신 그분이 죽으셨는데 또 우리가 죽는다는 것은 불가능한 일입니다. 하나님께서 그분을 받으셨으니 우리도 받으실 것임이 분명합니다. 우리는 그리스도의 보혈이 너무나 효과 있고 영원히 우리의 죄를 씻어냈음으로 더 이상 하나님의 진노를 받을 입장에 있지 않음을 믿습니다. 우리에게 죄가 있다면 그 죄에 대하여 반드시 형벌을 받아야 하는 처지에 있음에도 불구하고 우리는 안전하게 서 있을 수 있습니다. 이는 우리가 씻음을 받아 정결하게 되었고 철저하게 의롭다 하심을 얻어서 사랑하시는 그분 안에서 하나님께 받아들여졌기 때문입니다. 그리스도의 대속적인 희생으로 말미암아 죄가 우리에게서 완전히 치워졌으므로, 우리가 여호와께서 친히 거하시는 곳에 들어갈 담력을 얻게 되었습니다.

그 다음에, 우리는 제사장이 하나님께 가까이 거할 권리를 가졌듯이 우리도 그 특권을 가지고 있다는 점을 확신합니다. 왜냐하면 예수님께서 우리로 하여금 하나님께 대하여 왕들과 제사장들이 되게 하셨고, 그 직무의 모든 특권들이 직무와 함께 우리에게 임하기 때문입니다. 우리는 거룩한 곳에서 수행할 임무가 있습니다. 우리는 그곳에서 거룩한 임무를 행하도록 부르심을 받았습니다. 우리는 침입자가 될까봐 두려할 필요가 조금도 없습니다. 강도가 집에 몰래 침입하여 들어갈 때 담대하게 들어가지 못합니다. 들킬까봐 항상 염려합니다. 여러분이 초대 받지 않고 낯선 사람의 집에 들어갈 수 있으나, 그런 집에서는 담대함을 전혀 느끼지 못할 것입니다. 우리는 집을 침범하는 자나 낯선 외인으로 거룩한 지성소에 들어가는 것이 아닙니다. 우리는 부르심에 순종하여 우리의 직임을 감당하기 위해서 들어갑니다. 그리스도의 희생을 받아들이기만 하면 우리는 하나님과 편한 관계에 있게 됩니다. 어린 아이가 자기 아버지 집이 아니면 어디서 담대하겠습니까? 제사장이 하나님의 성전 말고 어디에 서 있어야 하겠습니까? 제사장은 바로 그 성전의 봉사를 위해 구별된 사람입니다. 피로 씻음을 받은 죄인이 화목하게 된 그의 하나님과 함께 살지 않고 어디서 살겠습니까?

이런 담대함을 느끼는 것은 하늘에 속한 기쁨입니다! 우리는 이제 하나님을 사랑하고 기뻐하되, 하나님께 가까이 나아갈 때 우리가 침입자라는 생각이 전혀 들지 않을 정도로 사랑하고 기뻐합니다. 우리는 결단코 "나의 무서워하는 하나님"이라고 말하지 않고 "하나님, 나의 지극한 기쁨"이라고 말합니다. 하나님의 이름은 우리에게 음악입니다. 우리의 삶은 그 음악에 맞춰 영위됩니다. 하나님께서 소멸하는 불이심에도 불구하고 우리는 그런 하나님을 사랑합니다. 왜냐하면 하나님은 우리의 더러운 찌끼만 소멸하실 분이시기 때문입니다. 우리도 그 찌끼가 소멸되기를 바랍니다. 하나님은 이제 어떤 면에서도 우리에게 혐오스러운 분이 아닙니다. 우리는 하나님이 어떠한 분이 되시든지 간에 하나님을 기뻐합니다. 사랑하는 여러분, 예수님의 피를 힘입어 지성소에 들어갈 때 우리는 담대함을 가질 좋은 근거를 가지고 있는 것입니다.

이제 끝으로, 저는, 휘장이 항상 찢어져 있고, 수선하여 다시 옛날처럼 걸려 있을 일이 없으니, 우리가 언제나 들어갈 담력을 가질 수 있음을 여러분에게 상기시키고서 이 요점을 마무리하도록 하겠습니다. "여호와께서 모세에게 이르시되 네 형 아론에게 이르라. 성소의 휘장 안 법궤 위 속죄소 앞에 아무 때나 들어오지 말라 그리하여 죽지 않도록 하라 이는 내가 구름 가운데서 속죄소 위에 나타남이니라"(출 16:2). 그러나 주님께서는 우리에게 그렇게 말씀하지 않으십니다. 하나님의 사랑하시는 자녀여, 여러분은 언제라도 "들어갈 담력"을 가졌도다. 그 휘장은 밤낮 찢어져 있도다. 그렇습니다. 여러분의 믿음의 눈이 침침할 때에도 여전히 들어갈 수 있다고 말해야겠습니다. 여러분의 증거들이 희미할 때에도 여러분은 여전히 "들어갈 담력"을 가지고 있습니다. 심지어 불행하게도 죄를 범하였다 할지라도 회개의 기도를 드릴 수 있는 길이 열려 있음을 기억하십시오. 찢어진 휘장 사이로 나아가십시오. 여러분이 죄인이라 할지라도 말입니다. 여러분이 다시 죄에 빠졌다 할지라도, 여러 번 방황했던 일들이 생각나서 마음에 근심이 생겼을지라도 그냥 바로 지금 오십시오! "오늘 너희가 그의 음성을 듣거든 너희 마음을 완고하게 하지 말고"(히 4:7), 즉시 들어가십시오. 왜냐하면 여러분을 가로막을 휘장이 없기 때문입니다. 비록 의심과 불신앙 때문에 그렇게 생각될지라도 말입니다. 휘장은 존재할 수 없습니다. 왜냐하면 휘장이 위로부터 아래로 찢어져 둘로 나뉘었기 때문입니다.

　　제게 주어진 시간이 빨리 날아갔습니다. 마지막 주제에 대해서 제가 의도한 대로 말씀드릴 여유가 없겠군요.

3. 우리가 어떻게 이 은혜를 행사해야 하는지에 대해 말씀드리도록 하겠습니다.

　　제가 말씀드리고 싶었던 것 몇 가지를 요점적으로만 제시하겠습니다. 우리는 이 시간에 지성소로 들어갑시다. 그 길을 보십시오! 우리는 **속죄의 길을** 따라서 지성소에 들어갑니다. "그러므로 형제들아, 우리가 예수의 피를 힘입어 성소에 들어갈 담력을 얻었나니"(시 110:19). 저는 주님의 보배로운 피에 관하여 현대 학파에 속한 신사들이 최근에 사용한 맹렬하고 신성모독적인 말 때문에 정말 불쾌하지 않을 수 없었습니다. 예수 그리스도의 피를 짓밟으면서 그들이 감히 내뱉었던 바, 아주 저주 받을 말들을 반복하여 제 입술을 더럽히지 않겠습니다. 여러분은 이 거룩한 책 도처에서 보배로운 주님의 피를 만납니다. 속죄의 피에 대하여 무례하고 신성 모독적인 발언을 하면서 어떻게 스스로 그리스도인이라고 말할 수 있습니까? 형제들이여, 휘장이 찢어졌다 할지라도 그리스도의 피가 없이는 지성소로 들어가는 길은 없습니다. 옛적에 대제사장이 피를 가지고 간 것은 휘장이 처져 있었기 때문임을 생각할 수 있습니다. 그러나 휘장이 사라진 지금에도 여러분은 피를 가지고 가야 합니다. 길은 열려 있고, 여러분에게는 들어갈 담력이 있습니다. 그러나 예수님의 피가 없으면 들어가지 못합니다. 위대한 희생 제물이신 주님의 피 없이 하나님께 가까이 나아간다는 생각을 하는 것 자체가 불경스러운 일입니다. 우리는 항상 주님의 속죄를 들어 호소해야 합니다. 피 흘림이 없이는 죄 사함이 없습니다. 그리스도의 피가 아니고서는 하나님께 나아갈 길은 없습니다.

다음으로, 우리가 나아갈 길은 **확실한 길**입니다. 여기 "새로운 산 길"이라는 말에 주목하십시오. 여기서 길은 항상 육체를 뜻합니다. 헬라어 원어는 "새롭게 죽임당한"이라는 개념을 함축합니다. 예수님께서 오래 전에 죽으셨습니다. 그러나 그의 죽으심은 그 속죄가 일어났던 순간과 똑같이 지금도 같은 죽음의 효과를 냅니다. 사랑하는 친구들이여, 우리는 언제나 하나님께 효력을 발휘하는 길을 따라서 하나님께 나아갑니다. 그 길은 그 효능과 신선함이 결코 줄어들지 않습니다.

> "죽임 당하신, 사랑하는 어린 양이시여,
>   당신의 보배로운 피
>   결코 그 능력을 잃지 않으리."

그 길은 아무리 오래 다녀도 닳지 않습니다. 언제나 새롭습니다. 만일 예수 그리스도께서 어제 죽으셨다면, 오늘 그리스도의 그 공력을 의뢰하여 탄원할 수 있다고 생각지 않습니까? 정말 그렇습니다. 여러분은 그리스도께서 죽으신 처음과 똑같이, 그로부터 19세기가 지난 지금도 그 죽으심의 공력을 의뢰하여 담대하게 탄원할 수 있습니다. 하나님께 이르는 그 길은 언제나 새롭게 놓인 길입니다. 사실, 예수님의 상처는 끊임없이 피를 흘려 우리의 죄를 속합니다. 십자가는 예수님께서 여전히 거기에 매달려 계신 것처럼 항상 영광스럽습니다. 예수님의 속죄의 죽음의 신선함과 활력과 능력에 관한 한, 우리는 새로운 길을 통해 하나님께 나아갑니다. 그 길을 항상 마음으로 새롭게 인식하도록 합시다. 속죄의 교리를 결코 진부한 것으로 생각하지 말고 그 교리를 우리 영혼에 내리는 이슬처럼 생각하도록 합시다.

그 다음에 사도는 덧붙이기를, 그것은 "산 길"(living way)이라고 합니다. 놀라운 말입니다! 대제사장이 지성소에 들어가는 길은 물론 물리적 길이었습니다. 그래서 그 길은 죽은 길이었습니다. 우리는 우리 심령에 적합한 신령한 길을 따라 갑시다. 옛적에 그 길은 대제사장을 도울 수 없었습니다. 그러나 우리의 산 길

은 우리를 충분히 돕습니다. 예수님께서 "나는 길이요 진리요 **생명이라.**"고 말씀
하십니다. 우리는 이 길로 하나님께 나아갈 때, 그 길이 우리를 인도하고 안내하
여 하나님 가까이 데려다줍니다. 이 길은 마침내 우리에게 생명을 줍니다.

그 길은 주님께서 우리를 위해 특별히 마련하신 **전용(專用) 길**(dedicated
way)입니다. "우리를 위하여 휘장 가운데로 열어 놓으신 새로운 산 길이요." 새
길이 뚫리면, 그 길은 공적인 용도를 위해 구별되어 바쳐집니다. 때로는 어떤 공
공건물을 왕이나 군주가 개방하면, 그 건물은 그 목적에 맞게 사용됩니다. 사랑
하는 여러분, 예수 그리스도로 말미암아 하나님께 나아가는 그 길은 우리같이
불쌍한 믿는 죄인들이 사용하도록 그리스도께서 바치시고 세우신 길입니다. 그
리스도께서는 그 길을 하나님께 헌정하시고, 우리를 위해서 바쳐서 우리가 자유
롭게 쓸 수 있도록 하셨습니다. 나를 위해서 구별된 길이 있다면 두려움 없이 그
길을 사용할 수 있는 것이 확실합니다. 예수 그리스도로 말미암아 하나님과 하
늘로 나아갈 길을 구주께서 죄인들을 위해 구별하여 바치셨습니다. 그 길은 하
나님의 도성을 바라보고 여행하는 사람들을 위해 열려진 왕의 대로(大路)입니
다. 그러므로 우리는 그 길을 사용합시다. "우리를 위하여 열어 놓으신." 참으로
복된 말씀입니다!

끝으로, 그 길은 그리스도의 길입니다. 왜냐하면 우리가 하나님께 나아갈 때
여전히 그리스도의 육체를 통해서 나아가기 때문입니다. 성육신하신 하나님으
로 말미암지 않고 여호와 하나님께 나아갈 길은 없습니다. 인간의 몸을 입으신
하나님이 우리가 하나님께 이르는 길입니다. 육신이 되신 말씀이 대속의 죽으심
을 당하심으로 아버지께 이르는 길이 되셨습니다. 그리스도께서 우리를 대표하
여 하나님 앞에 서시는 것 외에는 우리가 하나님께 나아갈 길이 없습니다. 예수
님은 하나님 앞에서 우리를 대표하십니다. 지존자의 보좌 앞에서 우리의 언약의
머리요, 우리의 대표시요, 우리의 선구자이신 그분을 통해서 우리는 하나님께
나아갑니다. 그리스도 없이 기도하려고 하지 마십시오. 그리스도 없이 찬미를
부르거나, 그리스도 없이 설교하려 들지 마십시오. 어떤 모양, 어떤 방식으로도
우리를 위해서 거룩히 구별되어 우리 대신 십자가에서 바쳐진 그리스도의 육체
로 말미암아 휘장 가운데로 열어 놓으신 그 산 길을 따라가지 않고서는 하나님
과 교제하려고 하거나 어떤 거룩한 직무를 수행할 생각을 하지 마십시오.

사랑하는 여러분, 마지막 두 구절에 대해서 언급해야 설교를 끝낼 수 있겠

습니다. 그 의미를 온전히 이해하기 위해서는 두 구절을 다룰 필요가 있지만, 그 것을 다룰 시간이 없기에 오늘 아침에는 생략하지 않으면 안 되겠습니다. 우리 는 하나님께 대하여 스스럼없이 대하도록 부르심을 받았습니다. 즉시 "하나님께 가까이 나아갑시다." "믿음의 충만한 확신을 가지고 참된 마음으로" 나아갑시다. 그렇게 담대하게 나아갑시다. 왜냐하면 우리에게 대제사장이 계시기 때문입니 다. 히브리서 10:21은 이 점을 우리에게 상기시켜 줍니다. 예수님은 위대한 제사 장이십니다. 우리는 예수님 아래에서 수종드는 제사장들입니다. 우리에게 하나 님께 가까이 나아가라 명하시고 또 친히 그 길을 인도하시니, 우리는 그분을 따 라 그 내밀한 성소로 들어갑시다. 그분이 살아 계시니 우리도 살 것입니다. 그분 이 죽지 않으시니 우리도 성소에서 결코 죽지 않을 것입니다. 하나님께서 그분 을 치시지 않는 한 우리도 치지 않으실 것입니다. 그러니 "또 하나님의 집 다스 리는 큰 제사장이 계시매 참 마음과 온전한 믿음으로 하나님께 나아갑시다"(히 10:21,22).

그 다음에, 사도는 우리 대제사장이 그 길을 인도하시니 담력을 가지고 나 아갈 수 있을 뿐 아니라 우리 자신이 그리로 들어갈 준비가 되어 있기 때문에 나 아갈 수 있다고 말합니다. 대제사장이 지성소에 들어가기 전에 해야 하는 두 가 지 일이 있습니다. 하나는 피 뿌림을 받아 정결함을 입는 것입니다. 우리는 이것 을 이미 가지고 있습니다. 왜냐하면 "우리가 마음의 뿌림을 받아 악한 양심으로 부터 벗어나" 있기 때문입니다.

제사장들에게 요구되는 또 한 가지 사항은 "맑은 물로 몸을 씻는" 것이었습 니다. 우리가 세례를 받을 때 상징적으로 이것을 받은 것입니다. 그리고 실제로 는 중생의 신령한 씻음을 통해서 이것을 받았습니다. 우리에게 다음의 기도가 이루어졌습니다.

> "찢겨진 허리에서 흘러나오는 물과 피,
> 죄책과 죄의 권능에서
> 나를 깨끗하게 하는 이중의 효험이 되게 하소서."

우리는 말씀으로 말미암아 물로 씻음 받는 것을 알았습니다. 우리는 은혜의 성령으로 말미암아 거룩함을 입었습니다. 그러므로 우리는 지성소에 담대히 들어갑시다. 어째서 머뭇거리며 방황합니까? 피 뿌림을 받은 마음, 정결한 물로 씻음 받은 몸, 이것이 하나님의 지성소에 들어가기에 합당하도록 규례로 정해진 준비입니다. 사랑하는 여러분! 가까이 나아가십시오! 성령께서 지금 여러분에게 하나님께 가까이 나아가게 하는 영이 되시기를 바랍니다. 여러분의 하나님께 나아가시고, 그분과 함께 거하십시오! 그분은 여러분의 아버지이시며, 여러분의 모든 것의 모든 것이 되십니다. 앉아서 그분을 즐거워하십시오. 그분의 사랑으로 충만하십시오. 여기 지상과 하늘 사이에 오가는 여러분의 교제가 깨지지 않게 하십시오. 어째서 그래야 하지요? 하나님과 완전히 화해하고 하나님을 기뻐하는 그 즐거운 일을 어째서 오늘 시작하지 않으려 합니까? 그 달콤함은 갈수록 깊이를 더해 갈 것이며, 결국 주님을 얼굴과 얼굴을 대하여 뵙게 될 것이고, 더 이상 주님께로부터 쫓겨나지 않을 것입니다. 하늘은 크게 변화될 것입니다. 그러나 우리가 지금 휘장 안에 서 있다면, 우리의 위치에 있어서는 변화가 없을 것입니다. 변화가 있다면 새벽 여명이 시작될 때와 대낮 사이와 같은 변화만 있을 것입니다. 태양은 같고 태양으로부터 나오는 빛도 같으며, 그 빛 안에서 걷는 특권도 같기 때문입니다. "내 사랑하는 자야 날이 저물고 그림자가 사라지기 전에 돌아와서 베데르 산의 노루와 어린 사슴 같을지라"(아 2:17). 아멘. 아멘.

제

78

장

—

굴려진 돌

—

"큰 지진이 나며 주의 천사가 하늘로부터 내려와
돌을 굴려 내고 그 위에 앉았는데" — 마 28:2

거룩한 여인들이 새벽 미명에 예수님의 몸에 향유를 바르기 원하여 무덤으로 가면서, 무덤 문에 큰 돌이 굳게 막고 있을 것을 생각하면서 서로 간에 말하였습니다. "누가 우리를 위하여 무덤 문에서 돌을 굴려 주리요"(막 16:3). 그 질문은 우주 전체의 비통한 질문을 한데 응축시킨 것입니다. 그들이 인류 전체의 큰 탄식을 말로 표현한 것처럼 보입니다. "누가 우리를 위하여 무덤 문에서 돌을 굴려 주리요." 사람이 행복의 길목에 거대한 돌이 완전히 막고 서 있습니다. 위대한 자들 중 누가 그 장벽을 제거할 것입니까? 철학이 그 일을 시도해 보았으나 비참하게 실패하였습니다. 불멸을 향하여 올라가는 길을 의심과 불확실성과 불신앙의 돌이 막았습니다. 누가 무시무시한 그 바위를 들어 올려 생명과 불멸성이 빛을 볼 수 있게 하겠습니까? 사람들은 대대로 동료들을 묻었습니다. 모두를 게걸스럽게 삼키는 무덤이 수많은 사람들을 통째로 먹어치웠습니다. 누가 매일 사람을 죽이는 살육자를 멈추게 하거나, 무덤을 넘어서는 소망을 줄 수 있었습니까? 부활을 속삭이는 분이 계셨습니다. 그러나 사람들은 그것을 믿을 수가 없었습니다. 어떤 사람들이 내세의 상태를 꿈꾸었고, 신비로운 시가(詩歌)를 지어 그것을 말하기도 하였습니다. 사실 그것은 상상에 불과한 것인데도 말입니다. 사람들은 어두운 새벽 미명에 크게 두려워하면서 진리에 대하여는 거의 짐작도 하지 못하면서 계속 물었습니다. "누가 우리를 위해서 이 돌을 굴려줄까?" 사람들은 이 벌레 같은 인생이 전부일 수 없으며 또다른 생이 있어야 한다는 것을 본능적으로 느꼈습니다. 지성 있는 피조물들이 망하려고 이 세상에 온 것일 수는 없다는 것입니다. 어쨌든 이 숙명의 강 너머에 무엇인가가 있다는 희망을 가졌습니다. 어떤 사람도 아베르누스(Avernus: 로마 신화에서는 지옥이라는 말을 이 말로 대체하고 있다. 이는 이탈리아의 나폴리 근방에 있는 작은 호수였는데 그 이름을 지옥의 입구라는 뜻으로 사용하기도 하였음 ― 역주)에서 돌아온 적이 있다는 것은 있을 수 없는 일이었습니다. 그래도 무덤에서 빠져나갈 길이 있을 것임에 틀림없습니다. 그리로 가는 일이 아무리 험하다 할지라도 죽음의 음침한 그림자가 드리운 땅에서 누군가가 살아 나와야 한다는 희망을 사람들은 가진 것입니다. 그러므로 그 질문은 말로 표현되지 않았을지라도 항상 마음에 떠오르고 있었습니다. 올 그 사람은 어디에 있는가? 예정된 구원자는 어디에 계신가? 우리를 위하여 돌을 굴려줄 그분은 어디에 있으며, 누구인가?

그 여인들에게 세 가지 난제가 있었습니다. 돌 자체가 거대하였습니다. 그리고 무덤을 막아 놓은 그 돌은 법적으로 봉인되어 있었습니다. 권력의 대표자들이 그 돌을 지키고 있었습니다. 인류에게도 세 가지 동일한 난제들이 있었습니다. 죽음은 죽을 인생이 알 수 있는 어떠한 힘으로도 옮겨지지 않는 거대한 돌이었습니다. 죽음은 하나님의 율법을 어긴 죄의 형벌로 하나님께서 보내신 것이 분명합니다. 그러니 어떻게 죽음을 비켜갈 수 있으며, 어떻게 제거할 수 있겠는가? 하나님의 복수의 빨간 도장이 무덤 입구에 찍혀 있습니다. 어떻게 해야 그도장을 지울 수 있습니까? 누가 그 돌을 굴려낼 수 있겠습니까? 귀신의 힘과 지옥의 힘이 아무도 무덤에서 빠져나가지 못하게 하려고 무덤을 지키고 있었습니다. 누가 이러한 것들에 맞서고, 사자의 이빨 사이에 있는 먹잇감과 같이 세상을 떠난 영혼들을 데려올 수 있었습니까? "누가 우리를 위하여 무덤 문에서 돌을 굴려 주리요?" "누가 이 마른 뼈들로 살게 하겠는가? 우리를 떠난 영혼들이 어떻게 우리에게 돌아올 수 있을까? 우리와 함께 경주하다가 하데스(음부, 지옥과 동의어로 쓰이고 있음 ― 역주)로 내려갔던 허다한 사람들이 혼돈이 자리 잡고 있는 항상 깜깜한 그 나라에서 돌아올 수 있는가?" 그렇게 모든 이교도들도 "누가 그렇게 할 수 있는가?"라고 질문을 던졌지만 자기들이 외친 소리를 메아리로 되받았을 뿐입니다. 현인들과 왕들도 아무런 대답을 얻지 못했습니다. 그러나 구주를 사랑했던 여인들이 대답을 발견하였습니다. 그들은 그리스도의 무덤으로 갔습니다. 그러나 그 무덤은 비어 있었습니다. 예수님께서 부활하셨기 때문입니다. 여기에 세 개의 질문에 대한 답이 있습니다. 곧 또다른 인생이 있다는 것입니다. 몸들이 다시 살 것입니다. 예수님께서 사셨기 때문입니다. 위로 받기를 거절하며 애통 하던 라헬이여, "우는 소리를 멈추어라. 눈물을 그치라. 그대의 일이 보상 받을 것이고, 그대가 원수의 땅에서 다시 살아올 것이기 때문이다." 무덤을 둘러싸고 우는 자들이여, 소망이 없는 것처럼 더 이상 슬퍼하지 마라. 왜냐하면 예수 그리 스도께서 부활하셨으니 그리스도 안에서 죽은 자들도 부활할 것이기 때문입니 다. 그들의 눈물을 닦아 주십시오. 믿는 이의 무덤은 더 이상 애곡의 장소가 아닙 니다. 불멸로 가는 길목일 뿐입니다. 믿는 이의 무덤은 영혼이 지상 순례길에 낡 은 의복을 잠시 벗어두는 탈의실입니다. 벗어 놓은 그 의복은 지상의 어떠한 세 탁자도 만들 수 없을 정도로 완전하고 희게 되어 더 밝은 내일에 다시 입게 될 것 입니다.

저는 오늘 아침 높아지신 우리 주 예수 그리스도의 부활에 관하여 잠시 말 씀드리려 합니다. 여러분이 그 주제에 좀 더 흥미를 갖게 하기 위하여 무엇보다 먼저, 굴려진 이 돌더러 여러분에게 설교하라고 명령하려 합니다. 그런 다음에, 여러 분에게 천사가 돌 강단 위에서 전하는 설교를 들으라고 청하겠습니다.

1. 먼저, 돌들이 설교하는 소리를 들으십시오.

성경에서 돌들이 말하도록 명함 받는 일을 보는 것은 전혀 비상한 일이 아 닙니다. 큰 돌들이 옆으로 굴려져 있으면서 백성들에게 무언가를 증언하고 있었 습니다. 돌들과 벽에서 나온 광선이 죄를 증언하라는 명을 받았습니다. 저는 이 돌을 그 돌이 상징하는 가치 있는 진리들을 증언하는 증인이라고 부르겠습니다. 우리 생각을 여섯 가지로 나누어 봅니다.

첫째로, 돌이 굴려졌다는 것은 분명히 무덤 문이 치워졌다는 것으로 여겨야 마 땅합니다. 사망의 집은 거대한 돌문으로 굳게 닫혀졌습니다. 천사가 그 거대한 돌을 옮겼습니다. 그리고 거기서 살아 계신 그리스도께서 나오셨습니다. 거대한 문이 무덤에서 치워진 것을 여러분은 볼 것입니다. 단순히 문이 조금 열린 것이 아니라 문을 돌쩌귀를 벗겨서 굴려서 옆으로 치워 버린 것입니다. 이제부터는 옛적부터 있었던 죽음의 교도소에 문이 없어지게 된 것입니다. 성도들이 그리로 들어가나 감옥이 성도들을 가두지 못합니다. 성도들은 마치 입구가 터진 굴 속에 잠시 머무는 것과 같을 뿐입니다. 그러나 때가 되어 그들이 거기서 나오는 것을 막을 것은 아무것도 없습니다. 삼손이 가사에서 잠들었을 때 원수들에게 포위당하였습니다. 그러나 아침에 일찍 일어나 가사의 문을 뽑아 어깨에 메었습니다. 문기둥과 문설주와 모든 것을 다 들어 어깨에 메었습니다. 블레셋의 요새가 휑하니 뚫렸습니다. 우리 구주께서 하나님이 정하신 뜻에 따라 사흘 밤낮 주무셨다가 깨어 무덤에 큰 권능을 행하셨습니다. 무덤의 철문을 들어 올리고, 문의 설주들을 산산조각 내었습니다. 가두고 있던 돌을 옮긴 것은 우리 주님께서 무덤 문을 뽑아 버리신 것을 나타내는 외형적 모형이었습니다. 주님께서 무덤 문의 기둥과 설주와 그 모든 걸 다 뽑아 버리셨습니다. 그래서 사망과 지옥의 오래된 성채(城砦)를 노출시키어, 폭풍을 맞아 거덜이 나서 이후로 아무 힘을 쓰지 못하게 만드셨습니다. 우리 주님께서 볼모로 무덤에 잡혀 계셨던 것을 기억하십시오. "그가 우리의 죄를 위하여 죽으셨도다." 우리의 죄가 마치 빚처럼 주님께 전가되었습니다. 주님께서 우리가 하나님께 마땅히 지불해야 할 채무를 갚으셨습니다. 우리가 당할 고난에 해당하는 완전하고 큰 대속의 고통을 당하셨습니다. 주님의 대속의 사역이 온전히 하나님께 열납되기까지 볼모로 무덤에 갇혀 계셨습니다. 하나님께서 그 대속의 사역을 받으셨다는 사실은 주님이 무덤에 갇혀 있는 데서 나오심으로써 공적으로 알려질 것이었습니다. 그리고 그 나오심은 우리의 의롭다하심이 될 것이었습니다. "우리를 의롭다 하시기 위하여 살아나셨느니라"(롬 4:25). 만일 주님께서 채무를 완전히 지불하지 아니하셨다면 무덤에 그냥 계셨을 것입니다. 예수님께서 효과적이고 총체적이며 최종적인 속죄를 이루지 못하셨다면, 예수님은 무덤 가운데 계속 포로로 잡혀 있어야 했습니다. 그러나 그 모든 일을 다 이루셨습니다. "다 이루었다."는 말씀이 그의 입에서 나왔었는데, 그 말씀이 여호와 하나님의 평결에 의해 확정되었습니다. 그래서 예수님께서 풀려나셨습니다. 다시 살아나신 그분을 주목하십시오. 예수님은 공의를 피하여 달아난 악당처럼 감옥을 부수지 아니하시고 형기를 마친 사람처럼 여유있게 나오셨습니다. 예수님께서는 자신의 능력으로 다시 살아나셨다고 해도 틀린 말이 아닙니다. 그러나 거룩한 아버지의 허락이 없이 무덤을 떠나지 아니하셨습니다. 하늘 법정으로부터 천상의 공무원이 파송되어 와서 돌문을 굴려 그분에게 문을 열어주신 것입니다. 완전하게 의롭다하심을 입은 예수 그리스도께서 자신의 모든 백성들도 자신 안에서 온전히 의롭다하심을 받는다는 것을 입증하기 위해 살아나신 것입니다. 그래서 구원의 역사는 영원토록 완전한 것입니다. 돌이 무덤 문에서 굴려졌습니다. 마치 예수님께서 구원의 역사를 아주 효과적으로 이루셔서 어떤 것도 우리를 다시 무덤에 가둘 수 없음을 보여주려는 것 같았습니다. 이제 무덤은 그 성격을 바꾸었습니다. 무덤은 이제 감옥으로서의 기능을 상실했고 무효화되었습니다. 그래서 성도들에게 있어서 사망은 더 이상 죄를 위한 형벌이 아닙니다. 오히려 안식에 들어가는 입구입니다. 형제들이여, 와서 이 점을 즐거워합시다. 그리스도의 빈 무덤에서 우리는 죄가 영원히 제거된 것을 봅니다. 그러므로 사망이 가장 효력 있게 파괴된 것도 봅니다. 우리 죄들이 무덤 입구를 막았던 큰 돌이었습니다. 우리의 죄가 우리를 사망과 흑암과 절망으로 사로잡고 있었습니다. 우리의 죄는 이제 영원토록 굴려졌고, 그래서 이제부터 사망은 더 이상 어둡고 무시무시한 지하 감옥, 곧 지옥의 대기실이 아닙니다. 오히려 죽음은 향기 나는 침실이요, 쉬러가는 방이요, 하늘의 문간방입니다. 예수님께서 부활하신 것이 분명한 만큼, 예수님의 백성들도 반드시 죽은 자들을 떠날 것입니다. 성도들의 부활을 막을 것이 전혀 없습니다. 그 감옥 속에서 우리를 꼼짝 못하게 지키고 있던 돌이 굴려졌습니다. 가로막고 있던 문이 사라져 버렸는데 누가 우리를 그 안에 가두어 놓을 수 있겠습니까? 모든 장애물이 제거되었는데 우리를 누가 가둘 수 있습니까?

> "누가 그 폭군을 위해서 그의 감옥을 다시 지을 것인가?
> 폭군의 손에서 떨어진 그의 홀이 부서져 널려 있도다.
> 돌은 제거되고, 주님이 일어나셨도다.
> 무력한 자들이 곧 그들을 묶은 끈을 풀고 방면되리라."

둘째로, 그 돌을 **기념비가 세워졌다**는 것으로 여기십시오.

옛 사람들이 기념석을 세웠고, 오늘날은 용감무쌍한 위대한 행위를 기리려고 기둥들을 세웁니다. 그렇듯이 그 돌이 굴려진 것은, 말하자면 우리 믿음의 문 앞에 그리스도께서 사망과 지옥의 권세를 영원히 이기신 것을 기념하는 기념비로 그 날에 헌정된 것입니다. 사망과 지옥의 권세들은 예수님을 이겼다고 생각하였습니다. 십자가에 못 박혀 죽으신 분이 졌다고 간주했습니다. 그들은 수의

(壽衣)에 싸여 요셉의 새로 판 무덤에 방치된 채 움직이지 않는 그분의 몸을 보았을 때 회심의 미소를 띠었습니다. 그러나 그들의 기쁨은 잠시였습니다. 그들의 떠벌리던 자랑도 잠깐뿐이었습니다. 왜냐하면 그 정해진 시간에 썩음을 보실 수 없었던 분이 다시 살아나 그들의 권세로부터 벗어나 나오셨기 때문입니다. 그분이 옛 뱀에게 발꿈치를 상하였습니다. 그러나 부활의 아침에 그 뱀의 머리를 박살내셨습니다.

> "돌과 파수꾼과 봉인(封印)이 소용이 없으니
> 그리스도께서 지옥의 문들을 부수셨도다.
> 죽음이 그의 부활을 막아도 소용없었으니
> 그리스도께서 낙원을 여셨도다.
>
> 우리의 영광스러운 임금님이 다시 사시도다.
> '사망아, 너의 쏘는 것이 어디 있느냐?'
> 한번 죽으셨던 그가 우리 영혼을 구원하셨도다.
> '자랑하는 무덤이여, 너의 승리가 어디 있느냐?'"

그리스도 안에서 사랑하는 형제 여러분, 우리가 저기 있는 돌 위에 천사가 앉아 있는 것을 봅니다. 그 돌은 사망과 지옥을 이기신 그리스도의 승리를 기념하는 기념비로 우리 앞에 서 있습니다. 그리스도의 승리가 우리를 위해서 성취된 것임을 기억하는 것이 합당합니다. 그리스도의 승리의 열매들은 다 우리의 것입니다. 우리는 죄와 더불어 싸워야 합니다. 그러나 그리스도께서 죄를 이기셨습니다. 우리는 사탄에게 시험을 받습니다. 그런데 그리스도께서 사탄을 물리치셨습니다. 우리는 때가 되면 언젠가 이 몸을 떠날 것입니다. 주님께서 속히 오지 않으시면 우리 조상들과 같이 죽어 우리 하나님을 만나러 가기를 기대할 수 있습니다. 그러나 죽음은 우리를 위하여 정복되었습니다. 우리는 더 이상 두려워할 이유가 있을 수 없습니다. 그리스도의 병사들이여, 용기를 내십시오. 여러분은 이미 패배한 원수를 대적하고 있습니다. 주님의 승리는 여러분을 위해서 보증된 것임을 기억하십시오. 만일 머리가 이긴다면, 지체들이 패할 리 만무합니다. 슬픔으로 눈이 흐려지지 않도록 하십시오. 두려움 때문에 근심하지 마십시오. 여러분은 이겨야 합니다. 그리스도께서 이기셨기 때문입니다. 모든 힘을 발휘하여 싸우십시오. 승리의 소망을 가지고 더욱 힘을 내십시오. 여러분의 구주께서 지신 걸 본 적이 있습니까? 만일 그리스도께서 지신 적이 있었다면 여러분은 바람 앞에 쭉정이처럼 날려갈 각오를 해야만 할 것입니다. 그러나 여러분의 대장이 싸움에서 이기신 그 능력을 여러분에게 부여하십니다. 성령께서 여러분 안에 계십니다. 예수님께서 친히 세상 끝날까지 항상 여러분과 함께 하실 것이라고 약속하셨습니다. 능하신 하나님께서 여러분의 피난처이십니다. 여러분은 어린 양의 피로 말미암아 분명히 이길 것입니다. 오늘 아침 여러분의 눈 앞에 이 돌을 세워 놓으시고 말하십시오. "나의 대장께서 지옥과 사망을 이기셨으니, 그 이름 안에서 그의 능력으로 말미암아 마지막 원수가 정복되는 때에 나도 승리의 면류관을 쓰리라."

셋째로, 이 돌의 세 번째 용도로, 여기에 초석이 놓였다는 사실을 기억하십시오.

돌이 무덤에서 굴려졌다는 것이 예수 그리스도의 부활을 대변하고 확증하듯이, 그 사실은 우리 그리스도인 신앙의 초석입니다. 부활의 사실은 기독교의 머릿돌입니다. 우리 주님의 부활을 부인하면, 우리의 거룩한 믿음도 단지 꾸며낸 이야기에 불과해집니다. 나무 위에서 죽었던 분이 무덤에서 다시 살아나지 않았다면, 믿음이 의뢰할 것이 하나도 존재하지 않게 됩니다. 그러면 사도가 말하였듯이, "너희 믿음도 헛되고 너희가 여전히 죄 가운데 있을 것이요, 또한 그리스도 안에서 잠자는 자도 망하였을"(고전 15:17,18) 것입니다. 건물의 머릿돌이 요동하면 아치(arch)를 받치고 있는 돌들이 한꺼번에 무너져 내리는 것 같이, 우리 하나님을 믿는 종교의 모든 위대한 교리들이 산산조각 납니다. 왜냐하면 우리의 모든 소망이 바로 그리스도의 부활이라는 위대한 사실에 걸려 있기 때문입니다. 만일 예수님께서 부활하셨다면, 이 복음이 주장하는 대로 복음입니다. 만일 예수님께서 죽은 자 가운데서 부활하지 아니하셨다면 복음은 다 속임수요, 기만입니다. 그러나 형제들이여, 예수님께서 죽은 자 가운데서 다시 사신 일은 역사 속에 있는 다른 어느 것보다 더 잘 확증된 사실입니다. 증인들이 많습니다. 그 증인들은 여러 계층과 여러 조건에 처한 사람들이었습니다. 그들 중 어느 한 사람도 자기가 실수를 했다거나 기만을 당했다고 고백한 적이 없습니다. 그들이 어찌나 확신하였던지 그들 중 거의 모든 사람들이 그것을 증언하다가 죽임을 당하였다는 것이 사실입니다. 그들이 그러한 증거를 통해서 얻은 것은 아무것도 없었습니다. 권세가 올라간 것도 아니고, 다시 명예나 부를 얻은 것도 아닙니다. 그들은 진실하고 순전한 마음으로 자기들이 보았던 것을 증언하고 목격했던 것을 간증한 사람들이었습니다. 부활은 옛적이나 현대에 어느 역사에 기록된 사건보다도 훨씬 더 잘 검증된 사실입니다. 여기에 성도들의 확신이 있습니다. 본디오 빌라도 앞에서 선한 고백을 하신 주 예수 그리스도께서 십자가에 못 박히시고 죽으셨고 장사지낸 바 되셨다가 죽은 자 가운데서 다시 살아나셨습니다. 그리고 40일 후에 하나님 보좌로 올라가셨습니다. 우리는 그분을 신뢰합니다. 우리는 그분을 믿습니다. 만일 그분이 부활하지 않으셨다면, 우리가 그의 추종자들이 됨으로 말미암아 사람들 가운데 가장 비참한 사람들이 된 셈입니다. 만일 주님께서 부활하지 아니하셨다면 주님의 속죄도 충분한 것이 되지 못했다는 증거입니다. 주님께서 부활하지 아니하셨으면 그의 피가 죄를 없이하는 효력이 있음이 우리에게 입증되지 않은 셈입니다. 그러나 주님께서 부활하셨으니 우리가 이 진리 위에 서 있습니다. 우리의 모든 확신이 바로 그 사실에 근거해 있습니다. 우리는 확신합니다.

> "죽은 자 가운데서 다시 살아나신 그분이 앞서 가신다
> 　그분이 하늘의 영원한 문을 여시어
> 　당신의 성도들이 구속주와 하나님께 가까이 있도록
> 　복된 거처를 준비하셨도다."

　　제 설교를 듣고 있는 사랑하는 여러분, 예수 그리스도께서 죽은 자 가운데서 부활하신 사실에 영원한 소망을 두고 있습니까? 그분을 신뢰하며, 그분이 여러분을 위해서 죽으셨고 다시 사셨다는 것을 믿습니까? 여러분이 주님이 다시 사신 사실로 말미암아 공인된 그리스도의 피의 공로를 전적으로 의지합니까? 그렇다면 여러분은 사실과 진리의 초석, 지옥문이 이길 수 없는 초석을 가진 셈입니다. 그러나 만일 여러분이 행한 어떤 일 위에 무엇을 쌓고 있거나, 여러분을 위해서 사제(司祭)의 손이 행할 수 있는 어떤 것을 의존하고 있다면, 모든 것을 삼켜 버리는 홍수에 쓸려나갈 모래 위에 집을 짓고 있는 셈입니다. 그리고 여러분과 여러분의 모든 소망이 절망의 어둠 속에 휩싸인, 바닥을 알 수 없는 깊은 심연

속으로 곤두박질칠 것입니다. 오, 산 돌이신 그리스도 예수 위에 세우십시오! 오, 하나님께서 택하신 보배로운 모퉁잇돌이신 그분을 의뢰하십시오! 이것이 바로 안전하고 영원토록 복되게 집을 짓는 것입니다.

넷째로, 그 돌로부터 들리는 네 번째 소리는 이것입니다. 여기에 안식이 제공되고 있다는 것입니다.

천사가 돌 위에 앉아서 바로 그것을 우리에게 가르쳐 주고 있는 것 같았습니다. 부활의 전체 행위가 얼마나 여유 있게 이루어졌는지 모릅니다! 얼마나 소리 없이 진행되었는지요! 많은 사람들이 보도록 과시하거나 뽐내는 일이 전혀 없었습니다! 천사가 내려왔고 돌이 굴려졌으며, 그리스도께서 다시 사셨습니다. 그리고 천사가 그 돌 위에 앉아 있습니다. 천사가 거기 조용히 은혜롭게 앉아서 유대인들과 그들의 봉인과 로마 군병들과 그들의 창과, 죽음과 세상과 지옥을 향하여 도전하고 있었습니다. 그는 마치 이렇게 말하고 있는 듯 하였습니다. "다시 그 돌을 굴려 제자리로 갖다 놓아 보아라. 부활하신 분의 원수들이여, 우리의 항상 살아 계신 임금이신 분을 대적하여 이겼다고 생각했던 지옥의 권세들이여, 감히 할 수만 있다면 그 돌을 다시 옮겨 제자리에 놓아 보아라!' 천사는 그렇게 말을 한 것이 아닙니다. 오히려 위풍당당하게 돌 위에 조용히 앉아서 그 뜻을 더욱더 확실하게 전달하였습니다. 구주의 역사가 완성되었고, 영원토록 이루어졌습니다. 이 돌, 더 이상 쓰임 받지 못할 이 돌, 납골당 안을 막는데 더 이상 쓸 수 없게 돌쩌귀에서 떨어져나간 그 문은 "일이 이루어졌다."는 것을 모형적으로 보여줍니다. 이루지 못한 채 남아 있는 것이 하나도 없이 다 이루어지고, 영원토록 끝까지 부족함이 없게 이루어졌음을 말입니다. 저기 쉬고 있는 천사는 부드럽게 우리에게 속삭입니다. "이리로 와서 쉼을 얻으라." 영혼에게는 우리가 의뢰하는 구주께서 죽은 자 가운데서 다시 살아나셨다는 사실만큼 충만하고 좋고 확실하며 안전한 안식은 없는 것입니다. 오늘날 여러분은 세상을 떠나는 친구들에 대해 애통해하죠? 자, 와서 이 돌 위에 앉으십시오. 그 돌은 여러분에게 그들이 다시 부활할 것을 말해주고 있습니다. 여러분은 자신이 곧 죽을 것이라고 생각합니까? 벌레가 뿌리를 파먹고 있는 처지입니까? 여러분의 얼굴에 폐병의 열꽃이 있습니까? 여기 이 돌 위에 앉아서, 이제는 죽음이 두렵게 하는 것을 상실했다고 생각하십시오. 왜냐하면 예수님께서 무덤에서 다시 살아나셨기 때문입니다. 연약하고 두려워 떠는 자들이여, 이리 와서 사망과 지옥을 향하여 도전장을 던지십시오. 천사가 여러분에게 자리를 내줄 것입니다. 여러분으로 하여금 원수의 면전에 앉도록 할 것입니다. 비록 여러분이 비천한 여인이거나 낭패당한 남자거나, 오래 병을 앓아서 곤비해지고 활기 없는 자라 할지라도, 지옥의 모든 군대들을 향하여 능히 도전할 수 있습니다. 바로 이 보배로운 진리 위에 쉬고 있는 동안에는 말입니다. "그가 여기 계시지 않고 살아나셨느니라. 그가 죽은 자에게서 벗어나 다시는 죽지 않는다." 제가 이 강론의 본문을 깊이 생각하고 있을 때 야곱이 라반의 집으로 향하고 있었을 때가 생각났습니다. 샘이 있는 곳에 이르게 되니 거기에 큰 돌이 놓여 있었고, 양 떼들과 소 떼가 주위에 몰려들었습니다. 그러나 한 사람이 와서 우물 입구에서 큰 돌을 굴리기까지 물을 얻을 수 없었습니다. 돌을 굴려내고서야 그들은 양 떼들에게 물을 먹였습니다. 그와 같이 예수님의 무덤은 가장 정결하고 가장 신성한 유쾌함을 솟구쳐 내는 큰 샘입니다. 그러할지라도 이 돌이 굴려지기까지는 그리스도의 피로 구속받은 양 떼들 중 어느 하나라도 거기에서 물을 마실 수 없었습니다. 그러나 지금 바로 이 안식일, 부활의 아침에 우리는 주님의 열린 무덤 주위에 모여 그 거룩한 샘에서 생수를 길어 올립니다. 오, 우리에 있는 곤비한 양들이여, 감염되어 죽을 일만 남아 있는 자들이여, 이리로 오시라. 여기에 달콤하고 신선한 샘물이 있도다. 예수 그리스도께서 부활하시었다. 이 사실에서 배나 위로를 받을지어다.

> "놀라움으로 외치는 음표마다 높아지나니
> 죄가 전복되고 지옥이 사로 잡혔도다.
> 옛적에 무서워하던 지옥의 왕이 어디 있는가?
> 오, 사망아, 너의 쏘는 것이 어디 있는가? 할렐루야."

다섯째로, 그 돌은 경계를 짓는 돌이었습니다.

그렇다는 것을 모르시겠습니까? 그 돌을 보십시오. 그 돌이 거기에 놓여 있고 그 위에 천사가 앉아 있습니다. 그 쪽 너머에 여러분은 무얼 봅니까? 무덤을 지키던 자들이 무서워 죽은 사람처럼 굳어 있었습니다. 그 돌 이편에서 여러분은 무엇을 봅니까? 겁 많은 여인들이 두려워 떨고 있는데, 그 여인들에게 천사가 부드럽게 말합니다. "너희는 무서워 말라. 너희가 예수를 찾는 줄을 내가 아노라." 그러니 그 돌이 산 자와 죽은 자 사이, 그리스도를 찾는 자들과 미워하는 자들 사이, 그리스도의 친구들과 원수들 사이를 구분 짓는 경계가 되었음을 봅니다. 그리스도의 부활은 그 원수들에게는 "넘어지게 하는 돌이요 거치는 반석"입니다. 마치 옛적 아레오바고 언덕에서 현자들이 부활에 대하여 들었을 때 조롱하던 것처럼 말입니다. 그러나 그리스도의 백성들에게 부활은 모퉁이의 머릿돌입니다. 우리 주님의 부활은 우리의 승리요 기쁨입니다. 그리스도의 부활은 여호와 하나님께서 이스라엘과 애굽 사이에 세우신 기둥과 같은 역할을 합니다. 그 기둥이 애굽 사람들에게는 어둠이었으나 이스라엘에게는 빛을 주었습니다. 애굽 군대는 깜깜한 데 있었습니다. 그러나 이스라엘의 지파들 중에는 광채와 위로가 충만하였습니다. 그처럼 부활도, 그리스도를 알지 못하고 믿지 아니하는 자들에게는 공포로 충만한 교리입니다. 그들이 부활을 통해서 얻을 것이 무엇입니까? 차라리 그들은 아주 멸절되어 영원히 잠드는 편이 행복합니다. 그리스도의 부활을 통해서 그들이 무엇을 얻어야겠습니까? 그들이 멸시했던 분이 다시 오시다니요? 그들이 미워하였고 가증스럽게 여기던 분이 살아 있다니요? 그분이 그들에게 일어나라고 명령하며, 보좌에 앉아 계신 재판장이신 그분을 만나야 하다니요? 이런 생각 자체가 오늘날 왕들의 허리를 찔러 괴롭히기에 충분합니다. 그러나 낭랑히 울리는 트럼펫이 티끌 가운데서 자고 있는 아담의 모든 자손들을 깨울 때 일어날 그 사실은 그들에게 무엇일까요! 오, 모든 죄인이 일어나고 부활하신 구주께서 하늘 구름을 타시고 오실 것이며, 구주를 모시는 모든 거룩한 천사들이 함께 올 것입니다. 바로 그 엄청난 날 아침의 공포여! 진실로 무덤을 막고 있던 부활의 돌이 악한 편에 있는 자들에게 황망함 외에 무엇을 주겠습니까? 그러나 그 돌 오른편에 있는 자들에게 부활은 얼마나 큰 기쁨을 가져다주었는지요! 그들은 매일같이 더 열심히 그리스도의 나타나심을 얼마나 고대하는지요! 그들은 자기들이 부활할 것이고 이 눈으로 자기들의 구주를 뵈올 것이라는 달콤한 진리 위에 얼마나 든든히 서 있는지요! 저는 오늘 아침 여러분이 이 경계석 어느 편에 서 있는지 자신에게 물어보라고 요청하고 싶습니다. 여러분이 그리스도 안에 있는 생명을 가지고 있습니까? 그리스도와 함께 부활하였습니까? 죽은 자 가운데서 부활하신 그분만 믿습니까? 그렇다면 두려워하지 마십시오. 천사가 여러분을 위로할 것이고, 예수님께서 여러분을 격려합니다. 그러나 오! 만일 그리스도 안에 있는 생명이 없다면 여러분은 살아 있으나 죽은 자입니다. 예수님께서 부활하셨다는 생각만 하여도 두려움으로 타격을 받고 부들부들 떨게 될 것입니다. 여러분을 기다리고 있는 그 사실을 인하여 두려워 떠는 것이 당연한 것입니다.

　여섯째로, 이 돌이 **멸망**의 전조로도 바르게 사용될 수 있음을 생각합니다.

　우리 주님께서 이 세상에 오신 것은 마귀의 모든 일들을 멸하려 하심입니다. 여러분 앞에 마귀의 일들을 그려 보십시오. 소름 끼치는 가공스러운 성채, 곧 거대하고 무시무시하고 오랜 세월 이끼로 뒤덮이고 사람들의 피가 어마어마하게 칠해져 있고, 비행과 간교함으로 둘려 있으며, 깊게 판 참호로 둘러싸여 있고, 악한들로 요새화된 성채로 묘사된 마귀의 행실들을 상상해 보십시오. 그 성채는 그 옆을 지나가며 성의 망루들을 헤아리고 성의 보루를 보는 사람마다 절망감을 안겨줄 만큼 무섭습니다. 때가 찼을 때 우리의 대장께서 마귀의 일들을 멸하러 세상에 오셨습니다. 지상 생애 동안 주님은 그 큰 성을 향하여 경보를 발하셨고, 여기저기에서 돌을 제거하셨습니다. 병든 자들이 치료를 받았고, 죽은 자들이 살아났으며, 가난한 자들에게 복음이 전파되었기 때문입니다. 그러나 그 부활의 아침에 거대한 성채가 꼭대기에서부터 밑바닥까지 흔들렸습니다. 그 성벽에 거대한 틈이 여기저기 생겨났습니다. 성의 모든 요새들이 비틀거렸습니다. 그 성채의 주인보다 더 강한 자가 분명히 그 속에 들어가 성의 꼭대기에서 밑바닥까지 뒤집어엎기 시작하셨습니다. 그 건물의 대부분을 받치고 있던 거대한 돌 하나, 건물 전체의 구조를 함께 붙잡고 있던 모퉁잇돌이 그 있는 자리에서 통째로 들려 내동댕이쳐졌습니다. 예수님께서 사망이라는 거대한 화강암 돌을 그 자리에서 뽑아 내셨고, 다른 모든 것도 그같이 될 것이라는 분명한 표징을 제시하셨습니다. 그 돌이 예수님의 무덤에서 굴려졌을 때, 그 일은, 사탄의 건물을 받치고 있는 모든 돌이 무너질 것이고 어둠의 세력들이 처음 배도하던 날부터 끝까지 쌓아 놓았던 모든 돌이 돌 하나도 돌 위에 남아 있지 못할 것이라는 예언이었습니다. 형제들이여, 무덤 문에서 굴려진 돌은 제게 영광스러운 소망을 줍니다. 악이 여전히 강력하지만 악은 반드시 무너질 것입니다. 영적 악이 높은 곳들에서 세력을 떨치며, 허다한 무리들이 여전히 악을 따라가며 떠들어댑니다. 나라들이 여전히 깊은 흑암 속에 앉아 있습니다. 많은 사람들이 바벨론의 음녀를 숭배하고, 마호메트의 초승달 앞에 절하는 자들이 있으며, 나무와 돌덩어리들 앞에 머리를 숙이는 자들이 수백만이나 됩니다. 세상의 어두운 곳들과 그 거민들은 여전히 온갖 잔인한 일들을 행합니다. 그러나 그리스도께서 악의 전체 구조를 완전히 흔드셨고, 그에 따라 모든 돌들이 틀림없이 무너지게 될 것입니다. 우리는 계속해서 일해 나가며, 복음의 공성퇴(성벽을 파괴하는 무기 — 역주)를 사용하고, 각 사람이 계속해서 제자리를 지키도록 해야 합니다. 여리고를 도는 병사들처럼 여전히 나팔을 불어야 합니다. 그러면 오래된 모든 악, 어마어마한 모든 미신이 땅바닥에 내동댕이쳐질 날이 반드시 오게 되어 있습니다. "내가 엎드러뜨리고, 엎드러뜨리고 엎드러뜨리려니와 이것도 다시 있지 못하리라. 마땅히 얻을 자가 이르면 그에게 주리라"(겔 21:27)는 예언이 성취될 것입니다. 천사가 앉아 있는, 그 굴려진 돌은 비열하고 야비한 모든 것이 반드시 망하게 될 일에 대한 확실한 전조입니다. 기뻐하라, 너희 하나님의 아들들이여, 바벨론의 멸망이 가까웠도다. 오, 하늘이여, 노래하라, 노래하라, 땅이여, 기뻐하라. 악을 더 이상 아끼지 아니하리라. 진실로 내가 너희에게 말하노니 돌 하나도 돌 위에 놓이지 아니하고 다 흩어지리라.

그 돌은 이상과 같이 우리에게 설교했습니다. 우리는 잠시 멈추어 천사가 말하는 바를 들어봅시다.

2. 그 천사는 두 가지 방식으로, 곧 상징과 말로 설교하였습니다.

상징으로 설교하는 것이 지금 어느 파의 사람들에게는 상당히 인기가 있습니다. 복음을 눈으로 보아야 한다고 그들은 말합니다. 사람들은 계절이 바뀔 때마다 색깔의 변화를 보고 배워야 한다는 것입니다. 푸른색과 초록색과 보라 빛과 같은 색깔을 말입니다. 제사장과 제단에서 볼 수 있는 것과 색깔과, 레이스와 촛대와 깃발과 미사 때 쓰는 병들, 물로 가득한 잔들에 칠한 색깔들을 보고 배워야 한다는 것입니다. 그들은 냄새를 통해서 배우고 인도함을 받아야 한다고까지 말합니다. 그래서 향의 연기에 취해야 한다는 것이죠. 또 귀로 듣고 배워야 하는데 섬뜩한 느낌이 드는 기도문이나 우아한 찬송가에도 귀를 기울여야 한다고 주장합니다. 자, 그 천사가 상징적 설교자였음을 잘 주목하십시오. 그는 빛나는 이마와 눈과 같이 흰 예복을 입고 있었습니다. 그러나 여러분이 그 상징들이 누구를 위해서 준비되었는지 알면 즐거워할 것입니다. 그 천사가 무덤을 지키는 자들에게는 한 마디도 하지 않았습니다. 다만 상징적으로 복음을 전했습니다. 말하자면 천사는 그들을 쳐다보기만 하였습니다. 그의 눈빛이 광채를 발하고 있었습니다. 천사는 눈같이 흰 의복을 입은 모습으로만 그들에게 자신을 나타내었습니다. 그 이상은 아니었습니다. 그런데 무덤을 지키는 자들이 두려워 와들와들 떠는 모습을 주목하십시오! 그것이 바로 상징의 복음입니다. 상징의 복음이 임할 때마다 정죄하는 일이 벌어집니다. 그런 복음은 다른 어떤 것도 할 수 없습니다. 상징들로 이루어진 옛날 모세의 율법이 어디서 끝났습니까? 율법의 내적 의미를 깨달은 자가 얼마나 적었습니까! 이스라엘의 대다수가 우상 숭배에 빠졌습니다. 상징적 체계가 그들에게 죽음이 되었습니다. 여러분 가운데 상징을 기뻐하는 사람들이 있습니다. 일 년 내내 그리스도인의 생애를 흉내 내는 것을 그리스도인다운 것이라고 생각하는 사람들이 있습니다. 모든 기독교 신앙을 사람들이 극장이나 인형극에서 연기하듯이 드라마와 같은 것을 통해서 배워야 한다고 생각하는 사람들이 있습니다. 그런 사람들은 자기 생각대로 하게 내버려 두십시오. 그들이 그 길로는 결코 천국에 이르지 못하고 그리스도도, 생명도 만나지 못할 것입니다. 그들은 사제들과 형식주의자들과 외식자들을 만날 것이고, 깊은 숲으로 들어가 멸망의 어두운 산중에서 넘어져 결국 파멸하고 말 것입니다. 복음의 메시지는 "청종하라. 그리하면 너의 영혼이 살리라."입니다. "귀를 기울이고 내게로 나아와 들으라"(사 55:3). "주 예수 그리스도를 믿으라. 그리하면 너희가 구원을 받으리라." 이것이 바로 생명을 주는 메시지입니다. 그러나 오, 완고한 세대여, 너희가 상징과 표적을 찾으나 마귀의 복음으로 기만을 당할 것이고, 멸망시키는 자에게 삼키고 말 것이다.

　자, 우리는 말로 전하는 천사의 설교에 귀를 기울입시다. 이렇게 해서만이 참된 복음이 전파되는 것입니다. 그리스도는 말씀이요, 복음은 말과 생각들로 이루어진 것입니다. 복음은 눈에 호소하는 것이 아니라, 귀와 지성과 마음에 호소합니다. 복음은 영적인 것이요, 심령이 각성 받아 영적 진리를 포착하는 자들만이 배울 수 있습니다. 천사가 말하는 첫 번째 요점은 "너희는 두려워 말라."였습니다. 오! 이것이 부활하신 구주의 복음의 진수입니다. "너희는 두려워하지 말라." 구원 받고 싶은 자들이여, 그리스도를 따르려는 자들이여, 너희는 두려워할 필요가 없도다. 땅이 흔들렸는가? 두려워하지 말지어다. 땅이 불에 소멸된다 할지라도 하나님께서 여러분을 지키실 수 있습니다. 천사가 내려올 때 두려웠습니까? 두려워하지 마십시오. 예수님의 십자가에 나아와 거기서 피 흘리신 분께 영혼을 맡긴 하나님의 자녀는 하늘에서 어떠한 공포도 만나지 않습니다. 가련한 여인들이여, 어둠이 그대들을 무섭게 하는가? 너희는 두려워하지 말지어다. 하나님께서 어둠 속에 있는 그대들을 보시고 사랑하시며, 어둠이나 빗속이나 어느 곳도 그분의 통제를 벗어난 곳이 없도다. 무덤에 나아가기를 두려워하는가? 무덤이 여러분을 무섭게 하는가? 두려워하지 말지어다. 그대들은 죽을 수 없도다. 그리스도께서 부활하셨으니 죽었다 해도 반드시 살게 되어 있도다. 오, 복음의 위로여! 저는 성경에 예수님을 믿는 사람은 아무도 놀라게 할 수 있는 것이 없다고 말씀드리겠습니다. 성경에 그런 것은 하나도 없습니다. 하늘에나 땅에나 지옥에나 예수님을 믿는 여러분을 무섭게 할 것이 없습니다. "너희는 두려워하지 말라." 과거를 두려워할 필요가 조금도 없습니다. 과거를 잊으십시오. 여러분은 현재를 두려워할 필요가 없습니다. 현재 여러분을 위해서 은혜가 공급되고 있습니다. 미래도 예수님의 살아 있는 능력으로 보장이 됩니다. "내가 살았으니 너희도 살겠음이라." 두려워하지 마십시오. 그리스도께서 죽었을 때는 정말 두려워해야 할 것 같았습니다. 그러나 지금 그리스도께서 사셨으니 두려워할 이유가 전혀 없습니다. 여러분은 자신의 죄를 두려워합니까? 그 모든 죄가 다 제거되었습니다. 그 모든 것을 다 처리하지 아니하셨다면 그리스도께서 다시 살지 않으셨을 것이기 때문입니다. 여러분을 두려워하게 만드는 것이 무엇입니까? 천사가 여러분을 향하여 "두려워하지 말라."고 말했는데 어째서 두려워합니까? 만일 부활하신 구주의 모든 상처, 왕 노릇 하시는 주님의 모든 행사가 여러분을 위로한다면 어째서 아직도 당황하고 있습니까? 예수님께서 부활하신 이 마당에 의심하고 두려워하고 떠는 것은 신자에게 부합한 일이 아닙니다. 예수님께서는 여러분이 처한 모든 시험에서 여러분을 구원하실 수 있습니다. 살아서 여러분을 위해서 간구하고 계시다는 것을 아시니, 끝까지 여러분을 구원하실 것이라고 믿으십시오. 그러므로 두려워하지 마십시오.

다음 말 "너희는 무서워하지 말라.······내가 아노라."는 말에 주목하십시오. 무엇입니까! 천사가 여인들의 마음을 알았다니요? 막달라 마리아가 어떠한 사람인지 천사가 알았다니요! 영들이 우리 심령을 읽습니까? 그렇고말고요. 그러나 오! 우리의 하늘 아버지께서 아신다는 걸 기억하는 것이 좋습니다. 여러분은 두려워하지 마십시오. 왜냐하면 하나님께서 여러분의 마음속에 있는 것을 죄다 아시기 때문입니다. 여러분은 자신의 영혼에 관하여 염려하고 있음을 드러낸 적이 없습니다. 여러분은 너무 수줍어서 그런 말을 내놓고 하지 못합니다. 심지어 예수님을 사랑하기를 바란다는 말조차 꺼낼 엄두도 내지 못하였습니다. 그러나 하나님께서 여러분의 소원을 아십니다. 가엾게도, 여러분은 마치 선한 것을 믿을 수 없고 행할 수도 없는 것처럼 느끼죠. 그러나 여러분이 적어도 소원을 갖고 있습니다. 아주 적게라도 구하고 있습니다. 하나님께서 그 모든 것을 아십니다. 하나님께서는 여러분의 소원을 찾아내시는 걸 기뻐하십니다. 하나님께서 모든 것을 아신다고 하는 이 위대한 사실이 여러분에게 위로가 되지 않습니까? 저는 여러분의 심령 속에 있는 것을 읽을 수 없습니다. 아마 여러분도 여러분 자신의 심령 속에 있는 것을 제대로 말할 수 없을지도 모릅니다. 그렇게 하려고 애써 보지만, 몇 번 시도해 본 뒤에 이렇게 말할 것입니다. "글쎄요, 저는 제가 느끼는 것을 정확히 하나님께 아뢸 수 없어요. 저는 얻을 수도 있는 위로를 놓쳐 버렸어요. 제 자신의 경우를 설명하지 않았기 때문이에요." 그러나 여러분을 다루시되 여러분의 난제가 어디에 있는지 정확히 아시고, 여러분의 현재 슬픔의 원인이 무엇인지 정확하게 아시는 분이 계십니다. "너희는 무서워하지 말라." 왜냐하면 여러분의 하늘 아버지께서 아시기 때문입니다. 잠잠히 있으십시오. 가련한 환자여, 의사는 그 상처가 어디에 있는지 알기 때문입니다. 여러분을 괴롭히는 것이 무엇인지 잘 알기 때문입니다. 나의 자녀여, 그대의 위대한 아버지의 품에 고요히 안길지어다. 왜냐하면 그분이 모든 것을 아시도다. 그러면 그것으로 만족하게 되지 않습니까? 그분의 돌보심은 그분의 지식만큼 무한하기 때문입니다.

그 다음에, 천사는 이어서 말합니다. "너희는 무서워하지 말라. 십자가에 못 박히신 예수를 너희가 찾는 줄을 내가 아노라." 여기에 위로의 여지가 있었습니다. 그들이 예수님을 찾고 있었습니다. 세상이 예수님을 십자가에 못 박았지만 말입니다. 비록 많은 사람들이 그분에게 등을 돌렸을지라도 이들은 사랑의 충성심을 가지고 예수님을 찾고 있었습니다. 자, 여기에 이렇게 말할 수 있는 분이 계실는지요. "비록 내가 그리스도를 따르는 제자가 되기에는 합당치 못하고 자주 그리스도께서 나를 배척하실 것이라는 생각을 갖지만, 내가 확신하는 한 가지가 있다. 나는 그리스도 때문에 사람을 두려워할 것을 전혀 걱정하지 않는다. 내 죄가 나를 두렵게 한다. 그러나 사람이 나를 두렵게 할 수는 없다. 온 세상이 주님을 대적한다 할지라도 나는 주님 편에 서고 싶다. 세상이 십자가에 못 박은 그분을 내가 마음으로 진정 공경하여 받드는 것을 최고의 명예로 여긴다. 나같이 가련하고 무가치한 벌레 같은 사람을 그분이 이대로 나를 받아 주신다면 온 세상이 그분을 내쫓는다 할지라도 나는 그분의 복되고 은혜로운 이름을 인정하는 걸 결코 부끄러워하지 않을 것이다." 아! 여러분이 그리스도에 대하여 그렇게 느낀다면, 두려워하지 마십시오. 그분이 마지막 큰 날에 여러분을 인정하실 것입니다. 만일 여러분이 지금이라도 그분을 인정하고 싶다면 "두려워하지 마십시오." 저는 때로 제 마음을 들여다보면서 내가 그런 문제와 아무 관련이 없고, 사랑하시는 분에게서 어떤 유익을 누릴 수 있다고 주장할 수 없을 것처럼 느낄 때가 있다는 것을 고백합니다. 그러나 그런다 해도 나는 이 점을 알고 있습니다. 그분 때문에 수치를 당할까봐 부끄러워하지 않는다는 점입니다. 그분의 대의를 위한다는 일 때문에 나를 광신자나 공상자라고 비난을 한다 할지라도 사랑하는 주님을 위해서 그처럼 복된 비난을 받아 죄인 취급 받는 것을 최고의 명예로 여길 것입니다. 만일 우리가 진정 마음으로 그렇게 말할 수 있다면, 용기를 가져도 좋습니다. "너희는 무서워하지 말라. 십자가에 못 박힌 예수를 너희가 찾는 줄을 내가 아노라."

그런 다음, 다시 천사는 "그가 여기 계시지 않고 그가 말씀하시던 대로 살아나셨느니라."고 덧붙입니다. 여기에도 천사가 주는 교훈이 있습니다. 그는 위로를 준 다음에 가르치고 있습니다. 주님을 찾는 구도자여, 위로를 위한 위대한 근거와 이유는 죽은 그리스도를 찾는데 있거나, 장사된 구주께 기도드리는 것이 아닙니다. 구주께서 진실로 살아 계십니다. 오늘날 밀실에 들어가 그분께 기도하면 지상에 계실 때 가련한 눈먼 자를 도우신 것과 같이 여러분을 구원하실 수 있으십니다. 그분은 나병 환자에게 복을 주시고 중풍 병자를 고치셨듯이 오늘날 여러분을 받아들이고 복을 주실 뜻이 있으십니다. 그러니 불쌍한 구도자여, 즉시 그분에게 나아가십시오. 거룩한 확신을 가지고 나아가십시오. 왜냐하면 그분이 여기 계시지 않기 때문입니다. 계시다면 죽은 자리에 여전히 머물러 있는 셈이죠. 그분은 부활하여 살아 계시고 왕 노릇 하시며 여러분의 간구에 응답하십니다.

천사는 그 거룩한 여인들에게 빈 무덤을 가서 살펴보라고 하였습니다. 그리고 곧바로 이어서 천사는 그들에게 주님을 위해서 행할 사명을 부여합니다. 자, 만일 여기에 어떤 구도자가 그리스도께서 살아서 구원하신다는 생각으로 위로를 받았다면, 그에게, 가서 당신이 들은 기쁜 소식을 다른 사람들에게 일러 주라고 하십시오. 그 사실을 배운 모든 사람이 그 사실을 가르치는 것이야말로 우리의 거룩한 믿음을 선전할 수 있는 위대한 방편입니다. 우리는 기독교회 안에서 가르치는 독특한 권한을 부여 받은 어떤 목사들에게만 그 사명을 부여하지 않습니다. 성직자와 평신도 등의 구분을 우리는 믿지 않습니다. 믿는 자들이여, 여러분 모두가 하나님의 성직자들입니다. 여러분 모두가 말입니다. 그리스도를 믿는 사람마다 하나님의 성직자들이고, 자신의 능력을 따라 그분을 섬겨야 합니다. 몸에는 많은 지체들이 있습니다. 그러나 지체마다 그 직무를 갖고 있습니다. 그리스도의 몸의 지체 가운데 아무 일도 하지 않고 빈둥거릴 지체는 하나도 없습니다. 머리 되신 구주께서 행할 수 있는 일을 우리는 전혀 할 수 없다고 하며 빈둥거릴 지체는 하나도 없습니다. 발이 해야 할 일이 있으며, 손도 그 임무가 있습니다. 혀와 눈이 그러하듯이 말입니다. 그러니 예수님을 배운 여러분은 그 복된 비밀을 감춰두지 마십시오. 오늘 여러분이 이런저런 방식으로 예수 그리스도께서 부활하셨음을 알리시기를 바랍니다. 옛 그리스도인들처럼 암호를 여기저기 퍼뜨리십시오. 주간 첫날에 그들은 서로에게 "주님은 진실로 부활하셨습니다."고 말했습니다. 어떤 이가 그게 무슨 뜻이냐고 묻거든, 복음 전체에 대해서 그들에게 말해줄 수 있을 것입니다. 왜냐하면 예수 그리스도께서 우리 죄를 위하여 죽으시고 성경대로 제삼일에 다시 사셨다는 것이 복음의 핵심이기 때문입니다. 대속주께서 우리 범죄 때문에 죽으셨고, 죄인들을 용서하시려고 우리의 대표로 다시 살아나셨습니다. 우리의 죄를 멸하기 위하여 죽으셨고, 우리의 영혼을 살리기 위하여 다시 사셨습니다. 다른 사람들을 부지런히 초청하여 예수 그리스도를 믿으라고 하십시오. 십자가에 못 박히신 예수님을 한 번 쳐다만 봐도 죽은 자가 살아난다고 일러 주십시오. 그것은 영혼으로 보는 것이고, 단지 믿고 보는 것이라고 말해 주십시오. 예수님을 신뢰하였다가 내쫓김을 받은 사람은 아무도 없다고 말해 주십시오. 여러분이 예수님을 믿은 결과 어떤 느낌이었는지 말해 주십시오. 그러면 주님의 교회에 많은 제자들이 더해질 것이고, 부활하신 구주께서 영화롭게 될 것이고, 여러분이 본 것으로 말미암아 위로를 받을 것입니다! 주 하나님께서 이 연약한 전도의 말에 복을 베풀어 주시기를 바랍니다. 아멘.

제
79
장

—

무덤을 찾아간 일

—

**"그가 여기 계시지 않고 그가 말씀하시던 대로
살아나셨느니라. 와서 그가 누우셨던 곳을 보라" ― 마 28:6**

그 거룩한 여인들, 막달라 마리아와 다른 마리아가 무덤에 간 것은 주님의 시신을 찾아 향유를 발라드리겠다는 희망에서였습니다. 그들의 의도는 좋았습니다. 그들의 뜻이 하나님 앞에 열납되었습니다. 그러나 그런 점을 제외하면 그들의 소원은 채워지지 않았습니다. 그 소원이 하나님의 계획과는 반대가 되었다는 단순한 이유 때문입니다. 심지어 그리스도께서 앞서 그들에게 분명히 선언하셨던 것과도 차이가 납니다. "그가 여기 계시지 않고 그가 말씀하시던 대로 살아나셨느니라." 저는 이 점을 감안하여 신자들로서 우리의 마음속에 선한 소원이 있을 수 있고 그 소원을 이루려고 간절히 애를 쓸 수도 있지만 결코 성공하지 못할 수도 있다는 점을 생각합니다. 그것은 우리 무지로 말미암아 이해하지 못하였거나, 중요한 것을 잘 잊어버리는 습성으로 인하여 우리 길목에 서 있는 그리스도의 어떤 말씀을 잊어버리는 일이 발생하였기 때문입니다. 기도에 있어서도 그러한 경우가 있음을 알고 있습니다. 우리가 기도했으나 응답 받지 못한 것은, 우리가 기도한 것을 구하도록 보증하는 하나님의 말씀이 전혀 없기 때문입니다. 성경에는 우리가 기도하지 못하게 미연에 방지하는 금령이 있습니다. 업무에 쫓기다보면, 우리 일상생활에서 그러저러한 지위에 있다면 하나님을 영예롭게 하였을 것이라고 생각합니다. 그래서 우리가 그것을 열심히 추구하고 위해서 간절히 기도하였으나 결코 얻지 못하였습니다. 하나님께서는 우리가 그 기도를 드리도록 의도하신 적이 없었습니다. 우리가 자신의 계획을 이루는데 성공했다면, 그것이 이득이 되기보다는 악이 되었을 것이고, 기쁨의 유산이라기보다는 고통을 물려받은 셈이 되었을 수도 있었을 것입니다. 우리는 자신을 위해서 큰 일들을 구하여 왔습니다. 주 하나님의 다음의 충고를 잊고서 말입니다. "네가 너를 위하여 큰 일을 찾느냐 그것을 찾지 말라"(렘 45:5). 여러분은 스스로 생각할 때 순전하고 합당해 보이는 모든 소원들이 이루어질 것이라고 기대하지 마십시오. 그 소원들이 성사되지 못할 수 있습니다. 주님의 말씀에, 그런 소원들이 항상 이루어질 것으로 생각하지 말라고 금하시는 말씀이 있을 수 있습니다.

　　이 선한 여인들은 자기들의 최대의 기쁨이셨던 주님을 잃어버렸음을 발견하였습니다. "그가 여기 계시지 않다."는 말씀이 그들에게는 마치 장송곡처럼 들렸을 것임에 틀림없습니다. 그들은 주님을 거기서 발견하리라 기대했습니다. 그러나 거기 계시지 않았습니다. 그러나 "그가 살아나셨느니라."는 말씀이 더해지자 그들의 마음속에서 슬픔이 제거되었을 것임에 틀림없습니다. 저는 예로부터 하나님이 제게서 어떤 선한 것을 빼앗으시면 그렇게 하신 정당한 이유가 분명히 있을 것이라고 생각했습니다. 그리고 빼앗아 가신 것보다 무한히 더 좋은 어떤 것을 주심으로써 하나님의 은혜를 나타내시는 경우가 훨씬 더 많다고 생각했습니다. 마리아는 주님의 시신을 발견하면 좋겠다고 생각했겠죠? 그래서 주님의 시신을 보기만 하여도 우울한 가운데서 일종의 만족을 얻을 것이라고 생각했겠죠. 자신의 가련한 판단에 따라서 그렇게 생각했던 것입니다. 주 하나님께서 좋은 것을 빼앗으셨습니다. 그러나 그리스도께서 부활을 하셨습니다. 이제 주님의 음성을 듣고 주님을 항상 뵈옵는 것이 무한히 더 나은 일이 아니었습니까? 여러분의 마음을 넝쿨같이 온통 사로잡고 있던 어떤 것을 최근에 상실하였습니까? 그러면 그 상실에 대한 합당한 이유가 있음을 알게 될 것입니다. 주님께서는 결단코 정금을 우리에게 주실 생각이 없으면서 우리에게서 은 같은 복을 거두어 가실 분이 결코 아닙니다. 그 점을 믿으십시오. 나무 대신 쇠를 주실 것이며, 쇠 대신 구리를 주실 것이며, 구리 대신 은을 주실 것이며, 은 대신 금을 주실 것입니다. 주님께서 회수하시는 모든 것은 더 큰 것을 주시려는 전조들에 불과합니다. 여러분의 자녀를 잃었습니까? 그로 인해 전보다 주님이 더 사랑스러우신 것을 발견하였다면 어떻겠습니까? 주님의 미소 한 번이 자녀의 즐거워 떠드는 모든 것보다 여러분에게 더 선한 것이 될 것입니다. 주님께서 여러분에게 열 아들보다 더 낫지 않습니까? 인생의 골짜기를 지나면서 내내 자신에게 힘을 주었던 친밀한 동반자를 잃었습니까? 그 상실로 말미암아 여러분은 구주께 더 가까이 다가갈 것입니다. 구주의 약속들이 그런 여러분에게 더 달콤해질 것이며, 복되신 성령께서 그분의 진리를 더욱더 선명하게 밝혀 주실 것입니다. 그리하여 그 손실로 말미암아 더 큰 이득을 얻게 하실 것입니다. 큰 나무에 보호를 받았던 많은 식물들이 있습니다. 큰 나무의 넓게 퍼진 가지들이 그 식물들을 가려주어 억수 같은 비를 막아 주고 우박으로부터 보호해 주었습니다. 그런데 잔인한 나무꾼의 도끼가 그 나무를 베어 버렸습니다. 그 나무가 쓰러지니 작은 식물이 겁에 질려 울부짖게 되었습니다. 그 이후부터 그 식물은 보호받지 못하고 혼자서 덩그러니 남게 될 것입니다. 그러나 그렇지 않습니다. 이러한 서글픈 전조들은 금방 사라집니다. 태양이 그 식물 위에 전과는 전혀 다르게 빛을 비추었습니다. 이슬들이 더욱 흠뻑 그 식물을 적셨습니다. 비가 그 식물의 뿌리까지 침투해 들어갔습니다. 연약하여 가련하던 식물이 그렇지 않았더라면 전혀 알지 못할 정도로 키가 컸습니다. 그 식물이 누렸던 보호 때문에 사실 식물이 크게 자라지 못했던 것입니다. 여러분에게서 철회된 바로 그 많은 위로들이 여러분이 높은 차원에까지 올라가지 못하게 막는 장애 요인이었음을 발견할 것입니다. 그런 것들이 없어지면 풍성한 보상을 받아 열 배 복을 얻을 것입니다. "그가 여기 계시지 않느니라." 그건 슬픈 일입니다. 그러나 "그가 살아나셨느니라." 이것은 기쁨에 찬 소식입니다. 너희는 죽었던 그리스도를 볼 수 없을 것이다. 그 복된 시신에 향유를 잘 발라 주는 일을 못할 것이다. 그러나 살아 계신 그리스도를 너희는 뵈올 것이다. 그 발 아래 엎드릴 것이며, 그분의 입에서 기쁨에 찬 말씀을 들을 것이다. "가서 네 형제들에게 내가 죽은 자 가운데서 살아났다 일러 주라."

　그 교훈은 기억할 만한 가치가 있습니다. 그 교훈을 하나님께서 여러분의 영혼에 적응시키시면 그것이 여러분에게 풍성한 위로를 부여할 것입니다. 주님께서 여러분에게서 한 기쁨을 빼앗아 가신다면, 다른 것을 주시되 더 나은 복을 주실 것입니다. "주께서 인생으로 고생하게 하시며 근심하게 하심은 본심이 아니시로다"(애 3:33). 여러분이 자녀들에게 그 마음을 기쁘게 할 것을 허락하지 않을 때는 반드시 자녀들의 진정한 선을 의도하고 있다고 저는 확신합니다. 여러분 가운데 자녀에게 자기를 부인하는 법을 약간 훈련시키려 할 때, 그 일로 인하여 패배자가 되지 않도록 다시 자녀에게 그것을 벌충하게 해주는 방식을 취하는 사람들이 얼마나 많습니까. 여러분의 하늘 아버지도 자녀들에게 여러분처럼 온화하고 부드럽게 대하실 것입니다.

이 두 가지 요점을 미리 염두에 두고 본문을 살펴보도록 합시다. 우리 중 몇몇 분들이 오늘 오후에 사랑하는 친구요 우리 교회의 집사였던 이의 장례식에 참여하였습니다. 우리의 가슴 속에서 일어나는 생각들과, 오늘 밤 우리의 입에서 흘러나올 말들은 우리 앞에 무덤이 열려 있다면 더 합당할 것입니다. 우리가 열린 그 무덤 앞에서 서 있다고 상상해 봅시다. 원하시면 저기 있는 저 종(鐘)을 마음에 그려 봅시다. 물론 저기 있는 종이 가끔 우리의 기도를 방해하기에, 왜 어떤 그리스도인은 그 종소리로 다른 그리스도인들을 괴롭히는지 모르겠다는 생각이 듭니다. 하지만 지금은 저 종소리가 우리를 위한 조종(弔鐘)이라고 생각해 봅시다. 저 종이 그 소리를 따라 우리를 무덤으로 데려가는데 도움을 준다고 생각해 봅시다. 그렇게 함으로써 우리가 이 경우에 이러한 묵상들을 통해서 더욱 격려를 받을 수 있는 처지에 이르게 된다고 생각해 봅시다.

첫째로, 본문에는 확신이 들어 있고, 두 번째로는 초청의 말씀이 들어 있습니다. 첫째로, 확신이 들어 있습니다. "그가 여기 계시지 않고 살아나셨느니라." 둘째로, 초청의 말씀이 들어 있습니다. "와서 그가 누우셨던 곳을 보라."

1. 첫째로, 확신이 들어 있습니다. "그가 여기 계시지 않고 살아나셨느니라."

예수 그리스도께서 진실로 죽은 자 가운데서 살아나셨습니다. 어리석고 정신 나간 사람들이 충분히 검증된 이 사실을 가리켜 황당무계하게 꾸민 신화(神話)에 불과함을 입증하려고 애를 써 왔지만 어떻게 되었습니까? 성경의 어떤 한 교리도 그와 같이 교묘하게 꾸며 만든 것이 없습니다. 언뜻 보아 그들은 그런 일들이 일어난 적이 없다고 주장하였습니다. 그런 일들은 순전히 꾸민 것에 불과하다고 주장하였습니다. 그러나 그 후 부활을 입증하는 풍성한 증거들이 제시되었을 때 의심 많은 이 큰 무리들은 한층 세련된 회의론에 자리를 내 주었습니다. 그럼에도 불구하고 그리스도의 부활이 역사 속에서 일어났던 어떤 사실보다 많은 증거를 가지고 있음을 보여줄 수 있습니다. 아마 역사 속에 그 어떤 사실도, 십자가에 못 박혀 죽으셨고 장사지낸 바 되셨던 나사렛 예수께서 다시 살아나셨다는 사실만큼 온전하게 입증되고 확증된 적이 전혀 없습니다. 우리는 율리우스

카이사르의 역사를 믿습니다. 또 타키투스(Tacitus)의 진술들을 받아들입니다. 우리는 역사적인 문헌들과 같은 근거 위에서, 마태와 마가와 누가와 요한, 그리고 그리스도의 죽으심을 목격하였고 그리스도께서 죽은 자 가운데 다시 살아나신 후에 주님을 뵌 자들의 증거를 받아들여야 합니다. 예수 그리스도께서 죽은 자 가운데서 다시 사셨다는 것은 상징이나 풍유적 우화가 아닙니다. 실상입니다. 예수님의 친구이든 원수이든 간에 그 무덤에 가서 죽어 누워 있는 주님을 직접 보십시오. 무덤에 갇히기에 합당한 시체입니다. 그를 만져 보십시오. 여러분이 알고 있었던, 살아 있을 때의 그리스도 그분입니다. 바로 동일한 분입니다. 그 눈들을 살펴보십시오. 다른 어떤 인간 형태의 눈들이 거기에 있었습니까? 그를 주목해 보십시오! 그의 이마에 슬픈 인상이 띠어져 있는 것을 볼 수 있습니다. 그처럼 상한 얼굴을 본 적이 있습니까? 그 얼굴에서 보는 것과 같은 슬픔을 본 적이 있습니까? 그 얼굴은 비극의 황제요, 모든 애통하는 자들의 군주요, 슬픔의 왕의 얼굴이로다! 그분이 거기 무덤에 누워 있습니다. 틀림없이 바로 그분입니다. 자, 못 박혔던 자국을 확인하십시오. 그 복되신 두 손을 뚫고 박혔던 못 자국이 있습니다. 그리고 두 발이 뚫린 흔적이 있습니다. 깊숙한 상처가 있고, 심장의 외막이 드러나 있으며, 심장이 뚫리고 기이한 물과 피가 쏟아진 흔적이 있습니다. 그분은 십자가에 못 박히셨던 바로 그분입니다! 그리고 거룩한 여인들이 수족을 들어 세마포로 싸고 주위에 향유를 넣어 주었습니다. 그들이 그렇게 서둘러 가져왔던 향유를 말입니다. 그리고 그들은 그분을 바로 그곳에 다시 뉘었습니다. 그 새 무덤에 말입니다.

자, 죽어 뻣뻣하게 경직되고 차가워진 그 수족들이 생기가 돌아와 다시 따뜻해졌고, 거기 누워 있던 뼈와 피와 살로 된 바로 그 몸이 다시 생명으로 충만하게 되어 영광스러운 모습을 나타내셨다는 사실, 그 사실을 믿는 것이 우리 믿음임을 알고 이해하도록 합시다. 그 두 손이 제자들 앞에서 떡 조각과 생선을 받아 나누셨고, 입으로 잡수셨습니다. 그리고 그 상처들을 보이시면서 말씀하셨습니다. "네 손가락을 이리 내밀어 내 손을 보라." 다시 옆구리를 보여주시면서 "네 손을 내밀어 내 옆구리에 넣어보라. 그리하여 믿음 없는 자가 되지 말고 믿는 자가 되라."고 말씀하셨습니다. 그분은 유령이나 환각이 아니었습니다. "영은 살과 뼈가 없으되 너희 보는 바와 같이 나는 있느니라"(눅 24:39)라고 친히 말씀하셨습니다. 그분은 부활 후에도 부활 전과 똑같이 참 사람이었습니다. 전에 이 지상에서 계셨을 때와 같이 지금 영광 중에도 여전히 참 사람으로 계십니다. 그분이 올라가셨습니다. 구름 속으로 들어가시니 우리 시야에서는 벗어났죠. 그분은 베드로에게 "네가 나를 사랑하느냐?"라고 말씀하신 그리스도, 그 모든 제자들에게 "와서 저녁을 들자."라고 말씀하셨던 바로 그 예수님이십니다. 그분이 정말로 죽으셨다가 실제 살아 있는 존재로 부활하신 것입니다. 자, 우리는 항상 그 교리가 우리에게 분명하게 진술되기를 원합니다. 왜냐하면 우리가 그것을 믿고는 있지만 항상 인식하고 있지 않기 때문입니다. 우리가 그것을 언제 인식하였다 할지라도 다시 그것을 듣는 것이 좋습니다. 그래서 그 일에 대하여 우리 마음이 확증을 얻게 하는 것이 좋습니다. 역사 속에서 진술된 다른 어떤 사실과 똑같이 그리스도의 부활은 문자 그대로 사실입니다. 우리는 부활을 그런 식으로 믿어야 합니다. "그가 여기 계시지 않고 살아나셨느니라."

사랑하는 여러분, 부활의 이야기를 읽어 보십시오. 그러면 주 예수 그리스도께서 그때 살아나셨을 때 사망의 잠을 자던 사람들 중에서 살아났음을 보게 될 것입니다. 주님께서 무덤에서 실제로 다시 살아나신 것이 진리일 뿐만 아니라, 지금 주님께서 아버지 하나님의 우편으로 오르시어 누리고 계신 영광을 위하여 살아나셨음을 알게 될 것입니다. 예수께서 무덤의 철 족쇄를 박살내셨고, 제자들도 이 점을 자기들의 위로로 삼았습니다. 곧 그분은 그 대적들의 손이 미칠 수 없는 곳에 계시다는 것을 말입니다. 주님께서 부활 후 지상에 머물러 계시던 그 며칠 동안, 대적하는 자들 중 하나도 주님을 해치려고 시도하지 않았습니다. 개 한 마리도 주님을 대적하여 혀를 내밀지 못했습니다. 우리는 그 이유를 말하기가 쉽지 않습니다. 그러나 그러하였습니다. 주님께서 지상에 있는 당신의 백성들 사이에서 다니시던 기간 동안에 그 원수들 모두의 마음속에는 어쩔 수 없이 그 사실에 동의한다는 주목할 만한 묵종이 있었던 것 같습니다. 주님께서는 그 원수들의 손이 미치는 범위 밖에 계셨습니다. 이제 더 이상 원수들이 주님을 해할 수 없었습니다. 지금도 여전히 그러합니다. 그분은 다른 의미에서 여기 계시지 않습니다. 이제 그분은 악의에 찬 그의 모든 대적들의 손이 미칠 수 없는 곳에 계십니다. 이 점이 여러분에게 힘을 주지 않습니까? 저는 그 점을 생각하면 힘이 납니다. 지금은 로마 군병들이 잡도록 그 선생님을 배반한 유다는 더 이상 존재할 수 없습니다. 빌라도 같은 이들이 그분을 잡아 공의(公義)를 어기고 죄가 없음을 알고도 십자가에 못 박도록 그분을 넘겨줄 수 없습니다. 헤롯 같은 이들이 군사들을 동원하여 그분을 조롱할 수 없습니다. 어떤 병사도 지금은 그분의 사랑하시는 얼굴에 침 뱉을 수 없습니다. 지금은 어느 누구도 그분을 손바닥으로 때리거나, 손으로 눈을 가리면서 "너를 친 자가 누구인지 예언하라."라고 말할 수 없습니다. 예수님의 위엄 있는 머리가 지금은 다시 가시 면류관을 쓰는 일은 결코 있을 수 없고, 자비를 베푸는 사명을 띠고 분주하게 움직였던 그분의 발이 더 이상 못 박히는 일이 없습니다. 사람들이 더 이상 그분을 발가벗기지도 못할 것이고, 서서 의기양양하게 그분의 괴로움을 보고서 놀려대지도 못할 것입니다. 그분은 그 모든 원수들의 손이 미치지 못하는 곳에 계십니다. 지금 그들이 그분의 지체들인 백성들을 통해서 그분을 못 박고 그분에게 침 뱉으려고 애를 쓸 수 있습니다. 지금도 그들이 사납게 날뛸 수 있습니다. 그러나 하나님께서 그분을 우편에 앉히셨고, 그래서 주님은 대적들의 악의가 미칠 수 없는 영역에 계십니다. 이 사실이 저에게 위로가 됩니다. 병사가 매우 힘든 전투를 벌이면서 자기가 사랑하는 사령관이 총알이 미치지 못하는 안전지대에 있다고 느낄 때에 그 병사는 전투를 하면서 위로를 받을 것이라고 저는 생각하기 때문입니다. 그 병사는 이렇게 말할 수 있습니다. "자, 너희가 원하는 대로 우리를 칠 수 있다. 총알이 비 오듯 쏟아져 우리 부대원들이 피 흘려 죽을 수 있다. 그러나 우리의 모든 싸움의 관건이 걸려 있는 우리의 최고 사령관은 안전하시다." 오, 그런 말은 복이 있습니다. 그리고 그 일들을 기록한 붓은 복이 있었고, 그렇게 쓰도록 일러 주신 성령님은 복이 있으셨습니다. "이러므로 하나님이 그를 지극히 높여 모든 이름 위에 뛰어난 이름을 주사 하늘에 있는 자들과 땅에 있는 자들과 땅 아래 있는 자들로 모든 무릎을 예수의 이름에 꿇게 하시고 모든 입으로 예수 그리스도를 주라 시인하여 하나님 아버지께 영광을 돌리게 하셨느니라"(빌 2:9-11). 친애하는 형제들이여, 우리 하잘것없는 일반 병사들이 어떻게 되느냐 하는 것은 중요하지 않습니다. 우리가 중상모략을 당하고, 우리의 명예가 실추되고, 우리가 박해를 받고, 죽음에 내몰리는 것처럼 느낀다 하여도, 중대한 결과들에 비추어 볼 때 그것은 지푸라기 한 가닥만큼의 문제도 되지 않습니다. 전에 가시관을 쓰셨던 그 머리가 지금은 영광의 관을 쓰셨고, 빌라도의 법정에 서서 정죄 받으셨던 그분이 아버지의 보좌에 함께 앉아 계시어, 이 땅의 군왕들을 판단하기 위해서 오실 날을 기다리고 계신다는 것이 진리이니 말입니다.

우리 주님께서 여기에 계시지 않고 부활하셨다는 것에서, 우리가 그분이 이

모든 고통이 미치지 않는 곳에 계실 뿐만 아니라 모든 고통에서 벗어나 계시다
는 사실에서 우리는 위로를 받아야 합니다. 저는 최근에 작고한 우리 친구를 그
런 식으로 생각해 보면서 위로를 받았습니다. 여러분 중에 많은 분들이 알다시
피 그는 중풍에 걸려 갑자기 쓰러졌고, 6주간 병상에 있었습니다. 만일 하나님께
서 원하셨다면 6년, 아니라 16년 동안 병상에 누워 있을 수도 있었습니다. 그런
경우 몸에 여전히 생명은 있으나 마음은 지독히 어두운 상태에 있는 모습을 보
는 것이 매우 괴로웠을 것입니다. 우리 친구가 잠들게 된 것을 감사하게 생각합
니다. 저는 개인적으로 하나님께 감사하는 마음이 있습니다. 그가 이 현세의 악
하고 비참한 삶에서 벗어났다고 생각하니 말입니다.

하물며 우리의 사랑하는 주님, 우리의 영혼이 사랑하는 그분에 관하여는 얼
마나 더 감사한 마음을 가져야 하겠는지요! 오, 그분을 생각할 때, 그런 분이 머
리 둘 곳이 없으셨다는 것을 어떻게 참을 수 있겠습니까? 우리 중 누가 그분에게
밤의 휴식을 제공하기 위해 자기의 침상을 양보하고 싶지 않겠습니까? 아, 그분
에게 안락한 수면을 제공할 수 있었다면 항상 그 침상을 그분에게 드리겠다고
맹세하지 않았을까요? 만일 우리가 그분을 위해 안식처를 장만할 수 있었다면,
우리 머리가 이슬에 젖기까지 산기슭으로 나아가 거기서 밤을 새우고 싶지 않았
겠습니까? 그분은 우리보다 만 배나 더 귀하신 분입니다. 그런 분이 고난을 당하
시고 거처와 집이 없어 고통을 당하신다는 것은 정말로 너무나 합당치 못한 일
로 보이죠? 형제들이여, 그분은 굶주리셨고 목마르셨으며 곤비하셨고 쇠미하셨
습니다. 또한 우리의 질병을 담당하셨습니다. 우리의 병을 짊어지셨다고 성경은
말합니다. 자주 그분은 마음의 고통을 느끼셨습니다. 그분은 "추운 산과 밤중의
찬 공기"에 몸이 오그라드는 것이 무엇인지 아셨습니다. 쓸쓸한 분위기와 모진
궁핍이 영혼을 어떻게 얼어붙게 하는지도 아셨습니다. 그분은 헤아릴 수 없이
많은 슬픔과 화를 겪으셨습니다. 그분이 탄생하실 때 처음 피를 흘리기 시작하
여, 죽으실 때 마지막으로 피 흘리는 데로 나아가셨습니다. 마치 슬픔이 그분만
을 공격하겠다고 마음먹은 것처럼 많은 슬픔을 겪으셨습니다. 언제나 사탄과 악
한 사람들과 밖에 있는 악한 것들 때문에 괴로우셨고, 시험을 받으셨으며, 난처
해지셨고, 공격을 받으셨고, 간섭을 당하셨습니다! 그러나 이제 그 모든 것이 그
분에게는 더 이상 존재하지 않습니다. 그분이 그때문에 여기 계시지 않는 것이
우리에게는 기쁨입니다. 그분은 지금 결코 가난하지 않으십니다. 지금 그분은

목수의 일을 거들 필요가 없습니다. 통으로 짠 시골 사람들이 입는 작업복을 걸칠 필요가 없습니다. 쉴 거처를 찾으시느라 여기저기 산기슭을 떠도실 필요가 없습니다. 야유하던 군중들도 이제는 그분 주위에 없습니다. 그분에게 던지는 돌들도 없습니다. 우물가에 앉아서 곤비하셔서 "내게 마실 것을 달라."고 하시는 일도 더 이상 없습니다. 배고프셔서 음식을 공급 받으셔야 할 필요도 없습니다. 어떠한 채찍과 매질도 그분에게는 더 이상 있을 수 없습니다. 그분은 더 이상 "때리는 자들에게 등을 돌려 대시거나 머리를 뽑는 자들에게 뺨을 내밀지" 않으실 것입니다. 이제 그의 손을 찌르거나 그의 발을 못 박을 일이 없습니다. 나무에 피 흘리며 달려 계시고 목이 타들어가는 갈증을 겪으실 필요도 없습니다. "엘리 엘리 라마 사박다니"라고 외치는 일도 더 이상 없습니다. 하나님의 물결과 파도가 한때 그분에게 엄습하였으나, 이제는 더 이상 그런 것들이 그분을 공격할 수 없습니다. 그분은 죽음의 먼지 속으로 들어가셨고, 그의 영혼이 한때 지극히 슬퍼하셨습니다. 그러나 지금은 그 모든 것을 벗어나 계십니다. 바다를 지나가셨습니다. 이제 아름다운 하늘에 가셨습니다. 거기에는 어떤 폭풍도 그분에게 몰아칠 일이 없습니다. 그분은 기쁨에 이르셨습니다. 안식에 들어가셨고, 상급을 받으셨습니다. 형제자매 여러분, 이 점에 대하여 우리는 기뻐합시다. 우리 주님의 기쁨에 들어갑시다. 그분이 즐거워하시니 우리도 즐거워합시다. 그분이 행복해하시니 우리도 행복해합시다. 우리 속에서 심장이 뛰는 것을 느끼게 해 주옵소서. 비록 우리가 잠시 싸움이 벌어지는 전투장에서 더 있어야 하지만 말입니다. 왜냐하면 그분이 이제 그 전투장에서 완전히 벗어나 계시며, 왕 중의 왕이요 만주의 주로 인정받고 경배를 받고 계시니 말입니다.

　　우리 주님께서 부활하셨다는 사실이 그분에 대해서 생각할 때 그와 같은 위로의 요소를 가지고 있습니다. 그러나 우리가 기억할 것은 예수님의 부활이 그리스도를 믿는 우리 각자에게 보장이요, 우리 자신의 부활의 보장임을 기억해야 합니다. 사탄은 고린도전서에서 몸의 부활에 대한 전체 논증을 바로 이 한 가지 질문, "그리스도께서 죽은 자 가운데서 다시 사셨는가?"에 걸어놓고 있습니다. 그리스도께서 다시 사셨다면 그분의 모든 백성들도 함께 부활해야 마땅합니다. 그분은 우리의 대표이셨습니다. 구주 되신 그분이 다시 사셨으니 그분을 따르는 모든 자들도 다 다시 살아야 합니다. 그리스도께서 다시 사셨다는 문제를 정립하십시오. 그러면 그분을 믿고 그분의 형상을 따르는 모든 사람들도 역시 다시 살아야 한다는 문제를 정립한 셈입니다.

우리 자신에 관해서 말하자면, 우리가 죽어 무덤에 들어가게 되고 벌레에게 먹히면 흙으로 돌아가 썩게 될 것이 틀림없습니다. 제 입장에서, 저는 몸을 납으로 싸거나, 몸이 왔던 본래의 흙으로 재빨리 녹아 돌아가지 못하게 하는 어떤 방식으로 몸을 감싸고 싶은 생각이 없습니다. 몸이 신속하게 썩어 본래의 흙으로 돌아가게 하는 것이 가장 합당하고 가장 거룩해 보입니다. 그러나 여기에 정해진 결과가 있습니다. 그 흙이 어떻게 되는지는 중요하지 않습니다. 어떤 변화들을 통해서 그 일이 이루어질 수 있습니다. 나무뿌리들이 이런 형태의 썩은 것을 흡수하는 것이 사실입니다. 또 그것이 풀과 꽃으로 전달되고 짐승들에게 먹히는 것도 사실입니다. 풍화 작용을 통해서 원자 하나하나가 분리되어 수천 마일 밖으로 흩어질 수도 있습니다. 뼈가 다 분리되어 흩어질 수 있습니다. 그러나 분명한 것은 구주께서 부활하셨으니 우리도 역시 부활할 것입니다. 이 육체의 실제 분자가 다시 살아날 것이라고 말하고 있는 것이 아닙니다. 그렇게 되는 것이 동일한 몸을 확인하는데 필요한 것이 아닙니다. 그러나 여전히 그 몸은 같은 몸일 것입니다. 땅에 심었던 바로 그 몸이 땅에서 다시 살아날 것입니다. 우리가 아직은 조금밖에 알지 못하는 아름다움과 영광을 덧입고서 말입니다. 그 점을 확신하십시오.

몇 년 전 사별했던 사랑하는 하나님의 자녀의 몸이 다시 살아날 것입니다. 여러분이 감겼던 그 눈, 바로 그 눈이 아주 멀리 떨어진 나라에서 아름다움을 입고 계신 임금을 뵈올 것입니다. 여러분의 마지막 애정 어린 말도 들을 수 없었던 귀, 그 귀가 영원한 선율을 듣고 있을 것입니다. 돌처럼 차가워지다가 멈춘 그 심장이 새로운 생명을 얻어 다시 뛸 것이고, 신랑 되신 그리스도께서 신부인 교회와 혼인하는 날에 잔치를 벌이며 기뻐함으로 뛰게 될 것입니다. 바로 같은 몸을 가지고 말입니다! 그 몸이 성령의 전이 아니었습니까? 피로 구속 받은 것이 아니었습니까? 바로 그 몸이 천사장의 나팔과 하나님의 음성을 듣고 다시 살 것입니다! 이 점을 확신하십시오. 그 점을 확실히 해 두십시오 여러분의 친구와 여러분 자신을 위해서 확신하십시오. 그러니 죽음을 두려워하지 마십시오. 죽음이 무엇입니까? 죽음은 에스더처럼 무궁히 영광스러운 왕을 얼싸안기 위하여 자신을 달콤하고 향기롭게 만들기 위해 몸을 담그는 목욕에 불과합니다. 무덤은 옷을 잠시 벗어두는 옷장에 불과합니다. 그 옷이 전에 없던 많은 황금 장식을 달고 정결하고 정화되어 나올 것입니다. 우리가 그 옷을 벗어놓을 때에는 평상복이었습니다. 우리가 이제 입을 옷은 안식일에 꺼내 입는 예복이 될 것이며, 안식일에 입기에 알맞은 옷이 될 것입니다. 우리가 왕을 알현하기 위해서 깨어 그러한 의복을 차려입게 된다면 지금 입은 옷을 벗을 저녁이 오기를 간절히 기다려도 좋습니다.

어떤 한 가지 요점을 생각하느라고 너무 오랫동안 지체하지는 않아야 하겠습니다. 그 다음에, 우리 주님이 여기 계시지 않고 부활하셨다는 사실에 그 같은 위로의 요점이 들어 있음을 기억합시다. 우리 주님께서는 우리의 이익을 최상으로 보호할 수 있는 곳에 가셨습니다. 그분은 우리를 위한 대변인이십니다. 그 대변인이 왕의 법정이 아니면 어디에 계시겠습니까? 그분은 우리를 위해서 처소를 예비하시고 계십니다. 처소를 예비하고 계신 그분이 있는 곳에 우리도 갈 준비를 해야 하지 않겠습니까? 우리를 참소하느라고 바쁜 아주 악랄한 대적이 있습니다. 우리에게 얼굴로 뵐 분이 계셔 형제들을 참소하는 자를 잠잠하게 할 것이라는 걸 생각하면 좋지 않습니까? 생각해 보세요. 만일 그리스도께서 바로 이 순간에 친히 여기에 계셨다면, 우리는 이렇게 말씀드리고 싶을 것입니다. "선한 선생님이시여, 당신이 여기서 우리를 잘 섬길 수 있습니다. 병든 자를 치료하고 무식한 자를 가르치시러 다니시는 일이 매우 복되군요. 우리도 당신을 뵙기를 사랑합니다. 당신의 얼굴을 뵈면 이 세상이 천국이 됩니다. 그럼에도 불구하고 우리에게 가장 큰 이익을 생각한다면 주님이 여기를 떠나시는 것이 좋습니다. 왜냐하면 선한 주님이시여, 만일 주님께서 여기 계시기만 한다면 우리의 기도를 보좌 앞에 내놓으실 분이 없게 되기 때문입니다. 우리의 기도 하나하나가 하늘로 올라가려면 주님이 여기 계시지 않는 편이 좋겠습니다. 왜냐하면 우리가 기도를 드려도 주님이 안 계신 곳에 기도를 보내고 있는 셈이기 때문입니다. 그 외에, 원수가 참소하는 곳에서 주님께서 우리를 변호해 주시기를 원합니다. 우리의 최고의 유산은 저기 하늘에 있습니다. 우리를 위해서 그 유산을 지켜 주실 분을 원합니다. 선한 구주시여, 당신이 가시는 것이 우리에게 더 유익입니다."

우리는 그분에게 그렇게 말할 필요가 없습니다. 이미 그분은 가셨기 때문입니다. 만일 언제나 한 분 그리스도께 두 배의 가치가 있으시다면, 주님께서 계신 위치가 주님의 섬김의 가치를 더 강화시켰다면, 이제 하늘에 계시니 그 가치가 얼마나 더 하겠습니까? 주님은 여기 계실 때에도 보배로우신 분이셨지만 거기서는 더욱더 보배로우신 분이십니다. 여기 지상에 계실 때 우리를 위해서 하실 수 있는 일보다 하늘에서 더 많은 일을 하고 계십니다. 우리의 유한한 지성으로 판단하건대 그러하며, 주님의 무한하신 지혜가 진실로 선포할 수 있는 것을 감안해도 그러합니다. 주님께서 우리를 떠나 계셔도 주님의 성령께서 우리와 함께 계심으로 그 자리가 잘 보충되었습니다. 주님께서 하늘에 가 계신 일이 우리를 위한 거룩한 직무를 친히 수행하심으로 말미암아 참으로 귀중하게 되었습니다. 하늘에서 모든 것이 잘되고 있습니다. 예수님께서 거기 계시기 때문입니다. 면류관은 안전하고 주님을 찬양하는 비파도 안전하며, 이스라엘의 각 지파의 유산도 다 안전합니다. 왜냐하면 그리스도께서 그것을 지키고 계시기 때문입니다. 그분은 하나님의 영광에 이르시기까지 그의 성도들을 대표하고 지키시기도 합니다.

　그리스도께서 여기 계시지 않고 하늘로 가셨다는 이 진리가 우리 귀에 달콤하게 들리지 않습니까? 그 진리 때문에 우리 마음이 이 지상에 집착하지 않아야 하겠다고 느끼게 될 만큼 말입니다. "그가 여기 계시지 않고." 그러면 우리 마음도 여기 있어서는 안 됩니다. "그가 여기 계시지 않다."는 말씀을 처음에 천사가 말했을 때, 그것은 주님께서 무덤에 계시지 않다는 뜻이었습니다. 그때 주님께서는 지상의 어디엔가 계셨습니다. 그러나 지금은 여기 지상에 전혀 계시지 않습니다. 여러분이 매우 부자라고 상정을 해봅시다. 그리고 사탄이 여러분에게 와서 속삭입니다. "아, 이 아름다운 정원을 보라. 이 멋진 대저택을 보라. 여기서 편히 쉬라." 그러면 우리는 그에게 대꾸할 것입니다. "그러나 그가 여기 계시지 않다. 여기 계시지 않고 부활하셨느니라. 그러므로 나도 주님께서 계시지 않는 곳에 내 마음을 감히 두지 않는다." 아니면, 여러분의 가정이 여러분을 아주 행복하게 하고, 주위에 있는 어린 자녀들이 화롯가에 앉아 있는 것을 보면서 마음이 매우 즐겁다고 합시다. 여러분이 세상의 좋은 물건들을 많이 갖고 있지 않지만 그래도 충분합니다. 그리고 만족한 생각을 가지고 있습니다. 자, 사탄이 그때 여러분에게 와서 이렇게 말했다고 합시다. "만족히 여기라. 여기서 네 안식을 취하라." 그러면 사탄에게 말해야 하겠죠. "아니다. 그가 여기 계시지 않는다. 이곳이 나의 거할 처소가 되어야 한다는 생각을 가질 수 없다. 오직 예수님께서 계신 곳에 내 심령이 안식할 수 있도다." 최근에 인생의 기쁨을 누리기 시작했습니까? 아직도 혼인의 기쁨이 가시지 않았습니까? 여러분은 젊은 날의 즐거운 때를 이

제 막 시작하고 인생의 가장 순전한 기쁨을 달콤하게 누리며 황홀해하기 시작하였습니까? 좋습니다. 그것을 즐거워하십시오. 그러나 여전히 기억해야 합니다. 그분이 여기 계시지 않으니 여러분이 "내 영혼아, 평안히 쉬라."고 말할 권리가 없음을 기억해야 합니다. 지상의 어느 곳에도 그리스도께서 계시지 않으니 이 지상의 어느 곳에도 우리의 마음이 둥우리를 틀 수 있는 곳이 없습니다. 아니, 아무리 높은 곳이나 아무리 조용한 안식처라도 마음이 쉴 둥지를 틀 데가 없습니다. 과수나무 정원에서나, 침향이 뿌려진 침대에서나, 게달의 장막에서나, 솔로몬의 휘장 사이에서도 안식의 둥우리를 틀 수가 없습니다. 심지어 주님의 성찬상에도, 아니, 우리의 방편 속에도 그리스도께서 몸으로 와 계시지 않습니다. 그러니 우리가 모든 달콤함을 다 취하고 모든 외적인 방편에서 신령한 좋은 것을 취한다 하더라도, 여전히 그 모든 것은 우리에게 저 위를 쳐다보라고 가르킬 것입니다. 그 모든 것들이 우리를 이 현세에서 떼어 낼 것입니다. 태양이 이슬을 증발시키고 하늘을 향하여 날아가도록 하듯이, 그리스도께서도 자석처럼 우리의 마음을 끌어가고 우리의 생각을 위로 향하게 하시며, 하늘 위를 갈망하도록 하십니다. 우리의 심령 전체로 하여금 하늘을 바라보게 하시어 자신을 주목하게 하십니다! "그가 여기 계시지 않느니라." 그러니 내가 여기 있어야 하겠습니까? 오, 내 영혼아, 일어날지어다, 일어날지어다. 네 가장 달콤한 모든 향기를 "여기 계시지 않고 부활하신" 그분에게 피워 올릴지어다.

2. 저는 이제 두 번째 요점, 초청의 말씀에 대해서 몇 마디 해야겠습니다.
"와서 그가 누우셨던 곳을 보라."

사랑하는 여러분, 저는 여러분을 이끌고 아리마대 요셉의 무덤으로 가려고 하는 게 아닙니다. 그것에 대해서는 많은 말을 하지 않겠습니다. 누구의 무덤이든지 같은 거룩한 교훈을 지시하기에 충분하다고 저는 생각하는 바입니다. 오늘 오후에 노우드 공동묘지(Norwood Cemeery)에서 저는 무덤을 파놓은 자리 옆에 서서 마치 이렇게 말하는 음성을 듣는 것 같이 느꼈습니다. "와서 주님께서 누우셨던 곳을 보라." 누우셨던 정확한 지점이 어디냐 하는 것은 별 문제가 되지 않습니다. 그분이 거기 누우셨습니다. 그 점이 우리에게 힘찬 설교를 하는 엄청난 사실입니다. 어느 무덤이라도 우리의 의도하는 바를 잘 증거할 수 있습니다. 캄포돌치노(Campodolcino)라는 소읍(小邑)에서 저는 그리스도의 무덤을 매우 생생하게 인식한 적이 있습니다. 그곳은 가톨릭교도들의 성지로 지어진 곳이었습니다. 저는 언덕 기슭에 서 있었고, 벽에 이러한 글귀가 써 있는 것을 보았습니다. "그리고 동산이 있었다." 글이 라틴어로 써 있었습니다. 저는 그 동산의 문을 밀고 들어갔습니다. 그 동산은 다른 어떤 동산과 같았습니다. 그러나 제가 동산에 들어가는 순간 이런 글귀를 만나게 되었습니다. "그 동산에 새 무덤이 있었다." 저는 새롭게 칠해진 무덤을 보았습니다. 그리로 올라가니 거기에 "어느 한 사람도 쓰지 않은 새 무덤"이라고 쓰여 있는 글귀를 보았습니다. 그 무덤 안을 들여다보기 위해 몸을 구푸렸습니다. 그리고 라틴어로 이러한 글귀가 쓰여 있는 것을 읽게 되었습니다. "그가 몸을 구푸려 보았으나 들어가지는 아니하였다"(요 20:5). 그러나 거기에 이런 글이 또 쓰여 있었습니다. "와서 주님께서 누우셨던 자리를 보라." 나는 들어가서 돌로 된 무덤에 머리를 쌌던 수건과 세마포가 가지런히 개켜 있는 것을 보았습니다. 나는 혼자였습니다. 그리고 그 말씀을 읽었습니다. "그가 여기 계시지 않고 살아나셨느니라." 그 무덤의 바닥 마루에 새겨진 글귀였습니다. 비록 저는 꾸민 듯하고 로마 교회의 교황주의적 냄새가 나는 것은 무엇이든지 정말 아주 끔찍하게 싫어하지만, 그 장면의 실상에서 많은 것을 깨달았습니다. 마치 제가 오늘 오후에 열린 무덤 앞에 서 있었던 것과 같이 말입니다. 예수 그리스도께서 진실로 장사지낸 바 되어 땅에 뉘어졌고, 거기서 또 살아 나오셨다고 느꼈습니다. 우리가 가서 예수님께서 누우셨던 곳을 보는 것이 좋습니다.

그러면 어째서 우리가 그곳을 보아야 합니까?

첫째로, 주님께서 얼마나 몸을 낮추셨던지 그 무덤에 누우실 수 있었다는 것을 볼 수 있습니다. 하늘과 땅을 지으신 분이 무덤에 뉘셨습니다. 천사들의 눈에 빛을 주신 분이 3일 동안 어둠 속에 누워 계셨습니다. 거기 어둠 속에서 잠들어 계셨습니다. 그분이 아니라면 지은 바 된 어느 것도 존재하지 못했습니다. 그런데 그분이 사망에 내준 바 되어 거기 사망의 희생자로 누워 계셨습니다. 오, 기이한 일들 가운데 기이한 일이도다! 놀라고 놀랄 일이로다! 속에 불멸과 생명을 가지셨던 분이 사망의 자리에 자신을 내주다니!

다음으로, "주님께서 누우셨던 곳을 와서 보아야" 하는 것은 그곳에 주님을 눕게 만든 우리 죄에 대해서 우리가 얼마나 울어야 하는지를 알기 위함입니다. 제가 구주를 그 무덤에 눕게 하지 않았습니까? 저의 친절한 임금이시여, 하늘을 온통 그 아름다움으로 매혹시키셨던 분이 제 죄를 제거하기 위해 먼저 싸늘하게 죽어 글자 그대로 무덤에 누우실 필요가 있었던가요? 어째서 그래야만 했습니까? 오, 그분을 죽인 살인자, 너희 죄들이여! 너희 살인자, 죄들이여! 잔인하고 저주 받은 너희 죄들이여! 너희가 내 구주를 죽였는가? 너희가 그분의 부드러운 심장을 드러내었는가? 너희가 그를 죽음으로 몰아넣어 무덤에 눕히기 전에는 결코 만족할 수 없었더냐? 오, 와서 우십시오. 주님께서 누우셨던 곳을 보면서 말입니다.

주님께서 그렇게 갑자기 죽지 아니하셨으면 여러분이 반드시 누웠어야 할 곳이 어디인지를 보기 위하여 "와서 그가 누우셨던 곳을 보십시오." 여러분은 그 무덤의 크기를 물어볼지 모릅니다. 마땅히 여러분이 들어가 휴식을 취해야 할 곳이 그 곳이기 때문입니다. 우리가 커다란 대지가 딸린 주택을 소유하고 있다 할지라도 우리의 영구한 소유가 될 땅은 다 합해서 2평도 되지 않는다는 걸 생각하는 것이 우리에게 좋습니다. 우리는 그리로 가야만 합니다. 양 팔을 벌리면 손이 닿을 저 외롭고 적막한 흙무덤으로 가야 할 것입니다.

> "군왕들이여, 이 진흙이 그대들의 침상이 되리라,
> 지금 그대들이 가진 모든 공든 탑에도 불구하고.
> 저 의기양양한 사람, 지혜롭다 하는 사람,
> 존경 받는 우두머리인 사람도
> 우리처럼 낮게 저 흙 속에 누워야 한다."

이 전쟁을 면할 사람은 없습니다. 우리는 반드시 티끌로 돌아가야 합니다. 그러니 "와서 그가 누우셨던 곳을 보라." 그리하여 그대도 거기 누워야 함을 알라.

그 다음에, 거기에 눕게 될 때에 얼마나 선한 친구와 함께 눕게 될지를 알기 위해서 "그가 누우셨던 곳을 와 보라." 예수님께서 바로 그곳에 누우셨습니다. 그것이 여러분에게 위로가 되지 않습니까?

> "어찌 그리스도인이 무덤에 들어가는 날을
> 두려워해야 하는가.

거기 예수님의 사랑스러운 육신이 누우셨고
오래도록 가시지 않는 향기를 남겨 놓았도다."

　　군주 자신의 무덤보다 그 아들이 잠들어야 하는 방을 얼마나 더 어울리게 꾸미겠습니까? 거기에 임마누엘이 잠들었도다. 내 몸이여, 그대가 거기 잠들어도 만족하게 여길 수 있게 하셨도다! 구주께서 잠시 휴식하기 위해서 누우셨던 바로 땅바닥보다도 더 좋은 왕의 침상을 소원할 수 있는가? 사랑하는 여러분, 그 길을 따라 하늘로 간 수천 수만의 성도들을 생각하십시오. 모든 양 떼들이 간 그곳에 가기를 누가 무서워해야겠습니까? 그대 가련하고 겁 많은 양이여, 그대 혼자서 이 어두운 골짜기를 통과해야 한다면 마땅히 두려워해야겠지요. 그러나 오, 모든 양 떼 앞에서 지휘를 하시는 그대의 목자께서 자기를 따르는 수를 헤아릴 수 없는 양 떼들의 발자국 소리를 들으십니다. 그대가 매우 사랑한 어떤 이가 그대와 함께 같은 초장에서 꼴을 뜯어먹었도다. 그런데 그들이 간 그곳에 그대가 가기가 두려운가? 아니로다. 예수께서 누우셨던 곳을 보고, 어두운 방에 혼자 있는 것 같을지라도 참으로 좋은 친구가 거기 계셨던 것을 알라.

　　여러분도 그 무덤에서 오랫동안 누워 있을 수 없음을 알기 위하여 "와서 그가 누우셨던 곳을 보십시오." 지금 그곳에는 예수님이 계시지 않습니다. 그는 거기에서 떠나셨습니다. 여러분도 그분이 계신 곳에 그분과 함께 있게 될 것입니다. 와서 이 무덤을 살펴보십시오. 그 무덤에는 문이 없습니다. 전에 문이 하나 있었습니다. 거대한 바위, 엄청나게 큰 돌이 문이었습니다. 아무도 그 문을 굴려 낼 수 없었습니다. 그 문은 인봉되었습니다. 여러분은 당국자들이 산헤드린 공회의 도장, 율법의 도장을 찍고 인봉하여 아무도 그 돌을 움직이지 못하게 하였다는 것을 알지 않습니까? 그러나 지금 여러분이 예수님께서 누우셨던 그곳으로 간다 할지라도 그 인봉은 제거되었고, 무덤을 지키는 자들은 달아났으며, 그 돌문은 사라졌습니다. 여러분의 무덤이 그러할 것입니다. 사람들이 그대를 묻고 그 위에 푸른 잔디를 덮을 것이 확실합니다. 만일 여러분이 지혜로운 사람이라면, 때로 죽은 자들 위에 얹어 놓는 넓적한 무거운 돌판보다 이같이 잔디로 덮는 것을 좋아할 것입니다. 여기저기 우아하게 쌓아 올린 작은 흙무덤이 있습니다. 마치 자비를 구하며 하늘을 우러러보는 땅의 눈처럼, 하늘에서 잠들 것을 즐거이 기대하며 웃는 것처럼 솟아오른 흙무덤이 있습니다. 그러나 여러분이 아침에 눈을 뜨고 커튼을 열어젖히고 낮에 해야 할 일을 하기 위해 밖으로 나갈 때 그 길을 막아서는 사람이 아무도 없듯이, 부활의 나팔이 울릴 때 여러분은 완전한 자유함으로 그 침상에서 일어나 밖으로 나올 것이고, 영원토록 이제 더 이상 기울지 않을 낮의 광명을 보려는 여러분을 방해할 자가 없을 것입니다. 여러분을 제한하는 어떤 것도 없습니다. 빗장도 차단봉도 없습니다. 파수꾼도 없습니다. 돌문과 인봉도 없습니다. "그가 누우셨던 곳을 보라." 나를 족쇄에 채우려고 열쇠를 가지고 서 있는 교도관이 있는 감옥에 잠자러 들어가는 걸 염려하지 않을 것입니다. 오히려 나는 아침에 기상할 때 완전히 자유로운 사람으로 나올 그 방에 잠자러 들어가는 것을 무서워하지 않을 것입니다! 사랑하는 여러분, 여러분이 믿는 자라면 그러한 존재입니다. 열려 있고 자유로운 그곳에 누우러 가는 것입니다. 거기는 주님의 자유로운 사람을 위하여 수면하기에 아주 적당한 곳입니다.

죽음을 정복한 승리를 축하하기 위해서 "와서 그가 누우셨던 곳을 보라." 미리암이 홍해에서 노래를 불렀다면 우리도 예수님의 무덤에서 노래 부를 수 있습니다. 미리암이 "여호와를 찬송하라 그는 높고 영화로우심이요"(출 15:21)라고 말했다면, 우리도 그같이 말해야 하지 않을까요? 이스라엘의 군대가 미리암과 춤추는 여인들과 목소리를 높이는 병사들과 함께 노래하였다면, 모든 이스라엘은 다 이 날에 여호와를 찬양하며 "오, 사망이여, 너희의 쏘는 것이 어디 있느냐? 오, 무덤이여, 너희의 이기는 것이 어디 있느냐?"라고 말해야 하겠습니다. 예수님께서 누우셨던 곳은 우리에게 이렇게 말하였습니다.

"지키는 파수꾼이나 돌문이나 인봉도 다 소용 없도다!
그리스도께서 지옥의 문들을 부수셨도다."

자, 이제 우리는 그분께 노래하며 모든 찬양을 올립시다.

사랑하는 여러분, 이제 우리는 가서 예수님께서 누우셨던 곳을 보고 우리 죄를 생각하고 웁시다. 예수님께서 누우셨던 곳을 가서 보고 우리 죄에 대하여 죽읍시다. 예수님과 함께 장사지낸 바 되기 위해 예수님께서 누우셨던 곳을 가서 봅시다. 그곳에서 새 생명으로 부활하기 위해서 예수님께서 누우셨던 곳을 가 봅시다. 그리고 부활의 생명을 통해 승천의 생활로 들어가는 길을 찾기 위해 그곳에 가서 봅시다. 곧 우리가 하늘 처소에서 앉아, 주께서 우리를 세상의 일들보다 훨씬 더 높은 곳에 올리셨고, 우리로 하여금 이 세상의 어떤 것보다도 빛나는 복을 받게 하셨음을 알고서, 세상의 일들을 내려다보는 즐거운 마음으로 하찮게 여기게 만드는 승천의 생활로 들어가는 길을 찾기 위해 예수께서 누우셨던 곳을 가서 봅시다. 이 점에 대해서는 이만큼 해 두겠습니다.

저는 할 말을 다 하였습니다. 하나님께서 여기 계신 모든 분들이 이 영광에 참여할 수 있게 해주시기를 바랍니다. 여러분 모두 죽음에 이릅니다. 여러분의 관을 만들 나무가 자라고 있습니다. 아니면 그 나무가 이미 베어졌고, 여러분에게 나무 수의를 지어 입히기 위해 말리고 있는지도 모릅니다. 여러분이 언젠가 필요한 마지막 의복이 그것입니다. 여러분을 누일 공간을 만들기 위해서 삽질을 하여 팔 땅 한 점이 준비되어 있습니다. 그리고 여러분의 영혼은 살 것입니다. 여러분의 영혼은 결코 죽지 않을 것입니다. 여러분에게 영혼 멸절을 말하는 자들의 말을 한순간도 믿지 마십시오. 영혼은 반드시 존재합니다. 영혼은 결코 죽지 않는 벌레와 결코 꺼지지 않을 불과 함께 있든지, 아니면 영광 중에 살아 계시고 그 백성들에게 영광을 부여하고 자기 몸처럼 그 몸들을 다시 살리시기 위해 두 번째로 오실 그리스도와 함께 있든지, 둘 중 하나임을 명심하십시오. 그 일은 "여러분이 예수님을 믿느냐?"에 전적으로 달려 있습니다. 여러분이 믿는다면 생명도 죽음도 다 환영할 수 있고, 부활과 불멸성도 환영할 것입니다. 그러나 믿지 않는다면 한 바탕 바람이 여러분에게 불어닥칠 것이고, 죽는 것이 여러분에게 무서운 일이 될 것입니다. 아니, 사는 것마저도 무서울 것입니다. 그러니 죽는 건 더욱 무서울 수밖에요. 다시 사는 것도 무서운 일일 것입니다. 저주를 받는데, 그것도 영원토록 받게 되니 가공스러운 일이겠죠! 하나님께서 그 저주에서 여러분을 구원해 주시기를 바랍니다! 아멘.

제
80
장

—

부활하신 구주의 권세

—

"예수께서 나아와 말씀하여 이르시되 하늘과 땅의 모든 권
세를 내게 주셨으니 그러므로 너희는 가서 모든 민족을 제
자로 삼아 아버지와 아들과 성령의 이름으로 세례를 베풀고
내가 너희에게 분부한 모든 것을 가르쳐 지키게 하라. 볼지
어다. 내가 세상 끝날까지 너희와 항상 함께 있으리라 하시
니라." — 마 28:18-20

십자가에 못 박히시기 전까지도 "슬픔의 사람"이던 분이 부활하신 후에 "만
유의 주"가 되시는 변화는 정말 두드러진 것입니다. 그분은 고난 받기 전에 제자
들에게 오직 한 모습, 보통 평민들이 입는 통으로 짠 호지 아니한 옷을 입고 다니
셨던 인자(Son of man)로 알려지셨습니다. 그러나 죽은 자 가운데서 부활하신
이후에 주님을 가장 사랑하였던 자들도 주님을 몰라보는 경우가 허다하였습니
다. 적어도 한 번은 그 제자들 중 어떤 자들에게 "다른 모양"으로 나타나셨습니
다. 물론 여전히 같으신 분이셨습니다. 주님의 손과 발을 제자들이 보았고, 도마
마저도 주님을 만졌고 못 박힌 자국에 손을 넣어 보았습니다. 그러나 주님의 영
광을 드러내는 어떤 섬광이 그들에게 여러 차례 나타났던 것 같습니다. 그것은
주님의 지상 생애에서는 감추었던, 변화산상(Mount of Transfiguration)에서만
보이던 영광이었습니다. 주님께서 죽으시기 전에 그 모습들은 일반적으로 다 공
개되었습니다. 주님은 바리새인과 서기관들과 세리들과 죄인들 중에 서서 기쁜

소식을 전파하셨습니다. 그러나 이제 주님께서는 그 제자들에게게만 나타나셨습니다. 때로는 한 사람, 또다른 경우에는 두어 사람에게 나타나셨고, 어떤 경우에는 오백여 형제에게 한 번 나타나셨습니다. 그러나 주님께서 언제나 그 제자들에게만 나타나셨습니다. 죽으시기 전에 주님의 설교는 비유로 가득하였고, 지각이 있는 자들만 알아들었습니다. 그러나 그 가르침이 자주 난해하고 신비스러워 따르는 제자들도 이해하기 어려웠습니다. 그러나 악한 세대는 보기는 보아도 알지 못하며, 들어도 깨닫지 못한다는 것이 주님의 판단이었습니다. 그럼에도 죽으시기 전에 우리 주님께서는 학문이 없던 사람들이라도 청종하면 이해하도록 가르치셨다 말해도 틀리지 않는 말입니다. 그래서 더 깊은 진리에 속한 많은 부분들은 아직 그들에게 감당할 수 없었기에 그냥 가볍게 스치고 지나가셨습니다. 그리하여 십자가에 못 박히시기까지 많은 진리의 광채를 가리셨습니다. 그러나 부활하신 후에는 더 이상 비유로 말씀하시지 않았습니다. 그보다는 제자들을 하나님 나라의 위대한 교리의 더 깊은 영역으로 인도하셨습니다. 말하자면 그들에게 얼굴과 얼굴을 대하듯이 자신을 보여주신 셈입니다. 죽으시기 전에 주 예수께서는 제자들과 항상 함께 계셨습니다. 제자들은 주님께서 혼자 물러나 계신 은밀한 장소를 다 알고 있었습니다. 그러나 부활하신 후에 비정기적으로 그들 가운데 나타나셨다가 사라지셨습니다. 제자들 중에 40일 동안 주님께서 어디에 계신지 누가 알 수 있었습니까? 감람산 동산에서도 보이셨고, 엠마오로도 걸어가셨습니다. 또 예루살렘에 모여 있는 제자들을 찾아와 위로도 하셨습니다. 다시 디베랴 바다에서 제자들에게 자신을 드러내셨습니다. 그러나 여러 번의 간헐적으로 오셨다가 그들이 보는 데서 사라지셨는데, 어디로 가셨습니까? 방에는 제자들만 있었고 문들은 닫혀져 있었으나 갑자기 제자들 중에 주님께서 나타나셨습니다. 다시 주님께서 바닷가에서 제자들을 부르셨습니다. 그들이 육지에 올라와보니 숯불이 피어 있었고, 그 위에 고기와 떡이 구워져 있었습니다. 주님의 나타나심은 이상하고, 또 사라지심도 마찬가지로 이상하였습니다. 그 모든 것은 죽은 자 가운데서 부활하신 후에 주님께 기이한 변화가 있었음을 나타내 주고 있습니다. 전에 주님 안에 감춰졌던 것이 나타난 것입니다. 물론 주님이 여전히 동일하신 분임에는 틀림이 없습니다.

 부활하신 주님께서 아직 지상에 머물러 계시는 동안 우리 그 주님을 뵙는 일은 적지 않은 명예였습니다. 우리가 예수님을 계신 그대로 뵙는다면 어떠하겠습니까! 여기 지상에 계시던 바로 그 예수님을 말입니다. 죽임당하신 어린 양으로서 그분에 대한 추억들이 우리로 하여금 그분이 동일한 사람임을 확신시켜 줍니다. 하늘에서 그분은 영화롭게 되신 그의 참된 인성(人性)으로 앉아 계십니다. 눈으로 보셨고 귀로 들으셨던 그 참된 인성이 여전히 그러하시나 얼마나 다른 차원입니까? 고뇌하시던 예수님을 우리가 보았다면, 우리는 주님의 영광을 더욱 더 감탄할 것입니다. 십자가에 못 박히신 그리스도에 대해서 많이 생각하십시오. 그러나 영화롭게 되신 그리스도의 모습을 더 자주 생각하도록 하십시오. 주님께서 여기 계시지 않는 것을 기쁘게 생각하십시오. 왜냐하면 그분이 부활하셨기 때문입니다. 그분은 여기 계시지 않고 승천하셨습니다. 여기 계시지 않고 하나님 우편에 앉아 계십니다. 그리고 우리를 위해서 간구하십니다. 여러분은 무덤에서 보좌로 연결되는 복된 대로를 마음으로 자주 다니십시오. 로마에는 전쟁에 싸워 이기고 돌아오는 정복자들이 성 문에서 유피테르 신전이 있는 고지대까지 올라가는 신성로(Via Sacra, 神聖路)가 있었습니다. 그렇듯이 여러분이 자주 다녀야 하는 또다른 신성로가 있습니다. 그 길을 따라서 부활하신 구주께서 아리마대 요셉의 무덤에서부터 아버지의 우편의 영원한 존엄에까지 영광스러운 위엄을 가지고 나아가셨기 때문입니다. 여러분은 그리스도의 죽음에서 소망의 여명을 보는 것이 좋을 것입니다. 또한 그리스도의 부활하신 생명에서 소망의 충만한 확신을 보는 것이 잘하는 일일 것입니다.

오늘 제 임무는 하나님의 성령께서 저를 도우시는 대로 무엇보다 먼저 첫째로, 우리 주님의 부활의 권세를 보여주며, 둘째로, 우리에 관해 우리 주님의 권세의 영적인 부분이 어떤 방식으로 행사되는지에 대해서 보여드리는 것입니다.

1. 우리 주님의 부활의 권세에 대해서 말씀드립니다.

"하늘과 땅에 있는 모든 권세를 내게 주셨으니." 제가 한 말을 다시 되풀이하는 일을 무릅쓰고라도, 이 대지를 시작하면서 먼저 여러분에게 지난 주일 아침 설교를 기억하라고 말씀드리고 싶습니다. 지난 번 설교에서 우리는 겟세마네에 들어가서 흐릿한 감람나무 숲의 어둠 속에서 피땀 흘리신 그분의 모습을 보고 마음으로 엎드렸습니다. 그런데 그때의 모습과 지금의 모습은 얼마나 대조가 됩니까! 거기서 여러분은 사람의 연약함, 중보자이신 사람의 고개를 숙이고 엎드리며 부서진 모습을 보았습니다. 그러나 여기서는 하나님과 사람이신 그분의 힘을 봅니다. 그분이 전능하심으로 옷 입으셨습니다. 물론 그분은 이 땅에서 이 말씀을 하셨을 때도 그분을 사람의 아들들보다 훨씬 더 뛰어나게 만든 그 특권과 영예와 영광과 충만과 권세를 가지고 계셨습니다. 중보자로서 그분은 이제 더 이상 고난당하는 자가 아니시며 주권자이십니다. 희생자가 아니시라 이기신 분이십니다. 더 이상 종이 아니라 하늘과 땅의 군주이십니다. 그러나 그분이 그러한 연약을 참아내지 않으셨다면 그러한 권세를 결코 받지 못하셨습니다. 만일 모든 위로가 그분으로부터 제거되지 않았었다면 중보자 되신 그분에게 모든 권세가 결코 주어지지 않았습니다. 이기기 위해서 그분은 굽히셨습니다. 그의 보좌에 이르는 길은 내리막길이었습니다. 솔로몬은 상아(象牙) 계단을 올라가 황금 보좌에 등극하였습니다. 그러나 우리 주님 구주께서는 오르시기 위해서 내려가셨습니다. 우리의 구속주요 언약의 머리 되신 그분께 하늘과 땅에 있는 모든 권세가 귀속되기 위하여 그분은 먼저 말로 다 할 수 없는 참담한 고뇌의 깊음 속으로 내려가셨습니다.

잠시 모든 권세라는 말을 생각해 봅시다. 예수 그리스도께서 죽으신 결과로 "모든 권세"를 아버지께 받으셨습니다. 그것은 중보자께서 전능성(全能性)을 소유하고 계시다고 말하는 또다른 방식입니다. 왜냐하면 전능성은 "모든 권세"의 라틴말(라틴어 어원)이기 때문입니다. 어떤 사람이 모든 권세의 의미를 다 알 것이며, 여러분에게 말로 조리 있게 풀어 설명하겠습니까? 우리는 그 모든 권세의 의미를 파악할 수 없습니다. 그 개념은 너무 높아서 도달할 수 없습니다. 그런 지식은 우리에게는 너무나 놀라운 것입니다. 스스로 존재하시는 능력, 창조의 능력, 지음 받은 피조물을 붙드시는 능력, 조성하시고 파괴하시는 능력, 열고 닫는 능력, 뒤집어엎거나 세우는 능력, 죽이고 살리시는 능력, 용서하시고 정죄하시는 능력, 주시고 거두시는 권세, 뜻을 정하고 이루시는 능력, 한 마디로 말해서 "만물 위에 교회의 머리"(엡 1:22)가 되시는 권세, 이 모든 능력이 우리 주 예수 그리스도께 주어졌습니다. 우리가 무한성(無限性, infinity)를 묘사할 수 있거나 한없음(the boundless)를 그릴 수 있다면, "모든 권세"가 무엇을 뜻하는지 말할 수 있을 것입니다. 그러나 그것이 무엇이 되었든지 우리 주님께 그 모든 권세가 주어졌습니다. 전에 수치의 나무에 묶였던 손에 모든 권세가 쥐어졌으며, 창에 찔렸던 가슴에 모든 것이 깃들어 있으며, 가시 면류관을 눌러 썼던 머리에 왕관처럼 모든 권세가 놓여 있습니다.

"하늘에 있는 모든 권세"가 그분의 것입니다. 그 점을 주목하십시오! 그러니 그분은 하나님의 권세를 가지고 계십니다. 왜냐하면 하나님께서 하늘에 계시고, 하나님의 권세는 바로 그 중심 보좌에서 나오기 때문입니다. 그러니 예수님은 신적 권능을 갖고 계십니다. 여호와께서 행하실 수 있는 것을 예수님께서도 행하실 수 있습니다. 또다른 세계가 존재하라고 말씀하실 뜻이 있으시면, 우리는 오늘밤 하늘에 새로운 별이 장식되는 것을 볼 것입니다. 피조물을 다 낡아빠진 옷처럼 단번에 치워 버리겠다는 뜻을 세우셨다면, 땅은 떠나가고, 저기 있는 하늘은 종이 축처럼 말릴 것입니다. 묘성(昴星)의 아름다운 영향력을 쥐고 계시고, 오리온 성좌(bands of Orion)들을 묶고 있는 끈을 푸시는 능력이 바로 그 나사렛 사람에게 주어졌습니다. 십자가에 못 박히셨던 그분이 목동자리 별무리 중에서 가장 큰 대각성(大角星) 별과 그 주위의 별들을 이끄십니다. 천군들이 나사렛 예수님의 명령을 수행하려고 양편에 도열하여 있습니다. 그룹들과 스랍들과 보좌 앞에 있는 네 생물들이 끊임없이 그리스도께 복종하고 있습니다. 사람들에게 멸시를 받으며 싫어버린 바 되셨던 그분이 이제는 온 하늘에게 충성을 요구하고 계십니다. "만물 위에 계셔서 세세에 찬양을 받으실 하나님"(롬 9:5)으로서 말입니다.

"하늘에 있는 모든 권세"는 하나님께서 우주 내에 있는 모든 것을 다스리는 섭리적 기술과 능력을 가리킵니다. 하나님께서는 지으신 모든 세력들의 고삐를 쥐고 계시며, 마음대로 그것들을 명하기도 하시고 제어하기도 하시며, 법칙에 힘을 부여하시고 모든 존재에 생명을 부여하십니다. 옛 이교도들은 아폴론이 태양의 병거를 몰고 불말들을 주장하여 매일 그 진로를 달리게 한다고 꿈꾸었습니다. 그러나 천만의 말씀입니다. 예수께서 만유의 주가 되십니다. 그분이 바람으로 병거를 삼으시고, 폭풍의 입에 재갈을 먹이시며, 원하시는 대로 하늘의 군대와 이 낮은 세계의 거민들 속에서 행하십니다. 하늘에 계신 그분으로부터 이 지구를 붙들고 지배하는 권능이 발산됩니다. 왜냐하면 아버지께서 모든 것들을 주님의 손에 맡기셨기 때문입니다. "만물이 그 안에 함께 섰느니라"(골 1:17).

"모든 권세"는 성령의 모든 권능을 함축하기 마련입니다. 이것이 바로 우리에게 실천적 요점이 됩니다. 성령께서 우리 마음 가장 가까이에서 일어나는 역사(役事)에 있어서 가장 큰 세력으로 작용하십니다. 사람들로 하여금 죄를 깨닫고 각성하여 구주께 나가도록 인도하시는 분이 성령이십니다. 성령께서 새로운 마음과 바른 심령들을 주시고, 교회 안에 그의 사람들을 심으십니다. 그런 다음에 그들로 하여금 과수나무 숲을 만들어 열매를 맺게 하시는 것입니다. 성령의 권능은 우리 주님의 뜻에 따라서 사람들의 아들들 속에서 역사합니다. 아론의 머리에 부어진 기름이 그의 수염까지 내려와 그의 옷깃을 적셨듯이, 우리 주님께 한량없이 허락되었던 바로 그 성령께서 주님으로부터 우리에게 흘러옵니다. 성령께서 주님 안에 계시며, 주님의 뜻에 따라 성령께서 교회 속으로 나아가시고, 교회로부터 세상 속으로 나아가 구원의 은혜의 목적을 이루십니다. 교회가 영적 은사나 감화가 부족하여 넘어진다는 것은 있을 수 없는 일입니다. 하늘에 계신 교회의 신랑께서 신령한 은사와 영향력이 모두 흘러넘치는 보고(寶庫)를 갖고 계시기 때문입니다.

거룩한 성삼위, 곧 성부와 성자와 성령의 모든 권세가 예수님의 명령에 의해 움직입니다. 예수님은 모든 정사와 권세 위에 지극히 뛰어나 높이 계시고, 모든 능력과 주관하는 자들 위에 뛰어나십니다. 이 세상과 오는 세상에 일컫는 모든 이름 위에 뛰어나십니다.

우리 주님께서는 또한 "땅 위의 모든 권세"가 당신께 주어졌다고 주장하셨습니다. 단지 사람에 불과한 사람이 그런 말을 진심으로 할 수는 도저히 없습니다. 죽을 임종에 속한 어느 사람도 하늘에 있는 모든 권세를 자기가 쥐고 있다고 주장할 수 없습니다. 땅에 있는 모든 권세를 자기가 쥐겠다고 마음을 크게 먹는다고 해도 그것은 한낱 꿈에 불과합니다. 온 세계를 자기 휘하에 두는 온 세상의 왕을 사람들이 바랐지만 꿈에 지나지 않았습니다. 그런 것을 꿈꾸던 군왕이 있었다 해도 그 일은 성취되기가 어려웠습니다. 온 세계를 자기 야심의 손아귀에 움켜쥐고 있는 듯 보였을지라도 그건 마치 눈송이가 햇빛을 받아 녹아 내리듯이 사라졌습니다. 진실로 사람들이 자기들의 동료들 모두를 다스릴 수 있다 해도 땅에 있는 모든 권세를 다 쥔 것은 아닙니다. 왜냐하면 그들의 통제를 조롱하는 다른 세력들이 있기 때문입니다. 무서운 질병들이 사람들의 권세를 비웃습니다. 나아만이 나병에서 회복하려고 이스라엘 왕을 찾아왔을 때 그 이스라엘 왕은 소리쳤습니다. "내가 사람을 죽이고 살리는 하나님이냐? 그가 어찌하여 사람을 내게로 보내 그의 나병을 고치라 하느냐?" 그 왕이 모든 권세를 갖고 있지 않았습니다. 더구나 바람과 파도들도 죽을 인생이 자기들을 다스리려 할 때 비웃습니다. 대영제국이 바다의 파도를 다스린다는 건 진리가 아닙니다. 카뉴트(Canute)

왕이 조정 신하들을 꾸짖기 위해서 파도가 치는 해변에 보좌를 설치하면서 큰 물결들을 보고 자기 발을 적시지 않도록 조심하라고 명령합니다. 그러나 그의 신하들은 금방 물보라로 흠뻑 젖습니다. 그렇게 해서 그 군왕은 "모든 권세가 나에게 주어진 것이 아니다."는 사실을 입증 받았습니다. 개구리와 메뚜기와 파리들이 바로가 상대하기에는 너무나 큰 세력들이었습니다. 하나님의 연약한 것들이 사람들 중의 가장 큰 것을 물리칩니다. 느부갓네살이 갑자기 미쳐 짐승과 한 무리가 되었음은 모든 인간 권세의 덧없음을 보여주는 예증이었습니다. 가장 거만한 군왕들이 질병과 고통과 죽음을 통해서 자기가 한낱 사람에 불과하다는 사실을 느끼지 않을 수 없게 되었고, 때로는 자기들의 연약함으로 말미암아 권세가 하나님께만 속해 있다는 진리를 더욱 선명하게 드러내기까지 하였습니다. 그래서 하나님께서 사람의 아들들에게 권세를 조금 맡기실 때가 있는데, 그때 그 권세가 어찌나 작은지, 그걸 가지고 자랑하면 어리석은 자가 되는 것입니다. 그러니 우리 앞에 있는 사람을 보세요. 지상에서 예외 없이 모든 것을 다스리는 권세를 가졌고, 크거나 작거나 간에 모든 피조물에게 복종함을 받는 한 사람을 보십시오. 주 여호와께서 모든 만물을 그의 발 아래 두셨습니다.

우리 주님께서 선하든 악하든 사람들의 마음을 주장하는 "모든 권세"를 가지셨음을 기억하는 것이 우리의 목적을 위해서도 매우 중요할 것입니다. 주님께서 누구에게든지 와서 나와 함께 교제하자 하시면 복종해야 합니다. 그들을 부르신 이가 주님이시니, 그 주님께서 그들을 능히 거룩하게 하시어 지극히 성결한 데까지 이르게 하실 수 있으며, 그들 속에서 능력으로 당신의 기쁘시고 선한 뜻을 위해서 일하실 수 있습니다. 성도들이 성령님으로 말미암아 우리 주님께 그처럼 영향을 받고 있으니 지극히 거룩한 열정에 이끌려 지극히 숭고한 마음에 이르지 않을 수 없게 됩니다. 저는 자주 기도합니다. 여러분도 그런 기도를 하고 있으리라 의심하지 않습니다. 하나님께서 오늘 영적 전투의 날에 귀감이 될 만한, 이른바 믿음과 성령에 충만한 사람들을 교회의 지도자로 세워 주시기를 자주 기도합니다. 능력을 조금이라도 갖고 설교할 수 있는 복음 설교자들이 매우 희소합니다. 사도 바울이 "아비가 많지 아니하며"라고 말한 것과 똑같습니다. 주님의 집에서 기둥처럼 서 있는 사람들은 오빌의 금보다 더 보배롭고, 이스라엘 진영에서 진리의 방벽과 전사의 역할을 감당합니다. 오늘날은 사도와 같은 사람들이 얼마나 적은지요! 우리는 다시 루터와 같은 사람, 칼빈과 존 번연과 휫필드와 같은 설교자들이 나와 사람들이 그 말에 귀를 기울이게 되기를 원합니다. 그 이름만 들어도 원수들이 부들부들 떠는 그런 사람들을 우리는 원합니다. 정말 우리는 그런 사람들이 절실하게 필요합니다. 그들은 어디에 있습니까? 그들이 우리에게 어디서 올 것입니까? 우리는 그런 사람들이 어떤 농장이나 대장장이의 마을이나 어떤 학교에서 나올지 말할 수 없습니다. 그러나 우리 주님께서는 그들을 비축해 놓고 계십니다. 그들은 예수 그리스도께서 교회에 주신 선물들입니다. 그리고 그들은 적당한 때에 나타날 것입니다. 그리스도께서는 우리로 하여금 설교자들의 황금시대, 청교도 시대와 같이 위대한 신학자들과 능한 목회자들로 넘쳐나는 시대로 다시 돌아가게 하실 능력을 갖고 계십니다. 우리 중 많은 사람들은 청교도 시대를 신약의 황금 시대였다고 생각합니다. 주님께서는 다시 말씀을 탐구하고 말씀의 보화들을 꺼내 올 학구적인 마음을 가진 사람들을 다시 보내실 수 있고, 말씀을 바르게 분석해 낼 지혜와 경험을 가진 이들을 보내실 수 있습니다. 또한 우레의 아들들이나 위로의 아들들처럼 성령님을 힘입어 하늘로부터 온 주님의 메시지를 전할 황금의 입을 가진 자들을 보내실 수 있습니다. 하늘 높은 곳에 오르신 구속주께서 사람들을 위해서 선물을 받으셨고, 그 선물들은 교회의 덕을 세우기 위해서 합당한 사람들이었습니다. 복음 전도자들이나 목회자들이나 교사들처럼 말입니다. 여전히 주님께서는 당신의 백성들에게 그와 같은 이들을 보내실 수 있습니다. 그들을 위해 기도하는 것이 우리의 의무이고, 그들이 왔을 때 하나님께 감사한 마음을 가지고 그들을 영접해야 마땅합니다. 우리는 주께서 우리에게 담대한 사람들이나 명성이 자자한 사람들을 주실 수 있는 권세를 가지신 것을 믿읍시다. 그렇지 않으면 주님께서 그러한 자들을 얼마나 빨리 공급하실지에 대하여 거의 모르는 셈입니다.

　　땅에 있는 모든 권세가 그리스도의 손에 들어 있으니, 주님께서는 그의 종들 중 어느 사람에게나, 또는 모든 종들에게 신성한 능력을 옷 입혀 주실 수 있습니다. 그래서 그 능력으로 말미암아 그들이 그들의 고귀한 소명을 감당하는데 충분한 힘을 얻을 것입니다. 그들을 맨 앞으로 보내지 않고도 주님께서는 주께서 오셔서 그들을 쓸모 있게 만들 능력으로 옷 입히실 때까지 그들에게 정해 주신 위치에 있게 하실 수 있습니다. 형제 여러분, 주 예수님께서 여러분을 놓아두신 그 영역에서 아주 번성하게 하실 수 있습니다. 자매여, 그대의 주님께서 여러분을 방편 삼아 여러분 무릎 가까이 끌어안고 있는 어린 자녀들에게 복 주실 수 있습니다. 그대는 자신이 매우 나약함을 압니다. 그러나 주님 안에서 그대가 강해지지 말아야 할 이유가 전혀 없습니다. 능력에 있어서 강해지기를 바라면 주님께서 그대에게 위로부터 오는 권능을 입혀 주실 수 있고, 그대에게 기드온에게처럼 "너는 가서 이 너의 힘으로 이스라엘을 미디안의 손에서 구원하라"(삿 6:14)고 말씀하셨던 것처럼 하실 수 있습니다. 그대가 말이 어눌한 자이기 때문에 자격이 없는 것이 아닙니다. 왜냐하면 주님께서 모세에게 하셨던 것처럼 그대의 입과 함께 하실 것이기 때문입니다. 그대가 교양이 모자라서 문제가 아닙니다. 왜냐하면 삼갈은 소 모는 막대기로 블레셋 사람 600명을 죽였고(삿 3:31), 선지자 아모스는 목동이었기 때문입니다. 바울처럼 그대가 직접 사람을 대면하였을 때는 연약하다고 멸시를 받을 수 있고, 말이 시원치 않다는 평을 받을 수 있습니다. 그럼에도 바울처럼 그대도 연약함을 자랑할 수 있는 법을 배울 수 있습니다. 왜냐하면 하나님의 능력이 여러분 위에 머물기 때문입니다. 여러분의 마음이 좁아진다면, 그것은 주님 안에서 좁아지는 것이 아니라 여러분 자신 안에서 좁아지는 것입니다. 아론의 막대기처럼 말라 있을 수 있습니다. 그러나 주님께서는 여러분으로 하여금 다시 싹이 나서 꽃이 피고 열매를 맺게 하실 수 있습니다. 과부의 기름병처럼 거의 바닥이 날 정도가 될 수 있습니다. 그럼에도 불구하고 주님께서는 여러분으로 하여금 주님의 성도들에게 넘치도록 공급하게 하실 것입니다. 파도를 바라보고 두려워 빠져 들어가던 베드로처럼 자신이 바다에 가라앉고 있다고 느낄 수도 있습니다. 그런데도 불구하고 주님께서는 여러분을 그 두려움에서 지키실 것입니다. 밤이 맞도록 수고하였지만 아무것도 얻지 못하여 곤비했던 제자들처럼 실패할 수도 있습니다. 그럼에도 불구하고 주님께서는 더 이상 채울 수 없을 때까지 여러분의 배를 채우실 수 있습니다. 주님께서 자신을 어떻게 만드실지 아무도 모릅니다. 주님께서 나를 통해서 무슨 일을 하실지 아는 사람은 없습니다. 그러나 우리가 확실히 아는 한 가지 사항은 "모든 권세"가 주님께 있다는 것입니다. 그분으로 말미암아 우리가 구속함을 받았고 우리는 그분에게 속해 있습니다.

오, 신자들이여, 그대들의 주님께 가까이 머물러 그의 충만한 데서 은혜 위에 은혜를 받으십시오. 이 권능 때문에, 우리는 예수님께서 뜻하시면 온 교회를 감동시켜 당장에 모든 힘을 발휘하게 만드실 수 있다고 믿습니다. 교회가 잠들어 있습니까? 주님의 목소리가 교회를 깨울 수 있습니다. 교회가 기도를 잘 드리지 않습니까? 주님의 은혜가 교회를 자극하여 헌신하게 할 수 있습니다. 교회가 갈수록 신앙이 식어갔습니까? 옛 믿음으로 회복시킬 수 있으십니다. 교회가 영적 전쟁의 날에 등을 돌리고 회의론과 의심들로 고통을 받고 있습니까? 교회가 복음에 대해 다시금 흔들리지 않는 확신을 가지도록 회복시킬 수 있으시며, 교회를 용감무쌍하게 만들고 결국 교회의 모든 아들들이 믿음의 영웅이 되어 원수의 동맹군과 싸우게 할 수 있습니다. 우리가 믿읍시다. 그러면 하나님의 영광을 볼 것입니다. 우리가 믿읍시다. 우리의 이기는 날들이 오면 한 사람이 천 사람을 당해내고, 두 사람 때문에 만 사람이 달아나게 될 것이라고 저는 말씀드립니다. 교회의 상태 때문에 결코 절망하지 마십시오. 여러분은 교회를 위하여 염려하되, 염려를 기도로 바꾸십시오. 교회가 더 소망스럽게 되도록 기도하십시오. 왜냐하면 교회의 구속주께서 여전히 능하시고 그 힘을 발하실 것이기 때문입니다. "만군의 여호와께서 우리와 함께 하시니 야곱의 하나님은 우리의 피난처시로다"(시 46:11). 우리가 아무리 퇴락한 자리에 있다 할지라도 우리 중에 세상이 알지 못하는 이가 계십니다. 우리는 그의 신발 끈을 풀기에도 합당하지 못합니다. 그분은 다시 성령과 불로 우리에게 세례를 베푸실 것입니다. 왜냐하면 "모든 권세가 그분에게 주어져 있기" 때문입니다.

　　인류 전체를 주관하는 모든 권세가 우리 주님께 주어졌으니, 계속 고의적으로 패역을 일삼고 있는 족속들도 주관하는 권세를 가지고 계시다는 것도 마찬가지로 진리입니다. 주님께서는 당신의 목적을 위해서 경건하지 않은 자들도 사용하실 수 있습니다. 헤롯과 빌라도, 그리고 이방인들과 이스라엘 사람들이 주님의 손과 지혜로 미리 정하신 일을 행하기 위해 함께 모인다는 사실을 우리는 성경에서 봅니다. 그들의 극도의 악함이 결국 하나님의 뜻을 이루는 것이 되었습니다. 그처럼 주님은 사람의 성냄을 활용하여 주님을 찬미하도록 만드십니다. 가장 패역한 악의도 결국 주님의 거룩한 목적에 기여하게 됩니다. 예수님의 나라가 모든 것을 주장하여 다스립니다. 지옥과 지옥 군대의 모든 권세들, 땅의 임금들, 관원들이 함께 모여 상의합니다. 그러나 그들의 소동은 결국 주님의 계획을 이루는 것밖에는 되지 않습니다. 그들은 자기들이 왕 중의 왕께 열심히 시중드는 자들이요, 왕의 궁정 주방에서 일하는 부엌데기에 불과함을 알지 못합니다. 모든 만물이 주님의 명하심대로 움직입니다. 주님의 뜻은 결코 제지당하지 않으며, 그 결심이 좌절되지 않습니다. 주님의 기뻐하시는 일이 그분의 손에서 번창합니다. 믿음으로 말미암아 저는 주님께서 육지나 바다, 그 깊은 모든 것도 다 주관하심을 봅니다. 의회의 결정들을 인도하시고, 독재자들을 주장하시며, 군왕들에게 명령을 내리시고, 황제들을 지배하십니다. 오직 그분이 일어나시기만 하면 그를 미워하는 자들은 그분 앞에서 다 달아날 것입니다. 연기가 흩어지듯이 주님께서 그들 모두를 쫓아 버리실 것입니다. 밀랍이 불 앞에서 녹듯이, 그의 모든 원수들은 주님 앞에서 멸망할 것입니다.

일반적으로 죄 많은 사람들을 생각해 보면, 구속주께서 지극히 놀라운 방식으로 그들의 마음을 주장하시는 권세를 갖고 계십니다. 현재 일반의 여론의 흐름은 우상 숭배에 다름 아닌 교황제 교회를 지지하는 경향으로 강하게 달려가고 있습니다. 우리는 그 사실을 정말 개탄합니다. 구약 역사에서 이스라엘 사람들이 항상 우상을 좇아서 소동을 벌였던 것과 똑같이 이 나라가 그러고 있습니다. 이스라엘 사람들은 잠시 동안 죄에서 치료받았습니다. 어떤 위대한 스승이나 사사가 그들 중에 있는 동안에서 그러하였습니다. 그러나 그런 지도자가 죽을 때 사람들은 다시 하늘의 여왕이나 벧엘의 황소나 눈에 보이는 어떤 다른 상징물들을 숭배하는 데로 치우쳤습니다. 지금이 꼭 그러합니다. 사람들은 옛 로마의 우상을 좇는데 미쳐 있습니다. 그들은 옛 교회당을 다닥다닥 붙은 여러 채의 집으로 개조시키고 있으며, 온 사방에 새로운 건물을 짓고 있습니다. 우상의 전당들이 캘커타에서와 똑같이 런던에서도 많아지고 있습니다. 우상을 섬기는 자들과 그 사제들은 자신들을 그리스도인이라고 부릅니다. 그러나 그들은 자기들을 성체 숭배자들(wafer-worshippers)이라고 부르거나, 밀가루와 물을 섞어 만든 물신(物神) 숭배자들이라고 부르는 편이 나을 것입니다. 그렇게 부르는 것이 그 실상을 더 가깝게 표현하는 것이기 때문입니다. 자, 그 다음은 무엇입니까? 우리가 낙담하고 있습니까? 모든 권세가 예수님의 손 안에 있으니 우리는 낙담해서는 안 됩니다. 예수님께서 사람들의 생각의 흐름 전체를 반대 방향으로 바꾸어 그 쪽으로 신속하게 진행하게 하실 수 있습니다. 웨일스의 왕자가 몇 달 간 아팠을 때 모든 사람이 기도의 교리를 존중한 것을 주목하지 않았습니까? 타임스 지(Times)나 다른 신문들이 기도에 대하여 얼마나 믿음에 합당하게 바르게 말하였는지를 주목하지 않으셨습니까? 바로 이 순간에 우리의 요청을 들으시는 하나님에 관한 생각을 경멸하는 풍조가 만연하고 있습니다. 그러나 그때에는 그렇지 않았습니다. 한 대단한 철학자가, 기도가 인생의 여러 사건들에 영향을 끼칠 수 있다고 생각하는 것은 무모한 일이라고 말했습니다. 그러나 하나님께서 모든 사람이 느낄 정도의 혹독한 심판을 그 나라에 내리시면 철학자는 생쥐처럼 잠잠하게 될 것입니다. 마찬가지로 저는 또 이것을 확신합니다. 하나님의 섭리의 바퀴 하나가 방향을 틀면 인기를 누리고 있는 교황주의 교회가 전에 그랬듯이 군중들을 화나게 만드는 천한 것이 될 것이고, 신사 숙녀들이 서둘러 교황을 찾아가는 대신 교황과 자신은 어떤 관계도 없다고 변명하느라 안달하게 될 것입니다. 제 생각에는 이 사람들이 어느 때에 어느 길로 향하여 가느냐는 것은 별 문제가 되지 않습니다. 그들은 바람이 부는 대로 날려가는 지푸라기 같은 존재들일 뿐입니다. 다시 말씀드리지만, 사람들의 주된 사상의 흐름은 우리 주님에 의해서 쉽게 바뀔 수 있습니다. 우리 주님께서는 사람들의 생각의 흐름을 아주 쉽게 조정하실 수 있습니다. 마치 물레방앗간 주인이 물레방아 바퀴 위에 떨어지며 흐르는 물줄기를 마음대로 조절하고 그 세기를 쉽게 바꿀 수 있는 것과 같습니다. 우리 구속주의 경영하심이 있기에 시대가 안전합니다. 그러나 주님께서는 마귀나 교황이나 불신자들이나 의식(儀式)주의자들보다 강하시며, 그 모든 자들이 합세한 것보다 강하신 분입니다. 땅과 하늘에 있는 모든 권세를 가지신 주님께 모든 영광을 돌릴지어다.

그와 같이 우리 주님께서 사람들에게 복음을 들을 성향을 주실 수도 있고 주시기도 합니다. 복음을 전하는데 회중이 귀를 기울이지 않는다 할지라도 두려워하지 마십시오. 헌신된 혀를 여러분에게 주시어 말하게 하신 예수님께서 여러분의 증언을 기꺼이 들을 귀를 가진 자들을 찾으실 것입니다. 그의 명하심에 따라 텅 빈 성소들이 사람들로 가득 차게 되고, 기쁜 소식을 듣기 위해 사람들이 열을 지어 오기도 합니다. 아, 주님께서는 그보다 더 많은 일을 하실 수 있습니다. 왜냐하면 주님께서는 말씀을 세력 있게 하시어 수많은 사람들을 회심하게 하실 수 있기 때문입니다. 경솔한 사람들로 하여금 생각하도록 제어하실 수 있으며, 고집 센 이단적인 사람들로 하여금 진리를 받아들이게 할 수 있고, 부싯돌 같이 뻔뻔한 얼굴을 가진 자들로 주님의 은혜로운 행사에 복종하게 하실 수 있습니다. 주님께서는 모든 인간의 마음을 여는 열쇠를 갖고 계십니다. 주님께서 여시면 닫을 사람이 없습니다. 주님께서 닫으시면 열 사람이 없습니다. 주님께서 자신의 말씀을 권능으로 옷 입혀 족속들을 제압하실 것입니다. 복음을 선포하면 어느 사람도 예수님의 구원하시는 능력을 이기지 못한다고 믿는 것이 우리의 본

분입니다. 주홍색에 두 번, 아니 일곱 번 담근 것 같이 사악한 죄인도 정결함을 입을 수 있으며, 사악함의 주동자도 거룩함의 본이 될 수 있습니다. 바리새인도 회심할 수 있습니다. 바울이 그런 사람이 아닙니까? 제사장들도 구원하실 수 있습니다. 왜냐하면 제사장의 허다한 무리들이 믿지 않았습니까? 생각할 수 있는 한도 내에서 온갖 죄를 지은 사람이라도 그리스도의 권능이 구원해 내지 못할 것이 없습니다. 지옥의 어귀에 서 있을 정도로 극악한 죄악에 빠졌던 사람이라도, 예수님께서 찔리셨던 손을 뻗어 구하시면 불 가운데서 구조된 사람처럼 안전하게 끌려나올 수 있습니다.

나의 주님께서 하실 수 있는 것이 무엇인지 생각함에 따라서 내 영혼도 자랍니다. 하늘과 땅에 있는 모든 권세가 주님께 주어졌다면, 오늘 아침 이곳에 계신 남녀 누구를 막론하고 주님은 다 회개하게 하시고 용서하시고 구원하실 수 있을 것입니다. 아니, 이 런던 시 400만의 사람들로 하여금 "우리가 어떻게 해야 구원을 받겠는가?"라고 울부짖도록 만드실 수도 있습니다. 아니, 이 도시뿐만 아니라 온 땅에 있는 사람들 전체가 그렇게 울부짖게 만드실 수 있습니다. 주님의 무한하신 지혜와 능력에 선하게 보이는 일이라면, 모든 설교를 방편으로 삼아 그 설교를 듣는 모든 사람들을 회개하게 할 수 있으며, 모든 성경과 말씀을 담은 모든 책자를 방편으로 삼아 그것을 읽는 모든 사람들을 구원하실 수 있습니다. 저는 얼마나 짧은 시간 안에 "할렐루야, 전능하신 주 하나님께서 통치하시도다."라고 부르짖는 소리를 들을는지 알지 못합니다. 그 부르짖음을 듣기를 바랍니다. 그리고 그렇게 되리라 확신합니다. 우리는 이긴 자의 편에 서 있습니다. 우리에게는 우리를 대적할 수 있는 모든 자들보다 무한히 더 위대하신 분과 함께 있습니다. 왜냐하면 "모든 권세가" 주님께 주어졌기 때문입니다.

형제 여러분, 우리는 어떤 의심도 갖지 않으며 어떤 두려움도 없습니다. 왜냐하면 매 순간 예수 그리스도의 권능이 장엄하게 나타나는 날이 다가오고 있기 때문입니다. 우리가 오늘 설교합니다. 그러나 어떤 이들은 복음을 멸시합니다. 복음을 제시하나 그들은 복음을 거부합니다. 그러나 하나님께서 머지않아 그런 자에게 손을 대시면, 그런 자들의 멸시와 거부하는 태도가 끝날 것입니다. 왜냐하면 감람산에서 하늘로 승천하신 바로 그 예수님께서 하늘로 올리신 모습 그대로 오실 것이기 때문입니다. 그때 주님은 비교할 수 없는 위엄에 찬 권세를 가지고 강림하실 것이고, 십자가에 못 박히셨던 주님을 본 세상이 주님이 보좌에 앉으신 모습을 보고 놀라게 될 것입니다. 사람들이 주님의 발꿈치를 물어뜯으면서 박해하였던 바로 그 장소에 몰려와 주님을 둘러싸고 경의를 표시할 것입니다. 왜냐하면 반드시 주님께서 왕 노릇 하시고 그 원수들은 주님의 발 아래 있게 될 것이기 때문입니다. 이 땅은 주님의 슬픔으로 한때 괴로워했으나 그의 승리로 말미암아 기쁨이 넘치게 될 것입니다. 그 기쁨의 정도는 괴로움의 정도보다 훨씬 더할 것입니다. 주님이 오시기 전에 여러분이 죽을 수 있고 여러분의 몸이 무덤에서 썩고 있을 수 있습니다. 그러나 모든 권세가 주님의 것임을 알게 될 것입니다. 왜냐하면 주님의 나팔소리가 울려 퍼지고 여러분의 몸이 다시 살아나 무서운 심판 보좌 앞에 설 것이기 때문입니다. 여기 이 땅에 있을 때 주님을 거역하였을 수 있으나 그때에는 주님을 감히 대적할 수 없을 것입니다. 지금은 주님을 멸시할 수 있으나 그때에는 주님 앞에 두려워 떨지 않을 수 없습니다. "너희 저주 받은 자들이여, 떠나갈지어다."라는 말씀이 주님이 "모든 권능"을 갖고 계시다는 무서운 증거로 여러분에게 선언될 것입니다. 만일 여러분이, 수고하고 무거운 짐 진 자들아 와서 나의 안식에 참여하라고 명하시는 그분의 말씀에 복종하며 나옴으로써 주님의 손에 모든 권세가 들려진 것을 달콤하게 증거하시는 그 영광을 지금 받지 않으면, 그렇게 될 것입니다. "그의 아들에게 입 맞추라. 그렇지 아니하면 진노하심으로 너희가 길에서 망하리니 그의 진노가 급하심이라 여호와께 피하는 모든 사람은 다 복이 있도다"(시 2:12).

2. 여러분이 참아주시면, 두 번째로, 우리 주님의
'그 위대한, 신령한 권세의 통상적인 시행 방식'을 설명드리겠습니다.

형제 여러분, 주 예수님은 이렇게 말씀하실 수도 있었습니다. "하늘과 땅에 있는 모든 권세를 내게 주셨으니 너희는 칼을 들고 나를 십자가에 못 박은 내 원수들을 모두 죽이라." 그러나 주님께서는 그러한 복수심을 조금도 갖고 계시지 않았습니다. "이 유대인들이 나를 죽게 만들었으니, 너희는 즉시로 여러 섬들과 다른 족속들에게 가서 전파하라. 왜냐하면 이들은 내 은혜를 결코 맛보지 못하리라."고 말씀하실 수도 있었습니다. 그러나 결코 그렇게 하시지 않았습니다. 주님께서는 "예루살렘에서 시작할 것"을 분명하게 말씀하셨습니다. 자신을 죽인 살인자들에게 복음을 먼저 전하라고 제자들에게 명하셨습니다. 주님께서 "모든 권세"를 가지신 결과로 그 종들은 모든 족속을 제자로 삼으라는 명령을 받았습니다. 형제 여러분, 예수님께서 만물을 자기에게 복종하게 하려고 제안하신 방식은 전혀 합당하지 않아 보입니다. 이들에게 가르치고 제자를 삼아 세례를 주고, 그런 다음에 믿음으로 그들을 더 교육하라. 이것이 바로 우리의 싸우는 병기입니까? 이것들이 주님이 주신 전투 도구와 무기들입니까? 이 세상의 군왕들은 그런 것들로 상대를 제압하지 못합니다. 왜냐하면 그들은 기괴한 총이나 철갑선이나 죽이는 기계의 힘을 의존하기 때문입니다. 그런데도 이런 것들이 그들의 연약함을 증거하는 것밖에 더 되겠습니까? 그들 스스로 모든 권능을 갖고 있다면 그러한 도구들을 필요로 하지 않을 것입니다. 모든 권세를 가지신 그분만이 말씀으로 명하신 일을 이루실 수 있고, 사랑의 힘 말고 다른 모든 힘은 다 쓰지 않으실 수 있습니다.

가르침과 설교가 자신의 권능을 과시하는 주님의 방식임을 주목하십시오. 오늘날 그들은 영혼을 구원하기 위해서 현란한 색깔들이 조합된 실크나 공단으로 교회력에 따라서 제단의 장식에 변화를 주고, 사제들은 몇 가지 색깔로 조합된 예복을 차려 입는 방식을 취해야 한다고 말합니다. 다시 말하면, 사제들의 옷은 양편에서 바느질로 수를 놓아 전리품을 차지하는 자들의 목에 합당하게 만들어야 하며, 남자들로 하여금 그들의 성(性)에 어울리지 않게 페티코트(여성용 속옷)를 입게 해야 한다고 주장합니다. 이러한 리본이나 자수 장식품들이 분향의 향기와 어우러지고 무언가 신비감을 불러일으키며, 주술을 외움으로 영혼이 구원 받게 해야 한다는 것입니다! 구주께서는 "그렇게 하지 말라"고 말씀하셨습니다. 오히려 "너희는 온 세상에 나아가서 복음을 모든 족속에게 전파하라"고 말씀하셨습니다. 여러분 중에 누가 복음 설교가 이 나라 영국에서 새로운 형태의 옛 우상 숭배 때문에 효력을 잃을까봐 두려워합니까? 결코 두려워하지 마십시오. 우리 중 한 사람이라도 계속 복음을 전파한다면, 바로 그 한 사람이 일만 사제들을 당해 낼 것입니다. 오직 우리에게 여전히 성령으로 말미암아 불이 붙은 혀를 주옵소서. 그러면 펼쳐진 성경과 홀로 남은 그 설교자가 수도사들과 고해성사를 한다는 신부들, 곤고하기 짝이 없는 수녀들, 성지 순례자들, 주교들과 교황들 전체가 합하여 이룬 오합지졸 같은 군대를 격퇴할 것입니다. 왜냐하면 제자들에게 설교를 하고 가르치고 세례를 주는 것이 그리스도의 방식이며, 사제술(司祭術, priestcraft)이 그리스도의 방식은 아니기 때문입니다. 만일 그리스도께서 성례의 효력을 제정하셨다면, 그 성례는 반드시 성공할 것입니다. 그러나 주님은 그러한 유의 것을 전혀 세우신 적이 없습니다. 주님의 명령은 "하늘과 땅에 있는 모든 권세를 아버지께서 내게 주셨으니 그러므로 너희는 가서 제자를 삼고 세례를 주고, 성삼위의 이름으로 더 가르치라."고 하시는 것입니다.

　형제들이여, 이 사명을 위해서 보내심을 받은 사람들이 누구인지 기억하십시오. 맨 앞에 선 열한 명은 대부분 어부들이었습니다. 전능하신 예수님께서 그 어부들을 택하셔서 세상을 정복하려고 하십니까? 그러합니다. 왜냐하면 주님은 그들로부터 아무런 도움을 필요로 하지 않으시기 때문입니다. 모든 권세는 주님의 것입니다. 사람들은 말하기를, 교양 있는 목회를 해야 한다고 합니다. 그런데 그들이 "교양 있는 목회"라는 말을 쓸 때 어떤 상식에 속한 사람의 사역을 말하는 것이 아닙니다. 그것은 분명한 머리와 따뜻한 가슴과 깊은 체험, 인간 본성을 아주 잘 아는 그런 상식에 속한 사람의 목회가 아니라, 고전적이고 전문적인 수학적 지식을 가진 연구생들, 이론가들, 하나님의 말씀보다 현대 불신 학문을 더 많이 공부한 초심자들의 목회를 뜻하는 것이죠. 만일 주님께서 세상적인 지혜를 가진 자들을 채용하고 싶으셨다면 분명히 고린도나 아테네 같이 자기들의 성취 때문에 보편적으로 존경을 받는 사람들을 택하셨을 것입니다. 아니면 유대 나라의 학식 높은 랍비들을 찾으셨을 것입니다. 그러나 주님께서 그런 사람들을 원치 않으셨습니다. 주님의 눈에는 자기의 성취도를 과시하는 사람들이 전혀 가치가 없었습니다. 주님께서는 진리를 배우기에 충분한 어린 아이와 같고, 진리를 알았을 때는 안 것을 말할 충분한 담대함을 가진 정직하고 건전한 사람들을 택하셨습니다. 교회가 세상의 학식을 의지해야 한다는 생각을 버려야 합니다. 우리는 건전한 교육이 필요 없다는 말을 한 마디도 할 수 없습니다. 특별히 성경을 교육하는 면에서는 더더욱 그러합니다. 오직 성령의 은사의 자리에 학식의 정도를 따져 사람을 세우거나, 우리 인성을 영적으로 세우는 것보다 소위 현대의 문화라는 것을 더 귀하게 여기는 일은 살아 계신 하나님의 집에 우상을 세우는 격입니다. 주님께서는 원하시면 가장 학식 있는 사람들뿐만 아니라 완전히 문맹인 사람들을 사용하실 수도 있습니다. 주님께서는 "너희 어부들아, 가서 모든 족속을 가르치라."고 말씀하셨습니다. 이 점에 대한 육신적 이성의 비평은 이러합니다. 연약한 방법이 더 연약한 수단들에 의해 시행된다고 말합니다!

　그리스도께서 사람들 가운데서 자신의 능력을 사용하시는 방식인 복음을 설교하는 일이 오직 주님께서 권세를 가지셨다는 사실에 근거해서 이루어지고 있음을 주목해야 합니다. 형제들 중 어떤 이들이 하는 말을 들어 보십시오. "복음을 죽은 죄인에게는 설교하지 말아야 한다. 왜냐하면 죄는 아무 능력을 가지고 있지 않기 때문이다." 바로 그것입니다. 우리가 죽은 죄인에게 설교하는 이유는 모든 권세가 예수님에게 주어졌다는데 있습니다. 예수님께서 복음을 모든 족속에게 전하라고 명하십니다. "그러나 여러분이 죄인에게 믿으라고 말할 때 그 사람으로 믿게 할 능력이 당신에게 있지 않습니다." 정말 그렇습니다. 우리는 그 능력을 갖고 있다고 꿈에도 생각지 않습니다. 모든 권능은 그리스도 안에 있기 때문입니다. 죄인에게도 믿을 능력이, 설교자에게도 죄인으로 하여금 믿게 할 능력이 전혀 없습니다. 모든 권세는 우리 주님 안에 있습니다. 또 그들은 말하겠죠. "그러나 당신의 확신이 사람으로 하여금 회개하고 믿게 만들 것이라고 생각하나요?" 물론 아닙니다. 사람을 회개하고 믿도록 이끄는 능력은 수사학이나 합리성이나 설득에 있는 것이 아니라, "하늘과 땅에 있는 모든 권세를 내게 주셨다."라고 말씀하신 분에게 있습니다.

저는 여러분에게 이것을 말씀드립니다. 만일 나의 구주 주님께서 저더러 내일 노우드 공동묘지에 가서 죽은 자더러 일어나라고 명하신다면, 이 회중에게 복음을 설교하는 이 시간을 즐거워하듯이 그 일도 즐거이 할 것입니다. 이제 저로 하여금 거듭나지 아니한 사람들에게 회개하고 돌아서라고 강권하도록 만드는 것과 같은 이유로 그 일을 할 것입니다. 저는 사람들이 죄 가운데 죽어 있다고 여깁니다. 그럼에도 불구하고 저는 사람들에게 살라고 말합니다. 왜냐하면 내 구주께서 나에게 그렇게 말하라고 명하시기 때문입니다. 제가 그렇게 행동하는 것이 옳다는 것은 제가 설교하는 동안 죄인들이 살아난다는 사실로 입증이 됩니다. 주님의 이름을 찬미하리로다. 수천 명의 사람들이 살리심을 받았습니다. 에스겔은 "너의 마른 뼈들아, 살아나라."고 울부짖어야 했습니다. 정말 그렇게 말하다니, 얼마나 어리석습니까! 그러나 하나님께서 그의 종이 그렇게 하는 걸 옳다 여기셨습니다. 그리고 그 외침이 있기 전에는 죽은 자들의 뼈로 가득 찼던 곳에서 지극히 큰 군대가 일어났습니다. 여호수아의 사람들은 여리고를 돌며 나팔을 불라는 명령을 받았습니다. 나팔을 불어 성벽이 무너지게 하다니 정말 얼마나 무모한 일입니까? 그러나 그 성벽이 바로 그때문에 무너졌습니다. 기드온의 사람들은 그저 항아리 속에 등불을 담으라는 명령을 받았고, 가만히 서서 그 항아리를 깨트리며 "여호와와 기드온의 칼이여."라고 큰 소리로 외치라는 명령을 받았습니다. 이것을 방편으로 미디안 군대를 쳐부술 수 있다니, 얼마나 기괴한 일입니까? 그러나 미디안 군대를 쳐부쉈습니다. 왜냐하면 하나님께서 그의 종들로 어리석은 심부름을 수행하게 보내실 리가 없기 때문입니다. 설교의 미련한 것으로 거룩한 목적을 성취하시는 것이 하나님의 기뻐하시는 일입니다. 설교의 능력 때문이나, 설교자의 능력이나, 설교를 듣는 사람들 속에 있는 어떤 능력 때문이 아닙니다. 오직 "하늘과 땅에 있는 모든 권세가 그리스도께 주어졌기" 때문입니다. 그리스도께서는 말씀을 가르치심으로써 일하기로 작정하십니다.

그러니 우리의 임무란 바로 이것입니다. 우리는 가르쳐야 합니다. 아니, 헬라어 원어대로 한다면 제자를 삼아야 합니다. 우리의 임무는 주어진 은혜에 따라서 각자 이웃들에게 복음을 말하고, 그들을 예수님의 제자로 삼으려고 애를 써야 합니다. 그들이 제자들이 되었을 때 우리가 할 다음 의무는 "그들에게 세례를 베풂으로" 제자됨의 표를 주어야 합니다. 상징적 매장(埋葬)은, 그들이 예수님 안에서 이전의 자아(自我)가 죽었으며 예수님으로 말미암아 새 생명으로 다시 살았음을 나타냅니다. 세례는 제자들을 명부에 올리고 인을 칩니다. 우리는 세례를 생략하거나 아무 의미도 없이 베풀어서는 안 됩니다. 제자들을 교회에 등록할 때, 선교사는 목회자가 되어 "내가 너희에게 분부한 모든 것을 가르쳐 지키게" 하라는 명령을 수행해야 합니다. 세례에 관한 구주의 명령을 복종함으로써 제자는 학교에 들어감을 허락받습니다. 그런 다음에 제자는 계속 배워야 합니다. 배움에 따라서 그가 다른 사람들도 가르칩니다. 다른 어떤 것에 대한 순종이 아니라 그리스도께서 명하신 모든 것에 순종하는 법을 배워야 합니다. 그를 교회로 받아들이는 것은 새로운 교리나 의식을 제정하는 자나 만드는 자가 되기 위한 것이 아니라, 그리스도께서 말씀하시는 바를 믿기 위한 것이고, 그리스도께서 명하신 것을 행하기 위함입니다. 이렇게 우리 주님께서는 나중에 여러 조각으로 나뉠 한 나라를 세우고자 하십니다. 그리스도를 아는 모든 자들은 다른 사람들을 가르쳐야 합니다. 이 사람이 저 사람을 가르치고 계속 그렇게 해야 합니다. 그리스도께서 하늘로부터 가지고 오신 기이한 권능이 나라에서 나라로 퍼져나갈 것입니다. 형제들이여, 여러분의 고귀한 소명을 보십시오. 또한 여러분이 그 소명을 감당하도록 지원하는 권세를 보십시오. 앞으로는 그리스도로부터 나오는 "모든 권세"를 보십시오. 뒤로는 바로 그리스도를 보십시오. "볼지어다. 내가 세상 끝날까지 너희와 항상 함께 있으리라." 만일 여러분이 이 군대에 입대하면, 여러분의 위대한 사령관이신 그리스도께 충성을 다하라고 촉구하는 바입니다. 그 사령관이 여러분에게 정하여 주신 방식대로 세심하게 일을 행해 나아가십시오. 그리스도의 권세가 나타나 그리스도를 영광스럽게 하기를 기대하십시오.

저는 이제 이 설교를 매우 실천적으로 마무리짓고 싶습니다. 바로 지금 우리 교회의 대부분은 예수님을 믿은 사람들로 구성되어 있습니다. 세례를 받았고, 또 세례 받은 후로 가르침을 받은 사람들입니다. 예수님께서 모든 권능을 갖고 계시다고 여러분은 믿고 있습니다. 또한 복음의 교육과 설교를 통해서 그리스도께서 일하심을 믿습니다. 그러니 저는 중요한 질문 하나를 여러분에게 던지고 싶습니다. 여러분은 모든 족속을 가르치는 일에 대해서 얼마나 많은 일을 하고 있습니까? 이 부담은 저뿐만 아니라 여러분에게도 주어져 있습니다. 이 목적을 위해서 우리가 세상에 보내심을 받았습니다. 우리를 나누어 주는 자가 되도록 하기 위해서 우리가 먼저 받은 것입니다. 여러분은 얼마나 많이 나누어 주었습니까? 사랑하는 형제여, 사랑하는 자매여, 예수님의 피로 말미암은 구속의 이야기를 얼마나 많은 사람들에게 전하여 주었습니까? 여러분은 예수님을 믿은 후 얼마간의 시간이 지난 신자들입니다. 그런데 예수님에 관해서 누구에게 말했으며, 누구에게 편지를 썼습니까? 말을 조리 있게 할 수 없다면 다른 사람들의 말을 최선을 다해서 나누어 주고 있습니까? "나는 많은 것을 행하는 교회에 속해 있다."라고 대답하지 마십시오. 그런 반응은 요점을 벗어난 것입니다. 저는 개인적으로 여러분이 무엇을 하고 있느냐에 대해서 말하고 있습니다. 예수님께서 우리를 위해서 대리자를 통해 죽으신 게 아닙니다. 친히 나무에 몸이 달려 우리의 죄를 담당하셨습니다.

그런데 여러분은 개인적으로 무엇을 하고 있습니까? 여러분이 도대체 무슨 일이라도 하고 있습니까? "그러나 저는 선교사로는 나갈 수 없어요."라고 말하겠습니까? 나갈 수 없다고 확신합니까? 여러분 중에 여러 사람이 해외에 복음을 전파해야 한다는 느낌이 들기를 오랫동안 고대해 왔습니다. 주님을 위해서 위로와 봉급을 다 사양해야 되겠다는 느낌이 들기를 저는 간절히 고대해 왔습니다. 저는 얼마 전에 우리를 떠났던 두 사람과 같이 지극히 큰 모든 봉사에 자기를 드린 젊은이들이 우리 가운데서 나오기 전까지는 우리가 그리스도인의 열심을 충분히 보였다고 결코 생각하지 못할 것입니다. 아마 여러분 중에 그렇게 할 마음이 절반 정도 형성된 사람들이 있을지도 모릅니다. 그 마음을 억제하지 않기를 바랍니다. 여러분의 부모들이 그 복된 희생을 하지 못하도록 방해하지 않기를 바랍니다. 많은 아들 딸들이 주님을 위해서 전투의 선봉에 서겠다고 나서는 것만큼 교회에 큰 영예는 없습니다. 보십시오. 저는 오늘 여러분 가운데 깃발을 세우고 있습니다. 하나님께서 그 마음을 건드리신 분들이 그 깃발 아래로 지체 없이 모여 들기를 바랍니다. 이교도들이 죽어가고 있습니다. 그리스도 없는 수백만의 사람들이 죽어가고 있습니다. 그리스도께서 우리에게 내린 마지막 명령은 "가서 모든 족속을 가르치라."는 것입니다. 그 명령에 복종하고 계십니까? 어떤 분은 말하겠죠. "나는 갈 수 없어요. 가족이 있고 국내에서 나와 연관된 끈이 너무나 많습니다."

사랑하는 형제여, 제가 여러분에게 묻고 있는 것은, 여러분이 할 수 있는 만큼 가고 있느냐 하는 것입니다. 여러분이 처한 곳에서 여러분을 옥죄고 있는 섭리의 궁극적 한계까지 나아가고 있습니까? "예."라고 여러분은 대답할 수 있습니다. 그러면 다른 사람들이 나아가도록 돕기 위해 무슨 일을 하고 있습니까? 이 강론에 대해 생각하면서, 저는 우리 대부분이 복음을 해외로 보내는 일에 거의 아무런 일도 하지 않고 있다고 반성하였습니다. 교회로서 우리는 국내에 있는 이교도들을 위해서는 상당한 일을 하고 있습니다. 저도 그것을 생각할 때 기쁩니다.

그러나 일 년에 해외 선교를 위해서 각 사람이 얼마만큼 헌금을 합니까? 저는 여러분이 수첩에 매년 선교를 위해서 얼마만큼 헌금할 것인지를 적고서, 그것이 여러분의 수입에서 몇 퍼센트나 차지하는지 계산해 보았으면 좋겠습니다. 수첩에 그대로 적어 보십시오. "지난 4월 헌금, 1실링." 세상의 구원을 위해서 일년에 1실링을 쓴 것입니다. 아마도 수첩에 쓰게 될지 모릅니다. "1년 연소득 5천 파운드, 매년 선교비로 1파운드 기부." 그것이 어떻게 보입니까? 저는 여러분의 마음을 읽을 수 없습니다. 그러나 여러분의 장부책을 읽고 총액을 비율로 계산할 수는 있습니다. 여러분 스스로도 그렇게 해보라고 제안하는 바입니다. 제가 제 자신의 지출 내역을 살펴보고 있는 동안에 여러분도 한 번 해 보십시오. 우리는 모두 구속주의 나라의 확장을 위해서 무슨 일을 더 할 수 있는지를 알아봅시다. 왜냐하면 모든 권세가 주님에게 있기 때문입니다. 주님의 백성들이 분발하여 그 권세를 믿고, 모든 족속에게 복음을 전하는 단순하면서도 힘 있는 조직을 활용하면, 그때 우리 하나님께서 친히 우리를 복 되게 하시고, 땅 끝의 모든 족속이 하나님을 경외할 것입니다. 아멘.

제
81
장
—

선교사들의 책임과 헌장

—

"예수께서 나아와 말씀하여 이르시되 하늘과 땅의 모든 권
세를 내게 주셨으니 그러므로 너희는 가서 모든 민족을 제
자로 삼아 아버지와 아들과 성령의 이름으로 세례를 베풀
고" — 마 28:18, 19

    본문을 개인적으로 묵상하는 동안 저는 본문의 능력에 마음을 빼앗기는 느
낌을 가졌습니다. 저는 조용히 앉아서 본문의 용어들을 숙고하거나 그 논증을
조사하는 일을 전혀 할 수 없었습니다. 본문이 결론으로 말하는 명령이 제 귀에
서 쟁쟁히 울려서 가만히 앉아 본문을 연구할 수 없었습니다. 왜냐하면 제 생각
들이 여기저기 달리며 온갖 질문을 해대기 때문입니다. 그 모든 생각들은 "내가
어떻게 모든 족속에게로 가서 아버지와 아들과 성령의 이름으로 세례를 주어야
할까?' 하는 그 엄숙한 질문에 답을 하려는 제 자신을 도우려는 마음에서 일어난
것들입니다. 그 실천적 교훈이 제 마음속에서는 본문의 논증을 압도하는 것처럼
보였습니다. 본문의 논증의 결론은 "너희는 가서 모든 족속을 가르치라."는 것이
었습니다. 저는 마치 그리스도께서 저에게 그 말씀을 하고 계시는 것처럼 들렸습
니다. 그리스도께서 바로 내 곁에 계신 것처럼 인식할 수 있었습니다. 마치 그리
스도께서 못 박힌 손을 들어 보이시면서 늘 그러시는 대로 권위 있게, 그러면서
도 온유하게 말씀하시는 모습을 보고 있는 듯하였습니다. "너희는 가서 모든 족
속을 가르치고 그들에게 모든 영광의 하나님의 이름으로 세례를 주라." 오! 교회

가 지금 구주께서 이 말씀을 자기에게 하시는 것을 들을 수 있으면 좋겠습니다. 왜냐하면 그리스도의 말씀은 살아 있는 말씀이요, 어제만 권능이 있었던 것이 아니라 오늘도 여전히 권능이 있기 때문입니다. 구주의 명령은 영구한 구속력이 있습니다. 그 명령이 사도들에게만 구속력을 가지는 것이 아니라 우리에게도 역시 마찬가지입니다. "그러므로 너희는 가서 모든 민족을 제자로 삼아 아버지와 아들과 성령의 이름으로 세례를 주라." 이 멍에는 모든 그리스도인에게 지워지는 것입니다. 우리는 오늘날 어린 양을 가장 먼저 따르던 자들의 책무에서 면제되는 것이 아닙니다. 그들에게 떨어졌던 진군 명령이 우리에게도 똑같이 떨어졌습니다. 우리 대장은 그들에게 요구하신 것과 똑같은 신속하고 완전한 순종을 우리에게 요구합니다. 오, 귀가 먹어 그리스도의 메시지를 듣지 못하거나, 영혼이 우둔하여 알아듣지 못하는 일이 없기를 바라나이다!

형제 여러분, 이교도들이 멸망해 가고 있습니다. 그들이 멸망하도록 내버려 두어야 하겠습니까? 그리스도의 이름이 모독을 받고 있는데 우리는 잠잠히 앉아만 있어야 하겠습니까? 그리스도의 영예가 땅에 떨어지고 그의 원수들이 그리스도의 인격을 모욕하고 그의 왕권에 저항하고 있는데, 그의 병사 된 우리들이 그걸 보면서 우리의 칼, 곧 하나님의 말씀인 성령의 검의 칼자루에 손을 대고 싶은 느낌을 갖지 않아야 하겠습니까? 우리 주님께서 오시는 일을 지연하고 계시니 우리가 그저 자거나 먹고 혹은 술 취하기 시작해야 하겠습니까? 우리의 마음의 허리를 동이고 "주 예수여, 어서 오시옵소서."라고 울부짖어야 마땅하지 않겠습니까? 이 말세의 기롱하는 회의론자들이, 그리스도가 세상을 정복할 것을 내다보는 것은 하나의 꿈이 아니면 우리 지도자의 마음속에 불쑥 들어왔으나 결코 성취되지 않을 야심 어린 생각에 불과하다고 주장했습니다. 어떤 이들은 이교도들의 미신이 너무 강하여 우리의 가르침으로 쳐서 부서뜨릴 수 없다고 주장합니다. 또 사탄의 요새가 우리의 공격에 대비하여 난공불락의 힘을 갖추었다고 말하기도 하였습니다. 그럴까요? 우리가 어리석게 그저 가만히 앉아 있는 것만으로 만족해야 할까요? 결코 아닙니다. 오히려 그 문제를 풀어 나갑시다. 하나님의 약속이 참됨을 입증합시다. 예수님의 말씀이 실없는 것이 아니라 진실한 말씀임을 입증합시다. 우리는 믿음의 마음으로 가서 모든 족속을 가르치고 그들을 설득하여 주 그리스도께 복종하게 함으로써 그리스도의 피의 효력과 성령의 무적의 권능을 보여줍시다.

　　저는 오늘 아침 설교를 어떻게 시작할지 모르겠습니다. 그러나 여기 강단에서 보니, 마치 제가 "너는 그러므로 가서 모든 민족을 가르치라."고 말씀하시는 음성을 듣는 것 같습니다. 그리고 제 영혼은 때로 과거에 그리스도가 전혀 전파되지 않은 곳에 가서 자유롭게 그리스도를 설교할 기회를 갈망합니다. 다른 사람의 터 위에 세우려는 것이 아니라, 아직도 밟아보지 않은 땅, 그리스도의 사역자의 발이 전혀 닿지 않았던 불모지에 가고 싶은 열망이 일어납니다. 그리하여 그런 곳이, 즉 "전쟁하던 곳이 우리 때문에 기뻐하고 광야가 즐거워하며 장미꽃처럼 피어날 수" 있기를 바랍니다(사 35:1). 저는 중국이나 인도에서 예수님의 은혜를 증거할 수 없을까 하는 엄숙한 질문을 스스로에게 던졌습니다. 그리고 하나님 앞에서 그 질문에 답을 하였습니다. 저는 영국에서의 제 위치 때문에 제가 현재 있는 영역을 떠날 수 없겠다고 생각합니다. 그렇지 않으면 내일이라도 선교사로 헌신할 것입니다. 오, 오늘 아침 여러분 가운데 그런 부르심의 소명을 듣는 사람이 아무도 없습니까? 여러분 중에는 제게 지워진 것과 같은 큰 일에서 벗어나 있는 분들이 있습니다. 또 여러분 가운데는 재능이 아직 어떤 특별한 방면에 전적으로 쏠리지 않은 사람들이 있으며, 또 아직 능력들을 어떤 정해진 목표를 위해 사용하고 있지 않은 분들이 있고, 어떤 영역에 매이지 않는 분들도 있습니다. 그런 분들은 제 구주께서 애조 띤 음성으로 호소하는 듯하면서도 거역하지 못할 권위로 이렇게 말씀하시는 음성을 듣지 않습니까? "그러므로 너희는 가서 모든 민족을 제자로 삼아 아버지와 아들과 성령의 이름으로 세례를 베풀라"(마 28:19).

　　오, 은둔자(隱遁者) 페트루스(Peter the Hermit:십자군 사상의 창시자라고 불릴 만큼 전설적인 인물 ― 역주) 처럼 설교할 수만 있다면, 그보다 더 훌륭한 십자군이 될 수만 있다면 얼마나 좋겠습니까? 오, 누군가가 우리 이스라엘 사람 수천 명을 감동시켜 세상을 정복하기 위해서 즉시, 전원일치로, 저항할 수 없게 진군하도록 할 수 있는 능력이 있다면 좋겠습니다! 마치 대양의 깊은 데서 솟아오르는 저 거대한 파도가 지금 내버려져 폐허와 사망이 되어 있는 저 마른 모래 땅을 덮치는 것처럼 말입니다. 오, 다시 한 번 천둥소리 같은 그 목소리를 들을 수 있고, 불타오르는 심령이 각 사람의 마음을 파고들어가, 온 교회가 일사불란하게 주님의 진군 명령을 받아 모든 민족에게 가서 그들을 가르치고 그들을 이스라엘의 하나님의 이름으로 세례를 줄 수 있으면 좋겠습니다! 오, 주여, 우리는 말하지 못할지라도 주님은 말씀하시지 못하는 일이 없도록 하소서. 만일 우리가 주님이 지워 주신 짐을 감당할 방도를 모르고 주님의 장엄한 사상들을 표현할 방도를 모르더라도, 주님께서는 잘 훈련받은 귀는 들을 수 있는 아주 세미한 음성으로 말씀하시어 당신의 종들이 지금 당신께 복종할 수 있도록 말씀하옵소서!

> "성령이시여, 일어나시옵소서.
> 당신은 초대 교회의 파수꾼을 분발시켜
> 원수를 만나도 물러서지 않고 담대하게
> 밤낮 영원한 진리를 증언하게 하셨으니,
> 지금도 여전히 당신의 음성이 세계에 울려 퍼지고 있사오며
> 허다한 무리들을 인도하사 당신의 뜻을 알고 행하게 하시나이다!
>
> 오, 당신의 불이 타오르기만 하면
> 그 불은 민첩하게 그 불꽃을 이 나라 저 나라로 번지게 하리이다!
> 주여, 우리에게 당신을 위하여 추수하기 합당한 충성된 종들을 주소서
> 값을 헤아릴 수 없는 그 은택을 허락하소서.
> 영혼을 추수하시는 이시여, 아래를 내려다보소서.
> 추수할 것은 어마어마한데 아직도 일꾼이 적나이다.
>
> 우리가 길을 잃기 전에 서둘러 저희를 도우소서!
> 당신의 말씀으로 무장된 강한 심령의 전도자들,
> 당해낼 수 없는 불굴의 군대를 보내소서.
> 그리하여 오랫동안 악하게 통치하던 원수를
> 대담하게 공격하게 하옵시고
> 그들로 하여금 당신을 위해서 온 땅을 되찾아
> 당신의 나라가 되게 하옵시고, 당신의 이름을 알게 하옵소서."

오늘 아침 우리는 먼저, 주님의 **명령**을 잠시 숙고해 볼 것이고, 그 다음에, 그 명령의 논증을 자세하게 살펴보겠습니다. 우리가 알게 되겠지만 그 명령에는 논증이 있습니다. "그러**므로** 너희는 가서 모든 민족을 제자로 삼아."

1. 무엇보다 먼저 "명령"에 대해서 간단히 몇 가지만 생각해 보겠습니다.

우리는 무엇보다 먼저 어떤 사람을 특별하게 사랑한다는 것이 무엇인지를 주목해야 합니다. 마호메트가 죽어가면서 병상에서 제자들에게 "하늘과 땅에 있는 모든 권세가 내가 주어졌다."고 말했다고 상상해 보십시다. 그러면 그의 명령은 무엇이겠습니까? "그러므로 너희는 언월도를 가지고 나가 그 예언자를 믿는 믿음을 전파하라. 그렇지 않으면 무서운 대안으로서 죽음을 제시하며 그 선지자에게 돌을 던진 사람들에게 복수하며, 그들의 집을 거름더미로 만들고, 그들을 박살낼지어다. 복수는 나의 것이기 때문이다. 하나님의 선지자는 그 원수들의 악에 대하여서 반드시 앙갚음하리라." 그러나 그리스도께서는 사람들에게 훨씬 더 멸시를 받고 핍박을 받았으나 그 선지자인 척하는 사람이 전혀 갖지 못했던 참된 권세를 가지신 분으로서 하늘로 올라가시려 하실 때 제자들에게 이같이 말씀하십니다. "하늘과 땅의 모든 권세를 네게 주셨으니 그러므로 너희는 가서 모든 민족을 제자 삼아 아버지와 아들과 성령의 이름으로 세례를 베풀라." 그것은 진노의 음성이 아니라 사랑의 음성입니다. "가서 모든 족속들에게 죄를 씻는 내 피의 권능을 가르치고, 그들을 구원하려고 활짝 팔을 벌리고 있는 나의 간절한 마음을 말할지어다. 가서 그들을 가르치라. 더 이상 나를 멸시하거나, 내 아버지를 분노하시고 화해할 수 없는 마음을 가진 신으로 생각하지 않도록 가르치라. 그리스도에게 무릎을 꿇고 입 맞추고 그들의 모든 고통을 잠재울 평안을 얻으라고 가르치라. 내 안에서 그들의 고뇌를 치료할 향유를 발견하라고 가르치라. 너희는 갈지어다. 내가 말한 대로 말하고, 내가 운 것처럼 울며, 내가 너희를 불러 초청한 것처럼 초청하며, 내가 너희 앞에 행한 것처럼 권면하고 간청하고 위하여 기도하라. 그들이 수고하고 무거운 짐을 지었거든 내게로 오라고 말해줘라. 내가 그들을 쉬게 하리라. 또 '죽을 자가 죽는 것도 내가 기뻐하지 아니하노니 너희는 내게 돌이켜 살지니라'(겔 18:32)." 이 본문의 명령은 얼마나 관대하고 은혜로운 명령입니까? "너희는 가서 모든 족속을 제자 삼아 아버지와 아들과 성령의 이름으로 세례를 베풀고."

또한 그 명령이 얼마나 분명한지도 주목해야 합니다. "너희는 가서 모든 족속을 가르치라." 로마교회(Romish Church)는 이것을 오해하였습니다. 로마교회는 말합니다. "너희는 가서 모든 민족들을 어리둥절하게 만들지어다. 그들의 귀에 한때는 살았으나 이제는 죽은 언어를 들려주라. 그들에게 라틴 방언을 들이

댈지어다. 그리고 그 방언이 달콤한 음악의 선율과 함께 울려 퍼지게 할지어다. 그리하면 그들이 회심할 것이다. 호화로운 제단을 세우고, 신비로운 의복을 제사장에게 입힐지어다. 신비로운 의식을 거행할지어다. 그래서 이교도를 놀라게 만들라. 대단한 장관으로 그들을 눈부시게 하고 신비로 그들을 깜짝 놀라게 할지어다." 하지만 그리스도께서는 "아니다. 너희는 가서 **가르치라.**"고 말씀하십니다. 아니, 그 그리스도의 명령은 어머니가 자기 자식에게 행하는 일과 같은 것입니다. 어린 소년 소녀를 가르치는 가정교사의 일과 같은 것입니다. "너희는 가서 가르치라." 얼마나 단순합니까! 예증하고 설명하고 해설해 주고, 말해 주고, 지식을 알려주고 이야기해 주라. 그래서 그들이 무지의 흑암에서 벗어나게 하고 계시의 빛을 그들에게 비추어 주라 가르치라! 앉아서 그들에게 가장 평범하고 매우 분명한 일들을 말할지어다. 그들을 회심하게 하는 것은 너희의 웅변이 아니다. 번지르르한 말이나 세련되고 장중한 어조가 그들의 지성을 움직이지 못할 것이다. 가서 그들을 가르치라. 그들을 가르치라! 아니, 제 설교를 듣는 여러분이여, 다시 말하거니와 이것은 지식의 초보와 연관되는 말입니다. 우리는 어린 아이들에게 설교하지 않습니다. 우리는 그들을 가르칩니다. 여러 족속들에게 가서 설교할 것이 그리 많지 않습니다. 말씀이 미개하고 유치한 단계에 있는 사람들에게는 너무 크고 거창해 보입니다. 그러니 여러분에게 가서 무엇보다 먼저 그리스도의 십자가의 매우 단순한 진리를 가르치라고 하는 것입니다.

그리고 주님께서 그 명령을 그 다음으로 어떻게 표현하는지 주목하십시오. 누가 가르침을 받아야 합니까? "너희는 가서 **모든 민족을** 가르치라." 헬라인에게는 헬라의 철학자들이 있습니다. 그 헬라인을 가르치라는 것입니다. 헬라인은 스스로 지혜로운 줄로 생각하지만 미련합니다. 나름대로 문학을 가진 교양 있는 족속들이 있습니다. 그들의 문헌은 그리스도인의 문헌보다 훨씬 더 광대하고 범위가 넓기도 합니다. 그럼에도 불구하고 그 족속들을 가르치십시오. 그들은 가르침 받아야 합니다. 그리고 그들이 배우는 자리에 앉아 어린 아이처럼 되려는 기꺼운 자세를 갖지 않으면 결단코 하나님 나라에 들어갈 수 없습니다. 주님은 말씀하십니다. "그들과 논박하거나 논쟁하지 말지어다. 그들의 수준으로 내려가 어떤 교리에 관하여 다투는 자가 되지 말지어다. 내가 너희를 보냈다는 점을 강조할지어다. 나는 너희를 가장 박학다식한 사람들을 가르치라고 보낸 것이다. 너희가 그 점을 견지하면 나는 항상 너희 뒤에서 너희가 외치는 바를 뒷받침해 줄 것이고, 사람들은 너희의 발 아래 앉아서 예수의 이름을 배우려는 기꺼운 자세를 취할 것이다."

저는 모든 우리 선교사들이 그리스도께서 말씀하시는 것이 무엇인지 그 개념을 포착했는지 모르겠습니다. "너희는 가서 모든 민족을 가르치라." 그러나 많은 선교사들이 알았습니다. 그리고 그들은 많은 회심자를 만나는 영예를 안았습니다. 그들이 단순하게 가르치는 사람들이 되면 될수록, 곧 서양 철학을 말하는 철학자들이나 어떤 영국 교회의 교의에 관하여 열심히 논박하는 자가 아니면 아닐수록, 그들은 세상을 가르치도록 하나님께 부르심을 받은 교사답게 더 분명히 가르친 것이고, 그럴수록 그들은 더 성공을 거두었습니다. "그러므로 너희는 가서 가르치라." 아마 어떤 사람들은 이런 생각을 할지 모르겠습니다. 문명화되지 아니한 미개한 사람들을 가르치는 것보다 학식 있는 사람들을 가르치는 것이 더 쉽다고 말입니다. 미개한 사람이든지 학식이 많은 사람이든지 다 가르칠 의무가 있습니다. "가서 가르치라." "그러나 그들이 북아메리카 원주민이 쓰는 도끼를 휘둘러대는데요?" 그래도 그들을 가르치십시오. 그리고 그들의 오막살이 집에 누워 잠도 자십시오. 그들이 겁도 없고 자신의 목숨도 아끼지 아니하는 여러분의 태도를 보고 놀랄 것입니다. "그러나 그들은 자기 동료들의 피를 먹는 자들입니다. 사람의 몸을 삶는 가마솥 곁에서 피를 흘리며 축제를 벌이고 있는데요?" 그래도 그들을 가르치십시오. 그러면 그들이 토굴을 비울 것이며, 칼을 묻고 너희 앞에 절하며, 임금이신 예수님을 인정할 것이로다. "그러나 그들은 무자비하고, 소통할 수 있는 언어도 거의 없어요. 그들이 내는 소리라고는 몇 마디 고음의 괴성이 있을 뿐이에요." 그러나 그들을 가르치십시오. 그러면 그들이 가나안의 언어로 말하고 하늘의 노래를 부를 것입니다.

형제들이여, 가르침 받을 수 없는 족속들은 없으며, 배우고 나서 다시 다른 족속들을 가르칠 수 없는 족속도 없다는 사실이 입증되었습니다. 흑인들은 자기 구주를 모독하기보다는 차라리 채찍에 맞아 죽는 편을 택하였습니다. 에스키모 족속은 예수님께서 짊어지신 짐을 회상하면서 불모의 가파른 언덕을 올라가며 힘든 노동을 감내하였습니다. 인도 사람은 모든 것보다 그리스도를 더 사랑하였음으로 인내하며 모든 것을 상실하는 손해를 받아들였습니다. 유약한 마다가스카르 여자들은 그리스도를 위해서 고난 받고 죽을 각오를 하였고, 그리스도를 위하여 고난을 기쁨으로 받았습니다. 어느 나라에나 그리스도를 위한 영웅적 이야기가 있습니다. 피부색깔과 종족이 다르더라도 모든 족속 중에 **그리스도를** 위해서 죽은 자들이 있었습니다. 그러니 주님의 제단에는 지면에 있는 모든 족속의 피가 발견되었습니다. 오! 그러니 그들은 가르칠 수 없다는 소리를 하지 마십시오. 선생들이여, 모든 족속은 그리스도를 위해서 죽는 법을 배울 수 있습니다. 여러분 중 어떤 사람이 배운 것보다 더 많은 것을 배우면 그렇게 될 수 있는 것입니다. 그들은 기독교의 가장 고귀한 교훈을 익힐 수 있습니다. 자신을 위해서가 아니라 그리스도를 위해서 모든 것을 포기하는 자기희생을 익힐 수 있다는 것입니다. 오늘도 카렌(Karen) 족속들 가운데서 설교하되, 휫필드(George Whitefield)와 같은 열심과 웅변으로 설교하는 카렌 선교사들이 있습니다. 보르네오와 수마트라와 호주에서 가르치고 있는 중국인들이 있습니다. 그들은 모리슨(Morison)이나 밀른(Milne)이 처음 중국에서 가르쳤던 열심으로 가르치고 있습니다. 인도의 복음 전도자들은 자신의 브라만 복장(Brahminical thread: 인도의 카스트 제도 속에서 가장 높은 계급인 브라만 사제가 입는 옷 — 역주)을 벗어 버리고 가장 천민 계급에 속한 사람들과 더불어 먹으며, 그 사람들에게 그리스도의 부요를 설교하기를 부끄러워하지 않고 있습니다. 가르침 받을 뿐 아니라 직접 남을 가르치는 선생이 되어 주 예수 그리스도의 은혜를 가장 힘 있게 가르치는 선생의 반열에 드는 사람들이 각 계층과 각 부류에서 나왔습니다. 그리스도께서 "너희는 가서 모든 민족을 가르치라."고 말씀하셨을 때 그 명령의 정당성이 그 후 일어난 사실들로 인하여 잘 입증된 셈입니다.

그러나 형제들이여, 본문은 "그들에게 세례를 베풀라."고 말하고 있습니다. 그들을 가르친 후에 세례를 받게 하라는 것입니다. 우리 기독교 형제들의 미신에 우리가 왜 복종하는지 이해가 가지 않습니다. 심지어 세례를 주라는 말을 가지고 그렇게들 하고 있습니다. 그 세례 주다(baptize)라는 단어는 영어가 아니라 헬라어입니다. 그 말은 한 가지 의미밖에 없습니다. 예외 없이 모든 고전들을 통해서 그 단어가 잠금이라는 개념을 뺀다면 바르게 번역될 수 없습니다. 이것을 믿고 알았으니, 번역이 완벽하지 못하면 오늘 우리는 그 말을 완벽하게 고쳐야 할 것입니다. "그러므로 너희는 가서 모든 족속을 가르치고 아버지와 아들과 성령의 이름으로 그들을 **잠그라**(immerse)." 자, 저는 우리 선교회가 시간의 문제에서 세례 주는 일을 먼저 할 수 있다고 생각합니다. 모라비아 교도들(Moravians)은 예외로 하고, 항상 세례 주는 일이 먼저 시작되었기 때문입니다. 그럼에도 불구

하고 우리 선교회는 정결케 하는 문제를 우선해야 한다고 저는 생각합니다. 왜
냐하면 먼저 가르치고 세례를 베푸는 모든 나라에서 이 본문의 명령을 이행할
수·있기 때문입니다. 먼저 세례를 준 다음에 가르친다는 논리를 우리는 이해하
지 못합니다. 먼저 가르치고, 사람들이 제자들이 되었을 때에 세례를 베풀어야
한다고 우리는 주장합니다. 그냥 모든 족속들에게 세례를 주라는 말이 아닙니
다. 헬라어는 그런 해석을 용인하지 않습니다. 오히려 제자가 된 자들을 거룩한
성삼위의 이름으로 세례를 베풀어야 한다는 것입니다. 우리 형제들이 자녀들에
게 유아 세례를 베풂으로서 복음에 심대한 해를 끼치고 있다고 생각합니다(여기
서 유아 세례를 반대하는 침례교 신학의 관점을 스펄전 목사가 채용하고 있음을 발견하게 된다.
그의 신학은 철저한 칼빈주의였으나 교회 예전(禮典)에서 세례에 대한 문제는 여전히 침례교도
의 입장을 견지하고 있음을 우리는 염두에 두어야 할 것이다. — 역주).

   우리는 그들의 오류가 적은 것이 아니라고 생각합니다. 물론 그 문제가 사
활을 좌우하는 요점을 건드리는 것은 아님을 압니다. 그러나 유아 세례는 천주
교의 버팀목입니다. 그 제도가 제거되면 교황 제도와 퓨지주의(Puseyism: 19세기
에 Pusey라는 교수가 제창한 종교운동이다. 영국 국교회의 옛 카톨릭적 전통을 강조하고 국교회
의 권위를 회복하려고 한 운동이었는데, John Henry Newman이 선두에 섰고 그 후 Pusey가 계
승한 운동으로서 일명 고교회파(High Church) 운동이라고도 함 — 역주)가 대번에 존재할
수 없게 됩니다. 여러분이 경건을 국가가 주장하게 하는 국가종교라는 모든 망
상을 제거하였을 때에, 기독교회의 여러 규례들을 거듭나지 않은 사람들에게 마
음대로 부과하는 모든 분방함을 끊어 버린 것입니다. 우리 형제들이 자기들의
실수를 단념하려 하면 어떤 해가 따라올지 모르겠습니다. 그러나 그들이 저지른
오류가 야기한 비행은 대단히 많습니다. 우리는 자비함과 모든 충성심을 가지고
엄숙하게 저항하는 바입니다. 곧 제자들, 곧 어린 양을 따르는 자들이 아닌 이들
에게 세례를 베푸는 일에 대하여는 엄숙히 반대하는 바입니다. 어린 양의 울타
리를 걷어낸다고요? 어린 양의 성만찬과 세례를 그리스도의 사람들이 아닌 자들
에게 주라고요? 어린 양의 울타리를 허물어 버리겠다고요? 어린 양이 쳐 놓으신
방책을 제거하겠다고요? 결코 그럴 수 없습니다!

   사람이 마음으로 새롭게 되지 않으면 그 사람을 그리스도 교회에 속한 여러
규례들에 참여하도록 허용하는 일을 우리는 감히 하지 않습니다. 오! 거듭나지
아니한 자녀들을 그리스도인들이라 부르거나, 자기들이 회심하지 않는 한 그들

이 이 일에 아무런 분깃도 없다는 중대한 사실을 인식하지 못하도록 만드는 일을 하는 것은 정말 재난과 같은 일입니다. 형제들이여, 여러분이 이 점에서 저와 의견을 달리 하더라도 참고 제 말을 들어 주시기 바랍니다. 왜냐하면 저는 양심상 이 엄숙한 진리를 그냥 덮어 버릴 수 없기 때문입니다. 내 말에 찬동하는 여러분에게 말씀드립니다. 우리가 할 수 있는 것보다 저 다른 친구들이 어떤 문제들에서는 더 많은 것을 행할 수 있습니다. 그들의 노고를 기뻐합니다. 아울러 우리보다 그들에게 더 큰 활동력을 가질 수 있게 하신 하나님을 마음 깊이 찬미합니다. 그럼에도 불구하고 우리가 뒤에 처져 잠잠하고 있다면 부끄럽게 생각해야 합니다. 우리는 공정하고 정결하게 가르치고 세례를 받게 할 수 있는 그리스도인들의 몸입니다. 우리는 이 그리스도의 명령을 본국에서 뿐만 아니라 해외에서도 복종하여 받들어야 합니다. 장소에 따라 다르게 실천하여 모순되게 행동하는 일을 금하고, 그 명령에 복종하는 일에 선두에 서야 합니다. 그렇지 않다면 우리의 불충으로 인해 우리가 부끄럽게 될 것입니다. 다시 말씀드리지만, 제 생각에는 "그러므로 너희는 가서 모든 민족을 가르치고 아버지와 아들과 성령의 이름으로 세례를 주라"는 음성이 다른 어떤 사람보다 침례교도의 귀에 더 잘 들리는 것 같습니다.

저는 간단하게 말씀드리려고 애썼지만 좀 길어졌습니다. 그러므로 즉시 본문이 시작할 때 제시하는 논증을 살펴보겠습니다.

2. 그 '논증'은 이것입니다. "하늘과 땅에 있는 모든 권세를 내게 주셨으니 그러므로 너희는 가서 모든 족속을 제자로 삼아 가르치라."

여기에 세 가지 요점이 들어 있습니다. 그리스도께서 고난 받으시고 피 흘리시고 죽으셨습니다. 이제 죽은 자 가운데서 부활하셨습니다. 주님께서 완성하신 그 일의 효과로 주님께서는 중보자로서 하늘과 땅의 모든 권세를 받으셨습니다. 여기에 본래 주님께서 가지고 계셨던 권세가 빠져 있다는 암시는 조금도 없습니다. 주님은 본래부터 권세를 가지고 계십니다. 하나님으로서 하늘과 땅의 모든 권세를 가지셨습니다. 본문은 중보자로서의 그리스도를 말하고 있습니다. 중보자로서는 전에 이 권세를 갖지 않으셨습니다. 그분은 약하셨고 멸시를 받으셨으며, 하나님께 버림받기까지 하셨습니다. 그러나 이제 아버지께서 주님께 하라고 주신 일을 마치셨기 때문에 아버지께서 그분을 영예롭게 하십니다. 아버지께서 주님을 자기 오른편에 앉히시고, 부활의 결과로 하늘과 땅의 모든 권세를 주님께 주십니다. 그 세 가지 요점 중에 첫 번째가, 교회의 역사(歷史)를 보여주는 그림입니다. 그러므로 교회는 모든 족속들을 가르쳐야 합니다. 둘째로, 그것은 교회의 권리(right)입니다. 셋째로, 그것은 교회의 능력(might)입니다. 이러한 모든 이유 때문에 교회는 마땅히 모든 민족을 가르쳐야 합니다.

　　1. 첫째로, 이것은 교회의 **모습**입니다. 그리스도께서 고난 받으시고 피 흘리시고 죽으십니다. 여러분은 그리스도의 대의(大義)를 포기하시겠습니까? 여러분은 교회를 버려진 쓸쓸한 폐허로 보십니까? 그리스도께서 나무에 못 박히셨습니다. 세상이 그를 혐오하고 어리석은 자들이 눈살을 찌푸리고 죄인들이 비웃습니다. 그런데 여러분이 무기를 내려놓고 "이 같은 사람을 변호하는 것은 무익한 일이다"고 말하겠습니까? 그 모든 것이 이제 다 끝났고, 주께서 십자가에서 머리를 숙이시며 "다 이루었다"고 말씀하셨습니다. 그런데 여러분이 믿지 아니하는 불신앙의 마음을 가지고 "아, 정말로 다 끝났어. 그의 생애가 끝이 났고, 그의 소망이 말라 비틀어졌고, 그의 전망이 시들어 버렸어"라고 말하시렵니까? 아! 그렇다면 여러분은 그분의 수치가 장래 영광의 어머니임을 거의 모르는 셈입니다. 그런 생각은, 지금 머리 숙임이 장래 높아짐을 심는 것이요, 그래서 가시 면류관이 사실상 영광의 영원한 면류관을 움트게 하는 나무의 뿌리였음을 잘 알지 못하는 소치입니다. 그분이 무덤에 누이셨습니다. 그러니 믿을 수 있는 모든 것, 또는 내 소망이 암시할 수 있는 모든 것이 묻혔구나 하고 말하겠습니까? 형제 여러분, 그가 다시 일어나셨고, 그분의 부활은 죽으시고 장사지낸 바 된 사실로부터 효과와 열매를 취합니다. 그 그림을 보지 못합니까? 우리는 1800여 년 동안 십자가를 전하는 전령을 파송해 왔습니다. 그들이 여러 해변에 상륙하다가 죽었습니다. 열병이 그들 중 수백 명의 생명을 앗아갔습니다. 잔인한 사람들이 숱한 사람을 살해하였습니다. 선교의 역사 기록은 첫 날부터 지금까지 피로 기록되었습니다. 어디에서도 그리스도를 위한 순교자들은 항상 있기 마련입니다. 교회가 길을 내려고 쟁기질을 시작하면 반드시 피를 뿌리게 되어 있는 것처럼 보입니다. 마다가스카르에서 교회가 박해를 받고 환난과 고통을 받고 있습니다. 교회의 사역자들이 여전히 산 위에 있는 당아새처럼 쫓기고 있습니다. 교회의 피가 자기를 죽이는 살인자들의 도살장을 물들이고 있습니다. 여러분은 모든 소망을 포기합니까? 우리가 선교사들의 무덤을 보면서 그리스도의 대의가 죽었다고 말해야

하겠습니까? 형제들이여, 예수님 안에서 잠든 자들의 이름이 적힌 그 긴 명부를 넘기면서 거기 적힌 이름 하나하나를 읽어가다가 "우리 선교부의 문을 닫자. 우리의 헌신을 그만두자. 상황이 확실히 절망적이구나. 주님의 대의가 결단코 성공을 거둘 수 없지 않느냐?"라고 말하겠습니까? 아닙니다. 교회는 왕 노릇 하기 위해서 고난을 받아야 합니다. 살기 위해서 죽어야 하고, 세마포 정결한 옷을 입기 위해서 피로 물들여져야 하며, 땅에 내려가 묻히고 잊혀진 것처럼 되어야 그 땅이 여인을 돕고, 남자 아이를 출산할 수 있습니다. 용기를 내십시오! 용기를 내십시오! 용기를 내세요! 과거가 절망적으로 보이기 때문에 소망이 있는 것이며, 대의가 부끄럽게 되었기 때문에 영광스러운 것입니다. 자, 우리는 피로 심은 열매들을 거둡시다. 우리의 조상들이 견뎠던 고뇌와 고난의 깊은 개간으로 말미암아 자라난 곡식을 거둡시다.

참된 마음을 가진 그리스도인은 하나님께서 자기에게 맡기신 어떠한 임무도 포기하지 않을 것이라고 저는 생각합니다. 왜냐하면 그는 그것의 궁극적인 성공을 항상 염두에 두기 때문입니다. 나폴레옹이 "어렵다는 말은 프랑스어가 아니다."라고 하였습니다. "의심스럽다"는 말은 그리스도인의 용어가 아닙니다. 우리는 확실히 성공하고, 복음이 반드시 이기게 되어 있습니다. 하늘과 땅은 사라질 수 있습니다. 그러나 하나님의 말씀이 실패하는 일은 결코 일어날 수 없습니다. 그러므로 어떤 민족, 또는 어떤 족속이나 어떤 방언을 하는 사람들도 여러 차례의 사랑의 공격, 곧 임금 예수님의 군대들의 침입을 대항하여 끝까지 버티는 것은 전적으로 불가능합니다.

그래서 여러분도 알다시피 우리는 본문을 기초로 하여 정당한 논증을 세울 수 있습니다. 그리스도께서 그의 백성들에게 그들이 어떠해야 되느냐 하는 그림을 그려 주셨듯이, 또한 그의 고난으로 말미암아 하늘과 땅에 있는 모든 권세가 그리스도께 주어졌듯이, 교회의 고난과 순교자들의 상처와, 신앙 고백자들의 죽음 뒤에 하늘과 땅의 권세가 교회에게 주어질 것이고, 교회는 그리스도와 함께 여러 민족들을 영광스럽게 다스리는 왕 노릇을 하게 될 것입니다.

2. 둘째로, 우리는 그 논증에 대해서 두 번째 관점을 취합니다. 이 논증은 교회의 권리(right)를 말합니다. 하늘과 땅에 있는 모든 권세(power)가 그리스도께 주어졌습니다. 그런 다음에 무엇입니까? 바로 이것입니다. 임금들과 군왕들과 권세자들과 유력자들이여, 너희의 보좌가 폐하여졌음을 알지 못하는가? 너희 머

리에 면류관을 쓰고 있는 자들이여, 그대들의 왕관이 그대들에게서 왕 중의 왕이요 만유의 주 되신 분의 권리를 가지신 분에게로 넘겨졌다는 걸 아는가? 그대들이 복음이 전파되지 못하도록 명령을 내리고 있는가? 우리는 그대들을 비웃노라! 그대들이 그걸 막을 권한은 조금도 없도다. 하늘과 땅에 있는 모든 권세가 그리스도께 주어졌도다. 선교사가 그대들의 영토 해변에 상륙할 권한이 없다고 말하는가? 시온의 딸 처녀(교회를 가리킴 — 역주)가 너희를 대하여 머리를 흔들며 비웃는도다. 그 처녀는 어느 곳에서나 권리를 가지고 있도다. 그 딸이 하늘에서도 무제한적으로 권리를 가지고 있으며, 땅에서도 매이지 않고 권리를 가지고 있도다. 왜냐하면 하늘과 땅의 모든 권세가 그 처녀 딸의 머리에 주어졌기 때문이다. 그러므로 그 처녀 딸은 박탈당하지 않을 특별한 권한을 가지고, 모든 나라들과 왕국들을 점령할 수 있도다. 왜냐하면 위에 있는 권세가 그리스도께 주어졌기 때문이다.

저기 저 해변에서 일하고 있는 사람은 어떤 사람입니까? 그는 남태평양의 어느 섬에 착륙하였습니다. 그는 침입자로 몰려 대번에 쫓겨납니다! 선생들이여, 그대들이 무얼 하고 있는지 생각할지어다. 왜냐하면 분명히 그대들은 하나님을 대적하여 싸우고 있기 때문이다. 그 사람을 받아들이지 않으면 그가 다시 돌아오거나, 그 사람이 아니면 다른 사람이 올 것이다. 더 혹독한 칙령이 바로 이 시대에 통과됩니다. "이는 상속자니 죽이고 그 유산을 우리의 것으로 만들자"(눅 20:14). 그러나 또다른 자가 오고, 또다른 자가 또 오며, 그리고 그 다음에 또다른 자가 오는도다. 너희가 주 하나님과 그의 기름 부으심 받은 자를 대적하여 함께 모의함은 어찜인고? 이 사람들은 침입자가 아니라, 평화를 위해서 보냄 받은 사신들이다. 그들은 하늘로서 파송 받은 특사들이니, 임금 예수님의 정당한 상속권을 주장하는도다. 너희가 그들을 침입자로 치부하고 그리스도의 권리를 부인하도다. 그러나 그리스도의 권리를 부인하는 것과 다른 사람의 권리를 논박하는 것은 별개의 문제로다. 그는 여전히 그대들에 대해 권리를 갖고 있다. 그러므로 선교사는 어디든지 가서 그리스도의 측량할 수 없는 부요를 전파할 권리가 있습니다.

이제까지 살아오면서 저는 한 번인가 두 번인가 정말 형편없이 작은 목회자들을 만났습니다. 제가 설교하러 어느 마을에 갔을 때 그들은 그 마을에서 설교할 제 권리에 대하여 의문을 제기하였습니다. 제가 그곳에서 설교하기 전에 먼저 자기들에게 묻거나 상의하지 않았다는 것이지요. 그리스도인들이 어떤 지역을 자기가 지배할 권한이 있는 것으로 보거나, 하나님의 종을 자기들의 재산을 탐내러 침입한 사람이나 자기들 영토에 들어온 산적으로 여길 수 있습니까? 하나님의 사역자들이 들어오지 못하게 막을 수 있을 정도로 어떤 특정인에게 속해 있는 지역이 이 땅에 존재합니까? 우리는 그처럼 우스꽝스러운 주장을 단번에 부인합니다. 사람이 있는 곳은 어느 곳에서나 목사는 설교할 권한이 있는 것입니다. 온 세계가 우리의 교구입니다. 우리는 우리의 발을 금하는 족쇄를 알지 못합니다. 우리의 혀를 재갈 물리는 것을 알지 못합니다. 비록 왕들이 법률을 반포하고 그리스도의 종들이 형벌을 받을 수 있습니다. 그렇지만 그리스도의 종들은 그들의 구주에게 불복할 수 없습니다. 최근에 저는 프랑스 황제가 했다는 말을 들었습니다. 자기 나라의 인준을 받지 않은 교단이 아니고는 복음을 전해서는 안 된다는 소리였습니다. 그러나 우리는 그 황제의 말에 신경 쓰지 않습니다. 교회가 천 명의 황제들이 나선들 무얼 염려한다는 말입니까? 그들의 결심은 놀림감이요, 그들의 법률은 종이를 낭비한 셈이죠. 교회는 결코 국가의 가신(家臣)이나 지방 자치 정권이나 권력의 노예가 아닙니다. 결코 그렇게 될 수 없습니다. 만일 국가의 법률이 "복음을 모든 족속에게 가르치라"고 말하는 그리스도의 법에 대항한다면 교회는 그 국가법을 비웃고 전적으로 무시할 뿐입니다.

형제들이여, 교회는 어느 곳에서나 권리를 가지고 있습니다. 그 권리는 교회가 법적으로 허용을 받았기 때문에 생긴 권리가 아닙니다. 그 말은 정말 모독적입니다. 하나님의 하늘의 궁창 아래 있는 어느 곳에서도 하나님의 종들에게 '설교할 권리가 있네, 없네, 허용 하네, 허용하지 않네' 하는 식의 말을 할 수 없는 것입니다. 법이 허용하기 때문에 생긴 권리가 아니라는 말입니다. 하나님의 종들은 어느 곳에서나 가서 예수 그리스도를 부단하게 가르치고 전파할 권리를 주장하며 그 일을 할 수 있기를 바랍니다!

3. 그러나 이제 마지막으로, 이 본문의 논증은 교회의 능력을 함축하는 것이라 저는 봅니다.

"하늘과 땅의 모든 권세를 내게 주셨으니 그러므로 너희는 가서 모든 민족을 제자로 삼아 아버지와 아들과 성령의 이름으로 세례를 베풀고." 여러분은 가르칠 권능을 가졌으니 두려워하지 마십시오. 이 점을 유념하여 용기를 내십시오. 반드시 성공하고, 또한 이길 것입니다. "땅의 모든 권세가 내게 주어졌다"라고 말할 수 있는 사람은 그리스도 외에 아무도 없었습니다. 카뉴트(Canute:영국, 덴마크, 노르웨이를 통합한 왕〈994-1035〉— 역주)가 자기 보좌를 바닷가에 세웁니다. 그러나 바다 물결이 그 사람을 적십니다. 그럼으로써 그가 사람에 불과하다는 것을 그에게 아부하는 여러 나라들에게 입증합니다. 번쩍이는 번개와 몰아치는 바람에 대해서 왕들이 무슨 권세를 가지고 있습니까? 그들이 그 물결을 제어하거나 달더러 멈추라고 명할 수 있습니까? 땅에서도 사람에게 그런 권세가 주어지지 않았습니다. 하물며 하늘에 있는 모든 권세가 자기에게 속했다고 말할 수 있는 사람은 더더욱 없는 것입니다. 주님의 이 말씀은 독특한 표현입니다. 주님만 쓰실 수 있는 표현입니다. 다른 어떤 사람이 그 표현을 쓰려고 한다면 그것은 속임수요, 하나님을 모독하는 처사였습니다. 그러나 주 예수 그리스도께서 오늘날 그때와 똑같이 말씀하실 수 있습니다. "하늘과 땅의 모든 권세를 내게 주셨으니."

그러니 섭리로 모든 권세가 그리스도께 주어졌음을 생각합시다. 매일 일어나는 일상의 사건들에 대한 최상의 권리를 그리스도께서 갖고 계십니다. 여러분이 선교 항해를 시작하였다 합시다. 그분이 물결들을 다스립니다. 바람을 좌우하십니다. 두려워하지 마십시오. 폭풍도 주님을 두려워하여 떠는 노예이기 때문입니다. 여러분이 선교하려는 땅의 해변에 가까이 당도하였다 합시다. 그러나 거기 숨겨진 암초나 물속에 웅크리고 있는 바위가 있습니다. 그러나 두려워하지 마십시오. 여러분을 안전하게 인도하여 소원하는 항구로 이끌 수 있도록 가장 깊은 곳에 있는 모든 권세도 주님께 주어졌기 때문입니다. 여러 무리의 사람들이 해변에서 여러분을 만나 무기를 휘둘러 댄다고 합시다. 여러분은 무장하지 않았습니다. 말씀밖에 아무것도 없습니다. 자, 이제 여러분은 "저들과 함께 하는 모든 자들보다 여러분과 함께 하시는 그분이 더 크시다"는 것을 입증할 것입니다. 그러니 이 점을 유념하고 힘을 내어 가십시오. 모든 권세가 그리스도께 주어졌습니다. 바다의 물결뿐 아니라 사람들의 의지를 주장하는 권세가 그리스도께 주어졌습니다. 그러나 정치적인 사변이 일어나 여러 조약들, 또는 협정한 조약 문서가 없어 어떤 나라에 상륙하는 것이 어렵게 되었다 합시다. 그러저러한 제국에 선교할 틈이 조금도 없습니다. 그런 경우에 기도하십시오. 그러면 선교의 문이 열리게 될 것입니다. 탄원하십시오. 놋문이 두 동강이 날 것입니다. 그리스도는 정치를 다스리는 권세를 갖고 계십니다. 그리스도는 당신의 말씀을 전파할 목적으로 전쟁을 일으키실 수도 있고 평화를 창출하실 수도 있습니다. 군왕들의 마음을 바꾸시고, 의회에서 주재하실 수 있습니다. 오랫동안 닫혔던 나라들이 진리에 문을 열게 하실 수도 있습니다. 실로 모든 권세가 그리스도께 속해 있음을 입증하는 놀라운 증거가 생겼습니다. 왜냐하면 인간의 기술이 복음 마차에 연결되었기 때문입니다. 형제들이여, 최근 몇 년 동안 사람의 발명품들이 얼마나 놀랍게 진보를 보였는지요! 우리가 복음을 모든 민족에게 어떻게 전파할 수 있었습니까? 주님께서 콜럼버스의 마음속에 새로운 세계 아메리카를 발견하고픈 생각을 넣지 않으셨다면 어떻게 우리가 아메리카 대륙이 존재한다는 걸 알았겠습니까! 만일 옛적의 느린 항해 기술로 온 민족들 중에서 순행하고 다녔다면 우리의 삶이 얼마나 고단했겠습니까! 그러나 지금 우리는 물결을 아주 빠르게 가르고 진행하여, 먼 거리가 문제가 없게 되었고 걸리는 시간도 잊어버리게 되었습니다. 참으로 하나님께서 세상을 여셨고, 세상을 우리 문 앞에 가져다 놓으셨습니다. 하나님께서 이보다 더 작은 세계를 만들지 않으셨더라도 적어도 그 세계를 우리 손에 더 편리하고 더 가깝게 만드셨습니다. 전 같으면 미칠 수 없던 얼마나 많은 나라들이 우리에게 열렸는지 주목하십시오.

패역한 군왕이던 중국의 황제가 와서 설교하라고 우리를 초청합니다. 단순히 허락만 한 것이 아니라 초청하고, 예배 처소를 지어주고 있습니다. 그는 말하기를, 준비가 되었으니 그의 형제들과 신하들과 자기를 가르쳐 달라는 것입니다. 왜냐하면 하나님에 속한 것들을 불완전하게 배웠기 때문입니다. 중국의 황제가 선교사들을 초청한 것은 아니라 할지라도 자기의 무수한 백성들 중에서 다니도록 허용하고 있습니다. 이제 전에 골고다의 빛을 전혀 보지 못했던 4억의 사람들에게 설교할 완벽한 자유가 우리에게 주어진 것입니다. 인도가 우리의 지배권 아래 들어왔습니다. 항상 우리를 방해하던 옛 무리가 수의에 감싸여 무덤에 뉘어졌습니다. 전에 산들이 가로막혀 도저히 접근할 수 없이 둘러싸인 것처럼 보이던 여러 나라들과 여러 곳에 갈 길이 열렸습니다. 오, 구원의 흰 말들을 타고 그 길을 돌진해 나갈 의지만 있다면 얼마나 좋은지 모르겠습니다! 오, 우리가 마음과 영과 혼으로 이 황금 기회를 이용하여 전에 한 번도 전파되지 아니한 그리스도를 전파할 수만 있다면 얼마나 좋을까요! 이 세상에 모든 것을 다스리는 권세가 그리스도께 주어졌고, 그의 진리를 선포하기 위해서 사용되었음을 이처럼 분명히 알 수 있습니다.

그러나 형제들이여, 우리는 땅에서 뿐만 아니라 하늘에서도 그 권세가 그리스도께 주어졌음을 상기합시다. 모든 천사들이 그분 앞에 머리를 조아리고, 그룹들과 스랍들이 그분의 높은 명령에 복종하려고 대기하고 있습니다. 성령님의 풍성한 것을 다스리는 권한이 그리스도께 주어졌습니다. 성령께서는 하루 만에도 여러 민족들을 태어나게 하실 정도의 신비로운 에너지를 풍성하게 부어 주실 수 있습니다. 그분은 그의 사역자들을 구원으로 옷 입히실 수 있습니다. 사람들이 그의 제사장들을 기뻐하게 만들 수 있습니다. 그리스도께서는 하나님께 중보의 기도를 드릴 권세를 갖고 계십니다. 현재에도 사람들을 파송하여 설교하게 하실 것입니다. 지금도 사람들에게 들을 마음을 주시고, 듣는 자들에게 복종할 의지를 주십니다. 오늘날에도 우리 중에 지도자를 모시고 있습니다. 그분은 우리에게서 떠나 버린 것이 아닙니다. 그분의 혈육이 우리 눈에 보이지는 않지만 그럼에도 불구하고 영뿐만 아니라 몸으로 여전히 살아 계시며, 청춘의 신선함과 아름다움으로 관 쓰고 계십니다. 이슬람교도에 대해서 말하자면, 그들의 지도자는 관 속에서 오래 전에 썩었습니다. 그러나 우리의 지도자는 살아 계십니다. 그분이 살아 계시니 그분의 진리와 대의도 역시 살아 있습니다. 우리는 오늘날 권세가 약화되지 아니하고 가장 높은 하늘에서 그 영향력이 조금도 손상되지 않은 지도자를 모시고 있습니다. 주님은 우주의 주님이십니다. 오, 우리의 애씀이 주님께서 약속하신 권능에 합당한 것이 되게 하십시오. 우리의 열심이 어떤 방면에서 주님의 열심을 닮도록 하고, 우리의 에너지가, 하나님의 에너지가 아직도 철회되지 않았음을 입증하는 것이 되게 합시다.

저는 오늘 아침 더 잘 설교할 수 있기를 바랍니다. 그러나 한층 더 간절하게 느낄수록 제 감정을 표현할 말을 찾기가 더 어려워집니다. 저는 하나님께 기도하였습니다. 죽을 때까지 그 기도를 반복할 것입니다. 이 교회에서 많은 선교사들이 나오게 해 주십사고 저는 기도드렸습니다. 저는 한 회중, 한 교회, 또 여러 목사들이 나오는 것만으로는 만족하지 못합니다. 그들 중 많은 이들이 이미 세상을 떠났습니다. 우리는 이 교회 출신의 선교사들을 보내야 합니다. 모든 곳에 있는 하나님의 백성들이 내 구주의 군대에 들어갈 젊은 병사들을 훈련하는 일에 저를 도울 것이라고 믿습니다. 하나님께서 사람들을 보내 주실 것이고, 믿음은 방편을 발견할 것입니다. 그리고 우리 자신들도 우리의 사람을 보내어 예수님의 이름을 선포하게 할 것입니다. 형제들이여, 이 일은 정말 독특한 일입니다. 속으로 해외에 나가고 싶다는 생각을 갖고 있는 젊은이들이 있습니다. 그러나 이들이 가장 합당하지 못한 사람들일 경우가 흔합니다. 능력도 없고 수완도 없습니다. 하나님의 소명이 어떤 은사를 받은 사람들에게 임할 수 있었으면 좋겠습니다. 부자들에게 말씀드립니다. 구속주의 대의를 위해서 자신과 자신의 물질을 바치는 것보다 이 세상에서 더 나은 목적이 무엇이 있겠습니까? 여러분 앞에 전도가 유망한 젊은 사람들이 있습니다. 그들은 아직 부양할 가족에 대한 염려가 없는 사람들입니다. 자, 그리스도를 증거하는 겸손한 설교자가 되기 위해서 전도가 유망한 미래를 포기하는 것이 고상한 일이 아니겠습니까? 희생이 크면 클수록 자신에게 돌아오는 영예는 더 커지고 주님께서 더 기쁘게 받으십니다. 저는 제 양심에 의문을 제기하였습니다. 만일 말씀을 전하기 위해서 해외로 가야 한다면 이 일터를 버리고 의무의 길로 들어설 수 있다고 생각하지 않습니다. 그러나 지금 본국에서 일하고 있는 내 형제들 중 많은 이들이 가장 큰 이익과 함께 자기들의 하는 일을 포기하고, 그들이 없어도 거의 표가 나지 아니할 이 나라를 떠나서 여기 있는 것보다 천 배는 더 가치 있는 역할을 감당할 곳으로 갈 수만 있으면 좋겠다는 생각을 했습니다.

오! 저는 갈망합니다. 대학을 졸업한 젊은 사람들, 문법학교에서 공부하는 학생들, 의사들이나 변호사들이나 사업가들이나 교육을 받은 기술자들이 하나님께서 그 마음을 감동하시면 그들이 가진 모든 것을 포기하고 나가서 여러 족속들에게 그리스도를 가르치고 설교할 수 있게 되기를 간절히 바랍니다. 우리는 반거키스트(Vangerkist)나 저드슨(Judson)이나 브레이너드(Brainerd)와 같은 사람들이 나타나기를 원합니다. 국내에서 아무 쓸모가 없는 사람들을 이교도에게로 결코 보내지 않겠습니다. 우리는 삼류 인생들, 능력에 있어서 10등급에 해당하는 사람들을 보낼 수 없습니다. 가장 훌륭한 최상의 사람들을 보내야 합니다. 가장 용감한 사람들이 선도에 서야 합니다.

오, 하나님이시여, 당신의 종들에게 기름을 부어 주시기를 간청하나이다. 당신의 종들의 마음에 결코 꺼지지 않는 불이 붙게 하옵소서. 그들의 뼛속에서 뜨겁게 타올라 죽지 않으려면 설교할 수밖에 없게 하옵시고, 그리스도의 이름을 한 번도 들어보지 못한 곳에서 설교할 자유를 얻지 않으면 차라리 상한 마음으로 낙담할 수밖에 없게 하옵소서. 형제들이여, 다시 진실로 말하거니와 여러분 중에 어떤 한 사람이 중국에 갈 소명을 받게 되었다면 나는 정말 그 사람을 부러

위할 것입니다. 그 나라가 바로 최근에 우리에게 열렸습니다. 저는 즐겁게 여러
분과 함께 여러 곳을 변화시키고 싶습니다. 저는 이 나라에서 안정된 부분적인
안락함을 포기하고 싶으며, 만일 제가 그렇게 소명을 받은 사람의 영예를 얻을
수만 있다면, 이와 같이 큰 회중에 대한 책임을 즐거이 내놓겠습니다. 저는 때로
복음의 전선에 나가 있는 선교사들은 — 그처럼 큰 일들을 작은 일들에 비교하
는 것이 옳다면 — 마치 영국 왕이 아쟁쿠르(Agincourt) 전투(백년전쟁 중인 1415년
10월 25일 프랑스군이 영국군에 대패한 전투)에서 만난 병사들에게 한 말을 순간 이렇
게 바꾸어 말할 수 있다고 생각합니다.

> "영국에 있는 목사들, 지금 잠들어 있는 목사들,
> 　그들은 자기가 이 전선에 나와 있지 않음을 인하여
> 　저주 받은 자들로 생각할 수 있도다.
> 　이 영광스러운 날에 우리와 함께 싸운 사람이 말을 하면
> 　그들은 멋적어할 것이다."

　　1600명의 지체를 가진 교회에서, 아니, 6000명의 이 회중 가운데서 "내가 여
기 있나이다. 나를 보내소서."라고 말할 수 있는 사람이 하나도 없습니까? 아니,
하나도 없습니까? 이교도들이 멸망해야만 합니까? 이교도의 신들이 그들의 권좌
를 계속 차지하고 있어야 하겠습니까? 예수님의 나라가 망해야겠습니까? 예수
님, 당신을 인정하고 당신의 의로운 대의를 견지할 사람이 이토록 없습니까? 만
일 그런 사람이 하나도 없다면 우리 각자는 울어야 합니다. 그러한 재난이 우리
에게 떨어진 것을 생각하면서 말입니다. 그러나 만일 우리 중 어떤 사람 중에 그
리스도를 위해서 모든 것을 포기할 각오가 되어 있는 사람이 있다면, 국내에 머
물 수밖에 없는 우리 모두는 최선을 다하여 그들을 도웁시다. 그들이 아무것에
도 부족함이 없게 합시다. 지갑이나 성경 없이 그들을 내보낼 수는 없기 때문입
니다. 우리는 하나님께서 충만하게 하신 마음을 가진 사람들의 지갑을 채우고,
일상생활에 필요한 것들을 공급하고, 영적으로 그들을 유지하여 주십사고 하나
님께 맡겨야 할 것입니다.

　　거룩한 구주이신 주님께서 제가 발설한 이 연약한 말들에 복을 더하여 주옵
소서. 제가 여러분도 가르쳐야 합니다. 이것이 하나님의 교훈이라고 말하기까지

결론을 내리지 말아야 하겠습니다. "주 예수 그리스도를 믿으라. 그리하면 너와 네 집이 구원을 받으리라"(행 16:31). 여러분의 영혼을 그분께 맡기십시오. 그러면 그분이 여러분을 구원하실 것입니다. 왜냐하면 "믿고 세례를 받는 사람은 구원을 얻을 것이요 믿지 않는 사람은 정죄를 받으리라" 하셨기 때문입니다(막 16:16).

스펄전설교전집
마태복음 II

초판 인쇄 2013년 10월 15일
초판 발행 2013년 10월 25일

발행처 **크리스챤다이제스트**
발행인 박명곤
주소 경기도 고양시 일산동구 정발산동 1193-2
전화 031-911-9864, 070-7538-9864
팩스 031-911-9824
등록 제 396-1999-000038호
판권 ⓒ 크리스챤다이제스트 2013
총판 (주) 기독교출판유통
      전화 031-906-9191~4
      팩스 0505-365-9191